Bernd W. Wirtz (Hrsg.)

Handbuch Medien- und Multimediamanagement

Bernd W. Wirtz (Hrsg.)

Handbuch Medien- und Multimediamanagement

GABLER

Bibliografische Information Der Deutschen Bibliothek
Die Deutsche Bibliothek verzeichnet diese Publikation in der Deutschen Nationalbibliografie; detaillierte bibliografische Daten sind im Internet über <http://dnb.ddb.de> abrufbar.

1. Auflage November 2003

Lektorat: Ralf Wettlaufer / Renate Schilling

Der Gabler Verlag ist ein Unternehmen von Springer Science+Business Media.
www.gabler.de

Umschlaggestaltung: Regine Zimmer, Dipl.-Designerin, Frankfurt am Main
Druck und buchbinderische Verarbeitung: Lengericher Handelsdruckerei, Lengerich
Gedruckt auf säurefreiem und chlorfrei gebleichtem Papier
Printed in Germany

ISBN 3-409-12352-0

Vorwort des Herausgebers

Die Medien- und Multimediabranche ist wie kaum eine andere Branche von den Herausforderungen des gesellschaftlichen Wandels von der Industrie- zur Informationsgesellschaft betroffen. Die erhebliche Entwicklungsdynamik in der Informations- und Kommunikationstechnologie ist hierbei ein Haupteinflussfaktor. Digitalisierung und Vernetzung sind die Triebfedern der Konvergenz verschiedener Medienbranchen, der Informationstechnologie- und der Telekommunikationsbranche. Daneben führt die Globalisierung des wirtschaftlichen Handelns und die Deregulierung der Märkte zu einer zunehmenden Internationalisierung der Medien- und Multimedia-Unternehmen. Sich wandelnde Geschäftsmodelle, neue integrierte Wertschöpfungsprozesse, veränderte Organisationsstrukturen sowie innovative Leistungsangebote sind die Folge.

Mit dem vorliegenden Handbuch soll ein Beitrag zur Auseinandersetzung mit diesen Entwicklungen in der Medien- und Multimediabranche geleistet werden. Es werden Managementansätze sowohl aus wissenschaftlicher als auch aus praxisorientierter, erfahrungsbasierter Perspektive aufgezeigt und darüber hinaus volkswirtschaftliche Konsequenzen von sich wandelnden Medienmärkten dargelegt. Vor diesem Hintergrund gliedert sich das vorliegenden Handbuch in acht Kapitel. Nach der Einführung ins Medien- und Multimediamanagement, werden Strategien und Geschäftsmodelle in den Medienmärkten Print, TV, Radio, Musik, Internet und Multimedia differenziert aufgezeigt. Daran anschließend erfolgen Untersuchungen zur Integration und Konvergenz im Mediensektor. In den beiden abschließenden Kapiteln finden das internationale Medienmanagement und die volkswirtschaftliche Bedeutung des Medienmarktes ausführliche Betrachtung.

Bei der Erstellung dieses Buches haben eine Reihe von Personen mitgewirkt, denen mein besonderer Dank gebührt. Dieser richtet sich zunächst an die zahlreichen Autoren aus Wissenschaft und Praxis, die sich die Zeit genommen haben, einen Beitrag zu diesem Handbuch zu leisten. Durch ihre Beiträge gelang es, acht Themengebiete differenziert und kompetent zu durchdringen. Darüber hinaus danke ich besonders meinen Doktoranden, Frau Diplom-Wirtschaftsingenieurin Nadine Sammerl und Herrn Diplom-Mathematiker Joachim Schwarz für die tatkräftige Unterstützung und Hilfestellung bei der Umsetzung und Fertigstellung des Handbuches.

Unser Dank gebührt auch dem Gabler Verlag für die gute Zusammenarbeit bei der Drucklegung des Buches. Die wissenschaftliche Entwicklung eines Themenbereiches lebt wesentlich von der kritischen Auseinandersetzung und Diskussion der Konzepte. Vor diesem Hintergrund bin ich für Anregungen sehr dankbar.

Witten/Herdecke, im August 2003 — Bernd W. Wirtz

[illegible] der Herausgeber

[illegible]

Inhaltsverzeichnis

Erster Teil

Einführung ins Medien- und Multimediamanagement

Zweiter Teil

Printmanagement

Vierter Teil

Musikmanagement

Fünfter Teil

Internet- und Multimediamanagement

Sechster Teil

Integration und Konvergenz im Medien- und Multimediabereich

Siebter Teil

Internationales Medienmanagement

Achter Teil

Volkswirtschaftliche Bedeutung des Medienmarktes

Autorenverzeichnis

Prof. Dr. Sönke Albers ist seit 1990 an der Christian-Albrechts-Universität zu Kiel und dort Inhaber des Lehrstuhls für Innovation, Neue Medien und Marketing sowie Direktor des Instituts für betriebswirtschaftliche Innovationsforschung und seit 1999 Sprecher des Graduiertenkollegs „Betriebswirtschaftliche Aspekte lose gekoppelter Systeme und Electronic Business". Seine Forschungsschwerpunkte liegen in den Gebieten des Vertriebsmanagement, der Marketing-Mix- und Neuprodukt-Planung sowie des Electronic Commerce und der Marktdurchsetzung von Innovationen.

Dr. Peter Billen studierte Betriebswirtschaftslehre an der Universität Trier. Anschließend war er wissenschaftlicher Mitarbeiter an der Professur für Konsumgütermarketing der Universität Trier und wechselte 1996 zur Professur für Investitionsgütermarketing. Von 1998 bis 2002 war er freiberuflicher Consultant sowie Weiterbildungsreferent und promovierte 2002 zum Dr. rer. pol. Seit 2003 ist er Habilitand an der Professur für Marketing, Innovation und E-Business.

Markus Börner, am 20.09.1973 in Geldern geboren, hat nach seinem Abitur 1992 und der Ableistung des Grundwehrdienstes, im Herbst 1993 sein Studium der Sozialwissenschaften an der Gerhard Mercator-Universität Duisburg begonnen. Während des Studiums hat er verschiedene Telefonstudien im „Sozialwissenschaftlichen Umfragezentrum" der Universität Duisburg betreut. Ende 1999 hat er sein Studium als Diplom-Sozialwissenschaftler im Bereich „Empirische Sozialforschung" abgeschlossen. Seit 2000 ist er Forschungsreferent bei radio NRW in Oberhausen.

Dr. Michael Bongartz, geboren 1973 in Kassel, hat 1994 bis 1999 Betriebswirtschaftslehre mit den Schwerpunktfächern Marketing und Distribution/Handel an der Westfälischen Wilhelms-Universität Münster studiert. Seit Mai 1999 ist er wissenschaftlicher Mitarbeiter am Institut für Marketing der Westfälischen Wilhelms-Universität Münster. Seine Forschungsschwerpunkte sind Markenmanagement, Strategische Erfolgsfaktoren, Marketing und Neue Medien und insb. Internet-Marketing. Seine Promotion zum Thema „Markenführung im Internet" hat er im Mai 2002 abgeschlossen.

Dr. Anke Brack, geb. 1976 in Mainz. Studium der Betriebswirtschaftslehre mit den Schwerpunkten Dienstleistungsmanagement, Organisation und Personal sowie Journalistik an der Kath. Universität Eichstätt-Ingolstadt. Promotion am Lehrstuhl für Allgemeine Betriebswirtschaftslehre, Organisation und Personal an der Wirtschaftswissenschaftlichen Fakultät Ingolstadt der Katholischen Universität Eichstätt. Seit 2002 ist sie in der Geschäftsentwicklung des Zeitverlags Gerd Bucerius beschäftigt.

Univ.-Prof. Dr. habil., Dipl.- Kfm. Christoph Burmann, geb. 1962, studierte Betriebswirtschaftslehre an der Universität Münster. Er arbeitete 1985 und 1986 bei der amerikanischen Werbeagentur Ogilvy & Mather in Kapstadt/Südafrika. Seit 1989 war er Mitarbeiter von Professor Dr. Dr. h.c. mult. Heribert Meffert am Institut für Marketing des Marketing Centrums Münster (MCM), wo er 1993 mit einer empirischen Arbeit zum Thema „Erfolgsfaktoren im Einzelhandel" promovierte. Im Februar 2002 habilitierte er sich an der Universität Münster im Fach Betriebswirtschaftslehre. Im Rahmen dessen beschäftigte er sich mit dem Thema „Strategiewechsel und strategische Flexibilität als Determinanten des Unternehmenswertes". Seit 1.10.2002 ist Christoph Burmann Inhaber des ABWL Lehrstuhls für innovatives Markenmanagement (LiM) an der Universität Bremen. Seine Forschungsschwerpunkte liegen in den Bereichen Markenführung, strategisches Marketing, Konsumentenverhaltens- und Marktforschung.

Dr. Ingo Deking ist als Consultant bei Siemens Management Consulting beschäftigt. Bis Ende 2002 war er Partner der Think Consult Unternehmensberatung und als wissenschaftlicher Mitarbeiter am Lehrstuhl für Allgemeine und Industrielle BWL an der Technischen Universität München (Prof. Dr. Dr. h.c. R. Reichwald) tätig. Seine Forschungs- und Beratungsschwerpunkte liegen in den Bereichen E-Business, Knowledge Management, Marketing und Unternehmensführung. Außerdem ist Ingo Deking Gastdozent an der FH St. Gallen für die Executive MBA-Ausbildung für den Bereich Knowledge Management.

Dipl.-Kff. Sabine Fisbeck-Groh, ist seit 1998 wissenschaftliche Mitarbeiterin an dem Lehrstuhl für ABWL, insbesondere Marketing und Handelsbetriebslehre an der Philipps-Universität Marburg; ihre Forschungsschwerpunkte liegen in den Bereichen Handelsmarketing und Kundenzufriedenheit.

Dipl.-Kommunikationswirt Rüdiger Flothmann, geboren 1976 in Heidelberg, hat Gesellschafts- und Wirtschaftskommunikation an der Universität der Künste Berlin studiert. Seit 2003 ist er Doktorand am Lehrstuhl für Allgemeine Betriebswirtschaftslehre, insb. Unternehmensführung und Unternehmensentwicklung an der Universität Witten/Herdecke. Seine Forschungsschwerpunkte sind Marketing und insbesondere Kommunikationspolitik, Markenmanagement sowie Medienmanagement.

Univ.-Prof. Dr. Wolfgang Fritz, geboren 12.07.1951 in Wallmenroth (NRW). 1972 bis 1978 Studium der Betriebswirtschaftslehre an der Universität Mannheim, 1978 Abschluß als Diplomkaufmann. 1984 Promotion und 1992 Habilitation an der Universität Mannheim. 1991-1992 Vertretungsprofessor an der Hamburger Universität für Wirtschaft und Politik. Seit 1992 Leiter der Abteilung (Lehrstuhl) für Betriebswirtschaftslehre, insbesondere Marketing, an der Technischen Universität Braunschweig. Seit 1997 auch Honorarprofessor an der Universität Wien. Seit 2003 Dekan des Fachbereichs 10 für Wirtschafts- und Sozialwissenschaften an der Technischen Universität Braunschweig. Vorsitzender des Wissenschaftlichen Beirats einer Unternehmensberatungsgesellschaft. Rd. 250 Veröffentlichungen, darunter 12 Bücher.

Univ.-Prof. Dr. Torsten J. Gerpott (Promotion 1987; Habilitation 1993) leitet seit 1994 den Lehrstuhl Planung & Organisation, Schwerpunkt Telekommunikationswirtschaft, an der Gerhard-Mercator-Universität Duisburg. Zuvor arbeitete er sechs Jahre als Berater in einem US-amerikanischen Top-Management-Consulting-Unternehmen. 1996 gründete er die DIALOG CONSULT GmbH. Wissenschaftlich beschäftigt er sich bevorzugt mit Wettbewerbsstrategien von Unternehmen der Telekommunikations- und Medienindustrien.

Dr. Olaf Göttgens, Jahrgang 1965, studierte Betriebswirtschaftslehre an der Universität Saarbrücken, wo er mit „summa cum laude" promovierte. Seine Dissertation trägt den Titel „Kritische Erfolgsfaktoren in stagnierenden und schrumpfenden Märkten" (Gabler-Verlag). Er erhielt ein Doktorandenstipendium des deutschen Staates. Dr. Olaf Göttgens begann seine Berufslaufbahn 1991 bei der Deutschen Gesellschaft für Mittelstandsberatung in München. 1994 wechselte er zu Anderson Consulting. Heute ist Dr. Olaf Göttgens Chief Executive Officer (CEO) der BBDO Consulting und Holding Partner der BBDO Group Germany.

Dipl.-Wirtsch.-Ing. Oliver Götz ist wissenschaftlicher Mitarbeiter am Institut für Marketing an der Westfälischen Wilhelms-Universität Münster und zugleich Doktorand an der Wissenschaftlichen Hochschule für Unternehmensführung (WHU) in Vallendar. Derzeit beschäftigt er sich mit aktuellen Fragestellungen des Relationship Marketing. Herr Götz studierte Diplom-Wirtschaftingenieurwesen an der Universität Kaiserslautern und an der Warwick Business School in England. Praxiserfahrungen im Medienbereich erlang er unter anderem durch seine Mitarbeit an Projekten des Forschungsverbundes Medientechnik Südwest.

Michael Grabner war nach seinem Studium der Chemie und der Betriebswirtschaft an der Wirtschaftsuniversität Wien sechs Jahre Produktmanager und Marketingleiter im Markenartikelgeschäft bei der Firma Henkel Austria. Anschließend wechselte er in das Mediengeschäft zur Kurier-AG, Wien. Ab 1986 war Michael Grabner Vorstand der Kurier-AG mit Zuständigkeit für das Tageszeitungs- und Magazingeschäft, ab 1988 nahm er zusätzlich die Aufgabe des Geschäftsführers der Mediaprint Verlags- und Druckerei GmbH wahr. 1991 absolvierte Herr Grabner ein postgraduales Studium an der Harvard Business School in Boston. Außerdem ist er seit 1991 Geschäftsführer der Verlagsgruppe Georg von Holtzbrinck und seit dem 1. April 2003 auch Vorsitzender der Verlagsgruppe Handelsblatt-Geschäftsführung in Stuttgart. Er ist zuständig für den Bereich überregionale Zeitungen (Der Tagesspiegel, Berlin; Handelsblatt, Düsseldorf und Die ZEIT, Hamburg) sowie für die Druckereien und die elektronischen Medien.

Dipl.-Kfm. Stefan L. Grasmugg, ist seit Mai 2001 Doktorand am Lehrstuhl für Electronic Business an der Wissenschaftlichen Hochschule für Unternehmensführung (WHU), Vallendar bei Koblenz. In seinem Dissertationsprojekt setzt er sich insbesondere mit Fragen der Erfolgswirksamkeit der massenhaften Individualisierung auseinander. Er war Mitglied des Startteams der ISM.AG, einem Internet-Spin-Off der großen Deutschen Zeitungsverlage, und entwickelte maßgeblich die inhaltliche sowie technische Konzeption des Immobilienportals Immoversum. Zuvor konnte er parallel zu seinem Studium der Betriebswirtschaftslehre in Bielefeld und Wien bereits vielfältige Praxiserfahrungen in Unternehmen und als freiberuflicher Dozent sammeln.

Dr. Frank Habann, geboren 1964, absolvierte 1991 das Studium der Betriebswirtschaftslehre an den Universitäten Bayreuth und Köln. Nach dem Diplomexamen war er von 1991-1994 als Research Specialist für die Unternehmensberatung McKinsey & Co. tätig. Von 1994 bis 1999 war Dr. Frank Habann wissenschaftlicher Mitarbeiter am Seminar für Allgemeine Betriebswirtschaftslehre, Marktforschung & Marketing der Universität zu Köln. Die Promotion zum Dr. rer. pol. erfolgte 1998. Seit 1999 ist er vollamtlicher Dozent der Universität St. Gallen für Medienmanagement und Projektleiter am MCM Institut.

Dipl.-Kfm. René Hans, geboren 1975, ist Research Analyst bei IBM Business Consulting Services. Seine Arbeits- und Forschungsgebiete sind: Organisationsberatung und Process Engineering, insbesondere in der TIME- und Automobilbranche.

Prof. Dr. Jürgen Heinrich, Studium der Volks- und Betriebswirtschaftslehre in Kiel und Tübingen, Promotion in Kiel, Mitarbeiter am Institut für Weltwirtschaft, Assistenzprofessor an der Universität Kiel, seit 1980 Professor der Journalistik mit dem Schwerpunkt Ökonomie an der Universität Dortmund. Arbeitsgebiete: Medienökonomie, allgemeine Volkswirtschaft und Wirtschaftsjournalistik.

PD Dr. rer. pol. Thorsten Hennig-Thurau, Jahrgang 1967. Studium der Betriebwirtschaftslehre an der Universität Lüneburg, Promotion und Habilitation am Lehrstuhl Marketing I der Universität Hannover. Lehrstuhlvertretung an der Westfälischen Wilhelms-Universität Münster. Seit dem Sommersemester 2003 Vertreter der Professur für Marketing und Medien an der Bauhaus-Universität Weimar, auf die er auch einen Ruf erhalten hat. Dr. Hennig-Thurau ist Mitglied der Editorial Boards des Journal of Service Research, des International Journal of Internet Marketing and Advertising (IJIMA) und des Journal of Relationship Marketing. Er hat in zahlreichen internationalen und nationalen Fachzeitschriften veröffentlicht und ist Herausgeber des Standardwerkes „Relationship Marketing". Seine Arbeit wurde 2002 mit dem JSR Excellence in Service Research Award ausgezeichnet.

Prof. Dr. Andreas Herrmann, geboren 1964, schloss 1988 sein Studium der Betriebswirtschaftslehre an der Wissenschaftlichen Hochschule für Unternehmensführung Koblenz (WHU) ab. Bis 1990 absolvierte er dort auch das Doktorandenstudium. Im Jahr 1991 promovierte er mit höchster Auszeichnung zum Dr. rer. pol. Als Habilitand forschte er zwischen 1991 und 1996 zunächst an der WHU Koblenz, danach an der Universität Mannheim. Von 1989 bis 1996 war Prof. Herrmann in verschiedenen Positionen in der Praxis (Abacus GmbH, Düsseldorf; Audi AG, Ingolstadt) und in wissenschaftlichen Forschungsinstitutionen tätig. 1997 übernahm er an der Universität Mainz den Lehrstuhl für Allgemeine Betriebswirtschaftslehre. Seit 2002 ist er Direktor am MCM Institut der Universität St. Gallen.

Prof. Dr. Thomas Hess, geb. 1967, absolvierte ein Studium der Wirtschaftsinformatik an der TU Darmstadt. Von 1992 bis 1995 war er wissenschaftlicher Mitarbeiter am Institut für Wirtschaftsinformatik der Universität St. Gallen und wurde im Jahr 1995 promoviert.

In den Jahren 1996 und 1997 war Herr Hess Assistent der Geschäftsleitung der Bertelsmann AG in Gütersloh mit Arbeitsschwerpunkt im Online-Geschäft. Von 1998 bis 2001 leitete er die Arbeitsgruppen „Neue Medien" sowie „Unternehmensnetzwerke" am Institut für Wirtschaftsinformatik in Göttingen und wurde dort im Jahr 2001 für das Fach Betriebswirtschaftslehre habilitiert. Im Sommersemester 2001 hat Herr Hess den Lehrstuhl für BWL, insbesondere Wirtschaftsinformatik II der Universität Augsburg vertreten. Seit Oktober 2001 ist Herr Hess o. Professor für Betriebswirtschaftslehre an der Ludwig-Maximilians-Universität München und Direktor des dortigen Seminars für Wirtschaftsinformatik und Neue Medien. Nebenberuflich ist Herr Prof. Dr. Hess als Berater und Dozent mit Schwerpunkten Informationsmanagement und Medienwirtschaft tätig.

Dipl.-pol. Uwe Hoch, geb. 1943 in Berlin, absolvierte nach dem Studium der politischen Wissenschaften und neueren Geschichte ein Volontariat zum Redakteur an Tageszeitungen. Weitere berufliche Stationen: Leitender Redakteur einer regionalen Tageszeitung, Pressechef des Ministeriums für Wirtschaft, Mittelstand und Verkehr in Düsseldorf sowie Geschäftsführer der Gesellschaft für Wirtschaftsförderung in NRW. Uwe Hoch ist seit 1984 als Verlagsdirektor für die Verlagsgruppe Handelsblatt tätig und seit 1993 als Geschäftsführer verantwortlich für den Bereich Fachmedien der Verlagsgruppe. In dieser Funktion verantwortet er alle Fachpublikationen, einschließlich der Wirtschaftsdatenbank GENIOS. Seit 2003 ist er Sprecher der Deutschen Fachpresse.

Thomas Holtrop, Jahrgang 1954, begann seine Karriere nach einer Ausbildung zum Einzelhandelskaufmann und dem Studium der Psychologie 1981 bei Club Méditerranée Deutschland im Bereich Marketing/Werbung. 1985 wechselte er zu Robinson Hotels, 1988 als Geschäftsführer zur Werbeagentur Springer & Jacoby in Hamburg. Von 1989 bis 1996 arbeitete Thomas Holtrop bei American Express International in Frankfurt, London und New York, zuletzt als Vice President International Business Partners. Ab April 1996 war er als Generalbevollmächtigter am Aufbau der BANK 24 AG beteiligt, ab Juni 1997 im Vorstand und ab September 1999 Mitglied des Vorstandes der Deutschen Bank 24 AG. Seit dem 1. Januar 2001 ist Thomas Holtrop Vorsitzender des Vorstands der T-Online International AG.

PD Dr. Johannes Hummel, geboren 1967 in Stuttgart, studierte 1987-1992 technisch orientierte Betriebswirtschaftslehre an der Universität Stuttgart. Danach war er zunächst Consultant bei Roland Berger und Partner, Düsseldorf und anschließend von 1994-96 Assistent am Institut für Wirtschaft und Ökologie der Universität St. Gallen (IWÖ-HSG) bei Prof. Dr. Thomas Dyllick. 1996 Promotion über strategisches Öko Controlling. Anschließend in verschiedenen Positionen bei der Bertelsmann AG. Zuletzt Leiter der Unternehmensentwicklung und des Controlling der Fachverlage Wiesbaden. Seit Anfang 2000 am Institut für Medien- und Kommunikationsmanagement der Universität St. Gallen und dort insbesondere verantwortlich für den Executive MBA New Media and Communication. Habilitation im Januar 2003. Im WS 2003 Gastprofessor für Medienmanagement an der Universität Bremen. Ab SS 2003 Vertretung der C4-Professur für Medienwirtschaft an der Universität Paderborn.

Prof. Dr. Michael Hutter, geboren 1948, Studium der Mathematik an der Universität München und an der Portland State University. B.A. (Math.) 1970; Studium der Wirtschaftswissenschaft an der University of Washington (Seattle). M.A. 1971. Promotion an der Universität München. Dr. rer.pol. 1976. Habilitation 1986 in München. Seit 1987 Inhaber des Lehrstuhls für Theorie der Wirtschaft und ihrer Umwelt an der Wirtschaftsfakultät der Universität Witten/Herdecke. Seine Forschungsschwerpunkte: Informations-, Medien- und Kulturökonomik, Systemtheorie, Theoriegeschichte. Einschlägige Veröffentlichungen: afp, wisu, ejle, icann, digital divide.

Hubert Jakob begann bei Bertelsmann vor rund 10 Jahren als Verlagsleiter in der Bertelsmann Fachinformation. Er kam dann nach rund vier Jahren bei McKinsey zu Bertelsmann zurück und arbeitete dort zunächst als Vice President Business Development in der Bertelsmann eCommerce Group. In gleicher Funktion ist er nun seit rund zwei Jahren bei BMG für Strategie und Organisation zuständig.

Dr. Stephan Kaiser, geb. 1971 in Bamberg. Studium der Betriebswirtschaftslehre an der Universität Regensburg und an der University of Wales Swansea. Promotion am Lehrstuhl für Organisation und Personal an der Wirtschaftswissenschaftlichen Fakultät Ingolstadt der Kath. Universität Eichstätt-Ingolstadt. Seit 2001 wiss. Assistent am gleichen Lehrstuhl. Seine Forschungsschwerpunkte liegen in den Bereichen Humanressourcen-Management und Organisation, Professional Service Firms und Medienmanagement. Praxiserfahrung durch beratende Tätigkeiten in verschiedenen Branchen.

Christoph Keese, Jahrgang 1964, ist Chefredakteur der Financial Times Deutschland. Er ist seit Anfang 1999 dabei und entwickelte in einer Projektgruppe die Zeitung mit. Zum Start der Zeitung im Februar 2000 war er zunächst Geschäftsführender Redakteur, dann Ressortleiter Unternehmen und schließlich stellvertretender Chefredakteur bevor er im Sommer 2001 gemeinsam mit Wolfgang Münchau zum Chefredakteur berufen wurde. Vor seiner Tätigkeit bei der FTD war Christoph Keese Geschäftsführender Redakteur und Ressortleiter Wirtschaft der „Berliner Zeitung". Christoph Keese ist Wirtschaftswissenschaftler und Absolvent der Hamburger Journalistenschule/Henri-Nannen-Schule. Nach Universität und Journalistenschule führte sein Weg zu Gruner + Jahr, wo er als Assistent des Vorstandsvorsitzenden Gerd Schulte-Hillen und als Leiter der Unternehmenskommunikation tätig war. Als Journalist schreibt Keese vor allem über Wirtschaftspolitik sowie über Unternehmen. Er hat eine eigene wöchentliche Kolumne in der FTD. In seiner Freizeit ist er begeisterter Hochseesegler.

Dr. rer. pol. Frank Keuper, Dipl.-Kfm., geboren 1966, Lehrstuhlvertreter für ABWL, insbesondere Risikomanagement und Controlling, Fachbereich Rechts- und Wirtschaftswissenschaften der Johannes Gutenberg-Universität Mainz, Dozent für Strategisches Management und Finanzierung an der Hamburg Media School (HMS), Dozent für Medienmanagement an der Wirtschaftsakademie Hamburg (WAH). Arbeits- und Forschungsgebiete: Investitions- und Finanzierungstheorie, Kostenmanagement, Strategisches Management, Unternehmensplanung und -steuerung, Produktion, Komplexitätstheorie, Neue Medien, E-Business, M-Business und T-Business.

Prof. Dr. rer. pol. Marie Luise Kiefer ist Honorarprofessorin für Kommunikationsökonomie und Medienforschung an der Universität Wien. Bis Ende 1992 war sie Leiterin der Fachzeitschrift Media Perspektiven in Frankfurt am Main. Ihre Arbeitsschwerpunkte liegen in den Bereichen Rezeptionsforschung, Medienökonomie und Medienpolitik.

Prof. Dr. Gerd G. Kopper ist seit 1978 Professor im interdisziplinären Studiengang Journalistik der Universität Dortmund mit dem Schwerpunkt: Medienpolitik, Medienökonomie, Medienrecht. Er ist Direktor des Erich-Brost-Instituts für Journalismus in Europa, das ein Wissenschaftszentrum für internationalen Journalismus an der Universität Dortmund betreibt.

Univ.-Prof. Dr. Manfred Krafft ist Direktor des Instituts für Marketing an der Westfälischen Wilhelms-Universität Münster. Zuvor hatte er von 1999 bis Ende 2002 den Otto-Beisheim-Stiftungslehrstuhl für Marketing an der WHU in Vallendar (bei Koblenz) inne. Prof. Dr. Krafft ist Mitglied des Aufsichtsrats der infor AG, des CRM Expertenrats sowie des Beirats des Assekuranz Marketing Circle. Seine Publikationen sind erschienen im Journal of Marketing sowie in allen führenden betriebswirtschaftlichen Fachzeitschriften des deutschsprachigen Raums. Zu seinen Forschungsschwerpunkten zählen Problemstellungen des Customer Relationship Managements, des Direktmarketing, der Kundenbewertung, des E-Commerce sowie des Vertriebsmanagements. In diesen Fragen berät Prof. Krafft auch führende Unternehmen im In- und Ausland.

Dr. Bernd Kundrun, geboren 1957, studierte an den Universitäten Münster und Innsbruck Betriebswirtschaft. 1984 trat er als Assistent der Geschäftsleitung in die Bertelsmann Club GmbH ein und übernahm 1987 die Funktion eines Vertriebsleiters der Bertelsmann Club-Filialkette. 1989 wurde er Marketinggeschäftsführer mit Verantwortung für Mitgliederwerbung/Direktmarketing und das gesamte Kataloggeschäft. Anfang 1993 wurde er zum Vorsitzenden der Geschäftsführung der Bertelsmann Club GmbH berufen. Seit 1994 war Dr. Bernd Kundrun Geschäftsführer der Premiere Medien GmbH & Co. KG in Hamburg. Dr. Bernd Kundrun wurde im August 1997 in den Vorstand der Gruner + Jahr AG & Co KG berufen und leitete bis zum 31.10.2000 den Unternehmensbereich Zeitungen. Seit November 2000 ist Dr. Bernd Kundrun Vorstandsvorsitzender der Druck- und Verlagshaus Gruner + Jahr AG & Co KG, Europas größtem Zeitschriftenverlag.

Univ.-Prof. Dr. Michael Lingenfelder ist seit 1996 Inhaber des Lehrstuhls für ABWL, insbesondere Marketing und Handelsbetriebslehre an der Philipps-Universität Marburg; ebenfalls seit 1996 hat er den Vorsitz des Verwaltungsrates der Forschungsstelle für Medienrecht und Medienwirtschaft der Philipps-Universität Marburg inne; zu seinen Forschungsschwerpunkten zählen Vertikales Marketing, Beziehungsmarketing, E-Commerce und Netze sowie Health Care Management.

Prof. em. Dr. Dr. h.c. mult. Heribert Meffert, geboren 1937, studierte Betriebswirtschaftslehre an der Universität München. 1964 promovierte er zum Doktor oec. publ. und habilitierte 1968 über „Flexibilität in betriebswirtschaftlichen Entscheidungen". Im Jahr 1969 folgte er einem Ruf auf den Lehrstuhl für Betriebswirtschaftslehre an der Universität Münster. 1999 gründete er zusammen mit Prof. Dr. Dieter Ahlert und Prof. Dr. Klaus Backhaus das Marketing Centrum Münster (MCM). Am 31. Juli 2002 wurde Professor Meffert emeritiert. Er leitet weiterhin das Centrum für interaktives Marketing und Medienmanagement sowie die Forschungsstelle Bahnmarketing am Marketing Centrum Münster. Professor Meffert gehört mehreren Aufsichtsräten und Beiräten international tätiger Unternehmungen an. Seit Ende 2002 ist er Vorsitzender des Präsidiums der Bertelsmann Stiftung in Gütersloh.

André Möllersmann, geboren 1972, absolvierte nach seinem Abitur eine kaufmännische Berufsausbildung bei der Bertelsmann AG in Gütersloh und wechselte im Anschluss daran 1995 in den Vertrieb der Gruner + Jahr AG & Co KG in Hamburg. Zwischen 1996 und 2001 studierte André Möllersmann Betriebswirtschaftslehre an den Universitäten Hamburg und Paderborn. Studienbegleitend war er weiterhin bei der Gruner + Jahr AG & Co KG beschäftigt sowie als Korrekturassistent am Institut für Statistik und Ökonometrie der Universität Hamburg tätig. Seit Oktober 2001 ist André Möllersmann Assistent des Vorstandsvorsitzenden der Druck- und Verlagshaus Gruner + Jahr AG & Co KG.

Christoph Mohn, geb. 1965 in Stuttgart, studierte Betriebswirtschaft mit dem Schwerpunkt Marketing an der Westfälischen Wilhelms-Universität Münster. Seine Karriere startete er bei der Bertelsmann Music Group (BMG), für die er in verschiedenen Positionen insgesamt 3 Jahre, zuerst in Hongkong, dann in New York, tätig war. Dank neuer Aufgaben in den Bereichen Elektronik und Telekommunikation bei McKinsey & Company führten seine nächsten Karriereschritte 1994 zurück nach Deutschland. Zwei Jahre später wurde Christoph Mohn zum Vice President der Bertelsmann Tochter Telemedia ernannt, wo er die Entwicklung von Internetprojekten verantwortete. Zu seinen ersten Maßnahmen zählte die Anbahnung einer Kooperation mit der amerikanischen Lycos Inc. Aus diesem Joint Venture ging 1997 Lycos Europe hervor und Christoph Mohn übernahm die Aufgabe des Chief Executive Officer.

Dipl. Kfm. Axel Nitschke, wurde am 12.02.1977 in Düsseldorf geboren. Er studierte von 1997 bis 2002 an der Universität Münster, unterbrochen von einem Auslandssemester an der Université d'Aix-Marseille, Betriebswirtschaftslehre mit den Schwerpunkten Marketing und Controlling. Während des Studiums war er unter anderem für die Deutsche Bank AG, A.T. Kearney und die Deutsche Bahn AG tätig. Seit November 2002 ist er als wissenschaftlicher Mitarbeiter am Lehrstuhl für innovatives Markenmanagement der Universität Bremen tätig. Seine Forschungsschwerpunkte sind Markenstrategien, Markenarchitekturen und strategisches Marketing.

Marie Oetker, geboren 1976 in Hamburg, war nach ihrem Studium der Publizistik- und Kommunikationswissenschaften und Geschichte an der Universitäten Salzburg und Göteborg als Trainee beim Axel Springer Verlag in Berlin und Hamburg tätig. Seit Mai 2002 ist sie Assistentin des Vorstandsvorsitzenden der Bild.T-Online AG und Referentin für Media Relations in Berlin.

Dipl.-Kfm. Gregor Panten, Doktorand im Rahmen des Graduiertenkollegs "Betriebswirtschaftliche Aspekte lose gekoppelter Systeme und Electronic Business" an der Universität Kiel; Promotion zum Thema "Community Building im Internet" und Autor mehrerer Fachartikel zum Erfolg im eCommerce; zuvor Tätigkeit als Consultant für die Bereiche Strategie, Marketing und Vertrieb bei Marketing Partner Management Consultants, Wiesbaden; Studium der Betriebswirtschaftslehre in Hamburg.

Prof. Dr. Robert G. Picard is Hamrin Professor of Media Economics and director of the Media Management and Transformation Centre at Jönköping International Business School, Jönköping University, Sweden. He is the author and editor of 16 books, including The Economics and Financing of Media Companies, which was published by Fordham University Press in 2002. He was founding editor of The Journal of Media Economics and currently edits the Journal of Media Business Studies.

Prof. Jobst Plog, geboren 1941, leitet als Intendant den Norddeutschen Rundfunk. Seine berufliche Laufbahn begann als Rechtsanwalt in Hannover, bis ihn der NDR 1977 zum Justiziar berief. In dieser Funktion hatte Plog maßgeblichen Anteil am Erhalt der Drei-Länder-Anstalt NDR. Vier Jahre später beriefen ihn die Gremien zum stellvertretenden Intendanten, 1991 schließlich zum Intendanten. In diesem Amt konnte Plog u. a. Mecklenburg-Vorpommern als viertes Staatsvertragsland für den NDR gewinnen. Als ARD-Vorsitzender setzte er 1993/94 eine Strategiediskussion zur Zukunftssicherung des öffentlich-rechtlichen Rundfunks in Gang. Im Nebenamt führte Plog von 1999 bis 2002 als Präsident den deutsch-französischen Kulturkanal arte. 2003 übernahm Plog erneut für zwei Jahre den Vorsitz der ARD.

Prof. Dr. Dr. h.c. Ralf Reichwald ist Inhaber des Lehrstuhls für Allgemeine und Industrielle Betriebswirtschaftslehre der Technischen Universität München. 1991 bis 1993 war er Gründungsdekan des Fachbereichs Wirtschaftswissenschaften der TU Bergakademie Freiberg, welche ihm 1994 die Ehrendoktorwürde verlieh. Als Gastprofessor lehrte er an den Universitäten: University of Texas, Austin/Texas, Syracuse University, N.Y., an der Ecole Nationale d´Ingénieurs de Tunis (ENIT) hat er seit WS 1998 eine permanente Gastprofessur für Betriebswirtschaftslehre übernommen. Seine Forschungs- und Tätigkeitsschwerpunkte liegen im Bereich empirische Organisationsforschung, Organisations- und Personalentwicklung, Anwendung neuer Informations- und Kommunikationstechnik im Unternehmen sowie Innovationen im Dienstleistungsbereich. Er ist Partner der Betriebswirtschaftlichen Projektgruppe für Unternehmensentwicklung GmbH (BPU GmbH). Als Fachgutachter ist er in zahlreichen akademischen Gremien tätig und leitet mehrere Fachausschüsse auf Bundes-, Landes- und Verbandsebene.

Prof. Dr. Max Ringlstetter, geb. 1959 in München. Studium der Betriebswirtschaftslehre, Promotion und Habilitation an der Universität München (Lehrstuhl Prof. Dr. Dres. h.c. W. Kirsch). Seit 1993 an der Wirtschaftswissenschaftlichen Fakultät Ingolstadt der Kath. Universität Eichstätt-Ingolstadt. Inhaber des Lehrstuhls für ABWL, Organisation und Personal. Praktische Tätigkeiten bei McKinsey & Co., Strategema – Institut für angewandte Strategische Studien und Institut für Unternehmensentwicklung (unter eigener Leitung).

Dr. Clemens Riedl war nach seinem Studium der Betriebswirtschaftslehre an der Wirtschaftsuniversität Wien, der University of Illinois at Urbana Champaign und der Stanford University zwei Jahre wissenschaftlicher Mitarbeiter an der european business school in Oestrich Winkel (Rheingau). 1998 promovierte er an der european business school über das Thema organisatorischer Wandel durch Globalisierung, Optionen für multinationale Unternehmen, gefördert durch die Gottlieb Daimler- und Karl Benz-Stiftung. Anschließend war Clemens Riedl bis 2000 Assistent der Geschäftsführung bei dem Verlag der Tagesspiegel, Berlin. Seit 2000 ist er Projektleiter für den Bereich Zeitungen der Verlagsgruppe Georg von Holtzbrinck in Stuttgart.

Markus Schächter, geboren 1949, hat nach seinem Studium der Geschichte, Politikwissenschaft, Publizistik und Religionswissenschaften an den Universitäten München, Lyon, Paris und Mainz journalistisch beim SWF-Hörfunk, SWF-Fernsehen, ZDF und bei der dpa mitgearbeitet. Danach war er 1 Jahr als Kulturredakteur des SWF-Fernsehens tätig und von 1977-1981 Leiter der Abteilung Öffentlichkeitsarbeit und Pressesprecher des Kultusministeriums Rheinland-Pfalz in Mainz. Ab 1981 war Herr Schächter in verschiedenen Positionen und Aufgabenbereichen für das ZDF tätig. 1998 wurde er Programmdirektor des ZDF und seit März 2002 ist er Intendant des ZDF.

Dipl.-Kfm. Björn Schäfers, wissenschaftlicher Mitarbeiter am Lehrstuhl für Innovation, Neue Medien und Marketing an der Universität Kiel. Promotion zum Thema „Preisgebote von Konsumenten im Internet zur Messung von Zahlungsbereitschaften“. Mitgründer des Online-Marktforschungs-Unternehmens ec-con (2001 Gewinner des Gründerwettbewerbs Multimedia des BMWi). Nach Studium der Betriebswirtschaftslehre in Kiel und Leuven/Belgien von 1998 bis 2000 Vorstandsassistent der ricardo.de AG.

Prof. Dr. Horst M. Schellhaaß, geb. 1942 in Breslau, 1962 bis 1966 Studium der Volkswirtschaftslehre an der Universität des Saarlandes, 1971 Promotion zum Dr. rer. pol. und 1976 Habilitation, 1978 bis 1996 o. Professor für Wirtschaftstheorie an der Technischen Universität Berlin, 1987 Visiting Scholar im Department of Economics der Washington University, St. Louis, 1990/1993/1996 Gastprofessuren an der Ecole Supérieure de Commerce de Toulouse, seit August 1995 Mitglied im Wissenschaftlichen Beirat des Instituts für Wirtschaftsforschung Halle, seit 1.10.1996 o. Professor für Wirtschaftliche Staatswissenschaften an der Universität zu Köln, seit Juli 1997 Direktor des Instituts für Rundfunkökonomie an der Universität zu Köln, seit November 2001 Mitglied im Wissenschaftlichen Beirat des Bundesinstituts für Sportwissenschaft, seit 1.4.2003 Dekan der WiSo-Fakultät der Universität zu Köln.

Elke Schneiderbanger, geboren 1959 in Bamberg, arbeitete nach ihrem Volontariat beim Obermain Tagblatt bei "Neue Welle Bamberg" von 1985-1986 und wechselte dann zur Neuen Welle Franken "Charivari Nürnberg", wo sie ab 1987 die Redaktion leitete. 1988-1996 moderierte sie bei Antenne Bayern und wurde 1992 Chefredakteurin und stellvertretende Programmdirektorin. Seit 1996 ist sie Geschäftsführerin und Programmdirektorin bei radio NRW in Oberhausen. Zusätzlich moderierte sie im Fernsehen u. a. bei SAT.1 "Wir in Bayern" Regionalfernsehen Bayern (1990-1991), "Zauber der Berge", "Zur Sache Kanzler" und "alSO" Politik zum Mitreden – bundesweit (zw. 1992 und 1994) sowie beim ZDF "Wunder-Bar" zu Gunsten Aktion Sorgenkind (1995-1996) und "Welt der Mode" (1996-1997).

Prof. Dr. Detlef Schoder übernahm zum 1. Januar 2001 den neu geschaffenen Lehrstuhl für Electronic Business an der Wissenschaftlichen Hochschule für Unternehmensführung (WHU), Vallendar bei Koblenz. Seit Anfang der 90er Jahre beschäftigt er sich mit Fragen elektronisch gestützten Geschäftsverkehrs mit Praxiserfahrungen in den USA und Japan sowie zahlreichen Forschungs- und Lehraufenthalten im Ausland, u. a. an der Stanford University und der University of California in Berkeley. Erst kürzlich wurde er in Sachen Electronic Commerce zum Gutachter für die Bundesrepublik Deutschland vertreten durch den Deutschen Bundestag berufen. Er hat mehr als 130 Beiträge in z. T. führenden wissenschaftlichen Journalen publiziert. Zudem ist er Mitglied in Programm- und Herausgeber-Komitees wissenschaftlicher Journale. Im Mittelpunkt seiner Lehre und Forschung steht die Wirtschaftlichkeit und die Anwendung von Telekommunikation in Unternehmen. Schwerpunkte bilden hierbei Electronic Commerce/Electronic Business, Mass Customization, Peer-to-Peer, Ubiquitous Computing und Medienmanagement. Entsprechende Projekte werden dabei mit namhaften Unternehmen, u. a. aus dem Automobil-, Pharma- und Consultingbereich gemeinschaftlich unternommen.

Dr. jur. Balthasar Schramm, geboren 1958, wurde in England und Deutschland ausgebildet und begann schon während seiner Schulzeit mit dem Komponieren und Produzieren von Werbe- und Filmmusik. Später war er Mitbegründer einer Produktions- und Verlagsfirma sowie eines Studios. Nach dem Studium der Rechtswissenschaften in Hamburg mit Schwerpunkt Urheberrecht arbeitete er zunächst im Business Affairs-Bereich der RCA/Bertelsmann. 1991 gründete er in Hamburg das Rechtsanwaltsbüro Lichte & Schramm. Seit dem 1. Januar 2002 ist Balthasar Schramm Geschäftsführer der Sony Music Entertainment Germany GmbH & Co. KG und President von Sony Music Entertainment Germany, Switzerland, and Austria (GSA) mit Sitz in Berlin.

Prof. Dr. Matthias Schumann leitet seit 1991 die Abteilung Wirtschaftsinformatik II der wirtschaftswissenschaftlichen Fakultät der Universität Göttingen und ist seit 1993 Direktor des Institutes für Wirtschaftsinformatik. Seine Forschungsarbeiten konzentrieren sich auf betriebliche Anwendungen der Informations- und Kommunikationstechnik, Medien- und Bildungswirtschaft und DV-gestütztes Controlling. In diesem Bereich ist er u. a. Mitautor des Standardwerks „Grundzüge der Wirtschaftsinformatik". Er ist Mitherausgeber der Zeitschrift „Wirtschaftsinformatik" und im Herausgeberbeirat der Zeitschrift „Kostenrechnungspraxis".

Dipl.-Kff. Sandra Schwarz, Jg. 1977, hat Betriebswirtschaft an der Universität Saarbrücken mit den Schwerpunkten Handelsmanagement, Internationales Management und Strategische Organisation studiert. Sie ist wissenschaftliche Mitarbeiterin von Professor

Dr. Bernhard Swoboda an der Universität Trier und beschäftigt sich hier mit dem Internationalen Handelsmanagement und Internationalem Marketing.

Dipl.-Math. Joachim Schwarz ist Doktorand am Lehrstuhl für allgemeine Betriebswirtschaftslehre, insbesondere Unternehmensführung und Unternehmensentwicklung an der Universität Witten/Herdecke. Vorher studierte er Mathematik mit Schwerpunkt Statistik und Betriebswirtschaftslehre an der Universität Göttingen und am Trinity College in Dublin. Seine bevorzugten Forschungsgebiete sind IPO-Management, angewandte Statistik sowie Medienmanagement.

Thomas M. Stein, stieg 1975 in das Musik-Business ein: zuerst bei der damaligen EMI-Tochter Chrystal und ab 1978 kreierte er Popmusik-Kultsendungen beim ZDF und war danach ab 1982 Geschäftsführer der Teldec Schallplatten GmbH. Zu BMG wechselte er 1988, zunächst als Geschäftsführer von BMG Ariola und drei Jahre später als Geschäftsführer BMG Germany/Austria/Switzerland (GSA). Im Juli 2001 wurde Thomas Stein President von BMG Europa. Außerdem ist er Executive Vice President Worldwide A&R von BMG und Mitglied des internationalen Steering Committes von BMG. Thomas Stein holte im November 2002 das weltweit erfolgreiche Konzept „Pop Idol“ unter dem Namen „Deutschland sucht den Superstar“ nach Deutschland.

Prof. Dr. Bernhard Swoboda, Jg. 1965, hat Betriebswirtschaft an den Universitäten Gießen und Essen studiert, in Saarbrücken promoviert, habilitiert und ist seit 2002 Inhaber der Professur für Marketing und Handel der Universität Trier. Er war Scholar an der Berkeley University und ist Referent an den Universitäten Basel, St. Gallen, WHU sowie Gabriela Mistral, Santiago und Clark, Worcester. Zu seinen Forschungsfeldern gehören Handelsmanagement, Konsumgütermarketing und Internationales Management. Er war an vielen Projekten mit Unternehmen beteiligt wie COOP, Goodyear, Karstadt, Kaufhof, Lekkerland, REWE, SAP etc.

Dipl.-Wirtsch.-Inf. Antonios Tzouvaras absolvierte ein Studium der Wirtschaftsinformatik an der Universität Göttingen. Sein Studium ergänzten diverse Praktika in der Industrie. Seit Mai 2000 ist Herr Tzouvaras wissenschaftlicher Mitarbeiter in der Forschungsgruppe „Digitale Medienunternehmen” der Abteilung Wirtschaftsinformatik II der wirtschaftswissenschaftlichen Fakultät der Universität Göttingen. Seine Forschungsschwerpunkte umfassen die Entwicklung von Referenzmodellen für Buchverlage und die Auswirkungen neuer technologischer Entwicklungen auf die Verlagsbranche.

Patrick Vogt, Dipl.-Kfm., ist seit 2000 Doktorand am Lehrstuhl für Unternehmensführung des Deutsche Bank Instituts für Familienunternehmen an der Privaten Universität Witten/Herdecke. Zuvor absolvierte Herr Vogt das Studium der Betriebswirtschaftslehre an der Universität Bielefeld.

Simone Wastl, Jahrgang 1973, studierte an der Universität Konstanz Verwaltungswissenschaften mit den Schwerpunkten Management und Internationale Beziehungen, wo sie 1998 ihren Abschluss zur Diplom-Verwaltungswissenschaftlerin machte. Während ihres Studiums sammelte sie Erfahrungen in Unternehmen der Konsumgüter- und Luxusgüterindustrie, in Werbeagenturen sowie im Handel. Ihre Karriere begann Simone Wastl bei Roland Berger Strategy Consultants in München, wo sie 3,5 Jahre dem Competence Center „Consumer Goods & Retail" angehörte. Die Schwerpunkte ihrer Arbeit bildeten CRM- und Branding-Projekte in der Konsum- und Luxusgüterbranche sowie Handelsmarketingprojekte. Seit 2001 arbeitet sie für die BBDO Consulting GmbH in Düsseldorf, wo sie überwiegend mit Projekten im Bereich Brand Management beschäftigt ist. Weiterhin ist Simone Wastl Mitglied der Retail-Practice von BBDO Consulting.

Univ.-Prof. Dr. Rolf Weiber studierte nach seiner Ausbildung zum Einzelhandelskaufmann Volkswirtschaftslehre und Wirtschaftspädagogik an der Universität Mainz, wo er 1985 zum Dr. rer. pol. promovierte. Anschließend war er über drei Jahre als Systemingenieur bei der IBM Deutschland GmbH tätig und habilitierte sich 1991 an der Westfälischen Wilhelms-Universität in Münster. Seit 1992 ist er Inhaber der Professur für Marketing, Innovation und E-Business (www.innovation.uni-trier.de) und seit 2000 geschäftsführender Direktor des Competence Center Electronic Business (www.ceb-trier.de) an der Universität Trier. Seine bevorzugten Forschungsgebiete bilden das Electronic Business, das Business-to-Business-Marketing und das Management technologischer Innovationen.

Prof. Dr. Bernd W. Wirtz, geboren 1964, studierte Betriebswirtschaftslehre in Köln, London und Dortmund. Es folgte eine Promotion im Bereich strategisches Management im Medienmarkt und eine Habilitation zum Thema Erfolgsfaktoren des Geschäftsbeziehungsmanagements an der Universität Zürich. Er war als Unternehmensberater für Roland Berger & Partners in München und als Manager für Andersen Consulting, Strategic Competency Group, Frankfurt tätig. Seit 1999 ist Bernd W. Wirtz Inhaber des Lehrstuhls für Allgemeine Betriebswirtschaftslehre, insbes. Unternehmensführung und -entwicklung an der Universität Witten/Herdecke sowie Privat-Dozent für Betriebswirtschaftslehre an der Universität Zürich.

Peter Würtenberger, geboren 1966 in Dortmund, schloss eine Ausbildung zum Industriekaufmann bei der Siemens AG und ein Studium der Betriebswirtschaftslehre an der Universität Köln ab. Von 1993 bis 1995 war er als Division Controller Central Europe bei Schlumberger Oilflied Services, Amsterdam tätig. Ab 1995 war er zunächst als CFO bei BMG Classics Europe in München und danach bei BMG Berlin Musik GmbH beschäftigt. Von 1998-2001 war Peter Würtenberger Managing Director bei Yahoo! Deutschland. Seit 2001 ist er Vorstandsvorsitzender der Bild.T-Online AG in Berlin.

Gerhard Zeiler, geb. 1955, ist seit November 1998 Geschäftsführer von RTL Television. Nach dem Studium der Psychologie, Soziologie und Pädagogik arbeitete er als Journalist, bevor er 1979 Pressesprecher des österreichischen Bundesministers für Unterricht und Kunst, Sinowatz, wurde. 1983 folgte er Sinowatz nach dessen Ernennung zum Regierungschef ins Kanzleramt. Seine TV-Laufbahn startete Zeiler 1986 als Generalsekretär des öffentlich-rechtlichen Österreichischen Rundfunks (ORF). 1992 wechselte Gerhard Zeiler als Geschäftsführer zum Aufbau des neugegründeten Senders RTL 2 nach Köln. 1994 wurde er zum Generalintendanten des ORF gewählt.

Erster Teil

Einführung ins Medien- und Multimediamanagement

Bernd W. Wirtz

Einführung ins Medien- und Multimediamanagement

Im Zuge des gesellschaftlichen Wandels von der Industriegesellschaft zur Informationsgesellschaft gewinnen Medien und Internet zunehmend an Bedeutung. Neue Leistungsangebote der Medien- und Multimedia-Unternehmen sowie neue Informations- und Kommunikationstechniken beeinflussen zunehmend alle gesellschaftlichen und wirtschaftlichen Bereiche und stellen gewohnte Strukturen in Frage. So werden nicht nur die Rezipienten beziehungsweise „User" mit neuen Angeboten konfrontiert, sondern auch die Medien- und Multimedia-Unternehmen selbst werden durch die Veränderung der Marktstrukturen vor neue Herausforderungen gestellt.

Insbesondere im Bereich neuer Medienprodukte bestehen umfangreiche Wachstums- und Beschäftigungspotentiale, so dass dem informationsverarbeitenden Sektor eine erhebliche volkswirtschaftliche Bedeutung zuteil wird. Maßgebliche Faktoren für die jüngsten Entwicklungen in der Medien- und Multimediabranche sind technologische Innovationen und der Aufbau einer funktionierenden technischen Infrastruktur, z. B. der Auf- und Ausbau breitbandiger Kommunikationsnetze sowie die Ausstattung der Haushalte mit den entsprechenden Endgeräten. Darüber hinaus haben auch die Deregulierung der Märkte sowie neu geschaffene multimediale Angebote im privaten und unternehmerischen Bereich einen erheblichen Einfluss. Letztlich ist aber auch die Etablierung von Informations- und Nutzungskulturen für die Akzeptanz der neuen Medien von entscheidender Bedeutung.

Mit dieser Entwicklung ändern sich nicht nur die technischen, kulturellen und sozialen, sondern insbesondere auch die wirtschaftlichen Strukturen. Durch das Eintreten neuer Marktteilnehmer und die zunehmende Globalisierung verlieren die etablierten lokalen Märkte an Bedeutung. Strategische Allianzen werden zunehmend auf internationaler Ebene geschlossen und weiter ausgebaut. Diesen Herausforderungen zu begegnen, ist die vornehmliche Aufgabe des Medien- und Multimedia-Management.

Das vorliegende Handbuch Medien- und Multimedia-Management soll einen Beitrag dazu leisten, diese Herausforderungen aus wissenschaftlicher und praxisorientierter Sicht darzustellen und mögliche Lösungsansätze aufzuzeigen. Das Handbuch gliedert sich in acht Kapitel. Das erste Kapitel widmet sich der Einführung in das Medien- und Multimedia-Management. Nach dem einführenden Beitrag von Bernd Wirtz über den Aufbau und Inhalt des Handbuches widmet sich der Autor in einem zweiten Beitrag den Grundlagen des Medien- und Multimedia-Management. Hier werden neben terminologischen Grundlagen und Definitionen insbesondere die Struktur und Abgrenzung der Medien- und Multimedia-Märkte thematisiert. Diese Betrachtung gewinnt vor dem Hintergrund der zunehmenden Dynamik und der in Teilbereichen vorliegender Konvergenzentwicklungen in diesen Märkten an Bedeutung.[1] Marie Luise Kiefer von der Universität Wien beschäftigt sich in ihrem Beitrag mit dem Nutzungsverhalten der Konsumenten bzw. Rezipienten auf den Medien- und Multimedia-Märkten. Vielfach hat der Medienkonsument in der neueren Diskussion eine wichtige Bedeutung als ökonomischer Akteur

1 Vgl. Wirtz (1994), S. 17 ff.; Wirtz (2003), S. 19 ff.

erfahren.[1] Dabei wird das Nutzungsverhalten sowohl in den klassischen Medien als auch in den neuen Medien, wie etwa im Internet, dargestellt. Christoph Burmann und Axel Nitschke von der Universität Bremen geben in dem letzten Beitrag des ersten Kapitels einen Überblick über das Strategische Marketing für Medienunternehmen. Diesem kommt bekanntlich durch die zunehmende Intensivierung des Wettbewerbs eine immer wichtigere Bedeutung im Rahmen der kundenorientierten Marktbearbeitung zu.[2] Die Autoren stellen in ihrem Beitrag insbesondere die strategischen Grundsatzentscheidungen und die marktteilnehmergerichteten Strategien dar.

Das zweite Kapitel des Handbuches widmet sich dem Printmanagement. Das Spektrum der Beiträge reicht hier von dem klassischen Zeitungsgeschäft über das Buchmanagement bis hin zur multimedialen Erweiterungen von Printprodukten. Christoph Keese greift im ersten Beitrag des zweiten Kapitels das Thema der Führung und Entwicklung von überregionalen Tageszeitungen auf. Am Beispiel der Financial Times Deutschland, deren Chefredakteur Christoph Keese ist, gibt er einen Einblick in die Entwicklung der journalistischen Konzeption der Financial Times Deutschland. Zudem widmet sich der Autor dem wichtigen organisationsstrukturellen Thema der optimalen Ausgestaltung der Redaktion und der journalistischen Qualitätskontrolle und -sicherung. Michael Grabner und Clemens Riedl vom Holtzbrinck Verlag diskutieren in ihrem Beitrag die Zukunft des Zeitungsgeschäfts. Anhand von fünf Thesen beschäftigen sich die Autoren mit aktuellen und zukünftigen Entwicklungen auf den Leser- und Anzeigenmärkten.

Torsten Gerpott von der Universität Duisburg geht in seinem Beitrag insbesondere auf das innovative Thema der Wettbewerbsstrategien von Verlagsunternehmen auf Online-Zeitungsmärkten ein. Der Autor stellt die Marktentwicklung von Online-Zeitungen dar, skizziert die strategischen Ausgangsbedingungen der Verlagsunternehmen und diskutiert die Wettbewerbsstrategien für Online-Zeitungen auf den Lesermärkten. Die für alle Printmedien wichtige Leser-Blatt-Bindung thematisieren Michael Lingenfelder und Sabine Fisbeck-Groh von der Universität Marburg. Am Beispiel von regionalen Tageszeitungen präsentieren beide die Ergebnisse einer empirischen Studie zur Kundenbindung und entwickeln darauf aufbauend Bausteine eines Konzeptes zur Leser-Blatt-Bindung.

Der Strategie und dem Management von Fachmedien widmet sich der Beitrag von Uwe Hoch von der Verlagsgruppe Handelsblatt. Der Autor stellt insbesondere die Markt- und Branchenstrukturen von Fachmedien dar und behandelt das Management von Fachzeitschriften. Matthias Schumann und Antonios Tzouvaras von der Universität Göttingen greifen das Thema von Referenz-Informationsmodellen für den unternehmensübergreifenden Leistungsprozess von Buchverlagen auf. Die Verwendung innovativer Informationstechnologien wird für den Medienbereich immer wichtiger.[3] An Hand eines X-Modells als Ordnungsrahmen thematisieren die Autoren insbesondere die Referenzmodellie-

---

1 Vgl. Kiefer (2001), S. 219 ff.

2 Vgl. Meffert/Burmann (2003).

3 Vgl. Schumann/Hess (2002), S. 101 ff.

rung in der Medienbranche und spezifizieren diese für Buchverlage. Über die multimediale Erweiterung von Printmarken und hieraus resultierende neue Wertschöpfungssteigerungen schreiben Peter Würtenberger und Marie Oetker von der Bild.T-Online.de AG. Aufbauend auf einer Skizze zur neueren Entwicklung der Medienmärkte setzen sich die Autoren vor allem mit der Ausdehnung von bestehenden medialen Marken auf neue Marktbereiche auseinander.

Das dritte Kapitel des Handbuches hat das TV- und Radiomanagement zum Gegenstand. Die vorliegenden Beiträge in diesem Kapitel reichen von der Behandlung der (strategischen) Positionierung von privaten und öffentlich-rechtlichen TV-Sendern über die zunehmende Individualisierung von TV-Formaten bis hin zu Wettbewerbsstrategien von Radioanbietern. Am Beispiel des ZDF stellt Markus Schächter den Programmauftrag öffentlich-rechtlicher Rundfunkanstalten im Internetzeitalter dar. Hierbei wird ein besonderes Schwergewicht auf die Onlineaktivitäten gelegt. Gerhard Zeiler von RTL widmet sich in seinem Beitrag der strategischen Wettbewerbspositionierung von privaten TV-Anbietern. Am Beispiel von RTL stellt er die Positionierungsstrategien privater Anbieter in einem sich wandelnden TV-Markt dar. Über die zunehmende Personalisierung von TV-Angeboten schreiben Bernd Wirtz und Joachim Schwarz von der Universität Witten/Herdecke. Die Autoren setzen sich mit der Entwicklung intelligenter, digitalbasierter TV-Aufzeichnungsgeräte auseinander und zeigen die Implikationen für werbefinanzierte TV-Sender aus der zunehmenden Diffusion von DPTR's auf.

Die zunehmende Individualisierung in einer interaktiven Variante des Fernsehens behandeln Olaf Göttgens und Simone Wastl von BBDO. Die Verfasser thematisieren hierbei insbesondere die steigende Bedeutung von Dialogformen in elektronischen Medien und die Eignung von interaktivem Fernsehen als integrierter Informations-, Kommunikations- und Vertriebskanal. Manfred Krafft und Oliver Götz von der Universität Münster widmen sich dem Customer Relationship Management im TV-Bereich. Dem Kundenbeziehungsmanagement kommt generell in der betriebswirtschaftlichen Forschung eine hohe Bedeutung zu.[1] In ihrem Beitrag stellen die Autoren unter anderem die Instrumente und das Erfolgspotential von CRM-Strategien in TV-Anstalten dar.

Thorsten Hennig-Thurau von der Bauhaus-Universität Weimar greift das Thema der Erfolgsfaktoren von Spielfilmen auf. Neben den originären Filmeigenschaften werden auch externe Faktoren wie etwa Filmkritiken und Auszeichnungen als Erfolgsfaktoren ausführlich diskutiert. Jobst Plog vom NDR widmet sich dem Thema des Aufbaus und der Entwicklung von Senderfamilien im Hörfunk. Vor dem Hintergrund des öffentlich-rechtlichen Programmauftrages zeigt der Autor die Struktur und Entwicklung der NDR-Radiosender auf. Über die strategische Perspektive im Radiobereich schreiben Elke Schneiderbanger und Markus Börner von radio NRW. Hierbei werden insbesondere Wettbewerbsstrategien für den lokalen Hörfunkmarkt dargestellt.

---

1 Vgl. Krafft (2000).

Das vierte Kapitel des Handbuches widmet sich dem Musikmanagement. Das Spektrum der Beiträge reicht hier von dem klassischen Musikgeschäft über Strategien in sich wandelnden Musikmärkten bis hin zu internetbasierten Musikvertriebsformen. Die Bedeutung von Peer-to-Peer-Systemen für Musiklabels führt Thomas Hess von der Ludwig-Maximilians-Universität München aus. Insbesondere vor dem Hintergrund der zunehmenden Bedeutung des Internet im Medienbereich sind Peer-to-Peer-Systeme immer wichtiger.[1] Der Verfasser nimmt vor allem eine technologische und betriebswirtschaftliche Analyse von Peer-to-Peer-Systemen im Musikbereich vor. Johannes Hummel von der Universität Paderborn beschäftigt sich mit dem Einfluß der Digitalisierung und des Internets für die Musikindustrie. Im Zentrum seiner Betrachtung stehen ebenfalls Peer-to-Peer-Netzwerke. Er charakterisiert dabei aktuelle Entwicklungen und arbeitet Implikationen für die Musikbranche heraus.

Thomas Stein und Hubert Jakob von BMG greifen in ihrem Beitrag das Thema der schrumpfenden Musikmärkte und der neuen (Internet-) Vertriebswege als Herausforderung für die strategische Unternehmensführung auf. Neben den Ursachen für die global schrumpfenden Musikmärkte werden Aspekte der digitalen Distribution und des strategisch basierten Geschäftsmodellwandels diskutiert. Mit der Bedeutung des nationalen Musiksegments im deutschsprachigen Hörfunk beschäftigt sich Balthasar Schramm von Sony Music. Der Autor widmet sich Fragen der Musikvielfalt und der Domestic-Strategie von Sony. Bernd Wirtz, Patrick Vogt und Rüdiger Flothmann von der Universität Witten/Herdecke schreiben über integriertes Management in der Musikindustrie. Dabei behandeln die Autoren die anzutreffenden Wertschöpfungsstrukturen, die Geschäftsmodelle sowie die Aufgaben des Musikmanagements und gehen darüber hinaus auf die Entwicklungsperspektiven ein.

Im fünften Kapitel des Handbuches wird das Internet- und Multimediamanagement thematisiert. Auch in diesem Kapitel ist eine vielfältige Betrachtung des Themas gegeben: Thomas Holtrop von der T-Online AG stellt das kombinierte Geschäftsmodell des größten europäischen Internet Service Providers dar. Hierbei werden neben den Erfolgsfaktoren des integrierten Geschäftsmodells auch die Herausforderungen durch breitbandiges Internet und neue multimediale Nutzungswelten diskutiert. Wolfgang Fritz von der Technischen Universität Braunschweig beschäftigt sich in seinem Beitrag mit den Besonderheiten des Online-Marketing. Das Marketing über das Internet gewinnt in den letzten Jahren zunehmend an Relevanz.[2] Der Verfasser widmet sich neben den veränderten Umfeldbedingungen durch das Internet, den Marketing-Strategien und den „4-Online-P". Heribert Meffert und Michael Bongartz von der Universität Münster thematisieren den Einsatz neuer Medien im Markenmanagement. Der Multimediakommunikation und dem Markenmanagement über das Internet kommt eine erhebliche Bedeu-

1 Vgl. Hess (2002), S. 571 ff.

2 Vgl. Fritz (2001), S. 15 ff.

tung zu.[1] Dementsprechend werden insbesondere der Prozess der Markenpositionierung und -profilierung bei neuen Medien, der markenstrategische Handlungsrahmen und die medienspezifischen Handlungsfelder thematisiert. Detlef Schoder und Stefan Grasmugg von der Wissenschaftlichen Hochschule Vallendar bei Koblenz widmen sich in ihrem Beitrag der massenhaften Individualisierung der Leistungserstellungs- und Kommunikationsprozesse mittels Electronic Business. Die Autoren greifen insbesondere One-to-One-Marketing und Mass Customization als wesentliche Basiskonzepte auf und führen diese im Kontext des internetbasierten Individualisierungsmanagements aus.

Sönke Albers, Gregor Panten und Björn Schäfers von der Universität zu Kiel nehmen in ihrem Beitrag eine Erfolgsanalyse von Geschäftsmodellen im Electronic Commerce vor. Dabei identifizieren die Autoren auf Basis einer Fallstudienanalyse sieben Erfolgsfaktoren von Electronic Commerce Akteuren. Rolf Weiber und Peter Billen von der Universität Trier widmen sich dem Thema des Internet-Nutzungsverhaltens. Neben den Nutzertypologien werden insbesondere Kaufmotive und Kauftypen in dem Beitrag behandelt. Dem Wissensmanagement kommt in der Informationsgesellschaft eine besondere Bedeutung zu.[2] Der Beitrag von Ralf Reichwald von der Technischen Universität München und Ingo Deking von der Siemens Management Consulting greift diesen Bereich auf. Die Autoren thematisieren das strategische Wissensmanagement in der Medien- und Multimediabranche mit besonderem Bezug zur Knowledge Scorecard.

Das sechste Kapitel des Handbuches widmet sich den Themenfeldern der Integration und Konvergenz im Medien- und Multimediabereich. Das Spektrum der Beiträge reicht hier von Wertekettenstrategien in konvergierenden Märkten über Strategische Allianzen bis hin zu strategischem Konvergenz-Management. Bernd Wirtz von der Universität Witten/Herdecke greift das Thema der Wertekettenstrategien in konvergierenden Märkten auf. Hierbei werden insbesondere die Veränderung der Wertschöpfungsstrukturen und entsprechende strategische Aktivitätsfelder näher behandelt. Max Ringlstetter, Stephan Kaiser und Anke Brack von der Universität Eichstätt-Ingolstadt nehmen in ihrem Beitrag eine Analyse von Strategischen Allianzen in der Medienbranche vor. Es werden neben den Motiven und Optionen für strategische Allianzen insbesondere die unternehmensübergreifende Nutzung von Medieninhalten in Allianzen betrachtet.

Christoph Mohn von Lycos Europe schreibt über die Positionierung von Internetportalen in konvergierenden Medienmärkten. Dabei werden unter anderem Aspekte der Verlagerung von Medieninhalten in das Internet und der Meinungsbildung im Internet diskutiert. Bernhard Swoboda und Sandra Schwarz von der Universität Trier behandeln die Distribution und Logistik von integrierten Medienunternehmen. Dabei gehen die Autoren insbesondere auf verschiedene Distributionsoptionen für integrierte Medienunternehmen ein. Die Entwicklung des Multimediamanagement und die Konvergenz der In-

1 Vgl. Meffert (2000), S. 746 ff.

2 Vgl. Picot/Reichwald/Wigand (2001), S. 561 ff.

formations- und Kommunikationsmärkte sind eng verbunden.[1] Frank Keuper von der Universität Mainz und René Hans von IBM Business Consulting Services widmen sich in ihrem Beitrag dem strategischen Konvergenz-Management. Neben den Konvergenztreibern und -dimensionen werden insbesondere Strategien und Instrumente für das Konvergenz-Management in der TIME-Branche aufgegriffen.

Im Rahmen des siebten Kapitels wird das Medienmanagement vor dem Hintergrund der zunehmenden Internationalisierung der Medienmärkte thematisiert. Zunächst widmet sich Robert Picard von der Jönköping Universität in Schweden den Schwierigkeiten und Herausforderungen, denen sich international agierende Medienunternehmen zunehmend stellen müssen. Der Verfasser stellt Strategien und Methoden vor, wie Unternehmen erfolgreich auf globalen Multimedia-Märkten agieren können. Gerd Kopper von der Universität Dortmund widmet sich im Rahmen seines Beitrages zur Medienindustrie dem Stand und der Entwicklungsrichtung der Internationalisierung sowie dem Umfang, den Folgen und den Rahmenbedingungen der Digitalisierung.

Bernd Kundrun und André Möllersmann von Gruner + Jahr analysieren in ihrem Beitrag die Besonderheiten des Zeitschriften-Marketings, die Motive für internationale Marktbearbeitung sowie die Internationalisierungsstrategien im Zeitschriftenmarkt. Anschließend stellen sie exemplarisch die Internationalisierungsstrategien des Druck- und Verlagshauses Gruner + Jahr vor. Die Autoren Frank Habann und Andreas Herrmann von der Universität St. Gallen zeigen im Rahmen ihres Beitrages die Auswirkungen der Internationalisierung auf die Medieninhalte-Produktion auf. Die Autoren betrachten Markteintritts- und Marktbearbeitungsstrategien wie beispielsweise Lizenzierung und Export.

Gegenstand des sich anschließenden achten und letzten Kapitels des Handbuches ist die volkswirtschaftliche Bedeutung des Medienmarktes. Jürgen Heinrich von der Universität Dortmund erfasst die volkswirtschaftliche Bedeutung primär mit dem Indikator Umsatz. Darüber hinaus stellt der Verfasser die Bedeutung für die Werbewirtschaft dar und zeigt Angebot und Nachfrage nach Massenmedien auf. Horst Schellhaaß von der Universität zu Köln betrachtet die Rundfunkordnung aus institutionenökonomischer Sicht. Der Autor thematisiert sowohl Institutionen zur Sicherung der Meinungsvielfalt als auch zur Sicherung des Wettbewerbs. Das Kapitel schließt Michael Hutter von der Universität Witten/Herdecke mit einem Beitrag zu den Auswirkungen des technischen Fortschritts auf die Unterhaltungsmedienmärkte. Der Autor richtet seinen Fokus auf eine Betrachtung der Veränderungen der Kapitalintensität auf den Beschaffungs-, Produkt- und Werbemärkten.

Die Systematik und der Aufbau des Lehrbuches sind in der Abbildung 1 grafisch dargestellt. Um die Nutzung des Handbuches zu erleichtern, sind die Autoren und Einzelbeiträge entsprechend thematisch eingeordnet.

1 Vgl. Keuper/Hans (2003), S. 36 ff.

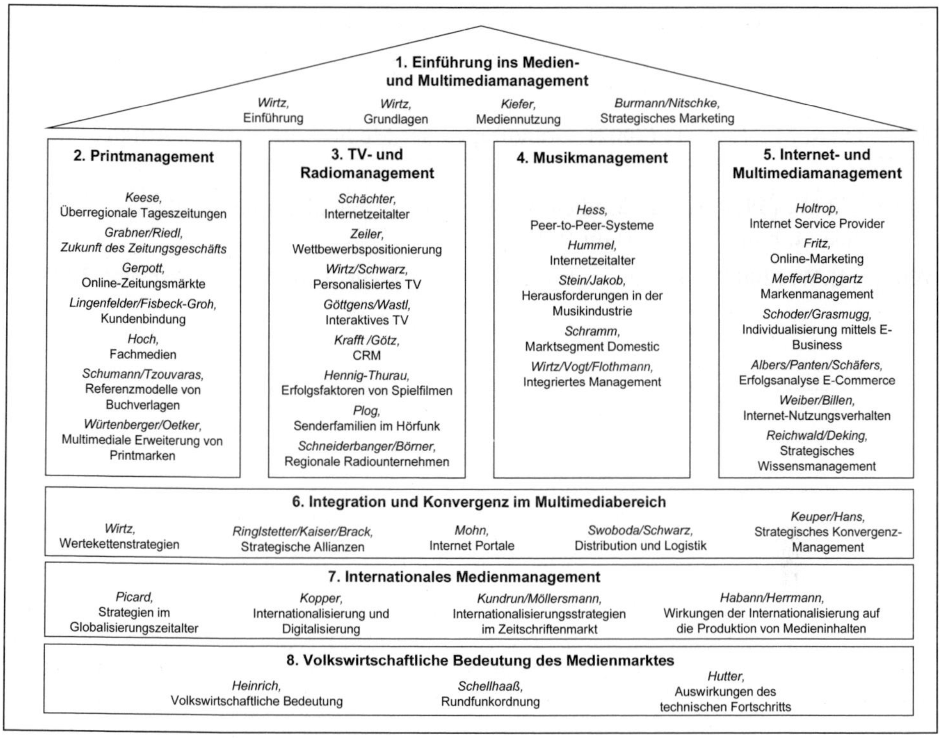

Abbildung 1: Übersicht zur Gliederung des Handbuches

Literaturverzeichnis

FRITZ, W. (2001), Internet-Marketing und Electronic Commerce, 2. Auflage, Wiesbaden 2001.

HESS, T. (2002), Implikationen des Internets für die Medienbranche, in: Keuper, F. (Hrsg.), Electronic Business und Mobile Business, S. 569-602, Wiesbaden 2002.

MEFFERT, H. (2000), Marketing, 9. Auflage, Wiesbaden 2000.

MEFFERT, H./BURMANN, B. (2003), Strategisches Marketing-Management, 2. Auflage, Wiesbaden 2003.

KEUPER, F./HANS, R. (2003), Multimedia-Management, Wiesbaden 2003.

KIEFER, M.L. (2001), Medienökonomik, München 2001.

KRAFFT, M. (2000), Kundenbindung und Kundenwert, Heidelberg 2000.

PICOT, A./REICHWALD, R./WIGAND, R. (2001), Die grenzenlose Unternehmung, 4. Auflage, Wiesbaden 2001.

SCHUMANN, M./HESS, T. (2002), Grundfragen der Medienwirtschaft, 2. Auflage, Berlin 2002.

WIRTZ, B.W. (1994), Neue Medien, Unternehmensstrategien und Wettbewerb im Medienmarkt, Frankfurt am Main 1994.

WIRTZ, B.W. (2003), Medien- und Internetmanagement, 3. Auflage, Wiesbaden 2003.

Bernd W. Wirtz

Grundlagen des Medien- und Multimediamangements

1. Einleitung

Die Notwendigkeit einer betriebswirtschaftlichen Durchdringung der Medienbranche ergibt sich aus der wachsenden Bedeutung der Medien als Wirtschaftsfaktor. Durch das Zusammenwachsen von bisher getrennten Wirtschaftsbereichen wie Telekommunikation, Informationstechnik und Medien ergeben sich erhebliche gesamtwirtschaftliche und beschäftigungspolitische Veränderungen für die Wirtschaft. Die Innovationen in der Informations- und Kommunikationstechnologie führen zu einem Wandel von der Industriegesellschaft zur Informationsgesellschaft. Hier spielen die Medien, die für die Verbreitung von Informationen mitverantwortlich sind, eine besondere Rolle.

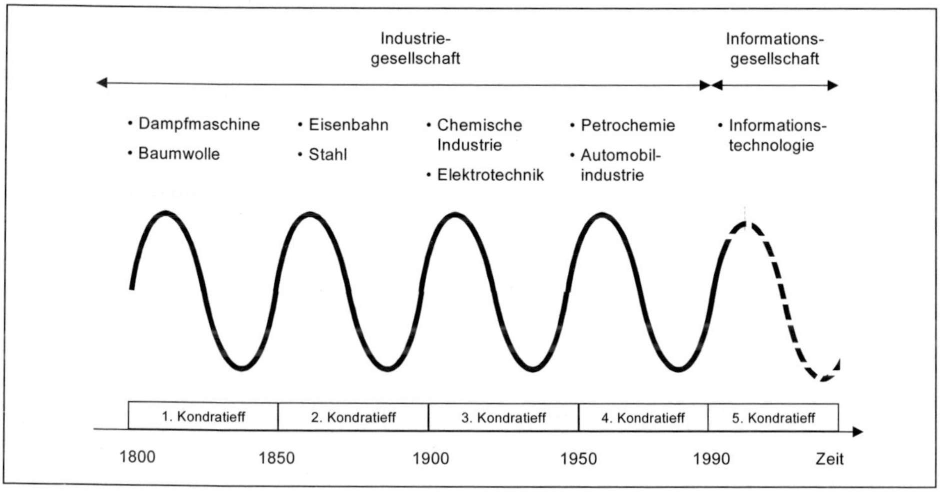

Abbildung 1: Die Entwicklung technologischer Revolutionen[1]

Das zugrundeliegende Prinzip dieser Entwicklung kann mit dem Konzept der Kondratieff-Zyklen erläutert werden, nach dem die Zustandsformen gesellschaftlicher Entwicklungen im Wesentlichen durch technologische Innovationen bestimmt werden, die sinusartige Innovationswellen bzw. -phasen begründen.[2] Der Informationstechnik als Basisinnovation wird dabei eine ebenso große Bedeutung zugeschrieben wie anderen fundamentalen Technologien, wie z. B. der Eisenbahn, der Elektrizität oder der Petrochemie. Damit gibt sie den Anstoß für einen technologischen, wirtschaftlichen und so-

1 In Anlehnung an Nefiodow (2001), S. 3.

2 Vgl. Denger/Wirtz (1995), S. 20.

zialen Wandel, den aktuellen fünften Kondratieff-Zyklus (siehe Abbildung 1). Dieser Wandel hat weitreichende Auswirkungen auf die volkswirtschaftliche Beschäftigungssituation. Der Informations- und Kommunikationssektor bildet sich zunehmend zu einem eigenständigen (quartären) Sektor der Volkswirtschaft heraus, wie aus Abbildung 2 hervorgeht.

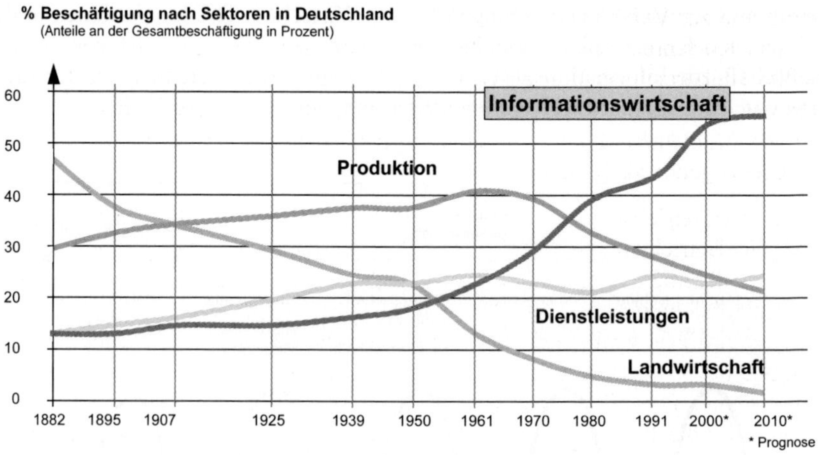

Abbildung 2: Entwicklung zur Informationsgesellschaft[1]

Durch diese Entwicklung hin zur Informationsgesellschaft erhält der Medien- und Multimediabereich eine besondere Bedeutung, da die Medien traditionell einen erheblichen Anteil am Informations- und Kommunikationsmarkt einnehmen. Nach diesen einleitenden Ausführungen zum Stellenwert des Medien- und Multimediabereich wird im Folgenden auch eine begriffliche Eingrenzung des Medien- und Multimediamanagements vorgenommen (siehe Abschnitt 2) und aufbauend hierauf eine entsprechende Abgrenzung der Medien- und Multimediamärkte dargestellt (siehe Abschnitt 3).

1 In Anlehnung an Dostal (1995), S. 529.

2. Terminologische Abgrenzung des Medienmanagements

Für die wirtschaftswissenschaftliche Einordnung des Medien- und Multimediamanagement kann die Unterteilung der Betriebswirtschaftslehre in drei Teilbereiche verwendet werden.[1] Hier ist zunächst die betriebswirtschaftliche Verfahrenstechnik zu nennen, die Modelle, Methoden und Verfahren, also das Werkzeug für die Betriebswirtschaftslehre entwickelt und zur Verfügung stellt. In diesem Bereich sind z. B. die Systeme der Buchhaltung und Kostenrechnung sowie Planungs- und Organisationstechniken angesiedelt. Der zweite Teilbereich der Betriebswirtschaftslehre umfasst das Gebiet der Allgemeinen Betriebswirtschaftslehre. Ihre Aufgabe liegt in der Identifizierung, Beschreibung und Lösung von Problemen, die mehr oder weniger allen Unternehmen, unabhängig von ihrer Branchenzugehörigkeit, gemein sind.

Dabei zielt die Betriebswirtschaftstheorie auf die Erkenntnis der betrieblichen Prozesse, während die Betriebwirtschaftspolitik die Gestaltung dieser Prozesse als Fokus hat. Analog zur Allgemeinen Betriebswirtschaftslehre beschäftigen sich die speziellen Betriebswirtschaftslehren bzw. Wirtschaftszweiglehren als drittes Teilgebiet mit den betriebswirtschaftlichen Problemen, die nur in einzelnen Gruppen von Unternehmen auftauchen, und die aus den Besonderheiten der Branche, in denen diese Unternehmen tätig sind, resultieren. Hier sind beispielhaft die Bankbetriebslehre, die Versicherungsbetriebslehre oder die Industriebetriebslehre zu nennen. Das Medien- und Multimediamanagement soll hier als betriebswirtschaftliche Disziplin verstanden werden, die betriebliche Erscheinungen und Probleme bei der Führung von Medien- und Multimediaunternehmen identifiziert und beschreibt. Gleichzeitig wird sie aber auch als angewandte Wissenschaft konzipiert, die in der betrieblichen Praxis Hilfen zur Führung von Medienunternehmen geben soll. Der Versuch einer Einordnung des Medien- und Multimediamanagement in die Betriebswirtschaftslehre führt dann zu dem Ergebnis, dass das Medien- und Multimediamanagement als eigenständige Medien- und Multimediabetriebslehre dargestellt werden kann, die als vollwertige Wirtschaftszweiglehre neben den oben genannten Lehren in den Bereich der speziellen Betriebswirtschaftslehren eingeordnet wird.

■ Abgrenzung der Medienbranche

Das Medienmanagement als Branchenbetriebswirtschaftslehre konzentriert seine Betrachtungen auf Unternehmen der Medienbranche. Für eine Abgrenzung der einzelnen Branchen sind unterschiedliche Klassifikationen denkbar. So kann eine Identifizierung der relevanten Unternehmen z. B. anhand ihrer Produkte, der Regulierung der Märkte,

1 Vgl. Wöhe (1993), S. 19.

auf denen sie tätig sind, der Technologie oder ihrer Stellung in der Wertkette erfolgen.[1] An dieser Stelle soll als Abgrenzungskriterium die Leistungsausrichtung der Unternehmen herangezogen werden. Demzufolge gehören zur Medienbranche alle Unternehmen, die Medienprodukte erstellen und/oder auf Märkten absetzen. Dabei können Medien als Einrichtungen für die Vermittlung von Meinungen, Informationen oder Kulturgütern definiert werden.[2] In der Regel fallen hierbei nur Massenmedien unter den Gegenstand der Betrachtung, das heißt Medien, die einen Absender und eine große Anzahl an Empfängern haben (One-to-many-Kommunikation).

Einem integrierten Medien- und Multimediamanagement wird diese Abgrenzung jedoch nicht gerecht. Dies liegt zum einen an den besonderen technischen Möglichkeiten des Internet, die selbst im Bereich der klassischen Medien eine One-to-one-Kommunikation ermöglichen. So ist es beispielsweise möglich, Lesern eine personalisierte Zeitung bereitzustellen. Zum anderen gibt es im Internet zahlreiche Unternehmen, die das neue Medium zur Übertragung von Information und Unterhaltung nutzen, deren eigentlicher Unternehmenszweck jedoch in einem anderen Bereich liegt. Es findet somit eine zunehmende Verschmelzung der Medienunternehmen und der Multimediaunternehmen statt.

■ Inhaltlicher Aufbau der Managementlehre

Die Managementlehre im Sinne einer Führungslehre kann in drei Bereiche unterteilt werden:[3]

1. Personalführung (Behavioural Sciences),
2. Unternehmensführung (Business Administration),
3. Unternehmensforschung/Operations Research (Management Sciences).

Die Personalführung kann als verhaltenswissenschaftliches Teilgebiet der Managementlehre bezeichnet werden. Die Unternehmensforschung/Operations Research ist als formalwissenschaftlicher Teil der Managementlehre anzusehen. Beide Teilgebiete können hier jedoch unberücksichtigt bleiben, da sie im Bereich der allgemeinen Betriebswirtschaftslehre angesiedelt sind und in der Regel keine branchenspezifischen Besonderheiten aufweisen. Das Medienmanagement beschäftigt sich somit ausschließlich mit der Unternehmensführung, die den betriebswirtschaftlichen Teil der Managementlehre darstellt. Unternehmensführung kann als die Gesamtheit derjenigen Handlungen der verantwortlichen Akteure bezeichnet werden, welche die Gestaltung und Abstimmung (Koordination) der Unternehmens-Umwelt-Interaktion im Rahmen des Wertschöpfungsprozesses zum Gegenstand haben und diesen grundlegend beeinflussen.[4] In einer weiteren Dimension wird das Management aus funktionaler und aus institutionaler Sicht be-

1 Vgl. Owers/Carveth/Alexander (1993), S. 4.

2 Vgl. Beck (2002), S. 1.

3 Vgl. Staehle (1999), S. 73.

4 Vgl. Macharzina (1999), S. 38.

trachtet:[1] Zum einen die Managementfunktionen (Managerial functions approach) und zum anderen die Managementinstitutionen (Managerial roles approach). Die funktionsorientierte Sichtweise des Managements beschreibt die Prozesse und Funktionen, die in arbeitsteiligen Institutionen zur Steuerung des Leistungsvollzugs notwendig sind. Im Vordergrund steht nicht die Frage, wie betriebliche Teilfunktionen wie z. B. der Einkauf optimal zu erfüllen sind, sondern die übergreifende Planung, Organisation und Kontrolle der Teilfunktionen. Management ist eine Querschnittsaufgabe, die den Einsatz der Ressourcen und das Zusammenwirken der Sachfunktionen steuert.[2] Die Managementfunktionen können in Form eines Management-Regelkreises dargestellt werden (siehe Abbildung 3). Im Wesentlichen sind hier die Funktionen Planung, Organisation und Kontrolle zu nennen. Einige Autoren nehmen zusätzlich die Funktionen Zielfindung und Zielformulierung sowie Entscheidung in den Regelkreis mit auf. Da der Planungsprozess mit der Zielfindung beginnt und mit der Entscheidung endet, werden sie hier unter dem Begriff der Planung subsumiert.

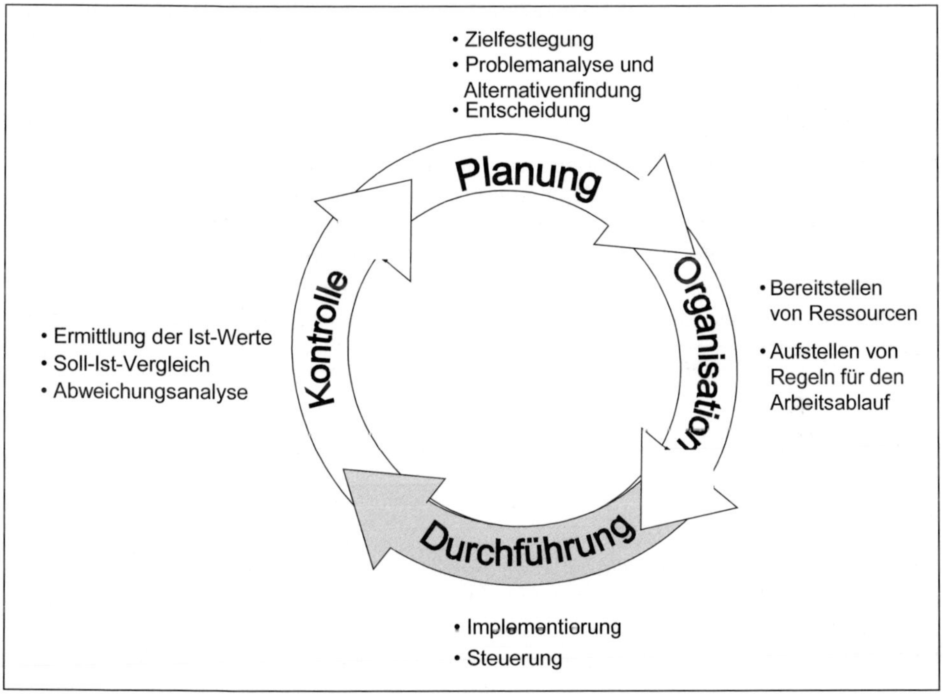

Abbildung 3: Management-Regelkreis

1 Vgl. Staehle (1999), S. 80 f.

2 Vgl. Steinmann/Schreyögg (2000), S. 6 f.

Auch die Durchführung wird regelmäßig in den Management-Regelkreis aufgenommen, obwohl sie keine originäre Funktion des Managements darstellt. Dies erfolgt aus formallogischen Gründen, da die Durchführung erstens zeitlich zwischen der Organisation und der Kontrolle liegt und zweitens unabdingbare Voraussetzung für die Kontrolle ist, da sie die zu kontrollierenden Ergebnisse liefert. Die Darstellung der Managementfunktionen in Form eines Regelkreises beruht auf der Annahme, dass die Kontrolle auch eine Abweichungsanalyse zwischen geplanten und realisierten Ergebnissen umfasst, die wiederum eine neue Planung und somit einen neuen Management-Zyklus notwendig macht.

Gegenstand des Managements aus institutionaler Sicht sind Personen und Personengruppen, die Managementfunktionen wahrnehmen und insbesondere ihre Tätigkeiten und Rollen. Während im deutschen Sprachgebrauch der Begriff „Manager" meist auf die oberen Führungsebenen beschränkt bleibt, umfasst er im angelsächsischen Sprachgebrauch Top, Middle und Lower Management, denen allerdings unterschiedliche Aufgabeninhalte zugeordnet werden.[1] Unter den institutionalen Managementbegriff fallen auch organisationsökonomische Erklärungsansätze wie die Principal-Agent-Theorie. Dem Medien- und Multimediamanagement liegt ein funktionaler Managementbegriff zugrunde, der die Planung, Organisation und Kontrolle von unternehmerischen Aktivitäten im Medienbereich umfasst.

- Media economics

Die US-amerikanischen Definitionen des Begriffs „Media economics" weisen als gemeinsamen Nenner den Aspekt des Ressourceneinsatzes bzw. der Ressourcenallokation zur Schaffung von distribuierbaren Inhalten auf (siehe Tabelle 1).[2] Dabei wird vor allem die volkswirtschaftliche Ausrichtung dieser Disziplin deutlich. Zwar beschäftigen sich die „Media economics" in einigen Teilbereichen auch mit betriebswirtschaftlichen Problemen, doch eine Gleichsetzung mit dem „Medienmanagement" kann daraus nicht abgeleitet werden.

---

1 Vgl. Staehle (1999), S. 82 ff.

2 Vgl. Picard (1989), S. 9 f.; Albarran (1997), S. 5.

Autor	Definition „Media economics“
Picard (1989)	„Media Economics is a term employed to refer to the business and financial activities of firms operating in the various media industries. The operations of these firms are undertaken in the context of given market conditions and technological alternatives and their anticipated financial implications. Media economics is concerned with how the media industries allocate resources to create information and entertainment content to meet the needs of audiences, advertisers, and other societal institutions.”
Albarran (1997)	„Media Economics is the study of how media industries use scarce resources to produce content that is distributed among consumers in a society to satisfy various wants and needs.”

Tabelle 1: Übersicht zu Definitionen von Media economics

- Medienökonomie

Während die US-amerikanische Bezeichnung „Media economics“ der wirtschaftswissenschaftlichen Forschung zugerechnet werden kann, wurde der Begriff der „Medienökonomie“ im deutschsprachigen Raum zunächst vorwiegend von der kommunikationswissenschaftlichen Forschung verwendet (siehe Tabelle 2).[1] Das bedeutet, dass eine in ihrer Bedeutung vollständige und umfassende Übersetzung des Begriffes „Media economics“ nicht mit dem deutschen Begriff „Medienökonomie“ geleistet werden kann. Allerdings ist in den Forschungsbemühungen der letzten Jahre ein inhaltlicher Wandel des Begriffs Medienökonomie erkennbar. Einerseits verändert sich die Medienökonomie zunehmend von einem geisteswissenschaftlichen zu einem wirtschaftswissenschaftlichen Fach, in dem weniger die kulturellen und sozialen Aspekte als die ökonomischen Aspekte der Medienwirtschaft im Fokus der Betrachtung stehen. Andererseits ist aber auch innerhalb dieser Betrachtungsweise eine Verschiebung von volkswirtschaftlichen zu betriebswirtschaftlichen Schwerpunkten zu erkennen.

Autor	Definition „Medienökonomie“
Heinrich (1994)	„Medienökonomie untersucht, wie die Güter Information, Unterhaltung und Verbreitung von Werbebotschaften in aktuell berichtenden Massenmedien produziert, verteilt und konsumiert werden. Sie untersucht also die ökonomischen Bedingungen des Journalismus.”
Kiefer (2001)	„Versucht man eine Definition von Medienökonomie, ...dann handelt es sich um eine Teildisziplin der PKW (*Publizistik- und Kommunikationswissenschaft, Anm. des Verf.*), die wirtschaftliche und publizistische Phänomene des Mediensystems kapitalistischer Marktwirtschaften mit Hilfe ökonomischer Theorien untersucht.“

Tabelle 2: Übersicht zu Definitionen von Medienökonomie

1 Vgl. Heinrich (1994); Altmeppen (1996).

Die hier dargestellte Bandbreite des Untersuchungsgegenstandes macht die unterschiedlichen Auffassungen über die Zuordnung der Medienökonomie zur Wirtschaftswissenschaft bzw. zur Kommunikationswissenschaft deutlich. Aber auch innerhalb der wirtschaftswissenschaftlichen Disziplin sind unterschiedliche Sichtweisen zwischen volkswirtschaftlichen und betriebswirtschaftlichen Autoren deutlich.

- Media Management

Bei dem Versuch, eine Übersicht zum Medienmanagement aus den Ansätzen des „Media Management" zu erstellen, kommt man zu dem Ergebnis, dass zwar ein grundsätzliches Einvernehmen über den betriebswirtschaftlichen Charakter des Medienmanagement herrscht, dass eine einheitliche Sichtweise jedoch noch nicht vorhanden ist. Den Ansätzen liegt ein funktionales Managementverständnis zugrunde. In der US-amerikanischen Medienliteratur finden sich weitere Definitionsansätze, die an die Managementlehre angelehnt sind: "Management may be defined as the process of planning, organizing, influencing, and controlling to accomplish organizational goals through the coordinated use of human and material resource"[1] oder "The process of decision making equals the process of managing. [...] We define decision making as the allocation of scarce resources by individuals or groups to achieve goals under conditions of uncertainty and risk."[2]

Autor	Definition „Media management"
Sherman (1995)	„Media management consists of (1) the ability to supervise and motivate employees and (2) the ability to operate facilities and resources in a cost-effective (profitable) manner."
Albarran (1997)	„The changing nature of the communication industries preludes the adoption of a universal theory of electronic media management. The complex day-to-day challenges associated with managing a radio, television, cable, or telecommunications facility make identifying or suggesting a central theory impossible."

Tabelle 3: Übersicht zu Definitionen von Media management

- Medienmanagement/Medienbetriebslehre

Auch im deutschsprachigen Bereich ist in den letzten Jahren ein zunehmendes Interesse an Fragestellungen des Medienmanagements festzustellen. Veröffentlichungen in diesem Bereich sind vor allem unter den Stichwörtern „Medienmanagement" und „Medienbetriebslehre" zu finden.

1 Pringle/Starr/McCavitt (1999), S. 3.

2 Sohn et al. (1999), S. 1 f.

Autor	Definition „Medienmanagement"/„Medienbetriebslehre"
Karmasin/Winter (2002)	„... wird Management als die permanente Wahrnehmung, Akkumulation und Artikulation von Alternativwissen und seine Anwendung auf den Leistungserstellungsprozess erkennbar. Diese Anwendung des Alternativwissens sollte dabei insbesondere in der Medienbranche nicht auf betriebswirtschaftliches Wissen eingeschränkt sein. ... Die Aufgabe von Management ist es ..., Routinen in Organisationen derart durcheinander zu bringen, dass sie sich an veränderte eigene und externe Zustände anpassen können."
Breyer-Mayländer/ Werner (2003)	„Medienbetriebslehre ... umfasst einerseits die Darstellung der Besonderheiten der Medienbranche bezogen auf die Märkte und Produkte und beschreibt andererseits die die branchenspezifischen Funktionen der klassischen betriebswirtschaftlichen Funktionen..."

Tabelle 4: Übersicht zu Definitionen von Medienmanagement/Medienbetriebslehre

Medienmanagement stellt nach dieser Auffassung eine Spezielle Betriebswirtschaftslehre[1] bzw. eine Wirtschaftszweiglehre dar, die allgemeine Fragestellungen der Betriebswirtschaft und des Management auf den besonderen Fall der Medienunternehmen und -produkte anwendet. Bezüglich ihrer Abgrenzung und theoretischen Fundierung sind jedoch große Unterschiede zwischen den Konzepten festzustellen; neben Darstellungen, die sich weitgehend an der klassischen Betriebswirtschaftslehre orientieren, sind auch interdisziplinär angelegte Vorgehensweisen zu finden.

An dieser Stelle wird der funktionale Managementbegriff des Media Management aufgegriffen und um den Aspekt der Unternehmensführung erweitert. Unternehmensführung stellt ein zielgerichtetes, gestaltendes Eingreifen in den Wertschöpfungsprozess von Unternehmen dar.[2] Medien- und Multimediamanagement erhält einen instrumentellen Charakter, da es der Verfolgung unternehmerischer Oberziele dient. Eine institutionelle Betrachtung des Managements im Sinne eines Managerial role approach wird nicht verfolgt. Dieser Begriffsbestimmung zufolge soll Medien- und Multimediamanagement nicht als interdisziplinäre Wissenschaft verstanden werden, sondern vielmehr als eine auf die Medien- und Multimediabranche bezogene Managementlehre.

Definition Medien- und Multimediamanagement
Medien- und Multimediamanagement umfasst alle Aktivitäten der Planung, Organisation und Kontrolle in Medien- und Multimediaunternehmen mit dem Ziel, einen unternehmerischen Erfolgsbeitrag zu leisten.

Es betrifft sowohl die strategische als auch die operative Ebene. Strategie wird als „ein geplantes Maßnahmenbündel der Unternehmung zur Erreichung ihrer langfristigen Zie-

1 Vgl. Schumann/Hess (2002), S. 13.

2 Vgl. Macharzina (1999), S. 33 ff.

le“[1] verstanden. Im Gegensatz dazu findet operatives Management unter einem kurzfristigen Zeithorizont statt. Marktorientiertes Medien- und Multimediamanagement befasst sich dabei vor allem mit den strategischen und handlungsorientierten Optionen in bezug auf den Absatz medienspezifischer Produkte und Dienstleistungen unter besonderer Berücksichtigung des medienspezifischen Umfelds.

3. Abgrenzung der Medien- und Multimediamärkte

Medienunternehmen unterliegen zunächst wie alle anderen Wirtschaftsunternehmen den jeweils anzutreffenden Marktgegebenheiten. Allerdings stehen Medienunternehmen aufgrund ihrer besonderen gesellschaftlichen Verantwortung dahingehend unter der Aufsicht des Staates, dass sie durch die Verbreitung von Inhalten eine gesellschafts- und demokratierelevante Öffentlichkeitsform schaffen.[2] Medienunternehmen besitzen ein Manipulationspotential, dem mit gesetzlichen Regelungen – hier ist insbesondere die in Artikel 5 des Grundgesetzes enthaltene Verpflichtung zur Meinungs- und Informationsvielfalt gemeint – entgegengewirkt werden soll.

In diesem Zusammenhang ist auch die Bezeichnung der Medien als „Vierte Gewalt“ im Staat neben Exekutive, Legislative und Judikative zu nennen. Der ihnen dadurch attestierte Einfluss verpflichtet zur rechtsstaatlichen Ausübung der Aufsichtsfunktion in Politik und Gesellschaft. Dazu sind u. a. auch Aspekte wie eine freiwillige Selbstkontrolle von Inhalten und die Beachtung des Jugend- und Persönlichkeitsschutzes zu zählen.

Medienunternehmen agieren auf spezifischen Märkten, wobei hier sowohl Absatz- als auch Beschaffungsmärkte von Bedeutung sind. Diese Märkte werden zunächst abgegrenzt. Der Wettbewerb auf diesen Märkten ist nicht mit anderen Sektoren zu vergleichen. Dies resultiert einerseits aus der engen Verbundenheit der Märkte, andererseits aber auch aus der kulturellen Dimension von Medienprodukten.

Marktwirtschaftlicher Wettbewerb vollzieht sich als dynamischer Prozess auf Märkten. Um das Management von Medienunternehmen darstellen zu können, ist es sinnvoll, zunächst die Märkte abzugrenzen, auf denen die Unternehmen agieren. Eine Übersicht der relevanten Märkte wird in Abbildung 4 gegeben. Die spezifische Besonderheit der Medienunternehmen besteht darin, dass sie ihre Leistungen nicht nur auf einem, sondern auf zwei Absatzmärkten gleichzeitig absetzen.

1 Welge/Al-Laham (2001), S. 13.

2 Vgl. Wirtz (1994), S. 204.

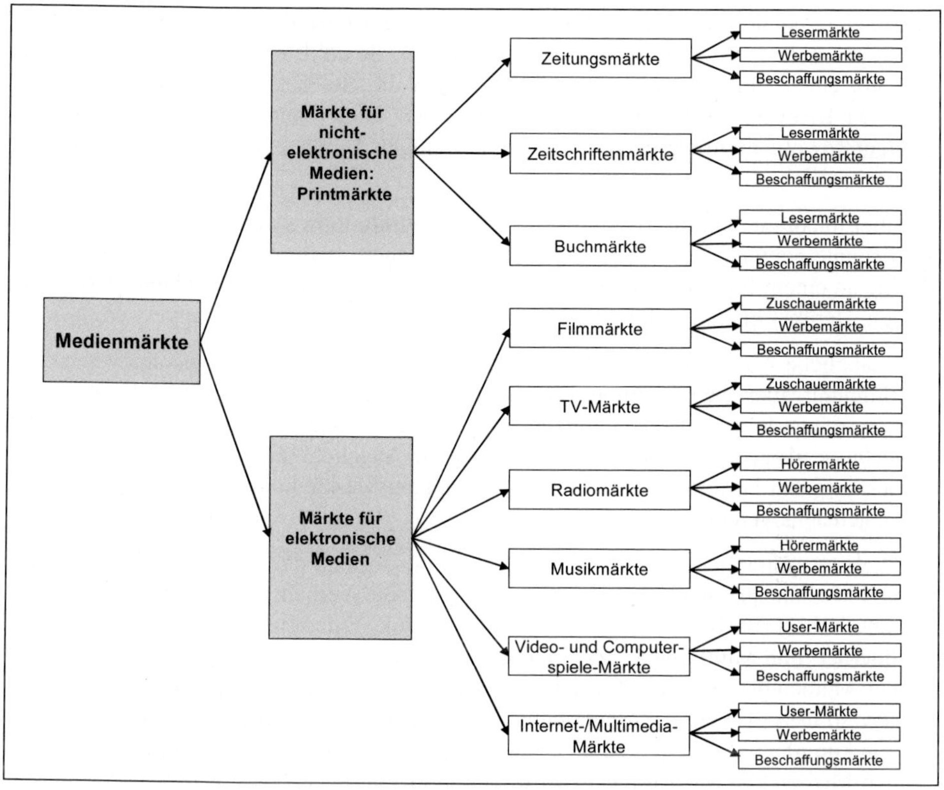

Abbildung 4: Abgrenzung der Medien- und Multimediamärkte[1]

Das hat seinen Grund in der Tatsache, dass die Leistung, die von Medienunternehmen erbracht wird, in der Regel ein Leistungsbündel aus Information und Unterhaltung (Content) einerseits und Werberaum andererseits darstellt.[2] Diese beiden Teilleistungen werden auf unterschiedlichen Märkten gehandelt.

Für den Content sind dabei die Konsumentenmärkte relevant. Konsumenten werden in den Medienwissenschaften auch als Rezipienten bezeichnet. Abbildung 4 zeigt, dass sich die Absatzmärkte auf Konsumentenseite vor allem durch die Art und Weise, wie die Rezipienten den Medieninhalt aufnehmen, unterscheiden (z. B. als Leser oder Hörer). Die Werberaumleistung hingegen wird auf Werbemärkten mit der werbungtreibenden Wirtschaft gehandelt.

1 In Anlehnung an Wirtz (1994), S. 26; Wirtz (2003), S. 21.

2 Vgl. Wirtz (1994), S. 18.

Medienunternehmen stellen den Content, der in ihrem Leistungsbündel enthalten ist, in der Regel nicht vollständig in Eigenproduktion her. Sowohl im Informationsbereich als auch im Unterhaltungsbereich sind deshalb auch die Beschaffungsmärkte von Bedeutung. Die Relevanz der Beschaffungsmärkte variiert, da der Anteil des eigenproduzierten Content sowohl in Abhängigkeit von der jeweiligen Branche als auch branchenintern unterschiedliche Größen annimmt.

Darüber hinaus stellen die Inhalte-Beschaffungsmärkte teilweise auch Absatzmärkte für Medienunternehmen dar. Die Unternehmen können beispielsweise die kompletten Rechte an einem Ereignis kaufen und in Form von Zweitverwertungsrechten wieder verkaufen. Darüber hinaus besteht die Möglichkeit, eigene Produktionen zu verwerten.

Eine sachliche Abgrenzung der Werbe-, Rezipienten- und Beschaffungsmärkte setzt die Bestimmung aller sich in ihren Eigenschaften, ihrem Verwendungszweck und ihrer Preislage nahestehenden Güter voraus, welche die Verbraucher für die Deckung ihrer Bedürfnisse als geeignet ansehen, nachdem sie die Angebote miteinander verglichen und als austauschbar bewertet haben.[1] Für die genannten Märkte können dazu folgende Aussagen gemacht werden:

- Die unterschiedlichen spezifischen Darstellungsformen der Werbung in den einzelnen Medien sprechen für getrennt zu behandelnde Werbemärkte in den Bereich Zeitung/Zeitschriften, Buch, Film, TV, Radio, Musik, Video- und Computerspiele sowie Internet- und Multimedia.[2] Zahlreiche Intermedien-Studien belegen, dass die einzelnen Medien große Unterschiede in der Wahrnehmungs- und Gestaltungsform aufweisen, so dass in diesem Zusammenhang nicht von substituierbaren, sondern vielmehr von komplementären Werbeträgern gesprochen werden kann. Der Aspekt der einzelnen Medien als Werbeträger wird in den branchenspezifischen Kapiteln ausführlich dargestellt.
- Im Rezipientenmarkt stellen die Leistungen der jeweils anderen Mediengattungen abgrenzungsrelevante Bereiche dar. So werden beispielsweise Leistungen im Bereich Zeitung und Zeitschriften im Allgemeinen nicht als funktionell austauschbare Substitute zu Fernsehangeboten gesehen.[3] Unterschiede ergeben sich primär aus den Nutzungsmöglichkeiten der Rezipienten, die z. B. im Bereich der Nachrichtenberichterstattung liegen. Nachrichten in Zeitungen und Zeitschriften unterliegen in ihrer zeitlichen und räumlichen Nutzung beinahe keinen Beschränkungen, während die Nutzung von TV- oder Radioinhalten in der Regel nur zum Zeitpunkt ihrer Ausstrahlung und auch nur in Verbindung mit einem empfangsbereiten Gerät möglich ist. Über das Internet distribuierte Inhalte sind zwar derzeit noch größtenteils zeitlich unabhängig nutzbar (wenn man von den zur Zeit eher noch vereinzelt vorkommen-

1 Vgl. Markert (1981), S. 305.

2 Vgl. Wirtz (1994), S. 23; Wirtz (2003), S. 21 f.

3 Vgl. Mestmäcker (1978), S. 80 f.

den „live broadcasts" absieht), setzen aber ebenso wie die TV-, Radio- oder Musikangebote ein funktionsfähiges Gerät voraus. Filme sowie Video- und Computerspiele ähneln.

- Der Inhalte-Beschaffungsmarkt ist der Markt, in dem Medienunternehmen ihren Bedarf an verwertbaren bzw. distribuierbaren Inhalten decken. Aus Sicht der nachfragenden Medienunternehmen erscheint es auch hier sinnvoll, von unterschiedlichen Teilmärkten auszugehen, da beispielsweise die TV- oder Radioprogrammplanung sowohl komplementäre als auch substitutive Beziehungen aufweist. Unterhaltungssendungen weisen beispielsweise zu Informationssendungen eher komplementäre Eigenschaften auf.

In Abbildung 5 werden die Märkte des Mediensektors dargestellt. Dabei wird deutlich, dass zwischen den Märkten starke Interdependenzen existieren. Die Beziehungen zwischen den Märkten sind jedoch von unterschiedlicher Intensität

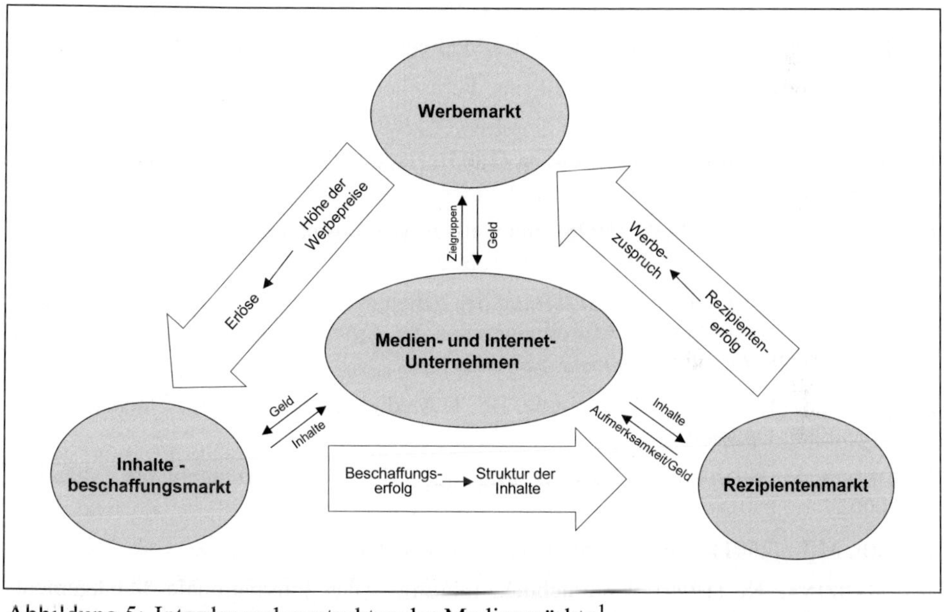

Abbildung 5: Interdependenzstruktur der Medienmärkte[1]

Es existiert eine starke Beziehung zwischen dem Inhalte-Beschaffungs- und dem Rezipientenmarkt, da die Attraktivität der Inhalte den Nachfrageerfolg bei den Rezipienten maßgeblich bestimmt. Eine ebenso starke Beziehung existiert zwischen dem Werbe- und

1 In Anlehnung an Wirtz (1994), S. 19.

Rezipientenmarkt, da der Erfolg bei den Rezipienten die Höhe der Werbeeinnahmen maßgeblich beeinflusst. Vor allem in Bereichen, in denen die Inhalte-Beschaffung mit hohen Investitionen verbunden ist, wie beispielsweise bei Sendelizenzen für Sportübertragungen im TV-Bereich, sind die potentiellen Werbeeinnahmen eine wichtige Bestimmungsgröße für die Investitionshöhe in diesem Bereich und damit letztlich auch wieder eine Bestimmungsgröße für die Attraktivität der Inhalte.

Literaturverzeichnis

Albarran, A. (1997), Management of Electronic Media, Belmont 1997.

Altmeppen, K.-D. (1996), Märkte der Medienkommunikation, in: Altmeppen, K.-D. (Hrsg.), Ökonomie der Medien und des Mediensystems, Opladen 1996, S. 251-272.

Beck, H. (2002), Medienökonomie: Print, Fernsehen und Multimedia, Berlin, Heidelberg 2002.

Breyer-Mayländer, T./Werner, A. (2003), Handbuch der Medienbetriebslehre, München 2003.

Denger, K.S./Wirtz, B.W. (1995), Innovatives Wissensmanagement und Multimedia, in: Gablers Magazin, 9. Jg., Nr. 3, 1995, S. 20-24.

Dostal, W. (1995), Die Informatisierung der Arbeitswelt – Multimedia, offene Arbeitsformen und Telearbeit, in: Mitteilungen aus der Arbeitsmarkt- und Berufsforschung (MittAB), 28. Jg., Nr. 4, 1995, S. 527-543.

Heinrich, J. (1994), Medienökonomie, Bd. 1: Mediensystem, Zeitung, Zeitschrift, Anzeigenblatt, Opladen 1994.

Karmasin, M./Winter, C. (Hrsg.), Grundlagen des Medienmanagements, München 2000.

Kiefer, M.L. (2001), Medienökonomie, München et al. 2001.

Macharzina, K. (1999), Unternehmensführung - das internationale Managementwissen: Konzepte – Methoden – Praxis, 3. Auflage, Wiesbaden 1999.

Markert, K. (1981), Die Missbrauchsaufsicht über marktbeherrschende Unternehmen, in: Cox, H./Jens, U./Markert, K. (Hrsg.), Handbuch des Wettbewerbs, München 1981, S. 297-329.

Mestmäcker, E. (1978), Medienkonzentration und Meinungsvielfalt, Baden-Baden 1978.

NEFIODOW, L. (2001), Der sechste Kondratieff : Wege zur Produktivität und Vollbeschäftigung im Zeitalter der Information, 5. Auflage, St. Augustin 2001.

OWERS, J./CARVETH, R./ALEXANDER, A. (1993), An Introduction to Media Economic Theory and Practice, in: Alexander, A./Owers, J./Carveth, R. (Hrsg.), Media Economics, Hillsdale 1993, S. 3-46.

PICARD, R. (1989), Media Economics, Newsbury Park 1989.

PRINGLE, P./STARR, M./MCCAVITT, W. (1999), Electronic Media Management, 4. Auflage, Boston 1999.

SCHUMANN, M./HESS, T. (2002), Grundfragen der Medienwirtschaft, 2. Auflage, Berlin et al. 2002.

SHERMAN, B. (1995), Telecommunications Management, Broadcasting/Cable and the New Technologies, 2. Auflage, New York 1995.

SOHN, A. ET AL. (1999), Media Management – A casebook approach, 2. Auflage, London 1999.

STAEHLE, W. (1999), Management, 8. Auflage, München 1999.

STEINMANN, H./SCHREYÖGG, G. (2000), Management, 5. Auflage, Wiesbaden 2000.

WELGE, M./AL-LAHAM, A. (2001), Strategisches Management, 3. Auflage, Wiesbaden 2001.

WIRTZ, B.W. (1994), Neue Medien, Unternehmensstrategien und Wettbewerb im Medienmarkt, Eine wettbewerbstheoretische und -politische Analyse, Frankfurt a. M. 1994.

WIRTZ, B. W. (2003), Medien- und Internetmanagement, 3. Auflage, Wiesbaden 2003.

WÖHE, G. (1993), Einführung in die Allgemeine Betriebswirtschaftslehre, 18. Auflage, München 1993.

Marie Luise Kiefer

Entwicklung der Mediennutzung und des Nutzungsverhaltens im Bereich der aktuellen Medien

1. Einleitung

Elisabeth Noelle-Neumann hat einmal das „geringe spontane Interesse für das Publikum der Massenmedien“ beklagt. Das war 1969. Seitdem scheint sich viel geändert zu haben, wenn man liest, mit welchen Stichprobengrößen und welchem Aufwand finanzieller, technischer und intellektueller Art heute Medienforschung vor allem als sogenannte Standardforschung betrieben wird. So wurden in der Pressemedientranche der Media-Analyse 2001/II 26.032 Personen über ihre Nutzung von Zeitschriften, Tageszeitungen und Kino befragt und für die Radiotranche der MA 2001/II 54.154 Telefoninterviews durchgeführt. Die Daten der Allensbacher Werbeträger-Analyse (AWA) basieren auf rund 20.000 Interviews, das GfK-Panel zur tagtäglichen Erfassung der Fernsehnutzung rund um die Uhr wurde im Jahr 2000 auf 5.640 Haushalte mit etwa 13.000 Personen ab drei Jahre aufgestockt.[1] Berücksichtigt man noch die Untersuchungen, die Verlagshäuser und Verlegerverbände, Landesmedienanstalten und die öffentlich-rechtlichen Rundfunkanstalten, Medien-Stiftungen und andere Organisationen fallweise oder kontinuierlich in Auftrag geben, dann erreicht der Datenberg, aber auch der finanzielle Aufwand zur Erfassung der Mediennutzung kaum mehr abschätzbare Höhen. Warum dieser Aufwand? Und ist Elisabeth Noelle-Neumanns Klage damit tatsächlich vom Tisch? Was wissen wir über das Medienpublikum und sein Nutzungsverhalten?

In dem Beitrag soll diesen und weiteren Fragen nachgegangen werden. In einem ersten Punkt wird der Stellenwert von Forschung für Medienunternehmen diskutiert. In einem zweiten Punkt werden zunächst Rahmenbedingungen für die Mediennutzung kurz angeschnitten, dann die Entwicklung der Mediennutzung in der Vergangenheit und die aktuelle Situation der klassischen Medien dargestellt sowie die Entwicklung der Internetnutzung. Der Beitrag schließt mit einem Blick auf die Zukunft, der Mediennutzung wie der darauf gerichteten Forschung.

2. Publikumsforschung als Informations- und Steuerungssystem

Das Medienpublikum „exists nowhere, it inhabits no real space, only positions within analytic discourse“.[2] Ähnlich der Kommunikationswissenschaftler Heinz Bonfadelli, wenn er lakonisch feststellt: „Das Publikum gibt es nicht“.[3] Das Medienpublikum ist

---

1 Vgl. Schulz/Schneller (2002); Müller (2000)

2 Allor (1988), S. 228.

3 Bonfadelli (2002), S. 117.

kein stabiles, geschlossenes soziales Gebilde, sondern konstituiert sich in jedem Rezeptionsvorgang neu. Nur funktional hat es einen definierten Platz im Kommunikationsprozess: Die medial vermittelten Aussagen von Kommunikatoren „zu empfangen".[1] Indem Männer und Frauen, Junge und Alte sich räumlich getrennt und zeitlich verschoben den massenmedialen Angeboten zuwenden, bilden sie ein Publikum. Dieses Publikum ist flüchtig und fluktuierend, es ist offen, weil jeder Teil des Publikums werden kann, es mischt sich ständig neu und löst sich wieder auf. Und es ist nicht direkt beobachtbar, wie etwa das Theaterpublikum. „Sichtbar" wird das Medienpublikum, das gilt vor allem für die elektronischen Medien, allein durch die Forschung.

Das Medienpublikum ist also ein analytisches Konstrukt, dessen Konzeption von sehr verschiedenen Vorstellungen geleitet werden kann. In der Kommunikationswissenschaft lassen sich zumindest fünf theoretische Konzepte vom Medienpublikum unterscheiden, die auf einen in zahlreichen Dimensionen differenten, teilweise auch gegeneinander abgeschotteten Zugriff auf das Phänomen der Mediennutzung verweisen.[2]

Im Folgenden wird vor allem auf Forschung zurückgegriffen, die nach dieser Typologie das Medienpublikum als Zielgruppe (für die jeweils eigene Aktivität) begreift und sich der elektronischen Messung wie auch der standardisierten Befragung bedient. Allerdings lassen sich nicht alle Studien bruchlos in diese Typologie einpassen. Das gilt z. B. für Studien, die die Diffusion, Akzeptanz und Rückwirkungen von neuen Medien beobachten wie seinerzeit des Fernsehens oder neuerdings des Internets. Bei solchen Studien mischen sich die Perspektiven und Bezugsbereiche, sie beobachten natürlich Medienmärkte, fangen aber auch ein Stück soziokulturellen Wandels ein. Das Publikum wird hier weniger als Konsument oder Zielgruppe denn als Bürger und sozialer Akteur begriffen, der eine Innovation im Medienbereich akzeptiert oder verwirft.

Ein Verständnis von Medienpublikum als Zielgruppe oder Markt beherrscht zweifellos die Medien-Standardforschung, in der das Publikum von Zeitschriften oder Fernsehprogrammen mit einem oben angedeuteten riesigen Forschungsaufwand nach ausgehandelten Konventionen konstruiert und vermessen wird. Die Arbeitsgemeinschaft Media-Analyse (AG.MA) als Koordinationsstelle der halbjährlich durchgeführten Media-Analyse, die Arbeitsgemeinschaft Fernsehforschung (AGF) als Entscheidungs- und Kontrollsystem der von der Gesellschaft für Konsumforschung (GfK) im Auftrag der öffentlich-rechtlichen und privaten Rundfunkorganisationen durchgeführten Fernsehforschung, der Zentralausschuss der Werbewirtschaft (ZAW) mit seiner Richtlinienkompetenz für Werbeträgeruntersuchungen, sie alle sind am Konstruktionsprozess des Medienpublikums beteiligt, indem ihre Gremien in politischen Entscheidungen Konventionen der Publikumsdefinition festlegen und sie zur „gültigen Währung" erklären. Zur Beantwortung der zunächst so simpel anmutenden Frage, welche Hörfunk- und Fernsehprogramme, welche Zeitungen und Zeitschriften von welchen Personen genutzt werden, ist

1 Vgl. Ettema/Whitney (1994).

2 Vgl. die Übersicht bei Bonfadelli (2002), S. 119.

in den Mediengesellschaften[1] ein „organisiertes soziales System zum kontrollierten Einsatz hoch elaborierter sozialwissenschaftlicher Forschungstechniken und -verfahren“[2] aufgebaut worden. Ziel ist die Schaffung eines anerkannten Maßstabs der Erfolgsmessung auf dem Rezipientenmarkt.

Historisch ist die Publikumsforschung ein Kind der kommerziellen Organisation und vor allem der Werbefinanzierung von Medien. So erkannte der amerikanische Verleger Joseph Pulitzer als einer der Ersten, dass der Verkauf von Anzeigenraum in Abhängigkeit von den Leserzahlen nachprüfbarer Fakten bedarf und machte die Auflagen seiner Zeitungen regelmäßig publik.[3] Die Informationsgemeinschaft zur Feststellung der Verbreitung von Werbeträgern (IVW) mit ihren ebenfalls konsentierten Definitionen und Meßmethoden dient heute – wenngleich Medien übergreifend und auf hoch differenziertem Niveau – ähnlichen Zielsetzungen. Während der Presse mit ihren den Rezipienten auf einem materiellen Träger (Papier) erreichenden Inhalten und einem dafür beim Rezipienten angeforderten Preis eine wenigstens grobe Absatzkontrolle möglich ist, die begründete Schätzungen der Publikumsgröße zulässt, entfällt diese Möglichkeit bei den Rundfunkmedien. Rundfunkfrequenzen sind, im Gegensatz zu Papier, immaterielle Güter und haben, ökonomisch gesprochen, die Eigenschaften eines öffentlichen Guts: jeder, der über die entsprechenden Empfangsgeräte verfügt, hat Zugang zu den verbreiteten Inhalten, jede auch nur grobe „Absatzkontrolle“ ist unmöglich, allenfalls die „technische Reichweite“, also die technische Empfangsmöglichkeit gibt Hinweise. Bei öffentlichen Gütern fehlt das Feedback, wie es auf Märkten Preise und Absatzzahlen für dort gehandelte private Güter sicherstellen, es fehlt ein Transfer von Information an den Produzenten über das Konsumentenverhalten. Ohne Forschung bleibt das Rundfunkpublikum unsichtbar.

Für Zeitungen und Zeitschriften ergibt sich die Notwendigkeit einer hochdifferenzierten, nach konsentierten Regeln erfolgenden Leserforschung primär aus ihrer Teilfinanzierung aus Werbung. Aber auch Zielgruppenzeitschriften sind ohne Forschung kaum konzipierbar. Rundfunkmedien hätten ohne Forschung keinerlei Kenntnis über ihr Publikum. Für beide, Print- wie Rundfunkmedien gilt, dass sie den Nachweis, mit ihren Angeboten ein Publikum einer bestimmten Größe, Sozialstruktur und ausgestattet mit anderen definierten Qualitäten erreicht zu haben, nur durch die Forschung erbringen können.

Dass die teilweise oder volle Werbefinanzierung von Medien der entscheidende Motor für den Aufbau eines organisierten Forschungssystems war und ist, macht ein Vergleich mit einem anderen Printmedium, dem Buch deutlich. Hier existieren nur fallweise Untersuchungen z. B. der Stiftung Lesen,[4] deren Focus das Medium Buch ist, sein Stellenwert und seine Zukunft in der Gesellschaft, aber es gibt keine institutionalisierte, kontinuierliche, buchtitelbezogene Leserforschung. Bestsellerlisten basieren auf Verkaufszah-

1 Vgl. Saxer 1998.

2 Kiefer (2001), S. 348.

3 Vgl. Böhme-Dürr (1995).

4 Vgl. Franzmann (2001).

len oder Kritikerurteilen, die Informationen des Börsenvereins entsprechen eher üblichen Brancheninformationen. Dass der öffentlich-rechtliche Rundfunk, obwohl überwiegend gebührenfinanziert, 1963 von vorher eher fallweiser Publikumsforschung zu einer kontinuierlichen Standardforschung überging, hatte mit seiner Teilfinanzierung aus Werbung und mit dem damals einsetzenden Wettbewerb mit dem gerade auf Sendung gegangenen ZDF zu tun. Institutionelle Interessen erforderten eine bessere Kenntnis vom Publikum.

Elisabeth Noelle-Neumanns Klage scheint bis heute berechtigt. Das „spontane Interesse" am Medienpublikum ist gering. Es sind institutionelle Interessen, die in der Publikumsforschung vorherrschen, und die deren Ausmaß und Richtung bestimmen. Dieses institutionelle Interesse richtet sich, der Markt- und Meinungsforschung hierin vergleichbar, nicht nur auf Kenntnis, sondern auch auf Steuerung des Publikumsverhaltens. Die amerikanische Kommunikationswissenschaftlerin Susan T. Eastman hat das Verhältnis zwischen Medienproduzent und Medienkonsument einmal als „tug of war" beschrieben, als Tauziehen zwischen „aktivem Publikum", das nach Autonomie strebt, und „aktiver Industrie", die das Publikumsverhalten unter Kontrolle bringen und steuern möchte.[1] Die Forschung ist in diesem „tug of war" ein zentrales Instrument der Industrie.

Publikumsforschung, vor allem als Standardforschung, hat für die Medienorganisationen also eine zentrale Funktion: Sie ist ein Informationssystem, das Kontroll- und Steuerungsmöglichkeiten eröffnen soll. Intern ermöglicht sie Erfolgskontrolle gemessen an den Unternehmenszielen, extern ist sie dank der konsentierten Definitionen und Erfassungsmodalitäten Erfolgsmaßstab, der die eigene Position auf dem Markt und im Wettbewerb verdeutlicht. Ökonomisch und sozial relevant ist dabei nur das „gemessene" Publikum, auch wenn alle Beteiligten sich darüber im Klaren sind, dass darin weniger „real existierende Publika" als soziale Konventionen abgebildet werden.

Es ist wichtig, diesen Konstrukt-Charakter des Medienpublikums präsent zu haben, wenn es um Mediennutzung und deren Entwicklung geht. Der Blick auf die Medienrezipienten bleibt immer selektiv, die Ergebnisse sind von den Definitionen bestimmt. Wenn nachfolgend Befunde aus verschiedenen Studien zum Nutzungsverhalten des Medienpublikums referiert werden, dann liegen diesen zumeist unterschiedliche Konzeptionen und Definitionen des Publikums zugrunde. Unterschiede in den Ergebnissen sind programmiert, wenn Publikumskonstruktionen sich unterscheiden oder im Zeitablauf verändert werden. Dies wird auch in den nachfolgenden Kapiteln deutlich werden.

1 Vgl. Eastman (1998).

3. Entwicklung der Mediennutzung

Um die Entwicklung der Mediennutzung einigermaßen nachzeichnen zu können, wird hier vor allem auf die Studie „Massenkommunikation“ Bezug genommen. Diese im Auftrag der öffentlich-rechtlichen Rundfunkanstalten im Abstand von jeweils fünf Jahren durchgeführte Studie erfasst die Nutzung aber auch Bewertung der drei tagesaktuellen Medien Fernsehen, Hörfunk und Tageszeitung seit 1964, die anderer Medien wie Zeitschrift oder Buch seit 1980. Die vorerst letzte Welle wurde im Jahr 2000 durchgeführt. Die Studie ist ein rares Beispiel von Langzeitforschung, für deren Erträgnisse aber auch Schwierigkeiten. Sie ist, von Anfang an als Medienvergleichsstudie angelegt, eine einmalige Quelle, um relativ valide Aussagen über Entwicklungen in der Nutzung der Medien machen zu können, allerdings eben nur relativ valide Aussagen. Denn ein striktes Konstanthalten der Erhebungsinstrumente, wie es die Vergleichbarkeit der Daten erforderte, ist in einer Epoche dynamischer Medienentwicklung und gesellschaftlicher Veränderungen, aber auch forschungstechnischer Innovationen, nur eingeschränkt oder gar nicht möglich. So gibt es Brüche auch in dieser Langzeitstudie,[1] und die Daten für das Jahr 2000 sind mit den früheren aufgrund von Veränderungen in der Methodik und im Fragenprogramm[2] allenfalls eingeschränkt vergleichbar. Geht man davon aus, dass mit einer Studie, die nunmehr einen Zeitraum von über 30 Jahren Geschichte der Bundesrepublik abdeckt, nicht mehr als Entwicklungstendenzen – und nicht punktgenaue Statusbeschreibungen – in einem definierten sozialen Bereich, dem Umgang der Bundesbürger mit den Massenmedien, sichtbar gemacht werden können und sollen, dann stellt diese Studie, allen Einschränkungen zum Trotz, einen unvergleichlichen Datenfundus bereit. Dieser Fundus kann hier natürlich nur in Bruchteilen mit Darstellung einiger zentraler Trends genutzt werden, für die genauere Analyse sei auf die Buchpublikation verwiesen.[3]

3.1 Rahmenbedingungen der Mediennutzung

Mediennutzung findet nicht in einem sozialen Vakuum statt. Die Versorgung der Haushalte mit Komplementärgütern und die darin ausgedrückte Akzeptanz und Bereitschaft (auch objektive Fähigkeit), Einkommen für die Mediennutzung bereitzustellen, spielen eine Rolle, der Umfang an Freizeit, die gesellschaftlichen wie individuellen Vorstellungen von sinnvoller Freizeitverwendung sowie die realisierbaren Alternativen, Informationsbedürfnisse und Möglichkeiten ihrer Deckung, schließlich und nicht zuletzt das Angebot an und von Medien, um hier nur die offensichtlichsten Einflussfaktoren zu nennen.

---

1 Vgl. Kiefer (1999); Lauf/Peiser (1999).

2 Vgl. Berg/Ridder (2002), S. 12 ff.

3 Vgl. Berg/Ridder (2002).

All diese Rahmenbedingungen der Mediennutzung haben sich während der letzten Jahrzehnte gravierend verändert, und man kann über den Wandel im Mediennutzungsverhalten kaum angemessen diskutieren, ohne diese Veränderungen der Rahmenbedingungen zur Kenntnis zu nehmen.

So verfügt im Jahr 2000 so gut wie jeder Bundesbürger (98 %) in seinem Haushalt über ein Fernsehgerät, in fast jedem zweiten Haushalt stehen zwei und mehr Geräte – bevorzugt offensichtlich in den Kinderzimmern, denn jedes dritte, in den neuen Bundesländern gar jedes zweite Kind zwischen 6 und 13 Jahren hatte 2001 ein eigenes Fernsehgerät – ,[1] als die erste Welle der Studie „Massenkommunikation" 1964 lief, waren es erst 55 %, 1970 85 % der Befragten, die ein Fernsehgerät im Haushalt hatten, die (fast) Vollversorgung war Mitte der 1970er Jahre erreicht und hatte circa 20 Jahre beansprucht.

Man kann in dieser Studie in etwa nachvollziehen, welche Umwälzung der abendlichen Lebens- und Freizeitgewohnheiten der Einzug des ersten Fernsehgeräts in die Haushalte auslöste. Vor allem der Hörfunk war betroffen, dessen damals – im Gegensatz zu heute – stark verbreitete Nutzung in den Abendstunden zu Gunsten des Fernsehens aufgegeben wurde. Aber auch die Tageszeitung verlor viele ihrer abendlichen Leser, die ihre Lektüre zum Teil in die Morgenstunden oder Mittagszeit verlegten. Und wie andere Untersuchungen zeigen,[2] blieben viele dieser ersten Fernsehnutzer nach Anschaffung des Geräts am Abend häufiger zu Hause als früher und gingen später zu Bett, um das in der Anfangszeit des Fernsehens ohnehin nur zwei bis drei Stunden dauernde Programm der ARD von Anfang bis Ende verfolgen zu können.

1964 war das Fernsehangebot schon deutlich ausgebaut – wenn auch nach heutigen Maßstäben immer noch minimal. Die durchschnittliche Sendezeit des ZDF lag bei 5,5 Stunden pro Tag, die des ersten Fernsehprogramms der ARD bei täglich 7,5 Stunden, rund zwei Drittel der Fernsehhaushalte konnten beide Programme empfangen.[3] Auch noch 1985, als die Dualisierung des Rundfunks mit dem Aufbau eines privaten Sektors einsetzte, konnte ein durchschnittlicher Fernsehhaushalt in den alten Bundesländern zwischen nicht mehr als drei bis vier Fernsehprogrammen wählen, die tägliche Sendezeit lag bei 35 bis 45 Stunden pro Tag und konzentrierte sich auf die Nachmittags- und Abendstunden. Heute kann ein durchschnittlicher Fernsehhaushalt 38 Programme empfangen, von denen die meisten rund um die Uhr senden. Die Programmwahlmöglichkeiten für das potentielle Publikum haben sich also verzehnfacht, ein Angebot ist auf dem Bildschirm zu jeder Tages- und Nachtzeit verfügbar.

Aber nicht nur der Umfang des Fernsehangebots pro Tag hat sich enorm erhöht, auch seine inhaltliche Struktur hat sich deutlich verändert. Die Privatsender setzten von Anfang an sehr stark auf unterhaltungs- und fiktionorientierte Formate, mit denen vor allem die werblich interessante Zielgruppe der 14- bis 49-Jährigen erreicht werden sollte. Es

1 Vgl. Feierabend/Klingler (2002).

2 Vgl. Eberhard (1962).

3 Vgl. ZDF-Jahrbuch 1963/64; ARD-Jahrbuch 1969.

entstanden neue Formate der Fernsehunterhaltung wie die Daily Soap oder Reality-TV, die Talk-Show und Boulevard-Magazine, die kostengünstig zu produzieren sind und gleichzeitig als massenattraktiv gelten. So entfielen 2001 bei den drei privaten Fernsehsendern RTL, SAT.1 und PRO7, die ja als Vollprogramme gelten, 56 % der Gesamtsendzeit pro Tag auf fiktionale und nonfiktionale Unterhaltung, bei den öffentlich-rechtlichen Sendern ARD und ZDF waren es 37 %.[1] Das Unterhaltungsangebot allein dieser fünf Hauptprogramme ist mit 58 Stunden pro Tag damit größer, als es das tägliche Fernsehprogrammangebot insgesamt im Jahr 1985 war.

Über ein Radiogerät verfügte schon 1964 fast jeder Befragte (95%), in 15 % der Haushalte standen mehr als ein Gerät. Im Jahr 2000 gibt es in jeweils über 80 % der Haushalte mindestens zwei Radiogeräte, einen CD-Player und einen Kassettenrekorder, drei von vier Befragten haben einen Videorekorder im Haushalt, davon jeder zehnte einen DVD-Player und gut jeder zweite verfügte in seinem Haushalt über einen PC.[2] Auch beim Hörfunk liegt die Zahl der ortsüblich empfangbaren Sender heute bei durchschnittlich etwa 30.[3] Einen Hinweis auf die Ausdehnung auch des Hörfunkangebots während der letzten 15 Jahre geben die in der Media-Analyse erhobenen Hörfunkprogramme/Sender, die von 44 in der MA 87 auf 263 in der MA 2001 gestiegen sind, wobei der Hinzutritt Ostdeutschlands wegen der eher regionalen Hörfunkstruktur hierbei natürlich eine Rolle spielt.

Die inhaltlichen Veränderungen des Hörfunkangebots, die eine Entwicklung der Nutzung dieses Mediums, wie noch zu zeigen sein wird, in Richtung Tagesbegleitung einleiteten, haben schon in den frühen 1970er Jahren eingesetzt, als die ersten Service- und Popwellen der öffentlich-rechtlichen Rundfunkanstalten entstanden, die deren Reaktion auf die Verdrängung des Hörfunks aus der Funktion des (abendlichen) Freizeitmediums durch das Fernsehen war. Programme wie SWF 3, Bayern 3 oder HR 3 setzten vor allem auf Angebote, die vom Hörer wenig Aufmerksamkeit erfordern, versuchten Information „auf dem Teppich der Unterhaltung" zu transportieren und Hörfunknutzung als Begleitmedien anderer Tätigkeiten zu etablieren. Unterstützung kam durch technische Novitäten wie das Autoradio, das Transistor- und Koffergerät, die eine mobile Radionutzung auch außer Haus begünstigten.

Aber nicht nur das Angebot an elektronischen Medien hat sich vervielfacht. Auch bei den Printmedien, genauer den Publikums- und Fachzeitschriften haben sich Titelzahl und verkaufte Gesamtauflage deutlich erhöht. Nimmt man die IVW-gemeldeten Titel als Basis, dann stieg die Zahl der Publikumszeitschriften von 223 im Jahre 1975 mit einer verkauften Auflage von 69,7 Millionen Exemplaren auf 845 Titel im Jahr 2001 mit einer Auflage von 129,7 Millionen. Auch die Zahl der Fachzeitschriften hat sich in diesem Vierteljahrhundert auf 1.094 Titel fast verdoppelt, während die Auflage hier allerdings bei 18 Millionen verkauften Exemplaren stagniert. Die Entwicklung bei beiden Zeit-

1 Vgl. Krüger/Zapf-Schramm (2002)

2 Vgl. Berg/Ridder (2002).

3 Vgl. (Klingler/Müller (2001).

schriftengattungen mit im Vergleich zur steigenden Titelzahl nur unterproportionalem Auflagenwachstum verweist auf Tendenzen stärkerer Publikumsfragmentierung, eine Entwicklung, die auch für die elektronischen Medien kennzeichnend ist und auf die noch näher eingegangen wird.

Anders verlief die Entwicklung bei Zeitungen, bei denen es seit 1975 faktisch zu keiner Angebotserweiterung kam. Die im Frühjahr 2001 gestartete Financial Times Deutschland scheint einer der wenigen erfolgreichen Marktzutritte zu sein. Bei den Tageszeitungen (nach kurzem Anstieg 1991/92 durch die ostdeutschen Titel) wie bei den Wochenzeitungen ist die Zahl der Titel gesunken. Die Tageszeitungsauflage stieg – wohl vor allem dank des Hinzutritts Ostdeutschlands – um rund ein Drittel, die der Wochenzeitungen stagniert. Betrachtet man die Entwicklung des Buchs als dem ältesten Printmedium, dann hat sich das Angebot auch hier vergrößert. Jedenfalls hat sich die Buchtitelproduktion zwischen 1975 und 2000 fast verdoppelt.

Das Angebot an Medien hat sich während der letzten Jahrzehnte also fast ausnahmslos deutlich vervielfacht. So gut wie alle Rezipienten haben Zugang zu den elektronischen Medien und sie haben bei allen Medien bis auf die Zeitungen größere Wahlmöglichkeiten zwischen verschiedenen Angeboten. Auch die tägliche Freizeit[1] der Menschen als potentielle Mediennutzungszeit hat während der Laufzeit der Studie Massenkommunikation deutlich zugenommen. Sie liegt im Jahr 2000 bei fast acht Stunden pro Tag, das sind rund zwei Stunden mehr als im Jahr 1964.[2] Allerdings fand die Ausweitung der Freizeit vor allem bis in die 1980er Jahre statt, der Anstieg hat sich seitdem abgeflacht und liegt bei rund einer halben Stunde pro Tag. Einem explodierenden Medienangebot steht also eine nur noch moderate Zunahme der Freizeit gegenüber. Da kann es kaum wundern, dass die Mediennutzung nach allen vorliegenden Informationen mit der medialen Angebotsexplosion nicht Schritt hält.

3.2 Die Nutzung klassischer und neuer Medien gestern und heute

Es ist bei dieser Entwicklung von Rahmenbedingungen zu erwarten, dass die Nutzung der Medien deutlich gestiegen ist, eine Annahme, die durch die Befunde der Studie „Massenkommunikation" bestätigt wird. Nimmt man beim Fernsehen 1964 Personen in Fernsehhaushalten (alte Bundesländer) als Basis, um den Effekt der in den Folgejahren wachsenden Haushaltsausstattung mit Fernsehgeräten zu neutralisieren, dann ist die tägliche Reichweite des Mediums von 78 % auf 85 % gestiegen, das heißt 85 % des Bundesbürger ab 14 Jahre werden nach den Befunden der Studie im Jahr 2000 tagtäglich

1 Freizeit wird in der Studie „Massenkommunikation", wenig elaboriert, als Restgrösse definiert, die den Befragten nach dem Aufwand für Berufs- und Hausarbeit, Essen, Schlafen, Körperpflege, Einkaufen, Wegezeiten und Lernen in der abgefragten Zeitspanne zwischen 5.00 Uhr (bzw. 5.30 Uhr) und 24.00 Uhr (bzw. 1.00 Uhr) verbleibt.

2 Vgl. Berg/Kiefer (1996); Berg/Ridder (2002).

vom Fernsehen erreicht, wobei seit 1990 ein deutlicher Reichweitenanstieg erfolgte.[1] Ausgeprägt ist auch der Reichweitengewinn des Hörfunks, den 1964 68 % der (alten) Bundesbürger täglich nutzten, im Jahr 2000 sind es wie beim Fernsehen 85 %, bei einem kräftigen Reichweitenplus noch einmal gegenüber 1995.

Bei beiden Medien wurden in der Welle 1990 die Programmausweitungen im Rahmen der Dualisierung des Rundfunksystems durch einen deutlichen Reichweitenanstieg sichtbar. Noch stärker macht sich diese Programmausweitung bei der täglichen Nutzungsdauer bemerkbar. Der durchschnittliche Zeitaufwand für die Nutzung des Fernsehens stieg von täglich rund zwei Stunden, eine Marke, bei der er seit Vollversorgung der Haushalte mit Fernsehgeräten bis 1985 stagniert hatte, 1990 auf zweieinviertel Stunden, 1995 auf zweieinhalb, um schließlich im Jahr 2000 die Marke von drei Stunden pro Tag zu überschreiten. Auch die Zeit für die Hörfunknutzung wurde kontinuierlich ausgeweitet und liegt im Jahr 2000 bei rund dreieinhalb Stunden pro Tag und Bundesbürger. Gemessen an der oben diskutierten Angebotsexplosion ist der Mehraufwand der Bundesbürger an Zeit für die Nutzung der elektronischen Medien von jeweils rund einer Stunde seit 1985 dennoch zu wenig, um eine spürbare Fragmentierung des Publikums zu verhindern. Einen guten Indikator für das Publikums-Splitting bilden von Heinrich berechnete durchschnittliche Nutzungsquoten und Reichweiten pro Angebotsstunde.[2] Danach ist die durchschnittliche Programmnutzung im Fernsehen von gut 3 % im Jahr 1982 auf 0,7 % im Jahr 1996 gesunken, statt über zwei Millionen erreicht eine durchschnittliche Angebotsstunde im Fernsehen nur noch eine halbe Million Zuschauer. Ähnlich, wenn auch auf noch niedrigerem Niveau, die Entwicklung beim Hörfunk: Die durchschnittliche Einschaltquote ist hier von 0,3 % (1982) auf 0,05 % (1996) gefallen, statt 150.000 Hörer werden im Schnitt pro Programmstunde nur noch 25.000 Hörer erreicht. Heinrich spricht davon, dass der Kampf um Marktanteile im Bereich der elektronischen Medien einem Nullsummenspiel gleiche. Da der Konsum zeitgebunden ist und Zeit nicht beliebig vermehrbar, bedeuten Gewinne eines Programms vor allem Verluste eines anderen, jedes Mehr an Angebot, sofern es erfolgreich ist, fragmentiert das Publikum weiter.

Nun werden natürlich nicht alle Programme im gleichen Umfang genutzt, sondern knapp drei Viertel des Fernsehkonsums, genauer der vor dem Fernsehgerät verbrachten Zeit, entfallen auf sechs Angebote: ARD und ZDF sowie die Dritten Programme der ARD, RTL, SAT.1 und PRO 7. Das restliche Viertel müssen sich die ca. 30 weiteren Sender teilen. Aber auch der Marktführer (2001: RTL mit 14,7 %, im Jahr 2000: ARD und RTL

---

1 Die Nutzungswerte der Studie „Massenkommunikation" für das Fernsehen stimmen traditionell mit den Ergebnissen der telemetrischen Standardforschung nicht genau überein. Hier zeigt sich ein Effekt der unterschiedlichen Messverfahren und Publikumsdefinitionen. Kommunikationswissenschaftler (vgl. Rosengren 1991) plädieren daher auch für eine striktere Trennung zwischen (in Interviews ermittelten) Nutzungsgewohnheiten als dispositionalen Phänomenen und (telemetrisch ermitteltem) aktuellem Medienkonsum, die konzeptionell etwas völlig Verschiedenes darstellten. Betrachtet man die Daten der Studie „Massenkommunikation" als Angaben zu Nutzungsdispositionen, ist es plausibel, dass bei steigender Disposition, wie sie z. B. für das Fernsehen wieder vorliegt, die Frequenz der aktuellen Nutzung eher überschätzt, bei sinkender Disposition, wie sie offenbar seit einiger Zeit die Zeitung trifft, eher unterschätzt wird.

2 Vgl. Heinrich (1999), S. 135 und S. 460.

mit jeweils 14,3 %) kommt über einen Anteil von maximal 15 % am gesamten Fernsehkonsum der Kinder und Erwachsenen heute offenbar nicht mehr hinaus.

Von den in der Studie „Massenkommunikation“ von Anfang an beobachteten tagesaktuellen Medien hat nur die Tageszeitung Nutzungsverluste erlitten. Ihre Reichweite geht seit 1985 kontinuierlich zurück und liegt 2000 bei nur noch 54 % täglichen Zeitungslesern nach über 70 % bis 1990. Die tägliche Lektürezeit hat sich bei einer halben Stunde eingependelt, was letztlich bedeutet, dass zwar die Zahl der täglichen Zeitungsleser sinkt, die verbliebenen ihre Zeitungslektüre jedoch zeitintensiver gestalten. Es sind insbesondere Jugendliche und junge Erwachsene sowie politisch Desinteressierte, die stark unterdurchschnittlich und immer seltener täglich zur Zeitung greifen.

Bei dem starken Rückgang der Zeitungsreichweite wie bei dem deutlichen Anstieg der Hörfunknutzung mag die gegenüber den früheren Wellen der Studie 2000 veränderte Erhebungsmethode eine Rolle spielen. Nach den Erfahrungen, die mit der ebenfalls auf CATI[1] umgestellten Media-Analyse gesammelt wurden, werden mit dieser Methode die jüngeren, mobileren Bundesbürger besser erreicht, die bei den zu Hause durchgeführten, persönlich-mündlichen Interviews nur schwer anzutreffen waren. Für den Hörfunk bedeutet das offenbar einen methodisch bedingten Gewinn an Hörern,[2] für die Zeitung aber möglicherweise einen Verlust, weil ihre Verbreitung in dieser nun besser ausgeschöpften Gruppe nach allen bisherigen Ergebnissen unterdurchschnittlich ist. Der generelle Trend einer eher positiven Entwicklung der Hörfunknutzung, einer eher zurückgehenden Zuwendung zur Tageszeitung wird durch diese Einschränkung allerdings kaum berührt.

In der Studie „Massenkommunikation“ wird, wie erwähnt, seit 1980 die Nutzung auch anderer Printmedien und die auditiver und audiovisueller Speichermedien erfasst. Ein deutlicher Nutzungsanstieg ist danach 2000 nur bei den Tonträgern zu registrieren, wonach jeder fünfte Bundesbürger täglich CDs, Schallplatten oder Musikkassetten hört, im Durchschnitt liegt die Hördauer bei über einer halben Stunde pro Tag. Für diesen Befund ist sicherlich die seit 1995 deutlich verbesserte Haushaltsausstattung mit CD-Players aber auch Kassettenrekordern mit ursächlich, allerdings könnte auch hier wie beim Hörfunk ein CATI-Effekt mitspielen. Denn auch die Ausstattung der Hauhalte mit einem Videorekorder hat sich deutlich verbessert, ohne dass die Nutzung sich verändert hätte. Sie stagniert auf niedrigem Niveau bei fünf Prozent Reichweite und vier Minuten durchschnittlicher Nutzungsdauer pro Tag. Das – im Gegensatz zum Programmmedium Fernsehen – inhaltlich wie zeitlich frei disponible Medium hat sich bislang also kaum fest in den Alltag der Bundesbürger integrieren können, was wohl auch mit der Multifunktionalität des Fernsehen für seine Rezipienten zusammenhängt, ein „Mehrwert“, den Videorekorder plus Kassette, aller Disponibilität zum Trotz, offenbar nicht zu liefern vermögen.

---

1 Computer Assisted Telephone Interview.

2 Vgl. Klingler/Müller (2001).

Natürlich wird der durchschnittliche Tag als Bezugsbasis der Mediennutzungsmessung, die ja vor allem auf die tagesaktuellen Medien Fernsehen, Hörfunk und Tageszeitung ausgerichtet ist, bei der Studie „Massenkommunikation" aus Vergleichsgründen aber durchgehend gewählt wurde, Medien mit längeren Erscheinungsintervallen wie Zeitschriften und nicht periodischen Medien wie Tonträger oder Videokassette aber auch Büchern nicht ganz gerecht. So hat sich der Anteil der Bevölkerung, der überhaupt Videokassetten anschaut, parallel zur Verbreitung des Videorekorders kontinuierlich erhöht und liegt 2000 mit 67 % schon leicht über dem Anteil der Kinogänger mit 61 %. Videokassetten sind ein mediales Angebot, von dem gut die Hälfte der Bundesbürger zwar mehrmals im Monat aber eben nicht täglich Gebrauch macht.

Auch bei Büchern und Zeitschriften stagnieren, trotz des gestiegenen Angebots, die Nutzungsdaten auf Basis eines durchschnittlichen Tages auf vergleichsweise niedrigem Niveau und Ergebnisschwankungen von Erhebungswelle zu Erhebungswelle sollten wohl nicht überinterpretiert werden. Für die beiden Printmedien gilt, dass rund ein Fünftel der Bundesbürger – bei leichtem Rückgang 2000 – täglich davon Gebrauch macht, der durchschnittliche Zeitaufwand für die Zeitschriftenlektüre dabei konstant bei etwa zehn Minuten pro Tag liegt, auf die Buchlektüre durchschnittlich eine Viertelstunde entfällt. Beide Medien haben unter ihrem Publikum jedoch relativ hohe Anteile an Lesern, die mehrmals in der Woche zu Buch und/oder Zeitschrift greifen, bei denen also doch eine weitgehend habitualisierte Nutzung vorliegt.

Die seit 1980 mehr oder weniger stagnierenden Nutzungswerte bei zeitgleich starkem Titelwachstum bestätigen für die Zeitschriften allerdings die bereits angesprochene Leserschaftsfragmentierung. Zumindest im Durchschnitt findet der einzelne Titel immer weniger Leser, entsprechend hoch ist auch die Zahl der Titeleinstellungen. So standen 1998 461 Neuerscheinungen auf dem Zeitschriftenmarkt 256 Einstellungen, also Marktaustritte gegenüber.[1] Auch wenn die (Publikums-)Zeitschriften heute zunehmend eher auf Durchblättern und weniger auf Lesen hin angelegt sind, bei durchschnittlich 10 Minuten Lektürezeit kann eben nur eine begrenzte Anzahl von Blättern genutzt werden.

Eine ebenfalls 2000 durchgeführte Studie zum Leseverhalten in Deutschland zeigt,[2] dass bei Büchern und Zeitschriften die regelmäßige Nutzung hinter der Wichtigkeitseinschätzung zurückbleibt: man hält Lesen persönlich für wichtiger als es dem eigenen Tun entspricht (einzige Ausnahme: Tageszeitung). Dabei wurden offenbar auch für Lesemedien zeitsparende Nutzungsgewohnheiten entwickelt, wie sie ähnlich von den elektronischen Medien her bekannt sind: das überfliegende Lesen und Lesen nur des Interessantesten, die Parallel-Lektüre mehrerer Bücher, die Häppchen-Lektüre mit großen Lesepausen haben sich deutlich ausgebreitet, vor allem bei den Jüngeren. Lesezapping und Titelhopping markieren nach den Ergebnissen dieser Studie einen tief greifenden Wandel des Umgangs der Menschen mit der Kulturtechnik Lesen. Der ansteigenden Titelflut versuchen die Leser offenbar mit zeitökonomischen Strategien zu begegnen, andere steigen

1 Vgl. Heinrich (2002).

2 Vgl. Franzmann (2001).

ganz aus dem Lesen aus, denn die Zahl der Nichtleser – hier von Büchern – hat deutlich zugenommen.

Schon 1995 wurde in der Studie „Massenkommunikation“ die Ausstattung der Haushalte mit einem PC erfasst, allerdings noch nicht die Internetnutzung abgefragt, die erst in der Welle 2000 mit erhoben wurde. Danach verfügte 1995 ein knappes Viertel der Befragten in ihrem Haushalt über einen PC, im Jahr 2000 ist es gut jeder zweite (54 %), die Hälfte der PCs in den Privathaushalten ist internettauglich, jeder zehnte für Radio- und Fernsehempfang geeignet. Nach den Ergebnissen der ARD/ZDF Online-Studie waren im Jahr 2000 zwar 30 % der Bundesdeutschen online,[1] aber nur 10 % nutzten das Internet nach den Befunden der Studie „Massenkommunikation“ täglich, der durchschnittliche Zeitaufwand dafür lag bei einer knappen Viertelstunde, also in der Größenordnung der Buch- und Zeitschriftenlektüre. Internetnutzer sind, das bestätigen auch die Ergebnisse der „Massenkommunikation“, noch immer vor allem männlich, nicht älter als 40 Jahre und berufstätig sowie formal hochgebildet. Bei all diesen Gruppen sind Reichweite wie Nutzungsdauer des Internet[2] deutlich überdurchschnittlich. In den neuen Bundesländern ist die Haushaltsausstattung mit einem PC zwar etwas geringer als in den alten Ländern, in der täglichen Onlinenutzung fallen die Unterschiede allerdings kaum ins Gewicht.

Die Erfassung der Nutzung von klassischen und neuen Medienangeboten auf der Basis eines durchschnittlichen Tages macht die Berechnung eines Zeitbudgets möglich, Zeit, in der Medien genutzt werden, ausschließlich, nebeneinander, wie die Buchlektüre bei CD-Musik, oder andere Tätigkeiten begleitend, wie es beim Hörfunk überwiegend der Fall ist. Im Jahr 2000 lag dieser Gesamtzeitaufwand für die Mediennutzung brutto bei acht Stunden und 22 Minuten, netto, also wenn die gleichzeitige Nutzung von zwei und mehr Medien nur einmal berechnet wird, bei knapp acht Stunden, eine Steigerung der Medienzeit gegenüber 1995 um knapp ein Viertel, gegenüber 1985 um über 40 %. Auch wenn man die Unwägbarkeiten des Umstiegs auf veränderte Erhebungs- und Abfragemethoden der Studie „Massenkommunikation“ in Rechnung stellt bleibt die Feststellung, dass mediale Angebote im Leben der Bundesbürger zumindest quantitativ zunehmend an Bedeutung gewinnen, die Metapher von der „Mediengesellschaft“ auf der Ebene der Rezipienten wohl empirisch untermauerbar ist.

An der Ausweitung des Medienzeitbudgets sind die klassischen Medien Hörfunk, Fernsehen und Tageszeitung zwar nur unterproportional (+20% gegenüber 1995) beteiligt, absolut liegt die Zunahme ihrer Nutzung pro Tag allerdings bei deutlich über einer Stunde und der durchschnittliche Zeitaufwand erreicht jetzt sieben Stunden täglich. Die regelmäßige Tonträgernutzung und die Zuwendung eines wachsenden Teils der Bundesbürger zum Internet gehen bislang also – zumindest auf dieser aggregierten Betrach-

1 Vgl. Van Eimeren/Gerhard (2000).

2 Die Anwendung von Maßzahlen, wie sie in der Publikumsforschung zur Beschreibung der Nutzung von Massenmedien benutzt werden, ist für das Internet, das ja eine Infrastruktur für sehr verschiedene kommunikative Handlungen darstellt, nicht unproblematisch. Bislang ist ein adäquateres Forschungsinstrumentarium jedoch noch nicht entwickelt, so dass mit den bekannten Maßzahlen gearbeitet wird.

tungsebene – nicht auf Kosten der klassischen Medien, was Verschiebungen in einzelnen Bevölkerungsgruppen natürlich nicht ausschließt.

Wie habitualisiert die Nutzung der klassischen tagesaktuellen Medien ist, wird auch an ihrer Einfügung in den Tagesablauf der Bundesbürger deutlich. Zwei Drittel der Befragten bestätigen jeweils für Fernsehen und Tageszeitung, dass sie diese Medien meistens zu den gleichen Tageszeiten nutzen, beim Hörfunk sind die Nutzungszeiten unterschiedlicher. Die Tageszeitung, wiewohl den ganzen Tag zur Lektüre verfügbar, wird mehrheitlich morgens zwischen sieben und zehn Uhr mit einer Nutzungsspitze um neun Uhr gelesen, die in früheren Wellen noch sichtbaren Lektüre-"Gipfel" am Mittag und Abend sind weitgehend eingeebnet. Die Fernsehnutzung ist nach wie vor überwiegend ein Abendvergnügen mit sprunghaftem Nutzungsanstieg ab 18 Uhr und Nutzungsspitze um 20/21 Uhr. Allerdings schiebt sich die Fernsehnutzung – Reaktion auf das veränderte Angebot – allmählich und zunehmend in den Tag mit Sehbeteiligungsquoten spätestens ab Mittag um die 5 %, die von da an langsam aber kontinuierlich ansteigen. Hier verändern sich offensichtlich allmählich Nutzungsmuster, die von einem tageszeitlich begrenzten Angebot, sicher aber auch anderen Freizeitstrukturen geprägt worden waren. Mit der Entwicklung zum Tageszeitmedium, überproportional bei Jugendlichen und jungen Erwachsenen, einher geht auch, dass Fernsehen nicht mehr ausschließlich Freizeitmedium ist. Zwar ist es vom Hintergrund- oder Bügelmedium noch weit entfernt, aber seine Nutzungszeiten außerhalb der Freizeit steigen kontinuierlich an und liegen 2000 bei einer knappen halben Stunde pro Tag und Bundesbürger. Der Hörfunk allerdings hat sich von der Rolle des Freizeitmediums weitgehend befreit. So fiel 2000 nur noch gut ein Fünftel der durchschnittlichen Radiohörzeit von knapp dreieinhalb Stunden in die Freizeit, in vier von fünf Fällen begleitete die Hörfunknutzung andere Tätigkeiten der Bundesbürger. Diese Begleitfunktion spiegelt sich auch in der tageszeitlichen Nutzungskurve des Radios, die am frühen Morgen rasch ansteigt, um neun Uhr einen Nutzungsgipfel von rund 30 % erreicht, was bedeutet, fast jeder dritte Bundesbürger hört zu dieser Zeit Radio, die dieses Niveau bis Mittag in etwa hält, dann bis 14 Uhr auf rund 20 % absinkt und dieses Niveau bis 19 Uhr hält, wo der große Umstieg zum Fernsehen beginnt. Radio wird beim Essen (53%), beim Autofahren (37%), bei der Arbeit im Haus (25%) und außer Haus (35%), bei sonstigen Tätigkeiten (29%) gehört,[1] es ist zum Tagesbegleiter geworden, der im Haus (durchschnittliche Hördauer zwei Stunden) wie außer Haus (durchschnittlicher Hördauer 80 Minuten) gleichermaßen genutzt wird.

Im Gegensatz zu den drei klassischen tagesaktuellen Medien, deren regelmäßige Rezeption erfolgreich in den Alltag der Bundesbürger integriert wurde, auch wenn sich die Schwerpunkte tageszeitlicher Nutzung im Verlauf der beobachteten Jahrzehnte immer wieder leicht verschoben, haben sich beim Internet offenbar noch keine vergleichbaren Routinen herausgebildet. So geben zwei Drittel der Internetnutzer an, dass sie zu eher unterschiedlichen Tageszeiten ins Netz gehen, nur ein Drittel hat bereits gewohnheitsmäßige Nutzungszeiten entwickelt, was natürlich auch mit der stark verbreiteten Online-

1 Vgl. Klingler/Müller (2001).

nutzung am Arbeitsplatz/in der Universität zusammenhängen mag. Im Tagesablauf haben sich jedenfalls, selbst bei häufigen Internetnutzern, noch keine tageszeitlichen Schwerpunkte gebildet, man geht über den ganzen Tag verteilt ins Netz (ein Befund, der sich allerdings noch relativiert).

Obwohl die Motive für die Nutzung der tagesaktuellen Medien aus Sicht ihres Publikums, wie noch zu diskutieren, sehr ähnlich sind, was auf Substitutionsgefahren verweisen könnte, sind die klassischen Medien von den Bundesbürgern offenbar doch so in ihren Alltag integriert worden, dass eine parallele Nutzung im Tagesablauf immer wieder möglich wird, auch wenn die Nutzungszeiten steigen. Erklären lässt sich dieser zwar nicht neue, aber doch immer wieder erstaunliche Befund mit der Hypothese von der funktionalen Reorganisation der Mediennutzung,[1] die von der Kommunikationswissenschaft im Zusammenhang mit der Ausbreitung des Fernsehens schon früh formuliert wurde. Ausgehend von der Tatsache, dass das Zeitbudget für Mediennutzung nicht unbegrenzt erweiterbar ist, wird angenommen, dass das Auftreten eines neuen Mediums, sofern es ähnliche Funktionen wie die alten effizienter erfüllt, zu einer Reorganisation bestehender Mediennutzungsmuster führt. Ältere Medien werden zumindest partiell aus bestimmten Nutzungszeiten und -zusammenhängen gedrängt, wie es z. B. der Hörfunk mit Aufkommen des Fernsehens erfahren hat. Die Hypothese von der funktionalen Reorganisation der Mediennutzung wurde empirisch immer wieder bestätigt[2] und dient als Erklärung für die Durchsetzungskraft des Fernsehens, z. B. auch gegenüber dem Kino. Ob das Internet in absehbarer Zukunft eine ähnliche Dynamik entwickeln kann, bleibt abzuwarten.

Fragt man die Menschen heute, für welches Medium sie sich entscheiden würden für den hypothetischen Fall, dass sie nur noch eines haben könnten, dann entscheidet sich knapp die Hälfte (45%) für das Fernsehen, ein Drittel für den Hörfunk, 16 % würden die Tageszeitung behalten wollen und 6 % wählen das Internet. Das Fernsehen hat für die Bundesbürger in den letzten 30 Jahren zwar viel an subjektiver Unentbehrlichkeit verloren – die Pro-Fernsehen-Entscheidung ist, mit kurzem Aufschwung 1990 und 1995 kontinuierlich von 62 % auf die heutigen 45 % gesunken –, aber es schlägt noch immer die historisch älteren Medien, auch wenn Hörfunk und Tageszeitung im Falle der Nichtverfügbarkeit stärker als das Fernsehen „vermisst" würden. Es ist wohl die bereits angesprochene Multifunktionalität des Fernsehens, die für diese Entscheidung ausschlaggebend ist. Sieht man sich neun in der Studie „Massenkommunikation" 2000 erstmals abgefragte Nutzungsmotive an, dann sind Hörfunk und Tageszeitung bei aller funktionalen Breite ihrer Angebote aus Sicht ihrer Nutzer und im Vergleich zum Fernsehen „spezialisiertere" Medien, was möglicherweise auch das stärkere „vermissen" bei Nichtverfügbarkeit erklärt. Die Zuwendung zum Radio folgt eher affektiven, die Zuwendung zur Zeitung eher kognitiven Motiven. Radiohören macht vor allem Spaß und entspannt noch mehr als fernsehen, das Gefühl des Alleinseins lässt sich besser bekämpfen, die

1 Vgl. Himmelweit u. a. (1958).

2 Vgl. Bonfadelli (1981).

gewohnheitsmäßige, also Routinenutzung spielt eine große Rolle. Mit letzterem korrespondiert der geringe Programmwechsel. Zwei Drittel der Hörer nutzen pro Tag nur ein Programm, durchschnittlich werden 1,5 Sender eingeschaltet und innerhalb von 14 Tagen nicht mehr als vier.[1] Die Tageszeitung nutzt man aus Sicht ihrer Leser, um sich zu informieren, um mitreden zu können, um Denkanstösse zu bekommen und sich im Alltag zurecht zu finden. Das Fernsehen erfüllt all diese Funktionen in jeweils fast gleichem Umfang, es ist aus der Sicht des Publikums offenbar der „Generalist" unter den Medien, für den sich im Notfall dann eben ein Großteil entscheiden würde. Dabei sind es vor allem die Jungen, die politisch wenig interessierten und die formal schlecht ausgebildeten, die sich überdurchschnittlich für das Fernsehen entscheiden würden, alles Gruppen, die beim Votum für die Tageszeitung stark unterrepräsentiert sind, die sich Medien offenbar eher aus emotionalen und Unterhaltungsbedürfnissen zuwenden und aus denen sich überproportional die Anhänger des Privatfernsehens rekrutieren.

Bestätigung findet die Generalisten-Rolle des Fernsehens in der Programmspartennutzung.[2] So wird Information vom Fernsehpublikum im Verhältnis zum Informationsangebot zwar nur unterdurchschnittlich genutzt, Unterhaltung und Fiktion dagegen werden überdurchschnittlich rezipiert, aber in der Nettoreichweite, dem Maß dafür, dass die Programmsparte im Laufe eines Tages überhaupt genutzt wurde, halten sich Information und fiktionale Unterhaltung mit jeweils über 60 % die Waage. Dabei hängt der Umgang mit dem Medium und seinen Angeboten in hohem Maße von dem Lebensalter der Zuschauer ab. Je älter, um so länger wird ferngesehen, um so stärker werden aber auch Informationsprogramme genutzt. So lag die Relation Informations- vs. Unterhaltungsnutzung im Jahr 2000 bei den 14- bis 29-Jährigen bei 1:2, bei den über 50-Jährigen hingegen bei 1:1, wobei es offenbar deutliche Unterschiede auch in qualitativer Hinsicht (z. B. Nutzung von Alltags- vs. politische Information) zwischen den Altersgruppen gibt.

Das Internet scheint, wie die Tageszeitung, eher kognitive Bedürfnisse anzusprechen, jedenfalls finden die entsprechenden Nutzungsmotive (sich informieren, Denkanstößе bekommen, mitreden können, auch Orientierung im Alltag) auch im Vergleich mit den klassischen Medien hohe Bestätigung bei den Internetnutzern, während emotionale Funktionen kaum Akzeptanz finden bis auf das interpretationsoffene „weil es mir Spaß macht". Vor allem die Kerngruppe der Internetnutzer, die 14- bis 29-Jährigen, betont die Spaßfunktion überdurchschnittlich, die hier gleichauf mit „sich informieren" liegt, bei allen älteren Internetnutzern dominiert hingegen das Informationsmotiv. Ein Feldexperiment mit vor allem jüngeren, noch studierenden Internetnutzern zeigt allerdings, dass auch das Internet, ähnlich wie das Fernsehen mit seinen Angeboten, zum Mood-Management,[3] also zur Stimmungskontrolle eingesetzt wird.[4] Bei positiver Befindlichkeit ist das Interesse an Information größer, bei schlechter Stimmung wendet man sich lieber unter-

1 Vgl. Klingler/Müller (2001).

2 Vgl. Gerhards et al. (2001).

3 Vgl. Zillmann (1988).

4 Vgl. Knobloch (2002).

haltenden Angeboten zu. Aus der Fernsehforschung bekannte Rezeptionsmuster je nach persönlicher Stimmungslage[1] wie das „Wegzappen" von Information und der Unterhaltungsslalom deuten sich also auch beim Internet an, was die Zuordnung zu primär kognitiven Nutzungsmotiven relativiert.

Versucht man eine Zusammenfassung der bisherigen Befunde zur Entwicklung der Mediennutzung, die sich ja bislang vor allem auf die Ergebnisse der Studie „Massenkommunikation" stützen, sowie eine Überprüfung dieser Befunde anhand der Medien-Standardforschung und anderer Untersuchungen, dann lässt sich Folgendes feststellen: Mediennutzung ist heute ein selbstverständlicher Bestandteil und auch Strukturierungsfaktor des Alltags der Bundesbürger, die sich medialen Angeboten im Durchschnitt pro Tag netto knapp acht Stunden zuwenden. Gut die Hälfte (53%) dieser Zuwendungszeit zu den Medien liegt in der Freizeit, in der knappen anderen Hälfte begleitet Mediennutzung andere Tätigkeiten (oder umgekehrt). Nimmt man die tagtägliche massenhafte Zuwendung als Maßstab, dann sind in diesem Sinne „Massenmedien" allerdings nur Fernsehen und Hörfunk, alle anderen Medien erreichen auf dieser „alltäglichen" Basis nur Minderheiten. Der Status der Tageszeitung ist unsicher, sie droht, zumindest nach den Ergebnissen der Studie „Massenkommunikation", die Rolle als „Massenmedium" zu verlieren. Die weit verbreitete Nutzung von Fernsehen und Hörfunk wird durch die jeweilige Standardforschung bestätigt. Die telemetrischen Messungen der GfK ergeben 2001 für das Fernsehen zwar eine Tagesreichweite für Erwachsene ab 14 Jahre von „nur" 74 %, für Kinder zwischen drei und 13 Jahren von 61 %, dafür liegt die durchschnittliche Sehdauer mit 205 Minuten (Kinder 98 Minuten) noch rund 20 Minuten höher als in der Trendstudie. Der Hörfunk erreicht nach den Ergebnissen der MA 2002 ein tägliches Publikum von knapp 80 % der Bundesbürger, also ebenfalls ein etwas niedrigerer Wert als in der Studie „Massenkommunikation", die durchschnittliche Hördauer liegt mit 202 Minuten fast gleichauf. Bei beiden elektronischen Medien verweisen die Daten auch der Standardforschung auf eher zunehmende als abnehmende Nutzung.

Bei der Tageszeitung ergeben sich zwischen den Befunden hingegen deutlichere Abweichungen. So lasen nach Sonderauswertungen aus der Media-Analyse im Auftrag des Bundesverband Deutscher Zeitungsverleger (BDZV) 2000 78 % aller Deutschen ab 14 Jahre eine Tageszeitung.[2] Auch die Allensbacher Markt- und Werbeträgeranalyse (AWA) ermittelt höhere Reichweitenwerte für die Tageszeitung als die „Massenkommunikation", die Reichweite 1998 lag danach mit gut 72 % zwar unter dem MA-Wert, aber eben deutlich höher als die in der Welle 2000 ermittelten 54 %.[3] Die negative Nutzungsentwicklung bei der Zeitung wird allerdings von beiden Studien bestätigt. Die Reichweite der Zeitung sinkt auch nach den Ergebnissen der Standardforschung und es sind auch hier vor allem die Jungen, die auf die tägliche Zeitungslektüre zunehmend verzichten. Für die Abweichungen in den ermittelten Reichweitenwerten mögen – neben

1 Vgl. Brosius et al. (1999).

2 Vgl. Eggert (2002).

3 Vgl. Schulz (1999).

unterschiedlichen Publikumsdefinitionen – verschiedene andere, hier kaum zu gewichtende Faktoren eine Rolle spielen wie unterschiedliche Erhebungsmethoden (mündliches Interview mit visuellen Stimuli in Form von Titelkarten vs. telefonisches Interview ohne solche Vorlagen), unterschiedliche Definitionen des Lesens (in der „Massenkommunikation" wird nach „lesen" gefragt, in der MA nach „lesen oder durchblättern"), auch dass die Befragten in der Studie „Massenkommunikation" zu ihrem Mediennutzungsverhalten generell Auskunft geben sollen, in der Printmedientranche der Media-Analyse der Schwerpunkt hingegen auf der Nutzung von Lesemedien liegt. Zum durchschnittlichen Zeitaufwand für die Zeitungslektüre sind aktuelle Daten nicht bekannt, so dass hier ein Abgleich mit den Befunden der Studie „Massenkommunikation" nicht möglich ist. Die Frage, wo genau die „Wahrheit" beim Umfang der aktuellen Zeitungsnutzung liegt, ist also kaum zu beantworten.

Auch bei den anderen Medien ist eine Überprüfung allenfalls partiell möglich. So werden laut MA 2000 Tonträger durchschnittlich 46 Minuten lang pro Tag gehört, etwa 10 Minuten länger als in der Studie Massenkommunikation ermittelt, der Zeitaufwand für die Nutzung von Videokassetten liegt hingegen auf demselben niedrigen Niveau von 4 Minuten wie in der Langzeitstudie. Ein Beispiel für das „geringe spontane Interesse" am Medienpublikum sind die Zeitschriften. Darstellungen und Analysen zur Nutzung dieses Mediums existieren offenbar nicht. So ist in einem aktuellen Sonderheft der Vierteljahreszeitschrift für Kommunikationsforschung „Publizistik" zu „Zeitschriften und Zeitschriftenforschung" kein einziger Beitrag zum Publikum der Zeitschriften oder zur Nutzung dieser Mediengattung enthalten.[1] Das liegt nicht an einem Mangel an Daten, die mit der umfänglichen Standardforschung im Rahmen der Media-Analyse reichlich vorliegen, in ihrer titelbezogenen Differenziertheit wahrscheinlich zu reichlich, um sie mit wenig Aufwand komprimieren und verdichten zu können. Für die Auftraggeber der Media-Analyse besteht wenig Anreiz, solche verdichteten Daten bereitzustellen, die ja eher auf den Stellenwert des Mediums Zeitschrift im Nutzungsmenü des Medienpublikums zielen und zur Wettbewerbsposition der jeweils eigenen Blätter auf dem Zeitschriftenmarkt nichts aussagen. Und die universitäre Medienforschung wird weitgehend bestimmt von der Faszination des Neuen, erst das Fernsehen, jetzt das Internet.

3.3 Die Entwicklung der Internetnutzung

Die Entwicklung der Internetnutzung in Deutschland ist dank der ARD/ZDF Online-Studie, die erstmals 1997 durchgeführt und seitdem jährlich wiederholt wurde, gut dokumentiert.[2] Danach hat sich der Anteil der Onlinenutzer unter der erwachsenen Bevölkerung Deutschlands (Personen ab 14 Jahre) innerhalb der beobachteten sechs Jahre von 6,5 % im Jahr 1997 auf 44 % im Jahr 2002 erhöht, d. h. fast jeder zweite Erwachsene

1 Vgl. Vogel/Holtz-Bacha (2002).

2 Vgl. die regelmäßige Berichterstattung in Media Perspektiven, zuletzt: Van Eimeren et al. (2002).

nutzt bereits das Internet. Die Zuwachsraten lagen bis zum Jahr 2000 bei über 60 %, schwächten sich 2001 und 2002 aber deutlich ab. Bei Anhalten des Trends könnte der Anteil der Internetnutzer im Jahr 2005, so die Schlussfolgerung von Van Eimeren et al., bei 55 % liegen. Die abnehmenden Zuwachsraten werden damit begründet, dass das Kernpublikum (männlich, 20 bis 39 Jahre alt, berufstätig, formal hoch gebildet) weitgehend ausgeschöpft ist, aber auch bei den affinen Gruppen (Jugendliche und Auszubildende, jüngere Frauen, berufstätige 40- bis 49-Jährige) die Nutzung bereits deutlich zugenommen hat.

Onlinenutzer gehen 2002 durchschnittlich an fünf Tagen die Woche ins Netz, 1997 waren es durchschnittlich 3,3 Tage. Während 1997 die Mehrheit (59%) der Onlinenutzer über einen Internetzugang nur am Arbeitsplatz verfügte, ist das Medium heute in die Haushalte eingezogen. 84 % der Onlinenutzer 2002 verfügen nur oder auch zu Hause über einen Internetanschluss, der Zugang nur am Arbeitsplatz ist auf 16 % gesunken. „Initiiert und sozialisiert durch Arbeit und Ausbildung privatisiert sich das Internet zusehends".[1] Die zwischen 1995 und 2000 deutlich gestiegene Ausstattung der Haushalte mit einem PC spiegelt diese Entwicklung wider. Onlinenutzer sind durchschnittlich pro Tag über zwei Stunden im Netz, an Werktagen etwas kürzer, am Wochenende fast zweieinhalb Stunden. Dabei ist die Nutzungsdauer gegenüber 1997 am Wochenende überdurchschnittlich gestiegen, ebenfalls ein Hinweis auf die verstärkte private Nutzung.

Während sich bei der Studie „Massenkommunikation" auf Basis Gesamtbevölkerung oder auch häufige Internetnutzer noch keine tageszeitlichen Schwerpunkte der Internetnutzung ausmachen ließen, zeigt die Differenzierung nach dem Nutzungsort ein anderes Bild. Am Arbeitsplatz (Universität/Schule) dominiert die Nutzung am Vormittag und sinkt ab Mittag kontinuierlich ab. Gleichzeitig steigt die häusliche Nutzung, nimmt ab 16 Uhr dann deutlich zu und erreicht ihren Nutzungsgipfel zwischen 18 und 22 Uhr. In der Gesamtnutzung heben sich diese verschiedenen Rhythmen weitgehend zu einer relativ gleichmäßigen Verteilung ab 9 Uhr morgens mit einem leichten Anstieg zwischen 18 und 21 Uhr auf. In der privaten Nutzung bilden sich also offenbar durchaus Nutzungsgewohnheiten heraus, die in Konkurrenz zu anderen Freizeitaktivitäten, vor allem zum Fernsehen treten können.

In der Online-Studie 2002, die neben einer bevölkerungsrepräsentativen Befragung von Onlinenutzern und Nichtnutzern auch eine qualitative Studie umfasste, ging es auch darum zu erkunden, ob sich individuelle Muster der Internetnutzung gebildet haben und es Anzeichen einer Habitualisierung dieser Muster gibt.[2] Die Aneignungsprozesse, so die Annahme, müssen beim Internet ja anderen, komplexeren Regeln folgen als bei Fernsehen und Hörfunk. Vielleicht am ehesten vergleichbar den Schriftmedien sind Eigenaktivität, Lern- und Erfahrungsprozesse, auch Enttäuschungsverarbeitung erforderlich, bis sich der persönliche Nutzwert des Internets erschließt und bewertet werden kann, Grati-

1 Van Eimeren et al. (2002), S. 357.

2 Vgl. Oehmichen/Schröter (2002).

fikationen sind also – wie vor allem bei den elektronischen Medien – kaum unmittelbar zu erhalten.

Geht man von dem Phasenmodell der Innovationstheorie aus mit den fünf Stufen: Wahrnehmung, Interesse, Bewertung, Versuch und Annahme,[1] die sich bei komplexen Innovationen natürlich stark überlappen, so handelte es sich hier um die Erkundung vor allem der Phasen drei, vier und fünf. Ein wichtiges Einstiegsmotiv in das Internet, das implizit auch eine – individuelle wie perzipierte soziale – Bewertung enthält, liegt darin, den „Anschluss" nicht verlieren zu wollen, dass man glaubt, sich dem Internet nicht mehr entziehen zu können. Zeitgeist und Konformitätsdruck begünstigen den Versuch mit der Innovation. Hier mag natürlich die Doppelrolle des Internets als Arbeitsinstrument und Freizeitmedium eine Rolle spielen, die den Diffusionsprozess vorantreibt. Ein weiteres wichtiges Motiv ist Neugier, wie funktioniert das, was lässt sich dort entdecken, ein anderes schließlich die emotional-affektiv gefasste Komponente des Dabeiseins, Teil einer Community zu werden.

In der Phase des Versuchs folgt der Anfangseuphorie die Ernüchterung und die Erkenntnis, dass sich das Internet keineswegs von selbst erschließt, sondern die Aneignung Lern- und Qualifizierungsprozesse erfordert. In dem von zahlreichen Faktoren beeinflussten Aneignungsprozess werden Routinen und Gewohnheiten entwickelt, die sich zu zwei „Basis-Nutzertypen", zu „zwei Grundlinien der Habitualisierung der Internetnutzung"[2] verdichten lassen: Die Gruppe der aktiv-dynamischen und die der selektiv-zurückhaltenden Nutzer. Die These von der „digitalen Kluft", bislang diskutiert als Phänomen vor allem für Internetnutzer und Nichtnutzer, muss danach erweitert und in Anlehnung an die kommunikationswissenschaftliche „Wissenskluft-Hypothese"[3] modifiziert werden, denn eine „digitale Kluft" besteht auch zwischen diesen beiden Nutzertypen. Die beiden Gruppen, die jeweils die Hälfte der Onlinenutzerschaft stellen, haben einen signifikant anderen Umgang mit dem Internet entwickelt und räumen ihm einen jeweils deutlich anderen Stellenwert in ihrem Alltag ein.

Der aktiv-dynamische Nutzertyp ist tendenziell jünger, männlich und formal hoch gebildet, die Nutzung des Internets ist rational und zielgerichtet, aber auch spielerisch und unterhaltungsorientiert. Das Netz übernimmt bei diesem Typus die Funktion eines universell einsetzbaren Alltagsinstruments. Der Typus ist regelmäßiger und deutlich länger online als der Durchschnitt der Nutzer. Der selektiv-zurückhaltende Nutzertypus ist tendenziell älter, weiblich und formal weniger gebildet. Das Internet wird eher fallweise

1 Vgl. Saxer (1989).

2 Oehmichen/Schröter (2002), S. 377.

3 Die Hypothese lautet: „Wenn der Informationszufluss in ein Sozialsystem wächst, tendieren die Bevölkerungssegmente mit höherem sozioökonomischen Status und/oder höherer formaler Bildung zu einer rascheren Aneignung dieser Information als die status- und bildungsniedrigeren Segmente, so dass die Wissenskluft zwischen diesen Segmenten tendenziell zu- statt abnimmt." Die Studien zur empirischen Überprüfung der Hypothese zeigen zwar signifikante Zusammenhänge der angenommenen Art zu einem bestimmten Zeitpunkt, die Ergebnisse zur Entwicklung von Wissensklüften im Zeitverlauf sind allerdings nicht immer eindeutig, vgl. Bonfadelli (1999).

und angebotsorientiert genutzt, weniger regelmäßig und weniger lange als vom Durchschnitt der Onlinenutzer, es ist insgesamt (noch) weit davon entfernt, ein integraler Bestandteil des Medienalltags dieses Nutzertyps zu sein. Beide Gruppen unterscheiden sich auch deutlich in der Einschätzung möglicher Substitutionseffekte des Internets auf die klassischen Medien. Für den aktiv-dynamischen Nutzertyp ist ein Rückgang des Fernseh- und Hörfunkkonsums durchaus vorstellbar, am wenigsten scheint ihm die Zeitung ersetzbar, der selektiv-zurückhaltende Typ schätzt die Auswirkungen geringer ein, nimmt das Internet vor allem als Ergänzung zu den traditionellen Medien wahr und zeigt insgesamt eine kritischere Distanz zu den neuen elektronischen Angeboten.

Bei den beiden Nutzertypen haben die Adoptionsphasen Versuch und Bewertung zu offensichtlich sehr unterschiedlichen Annahmemustern geführt, die allerdings möglicherweise auch nur vorläufigen Charakter haben, weil sie weiteren Lernprozessen unterworfen werden. Dabei greifen die beiden Nutzertypen auf unterschiedlich lange Onlineerfahrung zurück. Vom aktiv-dynamischen Typus sind zwei Drittel schon länger als drei Jahre online, bei dem selektiv-zurückhaltenden Nutzertyp hat knapp jeder zweite weniger als drei Jahre Onlineerfahrung.

Man könnte, wiederum in Anlehnung an die Innovationstheorie und die dort entwickelten Adoptertypen, die aktiv-dynamische Nutzergruppe als „frühe Übernehmer" und die selektiv-zurückhaltende als „frühe Mehrheit" begreifen. Es ist bekannt, dass bei Fehlprognosen zur Zukunft neuer Medienangebote oder -technologien die unkritische Übernahme und Verallgemeinerung von Daten zum Verhalten der Early Adopter, also der frühen Übernehmer, eine nicht unbedeutende Rolle spielt, weil dieses Verhalten eben keineswegs das typische Konsumentenverhalten ist.[1] Das spiegelt sich auch schon in den unterschiedlichen Zugangs- und Umgangsmustern der beiden Onlinenutzertypen, wie sie die ARD/ZDF Online-Studie 2002 eruierte, wobei die wahrscheinlich jeweils unterschiedlich gewichtige berufsmäßige „Internet-Sozialisation" bei diesen Typen noch einmal sehr spezielle Voraussetzungen schaffte. Es ist zu erwarten, dass „späte Mehrheit" und „Nachzügler" als weitere Adoptertypen noch einmal andere Muster entwickeln werden, auch weil der Abschied von den passiven Rezeptionsweisen, wie sie vor allem durch Fernsehen und Hörfunk eingeübt wurden, hier möglicherweise noch schwerer fällt und die für einen erfolgreichen Umgang mit dem Internet erforderlichen Fähigkeiten ungleich verteilt sind.

Ob mit „später Mehrheit" und „Nachzüglern" die Gesamtheit der Bundesbürger in absehbarer Zeit zu Internetnutzern werden wird, ist heute noch weitgehend offen. So scheint sich auch eine Gruppe von Internetverweigerern herauszubilden.[2] Die Gruppe ohne Internetanschluss, die mit 56 % auch 2002 ja noch die Mehrheit stellt, weist deutliche Schwerpunkte beim Alter (48 % sind 60 Jahre und älter), bei Frauen (60%) und bei nicht Berufstätigen (52%) auf, wobei sich diese Struktur gegenüber den Vorjahren verstärkt hat. Auch in dieser Struktur wird der Einfluss der Arbeits- und Berufswelt auf die

1 Vgl. Stipp (2001).

2 Vgl. Gerhards/Mende (2002).

Internetverbreitung deutlich, sie verweist aber auch darauf, dass die Gruppe der Verweigerer im Laufe der Jahre wahrscheinlich abschmelzen wird.

Jeder dritte aus dieser Gruppe lehnt grundsätzlich alles ab, was mit Computern zu tun hat, die Absicht, sich einen Computer anzuschaffen, ist 2002 auf 11 % gesunken nach 17 % 2001. Als Gründe für die Internetverweigerung kristallisieren sich in der ARD/ZDF Online-Studie heraus: 1. Mangelnde Kenntnisse im Umgang mit PC und Software, die vor allem bei den älteren und nicht berufstätigen Personen bestehen. 2. Die Kosten, die 2002 eine größere Rolle spielen als in den Vorjahren, vor allem bei den Jüngeren. 3. Skepsis gegenüber dem Nutzwert und der Alltagsrelevanz sowohl eines Computers wie des Internets, die um so höher ist, je älter die Befragten sind.

Unter den Internetverweigerern wurden diejenigen, die das Internet bereits einmal genutzt haben, bei denen es Gegenstand von Unterhaltungen ist, die zumindest eine Vorstellung davon haben (72% der Nichtnutzer) nach Meinungen und Einstellungen dazu gefragt. Auch hierbei wurde deutlich, dass es großen Teilen der Gruppe an konkreten Vorstellungen über den Gebrauchswert des Internets mangelt, aber auch an den für den Zugang erforderlichen Kompetenzen. So baut die technikdeterminierte, englisch durchsetzte Sprache eben Sprachbarrieren auf. Dabei wird das Internet auch als Bedrohung erlebt. 86 % stimmen dem Statement zu, dass das Internet wie eine Sucht sein könnte, zwei Drittel betonen den Zeitverbrauch, gut die Hälfte die Überkomplexität, die Informationsflut, die man fürchtet nicht bewältigen zu können. Mehrheitlich gesehen wird allerdings der Charakter des Internets als ein Angebot an die Allgemeinheit. Dem Statement, dass es „nur etwas für junge Leute“ sei, stimmt nicht einmal ein Viertel zu, neun von zehn gehen davon aus, dass es sich „etablieren wird wie Fernsehen, Radio und Zeitung“. Unter den Veränderungen, die eine Internetnutzung für die Gruppe der Verweigerer interessanter machen könnten, spielen vereinfachte Zugänglichkeit und Kostenreduzierungen die wichtigste Rolle. Die inhaltlichen Vorstellungen bleiben hingegen vage und konzentrieren sich auf Gebrauchs- und Ratgeberinformation, wobei das Interesse insgesamt eher rückläufig ist. Gerhards und Mende bezweifeln, ob bei dieser Interessenlage „Stimuli für die Anschaffung eine Internetzugangs ausgelöst werden können“.[1]

Es soll hier abschließend noch ein kurzer Blick auf die Internetnutzung von Kindern geworfen werden, wie sie sich in einigen Studien darstellt.[2] Für Kinder gibt es ja ein schon sehr breites Angebot einschließlich Suchmaschinen und Linklisten, das von öffentlichen und privaten Einrichtungen, darunter die öffentlich-rechtlichen und privaten Fernsehsender, bereitgestellt wird. Mehr als ein Viertel der Haushalte mit Kindern verfügt über einen Internetanschluss. Da die Nutzung des Internets von der Lese- und Schreibfähigkeit, aber auch von Englischkenntnissen abhangt, steigt sie bei Kindern erst ab etwa 10 Jahre, dann aber sprunghaft an. Gut jedes dritte aller Kinder zwischen 8 und 12 Jahre gibt an, das Internet zu nutzen, bei den 12- bis 13-Jährigen Kindern ist es schon die Hälfte, von den 14- bis 15-Jährigen sind es zwei Drittel und bei den 16- bis 17-Jährigen drei von

1 Gerhards/Mende (2002), S. 374.

2 Vgl. Breunig (2002).

vier. Nicht nur die Frequenz der Internetnutzung, auch die Verweildauer im Netz nimmt mit dem Alter der Kinder deutlich zu. Sie liegt bei den 8- bis 9-Jährigen mehrheitlich unter einer halben Stunde, bei den 10- bis 12-Jährigen mehrheitlich unter einer Stunde. Die Unterschiede zwischen Jungen und Mädchen sind dabei gering. Während die Jüngeren das Internet überwiegend zu Hause nutzen, gehen die Älteren auch außerhalb des Elternhauses ins Netz, vor allem bei Freunden und in der Schule. Verglichen mit der privaten Nutzung zu Hause oder bei Freunden spielt die Schule allerdings eine vergleichsweise geringe Rolle – Kompetenzunterschiede im sozialen Umfeld der Kinder werden also offenbar kaum ausgeglichen.

4. Zukunftsperspektiven und offene Fragen

Karl Valentin hat einmal sinngemäß festgestellt, dass Prognosen äußerst schwierig seien, zumal wenn sie die Zukunft beträfen. Hier soll der Versuch einer Prognose daher auch gar nicht unternommen, es sollen aber auch keine diesbezüglichen wissenschaftlichen Bemühungen referiert werden. Es geht vielmehr darum, aus den hier vorgestellten Nutzungstrends einige thesenartige Schlussfolgerungen zu ziehen und sie im Zusammenhang der ja nicht geringen gesellschaftlichen und medienstrukturellen Veränderungen, die sich zur Zeit vollziehen, zu diskutieren.

1. Fernsehen: Vom Massenmedium zum Distributionskanal elektronischer Minderheitenangebote?

Geht man davon aus, dass Medien, um ein Massenmedium zu sein, mit ihren Inszenierungen aller Art – unterhaltenden wie informierenden – ein Massenpublikum erreichen müssen,[1] dann muss das Resümee aus den empirischen Befunden zur Mediennutzung, dass gemessen am Umfang der tagtäglichen massenhaften Zuwendung nur Fernsehen und Hörfunk „Massenmedien" seien, relativiert werden. Bezogen auf die durchschnittliche Angebotsstunde, das zeigten schon die Berechnungen Heinrichs, erreichen beide Medien nur noch Minderheiten. Die Künstlichkeit einer solchen Durchschnittsberechnung lässt sich auflösen, wenn man sich einzelne Angebote anschaut. So erreicht die „Tagesschau" im Ersten Programm um 20 Uhr als meistgesehene Informationssendung des Fernsehens 2001 5,76 Millionen Zuschauer ab drei Jahre, das sind bei über 60 Millionen Fernsehteilnehmern, Kinder unter 14 Jahre hier nicht mit erfasst, weniger als 10 %. Rechnet man die Zuschauer, die die zeitgleiche Ausstrahlung der Sendung in den Dritten Programmen der ARD verfolgen, hinzu, dann sind es 9,06 Millionen.[2] Das ist ein deutlich kleineres Publikum, als es die Bildzeitung laut MA 2002 mit 12,11 Millionen Lesern

1 Vgl. Prokop (2000).

2 Vgl. Darschin/Gerhard (2002).

pro Ausgabe täglich erreicht, es sind aber auch deutlich weniger Zuschauer, als die „Tagesschau“ 1985 hatte.[1] „Das Publikum verstreut sich“[2] wurde die Entwicklung der Fernsehnutzung in Reaktion auf die Angebotsausweitung und Angebotsdifferenzierung einmal treffend beschrieben. Ein Massenpublikum in zweistelliger Millionenhöhe erreichen nur noch wenige Sendungen: Fußball (die WM Qualifikation Deutschland-Ukraine war mit 17,80 Millionen Zuschauern die meistgesehene Sendung im Jahr 2001 überhaupt) und Autosport (Formel 1 Rennen Kanada: 14,38 Millionen), sowie Unterhaltungssendungen wie „Wetten, dass..?“ (durchschnittliche Reichweite 2001: 14,89 Millionen Zuschauer), manchmal auch „Wer wird Millionär?“ (durchschnittliche Reichweite 9,67 Millionen). Hier könnte man noch vom „Massenmedium Fernsehen“ sprechen, wenn sich, wie beim Spitzenfußball oder einzelnen „Wetten, dass..?“-Sendungen, rund die Hälfte der Zuschauer, die zu dieser Zeit überhaupt fernsehen, diesen Sendungen zuwendet. Das sind heute aber rare Sternstunden des Mediums. Die meisten Sendungen, auch die der fünf oder sechs in der Publikumsgunst führenden Programme mit einem Nutzungsanteil am gesamten Fernsehkonsum von jeweils über fünf Prozent, finden hingegen nur noch ein Minderheitenpublikum.

Die Fragmentierung des Publikums, die sich in Reaktion auf die Angebotsdifferenzierung im dualen Rundfunksystem, durchaus vergleichbar der Entwicklung bei den Publikumszeitschriften, vollzog, ist nicht ohne Probleme.[3] Galt das Fernsehen in den Zeiten geringer Programmwahl als gemeinschaftsstiftend und Vermittler gemeinsamer Kommunikationserfahrungen, spricht Schönbach von einem neuen „Tribalismus“: Wir „nehmen nur noch wahr, wir lassen uns nur noch unterhalten von dem, was uns selbst oder unsere ‚Gruppenidentität‘ zu bestätigen verspricht“. [4] Auf der gesellschaftlichen Ebene bedeutet eine solche Entwicklung, dass die Integrationskraft des Mediums schwindet, da gemeinsame Aufmerksamkeit aller für bestimmte Medieninhalte kaum mehr hergestellt werden kann. Gerade vom Fernsehen, und hier nicht nur vom öffentlich-rechtlich organisierten, werden solche Integrationsleistungen ja explizit erwartet. Begreift man Integration als „gesellschaftliche Selbstverständigungsdiskurse“,[5] die Medien ermöglichen, abbilden und mit gestalten sollen, dann wird die breite Einbeziehung des Medienpublikums in diese Diskurse, selbst auf die ihm zugestandene passive und reaktive Weise, zunehmend fragwürdig. Gesamtgesellschaftliche Integration als normative Anforderung an eine sich nach Markterfordernissen differenzierende Rundfunklandschaft läuft zumindest auf Seiten der Rezeption weitgehend ins Leere.

---

1 Ein direkter Vergleich ist auf Basis der veröffentlichten Daten kaum möglich (Hinzutritt der neuen Bundesländer, Ausweis der Fernsehnutzung für die Bevölkerung ab drei Jahre, 1985 ab 14 Jahre, Übernahme der „Tagesschau“ in die Dritten Programme). Berücksichtigt man die Daten nur für die „Tagesschau“ im Ersten Programm, dann dürfte sich die Zuschauerschaft seit 1985 annähernd halbiert haben.

2 Hasebrink (1994).

3 Vgl. Holtz-Bacha (1998).

4 Schönbach (1997), S. 286.

5 Jarren (2000), S. 235.

2. Publikumsfragmentierung und Medienfinanzierung

Publikumsfragmentierung ist die Folge der, wenn auch möglicherweise nicht sehr verbreiteten, Akzeptanz neuer Angebot bei gleichzeitig unterproportionaler Zunahme der Nutzung des Mediums. Es ist eine Entwicklung, die sich in allen verfügbaren Daten zu Medienangebot und Mediennutzung klar abzeichnet und die deutlich macht, dass die nicht vermehrbaren Ressourcen Zeit und Aufmerksamkeit der entscheidende Engpass in der Medienentwicklung sind. Dieser Engpass führt auf der Ebene der Unternehmen irgendwann zu Schwierigkeiten bei der Finanzierung weiterer Medienangebote. Fernsehen ist nach wie vor ein teuer zu produzierendes Medium, von den im Wettbewerb eskalierenden Preisen für Sportrechte und andere massenattraktive Angebote ganz abgesehen. Das Problem ist die Kostenstruktur mit einem, wie bei allen Informationsgütern, außerordentlich hohen Anteil an fixen Kosten, die unabhängig von der „Produktionsmenge Publikumskontakte" für die Produktion einer Sendung anfallen und sehr geringen variablen Kosten für Vervielfältigung und Distribution. Amortisieren lassen sich diese fix anfallenden Kosten nur, wenn ein hinreichend großes Publikum erreicht wird, das entweder direkt zahlt (Pay TV) oder für das die Werbewirtschaft zu zahlen bereit ist. Kann ein ausreichendes Publikum nicht gewonnen werden oder ist die Werbewirtschaft an den Kontakten mit diesem Publikum nicht interessiert, weil es zu klein und die Kontakte damit zu teuer sind oder Zielgruppenmerkmale nicht erfüllt werden, dann ist die Hoffnung auf Deckung der Produktionskosten dahin. In der Fixkostendegression mit steigender Publikumsgröße liegen die Chance aber auch das Risiko des Mediengeschäfts, sie begründet den Hang und Zwang zum Massenpublikum.

Publikumsfragmentierung, zumal wenn sie nicht Zerlegung des Publikums in werblich interessante Zielgruppen darstellt, wie es die Zeitschriften versuchen, dem Fernsehen als Spartenangebot aber selten gelingt, macht vor allem eine dauerhafte Finanzierung von Medien aus Werbung schwierig. Das wird in konjunkturell schwachen Zeiten besonders deutlich.

3. Die Elastizität der medialen Nutzungsformen und Nutzungszeiten

Aus den Daten der Studie „Massenkommunikation" lässt sich ablesen, wie von den Rezipienten in Reaktion auf medienstrukturelle Veränderungen Mediennutzungsformen und -gewohnheiten aufgegeben und neu organisiert werden. Der Hörfunk mit seiner Entwicklung vom abendlichen Freizeitmedium zum Tagesbegleiter, vergleichbare Ansätze beim Fernsehen sind gut dokumentierte Beispiele. Dass die Prozesse „funktionaler Reorganisation" beim Rezipienten in einem Wechselverhältnis mit „funktionalen Neudefinitionen" ihres Mediums durch die Produzenten und entsprechenden Angebotsveränderungen stehen, muss nicht eigens betont werden. Medienverdrängungsprozesse in dem Sinne, dass eine Mediengattung völlig aus dem Repertoire medialer Zuwendung herausfällt, fanden bislang nicht statt. Das in der Kommunikationswissenschaft immer wieder gern zitierte „Rieplsche Gesetz",[1] dass ein neues Medium alte nicht verdränge, sondern

1 Vgl. Riepl (1987).

ihnen allenfalls andere Funktionsbereiche aufzwinge, fand vielfach empirische Bestätigung. Von daher scheint auch für immer wieder zu hörende Befürchtungen, das Internet werde das Fernsehen oder die Zeitung oder irgendein anderes Medium verdrängen, wenig Anlass zu bestehen.

Das kann natürlich für das einzelne Medienangebot, die Zeitschrift z. B., deren Zielgruppe der Hobbygärtner oder Hundefreunde nun von einem Onlinedienst (des Gartengeräteherstellers oder Hundefutterproduzenten) bedient wird, ganz anders aussehen. Sie wird die neue Konkurrenz in mehrfacher Hinsicht existenziell merken, indem sie Abonnenten und Leser aber auch Werbeaufträge verliert. Gerade das bislang erfolgreich von den Zeitschriften bearbeitete Feld der Zielgruppen- und Spartenmedien scheint vom Internet noch am ehesten bedroht, weil die Informationsinteressen der Rezipienten hier definiert genug sind, um in der Informationsflut doch fündig zu werden. Partiell mag das auch für die Zeitungen zutreffen, obwohl erste Untersuchungen auf nachlassende Nutzung und Wichtigkeit von Onlinezeitungen durch und für die Internetnutzer verweisen.[1]

Nach den Ergebnissen der ARD/ZDF Online-Studie hat die Zustimmung der Onlinenutzer, dass sie weniger fernsehen seitdem sie einen Internetanschluss haben, abgenommen, von rund einem Drittel 1997 auf ein Viertel 2002, bei Radio und Tageszeitung ist dagegen ein leichter Anstieg zu registrieren. Es ist, wie schon erwähnt, vor allem der aktiv-dynamische Typ, der Substitutionsgefahren insbesondere für Fernsehen und Hörfunk sieht, also die Gruppe der Internetnutzer, bei der die Einfügung des Internets in das Repertoire der Mediennutzung vermutlich schon weitgehend abgeschlossen ist und die nun möglicherweise auf der Basis ihrer eigenen Erfahrungen urteilt. Das würde auf Substitutionsgefahren verweisen, deren Umfang aber bislang kaum abschätzbar ist. Der Rückgang in der Zustimmung der Internetnutzer, dass sie weniger fernsehen, kann ja zwei mögliche Gründe haben: Später an das Internet angeschlossene Nutzer schränken ihren Fernsehkonsum weniger ein, eine These, die Bestätigung finden könnte in dem Befund, dass der selektiv-zurückhaltende Typ Substitutionsgefahren für das Fernsehen weit weniger sieht als der aktiv-dynamische Typ. Oder: Für die frühesten Onlinenutzer, zu denen ja vor allem der aktiv-dynamische Typ gehört, lässt der Reiz des Internets durch Gewöhnungseffekte und Redundanz allmählich nach, so dass andere Beschäftigungsmöglichkeiten, z. B. fernzusehen, wieder attraktiver werden. In der Kommunikationswissenschaft werden solche Phänomene als Adaptionseffekte diskutiert und (noch) vor allem im Zusammenhang der Ausbreitung des Fernsehens geprüft.[2]

Schönbach verweist darauf, dass vor allem Hörfunk- und Fernsehnutzung Formen passiver, anstrengungsfreier Entspannung seien, dass gerade diese Passivität der Rezeptionssituation, in der man sich überraschen und mit Information wie Unterhaltung „versorgen“ lassen könne, einen wesentlichen Anreiz für die Nutzung der Medien darstelle.[3] Wenn dem so ist, und die eigene Alltagserfahrung spricht kaum dagegen, dann scheint

1 Vgl. Höflich/Schmidt (2002).

2 Vgl. Peiser (1998).

3 Vgl. Schönbach (1997).

ein stärkerer Nutzungseinbruch bei diesen Medien oder gar ihre Verdrängung aus dem Nutzungsrepertoire durch das Internet wenig wahrscheinlich. Interaktive Medien, ob Internet oder interaktives Fernsehen, erlauben ja gerade diese Formen passiver Muße nicht.

4. *Die schnelle Diffusion des Internet*

Die Diffusion des Internets scheint an Schnelligkeit derjenigen des Fernsehens wenig nachzustehen. 1964, zehn Jahre nach dem Start des Gemeinschaftsprogramms der ARD, verfügte gut die Hälfte der Bundesbürger in ihrem Haushalt über ein Fernsehgerät, 47 % nutzten das Medium regelmäßig. Nimmt man als das Startsignal für den Aufbruch in das Multimediazeitalter die Umbenennung 1995 des Telekomdienstes Btx/DatexJ in T-Online mit damals 800.000 Abonnenten,[1] dann ist die Entwicklung der Onlinenutzung kaum weniger beeindruckend: Bei gut der Hälfte der Bundesbürger steht 2000 ein PC im Haushalt, 44 % verfügen 2002 über einen Internetzugang, vier von fünf der Anschlüsse sind privat. Natürlich ist die Entwicklung beider medialen Angebote nicht unmittelbar vergleichbar: Hier die ausschließlich private, freizeitorientierte Nutzung, dort der oft berufs- oder ausbildungsbezogene Einstieg. Aber die Durchsetzung der privaten Internetnutzung auf breiter Basis innerhalb nicht einmal einer Dekade verweist auf ähnlich hohe Akzeptanz (bei anderen Motiven) des neuen Angebots, das sich erfolgreich implementieren konnte. Ob dem Internet allerdings eine totale Durchsetzung wie dem Fernsehen mit Einzug in so gut wie jeden Privathaushalt gelingen wird, bleibt abzuwarten. Die Unterschiede in den Zugangsvoraussetzungen sind ja nicht unerheblich.

Der oben angesprochene Prozess der Publikumsfragmentierung wird durch die schnelle Diffusion des Internets weiter vorangetrieben, die Tribalisierung der Mediennutzung wohl weiter zunehmen. Dem Internet fehlt die Gemeinschaft auf der gesellschaftlichen Ebene stiftende Kraft der traditionellen Massenmedien ja völlig, im Gegenteil, es nötigt zu Spezialisierung und fördert noch die Herausbildung von „Spezialkulturen".[2] Ob dies das „Ende der Öffentlichkeit"[3] bedeutet, zumindest der medialen, wie nicht ganz unberechtigt befürchtet, bleibt abzuwarten.

5. *Die Auflösung des Publikumsbegriffs*

Der von den, im weitesten Sinne, Medien mit einem Präsenzpublikum (Kino, Theater, Konzert) übernommene Begriff zur Umschreibung der dispersen Nutzerschaft massenmedialer Angebote war wohl schon immer fragwürdig. Die damit verbundene Vorstellung von einer Ansammlung von Menschen, die mit gleichgerichteter Aufmerksamkeit eine Darbietung oder Inszenierung verfolgen, hat für das Fernsehen allenfalls in den Anfangsjahren gestimmt, als man, zumindest gemäß der damaligen Fernsehgerätewerbung,[4] noch das „Kleine Schwarze" für den Theaterabend im Fernsehen anzog. Die Ausdifferenzierung des Medienangebots, dessen teilweise Gestaltung zur Ermöglichung von

1 Vgl. Zimmer (1995).

2 Vgl. Holtz-Bacha (1998), S. 223.

3 Gellner (1998).

4 Vgl. Wilke (1999), S. 537.

Halb- und Viertelaufmerksamkeit der Rezipienten, die entsprechende Heterogenisierung des Nutzungsverhaltens haben die „bequeme Kategorie des ‚Publikums'" aufgelöst. „Die statistische Entsprechung dieser Kategorie, die Einschaltquote einer Sendung, stellt eine Mischung gänzlich heterogener Begegnungen verschiedenen Zuschauer mit dieser Sendung dar".[1]

Wenn schon bei den klassischen Medien Bedenken gegen den homogenisierenden Publikumsbegriff angemeldet werden, so gilt das erst recht für das Internet. Generell muss ja bedacht werden, dass Internet und Computer selbst in ihrer privaten Anwendung mit den klassischen Medien kaum vergleichbar und Hybridmedien sind, die massenmediale wie interpersonale Nutzungsoptionen bieten. Ist es bei den Massenmedien schon fragwürdig, von einem Publikum zu sprechen, weil dieses sich aus einer Vielzahl von Individuen und Gruppen immer wieder neu konstituiert, so gilt das erst recht für diese Hybridmedien, bei denen ja selbst der funktional definierte Platz des Publikums im Kommunikationsprozess, „zu empfangen", nicht mehr gegeben ist. Höflich und Schmidt raten, generell nicht von „dem Internetnutzer" auszugehen, sondern davon, „dass wir es mit vielen verschiedenen Nutzertypen zu tun haben".[2] Denkt man an die in der ARD/ZDF Online-Studie extrahierten Nutzertypen, dann weist allenfalls der selektiv-zurückhaltende Typ noch Ähnlichkeiten mit dem Konzept des Publikums auf. Neue, trennschärfere und valide Definitionen für die vielfältigen Formen des Umgangs mit einem sich ausdifferenzierenden Medienangebot, aber auch für den Umgang mit Infrastrukturen, die eine individualisierte und interaktive im weitesten Sinne Informationsaufnahme und Informationsabgabe erlauben, müssen offenbar gefunden werden. Für die Forschung wird sich aus der Konvergenz von Computer und Fernseh-/Radiogerät, aus dem Zusammenwachsen von Massen- und Individualkommunikation, aus der Verschmelzung von beruflicher und privater, freizeitorientierter Kommunikation, aus der explosionsartigen Vermehrung und Differenzierung netzgebundener und netzungebundener Kommunikationsformen eine Fülle von Problemen ergeben, die bislang wahrscheinlich nicht einmal richtig erkannt, geschweige denn gelöst sind.

Literaturverzeichnis

ALLOR, M. (1988), Relocating the Site of the Audience, in: Critical Studies in Mass Communication, Nr. 5, 1988, S. 217-233.

BERG, K./RIDDER, C.M. (HRSG.) (2002), Massenkommunikation VI. Eine Langzeitstudie zur Mediennutzung und Medienbewertung 1964-2000, Baden-Baden 2002.

1 Hasebrink (1994), S. 282.

2 Höflich/Schmidt (2002), S. 175.

Berg, K./Kiefer, M.L. (Hrsg.) (1996), Massenkommunikation V. Eine Langzeitstudie zur Mediennutzung und Medienbewertung 1964-1995, Baden-Baden 1996.

Böhme-Dürr, K. (1995), Angewandte Medienforschung – Eine „heimliche" Hauptsache?, in: Böhme-Dürr, K./Graf, G. (Hrsg.), Auf der Suche nach dem Publikum. Medienforschung für die Praxis, Konstanz 1995, S. 9-17.

Bonfadelli, H. (1981), Die Sozialisationsperspektive in der Massenkommunikationsforschung. Neue Ansätze, Methoden und Resultate zur Stellung der Massenmedien im Leben der Kinder und Jugendlichen, Berlin 1981.

Bonfadelli, H. (1999), Medienwirkungsforschung I, Grundlagen und theoretische Perspektiven, Konstanz 1999.

Bonfadelli, H. (2002), Das Publikum – Kommunikationswissenschaftliche Perspektiven, in: Oppenheim, R./Stolte, D./Zölch, F.A. (Hrsg.), Das Publikum als Programm, Bern 2002, S 117-123.

Breunig, C. (2002), Onlineangebote für Kinder. Angebotsstruktur, Inhalte und Nutzung kinderspezifischer Internetseiten, in: Media Perspektiven, Nr. 8, 2002, S. 389-402.

Brosius, H.-B./Roßmann, R./Elnain, A. (1999), Alltagsbelastung und Fernsehnutzung. Wie beeinflusst der Tagesablauf von Rezipienten den Umgang mit Fernsehen, in: Hasebrink, U./Rößler, P. (Hrsg.), Publikumsbindungen. Medienrezeption zwischen Individualisierung und Integration, München 1999, S. 167-186.

Darschin, W./Gerhard, H. (2002), Tendenzen im Zuschauerverhalten. Fernsehgewohnheiten und Programmbewertungen im Jahr 2001, in: Media Perspektiven, Nr. 4, 2002, S. 154-165.

Eastman, S. T. (1998), Programming Theory under Stress: The Active Industry and the Active Audience, in: Roloff, M.E./Paulson, G.D. (Eds.), Communication Yearbook 21, Thousand Oaks u. a. 1998, S 323-377.

Eberhard, F. (1962), Der Rundfunkhörer und sein Programm. Ein Beitrag zur empirischen Sozialforschung, Berlin 1962.

Eggert, C. (2002), Zur Entwicklung der Reichweiten, in: Bundesverband Deutscher Zeitungsverleger (Hrsg.), Zeitungen 2002, Bonn 2002, S. 108-117.

Ettema, J.S./ Whitney, D.C. (1994), The Money Arrow: An Introduction to Audiencemaking, in: Dies. (Eds.), Audiencemaking: How the Media Create the Audience, Thousand Oaks u. a. 1994, S. 1-17.

Feierabend, S./Klingler, W. (2002), Was Kinder sehen. Eine Analyse der Fernsehnutzung von Drei- bis 13-Jährigen 2001, in: Media Perspektiven, Nr. 5, 2002, S. 221-231.

Franzmann, B. (2001), Lesezapping und Portionslektüre. Veränderungen des Leserverhaltens, besonders bei Jugendlichen, in: Media Perspektiven, Nr. 2, 2001, S. 90-98.

Gellner, W. (1998), Das Ende der Öffentlichkeit?, in: Gellner, W./von Korff, F. (Hrsg.), Demokratie und Internet, Baden-Baden 1998, S. 11-24.

GERHARDS, M./GRAJCZYK, A./KLINGLER, W. (2001), Programmangebote und Spartennutzung im Fernsehen 2000. Eine Analyse auf Basis der GfK-Sendungscodierung, in: Media Perspektiven, Nr. 5, 2001, S. 247-257.

GERHARDS, M./MENDE, A. (2002), Nichtnutzer von Online: Kern von Internetverweigerern? ARD/ZDF Online-Studie 2002, in: Media Perspektiven, Nr. 8, 2002, S. 363-375.

HASEBRINK, U. (1994), Das Publikum verstreut sich. Zur Entwicklung der Fernsehnutzung, in: Jarren, O. (Hrsg.), Medienwandel – Gesellschaftswandel? 10 Jahre dualer Rundfunk in Deutschland. Eine Bilanz, Berlin 1994, S. 265-287.

HEINRICH, J. (1999), Medienökonomie. Band 2: Hörfunk und Fernsehen, Opladen, Wiesbaden 1999.

HEINRICH, J. (2002), Ökonomische Analyse des Zeitschriftensektors, in: Vogel, A./ Holtz-Bacha, C. (Hrsg.), Zeitschriften und Zeitschriftenforschung. Sonderheft 3 der Publizistik, Wiesbaden 2002, S.60-82.

HIMMELWEIT, H.T./OPPENHEIM, A.N./VINCE, P. (1958), Television and the Child, London u. a. 1958.

HÖFLICH, J.R./SCHMIDT, J. (2002), Wandel und Konstanz der Nutzerschaft. Ergebnisse einer zweiphasigen Online-Befragung zu Online-Zeitungen, in: Theis-Berglmair, A.M. (Hrsg.), Internet und die Zukunft der Printmedien. Kommunikationswissenschaftliche und medienökonomische Aspekte, Münster u. a. 2002, S. 153-192.

HOLTZ-BACHA, C. (1998), Fragmentierung der Gesellschaft durch das Internet?, in: Gellner, W./von Korff, F. (Hrsg.), Demokratie und Internet., Baden-Baden 1998, S. 219-226.

Jarren, O. (2000), Gesellschaftliche Integration durch Medien? Zur Begründung normativer Anforderungen an Medien, in: Langenbucher, W.R. (Hrsg.), Elektronische Medien, Gesellschaft und Demokratie, Wien 2000, S. 234-253.

KIEFER, M.L. (1999), Wie betreibt man wissenschaftliche Langzeitforschung? Eine Replik auf die Kritik von Lauf/Peiser, in: Rundfunk und Fernsehen, 47 Jg., Nr. 2, 1999, S. 243-256.

KIEFER, M.L. (2001), Medienökonomik. Einführung in eine ökonomische Theorie der Medien. München, Wien 2001.

KLINGLER, W./MÜLLER, D. (2001), MA 2001 Radio: Kontinuität bei Methode und Ergebnissen. Hörfunknutzung in Deutschland, in: Media Perspektiven, Nr. 9, 2001, S. 434-449.

KNOBLOCH, S. (2002), >Unterhaltungsslalom< bei der WWW-Nutzung. Ein Feldexperiment, in: Publizistik, 47. Jg., Nr. 3, 2002, S. 309-318.

KRÜGER, U.M./ZAPF-SCHRAMM, T. (2002), Öffentlich-rechtliches und privates Fernsehen: Typische Unterschiede bleiben bestehen. Programmanalyse 2001/I, in: Media Perspektiven, Nr. 4, 2002, S. 178-189.

Lauf, E./Peiser, W. (1999), Zur Validität der Langzeitstudie Massenkommunikation. Eine kritische Untersuchung ihrer Trenddaten zur Mediennutzung, in: Rundfunk und Fernsehen, 47. Jg., Nr.2, 1999, S. 231-242.

Noelle-Neumann, E. (1969), Die Methode der Publikumsforschung, in: Löffler, M. (Hrsg.), Das Publikum, München 1969, S. 32-41.

Oehmichen, E./Schröter, C. (2002), Zur Habitualisierung der Onlinenutzung. Phasen der Aneignung und erste Ausprägung von Nutzertypen, in: Media Perspektiven, Nr. 8, 2002, S. 376-388.

Peiser, W. (1998), Adaptionseffekte bei der Einführung des Fernsehens, in: Klingler, W./Roters, G./Gerhards, M. (Hrsg.), Medienrezeption seit 1945. Forschungsbilanz und Forschungsperspektiven, Baden-Baden 1998, S. 157-186.

Prokop, D. (2000), Der Medien-Kapitalismus. Das Lexikon der neuen kritischen Medienforschung, Hamburg 2000.

Riepl, W. (1987), Das Nachrichtenwesen des Altertums mit besonderer Rücksicht auf die Römer. Leipzig, Berlin 1913. Abgedruckt unter dem Titel: Das Gesetz von der Komplementarität in: Brobowski, M./Duchkowitsch, W./Haas, H. (Hrsg.), Medien und Kommunikationsgeschichte. Ein Textbuch zur Einführung, Wien 1987, S. 144-148.

Rosengren, K. E. (1991), Media Use in Childhood and Adolescence: Invariant Change? Some Results from a Swedish Research Program, in: Anderson, J. (Ed.), Communication Yearbook 14, Newsbury Park u. a. 1991, S. 48-90

Saxer, U. (1998), Mediengesellschaft: Verständnisse und Mißverständnisse, in: Sarcinelli, U. (Hrsg.), Politikvermittlung und Demokratie in der Mediengesellschaft, Opladen, Wiesbaden 1998, S. 52-73.

Saxer, U. (1989), Medieninnovation und Medienakzeptanz, in: Mahle, W.A. (Hrsg.), Medienangebot und Mediennutzung. AKM-Studien 31, Berlin 1989, S. 145-174.

Schönbach, K. (1997), Das hyperaktive Publikum – Essay über eine Illusion, in: Publizistik, 42. Jg., Nr. 3, 1997, S. 279-286.

Schulz, R. (1999), Nutzung von Zeitungen und Zeitschriften, in: Wilke, J. (Hrsg.), Mediengeschichte der Bundesrepublik Deutschland, Köln u. a. 1999, S. 401-425.

Schulz, R./Schneller, J. (2002), Mediaforschung, in: Noelle-Neumann, E./Schulz, W./Wilke, J. (Hrsg.), Fischer Lexikon Publizistik, Massenkommunikation, 4. aktualisierte und vollständig überarbeitete Auflage, Frankfurt 2002, S. 183-213.

Stipp, H. (2001), Der Konsument und die Zukunft des interaktiven Fernsehens. Neue Daten und Erfahrungen aus den USA, in: Media Perspektiven, Nr. 7, 2001, S. 369-377.

Van Eimeren, B./Gerhard, H. (2000), ARD/ZDF Online-Studie 2000. Gebrauchswert entscheidet über Internetnutzung. Entwicklung der Onlinemedien in Deutschland, in: Media Perspektiven, Nr. 8, 2000, S. 338-349.

VAN EIMEREN, B./GERHARD, H. /FREES, B. (2002), Entwicklung der Onlinenutzung in Deutschland: Mehr Routine, weniger Entdeckerfreude. ARD/ZDF Online-Studie 2000, in: Media Perspektiven, Nr. 8, 2002, S. 346-362.

VOGEL, A./HOLTZ-BACHA, C. (HRSG.) (2002), Zeitschriften und Zeitschriftenforschung. Sonderheft 3 der Publizistik, Wiesbaden 2002.

WILKE, J. (HRSG.) (1999), Die Mediengeschichte der Bundesrepublik Deutschland, Köln u. a. 1999.

ZILLMANN, D. (1988), Mood management: Using entertainment to full advantage, in: Donohew, L./Sypher, H.E./Higgins, E.T. (Eds.), Communication, social cognition, and affect, Hillsdale, NJ, 1988, S. 147-171.

ZIMMER, J. (1995), Online-Dienste für ein Massenpublikum? Die Expansion des Online-Marktes in Deutschland, in: Media Perspektiven, Nr. 10, 1995, S. 476-488.

Christoph Burmann / Axel Nitschke

Strategisches Marketing bei Medienunternehmen

1. Anforderungen an ein strategisches Marketing in Medienunternehmen

1.1 Aktuelle Herausforderungen im Medienmanagement

Eine Vervielfachung von Rechen- und Übertragungskapazitäten war der Auslöser der digitalen Revolution in den 90er Jahren des letzten Jahrhunderts. Die digitale Speicherung, Verarbeitung und Distribution führte zu einer neuen Form der Integration von Text, Bild, Audio- und Videoelementen. Die *Digitalisierung* war die Triebfeder der *Konvergenz* von Informationstechnologie-, Telekommunikations- und Medienbranche. Sie ermöglichte eine ebenso einfache wie kostengünstige Adaption von Inhalten für verschiedene Medientypen und führte zu einer Verschmelzung von Elementen der *Wertschöpfungskette* verschiedener Medientypen.[1]

Trotz der *Konvergenz* der drei Branchen werden im Folgenden nur Medienunternehmen betrachtet, weil sie durch eine besonders hohe Heterogenität der von ihnen bedienten Märkte gekennzeichnet sind. Nach den gängigen Abgrenzungen umfasst die Medienbranche alle Unternehmen, die Informationen, Unterhaltung oder Werbung produzieren, verarbeiten oder distribuieren und nicht als Telekommunikations-, Software- oder Hardwareunternehmen für die technische Infrastruktur verantwortlich sind.[2]

Trotz des Endes des Internet-Hypes in Deutschland hat sich das stationäre Internet als Informations-, Unterhaltungs- und Transaktionsmedium auf breiter Basis etabliert. Als Folge zahlreicher *technischer Innovationen* wie höheren Übertragungskapazitäten drahtloser Netze, verbesserten Kompressionstechniken und digitalen Zahlungssysteme werden heute sowohl qualitativ bessere, als auch durch die Ortsunabhängigkeit innovativere mediale Inhalte angeboten als noch vor wenigen Jahren vorstellbar schien.

Diese Entwicklungen werden zu einer weiteren Konvergenz traditioneller Medien mit dem stationären und mobilen Internet führen. Als Konsequenz dieser Entwicklungen zeigt sich folgendes Bild:

- Ansteigende Investitionen in technische Infrastruktur und mediale Inhalte erfordern eine mehrfache, intra- und intermediale Verwertung. Die *Koordination* komplementärer, zusätzlichen Nutzen stiftender Angebote und das Minimieren von Substitutionseffekten stellen hohe Anforderungen an die verschiedenen Dimensionen eines *integrierten strategischen Marketings*.
- Insbesondere im Internet wurden kostenlose Angebote eingeführt um möglichst schnell eine kritische Masse von Nutzern zu erreichen. Das *Abschöpfen von Zah-*

1 Vgl. Zerdick et al. (2001), S. 140 f.

2 Vgl. u. a. Exter (1999), S. 10 ff.; Wirtz (1994), S. 26; Wirtz (2001), S. 8-9.

lungsbereitschaften für diese bisher kostenlosen, sowohl legal als auch illegal erhältlichen, digitalen Inhalte ist entscheidend, um nachhaltig Gewinne zu realisieren.

- Durch internationale Konzentrationsprozesse in der Medienbranche und einer Ausweitung der Geschäftstätigkeit bisheriger Anbieter werden sich die Machtstrukturen im Wettbewerb weiter verändern. Dies erfordert eine klare *Positionierung* der Anbieter sowohl gegenüber den Wettbewerbern (in kooperativen Netzwerken und Allianzen), als auch gegenüber den Abnehmern. Dem *Markenmanagement* kommt hierbei eine entscheidende Rolle zu.

Vor diesem Hintergrund kommt dem strategischen Marketing zum Aufbau von Erfolgspotenzialen, zur Erzielung nachhaltiger Wettbewerbsvorteile und damit letztlich zur Abschöpfung von Zahlungsbereitschaften zukünftig eine steigende Bedeutung zu.

1.2 Implikationen für ein strategisches Marketing

Die Herausforderungen unterstreichen die Notwendigkeit zu einer erweiterten Sichtweise des strategischen Marketings bei Medienunternehmen. Strategisches Marketing wird heute als zunehmend *individualisiertes, vernetztes und markenfokussiertes Beziehungsmanagement* verstanden. Zur Schaffung von Wettbewerbsvorteilen muss ein integriertes strategisches Marketing das Verhalten aller Marktteilnehmer im Beschaffungs- und Absatzbereich und gesellschaftlicher Anspruchsgruppen berücksichtigen (vgl. Abbildung 1)[1].

Ausgangspunkt des strategischen Marketing sind die Spezifika von Medienprodukten. Insbesondere digitale *Medienprodukte* sind quasi-öffentliche Güter, die durch Nichtrivalität im Konsum charakterisiert sind. Dieses begründet einen weit reichenden ordnungspolitischen Rahmen[2], der die Bedeutung des Public-Marketings gegenüber dem Staat und der Öffentlichkeit als wichtige Anspruchsgruppen unterstreicht (vgl. Abbildung 1).

1 Vgl. Meffert/Burmann (2002), S.14.

2 Vgl. Karmasin/Winter (2000), S. 29 f.

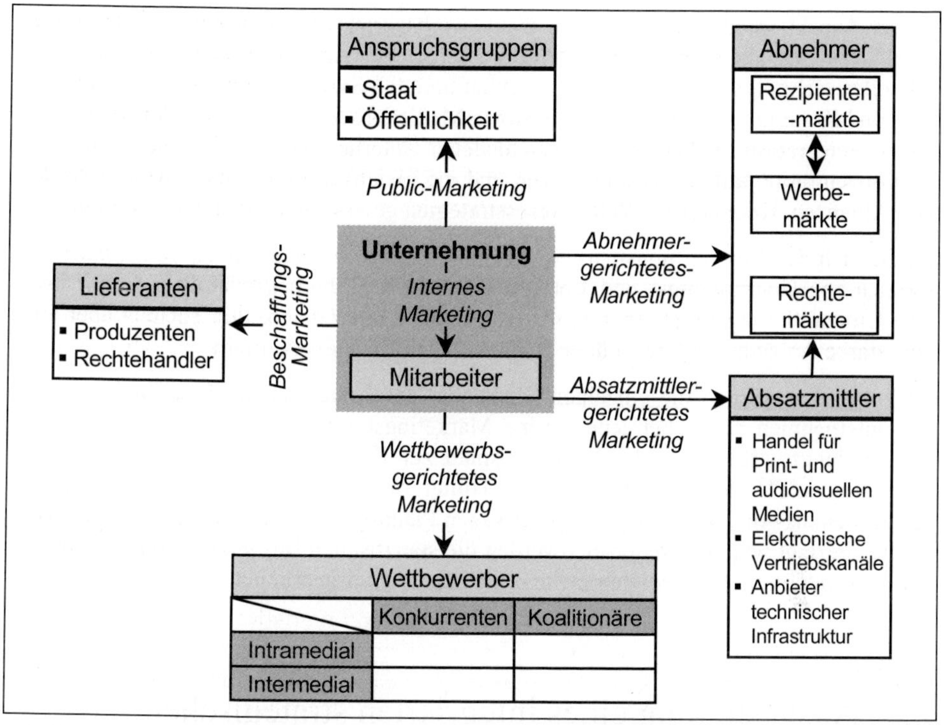

Abbildung 1: Konzept eines integrierten strategischen Marketings für Medienunternehmen[1]

Des Weiteren ist jedes Medienprodukt meist ein *Leistungsbündel* aus Inhalt und Werberaum. Dabei spielen kommerzielle und kulturelle Aspekte eine unterschiedlich starke Rolle. Das abnehmergerichtete Marketing muss sich somit an den Bedürfnissen der Rezipienten und der werbetreibenden Industrie ausrichten, wobei die starken Interdependenzen zwischen diesen beiden Abnehmergruppen zu berücksichtigen sind.[2] Als Drittes ist der Rechtemarkt zu beachten, auf dem Erst- oder Zweitrechte an Inhalten abgesetzt werden können.[3] Durch das Agieren in mehreren Märkten innerhalb der Medienbranche (z. B. Fernsehen, Zeitschriften und Internet) erhöht sich die *Komplexität der Geschäftsbeziehungen* weiter.

1 In Anlehnung an Meffert (2000), S. 27.

2 Vgl. Schumann/Hess (2002), S. 22 f.

3 Vgl. Wirtz (2001), S. 18 ff.

Dieser Aspekt spiegelt sich auch im wettbewerbsgerichteten Marketing wieder, da sowohl intra- als auch intermediale[1] Wettbewerber zu berücksichtigen sind. Durch die schnellen technologischen Innovationszyklen und den Systemcharakter vieler Informations- und Kommunikationstechnologie sowie Medienprodukten wurde in den letzten Jahren die Integration der Wertketten verschiedener Unternehmen forciert. Die Folge ist eine Konzentration auf Kernkompetenzen und die gleichzeitige Bildung von Netzwerken und Allianzen. Kooperative Wettbewerbsstrategien gewinnen dadurch an Bedeutung[2]

Im Bereich des Beschaffungsmarketings ist die *Nichtsubstituierbarkeit von Inhalten* im Bereich von Übertragungs- und Verwertungsrechten zu berücksichtigen[3], da mit ihnen eine Unique Selling Proposition realisiert werden kann. Gleichzeitig entsteht aber auch eine starke Abhängigkeit gegenüber den jeweiligen Rechteverkäufern.

Im Folgenden werden die einzelnen Elementen des strategischen Marketings von Medienunternehmen näher betrachtet. Eine Marketingstrategie ist nach Meffert als „bedingter, langfristiger, globaler Verhaltensplan zur Erreichung der Unternehmens- und Marketingziele“[4] definiert. Vor diesem Hintergrund soll nachfolgend einerseits die grundsätzliche Anwendbarkeit des generischen Planungsprozesses im strategischen Marketing[5] gezeigt werden. Anderseits werden die spezifischen Besonderheiten, die aus seiner Anwendung in der Medienbranche resultieren, herausgearbeitet.

2. Ausgestaltung eines integrierten strategischen Marketings bei Medienunternehmen

2.1 Informationsgrundlagen

Jede fundierte Marketingentscheidung bedarf als Ausgangspunkt einer breiten und detaillierten Informationsbasis um die Marketingziele zu spezifizieren. Zu diesem Zweck wird eine Situationsanalyse durchgeführt, die eine Untersuchung der externen Unternehmensumwelt, der internen Unternehmensressourcen sowie eine Prognose der zukünftig relevanten Entwicklungen umfasst.

---

1 Unter intramedial sollen in diesem Zusammenhang die Beziehungen innerhalb einer Mediengattung wie bspw. Fernsehen verstanden werden, unter intermedial zwischen Mediengattungen wie bspw. Fernsehen und Internet.

2 Vgl. Zerdick et al. (2001), S. 180 f.

3 Vgl. Enderle (2000), S. 7.

4 Meffert (1980), S.89.

5 Vgl. hierzu ausführlich Meffert/Burmann (2003).

Im Rahmen der *externen Analyse* sollen die *Chancen und Risiken der Unternehmensumwelt* ermittelt werden. Hierzu werden Faktoren wie die politisch-rechtliche, die ökonomische und die technologische Umwelt untersucht, aber auch die gesellschaftliche und ökologische Umwelt, um Chancen und Risiken für die Unternehmung zu identifizieren. Auf Grund der in der Regel besonders heterogen Beziehungen von Medienunternehmung zu ihrer Umwelt muss eine besonders breite Informationsbasis zusammengetragen werden. Ebenso spielt die *Prognose* auf Grund der kurzen technologischen Innovationszyklen in den angrenzenden Informations- und Kommunikationsbranchen eine herausragende Rolle.

Die Analyse der *unternehmensinternen Ressourcen* versucht festzustellen, welche Ressourcen und (Kern-) Kompetenzen ein Unternehmen besitzt, welche Ressourcen und (Kern-) Kompetenzen es mit vertretbarem zeitlichen und finanziellen Aufwand erwerben kann und welche Märkte auf dieser Grundlage zukünftig effektiv und effizient bearbeitet werden können[1].

Als erstes wird hierzu ein Ressourcenprofil erstellt. Durch Gegenüberstellung mit den Anforderungen der aktuell relevanten und potenziellen Märkte können im zweiten Schritt die spezifischen Stärken und Schwächen der Unternehmung herausgearbeitet werden. Als unterstützendes Instrument hat die Wertkettenanalyse eine besondere Bedeutung für Medienunternehmen, da zunehmend *Wertschöpfungsnetze* an die Stelle traditioneller Wertschöpfungsketten treten und damit komplexere Strukturen nach Wettbewerbsvorteilen durchleuchtet werden müssen. So können im dritten und letzten Schritt die spezifischen *Kernkompetenzen* identifiziert werden[2]. Die interne Analyse soll Aufschluss darüber geben, inwieweit gegenwärtig verfügbare und zukünftig erwerbbare Unternehmensressourcen zukünftig ein erfolgreiches Handeln im Wettbewerb ermöglichen. Auf Grund der hohen Dynamik in der Medienindustrie treten dabei insbesondere Diversifikationsmöglichkeiten (hier der Eintritt in bislang nicht bearbeitete Medienmärkte) in den Mittelpunkt der Betrachtung.

Durch Zusammenführen der internen und externen Perspektive können zeitlich begrenzte *„strategische Fenster“* identifiziert werden, in denen die Kompetenzen einer Unternehmung genau den Anforderungen des Marktes entsprechen.[3] Dies ist eine wichtige Determinante der Festlegung strategischer Unternehmensziele.

---

1 Vgl. zu den Begriffen Ressourcen, Kompetenzen, Kernkompetenzen und organisationalen Fähigkeiten ausführlich Burmann (2002a), S. 141 ff.

2 Vgl. hierzu Probst/Deussen/Eppler/Raub (2000).

3 Vgl. Abell (1978), S. 21 ff.

2.2 Strategische Grundsatzentscheidungen

2.2.1 Unternehmens- und Marketingziele

Neben der Identifikation attraktiver Marktnischen haben die kulturellen Maßstäbe (z. B. Philosophie eines Verlegers) und die gesellschaftlichen Verpflichtungen einen erheblichen Einfluss auf die strategischen Zielsetzungen einer Medienunternehmung. Abhängig von den rechtlichen Rahmenbedingungen kann von einem *Zielkontinuum* mit der Dominanz *gesellschaftlicher und publizistischer Ziele* auf der einen oder *ökonomischer Ziele* auf der anderen Seite gesprochen werden (vgl. Abbildung 2). Beispielsweise stehen bei den öffentlich-rechtlichen Medien der öffentliche Versorgungsauftrag sowie publizistische Aspekte im Vordergrund. Die Ausgaben müssen lediglich durch die Einnahmen aus

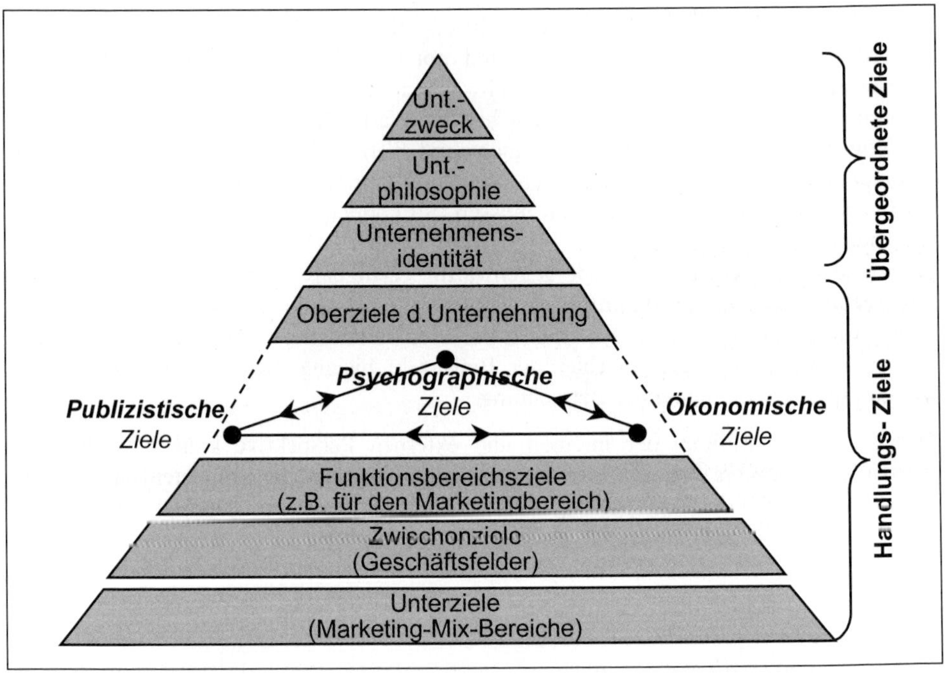

Abbildung 2: Zielhierarchie bei Medienunternehmen[1]

[1] In Anlehnung an Meffert (2000), S. 679.

Rundfunkgebühren und Werbung gedeckt sein.[1] Dagegen dominiert bei privatrechtlichen, börsennotierten Zeitschriftenverlagen, die Steigerung des Börsenwertes. Neben den beiden oben genannten Zielarten sind noch *psychographische Ziele* wie z. B. Markenimage oder Kundenzufriedenheit, die einen positiven Einfluss auf die Realisierung der ökonomischen und oder gesellschaftlichen und publizistischen Ziele haben, zu berücksichtigen.

Marketingziele sollten explizit in das Zielsystem der Unternehmung eingegliedert sein. Die *Zielhierarchie* unterteilt sich in übergeordnete Unternehmens- und Handlungsziele, die über Mittel-Zweck-Beziehungen miteinander verbunden sind und mit abnehmender Hierarchieebene immer konkreter werden (vgl. Abbildung 2). An der Spitze der Leitlinien steht der Unternehmenszweck („Business Mission"), gefolgt von der Unternehmensphilosophie und der Unternehmensidentität („Corporate Identity"). Bei der Festlegung der Marketingziele ist eine *Präzisierung* nach *Inhalt, Ausmaß, Zeit* und *Segment* erforderlich, um operationale Vorgaben für die Zwischenziele auf Geschäftsfeldebene und die Unterziele im Bereich der Marketing-Mix-Instrumente zu geben.[2]

2.2.2 Abgrenzung und Bearbeitung von Geschäftsfeldern

Die Abgrenzung des relevanten Marktes und die damit einhergehende *Bildung strategischer Geschäftsfelder* (SGF) hat im strategischen Planungsprozess wegen der Konsequenzen für die Positionierung im Wettbewerb eine besondere Bedeutung. Die Definition des relevanten Marktes bewegt sich dabei im Spannungsfeld einer zu weiten Marktabgrenzung, bei der kein Wettbewerbsvorteil gegenüber spezialisierten Unternehmen realisiert werden kann, und einer zu engen Abgrenzung, bei der potenzielle Konkurrenten und Abnehmerbedürfnisse unberücksichtig bleiben und das Unternehmen in der Regel eine sehr geringe Flexibilität aufweist. Wegen der Konvergenz der Informations- und Kommunikationstechnologien und der verschiedenen Mediengattungen verschiedener Medienformen sowie des teilweise substitutiven Nachfrageverhaltens seitens der Abnehmer, geht von einer zu engen Abgrenzung des relevanten Marktes im Medienbereich eine besondere Gefahr aus.

Um bei der SGF-Bildung sowohl die Technologieorientierung vieler Medienmärkte als auch einen ausreichenden Abnehmerbezug zu integrieren, bietet sich der Ansatz von Abell an. Hierbei wird der relevante Markt eines Unternehmens nach den drei *Dimensionen* potentielle *Abnehmergruppen, Abnehmerfunktion* und verwendete *Technologie* abgegrenzt.[3] Dabei können mittels der Technologiedimension die verschiedenen Medientypen einbezogen werden. Nachdem der Tätigkeitsbereich an Hand dieser drei Di-

---

1 Vgl. Maier (2000), S. 60 f.

2 Vgl. Benkenstein (2002), S. 109 f.; Meffert (1994) S. 93 f.

3 Vgl. Abell (1980), S.112 ff.

mensionen definiert ist, kann bei einigen Medienformen zusätzlich eine *räumliche Marktabgrenzung* sinnvoll sein. Während diese Dimension bei global zugänglichen Medienangeboten via Internet technologiebedingt wenig sinnvoll ist, kann sie im Zusammenhang mit einer zeitlich und regional differenzierten Verwertung von Inhalten von hoher Relevanz sein, wie das Beispiel der Ländercodes von DVDs zeigt. Bei Senderechten mit regional limitierter Gültigkeit sind ebenfalls Lösungen zu entwickeln, die einen bestimmten Abnehmerkreis im Sinne eines *De-Marketings* von der Nutzung ausschließen.

Bei der Festlegung des *Marktabdeckungsgrades* ist zwischen einer vollen Produkt-Markt-Abdeckung, Produktspezialisierung, Marktspezialisierung, Marktnischenspezialisierung sowie einer selektiven Spezialisierung zu unterschieden. Diese können international, national oder teilnational verfolgt werden.[1]

Als letztes muss der *Differenzierungsgrad* der Marktbearbeitung bestimmt werden. Diese kann grundsätzlich *einheitlich* oder *differenziert* erfolgen. Eine differenzierte Marktbearbeitung verfolgt z. B. das Medienunternehmen Bertelsmann, welches im strategischen Geschäftsfeld „Zeitschriften“ mit verschiedenen, teilweise direkt konkurrierenden Produkten (z. B. Reisemagazine GEO und National Geographic) agiert. In diesem Zusammenhang ist zu berücksichtigen, dass sich als Folge der Digitalisierung der Charakter vieler klassischer Massenmedien verändert hat, weil eine Individualisierung digitaler Angebote ohne großen technischen Aufwand möglich ist. Wird eine differenzierte Marktbearbeitung verfolgt, muss eine *Marktsegmentierung* in intern homogene und extern heterogene Abnehmergruppen erfolgen, um deren spezifische Bedürfnisse zu identifizieren und zu bearbeiten.[2] Bezüglich der Dualität der meisten Medienprodukte ist zu beachten, dass eine Marksegmentierung auf dem Rezipientenmarkt mit einer entsprechenden Differenzierung der angebotenen Werbeleistungen einher geht.

2.2.3 Strategische Stoßrichtungen

Durch die gegenwärtige Marktposition und die unternehmens- und geschäftsfeldspezifischen Ziele wird die grundsätzliche Entwicklungsrichtung des Geschäftsfeldes am Markt bestimmt. Dabei kann zwischen jeweils vier defensiven und vier offensiven Basisstrategien unterschieden werden.

Die *defensiven Basisstrategien* umfassen vier strategische Optionen, die in Anlehnung an Ansoff an Hand der Dimensionen „Produkte“ und „Segmente“ klassifiziert werden können (vgl. Abbildung 3). Hier kann zwischen einer Behauptungsstrategie, einer selek-

1 Vgl. Meffert (2000), S. 239 ff.

2 Vgl. u. a. Freter (1983), S. 18.

tiven Produkt- oder Marktrückzugsstrategie und einer vollständigen Rückzugsstrategie unterschieden werden.

Segmente / Produkte	Gegenwärtige Segmente	Weniger Segmente
Gegenwärtige oder aktualisierte Produkte	Behauptungsstrategie	Selektiver Marktrückzug (Cash Flow Optimierung)
Weniger Produkte	Selektiver Produktrückzug (Cash Flow Optimierung)	Vollständiger Rückzug aus einem SGF

Abbildung 3: Defensive Basisstrategien

Für Medienunternehmen haben Schrumpfungsstrategien insofern eine hohe Bedeutung, da die Relevanz einiger klassischer Geschäftsfelder zugunsten einer Verlagerung der Geschäftstätigkeit in neue Medien abnimmt. Beispiele hierfür sind Lexika, die zunehmend in digitaler statt in gedruckter Form erscheinen, oder der gegenwärtige Umsatzrückgang bei physischen Tonträgern wie der Audio-CD.

Zur Strukturierung offensiver Basisstrategien kann auf die bereits angesprochene Produkt-Markt-Matrix von Ansoff[1] zurückgegriffen werden (vgl. Abbildung 4). Es ergeben sich vier generische Wachstumsstrategien, die durch eine unterschiedliche starke Nutzung von Synergien charakterisiert sind. Die stärkste Synergienutzung findet bei der *Intensivierungsstrategie* (bessere Marktdurchdringung) statt. Die *Marktentwicklungsstrategie* zielt darauf ab, die gegenwärtigen Produkte in neuen Märkten zu verkaufen. Dagegen werden bei der *Produktentwicklungsstrategie* neue Produkte in gegenwärtigen Märkten angeboten. Die geringste Möglichkeit zur Nutzung von Synergien, gleichzeitig jedoch oft die größten Wachstumschancen bietet eine *Diversifikationsstrategie*. Hier agiert die Unternehmung mit neuen Produkten auf neuen Märkten. Stehen die neuen Produkte in einem sachlichen Zusammenhang zu den bisherigen, findet eine horizontale Diversifikation statt. Ist die Unternehmung auf vor- oder nachgelagerten Märkten tätig, entspricht dieses einer vertikalen Diversifikation. Dem größten Risiko setzt sich die Unternehmung bei der lateralen Diversifikation aus, weil hier völlig neue Produkte hergestellt und neue Märkte bearbeitet werden müssen. Viele Diversifikationsstrategien vor allem auch von Medienunternehmen sind in der Vergangenheit jedoch gescheitert, weil Top-Manager von attraktiven Wachstumschancen geblendet die organisationale Lernfähigkeit und Flexibilität des eigenen Unternehmens erheblich überschätzt haben[2].

1 Vgl. Ansoff (1966), S. 13 ff.

2 Vgl. Burmann (2002b), S. 76 f.

Märkte (SGF) / Produkte	Gegenwärtige	Neue
Gegenwärtige	Intensivierungsstrategie (bessere Marktdurchdringung)	Marktentwicklungs-strategie
Neue	Produktentwicklungs-strategie	Diversifikations-strategie

Abbildung 4: Offensive Basisstrategien[1]

2.2.4 Timingstrategie

Als Folge der dynamischen Entwicklung der Informations- und Kommunikationstechnologien haben Timingstrategien für Medienunternehmen eine besondere Bedeutung. Sie beziehen sich auf den *Markteintrittszeitpunkt* in bisher nicht bearbeitete strategische Geschäftsfelder. Hier kann ein Unternehmen die Rolle eines *Pioniers*, eines *frühen* oder eines *späten Folgers* einnehmen.[2]

In der Praxis gibt es für alle drei Timingstrategien sowohl positive als auch negative Beispiele. Die Vor- und Nachteile der Grundtypen hängen von der spezifischen Unternehmenssituation ab. Es kann jedoch festgestellt werden, dass Pionierstrategien einerseits mit einem erheblichen Ressourcenbedarf, andererseits aber mit den Möglichkeiten eines frühzeitigen Kompetenz-, Bekanntheits- und Sympathieaufbaus verbunden sind.[3] In vielen Medienmärkten dominieren hinsichtlich des Timings frühe Folgerstrategien, weil viele Medienprodukte mit relativ geringem zeitlichem und finanziellem Aufwand imitiert werden können.

2.2.5 Markenstrategie

Auf Grund der hohen Komplexität vieler Medienprodukte als Folge einer zunehmenden Individualisierung und Vernetzung von Medienangeboten, spielt die Markenführung für Medienunternehmen heute eine wichtig Rolle. Eine Medienmarke kann als ein *in der*

---

1 In enger Anlehnung an Ansoff (1966).

2 Vgl. v.d. Oelsnitz (2000); Wirtz (2000).

3 Vgl. Meffert (2000), S. 256 ff.

Psyche der Rezipienten und *Werbekunden* sowie *sonstiger Anspruchsgruppen fest verankertes, unverwechselbares Vorstellungsbild von einem Medienunternehmen oder Medienprodukt* verstanden werden.[1]

Da die Qualität des Inhaltes bei vielen Medienprodukten ex-ante vom Rezipienten nicht beurteilt werden kann (insbesondere bei elektronischen Medien), dienen Medienmarken vor allem der Schaffung von *Sicherheit* und *Vertrauen*. Vor dem Hintergrund eines grundsätzlich höheren Sicherheitsbedürfnisses seitens der Konsumenten in jungen Märkten wird die Bedeutung dieser Vertrauensfunktion im Bereich der neuen Medien noch verstärkt. Wettbewerbsgerichtet kann über Marken eine *Differenzierung* des Leistungsangebotes erfolgen.

Die hohe Kaufverhaltensrelevanz von Marken wird heute vor allem auf die Identität von Marken zurückgeführt, woraus sich der *identitätsorientierte* Markenführungsansatz entwickelt hat[2]. Deren zentraler Aspekt ist die reziproke Beziehung zwischen innengerichtetem Selbstbild und außengerichtetem Fremdbild (Image) einer Marke bei den relevanten Anspruchsgruppen. Für die identitätsorientierte Markenführung in der Medienbranche ergeben sich *zwei grundsätzliche Spezifika*. Durch die simultane Berücksichtigung der beiden Abnehmergruppen, Rezipienten und Werbetreibende, können stark divergierende Fremdbilder existieren, die mit der Identität einer Marke nur schwer in Übereinklang gebracht werden können. Die hohe Relevanz sonstiger Anspruchsgruppen, wie der Öffentlichkeit und staatlicher Institutionen, verstärkt diesen Aspekt noch. Zweitens ist die *Intensität und Art der Beziehung* zwischen Konsumenten und ihren Medien für den Erfolg der Letzteren von höherer Bedeutung als in vielen anderen Branchen. Dies trifft vor allem auf sehr häufig genutzte Medien (z. B. Tageszeitungen) und stark individualisierte Medien (z. B. internetbasierte Medienprodukte) zu. Eine stabile, vertrauensvolle Beziehung lässt sich jedoch nur auf Basis einer starken Markenidentität etablieren.

Sobald ein Medienunternehmen mehr als ein Produkt in seinem Portfolio hat, stellt sich das Problem *der Gestaltung der Markenarchitektur*. Die Markenarchitektur definiert die zu verwendenden Marken innerhalb eines Unternehmens und ihre spezifischen Rollen und Beziehungen zueinander.[3] Die einzelnen Optionen zur Gestaltung der Markenarchitektur können an Hand ihres *Integrationsgrades* voneinander unterschieden werden (vgl. Abbildung 5). Dieser bezieht sich auf die Integration der Unternehmensdachmarke mit den anderen Marken eines Unternehmens auf der Geschäftsfeld- und/oder Produktebene. Bei einem minimalen Integrationsgrad führt das Unternehmen mehrere, unabhängige Einzelmarken. Am anderen Ende des Kontinuums, d. h. bei maximalem Integrationsgrad, werden alle Produkte unter einer Dachmarke geführt. Zur Kennzeichnung dieser Markenarchitektur wird häufig der Begriff „Branded House“ verwendet. Dazwischen sind zahlreiche abgestufte Formen einer Markenarchitektur möglich, bei denen die Mar-

1 Vgl. Meffert/Burmann/Koers (2002), S. 6.

2 Vgl. Kapferer (1992); Aaker (1996); Meffert/Burmann (1996).

3 Vgl. Aaker/Joachimsthaler (2000), S. 135 ff.

kennamen eines Unternehmens jeweils aus der Kombination einer Dachmarke mit einer oder mehreren Submarken gebildet werden.[1]

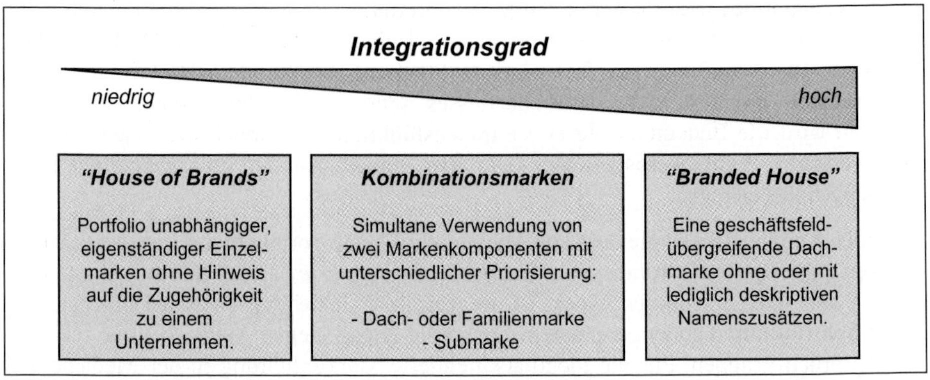

Abbildung 5: Integrationsgrad von Markenarchitekturen[2]

Die bei Medienunternehmen in der Praxis beobachtbaren Markenarchitekturen sind zumeist über mehrere Jahre durch organisches Wachstum oder Akquisitionen „gewachsen". Eine zielgerichtete, strategiekonforme Gestaltung von Markenarchitekturen findet bislang kaum statt. Signifikante Erfolgspotenziale werden dadurch verschenkt.

Bei der bewussten Gestaltung bzw. *Restrukturierung einer gegebenen Markenarchitektur* kann auf eine Konsolidierungsstrategie oder auf expansiv ausgerichtete Strategien zurückgegriffen werden (vgl. Abbildung 6). Bei der Konsolidierung ist zu beachten, dass eine Reduzierung der Markenzahl nicht nur bei Rückzugsstrategien, sondern insbesondere auch bei Wachstumsstrategien verfolgt werden kann. In diesem Fall erlaubt die Konzentration auf die starken Marken eine effizientere Verwendung der Ressourcen. Die auslaufenden Marken können dabei ohne weitere Investitionen so lange am Markt gehalten werden, wie sie positive Cash-Flows generieren.

1 Vgl. Aaker (1996), S. 243 ff.

2 Vgl. Laforet/Saunders (1999), S. 52 ff.

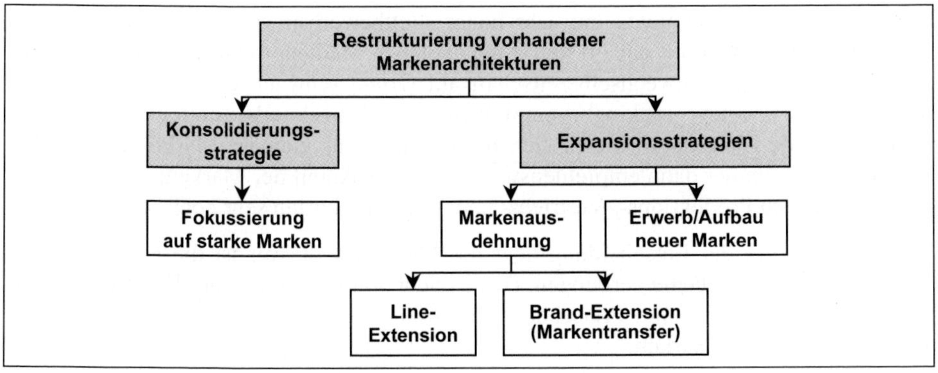

Abbildung 6: Strategische Optionen zur Restrukturierung von Markenarchitekturen

Expansionsstrategien können durch den Erwerb oder den internen Aufbau neuer Marken oder durch die Ausdehnung vorhandener Marken realisiert werden. Letzteres hat im Bereich des intra- und intermedialen Cross-Marketings vor allem für Medienunternehmen heute eine wichtige Bedeutung[1].

Unter *Markenausdehnung* wird das Verwenden vorhandener Marken oder deren Bestandteilen für neue Produkte mit dem Ziel der Übertragung positiver Imagebestandteile verstanden.[2] Eine Ausdehnung in bestehenden Produktkategorien wird als *Line-Extension* bezeichnet (z. B. Frankfurter Allgemeine Sonntagszeitung). Dagegen wird im Fall einer Einführung der Marke in neuen Produktkategorien (z. B. Spiegel-TV, Stern-TV), von einer *Brand-Extension* (Markentransfer) gesprochen. In diesem Zusammenhang werden oftmals Submarken verwendet. Bei Ressourcenengpässen können Line- und Brand-Extensions auch im Wege einer Lizenzierung implementiert werden. Viele Medienunternehmen konzentrieren ihre Ressourcen auf die Sicherung der publizistischen Qualität (überwiegend im Inland) und verfügen im Bereich des Marketings, vor allem des internationalen Marketings, nur über eine knappe Ressourcenausstattung. Aus diesem Grunde kommt der Lizenzierung als strategischer Handlungsoption in der Medienbranche eine hohe Bedeutung zu.

Auf der Grundlage der Markenarchitektur ist im nächsten Schritt die *horizontale Markenstrategie* zu bestimmen. Hier gilt es, die Vor- und Nachteile einer Einzelmarken- versus einer Mehrmarkenstrategie abzuwägen[3]. Beide Strategieoptionen sind mit einer „Branded House" Markenarchitektur nicht sinnvoll kombinierbar. Mehrmarkenstrategien (einer Zielgruppe werden zwei oder mehr getrennt voneinander auftretende Marken angeboten um Markenwechsler beim Unternehmen zu halten) sind vor allem zur Bearbei-

1 Vgl. hierzu umfassend Caspar (2002).

2 Vgl. u. a. Aaker (1990), S. 47; Hätty (1994), S. 563.

3 Vgl. Meffert (2002).

tung größerer Marktsegmente mit sehr hoher Wettbewerbsintensität und einem hohen Grad an Austauschbarkeit der im Markt angebotenen Medienprodukte (dies führt in der Regel zu hoher Markenwechselbereitschaft auf Grund schwacher Markenbindung und ausgeprägtem „variety seeking") empfehlenswert. Einzelmarkenstrategien (nur eine Marke für jede Zielgruppe) bieten sich insbesondere für kleinere Märkte an. Darüber hinaus sind sie immer dann empfehlenswert, wenn der Anteil der Markenführungskosten an den gesamten Produktions-, Vertriebs- und Marketingkosten sehr hoch ist.

Ebenfalls eng mit der Entscheidung über die Markenarchitektur ist die Festlegung der *vertikalen Markenstrategie* verbunden. Diese reicht von Einstiegs- oder Billigmarken auf der untersten Qualitäts- und Preisebene, über Marken für das mittlere Segment, bis zu Premium- und Luxusmarken.

Bei international tätigen Medienunternehmen ist mit Blick auf die Markenstrategie schließlich die *internationale Markenstrategie* festzulegen. Der Gestaltungsspielraum bewegt sich hierbei zwischen den beiden Extrema einer globalen Markenstrategie mit der weltweiten Verwendung einheitlicher Marken und einer multinationalen Strategie mit national differenzierten Marken.

Bei der Festlegung der Markenstrategie eines Unternehmens ist zu berücksichtigen, dass mit wachsendem Integrationsgrad und zunehmender Markenausweitung die *intra- und intermediale Abstimmung* der strategischen und operativen Maßnahmen des Markenmanagements deutlich anspruchsvoller wird. Auf Grund der engen Interdependenzen zwischen markenstrategischen Entscheidungen und anderen strategischen Marketingentscheidungen ist die Koordination aller strategischen Teilentscheidungen von erfolgsentscheidender Bedeutung.

2.3 Marktteilnehmergerichtete Strategien

2.3.1 Abnehmergerichtete Strategien

Die abnehmergerichtete Strategie eines Medienunternehmens hat sich an zwei Abnehmergruppen, den Rezipienten und den Werbetreibenden zu orientieren. Die Festlegung des langfristigen Verhaltensplanes gegenüber Rechtekäufern bzw. -verkäufern wird hier dem Bereich der beschaffungsmarktgericheten Strategien zugeordnet.

Nach Porter bestehen zwei grundsätzliche Optionen zur marktteilnehmergerichteten Profilierung einer Unternehmung. Diese kann entweder über einen *Leistungs-* oder einen *Kostenvorteil* erfolgen[1]. Eine Position zwischen diesen beiden strategischen Optionen, die zu ihrer Implementierung in der Regel auf ganz unterschiedliche Ressourcen- und

1 Vgl. Porter (1992), S. 67 ff.

Kompetenzen zurückgreifen, ist für Unternehmen sehr gefährlich und dementsprechend zu vermeiden. Die von Porter ebenfalls diskutierte Frage der Gesamtmarktabdeckung versus der Konzentration auf Nischenmärkte wurde bereits im Rahmen der strategischen Grundsatzentscheidungen behandelt.

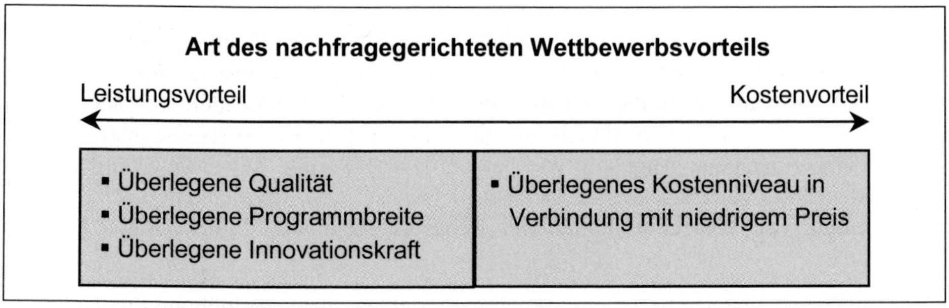

Abbildung 7: Nachfragergerichtete Wettbewerbsvorteile

Ein *Leistungsvorteil* kann auf verschiedenen Dimensionen erzielt werden (vgl. Abbildung 7). Bei einer *Qualitätsorientierung* steht die vom Kunden wahrgenommene, subjektive Qualitätsüberlegenheit im Vergleich zu Wettbewerbsangeboten im Vordergrund, die auf einem hohen Grad seiner individuellen Bedürfnisbefriedigung aufbaut. Rezipientengerichtet haben Medieninhalte eine Informations- und/oder Unterhaltungsfunktion. Qualität hat hier die spezifischen Ausprägungen publizistisches und journalistisches Niveau, Aktualität und Exklusivität.[1] Daneben sind generelle Aspekte wie die Hochwertigkeit der materiellen Bestandteile von Medienprodukten (z. B. Papierqualität, Bild- und Tonqualität) von Bedeutung. Beispielsweise verfolgt Premiere im Fernsehbereich eine auf Exklusivität basierende Strategie, während Arte die kulturelle Qualität und N-TV die Aktualität in den Vordergrund stellt. Für die werbetreibende Industrie umfasst Qualität andere Aspekte. Für sie stehen ein anforderungsgerechtes Werbeumfeld, eine scharf abgegrenzte Rezipientengruppe und attraktive Kontaktkosten (z. B. Tausender-Kontakt-Preis) im Vordergrund.

Die *Programmbreitenorientierung* zielt generell darauf ab, schnell und profitabel zahlreiche Produktvarianten anzubieten.[2] Bei Medienunternehmen kann dies auf zwei Ebenen erfolgen. *Intermedial* gewinnt die mehrfache Verwertung durch leichte Differenzierung von Inhalten als Resultat des so genannten Versioning (parallele Differenzierung) oder Windowing (sequentielle Differenzierung) zunehmend an Bedeutung, wobei auf eine klare Unterscheidbarkeit der Angebote zu achten ist.[3] Intramedial ist die Auswahl

1 Vgl. Wirtz (2001), S. 9.

2 Vgl. Hambrick (1983), S. 5 ff.

3 Vgl. Zerdick et al. (2001), S. 188.

und Zusammenstellung der Inhaltskomponenten das wesentliche Merkmal der Programmbreitenorientierung. Hier kann die Differenzierung über eine möglichst große Informations- und Unterhaltungsvielfalt innerhalb eines Medienangebotes erfolgen. Beispielsweise verfolgen ARD und ZDF diese Strategie. Auch privatwirtschaftliche Angebote wie Tageszeitungen oder Zeitschriften versuchen oft, sich über diesen Vorteil zu positionieren.

Die *Innovationsorientierung* (vgl. Abbildung 7) basiert auf der Timingstrategie des Pioniers. Durch neuartige Formate und Inhalte versucht das Medienunternehmen eine subjektive Alleinstellung beim Kunden zu erreichen. Beispiele hierfür sind insbesondere im Bereich der neuen Medien zu finden, wo durch die Möglichkeiten der Interaktivität und Individualisierung neue Angebote wie personifizierte Portale geschaffen wurden. Auf die Werbemärkte gerichtet können hier beispielsweise neue Möglichkeiten der direkten Verknüpfung von Werbebotschaften mit weiteren, abrufbaren Informationen genannt werden.

Eine auf *Kostenvorteilen* basierende abnehmergerichtete Strategie zielt auf einen signifikanten Preisvorteil für die Abnehmer. Voraussetzungen sind in der Regel große Mengen und dementsprechend hohe Marktanteile, um Degressions- und Erfahrungskurvenvorteile zu nutzen. Erfolgversprechend ist diese Strategie, wenn der Preis ein dominantes Kaufkriterium ist. Hierbei ist zu beachten, dass im Rezipientenmarkt zahlreiche ausschließlich werbefinanzierte, kostenlose Angebote vorhanden sind. Der für den Konsumenten zu entrichtende „Preis“ enthält somit keine monetäre Komponente, sondern entspricht dem Zeitaufwand zur Beschaffung und Nutzung der jeweiligen Medienprodukte. Für die Werbeindustrie kann ein Preisvorteil beispielsweise in einem niedrigen Kontaktpreis liegen. Angewendet werden Kostenvorteilsstrategien oftmals von frühen und insbesondere von späten Folgern, die erfolgreiche Medienformate von Pionieren imitieren.

Im Zusammenhang mit der Bildung so genannter Business-Webs und der Spezialisierung auf Kernkompetenzen wird oftmals von *mehrdimensionalen oder hybriden Ansätzen* gesprochen, bei denen *gleichzeitig* eine Kosten- und Leistungsvorteilsstrategie verfolgt wird[1]. Bei einer kritischen Analyse von Medienunternehmen ist jedoch festzustellen, dass diese (vermeintliche) Strategieoption bislang nicht erfolgreich implementiert werden konnte, weil sie auf zueinander konfliktären organisationalen Fähigkeiten bzw. Kompetenzen basiert. Hiervon abzugrenzen sind mehrdimensionale Strategien wie der Outpacing-Ansatz, bei dem eine zeitliche Entkoppelung der Leistungs- und Kostenvorteilskomponente erfolgt.[2] Die Kombination mehrerer Wettbewerbsvorteile *innerhalb* einer Leistungsvorteilsstrategie (vgl. Abbildung 7) ist in der Medienpraxis jedoch oft zu beobachten. So kann beispielsweise das Pay-per-view Angebot von Premiere sowohl als qualitativ führend im TV-Unterhaltungsbereich, als auch bzgl. der Abrechnungsform als innovativ bezeichnet werden.

---

1 Vgl. Zerdick et al. (2001), S. 18.

2 Vgl. Gilbert/Strebel (1985).

2.3.2 Konkurrenzgerichtete Strategien

Konkurrenzgerichtete Strategien beziehen sich auf das Verhalten gegenüber Wettbewerbern. Sie lassen sich mittels der Art und des Zeitpunktes des eigenen Verhaltens klassifizieren (vgl. Abbildung 8). Bei einer *Ausweichstrategie* wird innovativ reagiert, jedoch erst dann, wenn eine Reaktion auf Maßnahmen der Wettbewerber unumgänglich ist. Oftmals wird einem erhöhten Wettbewerbsdruck durch ein Ausweichen in neue, vielversprechendere Marktsegmente entgangen. Bei einem *angepassten Verhalten* wird bezüglich des Zeitpunktes ebenfalls erst spät reagiert, hier jedoch durch bloße Imitation erfolgreicher Verhaltensweisen der Konkurrenten. *Konfliktstrategien* zielen zumeist darauf ab, durch frühzeitiges und innovatives Handeln die eigene Marktstellung auszubauen. Im Rahmen von *Kooperationsstrategien* stellt sich die Unternehmung aktiv dem Wettbewerb. Aus Gründen beschränkter Ressourcen erfolgt dies jedoch eher in „imitativer" Weise, weil gemeinsam mit einem oder mehreren Wettbewerbern das strategische Verhalten im Markt festgelegt wird.[1]

Verhaltens-dimensionen	**Innovativ**	**Imitativ**
Wettbewerbsvermeidend	Ausweichen	Anpassung
Wettbewerbsstellend	Konflikt	Kooperation

Abbildung 8: Konkurrenzgerichtete Basisstrategien[2]

Durch die Konvergenzprozesse mit den benachbarten IT- und Telekommunikationsbranchen nehmen Kooperationsstrategien für Medienunternehmen eine besonders wichtige Rolle ein. Die hohe Wettbewerbsdynamik in Verbindung mit steigenden Investitionserfordernissen machen für zahlreiche Medienunternehmen eine Fokussierung auf Kernkompetenzen und damit auf ausgewählte Teile der Wertschöpfungskette notwendig. In so genannten *Business Webs* erbringen Unternehmen unabhängig voneinander Teilleistungen, die sich gegenseitig ergänzen. Oftmals ergibt sich in solchen Netzwerken eine Konstellation des *Co-opetition*, d. h. Unternehmen kooperieren in einigen Geschäftsfeldern, während sie gleichzeitig in anderen konkurrieren.[3]

1 Vgl. Meffert (2000), S. 282 ff.

2 Quelle: Meffert (2000), S. 284.

3 Vgl. Nalebuff/Brandenburger (1996), S. 70 ff.

Eine weitere Besonderheit von Medienunternehmen resultiert daraus, dass Konkurrenten oftmals auch Abnehmer auf dem Rechtemarkt sind. In diesem Fall können die zusätzlichen Einnahmen aus dem Rechteverkauf mit einer Stärkung des Konkurrenten einhergehen. In diesem Fall muss sorgsam geprüft werden, ob die zusätzlichen Einnahmen die aus einer Stärkung des Wettbewerbers resultierenden Nachteile langfristig (!) kompensieren können.

2.3.3 Absatzmittlergerichtete Strategien

Die strategischen Optionen des absatzmittlergerichteten, strategischen Marketings lassen sich abhängig vom *Verhalten bei der Gestaltung der Absatzwege* und *der Reaktionen auf Marketingaktivitäten der Absatzmittler* in vier Strategieausprägungen klassifizieren[1].

Verhalten des Medienunternehmens (Produzent/Hersteller)	**Passiv in der Gestaltung der Distributionskanäle**	**Aktiv in der Gestaltung der Distributionskanäle**
Passiv in der Reaktion auf Marketingaktivitäten der Absatzmittler	Anpassungsstrategie	Konfliktstrategie
Aktiv in der Reaktion auf Marketingaktivitäten der Absatzmittler	Kooperationsstrategie	Umgehungsstrategie

Abbildung 9: Absatzmittlergerichtete Basisstrategien[2]

Ein passives Verhalten auf beiden Dimensionen führt zu einer *Anpassungsstrategie*, die einer Machtduldung entspricht. Eine *Konfliktstrategie* im Sinne eines Machtkampfes mit den Absatzmittlern basiert auf einer aktiven Gestaltung der Absatzwege, während gleichzeitig Passivität in der Reaktion auf die Marketingaktivitäten der Absatzmittler vorliegt. Ein aktives Reaktionsverhalten gegenüber den Absatzmittlern kombiniert mit einem vertikalen Marketing kennzeichnet *Kooperationsstrategien*. Bei einem aktiven Verhalten bzgl. beider Aspekte wird von einer *Umgehungsstrategie* gesprochen. Bei der Umgehungsstrategie wird die Abhängigkeit von einem Absatzkanal durch Hinzunahme weiterer Absatzwege reduziert. Im Falle eines ausweichenden Verhaltens wird vollständig auf den jeweiligen Absatzkanal verzichtet.

1 Vgl. Meffert (2000), S. 290 f.

2 In enger Anlehnung an Meffert (2000), S.604.

Absatzmittlergerichtete Strategien sind aus zwei Gründen für die Medienbranche von Relevanz. Zum einen üben die Absatzmittler, beispielsweise der Groß- und Einzelhandel für Printmedien, eine Filterfunktion aus. Zum anderen bestimmt die Leistungsfähigkeit der technischen Infrastruktur bei nicht-physischen Absatzkanälen wesentlich die Möglichkeiten der Leistungsausgestaltung, wodurch die Machtposition der Absatzmittler weiter gestärkt wird. Zu den technischen Absatzmittlern werden u. a. Internet Service Provider, Kabelnetz- und Satellitenbetreiber oder Mobilfunkunternehmen gezählt. In der Regel sind die vertikalen Wettbewerbsbeziehungen insbesondere im Bereich der digitalen Medien durch ein hohes Maß an gegenseitiger Abhängigkeit gekennzeichnet, da attraktive Inhalte für die Absatzmittler erfolgsentscheidend sind. Insbesondere bei der Etablierung neuer Übertragungs- bzw. Distributionstechnologien kommt attraktiven Inhalten oft die Funktion einer „Killer-Application" zu, deren Verfügbarkeit allein über den Markterfolg entscheidet.[1] In diesem Fall verfügen die Medienunternehmen als Inhalteanbieter über eine dominante Position gegenüber den Absatzmittlern.

2.3.4 Beschaffungsmarktgerichtete Strategien

Generell stehen gegenüber den Marktpartnern im Beschaffungsmarkt die gleichen strategischen Optionen zur Verfügung wie gegenüber Absatzmittlern. Aus diesem Grund soll an dieser Stelle auf eine Wiederholung der vier Basisoptionen verzichtet werden (vgl. Abbildung 9). Die explizite Berücksichtigung des Beschaffungsmarktes erscheint durch die Besonderheit einiger Medienprodukte jedoch gerechtfertigt. Diese Besonderheit bezieht sich auf *Senderechte*, die für die Exklusivität und damit die Qualitätsorientierung von hoher Bedeutung sind. Für Medienunternehmen ist eine überlegene Wettbewerbspositionierung oftmals nur über diese Rechte möglich. Hieraus resultiert eine *starke Position der Rechteanbieter*. Kooperations- oder Anpassungsstrategien bieten hier eine erfolgsversprechende Möglichkeit, während Konflikt- und Umgehungsstrategien einen Zugang zu diesen Inhalten ausschließen und daher oft nicht empfehlenswert sind.

2.3.5 Anspruchsgruppengerichtete Strategien

Neben den bereits behandelten Marktpartnern muss eine Unternehmung weitere unternehmensinterne und -externe Anspruchsgruppen bei seiner strategischen Planung berücksichtigen. Unternehmensintern sind dies beispielsweise verschiedene Unternehmenseinheiten, die Kapitalgeber oder die Mitarbeiter. Unternehmensextern sind beispielsweise die Öffentlichkeit oder der Staat zu berücksichtigen.[2]

---

1 Vgl. Downes/Mui (1998).

2 Vgl. Meffert (2000), S. 296 ff.

Die strategischen Verhaltensoptionen sind dabei einerseits von der *Unternehmensstärke* und andererseits von der *Macht und dem Einfluss der jeweiligen Anspruchsgruppen* abhängig. Sind beide Faktoren schwach ausgeprägt, kann das Unternehmen eine Ausweich- bzw. Problemverlagerungsstrategie verfolgen. Bei geringem Einfluss der Anspruchsgruppen und hoher Unternehmensstärke kann eine Widerstandsstrategie realisiert werden. Ist ein eher schwaches Unternehmen mit mächtigen Anspruchsgruppen konfrontiert, bleibt ihm meist nur die Option der Anpassungsstrategie. Haben beide Seiten eine starke Machtposition, muss eine anspruchsgruppengerichtete Strategie gewählt werden, die in innovativer Form eine Lösung der Konfliktsituation anstrebt.

Auf Grund des starken öffentlichen Interesses sehen sich Medienunternehmen einer kritischen Prüfung ihres Verhaltens durch zahlreiche Anspruchsgruppen ausgesetzt. Dies hat einen starken Einfluss der von Anspruchsgruppen, insbesondere dem Staat, formulierten Forderungen zur Folge. Der große staatliche Einfluss resultiert im Allgemeinen aus den medienrechtlichen Rahmenbedingungen und im Falle öffentlich-rechtlicher Medienunternehmen aus dem spezifischen Versorgungsauftrag. Bezüglich des Verhaltens gegenüber Anspruchsgruppen sind für Medienunternehmen daher häufig *Anpassungs- oder Innovationsstrategien* empfehlenswert. In der Praxis sind Anpassungsstrategien beispielsweise zu beobachten, wenn TV-Fassungen von Filmen oder Videos auf Druck der Öffentlichkeit zensiert werden müssen. Innovatives anspruchsgruppengerichtetes Verhalten, beispielsweise in Form bewusster Gesetzesverstöße, kann eingesetzt werden, um eine Änderung der medienrechtlichen Rahmenbedingungen zu induzieren.[1]

3. Zusammenfassung und Ausblick

Die obige Analyse hat gezeigt, dass der allgemeine, entscheidungsorientierte Planungsprozess im strategischen Marketing auch auf Medienunternehmen zweckmäßig übertragen werden kann. Ausgehend von den Spezifika der Medienbranche, des dualen Charakters von Medienprodukten sowie den Konsequenzen der Digitalisierung, konnte gezeigt werden, dass ein strategisches Marketing bei Medienunternehmen eine *erweiterte Sichtweise* einnehmen muss. Eine erweiterte Perspektive ist insbesondere mit Blick auf die Gestaltung der Markenstrategie einzunehmen. Konkurrenz- und absatzmittlergerichtet haben Kooperationsstrategien für Medienunternehmen eine besondere Bedeutung.

Auf jeder einzelnen Stufe des Planungsprozesses im strategischen Marketing sind verschiedene Handlungsoptionen realisierbar. Aus diesem Grund müssen in einer abschließenden *Bewertungsphase* alternative Marketingstrategien auf ihre inhaltliche Konsistenz,

1 Vgl. Krieger (2001).

ihren Fit zu den Ressourcen und Kompetenzen des Unternehmens und ihre Funktionserfüllung geprüft werden[1]. Nach Auswahl der erfolgsversprechendsten Marketingstrategie erfolgt eine Budgetierung, welche die monetären Vorgaben für die Implementierung der Marketingstrategie gibt und die Verbindung zum operativen Marketing darstellt. Des Weiteren sollte während und nach der Implementierungsphase ein Strategiecontrolling stattfinden, um gegebenenfalls frühzeitige Anpassungen der Planung vornehmen zu können.

Literaturverzeichnis

Aaker, D.A. (1996), Building Strong Brands, New York et al. 1996.

Aaker, D.A./Joachimsthaler, E. (2000), Brand Leadership, New York 2000.

Abell, D.F (1978), Strategic Windows, in: Journal of Marketing, Vol. 42, No. 3, 1978, S. 21 ff.

Abell, D.F. (1980), Defining the business. The starting point of Strategic Planning, New York 1980.

Althans, J./Brüne, G. (2002), Markenführung und Markentransfer der Zeitschrift GEO, in Meffert, H./Burmann, Ch./Koers, M. (Hrsg.): Markenmanagement. Grundfragen der identitätsorientierten Markenführung, Wiesbaden 2002.

Ansoff, I. (1966), Management Strategie, München 1966.

Benkenstein, M. (2002), Strategisches Marketing, Ein wettbewerbsorientierter Ansatz, 2. Aufl., Stuttgart 2002.

Burmann, Ch. (2002a), Strategische Flexibilität und Strategiewechsel als Determinanten des Unternehmenswertes, Wiesbaden 2002.

Burmann, Ch. (2002b), Messung und Wirkung von Strategieveränderungen, in: Marketing Zeitschrift für Forschung und Praxis, 24. Jg., 2002, Heft 1, S. 67-79.

Caspar, M. (2002), Cross-Channel-Medienmarken, Frankfurt/Main 2002.

Downes, L./Mui, C. (1998), Unleashing the Killer App: Digital Strategies for Market Dominance, New York 1998.

Exter, S. (1999), Die Überwindung von Branchengrenzen als Basis für den Aufbau strategischer Wettbewerbsvorteile illustriert am Beispiel der Medienbranche, Berlin 1999.

Freter, H. (1983), Marktsegmentierung, Stuttgart 1983.

1 Vgl. zur Strategiebewertung im Überblick Meffert (2000), S. 302 ff.

GILBERT, X./STREBEL, P.J. (1985), Outpacing Strategies, in: Imede, Perspectives for Managers, 9. Jg., Sept. 1985, S. 4-16.

HAMBRICK, D.C. (1983), Some Tests of Effectiveness and Functional Attributes of Mile's and Snow's Strategic Types, in: Academy of Management Journal, 26. Jg., 1983, S. 5-26.

HÄTTY, H. (1989), Der Markentransfer, Heidelberg 1989.

KAPFERER, J.-N. (1992), Die Marke – Kapital des Unternehmens, Landsberg/Lech 1992.

KARMASIN, M./WINTER, C. (2000), Kontexte und Aufgabenfelder von Medienmanagement, in: Karmasin, M./Winter, C. (Hrsg.), Grundlagen des Medienmanagements, München 2000.

KRIEGER, J. (2001), DSF darf keine virtuelle Werbung mehr senden, www.newsinfo.de/text1.htm, Abruf: 30.03.2003.

LAFORET, S./SAUNDERS, J. (1999), Managing Brand Portfolios: Why Leaders do what they do, in: Journal of Advertising Research, January/Fenruary 1999, S. 51-66.

MAIER, M. (2000), Medienmanagement als strategisches Management, in: Karmasin, M., Winter, C. (Hrsg.), Grundlagen des Medienmanagements, München 2000.

MEFFERT, H. (1980), Strategische Planung in gesättigten, rezessiven Märkten, in: Absatzwirtschaft, 23. Jg., Nr. 6, S. 89-97.

MEFFERT, H. (1994), Marketing-Management: Analyse, Strategie, Implementierung, Wiesbaden 1994.

MEFFERT, H. (2000), Marketing. Grundlagen marktorientierter Unternehmensführung. Konzepte – Instrumente – Praxisbeispiele, 9. Aufl., Wiesbaden 2000.

MEFFERT, H. (2002), Strategische Optionen der Markenführung, in: Meffert, H./Burmann, Ch./Koers, M. (Hrsg.): Markenmanagement. Grundfragen der identitätsorientierten Markenführung, Wiesbaden 2002, S. 135-165.

MEFFERT, H./BURMANN, CH. (1996), Identitätsorientierte Markenführung – Grundlagen für das Management von Markenportfolios, Arbeitspapier Nr. 100 der Wissenschaftlichen Gesellschaft für Marketing und Unternehmensführung e.V., Meffert, H., Backhaus, K., Wagner, H. (Hrsg.), Münster 1996.

MEFFERT, H./BURMANN, CH. (2002), Integriertes Konzept dank erweiterter Sichtweise, in: Marketing & Kommunikation, Nr. 5 2002, S.14-15.

MEFFERT, H./BURMANN, CH. (2003), Strategisches Marketing-Management, 2. Aufl., Wiesbaden 2003 (im Druck).

MEFFERT, H./BURMANN, CH./KOERS, M. (2002), Stellenwert und Gegenstand des Markenmanagements, in: Meffert, H./Burmann, Ch./Koers, M. (Hrsg.): Markenmanagement. Grundfragen der identitätsorientierten Markenführung, Wiesbaden 2002, S. 3-15.

NALEBUFF, B.J./BRANDENBURGER, A.M. (1996), Co-opetition, kooperativ konkurrieren: mit der Spieltheorie zum Unternehmenserfolg, Frankfurt a. M., New York 1996.

OELSNITZ, D. VON DER (2000), Markteintritts-Management: Eine Einführung, in: Oelsnitz, D.v.d. (Hrsg.), Markteintritts-Management, Stuttgart 2000.

PORTER, M.E. (1992), Wettbewerbsstrategie, 7. Aufl., Frankfurt 1992.

PROBST, G.J.B./DEUSSEN, A./EPPLER, M.J./RAUB, ST.P. (2000), Kompetenzmanagement, Wiesbaden 2000.

SCHUMANN, M./HESS, T. (2002), Grundfragen der Medienwirtschaft. Eine betriebswirtschaftliche Einführung, Berlin et al. 2002.

SIMON, H. (1988), Management strategischer Wettbewerbsvorteile, in: Simon, H./ Bohnenkamp, J. (Hrsg.), USW-Schriften für Führungskräfte, Band 16, 1988, S.1-17.

WIRTZ, B.W. (1994), Neue Medien, Unternehmensstrategien und Wettbewerb im Medienmarkt. Eine wettbewerbstheoretische und -politische Analyse, Frankfurt a. M. et. al. 1994.

WIRTZ, B.W. (2000), Markteintritts- und Migrationsstrategien bei Neuen Medien, in: v.d.Oelsnitz, D., Markteintrittsmanagement, Stuttgart 2000, S. 239-254.

WIRTZ, B.W. (2001), Medien- und Internetmanagement, 2. Aufl., Wiesbaden 2001.

ZERDICK, A. ET AL. (2001), Die Internet-Ökonomie. Strategien für die digitale Wirtschaft, 3. Aufl., Berlin et al. 2001.

Zweiter Teil

Printmanagement

Christoph Keese

Führung und Entwicklung von überregionalen Tageszeitungen: Das Beispiel Financial Times Deutschland

1. Ausgangslage

Als Gruner + Jahr und die FT Group 1999 ankündigten, eine deutsche Ausgabe der Financial Times starten zu wollen und dafür ein Joint Venture zu gründen, rief das in der Medienbranche ein lebhaftes Echo hervor. Das Branchenblatt Horizont sprach von einer „Sensation, die sich anbahnt". Sofort begannen Spekulationen über das Einführungsdatum, die technischen Bedingungen wie Anzahl der Druckereien und Redaktionsschluss, vor allem aber den Aufbau von Redaktion und Verlag. Das Team um Gründungschefredakteur Andrew Gowers und Verlagsgeschäftsführer Michael Rzesnitzek begann im Januar 1999 mit der Entwicklungsarbeit, zunächst provisorisch untergebracht auf einem Industriegelände hinter der „Hamburger Morgenpost" in Hamburg-Bahrenfeld, dann in einem Gebäude am Hafen. Von Anfang an stand das Projekt unter ehrgeizigen selbst gesetzten Zeitvorgaben. Normalerweise planen Tageszeitungen etwa 18 Monate für einen Relaunch ein – vom Beschluss bis zu ersten neugestalteten Ausgabe. Weil für die Financial Times Deutschland in der Vorprüfungsphase allerdings schon erhebliche Vorarbeiten geleistet worden waren, konnte ein weitaus kürzerer Zeitraum von rund 12 Monaten angepeilt werden, obwohl es sich um keinen Relaunch, sondern eine Neugründung handelte. Das Projekt kam zügig voran und hielt den Zeitplan präzise ein. Über 1.000 Einstellungsgespräche allein für die Redaktion führten zur rechtzeitigen Verpflichtung von mehr als 150 Journalisten. Wie bei Projektbeginn angekündigt, erschien die neue Zeitung im ersten Quartal 2000 erstmals auf dem Markt, nämlich am 21. Februar. Die Online-Ausgabe ging bereits drei Wochen früher auf Sendung.

Trotz des Projektfortschritts meldeten sich neben vielen positiven immer wieder auch kritische Stimmen, die in Zweifel zogen, ob eine Zeitung mit den Parametern wie die FTD überhaupt machbar sei. Besonders die direkten Wettbewerber gingen mit Kritik an die Öffentlichkeit. Der Geschäftsführer eines Konkurrenz-Verlags sagt, es sei nicht möglich, eine überregionale Zeitung mit einem Redaktionsschluss von 22:30 Uhr auszustatten. Falls doch, müssten „alle Vertriebsleiter in Deutschland den Offenbarungseid leisten und geschlossen zurücktreten". Bis dato war das deutsche Publikum daran gewöhnt, überregionale Zeitungen geliefert zu bekommen, die ihre letzte Seite zwischen 17 und 18 Uhr abschlossen. Noch wenige Wochen vor dem Start äußerten Medienjournalisten Zweifel daran, dass es mit dem installierten Redaktionssystemen möglich sei, eine Zeitung mit derart engem Zeitraster zu produzieren. Auch das Ziel, die notwendige Zahl der Wirtschaftsjournalisten auf dem engen Markt zu finden, wurde in Frage gestellt.

Aus heutiger Sicht, drei Jahre nach dem Start der FTD, wirken Bedenken wie diese unbegründet. Sie wurden von der Wirklichkeit überholt, sofern sie nicht schon damals haltlos waren. Allerdings lohnt es sich, sie in Erinnerung zu rufen, da sie einen Eindruck von der damaligen Lage der Zeitungsbranche vermitteln. Sie war in weiten Teilen, besonders im Wirtschaftssektor, nicht von Konkurrenzdynamik geprägt. Seit der Nachkriegs-Lizenzzeit hatte es keine Gründung einer überregionalen Tageszeitung gegeben. Allein die „tageszeitung" war hinzu gekommen, stellte jedoch nach eigener Definition keine kommerzielle Konkurrenz für die etablierte Tagespresse dar. Ein langanhaltender Aufschwung und der Sondereffekt des New-Economy-Booms hatten für steten Umsatzwachstum gesorgt und strukturelle Fragen wie Konkurrenzintensität, Innovationsgeschwindigkeit und Leserorientierung vielfach in den Hintergrund treten lassen. Harte Innovationswettbewerbe wie in den Zeitungsmärkten Nord- und Südamerikas und Großbritanniens waren hierzulande unbekannt. Selbst vergleichsweise ruhige Märkte wie Frankreich, Schweden, Italien oder Spanien konnten mehr Neugründungen und Neupositionierungen verzeichnen als Deutschland.

Entsprechend emotional reagierte der Markt auf die erste Neugründung einer kommerziellen Tageszeitung seit rund 50 Jahren.

1.1 Wirtschaftstagespresse in Deutschland

Obwohl in Deutschland einige der besten Zeitungen Europas erscheinen und das Land auf viele Jahrhunderte Zeitungsgeschichte zurück schauen kann, taten sich Wirtschaftszeitungen lange schwer. Erst in den letzten Jahrzehnten, also unter der Ägide von Holtzbrinck, fand das „Handelsblatt" aus der Finanzexperten-Nische heraus und setzte sich deutlich von der „Börsenzeitung" ab, die gut gemacht ist, nach eigenem Verständnis aber in dieser Nische verharren will. Erst seit der Gründung der Financial Times Deutschland im Februar 2000 hat das „Handelsblatt" einen populären Konkurrenten.

1.2 Internationale Wirtschaftstagespresse

Damit entwickelt sich ein lebhafter Markt für Wirtschaftstagespresse in Deutschland mit 40 oder 50 Jahren Verspätung gegenüber Großbritannien und den USA. Dass dieser Prozess noch am Anfang steht, zeigt die geringe Durchdringung des Marktes mit Wirtschaftszeitungen. FTD (Auflage rund 89.000) und Handelsblatt (rund 143.000) kommen heute gemeinsam auf rund 232.000 verkaufte Exemplare pro Tag. FT, Wall Street Journal und Investors Business Daily schaffen in den USA achtmal soviel Auflage, obwohl die USA nur dreimal so viele Einwohner haben. Viel höher als hierzulande sind die Durchdringungsquoten auch in Frankreich, Schweden, Benelux oder Italien. In Italien zum Beispiel verkauft „Il Sole" als führende Wirtschaftszeitung über 400.000 Exemplare, obwohl das Land ein Viertel weniger Bürger hat. Deutschlands Wirtschaftsblätter haben also noch viel Platz zum Wachsen – wenn sie es richtig machen.

2. Entwicklung der journalistischen Konzeption der FTD

Eine neue Zeitung kann nur erfolgreich sein, wenn sie Innovationen bringt, die auf dem Markt bis dahin unbekannt waren. Sie muss sich von den Wettbewerbern spürbar absetzen und unverkennbare Merkmale entwickeln. Darin liegt die wichtigste Herausforderung für das Redaktionsmanagement. Beschrieben werden soll hier der Ansatz, den die FTD gewählt hat. Er ist das Arbeitsergebnis einer etwa 20köpfigen Entwicklungsredaktion, die von Februar 1999 bis zum Februar 2000 an der Entwicklung gearbeitet hat. Teil dieser 12 Monate war eine zweimonatige Testproduktionsphase, in der rund 30 Volltext-Dummys hergestellt wurden, während der letzten Wochen im Echtzeit-Modus.

2.1 Allgemeiner Ansatz

Die Leser der Financial Times Deutschland sind laut Zieldefinition der Redaktion Männer und Frauen, die Entscheidungen treffen; solche die bereits in verantwortungsvollen Positionen sind und solche, die noch am Anfang ihrer Karriere stehen. Sie suchen nach Orientierung, um sich im ständigen Wandel behaupten und von den Veränderungen profitieren zu können. Der Leser ist Vorstandschef und Topmanager des börsennotierten Unternehmens, die Führungskraft im dynamischen Mittelstand und natürlich auch der Unternehmer. Es ist der Existenzgründer, der seine eigene Firma leitet, der Berater, der Anwalt, der Stratege der Kapitalmärkte, und es ist der Politiker oder Spitzenbeamte mit Einfluss auf die Volkswirtschaft. Ebenso ist es aber auch die Studentin oder der Facharzt, die einen Überblick über das Geschehen der Zeitung behalten.

Die Zielgruppe ist also breit gefächert, aber hat eine gemeinsame Vorliebe für eine bestimmte Machart von Zeitungen. Der Stil der FTD ist direkt und unkompliziert, das Layout und die Grafiken klar und eindeutig, die Struktur der Zeitung einfach und einprägsam. Jeder soll Zugang zu den Texten und Themen finden, ob er eine Vorbildung mitbringt oder nicht. Das Lesen soll ihm leicht gemacht durch ansprechendes Äußeres.

2.2 Umfang

In einem Beitrag für die „Welt am Sonntag“ hat der Publizist Wolf Schneider jüngst[1] folgende Überlegung angestellt: „Bisher konnten die Zeitungen es sich leisten, fünfmal mehr Text anzubieten, fünfmal so viel Papier zu bedrucken, wie der Durchschnittsleser nutzen wollte; die Chance eines Artikels, gelesen, ganz gelesen zu werden, liegt im

1 Wolf Schneider in der „Welt am Sonntag“ vom 29.12.2002.

Durchschnitt bei 20 %. Nun sind aber die Kosten für Druck und Papier der dickste Posten in der Verlagsrechnung.“ Angesichts sinkender Umsätze würden die Verlage gezwungen, ihre Umfänge zu reduzieren. Damit der Leser trotzdem gleichen Nutzen aus dem Blatt zieht, müssten Redaktionen sich die Frage stellen: „Wie kann man den Leser dazu verführen, dass er statt 20 % im Durchschnitt etwa 40 % des Textangebots zur Kenntnis nimmt, also in den halbierten Umfang dieselbe Lesezeit investiert und denselben Nutzen davon hat wie zuvor?“ Das wäre laut Schneider dadurch zu schaffen, dass die Zeitung versuchte, die Arbeitstechnik des „Spiegel“ oder des „Stern“ ins Tagesgeschäft zu übertragen und statt Nachrichten lesenswerte, gut aufbereitete Geschichten erzählt. Schneider: „Niemals drucken wir einen bloßen zweiten Aufguss der Tagesschau (womit sich die meisten Zeitungen törichterweise zufrieden geben). Wir versuchen es vielmehr mit analytischer Aufbereitung von Informationen abseits der Agentur-Routine, mit klassischen Reportagen, mit der Witterung für jede latente, sich erst morgen offenbarende Aktualität – und idealerweise mit aufregenden Exklusivgeschichten.“

Damit beschreibt Schneider im Jahr 2002 eine Vision, mit der die FTD zwei Jahre zuvor angetreten ist. „Unsere Leser haben besseres zu tun als Zeitung zu lesen“, lautet einer der wichtigsten Grundsätze von Gründungs-Chefredakteur Andrew Gowers. Nicht mit Blick auf die eigene Wirtschaftlichkeit, sondern mit Rücksicht auf die Zeitökonomie seiner Leser erscheint die FTD bewusst mit Umfängen zwischen 32 und 44 Seiten. Sie gibt ihren Lesern damit die Möglichkeit, das Geschehen schnell zu erfassen. Alle Marktforschungsanalysen haben gezeigt, dass dieses Konzept in höchstem Maße akzeptiert wird und einer der entscheidenden Produktvorteile der FTD ist.

2.3 Blattstruktur

Kaum eine Entscheidung ist so wichtig wie die Festlegung der Blattstruktur. Aus wie vielen Sektionen eine Zeitung besteht und welche Seite wo ihren Platz bekommt, ist im Zeitungsgewerbe so wichtig wie die Frage, wie im Fernsehen die Überlegung, welche Länge eine Sendung hat, wann sie ausgestrahlt wird, wer sie moderiert und ob Publikum mit im Saal sitzt. Es ist die alles entscheidende Frage nach dem Format.

Fast alle wichtigen Zeitungen Deutschlands erscheinen mit ihrem Hauptprodukt heute in einer Vier-Buch-Struktur, das an einzelnen Wochentagen mit Beilagen ergänzt wird. Bis zu Beginn der 90er Jahre erschienen viele Zeitungen noch in Zwei-Buch-Strukturen. Als Hauptvorteile der Vier-Buch-Struktur gelten:

Wichtige Vorteile der Vier-Buch-Zeitungsstruktur

Doppelt so viele direkt erreichbare Aufschlags- und Rückseiten

Dadurch wesentliche Erleichterung für Leser bei der Navigation

Klassische Ressorts können eine eigene Aufschlagseite oder ein ganzes Buch bekommen, was die Ressortidentität stärkt

Vorderseiten können mit „harten" Themen, Rückseiten mit „weichen" Themen wie zum Beispiel Vermischtes, Medien oder Fernsehen belegt werden

Zeitungen können von Lesern leichter untereinander aufgeteilt werden

Dem stehen allerdings auch einige Nachteile entgegen, wie zum Beispiel der Umstand, dass die Umfänge von jeweils zwei Büchern meistens technisch gekoppelt sind. Das erste Buch muss oft so dick sein wie das dritte und das zweite wie das vierte. Das macht die Blatt- und Strukturplan komplizierter. Trotzdem überwiegen die Vorteile die Nachteile bei weitem, weswegen die Vier-Buch-Struktur zum Standard geworden ist.

Name der Zeitung	Abfolge der Bücher
FTD	Unternehmen, Politik, Finanzen, Agenda / Sport
FAZ	Politik, Wirtschaft, Finanzmarkt / Sport, Feuilleton
Süddeutsche Zeitung	Politik, Feuilleton, Wirtschaft, Sport
Die Welt	Politik, Wirtschaft, Finanzen / Sport, Feuilleton
Handelsblatt	Politik, Unternehmen, Finanzen, Anleger / Sport
Berliner Zeitung	Politik, Feuilleton, Berlin, Wirtschaft / Sport

Tabelle 1: Vergleich der Buchstrukturen deutscher Tageszeitungen

Zwei Unterscheidungsmerkmale der FTD stechen sofort ins Auge: Sie ist die einzige Zeitung, die nicht mit Politik beginnt. Dies geht auf klare Ergebnisse der Marktforschung zurück. Die beschriebene Zielgruppe interessiert sich hauptsächlich für Unternehmen und weniger für Politik. Mit der FTD bekommt sie eine Zeitung geboten, die das für sie wichtigste Thema an den prominentesten Platz des Blattes stellt. Zweites Merkmal ist die Abkehr von klassischen Strukturen im letzten Buch der Zeitung. Das Agenda-Buch der FTD ist kein klassisches Zeitungssegment, sondern ein tägliches Magazin. Es beginnt mit einer großen Magazingeschichte, die im Stil von „Spiegel" oder „Manager Magazin" geschrieben ist. Darauf folgen zwei Kommentarseiten – außer der FTD bietet sonst nur „Die Welt" so viele Kommentarseiten. Im Anschluss stehen eine alternierende Seite, die im Wochenrhythmus zwischen Porträt, Sachbüchern, Computer, Literatur,

Wissenschaft und Recht & Steuern wechselt. Dem schließen sich Kultur und Sport an. Dieses Magazin-Konzept ist einzigartig und erfreut sich großer Beliebtheit bei der Leserschaft.

In der Planungsphase der FTD haben die Diskussionen über die Blattstruktur über Monate angedauert. Immer neue Ansätze wurden entwickelt und getestet, bis dieses Konzept stand. Der große Arbeitsaufwand, der in dieser Entwicklung steckt, war unverzichtbar. Eine falsche Strukturentscheidung kann eine Zeitung schwer beschädigen.

2.4 Nachrichten und Kommentare

Nach einem Bonmot der Londoner Fleet Street gilt: „News is what sells newspapers". Die Financial Times (und damit auch die FTD) ist immer auf der Suche nach exklusiven Geschichten. Sie sucht sogenannte Scoops – relevante Informationen, die andere nicht haben. Sie beschreibt Trends und deren Folgen – neue Tendenzen an den Finanzmärkten gehören dazu, oder technische Innovationen, die ganze Branchen verändern, aber auch politische Strömungen, die Märkte beeinflussen. Die Themensetzung besonders auf Seite 1 ist selbstbewusst. Es werden Schwerpunkte gesetzt, die der Redaktion wichtig sind, Pflicht- und Terminberichterstattung tritt in den Hintergrund. Die Stärke liegt darin, die Informationsflut intelligent zu sortieren und manche Schein-Nachricht zu ignorieren. Dieses über 100 Jahre bewährte Nachrichtenkonzept hat die FTD von der FT übernommen. Dabei hat sich im direkten Vergleich die Vermutung bestätigt, dass klassische deutsche Zeitungen die Bedeutung von Nachrichten, besonders von exklusiven Nachrichten oft unterschätzen. Nach einer Analyse des Bonner Medienforschungsinstituts Medien Tenor sind die Financial Times-Titel (FT/FTD) im Jahr 2002 die meistzitierten Wirtschaftsmedien in Deutschland. So führen FTD und FT mit 362 Zitaten in 18 überregionalen Medien die Rangliste der Wirtschaftstitel an, aus denen in Deutschland am meisten zitiert wird. Das Handelsblatt liegt bei 243, Die Welt bei 296.

Eine Innovation brachte die FTD auch bei den Kommentaren. Sie erscheinen in zwei Formen: als Namenskommentar, der die Meinung des Autors wiedergibt, und als Leitartikel, der namentlich nicht gekennzeichnet die Haltung der Redaktion aufzeigt. Zur Festlegung der Leitartikellinie findet täglich eine ausführliche Leitartikelkonferenz statt. Bekanntester Leitartikel der FTD wurde die Wahlempfehlung vor der Bundestagswahl im September 2002. Alle Meinungsbeiträge sind gehalten, pointiert zu argumentieren und zu einem klaren Ergebnis zu kommen. Sowohl-als-auch-Kommentare, die in manchen anderen Zeitungen beliebt sind, meidet die FTD, ebenso wie den berühmten Kommentar-Schlusssatz „Was weiter geschieht, wird die Zukunft weisen."

2.5 Sprachstil

Im Mission Statement der Financial Times Deutschland heißt es: „Wir müssen schnell auf den Punkt kommen. Unser Stil muss direkt sein, dicht und zugleich verständlich. Keine Fachsprache, egal aus welchem Bereich. Die Präsentation unserer Geschichten ist sehr wichtig. Schon unsere Überschriften müssen unseren Lesern die Frage beantworten: Ist diese Geschichte neu? Ist sie relevant?“ Überschriften sollen ein starkes, aktives Verb enthalten, Passiv und Reflexiv-Konstruktiven aber vermeiden. Kryptische Überschriften sind verboten. Informationen sind streng hierarchisiert: Das wichtigste Faktum steht in der Überschrift, das zweitwichtigste in der Unterzeile, das drittwichtigste in Informationskästen oder Zwischenzeilen. Bildunterschriften lesen das Foto vor. Wir verzichten auf Fachjargon, lange Sätze, Verschachtelungen und bürokratische Formulierungen.

Alle Beiträge kommen im ersten Absatz sofort auf den Punkt und schildern die Nachricht. Im zweiten Absatz steht der so genannte Kontext-Paragraph, der ein zentrales Element des journalistischen Konzeptes des Financial Times ist. Dieser Absatz ordnet die Nachricht ein und erklärt, warum diese Geschichte heute wichtig ist. Auch große Seitenaufmacher sind nicht länger als 150 Zeilen. Normale Nachrichtenbeiträge umfassen rund 120 Zeilen, kürzere Stücke kommen auf 60 bis 80 Zeilen. Damit schreibt die FTD rund um ein Drittel, manchmal um die Hälfte kürzer als ihre Konkurrenz. Anspruch ist jedoch, auf dem knapperen Raum die gleiche Informationsmenge unterzubringen. Dadurch steigt die Informationsdichte, was von den Lesern überaus geschätzt wird. Sie können ihre Zeit effizienter und gewinnbringender einsetzen.

2.6 Layout, Infografik, Foto

Von Anfang an hat die FTD großen Wert auf ihre optische Präsentation gelegt. Eine gut besetzte Abteilung unter Leitung einer Art Directorin steuert Layout, Infografik und Fotoarbeit. In Fragen der optischen Aufbereitung hat die Art Directorin das letzte Wort, kann also auch gegenüber Ressortleitern ihre Vorstellungen durchsetzen. Dabei hält sie sich an ein Grundkonzept, das sie mit der Chefredaktion abgestimmt hat und weiter entwickelt. Grundsätzlich gilt „Layout vor Text“: Erst werden die Seiten angelegt, dann schreiben die Redakteure in die Layouts. Von Redakteuren wird erwartet, dass sie ihre Textlängen den Layoutvorgaben anpassen. Festgelegt werden die Textlängen von Ressort- und Teamleitern gemeinsam mit der Art Directorin. Redakteure texten alle Elemente eines Beitrags, damit ein stimmiges Bild entsteht: Überschrift, Unterzeile, Grundtext, Bildunterschrift, Zwischenzeilen, Infokästen. Nur in Ausnahmefällen können sie Teile davon an einen Produzenten abgegeben. Dieses Verfahren minimiert die inhaltlichen Fehler und stellt sicher, dass die Informationen optimal über die unterschiedlichen Wahrnehmungsebenen verteilt werden. Es fördert auch das Verantwortungsgefühl des einzelnen Redakteurs für das Gesamtprodukt.

Das optische Erscheinungsbild der FTD hat eine Vielzahl von Preisen gewonnen und bekommt in der Marktforschung regelmäßig Höchstnoten. Es prägt das Image der Zeitung entscheidend und sorgt für leichten Zugang zu Informationen.

2.7 Redaktionsschluss

Noch vor wenigen Jahren war es üblich, dass Wirtschaftsredakteure nach 16-Uhr-Pressekonferenzen nicht zurück an ihren Schreibtisch, sondern nach Hause gingen. Heute ist das anders geworden, auch durch den Einfluss der FTD. Es ist gelungen, den Redaktionsschluss auf 22:30 Uhr zu legen, also rund sechs Stunden hinter dem Schluss der Bundesausgaben anderer Zeitungen. Auch das ist ein wichtiges Unterscheidungsmerkmal, weil so die Entwicklung im Osten der USA noch fast komplett abgebildet werden kann und frühe Meldungen von der Westküste ins Blatt kommen.

2.8 Integration aller Medien

„Einer wichtigen Nachricht ist es egal, auf welchem Wege sie zum Leser kommt.“ Dies war bei der Gründung einer der Leitsätze der FTD. Wir bereiten unsere Informationen für jeden technischen Verbreitungsweg auf. Eine zentrale Nachrichtenredaktion speist alle Kanäle mit Informationen. Die Financial Times Deutschland ist daher nicht nur eine Zeitung, sondern auch ein Informationsdienst, die auf vielen verschiedenen Medien erscheint. Alle Redakteure schreiben für alle Medien. Derzeit werden unter anderem folgende Verbreitungswege angeboten: Zeitung, Internet-Site www.ftd.de, Kurzfassung www.ftdlatestnews.de, Zulieferung von Nachrichten und Kommentaren an Websites anderer Anbieter, Radio, Kompakt-Ausgabe für Kunden der Deutschen Bahn, Ticker für Laufbänder in öffentlichen Räumen, Email-Newsletter, PDA, SMS, iMode-Handy, Audio-Callback nach SMS (Audio-Nachricht wird nach Empfang der SMS am Handy abgespielt), Downloads von PDFs fertiger Seiten, Ausdruck der Zeitung in internationalen Hotels, Bücher (gemeinsam mit dem Gabler-Verlag). Darüber hinaus werden Fernsehangebote geprüft und vorbereitet. Es ist erklärte Politik des Verlages, jeden neu entwickelten technischen Kanal mit Angeboten zu bedienen. Zudem verlegt die FTD eine Hochglanz-Beilage namens „How to Spend it“, die einmal pro Quartal der Zeitung beiliegt und nach dem Muster des britischen Vorbilds über eleganten und intelligenten Konsum berichtet.

2.9 Marktforschung und Veränderungen

Seit ihrer Gründung betreibt die FTD intensive Marktforschung und evaluiert das Angebot ständig in internen Prozessen. Schlussfolgerungen daraus führen zu ständiger Produktverbesserung. So führte die Zeitung beispielsweise zu ihrem ersten Geburtstag „Agenda“ als viertes Buch der Zeitung ein und bietet damit ihren Lesern ein tägliches Magazin. Die Seite 2 „FTD Kompakt“, die einen schnellen Überblick über die wichtigsten Nachrichten des Tages liefert, wurde in zwei Stufen verbessert. In mehreren Phasen wurde die typografische Prägnanz gesteigert, die Artikel-Geometrie der Seiten wurde ebenfalls mehrfach verbessert. Die Kommentar-Seiten erfuhren eine komplette Überarbeitung, bei der die Leitartikel mehr Gewicht bekamen, feste Namenskolumnen und eine tägliche Karikatur ins Blatt genommen wurden. Die Wochenendbeilage „Weekend“ wurde ebenfalls ständig verbessert.

Erklärtes Ziel der Redaktion ist es, die Zeitung ständig zu verbessern, dabei allerdings mit Augenmaß vorzugehen und den Lesern nicht mit Veränderungen zu überfordern. Es gilt jenes Reformtempo zu finden, das die Leser als wohltuende Modernisierung empfinden. Anders als manche Zeitungen glauben, verlangen Leser eine behutsame Veränderung ihrer Zeitung, ebenso wie sie es von den Herstellern ihrer Autos, Fernseher und Computer erwarten. Wer dieses Bedürfnis nicht befriedigt, verliert früher oder später Marktanteile.

3. Optimale Struktur der Redaktion

Zeitungsredaktionen, die hoch aktuell arbeiten wollen, unterscheiden sich grundsätzlich von Zeitschriftenredaktion. Der Workflow von Zeitschriften ist zumeist pyramidenförmig und in wichtigen Punkten eingleisig organisiert – der Redakteur schreibt, sein Ressortleiter redigiert seinen Text mit ihm, das Ergebnis geht zum Textchef, während oft gleichzeitig eine Dokumentation die Fakten überprüft. Die Texte und Seiten kommen danach zur Schlussredaktion, bevor die Chefredaktion die Seiten abnimmt und zur Belichtung freigibt. Wenn Redakteure Schwächen bei Recherche oder Stil haben, können diese Mängel auf dem Weg durch die Instanzen aufgefangen und behoben werden. Zeitschriften werden im Idealfall zwar nicht so produziert, dass nur eine kleine Gruppe von Mitarbeitern das „Rezept“ des Blattes perfekt beherrscht und vieles von dem umschreibt, was von anderen Redakteuren kommt, aber in der Praxis funktionieren viele Zeitschriftenredaktionen genau so. Aktuelle Zeitungen hingegen können sich ein solches Verfahren aus Zeitgründen nicht erlauben.

Jeder Flaschenhals, den sie einrichten, kostet Aktualität. Ein Textchef wäre bei einer Tageszeitung verloren, weil er gezwungen wäre, die Textmenge eines Taschenbuchs innerhalb von zwei Stunden zu lesen und zu redigieren. Das ist aussichtslos. Ebenso unmöglich ist die vollständige Überprüfung aller Fakten durch eine Dokumentation. Würde man die klassischen Zeitschriften-Funktionen von Textchef, Dokumentation und Schlussredaktion bei einer aktuellen Tageszeitung einführen, bräuchte man für eine Redaktion mittlerer Größe ein bis zwei Dutzend Redakteure, die diese Aufgaben wahrnehmen. Das ist wirtschaftlich nicht vertretbar und journalistisch kaum zu wünschen. Ebenso unmöglich ist es, die Funktionen von nur zwei bis drei Redakteuren ausführen zu lassen – damit diese die Arbeitslast bewältigen, müsste der Redaktionsschluss um viele Stunden nach vorne verlegt werden.

Zeitungen haben daher nur eine Möglichkeit die beiden angestrebten Ziele Qualität und Aktualität zu verbinden: Sie müssen eine „Enabling"-Strategie verfolgen, also möglichst viele ihrer Mitarbeiter in die Lage versetzen, das Blattrezept perfekt anzuwenden, und sich auf stark parallelisierte Produktion einrichten. Das erfordert strenge Auswahl der Mitarbeiter und dauerndes Training. Wenn das gelingt, kann eine parallele Produktionsstruktur ähnlich gute Ergebnisse erbringen wie das Zeitschriftenmodell bei gleichzeitig viel höherer Aktualität.

Gesucht wird also eine Redaktionsstruktur, mit der die Kombination der beiden Ziele am besten gelingt. Die Financial Times Deutschland wendet hier zu weiten Teilen erfolgreich das Modell der britischen Financial Times an, das sich in der über 100-jährigen Geschichte des Blattes entwickelt hat.

3.1 Ressorts und Teams

Bei der Aufteilung einer Zeitungsredaktion in Ressorts steht der Chefredakteur vor einem Dilemma: Entweder schafft er kleine Ressorts, die von den Ressortleitern gut geführt werden können, also nicht mehr als ein Dutzend Mitarbeiter haben. Im Ergebnis hat er dann so viele Ressorts, dass seine eigene Führungsspanne größer als ein Dutzend ist, mithin jenen Richtwert überschreitet, der in der betriebswirtschaftlichen Literatur als Maximum angesehen wird. Oder er verringert die Zahl der Ressorts, vergrößert damit aber deren Mitarbeiterzahl und bürdet den Ressortleitern eine große Führungsspanne auf. Bei einer Redaktionsgröße von beispielsweise 150 Leuten steht er vor der Wahl, entweder 15 Ressorts zu je 10 Mitarbeitern zu schaffen oder 5 Ressort à 30 Mitarbeiter. Typische Ressortaufteilungen sind in nachstehender Tabelle beispielhaft aufgezeigt:

Typ 1	Seite 1, Nachrichten, Innenpolitik, Außenpolitik, Vermischtes, lokale Politik, lokaler Sport, lokale Kultur, Sport, Feuilleton, Medien, Wirtschaftspolitik, Unternehmen, Medien, Wochenend-Beilage
Typ 2	Politik, Lokales, Wirtschaft, Kultur, Sport

Tabelle 2: Typische Ressortaufteilung einer überregionalen Tageszeitung

Nach unseren Erfahrungen eignet sich dieses einstufige Modell nicht für das Erreichen der genannten Ziele. Das Problem der zu breiten Führungsspanne entweder beim Chefredakteur oder bei den Ressortleitern ist gravierend und darf nicht unterschätzt werden. Breite Führungsspannen lassen dem Verantwortlichen zu wenig Zeit für den einzelnen

Mitarbeiter. Mehr als acht, maximal zehn Mitarbeiter kann keine Führungskraft sinnvoll anleiten, ohne den Überblick über die Detailleistungen seiner Leute zu verlieren. Redaktionelle Qualität bei stark paralleler Produktion kann aber nur erreicht werden, wenn genau diese Detailarbeit zwischen Führungskraft und Mitarbeiter stattfindet. Aus diesem Grund haben wir eine zweistufige Struktur eingeführt. Die FTD hat nur ein halbes Dutzend Ressorts, die ihrerseits jeweils etwa drei Teams aufgeteilt sind.

Klassische Ressorts	Unternehmen, Politik, Finanzen, Agenda
Produktionsressorts	Blattmacherei, Chef vom Dienst

Tabelle 3: Ressort- und Teamaufteilung der Financial Times Deutschland

Das Ressort Unternehmen umfasst zwei Teams (Industrie- und Dienstleistungen, Informationstechnologie und Medien), die Politik besteht aus drei Teams (Deutschland- und Europa, Ausland, Weltwirtschaft), Finanzen ebenfalls aus drei Teams (Märkte, Finanzdienstleister, Das Kapital) und Agenda, das tägliche Magazin im vierten Buch der Zeitung, aus zwei Teams (Kommentar, Agenda-Seite/Reportage/Porträt) sowie einigen direkten Seitenverantwortlichen (wie Sport und Kultur), die direkt an den Ressortleiter berichten. Auf diese Weise besteht die FTD aus vier klassischen Ressorts, die wiederum zehn Teams bündeln. Niemand hat mehr als zehn Mitarbeiter, die direkt an ihn berichten.

Diese zweistufige Redaktionsstruktur, die in Deutschland untypisch ist, hat sich seit ihrer Einführung gut bewährt. Sie hat vor allem folgende positive Effekte gehabt:

Wichtige Vorteile der zweistufigen Redaktionsstruktur

Überschaubare Führungsspannen

Dadurch Entlastung von Chefredaktion und Ressortleitern

Mehr direkte Arbeit von Führungskräften mit Redakteuren an Texten

Höhere Übereinstimmung von Texten mit dem Konzept der Zeitung

Zeitgewinn und höhere Aktualität durch stark parallele Produktion

Junge Leute können in Führungsaufgaben hineinwachsen, indem sie eine Teamleitung übernehmen, die wenig Überforderungsgefahr birgt

Dadurch mehr erprobter Führungsnachwuchs in der Redaktion

3.2 Zentrale und dezentrale Produktion

Abzuwägen ist in Redaktionen auch zwischen zentraler und dezentraler Produktion. In Ländern wie Großbritannien und Frankreich, die nahezu alle Gebiete des öffentlichen Lebens in einer Metropole bündeln, fällt die Entscheidung für den Standort einer Redaktion leicht. In einem föderalen Land wie der Bundesrepublik bietet jeder Standort neben Vorteilen aber immer auch Nachteile. Sitzt die Zentrale in Berlin, ist sie nahe der Politik, aber weit ab von den Entscheidern in Unternehmen. In Hamburg ist der Markt für qualifizierte Journalisten größer als anderswo, aber dafür gibt es weder Nähe zur Politik noch zu den Hauptsitzen von Unternehmen. Städte wie Düsseldorf, Frankfurt und München bringen eine Redaktion zwar näher an die Wirtschaft, aber dafür weiter weg von den wichtigsten Zentren der Politik, der Medien und der Kultur.

Die Financial Times Deutschland hat sich für eine Dreiteilung der Redaktion entschieden: Chefredaktion, Unternehmensressort und zentrale Funktionen wie Nachrichten, Chef vom Dienst, Blattmacher und Art Direktion sitzen in Hamburg, das Finanzressort in Frankfurt und das Politikressort in Berlin. Neben diesen Hauptstandorten gibt es eine Reihe von Korrespondentenbüros im In- und Ausland. Hamburg, Berlin und Frankfurt sind per Videokonferenz eng miteinander verbunden.

Allerdings führt diese dezentrale Aufteilung nicht zu dezentraler Produktion. Um eine Tageszeitung aus einem Guss zu machen und Themen richtig über das Blatt zu verteilen, ist eine zentrale Produktion auch in Zeiten von Videokonferenz, Internet und Computer-Netzwerken unerlässlich. Bei Versuchen, die Produktion stärker zu dezentralisieren, haben die Nachteile die Vorteile klar überwogen. Selbst bei intensiver Abstimmung divergieren die Vorstellung vom Konzept und dem Stil der Zeitung bereits nach kurzer Zeit an den einzelnen Standorten. Es entwickeln sich eigene, lokale Kulturen. Würde man dem nicht entgegen wirken, würden Zeitungen in der Zeitung entstehen, was die Geschlossenheit des Blattes gefährdet.

In der Redaktion der FTD gibt es unterhalb der Chefredaktion drei zentrale Funktionen zur Blattsteuerung: Blattmacher, Art Direktion und Nachrichtenchef. Der Blattmacher führt die journalistische Produktion der Zeitung im operativen Geschäft als Vertreter der Chefredakteure, die Art Directorin hat das letzte Wort in allen Fragen der Optik, der Nachrichtenchef verantwortet die Steuerung des Nachrichtenflusses und die Gewichtung der Themen. Damit werden alle Aspekte der Zeitungsproduktion abgedeckt. Unterstützt werden diese drei Funktionsträger von den Chefs vom Dienst, die den Workflow und die technischen Systeme steuern, die Endkontrolle der Seiten übernehmen und die Belichtung auslösen.

Die Ressortleiter tragen ihrerseits die volle Verantwortung für den Inhalt der Seiten – sowohl für jedes Pixel, das gedruckt wird, als auch für jede Unterlassung. Sie nehmen alle Seiten ihres Ressorts im Endzustand ab. Von besonderer Bedeutung ist die gegenüber anderen Zeitungen erweiterte Verantwortung: Sie umfasst nicht nur Texte, sondern auch Bilder, Infografiken oder Zeichnungen. Alles, was auf seiner Seite steht, fällt in die Verantwortung des Ressortleiters. So kann am besten gewährleistet werden, dass die Verantwortung nicht zwischen einzelnen Gewerken wie Textredaktion, Fotoredakteuren, Grafikern, Illustratoren und Infografikern hin- und hergeschoben wird.

3.3 Nachrichtenchef für alle Medien

Zeitungen, die Wert darauf legen, mit ihrem Angebot in allen verfügbaren Medien präsent zu sein, sollten an die Spitze ihrer Organisation einen Nachrichtenchef stellen, der für die Verteilung des Materials aus allen Kanälen verantwortlich ist. Die Financial Times Deutschland arbeitet seit ihrer Gründung nach dem Motto „One brand – all media". Sie liefert ihre Nachrichten über eine Vielzahl von Medien aus, die von der Zeitung über die Website und SMS-Dienste bis zu Radio- und Fernsehbeiträgen reicht. Versuche, die Steuerung des Nachrichtenflusses zu dezentralisieren und für unterschiedliche Medien gleichberechtigte Nachrichtenchefs oder Chefredakteure einzusetzen, haben sich bei der FTD nicht bewährt. Ein solches Modell hat zwar den Vorteil, dass die jeweiligen Gruppen wie Print oder Online eine stärkere eigene Identität entwickeln. Damit nehmen aber auch die Zentrifugalkräfte zu. Im Ergebnis hat die Dezentralisierung der Nachrichtenaufsicht zu Doppelarbeiten, Abstimmungsschwierigkeiten, mangelnder Ausnutzung von Synergie und Divergenz der journalistischen Kulturen geführt.

Bei der FTD steuert seitdem ein zentraler Nachrichtenchef den Informationsstrom. Er bestimmt, welches Material wann über welchen Kanal gesendet wird. Dabei berücksichtigt er eine Vielzahl von Parametern. So kann es sinnvoll sein, eine bestimmte Enthüllung früh im Internet und im Radio zu veröffentlichen und in der Zeitung die Hintergründe zu drucken, während ein anderer Beitrag vertraulich behandelt werden sollte, bis er exklusiv in der Zeitung erschienen ist. Zu entscheiden ist von Fall zu Fall. Die Aufgabe ist anspruchsvoll und daher hochkarätig besetzt.

Die Redakteure aller Medien arbeiten gemeinsam in Fachressorts. So gehören Online-Redakteure mit zum Unternehmens-Ressort, veröffentlichen hauptsächlich im Netz, schreiben aber auch für die Zeitung, während die Print-Kollegen auch exklusiv für Online schreiben. Auch die britische Financial Times hat nach einer anfänglich starken Dezentralisierung und Trennung zwischen Print und Elektronik zum Modell der Vollintegration unter einheitlicher Leitung gewechselt.

3.4 Integration mit der FT als internationalem Partnermedium

Überregionale Zeitungen müssen eine Vielzahl von Themen kompetent abdecken. Das ist besonders in wirtschaftlich schwierigen Zeiten mit knappen Ressourcen nicht einfach. Dies macht sich besonders bei der Auslandsberichterstattung bemerkbar. Sie gehört zu den teuersten Feldern des Journalismus. Als Faustregel kann gelten, dass der erste Korrespondent an einem wichtigen Ort wie Washington, New York, Moskau, London oder Paris mit bis zu 250.000 € pro Jahr zu Buche schlägt, wenn man Gehalt, Mietzuschlag, Auslandszulage, Heimreisen, Büromiete, Bürohilfe und Kosten für lokale Medien und Agenturen zusammen rechnet. Jeder weitere Korrespondent an einem solchen Ort bringt es auf bis zu 130.000 € zusätzliche Kosten. Selbst für große Zeitungen bedeuten diese Volumina, dass sie sich auf wenige ausgesuchte Standorte beschränken müssen. Kein privat finanziertes deutsches Medium verfügt heute auch nur annähernd über die Ressourcen, die man benötigen würde, um eine journalistisch anspruchsvolle und erschöpfende Auslandsberichterstattung zu finanzieren. Selbst die größten deutschen Zeitungen verfügen nur über einen Bruchteil des Etats amerikanischer Blätter – und selbst diese können ihren eigenen Ansprüchen oft nicht vollständig genüge tun.

Als Ausweg bieten sich nur zwei Wege an: Nachrichtenagenturen und internationale Kooperationen. Der zweite Weg spielte bei der Gründung der FTD eine erhebliche Rolle. Die britische Financial Times verfügt mit 160 Mitarbeitern in 120 Ländern über eines der dichtesten Korrespondentennetze der Welt. Die größten deutschen Zeitungen können nur ein Viertel oder maximal ein Drittel dieser Zahl einsetzen. Ambitionierte Regionalzeitungen haben meist nur wenige Korrespondenten in den wichtigsten G7-Staaten, normale Regionalzeitungen stützen sich mehr und mehr allein auf Agenturen.

In diese Lücke konnte die FTD stoßen. Sie bietet heute eine der besten Auslandsberichterstattungen auf dem deutschen Markt an, da sie voll vernetzt mit der britischen FT arbeitet und kostenfreien Zugriff auf deren gesamtes Material hat, das dann zeitgleich in beiden Zeitungen erscheint. Das ist ein erheblicher Wettbewerbsvorteil, der vom Publikum sehr geschätzt wird. Als eigene Vollzeitung ist allein die FTD-Redaktion für die Auswahl verantwortlich und unterliegt keinen Weisungen aus London.

Die enge Verzahnung mit London ist für die FTD von erheblicher Bedeutung. Eine solche Verzahnung war vor Gründung der FTD auf dem deutschen Markt ohne Beispiel. Es musste also eine Pionierleistung erbracht werden, die sich als schwierig erwies und erheblichen Koordinierungsbedarf und -aufwand nach sich zog.

3.4.1 Notwendigkeit der Kooperation für Wirtschaftspresse

Wirtschaftszeitungen sind wie kaum ein anderes Medium auf internationale Kooperation angewiesen. Im Zuge der Globalisierung werden Entscheidungen in Unternehmen und Politik zunehmend außerhalb Deutschlands getroffen. Ein gutes Beispiel bieten die Mineralöl- und Luftfahrtindustrie: Noch vor wenigen Jahren saßen in Hamburg operative Konzernleitungen der Mineralölfirmen für den deutschen Markt, inzwischen sind die meisten dieser Niederlassungen nur noch Vertriebsdependancen mit stark eingeschränkten Handlungsbefugnissen. Die DASA ist in der EADS aufgegangen, über das Airbus-Werk in Hamburg wird zunehmend in Toulouse entschieden. Ähnliche Entwicklungen gelten in nahezu allen Branchen. Nur selten – wie im Fall Chrysler – hat die Globalisierung zu einer Verlagerung von Verantwortung nach Deutschland geführt. Auch in der Politik werden Kompetenzen mehr und mehr nach Brüssel verlagert.

Journalisten müssen in einem solchen Umfeld die geografischen Strukturen ihrer Berichterstattungsgegenstände abbilden. Beispielsweise Beiträge über Fusionen in der Automobilindustrie lassen sich nicht mehr ausschließlich von Deutschland aus recherchieren. Zuarbeiten von Korrespondenten in der ganzen Welt sind nötig, um ein treffendes Bild der Lage zu zeichnen. In FT und FTD erscheinen daher sehr viele Beiträge unter sogenannten „joint bylines", also Autorenzeilen, in denen bis zu fünf Autoren erscheinen. Bei manchen Arbeiten reicht noch nicht einmal das. Während der Kirch-Krise haben bei FT und FTD bis zu 15 Redakteure an dem Thema recherchiert.

3.4.2 Schwierigkeiten und Herausforderungen

Solche komplexen Recherchen verlangen intensive Koordination. Eine Reihe von Schwierigkeiten kann die Recherche erschweren oder nutzlos machen. Typische Beispiele für Probleme, die in der Praxis auftreten, sind etwa:

Typische Schwierigkeiten bei internationaler Integration

Mangelnde Absprache zwischen Fachredakteuren an unterschiedlichen Orten

Parallele, unkoordinierte Anmeldung zu Interviews

Versuch der Interviewpartner, die Medien gegeneinander auszuspielen

Verschiedene Interview- und Recherche-Gepflogenheiten in diversen Ländern

Mangelnde Bereitschaft, Material der Partner aufzunehmen („not invented here")

Inhaltliche Fehler bei Übersetzungen und in der journalistischen Aufbereitung

Nach den Erfahrungen von FT und FTD können diese Schwierigkeiten nur mit großen gemeinsamen Anstrengungen gemeistert werden. Auf den guten Willen aller Beteiligten zu hoffen, führt alleine nicht zum Erfolg. Notwendig sind klare Regeln und feste Strukturen – vor allem aber Integrationsmanager, deren Hauptaufgabe es ist, Brücken zwischen den beteiligten Medien zu bauen.

3.4.3 Globale Nachrichtenzentrale

Wichtigste Institution bei der Integration ist die globale Nachrichtenzentrale. Im Newsroom der FT direkt an der Themse sitzen mehrere hundert Redakteure aller FT-Ressorts. Mitten in dem Newsroom steht der Main News Desk, an dem der Nachrichtenchef der FT mit seinem Team ihren Platz haben, aber auch Liaison-Redakteure fast aller Zeitungen der FT-Gruppe: von Les Echos (Frankreich), Expansion (Spanien) und FTD (Deutschland). Diese Liaison-Redakteure stehen im engen telefonischen Kontakt mit ihren Heimatredaktionen und haben vollen Zugriff auf das heimatliche Redaktionssystem. Jede Redaktion führt umfangreiche Nachrichtenlisten, in der jeder Beitrag aufgeführt ist, der am nächsten Tag in der Zeitung erscheinen soll.

Die Redakteure am Main News Desk tauschen sich ständig untereinander aus, schieben Beiträge von einer Zeitung in die andere und organisieren gemeinsame Projekte wie zum Beispiel das Begleiten eines Krieges. Besonders in den Redaktionskonferenzen sind die Liaison-Redakteure wichtig: Sie tragen vor, was die anderen Zeitungen planen. Oft hat dies unmittelbaren Einfluss auf die eigenen Planungen.

Idealerweise sind die Liaison-Redakteure anerkannte und erfahrene Profis mit internationaler Erfahrung, die in der Heimatredaktion, aber auch in den anderen Zeitungen großen Respekt genießen. Nur mit dieser natürlichen Autorität werden sie ihrer diplomatisch komplizierten Aufgabe gerecht. Die Erfahrung zeigt, dass Integration und Kooperation per Dienstanweisung nicht herzustellen ist, da jeder Redakteur zunächst einmal sein Heimatblatt im Blick hat und die Hilfe für das Partnermedium an nachrangiger Stelle kommt. Nur wenn die Liaison-Redakteure viel persönlichen Einfluss ausüben können, gelingt es ihnen, gegenseitige Hilfe zu organisieren. Besonders wichtig ist ihre Funktion, wenn es gilt, Missverständnisse auszuräumen, psychologische Verhärtungen abzubauen und Fehler zu glätten.

3.4.4 Delegiertenprinzip

Komplexe Projekte wie die Integration mit internationalen Medien brauchen Anwälte innerhalb der Redaktion. Gute Ergebnisse werden nicht mit einer „Appell-Kultur" erzielt, also ständigen Aufrufen an den guten Willen der Redaktion, sondern eher durch das Berufen von Beauftragten für speziellen Teilaufgaben. Liaison-Redakteure in der globalen Nachrichtenzentrale können nur einen Teil der Arbeit leisten. Bei FT und FTD gibt es zusätzlich Übersetzungsredakteure, die spezialisiert sind auf das Übertragen von Beiträgen. Die Geschäftsführenden Redakteure haben die Aufgabe, den internationalen Personalaustausch zu organisieren, den Chefs vom Dienst obliegt die Überwachung der Nachrichtenlisten, die vollständig ausgefüllt sein sollen, die Lektoren vereinbaren international einheitliche Stilstandards. Jeder Aspekt der Kooperation sollte einem Verantwortlichen – einem Delegierten – übertragen werden, der für den Erfolg auf diesem Gebiet eintritt und wirbt.

3.4.5 Persönliche Partnerschaften

Optimale Ergebnisse bei der Kooperation sind nach unseren Erfahrungen aber nur durch Liaison-Redakteure und Delegierte nicht zu erreichen. Unerlässlich sind persönliche, auf Vertrauen basierende Partnerschaften zwischen Fachredakteuren. Experten für die Automobilindustrie werden weltweit nur zusammen arbeiten, wenn sie sich gut kennen und idealerweise miteinander befreundet sind. Aufgabe des Redaktionsmanagements muss daher sein, die finanziellen und zeitlichen Ressourcen bereit zu stellen, damit möglichst alle Fachkollegen in kleinem Kreis zusammen treffen können. Diese Investition ist nicht unerheblich, zahlt sich aber schnell aus. Die besten Erfahrungen haben wir gemacht, wenn Redakteure sich gegenseitig an ihren Arbeitsplätzen besucht und dort ein bis zwei Tage miteinander verbracht haben. Dadurch wächst das gegenseitige Verständnis für Aufgaben, Zwänge und Abläufe.

3.4.6 Regeln und Kontrollinstanzen

Je komplexer die Kooperation ist, desto höher die Fehleranfälligkeit. Da Fehler nie ganz ausgeschlossen werden können, sollten die Redaktionen sich bemühen, wenigstens aus ihnen zu lernen. Ziel muss sein, dass jeder Fehlertyp nur einmal auftritt. Innerhalb der FT-Gruppe gibt es daher die European Editors Conference, der alle Chefredakteure der

Gruppe angehören. Die Runde tritt regelmäßig zusammen, analysiert Schwächen, beschließt Programme zu ihrer Behebung und startet Initiativen für gemeinsame journalistische Projekte. Die Ergebnisse der Konferenzen fließen in ein Regelwerk ein, das allen Journalisten innerhalb der Gruppe bekannt gemacht werden soll.

4. Qualitätskontrolle und -sicherung

Leser von Qualitätsmedien kaufen mit ihrem Geld nicht eine Zeitung oder abonnieren einen Internet-Dienst, sondern erwerben Informationen. Glaubwürdigkeit ist das höchste Gut eines Mediums. Das Medium schuldet dem Leser und sich selber eine strenge Kontrolle aller Inhalte vor der Veröffentlichung. Dafür sind dezidierte Instanzen zur Qualitätskontrolle und -sicherung notwendig. Wegen des geschilderten Zeitdrucks und der Parallelität der Produktion darf Qualität weder dem Zufall noch dem einzelnen Redakteur überlassen bleiben. Financial Times und Financial Times Deutschland haben besondere Instrumente der Qualitätssicherung entwickelt. Da diese Instrumente einen wichtigen Anteil am Erfolg der FTD haben, sollen sie hier kurz umrissen werden.

4.1 Entwicklung einer Redaktionskultur

Wichtigstes Element ist eine in sich geschlossen Redaktionskultur. Jedes Mitglied der Redaktion muss verstehen, welches die Werte der Redaktion sind und welchem Ziel er bei einer Güterabwägung den Vorzug zu geben hat. Die Chefredaktion muss hier klare Vorgaben geben. So sollte zum Beispiel jedem Redakteur klar sein, dass er sich bei einer Abwägung zwischen Aktualität und Präzision immer für die Präzision entscheiden muss.

Die FTD hat alle internen Regeln in einem Stilbuch zusammengefasst, dass vor dem Start der Zeitung geschrieben wurde, rund 150 Seiten umfasst und jedem neuen Mitarbeiter bei seinem Eintritt überreicht wird. Darin sind Ethikregeln genauso enthalten wie sprachliche Vorgaben oder die Grundsätze bei der Zusammenarbeit mit der britischen FT. In Schulungen werden die Regeln trainiert. Jeden Tag findet eine ausführliche Blattkritik statt, bei der Brüche der Regeln aufgearbeitet werden. Die Ergebnisse der Blattkritik werden im Intranet veröffentlicht, so dass alle Mitarbeiter sie lesen können, die nicht an der Konferenz teilgenommen haben. Jeden Freitag verleiht die Chefredaktion den „Scoop der Woche“ zur Belohnung herausragender journalistischer Arbeit. Jede Woche gibt es eine Team- und Ressortleiterkonferenz, bei der alle journalistischen Projekte besprochen werden und über notwendige Anpassungen der Regeln beraten wird. Einmal im Monat tagt die Runde der Ressortleiter, die über Anpassungen der Regeln und neue Grundsätze beschließt. Zweimal im Jahr kommt die gesamte Redaktion aus allen Standorten zu einem „Update-Meeting“ zusammen, bei dem über die Entwicklung der Zeitung diskutiert wird und neue Maßstäbe implementiert werden.

Bei ihrer Gründung bestand die Redaktion der FTD aus Redakteuren verschiedener Herkunftsredaktionen, die oft sehr unterschiedliche Vorstellungen von der neuen Zeitung hatten. Durch die vielen unterschiedlichen Instrumente ist es gelungen, eine einheitliche Redaktionskultur zu begründen, die heute zu hoher innerer Geschlossenheit führt und den Produkten des Hauses eine eigene konsistente Handschrift verleiht.

4.2 Zwei-Quellen-Regel, Hochrangigkeit der Quellen

Zur Vermeidung von Recherchefehlern muss jede wichtige Information, die in der Zeitung erscheint, von mindestens zwei unabhängigen Quellen bestätigt worden sein. Redakteure müssen ihren Vorgesetzten nicht zwingend den Namen der Quelle, wohl aber deren Herkunft und Rang nennen, damit die Güte der Information abgeschätzt werden kann. Als Quellen sollen nur erstklassige Informanten genutzt werden, also Vorstände, Aufsichtsräte, Minister, Staatssekretäre oder Personen, die einen ähnlichen Wissensstand haben. Die Gefahr, der Fehlinterpretation eines wohlmeinenden, aber nur teilweise unterrichteten Informanten aufzusitzen, ist groß. Dagegen schützt nur die strenge Einhaltung der genannten Regeln.

4.3 Präzision und Fairness

Wichtigste journalistische Gebote der FTD sind Präzision und Fairness. Fakten müssen stimmen, denn nur dann bringen sie dem Leser einen Wissensvorsprung. Bloße Gerüchte werden nicht gedruckt, da sie dem Leser die Last aufbürden würden, selber nachzurecherchieren. Alle Personen und Institutionen, über die berichtet wird, werden vorher gehört, ihre Sicht der Dinge fließt in die Texte ein. Die Suche nach Scoops und Nachrichten darf nicht dazu führen, dass diese Regeln vernachlässigt werden. Die FTD übernimmt grundsätzlich keine ungeprüften Nachrichten anderer Medien. Dass ein anderes Medium etwas berichtet, ist alleine kein nachrichtenwürdiges Ereignis. Erst wenn eine fremde Nachricht der Überprüfung standhält, wird sie veröffentlicht. Deutsche Medien neigen zuweilen dazu, nach anderem Muster zu verfahren. Es gibt viele Fälle, in denen falsche Nachrichten durch die fast gesamte Presse gingen, weil ein Medium sich auf das andere berief. FT und FTD schließen sich solchen Domino-Effekten nicht an.

4.4 Mehrstufige Prüfung

Jeder Beitrag durchläuft eine mehrstufige Prüfung: Der Redakteur übergibt seine Arbeit dem Teamleiter, das Ergebnis geht zum Produktionsredakteur, von dort zum Ressortleiter. Sobald der Beitrag redigiert ist, übernimmt das Lektorat. Danach prüft der Chef vom Dienst, bevor die Chefredaktion die endgültige Freigabe erteilt.

4.5 Lektorat

Eine gute Zeitung braucht ein Lektorat, das die Texte auf orthografische und grammatikalische Korrektheit sowie auf Plausibilität liest. Viele deutsche Zeitungen verzichten inzwischen darauf und bürden diese Aufgabe dem Redakteur oder Rechtschreibprogrammen auf. Aus Sicht der FTD reicht diese Form der Qualitätskontrolle jedoch nicht aus. Autoren übersehen leicht ihre eigenen Fehler, redigierende Redakteure sind keine professionellen Korrektoren und Rechtschreibprogramme sind derzeit keineswegs in der Lage, einen ausreichenden Standard zu sichern. Bei der FTD gilt deshalb Zwangslektorat für alle Texte.

4.6 Jobrotation von Journalisten

Damit Redakteure sich breitgefächert entwickeln können, einen frischen Blick auf ihr Thema behalten und zu den Protagonisten ihres Berichtszweigs keine Loyalitätsbeziehung aufbauen, findet bei der FTD eine Job-Rotation statt. Kein Mitarbeiter soll eine Aufgabe länger als drei bis fünf Jahre ausüben. Die Rotation kann innerhalb eines Ressorts stattfinden, soll idealerweise aber auch darüber hinaus gehen. Dabei wird nach Möglichkeit den Wünschen der Redakteure Rechnung getragen, soweit es geht. Einbezogen werden alle Journalisten, auch und besonders Auslandskorrespondenten. Wer seine aktive Teilnahme an der Rotation verweigert, wird von der Chefredaktion notfalls versetzt. Die Erfahrungen mit diesem Modell sind bisher sehr gut. Es trifft in der Redaktion auf breite Zustimmung und bereitwillige Mitwirkung. Bei der britischen FT ist Jobrotation seit vielen Jahren gute Übung. Sie gilt dort als einer der wichtigsten Gründe für den Erfolg der Zeitung, weil das Blatt dadurch frisch und recherchestark bleibt.

5. Entwicklung und Ausblick

Seit ihrer Gründung hat die Financial Times Deutschland gegen den allgemeinen Markttrend kontinuierlich an Auflage gewonnen und sich fest auf dem Markt etabliert. Sie ist die schnellstwachsende überregionale Zeitung Deutschlands. Ihre Entwicklung bewegt sich entlang der Prognosen, die vor dem Start erstellt worden waren.

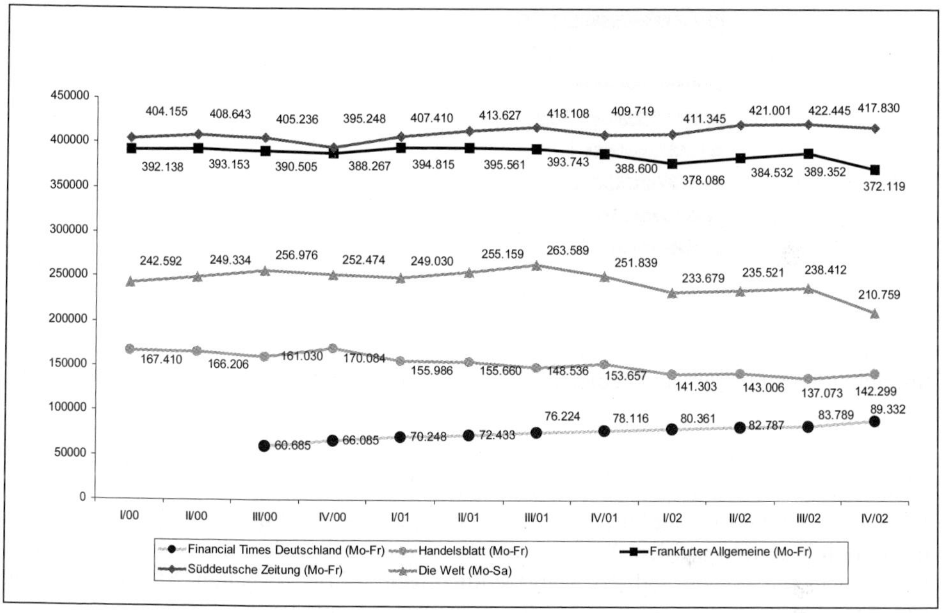

Abbildung 1: Überregionale Tageszeitungen: verkaufte Auflagen

Auch journalistisch ist die FTD inzwischen fest verankert. FT/FTD sind laut Analyse des Informationsdienstes Medien Tenor das am meisten zitierte Wirtschaftsmedium Deutschlands, das zudem als erstes den Aufstieg unter die Top Ten des Zitat-Rankings geschafft hat.[2]

2 Medien Tenor Dezember (2002).

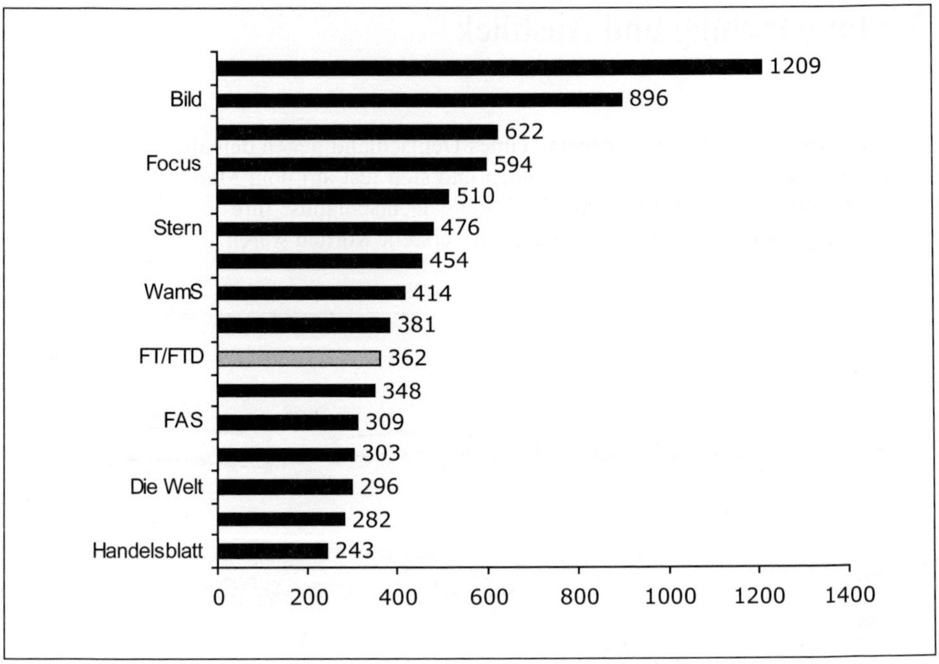

Abbildung 2: Rangliste der Medien nach Zitierungen im Jahr 2002

Dass die neue Zeitung trotz des schwierigen Marktumfelds und des Konkurrenzdrucks so stark wachsen konnte, kann zu einem wichtigen Teil auf das Konzept zurück geführt werden. Damit die Entwicklung so dynamisch weitergeht, darf das Konzept jedoch nicht als statisch begriffen werden. Es muss ständig verbessert werden, um mit den Änderungen der Leseransprüche und der Marktbedingungen Schritt zu halten. Stillstand ist für Zeitungen eine Gefahr; wachsen können sie nur durch Veränderung.

Michael Grabner / Clemens Riedl

Die Zukunft des Zeitungsgeschäfts – fünf klassische Thesen und neue Einsichten

1. Warum nur Kreativität aus der Krise führt

Alles spricht von der Krise im Zeitungsgeschäft. Dabei wird neuerdings festgestellt, dass die Krise nicht nur konjunkturelle, sondern auch strukturelle Ursachen hat. Ökonomisch betrachtet sind die Gründe der derzeitigen Krise nicht nur in den beschriebenen konjunkturellen und strukturellen Problemen des Wettbewerbs zu sehen,[1] sondern schlicht auch in der Marktphase des Zeitungssektors, nämlich Reife bzw. in einigen Bereichen bereits Stagnation.[2] Aus betriebswirtschaftlicher Sicht hat diese Marktphase deutliche Implikationen für die Marktstrategien, die häufig auf Konsolidierungstendenzen ausgerichtet werden.[3] Die Gesundung des Marktes wird letztlich durch die Erlangung höherer Stufen der Fixkostendegression einzelner Wettbewerber erzielt.

Die deutsche Zeitungslandschaft wurde erstmals in den fünfziger und sechziger Jahren von einer solchen Konzentrationswelle erfasst. Ökonomische Schwäche und kleine Verbreitungsgebiete führten damals zu einer umfassenden Marktbereinigung, vor allem von Kleinstverlagen. Seit den frühen siebziger Jahren hat sich die öffentlich sichtbare Pressekonzentration im Gebiet der alten Bundesrepublik weitgehend beruhigt. 1966 wurden die rechtlichen Voraussetzungen für wirtschaftliche Zusammenschlüsse deutlich strenger gefasst. Aber erst 1976 wurde ein Spezialtatbestand ins GWB eingeführt: die pressespezifische Fusionskontrolle. In den Jahren danach wuchs die Mentalität der zuständigen Behörden, dieses Gesetz äußerst exzessiv und restriktiv auszulegen. In einem weltweit einzigartigen Ausmaß wurde damit der marktwirtschaftliche Anpassungsprozess im Zeitungssektor eingeschränkt und „künstlich" verzerrt.

Damit bleiben dem Zeitungssektor klassische Instrumente einer solchen Marktphase wie Kooperationen und Fusionen als Weg zur Sanierung und Stabilisierung weitgehend verwehrt. Ungeachtet dessen eröffnet gerade die aktuelle Krise auf der einzelwirtschaftlichen Ebene innerhalb der verkrusteten Wettbewerbsstrukturen jedem einzelnen Zeitungsverlag die Chance, durch Kreativität und Innovation seine eigene Marktsituation zu verbessern. Voraussetzung dafür ist jedoch das Überdenken der vergangenen Handlungsmaximen, das Überbordwerfen bisher gültiger Branchengesetze sowie die Forderung, neue Wege in einem seit jeher traditionellen Geschäft zu beschreiten.

Im Folgenden werden fünf solche für das Zeitungsgeschäft „klassische" Thesen formuliert und der Versuch unternommen, daran neue und innovative Lösungsansätze zu beschreiben. Diese fünf provokativ zu verstehenden Thesen, die weder als erschöpfend noch als abschließend erachtet werden dürfen, lauten:

---

1 Vgl. Meyer-Lucht (2003).

2 Vgl. Röper (2002).

3 Vgl. Porter (1992), Kapitel 11 und 12.

1. Auflagenverluste sind in Stein gemeißelt.
2. Das Internet ist tot.
3. Leserwünsche sind bekannt.
4. Der Anzeigenmarkt kommt wieder.
5. Die Werbebranche sucht den jungen „Superstar".

Jede dieser Thesen – im Folgenden als „Klassiker" im Zeitungsgeschäft bezeichnet – soll mit Fakten beleuchtet und relativiert werden. Zielsetzung ist es, Denkanstöße für neue Wege und – dort wo es möglich ist – konkrete Anknüpfungspunkte für ihre Umsetzung zu geben.

2. Die Auflagenverluste sind in Stein gemeißelt

„Der Klassiker": Der Auflagenverlust von 1-2 % im Jahr ist für (Regional-)Zeitungen ein „Naturgesetz". Warum eigentlich?

Auch im Jahr 2002 knüpfte die Entwicklung der Zeitungsauflagen an den Trend vergangener Jahre an: Im Westen geht der Zeitungsverkauf leicht, im Osten deutlicher zurück. Die quantitativ bedeutsamste Gruppe innerhalb der Gattung Zeitung, die Regionalzeitungen, verloren im Westen leicht um 0,3 % auf 13,1 Millionen täglich verkaufte Auflage, im Osten mit minus 3,6 % auf 3,4 Millionen verkaufte Exemplare deutlicher.[1] Selbst innerhalb der Branche wird dieser Auflagenverlust oftmals mit dem Hinweis auf die soziodemographische Entwicklung (Abnahme deutschsprachiger Mehrpersonenhaushalte) als „Naturgesetz" akzeptiert.

Eine im Jahr 2002 vom Readership Institute der Northwestern University veröffentlichte Studie für den US-Markt hat aufgezeigt, dass es bei Einhaltung bestimmter Parameter durchaus möglich ist, sich diesem Basistrend zu entziehen. In dieser bislang wahrscheinlich größten empirischen Zeitungsstudie wurden 100 US-Tageszeitungen untersucht, 37.000 Leser und 5.500 Verlagsmitarbeiter befragt sowie rund 75.000 Artikel ausgewertet. Kernergebnis ist, dass vier „Treiber" für das Auflagenwachstum identifiziert werden konnten, die, unterschiedlich gewichtet, zu einem Reader Behaviour Score (RBS) zusammengefasst werden. Diese vier „Treiber" sind:

1. Redaktioneller Inhalt und Anzeigeninhalt
2. Markenwahrnehmung
3. Service (Leserservice, Zustellservice und sonstige Markt-Serviceleistungen)
4. Unternehmenskultur, Managementstil.

---

[1] Vgl. Keller (2002), S. 23 f.; Eggert (2001).

An dieser Stelle sollen beispielhaft die neun Typen redaktionellen Inhalts, die auflagensteigernd wirken, hervorgehoben werden.

Content that grows RBS

Topics with greatest potential to grow readership

1. News about ordinary people, community announcement, obituaries (Todesanzeigen)
2. Health, home, food, fashion & travel
3. Politics, government, international
4. Natural disasters, international
5. Movies, TV & weather
6. Business and personal finance
7. Science, technology, environment
8. Police & crime (!)
9. Sports (!!)

Abbildung 1: Ergebnisse der US-Zeitungsstudie[1]

Die Ergebnisse in Abbildung 1 deuten darauf hin, dass z. B. der Ausbau einer Berichterstattung über Menschen aus der Region mehr zur Auflagensteigerung beiträgt als der Ausbau des häufig zitierten Sportteils.

Fazit:

Auch wenn sich die Ergebnisse aus den USA sicherlich nicht 1:1 auf die deutsche Regionalzeitung übertragen lassen, machen sie deutlich, dass Auflagensteigerungen bei entsprechendem redaktionellem Ausbau bestimmter Themenfelder durchaus möglich sind. Veränderte Leserwünsche müssen hinterfragt, gemessen und neu beantwortet werden. Nicht unerwähnt soll an dieser Stelle bleiben, dass die Studie insbesondere auch regionalen und lokalen Anzeigeninhalt als einen äußerst attraktiven Lesestoff identifiziert hat.

1 Quelle: Readership Institute, Northwestern University.

3. Das Internet ist tot

Fast schon ein „Klassiker": Das Internet ist tot. Danke, neuer Markt.

Die Investitionen der Verlage in das Internetgeschäft wurden zuletzt häufig auf Zeitungskongressen als „Veranstaltungen kollektiver Geldvernichtung" charakterisiert. Dabei sollte jedoch nicht übersehen werden, dass das Platzen der New-Economy Blase keine Auswirkung auf die Nutzung des Internets gehabt hat.

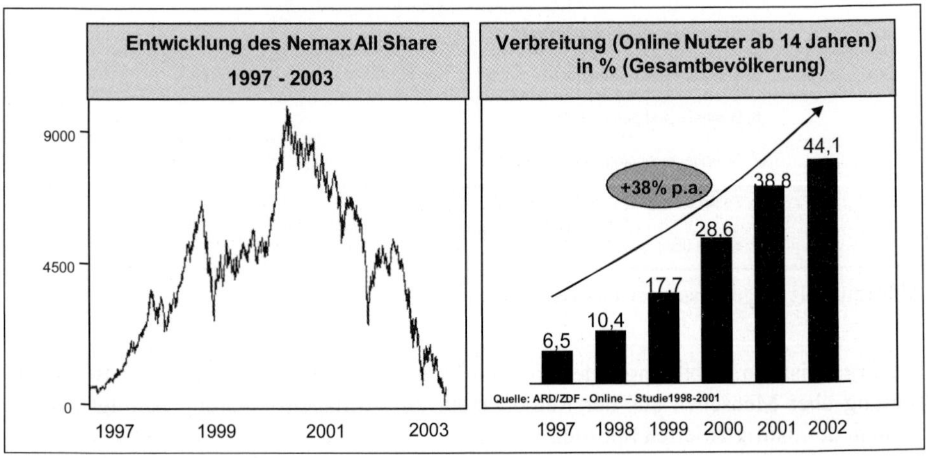

Abbildung 2: Platzen der New-Economy Blase hat keine Auswirkung auf die Nutzung des Internets

Die Auswirkungen des Internets auf die Tageszeitung sind ausführlich beschrieben worden.[1] Neben dem Werbemarkt (vgl. Kapitel 5) sollen hier insbesondere zwei Konsequenzen für eine erforderliche Umsetzung im Zeitungsverlag herausgestellt werden:

1. Notwendigkeit zur Abdeckung der gesamten Medienkette sowie
2. Einfluss auf Lesegewohnheiten und Blickführung.

1. Notwendigkeit zur Abdeckung der gesamten Medienkette

Zum einen muss es Selbstverständnis der Tageszeitung sein, sich als zentralen Bestandteil der Medienkette über den Tag hinweg zu begreifen. Dies reicht von der „Sekundenaktualität" der SMS-Nachricht und dem Internet über das Radio, der Abend- und Mor-

1 Vgl. z.B. Meyer-Lucht (2003).

genausgabe bis hin zur elektronischen Recherche. In Abbildung 3 ist die Abdeckung der Medienkette am Beispiel der Marke „Handelsblatt“ aufgezeigt.

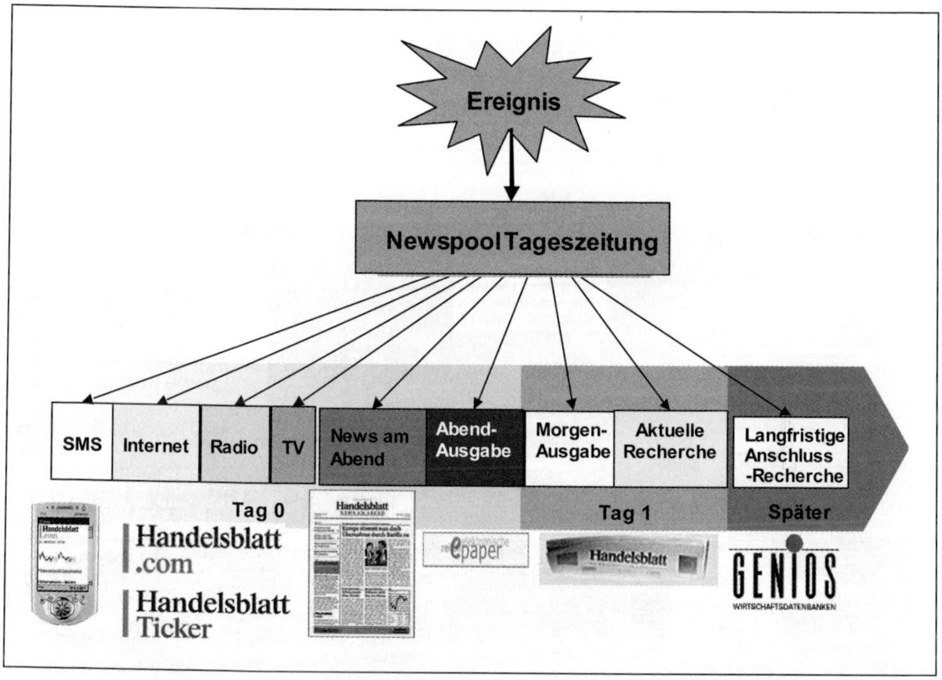

Abbildung 3: Die Tageszeitung als zentraler Bestandteil der Medienkette am Beispiel Handelsblatt

Diese beginnt mit einem eigenen Handelsblatt-SMS-Dienst, der Website handelsblatt.com und setzt sich am Nachmittag mit einem Kurzüberblick „News am Abend“ auf allen Lufthansa-Flügen und in ICE-Zügen fort. Nach Redaktionsschluss kann das Blatt bereits im Internet (e-paper) gelesen werden. Zudem werden börsentäglich live im Handelblatt Ticker auf n-tv die wichtigsten Wirtschaftsinformationen des Tages zusammengefasst. Am nächsten Morgen erscheint das Handelsblatt und wird bundesweit bis 7 Uhr morgens zugestellt. Im mittlerweile größten elektronischen deutschsprachigen Recherchedienst „genios" werden dann sämtliche Artikel archiviert und können kostenpflichtig abgerufen werden.

2. *Einfluss auf Lesegewohnheiten und Blickführung*

Zum anderen verändert das Internet die Lesegewohnheiten, insbesondere die der jüngeren Zielgruppen.[1] Ähnlich wie Schulbücher und ihre Aufbereitung das Leseverhalten der zukünftigen Zeitungsleser prägen (vgl. das Beispiel „Infografik", die in den Schulbüchern der 80er Jahre erlernt wurde), scheint das Internet den Trend zum Lese-Zapping

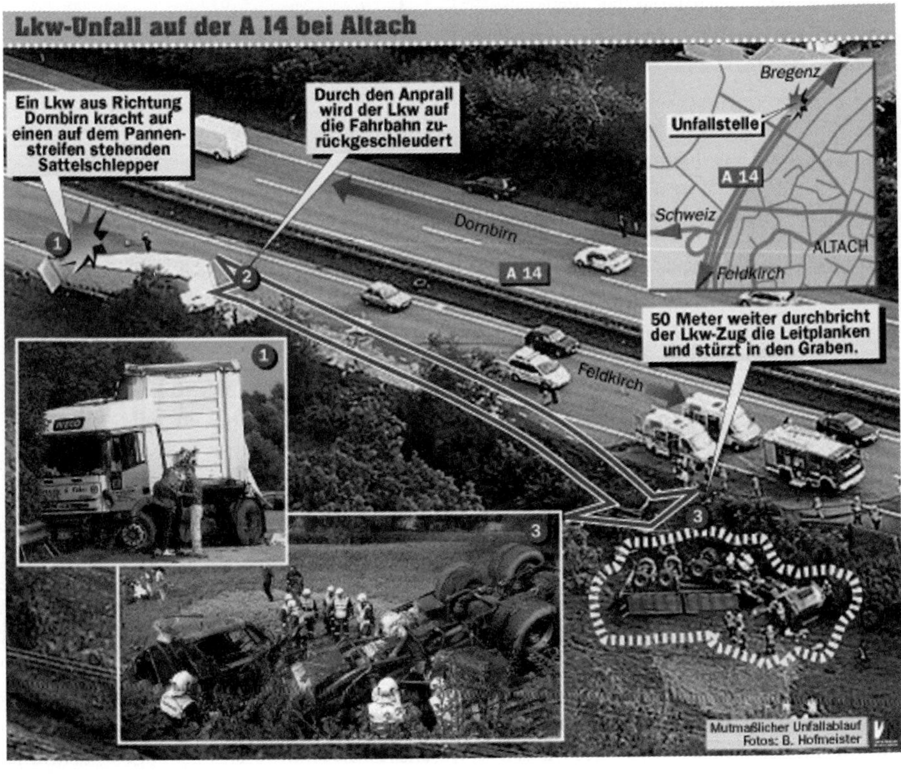

Abbildung 4: Grafische Detailinformationen eines Verkehrsunfalls als Lesegeschichte[2]

1 Vgl. Stiftung Lesen/Spiegel Verlag (2001).

2 Quelle: Vorarlberger Nachrichten.

und zur Portionslektüre zu fördern.[1] Diese Befunde über einen veränderten Medienkonsum sollten als Aufforderung an die Blattmacher verstanden werden, mit neuen Konzepten gezielt junge Zielgruppen anzusprechen. Als Beispiel dafür können erfolgreiche Elemente von Gratiszeitungskonzepten herangezogen werden, z. B. die bewusste „Kombination" boulevardeskeren Layouts zur vereinfachten Leserführung mit seriösem, weitgehend meinungsneutralem Inhalt. Aber auch die grafische Umsetzung eines Ereignisses, nicht nur als Infografik, sondern als eigene Lesegeschichte spielt eine zunehmend wichtigere Rolle (vgl. dazu das Beispiel in Abbildung 4). In dieser durchaus aufwändigen Kombination aus Foto, Grafik und Textelementen kann der Leser schneller, einfacher, aber auch „dramatischer" den Unfallvorgang nachvollziehen.

Fazit:

Das Internet ist das am schnellsten wachsende Medium in der Mediengeschichte. Seine Auswirkungen reichen weit über die ökonomische Dimension und den damit verbundenen Problemen der Refinanzierung von Zeitungsportalen hinaus. Die bislang gescheiterten Versuche der Verlage, tragfähige Geschäftsmodelle für das Internet zu entwickeln, dürfen nicht dazu verleiten,

- die Auswirkungen des Mediums auf die publizistische Position der Zeitung als zentraler Bestandteil der Medienkette über den Tag hinweg,
- die technischen Konsequenzen (formatneutrale Datenformen) sowie
- das neue Leseverhalten der Generation @ zu vernachlässigen.

4. Leserwünsche sind bekannt

„Der Klassiker": Klar kennen wir unsere Leserwünsche, und wenn wir in den Redaktionen sparen, geht das immer zu Lasten der Qualität.

Die Frage der erforderlichen und geeigneten Sparmaßnahmen in Zeitungsredaktionen und die damit verbundene Debatte um Kostenreduktion zu Lasten der Qualität hat sich mittlerweile zu einem „Evergreen" entwickelt. Die Ursache dafür zeigt Abbildung 5, in dem schemenhaft die Entwicklung der drei großen Kostenpositionen im Zeitungsgeschäft in Prozent vom Umsatz dargestellt sind.

1 Vgl. Schulz (2001).

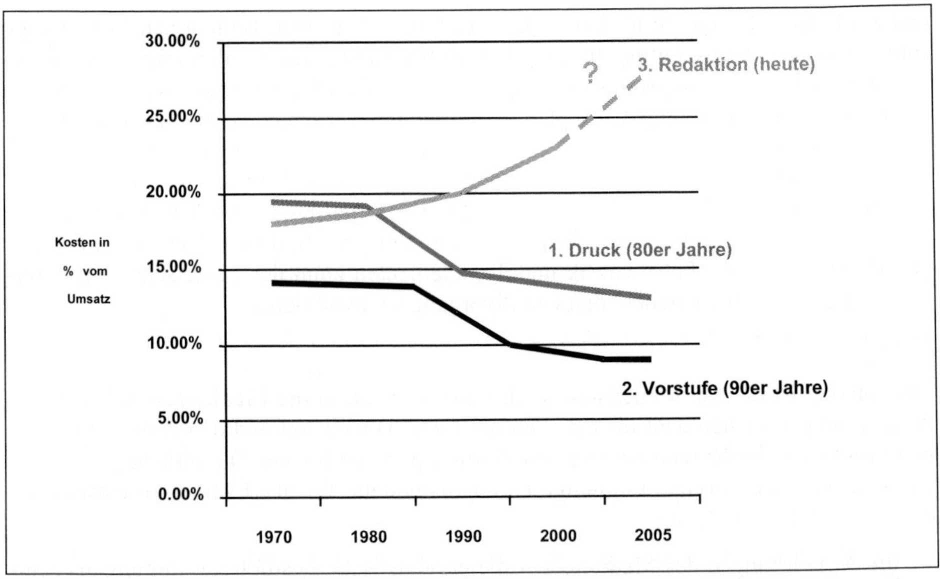

Abbildung 5: Entwicklung der drei großen Kostenpositionen in Prozent vom Umsatz[1]

Während die Kosten für die schwere Technik in den achtziger Jahren und die Digitalisierung der Vorstufe in den neunziger Jahren zu Rationalisierungswellen geführt haben, stiegen die Kosten in den Redaktionen kontinuierlich. Die Erweiterung der Kosten- und Produktivitätsdiskussion auf den kreativen Bereich ist deshalb unvermeidlich. Entscheidend ist jedoch, dass die meist dipolar geführte Diskussion „Qualität versus Kosten", die häufig in einer Debatte um Personalabbau endet, vermieden werden muss.

Hier wird die These vertreten, dass auch ein Zuwachs an redaktioneller Produktivität nicht zwingend über eine Personalreduktion erfolgen muss oder einen Qualitätsverlust zur Konsequenz hat. Produktivität kann sowohl durch einen effektiveren Mitteleinsatz als auch durch eine Steigerung des Outputs erhöht werden. Vorschläge für Maßnahmen bzw. erprobte Konzepte sind für diesen Rationalisierungsbereich erst ganz am Anfang. Möglicherweise geben aber folgende Anstöße für die Entwicklung neuer Organisationsformen und Prozesse richtungsweisende Impulse:

1. *Vertieftes Verständnis von Kunden- bzw. Leserwünschen für effektiveren Mitteleinsatz*

Voraussetzung für eine sachliche Diskussion zu Produktivität und Input/Outputrelationen ist eine entsprechende Datengrundlage und Messmethodik. Diese ist für den kreativen Bereich in Zeitungsverlagen häufig nur rudimentär vorhanden. Zwar existieren zahl-

---

1 Quelle: Eigene Berechnungen nach Verlagsangaben (Verlagsgruppe Georg von Holtzbrinck).

reiche Studien zu soziodemographischen Merkmalen der Leser und copy-tests geben Aufschluss über Leserpräferenzen. Diese Studien werden jedoch nur in relativ großen Zeitabständen und auf hoch aggregiertem Niveau durchgeführt.

Auch ist häufig unbekannt, wann, wo und wie die Leser die Zeitung konsumieren. Die vor einigen Jahrzehnten entwickelten redaktionellen Konzepte für Morgenzeitungen gehen nach wie vor davon aus, dass die Zeitungslektüre beim ausgiebigen Frühstück erfolgt. Marktforschungen von Gratiszeitungen haben jedoch ergeben, dass dies kaum noch der Fall ist.

Ein systematisches und idealerweise tägliches Monitoring über Leserakzeptanz von Kolumnen, Serien, Kulturberichterstattung oder gar ganzen Seiten (z. B. Medienseite) wird jedoch nur selten erhoben. Im Branchenvergleich bilden Zeitungsverlage möglicherweise das Schlusslicht, was die Kenntnis von Kunden- bzw. Leserwünschen betrifft. Im TV-Bereich wird beispielsweise bei RTL der Redaktion bzw. dem Moderator im 5 Minuten Takt der Quotenverlauf einzelner Sendungen im Konkurrenzvergleich aufgezeigt. Es wäre sinnvoll – bei allen Unterschieden zwischen den Medien – auch für Zeitungen ein systematisches Monitoring der täglichen Zeitung zu installieren, um marktgetestete Verbesserungen zu ermöglichen. Die regelmäßige Arbeit mit Fokusgruppen (insbesondere mit Nichtlesern), aber auch neue Techniken wie e-paper, erlauben hierfür eine effiziente Auswertung.

2. Multimedialer Newsroom zur Steigerung der journalistischen Wertschöpfung

In diesem Zusammenhang ist insbesondere das relativ starre Ressortkonzept neu zu überdenken. Auch die Trennung zwischen „reporter" und „editor", wie es der US-amerikanische Raum kennt, ist ein diskussionswürdiger Ansatz.

Darüber hinaus müssen die bislang getrennten Redaktionen der unterschiedlichen multimedialen Formen (insbesondere Internet) zusammengeführt werden und mit weiteren multimedialen Produkten (z. B. Radio oder SMS-Diensten) den Output und damit die Produktivität erhöhen. Auch wenn der „Multimediale Redakteur" schon aufgrund des derzeitigen Ausbildungsstandards bislang eher eine Erfindung von Herstellern von Redaktionssystemen zu sein scheint, bleibt das Ziel *„create once, publish many"* weiterhin bestehen.

Für die Umsetzung dieser Maximen kann das Newsroom-Konzept als ein mögliches Lösungsmodell für eine gesteigerte „journalistische Wertschöpfung" angeführt werden. In Abbildung 6 ist der „News & Editing Workflow" des Handelblattes schematisch dargestellt.

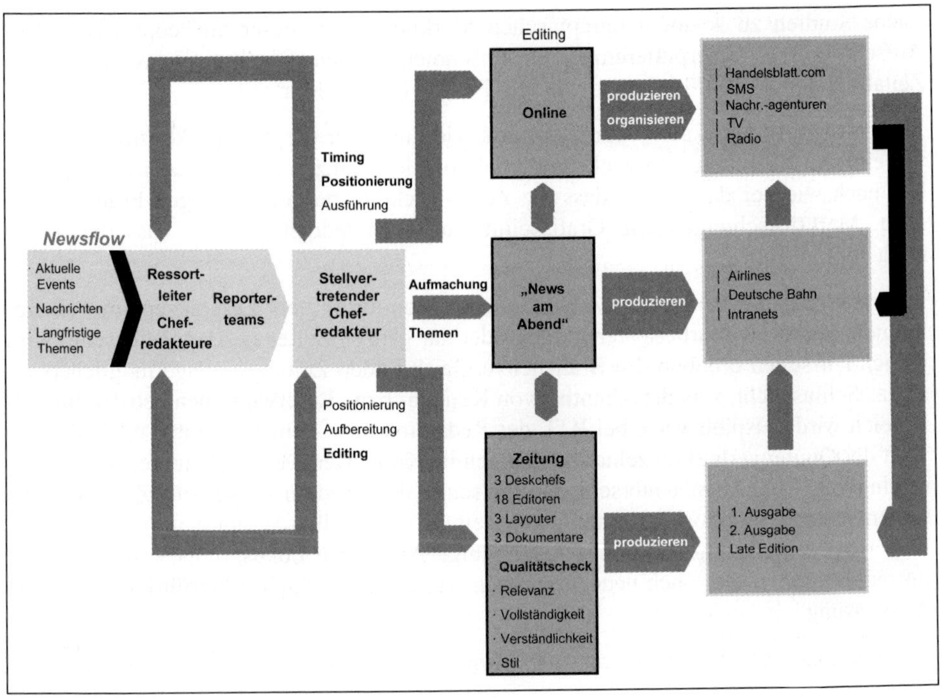

Abbildung 6: News & Editing Workflow des Handelsblatts als ein Lösungsansatz

3. *Neue Organisationsformen für Zeitungsverlage überdenken*

Die meisten Industrien erfinden in schweren Krisen ihre Aufbau- und Ablauforganisation neu. Von der betriebswirtschaftlichen Literatur werden diese Veränderungen mit Modebegriffen wie Lean Management, Re-Engineering oder Total Quality Management belegt. Angesichts der Schwere der derzeitigen Zeitungskrise ist das Festhalten an den über hundert Jahre alten Organisationsstrukturen wie z. B. Ressortkonzept oder der starren Trennung zwischen Verlag und Redaktion als zwei Unternehmen im Unternehmen teilweise kontraproduktiv. Als Anregung für entsprechende Veränderungen könnte möglicherweise die Re-Engineering-Welle in der Automobilindustrie Anfang der neunziger Jahre herangezogen werden. Die Einführung modulartiger Arbeitsweisen oder das Einreißen bisher stark abgegrenzter Abteilungen wie Entwicklung, Fertigung und Vertrieb haben die deutschen Automobilkonzerne wieder näher an den Kunden gebracht.

Übersetzt auf Zeitungsverlage bedeutet dies beispielsweise, dass Redakteure sich nicht nur mit dem Vertrieb/Marketing, sondern auch verstärkt mit dem Anzeigenbereich austauschen sollten. So können z. B. Gespräche über geplante Kampagnen häufig zu einem Informationsvorsprung hinsichtlich der aktuellen Innensicht von Unternehmen führen.

Die Diskussion über eine neue Aufbauorganisation und Zusammenarbeit zwischen den Bereichen darf nicht mit der Diskussion über Gefälligkeitsjournalismus verwechselt werden. Die Glaubwürdigkeit von Zeitungen als eines der zentralen Alleinstellungsmerkmale der Gattung ist nicht von ihrer Organisationsform abhängig, sondern von ihrem gelebten Selbstverständnis. Bei genauer Betrachtung zeigt sich, dass die häufig zitierte Befürchtung eines unternehmens- oder produktbezogenen Gefälligkeitsjournalismus in der Praxis kaum noch vorkommt. Ursache dafür sind die komplett unterschiedlichen Zielsysteme eines Anzeigenverkäufers (abschlussorientiert) und eines Redakteurs (Informationsbewusstsein, Erzählen interessanter Geschichten).

Fazit:

Der systematische Ausbau des bislang schwach ausgeprägten Kundenverständnisses sowie die Entwicklung neuer Organisationsformen für Zeitungsverlage befinden sich sicherlich noch ganz am Anfang. Diesbezügliche Denkanstöße und behutsam umgesetzte Experimente können von anderen Industrien und erfolgreichen branchenfremden Managementmethoden abgeschaut werden. Der vom derzeitigen Markt geforderte Strukturwandel muss sich jedoch in jedem Fall – ähnlich wie auch in anderen Industrien – in Veränderungen in Aufbau- und Ablauforganisation und über alle Ebenen innerhalb der Verlage niederschlagen. Insbesondere in den technischen Bereichen sind in den Verlagen in den letzten Jahren große Fortschritte erzielt worden, da es offensichtlich einfacher ist, standardisierbare technische Prozesse neu zu ordnen, als kreative Leistungsprozesse zu reorganisieren.

5. Der Anzeigenmarkt kommt wieder

„Der Klassiker": Der Anzeigenmarkt kommt wieder. Abwarten und Tee trinken. Und in der Öffentlichkeit „jammern".

Rein statistisch betrachtet steht es außer Frage, dass die Anzeigenmärkte wieder anziehen werden. Aufgrund der starken Korrelation zwischen den Veränderungen des BIP (nominal) und der Netto-Werbeumsätze können die Jahre 2001 und 2002 als historische Ausreißer bezeichnet werden: Noch nie gab es in der Bundesrepublik seit 1951 in zwei aufeinanderfolgenden Jahren eine negative Korrelation zwischen nominalem BIP-Wachstum (auch wenn es sehr gering war) und der Entwicklung der Werbeumsätze. Davor gab es nur ein Jahr mit einer negativen Veränderung des Netto-Werbeumsatzes (1971).[1] Ursache für die derzeitige negative Entwicklung dürfte das sehr seltene, gleichzeitige Aufeinandertreffen zweier Faktoren sein:

1 Vgl. Trappel (2003).

- Allgemeine Abkühlung der Konjunktur nach langer Boomphase sowie
- Platzen einer Börsen-Blase (New Economy).

Während sich demnach das zyklische Geschäft mit Empfehlungsanzeigen wieder erholen wird, sieht die Situation auf den Rubrikenmärkten signifikant anders aus. Aufgrund der schleichenden Abwanderung der Rubrikenmärkte in das Internet und der damit verbundenen Preiserosion sind dauerhafte Umsatzeinbußen zu erwarten. Anders als häufig dargestellt, ist eine solche Entwicklung im Pressegeschäft weder neu, noch führt sie zu einem unausweichlichen „Ende“:

- Beispielsweise verschwand mit der Einführung des Privatfernsehens in den achtziger Jahren praktisch die gesamte Werbung für Konsumgüter-Markenartikel (u. a. für Wasch und Reinigungsmittel) aus den Zeitschriften in den TV Bereich.
- Auf der anderen Seite kommen immer wieder neue Werbekunden (z. B. Mobilfunk) und Rubrikengeschäfte hinzu (z. B. Gebrauchtbörsen für EDV-Zubehör etc.).

In Abbildung 7 wird versucht, die erwartete Preiserosion und Abwanderung ins Internet für das Rubrikengeschäft der Regionalzeitungen der Verlagsgruppe Georg von Holtzbrinck zu quantifizieren.

So wird auf Basis des Rubrikenumsatzes des Jahres 2001 bis ins Jahr 2005 mit einer Preiserosion von 30 bis 35 % sowie einer zusätzlichen Abwanderung ins Internet mit 10 bis 15 % gerechnet, so dass es praktisch zu einer Halbierung des Rubrikengeschäfts kommt. Gleichzeitig wird das Potential des im Internet mit Neu- sowie Zusatzgeschäften erzielbaren Umsatzes in den nächsten fünf Jahren in einer Höhe geschätzt, die Verluste im Printbereich ausgleichen könnte.

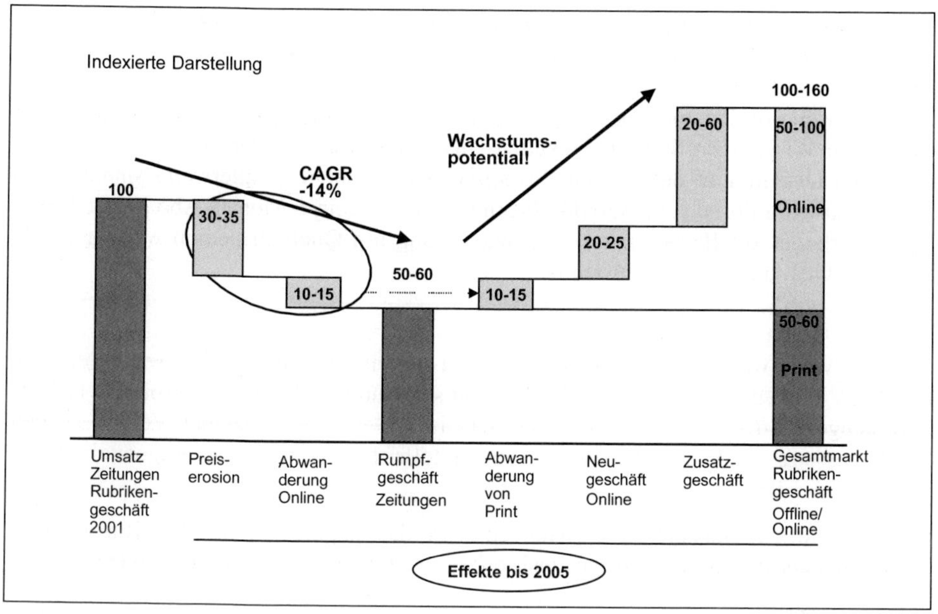

Abbildung 7: Preiserosion und Abwanderung im Rubrikengeschäft[1]

Diese strukturellen Effekte erfordern entsprechendes Handeln auf der Verlagsseite. Anhand von zwei Beispielen soll dies für die Verlagsgruppe von Holtzbrinck aufgezeigt werden.

1. Lösungsmodell ISA: Bottom up Ansatz mit Partnerverlagen

Im Jahr 2002 gründeten die Verlagsgruppen WAZ, Ippen und Holtzbrinck nach dem Scheitern der versum AG die ISA GmbH, mit dem Ziel der Stabilisierung und Partizipation an den Umsätzen im Online-Immobilien, -Stellen und -Automarkt unter Berücksichtigung einer besonders günstigen Kostenstruktur. Im Gegensatz zur Eigengründung der versum AG ist der Grundgedanke der ISA GmbH, sich an bereits bestehenden und am Onlinemarkt erfolgreich tätigen Internetunternehmen zu beteiligen. Die Aufgabe der ISA besteht darin, die Nahtstelle zwischen dem Online-Portal, den Internetunternehmen und den Zeitungsverlagen zu sein und auf einem marktgängigen Preisniveau Print/Online-Verkäufe zu realisieren.

1 Quelle: Jupiter, McKinsey, eigene Berechnungen

2. *Lösungsmodell Parship: Eigengründung für Online-Partnerschaftsanzeigen auf hohem qualitativen und preislichen Niveau.*

Der Mehrwert von Parship gegenüber herkömmlichen Partnerschaftsanzeigen basiert auf einem von Wissenschaftlern entwickelten „matching-process“, der auf Persönlichkeitsmerkmale abstellt und deshalb die Erfolgsschancen erhöht. Mittlerweile sind in dem 2001 gestarteten Portal rund 350.000 Profile hinterlegt; ein 6 Monats-Abo kostet 149 €. Parship arbeitet auf Basis einer Umsatzbeteiligung mit Qualitätsmedien wie der ZEIT, dem SPIEGEL oder Brigitte zusammen.

Fazit:

Niemand weiß, wann und auf welchem Niveau sich die Anzeigenmärkte wieder erholen werden. Vieles spricht dafür, dass das Internet strukturelle Effekte, insbesondere auf das Rubrikengeschäft, haben wird. In der Zwischenzeit bleibt dem einzelnen Verlag – neben der Anpassung der Kostenstruktur auf ein mittelfristig geringeres Anzeigenvolumen – nichts anderes übrig als:

1. aktiv und sehr kostenbewusst Konzepte für das Thema Online/Print Rubriken zu entwickeln, um die zukünftige Position der Zeitungen im Online-Rubrikenmarkt zu sichern.
2. Kooperationen mit anderen Verlagen zu suchen, da die neuen, großen Online-Rubrikenportale immer eine nationale Dimension aufweisen. Erst in der Kombination mit anderen Verlagen wird die regionale Kompetenz des einzelnen Verlags zur Stärke.

6. Die Werbebranche sucht den jungen Superstar

„Der Klassiker“: Die Werbebranche sucht den Superstar. Das Segment der 14- bis 49-Jährigen ist das Maß aller Dinge.

In zahlreichen Studien wird aufgezeigt, dass die Gattung Zeitung eine zunehmend ältere Leserschaft aufweist und deshalb im Wettbewerb um Marktanteile am Werbemarkt, insbesondere gegenüber den elektronischen Medien, einen Nachteil hat.[1] Die von der Werbebranche bevorzugte Zielgruppe der 14- bis 49-Jährigen würde immer weniger Zeitung lesen, woraus sich langfristig ein Problem für die Gattung Zeitung ergäbe. Diese häufig anzutreffende, eher pessimistische Sichtweise, ist nicht haltbar und wird in dieser Form auch nicht geteilt.

---

1 Vgl. Prognos AG/Seven One Media (2001).

Zunächst ist festzustellen, dass sowohl die Entwicklung der Reichweiten als auch der Altersstruktur der Zeitungsleser in den Vorjahren weitgehend stabilisiert werden konnte. Zwischen 1979 und 1999 war die Reichweite der regionalen Abo-Tageszeitung im Westen von 83,1 % auf 72,4 %, also um rund 0,5 % p. a. abgesunken, aber seither nicht mehr. Weit überdurchschnittlich gingen die Zeitungsreichweiten in diesem Zeitraum für das Alterssegment der 14- bis 29-Jährigen zurück, von 75,2 % (AWA 1979) auf 53,4 % (AWA 2000), was rund einem Prozent p. a. entspricht. Auch im jungen Alterssegment deutet sich an, dass, nicht zuletzt durch die Qualitätsoffensiven der vergangenen Jahre, ein Abschmelzungsprozess gestoppt werden konnte. In den neuen Bundesländern ist der Reichweitenrückgang überdurchschnittlich ausgeprägt. So ging das historisch hohe Reichweitenniveau aus dem Jahre 1991 von 84,7 % auf rund 71,7 % zurück. Als Erklärung für diese Entwicklung wird oftmals die höhere Arbeitslosigkeit, das noch geringere freiverfügbare Einkommen sowie die daraus resultierende starke TV-Orientierung („Gratismedium“) angeführt.[1]

Neben diesem Basistrend einer weitgehenden Stabilisierung der Reichweiten auf hohem Niveau sprechen insbesondere zwei Entwicklungen für eine auch zukünftig hohe Wettbewerbsfähigkeit der Gattung Zeitung im Mediamix.

These I: Die Zeitung wird in Zukunft verstärkt von Zielgruppen mit höherem Bildungsgrad genutzt.

Folgende drei Aspekte stützen diesen Trend.

1. Steigender Bildungsgrad der Bevölkerung

Auch wenn die Berichterstattung über die PISA-Studie einen anderen Eindruck in der Öffentlichkeit vermittelt hat, bleibt festzuhalten, dass der Grad der Ausbildung in der Bundesrepublik insgesamt noch nie so hoch war wie heute und auch in Zukunft weiter steigen wird. So wuchs beispielsweise der Anteil der Personen mit Fach- oder Hochschulreife von 5,1 Millionen im Jahr 1982 auf 12,3 Millionen im Jahr 1999 an. Damit wächst auch der Markt potentieller Zeitungsleser, da diese traditionell ein hohes Bildungsniveau aufweisen.

2. Printaffinität der Internetnutzer

Studien zu Internetnutzern belegen, dass zumindest in der derzeitigen Diffusionsphase das Internet den Printmedien nicht geschadet hat; vielmehr sind junge Internetpioniere überdurchschnittlich printorientiert[2]. Darüber hinaus lassen Leserstudien für Regionalzeitungen, auch aus dem eigenen Haus, bisher nicht erkennen, dass die Internetnutzer unter den Zeitungslesern ihre Leser-Blattbindung überdurchschnittlich gelockert haben. Im Gegenteil: das Internet, das nach Radio, Fernsehen und Video wieder ein Schreib-

1 Vgl. Schulz (2001), S. 123.

2 Vgl. Schulz (2002); FAZ (2002).

und Lesemedium ist, kann gemeinsam mit der Zeitung eine hervorragende komplementäre Nutzung erzielen. So zeigen Studien, dass sich die Nutzung des Internets bislang insbesondere auf das Fernsehen – besonders zur prime time – als auf das Zeitungslesen auszuwirken scheint.[1]

3. Zunehmende Verflachung der TV-Formate

Anfang der siebziger Jahre fasste die Gründerin des Allensbacher Institutes, Frau Elisabeth Noelle-Neumann, die Vorzüge des Zeitungsmediums in einem Vortrag mit dem Titel „Warum die Zeitung überleben wird“ zusammen. Der entscheidende Grund dafür, so ihre These von damals, sei, dass „nicht nur eine Elite, sondern breite Bevölkerungskreise als Fernsehzuschauer in ihrem Bedürfnis nach Verstehen der Zusammenhänge unbefriedigt bleiben. Darum wenden sie sich der Zeitung zu, darum gibt es kein Ende der Ära Gutenberg.“[2]

Das Ausmaß der Vervielfachung des Medienangebots in den letzten 30 Jahren führte zu einer Explosion an Informationen über immer komplexere Sachverhalte, die uns täglich erreichen. Dies beinhaltet die Gefahr, immer mehr Menschen zu überfordern oder nur noch oberflächlich zu informieren. Gleichzeitig entwickelt sich das Radio mit seinen Musikangeboten zu einem „Nebenbeimedium“, und auch das Fernsehen konzentriert sich nach dem Markteintritt privater Sender auf attraktive Unterhaltungssendungen. In dieser Situation erfährt gerade die Zeitung, deren Kernfunktion das Gewichten und Filtern von Information ist, gesteigerte Bedeutung.[3] Sie trägt dazu bei, dass aus der einfachen Nachricht eine ziel- und zweckgerichtete Information wird und bietet damit Orientierung.

In der Summe führen der zunehmende Bildungsstand der deutschen Bevölkerung, die zunehmende Internetnutzung sowie die Möglichkeit der Zeitung, komplexe Sachverhalte darstellen zu können, zu einer verbesserten Stellung der Zeitung im Wettbewerb um Werbebudgets.

These II: Die derzeitige Zielgruppen-Segmentierung der Werbewirtschaft wird sich an die Demographieentwicklung anpassen müssen.

Folgende zwei Aspekte stützen diesen Trend:

1. Überalterung der deutschen Bevölkerung

Die mittlere Lebenserwartung stieg in der Bundesrepublik in den letzten 30 Jahren um rund sieben Jahre. Sie beträgt heute bei Männern 74,0, bei Frauen 80,3 Jahre.[4] Gleichzeitig fiel der Anteil der 14- bis 29-Jährigen in Westdeutschland in den letzten 20 Jahren

---

1 Vgl. z.B. UCLA Internetstudie 2003, zitiert in: BDZV (2003).

2 Vgl. Noelle-Neumann (1971), Schulz (2001).

3 Vgl. Ridder, Engel (2001). S. 112.

4 Vgl. Statistisches Bundesamt (2000).

von 29 auf nur noch 20 %[1]. Insgesamt schrumpft damit das Marktsegment der jüngeren Zielgruppe, das von der Werbebranche häufig als Kernzielgruppe postuliert wird.

2. Die Zielgruppe der über 50-Jährigen hat das höchste verfügbare Einkommen

Auch wenn die Werbewirtschaft immer wieder betont, dass die Markenbildung in der Jugend erfolge, muss festgestellt werden, dass wesentliche Kaufentscheidungen, insbesondere im Hochpreissegment in einem immer älteren, jedoch besonders kaufkräftigen Segment stattfindet. Dies gilt selbst für Produkte, die im Markenauftritt einen jugendlichen „Touch" haben. So liegt beispielsweise das Durchschnittsalter eines Bang & Olufsen-Käufers bei 54 Jahren, das eines Porsche-Käufers bei 57 Jahren und das eines Harley-Davidson-Käufers sogar bei 59 Jahren.[2]

Fazit:

Im Jahr 2002 wurden in Europa noch 95 % aller Werbeumsätze auf die Zielgruppe der unter 49-Jährigen fokussiert. Hier wird dagegen die Auffassung vertreten, dass dies im Gegensatz zu den tatsächlichen Kaufentscheidungen steht und die Werbewirtschaft die kaufkräftigste Zielgruppe, bestehend aus 150 Millionen Menschen in Europa, nicht länger als „Nischenmarkt" oder „Streuverlust" behandeln kann. Jedoch nicht nur die Werbewirtschaft muss sich diesem Trend anpassen. Insbesondere die Verlage sollten ihre Kernleserschaft der über 50-Jährigen gegenüber der Werbewirtschaft selbstbewusster und innovativer vermarkten.

7. Zusammenfassung

Die Struktur der deutschen Zeitungslandschaft ist seit 30 Jahren nahezu unverändert. Angesichts des erforderlichen Strukturwandels im Medien- und Werbemarkt ist die „Kleinteiligkeit" des deutschen Zeitungsmarkts aufgrund veralteter wettbewerbsrechtlicher Bestimmungen sowohl für die publizistische, als auch für die unternehmerische Wettbewerbsfähigkeit wahrscheinlich nicht von Vorteil. Vor diesem Hintergrund sind auch die jüngsten Forderungen der WAZ und der Verlagsgruppe Georg von Holtzbrinck zur Modifikation des Pressefusionsrechts und seiner Anwendung zu sehen.

Andererseits muss auch konstatiert werden, dass aufgrund des in der Vergangenheit bislang jährlich steigenden Werbevolumens Zeitungsverlage mittlerweile häufig von defensiven Unternehmenskulturen und verkrusteten Organisationsstrukturen geprägt sind.

1 Vgl. Schulz (2001), S. 112.

2 Vgl. ORF / Treguer (2003).

Ähnlich, wie es seit jeher zyklische Branchen vorgemacht haben, kann deshalb eine Erneuerung von innen dazu beitragen, dass Zeitungsverlage gestärkt aus der Krise hervorgehen. Einige Eckpunkte für eine verstärkte Dynamik im publizistischen und betriebswirtschaftlichen Anpassungsprozess an ein verändertes Umfeld wurden hier skizziert und beschrieben:

- Auflage steigern, indem Inhalte entsprechend neu gemischt werden und Innovationen an redaktionellen Konzepten dem veränderten Leseverhalten Rechnung tragen,
- das Internet als eine aktive Bereicherung für das Medium Zeitung sehen und den Zeitungsverlag zur Medienplattform umbauen,
- neue Ansätze und Neugeschäfte im Rubrikenmarkt testen und über Kooperationen sehr niedrige Kostenstrukturen herbeiführen,
- Instrumente entwickeln, um den Leser und seine Lesegewohnheiten systematisch zu erforschen und um das Kundenverständnis zu verbessern,
- kreative Zusammenarbeit der oftmals stark abgegrenzten Bereiche pflegen und eine offene Diskussion über redaktionelle Neuorganisation führen,
- die Zielgruppe der über 50-Jährigen selbstbewusster und besser vermarkten.

Die in Zukunft sicherlich zu beobachtenden, teilweise schmerzhaften innerbetrieblichen Anpassungsprozesse dürfen jedoch nicht darüber hinwegtäuschen, dass der Ausblick für die Gattung Zeitung insbesondere im Mediamix positiv zu bewerten ist. Die Zeitung wird auch zukünftig das inhaltlich wichtigste Informationsmedium für die gehobenen Zielgruppen bleiben.

Literaturverzeichnis

BDZV (2003), Internetsurfer sehen weniger fern, in: BDZV Intern vom 25.02.2003.

EGGERT, H. (2001), Acht von zehn lesen Zeitung – Zur Entwicklung der Reichweiten, in: BDZV Jahrbuch Zeitungen 2001, Berlin 2001.

FAZ (2002), Das Internet verdrängt Fernsehen und Zeitung nicht, in: Frankfurter Allgemeine Zeitung, Frankfurt 22.11.2002.

KELLER, D. (2002), Zur wirtschaftlichen Lage der deutschen Zeitungen, in: BDZV Jahrbuch Zeitungen 2002, Berlin 2002.

MEYER-LUCHT, R. (2003), Sinkende Auflagen, Einbrüche im Anzeigengeschäft, Konkurrent Internet, in: Analysen der Friedrich-Ebert-Stiftung zur Informationsgesellschaft Nr. 9/2003, Bonn 2003.

NOELLE-NEUMANN, E. (1971), Warum die Zeitung überleben wird, in: ZV+ZV 68, 1971, S. 1596-1602.

ORF (2003), Solid Gold - Medienecho, Wien 2003 und TREGUER, J. Senioragency, Amsterdam 2003.

PORTER, M. (1992), Wettbewerbsstrategie, Frankfurt 1992.

PROGNOS AG/SEVEN ONE MEDIA (2001), Werbemarkt 2001, Basel 2001.

RIDDER, R.C./ENGEL, B. (2001), Massenkommunikation 2000: Images und Funktionen der Massenmedien im Vergleich, in: Media Perspektiven 3, 2001.

RÖPER, H. (2002), Zeitungsmarkt 2002: Wirtschaftliche Krise und steigende Konzentration, in: Media Perspektiven Heft 10, 2002, S. 478-490.

SCHULZ, R. (2002), Allensbacher Studie: „Zeitung und Internet“, in: BDZV Jahrbuch Zeitungen 2002, Berlin 2002.

SCHULZ, R. (2001), Zapper, Hopper, Zeitungsleser - Allensbacher Erkenntnisse im Langzeitvergleich, in: BDZV Jahrbuch Zeitungen 2001, Berlin 2001.

STATISTISCHES BUNDESAMT (2000), Lebenserwartung steigt weiter an, Wiesbaden 2000.

STIFTUNG LESEN/SPIEGEL VERLAG (Hrsg.) (2001), Leseverhalten in Deutschland im neuen Jahrtausend, Band 3 der Schriftenreihe „Lesewelten“, Mainz und Hamburg 2001.

TRAPPEL, J. (2003), Erlöspotenziale der digitalen Medienvielfalt: Determinanten der Nachfrage, Basel 2003.

Torsten J. Gerpott

Wettbewerbsstrategien von Verlagsunternehmen auf Online-Zeitungsmärkten

1. Grundlagen

1.1 Gedruckte Zeitungen: Marktentwicklung in Deutschland

Traditionelle oder etablierte *Zeitungsverlage* sind Unternehmen, die ein zumeist (arbeits-) täglich oder seltener wöchentlich erstelltes und auf Papier in größerer Auflage gedrucktes Informationsleistungsbündel seit längerem an Leser/Rezipienten und Werbetreibende/Anzeigenkunden mit Gewinnerzielungsabsicht vermarkten.[1] Dieses Informationsleistungsbündel umfasst i. d. R. redaktionelle Ausführungen sowie Anzeigen. Es unterscheidet sich durch bestimmte Merkmale gegenüber anderen gedruckten Informationsgütern wie Zeitschriften oder Büchern: Konstitutive Charakteristika von herkömmlichen, auf Papier fixierten Zeitungen sind (1) ihre regelmäßige Erscheinungsfolge (*Periodizität*), (2) ihre einfache Zugänglichkeit prinzipiell für Jedermann/die Allgemeinheit (*Publizität*), (3) ihr Anliegen ein großes Spektrum beschreibend-nachrichtlicher, bewertend-interpretierender und unterhaltender Inhalte journalistisch zu vermitteln (*Universalität*) und (4) ihre Konzentration auf gegenwärtige Geschehnisse möglichst unmittelbar nach deren Auftreten ([Tages-]*Aktualität*).[2] Gedruckte Zeitungen werden üblicherweise durch isolierte oder kombinierte Anwendung der drei Kriterien Erscheinungshäufigkeit (Tages- vs. Wochen-/Sonntagszeitungen), räumliches Verbreitungsgebiet (lokal vs. regional vs. überregional/deutschlandweit) und überwiegende Vertriebsart (Abonnement vs. Einzelverkauf) systematisiert.[3]

Im 2. Quartal 2001 wurden in Deutschland durchschnittlich pro Arbeitstag 23,83 Millionen gedruckte Tageszeitungen verkauft. Davon entfielen 16,41 Millionen (69 %) auf 339 lokale und regionale Zeitungstitel, die zu mehr als 90 % im Abonnement abgesetzt wurden, 1,73 Millionen (7 %) auf 10 überregionale Zeitungen, die zu mehr als zwei Drittel von Abonnenten bezogen wurden, und 5,69 Millionen (24 %) auf acht zu mehr als 90 % im Einzelverkauf vermarktete sogenannte „Kauf- oder Straßenverkaufszeitungen“. Ein einzelner Zeitungstitel wurde im Durchschnitt mit 4,4 redaktionellen Ausgabevarianten (i. d. R. unterschiedliche Lokalteile) erstellt. Weiter wurden im zweiten Quartal 2001 31 Sonntags- und Wochenzeitungen mit einer mittleren Verkaufsauflage von 6,39 Millionen pro Ausgabe abgesetzt.

2001 lag die Verkaufsauflage von Straßenverkaufszeitungen bzw. Lokal-/Regionalzeitungen um 5 % bzw. 7 % unter der 1997 abgesetzten Menge. Die Verkaufsauflage überregionaler Zeitungen im 2. Quartal 2001 überstieg hingegen die Absatzmenge im ent-

1 Vgl. Lehr (1999), S. 15; Rank (1999), S. 11.

2 S. für viele Roth (2002), S. 24; Theis-Berglmair (2002), S. 236; Heinrich (2001), S. 216 f.; Gerpott/Schlegel (2000), S. 338 f.; Neuberger (2000), S. 102; Lehr (1999), S. 15.

3 S. z. B. Henkel (1999), S. 15 f.; Sjurts (1996), S. 9.

sprechenden Quartal des Jahres 1997 um 21 %. Während 1997 Tageszeitungen (Lokal-/Regionalzeitungen) noch 80 % (71 %) aller Deutschen ab 14 Jahren erreichten, sank die Tagesreichweite 2001 auf 78 % (68 %). Dabei waren in diesem Zeitraum die stärksten relativen Reichweitenverluste bei den 20- bis 49-Jährigen zu beobachten.[1]

Die Butto-Werbeaufwendungen in überregionalen und regionalen Zeitungen in Deutschland lagen im Jahr 2001 mit 3,6 Milliarden um 20 % über dem entsprechenden Wert für das Jahr 1997. Der Anteil von Zeitungen an den gesamten Werbeaufwendungen in Print- und Rundfunkmedien in Deutschland sank dabei von 21,6 % im Jahr 1997 auf 21,2 % im Jahr 2001.[2] Für das Jahr 2002 wird mit einem erheblichen Rückgang der Zeitungsumsätze aus Werbung/Anzeigen gerechnet.[3] Abonnementzeitungen in Deutschland erzielten im Jahr 2000 etwas weniger als zwei Drittel ihrer Erlöse aus (Werbe-)Anzeigen (inkl. Fremdbeilagen) und etwas mehr als ein Drittel ihrer Erlöse aus dem Verkauf im Lesermarkt; diese Umsatzstruktur hat sich in den letzten 10 Jahren kaum verändert.[4]

Die 2001 in Deutschland angebotenen 388 Zeitungstitel wurden von 357 Verlagsunternehmen erstellt. Vielfach werden von einer Zeitungsredaktion inhaltliche Elemente für mehrere Zeitungen produziert, wobei die einzelnen Zeitungen trotz der redaktionellen Zusammenarbeit/inhaltlichen Überlappung dennoch nicht Teil eines (Verbund)Unternehmens sind. Deshalb erreichte im deutschen Markt die Zahl der den Zeitungsinhalt komplett selbst redigierenden „publizistischen Einheiten“ mit 136 die Zahl der Zeitungstitel und der rechtlich eigenständigen herausgebenden Verlage bei weitem nicht. Zwischen vielen Zeitungsverlagsunternehmen in Deutschland bestehen komplexe Beteiligungsverflechtungen.[5] In den Jahren 1991 bzw. 2002 vereinten die fünf (10) größten Verlagsgruppen 41,6 % bzw. 42,3 % (54,4 % bzw. 56,3 %) der verkauften Tageszeitungsauflage auf sich.[6] Dabei ist die Angebotskonzentration bzw. intramediale Wettbewerbsintensität bei Kaufzeitungen sowie lokalen und regionalen Abonnementzeitungen deutlich höher bzw. niedriger als bei überregionalen Tageszeitungen.[7]

Der deutsche Markt für gedruckte Zeitungen kann somit insgesamt als *reifes Geschäft mit hohen Eintrittsbarrieren* charakterisiert werden, dessen wirtschaftliche Attraktivität auf Rezipienten- und Werbemärkten seit Anfang der 1980er Jahre durch vermehrte An-

---

1 S. zu sämtlichen zuvor genannten sowie in diesem Kap. nachfolgend angeführten und nicht mit Quellenangaben belegten Marktzahlen http://www.bdzv.de/pressem/marktdaten/schaubilder2001; Abruf am 19.07.2002.

2 S. Engländer (2002), S. 243.

3 Vgl. Baumgart (2002), S. 23-26.

4 Vgl. Baumgart (2002), S. 29; Heinrich (2001), S. 238; Röper (2000), S. 301; Henkel (1999), S. 56; Senewald (1998), S. 33.

5 S. Röper (2000), (2002a).

6 Vgl. Röper (2002b), S. 484.

7 S. Heinrich (2001), S. 276-282; Röper (2000), S. 298; Seufert (1999), S. 118 f.

gebote weiterer Medien bedroht wird.[1] Speziell auf dem Werbemarkt hängen die Absatzpotentiale von Zeitungen wesentlich stärker als auf dem Lesermarkt von der gesamtkonjunkturellen Lage der Wirtschaft ab. Sowohl auf Leser- als auch auf Werbemärkten von gedruckten Zeitungen können Verlage innerhalb Deutschlands Wachstum, wenn überhaupt, nahezu nur durch Verdrängung oder Übernahme von Wettbewerbern erzielen.

1.2 Online-Zeitungen: Marktentwicklung in Deutschland

1.2.1 Genese und Abgrenzung von Online-Zeitungen

Die Stagnationssituation im Markt für gedruckte Zeitungen und die ab Mitte der 1990er Jahre zu beobachtende rasche Zunahme der Zahl der Internet-Nutzer in Deutschland[2] sowie der mit letzterem verbundene Mengenanstieg der im Internet abrufbaren Inhalteangebote führten dazu, dass in Zeitungsverlagen ab ca. 1994/95 verstärkt diskutiert wurde, inwieweit die neue Verbreitungstechnik Internet Implikationen für ihr Stammgeschäft haben würde und ein Engagement mit eigenen Online-Inhalten sinnvoll sei. Zumeist ohne klare strategische Vorstellungen dahingehend, welche Personengruppen mit welchen einzigartigen Angebotsmerkmalen zur Nutzung von Online-Inhalteangeboten von Zeitungsverlagen gewonnen werden sollten, begannen die ersten Zeitungsverlage in Deutschland etwa ab 1995 damit zu experimentieren, Zeitungsinhalte Lesern auch im Internet zur Verfügung zu stellen. Anschließend war eine Art von „Karawaneneffekt“ i. d. S. zu beobachten, dass bis etwa zum Jahr 2000 die große Mehrheit aller gedruckten deutschen Zeitungstitel im Internet eine Website mit eigenem „Uniform Resource Locator (URL)“ bzw. eigener Adresse einrichtete, auf der mehr oder minder umfangreiche Inhalte mit mehr oder minder großem Überlappungsgrad zur herkömmlichen Zeitung angeboten wurden. Die Internet-Auftritte von Zeitungstiteln beruhten dabei weniger auf elaborierten wettbewerbsstrategischen Plänen. Sie waren, nicht zuletzt auch angesichts der starken Beachtung von unter dem Schlagwort *Multimedia* zusammengefassten technischen Entwicklungen in der Öffentlichkeit, überwiegend nur dadurch motiviert, in jungen Online-Medienmärkten „sicherheitshalber“ dabei zu sein, um so gegenüber anderen Zeitungsverlagen nicht als innovationsresistent oder gar rückschrittlich zu gelten.[3]

Zur genauen Zahl der inhaltlichen Online-Angebote deutscher Zeitungsverlage existieren keine von staatlicher Seite oder Verbänden erstellten (semi-)offiziellen Statistiken. Daher ist man für die Vergangenheit auf (nicht immer perfekt konvergierende) Schätzungen aus einschlägigen Forschungsprojekten angewiesen: Danach waren 1995 erst 15 und

---

1 Vgl. a. Baumgart (2002), S. 28 f.; Henkel (1999), S. 58-63; Sjurts (1996), S. 19.

2 S. Ridder (2002).

3 S. Höflich/Schmidt (2002), S. 194; Theis-Berglmair et al. (2002), S. 56-58; Neuberger (2001), S. 247; Altmeppen (2000), S. 188 f.; Dans (2000), S. 5; Henkel (1999), S. 82; Neuberger et al. (1997), S. 655 f.

Mitte 1996 bereits ca. 50 Tageszeitungen in Deutschland mit einem Inhalteangebot im Internet vertreten.[1] Im Herbst 1997 waren „etwa 100 Angebote von [deutschen] Tageszeitungen ... im WWW abrufbar“.[2] Ende 1999 wurden ca. 330 Inhalteangebote von deutschen Tageszeitungen registriert, die von 125 publizistischen Einheiten erstellt wurden.[3] Ende 2000 gab es etwa 425 Online-Angebote von deutschen Tageszeitungen, hinter denen 132 publizistische Einheiten standen.[4] Im Herbst 2001 wurden vom Bundesverband Deutscher Zeitungsverleger BDZV unter seinen Mitgliedern „über 300 Auftritte ... [von] Zeitungsmarken“ gezählt.[5] Ende Juli 2002 wies die Website des BDZV nach eigenen Recherchen unter der Rubrik „Zeitungen Online“ die Namen von 397 gedruckten Zeitungstiteln, die Namen von 247 Online-Zeitungstiteln und 267 verschiedene URL-Adressen aus.[6] Insgesamt ist damit davon auszugehen, dass Mitte 2002 nahezu jeder deutsche gedruckte Zeitungstitel einen Online-Auftritt im Internet hatte, der zumeist unter einer eigenen URL oder selten unter einer mindestens mit einem anderen Titel geteilten Adresse realisiert wurde.

Bei den zuvor genannten Statistiken ist zu beachten, dass die bloße Zählung der Internet-Präsenzen gedruckter Zeitungstitel nicht erfasst, inwieweit Angebote von Zeitungsverlagen im Internet auch tatsächlich die in *Kap. 1.1* genannten vier konstituierenden Merkmale von Zeitungen aufweisen, es sich also nicht nur um im Internet verfügbar gemachte zeitungsbezogene Inhalte handelt (z. B. Kontaktdaten der Redaktion oder des Vertriebs), die z. B. wegen einer *nicht* mehrmals pro Woche geleisteten Aktualisierung der Inhalte oder einer Inhaltebeschränkung auf *nur ein* Ressort aber *keine* Zeitung im eigentlichen Sinn darstellen.[7] Um angesichts der Vielfalt der Inhalte im Internet überhaupt Zeitungen, die Lesern „Online“ bereitgestellt werden (= Online-Zeitungen) von anderen, ebenfalls an einen großen Adressatenkreis gerichteten, also massenmedialen Inhalteangeboten abgrenzen zu können, ist es aber m. E. unumgänglich, von einer *Online-Zeitung (OLZ)* nur zu sprechen, wenn auf ein massenmedial intendiertes Inhalteangebot im Internet auch die zeitungstypischen Merkmale der Periodizität, Publizität, Universalität und Aktualität zutreffen.[8] Echte OLZ unterscheiden sich damit von gedruckten Zeitungen zunächst *lediglich technisch* dadurch, dass OLZ elektronisch von einem Speichermedium, das räumlich weit von den Lesern entfernt ist, über Telekommunikationsnetze zumeist unter Rückgriff auf das TCP/IP-Protokoll im World Wide Web mit idealtypischerweise von Lesern kaum wahrnehmbarer Zeitverzögerung (= „Online“) auf einen PC, einen Laptop oder ein anderes Endgerät (z. B. Personal Digital Assistant, Mobiltelefon) übertragen werden.

1 S. Riefler (1996), S. 548; Theis-Berglmair et al. (2002), S. 55.
2 Neuberger et al. (1997), S. 652; s. a. Lehr (1999), S. 65.
3 Vgl. Neuberger (2000), S. 103 u. 109.
4 Vgl. Neuberger (2002), S. 119 f.
5 Vogel (2001), S. 596.
6 S. http://www.bdzv.de; Abruf am 25.07.2002.
7 Vgl. a. Roth (2002), S. 24.
8 Vgl. Gerpott/Schlegel (2000), S. 346 f.; Neuberger (1999a), S. 19 f.

Ähnlich wie gedruckte Zeitungen können OLZ von Lesern aktiv explizit abgerufen werden (*Pull-Prinzip*, das dem Einzelbezug ähnelt) oder ihnen nach erstmaliger Registrierung im Internet regelmäßig per E-Mail zugestellt werden (*Push-Prinzip*, das dem Abonnement nahe kommt).

1.2.2 Anbieter und Nachfrager von Online-Zeitungen

Grenzt man OLZ in der vorgeschlagenen Weise ab, dann ist für die *Anbieterseite* festzustellen, dass zwar im Internet eine unüberschaubare Menge medialer Inhalte, die von Interesse für einen mehr oder minder großen Personenkreis sein dürften, offeriert wird, dass bis heute aber marktrelevante echte OLZ in Deutschland nur von Zeitungsverlagen unter zumeist recht enger Anlehnung an gedruckte „Mutter-Zeitungstitel" bereitgestellt werden. Neue zeitungsähnliche Online-Angebote, die sich *nicht* an einen gedruckten Zeitungstitel anlehnten, wurden, selbst wenn sie von großen Verlagsgruppen geschaffen worden waren, bis Ende 2001 überwiegend wieder eingestellt.[1] Zusammenfassend kommt auch Neuberger zu dem Schluss, dass der OLZ-Markt angebotsseitig „weitgehend ein Spiegelbild des Zeitungsmarktes [ist]. Titel mit hoher [gedruckter] Auflage dominieren auch im neuen Medium."[2] Der Hauptgrund dafür, dass bislang weder etablierte noch junge Verlage mit neuen, ausschließlich im Internet verfügbaren Zeitungstiteln, publizistische Erfolge erlangen konnten, liegt darin, dass es komplett neuen OLZ-Titeln an *(Marken-)Bekanntheit* und wahrgenommener journalistischer *Glaubwürdigkeit* mangelt. Insbesondere große überregionale gedruckte Zeitungen weisen hingegen diese Eigenschaften in hohem Maß auf, so dass gegen diese Konkurrenz neue OLZ-Titel keine Chance haben, mit wirtschaftlich vertretbarem Aufwand einen großen Leserkreis zu gewinnen.[3]

Auf der *Nachfragerseite* hat sich die Zahl der Nutzungen und auch der Nutzer von deutschen OLZ in den letzten Jahren enorm erhöht. *Tabelle 1* untermauert diese Aussage, indem für einen überregional verbreiteten Einzelverkaufstitel (*BILD*) und sieben überregional primär per Abonnement abgesetzte Tageszeitungstitel zwei gebräuchliche Indikatoren für die Nutzungshäufigkeit ihrer OLZ-Angebote, nämlich die Zahl der Visits/ Besuche und der Seitenaufrufe/Page Impressions, jeweils für die Schlussquartale der Jahre 1998 bis 2001 dargestellt werden (Ausnahme *Financial Times Deutschland*, die erst 2000 neu auf den Markt gebracht wurde). Demnach stieg im Betrachtungszeitraum nicht nur die absolute Zahl der Visits der verschiedenen OLZ-Titel um den Faktor 3 bis 12. Vielmehr erhöhte sich auch durchweg das Verhältnis zwischen der Zahl der täg-

1 S. Vogel (2001), S. 591 u. 596.

2 Neuberger (2002), S. 129.

3 Vgl. Bahlmann (2002), S. 20; Höflich/Schmidt (2002), S. 155; Bartussek (2001), S. 67; Altmeppen (2000), S. 189 sowie unten *Kap. 2.1.1* und die dort angeführte weitere Literatur.

lichen Visits der Online-Fassung und der verkauften Auflage der Druckversion eines Zeitungstitels. Diese Veränderung kann als Indiz dafür gewertet werden, dass die erfassten acht Zeitungen im Internet eine größere Zahl von *neuen* Nutzern gewinnen konnten. Die alternative Befundinterpretation, dass die bereits 1998 aktiven OLZ-Nutzer ihre Besuchshäufigkeit sehr stark erhöht haben könnten, steht nämlich im Widerspruch zu empirischen Ergebnissen einer Studie von Höflich/Schmidt zu Verhaltensveränderungen von OLZ-Lesern in den Jahren 1999/2000 und ist außerdem wenig plausibel.[1]

Bislang unhaltbar ist damit die gelegentlich geäußerte Vermutung, dass „ein Internet-Nutzer .. im Grunde kein Presseprodukt mehr [benötigt], da er die Informationen nach seinen Bedürfnissen aus den originären Quellen, die im Internet verfügbar sind, zusammenstellen kann".[2] Offenbar sind Zeitungsredaktionen auch im Internet in der Lage, Auswahl-, Strukturierungs-/Paketierungs- und Interpretationsleistungen effizienter zu erbringen als individuell agierende Online-Nutzer.[3]

Ein sehr wichtiger, wenn nicht gar *der* Grund für den aus *Tabelle 1* ableitbaren starken Anstieg der Zahl der OLZ-Nutzer ist der Zuwachs der Zahl der Personen in Deutschland, die über einen Online-Zugang zum Internet verfügen und ihn nutzen. So wird auf Basis von repräsentativen Bevölkerungsbefragungen geschätzt, dass in dem in *Tabelle 1* ausgewiesenen Zeitraum die Zahl der Online-Nutzer in Deutschland von 5,4 Millionen Erwachsenen (= 8,4 % der Bevölkerung ab 14 Jahren) Ende 1998 auf 26,6 Millionen (= 41,5 % der erwachsenen Bevölkerung) Ende 2001 zugenommen hat.[4] Für den Zeitraum bis etwa 2007 besteht prinzipiell weitgehende Einigkeit dahingehend, dass die Zahl der Online-Nutzer in Deutschland weiter um maximal bis zu ca. 20 Millionen Erwachsene und damit auf eine Penetrationsrate von etwa 65–70 % der Bevölkerung ab 14 Jahre steigen dürfte.[5] Vor dem Hintergrund dieser Online-Nutzerprognosen kann *ceteris paribus* davon ausgegangen werden, dass sich bis 2007 auch die Zahl der OLZ-Leser weiter deutlich erhöhen wird.

Trotz des bisherigen und erwarteten Anstiegs der Zahl der OLZ-Nutzer in Deutschland ist die Reichweite von OLZ noch weit von derjenigen entfernt, die gedruckte Tageszeitungen aufweisen: So griffen im Jahr 2000 in Deutschland 54 % der Erwachsenen täglich auf eine Zeitung zu. Hingegen nutzten 2002 nur 13 % der Deutschen täglich das Internet,[6] wobei von den Onlinern wiederum 54 % Internetangebote von Zeitschriften/ Zeitungen „bereits einmal" besucht haben.[7] Zudem gibt es empirische Indizien dafür,

---

1 Vgl. Höflich/Schmidt (2002), S. 168-170.

2 Sennewald (1998), S. 163.

3 Vgl. u. a. Theis-Berglmair (2002), S. 222 f. u.241.

4 S. Eimeren et al. (2002), S. 347; Ridder (2002), S. 121; Eimeren/Gerhard (2000), S. 339.

5 S. Oehmichen (2002), S. 32; Eimeren et al. (2002), S. 348; Eimeren/Gerhard (2000), S. 348.

6 Vgl. Oehmichen/Schröter (2002), S. 382 u. Eimeren et al. (2002), S. 347 f.

7 S. Eimeren et al. (2002), S. 360; vgl. auch Ridder (2002), S. 126.

Zeitungstitel (Online-Start)	Marktindikator	Betrachtetes Jahresquartal			
		IV/1998	IV/1999	IV/2000	IV/2001
1. BILD (06/1996) [a]	• Auflage	4409,2 (100)	4256,2 (97)	4264,8 (97)	4247,2 (96)
	• Visits [c]	62,9 (100)	123,1 (196)	230,6 (367)	482,4 (767)
	• PI[d] pro Visit	3,0 (100)	3,6 (120)	3,6 (120)	5,7 (190)
	• Visits/Auflage	0,014 (100)	0,029 (207)	0,054 (386)	0,144 (814)
2. DIE WELT (05/1995)	• Auflage	218,3 (100)	239,3 (110)	252,5 (116)	251,8 (115)
	• Visits	24,4 (100)	36,7 (150)	105,4 (432)	162,3 (665)
	• PI pro Visit	3,7 (100)	4,0 (109)	2,5 (67)	3,1 (83)
	• Visits/Auflage	0,112 (100)	0,153 (137)	0,417 (372)	0,644 (575)
3. Financial Times Deutschland FTD (12/1999)	• Auflage	–	–	66,1 (100)	78,1 (118)
	• Visits	–	–	45,6 (100)	78,2 (171)
	• PI pro Visit	–	–	2,4 (100)	2,3 (95)
	• Visits/Auflage	–	–	0,690 (100)	1,001 (145)
4. Frankfurter Allgemeine Zeitung FAZ (09/1996)[b]	• Auflage	400,3 (100)	400,8 (100)	400,6 (100)	400,8 (100)
	• Visits	5,5 (100)	8,2 (152)	14,2 (259)	65,7 (1201)
	• PI pro Visit	2,3 (100)	3,9 (169)	2,6 (112)	4,1 (177)
	• Visits/Auflage	0,014 (100)	0,021 (150)	0,035 (250)	0,164 (1171)
5. Frankfurter Rundschau FR (10/1996)	• Auflage	176,7 (100)	178,2 (101)	178,2 (101)	178,6 (101)
	• Visits	4,8 (100)	10,4 (217)	21,3 (444)	26,8 (558)
	• PI pro Visit	6,6 (100)	5,3 (80)	4,3 (65)	4,2 (64)
	• Visits/Auflage	0,027 (100)	0,059 (219)	0,120 (444)	0,150 (556)
6. Handelsblatt (03/1996)	• Auflage	161,3 (100)	171,0 (106)	170,1 (105)	153,7 (95)
	• Visits	28,1 (100)	54,0 (192)	79,1 (281)	91,1 (324)
	• PI pro Visit	3,1 (100)	2,3 (74)	3,0 (97)	3,3 (108)
	• Visits/Auflage	0,174 (100)	0,316 (182)	0,465 (267)	0,593 (341)
7. Süddeutsche Zeitung (10/1995)	• Auflage	413,6 (100)	416,1 (101)	418,7 (101)	430,6 (104)
	• Visits	27,4 (100)	55,2 (201)	126,5 (462)	160,2 (585)
	• PI pro Visit	3,7 (100)	3,1 (83)	2,7 (71)	3,0 (81)
	• Visits/Auflage	0,066 (100)	0,133 (202)	0,302 (458)	0,372 (564)
8. TAZ Die Tageszeitung (05/1995)	• Auflage	57,6 (100)	57,5 (100)	55,6 (97)	62,6 (109)
	• Visits	k.A.	k.A.	k.A.	23,0
	• PI pro Visit	k.A.	k.A.	k.A.	4,3
	• Visits/Auflage	k.A.	k.A.	k.A.	0,367

a) Bei BILD und FAZ war bis Ende 2000 der Internet-Auftritt jeweils auf wenige Inhalte und das Angebot von Leserservices beschränkt. Erst seit Anfang 2001 sind beide Titel mit einer OLZ i.e.S. im Internet vertreten.

b) Durchschnittlich täglich verkaufte Auflage in Tsd. (einschließlich Wochenende, wenn so erscheinend). Angabe in Klammern bei allen vier Marktindikatoren = Indexierter Wert mit IV/1998 = 100. Ausnahme FTD mit IV/2000 = 100.

c) „Ein Visit bezeichnet einen zusammenhängenden Nutzungsvorgang (Besuch) eines WWW-Angebots. ... Als Nutzungsvorgang zählt ein technisch erfolgreicher Seitenzugriff eines Internet-Browsers auf das aktuelle Angebot, wenn er von außerhalb des Angebotes erfolgt." S. auf der Website der Informationsgemeinschaft zur Feststellung der Verbreitung von Werbeträgern (IVW) e.V. unter http://www.ivw.de/verfahren/messkrit.html (Abruf am 15.08.2002). Es wird die Zahl der durchschnittlich pro Tag gemessenen Visits (in Tausend) angegeben.

d) PI = Page Impressions. Sie „... bezeichnen die Anzahl der Sichtkontakte beliebiger Benutzer mit einer ... HTML-Seite. Sie liefern ein Maß für die Nutzung einzelner Seiten des Angebotes." S. auf der IVW Website unter der in Fußnote c genannten WWW-Adresse.

Tabelle 1: Verkaufte Auflage der gedruckten Ausgabe und Visits der Online-Ausgabe von ausgewählten Tageszeitungen[1]

1 Quelle: Eigene Berechnungen auf Basis von IVW-Daten.

dass Leser gedruckten Zeitungen deutlich mehr Zeit widmen als OLZ.[1] Insgesamt wächst somit die Nachfrage nach OLZ-Angeboten in Deutschland rasch, dürfte aber zumindest in den Jahren bis 2007 weder quantitativ noch qualitativ das Nachfrageniveau gedruckter Zeitungen erreichen.

1.2.3 Betriebswirtschaftliche Erfolgssituation von Online-Zeitungen

In (finanz-)*wirtschaftlicher* Hinsicht unterscheiden sich OLZ auf der *Kostenseite* insofern fundamental von gedruckten Zeitungen, als dass bei OLZ der Verlag kein Papier einzusetzen hat und auf Druckereianlagen sowie die Distributionslogistik für ein materielles Gut verzichten kann. Bei gedruckten Abonnementzeitungen entfielen auf diese drei Kostentreiber im Jahr 2000 etwa 57 % der gesamten Zeitungskosten, wobei der Anteil der drei Kostenarten gegenüber 1988 um ca. 4 Prozentpunkte zurückgegangen ist.[2] Damit liegen die technischen Produktions- und die Distributionskosten von OLZ, auch wenn man Auszahlungen für Informationstechnik und von Internet Providern bereitgestellte Übertragungskapazität berücksichtigt, deutlich unter denen von gedruckten Zeitungen. Bei OLZ sind diese Kosten aber tendenziell noch weniger als bei gedruckten Zeitungen von der erreichten Leserzahl abhängig und damit markterfolgsunabhängig fix.[3] Die journalistischen Produktionskosten (Redaktion), die Kosten für die Werbekundenakquisition und die Verwaltungskosten unterscheiden sich dann in ihrer Höhe und Absatzerfolgsabhängigkeit zwischen OLZ und gedruckten Zeitungen prinzipiell *nicht*, wenn beide Zeitungstypen in einem Verlag *unverbunden* geführt werden. Tatsächlich wurden aber bislang in der Praxis journalistische Inhalte für OLZ überwiegend aus dem gedruckten Zeitungstitel übernommen und von Verlagen kaum eigenständige Online-Redaktionen aufgebaut.[4] Folglich sind die *Gesamtkosten* von OLZ-Titeln vor allem für etablierte Verlage *deutlich niedriger* als die von gedruckten Zeitungen.

Auf der *Umsatzseite* von OLZ lassen sich als denkbare Erlösquellen unterscheiden:[5] (1) Entgelte von Anzeigenkunden, (2) Entgelte von Lesern, (3) E-Business-Kommissionen von anderen Unternehmen für die Anbahnung von Transaktionen z. B. durch Weiterleitung von OLZ-Lesern auf die Website des Verkaufspartners, (4) Entgelte für über die eigentliche OLZ hinausgehende, im eigenen Namen und auf eigene Rechnung verkaufte Zusatzleistungen (z. B. Nachweis günstiger Einkaufsmöglichkeiten für ein Gebrauchs-

---

1 S. Kamp (1998), S. 287-291; Spott et al. (1998), S. 146 f.; Duck (1999), S. 180; Neuberger (1999b), S. 132; Ridder/Engel (2001), S. 105 u. 109 f.; Höflich/Schmidt (2002), S. 168-170.

2 S. http://www.bdzv.de/pressem/marktdaten/schaubilder2001/pics/S7.htm; Abruf am 19.07.2002; Heinrich (2001), S. 242; Henkel (1999), S. 56.

3 S. Henkel (1999), S. 78; Lehr (1999), S. 89; Gerpott/Schlegel (2002), S. 135 f.

4 S. Neuberger (2002), S. 118, 121 u. 126 sowie unten *Kap. 2.1.1.*

5 Vgl. Gallaugher et al. (2001), S. 476-480.

gut, Archivdienste, Web Design für Werbekunden, Internet-Zugang für Leser), (5) Entgelte von Dritten für die Wiederverwertung von redaktionellen Elementen der OLZ z. B. auf deren Website im Internet und (6) Entgelte von Dritten für Daten, die OLZ-Anbieter über ihre (registrierten) Leser im Zusammenhang mit deren Nutzung der OLZ gewinnen und kommerziell verwerten dürfen.

Von diesen potentiellen Umsatzquellen haben bisher in der OLZ-Praxis *lediglich Werbeumsätze* einige wirtschaftliche Bedeutung erlangt.[1] So sind die Umsätze für nicht nur in OLZ, sondern generell bei sämtlichen Anbietern von medialen Online-Inhalten geschaltete Werbung in Deutschland seit 1997 etwa um den Faktor 70–80 auf etwa 180–250 Millionen im Jahr 2001 gestiegen.[2] Trotz dieses Wachstums dürfte damit der Anteil der Online-Werbeeinnahmen an den gesamten Werbeeinnahmen von Tageszeitungen 2001 noch deutlich unter 0,4 % gelegen haben, wenn man in Rechnung stellt, dass ein großer Teil der Online-Werbeumsätze auf Portalbetreiber wie *T-Online, Yahoo* oder *RTL* entfällt, die nicht aus der Zeitungsbranche kommen.[3] Zwar wird damit gerechnet, dass Online-Werbeumsätze in Deutschland auch zukünftig infolge einer als absatzwirksam wahrgenommenen Verzahnung von Werbung in klassischen Massenmedien und im Internet noch erheblich, wenn auch weniger rasch als in der Zeit der „New Economy Euphorie“, wachsen werden.[4] Trotzdem ist angesichts der enormen Möglichkeiten zur Platzierung von Werbung im Internet und der wesentlich größeren Besuchszahlen von Portalen, die *nicht* von Verlagen betrieben werden[5] erkennbar, dass zumindest in den nächsten vier bis sechs Jahren nur wenige OLZ mit sehr hohen Besucherzahlen und/oder mit für werbetreibende Unternehmen besonders attraktiven Nutzergruppen in der Lage sein werden, signifikante Online-Werbeumsätze zu erzielen.

Entgelte von OLZ-Lesern analog zum Abonnement- oder Einzelverkaufspreis gedruckter Zeitungen konnten von Verlagen bis heute fast nie am Markt durchgesetzt werden. OLZ-Leser haben nämlich die Option für Tageszeitungen typische (Politik-)Nachrichten von allgemeinem Interesse im Internet unentgeltlich von Anbietern aus anderen Mediensektoren (insbesondere Rundfunk) oder anderen Branchen (z. B. Finanzdienstleistungen) zu beziehen. Als Musterbeispiel für eine OLZ, die 2001 durch das Angebot einzigartiger Inhalte etwa 60 % ihrer Gesamterlöse aus ca. 0,63 Millionen Leserabonnements generieren konnte, gilt die Internet-Version des US-amerikanischen Zeitschriftentitels *Wall Street Journal*.[6]

---

1 S. Neuberger et al. (1997), S. 655 u. 658; Sennewald (1998), S. 108 f.; Lehr (1999), S. 90; Palmer/Eriksen (1999), S. 39 f.; Chyi/Sylvie (2001), S. 245; Gallaugher et al. (2001), S. 481; Theis-Berglmair et al. (2002), S. 71 f.

2 S. Zimmer (2001), S. 298 f.

3 S. Zimmer (2001), S. 302 f.

4 S. Zimmer (2001), S. 304 f.

5 S. a. Neuberger (2000), S. 103-105.

6 S. o. V. (2002), S. 23; Schlegel (2002), S. 211-235; Steinbock (2000); Palmer/Eriksen (1999), S. 37 sowie kritisch Grabner (2002), S. 157.

Insgesamt verwundert es angesichts der bisher geringen direkt durch OLZ generierten Umsatzerlöse nicht, dass spätestens etwa seit Anfang 2000 parallel zur Krise sogenannter „New Economy Geschäftsmodelle" die Wirtschaftlichkeitsperspektiven von OLZ von Praktikern sehr pessimistisch und von Wissenschaftlern als zweifelhaft eingeschätzt wurden.[1] So stellten Chyi/Sylvie in einer Anfang 1999 bei 64 US-amerikanischen OLZ durchgeführten Befragung fest, dass nur „27 % of the online newspapers surveyed were making a profit".[2] In Deutschland gaben in einer im Frühjahr 2000 bei 110 Online-Redaktionsleitern von Tageszeitungen vorgenommenen Befragung gar lediglich 5,5 % der Teilnehmer an, dass ihre OLZ „kostendeckend" operieren würde.[3] Ein Verlagspraktiker vertrat im September 2001 die Meinung, dass bei deutschen OLZ „die Erlöse die Kosten etwa zur Hälfte decken".[4] Die von Entscheidungsträgern in deutschen Verlagen bei vielen OLZ als problematisch wahrgenommene Wirtschaftlichkeitssituation spiegelt sich schließlich nicht zuletzt auch darin wider, dass in den Jahren 2001/02 von Verlagen massiv Personal und Investitionen (u. a.) für OLZ reduziert wurden.[5]

Trotz der vom Ergebnis her ähnlichen, großen Zahl von negativen Aussagen zur Profitabilität von OLZ sind sie bei eingehenderer Reflexion aus wissenschaftlicher Sicht aus zwei Gründen nur sehr eingeschränkt dazu geeignet, zu belegen, dass OLZ ein wirtschaftlicher Misserfolg sind. Erstens sind von gedruckten Tageszeitungstiteln bekannte Zeiträume von 7–9 Jahren bis zum Erreichen der Gewinnschwelle ein Hinweis darauf, dass auch für viele OLZ-Projekte zumindest bis zum Jahr 2002 eine aussagekräftige Wirtschaftlichkeitsbeurteilung noch nicht möglich war bzw. einen längeren Zeithorizont erfordert.[6] Zweitens ist es in etablierten Verlagen aufgrund von engen Wechselbeziehungen zwischen der Nachfrage nach einem Zeitungstitel in gedruckter Form und als Online-Version auf Leser- und Werbemärkten nicht ausreichend nur die Profitabilität der OLZ isoliert zu betrachten. Vielmehr ist eine *integrierte* Analyse der wirtschaftlichen Erfolge eines traditionellen Zeitungstitels *und* seines Online-Ablegers erforderlich, in der auch berücksichtigt wird, inwieweit eine OLZ (indirekt) einen Beitrag zur Verbesserung der Gewinnsituation des gedruckten Titels (z. B. durch Verstärkung der Bindung früherer Leser oder durch Akquisition neuer Leser) gegenüber einer Situation geleistet hat, die sich eingestellt hätte, wenn auf ein OLZ-Angebot verzichtet worden wäre.[7] Eine solche Verbundkalkulation entspricht auch eher der bei vielen Verlagen empirisch ermittelten Zielvorstellung „Zeitungen und Online zu Komplementärprodukten [zu] entwickeln".[8]

---

1 S. z. B. Höflich/Schmidt (2002), S. 196; Theis-Berglmair et al. (2002), S. 56; Fuhrmann (2001), S. 21; Vogel (2001), S. 601; Neuberger et al. (1997), S. 655 u. 661; Riefler (1996), S. 547.

2 Chyi/Sylvie (2001), S. 245.

3 S. Neuberger (2002), S. 120 f.

4 Baumgart (2002), S. 31.

5 S. Vogel (2001), S. 591; Grabner (2002), S. 141 f.

6 Vgl. a. Grabner (2002), S. 150 u. 162.

7 Vgl. Böning-Spohr/Hess (2002), S. 103-106.

8 Theis-Berglmair et al. (2002), S. 58; s. ähnlich Neuberger (2002), S. 126; Riefler (1996), S. 547.

Wenn es aber bislang an überzeugenden Indizien dafür mangelt, dass in etablierten Verlagen OLZ von ihrer Geschäftsarchitektur als generell wirtschaftlich chancenlos einzustufen wären, dann stellt sich die Frage, mit welchen Wettbewerbsstrategien Verlage versuchen können, darauf hinzuwirken, dass die Summe der direkten und indirekten betriebswirtschaftlichen Erfolgseffekte auf Dauer positiv ausfällt.

1.3 Wettbewerbsstrategien

Allgemein sind *Wettbewerbsstrategien* (WBS) von Unternehmen grundlegende, über einen längeren Zeitraum umzusetzende Handlungskonzepte eines Unternehmens(geschäftsbereichs), die in erster Linie integrierte Maßnahmenbündel zur Erreichung von auf Absatzmärkten angestrebten eigenen Positionierungen und nur nachrangig aus letzteren abgeleitete Konsequenzen für die unternehmensinterne Struktur- und Prozessorganisation thematisieren. WBS umreißen ganzheitlich, wie das Management Chancen bzw. Risiken der aktuellen und potentiellen Kunden-, Wettbewerbs- und Ressourcensituation des eigenen Unternehmens proaktiv effizient so nutzen bzw. so verringern will, dass nachhaltige, von den Kunden als wichtig wahrgenommene und gewinnbringende Vorteile des eigenen Leistungsangebots gegenüber relevanten Konkurrenzangeboten erreicht werden.[1] Wettbewerbsvorteile sind notwendige Voraussetzungen dafür, dass ein Unternehmen(sgeschäftsbereich) Gewinne erzielen kann. WBS, die Wettbewerbsvorteile zu begründen vermögen, sind allerdings keine hinreichende Bedingung für Gewinne, da Marktkonstellationen eintreten können, in denen selbst die minimal erreichbaren Gesamtkosten eines Leistungsangebots den Angebotsnutzen für Kunden überschreiten.[2]

Bei der wissenschaftlichen Beschreibung von Wettbewerbsstrategien lassen sich zwei prinzipielle Ansätze unterscheiden:[3] Zum einen existiert der *analytische Ansatz*, bei dem Ausprägungen einer größeren Zahl von wettbewerbsstrategischen Dimensionen (z. B. Leistungsprogrammtiefe) sukzessive unverbunden dargestellt werden, aber auf die Formulierung einer Kombination von Dimensionsausprägungen, die dann ganzheitlich als WBS betrachtet wird, verzichtet wird. Zum anderen gibt es den *typologischen Ansatz*, der wettbewerbsstrategische Verhaltensweisen von Unternehmen ganzheitlich anhand von verschiedenen Ausprägungsprofilen einer überschaubaren Zahl von WBS-Variablen zu wenigen WBS-Alternativen verdichtet. Hauptnachteil des analytischen Ansatzes ist, dass er letztlich kein integriertes Gesamtbild der beobachteten und/oder empfohlenen strategischen Positionierung eines Unternehmens und damit nur Bausteine für WBS,

1 Vgl. Porter (1980), S. 29 f.; Simon (1988), S. 464-475.

2 Vgl. Coyne 1988, S. 26.

3 S. Gerpott (1999), S. 165-167.

nicht aber WBS selbst zu vermitteln vermag.[1] Daher verwende ich zur WBS-Profilierung von OLZ *nicht* den analytischen, sondern den typologischen Ansatz.[2]

In der einschlägigen medienökonomischen Literatur werden unterschiedliche Grundtypen von WBS für Medienunternehmen im allgemeinen und OLZ im besonderen ohne und mit empirischer Fundierung diskutiert. So differenziert Sjurts anhand der drei jeweils als dichotom ausgeprägt angenommenen Dimensionen „generischer Strategietyp" (Kostenführerschaft vs. Differenzierung), „strategisches Verhalten" (reaktiv/defensiv vs. innovativ) und „strategischer Weg" (unternehmensinterner Geschäftsaufbau vs. unternehmensexterne Akquisition/Kooperation) acht WBS-Optionen für Medienunternehmen.[3] Wirtz unterscheidet hingegen für Medienunternehmen anhand „der Position .., die ... in der Wertschöpfungskette angestrebt wird"[4] auf eine Stufe der Medienwirtschaftswertkette ausgerichtete „Fokussierungsstrategien", (2) auf wertkettenstufeninterne oder -übergreifende Leistungserweiterung angelegte „Integrationsstrategien" und (3) auf die Bildung von arbeitsteiligen Kooperationen zwischen Medienunternehmen zielende „Netzwerkstrategien".[5]

Speziell mit Blick auf WBS für OLZ etablierter Verlage werden häufiger „defensive" und „offensive" Positionierungen einander gegenübergestellt:[6] *Defensive* WBS von OLZ sind dadurch charakterisiert, dass ein Zeitungsangebot im Internet primär auf die Bindung vorhandener und die Gewinnung neuer Leser des eigenen gedruckten Titels ausgerichtet ist. Defensive WBS zielen also auf Marktdurchdringung und -entwicklung im Stammgeschäft von Verlagen. *Offensive* WBS von OLZ zeichnen sich hingegen dadurch aus, dass auch die Gewinnung von Neukunden angestrebt wird, die zuvor *nicht* Leser der gedruckten Zeitung waren und *nur* die OLZ nutzen, und dass ein OLZ-Angebot als Startpunkt zur Entwicklung neuer Online-Geschäfte fungieren soll (z. B. Vermarktungsallianzen mit Handelsunternehmen, Mehrfachverwertung redaktioneller eigener Inhalte auf Websites von Dritten). Offensive WBS von OLZ verfolgen also eigenständige, nicht nur an den vorhandenen, gedruckten Zeitungstitel gebundene Kundenausweitungs- und Diversifikationsziele.

Weiter schlägt Lehr vor, für OLZ die WBS-Modelle „Premium-Dienst", „Regionaler Marktplatz" und „Vertriebsförderung" zu differenzieren.[7] Henkel unterscheidet wiederum als strategische Positionierungstypen für Verlage auf Märkten für elektronische Informationsleistungen den „Dienstleister für die Region", den überregional ausgerichteten

1 S. zur Illustration dieser Schwäche des analytischen Ansatzes exemplarisch Schlegel (2002), S. 75-163.

2 S. a. *Kap. 3.*

3 Vgl. Sjurts (1996), S. 4 f.

4 Wirtz (2001), S. 64.

5 Wirtz (2001), S. 64-68.

6 S. Schreiber (1999), S. 234 f.; Lehr (1999), S. 227-229; Henkel (1999), S. 83; Neuberger (2001), S. 244-247; Schlegel (2002), S. 249.

7 Vgl. Lehr (1999, S. 234.

„meinungsbildenden Qualitätsführer“, die „Plattform für themenspezifische Lösungen“ und den geschäftserweiternden „Generalisten mit Profil“.[1] Klettke et al. strukturieren OLZ nach ihren publizistischen Konzepten in die fünf Typen „Zeitung pur“, „Special Interest“, „lokales Informationszentrum“, „Spielwiese“ und „Marketing-Instrument“.[2] Schließlich beschreibt Roth auf Basis einer Analyse der Internetauftritte von 224 lokalen und überregionalen deutschen Tageszeitungen am 01.11.2000 sechs nach der Intensität des Online-Engagements der Verlage gebildete OLZ-Strategietypen, die sie mit den Bezeichnungen „Visitenkarte“, „Lightversion“, „Infopool“, „lokale Plattform“, „regionale Plattform“ und „regionaler Onlinedienst“ charakterisiert.[3]

Die in der Literatur vorgeschlagenen WBS-Typen für OLZ erwecken überwiegend den Eindruck, dass Verlage für einen OLZ-Titel Strategien weitgehend losgelöst von wichtigen Bestimmungsgrößen der Nachfrage für diese Art von Informationsleistung, von ihrem Wettbewerbsumfeld und von der eigenen Ressourcensituation gewissermaßen beliebig konzipieren könnten. Dieser Eindruck ist *nicht* sachgerecht, da auch für einen Verlag, wie für jedes andere Unternehmen, betriebswirtschaftlich sinnvolle WBS-Optionen für OLZ mit wesentlich größerer Wahrscheinlichkeit eingegrenzt werden können, wenn zunächst eine Analyse der markt- und unternehmensbezogenen Ausgangsbedingungen vorgenommen wurde.[4] Aus dieser Analyse sind dann einige wenige erfolgversprechende WBS-Varianten für den OLZ-Titel eines Verlages abzuleiten, die einer Detailbetrachtung und -bewertung unterworfen werden. Eine Implikation der Situationsabhängigkeit von WBS für OLZ ist übrigens, dass dann, wenn Verlage sich hinsichtlich ihrer Nachfrage-, Wettbewerbs- und Ressourcensituation deutlich unterscheiden, nicht etwa nur *eine*, sondern verschiedene WBS wirtschaftlich besonders erfolgsträchtig sein können.

Ausgangsbedingungen für WBS von OLZ werden aus dem eben angeführten Grund im folgenden *Kap. 2* etwas genauer diskutiert, um auf dieser Basis in *Kap. 3* idealtypisch skizzieren zu können, welche WBS-Muster bei bestimmten Bedingungskonstellationen bzw. für bestimmte Gruppen von etablierten Zeitungsverlagen betriebswirtschaftlich vertretbar erscheinen. Dabei wird stärker auf das wettbewerbsstrategische Verhalten von OLZ auf dem *Lesermarkt* und weniger auf deren Strategien auf dem Anzeigenmarkt oder bei der unternehmensinternen Ressourcenorganisation etwa im Zusammenhang mit der Steuerung von Redaktionen oder der informationstechnischen Unterstützung journalistischer Arbeitsprozesse abgehoben.[5] Diese Eingrenzung lässt sich nicht nur *formal* durch den Verweis auf Umfangsbeschränkungen dieses Beitrags, sondern auch *inhaltlich* damit rechtfertigen, dass das wettbewerbsstrategische Verhalten von Verlagen auf dem Anzei-

---

1 Vgl. Henkel (1999), S. 125-130 u. 159-165.

2 Vgl. Klettke et al. (1998), S. 267-275.

3 Vgl. Roth (2002), S. 21-43.

4 Vgl. a. Lehr (1999), S. 223; Neuberger (1999b), S. 144.

5 S. zu den angesprochenen beiden Organisationsaspekten z. B. Altmeppen (2000), S. 183-186; Lehr (1999), S. 77-85; Schumann/Hess (1999), S. 77-86.

genmarkt und bei der internen Ressourcenorganisation sich letztlich zu einem großen Teil aus seiner WBS auf dem (Online-)Lesermarkt ableitet. *Publizistisch-journalistische* Aspekte von (Online-)Verlagsstrategien i. S. der Verbreitung grundlegender gesellschaftlich-politischer Wertvorstellungen (z. B. Meinungsvielfalt, Transparenz, Wahrheit, Freiheit) bei einer möglichst großen Leserzahl[1] bleiben anschließend ebenfalls ausgeklammert, da aus betriebswirtschaftlicher Sicht publizistische Strategien nur verfolgt werden können, wenn sie wirtschaftliche Existenzvoraussetzungen eines Verlages nicht gefährden.

2. Ausgangsbedingungen für Wettbewerbsstrategien etablierter Verlage auf Online-Zeitungsmärkten

2.1 Nachfragesituation

Als Grundlage jeglicher wettbewerbsstrategischer Überlegungen für OLZ ist zu analysieren, warum Mediennutzer überhaupt auf OLZ zurückgreifen (sollten). Nur wenn Bestimmungsgrößen der Lesernachfrage von OLZ eingegrenzt sind, kann nämlich ein eigenes wettbewerbsstrategisches Konzept durch eine Konzentration auf bestimmte Zielgruppen und/oder durch eine bestimmte Ausgestaltung der vier klassischen Marketinginstrumentalbereiche (Produkt, Preis, Distribution, Kommunikation) das OLZ-Nachfragevolumen auf dem Lesermarkt i. S. des eigenen Verlags beeinflussen.

Zahlreiche empirische Befunde deuten darauf hin, dass Tageszeitungen, das Internet im allgemeinen und OLZ im besonderen von Erwachsenen primär als *Informationsmittel* zum Wissensaufbau und zur alltagsbezogenen Handlungsvorbereitung, aber deutlich weniger zur Unterhaltung oder persönlichen Identitätsfindung genutzt werden.[2] Deshalb ist es gut vertretbar, die Entscheidung von Erwachsenen OLZ nachzufragen eher als rational-kognitives, *intrapersonales Nutzen-Kosten-Kalkül* eines aktiv handelnden potentiellen Lesers zu interpretieren. Zwar werden solche funktionalen Kalküle zur allgemeinen Erklärung individuellen Mediennutzungsverhaltens in der (Massen-) Kommunikations- und Medienforschung seit Anfang der 1970er Jahre häufig unter der Bezeichnung „Uses-and-Gratification-Approach" diskutiert.[3] Es mangelt aber an speziell auf OLZ zuge-

---

1 S. Heinrich (2001), S. 85-87; Henkel (1999), S. 20 f.

2 S. Eimeren et al. (2002), S. 355; Höflich/Schmidt (2002), S. 171 f. u. 182-184; Ridder (2002), S. 125-127; Ridder/Engel (2001), S. 110-112; Eimeren/Gerhard (2000), S. 341-349; Duck (1999), S. 183; Hagen (1999), S. 127 f.

3 S. zur Literaturaufbereitung Dans (2000), S. 5; Lehr (1999), S. 132-145; Rank (1999), S. 32-44.

schnittenen Konkretisierungen der theoretischen Leitidee, dass ein inhaltliches Medienangebot dann von einer Person nachgefragt wird, wenn ihre Nutzen-Kosten-Bilanz positiv und besser als die Bilanz ist, die bei der Verwendung alternativer medialer Angebote erwartet wird. Eine solche Konkretisierung lässt sich erreichen, indem man angibt, von welchen Variablen die Nutzen- und Kostenwahrnehmungen einer Person im Zusammenhang mit der Nutzung von OLZ abhängen.[1] Daher habe ich in *Abbildung 1* ein Variablennetz der Nutzen- und Kostendeterminanten von OLZ relativ zu anderen als relevant interpretierten, informierenden medialen Inhalten entwickelt, das als integrativer Bezugsrahmen zur Erklärung der (Nicht-)Nutzung einer OLZ durch Rezipienten dienen soll.

2.1.1 Lesernutzen von Online-Zeitungen

Gemäß *Abbildung 1* steigt der wahrgenommene individuelle Nutzen von OLZ um so mehr, je größer die berufliche Relevanz *aktueller* (wirtschaftlich-politischer) Allgemeininformation für einen Rezipienten ist, je stärker dessen allgemeines Informationsinteresse/Neugier ist und je weniger dem Rezipienten äquivalente mediale Inhaltsangebote zur Verfügung stehen (s. *Abbildung 1*). Diese drei direkten Nutzendeterminanten werden ihrerseits positiv durch die individuelle Internetaffinität/-erfahrung eines Rezipienten beeinflusst, die mit zunehmendem formalen Bildungsniveau, Einkommen und beruflichem Hierarchieniveau steigt.[2] Speziell die Verfügbarkeit äquivalenter medialer Inhalteangebote außerhalb des Internet (z. B. gedruckte Zeitung, Fernsehsendung) ist weniger häufig gegeben, wenn ein Rezipient sich für längere Zeit *im Ausland* befindet oder aufgrund kürzerer *Reisen* in seiner Heimatwohnung nicht anwesend sein kann.[3]

Als Barriere für eine breite Akzeptanz von OLZ bei Lesern wird häufig die empirisch wiederholt nachgewiesene hohe *Übernahmequote* von Inhalten aus einem gedruckten Zeitungstitel zumeist ohne redaktionelle Bearbeitung in dessen Online-Version hervorgehoben.[4] Im Umkehrschluss ist somit zu vermuten, dass die Leserreichweite von OLZ durch eine Erhöhung des Anteils eigenständiger journalistischer Leistungen bzw. durch Verringerung von „Nachrichten-Recycling“[5] erhöht werden kann (s. *Abbildung 1*).

---

1 Vgl. a. grundsätzlich ähnlich Lehr (1999), S. 145-187.

2 S. z. B. Oehmichen (2002), S. 23; Eimeren et al. (2001), S. 384 f.

3 S. Theis-Berglmair (2002), S. 235 f.; Nicolas/Huntington (2000), S. 85; Steinbock (2000), S. 192; Chyi/Lasorsa (1999), S. 10 f.; Duck (1999), S. 190 u. 195; Stark/Schenk (1999), S. 101; Spott et al. (1998), S. 152-154; Neuberger et al. (1997), S. 656.

4 S. Chyi/Lasorsa (2002), S. 94; Neuberger (2002), S. 126; Roth (2002), S. 20 u. 43; Chyi/Sylvie (2001), S. 234 u. 240; Neuberger (2000), S. 108; Zürn (2000), S. 320; Neuberger (1999c), S. 257-262; Chyi/Sylvie (1998), S. 6; Neuberger et al. (1997), S. 658-661.

5 Neuberger (1999c), S. 242; Neuberger (2000), S. 108; Eimeren et al. (2002), S. 362.

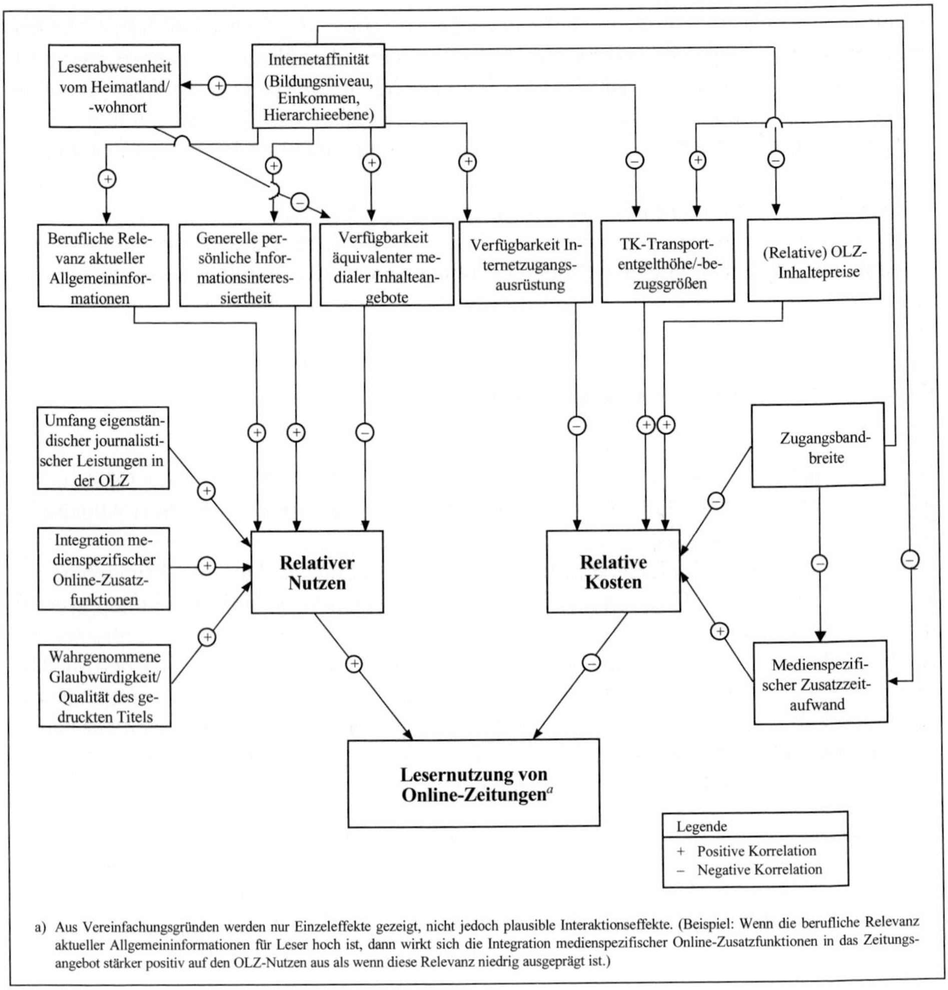

Abbildung 1: Nutzen-Kosten-Variablennetz als integrativer Bezugsrahmen zur Erklärung der Nachfrage nach Online-Zeitungen auf dem Lesermarkt[1]

[1] Quelle: Prof. Gerpott Analysen.

Weiter wird im Schrifttum immer wieder darauf verwiesen, dass der Nutzen von OLZ durch *Zusatzleistungen*, die nur bei Online-Medienangeboten *nicht* aber bei herkömmlichen Inhalteangeboten in gedruckten Medien oder im Rundfunk möglich sind, gesteigert werden könnte und sollte; im einzelnen werden hier als spezifische Zusatzleistungspotentiale von Online-Medien genannt:[1] (1) Extrem ereignisnahe *Aktualisierbarkeit* von Inhalten, (2) effiziente *Suchfunktionalitäten* zur Unterstützung der nichtlinearen Nutzung von OLZ, (3) Angebot optionaler *erweiterter Informationsmengen* durch Verlinkung auf andere eigene oder fremde Webseiten, (4) Unterstützung direkter *Interaktionen* zwischen Lesern und Redaktion oder der Leser untereinander, so dass Leser zeitweilig von der Rolle des passiven Empfängers in die des aktiven Senders wechseln, (5) integrative Verwendung von Text, Ton und Stand-/Bewegtbildern zur *multimedialen Inhaltepräsentation* und (6) Abstimmung der übermittelten Inhalte auf individuelle Informationsbedürfnisse des Nutzers, also eine *Personalisierung* der OLZ.

Verschiedene Studien zeigen allerdings, dass Leser von OLZ-Interaktionsangeboten kaum Gebrauch machen.[2] Weiter werden personalisierte OLZ-Angebote von Lesern bislang nicht positiv aufgenommen, weil Rezipienten gerade von Zeitungsredaktionen die Übernahme von Auswahl- und Strukturierungsfunktionen für den Leser erwarten.[3] Schließlich werden multimediale Darstellungsformen von OLZ-Lesern wegen der für ihre effiziente Nutzung erforderlichen hohen Bandbreiten des TK-Zugangs bislang kaum nachgefragt.[4] Eindeutig positiv werden dagegen von Nutzern eine mehrmalige Aktualisierung von OLZ-Inhalten während eines Tages und die Bereitstellung von Suchfunktionen für rubrizierte Kleinanzeigen bewertet.[5] Angesichts der nicht homogenen Wirkungen verschiedener medienspezifischer Online-Zusatzfunktionen auf den von Rezipienten wahrgenommenen OLZ-Nutzen ist in der Praxis ausgehend von der anvisierten OLZ-Lesergruppe im Einzelfall bei der WBS-Formulierung zu prüfen, welche der o. a. sechs Zusatzleistungen von besonderem wettbewerbsstrategischen Gewicht sein dürften.

Inhalteangebote im Internet sind Erfahrungs- oder Vertrauensgüter, deren Bedürfnisgerechtigkeit erst nach (wiederholtem) Gebrauch und deren fachliche Qualität häufig kaum von Lesern eingeschätzt werden kann.[6] Die Nutzungswahrscheinlichkeit solcher Angebote wird dadurch beeinträchtigt, dass ihnen bislang von der Gesamtbevölkerung in be-

1 S. etwa Grabner (2002), S. 147 u. 154; Roth (2002), S. 32; Chyi/Sylvie (2001), S. 232; Schmitz (2001), S. 208 f.; Altmeppen (2000), S. 189 f.; Gerpott/Schlegel (2000), S. 346-349; Zürn (2000), S. 319; Henkel (1999), S. 72-77; Lehr (1999); S. 236 f.; Neuberger (1999a), S. 34-47; Palmer/Eriksen (1999), S. 40; Stark/Schenk (1999), S. 102; Chyi/Sylvie (1998), S. 12 f.; Sennewald (1998), S. 97 f.

2 S. Höflich/Schmidt (2002), S. 170, 185 u. 196; Höflich/Schmidt (2001), S. 230 f.; Rank (1999), S. 198; Kamp (1998), S. 294; Neuberger et al. (1997), S. 657.

3 S. Theis-Berglmair (2002), S. 232-235; Lehr (1999), S. 208.

4 S. Eimeren et al. (2001), S. 394 f.; Eimeren/Gerhard (2000), S. 347; Kamp (1998), S. 294.

5 S. Höflich/Schmidt (2002), S. 171; Picard (2000), S. 60; Palmer/Eriksen (1999), S. 39; Kamp (1998), S. 294.

6 S. Henkel (1999), S. 23; Lehr (1999), S. 168.

sonderem und von Personen mit Online-Nutzungserfahrungen in reduziertem Maß eine *geringere Glaubwürdigkeit* zugeschrieben wird als Inhalten, die über klassische Medien (Fernsehen, gedruckte Zeitung etc.) transportiert werden.[1] Zweifel an der Qualität von Informationsangeboten im Internet werden von Online-Nutzern dadurch verringert, dass sie bei ihnen vorhandene Qualitätswahrnehmungen für die *gedruckte* Version eines Zeitungstitels auf dessen Online-Variante übertragen, weil sie unterstellen, dass beide Zeitungstypen unter einem „Titeldach" sich hinsichtlich ihrer journalistischen Leistungen und Präsentationsstile ähneln.[2] Diese Übertragungstendenz wurde wiederum bis heute gezielt von Zeitungsverlegern gestützt, indem sie Markierungsmerkmale (z. B. Farbe, Layout, Logo etc.) und journalistische Eigenheiten gedruckter Zeitungstitel auch bei deren Online-Version verwenden, um einen Marken- und Reputationstransfer zu fördern.[3] Im Ergebnis ist festzuhalten, dass der von (potentiellen) Lesern wahrgenommene relative Nutzen von OLZ um so größer ist, je positiver die zumeist auf persönlichen Leseerfahrungen beruhenden Qualitäts-/Glaubwürdigkeitszuschreibungen der Rezipienten auf den entsprechenden *gedruckten* Zeitungstitel ausfallen.

2.1.2 Leserkosten von Online-Zeitungen

Im Hinblick auf direkt nutzungsbeeinflussende *Kostenkategorien* von OLZ wird in *Abbildung 1* zwischen drei monetären Kostenarten und einem nicht unmittelbar auszahlungswirksamen (Opportunitäts-)Kostenblock unterschieden. Die monetären Kosten der OLZ-Nutzung steigen (sinken), wenn eine Person erst noch (nicht mehr) die für einen Internetzugang erforderliche technische Ausrüstung (PC, Laptop o. ä.) erwerben muss. Da die Zahl der Erwachsenen in Deutschland, die das Internet von zu Hause aus nutzen, von 1,6 Millionen Mitte 1997 auf 23,8 Millionen Mitte 2002 gestiegen ist,[4] kann davon ausgegangen werden, dass die Kosten für die Beschaffung der Internetzugangsausrüstung in einer großen und weiter zunehmenden Zahl privater deutscher Haushalte für die OLZ-Nutzungsentscheidung an Relevanz verlieren, weil ein internetfähiger PC oder Laptop bereits ohnehin vorhanden ist.

Die Kosten der OLZ-Nutzung werden weiter von der Höhe der an Telekommunikations(TK-)netzbetreiber für den Internetzugang zu entrichtenden Entgelte beeinflusst. Tendenziell nehmen die wahrgenommenen TK-Kosten ab, wenn Nutzer ein Pauschalentgelt („Flat Rate") für den Internetzugang zahlen, das in einem definierten Abrechnungs-

---

1 S. Ridder/Engel (2001), S. 113; Zimmer (2001), S. 300; Schweiger (2000), S. 50 u. 54; Peiser (1999), S. 128.

2 S. Schweiger (1998), S. 142; Rössler/Ognianova (1999), S. 121.

3 Vgl. für viele Bahlmann (2002), S. 20; Gerpott/Schlegel (2002), S. 134; Höflich/Schmidt (2002), S. 155; Ridder (2002), S. 124 u. 129 f.; Theis-Berglmair (2002), S. 230; Vogel (2001), S. 596; Eimeren/Gerhard (2000), S. 345; Lehr (1999), S. 254; Neuberger (1999b), S. 142; Neuberger et al. (1997), S. 661.

4 S. Eimeren et al. (2002), S. 347 u. 351; Ridder (2002), S. 121-123.

zeitraum unabhängig von der in Anspruch genommenen Zugangszeitdauer oder der angefallenen Datenübertragungsmenge ist.[1] Solche „Flat Rates" wurden allerdings in Deutschland bis Mitte 2002 für schmalbandigere telefonnetzbasierte Internetzugänge von TK-Unternehmen kaum angeboten. Immerhin sank aber das vom Statistischen Bundesamt insgesamt ausgewiesene Preisniveau für wählverbindungsbasierte Internetzugänge in Deutschland bis August 2002 um 46 % gegenüber dem Niveau vom Januar 2000. Insgesamt dürfte somit im genannten Zeitraum die Nutzungswahrscheinlichkeit von OLZ in Deutschland durch sinkende TK-Entgelte positiv beeinflusst worden sein.

Als dritte monetäre Kostenkategorie weist *Abbildung 1* die Preise aus, die Leser für die eigentlichen Inhalte der OLZ selbst zu zahlen haben. Wie in *Kap. 1.2.3* beschrieben, werden bis heute die meisten Zeitungen im Internet von Verlagen bereitgestellt, ohne dass sie von Lesern ein Entgelt fordern, weil auch ein absolut niedriger (Abonnement- oder Einzel-)Preis zur Abwanderung vieler Rezipienten führen könnte und damit die Attraktivität des OLZ-Titels für werbetreibende Unternehmen/Inserenten sowie als Folge die Anzeigenerlöse des Verlags drastisch reduzieren würde. Leser können nämlich viele OLZ-Inhalte insbesondere auch auf Websites von Fernseh- und Radiosendern entgeltfrei abrufen, weil es Rundfunkanbietern aufgrund anderer Umsatzquellen leichter als Verlagen fällt, auf Nutzerentgelte für journalistische Online-Inhalte zu verzichten. Dies gilt vor allem für öffentlich-rechtliche Rundfunkveranstalter, die in Deutschland durch steuerähnliche Zwangsabgaben der privaten Haushalte über erhebliche, sicher kalkulierbare Erlöse verfügen. Diese Einnahmen verwenden die öffentlich-rechtlichen Rundfunkanstalten u. a. auch zur Bereitstellung eines hochwertigen Online-Angebots, das gerade für OLZ ebenfalls typische aktuelle Informationen von allgemeinem Interesse beinhaltet.[2] Folglich führen damit auch niedrige OLZ-Preisforderungen bei Nutzern solange zu prohibitiv hohen *relativen* Kostenwahrnehmungen, wie relevante Online-Alternativangebote völlig entgeltfrei sind. Preise für OLZ führen in einer solchen Wettbewerbssituation nur dann nicht zu einer nachfrageverhindernden „Kostenexplosion" aus Lesersicht, wenn eine OLZ auf die Interessen einkommensstarker spezieller Zielgruppen zugeschnittene und infolge herausragender Aktualität und schneller Auffindbarkeit als hochwertig wahrgenommene journalistische Qualitätsinhalte anbietet, die aus anderen Quellen nicht oder nur stark verzögert verfügbar, also (temporär) exklusiv sind.[3]

Bei der Abschätzung nachfragereduzierender Wirkungen monetärer Kosten der OLZ-Nutzung sind nicht nur die objektiven Auszahlungen zu analysieren, sondern auch deren Wahrnehmung als (nicht) vertretbar/akzeptabel durch potentielle Leser. In diesem Zusammenhang liegt die Vermutung nahe (s. *Abbildung 1*), dass bei einem durch ein hohes formales Bildungsniveau und ein überdurchschnittliches Einkommen gekennzeichnetem

---

1 S. Kridel et al. (1993), S. 133-137.

2 S. Eimeren et al. (2002), S. 359 f.; Ridder (2002), S. 126-129; Eimeren/Gerhard (2000), S. 345-348.

33 S. a. Bahlmann (2002), S. 21; Bartussek (2001), S. 72; Picard (2000), S. 64 u. 67; Steinbock (2000), S. 184-188; Palmer/Eriksen (1999), S. 39.

sozio-demographischen Leserprofil die subjektiv empfundene Höhe der drei o. a. monetären OLZ-Kostenkategorien eher unterdurchschnittlich ausfällt.

In *Abbildung 1* wird unterstellt, dass die Nutzungskosten von OLZ für Leser positiv mit einer als „medienspezifischer Zusatzzeitaufwand" bezeichneten Variablen korrelieren. Hiermit wird darauf abgehoben, dass Leser aufgrund von medientypischen Besonderheiten von OLZ (z. B. Navigations-/Benutzerführungselemente; Textdarstellungen auf einem Computerbildschirm) sowie aufgrund übertragungstechnisch bedingter Wartezeiten beim Aufbau von OLZ-Seiten eventuell mehr Zeit zur Aufnahme einer bestimmten Informationsmenge benötigen als bei gedruckten Zeitungen.[1] Diese nicht direkt monetäre (Opportunitäts-)Kostenkomponente der OLZ-Nutzung nimmt ihrerseits ab mit zunehmender Interneterfahrung sowie steigender Bandbreite des Internetzugangs eines potentiellen OLZ-Nutzers. Insofern ist die rasch zunehmende Diffusion von breitbandigeren Digital Subscriber Line (DSL) Internetzugängen bei privaten Haushalten in Deutschland (Ende 2002 ca. 3,2 Millionen DSL-Zugänge) ein Faktor, der den Zeitaufwand bzw. Kosten für die Nutzung von OLZ reduzieren und somit die OLZ-Nachfrage erhöhen dürfte. Dieser Nachfragestimulierungseffekt einer DSL-Ausbreitung kann allerdings durch höhere TK-Kosten (s. *Abbildung 1*) oder dadurch, dass Verlage die bandbreitenbedingten Zeitersparnispotentiale durch verstärkte Integration von Bild- und Tonelementen in ihre OLZ-Angebote egalisieren, abgeschwächt werden.

2.1.3 Differenzierung von Lesergruppen

In Ergänzung zur bisherigen Analyse von OLZ-Nutzungsdeterminanten in *Abbildung 1*, bei der OLZ-Nachfrager als eine nicht weiter untergliederte Gruppe behandelt wurden, ist darauf hinzuweisen, dass es aus Verlagssicht für eine integrierte Wirtschaftlichkeitsbetrachtung der Druck- und der Online-Version eines Zeitungstitels (s. o. *Kap. 1.2.3*) notwendig ist, OLZ-Leser zunächst in die zwei Teilgruppen der *Doppel-/Simultannutzer*, die beide Versionen eines Zeitungstitels rezipieren, und der *ausschließlichen OLZ-Nutzer* zu unterteilen. Bei letzteren ist weiter zwischen OLZ-Nutzern, die zuvor den gedruckten Zeitungstitel *nicht* gekauft haben (= *neue OLZ-Leser*), und Onlinern, die früher den gedruckten Zeitungstitel erworben haben, letzteren inzwischen aber nicht mehr nachfragen (= *OLZ-Wechsler*) zu differenzieren.

Veröffentlichte empirische Untersuchungen lassen erkennen, dass die Online-Fassung von Lokal-/Regionalzeitungstiteln überwiegend von Lesern nachgefragt wird, die auch die gedruckte Version des jeweiligen Titels beziehen, also ein *komplementäres* Absatzverhältnis zwischen beiden Titelvarianten besteht. Hingegen werden die OLZ-Auftritte überregionaler Zeitungen zu einem erheblichen Teil von Personen gelesen, die *nicht*

1 Vgl. Neuberger et al. (1997), S. 658; Eimeren et al. (2001), S. 387; Oehmichen (2002), S. 29 f.

zugleich die Druckfassung nutzen.[1] Da in der Gruppe der ausschließlichen OLZ-Nutzer aber in der bisherigen Forschung neue OLZ-Leser und OLZ-Wechsler *nicht* getrennt ausgewiesen werden, ist eine fundierte Aussage zum Ausmaß der Kannibalisierung gedruckter Zeitungen durch deren Online-Auftritt nur mit erheblichen Einschränkungen möglich. Die Beobachtung, dass bei überregionalen Tageszeitungen in Deutschland deren verkaufte Auflage sich zwischen Ende 1998 und Ende 2001 trotz einer Erhöhung der Zahl der täglichen Besuche ihrer Online-Fassung um 324 % bis 767 % um maximal 5 % verringert hat (s. o. Tabelle 1) ist hier wenigstens ein Indiz dafür, dass die Gruppe der OLZ-Wechsler nicht sehr groß und damit ein Kannibalisierungseffekt eher schwach gewesen sein dürfte. Insgesamt spricht die Befundlage somit dafür, dass bis heute durch Online-Auftritte überregionaler gedruckter Zeitungstitel in Deutschland jeweils eine erhebliche Zahl zusätzlicher Leser im Internet ohne nennenswerte Verluste an Käufern des gedruckten Titels gewonnen werden konnte. Hingegen haben diese Auftritte bei Lokal-/Regionalzeitungen nicht zu einer Erhöhung der Leserreichweite, sondern allenfalls zu einer verstärkten Leser-Blatt-Bindung beigetragen.

2.2 Wettbewerbssituation

Implizit wurden bei der Nachfragesituationsanalyse in *Kap. 2.1* schon mehrfach Aspekte des Wettbewerbs zwischen OLZ und anderen Online-Informationsangeboten (z. B. relativer Inhaltepreis) sowie Informationsleistungen traditioneller Medien (z. B. relative Aktualität) angesprochen. Im Folgenden wird deshalb nur noch eine Strukturierung der Wettbewerber von OLZ verbunden mit Aussagen zur Wettbewerbsintensität für OLZ-Auftritte von lokalen/regionalen und überregionalen Zeitungstiteln ergänzt.

OLZ treffen in ihrem Bemühen, möglichst viel Aufmerksamkeit von Lesern zu erringen, auf ein breites Feld sehr heterogener direkter und indirekter Wettbewerber.[2] In *direkter* Substitutionskonkurrenz auf dem Lesermarkt stehen OLZ zu Unternehmen, die ebenfalls Online-(Massen-)Informationsleistungen im Internet anbieten (= *intramedialer* Wettbewerb). Direkte Konkurrenten lassen sich weiter untergliedern in Anbieter, die – wie OLZ-Verlage – ursprünglich aus der klassischen Medienwirtschaft stammen (andere Presse- und Buchverlage sowie Rundfunkveranstalter mit Online-Leistungen), und in Unternehmen, die erst mit der Entwicklung des Internet gewachsen sind und deren primärer Geschäftszweck i. d. R. *nicht* auf die Produktion journalistischer Online-Inhalte ausgerichtet ist. Zu der zweiten Online-Wettbewerberkategorie gehören insbesondere Betreiber von Suchportalen, Marktplatzbetreiber für Autos, Immobilien und vakante

1 S. Chyi/Lasorsa (2002), S. 99-102; Höflich/Schmidt (2002), S. 192, Chyi/Sylvie (2001), S. 240; Nicolas/Huntington (2000), S. 85; Steinbock (2000), S. 186; Chyi/Lasorsa (1999), S. 7-9; Duck (1999), S. 190-195; Chyi/Sylvie (1998), S. 8; Spott et al. (1998), S. 153.

2 Vgl. Henkel (1999), S. 84 f.; Lehr (1999), S. 225 f.; Chyi/Sylvie (1998), S. 6; Sennewald (1998), S. 112-139.

Stellen/stellensuchende Kandidaten sowie Anbieter geschlossener Online-Dienste. *Indirekter* Substitutionsdruck auf OLZ kann von Anbietern wie Presse- und Rundfunkunternehmen oder Produzenten von Video-/Tonträgern ausgehen, die außerhalb des Internet Informationsleistungen für breite Zielgruppen bereitstellen (= *intermedialer* Wettbewerb).

Gemessen an der Zahl der Website-Besuche scheinen sich bislang im *intramedialen* Wettbewerb OLZ, die von *überregionalen* gedruckten Zeitungstiteln abstammen, primär gegen ähnliche Leistungen von zahlreichen Fernseh- und Radiosendern und anderen Verlagen behaupten zu müssen.[1] Wie auch im Markt für gedruckte Zeitungen ist damit die intramediale Wettbewerbsintensität für Online-Auftritte überregionaler Zeitungstitel in Deutschland hoch. Online-Versionen lokaler/regionaler deutscher Zeitungstitel sehen sich dagegen bis heute einem eher schwachen intramedialen Wettbewerbsdruck ausgesetzt. Ihre Leser sind nämlich überwiegend identisch mit den Rezipienten der gedruckten Lokal-/Regionalzeitung, da für Personen, die *außerhalb* des räumlichen Verbreitungsgebietes der jeweiligen Zeitung leben, auch in OLZ bereitgestellte Lokalinformationen kaum Relevanz haben.[2] Wenn aber nun, wie in vielen Regionen Deutschlands (s. o. *Kap. 1.1*) *nur ein* Verlag eine gedruckte Lokalzeitung mit Online-Ableger anbietet, dann mangelt es außerhalb von Ballungszentren in Deutschland an weiteren Unternehmen, die ebenfalls zeitungsähnliche Online-Inhalte *mit Lokalbezug* bereitstellen. Ausnahmen sind hier allenfalls Online-Angebote von Kommunen/Städten, die aber zumeist entweder so gestaltet sind, dass ein lokaler Zeitungsverlag keine negativen ökonomischen Rückwirkungen auf sein Stammgeschäft zu befürchten hat, oder in einer Kooperation mit der jeweiligen Lokalzeitung realisiert werden.[3]

Die Intensität des *intermedialen* Wettbewerbs zwischen OLZ und etablierten Medien war bisher kaum Gegenstand (empirischer) wissenschaftlicher Untersuchungen. Belegt ist immerhin, dass mit zunehmender Internetnutzungsdauer einer Person die für Fernsehen verwendete Zeit zwar unterproportional, aber doch merklich zurückgeht, hingegen der Zeitaufwand für die Lektüre gedruckter Zeitungen, wenn überhaupt, nur geringfügig abnimmt.[4] Zudem wurden in *Kap. 2.1.3* einige Indizien dafür angeführt, dass bislang eine starke Substitutionskonkurrenz zwischen OLZ und gedruckten Zeitungen in Deutschland *nicht* besteht. Somit ist es insgesamt vertretbar, die intermediale Wettbewerbslage zwischen OLZ und herkömmlichen Medien bei journalistischen Inhalten hinsichtlich ihrer Bedeutung für die WBS-Formulierung von OLZ als *nachrangig* einzustufen. Hingegen ist bei rubrizierten Anzeigen wegen der überlegenen Suchfunktionalitäten von Zeitungsangeboten im Internet damit zu rechnen, dass viele Onliner auf die (Klein-)Anzei-

---

1 Vgl. Zimmer (2001), S. 302 f.; Neuberger (2000), S. 104-108.

2 S. Heinrich (2001), S. 250; Duck (1999), S. 190 f.; Henkel (1999), S. 57; Stark/Schenk (1999), S. 101 f.; Chyi/Sylvie (1998), S. 8; Sennewald (1998), S. 120.

3 S. Roth (2002), S. 30-35; Fuhrmann (2001), S. 21; Sennewald (1998), S. 121.

4 S. Höflich/Schmidt (2002), S. 190; Lin (2002), S. 15; Eimeren et al. (2002), S. 359; Eimeren/Gerhard (2000), S. 346; Lehr (1999), S. 213; Rank (1999), S. 172 f.; Hagen (1999), S. 134 f.

gendurchsicht in der herkömmlichen Zeitung zugunsten einer Studie im Internet bei (unabhängigen) Marktplattformbetreibern für die Rubriken Auto, Immobilien und Stellen verzichten werden.[1] Diese intermediale Wettbewerbskonstellation zwischen gedruckten Zeitungen und unabhängigen Betreibern von Anzeigenmärkten im Internet ist natürlich bei der WBS-Formulierung von OLZ mit Priorität zu berücksichtigen. Genauer ist hier zu prüfen, inwieweit ein Verlag Bedrohungen von Anzeigenumsätzen durch Verknüpfung von Anzeigen im gedruckten Titel und dessen Online-Pendant oder durch Beteiligung am Aufbau zeitungstitelunabhängiger Anzeigenmärkte im Internet reduzieren kann.

2.3 Unternehmenssituation

Angesichts der zuvor wiederholt angesprochenen zahlreichen Wechselwirkungen zwischen dem gedruckten Zeitungstitel eines Verlags und dessen Online-Gegenstück ist evident, dass sich auch aus der unternehmensinternen Ressourcensituation von Verlagen wichtige Rahmenbedingungen für die wettbewerbsstrategische Positionierung einer OLZ ergeben. Im einzelnen sind hier von besonderer Bedeutung: (1) das Verbreitungsgebiet (lokal, regional, überregional) und die damit korrelierende Auflage sowie räumliche Streuung der Leser der gedruckten Zeitung, (2) das journalistische Konzept der etablierten Zeitung (inhaltliche Schwerpunkte, politische Grundhaltung, Aktualitäts-/Qualitätsanspruch, formaler Aufbau, Sprachstil etc.), (3) die Distributionsweise der gedruckten Zeitung, (4) Beteiligungen an Online-Inhalteanbietern, die sich eher weniger als Zeitung im Internet positionieren, (5) die finanziellen Ressourcen und (6) die technischen Ressourcen des Verlags. Zwischen diesen Kontextvariablen bestehen in der Realität natürlich Interdependenzen; so beeinflussen sich etwa Distributionsweise und journalistisches Konzept wechselseitig.[2] Um die Argumentationskomplexität zu begrenzen, werden nachfolgend die Randbedingungsaspekte jedoch sukzessive diskutiert.

Das *räumliche Verbreitungsgebiet* der gedruckten Zeitung und die damit korrelierende Verkaufsauflage/Leserreichweite stehen in einem engen Zusammenhang mit den inhaltlichen Schwerpunkten einer Zeitung (zur Begründung s. o. *Kap. 2.2*): Bei nur in einer kleineren Region mit niedriger Auflage abgesetzten gedruckten Zeitungen muss ein großer redaktioneller Anteil ortsbezogenen Nachrichten gewidmet sein, bei überregional verbreiteten Zeitungen haben Inhalte, die von landesweitem Interesse sind, ein größeres Gewicht. Diese inhaltlichen Unterschiede bestehen i. d. R. auch zwischen lokalen vs. überregionalen OLZ fort (s. o. *Kap. 1.2.2*). Daher ist es um so schwieriger (leichter) für einen Verlag eine große Zahl von Lesern für die Online-Version des *gedruckten* Titels zu gewinnen, je kleiner (größer) dessen Verbreitungsgebiet und Auflage ausfallen. Im

1 S. Fuhrmann (2001), S. 17-20.

2 Einzelverkaufszeitungen verfolgen i. d. R. ein Boulevard-Konzept; s. Lehr (1999), S. 35.

Einklang mit dieser Argumentation wird in verschiedenen Studien eine signifikante positive Korrelation zwischen der Druckauflage und der Online-Besuchszahl von Zeitungstiteln berichtet.[1] Obwohl mediale Inhalte im Internet technisch global verfügbar sind, gelten demnach die räumlichen Marktgrenzen eines gedruckten Zeitungstitels für dessen Online-Variante weitgehend unverändert. Eine Ausnahme sind hier lediglich gedruckte englischsprachige Qualitätszeitungstitel (s. *Wall Street Journal, Financial Times, Times*), deren Online-Versionen jenseits ihres nationalen Herkunftsmarktes aufgrund der weltweiten Verbreitung der englischen Sprache eine große Zahl zusätzlicher Leser im Ausland gewinnen konnten.[2] Aufgrund der vergleichsweise geringen Zahl von Personen im Ausland, die die deutsche Sprache beherrschen, hat diese Möglichkeit zur räumlichen Marktausweitung für Online-Varianten überregionaler deutschsprachiger Qualitätszeitungstitel jedoch eine geringere Bedeutung.[3]

Unterschiedlich weit räumlich verbreitete gedruckte Zeitungen weisen infolge ihrer abweichenden inhaltlichen Schwerpunkte auch Unterschiede in der sozio-demographischen Struktur ihrer Leser mit Relevanz für WBS von OLZ auf: Leser gedruckter überregionaler (lokaler) Zeitungen haben eher ein im Vergleich zur Gesamtbevölkerung in Deutschland überdurchschnittliches (durchschnittliches) formales Bildungs- und Sozialstatusniveau sowie Einkommen.[4] Als Folge dieser Unterschiede dürfte die Internetaffinität von Lesern gedruckter überregionaler Zeitungen tendenziell etwas größer sein als diejenige von Rezipienten herkömmlicher Lokal-/Regionalzeitungen.

Im Hinblick auf das *journalistische Konzept* als zweite Randbedingungsvariable kann unterstellt werden, dass es für gedruckte Zeitungen, die

- größeren Wert auf aktuelle Ereignisberichterstattung legen und weniger – wie etwa Wochen-/Sonntagszeitungen – die Hintergrundanalyse und Ereignisinterpretation betonen,
- wirtschaftsbezogene Inhalte in den Vordergrund rücken,
- als Produzent umfassend recherchierter, faktisch-richtiger, fachlich fundierter und intellektuell herausfordernder Inhalte auftreten und sich eine entsprechende Qualitätsreputation im Lesermarkt erarbeitet haben

näher liegt, in ein hochwertiges OLZ-Angebot zu investieren als für Zeitungstitel, die ein entgegengesetztes Konzept verfolgen. Wie in *Kap. 2.1.1* diskutiert, ist für gedruckte Zeitungen mit einem solchen journalistischen Profil nämlich zu erwarten, dass sie Lesergruppen mit überdurchschnittlicher Internetaffinität haben und einen Reputationstransfer vom gedruckten Titel auf dessen Online-Version erreichen. Ein Indiz zur Stützung dieser These kann *Tabelle 1* entnommen werden: Demnach belief sich für den im Einzelverkauf distribuierten Boulevard-Titel *BILD* im 4. Quartal 2001 das Verhältnis zwischen

1 S. Neuberger (2002), S. 126; Chyi/Sylvie (2001), S. 244-246; Dans (2000), S. 9 sowie oben *Kap. 1.2.2.*

2 S. Nicolas/Huntington (2000), S. 85; Steinbock (2000), S. 192.

3 S. a. Lehr (1999), S. 231.

4 Vgl. Rank (1999), S. 151-155.

der Zahl der täglichen Visits und der verkauften Druckauflage dieses Titels auf 11,4 % und lag damit um 27 % bis 89 % unter den Ausprägungen dieses Indikators bei überregionalen Qualitätszeitungstiteln.

WBS für Online-Versionen eingeführter gedruckter Zeitungstitel stehen in engem Zusammenhang mit den Online-Aktivitäten, die der jeweilige Verlag über eine Internetpräsenz des Zeitungstitels hinaus unternehmensintern oder über externe Beteiligungen realisiert hat oder durchzuführen plant.[1] Je mehr sich ein Zeitungsverlag bei Online-Portalen/-Marktplätzen für rubrizierte Anzeigen und andere Informationsleistungen oder bei Gemeinschaftsunternehmen zur Vermarktung von OLZ-Auftritten wie etwa *OMS Online Marketing Service* bereits engagiert hat,[2] desto weniger eigenständig kann er die WBS für seinen OLZ-Titel gestalten und desto eher hat er die Option, die Ressourcenbereitstellung für die eigene OLZ zu begrenzen.

Als Rahmenbedingungen für WBS von OLZ wirken weiterhin auch die in einem Verlag verfügbaren *finanziellen* und *technischen Ressourcen*. So investierten deutsche Zeitungsverlage in der zweiten Hälfte der 1990er Jahre, als sie im Mittel vor allem aufgrund steigender Anzeigenumsätze sehr profitabel operierten,[3] in erheblichem Ausmaß in OLZ und andere mediale Angebote im Internet. Parallel zur Verschlechterung der wirtschaftlichen Situation deutscher Zeitungsverlage ab etwa Ende 2000 wurden auch die für OLZ bereitgestellten Ressourcen z. T. stark gekürzt.[4] Demnach wurden WBS für OLZ von deutschen Zeitungsverlagen typischerweise nicht als Ansatzpunkt zur „antizyklischen" Bewältigung von Krisen in ihrem Stammgeschäft interpretiert, sondern als disponible Randaktivität, auf die bei Finanzressourcenknappheit (weitgehend) verzichtet werden kann. *Technische Ressourcen* wirken sich schließlich insofern auf den wettbewerbsstrategischen Aktionsspielraum für OLZ aus, als dass medientechnisch anspruchsvolle Online-Versionen gedruckter Zeitungen, um so eher mit betriebswirtschaftlich vertretbarem Aufwand möglich sind, je umfangreicher die Erfahrungen eines Verlags beim Einsatz komplexer informationstechnischer Systeme in der Redaktion und in der technischen Herstellung der *gedruckten* Zeitung sind.[5]

---

1 Vgl. zu solchen Aktivitäten deutscher Zeitungsverlage den Überblick bei Vogel (2001), S. 596-601.

2 Vgl. zu derartigen Engagements und Gemeinschaftsunternehmen deutscher Tageszeitungen Breyer-Mayländer (2001), S. 31-33; Fuhrmann (2001), S. 19 f.; Vogel (2001), S. 596.

3 S. Röper (2000), S. 297.

4 S. Vogel (2001), S. 591; Grabner (2002), S. 141 f.; Neuberger (2002), S. 129.

5 Vgl. Henkel (1999), S. 47; Lehr (1999), S. 77-82.

3. Wettbewerbsstrategien von Verlagen für Online-Zeitungen auf dem Lesermarkt

Wie in *Kap. 2.3* gezeigt, haben sich WBS von Verlagen für OLZ auf dem Lesermarkt in hohem Ausmaß an der strategischen Positionierung des entsprechenden gedruckten Titels zu orientieren. Daher werden im Folgenden Hinweise zur Eingrenzung betriebswirtschaftlich vertretbarer Ausprägungen von WBS-Aspekten von OLZ getrennt für vier Verlagstypen mit unterschiedlichen gedruckten Zeitungstiteln formuliert.

3.1 Lokal-/Regionalzeitungsverlag mit kleiner Auflage

Dieser Verlagstyp publiziert einen gedruckten Abonnementzeitungstitel mit einer täglichen Verkaufsauflage von weniger als 25.000 Stück, der in einem engen räumlichen Bereich (z. B. Landkreis) verbreitet wird und der i. d. R. *keine* verschiedenen redaktionellen Ausgabevarianten für Teilregionen im Verbreitungsgebiet umfasst. Der Verlag steht mit seinem Lokalzeitungstitel überwiegend mit keinem oder seltener mit 1–2 weiteren Zeitungen in seinem Verbreitungsgebiet im Wettbewerb.[1] In Westdeutschland werden von Unternehmen dieses Verlagstyps knapp 60 % der Zeitungstitel, die etwa 12 % der Auflage aller regionalen Abonnementzeitungen auf sich vereinen, publiziert.[2]

Da dieser Verlagstyp nur eine kleine Zahl von Internetnutzern im Verbreitungsgebiet seines gedruckten Zeitungstitels erreicht, sind auch die aus einer Online-Version der Zeitung generierbaren Umsätze gering. Folglich ist es für diesen Verlag betriebswirtschaftlich *nicht* sinnvoll, erhebliche Ressourcen für eine inhaltlich und technisch anspruchsvoll gestaltete OLZ bereitzustellen. Der eigene OLZ-Auftritt sollte sich darauf beschränken, den Abonnentenstamm der gedruckten Zeitung zu binden und neue Leser für den Drucktitel zu gewinnen. Um diese Ziele zu erreichen, liegt es nahe, in die OLZ Teile der gedruckten Version ohne wesentliche Veränderungen zu übernehmen und auf die Online-Medien charakteristische Zusatzleistungen, deren Umsetzung größere Investitionen erfordert (z. B. mehrfache Aktualisierung pro Tag), zu verzichten. Enge Verzahnungen zwischen Online- und Druck-Zeitung[3] sind bei dem kleinen Lokalzeitungsverlag mit Ausnahme der Einrichtung der Möglichkeit, die gedruckte Zeitung auch über die Website der OLZ abonnieren zu können, *nicht* erforderlich. Zur Positionierung des eigenen Angebotsbündels aus gedrucktem Titel und Zeitung im Internet als „lokale Informationsbühne" ist zumeist eine Zusammenarbeit des Verlags mit kommunalen/städtischen

---

1 Vgl. Heinrich (2001), S. 277.

2 Vgl. Heinrich (2001), S. 251.

3 Vgl. Lehr (1999), S. 237.

Instanzen z. B. durch Einrichtung eines gemeinsam unter einer Internetadresse betriebenen Informationsangebots zu lokalen Veranstaltungen und Behördenservices vorteilhaft.

In der Literatur wird verschiedentlich berichtet, dass gerade auch kleinere Zeitungsverlage im letzten Drittel der 1990er Jahre TK-nahe Leistungen wie etwa einen Internetzugang, Speicherplatz zur Veröffentlichung einer persönlichen Homepage oder E-Mail-Adressen den Lesern ihres gedruckten Titels angeboten haben, um aus ihren bisherigen Kunden Online-Nutzer und Nachfrager der eigenen OLZ zu machen.[1] Da inzwischen Internetzugänge deutschlandweit per Wählverbindung zu niedrigen Preisen verfügbar sind und Lokalzeitungen kaum eine hinreichend große Zahl von Kunden gewinnen können, um durch Ausschöpfung von Economies of Scale gegenüber nationalen Online/Internet Service Providern (ISP) preislich wettbewerbsfähige Angebote, die für das eigene Unternehmen auch profitabel sind, entwickeln zu können, ist für Lokalzeitungen ein Verzicht auf ein Engagement als ISP bzw. dessen Beendigung empfehlenswert.

Für die OLZ eines typischen Lokalverlages ist es *nicht* sinnvoll, zu versuchen, ein Entgelt von deren Lesern zu erheben: Der Exklusivitätsgrad der OLZ-Inhalte reicht hier bei einem durchschnittlichen Lokalzeitungsleser nicht aus, um einen Nutzen in dem Ausmaß zu stiften, wie er für die Akzeptanz eines OLZ-Entgeltes im Rezipientenmarkt erforderlich ist.

3.2 Regionalzeitungsverlag mit mittlerer Auflage

Dieser Verlagstyp vermarktet gedruckte, überwiegend per Abonnement vertriebene Zeitungstitel mit einer täglichen Verkaufsauflage von minimal 25.000 und maximal 125.000 Stück pro Ausgabevariante. Die Summe der von allen Ausgabevarianten eines Regionaltitels abgesetzten Verkaufsauflagen kann in Einzelfällen durchaus etwa 0,5 Millionen Stück überschreiten. Das Verbreitungsgebiet des zweiten Verlagstyps umfasst i. d. R. einen Wirtschaftsraum mit mehr als 0,5 Millionen Haushalten, erstreckt sich aber *nicht* auf Deutschland insgesamt. Größere Vertreter dieses Verlagstyps engagierten sich im letzten Drittel der 1990er Jahre bei verschiedenen Online-Unternehmen, die z. T. keinen direkten Bezug zum Tageszeitungsgeschäft haben (z. B. Online-Reise- oder -Buchverkauf).

Der regionale Zeitungsverlagstyp hat die Möglichkeit, eine größere Zahl von Lesern in seinem angestammten Verbreitungsraum mit einer Online-Version seines gedruckten Zeitungstitels zu erreichen. Angesichts dieses Nachfragepotentials kann es betriebswirtschaftlich vertretbar sein, umfangreichere eigene OLZ im Internet zu platzieren. Zur Begrenzung des Verlustrisikos ist es zumeist vorteilhaft, allgemeine Inhalte, die von über-

---

1 S. Riefler (1996), S. 537 u. 545; Neuberger et al. (1997), S. 655; Vogel (2001), S. 596; Roth (2002), S. 39; Theis-Berglmair et al. (2002), S. 59.

regionalem Interesse sind, gleichermaßen für die Druck- und die Internetversion eines Titels, nicht selbst zu erstellen, sondern als „Mantel“ von Zulieferern oder durch Beteiligung an einer Kooperation aus mehreren Regionalverlagen zu beziehen. Lokale/regionale Inhalte sollte der Verlag hingegen überwiegend selbst erstellen, da sie für ihn ein kritischer Faktor zur Wettbewerbsdifferenzierung sind. Zur Begrenzung der redaktionellen OLZ-Produktionskosten ist eine Automatisierung der Übernahme von (Teil-)Inhalten des gedruckten Titels in die Online-Version anzustreben.

Zur Verringerung einer Kannibalisierungsbedrohung der gedruckten Zeitung empfiehlt es sich, redaktionelle Inhalte des Drucktitels *nicht* vollständig im Internet verfügbar zu machen. Aus dem gleichen Grund sollte auch auf das exzessive Angebot medienspezifischer Zusatzleistungen in der OLZ mit einer Ausnahme eher verzichtet werden. Lediglich die Bereitstellung komfortabler Suchmöglichkeiten für Online-Rubrikenanzeigen ist hier wegen der Konkurrenz von Internet-Marktplatzbetreibern für die entsprechenden Güter unumgänglich, um die Leserreichweite der eigenen Anzeigen nicht zu verringern. Damit eine hinreichende Auswahl von Rubrikenanzeigen in der OLZ verfügbar ist, kann Inserenten der gedruckten Zeitung die Möglichkeit einer Übernahme ihrer Rubrikenanzeige in die OLZ ohne wesentliches Zusatzentgelt geboten werden. Zudem ist es für den Regionalverlagstyp zur Reichweitenerhöhung für die eigenen Anzeigenkunden häufig sinnvoll, in Zusammenarbeit mit anderen (Regional-)Zeitungen, mit denen man *nicht* im direkten Wettbewerb steht, zeitungsmarkenübergreifende Anzeigenportale im Internet zu betreiben.

Auch von Regionalzeitungsverlagen wurde und wird seit etwa 1995/96 z. T. die TK-nahe Infrastrukturleistung des Internetzugangs im Lesermarkt angeboten.[1] Solche Angebote sind für Regionalverlage um so weniger sinnvoll, je weiter die Verbreitung von Internetzugängen bei privaten Haushalten fortgeschritten ist. Bei hoher Internetzugangspenetration ist es nämlich für regionale Verlage weder möglich noch nötig, durch eigene Zugangsangebote Leser ihres gedruckten Zeitungstitels zu Internet- und OLZ-Nutzern zu machen. Wenn sich daher in einer Wirtschaftlichkeitsanalyse das ISP-Geschäft eines Verlages *per se* als unprofitabel erweist, lässt es sich auch kaum durch den Verweis auf seine reichweitensteigernden Effekte für die eigene OLZ rechtfertigen und ist folglich aufzugeben.

Für regionale OLZ ist auf dem Lesermarkt bei Fortbestand der in *Kap. 2.2* skizzierten Wettbewerbssituation kein traditionelles abonnementäquivalentes Entgelt durchsetzbar: Die meisten Inhalte regionaler OLZ sind für Leser bei anderen Online-Anbietern unentgeltlich verfügbar und eine investitionsintensive Differenzierung regionaler OLZ durch medienspezifische Zusatzleistungen (z. B. multimediale Nachrichtenpräsentation, Personalisierung) ist angesichts der auf Leser- und Anzeigenmärkten mit der Reichweite eines Regionaltitels erzielbaren Umsätze betriebswirtschaftlich nur im Ausnahmefall bei sehr auflagenstarken Regionalverlagen zu rechtfertigen. Im Einzelfall ist zu prüfen, inwieweit

---

1 Vgl. oben *Kap. 3.1* und die dort genannte Literatur.

ein „verdecktes Leserentgelt" ökonomisch vorteilhaft ist, das darin besteht, nur Abonnenten der gedruckten Regionalzeitung einen Zugriff auf den kompletten OLZ-Redaktions- und/oder Anzeigenteil zu ermöglichen.[1] Hauptvorteil dieser Preispolitik ist, dass Rezipientenerlöse des *gedruckten* Titels nicht durch die eigene OLZ kannibalisiert und eventuell gar erhöht werden. Ihr Hauptnachteil liegt darin, dass Online-Anzeigenerlöse infolge eines drastischen Rückgangs der Leserreichweite der OLZ nach Beschränkung der OLZ-Zugänglichkeit verringert werden könnten.

3.3 Überregionaler Abonnementzeitungsverlag mit hoher oder mittlerer Auflage

Dieser Verlagstyp vermarktet einen auf einen deutschlandweiten Leserkreis ausgerichteten gedruckten Abonnementzeitungstitel. Die in *Tabelle 1* enthaltenen Zeitungstitel bzw. ihre Verlage entsprechen mit Ausnahme der *BILD-Zeitung* diesem Anbietertypus. Er erreicht demnach Verkaufsauflagen, die überwiegend zwischen 150.000 und 450.000 Stück pro Tag liegen, wobei diese Absatzmengen auch durch verschiedene regionale Ausgabevarianten erzielt werden. Letztere sind jedoch für die journalistische Gesamtpositionierung des Titels im Lesermarkt von nachrangiger Bedeutung.

Da im Markt für gedruckte überregionale Zeitungstitel in Deutschland die Wettbewerbsintensität recht hoch ist, die Leserreichweite überregionaler Drucktitel groß ist und die Chancen gut sind, deutschlandweit zusätzliche Rezipienten für eine Online-Version überregionaler Titel zu gewinnen, die zuvor kein Leser der entsprechenden Druckfassung waren, ist es aus betriebswirtschaftlicher Sicht i. d. R. möglich und notwendig, dass der Verlag eines gedruckten überregionalen deutschen Tageszeitungstitels erhebliche Ressourcen für dessen Online-Auftritt bereitstellt. Überregionale OLZ sind eher wettbewerbsfähig, wenn sie *nicht* nur Inhalte der Druckfassung im Internet wiederholen, sondern auch journalistische Leistungen, die speziell für die Online-Version des Titels mehrmals pro Tag generiert werden und damit hochgradig aktuell sind, bereithalten. Um Anreize für Doppelnutzungen beider Varianten des eigenen Titels zu bieten, ist ihre gezielte Verzahnung (z. B. Querverweise) vorzunehmen.

Die zusätzlichen Aufwendungen für ein solches OLZ-Angebot lassen sich zumeist rechtfertigen, weil dem Verlag ansonsten die Abwanderung von Lesern seines gedruckten Titels zu anderen überregionalen Qualitätszeitungen droht und weil durch Reichweitenerhöhungen der Online- gegenüber der gedruckten Zeitungsfassung eine Stabilisierung oder Steigerung von Anzeigenumsätzen erreichbar erscheint. Da der Online-Anzeigenmarkt aber bislang von seiner Größe her im Vergleich zum Werbemarkt für gedruckte Zeitungen sehr klein ist und auf mittlere Sicht auch bleiben wird (s. o. *Kap. 1.2.3*), sind

---

1 S. Knüwer/Wermelskirchen (2002), S. N1.

für Online-Versionen überregionaler Drucktitel *hybride* WBS erforderlich, die neben einer qualitativ journalistischen Differenzierung auch die Erreichung unterdurchschnittlicher Produktionskosten für die Online- und die Drucktitelvariante beinhalten. Diese Kostenführerpositionierung bedeutet, dass beide Varianten entweder von nur *einem* Redaktionsteam oder von einer sehr kleinen Zahl reiner Online-Journalisten jeweils unter Rückgriff auf ein integrierendes Redaktionssystem zu erstellen sind, das in einem möglichst weitgehend automatisierten Prozess die Platzierung von journalistischen Beiträgen und Anzeigen in den Druck- und Online-Fassungen übernimmt.

Bei überregionalen Qualitätszeitungstiteln ist die unentgeltliche Bereitstellung der OLZ auf dem Lesermarkt *nicht* als einzige praktikable preispolitische Option anzusehen, wenn anderweitig nicht beziehbare und für einkommensstarke Zielgruppen wichtige Inhalte sehr zeitnah/aktuell geboten werden (vgl. a. *Kap. 2.1.1*). Eine erste Option ist hier, wie bei großen Regionalzeitungen (s. o. *Kap. 3.2*) eine Strategie der „reinen Preisbündelung", bei der die *komplette* OLZ nur Abonnenten des gedruckten Titels zur Verfügung gestellt wird. Bei dieser Preispolitik, die z. B. Mitte 2002 von der *Financial Times Deutschland* praktiziert wurde, steht die Attraktivitätssteigerung der gedruckten Zeitung im Vordergrund, die Reichweite(nerhöhung) der OLZ hingegen im Hintergrund. Als zweite Strategie kann eine „gemischte Preisbündelung" in zwei Varianten zum Einsatz kommen. Bei ihrer ersten, Mitte 2002 vom *Handelsblatt* implementierten Spielart erhält ein *Abonnent* der gedruckten Zeitung *ohne zusätzliches* Entgelt uneingeschränkten Zugang zur Online-Version des Titels, wohingegen *Nicht-Abonnenten* der Druckausgabe die Option eröffnet wird, einen (entbündelten) Zugang *nur* zur OLZ gegen Zahlung eines Entgelts zu erwerben. Der Online-Abonnement-Preis liegt hierbei *unter* dem entsprechenden Preis des gedruckten Titels. Diese Variante einer gemischten Preisbündelung steigert die Attraktivität des *gedruckten* Zeitungstitels in etwas schwächerem Ausmaß als die o. a. Politik der reinen Preisbündelung, unterstützt dafür aber mehr eine Reichweitensteigerung der OLZ durch Erschließung reiner OLZ-Leser. Bei der zweiten, Mitte 2002 vom *Wall Street Journal* realisierten Spielart der gemischten Preisbündelung wird die Online-Version des Zeitungstitels für Abonnenten der gedruckten Zeitung zu einem niedrigeren *zusätzlichen* Entgelt angeboten als für Kunden, die ausschließlich Nutzungsrechte der OLZ nachfragen.

Gemischte Preisbündelungsstrategien sind für breit angelegte überregionale Tageszeitungstitel in Deutschland wie etwa die *FAZ* oder *SZ* solange mit der Gefahr eines drastischen Rückgangs der Nutzung ihrer Online-Version verbunden, wie vor allem von öffentlich-rechtlichen Rundfunkveranstaltern ähnliche redaktionelle Inhalte entgeltfrei im Internet angeboten werden. Stärker fokussierte Wirtschaftszeitungen wie das *Handelsblatt* oder die *FTD* haben dagegen eher die Chance, für auf Führungskräfte zugeschnittene, mehrmals täglich aktualisierte Online-Ableger ihres gedruckten Titels gemischte Preisbündelungsstrategien im deutschen Lesermarkt durchzusetzen.

3.4 Überregionaler Einzelverkaufszeitungsverlag

Gedruckte Einzelverkaufszeitungen positionieren sich in Deutschland hauptsächlich als „Boulevardblatt": Sie wenden sich mit einfach verständlichen Texten und Fotos unter Betonung der Ressorts Sport und Unterhaltung mit einem niedrigen Absatzpreis an eine breite Leserschaft.[1]

Die Internetaffinität von Lesern gedruckter Einzelverkaufszeitungen entspricht höchstens derjenigen des Bevölkerungsdurchschnitts in Deutschland, so dass es ihre Online-Versionen relativ schwer haben, einen großen Teil der Leser ihrer gedruckten Fassung mit betriebswirtschaftlich vertretbarem Aufwand zur (intensiven) Nutzung des eigenen Angebots im Internet zu motivieren. Für Einzelverkaufstitel ist es daher zumeist sinnvoll, eine Online-Version nur mit *geringem* Aufwand anzubieten. Eine Ausnahme stellt hier allerdings der in Deutschland im Boulevardzeitungsmarkt stark dominierende gedruckte Einzelverkaufstitel *BILD* dar. Dieser kann aufgrund der *großen absoluten* Zahl seiner Leser[2] auch eine erhebliche absolute Zahl von Besuchen seiner Online-Ausgabe erreichen, obwohl der größte Teil der Käufer der gedruckten Titelfassung dessen Internet-Variante nicht beachtet (vgl. *Tabelle 1*).

Bei Online-Versionen von Einzelverkaufszeitungen besteht eher als bei Online-Ablegern überregionaler Zeitungen die Möglichkeit, Warenverkaufsangebote im eigenen oder auf fremden Namen eng mit redaktionellen Bestandteilen der Zeitung zu verbinden. Eine solche Vermischung journalistischer und werblicher Elemente ist nämlich der Reputation und Markenidentitätswahrung überregionaler Qualitätszeitungen eher abträglich,[3] wohingegen solche Effekte bei OLZ-Versionen von Einzelverkaufstiteln wegen ihrer anders gelagerten journalistischen Positionierung und Leserzielgruppen kaum zu erwarten bzw. ökonomisch weniger relevant sind.

Aus Sicht etablierter Zeitungsverlage sind OLZ elektronische Informationsleistungen, für die betriebswirtschaftlich sinnvolle WBS nur unter Berücksichtigung ihrer Nachfragedeterminanten, der Wettbewerbssituation auf Massenmedienmärkten und der strategischen Positionierung des entsprechenden gedruckten Zeitungstitels entwickelt werden können. Folglich gibt es *keine allgemein gültigen wettbewerbsstrategischen Patentrezepte für OLZ*. Kein Verlag sollte sich also der Mühe einer eigenständigen Ableitung einer situationsadäquaten WBS für Online-Auftritte seiner Zeitungstitel entziehen. Ansonsten besteht die Gefahr, durch eine unreflektierte Übernahme von Strategiemoden, ökonomische Chancen von OLZ nicht hinreichend auszuschöpfen und ihre betriebswirtschaftlichen Risiken nicht hinreichend zu begrenzen.

---

1 S. Lehr (1999), S. 35; zur namentlichen Aufzählung der entsprechenden Titel in Deutschland s. Röper (2002b), S. 483.

2 S. Röper (2002b), S. 483.

3 Vgl. Ludwig (2002), S. 127 f. u. 145; Neuberger (2002), S. 126; Neuberger (2000), S. 107.

Literaturverzeichnis

ALTMEPPEN, K.-D. (2000), Zeitungsverlage und Zeitungen: Strategien der Modernisierung, in: Jarren, O./Kopper, G.G./Toepser-Ziegert, G. (Hrsg.), Zeitung – Medium mit Vergangenheit und Zukunft, München 2000, S. 179-192.

BAHLMANN, A.R. (2002), Eine Branche im Wandel, in: Eberspächer, J. (Hrsg.), Die Zukunft der Printmedien, Berlin 2002, S. 7-21.

BARTUSSEK, J. (2001), Vom Newspaper zum Newsfilter, in: Vizjak, A./Ringlstetter, M. (Hrsg.), Medienmanagement: Content gewinnbringend nutzen, Wiesbaden 2001, S. 63-73.

BAUMGART, H.-D. (2002), Vom Zeitungsverlag zum Medienkonzern, in: Eberspächer, J. (Hrsg.), Die Zukunft der Printmedien, Berlin 2002, S. 23-49.

BÖNING-SPOHR, P./HESS, T. (2002), Analyse der Wechselwirkungen zwischen Print- und Online-Angeboten mittels Wirkungsketten, in: Fantapié Altobelli, C. (Hrsg.), Print contra Online?, München 2002, S. 103-112.

BREYER-MAYLÄNDER, T. (2001), Zukunftsstrategien der Zeitungsverlage, in: Breyer-Mayländer, T./Fuhrmann, H.-J. (Hrsg.), Erfolg im neuen Markt: Online-Strategien für Zeitungsverlage, Berlin 2001, S. 23-34.

CHYI, H.I./ LASORSA, D.L. (1999), Access, use and preferences for online newspapers, in: Newspaper Research Journal, 20. Jg., Nr. 4, 1999, S. 2-13.

CHYI, H.I./LASORSA, D.L. (2002), An explorative study on the market relation between online and print newspapers., in: Journal of Media Economics, 15. Jg., Nr. 2, 2002, S. 91-106.

CHYI, H.I./SYLVIE, G. (1998), Competing with whom? Where? And how? A structural analysis of the electronic newspaper market, in: Journal of Media Economics, 11. Jg., Nr. 2, 1998, S. 1-18.

CHYI, H.I./SYLVIE, G. (2001), The medium is global, the content is not: The role of geography in online newspaper markets, in: Journal of Media Economics, 14. Jg., Nr. 4, 2001, S. 231-248.

COYNE, K.P. (1988), Die Struktur dauerhafter Wettbewerbsvorteile, in: Simon, H. (Hrsg.), Wettbewerbsvorteile und Wettbewerbsfähigkeit, Stuttgart 1988, S. 18-29.

DANS, E. (2000), Internet newspapers: Are some more equal than others?, in: International Journal on Media Management, 2. Jg., Nr. 1, 2000, S. 4-13.

DUCK, A. (1999), Männlich, gebildet, jung, liest. Eine Online-Befragung der Nutzer von Webangeboten deutscher Tageszeitungen, in: Neuberger, C./Tonnemacher, J. (Hrsg.), Online – Die Zukunft der Zeitung?, Opladen 1999, S. 168-198.

EIMEREN, B. VAN/GERHARD, H. (2000), ARD/ZDF-Online-Studie 2000: Gebrauchswert entscheidet über Internetnutzung, in: Media Perspektiven, 31. Jg., 2000, S. 338-349.

EIMEREN, B. VAN/GERHARD, H./FREES, B. (2001), ARD/ZDF-Online-Studie 2001: Internetnutzung stark zweckgebunden, in: Media Perspektiven, 32. Jg., 2001, S. 382-397.

EIMEREN, B. VAN/GERHARD, H./FREES, B. (2002), ARD/ZDF-Online-Studie 2002: Entwicklung der Onlinenutzung in Deutschland – Mehr Routine, weniger Entdeckerfreude, in: Media Perspektiven, 33. Jg., 2002, S. 346-362.

ENGLÄNDER, J. (2002), Der Werbemarkt 2001, in: Media Perspektiven, 33. Jg., 2002, S. 242-251.

FUHRMANN, H.-J. (2001), Bilanz nach fünf Jahren Online-Engagement, in: Breyer-Mayländer, T./Fuhrmann, H.-J. (Hrsg.), Erfolg im neuen Markt: Online-Strategien für Zeitungsverlage, Berlin 2001, S. 9-21.

GALLAUGHER, J.M./AUGER, P./BARNIR, A. (2001), Revenue streams and digital content providers: An empirical investigation, in: Information & Management, 38. Jg., 2001, S. 473-485.

GERPOTT, T.J. (1999), Strategisches Technologie- und Innovationsmanagement, Stuttgart 1999.

GERPOTT, T.J./SCHLEGEL, M. (2000), Online-Zeitungen: Charakteristika und Anwendungspotentiale eines neuen Medienangebotes, in: Medien & Kommunikationswissenschaft, 48. Jg, 2000, S. 335-353.

GERPOTT, T.J./SCHLEGEL, M. (2002), Online-Distributionsoptionen für Markenanbieter journalistischer Inhalte, in: Die Betriebswirtschaft, 62. Jg., 2002, S. 133-145.

GRABNER, M. (2002), Veränderte das Internet das Verlagsgeschäft?, in: Eberspächer, J. (Hrsg.), Die Zukunft der Printmedien, Berlin 2002, S. 141-163.

HAGEN, L.M. (1999), Online-Medien: Substitut oder Komplement?, in: Knoche, M./Siegert, G. (Hrsg.), Strukturwandel der Medienwirtschaft im Zeitalter digitaler Kommunikation, München 1999, S. 125-146.

HEINRICH, J. (2001), Medienökonomie – Band 1: Mediensystem, Zeitung, Zeitschrift, Anzeigenblatt, 2. Aufl., Wiesbaden 2001.

HENKEL, C. (1999), Entwicklung von Informationsleistungen für das Internet aus Verlagssicht, Diss. St. Gallen 1999.

HÖFLICH, J.R./SCHMIDT, J. (2001), Online-Zeitungen und Nutzerverhalten, in: Maier-Rabler, U./Latzer, M. (Hrsg.), Kommunikationskulturen zwischen Kontinuität und Wandel, Konstanz 2001, S. 221-236.

HÖFLICH, J.R./SCHMIDT, J. (2002), Wandel und Konstanz der Nutzerschaft, in: Theis-Berglmair, A.M. (Hrsg.), Internet und die Zukunft der Printmedien, Münster 2002, S. 153-192.

Kamp, H.-C. (1998), Zukunft online? Zur Nutzung von Print- und Online-Tageszeitungen im Vergleich, in: Neverla, I. (Hrsg.), Das Netz-Medium, Opladen 1998, S. 277-298.

Klettke, S./Link, P./Remberg, S./Wöbking, M. (1998), Der digitale Zeitungskiosk: Eine Typologisierung von Online-Tageszeitungen, in: Neverla, I. (Hrsg.), Das Netz-Medium, Opladen 1998, S. 263-276.

Knüwer, T./Wermelskirchen, S. (2002), Weckruf aus der Provinz, in: Handelsblatt Netzwert, 01.07.2002, S. N1.

Kridel, D.J./Lehman, D.E./Weisman, D.L. (1993), Option value, telecommunications demand, and policy, in: Information Economics and Policy, 5. Jg., 1993, S. 125-144.

Lehr, T. (1999), Tageszeitungen und Online-Medien, Wiesbaden 1999.

Lin, C.A. (2002), Perceived gratifications of online media service use among potential users, in: Telematics and Informatics, 19. Jg., 2002, S. 3-19.

Ludwig, J. (2002), Redaktion + Shopping: Ein innovatives Konzept für die Zukunft?, in: Fantapié Altobelli, C. (Hrsg.), Print contra Online?, München 2002, S. 127-157.

Neuberger, C. (1999a), Vom Papier auf den Bildschirm, in: Neuberger, C./Tonnemacher, J. (Hrsg.), Online – Die Zukunft der Zeitung?, Opladen 1999, S. 16-56.

Neuberger, C. (1999b), Regionale Plattform oder Schaufenster zur Welt?, in: Neuberger, C./Tonnemacher, J. (Hrsg.), Online – Die Zukunft der Zeitung?, Opladen 1999, S. 124-144.

Neuberger, C. (1999c), Nachrichten-Recycling oder Online-Journalismus?, in: Neuberger, C./Tonnemacher, J. (Hrsg.), Online – Die Zukunft der Zeitung?, Opladen 1999, S. 242-264.

Neuberger, C. (2000), Massenmedien im Internet. In: Media Perspektiven, 31. Jg., 2000, S. 102-109.

Neuberger, C. (2001), Strategien der Tageszeitungen im Internet, in: Maier-Rabler, U./ Latzer, M. (Hsg.), Kommunikationskulturen zwischen Kontinuität und Wandel, Konstanz 2001, S. 237-254.

Neuberger, C. (2002), Zurückhaltung im Netz, in: Theis-Berglmair, A.M. (Hrsg.), Internet und die Zukunft der Printmedien, Münster 2002, S. 117-133.

Neuberger, C./Tonnemacher, J./Biebl, M./Duck, A. (1997), Die deutschen Tageszeitungen im World Wide Web, in: Media Perspektiven, 28. Jg., 1997, S. 652-662.

Nicolas, D./Huntington, P. (2000), Evaluating the use of newspaper web sites logs, in: International Journal on Media Management, 2. Jg., Nr. 2, 2000, S. 78-88.

Oehmichen, E. (2002), Offliner 2001 – Internetverweigerer und potenzielle Nutzer, in: Media Perspektiven, 33. Jg., 2002, S. 22-33.

Oehmichen, E./Schröter, G. (2002), Zur Habitualisierung der Onlinenutzung, in: Media Perspektiven, 33. Jg., 2002, S. 376-388.

O. V. (2002), Internet-Ausgabe des Wall Street Journals hat ein neues Gesicht, in: Frankfurter Allgemeine Zeitung, o.Jg., Nr. 26, 31.01.2002, S. 23.

Palmer, J.W./Eriksen, L.B. (1999), Digital newspapers explore marketing on the internet, in: Communications of the ACM, 42. Jg., Nr. 9, 1999, S. 33-40.

Peiser, W. (1999), Folgen der Digitalisierung aus kommunikationswissenschaftlicher Sicht, in: Schumann, M./Hess, T. (Hrsg.), Medienunternehmen im digitalen Zeitalter, Wiesbaden 1999, S. 123-136.

Picard, R.G. (2000), Changing business models of online content services, in: International Journal on Media Management, 2. Jg., Nr. 2, 2000, S. 60-68.

Porter, M.E. (1980), Competitive Strategy, New York 1980.

Rank, G. (1999), Entwicklung und Akzeptanz multimedialer Zeitschriften, München 1999.

Ridder, C.-M. (2002), Onlinenutzung in Deutschland, in: Media Perspektiven, 33. Jg., 2002, S. 121-131.

Ridder, C.-M./Engel, B. (2001), Massenkommunikation 2000: Images und Funktionen der Massenmedien im Vergleich, in: Media Perspektiven, 32. Jg., 2001, S. 102-125.

Riefler, K. (1996), Zeitungen online – Chance oder Risiko?, in: Media Perspektiven, 27. Jg., 1996, S. 537-549.

Röper, H. (2000), Zeitungsmarkt 2000: Konsolidierungsphase beendet?, in: Media Perspektiven, 31. Jg., 2000, S. 297-309.

Röper, H. (2002a), Formationen deutscher Medienmultis 2001, in: Media Perspektiven, 33. Jg., 2002, S. 406-432.

Röper, H. (2002b), Zeitungsmarkt 2002: Wirtschaftliche Krise und steigende Konzentration, in: Media Perspektiven, 33. Jg., 2002, S. 478-490.

Rössler, P./Ognianova, E. (1999), Die journalistische Identität als Qualitätskriterium im World Wide Web, in: Rössler, P./Wirth, W. (Hrsg.), Glaubwürdigkeit im Internet, München 1999, S. 111-122.

Roth, J. (2002), Man nehme eine Prise Print, in: Theis-Berglmair, A.M. (Hrsg.), Internet und die Zukunft der Printmedien, Münster 2002, S. 19-48.

Schlegel, M. (2002), Marketing-Instrumente für Online-Zeitungen, München 2002.

Schmitz, U. (2001), Optische Labyrinthe im digitalen Journalismus, in: Bucher, H.-J./ Püschel, U. (Hrsg.), Die Zeitung zwischen Print und Digitalisierung, Wiesbaden 2001, S. 207-232.

Schreiber, G.A. (1999), New Media im Süddeutschen Verlag, in: Schumann, M./Hess, T. (Hrsg.), Medienunternehmen im digitalen Zeitalter, Wiesbaden 1999, S. 233-247.

Schumann, M./Hess, T. (1999), Content-Management für Online-Informationsangebote, in: Schumann, M./Hess, T. (Hrsg.), Medienunternehmen im digitalen Zeitalter, Wiesbaden 1999, S. 69-87.

Schweiger, W. (1998), Wer glaubt dem World Wide Web?, in: Rössler, P. (Hrsg.), Online-Kommunikation, Opladen 1998, S. 123-145.

Schweiger, W. (2000), Media credibility – experience of image?, in: European Journal of Communication, 15. Jg., 2000, S. 37-59.

Sennewald, N. (1998), Massenmedien und Internet, Wiesbaden 1998.

Seufert, W. (1999), Auswirkungen der Digitalisierung auf die Entwicklung der Medienmärkte, in: Schumann, M./Hess, T. (Hrsg.), Medienunternehmen im digitalen Zeitalter, Wiesbaden 1999, S. 109-122.

Simon, H. (1988), Management strategischer Wettbewerbsvorteile, in: Zeitschrift für Betriebswirtschaft, 58. Jg., 1988, S. 461-480.

Sjurts, I. (1996), Die deutsche Medienbranche, Wiesbaden 1996.

Spott, M./Riess, M./Zeh, R. (1998), Nutzung von Online-Zeitungen: Betrachtungen am Fallbeispiel Sz_{on}Net, in: Hagen, L.M. (Hrsg.), Online-Medien als Quelle politischer Information, Opladen 1998, S. 130-168.

Stark, B./Schenk, M. (1999), Die Rezeption der Online-Medien-Angebote – erste Trends, in: Schumann, M./Hess, T. (Hrsg.), Medienunternehmen im digitalen Zeitalter, Wiesbaden 1999, S. 91-108.

Steinbock, D. (2000), Building dynamic capabilities, in: International Journal on Media Management, 2. Jg., Nr. 3/4, 2000, S. 178-194.

Theis-Berglmair, A.M. (2002), Der vernetzte Computer als Herausforderung für die Kommunikationswissenschaft und -praxis, in: Theis-Berglmair, A.M. (Hrsg.), Internet und die Zukunft der Printmedien, Münster 2002, S. 216-246.

Theis-Berglmair, A.M./Mayer, F./Schmidt, J. (2002), Tageszeitungsverlage und das Thema Internet, in: Theis-Berglmair, A.M. (Hrsg.), Internet und die Zukunft der Printmedien, Münster 2002, S. 49-76.

Vogel, A. (2001), Onlinestrategien der Pressewirtschaft, in: Media Perspektiven, 32. Jg., 2001, S. 590-601.

Wirtz, B.W. (2001), Medien- und Internetmanagement, 2. Aufl., Wiesbaden 2001.

Zimmer, J. (2001), Werbeträger Internet: Ende des Booms oder Wachstum aus der Nische?, in: Media Perspektiven, 32. Jg., 2001, S. 298-305.

Zürn, M. (2000), Print- und Onlinezeitungen im Vergleich, in: Media Perspektiven, 31. Jg., 2000, S. 319-325.

Michael Lingenfelder / Sabine Fisbeck-Groh

Kundenbindung bei regionalen Tageszeitungen

1. Die Ausgangssituation

Wachsende intramediale und intermediale Konkurrenz, drastischer Rückgang der Anzeigenerlöse, verändertes Mediennutzungsverhalten, demographische Verschiebungen sowie interne Konflikte um Unternehmenskultur, Selbstverständnis, Organisation, Aufgabenverteilung und neue Geschäftsfelder kennzeichnen die derzeitige Situation vieler Verlage und Medienunternehmen. Regionale Tageszeitungen kämpfen mit sinkenden Reichweiten und einem Rückgang der Leser-Blatt-Bindung. Die Situation hat sich inzwischen so weit verschärft, dass Verlage Redakteure entlassen, wie bei der Frankfurter Allgemeinen Zeitung, und/oder Zeitungstitel abstoßen (wollen), wie z. B. die Berliner Zeitung.[1]

Während in früheren Phasen regionale Tageszeitungen ein relativ sicheres ertragstarkes Geschäftsfeld bildeten, bleibt als Fazit festzuhalten: Abonnementzeitungen verkaufen sich seit geraumer Zeit nicht mehr von selbst. Die Bedeutung des Themas Zeitungsmarketing wächst, die Branche hat das u. a. durch die Etablierung der ZMG (Zeitungs Marketing Gesellschaft) und die Debatte um redaktionelles Marketing auch längst erkannt. In diesem Kontext spielt die Leserbindung eine herausragende Rolle.[2]

2. Theoretische Basis und empirische Vorgehensweise

Im Folgenden soll die theoretische Basis und die empirische Vorgehensweise einer Studie[3] zu diesem Thema kurz vorgestellt werden (Abbildung 1). Dabei wird ausschließlich die Lesermarktschiene untersucht, der Anzeigenmarkt hingegen vernachlässigt. Bindung soll sich nicht nur auf das Blatt, den einzelnen Titel beziehen, sondern weitergehend gefasst sein. Unter Kundenbindung sollen vielmehr sämtliche Maßnahmen verstanden werden, die darauf abzielen, bisherige und künftige Verhaltensabsichten von Käufern der Abonnementzeitung oder auch weiterer Leistungen des Verlags – z. B. des Internetangebots – positiv zu gestalten, um die Beziehung zu diesen Kunden zu stabilisieren bzw. auszuweiten.

---

1 Vgl. Gehrmann et al. (2002), S. 11 ff.; vgl. auch o.V. (2002).
2 Vgl. Refäuter (2002), S. 48.
3 Es handelt sich um die Dissertation von Rogall (2000), die am Lehrstuhl für ABWL, insbes. Marketing und Handelsbetriebslehre, der Philipps-Universität Marburg entstanden ist. Die Autoren danken Rogall für die Überlassung der Daten.

- **Leser = Kunde;** Vernachlässigung des Anzeigenmarktes
- **Kundenbindung**
  Sämtliche Maßnahmen einer Abonnementzeitung, die darauf abzielen, sowohl die bisherigen als auch die zukünftigen Verhaltensabsichten von Kunden gegenüber der Abonnementenzeitung oder weiterer Leistungen des Verlags positiv zu gestalten, um die Beziehungen zu diesen Kunden für die Zukunft zu stabilisieren bzw. auszuweiten.
- **Merkmale (mit Beispielen)**
  - Bindungsebenen
    Ökonomisch: Gewährung ökonomischer Treuevorteile
    Sozial: Integration von Kunden in Aktivitäten und Organisation
    Technisch: Personalisierte Online-Zeitung, Übermittlung von Zusatzinformationen per E-Mail, Call Center etc.
    Juristisch: Vertragliche Vereinbarungen im Abonnementenvertrag
    Psychisch-emotional: Identifikation mit Leistung und/oder Verlag
  - Bezugsobjekte
    Unternehmensbezug: Mobile Redaktion, Verlagsbesichtigungen
    Personenbezug: Dialog-Redakteur, Leser-Ombudsman
    Leistungsbezug: Bindung an den Titel und/oder den Internetauftritt des Titels
  - Bindungszustand
    Gebundenheit: Einschränkung der Freiheit des Kunden durch Anbieter (Aufbau von Wechselbarrieren etc.)
    Verbundenheit: Zufriedenheit und Vertrauen

Abbildung 1: Basis und Elemente der Studie

Zu diesem Themenfeld lassen sich mit Bezugnahme auf einschlägige Erkenntnisse der Zufriedenheits- und Bindungsforschung verschiedene Dimensionen und Indikatoren ableiten (Abbildung 2).

- **Dimensionen und Indikatoren der Kundenbindung in der Leserschaftsforschung**
  - Lesetage, Leseort, Lesedauer, Leserzufriedenheit, Verzichtbarkeit, Lesehäufigkeit etc.
  - Nähe, Vertrauen, Vermissen*
- **Operationalisierung der Kundenbindung auf Basis der Erkenntnisse der betriebswirtschaftlichen Forschung**
  - Vermissen bei Nichterscheinen
  - Lesedauer
  - Weiterempfehlungshäufigkeit
  - Weiterempfehlungsabsicht
  - Anzahl der Leserbriefe
  - Leser-Feedback-Absicht
  - Leseregelmäßigkeit
  - Abonnementdauer
  - Cross-Buying-Potential
  - Zeitdauer bis zur Abonnementkündigung bei Unzufriedenheit

* Diese Dimensionen werden von der ZMG verwendet, um die Bindung von Lesern zu ermitteln.

Abbildung 2: Dimensionen und Indikatoren der Kundenbindung bei Zeitungen[1]

Man kann mindestens fünf unterschiedliche Handlungsebenen unterscheiden, um die Kundenbindung zu beeinflussen. Dabei handelt es sich um:[2]

- Ökonomische Bindung durch die Gewährung ökonomischer Treuevorteile.
- Soziale Bindung durch die Integration von Kunden in Aktivitäten und Organisation.
- Technische Bindung durch neuartige Produktions- und Distributionstechnologien (z. B. E-Paper). Call-Center bilden in diesem Kontext ebenfalls ein ganz wichtiges Phänomen. Es gibt einige Verlage, die bereits vor einigen Jahren begonnen haben, diesen Bereich aufzubauen.
- Juristische Bindung durch vertragliche Vereinbarungen im Abonnement-Vertrag.
- Psychisch-emotionale Bindung durch Markenaufbau und das Schaffen von Vertrauen bezogen auf die Leistung.

1 In Anlehnung an ZMG (1999), S. 12 ff.
2 Vgl. Peter (1996), S. 94 f.

Wenn Bindung der Leser mit dem Zeitungstitel verstärkt werden soll, erscheint es erforderlich, mehrere dieser Handlungsebenen simultan zu bearbeiten.

Weiterhin bestehen neben den genannten Handlungsebenen unterschiedliche Objekte, auf die sich die Kundenbindungsaktivitäten beziehen können:

- Unternehmen bzw. Verlag;
- Personen, die dem Titel durch gekennzeichnete Namensbeiträge ihr Gepräge geben;
- (Einzelne) Leistungen des Verlags, sei es z. B. der elektronische Ticketverkauf, die Nutzung des Archivs und/oder die Abonnementzeitung selbst, die Nutzer bindet.

Neuere empirische Studien belegen, dass die Antwort auf die Frage, welcher Bindungszustand eigentlich vorliegt, von großer Relevanz für den ökonomischen Erfolg von Kundenbindungsaktivitäten ist.

Eggert (1999) zufolge lässt sich der Zustand der Gebundenheit von dem der Verbundenheit unterscheiden. Gebundenheit kommt dadurch zustande, dass Freiheit auf der Seite des Kunden eliminiert wird, indem z. B. Wechselbarrieren aufgebaut sowie Transaktionskosten oder langfristige Verträge geschaffen werden, um sozusagen den Kunden zu fesseln. Ein Bindungszustand auf Basis der Gebundenheit kann schlagartig in sich zusammenbrechen, wenn der Kunde aus welchen Gründen auch immer (ökonomische Notsituation, Aufkommen einer vorher nicht vorhandenen Alternative zur bislang im Einzugsgebiet verbreiteten regionalen Tageszeitung etc.) die Fesseln sprengt.

Ganz anders stellt sich der Zusammenhang beim Zustand der Verbundenheit dar, bei dem Zufriedenheit, Vertrauen, also insbesondere auch soziale, psychisch-emotionale Aspekte dominieren. Diese erweist sich gegenüber Einflüssen durch veränderte Rahmenbedingungen resistenter.

Leser-Blatt-Bindung wird in der Leserschaftsforschung bereits seit Längerem diskutiert (Abbildung 2). Es existieren eine Vielzahl einschlägiger Studien, in denen immer wieder bestimmte Indikatoren auftauchen. Die ZMG beispielsweise hat ein Messkonzept entwickelt, das sich auf drei Indikatoren stützt: Nähe, Vertrauen, Vermissen. Diese Indikatoren wurden in der Studie, die diesem Beitrag zugrunde liegt, ebenfalls einbezogen.

Das zentrale Ziel der Studie bildet jedoch nicht nur die Messung der Kundenbindung bei regionalen Abonnementzeitungen, sondern auch die Quantifizierung der Wirkungen bestimmter Determinanten auf die Kundenbindung (vgl. Abbildung 3).[1]

1 Rogall (2000), S. 146.

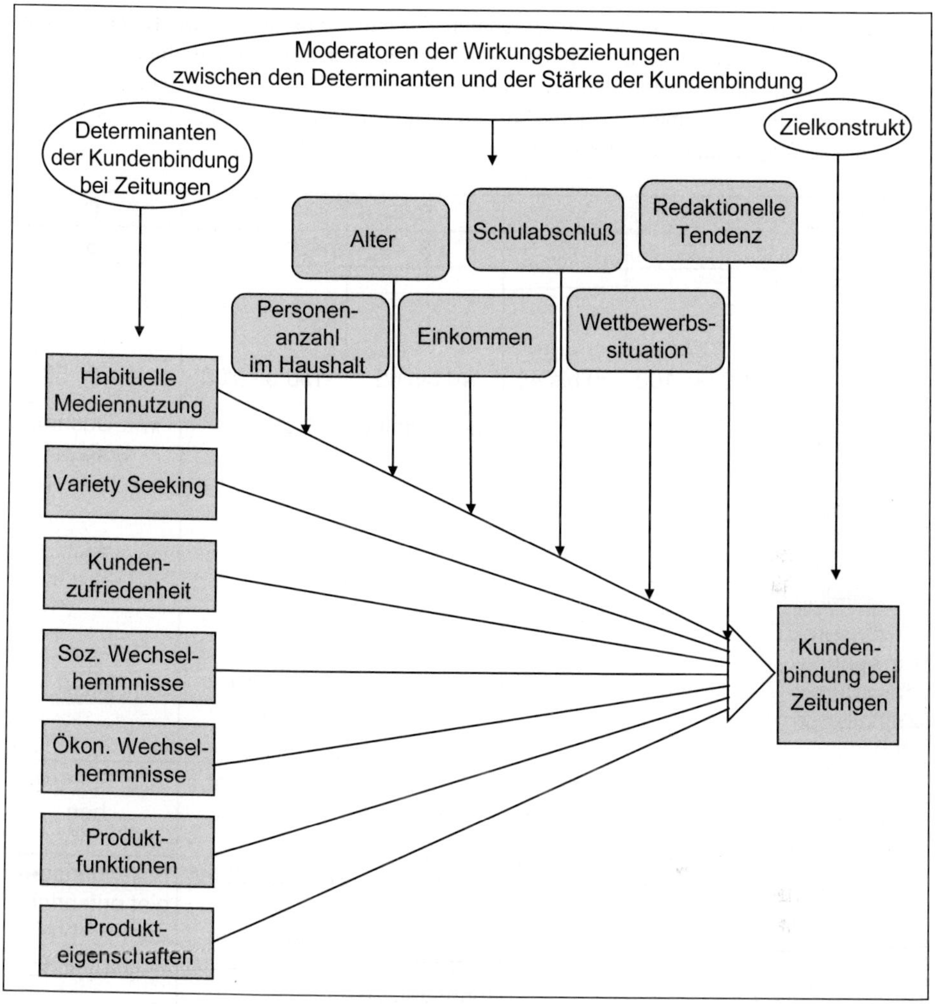

Abbildung 3: Determinanten der Kundenbindung [1]

Es soll zum Beispiel ermittelt werden, ob die Wettbewerbssituation in einem Gebiet, also die Tatsache, dass in einem Verbreitungsgebiet nicht nur ein, sondern zwei oder mehrere Titel verfügbar sind (also schlicht die Abonnenten unter mehreren Angeboten wählen können), einen moderierenden Einfluss auf das Zielkonstrukt ausübt. Weiterhin wurde untersucht, wie hoch beispielsweise der Einfluss von gewohnheitsmäßiger Mediennutzung im Vergleich zur Wahrnehmung bestimmter Produkteigenschaften oder zur Zufrie-

1 Quelle: Rogall (2000), S. 146.

denheit mit bestimmten Teilen von regionalen Zeitungstiteln ist. Die empirische Untersuchung wurde in Kooperation mit vier Verlagen im Jahr 1999 durchgeführt. Die Auswahl der Kooperationspartner wurde so getroffen, dass sowohl große als auch kleine Abonnementzeitungen, mehr städtische und mehr ländliche Verbreitungsgebiete, Monopolstellungen und Konkurrenzsituationen vertreten sind (Tabelle 1).

Verlag	A		B	C	D
Titel	1	2	3	4	5
Verkaufte Auflage (in Tausend)					
- Gesamt	60 bis 100	20 bis 40	40 bis 60	150 bis 200	10 bis 20
- Im Erhebungsgebiet	42,025	6,673	wie Gesamtauflage	7,285	wie Gesamtauflage
Per Abonnement vertriebener Auflagenanteil in %	85,6	91,8	91,9	93,9	98,7
Bezugspreis für Abonnement durch Zusteller (in DM)	35,40	35,40	33,30	35,30	35,40
Für Erhebung ausgewählte Teilausgaben	Stadtausgabe	Stadtausgabe	Alle Teilausgaben	Kreisausgabe	Alle Teilausgaben
Erhebungsgebiet	Stadt mit > 250.000 Einwohnern		Erhebungsgebiet entspricht dem Verbreitungsgebiet	Kreisstadt mit > 50.000 Einwohnern	Erhebungsgebiet entspricht dem Verbreitungsgebiet

Tabelle 1: Fortsetzung auf der nächsten Seite

Verlag	A		B	C	D
Titel	1	2	3	4	5
Konkurrenz durch weitere im Erhebungsgebiet erscheinende lokale/regionale Abo.-Zeitungen	Titel Nr. 2 als konkurrierende lokale/regionale Abonnementzeitung im gesamten Erhebungsgebiet	Titel Nr. 1 als konkurrierende lokale/regionale Abonnementzeitung im gesamten Erhebungsgebiet	Monopolstellung im Kernverbreitungsgebiet	Titel konkurriert im Erhebungsgebiet mit einer weiteren lokalen/ regionalen Abonnementzeitung (Gesamtaufl. 145.000 Ex., im Erhebungsgebiet 10.429 Exemplare)	Titel konkurriert in einem Teil des Erhebungsgebiets mit weiterer lokaler/regionaler Abonnementzeitung (Gesamtaufl. 32.700 Ex.), im verbleibenden Teil Monopolstellung
Im Erhebungsgebiet ersch. Anzeigenblätter	2 wöchentlich erscheinende regionale Anzeigenblätter, 4 monatlich erscheinende regionale Anzeigenblätter		3 wöchentlich ersch. regionale Anzeigenblätter, 2 wöchentlich ersch. lokale (Gemeinde-) Anzeigenblätter	4 wöchentlich erscheinende regionale Anzeigenblätter	3 wöchentlich erscheinende regionale Anzeigenblätter, 1 wöchtl. erscheinendes lokales Anzeigenblatt
Abonnement-Abgänge					
1995	4,34	4,34	4,58	Daten nicht verfügbar	4,71
1996	5,83	5,37	6,05	12,45	4,55
1997	11,91	10,69	6,17	11,85	5,07
1998	12,41	12,60	6,88	12,85	5,02

1) Zum Zeitpunkt der Erhebung in DM pro Monat
2) Aus Gründen der Vertraulichkeit wird anstelle genauer Gesamtauflagen lediglich die Auflagengrößenklasse (nach Einteilung des BDZV) genannt.
3) In Prozent der durchschnittlichen Jahresauflage im Erhebungsgebiet

Tabelle 1: Das empirische Design

Es wurden bei diesen vier Verlagen fünf Titel ausgewählt, wobei Verlag A zwei Titel im gleichen Verbreitungsgebiet herausbringt. Es kann also analysiert werden, ob die Gestaltung des Titels einen Einfluss auf die Bindung ausübt. Es gilt allerdings zu bedenken, dass die Angaben der Verlage bezüglich der Abonnementabgänge gewisse Fehler aufweisen können. Das Spektrum der Angaben liegt zwischen 5 % und fast 13 % Abonnement-Abgängen im Jahr bei einem nicht gerade kleinen Verlag. Bei fast allen Kooperationspartnern ist eine Stabilisierung der Abgänge auf sehr hohem Niveau oder sogar eine erhöhte Dramatik zu erkennen. Auf der anderen Seite gibt es eine relativ stabile Auflage in einem eher ländlichen strukturierten Gebiet.

Es wurde mindestens eine Stichprobe von 1.000 Abonnenten pro Titel gebildet, in einem Fall auf Wunsch des Kooperationspartners sogar eine 2.000er-Stichprobe. Alle Kündiger zum Zeitpunkt der Untersuchung bis sechs Monate zuvor wurden in die Untersuchung einbezogen. Damit ergeben sich also pro Titel zwei Teilstichproben: Abonnenten und Kündiger.

Insgesamt umfasst die Stichprobenbasis ungefähr 8.000 Personen, wobei sich letztlich – unterschiedlich nach Titel – eine Rücklaufquote zwischen 20 und 40 % ergeben hat. Letztlich konnte eine auswertbare Basis von ungefähr 2.000 Datensätzen erarbeitet werden.

3. Ausgewählte empirische Befunde zur Kundenbindung bei regionalen Abonnementzeitungen

3.1 Indikatoren der Kundenbindung

Es leuchtet ein, dass die Indikatoren, die für Bindung stehen, bei den Abonnenten stärker ausgeprägt sind als bei den Kündigern (Tabelle 2 und Tabelle 3). Abonnenten vermissen die Zeitung stärker als Kündiger. Kündiger brauchen in der Regel sehr viel länger, bis sie ein Abonnement kündigen, wenn sie unzufrieden sind. Das lässt sich wohl so erklären, dass Abonnenten per se eine hohe Bindung haben und deshalb schneller kündigen, wenn sie mit etwas richtig unzufrieden sind, als diejenigen, die in dieser Kategorie einzustufen sind.

Indikator	Abonnenten	Kündiger	Signifikanz
Vermissen bei Nichterscheinen	5,08	4,58	0,000
Lesedauer	40,08	33,64	0,000
Weiterempfehlungshäufigkeit	2,46	2,32	0,196
Weiterempfehlungsabsicht	3,63	2,81	0,000
Leserfeedbackabsicht	2,00	1,72	0,001

Tabelle 2: Mittelwerte der metrisch skalierten Indikatoren der Kundenbindung bei Abonnenten und Kündigern[1]

Indikator	Abonnenten	Kündiger	Signifikanz
Leseregelmäßigkeit	1	2	0,000
Abonnementdauer	6	2	0,000
Kündigungsfrist für Abonnement bei Unzufriedenheit	3	4	0,000
Anzahl der Leserbriefe*	2	2	0,238

Tabelle 3: Mediane der ordinal skalierten Indikatoren der Kundenbindung bei Abonnenten und Kündigern[2]

3.2 Einfluss der habituellen Mediennutzung auf die Kundenbindung

Der Profilverlauf von Indikatoren, die zur Operationalisierung der habituellen Mediennutzung herangezogen werden, stellt sich wie folgt dar: Hinsichtlich des Nichtlesens bestimmter Teile der Zeitung unterscheiden sich beide Gruppen nicht. Offenkundig ist das

1 Die Indikatoren wurden auf einer Skala von 1 bis 6 gemessen, wobei der Wert 1 eine niedrige, der Wert 6 eine hohe Merkmalsausprägung repräsentiert. Quelle: Rogall (2000), S. 169.

2 Die Indikatoren wurden auf einer Skala von 1 bis 6 (*bzw. 1 bis 4) gemessen, wobei der Wert 1 eine niedrige, der Wert 6 (*bzw. 4) eine hohe Merkmalsausprägung repräsentiert. Quelle: Rogall (2000), S. 171.

Zeitunglesen als Gewohnheit und das Vermissen der Zeitung im Tagesablauf bei den Abonnenten in viel höherem Maße ausgeprägt als bei den Kündigern (Abbildung 4).

Indikator	Mittelwerte Kündiger	Mittelwerte Abonnenten
Schnellere Informationsfindung	3,25	4,20 *
Vermissen der Zeitung im Tagesablauf	2,61	4,38 *
Zeitunglesen als Gewohnheit	4,03	5,05 *
Bestimmte Lesereihenfolge	4,10	4,26 *
Bestimmte Leserubriken/-abschnitte	4,02	4,45 *
Bestimmte Leseorte	4,07	4,85 *
Bestimmte Lesezeiten	3,63	4,71 *
Nichtlesen bestimmter Teile	3,84	3,74
Wunsch nach schnellem Überblick	4,76	5,17 *

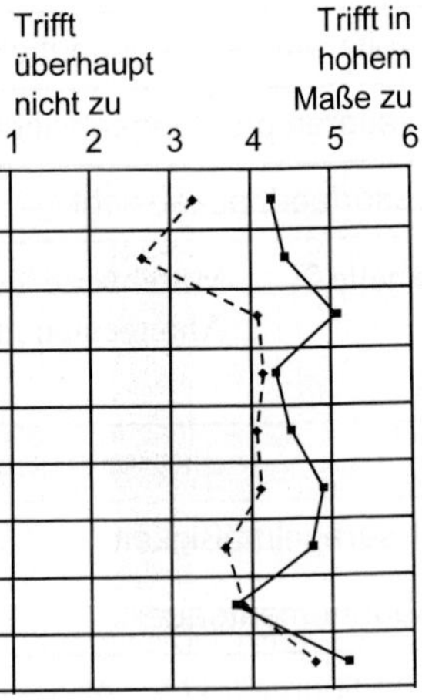

----- Kündiger
—— Abonnenten
* Mittelwertdifferenz signifikant mit $\alpha \leq 0,05$

Abbildung 4: Habituelle Mediennutzung bei Abonnenten und Kündigern[1]

Es wurde in diesem Zusammenhang danach gefragt, ob es an einem selektiven Bezug der Tageszeitung Interesse gibt – also an einem Abonnement, das nicht alle Tage der Woche, sondern nur bestimmte Tage abdeckt (Abbildung 5). Hier fällt auf, dass die Gruppe der Kündiger viel stärker ein Abonnement an bestimmten Tagen präferieren würde. Bezogen auf bestimmte Teile der Zeitung, also zum Beispiel dem Wunsch, nur den Wirtschaftsteil im Abonnement zu beziehen, gibt es zwischen den beiden Gruppen keinen Unterschied.

1 Quelle: Rogall (2000), S. 173.

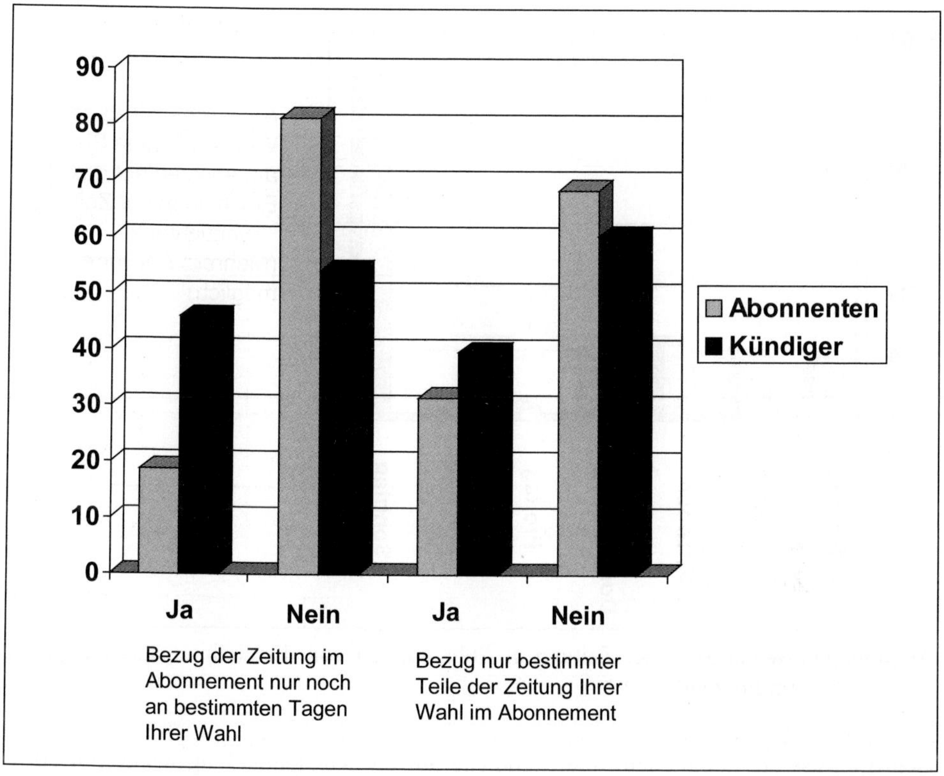

Abbildung 5: Interesse an einem selektiven Bezug der Zeitung (Angaben in Prozent)[1]

Es wurde auch danach gefragt, an welchem Tag die Leute am ehesten auf die Zeitung verzichten könnten (Abbildung 6). Freitage und Samstage sind den Befunden zufolge die Schlüsseltage, wo die Tageszeitung auf keinen Fall fehlen sollte.

1 Quelle: Rogall (2000), S. 175.

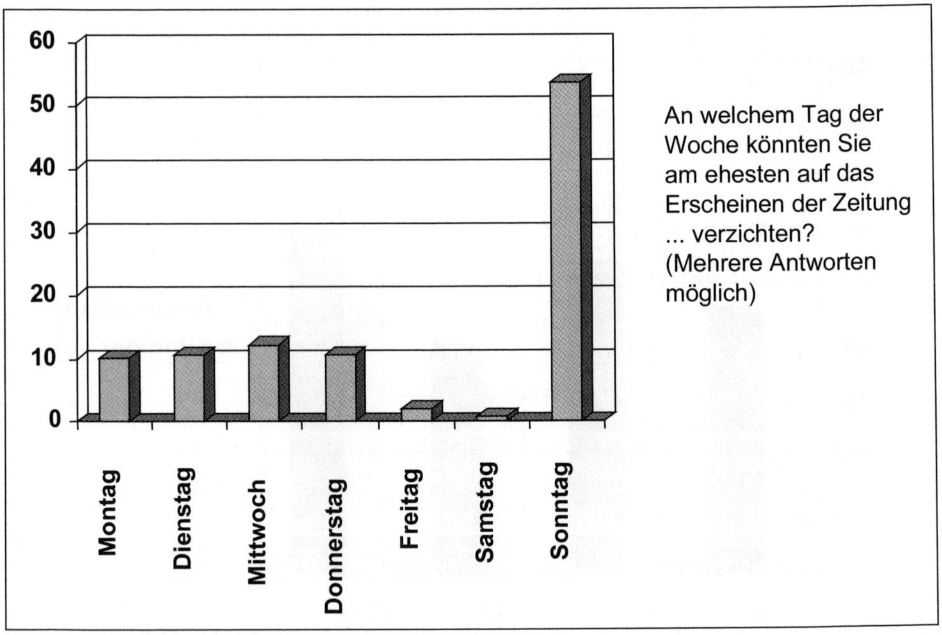

Abbildung 6: Wichtigkeit der Zeitung in Abhängigkeit vom Erscheinungstag (Angaben in Prozent)[1]

Dem Einfluss der habituellen Mediennutzung auf die Kundenbindung wurde mit Hilfe einer multiplen Regressionsanalyse nachgespürt. Bei dem in einem eher ländlich-provinziellen Gebiet angesiedelte Titel prägt der Faktor gewohnheitsmäßige Nutzung die Kundenbindung relativ stark (Tabelle 4). Diesem Verlag könnte man raten, mit Layout-Änderungen, inhaltlichen Änderungen, der Veränderung von Rubriken usw. behutsam umzugehen; denn würde er anders vorgehen, würde der Verlag die offenkundig eingespielte gewohnheitsmäßige Nutzung der Zeitungsleser in Frage stellen.

1 Quelle: Rogall (2000), S. 180.

Indikator	Habituelle Mediennutzung
Schnellere Informationsfindung	0,193*
Vermissen der Zeitung im Tagesablauf	0,442*
Zeitungslesen als Gewohnheit	0,010
Bestimmte Lesereihenfolge	-0,034
Bestimmte Leserubriken/-abschnitte	0,085
Bestimmte Leseorte	0,066
Bestimmte Lesezeiten	-0,055
Nichtlesen bestimmter Teile	-0,155*
Wunsch nach schnellem Überblick	-0,031
* = signifikant (α = 0,05) Bestimmtheitsmaß = 0,341*	

Tabelle 4: Bestimmtheitsmaß und Beta-Koeffizienten der Indikatoren der habituellen Mediennutzung bei einem Titel[1]

3.3 Analyse der Zufriedenheiten mit einzelnen Teilen der Zeitung

Bei der Analyse der Zufriedenheit mit einzelnen Teilen der Zeitung wird deutlich, dass es bei Kündigern und Abonnenten hinsichtlich der Bereiche private Kleinanzeigen, Werbung, Fortsetzungsroman usw. Probleme gibt (Abbildung 7). Auf der anderen Seite ist zu erkennen, dass lokale und regionale Informationen die Wichtigkeit dominieren. Die Kunden erwarten eine sehr dezidierte und detaillierte Lokalberichterstattung. Outsourcing-Strategien (als einseitig betriebene Kostensenkungsstrategie) könnten dazu führen, dass genau diese Kompetenz und Profilierungsdimension verloren geht. Es kommt aber den Befunden zufolge darauf an, gerade auf diesem Feld die Erwartungshaltung der Leser zu befriedigen.

1 Quelle: Rogall (2000), S. 181.

Indikator	Mittelwerte Kündiger	Mittelwerte Abonnenten		Mittelwerte Wichtigkeit Kündiger	Mittelwerte Wichtigkeit Abonnenten	
Globalzufriedenheit	2,83	2,23	*	-	-	*
Gewichtete Partialzufriedenheiten						
Politikteil/Titelseite	2,78	2,41	*	1,55	1,58	*
Regionalteil[1]	2,84	2,36	*	1,81	1,70	*
Lokalteil	2,82	2,27	*	1,63	1,37	*
Wirtschaftsteil	3,25	2,83	*	2,16	2,17	*
Sportteil	3,00	2,63	*	2,67	2,44	*
Feuilleton/Kulturteil	3,28	2,90	*	2,50	2,43	*
Weltspiegel/Panorama	2,69	2,34	*	1,95	1,88	*
Kommentare/Meinungen	3,00	2,55	*	2,06	1,90	*
Leserbriefe	3,17	2,71	*	2,59	2,24	*
Fernsehen/Wetter/Unterhaltung/Rätsel	3,10	2,57	*	2,67	2,35	*
Sonderseiten/Themenbeilagen	3,11	2,68	*	2,52	2,41	*
Veranstaltungshinweise	2,66	2,52		1,82	1,82	
Leserservice/Ratgeber	3,06	2,62	*	2,61	2,32	*
Private Kleinanzeigen	2,67	2,60		2,30	2,42	
Werbung	3,63	3,49		3,03	3,03	
Fortsetzungsroman[2]	3,50	3,94		3,33	3,63	
Jugendseite/-beilage[3]	3,10	3,20		2,53	2,75	
Wochenendbeilage	3,02	2,52	*	2,44	2,23	*

Zufriedenheit: 1 = Sehr zufrieden … 6 = Sehr unzufrieden; Wichtigkeit: 1 = Sehr wichtig … 4 = Sehr unwichtig

-------- Kündiger
——— Abonnenten

* Mittelwert signifikant mit $\alpha \leq 0{,}05$
[1] Nur bei drei Titeln erhoben
[2] Nur bei einem Titel erhoben
[3] Nur bei zwei Titeln erhoben

Abbildung 7: Zufriedenheit und Wichtigkeit von ausgewählten Teilen der Zeitung aus der Sicht von Abonnenten und Kündigern[1]

Ferner wurde untersucht, ob eine Zeitung als Symbol für eine Region steht, ob das Abonnement im Freundeskreis üblich ist, ob die Zeitung als Verbindung zur Region wahrgenommen wird, und ob das Abonnement ein Teil der Familientradition bildet. Es lassen sich teilweise deutliche Unterschiede zwischen Abonnenten und Kündigern feststellen, was soziale Wechselhemmnisse als Determinanten der Kundenbindung betrifft (Abbildung 8). Es muss also gelingen, die Zeitung als einen integralen Bestandteil der Region zu etablieren (Tabelle 5).

Interessant erscheinen die Unterschiede hinsichtlich sozialer Wechselhemmnisse zwischen Titel 1 und Titel 2 – zwei Titel aus dem gleichen Verlag im gleichen Verbreitungsgebiet, wo offenkundig Titel Nr. 1 stärker als Symbol für die Region verankert ist. Offenbar wirkt dieses Organ stärker identitätsstiftend. Diejenigen, die an lokalen Ereignissen interessiert sind oder sich gar engagieren, abonnieren in stärkerem Maße Titel Nr. 1 (Tabelle 5).

1 Quelle: Rogall (2000), S. 189.

Indikator	Mittelwerte Kündiger	Mittelwerte Abonnenten
Abo als Familientradition	3,16	4,28 *
Zeitung als Verbindung zur Region	4,02	5,05 *
Zeitung als Symbol für Region	3,70	4,60 *
Zeitunglesen als gesellschaftl. Partizipation	3,73	4,27 *
Lesen der Familienanzeigen	3,35	4,25 *
Abonnement im Freundeskreis üblich	3,59	4,21 *
Gefahr, ohne Zeitung benachteiligt zu sein	2,73	3,49 *
Gefahr, ohne Zeitung ungebildet zu sein	3,48	3,73 *
Interesse an Lokalpolitik	4,09	4,77 *
Engagement in Lokalpolitik	1,75	1,73 *

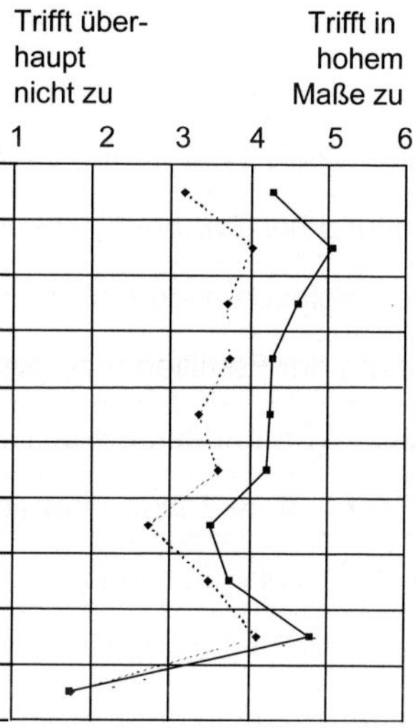

-------- Kündiger

——— Abonnenten

* Mittelwertdifferenz signifikant mit $\alpha \leq 0{,}05$

Abbildung 8: Soziale Wechselhemmnisse als Determinanten der Kundenbindung[1]

Weiterhin wurde dem Zusammenhang zwischen Alter, Haushaltsgröße und Einkommen einerseits und Kundenbindung andererseits nachgespürt. Dabei kristallisieren sich folgende Befunde heraus: Mit zunehmendem Alter steigt die Kundenbindung. Mit zunehmender Haushaltsgröße sinkt die Bindung an den Titel und mit höherem Einkommen geht die Kundenbindung insgesamt zurück.

1 Quelle: Rogall (2000), S. 198.

Indikator	Titel Nr. 1	Titel Nr. 2
Abo als Familientradition	0,204*	0,092
Zeitung als Verbindung zur Region	0,000	0,159*
Zeitung als Symbol für die Region	0,235*	0,088
Zeitunglesen als gesellschaftlichen Partizipation	0,143	0,100
Lesen der Familienanzeigen	0,066	0,131*
Abo im Freundeskreis üblich	0,046	0,135*
Gefahr, ohne Zeitung benachteiligt zu sein	0,011	0,079
Gefahr, ohne Zeitung als ungebildet zu gelten	0,112	0,130*
Interesse an Lokalpolitik	-0,023	-0,067
Engagement in der Lokalpolitik	0,158*	0,092
* = signifikant (α = 0,05) Bestimmtheitsmaß Titel Nr. 1 = 0,314* Bestimmtheitsmaß Titel Nr. 2 = 0,271*		

Tabelle 5: Titelspezifische Relevanz der sozialen Wechselhemmnisse für die Kundenbindung[1]

Den Gründen für Unzufriedenheit mit der Zeitung bzw. den Ursachen für die Abonnement-Kündigung wurde mittels einer offenen Frage (ohne vorgegebene Antwortalternativen) für alle fünf untersuchten Titel nachgespürt. Die Zusammenfassung und Reihung der eingetragenen Antworten ergab folgendes:

- Der Preis für das Abonnement bildet ein Kernproblem, gerade auch angesichts der wirtschaftlichen Situation.
- Kritik erntet zudem die Zustellung.
- Knappe und oberflächliche Berichterstattung allgemein, insbesondere aber auch im Regional- und Lokalteil, wird als ein Problem eingeschätzt. Aus der Sicht der Leser bildet der Lokal- und Regionalteil offenbar die Kernleistung einer regionalen Abonnementzeitung (Tabelle 6).

1 Quelle: Rogall (2000), S. 202.

Grund für Unzufriedenheit bzw. Kündigung		Abonnenten	Kündiger
Zustellungsmängel		24,5	17,3
Zu knappe/oberflächliche Berichterstattung		20,8	22,4
Davon	⇨ allgemein	58,6	28,6
	⇨ im Lokal-Regionalteil	33,7	28,6
	⇨ im überregionalen Teil	4,3	14,2
	⇨ im Wirtschaftsteil	3,4	28,6
Politisch einseitige Berichterstattung		13,5	6,4
Falsche Orthographie, Druck- und Stilfehler		10,6	3,8
Schlechte Recherche/falsche Berichterstattung		6,5	4,6
Mangelnde Aktualität		4,6	2,6
Zeitung ist unübersichtlich/unhandlich		3,6	0,6
Zu viel Werbung		2,7	1,9
Zu hoher Abonnementpreis		2,5	32,0
Sonstiges		10,7	8,4

Tabelle 6: Gründe für Unzufriedenheit mit der Zeitung bzw. Kündigung des Abonnements[1]

Die Anzahl der Titel im Verbreitungsgebiet beeinflusst die Kundenbindung nicht auf direktem Wege, wirkt aber sehr wohl als Moderator, weil sie die Wirkung einzelner Determinanten (z. B. habituelle Mediennutzung) beeinflusst. Bei der Gruppe von Befragten, die in einem Monopolgebiet leben, ist die gewohnheitsmäßige Nutzung des Titels viel stärker ausgeprägt als bei denen, die zwischen zwei oder mehr Titeln wählen können.

Mit anderen Worten: Wenn ein Verlag in einem bestehenden Monopolgebiet aktiv werden möchte, benötigt er einen langen Atem, weil er die vorhandene Kundenbindung langsam und allmählich aufbrechen muss, denn mit dem Hinzukommen eines weiteren Anbieters wird die gewohnheitsmäßige Nutzung des Monopoltitels mit der Zeit sinken. Wenn man dieses Ergebnis auf das Thema kostenlose Zeitung anwendet, findet man genau dieses Phänomen wieder. Deshalb sollte man sich als Monopolist nicht gemütlich zurücklehnen, wenn sich nach zwei oder drei Jahren nichts Sensationelles bei den Aufla-

1 Angaben in Prozent aller Antworten (Mehrfachantworten waren möglich).

genzahlen eines neu eintretenden Wettbewerbers ereignet hat. Wenn der Markteintritt heute erfolgt, sinkt die Bindung der Kunden an den angestammten Titel ganz langsam und allmählich leicht ab, ohne dass dies direkt und dramatisch in den Auflagenzahlen spürbar wird. Wir haben hier eindeutig einen graduellen und nachhinkenden, aber langfristig spürbaren Effekt auf die Auflage.

3.4 Analyse der Nutzung von Online-Angeboten der Abonnementzeitungen

Weiterhin wurde untersucht, ob und inwiefern ein Online-Angebot der Abonnementzeitung genutzt wird.[1] Rund 20 % aller Abonnenten haben zum Zeitpunkt der Untersuchung einen Zugang zum Internet, erstaunlicherweise aber rund 30 % aller Kündiger. Allerdings wurde bei den Kündigern nur eine recht kleine Stichprobenbasis verwendet, während die Angaben zu den Abonnenten repräsentativ für die ganze Bundesrepublik und für die bundesdeutschen Haushalte sind.[2]

Beide Gruppen wurden danach gefragt, ob sie schon einmal den Online-Dienst ihrer Zeitung genutzt haben. Die Nutzungsrelation beträgt rund 1:2. Zum Zeitpunkt der Untersuchung haben rund 4 % der Abonnenten den Online-Auftritt der Zeitung in Anspruch genommen, dagegen 8,5 % der Kündiger.

Kündiger haben offenbar eine höhere Präferenz für das Internet. Wenn das für alle Verlage zutreffen würde, könnte ein Verlag im Zeitpunkt der Kündigung oder auch schon davor ein entsprechendes Angebot zur Online-Nutzung unterbreiten. Möglicherweise würde ein Angebot an dieser Stelle helfen, den Kontakt zu halten und auf dieser Basis später vielleicht einen Abonnenten wieder zu gewinnen.

Völlig unabhängig davon, ergeben sich für Zeitungsverlage vielfältige Ansatzpunkte zur Erschließung von Umsätzen im Internet. Wichtige Optionen im Bereich des Lesermarktes bilden beispielsweise:[3]

- Abonnement für Internet-Leistungspakete (z. B. Interaktive Edition des Wall Street Journal)
- Angebot des technischen Internetzugangs (z. B. Rhein-Zeitung), allerdings mit zurückgehender Relevanz

1 Vgl. Kaiser (2001), S. 1781.

2 Bei diesen empirischen Befunden muß in besonderem Maße der Zeitpunkt der Studie (1999) berücksichtigt werden. Mittlerweile hat sich beispielsweise der Zugang zum Internet erheblich verändert.

3 Vgl. Gerpott (2003). Weitere Kategorien bilden gemäß dem Autor Aktivitäten für den Werbekundenmarkt und der Markt für Inhaltsrechte.

- Angebot von Zusatzleistungen gegen Entgelt (z. B. Spiele, Kapitalmarktinformationen).

4. Bausteine eines Konzepts zur Steigerung der Leser-Blatt-Bindung

4.1 Strategische Maßnahmen

Ein Konzept zur Steigerung der Kundenbindung muss titelspezifisch gestaltet sein, weil unterschiedliche Angebots- und Nachfragebedingungen in den einzelnen Verbreitungsgebieten herrschen. Bei einer Zeitung mag die gewohnheitsmäßige Nutzung viel wichtiger als anderswo sein, bei einer anderen spielen vielleicht einzelne Inhalte eine große Rolle für die Kundenbindung. Der Status quo der Kundenbindung und ihrer Determinanten müssen jeweils titelspezifisch ergründet und in konkrete Kundenbindungsaktivitäten umgesetzt werden.

Zeitungsverlage müssen Kundenorientierung als Philosophie und Wertmaxime in ihrer Bedeutung erkennen. Zeitungmachen sollte in erster Linie Dienst am Leser und nicht ausschließlich Pflege von journalistischen Kompetenzen sein.

Demzufolge sollte sich alles vom Lesermarkt her aufbauen und strukturieren. Es ist daher nicht nachvollziehbar, wenn in manchen Zeitungsverlagen Konflikte zwischen Redaktion, Geschäftsführung und sonstigen Bereichen geradezu als selbstverständlich perpetuiert werden.

In einem Zeitungsverlag sollte eine Service-Mentalität vorherrschen. Die Unternehmensleitung sollte ein systematisches Informationsmanagement, einen stetigen Dialog mit dem Leser organisieren, z. B. durch:

- Leserforen,
- Leserombudsman,
- Dialogredakteur,
- Jugendredakteur,
- Lesertelefon mit der Möglichkeit, rund um die Uhr Nachrichten zu hinterlassen,
- E-Mail-Systeme,
- Texte mit den Namen und Durchwahlnummern der Redakteure kennzeichnen,
- schnelle und systematische Analyse eingehender Leserbriefe usw.

Ein Beleg für die mangelnde Kundenorientierung bildet die Tatsache, dass manche unserer Kooperationspartner vor einigen Jahren ihr EDV-System umgestellt und deswegen alle Kundendaten bis zum Umstellungstermin unwiederbringlich verloren haben. Vielleicht hat das Management dieses Problem nicht bedacht oder schlicht gemeint, das sei nicht so wichtig. Man kommt dann aber – ohne Kundendaten – bei vielen Kundenaktivitäten nicht weiter.

Benötigt wird ein Kundeninformationssystem, das die Wertigkeit von Kunden anzeigt, Bindungsintensitäten analysiert und hilft, auf dieser Grundlage kritische Ereignisse herauszufinden, die zur Kündigung des Abonnements führen können. Dann gilt es, rechtzeitig über Call-Center Kundenkontakte zu initiieren, um die Kündigung zu vermeiden. Ein derartiges (leser-)marktbezogenes Customer Relationship Managementsystem haben jedoch die wenigsten der lokalen/regionalen Zeitungsverlage.

4.2 Operative Maßnahmen

Die Ermittlung der Wechselbereitschaft von Abonnementen erscheint wichtig, um Wechselbarrieren aufbauen zu können. Weitere Informationsquellen müssen für die Lesermarktforschung genutzt werden, wofür sich insbesondere Online-Medien anbieten. Wenn sich Leser online ihre „personal edition" zusammenstellen, lassen sich durch eine Auswertung dieser Produkte Leserpräferenzen analysieren. Die Personalisierung von Angeboten scheint ein Megatrend im Informationsdienstleistungsmarkt zu sein, dessen Potentiale bei weitem noch nicht erschlossen sind.

Die Lesermarktforschung wird meistens unregelmäßig, selten oder gar nicht praktiziert. Die *Zeitungsgruppe Lahn-Dill* hat beispielsweise vor vier Jahren die letzte Befragung durchgeführt, die *Oberhessische Presse* vor zehn Jahren. Wir strukturieren um, es wird sich sowieso alles ändern, heißt es dann. Oder: Man hat das sowieso alles im Gefühl. Es gibt sicherlich auch positive Beispiele: die *Verlagsgruppe Rhein-Main* etwa, die eine eigene Marktforschungsabteilung mit Telefon-Marketingkräften besitzt, die Neue *Westfälische,* die ein Call-Center für diesen Zweck etabliert hat, die *Hessisch-Niedersächsische Allgemeine,* die Marktforschungsinstitute regelmäßig mit der Durchführung von Leser-Fokusgruppen beauftragt, oder auch die *Süddeutsche Zeitung,* die telefonisch alle ihre Probe-Abonnenten befragen lässt.[1]

Eine Lesermarktsegmentierung ist in der Praxis nur in Ansätzen vorhanden. Bei den Anzeigenkunden ist es eher die Regel, dass man bestimmte Gruppen zu identifizieren und dann zu bearbeiten sucht. Die Entwicklung einer zielgruppenspezifischen Zeitung – die Kinderzeitung *L'Alsace* in Frankreich hat eine Auflage von 140.000, *Seniorenexpress* in

1 Vgl. Spintig (2001), S. 1781 f.

der Schweiz, die *Seniorenzeitung* in Deutschland – steckt jedoch noch im Experimentierstadium.

Die oben vorgestellten empirischen Erkenntnisse lassen es angeraten erscheinen, mit redaktionellem Marketing und mit Layout-Veränderungen behutsam umzugehen, insbesondere dort, wo die gewohnheitsmäßige Mediennutzung sehr stark ausgeprägt ist. Hier bietet es sich wirklich an, das Produkt nur in Details und sehr moderat zu ändern – natürlich insbesondere da, wo Schwächen vorhanden sind.

Nicht erst seit *Zwanzig Minuten* in Köln geistert das Thema kostenlose Zeitung durch die Lande. Das zeigt offenkundig, dass in bestimmten Gebieten die Preissensitivität relativ hoch und umgekehrt die habituelle Mediennutzung nicht so stark ist, dass sie ein kostenloses Produkt zurückdrängt. Man muss dabei auch zur Kenntnis nehmen, dass redaktionell doch recht ansprechend gemachte Anzeigenblätter die Preisempfindlichkeit von Kunden verändern. Andererseits stellt sich in der oben vorgestellten Studie heraus, dass lediglich 30 bis 40 % der Abonnenten den Abonnementpreis richtig nennen konnten. Mehr als 70 % wussten nicht, wann die letzte Preiserhöhung stattgefunden hatte.

Im Rahmen der Distributionspolitik wäre das Thema selektive Distribution anzusprechen – also die wochentagsbezogene Verteilung. Auch eine Individualisierung der Zeitung per E-Mail oder per Internet ist eine Möglichkeit, Bindung zum Verlag, zum Anbieter und vielleicht damit auch indirekt zum Titel zu forcieren.

Wenn man die Abonnement-Daten hätte – sofern sie nicht durch EDV-Umstellungen verloren gegangen sind –, könnte man versuchen, so etwas wie eine Loyalitätsleiter aufzubauen, um dann, abhängig von der Loyalitätsstufe, der Bindungsintensität, bestimmte Aktivitäten zu entwickeln – gestuft auch vor dem Hintergrund der Kosten-Nutzen-Einschätzung. Das wäre dann der Versuch, systematisch die zum Teil dramatisch hohen Fluktuationsraten über geeignete Maßnahmen herunterzufahren.

Das Thema Database-Marketing ist nicht nur bei den Kooperationspartnern der empirischen Studie von vielen Praktikern erwünscht, aber weitgehend nur rudimentär realisiert. Wichtig wäre, diese Erkenntnis zu kombinieren mit der Identifikation bindungsrelevanter Informationen, etwa der Abo-Lebensdauer für verschiedene Kundengruppen, die in den Stichproben der oben vorgestellten Studie quantifiziert werden kann; und unter Einbeziehung des Cross-Selling-Potentials in diesen Segmenten und weiterer Indikatoren könnte so etwas wie ein Kundenlebenszeitwert bestimmt werden.[1]

Daraus ließe sich ermitteln, für wie viel Umsatz ein Kunde steht, aber auch, wie viele Kosten er verursacht, denn man wird niemals für einen Abonnenten, der im Jahr 150 € erbringt, teure Marketing-Maßnahmen ergreifen. Das tut man erst dann, wenn dieser Kunde eine Abo-Restlaufzeit von vielleicht 15 Jahren hat und aufgrund bestimmter Merkmale in dieser Zeit vielleicht Zusatzleistungen abrufen wird, also Zusatzumsatz ge-

1 Vgl. Cornelsen (1996), S. 23 ff.

neriert. Dann verschieben sich womöglich die Dinge etwas, und Investitionen in solche Kunden „rentieren“ sich plötzlich.

Eine solche Database muss auch die Basis für die Erfolgskontrolle von Einzelaktionen bilden. Damit ließe sich z. B. der ökonomische Erfolg von redaktionellen Aktivitäten kontrollieren.

5. Fazit

In der oben vorgestellten Studie wurden die Determinanten der Kundenbindung bei Zeitungen und Moderatoren dieser Wirkungsbeziehung untersucht. Die Ergebnisse, von denen hier nur einige wenige vorgestellt wurden, können als Basis der Generierung von Kundenbindungsmaßnahmen von Zeitungen dienen.

Literaturverzeichnis

Cornelsen, J. (1996), Kundenwert – Begriff und Bestimmungsfaktoren – Arbeitspapier Nr. 43, Lehrstuhl für Marketing, Universität Erlangen-Nürnberg, Nürnberg 1996.

Eggert, A. (1999), Kundenbindung aus Kundensicht: Konzeptualisierung, Operationalisierung, Verhaltenswirksamkeit, Wiesbaden 1999.

Gehrmann, W./Hamann, G./Littger, P. (2002), Sparen, Schließen, Schassen, in: Die Zeit, Nr. 27, 27. Juni 2002, S. 11-14.

Gerpott, T.J. (2003), Umsatzquellen für Anbieter von Publikumspresseleistungen im Internet, erscheint in: WiSt – Wirtschaftswissenschaftliches Studium, 32. Jg., 2003.

Kaiser, A. (2001), Verlagsmarketing, in: Diller, H. (Hrsg.), Vahlens Großes Marketing Lexikon, 2. Auflage, München 2001, S. 1776-1781.

O. V. (2002), Gruner+Jahr stoßen Regionalzeitungen ab, in: Die Welt, 26. Juni 2002, www.welt.de/daten/2002/06/26/0626un340720.htx.

Peter, S.I. (1996), Kundenbindung als Marketingziel, Wiesbaden 1996.

Refäuter, D. (2002), Keine Alternative, in: Marketing schafft Zukunft, 8. November 2002, S. 48-49.

ROGALL, D. (2000), Kundenbindung als strategisches Ziel des Medienmarketing, Marburg 2000.

SPINTIG, S. (2001), Verlagstypologien, in: Diller, H. (Hrsg.), Vahlens Großes Marketing Lexikon, 2. Auflage, München 2001, S. 1781-1782.

ZMG (Hrsg.) (1999), Zeitungsqualitäten 1998/99, Frankfurt a. M. 1999.

Uwe Hoch

Strategie und Management für Fachmedien

1. Bedeutung der Fachmedien im Medienspektrum

Die Fachmedien haben seit vielen Jahren eine wichtige Aufgabe in der arbeitsteiligen und sich immer mehr spezialisierenden Wirtschaft, wie gleichermaßen im Wissenschaftsbetrieb oder bei Bildung und Ausbildung. Die Produkte im Fachmedienbereich und hier insbesondere die Zeitschriften, sind in der Regel unspektakulär, sie sind im hohen Maße inhaltsbezogen und konzentrieren sich auf die Abdeckung der Interessen und Bedürfnisse sehr spitzer Zielgruppen.

Im Mittelpunkt der Inhalte stehen überwiegend Dokumentation und Interpretation von Branchenentwicklungen der unterschiedlichsten Art. Fachzeitschriften berichten insbesondere über den „state of the art" im Hinblick auf den Fortschritt von Techniken, Prozessen, Verfahren und vergleichbaren Entwicklungen. Darüber hinaus geben Fachzeitschriften Einblick in die permanente Entwicklung von Themenfeldern. Fachzeitschriften dokumentieren so z. B. Urteile und Entscheidungen. Sie spiegeln nationale und internationale Trends wieder.

Ein besonders wichtiger Teil der Funktion von Fachzeitschriften sind berufsbezogene Informationen. Sie beinhalten neben den Branchenentwicklungen Berichte über Unternehmen der unterschiedlichsten Art, über personelle Entwicklung, über Techniken aber auch z. B. Vertrieb, Werbung, Kundenbeziehungen jeder Art usw. Darüber hinaus sind sie in einigen Segmenten Träger von berufsbezogenen Informationen zu gesellschaftspolitischen, sozialen oder bildungspolitisch wichtigen Themenfeldern.

Auch das gesamte Feld Wissenschaft ist bis zum heutigen Tage von Fachmedien der unterschiedlichsten Art abgedeckt. Objekte in diesem Segment sind jedoch strukturell anders aufgebaut und dem Wandel durch technologische Möglichkeiten im ganz besonderen Maße unterworfen.

Obwohl die Fachverleger in den vergangenen 10 Jahren in zahlreichen Relaunches ihre Objekte auch optisch und strukturell den Zeiterfordernissen angepasst haben, gibt es immer noch eine große Zahl von Zeitschriften, die recht zurückhaltend gestaltet sind. Beim notwendigen Weg in die Multimedialität sind sich die Verleger im Prinzip einig. Durch die sehr unterschiedlichen Verlagsstrukturen sind sehr unterschiedliche Zeittakte zu beobachten.

Gerade wegen der Kleinteiligkeit dieses Mediensegments, sowohl bei den Auflagen und Zielgruppensegmenten, als auch im Anzeigengeschäft, bleiben die Fachmedien ein wichtiges Mediensegment. Die permanente Beobachtung der Fachmedien wird allerdings dadurch erschwert, dass im Rahmen der unterschiedlichen Themenfelder und unterschiedlichen Medien, unterschiedlichen Branchen und unterschiedlichen Verlagstypen, eine klassische Beobachtung kaum möglich ist. So gibt es z. B. keine einheitliche Medienstatistik für diesen Bereich, viele Informationen kommen von kommerziellen Beobachtern, eine klassische Medienstatistik des statistischen Bundesamtes ist vor einigen Jahren abgeschafft worden. Zum Teil werden Informationen auch im nachhinein von den jeweiligen Verbänden erhoben. Verlässliche Aussagen über Marktanteile sind daher nur annäherungsweise machbar.

2. Markt- und Branchenstrukturen

Grundsätzlich kann man davon ausgehen, dass alle Wirtschaftsbranchen und alle Themenfelder durch unterschiedliche Publikationen abgedeckt sind. Überwiegend gibt es eine starke Konkurrenz mit zum Teil mehreren Publikationen bei nur gering abweichender Positionierung im jeweiligen Themenfeld. Die Märkte sind hoch differenziert und über Jahre hinweg ist der Trend zur weiteren Differenzierung genutzt worden. Dies hat dazu geführt, dass es immer mehr Fachzeitschriften für immer kleinere Zielgruppensegmente gibt.

Fachzeitschriften und Fachbücher, die zusammen den wesentlichen Umsatz in diesem Segment bestreiten, sind in hohem Maße abhängig von der Entwicklung der jeweiligen Marktsegmente oder Branchen. An der aktuellen Entwicklung zwischen 2000 und 2003 kann man dies deutlich ablesen. Die deutlichen konjunkturellen Schleifspuren in wichtigen Branchen haben dazu geführt, dass es zu Umstrukturierungen, Veränderungen, bis hin zur Reduzierung von Produkten in den jeweiligen Märkten gekommen ist. Gute Beispiele sind der Bereich Bau und Baunebengewerbe, Medien und Werbung oder verschiedene Segmente im Handel.

2.1 Der nationale Markt

Mit über 3.500 Titeln hat Deutschland international das wohl dichteste Netz an Fachzeitschriften. Der Titelmarkt ist dabei ständig in Bewegung. Die Fachpresse-Statistik der Deutschen Fachpresse, die hierfür die verlässlichsten Zahlen liefert, zeigt für das Jahr 2002, dass 84 neue Titel auf den Markt kamen, während gleichzeitig 167 Fachzeitschriften eingestellt wurden. Nachdem über viele Jahre die Titelanzahl ständig anwuchs, zwingt die genannte Situation die Fachverlage in 2002 zu einem leichten Rückgang der Titelanzahl und zu starken Reaktionen in ihrem bestehenden Sortiment, indem 217 Zeitschriften relauncht wurden. Der Relaunch, d. h. die Überarbeitung und damit Anpassung der Zeitschrift an aktuelle Bedürfnisse der Leser, der Anzeigenkunden sowie an die eigene Verlagsstrategie, ist für Verlage immer eine der größten und damit wichtigsten Aufgaben, ein eingeführtes Produkt auf Erfolgskurs zu halten oder aus einer Krise zu führen.

Neben der klassischen Fachzeitschrift gehört zum nationalen Markt natürlich das Fachbuch. Darüber hinaus haben viele Fachverlage das Thema Fort- und Weiterbildung im Rahmen von Seminaren und Kongressen für sich entdeckt. Allerdings noch in geringerem Umfang als dies z. B. im angelsächsischen Ausland die Regel ist.

Nach Jahren des leichten, aber kontinuierlichen Umsatzwachstums hat die seit 2001 sich verschärfende Krise in der Gesamtwirtschaft die Medien stark getroffen. Auch die Fachmedien sind hiervon tangiert. So ist der Gesamtumsatz im zweiten Jahr hintereinander gesunken, im Jahre 2002 um rund 5 % und betrug rund 1,9 Milliarden €. Bemerkenswert dabei ist, dass der Vertriebsumsatz stabil bis leicht positiv war während der Anzeigenumsatz um rund 10 % gefallen ist. Statistisch gesehen beträgt der Anteil des Anzeigengeschäftes am Fachpresseumsatz derzeit 51 %. Die Gesamtauflage in 2002 betrug 464 Millionen Exemplare, davon 54 % verkauft. Auch die Auflage war mit -2,5 % in 2002 leicht rückläufig. Die Umsatzanteile stellen sich wie folgt dar:

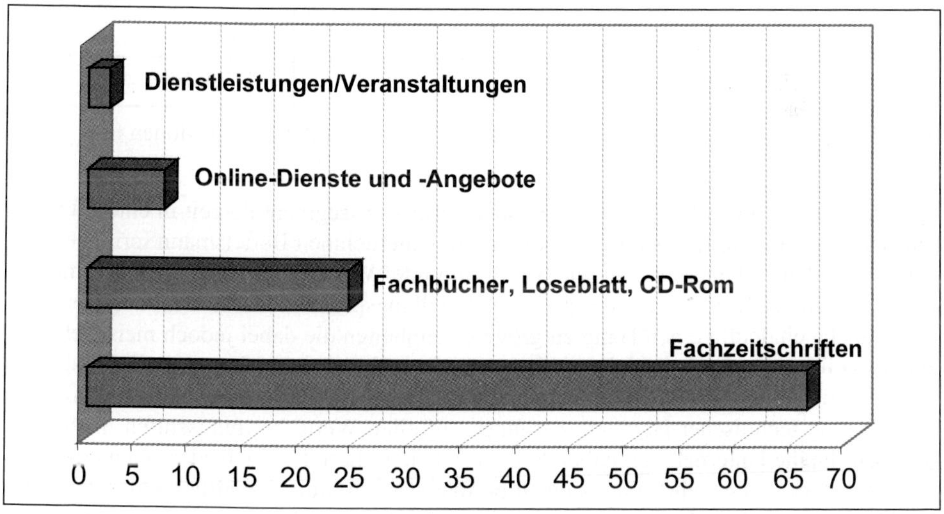

Abbildung 1: Fachinformations-Umsatzanteile am Gesamtumsatz des Unternehmens (Angaben in % des Gesamtumsatzes befragter Verlage in 2002)[1]

Bis auf wenige Ausnahmen ist die Branche in Deutschland stark mittelständisch geprägt. Es dominieren ganz klar die kleineren und mittleren Unternehmen. Viele Unternehmen sind noch Familienunternehmen, zum Teil über mehrere Generationen.

1 Quelle: Jahrbuch 2003 der Fachinformationen, Deutsche Fachpresse (Hrsg.).

Nr.	Unternehmen	Umsatz (in Mio. €)	Schwerpunkte
1	Bertelsmann Springer	749	STM, B2B
2	Holtzbrinck-Fachinfo.	702	Bildung, STM
3	SVHFI	319	RWS, B2B
4	Weka Firmengruppe	316	RWS, B2B
5	Vogel-Medien-Gruppe	393	B2B
6	Ernst Klett Verlag	314	Bildung
7	Cornelsen Verlag	192	Bildung
8	Wolters Kluwer Dtl.	165	RWS, Bildung
9	Rudolf Haufe Verlag	154	RWS
10	Deutsche Ärzte-Verlag	137	STM, B2B

Tabelle 1: Top 10-Fachverlage in Deutschland (Umsatz 2001 in Millionen €)[1]

Von der Unternehmensstruktur ist das Fachinformationssegment derzeit in einem Wandlungsprozess. So wurde das mit Abstand größte Unternehmen BertelsmannSpringer 2003 verkauft und auch Unternehmen wie SV Hüthig oder WEKA sind nach übereinstimmenden Angaben der Branchenpresse in einem Wandlungsprozess. Darüber hinaus gibt es in der Branche eindeutig einen Hang zu größeren Einheiten die dabei jedoch meist sehr dezentral geführt werden mit kleinen, eigenständigen Verlagsbereichen. Die Führung dieser Einheiten durch Verlagskonzerne entsteht durch die Professionalisierung und die Bewältigung technischer Herausforderungen auf allen Wertschöpfungsstufen. Insbesondere sehr kleine Unternehmen haben Schwierigkeiten diese Herausforderungen auf Dauer zu meistern. Umgekehrt gibt es einen permanenten Akquisitionsdruck unter den Verlagshäusern, sowohl auf der nationalen Seite aber auch ganz besonders von international operierenden Unternehmen, insbesondere aus dem angelsächsischen Raum.

2.2 Ausland/Internationale Strukturen

Der Markt der internationalen Fachinformationsanbieter unterscheidet sich vom deutschen Markt beträchtlich. Zum einen konzentrieren sich internationale Anbieter auf eine überschaubare Zahl von Themen, d. h. sie sind vertikaler ausgerichtet. Darüber hinaus

1 Quelle: KPMG, Media Snapshot und w&v compact 2002.

konzentriert man sich global auf die englische Sprache. Hinzu kommt, dass internationale Anbieter, insbesondere die Großen, ganz andere Zugänge zu den Kapitalmärkten haben und damit große Möglichkeiten für internationale Akquisitionen. Außerdem haben internationale Fachverlage in der Regel in ihrem Portfolio starke Bereiche, die in Deutschland unterrepräsentiert sind, dies gilt z. B. für das gesamte Messewesen, sowie die Bereiche Fort- und Weiterbildung oder Recruiting. Die Umsätze der international führenden Fachmedienanbieter sind acht bis zehn mal so groß wie die vergleichbaren deutschen Anbieter. Von ihrer Herkunft sind es fast ausschließlich angelsächsisch und niederländisch geprägte Unternehmen.

Nr.	Unternehmen	Umsatz (in Mio. €)	Schwerpunkte
1	Thomson Corp.	8.094	RWS, Bildung
2	Reed Elsevier	7.334	RWS B2B
3	Mc Graw Hill	5.187	Bildung, B2B
4	Pearson Education	4.190	Bildung
5	Wolters Kluwer	3.837	RWS
6	Vivendi	1.200	Bildung, B2B
7	IDG	3.363	B2B (IT)
8	UBM	1.500	B2B
9	VNU B2B NV	926	B2B
10	Wiley	831	STM, B2B

Tabelle 2: Top 10-Fachverlage weltweit (Umsatz 2001 in Millionen €)[1]

Hinzuweisen ist in diesem Zusammenhang noch auf die deutlich aggressivere Nutzung und Entwicklung der modernen Technologien. Bei international operierenden Verlagen, sind die Investitionen in Digitalisierung, Datenbanktechnologien und Online-Vertriebsstrukturen deutlich stärker als in Deutschland. Dies gilt gleichermaßen auch für technische Investitionen wie Finanzinvestitionen.

1 Quelle: KPMG, Media Snapshot.

2.3 Entwicklungstrends

Neben der Überwindung der konjunkturellen Schwierigkeiten gibt es eine Reihe von strukturellen Veränderungen, die zum Teil bereits im Gange sind, zum Teil mit neuer Kraft auf die Fachverleger zu kommen. Die wichtigsten dieser Trends lassen sich wie folgt beschreiben:

1. Der Qualitätswettbewerb unter den Marktteilnehmern wird steigen, da in diesem Spezialmarkt die qualitativen Merkmale der Verlagsobjekte eine noch größere Rolle spielen werden.
2. Der technologische Wettbewerb wird zunehmen. Insbesondere im Hinblick auf Print-Online-Kombinationen, sowie in der Ausgestaltung des Cross-Media-Gedankens werden neue Herausforderungen sichtbar.
3. Das klassische Management wird sich weiter professionalisieren, d. h. Tools und Verfahren wie sie in anderen Mediensegmenten üblich sind, werden noch stärker Einzug halten.
4. Der Gedanke, dass nur ausreichend hoher Nutzwert die jeweiligen spezialisierten Zielgruppen zufrieden stellt, ist nicht neu, wird sich aber in den kommenden Jahren verstärken und im Wettbewerb eine noch größere Rolle spielen.
5. Die Finanzierungsmöglichkeiten, insbesondere für deutsche Unternehmen, werden komplizierter und nicht zuletzt durch die Maßnahmen, die unter dem Stichwort „Basel II“ zu subsumieren sind, für die Verleger komplizierter.
6. Der Akquisitionsdruck ausländischer globaler player wird größer, da ihre Aktivitäten nach wie vor auf dem wichtigen Markt Deutschland in hohem Maße unterrepräsentiert sind.

Unter der Voraussetzung, dass die deutschen Verleger die Herausforderung der aktuellen Entwicklungstrend proaktiv aufnehmen und umsetzen, wird der Fachinformationsmarkt in Deutschland auf Jahre hinaus ein wichtiges und interessantes Mediensegment bleiben und dies mit durchaus interessanten Margen für die handelnden Unternehmen.

3. Die Wirtschaftsstrukturen

Erfolgreiches Management von Fachmedien erfordert auch in Zukunft die Einhaltung ganz bestimmter strategischer Eckpunkte. Hierzu gehören in erster Linie die Vermittlung von Nutzwert, die Produktqualität und mit beiden Punkten eng verbunden die Produktion von Fachmedien als Marken oder Markenfamilien mit den entsprechenden Konsequenzen. Darüber hinaus müssen die Produkte im Rahmen von Cross-Media-Strategien alle sinnvollen medialen Elemente miteinander verbinden, um die Unentbehrlichkeit der Produkte für die jeweiligen Zielgruppen zu steigern.

3.1 Nutzwertstrategien

Nutzwert ist ein in der deutschen Medienlandschaft hoch strapazierter Begriff. Alle Mediengattungen gehen mit diesem Begriff an den Markt und ganz gleich, ob es sich um Objekte der Publikumspresse oder des special-interest Bereichs handelt, ob es um Tages- oder Wochenzeitungen geht, selbst bis hin zur konfessionellen Presse reicht die Ausbeutung dieses Themas. Für Fachmedien ist die Generierung und der Transport von Nutzwert für die hochspezialisierten Nutzergruppen eine Basisvoraussetzung für die Existenz.

Was wird in erster Linie von einem Fachmedium erwartet? Fachmedien sammeln, sichten, bereiten auf und bewerten Fakten und Informationen. Dies tun sie unter Wahrung einer hohen Aktualität, wobei mindestens die Themenaktualität gemeint ist und nicht die Tagesaktualität. Sie müssen dies in der Regel in kleinen spezialisierten Teams tun und besser als z. B. die eher additiven Informationsbits aus dem Internet oder als interessengefärbte Verbandsinformationen. Dies soll nach Möglichkeit auf dem Wege des one-stop-shopping geschehen, d. h. als integrierte Information mit integrierter Bewertung. Nur wenn Fachinformationen diesen Anspruch gewährleisten können, werden sie ihrer Aufgabe gerecht und sind am Markt auf Dauer konkurrenzfähig. Insbesondere die Faktoren Aufbereitung und Bewertung spielen in diesem Zusammenhang eine besonders große Rolle, dazu gehört auch die didaktische Vervollkommnung und der Mut mit hohem Sachverstand zu divergierenden Themen Stellung zu beziehen. Nutzwert in Fachmedien sind eben nicht nur Faktensammlungen, sondern darüber hinaus anwendungsorientierte Informationen, die entweder fürs Unternehmen oder für die persönliche, berufliche Weiterentwicklung von hohem Wert sind. Aufgrund der hohen Bedeutung der Nutzwertstrategien leitet sich eine bestimmte Spezies von Fachredakteuren ab. Diese müssen in hohem Maße neben Fachkenntnis und klassischen Redakteurstugenden über ein bestimmtes Maß an Zielgruppenmarketing verfügen, bzw. Zielgruppenmarketing einsetzen, um die Beziehung zwischen Leserschaft und Objekt zu stabilisieren und die jeweiligen Zeitschriften defacto unaustauschbar zu machen.

3.2 Qualitätsstrategien

Die Produktion von Nutzwert kann nur gelingen, wenn gleichzeitig ein gleichbleibend hohes Qualitätsniveau erreicht wird. Gerade für Fachzielgruppen die insbesondere bei Spezialisten und Fachführungskräften nicht nur ein hohes Anspruchsniveau, sondern naturgemäß durch permanente Beschäftigung mit den Gegenständen ein hohes allgemeines Informationsniveau haben, ist die Qualität der gebotenen Information eine wesentliche Voraussetzung für Verkaufserfolge von Fachmedien. Dies gilt nicht nur für die klassischen B2B-Titel, sondern in gleichem Maße für Segmente wie z. B. Recht, Wirtschaft, Steuern oder Wissenschaft und Medizin. Ohne den permanenten Qualitätsnachweis, ohne die Verlässlichkeit in hohem Maße der dargebotenen Informationen, sind Fachmedien langfristig nicht marktfähig. Die ständige Qualitätskontrolle und das Agieren auf einem hohen Kompetenzniveau sind deshalb für Fachinformationen eine der unerlässlichen Grundvoraussetzungen.

3.3 Markenstrategien

Hoher Nutzwert, verbunden mit permanent gleichbleibender hoher Qualität bringen die Chance auch Fachmedien als Marken zu positionieren. Es gibt keinen Zweifel darüber, dass Printprodukte schon seit Jahren durchaus Markencharakter haben. Dies gilt auch für eine zunehmende Zahl gut gepflegter und geführter Fachtitel. Die Fachzeitschrift als Marke hat dem gemäß alle Vorzüge und zwar gleichermaßen im Bereich der Positionierung wie auch mit den entsprechenden Chancen bei der Preispolitik. Allerdings gilt auch für derartige Marken, dass sie in hohem Maße verlässlich sind und das alle klassischen Erfordernisse der Markenführung notwendig sind um hier keine Fehler zu begehen. Zu den Risiken zählt gerade in diesem Mediensegment ein übertriebenes Maß an Markendehnung, da manche Verlage nur zu leicht der Versuchung unterliegen, auf der Basis eines Kernobjektes möglichst viele zusätzliche Produkte zu platzieren. Ähnlich wie im Konsumentenbereich gilt bei der Markenführung für Fachmedien, dass entsprechende Fehler unnachgiebig vom Markt bestraft werden und es danach Jahre dauern kann, bis ein Objekt seinen alten Zustand wieder erreicht hat. Nicht selten werden Fehler in der Markenführung mit dauerhafter Abstrafung am Markt geahndet.

3.4 Cross-Media-Strategien

Spätestens seit der breitflächigen Nutzung der durch die digitale Revolution möglichen Techniken, ist neben Nutzwert und Qualität die multimediale Darbietungsform von Fachinformationen unumgänglich. Wenn sich auch die Fachverleger, nicht zuletzt verunsichert durch den Hype in diesem Bereich, in den ersten Jahren schwer getan haben die entsprechenden Cross-Media-Strategien umzusetzen, hat sich in den letzten Jahren hier ein gravierender Wandel vollzogen. Immer mehr Produkte und Produktgruppen werden im Rahmen von additiven Medienformen angeboten, hierzu gehört z. B. neben der klassischen Fachzeitschrift Zugänge zu Datenbanken, Faktensammlungen auf Datenträgern wie CD-Rom, interaktive Möglichkeiten über Online-Zugänge, verbunden mit interaktiven Chancen. Es gehören aber auch gleichermaßen klassische Medien im neuen Verbund dazu, wie z. B. Bücher, Seminarveranstaltungen und Informationsdienste, die heute überwiegend elektronischer Natur sind. Alle diese und noch weitere medialen Variationsmöglichkeiten sind kein Selbstzweck, sondern müssen einen wesentlichen Beitrag leisten zur zielgruppengenauen Lösung der Probleme am Arbeitsplatz. Je besser sie abgestimmt sind, und je einfühlsamer sie auf die Erfordernisse der spitzen Zielgruppen zugeschnitten sind, desto höher ist die Akzeptanz und damit die Marktchance der entsprechenden Fachinformationen.

Es gibt inzwischen viele gute Beispiele für die Realisierung von Cross-Media-Strategien. Zur Untermalung hier ein Beispiel aus dem Hause Verlagsgruppe Handelsblatt und zwar rund um die Zeitschrift „DER BETRIEB". Der Betrieb ist die marktführende Wochenzeitschrift für Betriebswirtschaft, Steuerrecht, Wirtschaftsrecht und Arbeitsrecht. Sie ist Informations- und Arbeitsmittel für Steuerberater, Wirtschaftsprüfer und Unternehmer. Die Zeitschrift erscheint im 56. Jahrgang und hat sich in den letzten Jahren zum Nutzen der sehr anspruchsvollen Zielgruppe crossmedial gewandelt.

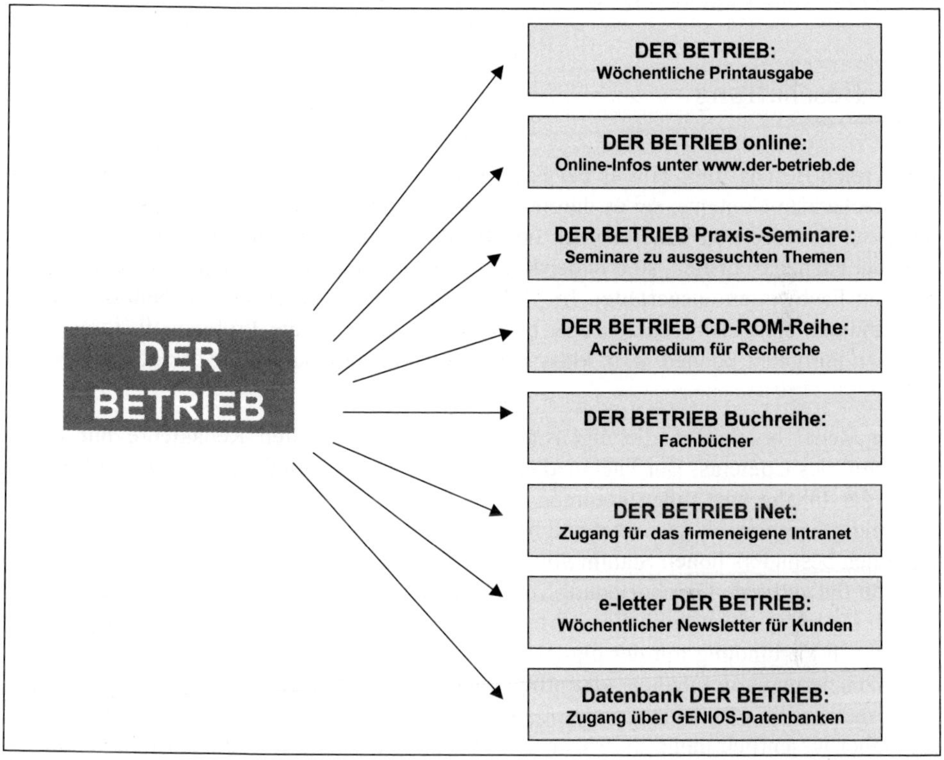

Abbildung 2: Produktfamilie „DER BETRIEB"

Beispiele dieser Art lassen sich im deutschen Fachinformationsmarkt inzwischen zahlreich finden. Sie zeigen deutlich, welche Strukturen jetzt und in naher Zukunft aktuell sein werden. Dabei darf allerdings nicht vergessen werden, dass derartige Möglichkeiten von den Verlagen mittel- und langfristig nur dann aufrecht zu erhalten sind, wenn in der technischen Produktion, insbesondere im Vorstufenbereich, medienneutral gearbeitet und gespeichert werden kann. Da derartige Systeme nicht trivial sind, wird es gerade für sehr kleine Unternehmen mit wenigen Spezialisten außerordentlich schwierig sein, diese Hürde zu überwinden.

4. Management von Fachzeitschriften

Ganz prinzipiell gelten auch für Fachmedien die allgemeinen verbindlichen Managementkriterien wie z. B. für Publikumszeitschriften oder konfessionelle Zeitschriften. Dessen ungeachtet ist für Fachmedien, speziell für Fachzeitschriften darüber hinaus ein spezielles Know-how erforderlich, da insbesondere auf dem Beschaffungssektor sowie bei Absatz- und Preispolitik große Besonderheiten vorhanden sind.

4.1 Beschaffung

Im Bereich Beschaffung geht es bei Fachmedien in erster Linie um die Erarbeitung des entsprechenden Contents, sei es durch eigenständige Redaktionen, durch freie Mitarbeiter, bzw. Beiträge von Unternehmen und Institutionen. Eigenständige Redaktionen, gerade bei Fachzeitschriften, sind in der Regel klein, dafür aber mit einem besonders hohen Maß an Fachwissen ausgestattet. Im Rahmen der bereits geschilderten Nutzwertstrategien müssen sich Fachredakteure in besonderem Maße in die Problematik ihrer Zielgruppen einfühlen können, d. h. klassisches Redaktionsmarketing ist dringend erforderlich.

In der Regel beschaffen die eigenständigen, fest angestellten Redakteure nur einen Bruchteil des Contents. Bei Fachmedien ist es nicht ungewöhnlich, dass bis zu 80 oder 90 % der Inhalte von außen kommen und lediglich redigiert werden, bzw. wie bereits geschildert, gesammelt, gesichtet und bewertet werden. Fachmedien können in der Regel auf einen besonders hohen Stamm von freien Mitarbeitern zurück greifen, was insbesondere für die vertikale Durchdringung von Problemen durch hohe Spezialisierung Vorteile bringt. Da inzwischen durch Cross-Media-Strategien und Mehrfachverwendung von Inhalten – in Verbindung mit der digitalen Archivierung sowohl die Verbreitung, als auch die Lizenzierung von Inhalten wesentlich leichter geworden ist, spielt seit einigen Jahren das Urheberrecht eine besonders große Rolle für Fachmedieninhalte. Die Verlage müssen daher wesentlich mehr als früher darauf achten, dass die erarbeiteten Inhalte nur im Rahmen von klassischer Lizenzierung weiter gereicht werden. Gleichzeitig müssen sie im Innenverhältnis dafür sorgen, dass im Rahmen der Beschaffung mit den Autoren entsprechende klare Verhältnisse geschaffen werden. Ohne derartige interne Klärung der Urheberrechtsfragen, werden Cross-Media-Strategien äußerst schwierig. Darüber hinaus ist dies die zwingende Voraussetzung, um erarbeiteten Content im Rahmen von Paid-Content-Strategien weiter zu verwerten.

4.2 Produktion

Im Hinblick auf die technischen Voraussetzungen der Produktion von Fachmedien haben sich die Verhältnisse in der letzten Dekade den Möglichkeiten anderer Zeitschriftenproduktionsmethoden deutlich angenähert. Dies bedeutet, dass im Hinblick auf die Redaktionssysteme, auf Bildbearbeitung und Grafik modernste Verfahren Einzug gehalten haben und dadurch diese Techniken gleichermaßen zur Beschleunigung der Produktion beigetragen haben, wie auch ganz neue Formen der optischen Darbietung möglich machen. Die Möglichkeiten der integrierten digitalen Vorstufenproduktion gehen inzwischen bis zur medienunabhängigen Produktion. Ziel dabei ist es, durch datenbankgestützte Redaktionssysteme und ein hohes Maß an Standardisierung und Formalisierung den gleichen Inhalt in unterschiedliche Ausgabeformen zu lenken. Für Cross-Media-Strategien ist dies eine unerlässliche Voraussetzung.

Auch im Druckbereich profitiert die Fachzeitschrift von den technischen Entwicklungen der letzten Jahre, hier haben sich insbesondere die Faktoren Zeit, Farbe, Qualität und Preis deutlich verbessert.

Aber auch für Fachbücher sind die technischen Möglichkeiten in der Produktion deutlich besser geworden, was angesichts der sinkenden Auflage pro Exemplar auch lebensnotwendig war. Auch beim Buch gilt eine Standardisierung in der Ausstattung, ein terminliches Zusammenfassen der Editionen, Digitalisierung der Vorstufe bis hin zum Autor, sowie die in den letzten Jahren aufgekommene Möglichkeit zur just in time Produktion. Auch das weitgehend ungeliebte Medium Loseblatt profitiert davon und wird heute von vielen Verlagen ebenfalls datenbankgestützt produziert.

4.3 Vertrieb (Lesermarkt)

Wie erwähnt, richten sich Fachzeitschrift und Fachbuch in erste Linie an hochspezialisierte und differenzierte Lesermärkte. Dies zieht nach sich, dass die Auflagen entsprechend sind. Das Gros der Zeitschriften bewegt sich z. B. in Größenordnungen zwischen 1.500 und 25.000 Exemplaren. Größere Zeitschriften gibt es ebenfalls, sie sind jedoch nicht die Regel.

In den letzten Jahren ist es zu einer Zweiteilung im Lesermarkt gekommen. Auf der einen Seite gibt es im Bereich B2B die verhängnisvolle Entwicklung der Vollabdeckung von Zielgruppen, auch unter Verzicht auf Vertriebserlöse. Die Verlage sind immer mehr dazu übergegangen, neben einer kleinen Zahl abonnierter Exemplare die jeweiligen Märkte teilweise oder vollständig mit Freistücken zu beliefern, was die Chancen für das eigene Objekt, aber auch die Konkurrenzobjekte in diesen Märkten im Hinblick auf Erfolge im klassischen Vetriebsmarketing unmöglich macht. Bei Recht, Wirtschaft, Steuern oder STM sind die Verhältnisse anders. Hier wird immer noch die klassischen Marketinginstrumente für die Vertriebswerbung eingesetzt, u. a. klassische Werbung, Direct

Marketing, Kooperationen mit Verbänden und Institutionen oder Hochschulen, Bundling unterschiedlicher Produkte und Cross-Marketing. Dabei ist allerdings festzustellen, dass die Bindungsbereitschaft selbst in diesen Zielgruppen, deutlich abgenommen hat, was sich in einem drastischen Anstieg der CPO-Werte (Cost-per-Order) auch in diesem Segment ausdrückt. Ein wesentlicher Grund – auch für die Veränderungen in diesem Segment – ist das Hinzukommen eines neuen Mediums, des Internets. Die Internetnutzung ist ebenfalls zeitintensiv und konkurriert mit den anderen Zeitfaktoren, so dass auch hier der Wettbewerb härter geworden ist. Generell lässt sich sagen, dass grundsätzlich need-to-know-Produkte wesentlich höhere Chancen haben sich mit entsprechendem Vertriebsmarketing durchzusetzen, während nice-to-know-Produkte zunehmend in Schwierigkeiten kommen.

Unabdingbar und für die Zukunft immer wichtiger ist ein klassischer und akzeptierter Auflagennachweis der Zeitschriften und dies nicht nur für die Möglichkeiten im Anzeigenmarkt. Insofern ist immer noch unverständlich, warum noch nicht einmal ein Drittel der existierenden Fachzeitschriften z. B. zur IVW (Informationsgemeinschaft zur Feststellung der Verbreitung von Werbeträgern) angemeldet sind.

4.4 Anzeigenmarkt

So unterschiedlich wie die Verhältnisse auf dem Lesermarkt, sind auch die Möglichkeiten der Produkte am Anzeigenmarkt. Grundsätzlich kann man davon ausgehen, dass B2B-Zeitschriften einen drastisch höheren Erlösanteil im Anzeigenmarkt generieren, während RWS, STM oder wissenschaftsbezogene Produkte überwiegend von den Vertriebsmärkten leben. Entsprechend sind die Verhältnisse im Text-/Anzeigeverhältnis, bzw. in den Verhältnissen der Vertriebs- und Anzeigenerlöse. Nicht wenige B2B-Zeitschriften leben zu 70 bis 95 % von Anzeigenerlösen, während in den anderen Segmenten die Anzeigenerlöse nur mit 20 bis 0 % zu Buche schlagen. Die Auswirkungen dieser Strukturen – insbesondere in konjunkturell schwankenden Zeiten – liegen auf der Hand.

Die wichtigsten Anzeigenkategorien sind neben der klassischen Produktwerbung Händlerwerbung, Personalanzeigen und in einem gewissen Umfang auch Rubrikenanzeigen (Kleinanzeigen). Auch Stellenmärkte finden sich in einigen Titeln. Bei den Verkaufsstrukturen dominieren bei den ganz kleinen und mittleren Unternehmen freie Handelsvertreter im Rahmen von Anzeigenverkaufsbüros, während die größeren Objekte in der Regel eigene Repräsentanten neben einem klassischen Innendienst haben.

nach Bruttowerbeumsatz 2001

Rang	Titel	Verlag	Branche	Umsatz 2001 in Mio. Euro
1	**Computerwoche**	IDG Communications Verlag	Computer	49,3
2	**Deutsches Ärzteblatt**	Deutscher Ärzte-Verlag	Medizin	42,5
3	**Lebensmittel Zeitung**	Deutscher Fachverlag	Lebensmittel	35,6
4	**Ärzte-Zeitung**	Ärzte-Zeitung-Verlag/BertelsmannSpringer	Medizin	26,9
5	**Werben & Verkaufen**	Europa-Fachpresse-Verlag	Marketing	26,0
6	**Textil-Wirtschaft**	Deutscher Fachverlag	Textil	26,0
7	**Maschinenmarkt**	Vogel Medien	Industrie	18,9
8	**HORIZONT**	Deutscher Fachverlag	Marketing	17,0
9	**Computer Reseller News**	WEKA	Computer	15,0
10	**Medical Tribune**	Medical Tribune Verlag	Medizin	14,6
11	**FVW International**	Verlag Dieter Niedecken	Touristik	13,0
12	**Industrie-Anzeiger**	Konradin-Verlag	Industrie	12,3
13	**Computer-Partner**	IDG Communications Verlag	Computer	11,9
14	**Deutsche Verkehrs-Zeitung**	Deutscher Verkehrs-Verlag	Verkehr	10,3
15	**Ärztliche Praxis**	Elsevier Fachinformation	Medizin	10,0
16	**AHGZ Allg. Hotel- und Gaststättenzeitung**	Matthaes Verlag	Gastronomie	9,5
17	**Bayerisches Landw. Wochenblatt**	BLV Verlag	Agrar	9,1
18	**Elektronik-Praxis**	Vogel Medien	Elektronik	9,0
19	**Verkehrs-Rundschau**	Verlag Heinrich Vogel/BertelsmannSpringer	Verkehr	9,0
20	**Markt & Technik**	WEKA	Elektronik	8,7
21	**Lebensmittel-Praxis**	Verlagsgruppe Handelsblatt	Lebensmittel	8,5
22	**Computer-Zeitung**	Konradin-Verlag	Computer	8,1
23	**Top Agrar**	Landwirtschaftsverlag	Agrar	7,4
24	**Neue Juristische Wochenschrift****	C.H. Beck	Recht	7,3
25	**Börsenblatt des dt. Buchhandels***	Buchhändler-Vereinigung	Medien	7,3
26	**Elektronik**	WEKA	Elektronik	6,6
27	**Landw. Wochenblatt Westf.-Lippe**	Landwirtschaftsverlag	Agrar	6,4
28	**Produktion****	Verlag Moderne Industrie	Industrie	6,3
29	**PZ Pharmazeutische Zeitung**	Govi-Verlag	Pharma	6,0
30	**Touristik-Report***	WDV	Touristik	6,0

Recherche: PBM Medien GmbH, Heidelberg; Angaben in Millionen Euro, auf eine Kommastelle gerundet
*Quelle: Verlagsangaben; * Nielsen; ** Vertriebsunion Meynen*

Abbildung 3: Ranking: Die Top-Titel der Fachpresse 2001[1]

Zu den Konfliktfeldern, insbesondere im Anzeigengeschäft, gehören neben den erwähnten konjunkturell bzw. branchenkonjunkturellen Schwierigkeiten die immer noch unzureichend vorhandenen Mediaanalysen für dieses Segment. So gibt es zwar inzwischen für einige Branchen Reichweitenanalysen, vielfach sind jedoch Anzeigenkunden und Agenturen auf sonstige Darstellungen der Strukturen angewiesen, seien es nun unabhängig erarbeitete Leserstrukturanalysen oder Auswertungen der Verlage von eigenen Leserstrukturen. Darüber hinaus macht sich auch im Anzeigenmarkt der Fachmedien in den letzten Jahren eine zunehmende Problematik im Hinblick auf die Preislistentreue bemerkbar, d. h. dass zunehmend Verkaufsorganisationen sich auf Rabatte einlassen und

1 Quelle: Horizont 2002. Bei der Bedeutung der Bruttoerwerbsumsätze darf man getrost, unter normalen Verkaufbedingungen, rund ein Drittel abziehen, um auf Nettoerwerbserlöse zu kommen.

– nicht zuletzt wegen des anhaltenden Drucks am Markt – die Nettoerlöse für sich selbst, aber auch für konkurrierende Unternehmen nach unten drücken. Da auch in konjunkturell besseren Zeiten diese Spirale kaum umkehrbar ist, produzieren sich die Verlage damit ihre eigenen Schwierigkeiten für die Zukunft.

4.5 Outsourcing und Kooperationsmodelle

Ausgehend von dem zunehmenden Druck auf der Kostenseite und den deutlich erschwerten Chancen im Absatzbereich, sind in der Fachinformation gerade in den letzten Jahren klassisches Outsourcing, aber auch verlagsübergreifende Kooperationen deutlich angestiegen. Die Erkenntnis setzt sich immer mehr durch, dass abgesehen von der Beschaffung, von der Basiskenntnis der Zielgruppen, sowie des zielgruppengerechten Marketings, viele Aufgaben nicht unbedingt im eigenen Hause gemacht werden müssen. Dies gilt für Layout und Produktion, für den technischen Vertrieb ebenso für Verkaufsaktivitäten oder auch für das Vorhalten von Archiv- und Datenbankaktivitäten. Auch die Zahl der verlagsübergreifenden Kooperationen nimmt zu und zwar insbesondere bei Produktion und Vertrieb von digitalen Produkten. Für die Verlagsunternehmen ergibt sich daraus die Chance, die Fixkosten deutlich zu begrenzen und durch den Einsatz von Dienstleistern oder Kooperationspartnern, darüber hinaus in ihren Angebotsstrukturen deutlich flexibler zu werden.

5. Die elektronische Herausforderung

Für kaum ein Mediensegment ist die elektronische Herausforderung in Form der digitalen Revolution so wichtig und zukunftsträchtig, wie für die Fachmedien. Einerseits ergeben sich aus den neuen Technologien hohe Chancen für die Angebotserweiterung und die Erhöhung des Nutzwertes. Gleichzeitig liegen in dieser Entwicklung Risiken durch neue Angebotsformen, die nicht mehr klassisch finanzierbar sind, durch Nachfragedruck aus den Zielgruppen und durch die Notwendigkeit Substitutionsprozesse sinnvoll zu steuern.

5.1 Phasen des Wandels

So merkwürdig es klingt, die Fehler der Fachverleger in den ersten Jahren des dramatischen technologischen Wandels, so insbesondere in der ersten Phase des Aufkommens der Internetaktivitäten, war, dass sie sich nahezu identisch verhalten haben, wie alle anderen. Ausgehend von einem grenzenlosen Misstrauen bei eher mittelständisch geprägten Familienunternehmen, hat man am Anfang der 90er Jahre zunächst auf die Vorreiter geblickt und etwa ab 1993 bis 1995 begonnen, sich von der schönen neuen Welt anstecken zu lassen. Es folgte die Phase einer gewissen Gläubigkeit, was die Ausweitung der Produkte und die Möglichkeiten der Geschäftsmodelle angeht und endete in 2001 zunächst einmal in tiefer Enttäuschung. Insofern waren auch die Fachverleger vom allgemeinen Hype und seinem Zusammenbruch betroffen. Seitdem gibt es ganz eindeutig eine neue Besinnung, ausgehend von einer weitaus realistischeren Einschätzung dessen, was für die Zielgruppe und die für sie produzierten Zeitschriften am sinnvollsten ist. Insbesondere hat sich die Erkenntnis auch in diesem Verlagssegment durchgesetzt, dass man nicht alles machen muss, was technisch möglich ist und dass technologische Angebote nicht um ihrer selbst willen bezogen werden, sondern nur dann, wenn sie einen nachgewiesenen und sichtbaren Mehrwert für den Nutzanwender bringen. Auch die Phase des ungezügelten Experimentierens ist seitdem deutlich abgeschwächt, was nicht zuletzt an der realistischeren Einschätzung von Kosten und Erlösen in diesem Segment herrührt.

5.2 Integration und Cross-Media

Im Mittelpunkt der derzeitigen technologischen Entwicklung, bzw. ihrer Anwendung, steht ganz zweifellos ein neues Verständnis für die Integration von Print und Online. Neben einigen, vorwiegend newsgetriebenen Onlinelösungen, die allerdings in der Fachmedienwelt zu den weniger bedeutenderen gehören, ist das Angebot von additiven Informationen deutlich gewachsen. Hierzu gehören der Ausbau von vertikalen Informationspaketen im Printbereich zu angebotenen Themen bis hin zu neuen Versuchen, Print/ Online als Kombination anzubieten. Das dabei das Thema Interaktivität nach wie vor eine große Rolle spielt, ist eindeutig. Dies hat aber auch viele Fachmedienredaktionen in hohem Maße belastet. Zu den neuen Ansätzen gehört auch eine neue Einschätzung der Möglichkeiten, die über die Erlöse von Mediasales und Contentsales herrscht. Nachdem in der frühen Phase in dem Geschäftsmodell die Mediasaleserlöse eine überaus große Rolle gespielt haben, denen man nicht zuletzt durch kühne Prognosen ungeahnte Möglichkeiten verheißen hatte, hat man sich hiervon im Fachmedienbereich inzwischen längst verabschiedet. Allerdings hat ein ähnliches Schicksal auch der Bereich der Contentsales erfahren, auch dessen Möglichkeiten sind überschätzt worden. Nunmehr herrscht eine durchaus realistische Einschätzung.

Zu den eminenten Schwierigkeiten des Einsatzes von Onlinemedien im Fachmedienbereich gehört immer noch eine unausgesprochene Angst der damit einhergehenden Substitutionsprobleme nicht Herr werden zu können. Dem zugrunde liegt die Vorstellung der Nutzer, dass elektronische Informationen nur noch einen Bruchteil der Printinformationen kosten können und kosten dürfen. Die Tatsache, dass bei Onlineinformationen lediglich die Technikkosten (Druck) und der Vertrieb deutlich preiswerter sind, die anderen Kostenarten, insbesondere die Beschaffung aber eher teurer wird, konnte bisher nicht vermittelt werden. Dennoch deutet sich an, dass der Nutzer insbesondere integrierte Lösungen akzeptiert und in gewissem Umfang auch bereit ist, dafür zu zahlen.

Durchgesetzt hat sich inzwischen auch die Erkenntnis, dass die Möglichkeiten der heutigen Technik eine der wesentlichen Voraussetzungen für Cross-Media-Lösungen im Fachmedienbereich sind. Viele Verlage kommen also nicht umhin, hier ihre Möglichkeiten auszudehnen und in diese Techniken weiter zu investieren, was sich ganz sicher mittel- und langfristig auszahlen wird.

5.3 Zukunft von Paid-Content

Die Refinanzierungschancen von Onlineangeboten haben in den vergangenen zwei Jahren die Diskussion um die Zukunft von Paid-Content neu befruchtet. Gerade im Fachinformationsmarkt ist die Entwicklungsmöglichkeit in diesem Segment von großer Bedeutung, da der mehrfache Einsatz von aufwendig produziertem Content gegen entsprechende Erlöse dringend notwendig ist. Auf diesem Feld ist festzustellen, dass es zahlreiche Bemühungen zum einen über die Verlage selbst, zum anderen über die entsprechenden Verbände gibt, den Anteil des gratis vertriebenen Online-Contents drastisch zurückzudrängen und unterschiedliche Bezahlmodelle auszuprobieren. Sowohl additive Angebote oder die Integration von Content in fremde Infosysteme, wie z. B. Intranets der Firmen, ist technisch leicht geworden. Die Erfahrungen mit den unterschiedlichen Bezahlmodellen nehmen zu. Obwohl es auch hier noch eine gewisse Zeit von „try and error Aktivitäten" geben wird und obwohl die ersten Prognosen über die Gesamterlösmöglichkeiten in diesem Bereich eigentlich schon Makulatur sind, sollte sich hier die Beharrlichkeit der Fachverlage und eine entsprechende Überzeugungsarbeit auf der Kundenseite langfristig auszahlen. Paid-Content kann also im Fachmedienbereich bei der entsprechenden Beharrlichkeit, bei wohlverstandener Preispolitik – verbunden mit einem hohen Komfort in der Nutzung – auf Dauer ein Weg sein, sowohl mit dem Substitutionsphänomen umzugehen, als auch langfristig die Finanzierung zu sichern.

6. Strategische Weiterentwicklung/Zukunftsperspektiven

Fachmedien waren über viele Jahrzehnte ein bewährtes Mediaangebot in einer hoch entwickelten Wirtschaft mit hoher Spezialisierung. Sie werden dies auch in Zukunft bleiben. Die Herausforderungen für die Zukunft sind mannigfaltig und je nach Themenspektrum und Medienart höchst unterschiedlich. Einige Entwicklungen kann man jedoch mit einiger Sicherheit voraussagen, an denen entlang die Entwicklung der nächsten Jahre verlaufen wird:

1. Die Professionalisierung auf der Produzentenseite auf allen Wertschöpfungsstufen wird weiter steigen.
2. Die Anpassung an sich wandelnde Nutzergewohnheiten bleibt ein ständiger Prozess.
3. Qualität und Nutzwert bleiben die zentralen Erfolgsfaktoren für die Gestaltung von Fachmedien.
4. Sowohl die Bedeutung als auch die Qualifikation von zentralen Redaktionen muss und wird steigen.
5. Finanzierung und Nachfolgeregelungen in Deutschland bleiben problematisch. Dadurch wird der Konzentrationsdruck und damit der Akquisitionsdruck stärker.
6. Outsourcing und Kooperationen zwischen unterschiedlichen Marktteilnehmern werden zunehmen.
7. Innovation und Wandel durch technischen Fortschritt werden ein dauerhafter Prozess.
8. Cross-Media-Angebote werden in Kürze „state of the art“.
9. Paid-Content-Strategien werden an Bedeutung im Fachmedienmarkt gewinnen.
10. Ein Umsatzwachstum in diesem Mediensegment wird nach Überwindung der konjunkturellen Schwierigkeiten wieder eintreten – allerdings mit bescheidenen Raten.

Matthias Schumann / Antonios Tzouvaras

Referenzmodelle für den unternehmensübergreifenden Leistungsprozess von Buchverlagen

1. Problemstellung und Lösungsskizze

Schon seit längerem führen neue rechnergestützte Informations- und Kommunikationstechnologien zu Strukturveränderungen in der Medienbranche, die das Erstellen, Bündeln und Distribuieren von Inhalten zum Geschäftszweck haben. Zu den populärsten Neuerungen gehört sicherlich das Internet, welches gerade im Begriff ist, sich auch in der mobilen Welt zu etablieren. Bei den Produktionstechnologien (z. B. Content-Management-Systemen) ebenso wie auch bei den Produkten (z. B. E-Books) finden sich weitere Innovationen. Medienunternehmen sehen sich aber nicht nur mit technologischen Entwicklungen konfrontiert, da der technologische Wandel von einem zunehmenden Wettbewerbsdruck begleitet wird. Der technologie- und wettbewerbsgetriebene Wandel drückt sich besonders in den Informationssystemen aus, die einem enormen Anpassungsdruck unterliegen.

Die Wirtschaftsinformatik bietet hierzu mit Referenz-Informationsmodellen ein schon länger bekanntes Hilfsmittel zur Definition des Leistungsumfangs an. Ganz allgemein stellen, zumeist grafisch, Informationsmodelle den Teil einer Unternehmung dar, der Auskunft über logische Tatbestände und Komponenten des betrieblichen Informationssystems gibt.[1] Referenz-Informationsmodelle, im Folgenden verkürzt Referenzmodelle genannt, sind als Gestaltungsempfehlung im Hinblick auf das Informationssystem einer Branche zu interpretieren.[2] Sie dienen als fachkonzeptuelle[3] Basismodelle, die durch individuelles Anpassen und Erweitern zur Erstellung unternehmensindividueller Modelle herangezogen werden können.[4] Dabei enthalten sie durch ihren Empfehlungscharakter zugleich explizites Wissen über die ihnen zugrundegelegte Domäne, dass sie an den Modellnutzer abgeben. Referenzmodellnutzer profitieren im Kern daher in zweierlei Hinsicht:

- Durch den mehrfachen Einsatz handelt es sich hierbei um erprobte Modelle.
- Als Lösungsskizze erlauben sie es in kurzer Zeit, an domänenspezifisches Wissen zu gelangen und dieses im Unternehmen zu implementieren.

Obwohl Referenzmodelle weit verbreitet sind und z. B. bereits erfolgreich in Industrie und Handel eingesetzt wurden, existieren bislang keine Modelle für die Medienbranche. Die Entwicklung eines die gesamte Medienbrache umfassenden Referenzmodells ist auf-

---

1 Vgl. Loos/Scheer (1995), S. 185.

2 Vgl. Becker et al. (2000), S. 90.

3 Fachkonzeptuelle Modelle dienen der Erklärung der Problemdomäne und beinhalten zugleich eine erste Lösung. Kennzeichnend ist weiterhin, dass sie losgelöst von DV-technischen Strukturen sind. In der weiteren Umsetzung dienen sie aber durch regelbasierte Transformation (z. B durch Überführung des Datenkonzeptes in ein Datenbankschema) oder Erweiterung als Grundlage für DV- und Implementierungsmodelle.

4 Vgl. Scheer/Nüttgens/Zimmermann (1995), S. 430.

grund der großen Unterschiede zwischen den vorhandenen Medienzweigen (man denke z. B. an die Unterschiede zwischen Verlagen, Sendern und Online-Anbietern) nicht zielführend. In einem ersten, in diesem Beitrag skizzierten Schritt, sollen daher Buchverlage betrachtet werden. Der Fokus wird hierbei auf den Leistungsprozess gelegt, welcher im zeitlich-sachlogischen Zusammenhang die Erstellung und Vermarktung der Produkte und Dienstleistungen eines Unternehmens abbildet.[1] Davon abzugrenzen sind Unterstützungs- und Führungsprozesse, die Potentiale zu seiner Durchführung bereitstellen bzw. diese Potentiale steuern.[2] Da nur der Leistungsprozess die wertschöpfenden Prozesse eines Unternehmens umfasst, ist er aufgrund dieses unternehmenskritischen Charakters in den Mittelpunkt der Betrachtung zu stellen.

Im Hinblick auf das Nutzenpotential solcher Modelle soll eine Fokussierung auf Buchverlage im engeren Sinn erfolgen, Verlage für Musiknoten oder kartografische Werke werden ausgeblendet. Die Modellierung erfolgt hierbei theoriegeleitet, da durch induktives Vorgehen kaum Veränderungen durch Innovationen antizipiert werden können.

Eine Besonderheit der Medienbrache ist, dass ihre Produkte zur Produktion und Distribution vollständig digitalisierbar sind,[3] mit dem Ergebnis, dass mittlerweile Bücher nicht nur in gedruckter Form, sondern auch elektronisch bereitgestellt werden können. Gerade bei digitalen Büchern, wie es schon von CD-Produktionen her bekannt ist (z. B. Lexika), können Bücher stärker hypermultimediale Elemente, z. B. ‚Verlinkungen' oder Audio und Video, enthalten.[4] Ferner können gerade bei Büchern bestimmte Produktbestandteile (z. B. Autorenname und Titel) auch dispositiven Charakter haben, weshalb Bücher als Information selbst in das Informationssystem bzw. -modell aufgenommen werden sollen.

Ausgangspunkt bei einem Modellierungsvorhaben ist gewöhnlich ein Modellierungsrahmen, der die Anwendungsdomäne strukturiert und dem Anwender den Zugang zu dieser ermöglicht.[5] Ein allgemeiner Rahmen für die Medienbranche wird hierzu in Kapitel 2 ausführlich erläutert. Für die Modellierung ist es ebenfalls notwendig, die Domänenspezifika zu beschreiben, worauf in Kapitel 3 aus verschiedenen Gesichtspunkten eingegangen wird. Im Kapitel 4 werden dann die eigentlichen Referenzmodelle vorgestellt. Hierbei wird ein besonders interessanter Teilbereich, die Auswirkungen der Mehrfachverwertung und Individualisierung auf die Buchdistribution, vertieft betrachtet. Ein Fazit schließt die Darstellung ab.

---

1 Vgl. Österle (1995), S. 130.

2 Vgl. Hess (1999a), S. 98.

3 Vgl. Tapscott (1996), S. 48-50.

4 Vgl. Hartert (2001), S. 48.

5 Vgl. Rosemann/Schütte (1999), S. 32.

2. Das X-Modell als Ordnungsrahmen zur Referenzmodellierung in der Medienbranche

Die Modellierung findet entlang des Leistungsprozesses statt. Diese Aufgabenstellung erfordert es, den Leistungsprozess im ersten Schritt abzugrenzen und im zweiten Schritt für die Modellierung problemadäquat zu gliedern. Hierzu bietet sich der Einsatz von Ordnungsrahmen an. Ordnungsrahmen sind visuelle Orientierungs- und Systematisierungshilfen, die auf einem hohen Abstraktionsniveau die grundlegenden Funktions- und Prozesszusammenhänge für eine Domäne schaffen.[1] Bekannte Ordnungsrahmen sind das Y-Modell für die Industrie und das H-Modell für den Handel,[2] die durch ihre Form zugleich bestimmte Domänenspezifika visualisieren. Für die Medienbrache liegt das X-Modell[3] vor, das in Abbildung 1 dargestellt wird und dessen Konzeption und Komponenten im Folgenden erklärt werden.

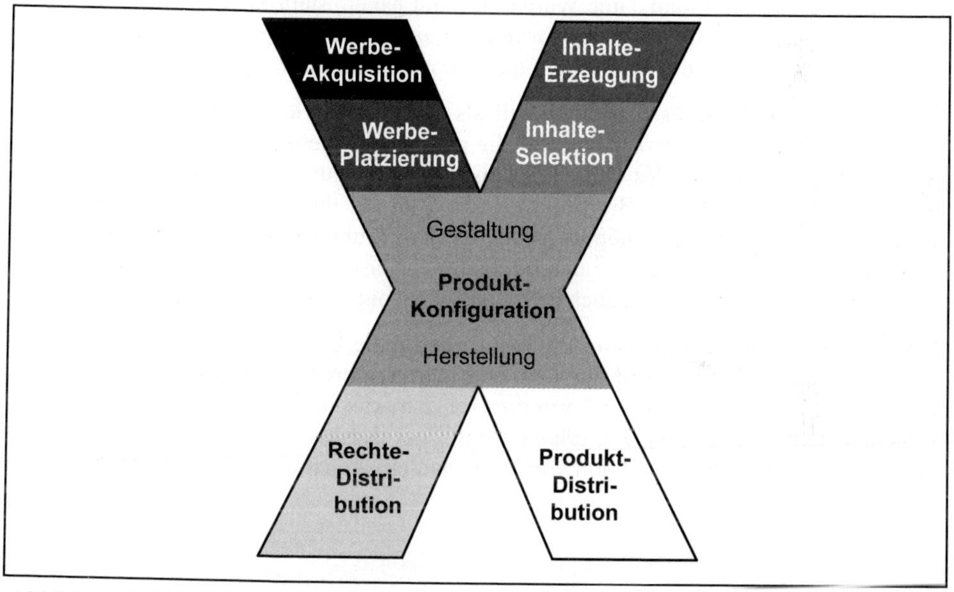

Abbildung 1: Das X-Modell als Ordnungsrahmen für die Medienbranche[4]

1 Vgl. Schumann/Hess (2002), S. 116.

2 Vgl. Scheer (1990); Becker/Schütte (1996).

3 Vgl. Tzouvaras/Hess (2002); Tzouvaras/Hess/Schumann (2002).

4 Vgl. Tzouvaras/Hess (2002), S. 183; Tzouvaras/Hess/Schumann (2002), S. 69.

2.1 Konzeption

Ausgangspunkt für die Konstruktion eines Ordnungsrahmens sind die zugrundeliegenden Anforderungen des Betrachtungsgegenstandes. Betrachtet man die aktuellen Entwicklungen der Medienbranche, wird man schnell feststellen, dass gerade in dieser Branche, getrieben durch den erhöhten Technologie- und Wettbewerbsdruck, eine Konvergenz der einzelnen Medienzweige (z. B. Verlag, Sender, Online-Anbieter) stattfindet. Die Unterschiede zwischen den einzelnen Zweigen basieren vor allem auf dem Einsatz unterschiedlicher Medien zur Inhaltedistribution, werden jedoch jüngst durch das zielmedienübergreifende Vermarkten von Inhalten (Cross-Media-Publishing) zunehmend verwischt. Typisch sind z. B. Zeitungsverlage, die mittlerweile neben ihrem klassischen Angebot auch den Online-Markt bedienen oder Fernsehnachrichten, die ebenfalls online abrufbar sind. Oftmals werden hierzu zwischenbetriebliche z. T. branchenübergreifende Kooperationen eingegangen, um Kompetenz- und Ressourcenmängel zu umgehen und marktgerechte Produkte anbieten zu können. Die Fusion und Gründung integrierter Unternehmen, wie es AOL und Time Warner gewählt haben, stellt hierbei die engste Form der Zusammenführung dar. Weitaus verbreiteter sind z. Zt. Kooperationen, die z. B. zur Initiierung sog. Multimedia-Wertschöpfungsnetzwerke geführt haben.[1]

Vor diesem Hintergrund ist das X-Modell als ein prozessorientierter Ordnungsrahmen konzipiert, der domänenübergreifend für die gesamte Medienbrache gilt. Durch die allgemeingültige Gestaltung des Ordnungsrahmens wird – auf hoher Abstraktionsebene – eine Gesamtbetrachtung der Branche möglich. Ziel ist, durch Fokussierung des Leistungsflusses längs der Wertschöpfungskette die Konstruktion integrierter Medien-Informationssysteme zu ermöglichen,[2] deren Integrationsleistung nicht nur innerbetrieblicher Art ist, sondern gegebenenfalls auch zwischen Medienunternehmen erfolgen kann.

Aus einer Gesamtsicht fällt dem Ordnungsrahmen die eingangs erwähnte Visualisierungsaufgabe zu. Diesem wird der Ordnungsrahmen durch seine besondere Form gerecht, die in leicht verständlicher Form die Grundstruktur der Domäne symbolisiert. Das X-Modell stellt, wie nachfolgend erläutert wird, mit der X-Form die einzelnen Medienmärkte und die bündelnde Funktion von Medienunternehmen in den Vordergrund.[3]

---

1 Vgl. Zerdick et al. (2001), S. 173-179; Keuper (2001), S. 395-398.

2 Vgl. Mertens/Griese (2000).

3 Vgl. Tzouvaras/Hess/Schumann (2002), S. 67-68.

2.2 Komponenten

Maßgebend für die (mediale) Wertschöpfung sind die Beschaffungs- und Absatzmärkte. Für Medienunternehmen sind drei Märkte von Relevanz: der Rezipientenmarkt, der Werbemarkt und der Rechtemarkt. Auf der Erlösseite dient der Rezipientenmarkt zum Absatz der eigentlichen Produkte, z. B. Bücher, Fernsehsendungen, Online-Angebote. Rezipienten schenken medialen Inhalten ihre Aufmerksamkeit, die werbetreibende Unternehmen sich zu Nutze machen und Werbung platzieren. Die Werberaumleistung wird mit der werbetreibenden Wirtschaft auf dem Werbemarkt gehandelt.[1] Neben dem Medienprodukt und der Werberaumleistung werden auch die Inhalte an sich gehandelt. Hierbei sind die Inhalte eng mit Nutzungsrechten verknüpft, die ihre Verwertung regeln. Daher wird in diesem Zusammenhang vom Rechtemarkt gesprochen. Bemerkenswerterweise können Medienunternehmen diesen sowohl als Beschaffungs- als auch Absatzmarkt nutzen, denn Medienunternehmen kaufen Nutzungsrechte oder es fallen ihnen diese im Rahmen der Eigenerzeugung zu. Damit können Medienunternehmen Rechte durch Produktion selbst verwerten oder sie verkaufen Rechte bzw. Lizenzen[2] an andere Unternehmen weiter.[3]

Ausgehend von dem hier zugrunde gelegten Verständnis der Medienmärkte stellt das X-Modell durch seine Komponenten die wertsteigernden Aktivitäten für Medienunternehmen dar. Das obere Drittel des X-Modells bildet die Beschaffungskomponenten von Medienprodukten, das Leistungsbündel aus Inhalt und Werbung, ab. Ausgangspunkt ist die Erzeugung der Inhalte, z. B. durch Autoren, Redakteure und Filmproduktionsfirmen. Inhalte, die sich hierbei auch zur Mehrfachverwertung eignen, gelangen auf den Rechtemarkt und sind dort einer Selektion unterworfen.

Durch Selektion planen Medienunternehmen ihre Inhalte, z. B. wählt ein Fernsehsender im Rahmen seiner Programmplanung Filme aus, die gesendet werden sollen. Zur Nutzung von Inhalten müssen Medienunternehmen über die notwendigen Rechte verfügen, die neben den eigentlichen Inhalten zu beschaffen sind. Zur Finanzierung von Medienprodukten sowie zur Gewinnerzielung enthalten die meisten Medienprodukte neben dem Inhalt auch Werbung.[4] Voraussetzung, um Werbung einzubinden, ist die Akquisition von Werbebeiträgen. Hierzu bearbeiten Medienunternehmen den Werbemarkt und versuchen, Unternehmen als Werbekunden zu gewinnen. Anschließend wird die Werbung den Wünschen und der Zahlungsbereitschaft des Kunden sowie der Thematik des Werbebeitrags entsprechend im Produkt platziert.

---

1 Vgl. Wirtz (2001), S. 54.

2 Rechte bezeichnen originäre, gewöhnlich unbeschränkte Nutzungsrechte, während Lizenzen daraus abgeleitet sind, die als beschränkte Nutzungsrechte an Dritte vergeben werden, um ihnen die Nutzung von Inhalten in bestimmter Form zu erlauben Vgl. Wirtz (2001), S. 54-55.

3 Vgl. Wirtz (2001), S. 54-55.

4 Ausnahmen sind Bücher, Musik-CDs und Pay-TV. Vgl. Ludwig (1996), S. 85.

Die zwei oberen Äste des X-Modells werden durch den Mittelteil zur Produkt-Konfiguration zusammengefasst und visualisieren die Zusammenführung von Inhalt und Werbung. Die Produkt-Konfiguration lässt sich in zwei Perspektiven unterteilen. Eingangs erfolgt die redaktionelle Gestaltung, beispielsweise die Zuordnung der Werbeunterbrechungen in einem Film oder die Redigierung eines Buchmanuskriptes. Anschließend folgt die technisch ausgerichtete Herstellung, die z. B. den Satz eines Druckwerkes umfasst. Ergebnis der Produkt-Konfiguration ist das erste Exemplar des Medienproduktes, die sog. First-Copy[1]. Sie dient innerhalb der Produkt-Distribution als Vorlage zur Vervielfältigung (z. B. Buch- oder Zeitungsdruck), zur Übertragung (z. B. Fernsehsendung) oder zum Zugriff über das Internet (z. B. Musik-Datei). Auf der letzten Stufe befindet sich die Distribution, unterteilt in Produkt- und Rechte-Distribution. Die Produkt-Distribution stellt, sei es durch Vervielfältigung oder Bereitstellung (bei Online-Angeboten), den eigentlichen Absatz der Produkte dar. Da Medienunternehmen durch ihre Geschäftsaktivitäten über Rechte verfügen, die sie sowohl zur Distribution bzw. Produktion nutzen als auch auf dem Rechtemarkt weiterverkaufen können, treten sie wie bereits beschrieben auf dem Rechtemarkt nicht nur im Rahmen der Inhalte-Selektion als Nachfrager, sondern im Rahmen der Rechte-Distribution auch als Anbieter auf. Die Rechteverwertung stellt damit neben der Einbindung in mehrere unternehmenseigene Produkte die zweite Möglichkeit für Medienunternehmen dar, ihre Inhalte mehrfach zu verwerten.

3. Aktuelle Eckpunkte des Buchgeschäfts

Um eine Basis für das Verständnis der Referenzmodelle des Abschnitts vier zu schaffen, wird das Geschäftsmodell von Buchverlagen in seinen Grundzügen beschrieben. Ergänzt wird die Darstellung durch eine vertiefende Betrachtung der netzwerkartigen Kooperationsbeziehungen von Buchverlagen und des Einsatzes neuer Technologien.

3.1 Geschäftsmodell Buchverlag

In Deutschland sind etwa 3.400 größere Buchverlage tätig.[2] Bei Buchverlagen handelt es sich – im Gegensatz zu öffentlich-rechtlichen Rundfunkanbietern – gewöhnlich um privatwirtschaftlich geführte Unternehmen. Daher ist die Ausrichtung der Formalziele an ökonomischen Größen, z. B. Gewinn und Umsatz, Grundvoraussetzung für die Existenz von Verlagen. Je nachdem, inwieweit ein Buchverlag seinen kulturellen Auftrag wahr-

---

1 Vgl. Zerdick et al. (2001), S. 165.

2 Vgl. Breyer-Mayländer et al. (2000), S. 23.

nehmen will, entscheiden aber auch publizistische und künstlerische Ziele darüber, ob ein Buch verlegt wird. Daher finden sich neben den ökonomischen Größen, wie in der Medienbranche üblich, auch nicht-ökonomische Zielgrößen im formalen Zielsystem eines Verlages.[1]

Das Verlegen von Büchern ist der Kerntätigkeitsbereich von Buchverlagen. Auf der Beschaffungsseite sind hierzu Manuskripte notwendig, die innerhalb des Produktionsprozesses in die eigentliche Buchform transformiert und am Rezipientenmarkt abgesetzt werden. Trotz vielfältiger Kategorisierungsmöglichkeiten sind nach der Art des publizierten Inhaltes grundsätzlich Belletristik- und Sachbuchverlage zu unterscheiden. Gewöhnlich stellen Buchverlage keine eigenen Inhalte her und sind daher auf externe Inhaltelieferanten angewiesen.[2] Im Gegensatz zu Belletristikverlagen konzentrieren sich Sachbuchverlage aber nicht nur auf die Suche nach fertigen Vorlagen. Vielmehr entwickeln Sachbuchverlage auch selbst Ideen und Konzepte, die dann von externen Autoren umgesetzt werden. Da Buchverlage ihre Inhalte fremdbeziehen, geht mit der Veröffentlichung eines Titels der Erwerb von Nutzungsrechten einher. Diese Rechte können Buchverlage durch Produktion nicht nur selbst verwerten, sie können sie auch an Weiterverwerter verkaufen. Hierzu vergeben sie Lizenzen, welche die Nutzung der Inhalte in bestimmter Form ermöglichen. Klassisch ist die Lizenzvergabe an ganzen Büchern. Ein typisches Beispiel sind Buchverlage, die über die originären Rechte (die sog. Nebenrechte[3]) an einem Bestseller verfügen und durch Lizenzvergabe Rechte zur Produktion von Taschenbüchern oder Filmen distribuieren. Ferner werden aber auch Nutzungsrechte an einzelnen oder zusammengehörenden Buchbestandteilen, sog. Inhaltemodule (z. B. Bilder, Kapitel), vergeben. Auch die Distribution medienferner Rechte, z. B. für Merchandising, ist häufig anzutreffen. So finden sich z. B. Motive erfolgreicher Kinderbücher oft auf Bekleidung und Schreibwarenartikeln wieder, wie man an der aktuell hohen Präsenz von ‚Harry-Potter-Produkten' sieht.

Buchverlage erfüllen im Kern drei Funktionen: die zielgruppenadäquate Selektion von Inhalten, die Vermarktung der selektierten Inhalte und die mit der Vermarktung verbundene Übernahme der wirtschaftlichen Risiken.[4] Im Hinblick auf die zielgruppenadäquate Auswahl von Inhalten prüfen Verlage insbesondere, ob aufgefordert oder unaufgefordert eingegangene Manuskripte zum Angebot und zur anvisierten Zielgruppe des Verlages passen, marktgängig sind oder auch kulturellen Wert haben. Diese Inhalteprüfung sichert ein bestimmtes Qualitätsniveau und gibt der Zielgruppe eine gewisse Sicherheit bei der Kaufentscheidung. Gerade im Hinblick auf das Informationsparadoxon bzw. Unter-

---

1 Vgl. Schumann/Hess (2002), S. 17-19.

2 Eine Ausnahme sind Lexikonverlage, die auch eigene Redakteure beschäftigen. Vgl. Schönstedt (1999), S. 122.

3 Vgl. Breyer-Mayländer et al. (2000), S. 96.

4 Vgl. Hess/Tzouvaras (2001), S. 241; auch Heinold (2001), S. 22.

haltungsparadoxon[1] ist dies eine sehr wichtige Funktion für den Konsumenten. Konsumenten verbinden mit einem Verlag eine bestimmte programmatische Ausrichtung. Daher haben sich mit der Zeit Verlage als Garanten bestimmter Qualitäts- und Angebotsniveaus zu Marken entwickelt. Um das entstandene Markenkonzept aufrecht zu erhalten, unterhalten große Verlagshäuser zahlreiche Tochterverlage.

Die Distribution der Bücher ist die zweite wichtige Verlagsfunktion. Auch wenn der Online-Vertrieb massive Zuwachsraten zu verzeichnen hat, werden auch heute noch über 90 % des Umsatzes durch klassische Vertriebskanäle generiert.[2] Es verwundert daher nicht, dass die meisten Verlage Verlagsvertreter beschäftigen, die beauftragt sind, die Einzelhändler zu besuchen und das Angebot – besonders die Neuerscheinungen – zu kommunizieren.[3] Daneben stellen Verlage aber auch eine umfangreiche Infrastruktur bereit, die eine zügige Belieferung der Händler gewährleistet. Die Bedeutung dieser Funktion schwankt in Abhängigkeit vom Buchtyp. So sind Publikumstitel aufgrund ihrer Substituierbarkeit weitaus vermarktungsintensiver als Fachbücher.

Die dritte Verlagsfunktion ist die Übernahme des verlegerischen Risikos. Verlage finanzieren gewöhnlich die notwendigen Aktivitäten bis zur Vermarktung vor und gewähren i. d. R. dem Autor auch schon vor dem Verkauf seines Werkes ein Honorar. Zugleich trägt ein Verlag Verluste, die sich aus einer unbefriedigenden Vermarktung ergeben können. Die hohe Bedeutung der Vorfinanzierung wird auch am Begriff des Verlages sichtbar, der vom Begriff des „Vorlegens" abstammt.[4]

3.2 Buchverlage als Unternehmensnetzwerke

Üblicherweise sind Verlage keine integrierten Unternehmen. Typisch für das Verlagswesen ist der relativ hohe Anteil kooperativer Zunehmer-Abnehmerbeziehungen,[5] die sich in einem netzwerkartigen Gebilde[6] manifestieren. So werden Aktivitäten, die nicht zu den Kernkompetenzen des Verlages gehören oder aufgrund von Ressourcenknappheit nicht selbst bewältigt werden können, vom Verlag an andere Unternehmen abgegeben. Hierbei wird oft auf Unternehmen zurückgegriffen, mit denen bereits positive Erfahrungen gewonnen wurden und die sich durch die wiederholte Zusammenarbeit auf die Be-

---

1 Vgl. Dietl/Franck (2000), S. 594.

2 Vgl. Börsenverein (2001), S. 27-29.

3 Vgl. Schönstedt (1999), S. 136-140.

4 Vgl. Breyer-Mayländer et al. (2000), S. 292; Schönstedt (1999), S. 4; Heinold (2001), S. 22.

5 Vgl. Heinold (2001), S. 18-20.

6 Unternehmensnetzwerke sind zwischenbetriebliche, vertikale Kooperationen zwischen mindestens drei rechtlich und wirtschaftlich selbständigen Unternehmen mit dem Ziel, unter Abstimmung der unternehmensindividuellen Funktionen marktfähige Produkte und Dienstleistungen bereitzustellen. Vgl. Hess (1999b), S. 225.

dürfnisse des Verlages eingestellt haben sowie bei Bedarf auch untereinander zusammenarbeiten. Dadurch entsteht nach und nach ein stabiles Netz von Partnerunternehmen. Angefangen bei den Autoren gehören hierzu neben freien Mitarbeitern (z. B. Fotografen, Grafiker, Handelsvertreter) vor allem auch grafische Betriebe (z. B. Setzerei, Druckerei, Binderei) und Dienstleister (z. B. Lagerhaltung, Logistik). Verlage nehmen hierbei eine koordinierende, fokale Stellung ein. Die Realisierung eines Buches stellt ein Projekt dar, für das – soweit möglich – Verlage aus dem vorliegenden Partnerpool die Projektpartner auswählen und das Projekt steuern, z. B. durch Terminvorgaben oder schon vorliegende Rahmenverträge. Buchverlage können durch diese Organisationsform zugleich flexibler auf Umweltänderungen reagieren und ihre Unsicherheit reduzieren. So fällt es ihnen relativ leicht, Kompetenzen oder Kapazitäten, über die sie nicht verfügen, extern zu beziehen und dadurch das Risiko hoher Investitionen zu vermeiden. Aufgrund neuer technologischer Entwicklungen, die z. T. zugleich die zwischenbetriebliche Koordination unterstützen, und marktgetriebenen Anforderungen dürfte diese vernetzte Grundstruktur nicht nur erhalten bleiben, sondern auch ganz im Sinne der im Kapitel 2.1 angesprochenen Multimedia-Wertschöpfungsnetzwerke ausgeweitet werden.

In welchem Ausmaß innerhalb eines Netzwerkes agiert wird, ist höchst unterschiedlich. Verlage, die kommunikationsintensive und damit mit hohen Transaktionskosten versehene Bücher herstellen, z. B. bebilderte Sachbücher, integrieren oft die notwendigen Arbeiten der Herstellung, textorientierte Belletristikverlage lagern sie dagegen meist aus. Aber auch innerhalb dieser Grobkategorisierung gibt es zahlreiche Stufen der Integration bzw. Kooperation. Daher reicht die Spannweite vom hochintegrierten Verlag, der fast alle Aktivitäten selbst durchführt bis zum Verlag der nur einige wenige Kernkompetenzen selbst erfüllt. Im Extremfall – der nicht utopisch ist[1] – werden fast alle Funktionen extern vergeben. Ein Verlag kann sich also auf eine Fertigungstiefe von Null zurückziehen und sich auf die drei in Kapitel 3.1 genannten Funktionen beschränken. Buchverlage sollen daher vorrangig als Know-how-Träger verstanden werden, die Produkt-, Markt- und Finanzierungsspezialisten sind.[2]

3.3 Einsatzmöglichkeiten neuer Technologien in Buchverlagen

Wie bereits erwähnt, sehen sich Medienunternehmen und damit auch Buchverlage mit zahlreichen Technologien konfrontiert, die aus der Digitalisierbarkeit von Inhalten entstanden sind und auch bei der Konstruktion des Referenzmodells Berücksichtigung finden müssen. Im Folgenden werden die Wichtigsten von ihnen vorgestellt. Wie es Abbildung 2 zeigt, können grundsätzlich Schlüsseltechnologien und sie verwendende bzw. als Ausgangspunkt nutzende, weiterführende Technologien unterschieden werden.

---

1 Vgl. Heinrich (2001), S. 22.

2 Vgl. Antoni (1993), Sp. 4559.

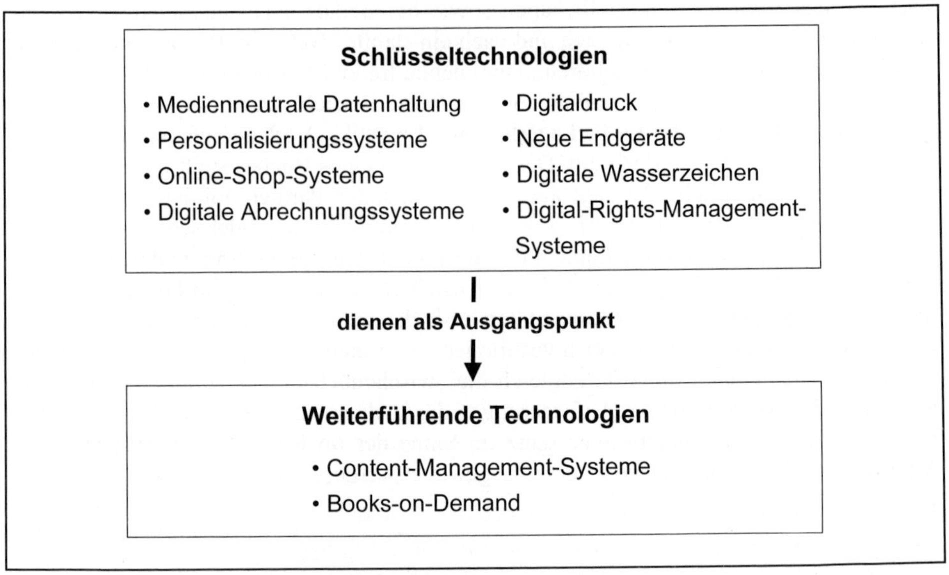

Abbildung 2: Neue Technologien für Buchverlage

Gewöhnlich werden Inhalte an ein bestimmtes Zielmedium gebunden. Einen anderen Ansatz verfolgt die medienneutrale Datenhaltung. Idee ist es, Inhalte derartig zu speichern, dass sie möglichst ohne manuelle Anpassungen über verschiedene Zielmedien ausgegeben werden können. Kernmerkmal der medienneutralen Datenhaltung ist, dass der eigentliche Inhalt von der Repräsentationsform separiert wird. Dies erlaubt nicht nur die Ausgabe auf unterschiedlichen Zielmedien, sondern ermöglicht zugleich, Inhaltemodule im Idealfall ohne technische Hemmnisse (z. B. unterschiedliche Dateiformate) miteinander zu kombinieren. Als Datenformat wird in diesem Zusammenhang z. Zt. überwiegend die eXtensible Markup Language[1] (XML) verwendet, die eine solche Datenhaltung ermöglicht und die Ausgabe über sog. Stylesheets zielmediengerecht automatisiert.

Die Produktauswahl und -konfiguration kann durch Personalisierungssysteme[2] automatisiert werden. Neben explizit vom Kunden angegebenen Daten (z. B. Name und Alter) kann das (Kauf-)verhalten des Konsumenten kontinuierlich erhoben werden. Die explizit oder implizit erhobenen Informationen werden in Kundenprofilen gespeichert. Anhand der Profile können mit Einsatz von Filtersystemen (z. B. Collaborative Filtering) oder agentenbasierter Systeme Rückschlüsse auf Kundenbedürfnisse gezogen werden. Anhand der Kundendaten sowie deren Auswertung können an die Kunden automatisiert in-

1 Vgl. Böhnlein/Ulbrich (1999).

2 Vgl. Brenner/Zarnekow (1999), S. 36-39.

dividuelle Angebote abgegeben werden. Zugleich können bei entsprechender Einbindung in die Produktionssysteme auch die Produkte selbst individuell aufbereitet werden, wodurch auch Werbung zielgruppengerecht einbindbar wird.

Über das Internet kann leicht eine Schnittstelle zum Kunden ausgestaltet werden. So lassen sich schon seit längerem über das Web Produktinformationen (z. B. Produktbeschreibung, Preis) online an den Kunden weitergegeben sowie dem Kunden elektronische Einkaufskörbe zur Verfügung stellen. Solche Online-Shops[1], die bei Verlagskonzernen ggf. auch zu Online-Malls zusammengefasst werden können, erlauben Buchverlagen erstmalig im breiteren Umfang den Handel zu umgehen und Kunden direkt anzusprechen. Zugleich können aber auch elektronische Bücher so übertragen werden. Auch die Bezahlung der Produkte kann mittlerweile durch zahlreiche Abrechnungssysteme online unterstützt werden. Grundsätzlich sind hierbei Kreditkarten, Chipkarten und Digitales Geld zu unterscheiden.[2]

Die Digitalisierung hat auch vor den Drucktechnologien nicht Halt gemacht. Der klassische Buchdruck gilt aufgrund seiner hohen Fixkostenbestandteile als typisches Einsatzfeld der Massenproduktion. Gerade Kleinauflagen können daher nur unter sehr hohen Stückkosten gedruckt werden. Eine Fixkostenreduktion wird durch das Computer-to-Plate-Verfahren erreicht, welches es erstmalig erlaubt, Inhalte nicht mehr über Filme, sondern direkt in digitaler Form (z. B. als PostScript-Datei) zu übernehmen und daraus weitestgehend automatisiert die Druckplatten zu erstellen. Trotz der Kostenreduktion bleiben allerdings noch signifikante Kosten für die Druckplatten, deren Herstellung und die Rüstung der Druckanlage. Eine Lösung bieten Computer-to-Paper-Systeme, sog. Digitaldrucksysteme[3], die einen Schritt weitergehen und gänzlich ohne Druckplatten arbeiten. Kennzeichnend ist daher, dass kaum Fixkosten anfallen, was die typischen Kostenstrukturen des Drucks massiv beeinflusst. Die Kostendegression verschwindet und es liegen über alle Auflagenhöhen hinweg weitestgehend konstante Stückkosten vor. Hierdurch wird es möglich, nicht nur Kleinauflagen, sondern sogar eine Losgröße von eins zu drucken. Allerdings wird die Fixkostenreduktion durch signifikant höhere variable Kosten ‚erkauft'.

Wie eingangs erwähnt, können Bücher neben CD-basierten Angeboten mittlerweile auch elektronisch z. B. im HTML-, PDF- oder E-Book-Format im Web bereitgestellt werden. Gerade E-Books, die durch spezielle Endgeräte sowie durch Software auf PCs oder den mittlerweile weitverbreiteten Personal Digital Assistants (PDAs) konsumiert werden können, stellen eine interessante Alternative zum gedruckten Buch dar. Gerade Online-Produkte unterliegen aber auch einer erhöhten Gefahr unrechtmäßiger Nutzung. Eine Möglichkeit, Inhalte ihren Urhebern zuzuordnen, sind digitale Wasserzeichen.[4] Textu-

1 Vgl. Merz (2002), S. 393-439.

2 Vgl. Schumann/Hess (2002), S. 112.

3 Vgl. Kipphan (2000), S. 702-704.

4 Vgl. Schumann/Hess (2002), S. 112.

elle Inhalte können hierzu mit dem bekannten ©-Symbol versehen werden, nicht-textuelle Inhalte sind durch die ‚unsichtbare' Manipulation einzelner Bits identifizierbar zu machen, um die unautorisierte, kommerzielle Nutzung zu behindern. Deutlich komplexer ist es, die elektronische Weitergabe von Inhalten mit Hilfe von Digital-Rights-Management-Systemen zu sichern.[1] In diesem Zusammenhang kontrollieren Digital-Rights-Management-Systeme durch spezielle Hardware (‚Zugriffsschlüssel') oder Abspielsoftware den Zugriff auf erworbene Bücher und gewährleisten, dass Konsumenten keine unrechtmäßigen Kopien erstellen oder nehmen unter Umständen eine Abrechnung vor.

Content-Management-Systeme[2] (CMS) dienen dem arbeitsteiligen Planen, Erzeugen, Gestalten, Verwalten und Publizieren medialer Inhalte.[3] Sie lassen sich in das Editorial System zur Inhalteerfassung, das Content Repository zur Inhaltespeicherung und das Publishing System zur Inhalteausgabe unterteilen. Ferner wird meist auch eine Vorgangs- und Zugriffssteuerung zur Verfügung gestellt. Mit dem Editorial System können Inhalte, z. B. um externe Autoren einzubinden, auch web-gestützt erfasst und bearbeitet werden oder im Hinblick auf die Mehrfachverwertung zugleich bestehende Inhalte zu neuen Inhaltebündeln zusammengefasst werden. Die notwendigen Inhalte liegen für eine möglichst einfache Mehrfachverwendung medienneutral im Content Repository vor.[4] Da das medienneutrale Vorgehen typischerweise auf semantischen Auszeichnungssprachen basiert, wird auch das Hinzufügen von Metadaten für die Suche nach geeigneten Inhalten ermöglicht. Publishingsysteme, welche der zielmediengerechten Inhalteausgabe dienen, können in verschiedenen Formen vorliegen und sind entsprechend dem Ausgabeformat (z. B. HTML für Webseiten oder PostSript für den Druck) zu gestalten. Daher können Publishing-Systeme auch als Druckvorstufe moderner Druckanlagen genutzt werden. Im Hinblick auf die Sicherheit digitaler Inhalte, können diese abschließend mit Wasserzeichen versehen oder in Digital-Rights-Management-Systeme eingebunden werden.

Bislang wurde davon ausgegangen, dass Bücher nur in Form gleichartiger Kopien als sog. Auflage produziert werden, aber schon seit längerem wird in der Industrie unter dem als Mass Customization bezeichnetem Konzept die Idee verfolgt, Güter zum Preis des Standardproduktes auch individualisiert an den Kunden abzugeben.[5] Aus preispolitischer Sicht kann hierdurch eine vollständige Preisdiskriminierung – die Individualisierung des Preises[6] – und damit weitestgehende Abschöpfung der Konsumentenrente erreicht werden. Im Hinblick auf die Produktion wird hier auf eine Modulstrategie gesetzt, um dem Kunden verschiedene Produktbestandteile zur Kombination zur Verfügung zu

1 Vgl. Schumann/Hess (2002), S. 111.

2 Vgl. Schumann (2002), S. 9-12.

3 Vgl. Hess (2002), S. 576.

4 Vgl. zum Einsatz von XML für das Content Management Rawolle (2002).

5 Vgl. Piller (2001).

6 Vgl. Varian (2001), S. 6.

stellen. Durch Einsatz medienneutraler Datenhaltungskonzepte kann die Modulstrategie leicht auf Inhalte übertragen werden. Auf der Konsumentenseite kann der Kunde sein Buch auf Basis eines Online-Shop-basierten Inhaltekatalogs, z. B. aus einzelnen Kapiteln für einen Reiseführer, individuell zusammenstellen. Ferner ist es aber auch denkbar, über spezielle Shop-Systeme neben einer Selektion auch konsumentenseitig zu Verfügung gestellte Inhalte, wie Widmungen oder individuell benannte Hauptfiguren eines Belletristiktitels, aufzunehmen. Die Daten werden dann an das eigentliche Content-Management-System weitergeleitet und dort zur Bündelung bzw. Erzeugung genutzt. Ebenso können aber auch Personalisierungssysteme vorgeschaltet sein und die Bündelungsfunktion (z. T.) übernehmen. Besonders interessant ist in diesem Zusammenhang auch das Einbinden von Werbung, die auf den gewählten Inhalt oder die Zielgruppe abgestimmt ist. Voraussetzung für die Abgabe individualisierter Produkte ist allerdings, wie sich auch in Abschnitt 4.2 zeigen wird, das Verfügen über die einzelnen Nutzungsrechte, weshalb ggf. bestehende Verträge zu prüfen sind.

Gerade auch im Hinblick auf den individualisierten Buchdruck ist Books-on-Demand[1] (BoD) von Bedeutung. Allgemein basiert Books-on-Demand auf dem Digitaldruck. Die Grundidee des Verfahrens ist es, Bücher erst nach Bestelleingang (sei es über stationäre oder Online-Shops) zu drucken. Im Gegensatz zur klassischen Lagerhaltung werden Bücher bei diesem Verfahren digital vorgehalten, um nach Bestelleingang die Daten an das Digitaldrucksystem weiterzuleiten und den Druck von Buchblock und Umschlag anzustoßen. Da aufgrund der bedarfsgerechten Vorgehensweise keine Exemplare auf Basis von Schätzungen produziert werden, erfolgt eine erhebliche Reduktion des wirtschaftlichen Risikos. Durch unzutreffende Absatzprognosen wurden bislang durchschnittlich etwa ein Drittel aller belletristischen Bücher ungelesen vernichtet.[2] Allerdings heben bei Auflagenhöhen über 1.500 Stück die höheren variablen Druckkosten meist die Reduktionen der Fix- und Lager- sowie Risikokosten im Vergleich zum druckplattenbasierten Druck auf, weshalb das Verfahren bislang nur eingeschränkt genutzt wird.[3] Das Verfahren ist daher besonders bei kleinen Bedarfen wie Nachauflagen prädestiniert, ebenso für Inhalte mit hohem Aktualitätsgrad wie z. B. Gesetzestexten. Aufgrund der nahezu konstanten Stückkosten ermöglicht das Verfahren aber den Druck individualisierter Produkte. Hierzu wird auch die Datenhaltung medienneutral gestaltet, so das auch hier über Shop-Systeme Inhaltemodule ausgewählt und individuell zusammengestellt werden können. Hierzu können ebenfalls Personalisierungssysteme eingesetzt werden, die auch automatisiert Inhaltemodule oder Werbung zusammenstellen bzw. auswählen. Ferner kann ein bereits vorhandenes Content Management-System zum Zwecke der individualisierten Produktion leicht mit einem BoD-System gekoppelt werden.

1 Vgl. Tzouvaras/Hess (2001).

2 Vgl. Hess (2002), S. 587.

3 Vgl. Hess/Tzouvaras (2001), S. 242.

4. Referenzmodelle für Buchverlage

Ausgangspunkt der Referenzmodellierung ist der Leistungsprozess, angefangen beim Kundenbedürfnis bis hin zu seiner Befriedigung. Dieser wird zuerst auf einem hohen Abstraktionsniveau mit Hilfe des X-Modells strukturiert und dargestellt wird. Anschließend wird ein Teil des Leistungsprozesses, die Auslieferung, im Detail modelliert, um aufzuzeigen welche Auswirkungen die technischen Neuerungen auf das ehemals klassische Lagergeschäft haben.

4.1 Überblicksperspektive: Leistungsprozess

Nicht alle Äste des X-Modells sind für die vorliegende Problemstellung relevant, da Buchverlage keine Inhalte erzeugen und Bücher gewöhnlich keine Werbung enthalten. Daher sind die Komponenten Inhalte-Erzeugung, Werbe-Akquisition und Werbe-Platzierung hier nicht von Bedeutung. Anhand der verbleibenden Wertschöpfungsstufen kann der Leistungsprozess gegliedert werden, wie es Abbildung 3 illustriert.

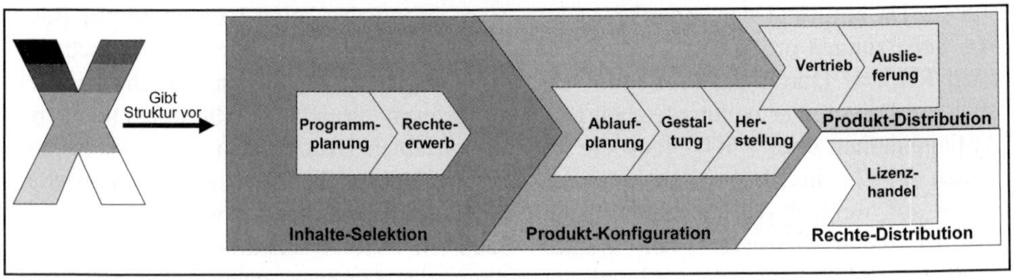

Abbildung 3: X-Modell-basierter Leistungsprozess von Buchverlagen[1]

Der hier mit dem X-Modell strukturierte Leistungsprozess stellt die höchste Abstraktionsebene der Modellierung dar. Auf den tieferliegenden Abstraktionsebenen sind die einzelnen Prozessbausteine zu detaillieren.

Der Beginn verlegerischer Aktivitäten ist die an den Verlagszielen orientierte Planung des Verlagsprogramms.[2] Eingehende Manuskripte bzw. neue Buchideen müssen auf ihren Beitrag zum möglichen Erfolg sowohl durch Erst- als auch Zweitverwertung geprüft

1 Vgl. ähnlich Tzouvaras/Hess (2002), S. 181.

2 Vgl. Breyer-Mayländer et al. (2000), S. 48-49.

werden.[1] Im nächsten Schritt müssen die notwendigen Nutzungsrechte erworben werden. Vor allem bei Sachbüchern kommt es vor, dass für ein Sachgebiet keine geeigneten Inhalte erworben werden können, z. B. weil das Thema zu neuartig ist. In einem solchen Fall versuchen Verlage geeignete Autoren zu finden, die Bücher in Form einer Auftragsfertigung schreiben.[2] Hierzu werden innerhalb der Programmplanung recht genaue Vorgaben für den Autor erstellt, der im Rahmen des Rechteerwerbs gesucht und vertraglich gebunden wird.[3] Damit werden Rechte an einem Buch erworben, für das es noch gar kein Manuskript gibt. Wird auf vorhandenes Material zurückgegriffen, ist zu prüfen, ob die bestehenden Verträge ausreichend sind.

Die Produkt-Konfiguration lässt sich in drei Teilschritte zerlegen: Ablaufplanung, Gestaltung (Umschlagslayout und redaktionelle Bearbeitung des Inhalts) und Herstellung (Satz und Vorlagenerstellung). Eine erfolgreiche Produktion setzt eine Ablaufplanung zur Terminierung der Gestaltung und Herstellung voraus.[4] Schon im Rahmen der Gestaltung treffen in einer sog. Vertretertagung Lektoren und Außendienstmitarbeiter zusammen und besprechen insbesondere die zu erreichenden Zielgruppen, die kaufbeeinflussende Covergestaltung und die Besonderheiten der einzelnen Novitäten. Ziel ist es, den Verlagsvertretern das Novitätenprogramm vorzustellen und zugleich eine Rückkopplung über die Vertreter zum Buchmarkt zu erhalten. Durch die Vertretermeinungen kann es in diesem frühen Buchstadium auch zu Änderungen, z. B. hinsichtlich der Covergestaltung, kommen.[5] Innerhalb der Produktion des Buches vollzieht sich auch der Wandel von der redaktionellen zur technischen Perspektive auf das Buch. Umfasst die Gestaltung im Wesentlichen Lektoratsarbeiten, führt die Herstellung dagegen technische Arbeitsschritte aus. Besonders bei der Herstellung wird der kooperative Charakter von Verlagen deutlich, da gerade hier zahlreiche Tätigkeiten durch externe Anbieter vergeben werden.

Parallel zur Herstellung beginnt im Rahmen der zweistufigen Distribution der Vertrieb der bislang noch nicht erstellten Bücher. Verlagseigene oder -fremde Vertreter reisen meist halbjährlich zu den Händlern, um das Verlagsprogramm vorzustellen und Bestellungen entgegen zu nehmen.[6] Schon vor Druck eingegangene Bestellungen, sog. Vormerker, geben Sicherheit bei der Absatzplanung und erlauben z. B. eine Feinjustierung der notwendigen Auflagenhöhe gedruckter Exemplare. Physisch hergestellte Exemplare gehen dann in die Lagerhaltung über, bis sie an den Handel ausgeliefert werden.[7] Verfügt ein Verlag über die originären Nutzungsrechte, kann er zur Erlöserzielung durch Lizenzvergabe anderen Verlagen Nutzungsrechte für den Inhalt übertragen, was folge-

1 Vgl. Schönstedt (1999), S. 120.
2 Vgl. Wirtz (2001), S. 181.
3 Vgl. Röhring (1997), S. 38.
4 Vgl. Breyer-Mayländer et al. (2000), S. 56-59.
5 Vgl. Behm et al. (1999), S. 92-95.
6 Vgl. Schönstedt (1999), S. 137.
7 Vgl. z. B. Behm et al. (1999), S. 82-84.

richtig als Lizenzhandel bezeichnet wird.[1] Gewöhnlich handelt es sich um eingeschränkte Rechte, welche die Nutzung auf einen Sprachraum oder eine Verwertungsstufe (z. B. Taschenbuch) begrenzen. Hervorzuheben ist, dass der Lizenzhandel deutlich über den eigentlichen Produktlebenszyklus hinausgehen kann.

4.2 Detailperspektive: Auslieferung

Auf der Detailebene bietet sich besonders zum Zwecke der Anwedungssystemgestaltung der Einsatz objektorientierter Notationen an. Es wird daher auf die mittlerweile als Standard geltende objektorientierte Modellierungsnotation Unified Modelling Language[2] (UML) zurückgegriffen und Aktivitäts-[3] sowie Klassendiagramme eingesetzt. Durch die Kapselung von Daten und Funktionen zu Objektklassen wird es leicht möglich, auch Medienprodukte in das Anwendungssystem zu integrieren.[4]

Unter Lagerhaltung wird meist die physische Lagerung verstanden. An dieser Stelle soll ein Modell vorgestellt werden, welches das Einbinden elektronischer und bedarfsgerecht hergestellter Bücher in die Lagerhaltung erlaubt. Die Abbildung 4 stellt das Prozessmodell für die Auslieferung in Form eines Aktivitätsdiagrammes dar.

---

1 Vgl. Breyer-Mayländer et al. (2000), S. 96; Schönstedt (1999), S. 90.

2 Vgl. zur Notation z. B. Oestereich (2001).

3 Die Aktivitätsdiagramme sind leicht modifiziert, so erfolgt die explizite Angabe des Verzweigungsoperators als Exklusives (XOR) oder Inklusives Oder (IOR).

4 Vgl. Stamer (2002), S. 102-103.

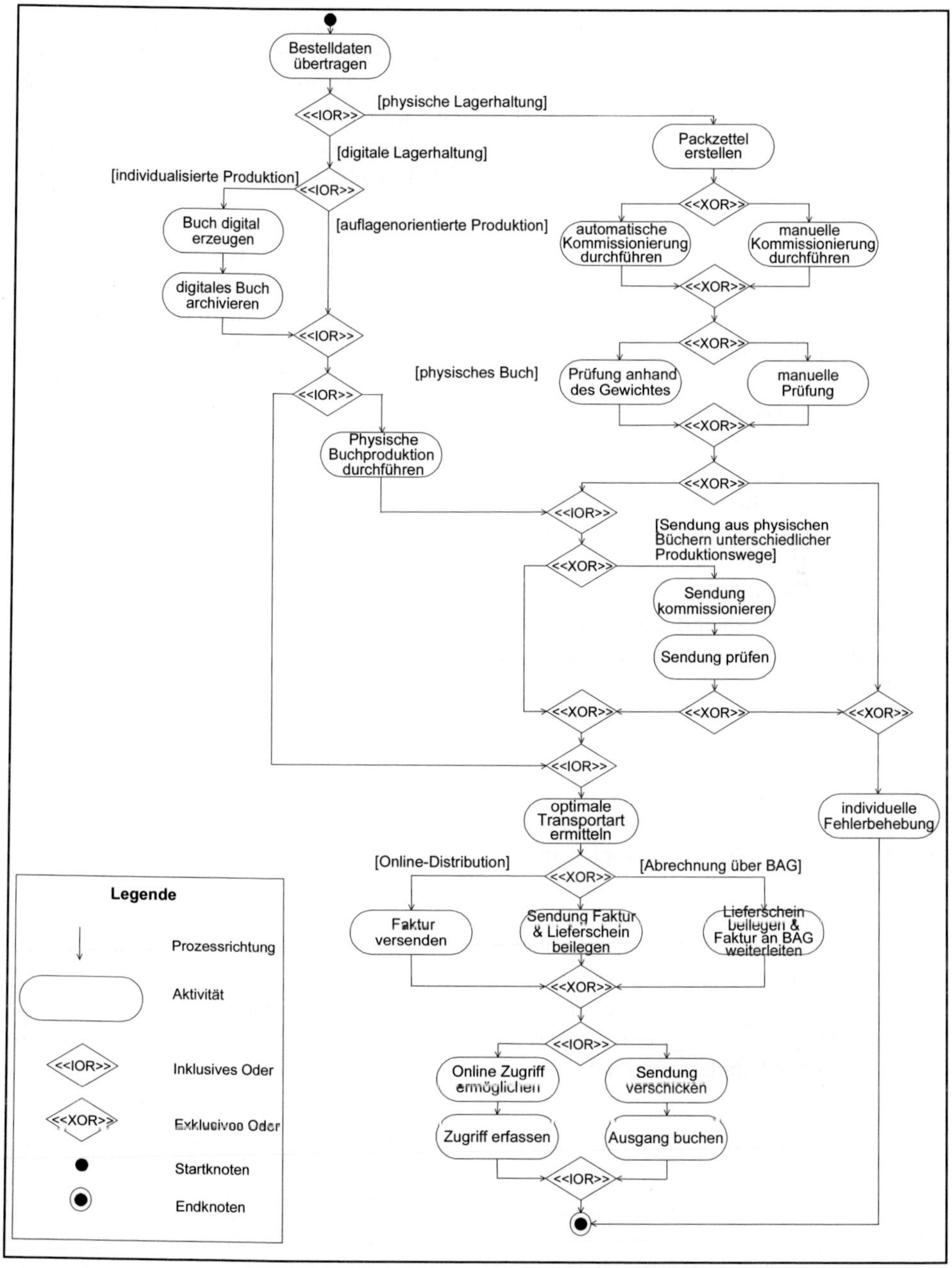

Abbildung 4: Prozessmodell der Auslieferung

Der Eingang einer Bestellung löst den Auslieferungsprozess aus. Zuerst wird anhand der Bestelldaten (Kundendaten, Abrechungsdaten und der eigentliche Auftrag) ein Auslieferungsauftrag generiert. Dem können nun verschiedene Teilprozesse folgen, die anhand der Produktionsart zu unterteilen sind. Hier sind zum einen die konventionelle, bedarfsgeschätzte Produktion, die auf physischer Lagerhaltung basiert und zum anderen die bedarfsgerechte Produktion, die auf digitaler Lagerhaltung basiert, zu unterscheiden.

- *Physische Lagerhaltung:* Anhand der vorliegenden Bestellung kann bei physischer Lagerhaltung ein Packzettel erstellt werden, der die bestellten Bücher eines Kunden enthält. Mit seiner Hilfe kann die Lieferung zusammengestellt werden. Zur Kommissionierung müssen dabei die Wünsche des Bestellers geprüft werden (z. B. bestimmte Höchstmaße und -gewichte für Pakete).[1] Die kommissionierten Bücher müssen auf ihre Richtigkeit geprüft werden. Dies geschieht entweder manuell oder automatisch anhand des Gewichtes.
- *Digitale Lagerhaltung:* Bei digitaler Lagerhaltung liegen die Bücher als sog. Masterpieces digital in einem digitalen Archiv vor. Bei Bedarf werden identische Kopien (Auflagenproduktion) erzeugt. Dies kann z. B. durch Druck (Books-on-Demand) oder durch Gewährung eines Online-Zugriffs der Nutzer erfolgen, um eine lokale Kopie (z. B. für seinen E-Book-Reader) zu erzeugen. Demgegenüber besteht die Möglichkeit, Buchinhalte durch den Kunden individualisieren zu lassen. Der Auslieferungsauftrag enthält dann die ausgewählten Buchinhalte. Mit dessen Hilfe der archivierten Inhaltemodule wird dynamisch ein Buch in Dateiform erzeugt. Die erzeugte Datei kann als solche für die Distribution dienen oder wird als Vorlage für die weitere Produktion (z. B. für den Druck) verwendet.

Wurden Bücher auf verschiedenen Produktionswegen in physischer Form gefertigt (gedruckt, auf CD gebrannt), muss die Sendung als Gesamtes versandfertig kommissioniert werden. Bei diesen Produkten schließt sich eine Ermittlung der günstigsten Versandart an. Vor der eigentlichen Auslieferung des Sendstücks müssen Faktur und bei (physischen) Sendungen auch der Lieferschein (Begleitinformationen) erstellt werden. Der Lieferschein ist der Sendung als gedrucktes Exemplar hinzuzufügen. Die Faktur wird zusammen mit der Sendung verschickt oder wenn die Abrechnung über die sog. Buchhändler-Abrechnungs-Gesellschaft (BAG) erfolgt, ist die Faktur an diese zu leiten, die dann Fakturen verschiedener Verlage zur Vereinfachung für den Kunden zu einer Sammelrechnung bündelt.[2] Erfolgt eine Online-Distribution, dann wird die Faktur separat (z. B. per Post) an den Kunden gesendet.

---

1 Vgl. Mundhenke/Teuber (1998), S. 116.

2 Vgl. Mundhenke/Teuber (1998), S. 117.

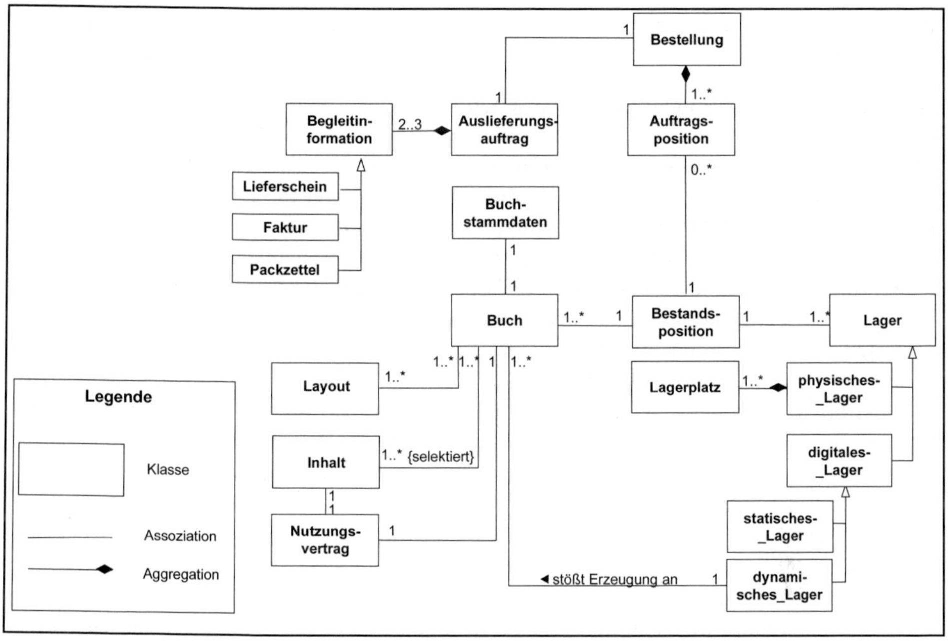

Abbildung 5: Grobes Klassenmodell der Auslieferung

Komplementär zum Prozessmodell fungiert das Klassenmodell, welches in grober Form in Abbildung 5 dargestellt wird.[1] Ausgangspunkt sind auch hier Bestellungen. Eine Bestellung enthält anhand der einzelnen Titel abgegrenzte Auftragspositionen. Der Eingang einer Bestellung führt zur Generierung eines Auslieferungsauftrages, dem die Klasse Bestellung die hierzu notwendigen Daten zur Verfügung stellt. Ferner stellt die Klasse Auslieferungsauftrag Methoden zum Durchlaufen des Auftrags zur Verfügung, wozu die Klasse auch Begleitinformationen (Lieferschein und Faktur für den Kunden sowie Packzettel für das Regallager) integriert. Den Auftragspositionen werden die Bestandspositionen des Lagers gegenübergestellt, welche die Verfügbarkeit eines Titels anzeigen.

Bei physischer Lagerhaltung stellen die Summen identischer Buchexemplare die Bestandsposition dar, welche im Rahmen automatischer Lagerhaltungssysteme auf einen oder mehrere Lagerplätze verteilt werden. Einzelne Lagerplätze strukturieren das Lager und ermöglichen eine der Umschlaghaufigkeit entsprechende Lagerung der Auflage, sofern die notwendigen Daten vorhanden sind. Ansonsten erfolgt eine Zuordnung zu einem beliebigen, noch freien Platz. Die Umschlaghäufigkeit wird bei Neuauflagen aus dem Verhältnis der vorab bestellten Bücher (Vormerker) zu den einzulagernden (i. d. R. der

1 Vgl. für eine ausführlichere Darstellung Tzouvaras/Hess (2001), S. 67-69.

Auflagenhöhe) und bei schon länger lieferbaren Titeln anhand von Durchschnittsabsätzen bestimmt.

Bei digitaler Lagerhaltung entfallen diese Optimierungsprobleme. Zugleich rückt die Bedeutung der Bestandsposition als mengenorientierte Größe in den Hintergrund. Statt einzelnen Buchexemplaren werden Buchinhalte in einem digitalen Archiv als sog. Master vorgehalten und es wird bei Bedarf der Zugriff gewährt, oder die Inhalte werden als Vorlage für die physische Produktion genutzt. Grundsätzlich sind zwei Typen von digitaler Lagerhaltung zu unterscheiden. In der ersten, statischen Ausbaustufe liegen Bücher auflagenorientiert vor und können für die bedarfsgerechte Produktion oder den Online-Zugriff genutzt werden. Besonders bei Trennung von Inhalt und Layout, z. B. bei XML-basierten Archiven, kann eine Bucherzeugung für zahlreiche Formate unterstützt werden. Solche Archive können zugleich auch einen höchst dynamischen Charakter haben. Wie bereits beschrieben, können durch ihr Speicherprinzip Inhalte leicht in Module zerlegt werden bzw. sind fast beliebig kombinierbar, wodurch individualisierte Bücher angeboten werden können. Die Auftragspositionen umfassen dann nicht Bücher als Ganzes, sondern die ausgewählten Inhaltemodule der Bücher. Voraussetzung für die Individualisierung ist, dass ein Verlag durch einen Nutzungsvertrag nicht nur für die vorgegebene Verwertung als ganzes Buch, sondern auch für die einzelnen Inhalte und deren separate Verwertung über die notwendigen Rechte verfügt. Daher wird die Klasse Nutzungsvertrag sowohl mit der Klasse Buch als auch Inhalte verbunden. Ferner ist zu beachten, dass keine Bündelungs- und gerade bei online distribuierten Büchern aufgrund der weltweiten Abrufbarkeit keine Gebietsbeschränkungen vorliegen.[1]

5. Zusammenfassung und Ausblick

Im vorliegenden Beitrag wurden erste Referenzmodelle zur Gestaltung von Informationssystemen entlang des Leistungsprozess von Buchverlagen, z. T. detailliert vorgestellt. Als ein zentrales Instrument zur Referenzmodellierung und zur späteren Modellnavigation wurde das X-Modell eingesetzt. Seine Grundintention, eine zwischenbetriebliche Integration zu ermöglichen, kommt gerade Buchverlagen zugute, die sich ‚von Natur aus‘ durch eine geringe Leistungstiefe aber eine Vielzahl von Kooperationsbeziehungen auszeichnen. Aufgrund der Komplexität eines solchen Modells kann im vorliegenden Beitrag nur die Auslieferung in Detail betrachtet werden. Dennoch wird deutlich, welchen Einfluss neuartige Technologien auf eine klassische Einheit nehmen. Die erkennbaren Möglichkeiten der Kostenreduktion und Produktdifferenzierung nähren fern ab von Mo-

1 Vgl. Hartert (2001), S. 52.

dellierungsfragen gleichzeitig die Diskussion über neuartige Geschäftsmodelle für das Verlagswesen

Literaturverzeichnis

ANTONI, M. (1993), Verlagsbetriebe, in: Wittmann, W. (Hrsg.), Handwörterbuch der Betriebswirtschaftslehre, Teilband 3 R-Z, 5. Aufl., Stuttgart 1993, Sp. 4559-4569.

BECKER, J./SCHÜTTE, R. (1996), Handelsinformationssysteme, Landsberg/Lech 1996.

BECKER, J./HOLTEN, R./KNACKSTEDT, R./SCHÜTTE, R. (2000), Referenz-Informationsmodellierung, in: Bodendorf, F./Grauer, M. (Hrsg.), Verbundtagung Wirtschaftsinformatik 2000, Aachen 2000, S. 86-109.

BEHM, H./HARDT, G./SCHULZ, H./WÖRNER, J. (1999), Büchermacher der Zukunft – Marketing und Management im Verlag, Darmstadt 1999.

BÖHNLEIN, M./ULBRICH VOM ENDE, A. (1999), XML – Extensible Markup Language, in: Wirtschaftsinformatik, 41. Jg., Nr. 3, 1999, S. 274-276.

BÖRSENVEREIN DES DEUTSCHEN BUCHHANDELS (2001), Buch und Buchhandel in Zahlen, Frankfurt/Main 2001.

BREYER-MAYLÄNDER, T./HUSE, E./KOENIGSMARCK, M. V./MÜNCH, R. (2000), Wirtschaftsunternehmen Verlag, Frankfurt/Main 2000.

BRENNER, W./ZARNEKOW, R. (1999), Innovative Ansätze zur digitalen Bereitstellung multimedialer Inhalte, in: Schumann, M./Hess, T. (Hrsg.), Medienunternehmen im digitalen Zeitalter: neue Technologie – neue Märkte – neue Geschäftsansätze, Wiesbaden 1999, S. 32-50.

DIETL, H./FRANCK, E. (2000), Free-TV, Abo-TV, Pay per View-TV – Organisationsformen zur Vermarktung von Unterhaltung, in: Zeitschrift für betriebswirtschaftliche Forschung, 52. Jg., Nr. 6, 2000, S. 592-603.

HARTERT, D. (2001), IT in der Medienindustrie – Trends und Anforderungen, in: Buhl, H.-U./Huther, A./Reitwiesner, B. (Hrsg.), Information Age Economy, Heidelberg 2001, S. 43-54.

HEINOLD, W.E. (2001), Bücher und Büchermacher: Verlage in der Informationsgesellschaft, 5. Aufl., Heidelberg 2001.

HEINRICH, J. (2001), Medienökonomie, Band 1: Mediensystem, Zeitung, Zeitschrift, Anzeigenblatt, 2. Auflage, Opladen 2001.

HESS, T. (1999A), Abgrenzung von Geschäftsprozessen, in: HMD – Praxis der Wirtschaftsinformatik, 36. Jg., Heft 207, 1999, S. 95-102.

HESS, T. (1999B), Unternehmenswerke, in: Zeitschrift für Planung 10. Jg., Nr. 2 ,1999, S. 225-230.

HESS, T. (2002), Implikationen des Internet für die Medienbranche – eine strukturelle Analyse, in: Keuper, J. (Hrsg.), Electronic Business und Mobile Business, Wiesbaden 2002, S. 569-602.

HESS, T./TZOUVARAS, A. (2001), Books-on-Demand: Ansatz und strategische Implikationen für Verlage, in: Zeitschrift für Führung + Organisation, 70. Jg., Nr. 3., 2001, S. 239-246.

KEUPER, F. (2001), Multimedia Supply Chain Management am Beispiel von Zeitungs- und Publikumszeitschriften, in: Betriebswirtschaftliche Forschung und Praxis, 52. Jg., Nr. 4, 2001, S. 392-410.

KIPPHAN, H. (2000), Handbuch der Printmedien, Berlin et al. 2000.

LOOS, P./SCHEER, A.-W. (1995), Vom Informationsmodell zum Anwendungssystem, in: König, W. (Hrsg.), Wirtschaftsinformatik '95: Wettbewerbsfähigkeit, Innovation, Wirtschaftlichkeit, Heidelberg 1995, S. 185-201.

LUDWIG, J. (1996), Kosten, Preise und Gewinne – Zur Betriebswirtschaft von Medienunternehmen: Das Beispiel „Der Spiegel“, in: Altmeppen, K.-D. (Hrsg.), Ökonomie der Medien und des Mediensystems, Opladen 1996, S. 81-99.

MERZ, M. (2002), E-Commerce und E-Business: Marktmodelle, Anwendungen und Technologien, 2. Aufl., Heidelberg 2002.

MERTENS, P./GRIESE, J. (2000), Integrierte Informationsverarbeitung, Teil 1: Administrations- und Dispositionssysteme in der Industrie, 12. Aufl., Wiesbaden 2000.

MUNDHENKE, R./TEUBER, M. (1998), Der Verlagskaufmann: Berufsfachkunde für Kaufleute in Zeitungs-, Zeitschriften und Buchverlagen, 8. Aufl., Frankfurt/Main 1998.

OESTEREICH, B. (2001), Objektorientierte Softwareentwicklung: Analyse und Design mit der Unified Modeling Language, 5. Aufl., München, Wien 2001.

ÖSTERLE, H. (1995), Business Engineering: Prozeß- und Systementwicklung, Band 1: Entwurfstechniken, 2. Aufl., Berlin et al. 1995.

PILLER, F. (2001), Mass Customization: ein wettbewerbsstrategisches Konzept im Informationszeitalter, 2. Aufl., Wiesbaden 2001.

RAWOLLE, J. (2002), Content Management integrierter Medienprodukte: ein XML-basierter Ansatz, Wiesbaden 2002.

RÖHRING, H. (1997), Wie ein Buch entsteht: Einführung in den modernen Buchverlag, 6. Aufl., Darmstadt 1997.

ROSEMANN, M./SCHÜTTE, R. (1999), Multiperspektivische Referenzmodellierung, in: Becker, J./Rosemann, M./Schütte, R. (Hrsg.), Referenzmodellierung: State-of-the-Art und Entwicklungsperspektiven, Heidelberg 1999, S. 22-44.

SCHEER, A.-W. (1990), CIM Computer Integrated Manufactoring: Der computergestützte Industriebetrieb, 4. Aufl., Berlin et al. 1990.

SCHEER, A.-W./NÜTTGENS, M./ZIMMERMANN, V. (1995), Rahmenkonzept für ein integriertes Geschäftsprozessmanagement, in: Wirtschaftsinformatik, 37. Jg., Nr. 5, 1995, S. 426-434.

SCHÖNSTEDT, E. (1999), Der Buchverlag: Geschichte, Aufbau, Wirtschaftsprinzipien, Kalkulation und Marketing, Stuttgart 1999.

SCHUMANN, M. (2002), Betriebswirtschaftliche und technologische Grundlagen von E-Commerce und M-Commerce, in: Keuper, F. (Hrsg.), Electronic Business und Mobile Business, Wiesbaden 2002, S. 4-25.

SCHUMANN, M./HESS, T. (2002), Grundfragen der Medienwirtschaft, 2. Aufl., Berlin et al. 2002.

STAMER, S. (2002), Technologien als Enabler für effizientes Cross-Media Publishing, in: Müller-Kalthoff, B. (Hrsg.), Cross-Media Strategien in der deutschen Medienbranche: eine ökonomische Analyse zu Varianten und Erfolgsaussichten, Berlin et al. 2002, S. 89-121.

TAPSCOTT, D. (1996), The Digital Economy: Promise and Peril in the Age of Networked Intelligence, New York 1996.

TZOUVARAS, A./HESS, T. (2001), Referenzmodellierung für Buchverlage: ein erstes Strukturmodell für den Leistungsprozess, Arbeitspapiere der Abt. Wirtschaftsinformatik II, Universität Göttingen, Nr. 14, Göttingen 2001.

TZOUVARAS, A./HESS, T. (2002), Referenzmodellierung für Buchverlage: erste Überlegungen aus strukturorientierter Sicht, in: Becker, J./Knackstedt, R. (Hrsg.), Wissensmanagement mit Referenzmodellen – Konzepte für die Anwendungssystem- und Organisationsgestaltung, Heidelberg 2002, S. 177-194.

TZOUVARAS, A./HESS, T./SCHUMANN, M. (2002), Das X-Modell für die Medienindustrie, in: IM – Information Management & Consulting, 17. Jg., Nr. 3, 2002, S. 65-71.

VARIAN, HAL R. (2001), Economics of Information Technology, Working Paper University of California, Berkeley, http://www.sims.berkeley.edu/~hal/Papers/mattioli.pdf, Abruf: 4.9.2002.

WIRTZ, B.W. (2001), Medien- und Internetmanagement, 2. Aufl., Wiesbaden 2001.

ZERDICK, A./PICOT, A./SCHRAPE, K./ARTOPÉ, A./VIERKANT, K.E./LOPÉZ-ESCOBAR, E./SILVERSTONE, R. (2001), Die Internet-Ökonomie – Strategien für die digitale Wirtschaft, 3. Aufl., Berlin et al. 2001.

Peter Würtenberger / Marie Oetker

Die multimediale Erweiterung von Printmarken und daraus folgende neue Wertschöpfungssteigerungen

1. Einführung

Im ersten Teil des Beitrags wird auf die Situation des Medienmarktes, der Werbekrise und die sich verändernde Mediennutzung und Konsumentenbeziehung eingegangen. Das zweite Kapitel beleuchtet den Handlungsbedarf der Medienhäuser im Allgemeinen und die Möglichkeiten der Printverlage im Speziellen, ihre bestehenden Markenprodukte durch verschiedene Kanäle zu erweitern. Im Schlussteil werden die Möglichkeiten der theoretischen Ansätze anhand der praktizierten Crossmedia-Strategie von BILD und Bild.T-Online dargestellt.

2. Die Entwicklung des Medienmarktes und der Mediennutzung

2.1 Konvergenz – Konkurrenz – Komplementarität oder Kannibalisierung: Konsequenzen des intermediären Wettbewerbs

Die Entwicklung und Verbreitung der neuen Kommunikationstechnologien und die damit einhergehende Etablierung des Internet als viertes Massenmedium haben den Medienmarkt maßgeblich verändert. Kein Medium hat sich so schnell ausgebreitet wie das Internet. 1995/96 in den Konsumentenmarkt eingeführt, liegt die Internetbevölkerung in Deutschland 2002 schon bei 51 %.[1] Die Frage nach der Konvergenz, Konkurrenz, Komplementarität und/oder Kannibalisierung der Medien beschäftigt die Publizistik- und Kommunikationswissenschaft seit der sukzessiven Verbreitung des Internet als viertes Medium neben Print, Fernsehen und Radio. Immer wieder wird in diesem Zusammenhang auf das Rieplsche Gesetz verwiesen. Riepls These (veröffentlicht im Jahr 1913), von der Unverdrängbarkeit der Medien, erlebt zurzeit ihre blühende Renaissance. Je nach Mediengattung wird das Gesetz allerdings anders ausgelegt. Die Verleger halten an der Unvergänglichkeit des einzelnen Mediums fest, während die Verfechter der Internet-Branche an die Veränderungsprozesse der Mediennutzung, -bedeutung und -funktion glauben.[2]

---

1 Vgl. @facts April 2003, Basis: 10.000 Befragte ab 14 Jahre.

2 Medien können,…"wenn sie nur einmal eingebürgert und für brauchbar befunden worden sind, auch von den vollkommensten und höchst entwickelten niemals wieder gänzlich und dauerhaft verdrängt und außer Kraft gesetzt werden können, sondern sich neben diesen erhalten, nur daß sie genötigt werden, andere Aufgaben und Verwertungsgebiete aufzusuchen." Vgl. Riepl (1913), S. 5; Anzumerken bleibt, dass sich das Interpretationsspektrum vornehmlich auf die „klassischen Medien" bezieht.

Unabhängig davon, ob es sich bei der Etablierung der Online-Medien im Medienkanon eher um eine gegenseitig befruchtende Ergänzung oder um intermediäre Konkurrenz handelt, fest steht, dass die Digitalisierung den Medienmarkt nachhaltig beeinflusst und bei den „alten“ Medien ein kreatives Umdenken erfordert. Denn das Internet und die neuen Kommunikationstechnologien liefern zahlreiche Informations-, Entertainment- und Serviceangebote, die denen der herkömmlichen Medien ähnlich sind, wenn nicht sogar deckungsgleich. Darüber hinaus bieten die Online-Medien multimediale, interaktive und telekommunikative Zusatzfunktionen.

Auf der Angebotsseite kommt es durch die Digitalisierung zur Fragmentierung und Spezialisierung des Angebotes. Der Markt wird überschwemmt mit neuen Formaten, wie z. B. SMS Informationsdiensten, Magazinsendungen und Internetportalen. Denn die technischen Innovationen vereinfachen die Beschaffung, Vervielfältigung und Distribution der Inhalte. Einhergehend mit der Angebotsausdehnung stagniert bzw. sinkt die Nachfrage pro Angebot. Der Rezipient ist einer immer größeren Informationsflut ausgesetzt, die zu Orientierungslosigkeit führen kann.

Neben der bereits erwähnten Konkurrenz spricht man in diesem Zusammenhang auch von Kannibalisierungs- bzw. Substitutionseffekten, die durch ein Überangebot ausgelöst werden können. Unter Substitutionseffekten werden die Austauschbeziehungen zwischen Medienangeboten verstanden. Messkategorien für die Substitution sind einerseits das zeitliche und monetäre Budget, dass der Konsument zu vergeben hat (vgl. Kapitel 1.4), andererseits der Grad der Abwanderung von Werbebudgets in die Kanäle neuer Medienangebote.

Die Ausbreitung neuer Medien führt jedoch nicht zwingend zu konkurrierenden und kannibalisierenden Reaktionen zwischen den Medien, es können auch Symbiosen entstehen. So genannte Komplementäreffekte treten auf, wenn ein Medienangebot Bedürfnisse auslöst, z. B. Informationsbedarf, die durch ein anderes Medium befriedigt werden (z. B. Fernsehen und Fernsehzeitschriften). Komplementäreffekte können aber auch durch eine ausgewogene Print-Online Verzahnung erzielt werden (vgl. Kapitel 2).

Der Wandel des Medienmarktes wird neben der technischen Entwicklung auch durch die Veränderungen des Werbemarktes und die unterschiedliche Nutzung der Medien geprägt.

2.2 Die Auswirkungen des technischen Strukturwandels und der Werbekrise

Davon ausgehend, dass die deutsche Konjunktur seit den 80er Jahren geradlinig mit geringem Wachstum verläuft bzw. stellenweise sogar stagniert und dass auch die Wiedervereinigung und der Wirtschaftsboom 1999/2000 diese Entwicklung nur kurzfristig haben überdecken können, handelt es sich in Deutschland eher um eine strukturelle und weniger um eine konjunkturelle Werbekrise. Daran konnte der kurzzeitig durch die vielen Fusionen und Expansionen von Start-ups florierende Werbemarkt auch nichts ändern. Frühestens 2004, so die Experten, soll es zu einer langsamen Wirtschaftserholung kommen. Noch halten sich die gewerbliche Wirtschaft wie auch die privaten Haushalte mit Ausgaben zurück.

Betrugen die Gesamt-Nettowerbeaufwendungen der Medien im Jahr 2000 noch 23,37 Milliarden €, hat sich die Summe zwei Jahre später auf 20,38 Milliarden € reduziert. Seit der Etablierung des Privatfernsehens und der Verbreitung des Internet als Werbeträger verlieren die Printobjekte Anteile am Werbekuchen. Ein Grund hierfür ist z. B. die Abwanderung der Rubrikenanzeigen in den Online-Bereich. Die überregionalen Tageszeitungen hatten 2002 mit einem Einbruch der Stellenanzeigen um bis zu 75 % zu kämpfen.[1] Vergleicht man den Verlust mit der Verbreitung von Online-Stellenanbietern wie monster.de, jobpilot.de oder arbeitsamt.de, kristallisiert sich eine langfristige Neuverteilung heraus. Wachstum im Rubrikenmarkt findet primär nur noch im Internet statt.

Laut des Wirtschaftsreports 2003 von SevenOne Media hat das Medienpanorama bei der Verteilung des Werbekuchens eine erste Stabilisierung gefunden. Der Anteil der Tageszeitungen an den Nettowerbeeinnahmen pendelt sich bei einem Viertel, der des Fernsehens bei einem Fünftel ein.[2] Das größte Wachstum verzeichnen die Online-Medien, die allerdings mit 255,9 Millionen € erst einen Anteil von 1,5 % am Gesamtwerbebudget haben. In den nächsten Jahren soll dieser Anteil bis auf 10 % steigen, was den bereits bestehenden Charakter des „ergänzenden Werbeträgers" widerspiegelt.[3]

Die Online-Werbung unterscheidet sich von der klassischen Werbung durch die zunehmend erfolgsorientierte Abrechnung. Die Transparenz der Internetnutzung ermöglicht die Abrechnung als „Cost per Click" oder sogar als „Cost per Order". Aufgrund der verhaltenden Werbemarktsituation steigt die Nachfrage der Werbekunden nach solchen Performance orientierten, variablen Abrechnungsformen. Dieses Modell birgt sowohl eine Chance als auch Gefahr für den Werbeträger: zum einen lassen sich durch das risikolose Investment neue Werbekunden akquirieren, zum anderen werden die Brandingeffekte, die der Werbetreibende automatisch durch die Platzierung auf der Website des Werbeträgers erhält, bei einer rein erfolgsorientierten Werbung nicht honoriert.

---

1 Vgl. ZAW (2001); Prognos Studie (2002). Im Jahr 2001 lag allein der Anzeigeneinbruch im gesamten Medienmarkt bei -6 %, im Tageszeitungsbereich sogar bei -14 %.

2 Vgl. SevenOne Media (2003).

3 Im ersten Quartal 2003 wurden im Internet 66,2 Millionen € für Werbung ausgegeben, das entspricht einem Plus von 37,5 % zum Vergleichsraum des Vorjahres. Vgl. Nielsen Media Research Pressemitteilung vom 10.4.2003; Strief (2003), S.40 f.

2.3 Die Rolle des Mediums: das Medium als bloße Distributionsplattform?

Hat sich die Rolle des Mediums im Informationszeitalter geändert? Welche Wertschätzung besitzen Zeitung, Radio und Buch in einer Zeit, in der neue Medien hinzukommen und es zu einer veränderten Nutzungsweise kommt? Die „universale" Definition von Medium konzentriert sich auf die Speicherung und/oder Transportation von Informationen und Mitteilungen durch verschiedene Kanäle. Diese fast technische Reduktion auf die Vermittlerrolle spiegelt den aktuellen sich langsam durchsetzenden Stellenwert des Mediums wieder. In der heutigen Zeit steht die schnelle Distribution von Inhalten im Vordergrund, das einzelne Medium als kognitives Sinnobjekt rückt in Zeiten vorherrschender Reizüberflutung zunehmend in den Hintergrund.[1]

Für die Produzenten hat sich die Wahrung der Exklusivität einer Nachricht bedeutend erschwert, gleichzeitig steigt der Druck nach Aktualität. Digitalisierung und Mobilisierung haben dazu geführt, dass Inhalte immer schneller und an fast alle Orte übertragen werden können und müssen. Die Medienunternehmen, speziell die Verlage, diskutieren daher über eine inhaltliche Neu-Gewichtung ihrer Objekte. Für die Tageszeitungen könnte das z. B. die Fokussierung auf regionale/lokale Inhalte und auf Hintergrundberichte sein. Der Gedanke der Repositionierung steckt noch in den Kinderschuhen, auch bleibt abzuwarten welchen Stellenwert die neuen Kommunikationstechnologien einnehmen werden – dabei geht es immer auch um die Veränderung der Mediennutzung und den Stellenwert des Mediums beim Rezipienten.

2.4 Entwicklung der Mediennutzung

Der Wettbewerb um das Medienzeitbudget hat längst begonnen. Die Aufmerksamkeit ist das umkämpfte Gut, unabhängig davon, ob die Mediennutzung innerhalb der letzen Jahre auf 8,5 Stunden pro Tag gestiegen ist. Schon heute nimmt das Internet mit durchschnittlich 35 Minuten Nutzungsdauer den dritten Platz – nach Fernsehen und Hörfunk – vor der Zeitung ein.[2] Zwar haben die neuen Technologien, wie z. B. Video, Handy und Internet den zeitlichen Konsum erhöht, sie haben aber auch dazu geführt, dass es immer öfter zu einer Nutzungseinschränkung und/oder Parallelnutzung bei den anderen Medien kommt. Auch wenn es bis dato keine direkte Substitution gibt, kann die (Neu-) bzw. Mehrnutzung eines Mediums, zur reduzierten Nutzung anderer Medien führen, da der Faktor Zeit nicht unbegrenzt zur Verfügung steht. Eine Verlagerung der Mediennutzung

---

1 Vgl. Wirtz (2001), S. 500 f.

2 Die Verteilung ist wie folgt: Hörfunk 202 Min., Fernsehen 215 Min., Internet 35 Min., Zeitung 30 Min., CDs u. Kassetten 23 Min., Bücher 18 Min., Zeitschriften 10 Min., Sonstiges 2 Min. Vgl. ARD-/ZDF-Online Studie; MA 2002 Radio II, Massenkommunikation 2000. Es kommt bei den Studien zu Abweichungen, auf die hier nicht näher eingegangen werden soll.

innerhalb unterschiedlicher Mediengattungen befindet sich bei einigen Zielgruppen bereits in der Anfangsphase.

Verantwortlich für den sich wandelnden Umgang mit den Medien sind unter anderem die demografischen Entwicklungen. Greift man die Situation der Tagespresse heraus, zeigt sich folgendes Szenario: Gemessen an der Gesamtbevölkerung wird in näherer Zukunft die Zahl der über 50-Jährigen gegenüber den 20-35-Jährigen erheblich steigen. Doch gerade die Gruppe der 25-29-Jährigen stellt mit 28 % die meisten Neuabonnenten von Tageszeitungen.[1] In dieser Zielgruppe ist der Konkurrenzdruck der Medien besonders ausgeprägt, weil die Online-Nutzung überdurchschnittlich hoch ausfällt. Das spüren vor allem die Zeitungsverlage. Von 1979-2002 ist die Reichweite der Tageszeitungen bei der jungen Generation (14-29-Jährigen) von 75,2 % auf 53,1 % gefallen; die durchschnittliche Reichweite liegt bei 72,6 %.[2] Parallel zur beschrieben Mediennutzung hat sich auch die Bindung zum Informationsträger verändert.

2.5 Was ist aus der klassischen Leser-Blatt-Bindung geworden? Transaktionsbasiertes Medienkonsumverhalten

Der transparente Kunde ist nicht mehr nur eine Traumvorstellung. Kundenbindungsmaßnahmen und interaktive Marketingkonzepte schaffen eine ganz andere Nähe zum Konsumenten. Tatsächlich hat sich an der klassischen Leser-Blatt-Bindung und dem anonymen Fernsehzuschauer einiges verändert. Transaktionsbasierte Angebote sind darauf ausgelegt, dass der Rezipient aktiv in das Mediengeschehen eingreifen kann und das beinahe zeitgleich. In den einseitigen Kommunikationsfluss „one to many" wird ein Rückkanal integriert, den der Rezipient via Fernbedienung oder Telefon nutzen kann. Er hat die Möglichkeit, seine Stimme abzugeben, sich an Quizsendungen zu beteiligen oder Produkte zu bestellen.[3]

Natürlich gab es die „Dialogorientierte Kommunikation" mit dem Rezipienten auch schon früher (z. B. Wunschsendungen im Radio oder Leserbriefe in der Zeitung) nur war sie weniger auf eine große Masse ausgelegt und hatte keinen unmittelbar erlössteigernden Einfluss. Online-Medien eignen sich besonders für transaktionsorientierte Formate.

---

1 Vgl. Prognos Medianreports (2002).

2 Vgl. AWA (1979-2002). Abgesehen von der sich reduzierenden jungen Leserschaft steigt die Anzahl der Single-Haushalte, die eine Veränderung der Lebensstile zur Folge hat. Langfristige Abonnements stoßen besonders bei der Gruppe der Singles auf geringes Interesse. Neben der zeitlichen Verlagerung der Nutzung einzelner Medien hat sich auch die Nutzungspräferenz bzw. der Zweck verändert. Der Wunsch nach Individualisierung und Personalisierung verstärken die Nachfrage nach persönlichen Informations- und Kommunikationsinstrumenten und -inhalten, was wiederum die Bindung des Nutzers an das Medium verändern kann.

3 Erfolgreich umgesetzt wurden diese Konzepte zuletzt auf RTL mit „Deutschland sucht den Superstar" mit mehr als 1 Millionen Abstimmungen über Telefon pro Sendung, aber auch die Anbieter NeunLive, Premiere und HSE setzen die Rückkanalfunktion gewinnbringend ein.

Im Internet kann theoretisch eine beliebig große Gruppe – „many to many" – an dem Austausch via Chats und Foren teilnehmen. Und dank E-Mail tritt der Kunde „one to one" mit dem Absender direkt in Kontakt. Die Auktionsplattform Ebay hat basierend auf diesen Kommunikationsmöglichkeiten ein nachhaltig profitables und skalierbares Geschäftsmodell entwickelt.

Integrierte und interaktive Informations- und Kommunikationsangebote machen aus vormals singulären/einseitigen Kundenbeziehungen nun multiple/symmetrische Kundenbindungen. Die neu aufgebaute Kundenbindung wird zusätzlich dazu eingesetzt, Informationen über Kundenwünsche, Produktpräferenzen, Ausstattung und Einsatz der Medien und Wissensstand der Nutzer zu erhalten.

Berücksichtigt man den vorherrschenden Wettbewerbsdruck unter den Medien, den technischen Strukturwandel, den Kampf um die Aufmerksamkeit beim Werbekunden und Rezipienten, sowie die Sicherstellung der Wirtschaftlichkeit, erkennt man den Handlungsbedarf von Medienhäusern. Im Folgenden soll anhand eines Beispiels aufgezeigt werden, wie Verlagshäuser auf die Wettbewerbszuspitzung reagieren könnten. Eine Möglichkeit, um Wertschöpfungssteigerung zu erzielen, ist die Nutzung von Synergien, die Mehrfachverwertung des inhaltlichen Gutes und die crossmediale Vermarktung.

3. Wie können Zeitungsverlage agieren? Perspektiven der multimedialen Erweiterung von Medienmarken

Die Digitalisierung hat dazu geführt, dass sich die mediale Wertschöpfungskette erweitert; die Beschaffung, Aufbereitung, Vervielfältigung und Distribution der Inhalte erfolgt fast ausschließlich digital. Dabei steht der Glaube an eine schnelle technische Konvergenz (bei den Endgeräten) eher im Hintergrund, während die umfassende Inhalte- und Distributionskonvergenz ansatzweise schon erfolgreich von den Verlagen realisiert wird. Erfolgreich insofern, als die Mehrfachverwertung eines Inhalts bzw. die Ausdehnung einer Marke medienspezifisch, nutzerorientiert und gewinnbringend umgesetzt wird. Auch können durch die Digitalisierung bestehende und neue Produktions- und Vertriebswege miteinander verknüpft werden. Die Verlage sollten sich auf einen Funktionswandel der „alten Medien" einstellen bzw. diesen fokussieren, um die Nachfrage und Positionierung ihrer eigenen Objekte zu sichern. Ein bereits eingeschlagener Weg ist die Mehrfachverwertung der Marken und Inhalte und die damit verbundenen Crossmedia Werbekonzepte.

Mehrfachverwertung im weiteren Sinne umfasst Crossmedia, Multichanneling und Content-Syndication. Sie findet auf zwei Ebenen statt: die der Marke und die der Inhalte. Wobei der Markentransfer auf ein neues Produkt eine Multichannelstrategie der Inhalte nach sich ziehen kann.[1] Besitzt die Medienmarke ein starkes Image, unterstützt der Markentransfer die Etablierung und Profilierung des neuen Produktes, erhöht die Wiedererkennung und trägt somit langfristig zur Kundenbindung bei.[2]

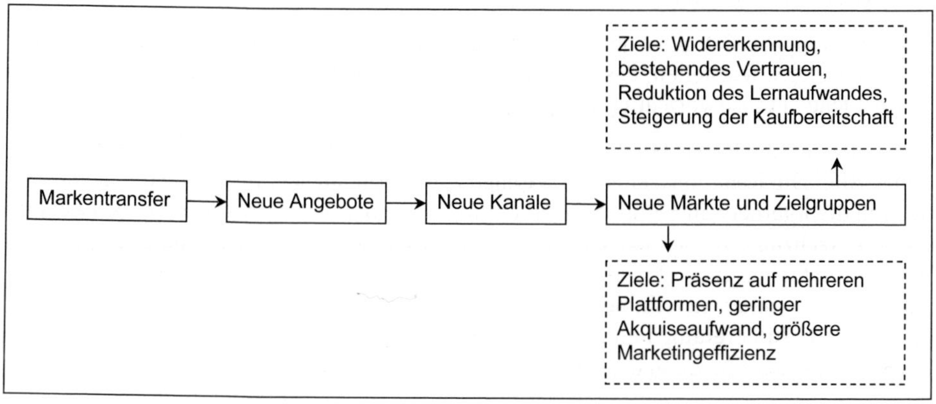

Abbildung 1: Markenausdehnung bezogen auf Kunden- und Vertriebsziele

Die Verlage haben längst verstanden, eine bereits etablierte Medienmarke erfolgreich durch andere Kanäle auszudehnen bzw. die Produktfamilie zu erweitern. Sie verfolgen damit das Ziel, durch Transferprodukte in neuen Kanälen ein organisches Wachstum zu erreichen. Spiegel TV, Bravo TV, Maxim TV, AutoBILD, Viva BamS, Handelsblatt Junge Karriere aber auch das GZSZ-Magazin sind nur einige erfolgreiche Beispiele einer Line Extension. Aufgrund der starken Wettbewerbssituation und des steigenden Kostendrucks nutzen immer mehr Medienunternehmen diese Art von Synergiepotentialen. Bei der Integration des Internet in den Medienkanon sind allerdings einige Unternehmen über den viel versprechenden Börsen-Boom gestolpert.

Die Herausforderung der Mehrkanalstrategie besteht darin, den Inhalt medienspezifisch, d. h. an der Darstellungsform des jeweiligen Mediums orientiert, durch mehrere Kanäle zum Rezipienten zu transportieren. Ein und dieselbe Story erscheint dann in den verschiedenen Transferprodukten einer Marke. Meldungen lassen sich hervorragend offline, online und mobil verbreiten, ohne dass der Kern der Nachricht verletzt bzw. verzerrt wird. Je bedeutender die Nachricht, desto höher die Wahrscheinlichkeit, dass das schnellste Medium für die Vermittlung gewählt wird. Noch vor der Veröffentlichung in Print findet der Leser die Meldung z. B. auf der Internetseite der Zeitung oder erhält sie via Breaking News als SMS auf sein Handy. Folge dieser gegenseitigen Querverweise zwischen den Medien ist eine erhöhte Markenbekanntheit, gefestigtes Vertrauen in die Marke und ge-

1 Entweder durch dasselbe Medium, wie bei ComputerBILD, oder durch ein neues Medium, wie bei Stern TV.

2 Vgl. Caspar (2002), S. 27, ebenso Meffert (2000), S. 856.

weckte Neugierde bei den Kunden.[1] Der Journalist selber kann über die Aktualität, Geschwindigkeit, den Umfang und den Zusatznutzen entscheiden. Es hängt von der Qualität des Produzenten ab, die Meldung so zu formulieren und zu präsentieren, dass für den Medienkonsumenten auch am Folgetag der Kauf der Tageszeitung zwecks Informationsbeschaffung selbstverständlich erscheint.

Allerdings eignet sich nicht jeder Inhalt für jedes Medium. So mussten die Redakteure von Spiegel TV feststellen, dass die meisten Printthemen nur schwer für das „emotional aufgeladene" Fernsehformat umzusetzen sind.

Generell zeigt die Praxis bei der Umsetzung von Crossmedia-Strategien noch ein heterogenes Bild. Die Reaktionszeiten der Verlage z. B. verliefen sehr unterschiedlich, was den Weg in die Internetwelt betraf. Spiegel Online war einer der Vorreiter, FAZ. Net gehörte zu den Nachzüglern. Schnell haben die Verantwortlichen begriffen, dass trotz Single Source Strategien, die 1:1 Darstellung der Printinhalte im Internet nicht ausreicht. Zusatz-, Service- und Entertainment-Angebote ergänzen mittlerweile das bestehende Basisangebot, die Aufbereitung und Darstellung ist multimedialer gestaltet und die Interaktion hat ebenfalls den Einzug in die Sites von Printtiteln geschafft.

Auf Seiten der Werbetreibenden bedient man sich crossmedialer Konzepte um einerseits der Fragmentierung der Zielgruppen und Reichweiten entgegenzusteuern und andererseits an der inhaltlichen Crossmedia-Strategie anzuknüpfen. Durch die Vernetzung unterschiedlicher Medienkanäle und Werbeträger versprechen sich die Werbekunden einen maximalen werblichen Erfolg. Doch die praktische Umsetzung bringt einige Herausforderungen mit sich. Es kann passieren, dass der Werbetreibende nicht alle „Medienzügel" in einer Hand hält und die Werbebotschaft in alle Himmelsrichtungen zerstreut wird. Das crossmediale Gerüst ist nur dann stabil, wenn die einzelnen Werbeträger und Botschaften zeitlich und inhaltlich aufeinander abgestimmt sind und es einen ganzheitlichen Verlinkungskreislauf gibt. Im Gegensatz zum altbekannten Mediamix geht es nicht nur um den parallelen Medieneinsatz, sondern um eine integrative Kampagne, die auf ein Leit-Thema setzt. Die Kernaussage der Werbung bleibt konstant, die Aufbereitung (Layout, Multimedia, Informationstiefe und -breite) ändert sich je nach Medium. Gerade Verlage haben einen Vorsprung bei der Erstellung qualitativ hochwertiger on- und offline Inhalte und sollten diese für die Vermarktung der Produkte auch einsetzen.[2]

Um die theoretischen Ansätze zu veranschaulichen, wird im folgenden Kapitel ein Fallbeispiel von Bild.T-Online zum Thema Crossmedia vorgestellt.

---

1 Zusätzlich können die Produkte einer Markenfamilie als Werbeträger für die Eigenwerbung eingesetzt werden.

2 Vgl. VDZ Handbuch Crossmedia Werbung 2003, S. 7 ff.

4. Neue Wertschöpfungsketten aufbauend auf crossmedialen Kommunikationsstrategien am Beispiel der Marke BILD

4.1 Die Strategie und das Erlösmodell

BILD ist Deutschlands größte Tageszeitung. Sie erreicht täglich über 12 Millionen Leser. Das Pendant im Internet, Bild.T-Online, gehört zu den größten Informations- und Entertainmentportalen im deutschsprachigen Netz. Laut ACTA 2002 nutzen 37,2 % der täglichen BILD Leser das Internet, während 14,8 % der deutschen Online Nutzer täglich BILD lesen.[1] Auf beiden Seiten besteht großes Potential für die Verzahnung von Print und Online, die zu folgender Strategie führt:

Aus Lesern Nutzer und aus Nutzern Kunden zu machen.

Wie die Zahlen bestätigen, planen über 15 % der BILD Leserschaft die Nutzung des Internet in nächster Zeit. Umgekehrt gehören 70,8 % aller Bild.T-Online Nutzer nicht zu den regelmäßigen Lesern von BILD. Der Prozess, aus Offlinern Onliner zu machen, lässt sich auch rückwärts abspulen, indem der Onliner an die Zeitung herangeführt wird. Doch zuerst gilt es, die BILD Leser zur Nutzung des Internet zu bewegen, sie dort an die Marke Bild.T-Online zu binden und im dritten Schritt als loyalen, zahlenden Kunden zu gewinnen.

Bevor die Umsetzung des Konzeptes detailliert beschrieben wird, soll das Erlösmodell von Bild.T-Online kurz aufgezeichnet werden. Das Erlösmodell basiert auf einem Drei-Säulen-Konzept. Die erste Säule ist die klassische Online-Werbung, die zweite Säule beinhaltet die Paid-Produkte und die dritte Säule umfasst die strategischen crossmedialen Produktpräsentationen.[2] In Anbetracht des immer noch zurückhaltenden Wachstums von Online-Werbung und Paid-Content, gewinnt die dritte Erlösquelle an Bedeutung. Crossmediale Produktpräsentationen beinhalten sowohl das Sponsoring eines werberelevanten Themenchannels bei Bild.T-Online, die Kommunikation mit den über 600.000 Newsletter Kunden, als auch die Produkt- bzw. Servicepräsentation in der wöchentlichen Bild.T-Online Beilage, die Samstags in der BILD erscheint. Bei großen, langfristig angelegten Aktionen wird eine vierseitige Sonderbeilage allein für den Werbekunden er-

1 Bereits 9,4 % der Internetnutzer greifen regelmäßig auf das Angebot von Bild.T-Online zurück. Vgl. ACTA 2002, Gesamtbevölkerung 14-64 Jahre, Basis 50,73 Millionen, 10.507 Fälle, Vgl. MA 2002, Grundgesamtheit: 64.097 Befragte ab 14 Jahren .

2 Unter die Kategorie „Paid-Produkte" fallen im engeren Sinne die aktuellen Nachrichten aus den Bereichen News, Sport, Show und Promis, sowie im weiteren Sinne Breaking News, Spiele, Klingeltöne, MMS etc.

stellt. Das Mediapaket kann zusätzlich auch die gesamte Durchführung der externen Kommunikation in Form von Anzeigen und PR umfassen. Die redaktionelle Hoheit aller Medienaktionen liegt bei Bild.T-Online. Die Stärke der Marke BILD und der damit zusammenhängende Imagetransfer auf das Tochterprodukt Bild.T-Online sind die beste Voraussetzung für ein erfolgreiches Crossmedia- bzw. Crosschannel-Konzept, sowohl in Hinblick auf die inhaltliche Produktausdehnung, als auch auf den Werbeträger.[1]

4.2 Die crossmediale Einführung des „Volks-PC“ bei Bild.T-Online

Anknüpfend an die Strategie aus „Lesern Nutzer und aus Nutzern Kunden zu machen“, entwickelte Bild.T-Online ein ganzheitliches Konzept, das von der Information über das Internet bis hin zur Distribution eines internettauglichen PC reicht. Das erste Interesse des Lesers an dem neuen Medium wird durch die BILD-Lektüre geweckt. Entweder durch die täglichen Printverweise auf den umfangreichen Online-Auftritt, oder durch die Bild.T-Online Beilage, die den Leser mit Informationen aus der Online-Welt versorgt.

Leser	**+ „Volks-PC“/Access**	**Nutzer**
Sporadischer Nutzer	**+ attraktive Inhalte**	**Registrierte Nutzer**
Loyale Nutzer	**+ exklusive Inhalte**	**Paid Content Kunden**

Abbildung 2: Beispiel das „Volks-PC“-Konzept

Doch die Information allein reicht nicht aus, um die Verbindung ins Internet und zu Bild.T-Online herzustellen. Deswegen hat Bild.T-Online das Konzept des „Volks-PCs“ ins Leben gerufen. Mehrmals im Jahr bieten der Medienpartner Bild.T-Online, der Lebensmitteldiscounter Plus, zuständig für den Vertrieb, und der Hersteller 4MBO einen „Volks-PC“ an. Der mit allen aktuellen technischen Komponenten ausgestattete „Volks-PC“ ist zu einem attraktiven Preis von 999,- € erhältlich. Für PC-Einsteiger wird zusätzlich ein Starterpaket mit Anschlussservice angeboten.[2] Die gesamte Kommunikation und Vermarktung verläuft medienübergreifend. Als Kanäle werden die reguläre Beilage, eine speziell angefertigte Sonderbeilage, der Computer-Channel Online sowie der Bild.T-

1 BILD zeichnet sich durch eine hohe Beständigkeit der Leserschaft aus, 57 % haben 12 von 12 Ausgaben gekauft. Mit einer Lesedauer von 38 Minuten liegt BILD über der durchschnittlichen Lesedauer von Tageszeitungen. Vgl. BILD Käuferanalyse 1999.

2 Laut ACTA 2002 besitzen 57,3 % der BILD Leser einen PC im Haushalt; 18,7 % der Befragten planen eine PC Anschaffung in den nächsten zwei Jahren. Vgl. ACTA 2002, Basis: 10.507 Fälle.

Online Newsletter eingesetzt. Die Partner ergänzen die Medienaktionen oftmals noch durch Radio- und Fernsehspots. Vertrieben wird der „Volks-PC" online unter www.bild.t-online.de und www.plus.de, telefonisch und in den rund 2.700 Plus Filialen. Die mehrkanalige Kommunikation erhöht den Werbedruck, bietet umfassendere Produktinformationen und ermöglicht die direkte Interaktion mit dem Kunden. Auf Anfragen der Leser und Nutzer hat Bild.T-Online das „Volks-Konzept" auf weitere Produkte ausgedehnt. Zwei „Volks-Notebooks" und ein „Volks-Spüler", vom Hersteller Bosch bauen auf dem crossmedialen Ansatz auf, weitere Produkte werden folgen.

4.3 Ausblick

Beispiele wie der „Volks-PC" belegen das Potential von konvergenten, crossmedialen und interaktiven Konzepten. Die Medien der Zukunft sehen sich neben der Vernetzung mit einer wachsenden mobilen und individuellen Nutzung konfrontiert. Drei Trends lassen sich in diesem Zusammenhang festhalten:

1. zunehmende Verschmelzung von mobilen Endgeräten (Handy, PDA, Discman, etc.),
2. Zusammenführung von PC und TV zum „interactive TV",
3. wachsende Reizüberflutung durch die Steigerung der Medienkanäle und -angebote.[1]

Die Zeitungsverlage sollten jetzt aktiv werden, um eine offensive Strategie bei der Markenausdehnung und Produktinnovation durchzusetzen. Die Entwicklungen im Bereich der Kommunikationstechnik und der Mediennutzung sind ernst zu nehmende Herausforderungen für die neue Lösungsansätze konzipiert werden müssen. Eine verhaltene Beobachterposition dürfen sich die Verlage nicht mehr leisten und verstecken müssen sie sich hinter ihren qualitativ hochwertigen Inhalten erst recht nicht.

Neue Wertschöpfungsketten lassen sich ideal anhand von crossmedialen und interaktiven Konzepten umsetzen. Das reicht von der Mehrfachverwertung und Distribution eines Inhalts durch die vielen elektronischen Medienkanäle, über die Entwicklung neuer Formate bis hin zu integrierter und individualisierte Kundenkommunikation. So haben die Zeitungsverlage z. B. jetzt die Chance den, in den USA außerordentlich wachsenden, Dating Markt über crossmediale Auftritte zu besetzen. Bei der anonymen wie persönlichen Nachrichtenvermittlung eignet sich die Mobil- und Onlinekommunikation besonders für die schnelle, vernetzte und direkte Ansprache des Rezipienten. Hier sollten die Printverlage als heiß begehrte Inhalteproduzenten ansetzen, um den Wert ihrer umfangreich recherchierten, analysierten und kommentierten Meldung noch zu erhöhen. Schließlich können die Technologien noch so modern und multifunktional sein, ohne die von den Verlagen zur Verfügung gestellten qualitativ hochwertigen Inhalte sind sie für den Konsumenten nur halb so interessant.

---

1 Vgl. VDZ Handbuch Crossmedia Werbung (2003), S. 49

Literaturverzeichnis

ACTA (2002), Allensbacher Computer- und Telekommunikationsanalyse, Allensbach 2002.

@FACTS (April 2003), Internet- Basis Daten, Auftraggeber SevenOne Interactive http://www.71i.de/index.phix?session=c776378ff2769c27fa2ad4fb54f39c63&id=b6b bd8ca7f11b103138e655e08dc169a.

AWA (1997-2002), Allensbacher Markt- und Werbeträger Analyse, Allensbach 1997-2002.

BILD (1999), BILD Käuferanalyse, Hamburg 1999.

Caspar, M. (2002), Cross-Channel-Medienmarken, Frankfurt am Main 2002.

Gerhards, M./Klingler, W. (2003), Mediennutzung in der Zukunft, in: Media Perspektiven 3/2003.

MA (2002), Mediaanalyse 2002.

Meffert, H. (2000), Marketing: Grundlagen marktorientierter Unternehmensführung, Konzepte – Instrumente – Beispiele, Wiesbaden 2000.

Nielsen Media Research (2003), Pressemitteilung vom 17. Januar 2003. Online-Bruttowerbeaufwendungen des Jahres 2002, Hamburg http://www.nielsen-media.de/pages/template.aspx?level=2&treeViewID=3.61.0.0.0#.

Nielsen Media Research (2003), Pressemitteilung vom 10.4.2003 66,2 Millionen Euro Online-Bruttowerbeaufwand im ersten Quartal 2003, Hamburg http://www.nielsen-media.de/pages/template.aspx?level=2&treeViewID=3.61.0.0.0#.

Prognos Studie (2002), Werbemarkt (2012) im Auftrag von SevenOne Media, Präsentation 2002.

Prognos Media Reports (2002), Präsentation bei den Handelsblatt Medientagen, 8. April 2003.

Riepl, W.G (1913), Das Nachrichtenwesen des Altertums mit besonderer Rücksicht auf die Römer, Leipzig 1913.

SevenOne Media (2003), Wirtschaftsreport 2003, www.wuv.de/daten/052003/729/summary.html, Abruf: 9.5.2003.

Stadik, M. (2003), Crossmedia wie aus dem Lehrbuch, in: Werben & Verkaufen 17/2003, S. 140-143.

Stief, S. (2003), Mittendrin statt nebenbei, in: media & marketing 4/2003, München 2003, S. 40-41.

VDZ Verband Deutscher Zeitschriftenverleger e.V. (2003), Handbuch Crossmedia Werbung, Berlin 2003.

Wirtz, B.W. (2001), Medien- und Internetmanagement, 2. Auflage, Wiesbaden 2001.

ZAW Zentralverband der deutschen Werbewirtschaft (2002), Jahrbuch der Werbung in Deutschland 2001, Meckenheim 2002.

Dritter Teil

TV- und Radiomanagement

Markus Schächter

Der öffentlich-rechtliche Programmauftrag im Internetzeitalter – am Beispiel des ZDF

1. Vorbemerkung

Der Titel „Der öffentlich-rechtliche Programmauftrag im Internetzeitalter" lässt zwei Lesarten zu: Zum einen impliziert er eine tiefgreifende Änderung der Mediennutzung in unserer Gesellschaft. Er meint dann nichts anderes als die Ablösung des bisherigen Leitmediums Fernsehen durch das Medium, das in den letzten zehn Jahren in der Tat eine staunenswerte Entwicklung genommen hat – das Internet. Damit würde die Frage aufgeworfen, ob der öffentlich-rechtliche Programmauftrag des Rundfunks – als konstitutiver Bestandteil unserer demokratischen Meinungs- und Willensbildung – unter diesen veränderten Bedingungen überhaupt noch notwendig ist, und wenn ja, wie.

Die zweite, weniger radikale Lesart fragt, wie der öffentlich-rechtliche Rundfunk auf die Möglichkeiten des Internets reagiert: Ob er sich ihnen anverwandelt, oder ob er umgekehrt das Internet sich selbst anverwandelt.

Welche der beiden Lesarten die richtige ist, soll hier nicht vorschnell entschieden werden. Zunächst ist ein Blick auf die sprunghafte Entwicklung der Medienlandschaft insgesamt sinnvoll, die vor etwa zehn Jahren begonnen hat – auch wenn ihre Anfänge deutlich weiter zurück reichen. Im nächsten Schritt wird die Bedeutung des Internets für Rundfunkanbieter näher beleuchtet. Als ein Beispiel öffentlich-rechtlicher Internetaktivität schließt sich ein Abschnitt über „ZDF.online" an. Ein weiterer Abschnitt ist einem Kardinalproblem gewidmet: der Frage und den Möglichkeiten einer sozial verträglichen Finanzierung öffentlich-rechtlicher Online-Angebote. Ein Ausblick unternimmt es schließlich, die vorhergehenden Erörterungen wieder an den gesellschaftlichen Sinn und Zweck öffentlich-rechtlicher Rundfunkangebote anzubinden.

2. Zur Entwicklung der Medienlandschaft

Seit rund zehn Jahren schreitet die Digitalisierung der elektronischen Medienangebote und Datendienste voran. Ihr Zusammenwachsen lässt keinen Bereich der medialen Wertschöpfungskette unberührt: Sie betrifft die *Produktion* elektronischer Medienangebote ebenso wie deren *Verbreitung* über zwar *unterschiedliche,* aber *technisch* dennoch *konvergente Verteilwege* und *Absatzkanäle* wie deren *Nutzung* über verschiedene *stationäre* – und in einem zweiten Schritt – *mobile Ausgabemedien.*

Voraussetzung für die *Ausdifferenzierung und Individualisierung der Nutzungsmöglichkeiten* auf der einen sowie der *technischen Konvergenz der Verteilwege* auf der anderen

Seite sind erstens genügend *hohe Übertragungskapazitäten der Netze* und zweitens deren *Rückkanalfähigkeit.*

Beide Voraussetzungen werden auf europäischer wie internationaler Ebene vehement vorangetrieben. Zu den heute bereits schon vollständig, bzw. in naher Zukunft gänzlich digitalisierten und rückkanalfähigen Übertragungswegen zählen: Breitband-Kabelnetze, Satelliten-Übertragungswege, der breitbandige Ausbau der Telefonfestnetze durch DSL-Technologie, der breitbandige Ausbau der mobilen Telefonie mittels UMTS sowie die Digitalisierung der ehemals analogen terrestrischen Rundfunkverbreitung durch DVB-T, das neben einer deutlichen Steigerung der Empfangsqualität auch einen *mobilen* breitbandigen Datenempfang mittels geeigneter Empfangsgeräte ermöglicht.

Dieser *Ausdifferenzierung* der breitbandigen Verteilwege für digitalisierte bzw. digitalisierbare Medieninhalte jeder Art entspricht eine *Ausdifferenzierung der Angebote* in *gegenständlicher Breite* und *informationeller Tiefe* sowie eine *inhaltliche* und *zeitliche Ausdifferenzierung* und *Individualisierung der Nachfrage- und Nutzungsformen.* Sendeinhalte richten sich nicht mehr *unidirektional* an eine unbekannte Menge von Hörern oder Sehern. Vielmehr können Nutzer individuell gewünschte Inhalte *bidirektional* aus der Gesamtmenge des Angebots heraussuchen und sie zu jedem gewünschten Zeitpunkt hören bzw. sehen.

Im Vergleich zum herkömmlichen Rundfunk, der allein auf der analogen Datenübertragung fußte, ist diese Entwicklung in Anbetracht der stark *sinkenden* Kosten für die Produktion, Distribution und Mehrfachverwertungsmöglichkeiten digitalisierter Medieninhalte sowie hinsichtlich der sprunghaften *Vervielfachung* der ehemals begrenzten Übertragungskanäle – d. h. durch den Entfall der bisherigen Kanalknappheit – irreversibel.

Welche Auswirkungen dies im einzelnen hat, ist schwer vorherzusagen. Generell gilt – dies lehrt ein Blick auf die Geschichte technischer Neuerungen nicht nur im Medienbereich –, dass das Bessere des Guten Feind ist: Niemand schaut heute mehr Schwarz-Weiß-Fernsehen, außer aus cineastischen Gründen; niemand toleriert eine Mono-Ton-Übertragung, wenn er zum gleichen Preis Stereo oder gar Dolby-Surround haben kann; niemand kauft heute noch ein Fernsehgerät, das nicht videotexttauglich ist. Auf einen Nenner gebracht: Echter Zusatznutzen zum günstigen Preis wird auch nachgefragt und verdrängt herkömmliche Angebote vom Markt.

Alle derzeit bestehenden sowie künftig hinzutretenden *breitbandigen* Mediennutzungsformen konkurrieren daher untereinander um die *Aufmerksamkeit*, das *Zeitbudget* sowie die *finanziellen Möglichkeiten* der Nutzer.

Hieraus aber folgert, dass es für Medienanbieter, die sich an größere Publika richten, *unerlässlich* ist, ihr Angebot über die wichtigsten, von breiteren Bevölkerungs- und Nutzerkreisen in Anspruch genommenen Verteilwege und Ausgabemedien zugänglich zu machen bzw. ihr Angebot diesen unterschiedlichen Nutzungsmöglichkeiten anzupassen.

3. Die Bedeutung des Internets für Rundfunkanbieter

Das Medium, an dem sich die beschriebene Entwicklung exemplarisch aufzeigen und belegen lässt, ist das *Internet*. Das Internet wird über alle oben angeführten technischen Verbreitungswege genutzt. Es ist daher nicht verwunderlich, dass sich die Online-Gemeinde in den letzten fünf Jahren nicht nur der absoluten Anzahl der Nutzer nach geradezu sprunghaft vermehrt hat, sondern auch unter soziodemographischen Gesichtspunkten (Geschlecht, Alter, Bildung, Einkommen u. a. m.) deutlich zusammengewachsen ist.[1]

Noch 1996 nutzten vorwiegend junge, besser gebildete Männer mit einem Haushaltsnettoeinkommen von mehr als 5.000,- DM (2.500 €) onlinegestützte PC. Ausweislich der ARD & ZDF-Online-Studie stieg die Zahl der Online-Nutzer in den letzten fünf Jahre von 4,1 Millionen auf heute rund 28,3 Millionen an, dies entspricht 44,1 % der gesamten Bevölkerung. Zugleich hat die durchschnittliche tägliche Nutzungsdauer in dieser Zeitspanne um eine halbe Stunde, auf nunmehr 121 Minuten, zugenommen. Auch die Online-Nutzung in privaten Haushalten hat sich in diesem Zeitraum nahezu verdoppelt.

Interessant hierbei ist, dass der Internet-Konsum nicht zu Lasten herkömmlicher Rundfunkangebote geht, sondern – wie das die Geschichte technischer Neuerungen im Rundfunkbereich immer wieder gezeigt hat – komplementär genutzt wird.

Mittlerweile geht das rasche Wachstum der Internetnutzung der letzten fünf Jahre erwartungsgemäß zurück. Weniger Akzeptanz hat das Internet sowohl aus Kosten- als auch aus Gründen der Vertrautheit mit der PC-Bedienung bei den Nicht-Berufstätigen und der Gruppe der Rentner (jeweils nur 14,8 %). Demgegenüber nutzen heute 59,3 % der Berufstätigen sowie 81,1 % der Auszubildenden, Schüler und Studenten das Internet. Allerdings besteht vor allem bei Nicht-Berufstätigen sowie älteren Menschen nach wie vor wenig Affinität zu dem neuen Medium, wenn auch aus unterschiedlichen Gründen. Insofern kann davon ausgegangen werden, dass weitere sprunghafte Akzeptanzgewinne des neuen Mediums in den kommenden Jahren ausbleiben werden.[2]

Die steigende Akzeptanz des neuen Mediums zog dessen Professionalisierung nach sich. In den Gründerjahren des „world-wide-web“, des multimediafähigen Teils des Internets, hatte sich die weltweite Netzgemeinde an kostenfreie, nicht selten auch geschmacks- und sinnfreie Websites gewöhnt. Mittlerweile sind die Ansprüche gewachsen. Seriöse Anwendungen nehmen gegenüber bloßer Unterhaltung oder gar „Trash“ einen immer brei-

1 Vgl. Media Perspektiven Basisdaten (2001): Soziodemographie der Onlinenutzer, S. 87. (Vgl. ARD-ZDF-Online-Studien 1998-2001).

2 Vgl. ARD/ZDF-Online-Studie (2002), S. 347 ff.

teren Raum ein.[1] Dies belegt z.B. der sprunghafte Einstieg mittelständischer Unternehmen in das neue Medium, dessen Möglichkeiten sich namhafte Großunternehmen aller Branchen schon zuvor ebenso nutzbar machten wie Vereine, Verbände, Parteien, Behörden, Städte oder auch ganze Regionen.[2] Auch die rasch wachsende Anzahl privater Homepages spiegelt wider, dass Privatpersonen das Internet als potentiell weltweiten wie kostengünstigen Distributionskanal für den Austausch persönlicher Informationen, zur Selbstdarstellung oder der Pflege gemeinsamer Interessen erkannt haben.

Die Vorteile, die das Internet seinen Nutzern bietet, sind also unübersehbar: z. B. Markttransparenz durch Vergleichbarkeit, Zeit- und Ortsunabhängigkeit der Nutzung[3], Individualisierbarkeit des Konsums durch Suchfilter, Vernetzung und Staffelung der Informationstiefe durch Hyperlinks oder Rückkanalfähigkeit, um nur einige zu nennen. Auch die Risiken des Datenschutzes werden inzwischen ernst genommen: Sichere Verschlüsselungssysteme, wie sie derzeit weltweit entwickelt werden, sind eine Grundvoraussetzung für die geschäftliche Nutzung des Internets.

Die Digitalisierung aller Inhalte sowie der Träger-, Übertragungs- und Ausgabemedien ermöglicht es den Mediennutzern, die von ihnen gewünschten Angebote mit den unterschiedlichsten Geräten empfangen zu können: Vom WAP- und GPRS-fähigen Handy, über den Palm-Service für Personal Digital Assistants (PDA), Handheld-Computer, TV, PC, mobiles digitales terrestrisches Fernsehen, Online-Angebote bis hin zur rückkanalfähigen digitalen Satelliten- und Breitbandkabelübertragung mit und ohne Verschlüsselung gelangen Inhalte an Kunden und Interessenten.

Im Fernsehsektor entfacht die Digitalisierung durch die schon erwähnte Vervielfachung der bisher begrenzten analogen Übertragungskanäle eine zusätzliche Nachfrage nach Inhalten, die über die drastisch vermehrten Kapazitäten vertrieben und genutzt werden können.

Somit stellen Inhalte das knappste – und entsprechend auch das teuerste – Gut der neuen Medienwelt dar. Umgekehrt heißt dies: Je öfter Inhalte verwendet werden können, umso besser lassen sie sich refinanzieren. Die große Vielfalt digitaler Übertragungs- und Nut-

---

1 Ausweislich der ARD/ZDF-Online-Studie (2002) stehen Anwendungen wie das Versenden von E-Mails, gezielte Informationssuche, Dateidownload, Homebanking u. a. eher praktisch orientierte Nutzungsformen im Vordergrund der Online-Nutzung (vgl. S. 354 f.).

2 Nach Angaben der non-profit-Organisation „Internet Software Consortium“ (ISC) stieg die Zahl der weltweit an das Internet angeschlossenen Hosts von 1999 bis Mitte des Jahres 2002 über das Dreifache auf nunmehr 162.128.493 Millionen an – eine Anzahl, die es erlaubt Hunderte Millionen von Menschen zu erreichen; vgl. „Internet Domain Survey, July 2002“, www.isc.org/ds/WWW-200207/index.html.

3 Auf der Basis der Richtfunktechnologie (Wireless Local Area Network) werden derzeit sog. „hot spots“ in Ballungsräumen eingerichtet, so etwa im Englischen Garten in München. Sie ermöglichen entsprechend ausgestatteten Laptop-Besitzern einen drahtlosen Einstieg ins Internet in einem bestimmten räumlichen Umkreis. Je nach der Anzahl der Zugriffe werden dabei breitbandige Übertragungsraten jenseits der 1 MB-Grenze realisiert. Auch rückkanalfähige Internetnutzung via Satellit (auch für Privathaushalte) wird derzeit etwa vom größten europäischen Satelliten-Hersteller ASTRA S.E.S. vehement vorangetrieben.

zungsplattformen ermöglicht diese Mehrfachverwertung von Inhalten in geradezu idealer Weise. Hierdurch bietet sich allen Inhalte-Anbietern die Chance, im Bewusstsein ihrer Kunden über verschiedene Kanäle präsent zu bleiben bzw. Kundenkreise zu erschließen, die vorwiegend neue Medienformen nutzen. Allerdings entstehen durch ein Engagement in den neuen Medien und Vertriebswegen auch schwer zu kalkulierende wirtschaftliche Risiken. Dies zeigt sich an der schleppenden Digitalisierung der Breitbandkabelnetze ebenso wie an der aus Kostengründen verzögerten Einführung des breitbandigen Mobilfunkstandards UMTS.

Fernsehanbieter haben in diesem Markt den erheblichen Vorteil, dass sie über interessante und daher weiter verwertbare Inhalte verfügen. Darüber hinaus müssen sie sich keine Sorgen über ihre grundlegende Akzeptanz in der Bevölkerung machen: Auch nach neueren Umfragen wird das Fernsehen seinen ersten Rang in der Gunst der Mediennutzer behaupten.[1] Insofern lässt sich die eingangs gestellte Frage nach einer Ablösung des klassischen Leitmediums Fernsehen durch das Internet zumindest auf mittlere Sicht abschlägig bescheiden.

Die technische Konvergenz digital aufbereiteter Sendeinhalte würde es ermöglichen, eigenproduzierte Sendeinhalte und Recherchematerial, das bislang mangels geeigneter Ausstrahlungsflächen ungenutzt in den Archiven von Rundfunkanstalten schlummert, nutzbar zu machen. Und dies – im Sinne der bereits angeführten Vorteile des Internets – auf gleich mehrfache Weise.

Ob dies in kommerzieller Absicht geschieht oder – wie im Falle des öffentlich-rechtlichen Rundfunks – in nicht-kommerzieller Absicht geschehen könnte, kann dabei dahingestellt bleiben. Im Einzelfall bleibt die Entscheidung allen geschäftsfähigen Interessenten übertragen, welche Angebote sie nutzen möchten und welche nicht.

Somit bietet sich den klassischen Fernsehveranstaltern gerade das Internet für eine komplementäre, d.h. *programmbegleitende* und *programmvertiefende* Nutzung nicht nur in idealer Weise an. Vielmehr wird deren Internet-Engagement angesichts der zunehmenden Nutzung des Mediums durch immer weitere Bevölkerungskreise geradezu unabdingbar, wenn sie ihre funktionalen Aufgaben weiterhin vollumfänglich wahrnehmen möchten bzw. diese – wie im Falle des öffentlich-rechtlichen Rundfunks – auf rechtlich verbindlicher Grundlage zu erfüllen haben.

Nachdenkenswert stimmt vor allem die Tatsache, dass gerade jüngere Menschen nicht selten über die Nutzung des Internets zu den klassischen Medien finden. So gaben ausweislich der ARD/ZDF-Online-Studie 2002 immerhin 13 % der User zwischen 14 und 19 Jahren an, aufgrund ihrer Internetnutzung mehr Radio und Fernsehen zu hören bzw.

---

1 Vgl. Media Experten (2002). Dies bedeutet aber nicht, dass das Fernsehen keinem wirtschaftlichen Druck unterworfen wäre. Das Gegenteil ist der Fall, wie schon die aktuelle rundfunkspezifische Preissteigerungsrate von 5,4 % zeigt. In einigen Programmgenres, wie massenattraktiven Sportarten oder aktuellen Spielfilmhighlights, hat sogar ein ruinöser Wettbewerb eingesetzt, dessen Steigerungsraten in den letzten zehn Jahren mehrere hundert Prozent betragen haben.

zu sehen. Bereits 1999 ergab die repräsentative Umfrage der ARD/ZDF-Online-Studie, dass 22 % der Jüngeren erst durch das Internet auf Radio- oder TV-Programme aufmerksam geworden sind. Hieraus ergibt sich im Umkehrschluss, dass ein Online-Engagement für den öffentlich-rechtlichen Rundfunk unabdinglich ist, wenn er den Kontakt gerade zu jüngeren Menschen nicht verlieren will – zumal er rechtlich verpflichtet ist, sich an alle Bevölkerungs- und Altersgruppen zu richten.[1]

Man muss kein Prophet sein, um vorhersagen zu können, dass künftig nur solche Unternehmen funktions- und damit wettbewerbsfähig sein werden, die in der Lage sind, integrierte, in sich sinnvoll verknüpfte Medienangebote klassischer, zum Teil neu aufbereiteter Inhalte sowie neue, serviceorientierte Daten- und Mehrwertdienste anzubieten, die über all jene digitalen Verteilwege nutzbar sind, die sich am Markt bereits durchgesetzt haben bzw. noch durchsetzen werden.

Die zahlreichen internationalen Zusammenschlüsse von Medien- und Telekommunikationskonzernen, Internetfirmen, von Rundfunk- und Fernsehanbietern sowie die Konzentration vieler, ehemals unabhängiger Inhalte-Produzenten unter dem Dach einiger weniger international ausgerichteter Großkonzerne – an der Spitze die vor wenigen Jahren vollzogene, Aufsehen erregende Fusion zwischen dem weltgrößten Onlineanbieter AOL und dem weltgrößten Medienkonzern Time Warner – sprechen eine deutliche Sprache hinsichtlich der neuen wirtschaftlichen Chancen[2], aber auch der gesellschaftlichen Herausforderungen eines vollends digitalisierten Medienmarktes.[3]

Die Onlinenutzung – dies kann festgehalten werden – ist gerade für Rundfunkanbieter ein maßgebliches und nicht mehr wegzudenkendes Mittel moderner Zuschauerkommunikation.

---

1 Vgl. ARD & ZDF-Online-Studie (2002), S. 358.

2 Das wirtschaftliche Scheitern zahlreicher sogenannter „dot.com"-Firmen, wie sie in den USA an der NASDAQ, in Deutschland am Neuen Markt börsennotiert waren, zeigt zwar, dass – vor allem zeitlich gesehen – überzogene Erwartungen in die Akzeptanz und Marktreife der neuen Technologien gesetzt wurden. Dies ändert aber nichts an ihrer grundsätzlichen Leistungsfähigkeit.

3 Der Zeitpunkt des sogenannten analogen „switch-off", d. h. dem vollständigen Abschalten der analogen Datenübertragung, ist in Deutschland für 2010 vorgesehen - wenn auch die Akzeptanz aller Zuschauer sowie die entsprechende Marktdurchdringung mit digital-empfangstauglichen Geräten hier letztlich den Ausschlag geben werden. In Teilbereichen – wie dem DVB-T-Testgebiet Berlin/Brandenburg - hat die Umstellung auf die digitale terrestrische Fernsehausstrahlung schon begonnen und wird im dritten Quartal 2003 komplett vollzogen sein. Andere Bundesländer und Ballungsräume werden folgen, wenn sich die Umstellung in Berlin/Brandenburg als erfolgreich erweist.

4. ZDF.online

Online-Angebote werden inzwischen von allen großen deutschen Fernsehsendern – öffentlich-rechtlichen wie privaten – im Internet unterbreitet.

Die Internetauftritte des ZDF, *ZDF.online* und *heute.t-online*, haben in wenigen Jahren eine rasante Entwicklung genommen und erfreuen sich bei Fachpresse wie Publikum guten Zuspruchs.[1] In beiden Diensten werden weniger die unterhaltenden Angebote frequentiert, als vielmehr die nutzbringenden – seien dies Informationen zu aktuellen Wirtschaftsdaten wie dem wöchentlich aktualisierten Vergleich von Finanzierungskonditionen, Kommentare zur aktuellen Rechtsprechung, Volltexte der Beiträge unterschiedlicher ZDF-Nachrichtenmagazine, Gesundheitstipps oder auch Informationen zum Sport.

Online-Angebote – dies hat nach einer anfänglichen Auseinandersetzung mit den kommerziellen Rundfunkveranstaltern auch der Gesetzgeber mittlerweile festgestellt – haben für den öffentlich-rechtlichen Rundfunk eine eindeutig *integrative Funktion* und dienen seinem *Auftrag zur Vielfaltsicherung*.[2]

Die Online-Angebote des öffentlich-rechtlichen Rundfunks regelt § 4 Abs. 3 des „ZDF-Staatsvertrags" der wiederum Bestandteil des „Staatsvertrags über den Rundfunk im vereinten Deutschland" ist.[3] Dort heißt es: „Das ZDF ist berechtigt, im Rahmen seiner Aufgabenerfüllung Mediendienste im Sinne von § 2 Abs. 2 Nr. 4 Mediendienste-Staatsvertrag mit vorwiegend programmbezogenem Inhalt anzubieten. Werbung und Sponsoring finden in diesen Mediendiensten nicht statt."

---

1 Die Akzeptanzmessung im Internet arbeitet derzeit noch an einer gemeinsamen „Währung". Eines der aussagefähigsten userzentrierten Online-Panel betreibt das 1998 in Frankreich gegründete Unternehmen NetValue, das in weiteren 14 Ländern der Welt Niederlassungen hat. Aufgrund telefonischer Interviews werden Internet-Benutzer zu sogenannten User-Clustern zusammengeführt, aus denen wiederum die Panel-Teilnehmer telefonisch geworben werden. Da gerade im schnelllebigen Online-Sektor Aktualität am wichtigsten für Media-Analysen ist, wird das Testpanel beständig auf Repräsentativität überprüft, erweitert und ggf. alle drei Monate aktualisiert. Das deutsche Testpanel von NetValue umfasst derzeit rund 4.000 User, deren sämtliche Netz-Aktivitäten in anonymisierter Form durch eine auf ihrem Computer installierte Software (NetMeter) in Echtzeit erfasst werden können.
Die Informationsgemeinschaft zur Feststellung von Werbeträgern e.V. (IVW) betreibt hingegen einen serverzentrierten Ansatz, der die sogenannten Logfiles der angeschlossenen Server auswertet. Ein Logfile ist das Protokoll eines Internet-Servers, das alle Zugriffe auf den Server erfasst und auf unterschiedliche Kennzahlen hin ausgewertet werden kann, wie etwa Besuche (Visits), Seitenaufrufe (Displays, Page Impressions), Verweildauer pro Besucher (Duration per User). Darüber hinaus stehen der Online-Media-Planung auch die klassischen Instrumentarien, wie etwa eine Analyse der soziodemographischen Struktur der Online-Nutzer, zur Verfügung.

2 Beide Elemente hat die kontinuierliche Rundfunkrechtsprechung des Bundesverfassungsgerichts wiederholt als konstitutiv für die Aufgaben des öffentlich-rechtlichen Rundfunks erachtet.

3 Vgl. ZDF-Staatsvertrag (2002).

Die entsprechende Stelle des Mediendienste-Staatsvertrags, der gleichfalls Bestandteil des Rundfunkstaatsvertrags ist, konkretisiert: „Mediendienste im Sinne von Absatz 1 sind insbesondere (...) Abrufdienste, bei denen Text-, Ton- oder Bilddarbietungen und Anforderung aus elektronischen Speichern zur Nutzung übermittelt werden, mit Ausnahme von solchen Diensten, bei denen der individuelle Leistungsaustausch oder die reine Übermittlung von Daten im Vordergrund steht, ferner von Telespielen."

Der mit dieser Formulierung verbundene Handlungs- und Ermessensspielraum bleibt allerdings an den programmlichen *Auftrag* und die *gesellschaftliche Funktion* des öffentlich-rechtlichen Rundfunks zurückgebunden. Gerade zusätzliche Aktivitäten sind in besonderem Maße den allgemeinen Bestimmungen des Rundfunkstaatsvertrags sowie der Einhaltung des Funktionsrahmens des öffentlich-rechtlichen Rundfunks verpflichtet, wie ihn die fortlaufende Rundfunkrechtsprechung des Bundesverfassungsgerichts umrissen hat.[1]

Angesichts der zunehmenden Kommerzialisierung der Internet-Offerten gewinnen *unentgeltliche* hochwertige Angebote im Internet an gesellschaftlicher Bedeutung. Die gesamte Breite des Grundversorgungsangebots des öffentlich-rechtlichen Rundfunks an Information, Bildung, Unterhaltung und Service spiegelt sich auch in dessen Internet-Angeboten. Und weil sie sich an die ganze Gesellschaft zu richten haben, werden auch technisch innovationsfreudige, jüngere Mediennutzer nicht übergangen. Für die Erstellung und Aufbereitung von Inhalten für unterschiedliche Verteilwege zieht dies Konsequenzen nach sich.

Wie eng verzahnt die Internet-Angebote des ZDF etwa mit der aktuellen Tagesberichterstattung sowie der Ausstrahlung über verschiedene Ausgabemedien sind, mag ein Beispiel aus der Praxis verdeutlichen: „Der ZDF-Jurist Bernhard Töpper berichtet in ‚heute' über den letzten Stand des NPD-Verbotsverfahrens beim Bundesverfassungsgericht. Sein zusätzliches Rechercheergebnis, das 39-seitige Schreiben des Bundesinnenministeriums, ist bei ‚heute.t-online.de' abrufbar. ‚Heute' und ‚heute-journal' bringen Ausschnitte aus dem ‚Bin-Laden-Video' von Al-Dschasira, in ‚heute.t-online.de' stehen die ganzen 55-Minuten als Download zur Verfügung und werden eines der am meisten genutzten Angebote."[2]

Doch nicht allein der inhaltliche Mehrwert solcher Offerten tritt an diesem Beispiel deutlich zu Tage. Vielmehr darf auch die technische Seite nicht übersehen werden, weil sie in einem Arbeitsgang zugleich weitere Nutzungsmöglichkeiten und somit einen weiteren Nutzerkreis erschließt. So fährt das Zitat fort: „Die Nachrichtenangebote in der Nacht werden von einem ZDF-Redakteur allein gestaltet, der zugleich fünf Medien mit Hilfe von PC und unserer digitalen News-Software bedient: Er liest im Fernsehen in ‚heute'

---

1 Einen guten Überblick bietet hierzu der Münsteraner Medienrechtler Holznagel, B. (1999), S. 132 ff., insbesondere S. 155-170.

2 Reitze, H. (2002), S. 36.

seine Meldungen vor, sie sind zugleich Text in ‚heute.t-online.de', im ZDF-Videotext, im ‚heute'-WAP-Service (wap.heute.de) und im Palm-Service (pda.heute.de)."[1]

Dies bedeutet, dass die Inhalte, die das ZDF für alle technischen Plattformen produziert, bereits in der Herstellung gar nicht mehr von einander zu trennen sind. Der informationelle Zusatznutzen liegt klar auf der Hand und bedarf keiner weiteren Erläuterung.

5. Zur Finanzierung öffentlich-rechtlicher Online-Angebote

Eine große Bedeutung spielt die Frage der *Finanzierung* öffentlich-rechtlicher Internet-Angebote – und zwar sowohl für deren Professionalität und Qualität als auch für deren Wettbewerbsfähigkeit.

Das ZDF befindet sich mit dem Sechsten Rundfunkänderungsstaatsvertrag nach der Untersagung[2] der Online-Werbung als bislang unabdingbarer, zweiter Finanzierungsquelle in einer Situation, die neue Lösungen verlangt. Neben einer ausschließlichen Finanzierung über die Rundfunkgebühr – die derzeit wenig wahrscheinlich ist – steht dem ZDF nur noch der Weg über Kooperationen offen. In diesem Fall muss es Online-Inhalte an Dritte unterlizenzieren.

Je höher der Anteil dieser Refinanzierungsform an den Gesamtkosten des ZDF-Online-Angebots wird, desto mehr zieht sie eine Wandlung des ZDF vom direkten Inhaltehersteller und -verbreiter zum bloßen Content-Provider nach sich. Für eine publizistisch unabhängige, national ausgerichtete öffentlich-rechtliche Fernsehanstalt, der zudem verfassungsrechtlich eine Bestands-, Entwicklungs- und Finanzierungsgarantie zugesprochen wurde, ist eine solche Wandlung nicht unproblematisch und kann die publizistische Wettbewerbsfähigkeit des ZDF beeinträchtigen.

Das ZDF sieht sich derzeit aus wirtschaftlichen Gründen dennoch auf diesen Weg verwiesen, weshalb es mit dem größten europäischen Onlinedienst T-Online eine Partnerschaft eingegangen ist, die sich auf die Einstellung attraktiver ZDF-Inhalte in T-Online im Tausch gegen technische Hilfeleistungen gründet. Diese Form der Partnerschaft ermöglicht es dem ZDF, ein publizistisch eigenständiges und seinem Funktionsauftrag entsprechendes Online-Angebot unterbreiten zu können. Ohne eine solche geldwerte Unterstützung könnte das ZDF in der laufenden Gebührenperiode aus Kostengründen bestimmte, von den Online-Nutzern nachgefragte Angebote überhaupt nicht mehr unterbreiten

1 Reitze, H. (2002), S. 36.

2 Vgl. ZDF-Staatsvertrag (2002), § 4 Abs. (3), S. 31.

– was gleichfalls einer Beschädigung seines Funktionsauftrags und damit letztlich auch seiner publizistischen Wettbewerbsfähigkeit gleichkäme.

Dennoch kann allgemein gelten, dass bei diesem konkreten bzw. ähnlichen Modellen der Partnerschaft immer die Gefahr besteht, dass der Lizenznehmer seine autonomen *wirtschaftlichen* Ziele auf Kosten der – in diesem Falle *publizistischen* – Ziele seines Lizenzgebers verfolgt. Dies würde für das ZDF eine Beeinträchtigung der verfassungsrechtlich intendierten, funktionalen Verflochtenheit zwischen seinem Fernsehangebot und seinen Online-Offerten bedeuten und seine Wettbewerbsfähigkeit durch den hiermit verbundenen Glaubwürdigkeitsverlust gleichfalls beeinträchtigen. Setzt das ZDF hingegen weiterhin strikt auf diese funktionale Verknüpfung, dann benötigt es folglich eine Finanzierungsform für sein Online-Angebot, die diese Verknüpfung auch wirklich sicher stellt.

Anders gesagt: Wenn das ZDF seine publizistische Unabhängigkeit sichern will – und dies fordert sein gesetzlicher Funktionsauftrag – dann darf die Finanzierung seines Online-Angebots zu *keinem überwiegenden* Teil durch Kooperationen mit Dritten erfolgen.

Dies wiederum bedeutet im Umkehrschluss, dass die Finanzierung des ZDF-Online-Angebots überwiegend durch die Rundfunkgebühr gedeckt sein muss, weil nur diese allein die verfassungsrechtlich gebotene wirtschaftliche Unabhängigkeit zu garantieren in der Lage ist.

Eine solche Gesamtkonstruktion – sie wird medienpolitisch intensiv diskutiert – käme den unterschiedlichen publizistischen wie wirtschaftlichen Interessen aller Marktteilnehmer entgegen:

Der öffentlich-rechtliche Rundfunk verzichtet auf Online-Werbung und finanziert seine Online-Angebote über die Rundfunkgebühr und Kooperationen; die privaten Rundfunkveranstalter und Presseverleger profitieren gerade in Zeiten eines spürbaren Rückgangs an Fernsehwerbeeinnahmen vom antizyklisch stark wachsenden Online-Werbemarkt[1]; und die Onlinenutzer erfreuen sich eines publizistisch vielfältigen Gesamtangebots. Lediglich die werbetreibende Wirtschaft muss – wie im öffentlich-rechtlichen Fernsehprogramm nach 20.00 Uhr – in den entsprechenden Online-Angeboten nunmehr sogar rund um die Uhr auf die aus ihrer Sicht ökonomisch hochinteressante „Zielgruppe" öffentlich-rechtlicher Online-User verzichten.

Angesichts der schwer abzuschätzenden Dynamik des Online-Marktes bleibt abzuwarten, ob eine solche medienpolitische Regelung allen Interessengruppen dauerhaft gerecht werden kann. Derzeit zeigt sie jedenfalls einen gangbaren Weg auf.

1 Nach einer Studie der Nielsen Media Research berichtet der Deutsche Multimedia-Verband im Januar 2003 von einem rund 20 prozentigen Wachstum der Online-Werbung auf nunmehr rund 256 Millionen € im Jahr 2002. Der Verband geht davon aus, dass dieses überproportionale Wachstum anhalten wird.

6. Ausblick

Es sind heute einige Tendenzen zu beobachten, die zwar nicht alleine den Medienmarkt betreffen, aber gerade in diesem Bereich des gesellschaftlichen Informationsaustauschs sowie deren Meinungs- und Willensbildung besonders virulent sind, weil sie zunehmend auseinander laufen: So vergrößert sich der Abstand zwischen einer kleiner werdenden Bevölkerungsgruppe, die sich teure Medientechnik und Exklusivinhalte überhaupt noch leisten kann[1], und einer größer werdenden, die ökonomisch immer weniger mithalten kann. Zudem zeichnet sich ein Abriss zwischen den Generationen ab, die sich in ihrem Technikverständnis und in ihrer Fähigkeit, die Technik bedienen zu können, immer wieter von einander entfernen.

Darüber hinaus verstärken sich die gleichfalls gegenläufigen Tendenzen einer zunehmenden wirtschaftlichen *Internationalisierung* und *Kommerzialisierung* – gerade auch des Mediensektors – sowie einer wachsenden *Individualisierung* und damit auch *Entsolidarisierung* der Gesellschaft. Diese Extreme müssen überbrückt und zusammengehalten werden. Und mag dies auch nicht immer gelingen, so muss ihnen wenigstens dauerhaft entgegengewirkt werden. Dabei macht es Mut, wenn große Not, von der die Menschen über die Medien erfahren, auch heute noch eine entsprechende Hilfsbereitschaft und Solidarität auslöst, wie dies die Überschwemmungen in Europa und vor allem in Ostdeutschland im Sommer und Herbst des Jahres 2002 gezeigt haben.

Allerdings sollten die Integrations- und Kohäsionskräfte einer allein nach marktwirtschaftlichen Gesichtspunkten organisierten Gesellschaft nicht überschätzt werden. Keine Gesellschaft wird nur von ihrem Geld zusammengehalten. Vielmehr bedarf es eines *gemeinsamen Wertesystems* und einer *gemeinsamen Lebenshaltung*. Daher ist es fundamental, dass über diese Werte ein Grundkonsens hergestellt wird. Das Gespräch über diesen Konsens muss daher in Gang gehalten werden – und zwar zwischen allen Teilen unserer Bevölkerung. Dies bedeutet, dass berechtigte *unterschiedliche* Auffassungen nicht nur toleriert, sondern öffentlich auch angemessen repräsentiert werden müssen. Auch und gerade dann, wenn sie sich keiner großen Mehrheit erfreuen, weil sie unpopulär oder gar unbequem sind.

Nur wenn dieses Gespräch in Gang bleibt, findet sowohl der Einzelne als auch die Gesellschaft im ganzen zu sich. Und nur das Bewusstsein einer gemeinsam gestifteten Identität stellt gegenüber der *Wertnivellierung* der zunehmenden *Internationalisierung* sowie der *Wertreduktion* der zunehmenden *Individualisierung* ein ausreichendes Gegengewicht dar.

---

1 Auch wenn Mediengeräte, wenn sie den Massenmarkt erreichen, im Preis fallen, so steigen die Kosten insgesamt jedoch durch eine Vervielfachung dieser Gerätschaften in den einzelnen Haushalten sowie durch die Verknappung und Verteuerung auf der Seite der Medieninhalte, Nutzungs- und Übertragungsrechte und der Telekommunikationskosten.

Die gesellschaftliche Institution des gemeinwohlorientierten öffentlich-rechtlichen Rundfunks entstammt dem Gedanken an die Notwendigkeit eines solchen identitätsstiftenden öffentlichen Gesprächs. Und angesichts der derzeitigen Situation ist nicht erkennbar, dass er künftig weniger wichtig sein soll – im Gegenteil.

Kommunikation über Inhalte ist trotz aller berechtigten wirtschaftlichen Interessen, die in die neuen Medien gesetzt werden, weiterhin ihr Hauptzweck.

Der öffentlich-rechtliche Rundfunk ist auch mit seinen digitalen Online-Angeboten ein Garant dafür, dass dies nicht aus dem Sinn gerät.

Literaturverzeichnis

ARD&ZDF-ONLINE-STUDIE (2002), Entwicklung der Onlinenutzung in Deutschland: Mehr Routine, weniger Entdeckerfreude, van Eimeren, B./Gerhard, H./Frees, B., in: Media Perspektiven 8/2002, Frankfurt a. M., S .346-362.

HOLZNAGEL, B. (1999), Der spezifische Funktionsauftrag des Zweiten Deutschen Fernsehens (ZDF). Bedeutung, Anforderungen und Unverzichtbarkeit unter Berücksichtigung der Digitalisierung, der europäischen Einigung und der Globalisierung der Informationsgesellschaft, in: ZDF-Schriftenreihe Heft 55, Mainz, April 1999, S. 132 ff.

MEDIA EXPERTEN (2002), TV wird weiter dominieren, in: Horizont, Nr. 33, 15.08.2002.

MEDIA PERSPEKTIVEN BASISDATEN (2001), Daten zur Mediensituation in Deutschland 2001, Frankfurt a. M., Dezember 2001.

REITZE, H. (1999), Online morgen aus der Sicht des ZDF, in INFOSAT Die Multimedia-Illustrierte 7/2002, Nr. 172, S. 32-38.

ZDF-STAATSVERTRAG (2002), „Staatsvertrag über den Rundfunk im vereinten Deutschland“ in der Fassung des sechsten Staatsvertrages zur Änderung des Rundfunkstaatsvertrages, des Rundfunkfinanzierungsvertrages und des Mediendienste-Staatsvertrages (Sechster Rundfunkänderungsstaatsvertrag) in Kraft seit 1. Juli 2002, in: Media Perspektiven, Dokumentation I/2002, herausgegeben im Auftrag der Arbeitsgemeinschaft der ARD-Werbegesellschaften, Frankfurt am Main 2002.

Gerhard Zeiler

Strategische Wettbewerbspositionierung im deutschen TV-Markt: Beispiel RTL

1. Einführung

Gehören Sie zu den Menschen, die eine Lieblingstasse haben? – Mir geht das genauso. Jeden Morgen hole ich aus dem Küchenschrank dieselbe Tasse hervor. Dabei haben wir Zuhause jede Menge unterschiedlicher Tassen: winzige Espresso-Tassen und Trinkbecher von der Größe einer Regentonne, Tassen mit buntem Dekor und Tassen im schlichten Weiß. Aber mir ist das einerlei. Ich benutze fast immer dieselbe Tasse.

Warum ich Ihnen das erzähle? Weil Sie sich etwa so wie meine Lieblingstasse eine starke TV-Marke vorstellen müssen: Der Küchenschrank ist das Wettbewerbsumfeld – in unserem Fall der deutsche TV-Markt – in dem sich viele Mitbewerber präsentieren. Die Tasse steht für die Dachmarke. So wie ich immer wieder zu meiner Lieblingstasse greife, so schalten Millionen Zuschauer jeden Tag RTL ein, um ihre Lieblingsformate zu sehen, zum Beispiel „Gute Zeiten, Schlechte Zeiten" oder „Wer wird Millionär?". Viele dieser Formate bilden wiederum eigene starke Marken, Programmmarken, die mit der übergeordneten Dachmarke RTL zu einem harmonischen Ganzen verschmelzen.

Im Wettstreit um die Gunst der Zuschauer und Werbekunden kommt der Marke eine wichtige Rolle zu. Sie hebt das Produkt aus der Masse hervor. Sie schafft Aufmerksamkeit und Vertrauen – *eine starke Marke ist der entscheidende Wettbewerbsvorteil.*

Die Dachmarke „RTL" ist heute so stark, dass ihre Strahlkraft bis in den offair-Bereich reicht, weil Zuschauer und werbungtreibende Wirtschaft ein klar umrissenes Bild des Senders im Kopf haben: RTL steht für Innovation, Mut und Dynamik im Bereich der Unterhaltung, für Seriosität bei den Informationssendungen und für Stärke im TV-Markt. Die Dachmarke RTL hat sich über Jahre entwickelt. Sie ist das Produkt eines beständigen Wechselspiels von Innovation und Kontinuität. Ein Blick in die Geschichte macht das deutlich.

2. RTLplus: „Erfrischend anders"

1981 hatte Gust Graas, Generaldirektor CLT, die Idee, ein deutschsprachiges TV-Programm anzubieten. CLT hatte zu diesem Zeitpunkt bereits jahrzehntelange Fernseherfahrung in anderen europäischen Länder gesammelt und war auf dem deutschen Markt mit einem erfolgreichen Radioprogramm vertreten. Dieses Wissen von Medium und Markt machte man sich beim Start von RTLplus zu nutzen. Ziel war es, dem steifen und schulmeisterlichen Angebot von ARD und ZDF ein frisches, unterhaltsames Programm entgegenzusetzen. Der Slogan für den neuen Sender war also gleichzeitig Programm: „Erfrischend anders!"

Da zu diesem Zeitpunkt die gesetzliche Grundlage für einen privat betriebenen TV-Sender in Deutschland noch nicht gegeben war, gab es in Luxemburg zunächst Pläne, den neuen TV-Sender über einen französischen Satelliten deutschlandweit auszustrahlen. Auf Grund von technischen Schwierigkeiten musste die Idee 1983 fallen gelassen werden. Da mittlerweile in Deutschland die rechtlichen Voraussetzungen für die Einführung des dualen Rundfunksystem geschaffen worden waren und zahlreiche Mitbewerber am Horizont auftauchten, geriet die CLT nun unter Zeitdruck. Um den Vorteil des First-Movers nicht aus der Hand zu geben, entschloss man sich in Luxemburg notgedrungen am 2. Januar 1984 mit einer begrenzten, terrestrischen Frequenz zu starten. Nur etwas mehr als einhundert Kilometer weit wurde das TV-Signal vom 330 Meter hohen Sendemast Dudelange nach Deutschland getragen: ins Saarland, in die südliche Eifel-Mosel-Region und in ein Zipfelchen Nordrhein-Westfalen hinein. Die technische Reichweite betrug nicht einmal zwei Millionen Zuschauer.

Das neue CLT-Kind war nicht nur dem Namen nach ein Ableger des erfolgreichen Radiosenders RTL. Auch das 25-köpfige Team um den damaligen Direktor Helmut Thoma setzte sich aus ehemaligen Radio-Mitarbeitern zusammen. Der Vorteil: Der Sender startete mit einem eingeführten, positiv besetzten Markennamen und einem Moderatorenteam, das sich im Radio bereits einen Namen gemacht hatte und über reichlich Erfahrung verfügte. Das erklärt, warum die für den RTLplus-Empfang notwendige Zusatzantenne in der Vorweihnachtszeit im Saar-Mosel-Gebiet heiß begehrt war. Der „Spiegel" (9.1.1984) schrieb sogar von einem regelrechten „RTL-Fieber" in der Region.

3. Reichweite und Aufmerksamkeit

In seiner Anfangsphase musste RTLplus vor allem zwei Aufgaben bewältigen: a) Möglichst schnell technische Reichweite gewinnen. b) Die Aufmerksamkeit der Zuschauer erregen.

Der Durchbruch in puncto Reichweite gelang RTLplus 1988 nach dem Umzug von Luxemburg nach Köln. Der Sender erhielt in Nordrhein-Westfalen eine Erstfrequenz. Jetzt war RTLplus im bevölkerungsreichsten Bundesland mit dem größten Werbemarkt der Republik über Antenne – damals noch der wichtigste Verbreitungsweg – zu empfangen. Die technische Reichweite schnellt von 2,8 auf 9,7 Millionen Haushalte in die Höhe. Eine Steigerung um fast 250 %! Etwas mehr als 40 % der TV-Haushalte in Deutschland konnte damit RTLplus empfangen. RTLplus stieß nun in eine Dimension vor, die es zu einem interessanten Werbeträger für die Industrie machte.

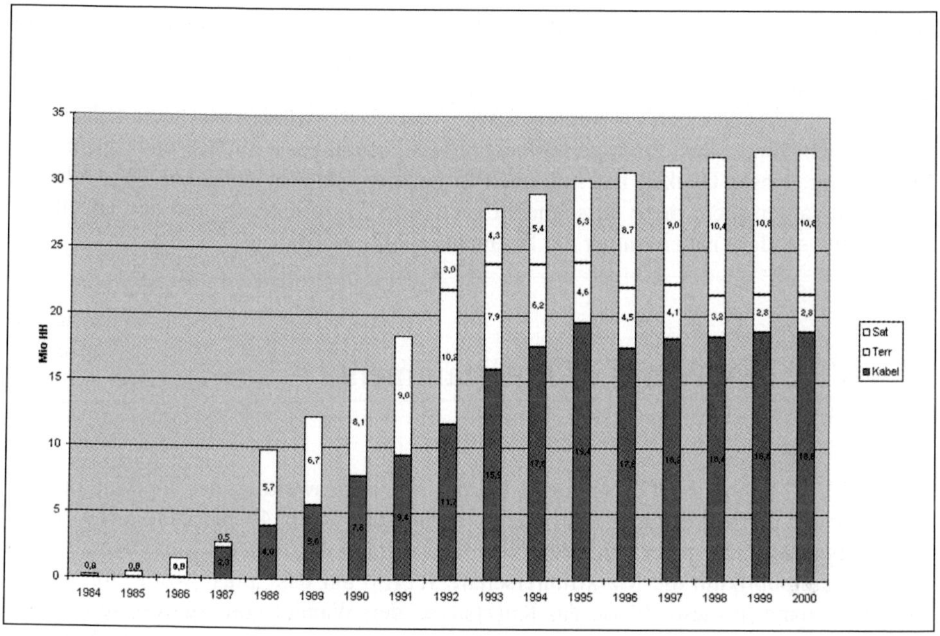

Abbildung 1: Technische Reichweite von RTL 1984 - 2000

In jedem einzelnen Bundesland musste um Frequenzen und Kabelplätze gerungen werden. Das beste Argument beim Wettstreit um die Vergabe von Frequenzen und Kabelplätzen war natürlich die Popularität eines Senders. Als Königsweg in die Herzen der Zuschauer galt das Abspielen von Hollywood-Filmen und US-Serien. Ein Weg der RTLplus verschlossen war, denn mit Ausnahme von MCA hatten alle großen Hollywood-Verleihe Exklusivverträge mit dem Filmhändler Leo Kirch geschlossen. Kirch war aber 1984 mit dem Privatsender SAT.1 selbst auf dem deutschen TV-Markt aktiv geworden und stand damit in direkter Konkurrenz zu RTLplus. Die Auswahl an amerikanischen Film- und Fernsehproduktionen war für RTLplus deshalb begrenzt. Der Sender machte aus der Not eine Tugend. In der Folgezeit setzte RTL vor allem auf Eigenproduktionen und sorgte damit für Furore, weil diese Produktionen bisher geltende Maßstäbe für deutsche TV-Unterhaltung aus den Angeln hoben: In der Talkshow „Dall-As" überschüttet Karl Dall seine Gäste mit Hohn und Spott. In „Eine Chance für die Liebe" plauderte Erika Berger mit Anrufern über intime Geheimnisse. Und die Tortenwurf-Show „Alles Nichts Oder?!" verwandelte Trash in Kult. Während die selbsternannten Wächter des guten Geschmacks sich die Haare rauften, punktete RTLplus mit der Stripteaseshow „Tutti Frutti" und der Hotelserie „Ein Schloss am Wörthersee" bei einem Millionenpublikum und etablierte sich Schritt für Schritt als der Unterhaltungssender Nummer 1 auf dem deutschen TV-Markt.

Bis heute klebt „Tutti Frutti“ am Image von RTL. Trotzdem war es richtig, dass wir mit diesen unkonventionellen Formaten in die Offensive gegangen sind: Ein Marktneuling *muss* aggressiver und frecher auftreten als der Platzhirsch. Erst wenn der Markteinstieg geglückt ist, verändert sich die Strategie. Mit „Tutti frutti“ würden wir heute keinen Zuschauer mehr hinter dem Ofen hervorlocken. Das Format passt einfach nicht mehr zum Marktführer. Unser Denken hat sich auch in anderer Hinsicht verändert. Wir schauen schon seit Jahren nicht mehr ausschließlich auf eine Einzelsendung und den jeweiligen Sendeplatz, sondern haben immer die Dachmarke RTL im Blick.

4. RTL – A World of Entertainment

Im April 1992 gelang es RTL erstmals, bei der Monatsauswertung der TV-Marktanteile in der für die Werbewirtschaft relevanten Gruppe der 14- bis 49-Jährigen vorne zu liegen. Wenige Monate später, im Dezember 1992, errang der Sender dann erstmals auch beim Gesamtpublikum die Marktführerschaft. RTL – auf das „plus" wurde fortan verzichtet – gelang in dieser Phase das Kunststück, den Wandel vom aggressiven Marktneuling zum seriösen Marktführer ohne Bruch zu vollziehen. Statt Sex und Klamauk prägte immer mehr Herz und Verstand das RTL-Programm: Am Wochenende sorgten große Samstagabendshows wie „Traumhochzeit" oder die „100.000 Mark Show" für Spitzenquoten und werktags fesselten Daily-Talks (z. B. „Hans Meiser") und Daily-Soaps („Gute Zeiten, schlechte Zeiten") das Fernsehpublikum.

Als Marktführer war es für uns selbstverständlich, dass wir auch in der Nachrichtenberichterstattung vorne sein wollten und so startete RTL 1994 seine Informationsoffensive. Heute strukturieren die Nachrichtensendungen („Punkt 6", „Punkt 9", „Punkt 12", „RTL Aktuell", „RTL Nachtjournal") das RTL-Programm und sind ein wesentliches Element der Zuschauerbindung: Der Zuschauer kann sich mit gutem Gewissen bei RTL unterhalten lassen, weil er weiß, dass er nichts Wichtiges verpassen wird. Wenn etwas passiert, wird er sofort informiert. Das haben wir am 11. September 2001 gezeigt. RTL reagierte am schnellsten auf die Terroranschläge in New York und Washington, unterbrach sein Programm und informierte die Zuschauer in einer über siebenstündigen Sondersendung fortlaufend über die dramatischen Ereignisse in den USA. Als am 12. September ARD, ZDF und RTL praktisch den ganzen Tag Sondersendungen über die Terroranschläge zeigten, lag RTL in der Tagesauswertung nicht nur bei den 14- bis 49-Jährigen, sondern auch beim Gesamtpublikum mit 19,8 % vorn. RTL ist der einzige große Privatsender in Deutschland, der es in puncto Newskompetenz mit den beiden öffentlich-rechtlichen Programmen ARD und ZDF aufnehmen kann.

Auch die Sportberichterstattung hat eine wichtige Rolle in der RTL-Geschichte gespielt und ihren Beitrag zum Aufbau der Marke „RTL" geleistet. Der Sport ist ein wesentlicher

Baustein in der Eventstrategie von RTL. Der Zuschauer will den Mix aus bewährten, regelmäßigen Erfolgsformaten und Highlights, die den normalen Sendeablauf durchbrechen: Blockbuster aus Hollywood, große TV-Shows oder eben Sportereignisse.

In einer Gesellschaft, die zusehends auseinander driftet, gibt es nur noch ganz wenige Ereignisse, die das Interesse aller auf sich vereinen können. Dazu gehört der Sport. Die Olympischen Spiele, die Fußball WM, die Formel 1 oder Skispringen interessieren fast alle. Deshalb sind erfolgreiche Sportler so populär, die Stadien voll und Millionen bangen vor den Bildschirmen, wenn's wieder einmal „um alles geht". Deshalb garantieren erfolgreiche Sportler und große Sport-Events hohe Einschaltquoten, einen positiven Imagetransfer und ein ideales Umfeld für die werbungtreibende Wirtschaft.

Es reicht allerdings nicht aus, das nackte Ereignis (Wettkampf) live in die Wohnstuben flimmern zu lassen. Man muss Zuschauer zu Fans machen. Man muss die Faszination einer Sportart erfassen und vermitteln können. Hier liegt eine der ganz großen Stärken von RTL: Events zu kreieren. Das beste Beispiel ist die Formel 1. Als RTL 1985 mit seiner Berichterstattung begann, interessierten sich nur ein paar hunderttausend Zuschauer für den schnellen Sport. Bis dahin wurden Formel 1-Rennen nur hin und wieder live übertragen. RTL übertrug die komplette Rennserie und ließ den Zuschauer auch am Formel 1-Zirkus teilhaben, dem ganzen Drumherum, der einen wesentlichen Anteil an der Faszination dieses Sports ausmacht. Als Michael Schumacher 1991 seinen Siegeszug begann, war der Weg bereitet und dem Formel 1-Boom in Deutschland keine Grenzen mehr gesetzt. Heute gibt es in der Saison nicht nur alle 14 Tage ein Rennen live zu sehen, sondern der Zuschauer erlebt ein Rennwochenende: Training, Warm-up, Qualifikation, Grand-Prix, Vor- und Nachberichterstattung. Der Zuschauer ist immer auf der Höhe des Geschehens. Und auch in der Zeit zwischen den Rennen bleibt er in Kontakt und wird in unseren Magazinen und Nachrichtensendungen über das Neuste aus der Formel 1 informiert.

RTL hat durch seine Formel 1-Berichterstattung Millionen von Deutsche in Formel 1-Experten verwandelt, die genau wissen, wie ein Boxenstopp getimet wird, wo eine Rennstrecke den meisten Grip hat und wie die Traktionskontrolle funktioniert. Die Formel 1 ist in Deutschland mindestens so populär wie der Fußball. RTL kauft also nicht einfach die Rechte für ein Sportereignis, sondern macht den Sport zum Event. In dem magischen Dreieck von Sport, Wirtschaft und Medien spielt RTL deshalb eine herausragende Rolle.

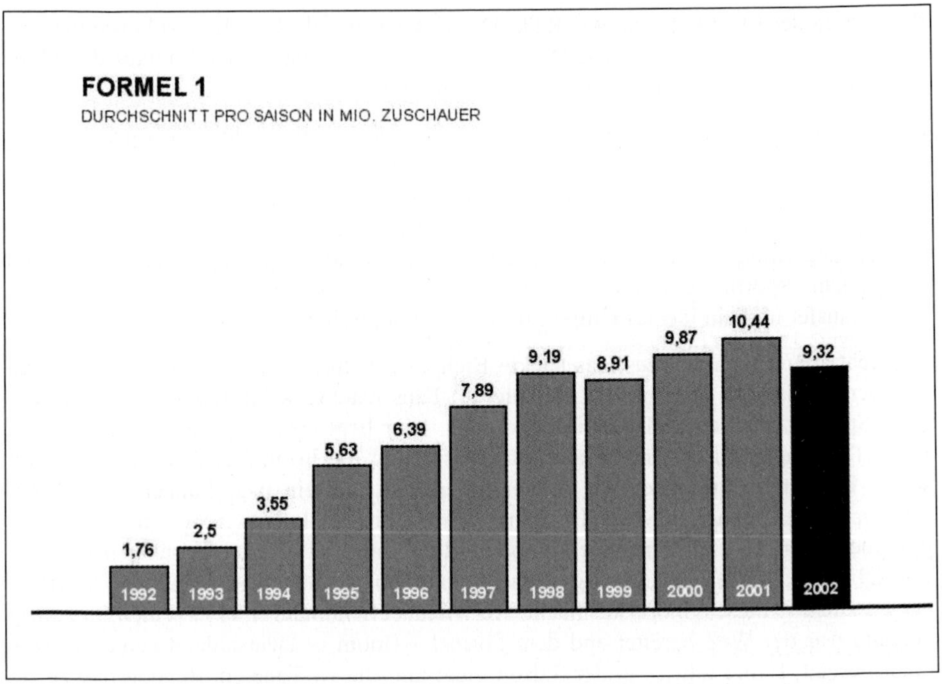

Abbildung 2: Durchschnittliche Zuschauer in Millionen pro Formel 1-Saison

Soweit die Entwicklung von RTL bis zum heutigen Tag. Fassen wir kurz zusammen:

- RTL wurde als Konkurrenz zu ARD und ZDF konzipiert. Das Programm der öffentlich-rechtlichen Sender wurde als steif und schulmeisterlich angesehen. Einem deutschsprachigen Vollprogramm mit Schwerpunkt Unterhaltung wurden deshalb beste Marktchancen eingeräumt.
- Durch die Einführung des dualen Rundfunksystems in Deutschland änderte sich die Positionierung von RTL nicht, sondern lediglich die Wettbewerbssituation.
- Der Erfolg von RTL ruht auf fünf Säulen: Innovation, Mut, Seriosität, Dynamik und Stärke. Dabei setzt der Sender auf die Kreativität seiner Mitarbeiter: Zweidrittel des RTL-Programms sind Eigenproduktionen.

5. Flankierende Maßnahmen

In Abwandlung einer alten Fußballweisheit gilt für alle TV-Sender: Die Wahrheit liegt im Programm. Markenkern und Senderimage fallen nur dann zusammen, wenn das Programm die Erwartungen der Zuschauer erfüllt. Die Programmauswahl ist deshalb immer auch langfristig angelegte Markenstrategie. Darüber hinaus gibt es aber flankierende Maßnahmen, um das Ziel der angestrebten Positionierung auf dem Wettbewerbsmarkt zu erreichen.

Gattungsmarketing: Durch seinen frühen Markteinstieg und seinen Erfolg sind RTL und Privatfernsehen fast zu Synonymen geworden. RTL werden alle positiven Adjektive zu geordnet, die man mit Privatfernsehen verknüpft: unterhaltsam, frech, modern. Aber RTL werden auch alle negativen Attribute zugeordnet, die man mit Privatfernsehen in Verbindung bringt: seicht, aggressiv, sensationsgierig. Dabei spielt es keine Rolle, ob diese Attribute auf RTL und sein Programm tatsächlich zutreffen oder nicht. Für RTL ist es deshalb wichtig, neben der Pflege der eigenen Marke auch Gattungsmarketing zu betreiben. Im Oktober 1990 gehörte RTL deswegen zu den Gründungsmitgliedern des „Verbands Privater Rundfunk und Telekommunikation e.V." (VPRT). Der VPRT vertritt seine Mitglieder gegenüber der Legislative und Exekutive auf Landes-, Bundes- und Europaebene, berät sie in technischen, rechtlichen, wirtschaftlichen und medienpolitischen Fragen und verschafft ihren Forderungen in der Öffentlichkeit Gehör.

Gerade in einem Land wie Deutschland, mit föderaler Struktur und dem Hang zur Überreglementierung, ist es wichtig, dass sich die Vertreter des Privaten Rundfunks so oft wie möglich mit einer Stimme zu Wort melden, um ihren Anliegen Nachdruck zu verleihen. Darüber hinaus bleibt natürlich das Lobbying in eigener Sache unverzichtbar, denn die im VPRT zusammengeschlossenen Rundfunkanbieter stehen natürlich auch weiterhin in einer Konkurrenzsituation zueinander.

Marketing: Das Marketing von RTL besitzt zwei Ebenen: die Dachmarke und die Programmformate. Das Marketing von RTL ist auf die ganzheitliche Kommunikation des Markenkerns sowie die Pflege der Marke ausgerichtet. Darüber hinaus werden einzelne Programmformate strategisch als Monomarken behandelt, deren Absender RTL ist.

Screen-Design: Nur durch die Einbindung der Art Direction in die Prozesse der Senderpositionierung, Programmentwicklung und Marketingplanung ist eine optimale Ansprache der unterschiedlichen Zuschauergruppen zu gewährleisten. Bei RTL wird das durch eine eigene Art Direction (RTL Creation) und freie Kreative erreicht. Screen-Desgin muss das Programm kennzeichnen und verbinden und den Sender prägnant und unverwechselbar machen. Damit trägt das Screen-Design wesentlich zum Gesamtimage des Senders bei.

6. TV-Markt im Wandel

Der deutsche Fernsehmarkt befindet sich in einem fortlaufenden dynamischen Wandlungsprozess, der an Geschwindigkeit immer weiter zunimmt. Der Leser/Zuschauer/User wird sich in der Zukunft einer immer weiter steigenden Zahl von Informations- und Unterhaltungsangeboten gegenübersehen. Von dieser Angebotspalette wird er sich nur noch das herunterpicken, das exakt seinen Vorstellungen entspricht. Die Fragmentierung des Medienmarktes wird also weiter zunehmen.

Besonders die TV-Sender stehen in einem harten Konkurrenzkampf um die Aufmerksamkeit des Zuschauers. Entspricht ein Programm nicht seinen Erwartungen, zappt er binnen von Sekunden weg. Die Selektionsschwelle ist mit der Einführung der Fernbedingung enorm gesunken und der Trend hält an, weil die nächste Generation von Medienrezipienten bereits mit dem Internet aufgewachsen ist. Hier ist die Selektionsschwelle aber sogar völlig aufgehoben, da im World Wide Web der gesamte Navigations- und Nutzungsvorgang aus einer Verkettung von Selektionsentscheidungen besteht. Mag die digitale Revolution auch ausgeblieben sein, die digitale Umwälzung schreitet voran.

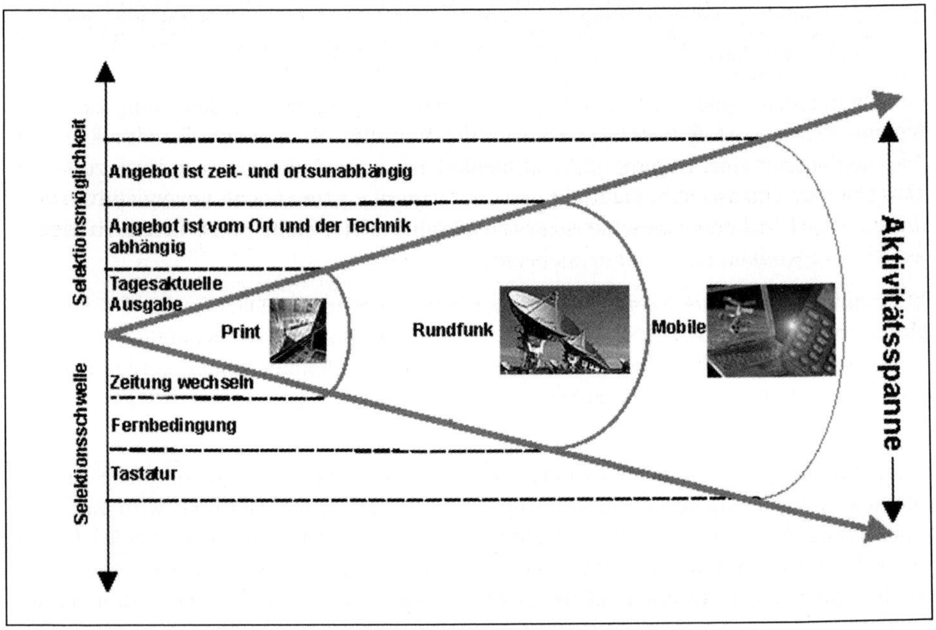

Abbildung 3: Aktivitätsspanne im Print-, Rundfunk- und Mobilebereich

Man muss sich vor Augen halten, dass die Mehrheit der heutigen Medienkonsumenten ohne Privatfernsehen, PC, Handy und Internet aufgewachsen ist. Der Gewöhnungsprozess an die neuen Möglichkeiten der Informationsgesellschaft ist bei ihnen noch nicht abgeschlossen und wird bei Teilen auch nie stattfinden. Die heranwachsende Generation hingegen hat ein vollkommen anderes Mediennutzungsverhalten erlernt. Sie ist mit den verschiedenen Endgeräten (TV, PC, Handy) bestens vertraut. Wer sie ansprechen möchte, muss seine Inhalte multimedial anbieten. Das verändert wiederum den Markt. Die Vollprogramme könnten in Zukunft Marktanteile an Spartenkanälen, Pay-TV- und On-Demand-Angeboten abgeben, die in der Lage sein werden, ihrem Publikum maßgeschneiderte Programme und individualisierte Werbeangebote zu bieten. Es ist deshalb wichtig, dass einem Sender wie RTL in Zukunft ausreichend Kabelplätze und Frequenzen zur Verfügung stehen, um hier den Wünschen des Publikums entgegen zu kommen.

7. Ausblick

2001/2002 sah sich die TV-Branche erstmals mit einer länger andauernden konjunkturellen Schwäche konfrontiert. Nach Jahren des ungebremsten Wachstums haben wir eine Phase der Konsolidierung erreicht. Wer jetzt keine tragfähige Strategie und keinen soliden Businessplan hat, wird scheitern. Darüber hinaus erschließen die Sender neue Erlösquellen, zum Beispiel über Merchandising und Teleshopping. Hinzu kommt der Blick über Länder- und Mediengrenzen hinweg. RTL nutzt so weit wie möglich Synergien innerhalb von Bertelsmann. Die Casting-Show „Deutschland sucht den Superstar" ist dafür ein hervorragendes Beispiel: RTL als Sender, die Grundy Light Entertainment als Produktionsfirma der RTL Group, als Plattenfirma die BMG und RTL-Enterprises für das übrige Marketing. Im Kreis dieser „Familie" stimmen wir uns gegenseitig ab.

Wer die derzeitige Konsolidierungsphase erfolgreich meistert, wird fit sein für die Herausforderungen und Chancen, die uns die digitale Zukunft bietet und wird an zukünftigem Wachstum teilhaben. Voraussetzung dafür ist eine klare Positionierung auf dem Markt. RTL hat sich in fast zwanzig Jahren als Top-Unterhaltungsmarke in Deutschland etabliert. Diese sorgsame Markenführung wird in Zukunft noch weitere Früchte tragen, weil die Bedeutung der Marke als Signal in der Angebotsflut in der Zukunft noch weiter zunehmen wird.

Bernd W. Wirtz / Joachim Schwarz

The Evolution of Personalised Television*

---

* This article is an updated version of „Strategic Implications of the Segment of one TV – The Evolution of the Personalised Television Structure", in: The International Journal on Media Management 2001, Vol. 3, No. 1, pp. 15-25.

1. Introduction

Since the beginning of the television era, advances in technology have always had an enormous impact on the television industry. Due to technological developments it became possible to transmit noise-reduced radio signals and to sell television sets at a reasonable price. As a consequence, television became a mass medium in most countries in the 1950s,[1] which was the foundation for development of the television industry. Another example one can consider is the development of recording devices for television programmes. The invention of the video cassette recorder (VCR) meant the first rudimentary form of time schedule independent programme composition. Video rental stores enabled their customers to rely less on television programmes only but on movies not broadcast by television as well.

Most recently, advances in digital technology, deregulation and individualisation of customer relationships has enabled the convergence of telecommunication, media and information technology industries.[2] As a product of this convergence process, a new technological innovation has been introduced into the American television market in March 1999, the digital personal television receiver (DPTR).[3] Developed independently from two different companies (Tivo and Replay), the DPTR is essentially a video recorder with huge storage capacities based on digital technologies.[4] So it combines traditional television as part of the media industry with the digital storage facilities as a product of the information technology industry. Based on the digital technology, further enhancements such as internet access is possible, which also means the integration of a telecommunication product. In so far, the DPTR is not only a product but also an enabler of the convergence process.

From the DPTR's introduction into the US American television market in March 1999 until June 2000, about 100.000 DPTRs have been sold without any major marketing expenditures.[5] Expected by the end of 2010, 500 million homes worldwide will enjoy the DPTR, with the boom beginning in 2005.[6] Forecasts for Europe indicate, as illustrated in Figure 1, that in 2005, about 25 % of the households of the European Union will own a DPTR, and in 2010, this percentage will raise to 75 %.[7]

---

1 See Brown-Kenyon/Miles/Rose (2000), p. 73.

2 See Wirtz (2000a), pp. 291-294.

3 For other products and innovations of the convergence process, see e. g. Thielmann/Dowling (1999), p. 4; Donahue/Allen/Larsen (2000), p. 38; Rawolle/Hess (2000), pp. 89-91.

4 For a discussion of digital technologies, see Pagani (2000), p. 26.

5 See Lewis (2000), p. 3.

6 See Anonymus (2001).

7 See Whittingham (2000), p. 6.

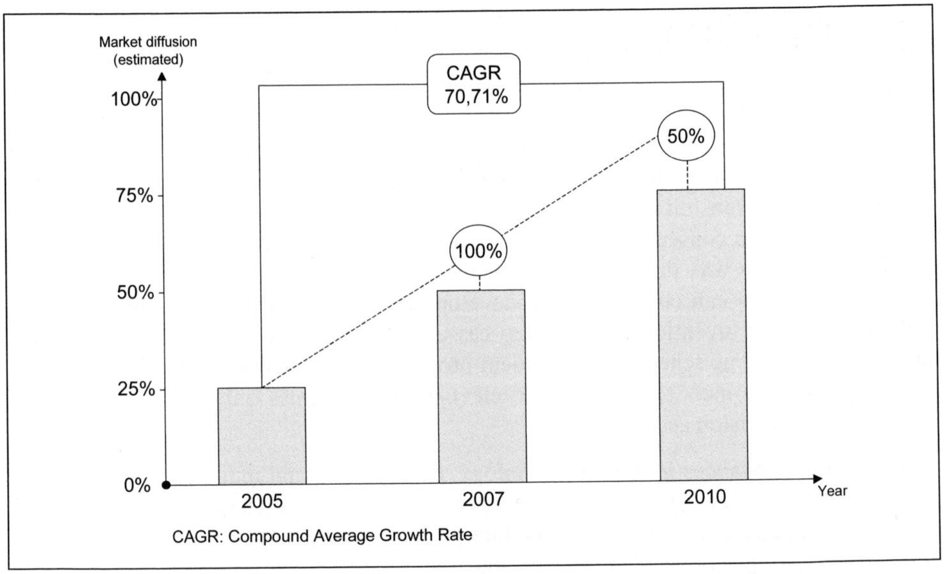

Figure 1: Estimated Diffusion of the DPTR in the European Union[1]

Due to the DPTR's features, vast opportunities especially for the individual programme content management are available. As a result of its rapid diffusion in the markets, it is most likely this innovation will change the existing television market. This article explores how the television industry is affected by this latest technological development. The second section describes the main driving force for the diffusion of the DPTR and illustrates its effects on the television industry. The third section gives an overview over the American television market, discusses several theoretical strategic options for the US American television industry and the already observed strategic responses. The fourth section gives a summary and implications.

2. The main diffusion force for the DPTR and its effects on the television industry

The main diffusion force shall be defined as the main driving force, that pushes the market diffusion of the DPTR. The discussion begins with a description of the main techno-

1 Source: Values taken from Wittingham (2000), p. 6.

logical features of the DPTR. Then the main diffusion force, the proposed customer advantages shall be discussed taking into account how the technological features enable the DPTR to deliver these advantages. An overview over the technological features and the proposed advantages shall be given in Figure 2.

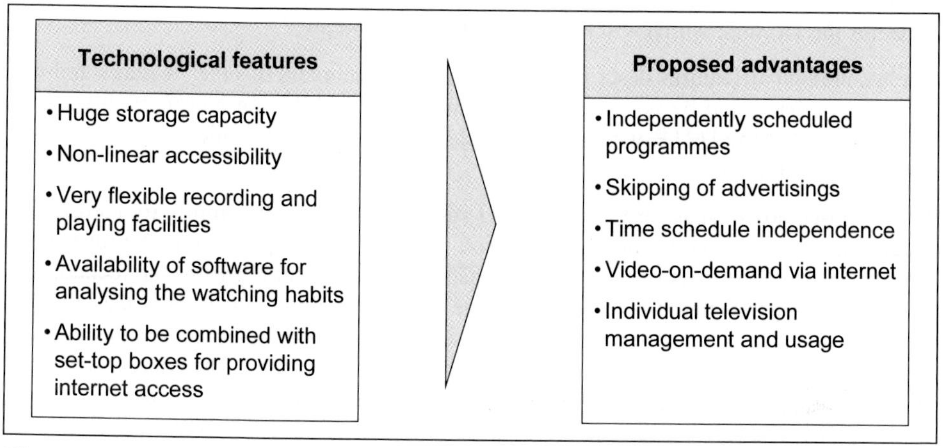

Figure 2: Technological features and proposed advantages of the DPTR

The DPTR is essentially a huge hard disk with sufficient capacities for recording up to eighty[1] hours of television. The main advantage of a hard disk compared to a video cassette is the non-linear accessibility that is the ability to access to any stored programme or part of a programme in virtually no time compared to a video cassette which needs rewinding time. Other advantages are the better recording quality of the programmes, no quality loss due to the digital storage technology[2] and easier handling of the DPTR.

Furthermore, DPTR has very flexible recording and playing features. For example, advertisements can be skipped, and the same programme can be recorded and watched simultaneously, or even with viewer interruption, i. e. pause in view, recording can continue. For live broadcasting, if the viewer is interrupted, the DPTR records the live broadcast and continues playing it exactly from the point where the programme was interrupted.

A third feature is the ability to be equipped with computer software, which analyses viewing habits. Based on this analysis, the DPTR is able to choose and independently record exactly those programmes preferred by viewers. So whenever a viewer turns on his television, the DPTR has an individual programme composition ready for him.

1 Status: May 2003.

2 See Pagani (2000), p. 26.

Besides the features provided only by the DPTR, there are interesting synergies with set-top boxes. The set-top box provides access to the internet via the television screen using cable and satellite networks. As the DPTR has been integrated into set-top boxes,[1] the viewers will also have access to the internet and all its possibilities such as browsing, electronic mail, and so on. Of course, these are no specific features of the DPTR, but combined with the huge storage capacity they yield most interesting proposed advantages for the viewers, which will be presented in detail below.

The technological features described above are just precursors of other features and developments that could be possibly added to make the DPTR even more attractive. It is not unlikely that the DPTR will be integrated into television sets which will lead to one multifunctional device.

The proposed advantages for the viewer lies mainly in the DPTR's ability to manage the programme content shown on the television screen. This management of programme content basically consists of three characteristics directly resulting from the technological features. A characteristic derived from the third technological feature is the DPTR's ability to independently compose an optimised individual programme for the viewer. This means independence from television programme schedules. The viewer does not need to search for interesting programme formats himself. This can be widely taken over by the DPTR. An interesting side effect is the skipping of advertisements, which results from the flexible recording and playing features. The DPTR is able to completely exclude any interruptions of the programmes making viewing far more convenient.

Besides the independently scheduled programming and advertisement-free television, the complete independence from any given time schedule is also an important characteristic of the programme content management. Television programmes can be watched at any time preferred by the viewer. This is actually not a new feature, because a video cassette recorder offers a similar service. Yet a video cassette, in contrast to the DPTR, has lower storage capacity and storage quality. Furthermore, a video cassette recorder is not able to record different television programmes at the same time nor can the viewer watch a recorded programme while recording another programme without a second video cassette recorder. These technical restrictions are now removed, making the independent time schedules a major advantage of the DPTR.[2]

A third major characteristic of the programme content management results from the integration of the DPTR into the set-top boxes. Access to the internet combined with the huge DPTR storage capacities has the potential to push the video-on-demand, which was introduced in the United States in the early 1990s. Video-on-demand enables its customers to rent movies from a virtual library via television. In its early stage video-on-de-

1 See Anonymus (2000).

2 For a detailed discussion about the advantages of the DPTR compared to the video cassette recorder, see Whittingham (2000), pp. 16-17.

mand was rather expensive due to missing local storage facilities and to high expansion costs of the existing hybrid fiber/coax cable networks. The demanded videos had to be transmitted at the same time as they were being watched. Therefore, the provider had to keep huge transmission capacities ready, which are needed only at prime time. Assuming that 25 % of all cable subscribers in a community acquired cable modems, the cost would be about 135 dollar per cable modem user to extend fibre to the point where 160 homes shared a common coaxial line, versus 580 homes prior to the upgrade.[1] The DPTR and its huge local storage capacity could mean an alternative to such expansion costs, because the transmission can be done during a period when there is less traffic on the network. This relief though will not be significant, unless many subscribers ask for the same titles, which is realistically not the case. The potentials of the DPTR for video-on-demand still should not be underestimated. The flexibility of the transmission times could push the demand for movies and other programme formats; with higher demands, an expansion of the existing network infrastructure could be economically sensible. Results from empirical research indicate that video-on-demand has already been highly demanded,[2] so its further facilitation could be a major advantage of the DPTR.

Taking the three characteristics of the programme content management into account, the proposed advantage for the viewer is his ability to be his own programme manager. He can put up his own programme, his own time schedules and receive the programme formats from virtual libraries via the internet. This may finally result in a future, where there is only one individual television channel for each viewer.[3]

The DPTR's ability to provide an individualised programme content management will probably have a significant effect on the existing television market. This can be reduced to basically two properties derived from the main diffusion force. First, identifying the programme content management itself, which represents a segment of the television industry value chain indicating its importance. This segment of the value chain, up to now completely under the control of the broadcasters, is now threatened to be taken over by the viewer. As the loss of a complete segment of the value chain always comes along with a loss of power, it is unlikely that the broadcasters will give in so easily. This situation is illustrated in Figure 3.

---

1 See Katz (1998), p. 24.

2 See Albers et al. (1999), pp. 277-278.

3 See Noam (1996), p. 15.

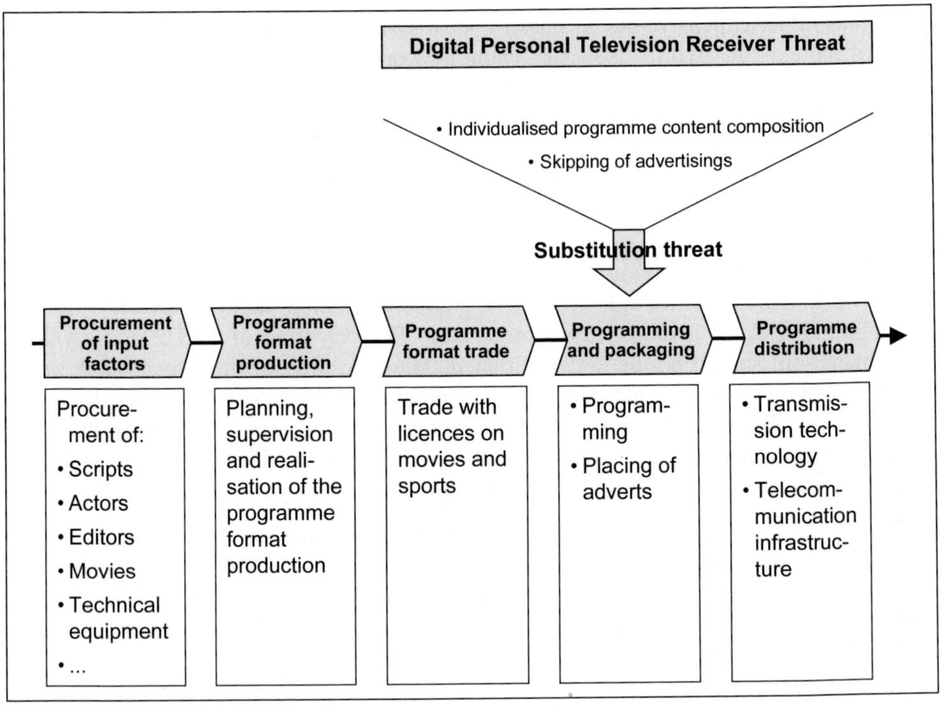

Figure 3: The DPTR's threat for the value chain of traditional broadcasters[1]

With the programme content management becoming partially obsolete, a further consequence could be that there will be no need for customer specific, topic specific or any of the other numerous channels. It will not be necessary to transmit television programmes following a given time schedule, which could possibly mean the end of the prime time. For the broadcasters, it may be more efficient to have the programme formats ready to be downloaded by the DPTR, which of course, could mean a shift in the existing network infrastructure.[2] On the one hand, since programme formats could be downloaded for local storage and later watching, there are no fast transmissions and thus not even broadband networks are necessary. On the other hand, as any programme format can be downloaded at any time, the total traffic on the networks could increase enormously. This would mean particular requirements on both transmission capacity and transmission rate. More recent developments in data compression formats such as MPEG or JPEG have reduced the amount of digitised data to be transmitted, and broadband networks enable transmission rates of 2 Mbps and more. This could push the present rather slow market

1 Source: Acoording to Wirtz (2000a), p. 143.

2 For a general overview over network infrastructure see Wirtz (2001b), pp. 62-63.

diffusion[1] of broadband networks.[2] Not just transmission rates but also storage capacities for content ready for transmission will be important.

A possible significant effect could have the second property – the ability to completely omit the advertisements. Because it is highly unlikely that advertisements will be watched if they can be easily skipped, especially broadcasters with an advertising based revenue model will need to reconsider their strategy. If no potential customer is reached by any visual advertisement, there will be no reason for their placements which means the cannibalisation of the advertising based revenue models. Of Course this is not only a problem for the broadcasters with an advertising based revenue model but for the advertisement-placing companies as well. The television is the medium with the highest nationwide market diffusion and with the highest possible number of potential customers reached with just one advertisement. The potential loss of this medium leads to significantly higher marketing costs in order to reach the same number of potential customers.

The DPTR does not only have the potential for a severe impact on the broadcasting industry, the impact on related areas such as the television set industry, the video cassette recorder industry and the video rental stores could also be of high significance. After the DPTR's integration into the set-top boxes, further integration into television sets to develop one multifunctional apparatus is also possible. For the video cassette recorder industry, however, the difficulty could be competing with features such as easy handling, the non-linear accessibility or the huge storage capacity. The integration of the DPTR into the set-top boxes and the resulting possible emergence of video-on-demand could also have consequences for the video rental industry. Traditional video rental stores could face severe competition with online video libraries.

These possible impacts on the broadcasting industry and related areas will not be abrupt but gradual, since they are dependent on the market diffusion of the DPTR. An important consequence is, that established companies, in the existing structures, have some time to develop proper strategies to deal with the new competitors. An example are the traditional video rental stores. They could expand their services to online video libraries hindering new competitors to enter their market. Nevertheless, the effects should not be underestimated, since they are most likely to take place if there is no proper strategic response of the established companies in the existing structures. The development outlined above should be understood as a possible worst-case-scenario.

The first sign of this development can already be observed in the United States, where there are already sufficient owners of a DPTR to enable a well grounded analysis of their

1 One reason for the slow market diffusion of broadband networks is the shift in technology and the necessity to build a new infrastructure, see Dempsey et al. (1998), p. 10.

2 See Martin (2000), p. 122.

viewing habits. Figure 4 is an overview of the DPTR impact from Tivo on the behaviour of early US adopters.[1]

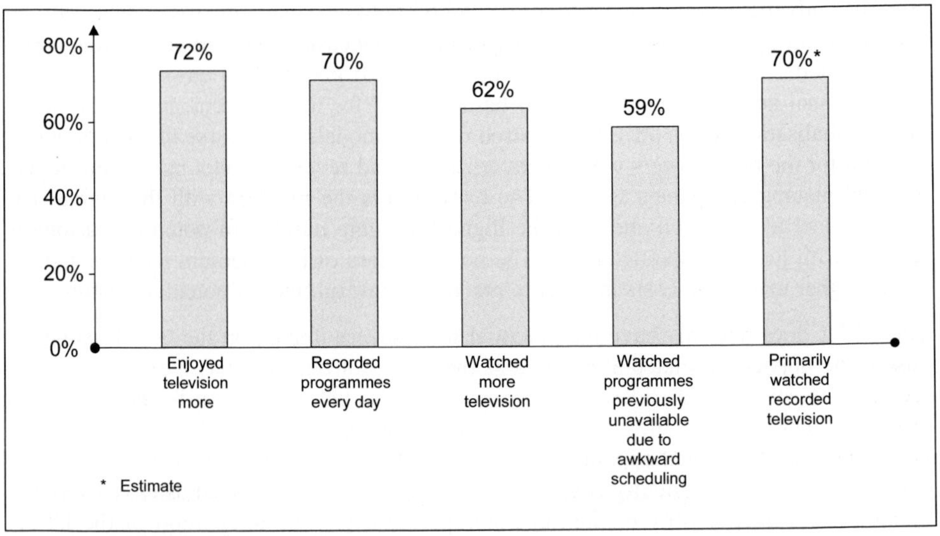

Figure 4: Impact of Tivo on the behaviour of early US adopters[2]

Although it is just an estimate, there is strong evidence for a shift to primarily watching recorded television instead of scheduled television. Furthermore, only 12 % of the advertisements are watched.[3] The development outlined above has most likely begun with the United States as the forerunner. Thus in the following section, the strategic options discussed will consider the American market.

1 See Whittingham (2000), p. 15.

2 Multiple Entries possible. Source: BBC/Tivo & Magid Associate, taken from Whittingham (2000), p. 15.

3 See Lewis (2000), pp. 3-4.

3. Strategic developments in the US American television market

As outlined above, the focus of this section is on the American broadcasters. The first subsection contains a short description of the US American television market, followed by the second subsection containing a theoretical discussion of strategic options for the broadcasters' response to the DPTR. Strategic responses of the major American television companies to the DPTR will be outlined in the third subsection.

3.1 Structure of the American television market

Due to the fact that the United States has a larger television market than any other country in the world, it is necessary to find an appropriate categorisation in order to give a rough overview.[1] The categorisation shall be based upon the main transmission technologies, which yields two groups (Figure 5): traditional broadcasting and cable television. Other categorisations are also possible, i. e. into commercial and non-commercial television, but they are not sufficiently suitable for the further discussion.

The first group consists of about 1.500 television stations, which are mostly owned by or are affiliations of one of the seven larger programming networks. First, there are the three traditional programming networks ABC, NBC and CBS. Together, they have a market share of about 50 % after a severe decrease during the last years.[2] In 1987, the Fox Broadcasting Company launched its Fox Network, whose successful diffusion in the early 1990s motivated other companies to launch their own television networks. The result were four television networks mainly launched in the 1990s, which are also summarised in the first group: Fox Network, Warner Brothers Network, UPN Network, and, most recently, Pax TV. Presently, there are still about fifty stations[3] remaining, which are not affiliated nor owned by onc of the seven large programming networks. These so-called independent stations form the rest of the first group.

1 For an overview over the main structures in the US American television market see Owen/Wildman (1992), p. 6.

2 From its peak of 91 per cent in prime time in 1978 over 75 per cent in 1986 to 47 per cent in the television season 1997-1998, see Dominick/Sherman/Messere (2000), p. 98.

3 See Dominick/Sherman/Messere (2000), p. 101.

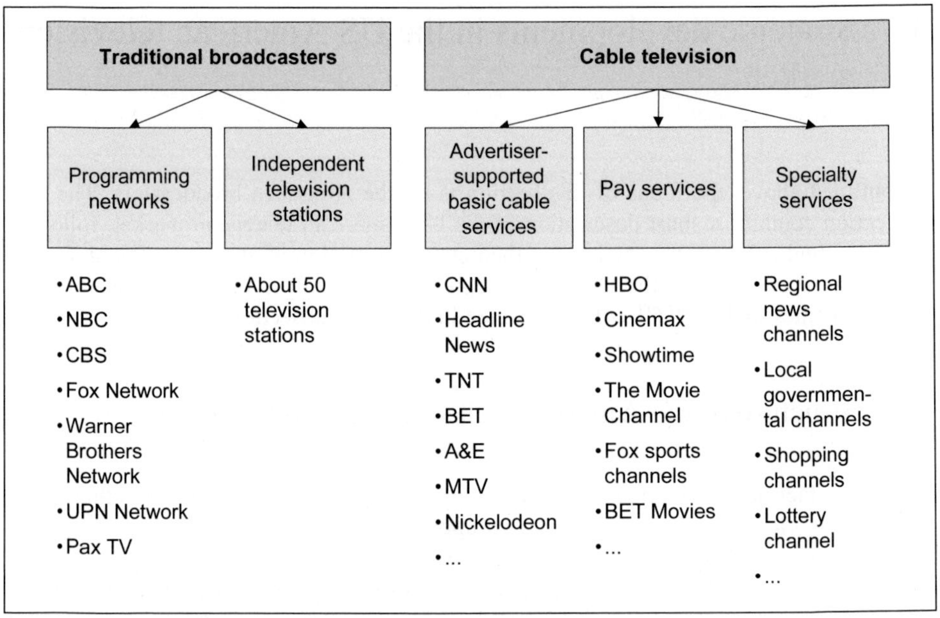

Figure 5: The structure of the American broadcasting industry

The second group consists of the cable services. According to Dominick, Sherman and Messere,[1] the more than 200 programme services shall be categorised into three subgroups: advertiser-supported basic cable services, pay services, and speciality services. The leading networks in the first subgroup are CNN, Headline News, and Turner Network Television (TNT), all three provided by the Turner Broadcasting Systems. Other networks are the Black Entertainment Television (BET), the Arts and Entertainment Network (A&E), and many others. The second subgroup mainly consists of Home Box Office (HBO, with a subscription of thirty million households) and Cinemax (fifteen million households), both offered by AOL Time Warner; Showtime (fifteen million households) and The Movie Channel (eight million households), both offered by Viacom. A strong and growing segment of pay-television are also regional sports services, many of which are offered by the Fox Broadcasting Company. The third subgroup consists of some speciality services such as regional news channels, local governmental channels, shopping channels and even a channel devoted to state lotteries.

One important aspect regards the ownership of the cable services. While there are federal caps on the number of broadcast stations owned by one single network, there are no such limits on cable ownership. Therefore, the cable business is marked by a large number of

---

1 See Dominick/Sherman/Messere (2000), pp. 105-106.

multiple cable systems operators. These are operators owning at least two cable services. Other operators owning only one cable service are named 'single cable system operator' or simply 'cable system operator'. The largest multiple cable system operator is AT&T with nearly twelve million subscribers in 1999. The second-largest multiple cable system operator is Time Warner Cable with about seven million subscribers. Other large multiple cable system operators are MediaOne, Time Warner Entertainment – Advance/Newhouse, Comcast, Cox Communications, Cablevision Systems and Adelphia Communications, all having at least two million subscribers.[1] The largest single cable system operator is Time Warner's operation in New York, who has more than one million subscribers. Other large single cable system operators are Cablevision's on Long Island, Time Warner's in Orlando and the Cox Cable System in San Diego.[2]

Considering the market impact of television in the United States, about 98 % of the American households, that is nearly 100 million households, have at least one television set, which receives forty-five different channels on average.[3] About two thirds of the households receive cable television, and one third of the households have subscribed to at least one pay-television service.[4] The broadcasters, in the first group, generate their revenues mainly by selling broadcasting time for advertisements, which sums up to total sales of about 14.5 billion dollars[5] after an estimated twelve billion dollars in 1995.[6] Cable television revenues depend on whether free- or pay-television is offered. The revenues generated by advertisements for example were close to ten billion dollars in 1998[7] after about four billion in 1995.[8]

3.2 Theoretical discussion of the broadcasters' possible counter strategy options

Since programme content management, a feature of the DPTR, threatens both the channel variety and the advertising based revenue models, the broadcasters could face a severe threat, jeopardising their activities in substantial fields. Especially the threat for pro-

---

1 See Dominick/Sherman/Messere (2000), p. 108.

2 See Dominick/Sherman/Messere (2000), p. 108.

3 See Dominick/Sherman/Messere (2000), p. 97; Walker/Ferguson (2000), p. 158.

4 See Dominick/Sherman/Messere (2000), p. 107; Walker/Ferguson (2000), p. 158. A development of the cable subscribed households is given in Parsons/Frieden (2000), p. 179. For pay-television services, see Blumenthal/Goodenough (1998), pp. 82-88.

5 See Dominick/Sherman/Messere (2000), p. 157.

6 See Brown/Quaal (1998), p. 375.

7 See Dominick/Sherman/Messere (2000), p. 157.

8 See Owen (1999), p. 123. Other sources indicate advertisement revenues of about five billion dollars in 1995, see Brown/Quaal (1998), p. 375.

gramming television channels could mean an essential loss for the broadcaster's importance, due to the fact, that a whole segment of the value chain is at stake. Therefore, broadcasters would need to think about proper strategies to deal with the new competitors. Basically, the strategic choice is between competition or an arrangement with the new competitor.

For discussing competition strategies, illustrated first would be the meaning of competition for market shares and revenues for the broadcasters in the television market. The broadcasters' competition for market shares is equivalent to attracting as many viewers as possible in order to generate revenues either by placing advertisements (free-television) or by subscription fees (pay-television). Thus, the generation of revenues is dependent on the broadcasters' ability to attract the viewers. Due to the fact, that viewers are not attracted by broadcasters but by programme formats, competing for market share means competing for attractive programme formats. 'Programming is crucial [...] in the competition for market shares'.[1] However, it is not sufficient just to offer attractive programme formats. Proper programming, e. g. the latest movies not in the early afternoon but on prime time, when most people watch television, is crucial for the market share especially for the free-television broadcasters.[2] The DPTR's ability to compose viewer optimised programmes makes the programming redundant. This overturns old competition rules, since programming attractive formats is no longer an option. However, an approach to competition with the DPTR must start with the viewer and his attraction (loyalty) to the broadcasters' programme formats. It is reasonable to consider viewers as customers, therefore it is possible to transfer strategies for the generation of customer loyalty to the present situation. This implies generally two ways to generate viewer loyalty: one can either generate viewer satisfaction or one can create barriers.[3] The discussion starts with the latter.

First, the DPTR is dependent on both the programmes of the existing broadcasters and its variety to develop its full use for the viewer. The more programmes are available, the more programmes the DPTR has to choose from in order to compose an individual viewer optimised programme. Therefore, to create barriers, a natural point to start from is to restrict the DPTR from the variety of programmes. A reasonable example is the development of some kind of a disturb signal. The DPTR is dependent on the signals transmitted by the broadcasters to recognise the programmes. If some kind of digital disturb signal preventing or disturbing the recognition of programmes is also transmitted, the DPTR will be useless. But besides the fact, that the development will consume time and money,

---

1 „Die Programmpolitik (...) entscheidet somit im Wettbewerb um Marktanteile", Wirtz (1994), p. 115.

2 See Wirtz (2001a), pp. 160-166.

3 This categorisation of different ways to generate customer loyalty is based upon an approach presented by Bliemel and Eggert (1998, pp. 39--44), who distinguish bondage strategies and connectivity strategies. Bondage strategies mainly consist of change barriers, and connectivity strategies consist of the generation of customer confidence, for which the customer satisfaction is a basic assumption. A more elaborated concept is the integrated conceptual framework made up by Dick and Basu (1994).

every television set needs a feature which neutralises the disturb signal so that television still can be watched. Probably no one would accept to pay for having his television set equipped with such a new feature. Therefore, the development of a disturb signal is not suitable as a permanent barrier. Furthermore, as long as there is only one broadcaster who does not erect barriers for the DPTR, all the possible strategic options for erecting barriers are futile.

Clearly, there seems to be no economically reasonable way to generate permanent viewer loyalty by erecting barriers. According to existing customer loyalty theories, the only way to generate permanent customer loyalty is to generate customer satisfaction[1] by presenting substantial advantage for them.[2] Viewer satisfaction could be generated by programming more attractive programme formats than the DPTR, which is however impossible. So the application of concepts of customer loyalty to the present situation yields that it is not possible to successfully compete with the new competitors in the long run. The only remaining option is the forming of some type of arrangement or co-operation with the DPTR.

A first approach could be the embedding of advertisements into the programme formats instead of broadcasting separate advertisements. This would prevent the cannibalisation of advertising based revenue models, without forming an explicit alliance with the DPTR. For example soap operas, financed by companies whose products will be presented during the show by the actors. This approach is rather limited to the kind of product or service to be advertised and to the kind of programme format.

What remains is co-operation in the form of an alliance or a participation under the condition, that the broadcasters change their existing structure. Due to the fact that the DPTR can take over the programme content management, broadcasters are likely to change to programme format suppliers. The revenues would not be generated mainly by advertisements or subscription fees, but by providing programme formats for the DPTR.[3] However, this does not imply that there will no longer be advertisements. Possibly there will be specialised advertisement providers whose contents will be included in the individualised programme composition. Another consideration is that the traditional broadcasters offer packages containing programme formats and advertisements. This of course means that the feature of the advertisement skipping will be omitted.

Since data about viewers' habits are available, it is possible to divide the viewers into groups with homogeneous watching habits within each group. Of course, this has consequences for the offered programme formats, since it makes economically no sense to produce and offer programme formats for groups with only a small minority of viewers.

---

1 See Bliemel/Eggert (1998), p. 42. The concept of Dick and Basu (1994, p. 105) states, that the proper strategy to generate customer loyalty is dependent on the actual situation.

2 See Wirtz (2000b), p. 31.

3 There are similar revenue models for the DPTR's producers, as there are for the now existent broadcasters. The revenues could still either generated by subscription fees or by advertisements.

Accordingly, although there will be only one individual channel for each viewer, the specific programme formats will be chosen from a small variety of programme formats.

Taking this into account and assuming broadcasters will change to programme format suppliers, there are three possible ways to change. Either each broadcaster focuses on one viewer group, on one programme format, or they focus on special events, i. e. live sports events or recent movies. Focussing on one viewer group means, the programme formats will be generated for this specific group only. Consider for example television news. Groups with a main interest in politics or business will both get their specific television news produced by different programme format suppliers. Given the structures outlined in section two and taking into account the production of programme formats is profitable just for a few viewer groups, it may be reckoned that the consequence could be a far-reaching consolidation. Most likely there are not enough different profitable viewer groups for each broadcaster.

Focussing on a specific programme format suggests, that every broadcaster produces only one programme format, e. g. serials or documentary movies, with different versions according to the different viewer groups. This can be regarded as a further development of the already existing sports or news channels. Compared to the first strategic option, it is possible to realise economies of scope. If for example different television news for different viewer groups are produced, the necessity would be to produce many different news pieces, which will be composed according to the group's preferences.

Focussing on special events is the third strategic option mainly for already existing pay-television channels. The suppliers of live sport events or the latest movies have the advantage of offering programme formats with high actuality justifying a special price. A special rate to the DPTR owners for these special events is also plausible meaning a transformation of the pay-television channels into pay-format suppliers.

In order to adapt to the DPTR, broadcasters have the choice between the three options. The adoption of just one strategy without regard to the other two however is not a palatable choice for the broadcasters. Also likely are hybrid forms with main focus on one of the three strategies. There will be broadcasters who focus mainly on specific viewer preferences, on specific programme formats, and those who focus on special events.

This strategy holds for the alliance as well as for the participation option. Participation, however, enables a larger degree of control in key areas such as advertisement and programme content management.[1] The companies, Replay and Tivo, are rather new on the market, so that a participation is affordable. A summary of all strategic options is given in Figure 6.

---

1 Whittingham states, that the established broadcasters are rather unlikely to abandon these key areas, so they will try to obtain as much as control in them as possible, see Whittingham (2000), p. 6.

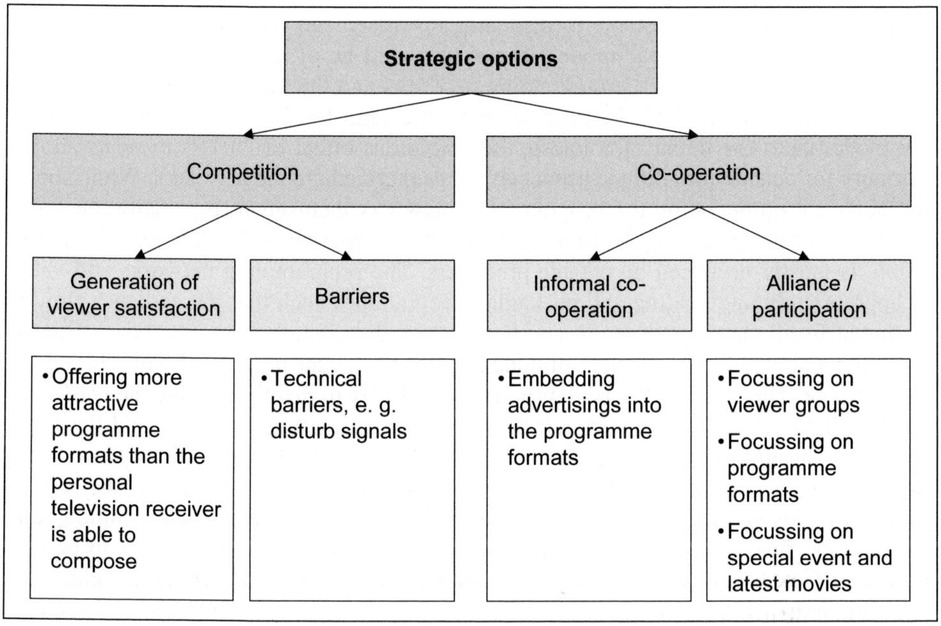

Figure 6: Strategic options for the American broadcasters

The remaining theoretical discussion is, which strategy seems to be the most appropriate. As outlined above, the generation of revenues is dependent on the number of viewers a broadcaster can attract. The strategic options to generate customer loyalty imply, that competition is possible for only shorter periods of time and is, therefore, futile. Thus, a reasonable strategy in the long run is a co-operation strategy. Broadcasters adopting other strategies are most likely to disappear, unless they change to co-operation strategies in time. Among the co-operation strategies, the participation is the most preferable, as outlined above. This result is according to existing theories which claim that the new entrants' threat for the value chains of traditional market participants should be countered with integration strategies.[1] Participation is a possible integration strategy.

Concisely stated there would be a shift in the structure of the television industry. The DPTR will take over a part of the broadcaster's role in programme content management. The broadcasters could degenerate to mere programme format suppliers with only few other revenues than the payments received by the DPTR companies.[2] But if they offer

1 See Wirtz (1999a), pp. 19-22.

2 An interesting aspect of this shift not to be missed out is the role of branding. Building brands is no longer appropriate for television channels but for programme formats, e. g. news shown on NBC will change to NBC news.

packages containing programme formats and advertisements, they can retain a form of an advertising based revenue model. The shift would be of a different intensity in the two groups. The seven large programming networks and the independent television stations in the first group would be most severely affected. Besides the fact, that their revenue model faces the threat of collapse, the ubiquitous effect of DPTRs presents an opportunity for outside programme producers to disintermediate the networks. While sports and news are produced by the programming networks themselves, especially the serial entertainment programming, an important part of the programme formats shown on television, is mostly produced by outside producers. The programming networks add value by appropriately aggregating and packaging programmes such that the audience flow is promoted from one programme to another, and by distributing them via their affiliated television stations. Neither source of added value is relevant in a world with ubiquitous DPTR usage. Therefore, the outside producers are likely to disintermediate the networks. Rather quickly in order not to be left behind, the programming networks and the independent television stations of the first group would need to adopt one of the new strategies. In contrast, the situation is different for the cable television services in the second group. Advertising based services will face the same problems as the programming networks in the first group. The pay-television services however are most likely to be less severely affected. The fact, that special events and recent movies are of higher value and, therefore, only available for an extra charge, is not changed by the DPTR. For the speciality services forming the third subgroup, the DPTR could even result in an improvement of their situation. Due to the special nature of these services they are likely to be overseen by the viewer. If the DPTR organises the programme content management, the speciality services can and will attract more attention.

3.3 Observable strategic responses

The current development on the American television market confirms, that traditional programming networks are already adopting co-operation strategies. In August 1999, just half a year after the DPTR's introduction into the American television market, Time Warner, The Walt Disney Company, NBC and others invested altogether an estimated fifty-seven million dollars in Replay, while Tivo received about forty-five million dollars from CBS, NBC and others.[1] This early strategic response to the new competitor is remarkable, because at that time probably no reliable figures about the market diffusion of the new entrants were available. So even without any figures, it has been assumed the new entrants are a major threat to the traditional participants in the market and that an early reaction is appropriate. Further investments are to come. In October 2000, AOL,

---

1 See Lewis (2000), p. 3.

now AOL Time Warner, announced its plans to invest up to 200 million dollars in Tivo.[1] So far, 16 major companies from both the television and communications industries have invested in Tivo.[2]

Replay, however, underwent a different development. In April 2003, Replay has been taken over by D&M Holdings Inc., a Japanese company managing subsidiaries which manufacture and sale audio, video and media equipment. D&M Holdings Inc. plans to establish a new digital development subsidiary, Digital Networks North America Inc. (DNNA), which shall drive the strategy and develop the core technologies to become the leaders in the entertainment-based home networking market.[3] It remains to be seen what that means for the competition in the television market.

4. Summary and implications

The aim of the present article is a discussion of the possible changes of the television market initiated by the DPTR. After a description of the main diffusion force, the programme content management facility of the DPTR was identified to initiate the changes of the television market structure. Since broadcasters are faced with the threat of being reduced to mere programme format suppliers, with partly vast consequences for their revenue models, they are forced to rethink their competitive strategies in order to cope with the new situation. On the basis of the American television market, different strategic options were discussed with the result, that a co-operation by participation would potentially be the most successful strategy for the established broadcasters.

The change of the television market structure could go much further than just the broadcasters' becoming programme format suppliers. Because vast capacities to store the programme formats ready for download are needed, there is the necessity to extend the infrastructure. Given the situation that viewers can download programme formats at any time, the existing network capacities are most likely to be overloaded, initiating the diffusion of the broadband networks. Another possibility is a restriction of the arbitrary download.

Having the programme formats ready to download raises the question of protection from unauthorised access. Appropriate protection and coding methods would need to be developed. Progress is already made by Quantum.[4] However, as the DPTR has been inte-

1 See Anonymus (2000).

2 See Tivo (2003).

3 See D&M Holdings Inc. (2003).

4 See Anonymus (2000).

grated into set-top boxes, encryption methods already available for set-top boxes can be carried over to the DPTR.

However, it should be remarked, although first changes of the viewer habits could be identified on the American television market, it is still unclear if the majority of the viewers are ready to change their viewing habits. Keep in mind when dealing with any forecasts, as it is always with a new product: those who are really keen on using the DPTR will buy it as soon as it is available, while others take on a more sceptical and expectant attitude.

The integration of the DPTR into the set-top box can be considered as a first step towards the development of one single multifunctional device for several multimedia applications.[1] Combined with the possibility of video-on-demand, every consumer is able to compose his own individual television programme consisting of both programme formats supplied by the broadcasters and videos rented from the virtual video libraries. Further enhancements are possible. The multifunctional device could have a video game console, where the video games could be received via the internet from virtual video game libraries or virtual stores. A similar enhancement is possible for music. Integrated high-quality speakers could enable the full pleasure such as classic music also received via the internet. As already outlined in the introduction, the DPTR can be regarded as both a product of the convergence of multimedia industries and an enabler of this convergence.

References

ALBERS, S./CLEMENT, M./PETERS, K. (Eds.) (1999), Marketing mit interaktiven Medien, 2nd edn, F.A.Z.-Institut, Frankfurt am Main 1999.

ALBERS, S./BACHEM, C./CLEMENT, M./PETERS, K. (1999), Produkte und Inhalte, in: Albers, S./Clement, M./Peters, K. (Eds), Marketing mit interaktiven Medien, 2nd edn, F.A.Z-Institut, Frankfurt am Main 1999.

ANONYMUS (2000), Set-Top-Boxen greifen TV-Sender an, http://www.wallstreet-online.de/ws/news/news/main.php?tpl=&m=3.2.72.0.0&action=viewnews&newsid=143634, accessed 18 December 2000.

ANONYMUS (2001), Half a Billion PVR Homes by 2010, http://www.itvmarketer.com/mktres/pvr/mrpvr010606.htm, accessed 19 May 2003.

1 See Wirtz (1999b).

Bliemel, F.W./Eggert, A. (1998), Kundenbindung – die neue Sollstrategie?, in: Marketing – Zeitschrift für Forschung und Praxis, Vol. 20, No. 1, 1998, pp. 37-46.

Blumenthal, H.J./Goodenough, O.R. (1998), This Business of Television, 2nd edn, New York 1998.

Brown, J.A./Quaal, W.L. (1998), Radio – Television – Cable Management, 3rd edn, Boston 1998.

Brown-Kenyon, P.I./Miles, A./Rose, J.S. (2000), Unscrambling digital TV, in: The McKinsey Quarterly, Vol. 2000, No. 2, pp. 71-81.

D&M Holdings Inc. (2003), D&M Holdings Inc. wins bid for ReplayTV and Rio Business Unit Assets of Sonicblue Incorporated in bankruptcy court auction, press release, 17 April 2003, http://www.dm-holdings.com/en/20030417.html, accessed 19 May 2003.

Dempsey, J./Frisiani, G./Mehrotra, R./Rao, N.L./White, A.O. (1998), The last mile to the Internet, in: The McKinsey Quarterly, Vol. 1998, No. 4, pp. 6-17.

Dick, A.S./Basu, K. (1994), Customer Loyalty: Toward an Integrated Conceptual Framework, in: Journal of the Academy of Marketing Science, Vol. 22, No. 2, 1994, pp. 99-113.

Dominick, J.R./Sherman, B.L./Messere, F. (2000), Broadcasting, Cable, the Internet, and beyond, 4th edn, Boston 2000.

Donahue, H.C./Allen, C./Larsen, E. (2000), The Resolution of Digital Television, in: The International Journal on Media Management, Vol. 2, No. 1, 2000, pp. 38-45.

Greco, A.N. (Ed.) (2000), The Media and Entertainment Industries, Needham Heights 2000.

Katz, R. (1998), Cable Industry Overview, Research Report, Bear Stearns, April 1998.

Lewis, M. (2000), Wie das Internet das Fernsehen frisst, in: Net Business, 9 October 2000, p. 1 & pp. 3-4.

Martin, R. (2000), What Broadband Revolution?, in: The Industry Standard, 11 December 2000, p. 122.

Noam, E.M. (1996), Cyber-TV, Gütersloh 1996.

Owen, B.M. (1999), The Internet Challenge to Television, Cambridge 1999.

Owen, B.M./Wildman, S.S. (1992), Video Economics, Cambridge 1992.

Pagani, M. (2000), Interactive Television: A Model of Analysis of Business Economic Dynamics, in: The International Journal on Media Management, Vol. 2, No. 1, 2000, pp. 25-37.

Parsons, P.R./Frieden, R.M. (2000), The Structure of the Cable and Satellite Television Industries, in: Greco, A.N. (Ed.), The Media and Entertainment Industries, Needham Heights 2000, pp. 172-213.

RAWOLLE, J./HESS, T. (2000), New Digital Media and Devices, in: The International Journal on Media Management, Vol. 2, No. 2, 2000, pp. 89-99.

THIELMANN, B./DOWLING, M. (1999), Convergence and Innovation Strategy for Service Provision in Emerging Web-TV Markets, in: The International Journal on Media Management, Vol. 1, No. 1, 1999, pp. 4-9.

TIVO (2003), Equity Investors, http://www.tivo.com/5.4.asp, accessed 19 May 2003.

WALKER, J./FERGUSON, D. (2000), The Future of the Broadcast Television Industry, in: Greco, A. N. (Ed.), The Media and Entertainment Industries, Needham Heights 2000, pp. 157-171.

WHITTINGHAM, J. (2000), Digital Local Storage, Research report, Durlacher Research Ltd., http://www.durlacher.com/fr-research-reps.htm, accessed 9 January 2001.

WIRTZ, B.W. (1994), Neue Medien, Unternehmensstrategien und Wettbewerb im Medienmarkt, Frankfurt am Main 1994.

WIRTZ, B.W. (1999a), Convergence Processes, Value Constellations and Integration Strategies, in: The International Journal on Media Management, Vol. 1, No. 1, pp. 14-22.

WIRTZ, B.W. (1999b), Es geht ums Ganze, in: Frankfurter Allgemeine Zeitung, 24. August 1999, Verlagsbeilage.

WIRTZ, B.W. (2000a), Rekonfigurationsstrategien und multiple Kundenbindung in multimedialen Informations- und Kommunikationsmärkten, in: Zeitschrift für betriebswirtschaftliche Forschung, Vol. 52, No. 5, 2000, pp. 290-306.

WIRTZ, B.W. (2000b), Der virtuelle Kunde im Internet ist flüchtig, in: Frankfurter Allgemeine Zeitung, 14. December 2000, p. 31.

WIRTZ, B.W. (2001a), Medien- und Internetmanagement, 2nd edn, Wiesbaden 2001.

WIRTZ, B.W. (2001b), Electronic Business, 2nd edn, Wiesbaden 2001.

Olaf Göttgens / Simone Wastl

Interaktives Fernsehen (iTV) als zukunftsträchtiger Kommunikations- und Vertriebskanal

1. Einleitung

Bereits heute hat sich in einigen Ländern Europas ein Verschmelzen einzelner Medien – zwischen Fernseh- und Internetdiensten – vollzogen, was unter dem Begriff *Interactive Television (iTV)* zusammengefasst werden kann. Diese neue Form der Fernseh- und Werbegestaltung basiert auf der Digitalisierung der Übertragungsstandards und ermöglicht dem Zuschauer eine vielfältigere Nutzung des Fernsehers. Neben interaktiven Applikationen wie E-Mail, Messaging oder Online-Spielen sowie der Möglichkeit Transaktionen (Television Commerce/T-Commerce) ähnlich dem E-Commerce über das Fernsehgerät zu tätigen, hat der Nutzer die Möglichkeit, gezielt Werbebotschaften (Werbeblöcke) zu überspringen oder aber zusätzliche, personalisierte Informationen abzufragen. Die daraus resultierende Wandlung des Fernsehens vom vornehmlichen „Push-" in ein „Push-/Pull-Medium", und die gezielte Kontrolle des Konsumenten über Werbeblöcke und -botschaften, wird langfristig neue Kommunikations- und Werbeformate erfordern.

Angekündigt wird die Revolution des Fernsehens in Deutschland durch interaktive Inhalte schon lange. Allerdings wird in Deutschland noch einige Zeit ins Land gehen, bis wir Ländern wie Großbritannien, Frankreich und Skandinavien bei der Nutzung interaktiver Inhalte das Wasser reichen können. Die Rahmenbedingungen sind geschaffen. Eine konstruktive Auseinandersetzung aller Beteiligten mit dem Thema interaktives Fernsehen muss folgen, um das alte, vertraute Medium Fernsehen neu zu entdecken.

2. Der Wandel vom Monolog zum Dialog – Revitalisierung eines vertrauten Mediums

2.1 Die Evolution des Fernsehens

Mit der ersten Übertragung von bewegten Bildern während der Olympischen Spiele 1936 in Berlin hat das Fernsehen seinen Einzug in die Haushalte begonnen. Gebremst vom zweiten Weltkrieg wurde das Medium zum Symbol des Wohlstandes in den fünfziger und sechziger Jahren und ist seit den achtziger Jahren eines der am weitesten verbreiteten Unterhaltungs- und Informationsmedien der Welt. So weist Deutschland beispielsweise eine Marktdurchdringung von 97 % auf.

Während bis zum Beginn der achtziger Jahre die Übertragung von Fernsehinhalten ausschließlich staatlichen Rundfunkanstalten vorbehalten war, fand Mitte der neunziger Jahre der Einzug der privaten Sender statt. Im Gegensatz zu ihren staatlichen Mitbewerbern, begründeten die meisten privaten Sender ihr Geschäftsmodell nicht auf monetären Beiträgen der Zuschauer, sondern auf Umsätzen die durch den Verkauf von Werbezeiten erzielt wurden.

Bis Mitte der neunziger Jahre wurden TV-Inhalte exklusiv auf dem analogen Wege übertragen, was aufgrund der geringen Übertragungsraten zu einer Begrenzung von Kanälen und Inhalten führte. Seit der zweiten Hälfte der neunziger Jahre wird die analoge zunehmend von digitaler Übertragungstechnik abgelöst und in entsprechende Standards überführt.

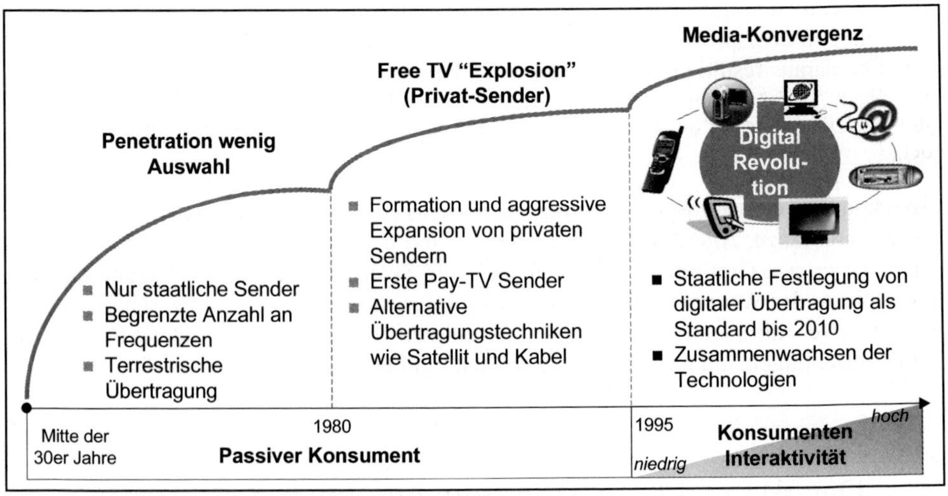

Abbildung 1: Die Entwicklung des Fernsehens in Deutschland[1]

Digitales Fernsehen wandelt analoge Übertragungssignale in digitale Codes um und ermöglicht dadurch die Komprimierung der Inhalte. Dies bildet nicht nur die Basis für eine größere Vielzahl von Fernsehkanälen, sondern ist auch die Grundlage für die Übertragung von multimedialen Anwendungen und Diensten, die wiederum Eckpfeiler des interaktiven Fernsehens sind.[2]

Spektakuläre Pleiten, zersplitterte Infrastrukturen bei den Kabelnetzen sowie die nach dem Internet-Hype einsetzende starke Zurückhaltung von Investoren gefährdeten die Entwicklung neuer Projekte. Nur nach langen, scheinbar nicht endenden Diskussionen wurde durch die Bundesregierung ein Standard der digitalen Übertragungstechnik für

1 Quelle: BBDO Consulting (2002).

2 Vgl. GoldMedia Consulting (2001).

alle Rundfunkübertragungen definiert, mit der bis 2010 eine sukzessive Substitution aller analogen zu digitalen Übertragungstechniken garantiert wird. Mit dieser Grundlage wurde eine solide Basis für die Weiterentwicklung des Fernsehers geschaffen.

2.2 Pessimismus von gestern – Digital- und Bezahlfernsehen vor dem Durchbruch?

In den letzten Monaten wurde die öffentliche Wahrnehmung der Medienlandschaft in Deutschland, insbesondere die des Fernsehens, geprägt von Negativ-Schlagzeilen.

Innovationen im Bereich des TV-Marktes werden seit der Kirch-Pleite und der daraus resultierenden Schwierigkeiten des Pay-TV Senders Premiere mit Vorsicht betrachtet. Darüber hinaus stagniert die Branche durch den problematischen Verkauf der Kabelnetze der Deutschen Telekom und der finanziellen Schwierigkeiten einiger Kabelnetzbetreiber im In- und Ausland. Hinzukommt, dass der frühzeitigen Entwicklung des interaktiven Fernsehens eine übermäßige Konzentration der Investitionen und Hoffnungen auf das „Fernsehen übers Internet“ über die schnell ausgebauten DSL-Netze entgegenstand.

Deutschland gilt in Europa als das Land mit den meisten „Free-TV“-Sendern. Bedingt durch das große Angebot ist hier die Zahlungsbereitschaft für Fernsehprogramme relativ gering. Innovationshemmend für den TV-Markt wirken sich auch der schrumpfende Werbemarkt und der damit einhergehende Rückgang der Investitionen aus, die für die Entwicklung einer tragfähigen iTV-Plattform nötig wären.

Sowohl Kleinaktionäre als auch Unternehmensführer sind durch die überzogenen Visionen in der Medien- und High-Tech-Branche desillusioniert worden. Es gilt, das verlorengegangene Vertrauen der Investoren zurück zu gewinnen und eine optimistische Grundstimmung in der Branche zu schaffen. Sicherlich ist auch eine Neuordnung des Marktes erforderlich. Alle Beteiligten sind nun dazu aufgefordert, Chancen realistisch einzuschätzen, Machbares von Unsinnigem zu trennen und pragmatisch den Weg zum interaktiven Fernsehen zu ebnen. Das Ende der Negativ-Schlagzeilen über Digital- und Bezahlfernsehen ist in Sicht.

2.3 Zuschauerapplikationen – Perspektiven neuer interaktiver Fernsehformate

Häufig wird interaktives Fernsehen gleichgesetzt mit der Steuerbarkeit der TV-Inhalte durch den Zuschauer, beispielsweise durch die Möglichkeit das Ende eines Spielfilmes zu bestimmen. Dies ist sicherlich eine Option für die interaktive Gestaltung von Inhalten. Jedoch ist das Spektrum der Möglichkeiten weitaus breiter gefächert und kann abhängig vom zur Verfügung stehenden Investitionsvolumen sowie der Nutzungsintensität eines Unternehmens verwendet werden.[1]

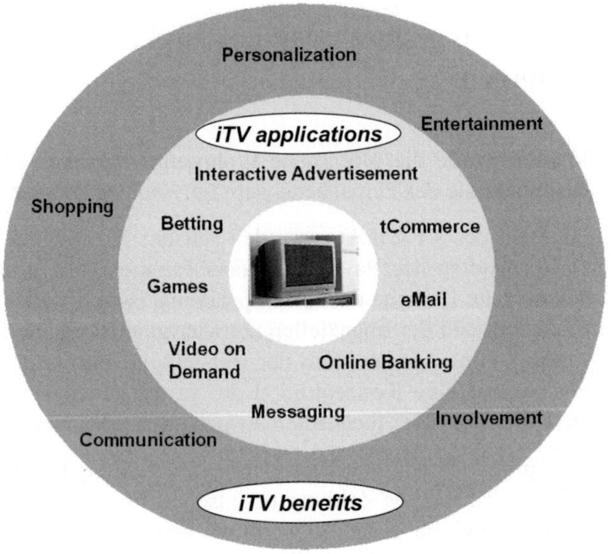

Abbildung 2: Applikationsmöglichkeiten von interaktivem Fernsehen[2]

Für den Konsumenten bedeutet die Interaktivität in erster Linie eine Erweiterung der Nutzungsmöglichkeiten des Fernsehens/Fernsehers. Die Funktion der Fernbedienung wird sich zukünftig nicht auf das Ein- und Ausschalten des Fernsehers, das Wechseln der Programme oder das Regulieren der Lautstärke beschränken. Neben der traditionellen Nutzung der bereitgestellten Inhalte z. B. in Form von Filmen, Serien und Shows, bietet das interaktive Fernsehen multimediale Applikationen wie z. B. E-Mail, Messaging und Online-Spiele.[3] Dem Zuschauer wird eine Kombination aus Online- und TV-Welt zur Verfügung stehen. Aufgrund des individuellen Rückkanals wird außerdem die Transaktionsfähigkeit des Mediums gewährleistet, die dem Nutzer ermöglicht, über den Fernsehbildschirm ohne Medienbruch Einkäufe zu tätigen, Banking zu betreiben, Wetten abzuschließen oder an Gewinnspielen teilzunehmen. Der Zuschauer kann beispielsweise als Kandidat bei einer Rateshow „interaktiv" von zu Hause teilnehmen oder per Knopfdruck auf die Fernbedienung den Kandidaten im Studio Hinweise senden. Des Weiteren

---

1 Vgl. Datamonitor (2001), S. 3ff.

2 Quelle: BBDO Consulting (2002).

3 Vgl. Datamonitor (2002), S. 29 ff.

besitzt der Nutzer von interaktiven Inhalten die Möglichkeit, Werbebotschaften, insbesondere in Form von klassischen Werbeblöcken gezielt zu selektieren und gegebenenfalls vertiefende Informationen anzufordern. Eine Verknüpfung klassischer Produktempfehlungen mit aktiven Shopping-Angeboten wäre ebenso denkbar. In Zukunft wird man sich bequem aus dem Sessel heraus Videos aus einer virtuellen Videothek abrufen können.

3. Revolution der Märkte

3.1 Internationale Rahmenbedingungen

Ein Vergleich der Entwicklung von interaktiven Fernsehdiensten zeigt deutliche Unterschiede zwischen dem europäischen und dem amerikanischen Kontinent sowie den einzelnen Ländern Europas.

Während in den Vereinigten Staaten Internet-TV (Fernsehen über den PC) auf dem Vormarsch ist, geht Europa den umgekehrten Weg und nutzt zunehmend den Fernseher als Medium für multimediale Anwendungen.

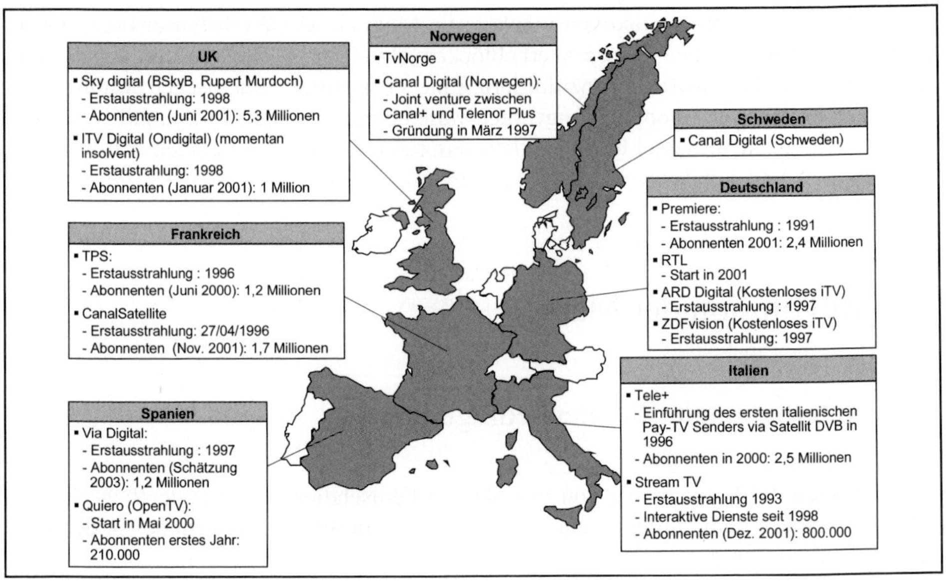

Abbildung 3: Ländervergleich[1]

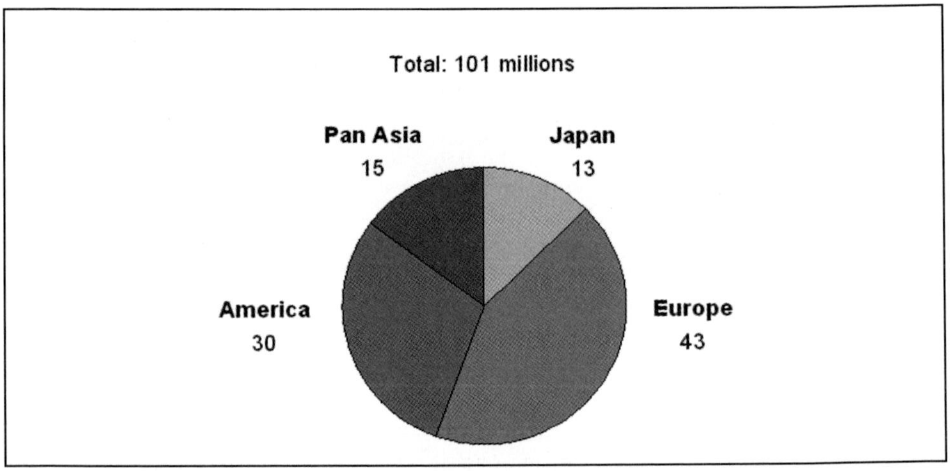

Abbildung 4: Schätzung weltweite iTV Haushalte 2004 (Gesamt 101 Millionen)[2]

1 Quelle: BBDO Consulting (2002).

2 Quelle: Gartner (2001).

Europäischer Vorreiter für interaktives Fernsehen ist Großbritannien, gefolgt von den Skandinavischen Ländern, Spanien und Frankreich. Deutschland als größter europäischer Markt ist momentan noch in der Rolle des „schlafenden Riesen".[1] Jedoch wird für alle europäischen Länder in den nächsten Jahren ein starkes Wachstum in Bezug auf iTV, mit einer durchschnittlichen Haushaltsdurchdringung von deutlich über 40 %, prognostiziert.[2] In den fortgeschrittenen Ländern wird schon heute das neue Medium regelmäßig als Informations-, Kommunikations- und Distributionskanal benutzt. Dies zeigt, dass nicht nur Kunden/Konsumenten in diesen Ländern die Vorteile von bisher einfachen Formen des iTV schätzen, sondern dass auch die Industrie – von den Sendern und Werbetreibenden bis zum Handel – interaktives Fernsehen als rentables Feld erkannt haben.

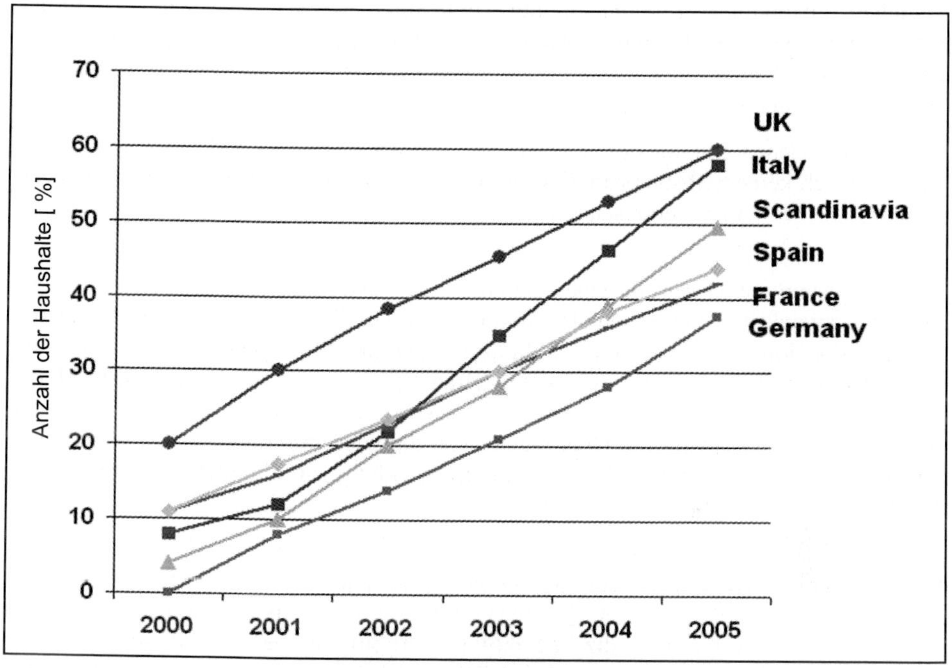

Abbildung 5: Entwicklung der iTV-aktiven Haushalte in West-Europa 2000-2005 [%][3]

Die Gründe für die unterschiedliche Penetration von iTV in den europäischen Ländern sind unter anderem in den nationalen Medienlandschaften zu finden. In Großbritannien

1 Vgl. Datamonitor (2002), S. 7 & S. 22.

2 Vgl. Mercer Management Consulting (2001), S. 9.

3 Quelle: IDC (2001).

z. B. ist es für den Fernsehzuschauer nur möglich, kostenlos (abgesehen von einer geringen Rundfunkgebühr) zwischen drei Programmen zu wählen. Daher bildete sich bereits Mitte der neunziger Jahre eine große Akzeptanz unter den Konsumenten, Pay-TV Angebote in Anspruch zu nehmen. Diese Bereitschaft, für die Nutzung von Fernsehinhalten Geld zu bezahlen, setzte sich fort, als Pay-TV Sender wie BskyB interaktive Dienste in ihr Serviceportfolio aufnahmen. Dem gegenüber steht z. B. der deutsche Markt, der eine Vielzahl von privaten Sendern aufweist, die Ihre Inhalte ohne monetären Aufwand dem Zuschauer zugänglich machen. Dies führt zu einer mangelnden Bereitschaft seitens der Endkonsumenten, für TV Inhalte zu bezahlen (abgesehen von den staatlichen Rundfunk- und Fernsehgebühren bzw. den Kabelgebühren).

Ein weiterer Grund für die schnelle Durchdringung in Großbritannien liegt in der Subventionierung der Hardware seitens der Pay-TV Sender. Die für den Empfang von digitalen bzw. interaktiven Programmen notwendige Set-Top-Box ist bei einem Vertragsabschluss mit einem Pay-TV Sender inkludiert bzw. wird gegen ein geringes Entgeld an den Verbraucher abgegeben. Dadurch wird dem Konsumenten eine entscheidende Eintrittsbarriere – der Kauf einer Set-Top-Box – genommen.

Diese vorhandenen Stimuli des interaktiven Fernsehens sind in anderen europäischen Ländern noch keine Selbstverständlichkeit und müssen von dem Konsumenten getragen werden, was zu einem unterschiedlichen Haushaltspenetrationsgrad in den Märkten führt.

Ein Meilenstein und Garant für eine zukünftig starke und schnelle Ausbreitung des digitalen und interaktiven Fernsehens ist allerdings mit der Festlegung des MHP-Standards (Multimedia Home Platform) in der „Mainzer Erklärung“ im September 2001 durch die führenden Unternehmen der involvierten Branchen geschaffen worden.[1] Der MHP-Standard, der bereits in 37 Ländern unterstützt wird, fungiert dabei als universelles und offenes Betriebssystem für die Übertragung von digitalen Programmen und bietet allen Unternehmen eine einheitliche Basis für die Entwicklung von digitalen und interaktiven Inhalten.

Eine einheitliche Technologie zu schaffen, die die Konvergenz der Medien Fernseher, Computer und Internet unterstützt, hat die Hersteller und Anbieter vor eine große Herausforderung gestellt. Es kommt vor allem darauf an, qualitativ hochwertige Geräte zu entwickeln, die dem Kunden trotz Interaktivität eine störungsfreie Übertragung gewährleisten. Aufgrund der hohen Standards hat sich die Markteinführung von MHP-basierten Produkten verzögert. Doch aus der Vision MHP wurde mit dem Verkauf der ersten MHP-Geräte Wirklichkeit. Der Käufer hat die Wahl, sein herkömmliches Fernsehgerät mit Set-Top-Boxen aufzurüsten oder sich ein neues teures „High-End“-Fernsehgerät mit integriertem MHP-Decoder zu kaufen. Bei ARD, ZDF und RTL können bereits erste Sendungen im MHP-Format empfangen werden.

1 Datamonitor (2002), S. 48.

Mit Spannung wird der Verkauf der Kabelnetze der Deutschen Telekom AG erwartet, da in diesem Bereich noch keine Grundsatzentscheidung zu MHP getroffen wurde.

3.2 Deutschland – in kleinen Schritten laufen lernen

Momentan steckt der deutsche Markt im Hinblick auf die Haushaltsdurchdringung von iTV in den Startlöchern. Allerdings wird in den nächsten ein bis zwei Jahren eine Initialzündung erwartet, die ihren Ausgangspunkt bereits in dem Weihnachtsgeschäft 2002 (Verkauf neuartiger Set-Top-Boxen) hatte.

Die Gründe für eine langsamere Entwicklung sind wie bereits kurz angesprochen, zum einen in der momentan noch mangelnden Akzeptanz für kostenpflichtige TV-Inhalte und den hohen Einstiegskosten für die Hardware zu finden. Zum anderen haben in der Vergangenheit auch andere Faktoren eine schnelle Entwicklung gebremst: Hohe Entwicklungskosten insbesondere für Set-Top-Boxen sowie die kostspielige Umrüstung von analogen auf digitale Übertragungsstandards haben bei Herstellern und Providern/Netzwerkbetreibern Zurückhaltung bei Investitionen hervorgerufen. Darüber hinaus hat die in den Medien stark dokumentierte „Kirch-Krise" große Vorbehalte gegen digitales Bezahlfernsehen in den Köpfen aller Marktteilnehmer ausgelöst. Besonders der Endkonsument, für den Kirchs Pay-TV Sender Premiere oft fälschlicherweise als Synonym für digitales und interaktives Fernsehen steht, ist momentan in einer abwartenden Haltung.

Aufgrund der Möglichkeit für den Endkonsumenten, Werbeblöcke im digitalen bzw. interaktiven Fernsehen zu umgehen, stehen in Deutschland eine Vielzahl von Privatsendern, die Ihr Geschäftsmodell auf eben diese Werbeumsätze begründen, einer schnellen und vorbehaltlosen Entwicklung dieses neuen Übertragungsstandards gegenüber.

Trotz der geschilderten Barrieren für eine schnelle und erfolgreiche Entwicklung des interaktiven Fernsehens in Deutschland, sprechen zahlreiche Argumente für einen kurz bevorstehenden Durchbruch.

Aufgrund der durch die Bundesregierung verabschiedeten Umstellung von analogen auf digitale Übertragungsstandards bis 2010, bleibt weder der Industrie noch dem Endkonsumenten eine andere Wahl als mittelfristig auf die neue Technik umzustellen. Daher werden bereits jetzt fast ausschließlich Endgeräte verkauft, die den Anforderungen der digitalen und der damit auch stark verbundenen interaktiven Technik entsprechen.

Des Weiteren beginnen einige der großen werbetreibenden Unternehmen die klassischen Formen der Fernsehwerbung in Frage zu stellen, und fordern von den Privatsendern neue, innovative Werbeformen. Digitales bzw. interaktives Fernsehen bildet dabei die Grundlage für neue Werbeformen, wie z. B. die Selektion der Werbebotschaften durch den Zuschauer. Als sehr positives Zeichen für eine kurz bevorstehende Marktdurchdringung des interaktiven Fernsehens steht das seit nunmehr zwei Jahren existierende Engagement der größten öffentlich-rechtlichen Sendeanstalt ARD, in Form von ARD Digital.

Das gesamte Programm der ARD steht den Zuschauern unverschlüsselt und kostenlos zur Verfügung. Bereits heute werden Zusatzdienste wie ein elektronischer Programmguide, eine elektronische Programmzeitschrift oder ein ARD-Online-Kanal angeboten, die alle über Fernbedienung abrufbar sind. Seit August diesen Jahres strahlt ARD Digital interaktive Applikationen im MHP-Standard aus.

4. Der große Medienhype ist vorbei – die Zukunft gehört den Medien

4.1 Die Diskussion um Technik und Zuschauerakzeptanz

Die vielseitig verwendeten Begriffe in Bezug auf die neuen Fernsehdienste (Interaktives Fernsehen, digitales Fernsehen, Pay-TV) führen nicht selten zu großen Missverständnissen. Im Folgenden werden einige Begriffe näher erläutert, um ein einheitliches Verständnis zu schaffen.

Das digitale Fernsehen ist die Übertragungsweise von Fernsehinhalten, die auf digitaler Technologie aufbaut. Diese steht im Gegensatz zur traditionellen analogen Technik, ermöglicht das Senden großer Datenmengen und kann entweder über Satellit, Kabel oder Antenne (terrestrisch) erfolgen. Um digitales Fernsehen zu empfangen, benötigt der Konsument eine Set-Top-Box, die die digitalen Signale entschlüsselt und auf dem Fernseher darstellbar macht. In Deutschland wird bis zum Jahr 2010 die analoge terrestrische Ausstrahlung von Fernsehprogrammen eingestellt; ab dann ist digitales Fernsehen die exklusive Übertragungstechnik für alle TV-Inhalte.

Beim Pay-TV muss der Zuschauer für bestimmte Inhalte wie Spielfilme oder Sportübertragungen bezahlen. Dies kann entweder über ein vordefiniertes Abonnement (zum Beispiel Premiere) oder als Pay-per-view (Zahlung der tatsächlich genutzten Inhalte) geschehen. Um Pay-TV zu nutzen, muss der Konsument im Besitz eines Decoders sein, der das speziell codierte Programm entschlüsselt. Pay-TV kann auf Basis analoger oder digitaler Übertragungstechniken bereitgestellt werden.

Interaktives Fernsehen basiert auf der digitalen Übertragungstechnik und kann, muss aber nicht in Verbindung mit kostenpflichtigen Inhalten stehen. In erster Linie definiert es sich über das aktive Eingreifen des Zuschauers in TV-Inhalte.

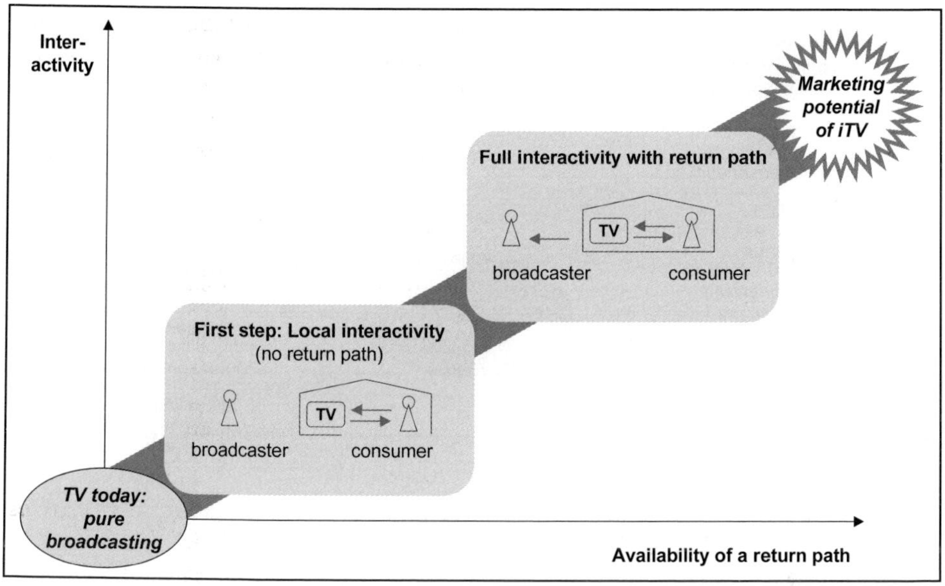

Abbildung 6: Stufen der Interaktivität[1]

Es lassen sich drei Stufen der Interaktivität unterscheiden. Auf der untersten Stufe steht das Umschalten zwischen Kanälen. Das Aufrufen von Zusatzinformationen zum Beispiel über Videotext liegt auf einem höheren Aktivitätsniveau. Die Nutzung der Fernbedienung als Rückkanal ohne Medienbruch stellt die höchste Form der Interaktivität dar.

Um alle Stufen der Interaktivität zu erreichen, bedarf es nicht unbedingt eines Rückkanals. So funktioniert in Großbritannien beispielsweise der Hin-Kanal über Satellit, der Rückkanal oft über ein Telefonkabel, das in die Set-Top-Box eingesteckt wird. Hier wird dann per Modem eine Wählverbindung aufgebaut. Ebenfalls möglich ist auch eine in die Set-Top-Box integrierte SIM-Karte, die ein Mobilfunknetz als Rückkanal nutzt und obendrein einen individuellen Hin-Kanal bereitstellen kann.

Internet und Fernsehen bleiben zwei verschiedene Medien, auch wenn ein Rückkanal vorhanden ist. Sowohl die räumlichen Umstände als auch der reale Abstand zum Bildschirm sind nicht vergleichbar.

1 Quelle: BBDO Consulting (2002).

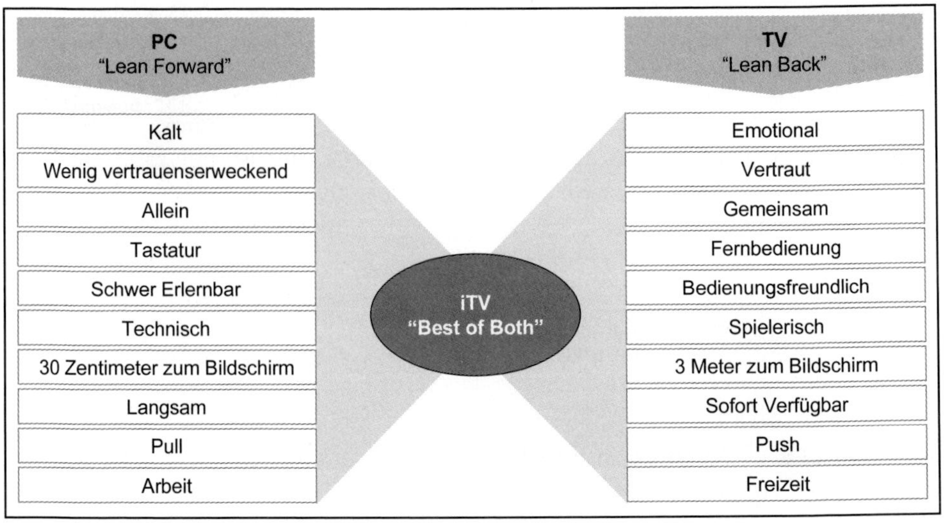

Abbildung 7: PC und Fernseher im Vergleich[1]

Im Gegensatz zur „Lean-forward"-Nutzung des PCs, bei der der Anwender meistens in seinem Arbeitszimmer oder Büro nur knapp vor dem Bildschirm sitzt, steht bei der „Lean-back"-Nutzung des iTVs der Fernseher drei bis vier Meter vom Zuschauer entfernt in einer vertrauten und entspannten Atmosphäre im Wohn- oder Fernsehzimmer. Obwohl der größere Abstand zum Bildschirm das Ablesen von längeren Texten oder das Erkennen kleiner Symbole und Grafiken erschwert, ist eine rege Nutzung von Inhalten und Applikationen zu erwarten, die eigens für iTV und dessen besondere Parameter zugeschnitten sind. Das PC-basierte Internet stellt für breitbandige TV-Inhalte keine vergleichbar attraktive und komfortable Plattform dar.

Der Schlüssel zur Erschließung von Massenmärkten liegt in der Subventionierung der Empfangsgeräte. In Großbritannien ist es Rupert Murdochs iTV-Dienst SkyDigital gelungen, über ein Subventionsmodell, ähnlich wie beim Handy, iTV für die Massen zugänglich zu machen. Eine ähnliche Gerätesubventionierung gibt es in Deutschland noch nicht. Da die Geräte nicht kostengünstig zur Verfügung stehen, ist die Anzahl der Nutzer hier noch relativ klein und das Konsuminteresse folglich gering.

Die Ansprüche der Konsumenten sind hoch. Es werden Geräte gefordert, die es dem Zuschauer ermöglichen, sich vollständig vom gesendeten Programm zu lösen, Filme auf einer Festplatte zu speichern und Werbeblöcke zu überspringen. In den Vereinigten Staaten werden bereits solche Hightech-Geräte angeboten und auch Firmen wie zum Beispiel Microsoft planen, entsprechende Produkte herzustellen. So arbeitet Microsoft

---

1 Quelle: BBDO Consulting (2002).

daran, die Spielkonsole X-Box zu einem solchen multifunktionalen Gerät weiterzuentwickeln.

Die betroffenen Branchen werden sich früher oder später auf eine neue Situation einstellen müssen. Da es möglich sein wird, Inhalte durch die neuartigen Geräte leichter zu kopieren und zu transportieren besteht die gerechtfertigte Befürchtung, dass traditionelle Geschäftsmodelle nicht mehr aufrechterhalten werden können. Eine ähnliche Entwicklung hat sich bereits in der Musikindustrie gezeigt, die herbe Umsatzeinbußen durch im Internet verbreitete Musik zu verzeichnen hatte.

Aufgrund der fehlenden Unterstützung der Filmindustrie und der mangelnden Bereitschaft der Konsumenten für TV-Inhalte zu bezahlen wird sich auf Dauer das Modell der einfachen, subventionierten Set-Top-Boxen auf dem Markt durchsetzen.

4.2 Interaktives Fernsehen als Informations-, Kommunikations- und Vertriebskanal

4.2.1 Interaktives Fernsehen als Informations- und Kommunikationskanal

Das Fernsehen zählt zu den einflussreichsten Informationsmedien. Durch das interaktive Fernsehen kann dieser Einfluss noch verstärkt werden. Dem Zuschauer werden Informationen nicht mehr nur einfach präsentiert, sondern er sucht sich die gewünschten Inhalte selber. Das große Eigeninteresse des Kunden kann die Effektivität von Werbemaßnahmen steigern. Auch zu Dokumentationssendungen können zusätzliche Hintergrundinformationen abgerufen werden. Anlässlich der Münchener Medientage präsentierte das ZDF seinen „ZDF-Digi-Text“. Dieser Informationsservice bietet Nachrichten, Wirtschaftsmeldungen, Sport und Wetter. Darüber hinaus werden Reiseratgeber und ein Kinderquiz angeboten. Eine „interaktive Hörzu“ informiert über das gesamte Digitalangebot.

Mit der Bereitstellung von interaktiven TV Inhalten für einen Grossteil der Haushalte, wird sich die Art und Weise der Endkundenkommunikation deutlich ändern. Traditionell war der Fernseher für Werbetreibende fast ausschließlich ein „Push-Medium“, mit dem eine breite Masse erreicht werden konnte. Dabei hatten die Zuschauer keine Möglichkeit aktiv ohne Medienbruch auf die Werbebotschaften zu reagieren. Gerne erinnert man sich an Shows von H.J. Kuhlenkampf oder auch die Hobbythek zurück, wo Klospülungen und Klarsichtfolien als Rückkanäle des „Mitmach-Fernsehens“ eingesetzt wurden.

Durch die technischen Möglichkeiten des digitalen Fernsehens ist es bereits heute dem Endkonsumenten erlaubt, Kommunikationsmaßnahmen in Form von Werbeblöcken zu selektieren bzw. zu umgehen. Dies impliziert, dass TV Werbung in der heutigen Form neuen Qualitäts- und Relevanzkriterien seitens des Fernsehzuschauers ausgesetzt ist, und zukünftig aufgrund rückläufiger Reichweiten an Bedeutung verlieren wird.

Jedoch ist iTV nicht das Ende des Fernsehens als Kommunikationskanal, sondern ermöglicht ganz im Gegenteil, neue, wertvolle Möglichkeiten des Endkundendialogs und der Kundenbindung. So können langfristig nicht nur umfassende Marken- und Imagewelten „an den Konsumenten" kommuniziert werden, sondern mit jedem „Click" des Kunden auch Daten und Informationen über den Kunden (Generierung von Leads) auf umgekehrtem Wege gewonnen werden.[1]

Das Fernsehen kann als Kommunikationskanal in Form von interaktiver Werbung genutzt werden. Hierbei schalten Werbetreibende z. B. einen Werbespot, der dem Zuschauer erlaubt, vertiefende Produkt- bzw. Firmeninformationen (Produktbroschüren/ Geschäftsberichte) anzufordern oder beispielsweise an einem Gewinnspiel teilzunehmen. Bereits heute nutzen Automobilhersteller in Frankreich die Möglichkeit, ihre Produkte durch interaktive Werbung den Konsumenten detailliert vorzustellen. Beispielsweise kann sich der Zuschauer mit Hilfe eines sogenannten „Car Configurators" das Interieur des Fahrzeugs ansehen oder aber das Auto in der Farbe seiner Wahl durch den Spot fahren lassen. Zudem können sie sich direkt für Probefahrten, Gewinnspiele oder Newsletter registrieren.

Eine andere Form der Nutzung interaktiver Dienste als Kommunikationsmedium ist die Möglichkeit, interaktive Markenwelten zu schaffen. Dies kann entweder durch eigene TV-Inhalte oder sogar durch die Schaffung eigener bzw. gesponserter Kanäle erfolgen. So können neben dem eigentlichen Produkt komplette Lifestyle- und Markenwelten aufgebaut werden. Aufgrund ihrer weitreichenden inhaltlichen Möglichkeiten ist diese Option besonders vielversprechend zur Steigerung von Awareness und Imagewerten.

Nahezu alle Formen der Endkundenkommunikation im interaktiven Fernsehen bieten dem Werbetreibenden die Möglichkeit, detaillierte Tracking Response Raten zu ermitteln und Kundendaten zu sammeln. Dadurch wird ein Erfolgsquoting der Endkundenkommunikation quantitativ und qualitativ messbar, ein One-to-one-Kundendialog ermöglicht und Werbespendings gezielter und effizienter kontingentierbar. Die Revolution der Werbewelt ist vorprogrammiert.

4.2.2 iTV als ein Vertriebskanal der Zukunft

Eine weitere Option des interaktiven Fernsehens, besonders für Firmen, die mit dem Endkunden auf direkter Transaktionsbasis agieren, ist die Nutzung des Mediums als Vertriebskanal (Television Commerce oder T-Commerce).[2] Hierbei ist zu beachten, dass nicht nur Warenabverkäufe ähnlich dem internetbasiertem E-Commerce ermöglicht werden, sondern auch Vertragsabschlüsse getätigt werden können. Aufgrund der neuge-

1 Vgl. Datamonitor (2001), S. 5.

2 Vgl. Datamonitor (2001), S. 5.

schaffenen rechtlichen Rahmenbedingungen ist es dem Anbieter von Produkten im interaktiven Fernsehen möglich, bisher nicht gestattete Formen des Product Placements zu nutzen, da der Zuschauer frei entscheiden kann, welche Werbeformate er sich anschaut und welche nicht. Die bisherige Argumentation, Programm und Werbung strickt zu trennen, wird durch interaktives Fernsehen nicht berührt und ist daher auch nicht angreifbar. In der Realität könnte dies wie folgt aussehen: Der Fernsehzuschauer kann durch die Nutzung von interaktiven Inhalten Detailinformationen über Produkte in TV-Inhalten abrufen und diese, wenn gewünscht, ohne Medienbruch über einen T-Commerce Anbieter bestellen. So könnten beispielsweise Reisen per Knopfdruck auf der Fernbedienung gebucht werden.

Die Tatsache, dass der Konsument in einer entspannten Atmosphäre durch ein vertrautes Medium angesprochen wird, stimuliert die Kaufbereitschaft. Die Einbettung von Produkten in TV-Inhalte erhöht zusätzlich Impulskäufe seitens der Zuschauer. Im Gegensatz zu dem bisher weit verbreiteten Teleshopping, verlangt das interaktive Fernsehen nicht vom Endkonsumenten telefonisch oder postalisch eine Bestellung auszulösen, sondern ermöglicht eine unmittelbare Transaktion. Allerdings gilt es hier wie beim Internet, Sicherheitsvorkehrungen zu treffen, so dass nicht jeder (Kinder, Gäste) mit der Fernbedienung einkaufen kann.

Zudem bietet T-Commerce die Möglichkeit, Zielgruppen zu erreichen, für die Internet basierte Transaktionen nicht in Frage kommen. Allein in Deutschland geben 30 Millionen Konsumenten an, keinerlei Interesse an der Nutzung des Internets zu haben, wohingegen nur drei Prozent der Bevölkerung nicht vom Fernsehen als Informations- und Unterhaltungsmedium Gebrauch machen.

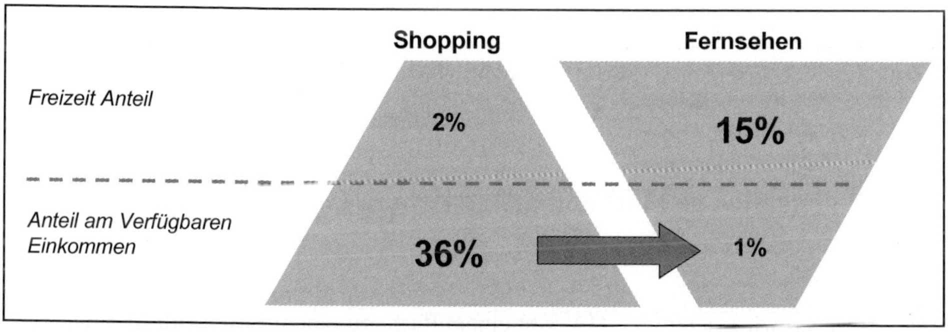

Abbildung 8: Potenzial von iTV als Vertriebskanal[1]

1 Quelle: GoldMedia Consulting (2001).

Bereits heute betreiben in Großbritannien einige namenhafte Handelsunternehmen mit steigendem Erfolg T-Commerce Aktivitäten in Form von Product Placements und Shopping Portalen. So vergleicht Woolworth UK seinen T-Commerce-Umsatz mit seinen Filialumsätzen. Demnach wäre das interaktive Fernsehen die drittgrößte Woolworth-Filiale.

T-Commerce Case study: Woolworth

- Bereits im Jahr 1999 begann Woolworth seine Verakaufsaktivitäten auf Open, einem zu BSkyB gehörenden interaktiven Sender.
- Vom ersten Tag an wurde den Zuschauern ermöglicht, Produkte, die in den Fernsehinhalten gezeigt wurden, über das Fernsehen zu bestellen.
- Während der Weihnachtszeit 1999 generierte Woolworth wöchentlich mehr als 5.000 Bestellungen über das interaktive Fernsehen. Während dieser Periode hielt das Unternehmen einen Anteil von 15 % an den gesamten T-Commerce Umsätzen (wöchentlicher Gesamtumsatz 1 Million £) auf der britischen Insel.
- Dies half Woolworth trotz des gesättigten Umfeldes im Handel ein Wachstum durch iTV Abverkäufe zu erreichen.
- Howard Unna, Woolworth eCommerce Manager: "Our decision to enter electronic retailing via iTV demonstrates that Woolworth understands the synergy between Woolworth's product offerings and the medium itself. Moving on to the net came later, after iTV had demonstrated the potential for digital retailing."

Abbildung 9: T-Commerce Case study: Woolworth[1]

4.3 Potenziale für Markenmanagement & Customer Equity Management

Das Fernsehen wird sich durch iTV von einem Push- zu einem Push-/Pull-Medium verwandeln. Es entsteht ein Dialog zwischen Sender und Empfänger von Inhalten, der bisher nicht möglich war. Bedingt durch die neu entstandene Interaktion wachsen „above-the-line“ und „below-the-line“ Aktivitäten zusammen.

1 Quelle: BBDO Consulting (2002).

	Mass-Markets	Sophisticated Audio & Video	Personalized Targeting	Ongoing Relationship	Direct Sales	Localization
Traditional TV	✓	✓				
Internet				✓	✓	
Local Press						✓
Direct Marketing			✓			✓
Interactive TV	✓	✓	✓	✓	✓	✓

Abbildung 10: Interaktives Fernsehen im Vergleich mit anderen Medien[1]

In Zukunft können die Zuschauer durch gezielte Werbemaßnahmen persönlich angesprochen werden. Das Durchbrechen der Anonymität schafft eine direkte Verbindung zum Kunden, die eine individuelle Betreuung möglich macht. Durch iTV entstehen neue Wege des Customer Relationship Management (CRM). Das Ziel eines CRM gesteuerten Unternehmens besteht darin, zum richtigen Zeitpunkt, mit den richtigen Angeboten den individuellen Bedürfnissen der Kunden zu entsprechen. Als neues Marketinginstrument bietet iTV die Chance, aktuelle Kundenbedürfnisse und -profile zu registrieren und zeitnah darauf zu reagieren. Über diese Kundenidentifizierung auf individueller Basis können Produkte, die auf die breite Masse angelegt sind, dem einzelnen Kunden angepasst werden. Das persönliche Umfeld, in dem der Konsument angesprochen wird, steigert die emotionale Bindung an das Produkt. Insgesamt soll durch eine verstärkte Kundenorientierung eine höhere Kundenzufriedenheit und schließlich eine höhere Kundenloyalität erreicht werden. Die Kundenbeziehung zu verbessern ist Aufgabe des Kundenwertmanagements (Customer Equity Management, CEM). Der Vorteil des interaktiven Fernsehen besteht auch darin, dass die eingesetzten Marketing- und Kommunikationsaktivitäten unmittelbar messbar werden.

Die Reichweite des Fernsehers ist in Deutschland weit größer als die des Internets über den PC. Da fast alle Haushalte über mindestens ein Fernsehgerät verfügen, ist es möglich, alle Zielgruppen anzusprechen.[2]

1 Quelle: BBDO Consulting (2002).

2 Vgl. auch Mummert und Partner Unternehmensberatung (2001).

Als Bindeglied stärkt iTV integrierte, kanalübergreifende Kampagnen. Darüber hinaus entwickelt sich durch die Möglichkeit zur Transaktion für den Handel ein neues Wachstumsfeld. Werbetreibende Unternehmen müssen sich die Frage stellen, welche Stellung iTV in Zukunft in ihrem Unternehmen einnehmen soll und wie entsprechende Prozesse im Unternehmen abgebildet werden können. Es entsteht ein neuer Zuständigkeitsbereich zwischen Werbung, CRM und E-Commerce-Abteilungen.

5. Ausblick

5.1 Handlungsrahmen für Akteure

In Deutschland wartet man auf die „große Lösung" von iTV. Dabei ist es erst mal gar nicht nötig, umfassende, multimediale und transaktionsfähige iTV-Formate anzubieten, um die Konsumenten von iTV zu überzeugen. Das „Step-by-step"-Vorgehen im Ausland hat gezeigt, dass sich zunächst auch einfache, leicht verständliche Anwendungen durchsetzen. Weniger Komplexität würde wieder zu mehr Optimismus in der Branche führen und schließlich auch das Interesse der Unternehmen wecken.

Indem der Konsument die Möglichkeit nutzt, sich Zusatzinformationen, Produktbeschreibungen, Händleradressen, Verweise auf Websites oder Testergebnisse über das Fernsehen zu besorgen, wird seine Passivität durchbrochen. Diese intensive Auseinandersetzung mit dem Produkt oder der Marke bewirkt eine lokale Interaktivität, die ohne Rückkanal auskommt. Auch für Dialogzwecke ist nicht zwingend ein systemimmanenter Rückkanal erforderlich. So kann zum Beispiel SMS als Response-Kanal bei Gewinnspielen oder bei Umfragen dienen. Auf diese Weise ist es möglich, Kundendaten zu erfassen.

Die Entwicklung eines Rückkanals würde das Interaktivitätsniveau des Fernsehers noch erhöhen. Der direkte Vertrieb mit Hilfe der Fernbedienung wird zu einem umfassenderen Shoppingangebot führen. Darüber hinaus lässt sich die Effizienz bei Produktsamplings und Adressgenerierung steigern.

Beispielsweise können Automobilhersteller ihre Kunden gezielt akquirieren, da das Sendeumfeld genau bekannt ist, in dem der Zuschauer auf einen interaktiven Spot reagiert. Interaktives Fernsehen bietet die Möglichkeit, ausgewählte Kunden direkt anzusprechen.

5.2 Mittel- bis langfristige Perspektiven neuer interaktiver Fernsehformate

In Zukunft wird es im Wettbewerb um Kunden verstärkt darum gehen, die Marke ins Bewusstsein des Verbrauchers zu rücken. Es sind die Marken, weniger die Produkte, die sich voneinander unterscheiden und somit den entscheidenden Faktor darstellen. Das Medium Fernsehen bietet geeignete Orientierungshilfen. Durch iTV wird der Konsument beim Aufbau eines Markenbildes zunehmend eine aktivere Rolle spielen. Interaktive Werbung ist ein Weg um eine Marke greif- und erlebbar zu machen. Daneben eignen sich auch eigene Sendeformate oder die Verknüpfung mit Sponsoring-Inhalten (z. B. Automobil mit Formel 1, Sportsponsoring). Die langfristige Perspektive sind eigene virtuelle Markenwelten im interaktiven Fernsehen.

Der Vorteil des interaktiven Fernsehens besteht nicht nur in der Kommunikationsfähigkeit, sondern auch in der Möglichkeit zur Transaktion. Im Rahmen von T-Commerce können die Werbetreibenden Impulskäufe stimulieren, indem sie ihre Produkte direkt in der TV-Werbung oder in den TV-Inhalten platzieren und nicht wie bisher auf spezielle Shoppingformate zurückgreifen müssen.

Weiterhin bietet sich die Möglichkeit, Umsätze durch interaktiven, gebührenpflichtigen Content im Fernsehen zu generieren, z. B. für persönliche Wettervorhersagen oder Special-Interest-Themen.

5.3 Kurzfristige Handlungsoptionen für Werbetreibende – Schritte zur Umsetzung

Die Werbetreibenden sind aufgefordert, das Thema iTV voranzutreiben. Auf dem Weg zu einer konsequenten Umsetzung des iTV müssen noch viele Hürden genommen werden. Nachdem Werbetreibende in innovative Projekte von privaten Sendern investiert haben, liegt es nun an den Sendern zu handeln, indem sie interaktive Formate bereitstellen. In Deutschland muss das, was in anderen Ländern längst zur Normalität gehört, erst noch eine Testphase durchlaufen.

Der Zusammenschluss von Werbetreibenden mit mehreren Sendern, einem Gerätelieferanten und einem Kabel- oder Mobilfunk-Netzbetreiber stellt eine Notwendigkeit dar. Alle Beteiligten erstellen ein Business-Case und müssen gemeinsam Neuland betreten. Die Zukunft der Home-Elektronik beginnt ebenfalls mit Pilotprojekten. Die jeweiligen Landesmedienanstalten könnten in diesen Pilotprojekten eine wichtige Unterstützungs- und Koordinationsfunktion einnehmen und dabei als Moderatoren, Teil-Financiers und Antreiber agieren.

Auf Dauer werden sich nur die Modelle durchsetzen, die eine geringe finanzielle Belastung für den Kunden darstellen. Der Schritt in die richtige Richtung geht über die Subventionierung der Endgeräte oder die Entwicklung preisgünstiger Geräte. Daneben sollte dem Kunden bewusst gemacht werden, worin der Mehrwert von iTV für ihn besteht.

Das Thema iTV frühzeitig zu besetzen und intern anzusiedeln, den Markt zu verstehen, erste Erfahrungen zu sammeln und schließlich das interaktive Fernsehen in die Gesamtkommunikation mit einzubeziehen ist für werbetreibende Unternehmen unerlässlich.

Literaturverzeichnis

Clement, M. (2000), Interaktives Fernsehen. Analyse und Prognose seiner Zukunft, Wiesbaden 2000.

Datamonitor (Hrsg.) (2001), iTV Content in Europe to 2005. Generating value from digital television, Market Brief, New York 2001.

Datamonitor (Hrsg.) (2002), iTV revenue streams and business models. Balancing ARPU and future growth to 2006, Executive Report, New York 2002.

Gartner (2001), Interactive TV: Crouching Consumers, Hidden Opportunities, http://www.gartner.com, Abruf: 18.4.2001.

GoldMedia Consulting (Hrsg.) (2001), T-Commerce 2006: Die GoldMedia Studie, Executive Presentation.

IDC (Hrsg.) (2001), Interactive TV: European Market Review and Forecast, Framingham 2001.

IDC (2001), Interactive TV: European Market Review and Forecast, http://www.idc.com, Abruf: Oktober 2002.

Mercer Management Consulting (Hrsg.) (2001), Welche interaktiven TV Modelle versprechen kommerziellen Erfolg?, EUROFORM-Konferenz, München 2001.

Mummert und Partner Unternehmensberatung AG (Hrsg.) (2001), Technologiekompass 2005, Hamburg 2001.

Ruhrmann, G./Nieland, J. (1997), Interaktives Fernsehen: Entwicklungen, Dimensionen, Fragen Thesen, Opladen 1997.

Schrape, K. (1995), Digitales Fernsehen. Marktchancen und ordnungspolitischer Regelungsbedarf, München 1995.

Ziemer, A. (1994), Digitales Fernsehen – Eine neue Dimension der Medienvielfalt, Heidelberg 1994.

Manfred Krafft / Oliver Götz

Customer Relationship Management öffentlicher und privater TV-Sender

1. Einführung

Öffentlich-rechtliche wie private Fernsehsender berichten in der jüngsten Vergangenheit nicht nur über eine geringere Senderloyalität ihrer Zuschauer, sondern beklagen auch eine nachhaltige Zurückhaltung der werbetreibenden Unternehmen, Werbezeiten zu buchen. Die derzeitige wirtschaftliche Stagnation hat nach internen Informationen von Sendern dazu geführt, dass einige TV-Anstalten Werbezeiten zu Preisen anbieten, die zum Teil nur 20 bis 30 % der regulären Sätze ausmachen. Für den Spartensender n-tv führte diese Zurückhaltung auf dem TV-Werbemarkt beispielsweise zu einem Erlöseinbruch von 35 % und einem Bilanzverlust von 14,9 Millionen €.[1] Und Urs Rohner, Chef der ProSiebenSat.1 Media AG, verkündete auf den Münchner Medientagen im Oktober 2002, dass den privatwirtschaftlichen TV-Programmanbietern im laufenden Jahr im Vergleich zum Boomjahr 2000 etwa 600 Millionen Euro Werbeeinnahmen weniger zur Verfügung stünden. Die schlechte Buchungssituation kann nicht zuletzt daran abgelesen werden, dass die Sender in zunehmendem Maße in den Werbeblöcken Eigenwerbung für Programminhalte schalten.

Das Scheitern von Kirch Media im Jahr 2002 hat der gesamten Branche verdeutlicht, dass (neben anderen Gründen) die Rentabilität von TV-Sendern direkt vom Auf- und Ausbau eines großen und treuen Zuschauer- oder Rezipientenstamms abhängt. Dies gilt nicht nur für rein entgeltfinanzierte Sender wie Premiere, sondern nachhaltig auch für werbefinanzierte Sender. Sogar die überwiegend gebührenfinanzierten öffentlich-rechtlichen TV-Anstalten haben in den letzten Jahren festgestellt, dass eine Konzentration auf den rundfunkrechtlichen Auftrag der Grundversorgung der Bevölkerung mit Informationen, unterhaltendem oder bildendem Inhalt nicht ausreicht, um langfristig erfolgreich zu sein. Insbesondere zur Stärkung der Werbeerlöse ist es vielmehr unumgänglich, substanzielle Marktanteile bei TV-Zuschauern zu erzielen und die Rezipienten durch interessante und populäre Inhalte an das Programmangebot des Senders zu binden. Als potenzielle Erfolgselemente werden dabei eine verstärkte Kundenfokussierung sowie Dial-in-Elemente zur Steigerung der Kundenloyalität diskutiert.[2]

Zu den Besonderheiten der in diesem Buchbeitrag analysierten werbefinanzierten sowie öffentlich-rechtlichen Sender gehört die vollständige bzw. teilweise Abhängigkeit von einem stetigen Zufluss an Werbeerlösen aus dem Verkauf von Werbeblöcken und Sonderwerbeformen. Wie im Weiteren noch gezeigt wird, haben es TV-Sender mit anderen Worten mit zwei Kundengruppen zu tun, die interdependent sind. Die werbetreibenden Unternehmen haben ein Interesse an Werbezeiten bei Sendern, die genau (und möglichst vollständig) die Zielgruppe der Unternehmen ansprechen. Dies gelingt durch ein Sender-

---

1 O. V. (2002a).

2 O. V. (2002b).

Format, dessen Inhalte möglichst genau den Präferenzen dieser Zielgruppe entsprechen. Allerdings ist es nur beschränkt möglich, Werbeformen in den Programmteil der Sender zu integrieren, da TV-Zuschauer durch Werbeblöcke oder Sonderwerbeformen nicht übermäßig in ihrem Programmkonsum gestört werden möchten.

Es ist Ziel dieses Buchbeitrags, das Geschäftsmodell von TV-Sendern kurz darzulegen (Kapitel 2) und die Bedeutung des Rezipienten- sowie Werbemarkts für TV-Sender zu erläutern (Kapitel 3). Die einleitenden Ausführungen haben bereits gezeigt, dass eine gesteigerte Loyalität dieser beiden Kundengruppen als zentraler Erfolgstreiber anzusehen ist. Mit dem strategischen Konzept des Customer Relationship Management (CRM) steht den TV-Anstalten ein geeignet erscheinender Ansatz zur Verfügung, der in diesem Buchkapitel konzeptionell entwickelt und anhand einer aktuellen ad-hoc-Studie auf sein Erfolgspotenzial untersucht wird. CRM wird in diesem Beitrag verstanden als Ausrichtung aller unternehmerischen Strukturen, Prozesse und Aktivitäten auf Kundenbedürfnisse, die darauf gerichtet sind, profitable Kundenbeziehungen zu identifizieren, zu begründen, zu intensivieren und bei nicht mehr gegebener Vorteilhaftigkeit zu beendigen (siehe Kapitel 4). Unsere Studie zur Erfassung des Status Quo von CRM-Strategien öffentlicher und privater TV-Sender wird im Kapitel 5 vorgestellt und erörtert. Kapitel 6 dient der Diskussion zentraler Erkenntnisse unserer schriftlichen und telefonischen Umfrage zu Zielen des CRM im TV-Bereich, zum Stand der Umsetzung und den zentralen Erfolgstreibern des CRM in visuellen Medien. Unser Beitrag schließt mit zentralen Implikationen für das Management von TV-Sendern und Vermarktungsgesellschaften, Hinweisen für weiteren Untersuchungsbedarf sowie hilfreichen Literaturquellen.

2. Geschäftsmodell der TV-Sender

Im dualen TV-Sektor Deutschlands können hinsichtlich der Erlösmodelle im wesentlichen zwei Gruppen von TV-Sendern unterschieden werden. Zum einen haben wir die Gruppe der überwiegend oder ausschließlich gebührenfinanzierten öffentlich-rechtlichen Sender. Dass die Gebührenfinanzierung bei diesen Sendern dominiert, zeigen Zahlenbeispiele für die beiden großen öffentlich-rechtlichen Sendeanstalten: Während der Gebührenanteil bei der ARD rund 85 % ausmacht, beträgt dieser Anteil beim ZDF gut 82 %.[1] Zum anderen haben wir seit Mitte der 1980er Jahre die wachsende Anzahl privater TV-Sender, die sich ausschließlich über Werbeerlöse (oder im Fall von Premiere über Nutzungsentgelte) finanzieren müssen. Eine Sonderform privater TV-Sender stellen soge-

1 Vgl. Beck (2002), S. 236.

nannte Teleshopping-Anbieter wie QVC dar, die aber im Weiteren nicht berücksichtigt werden.[1]

Die Bedeutung von Rundfunkgebühren kann für die Fragestellung dieses Beitrags insofern von Bedeutung sein, als durch geeignete CRM-Maßnahmen eine Intensivierung der Loyalität von Rezipienten zu gebührenfinanzierten Sendern mit einer höheren Bereitschaft einhergehen kann, sich freiwillig bei der GEZ zu melden und die Rundfunkgebühren initiativ zu zahlen. Dieser Thematik kommt aber aus unserer Sicht nur eine geringe Bedeutung zu, so dass wir uns im Weiteren auf die Rolle der Werbeerlöse und der Effekte von CRM-Ansätzen auf das Zuschauerverhalten sowie das Buchungsverhalten der werbetreibenden Unternehmen konzentrieren werden. Dabei ist zu beachten, dass neben direkten Werbeerlösen aus TV-Spots in zunehmendem Umfang Sonderwerbeformen gebräuchlich werden, beispielsweise in Form des Sponsoring („Dieser Film wird Ihnen präsentiert von ...“), die es öffentlich-rechtlichen Sendern ermöglichen, das eigentlich bestehende Werbeverbot nach 20 Uhr zu umgehen. Als weitere Erlösquellen sind Werbeflächen im Videotext-Angebot der Sender, Product-Placements in Filmen und Shows sowie Merchandising-Aktivitäten zu nennen. Letzteres nimmt in kultartigen Serien wie „Gute Zeiten, schlechte Zeiten“, „Big Brother“, „Deutschland sucht den Superstar“ oder „Wer wird Millionär?“ teilweise Ausmaße an, die weit über das hinausgehen, was direkt über TV-Spots in den erwähnten Sendungen erzielt werden könnte.

Bevor wir Details der zentralen Absatzmärkte von TV-Sendern im Kapitel 3 darstellen, soll zuvor geklärt werden, wie das Marktmodell von öffentlich-rechtlichen und privaten TV-Sendern gestaltet ist. Dabei sollen die zentralen Triebkräfte des TV-Marktes aus Sicht von Sendeanstalten beleuchtet werden. Zur Systematisierung bedienen wir uns des auf Porter zurückgehenden Modells zur Analyse von Branchentriebkräften. Abbildung 1 dient der Skizzierung des Marktmodells.

1 Vgl. Wirtz (2001), S. 242 f.

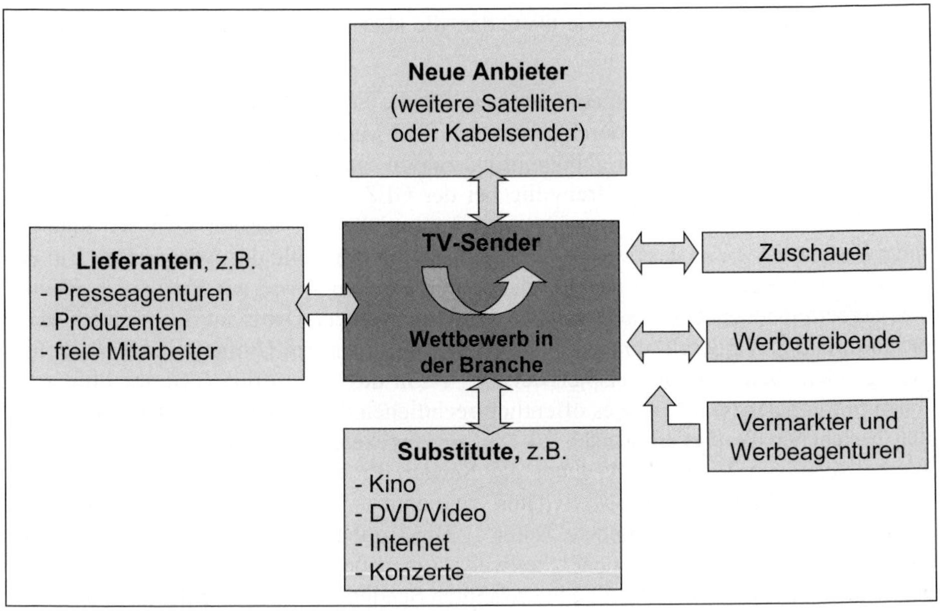

Abbildung 1: Branchentriebkräfte des Marktes für TV-Sender[1]

In unserem Beitrag konzentrieren wir uns auf die Beziehungen zu Rezipienten (Zuschauern) und Werbetreibenden. Letztgenannte Geschäftsbeziehung wird in vielen Fällen nachhaltig von Werbeagenturen oder Vermarktungsgesellschaften beeinflusst, die nicht zwangsläufig dieselben Ziele wie die TV-Sender verfolgen, sondern teilweise die Rolle von Maklern übernehmen, also Interessen der werbetreibenden Wirtschaft dienen. Daher müssen sich Betrachtungen zur bewussten Beeinflussung von Kundenbeziehungen mittels CRM-Aktivitäten auch auf Werbeagenturen oder Vermarkter erstrecken. Einzelne Zuschauer haben in der Regel keine Marktmacht im TV-Bereich – hier spielen eher Interessensgruppen (z. B. Fan-Clubs) oder Verbände eine Rolle, die Gegenstand eines Lobbyismus oder des Managements von Zuschauergruppen sein können. Im folgenden Kapitel 3 werden mit den Rezipienten und Werbetreibenden die zentralen Absatzmärkte von TV-Sendern betrachtet.

1 Quelle: Eigene Erstellung, teilweise in Anlehnung an Krafft (1997), S. 38.

3. Absatzmärkte der TV-Sender

Vor dem Hintergrund der drastischen Einnahmenrückgänge soll im folgenden Kapitel die Bedeutung der Absatzmärkte für TV-Sender erläutert werden. Prinzipiell können TV-Sender auf zwei unterschiedlichen Absatzmärkten tätig sein, zum einen auf dem TV-Rezipientenmarkt und zum anderen auf dem TV-Werbemarkt.[1] Das korrespondierende Leistungsangebot besteht somit aus Informations- und Unterhaltungsprogrammen (Rezipientenmarkt) sowie aus dem Angebot von spezifischen Werbeformen wie beispielsweise Werbezeiten oder Programmsponsoring (Werbemarkt). Die Wahl der Absatzmärkte wird dabei maßgeblich durch die Finanzierungsart und Programmausrichtung bestimmt.

3.1 TV-Rezipientenmarkt

Mit der fortschreitenden Deregulierung des deutschen Rundfunkmarktes seit Anfang der 1980er Jahre hat sich die Zahl der TV-Anbieter von 3 Sendern (ARD, ZDF, Dritte Programme) etwa verzehnfacht. Diese Ausweitung des Angebots im deutschen TV-Rezipientenmarkt führte jedoch keineswegs zu einer gleich großen Ausweitung der Nachfrage. So stieg die durchschnittliche Sehdauer eines Zuschauers ab 3 Jahren im Zeitraum von 1988-2002 von 144 auf 201 Minuten, was einem Anstieg von lediglich 40 % entspricht.[2]

Diese Marktentwicklung führte dazu, dass der deutsche TV-Rezipientenmarkt zu einem wettbewerbsintensiven Markt geworden ist. Selbst der in 2002 marktführende TV-Sender RTL erreichte mit 14,6 % nur einen vergleichsweise geringen Marktanteil (vgl. Abbildung 2).

1 Vgl. Kiefer (2001), S. 86 f.

2 Vgl. AGF/GfK Fernsehforschung (2003).

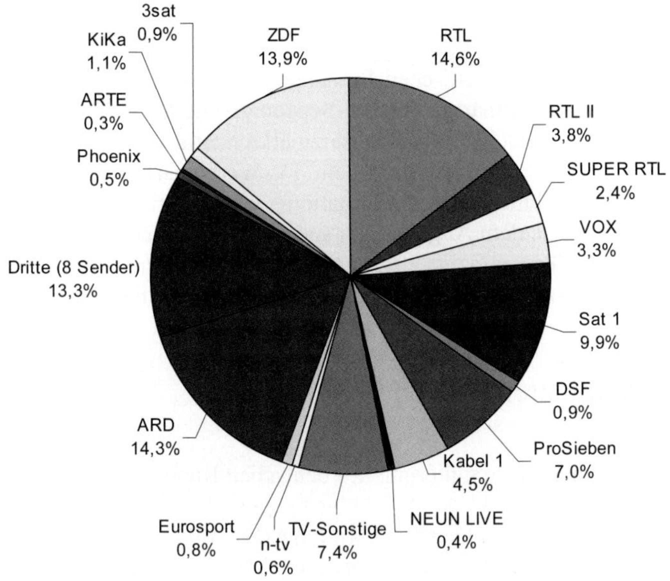

Abbildung 2: Marktanteile der TV-Sender 2002[1]

Aufgrund der zunehmenden Entwicklung und Nutzung digitaler Übertragungsmöglichkeiten und Verbesserungen im Satellitenfernsehen wird die Angebotsausweitung innerhalb der TV-Branche weiter fortschreiten.[2] Demgegenüber ist mit einer stagnierenden Entwicklung der Sehdauer auf Nachfrageseite zu rechnen, was zu einer weiteren Verschärfung des Wettbewerbs innerhalb des TV-Rezipientenmarktes führt.

3.2 TV-Werbemarkt

Der deutsche TV-Werbemarkt lässt sich anhand verschiedener Merkmale beschreiben. Zu den wichtigsten gehören der Marktanteil sowie die Entwicklung des Werbemarkts.

Betrachtet man die Marktanteile anhand des TV-Werbeaufwandes im Jahr 2002 konzentrieren sich diese stark auf die Sender RTL, SAT.1 und Pro7 (vgl. Abbildung 3). Die

1 Quelle: AGF/GfK Fernsehforschung (2003).

2 Vgl. Bauer (2001), S. 753 f.

öffentlich-rechtlichen TV-Sender generieren dagegen nur relativ geringe Werbeerlöse aufgrund der durch die Regulierungsbehörden sehr beschränkten Werbezeiten.

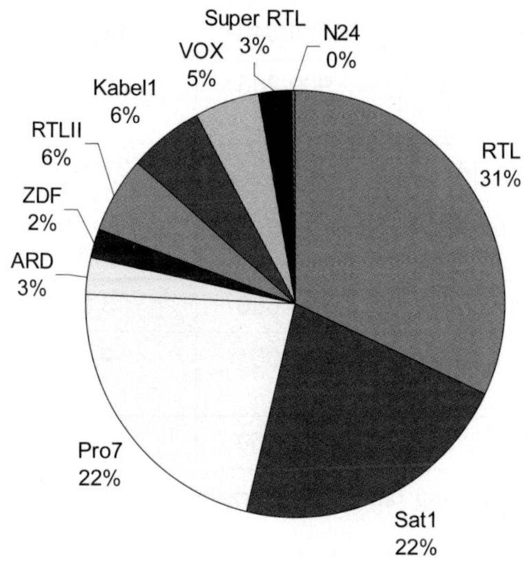

Abbildung 3: Marktanteile der TV-Sender am TV-Werbeaufwand im Jahr 2002[1]

Der deutsche TV-Werbemarkt ist ferner dadurch gekennzeichnet, dass die Anbieter im direkten Wettbewerb mit anderen klassischen Medien (wie Hörfunk, Zeitschriften, Zeitungen und Webseiten) stehen. Nach einer aktuellen Erhebung von Nielsen Media Research zur Medienentwicklung 2003 fällt der Bruttowerbeaufwand in den klassischen Medien für das 1. Quartal 2003 um 3,7 % geringer aus als im Vorjahr. Die Fernsehwirtschaft verbucht dabei zwar mit 1,6 Milliarden Euro die höchsten Werbeumsätze der klassischen Medien, muss aber gleichzeitig einen 5,9 %igen Umsatzrückgang hinnehmen (vgl. Tabelle 1).

1 Quelle: Nielsen Media Research (2003a).

Mediengattungen	1. Quartal 2003 kum. TEUR	1. Quartal 2002 TEUR	Anteile 2003	2003/2002 Veränderungen in %
Klassische Medien	3.867.688	4.016.444	100,00 %	-3,70 %
Fernsehen	1.626.043	1.728.340	42,00 %	-5,90 %
Tageszeitungen	965.516	909.283	25,00 %	6,20 %
Publikumszeitschriften	838.147	926.707	21,70 %	-9,60 %
Radio	218.410	231.380	5,60 %	-5,60 %
Plakat	117.640	114.680	3,00 %	2,60 %
Fachzeitschriften	101.932	106.054	2,60 %	-3,90 %
Internet	66.212	48.150	–	37,50 %

Tabelle 1: Medienentwicklung Januar bis März 2003[1]

Dieser Umsatzrückgang resultiert unter anderem aus Einnahmerückgängen in Folge drastischer Preissenkungen. Darüber hinaus verringern auch die Mittlergebühren, Rabatte, Freispots und sonstige Incentives das Netto-Brutto-Werbeumsatz-Verhältnis (vgl. Tabelle 2).

1 Quelle: Nielsen Media Research (2003b).

Sender	2002			2001			2000		
	Brutto	Netto	Verhältnis Netto-Brutto in %	Brutto	Netto	Verhältnis Netto-Brutto in %	Brutto	Netto	Verhältnis Netto-Brutto in %
RTL	2.133	1.190	55	2.159	1.274	59	2.176	1.345	61
Pro Sieben	1.456	789	54	1.527	875	57	1.519	882	58
Sat 1	1.438	792	55	1.494	858	57	1.656	982	59
RTL 2	392	209	53	469	255	54	495	293	59
Kabel 1	379	198	52	414	219	52	415	227	54
VOX	344	220	64	307	198	64	296	190	64
DSF	216	95	43	206	97	46	201	94	46
ARD	190	137	72	229	166	72	272	192	70
Super RTL	168	86	51	185	91	49	168	92	55
ZDF	152	117	76	194	147	75	232	178	76
TV Gesamt	**7.249**	**3.969**	**54**	**7.566**	**4.332**	**57**	**7.984**	**4.769**	**59**

Tabelle 2: Netto-Brutto-Verhältnis der TV-Sender in Mio. Euro[1]

Als Grund für die schlechte Entwicklung des Netto-Brutto-Umsatzverhältnisses wird von Seiten der Vermarkter konstatiert, dass die derzeitig schlechte konjunkturelle Lage zu einem Nachfragerückgang führt und mit einem Angebotsüberhang einhergeht.[2] Ausschlaggebend für die Einbrüche am Werbemarkt sind vor allem die Branchen, die in den vergangenen Jahren zu den treibenden Kräften der Werbewirtschaft gehörten; dazu zählen die Branchen Telekommunikation, Finanzanlagen und Onlinedienstleistungen. Die Entwicklung in der Werbewirtschaft zeigt, dass die Werbebudgets kurzfristig aus Einsparungsgründen gekürzt und somit nicht als Investition in die Zukunft verstanden

1 Quelle: HORIZONT 2003, S. 37.
2 Vgl. Schneider (2002), S. 52.

werden. Dieses Überangebot an Werbeformen wird von TV-Sendern meist durch ein attraktives, preisgünstiges Angebot für Werbetreibende ausgeglichen, was sich dementsprechend auch im Tausend-Kontakt-Preis (TKP) widerspiegelt (vgl. Abbildung 4). Diese Kennziffer zeigt, wie hoch die Kosten einer Werbeschaltung sind, um 1.000 Kontakte (d. h. Zuschauer oder Zielpersonen) zu erreichen.[1]

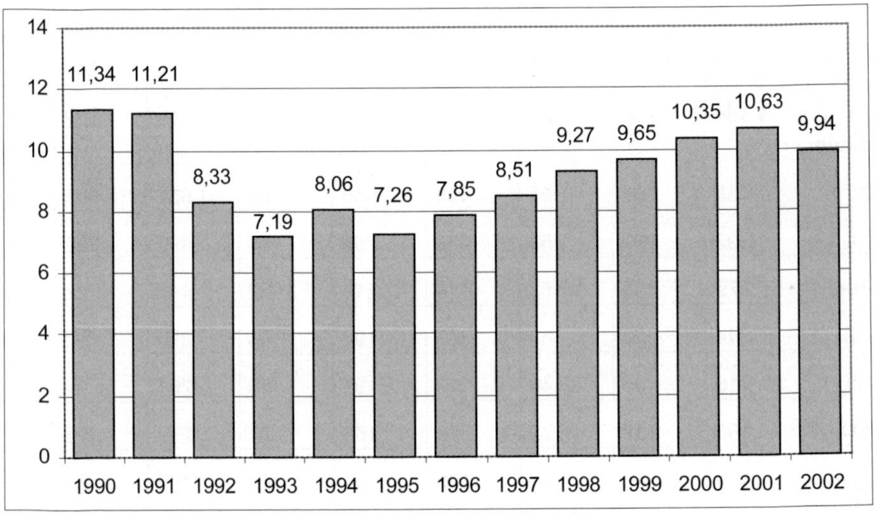

1990-1991 = BRD West, ab 1992 = BRD gesamt
Erwachsene ab 14 Jahre, alle Sender, Montag bis Samstag, 3.00-3.00 Uhr

Abbildung 4: Entwicklung des Tausend-Kontakt-Preises 30 sec in Euro[2]

Für den TV-Werbemarkt kann somit festgehalten werden, dass die Faktoren Preis (z. B. Werbespotpreis, Nachlässe, Freispots, Tausend-Kontakt-Preis), Qualität (z. B. zielgruppengerechtes Format, Reichweitenmaximierung, Kundenorientierung) und Werbeformendifferenzierung (Werbeblock, Programmsponsoring, Product Placement) eine immer bedeutendere Rolle für den Erfolg eines TV-Senders darstellt.

1 Vgl. Schumann/Hess (2002), S. 43 f.

2 Quelle: AGF/GfK Fernsehforschung (2003).

3.3 Interdependenz der Absatzmärkte

Vor dem Hintergrund der zunehmenden Konkurrenz auf den TV-Märkten und den Verlusten der Werbemarktanteile von TV-Sendern wird die Interdependenz der Absatzmärkte zu einem immer bedeutenderen Erfolgsfaktor.[1] Die Inhalte und die Attraktivität des ausgestrahlten TV-Programms sind einerseits maßgeblich bestimmend für den Nachfrageerfolg auf dem TV-Rezipientenmarkt und wirken sich andererseits auch über diesen auf die mengen- und wertmäßige Nachfrage nach spezifischen TV-Werbeformen aus. Das heißt, je höher die sich in entsprechenden Reichweiten- und Marktanteilswerten widerspiegelnde Programmakzeptanz bei definierten Rezipientengruppen ist, um so mehr werden die Werbungstreibenden bzw. deren Vermarkter bereit sein, Werbeformen nachzufragen und dabei auch höhere Preise in Kauf nehmen.[2]

Für die Vermarktung von TV-Sendern inklusive ihrer Produkte ist es somit zunächst erforderlich, den Nutzen für die Abnehmer genauer zu spezifizieren. Aufgrund des zweiseitigen Marktes für Medienprodukte ist zwischen dem Nutzen einerseits für Rezipienten und andererseits für Werbetreibende zu unterscheiden:[3]

TV-Sender befriedigen das Bedürfnis der Rezipienten nach Information und Unterhaltung. Sie beanspruchen dafür dessen Zeit und Geld. Freizeit- und Konsumbudget sind somit die wichtigsten Determinanten für die private Mediennutzung. Hierbei dienen dem Konsumenten bei der Meinungsbildung insbesondere informationsorientierte TV-Inhalte und helfen bei der zukünftigen Entscheidungsfindung. Des Weiteren bieten unterhaltungsorientierte TV-Inhalte auch eine Gesprächsgrundlage für die Kommunikation mit anderen Menschen.

Werbetreibende Unternehmen stehen generell vor dem Problem, ihre Werbebotschaft in der Wahrnehmung der potenziellen Kunden zu verankern. Unter Werbung sollen hier sämtliche Maßnahmen eines Unternehmens verstanden werden, die der zwanglosen Beeinflussung von Personen dienen und damit zu bestimmten, erwünschten Verhaltensweisen führen sollen. TV-Sender sind aus Sicht der Werbekunden im Wesentlichen als Werbeträger zu charakterisieren. Daraus ergeben sich zwei wichtige Nutzeneffekte für Werbetreibende. Einerseits wird die Distribution der Werbebotschaften an die Zielgruppe, z. B. in Form von Werbespots, vorgenommen. Andererseits schaffen TV-Sender ein geeignetes Werbeumfeld, in dem die Werbeinhalte eingebettet werden können, um so die Aufmerksamkeit der Zielgruppe auf sich zu ziehen. Die redaktionellen bzw. Unterhaltungs-Inhalte von TV-Sendern bieten ein solches Werbeumfeld.

---

1 Vgl. Nielsen Media Research (2003c).

2 Vgl. Bauer (2001), S. 752.

3 Vgl. Schumann/Hess (2002), S. 38 ff.

Eine besondere Schwierigkeit liegt darin, dass die Werbung von einigen Rezipienten als überflüssig, lästig und störend empfunden wird, was insbesondere zu einer Abwehrreaktion (z. B. Program-Switching) führen kann (vgl. Abbildung 5).

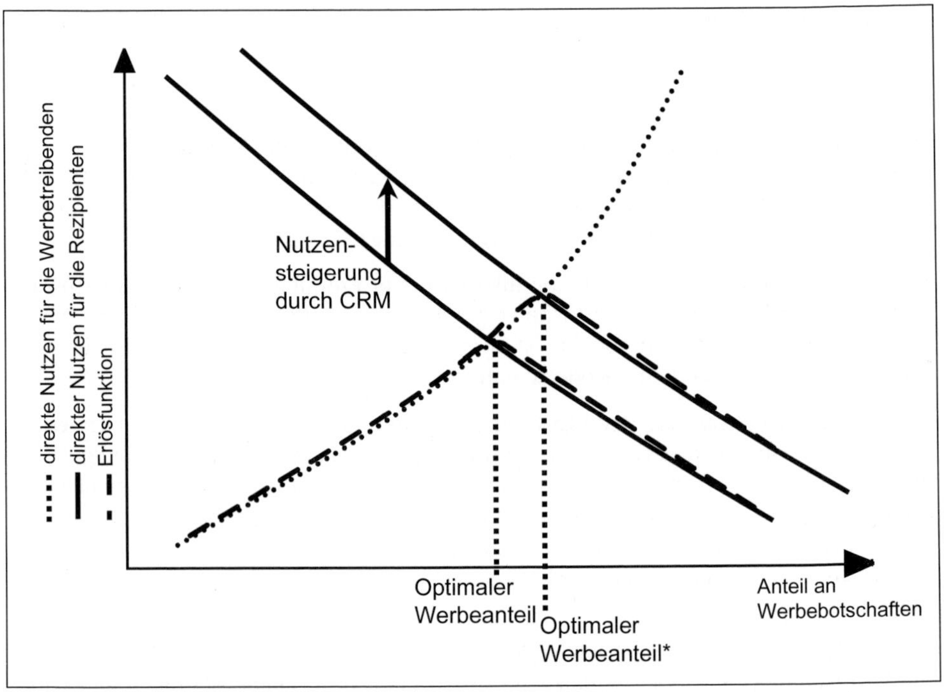

Abbildung 5: Verhaltenswirkung der Kunden in Abhängigkeit des Werbeanteils[1]

Betrachtet man nun die kausale Wirkungskette der Verhaltenswirkung der Kunden in Abhängigkeit des Werbeanteils, so führt eine Erhöhung des Werbeanteils zu einer Verringerung des Nutzens für den Rezipienten; da der Anteil der Information und Unterhaltung zugleich zurückgeht. Die Verringerung des subjektiven Nutzens führt im Falle von Alternativangeboten zu einer erhöhten Wechselwahrscheinlichkeit bzw. Kundenabwanderung, was einen geringeren Marktanteil auf dem TV-Rezipientenmarkt zur Folge hat. Letztlich führt dies wiederum zur Abnahme des Werbeanteils oder eines Preisverfalls für die Ausstrahlung von Werbebotschaften. Dieser Sachverhalt wird durch den optimalen Werbeanteil ausgedrückt. Kann nun der Nutzen der Rezipienten gesteigert werden (z. B. durch ein systematisches Beschwerdemanagement) führt dies wiederum zu einem höheren optimalen Werbeanteil für das TV-Unternehmen.

---

1 Quelle: Eigene Erstellung.

Die Ausführungen machen deutlich, dass eine gesteigerte Loyalität beider Kundengruppen einen zentralen Erfolgstreiber für TV-Sender darstellen kann. Mit dem strategischen Konzept des Customer Relationship Management (CRM) steht den TV-Anstalten ein geeignet erscheinender Ansatz zur Verfügung, der sowohl eine Erhöhung des Nutzens für die Rezipienten als auch eine Sicherung und Ausweitung der Erlösquellen durch Einnahmen von Werbetreibenden sicherstellt.

4. Customer Relationship Management von TV-Sendern

Seit Anfang der 1980er Jahre haben Vertreter der Forschung und Praxis die zunehmende Bedeutung erkannt, die dem Management von Kundenbeziehungen zukommt. Insbesondere im vergangenen Jahrzehnt haben Unternehmen ihren Fokus von einer Produktions-, Produkt- bzw. Markenorientierung abgewandt und sich mehr und mehr mithilfe kundenorientierter Strategien von Wettbewerbern differenziert. Dabei wurden teilweise umfangreiche Investitionen in Kundendatenbanken oder sogenannte CRM-Software und -Hardware getätigt. Bisherige Praxiserfahrungen und kommerzielle Studien zeigen allerdings, dass diese Investitionen häufig nicht die erwünschten Erfolgszuwächse nach sich zogen. Als Schwächen der CRM-Konzepte wurde unter anderem ein mangelnder Kundenfokus, ein nicht aussagekräftiges Kundencontrolling sowie divergierende Auffassungen darüber genannt, was denn eigentlich eine CRM-Strategie ausmacht.[1] Daher soll in diesem Kapitel geklärt werden, welche theoretische Fundierung dem Customer Relationship Management zu Grunde liegt, welche CRM-Spezifika in der Anwendung von CRM-Ansätzen im TV-Bereich zu beachten sind, welche Instrumente dabei eingesetzt werden können und ob aus bisherigen Studien zentrale Erfolgstreiber des CRM abgeleitet werden können.

4.1 Theoretisch-konzeptionelle Grundlagen

Die zentrale konzeptionelle Basis zum Themenkomplex CRM finden wir in Beiträgen des Relationship Marketing. Darin wird ausgeführt, dass die Etablierung und Intensivierung von Kundenbeziehungen im Wesentlichen gleichbedeutend mit einer unternehmensweiten Implementierung der Marketing-Konzeption ist. Dabei werden einerseits der Leistungsaustausch im Rahmen von Kundenbeziehungen und andererseits eine rein transaktionale Sicht als Extrempunkte eines Kontinuums angesehen.[2] Als theoretische

1 Vgl. Reinartz/Krafft/Hoyer (2003), S. 1 ff.

2 Vgl. Dwyer/Schurr/Oh (1987), S. 11 ff.

Grundlagen der Vorteilhaftigkeit eines Managements von Kundenbeziehungen werden im Wesentlichen Erklärungsansätze des neoklassischen, neoinstitutionellen und des neobehavioristischen Paradigmas angeführt.[1] Dabei kommt behavioristischen Perspektiven eine besondere Bedeutung zu, da diese Ansätze ökonomisch erstrebenswerte Verhaltensweisen (wie Kundenbindung) als Ergebnis zu Grunde liegender psychologischer Prozesse (z. B. Vertrauen, Commitment, Kundenzufriedenheit) behandeln. Des Weiteren werden beziehungsorientierte Strategien auf der Grundlage von Überlegungen des Transaktionskostenansatzes als potenziell vorteilhaft eingeschätzt. Diese Vorteilhaftigkeit fällt um so höher aus, je spezifischer die Investitionen in Geschäftsbeziehungen, je höher die Unsicherheit durch Marktdynamik und je größer die Transaktionshäufigkeit ausgeprägt sind.

Auf Basis dieser theoretischen und weiterer konzeptioneller Überlegungen werden CRM-Strategien häufig anhand von zwei Dimensionen unterschieden, nämlich (1) der Kundenlebenszyklus-Dimension (Neukunden-Akquisition, Intensivierung und ggf. Beendigung) und (2) einer Management-Interaktions-Dimension (Analyse und Bewertung sowie Beeinflussung von Kunden). Aus diesen Überlegungen folgt eine konzeptionelle Struktur von strategischen CRM-Prozessen und -Elementen, die in einer umfassenden, internationalen Studie für vier Branchen untersucht wurde und in Abbildung 6 im Überblick wiedergegeben ist. Wir werden insbesondere im Kapitel 6 auf diese Struktur zurückgreifen.

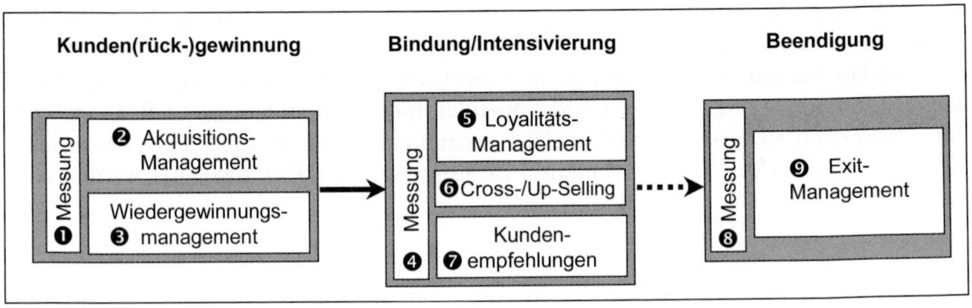

Abbildung 6: Zentrale Elemente eines CRM-Systems[2]

[1] Vgl. Bruhn (2001), S. 17 ff.
[2] Quelle: Krafft/Hoyer/Reinartz/Müller (2002), S. 42.

4.2 Besonderheiten und Elemente des CRM von TV-Sendern

Wie in den Kapiteln 2 und 3 bereits deutlich wurde, bedienen TV-Sender mit den werbetreibenden Unternehmen sowie den TV-Zuschauern zwei Kundengruppen, die teilweise divergente Zielsetzungen verfolgen. Daher ist es als Besonderheit des CRM von Fernsehsendern anzusehen, dass zwei parallele, aufeinander abgestimmte CRM-Strategien für die Gruppen der Rezipienten und der Werbetreibenden anzuwenden sind. Dies erfordert zwangsläufig Anpassungen in der Organisation, den internen Prozessen und bei der Abstimmung von Zielvorgaben und Budgets von TV-Sendern. Daher wird im Rahmen unserer Bestandsaufnahme in Kapitel 6 zu prüfen sein, ob CRM-Aktivitäten über Zuschauer- und Werbe-Kunden koordiniert werden. Es sei an dieser Stelle angemerkt, dass in anderen Beiträgen gelegentlich nur auf die begleitenden Aktivitäten des operativen bzw. analytischen CRM abgestellt wird.[1] Dieser aus strategischer Sicht zu engen Auffassung schließen wir uns im Weiteren aber nicht an.

Auf Seiten der TV-Rezipienten, also der Fernsehzuschauer, wird insbesondere durch optimierte Unterhaltungs- und Redaktionselemente versucht, eine intensive Bindung an einzelne Sender oder Sendergruppen aufzubauen. So werben die zur RTLWorld-Gruppe gehörigen Sender RTL, RTL II, SuperRTL und VOX wechselseitig für die Programm-Highlights der Gruppe, um Zuschauer innerhalb dieser Sender zu halten bzw. neue Zuschauer über mehrere Kanäle zu akquirieren. Des Weiteren sind insbesondere Serien (wie „Gute Zeiten, schlechte Zeiten“) oder Shows (wie „Wer wird Millionär?“) besonders geeignet, um die Senderloyalität der Zuschauer zu steigern. Dabei werden weitere Kommunikationskanäle wie Mobilfunk und Internet genutzt, um bei verpassten Sendungen das Wissen aufzufrischen bzw. um das Interesse für die Folgeprogramme wach zu halten. Aus Sicht des oben skizzierten CRM-Systems sind derartige Maßnahmen den Elementen Akquisitions- bzw. Loyalitätsmanagement und dem Cross-/Up-Selling zuzuordnen.

Auf Seiten der werbetreibenden Unternehmen und der Werbeagenturen orientieren sich zahlreiche TV-Sender an Maßnahmen, die im Verhältnis von Markenartiklern und dem Handel üblich sind. So werden marktmächtige Unternehmen bzw. Agenturen persönlich von Vertriebsmitarbeitern betreut, und je nach Potenzial und Wertigkeit der Kunden erfolgen diese Besuche unterschiedlich häufig bzw. intensiv. Innovative Vertriebskonzepte der Sender berücksichtigen dabei auch potenzielle Kunden, die ihre Marketingbudgets bisher bei anderen Sendern oder über andere Medien eingesetzt haben, um diese Potenziale proaktiv zu erschließen. Zudem haben insbesondere die privaten Fernsehanstalten frühzeitig eigene Vermarktungsgesellschaften geschaffen, die das Leistungsangebot mehrerer Sender gebündelt haben, um direkt an werbetreibende Unternehmen herantreten zu können. Dadurch gelang es teilweise, die „Sortimentsfunktion“ von Agenturen zu umgehen, die Werbezeiten von Sendern mit unterschiedlichen Zielgruppen bündeln und

1 So in Keuper/Hans (2003), S. 227.

optimieren. Diese Koordinationsaufgabe, die aus Sicht der Werbewirtschaft einen Mehrwert darstellt, wird von Unternehmen wie SevenOne Media (für Sat.1, Pro7, Kabel1 und N24), IP Deutschland GmbH (RTL-Sendergruppe) oder ARD-Werbung SALES & SERVICES GmbH (ARD, Dritte Programme, Deutsche Welle) übernommen. Um die werbetreibenden Unternehmen an die Leistungen der Sender zu binden, werden dabei neben der Disposition von Werbezeiten Zusatzleistungen wie Marktforschung oder Medienservices angeboten. Zudem pflegt jedes dieser Unternehmen über Kundenzeitschriften und unterstützende Direktmarketing-Maßnahmen die Geschäftsbeziehungen zu werbetreibenden Unternehmen. Hinsichtlich der Preissysteme und Rabattierung werden bevorzugten Kunden vom Listenpreis abweichende Preise vom Vermarkter bzw. Sender gewährt. Je nach Wertigkeit von Kunden erlauben Sender bzw. Vermarkter den Unternehmen zudem, Werbekampagnen mehr oder weniger flexibel ein- bzw. umzubuchen bzw. gewähren Sonderleistungen in Form von kostenlosen Freispots. Die begehrtesten Zeiten (insbesondere in der „prime time") werden dabei bevorzugt den als besonders wertvoll eingeschätzten Kunden vorbehalten. Da aber eine aussagekräftige Kundenprofitabilitätsanalyse noch nicht überall etabliert ist, wird allerdings noch sehr häufig nach Buchungsvolumina vorgegangen, was unter dem Strich zu Verlusten von Deckungsbeiträgen führt. Die in den Boomzeiten der vergangenen 15 Jahre gewachsene Verkaufsorientierung der Vermarkter begünstigt dieses unproduktive Vorgehen, da oft jeder Werbekunde mit allen Mitteln gewonnen bzw. gehalten wird, obwohl ökonomische Vernunft dies verbietet.

4.3 Sonstige Instrumente zur Unterstützung des CRM

Private wie öffentlich-rechtliche Sender versuchen in jüngster Vergangenheit insbesondere die Klientel der Zuschauer durch gezielte Maßnahmen an die Senderleistungen zu binden. Relativ erfolgreich ist dabei die Idee des Kundenclubs, wie er von Pro7 realisiert wurde.[1] Mit Hilfe von Anreizen für neue Mitglieder, exklusiven Gewinnspielen, Aktionen und Fan-Clubs wird dabei eine direkte Interaktion zwischen registriertem Zuschauer und Sender möglich, die dem Gedanken der Zwei-Wege-Kommunikation nahe kommt und einen deutlichen Schritt „weg vom Massenmedium Fernsehen" bedeutet. Da Unternehmen wie AOL oder T-Online, die sich durch DSL-Technologien zunehmend zu direkten Konkurrenten der klassischen TV-Medien entwickeln, bereits an Kundenkarten-Programmen wie Payback oder HappyDigits beteiligt sind, werden sich private wie staatliche Sender Gedanken über den Einsatz dieser oder alternativer Instrumente zur Steigerung der Kundenbindung machen müssen.

Wie in einer vor kurzem durchgeführten Studie festgestellt wurde, stellen TV-Shops und moderne Formen der interaktiven Werbung im Digitalen TV besonders vielversprechen-

1 Vgl. http://www.prosieben.de/club.

de strategische Optionen für TV-Sender dar.[1] Dabei lauern bereits neue Gefahren für die von Werbeeinnahmen besonders abhängigen privaten Sender. Eine dieser – auch aus Sicht des CRM relevanten – Bedrohungen ist das in den USA rasant Verbreitung findende System digitaler Videorekorder „TiVo". Diese Technologie bietet dem Technik-affinen Zuschauer aufgrund des digitalen Speichermediums in Form der Festplatte die Option, während des Aufnahmevorgangs die Wiedergabe verzögert zu überspringen und insbesondere als lästig empfundene Werbeblöcke zu umgehen. Allerdings halten derartige Systeme auch die Präferenzen und Fernsehgewohnheiten der Zuschauer fest und können so für eine individuelle Profilbildung dienen. Diese Profile könnten in Form der vorhandenen Rückkanäle (mit Einverständnis der Zuschauer) für eine Internet-ähnliche Individualisierung von Werbung genutzt werden. Zudem kann das Feedback über Zuschauerpräferenzen für eine Verbesserung der redaktionellen und Entertainment-Elemente der Sender eingesetzt werden. Das in absehbarer Zeit landesweit einzuführende Digitalfernsehen wird diese Entwicklungen vermutlich weiter fördern. Damit entwickelt sich das Fernsehen zunehmend zum individualisierbaren Medium.[2]

4.4 Das Erfolgsmodell des CRM

Das Verfolgen einer auf die systematische Entwicklung profitabler Kundenbeziehungen fokussierten Unternehmensstrategie muss nicht per se zur Steigerung des Unternehmenserfolgs beitragen. Vielmehr sind Situationen denkbar, in denen Unternehmen lukrative Transaktionen mit Kunden realisieren können, ohne dass eine weitergehende Geschäftsbeziehung seitens des Kunden oder des Unternehmens gewünscht bzw. sinnvoll ist. Dies kann insbesondere bei Produkten oder Leistungen der Fall sein, die dem alltäglichen Bedarf zuzurechnen sind, oder bei Impulskäufen. Ein weiterer Grund, warum wir uns genauer mit Erfolgstreibern des CRM auseinandersetzen müssen, ist der anfänglich berichtete Befund, dass zahlreiche Strategien des Kundenmanagements fehlgeschlagen sind.

Daher wurde jüngst eine großzahlige empirische Studie in den Ländern Deutschland, Österreich und Schweiz durchgeführt, wobei insgesamt 1.000 Unternehmen der Branchen IT/Online-Business, Finanzdienstleistungen, Energieversorgung und Hotellerie befragt wurden. Von den angesprochenen CRM-Verantwortlichen haben 211 Manager teilgenommen und umfassende Angaben zur Gestaltung von CRM-Strategien und -Maßnahmen sowie zur Erfolgswirkung dieser Ansätze geliefert.[3] Als branchen- und länderübergreifendes Ergebnis ist dabei festzuhalten, dass ein intensiverer Einsatz von CRM-Aktivitäten durchgängig zu höherer Kundenzufriedenheit, -loyalität, einem besseren Unter-

1 Vgl. Mummert & Partner (2003), S. 1 ff.

2 S. auch http://www.tivo.com/1.0.asp, Abruf: 13.05.2003.

3 Vgl. Krafft et al. (2002).

nehmensimage sowie zu mehr Wachstum und Profitabilität samt höheren Marktanteilen beiträgt. Während diese Effekte durch CRM-orientierte Anreizsysteme (wie Prämien für Neukundenakquisition und Kundenrückgewinnung, Vorgaben von Kundenzufriedenheitszielen) noch verstärkt werden, wirken Investitionen in CRM-Technologien sogar defizitär. Dies ist auf die langen Amortisationszeiten derartiger Investitionen zurückzuführen, die unmittelbar den Gewinn mindern, aber häufig erst nach Jahren ihre volle Effektivität entfalten. Dieses Ergebnis verdeutlicht zudem, dass fehlende Investitionen in CRM-Technologien durch engagierte Mitarbeiter wettgemacht werden können, was für TV-Sender insbesondere im Management von Beziehungen zur werbetreibenden Wirtschaft interessante Hinweise liefert. Die Ergebnisse der Studie (die von den Autoren angefordert werden kann) werden in Abbildung 7 zusammenfassend dargestellt.

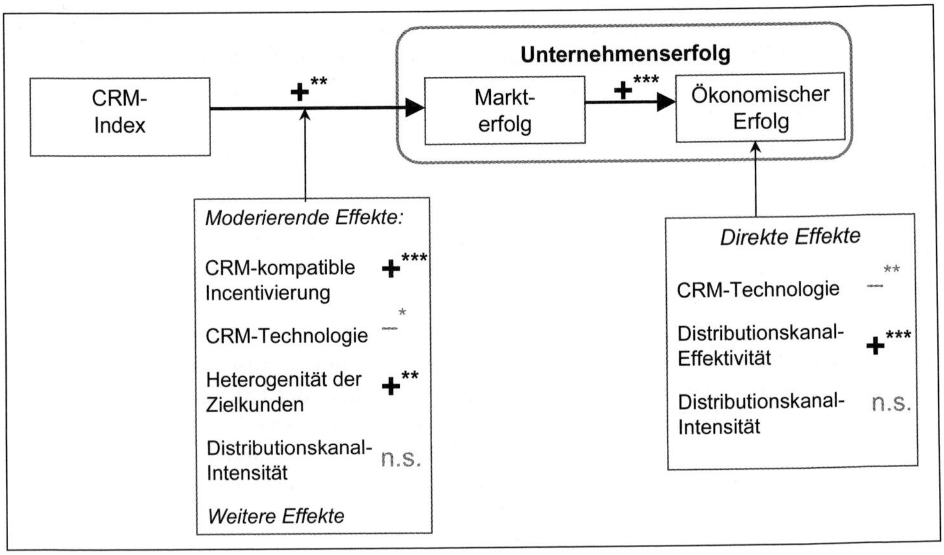

Abbildung 7: Die Erfolgswirkungen des CRM[1]

1 In Anlehnung an Reinartz/Krafft/Hoyer (2003), S. 24 ff. und S. 42.

5. Untersuchungsdesign

Aufgrund der beschriebenen Problemstrukturen und der daraus abgeleiteten Fragestellungen sowie dem Untersuchungsziel, dass die Ermittlung des aktuellen Standes von CRM-Strategien öffentlicher und privater TV-Sender zum Gegenstand hat, wird ein qualitatives Verfahren für die Datenerhebung als erforderlich gehalten.

5.1 Untersuchungsobjekt

Zu den Kunden der TV-Sender zählen sowohl die Rezipienten als auch die Werbetreibenden. Da letztere sehr häufig durch die Vermarktungsgesellschaften der TV-Sender betreut werden, müssen diese gesondert Betrachtung finden. Daher richtet sich die vorliegende Untersuchung sowohl an TV-Sender als auch an die zugehörigen Vermarktungsgesellschaften. Gewählt wurde für die Auswahl der Experten ein Key-Informant-Ansatz, bei dem derjenige Vertreter einer Institution befragt wird, welcher eine Schlüsselrolle im Rahmen des institutionalisierten Customer Relationship Managements einnimmt. Die Namen der jeweiligen Vertreter wurden uns vorab von den Institutionen mitgeteilt.

5.2 Verfahren und Instrumente der Datenerhebung

Neben der Struktur der Datenbasis ist das Verfahren der Datenerhebung für den Forschungsprozess von besonderer Bedeutung. Aufgrund der qualitativen Zielsetzung erschien ein zweistufiges Verfahren der Datenerhebung besonders geeignet:

In einem ersten Schritt wurde durch Experteninterviews ein grundlegendes und umfassendes Verständnis der derzeit umgesetzten CRM-Strategien von TV-Sendern gewonnen. Diese Grobkonzeptualisierung vermittelte einen ersten Einblick über die zugrundegelegten Elemente der spezifischen CRM-Strategien und deren operative Handlungsmaßnahmen. Experteninterviews schienen hierbei eine geeignete Vorgehensweise zu sein, da sie vorwiegend dort eingesetzt werden, wo die Gewinnung wissenschaftlich verwertbarer Informationen auf Grund der Komplexität und Intransparenz der jeweils aufzuklärenden Problemsituation, insbesondere für den Außenstehenden, schwierig ist.[1]

Aufgrund der im ersten Schritt erlangten Erkenntnisse wurde ein Fragebogen entwickelt, der die Grundlage für die im zweiten Schritt durchgeführte schriftliche Erhebung bildet.

1 Vgl. Plath (1995), S. 85.

Die schriftliche Befragung wurde aufgrund der Vergleichbarkeit der Ergebnisse durch die Minimierung des Interviewer-Bias als Instrument der Datenerhebung gewählt.

Eine Generalisierbarkeit der Ergebnisse und die Festlegung allgemeingültiger Aussagen schließt die oben beschriebene Untersuchungsmethodik weitgehend aus.

5.3 Struktur der Datenbasis

Die Vorabinterviews wurden jeweils telefonisch durchgeführt, nachdem die Experten in einem Mailing auf die bevorstehende Befragung hingewiesen wurden und Ihre Bereitschaft zur Teilnahme an einem Experteninterview geprüft worden war. Unabhängig von den Experteninterviews erfolgte eine schriftliche Befragung der 11 größten deutschen TV-Unternehmen, von denen vier Unternehmen an der im 1. Quartal 2003 stattgefundenen Befragung teilgenommen haben. Hierzu zählen zwei öffentlich-rechtliche Unternehmen und zwei private TV-Anstalten zuzuordnenden Unternehmen. Die Stichprobe setzt sich dabei aus zwei Vermarktern und zwei TV-Sendern zusammen.

6. Ergebnisse

Nachfolgend sollen zentrale empirische Befunde der Studie dargelegt werden. Zunächst wird dabei auf die aktuelle Zielsetzung des Customer Relationship Managements eingegangen. Darauf aufbauend werden die angewandten Instrumente und Maßnahmen zur Umsetzung der CRM-Strategien und deren Erfolgspotenzial näher betrachtet.

6.1 Zielsetzung des CRM

Mit der Einführung von Kundenbeziehungsprogrammen *für Zuschauer* verfolgen die TV-Sender in erster Linie Ziele wie Zuschauerbindung, Cross-Media-Nutzung, die Erweiterung von spezifischen Serviceleistungen (z. B. Kundenclubs) sowie eine Steigerung des Umsatzes. Demgegenüber verfolgen die TV-Unternehmen mit der CRM-Implementierung *für Werbekunden* folgende Ziele: Erlössteigerung, Cross- und Up-Selling, Kundenbindung sowie eine effizientere Gestaltung des Interaktionsprozesses zum Kunden. Die TV-Unternehmen streben sowohl bei den Rezipienten als auch bei den Werbekunden einen vorrangigen Ausbau und die Intensivierung der Kundenbeziehungen an.

6.2 Stand der CRM-Implementierung von TV-Sendern

Die untersuchten TV-Sender sowie Vermarkter wenden nur im geringem Umfang systematische CRM-Programme an. Dennoch werden sowohl für Werbekunden als auch Rezipienten Kundenbeziehungsstrategien für einzelne Kundensegmente entwickelt. Zur Erreichung der in 6.1 genannten CRM-Ziele werden insbesondere Zuschauerinformationen gespeichert bzw. durch Interaktionsangebote auch gezielt nachgefragt. Ein mögliches Instrument stellt hierbei der Zuschauerservice bzw. die Zuschauerredaktion dar. Die daraus gewonnenen Daten werden insbesondere zur Kundensegmentierung herangezogen. Zu den wichtigsten Elementen der CRM-Programme für Werbekunden zählen Direct Mail, Kundenbesuche und Kundenveranstaltungen sowie der gezielte Aufbau einer emotionalen Bindung.

Betrachten wir nun die Aktivitäten, die auf den drei Stufen des CRM-Prozesses eingesetzt werden, also (1) bei der Gewinnung oder Rückgewinnung, (2) bei der Intensivierung bzw. Bindung und (3) der Beendigung von Kundenbeziehungen zu *Zuschauern*. Die Zuschauerbindung sowie die Gewinnung neuer Zuschauer steht im Vordergrund der angewendeten CRM-Programme. Demgegenüber kommt der Zuschauerrückgewinnung bzw. der Beendigung unattraktiver Zuschauerbeziehungen keine Bedeutung zu. Standardisierte Instrumente kommen bei der Umsetzung der Aktivitäten nur bedingt zum Einsatz. Insbesondere finden Instrumente für ein systematisches Cross- und Up-Selling nur sehr verhalten Anwendung. Ebenso wenig werden Kundenempfehlungen von den TV-Sendern zur Gewinnung neuer Rezipienten genutzt. Zuschauer-Promotions (wie Gewinnspiele) und die Integration des Zuschauers in die Programmgestaltung gehören zu den bedeutendsten CRM-Instrumenten. Zuschauer-Clubs und Zuschauer-Zeitschriften spielen eine eher untergeordnete Rolle. Generell stimmen die untersuchten TV-Sender ihre CRM-Maßnahmen auf die Bedürfnisse des Zuschauers ab. Hierbei wird jedoch keine Unterscheidung hinsichtlich der Attraktivität der Zuschauer vorgenommen.

Bei den CRM-Programmen für *Werbekunden* steht die Werbekundengewinnung, die Werbekundenrückgewinnung und die Werbekundenbindung im Vordergrund der Betrachtung. Ein systematisches Exit-Management zur Beendigung unprofitabler Werbekundenbeziehungen findet demgegenüber keine Anwendung. Die untersuchten Sender und Vermarkter verfügen über standardisierte Instrumente für ein systematisches Kundencontrolling. Dennoch schließen die TV-Unternehmen den Aufbau von unprofitablen Kundenbeziehungen nicht aus. Ferner werden die Kosten der eingesetzten CRM-Programme noch nicht ausreichend erfasst bzw. ausgewertet. Es lassen sich daher keine Aussagen über die Effizienz dieser CRM-Maßnahmen treffen. Das Leistungsangebot für Werbekunden ist durch kundenindividuelle Anpassungen gekennzeichnet. Die CRM-Maßnahmen werden auf die Bedürfnisse der Werbekunden und deren Profitabilität für das TV-Unternehmen abgestimmt. Anhand des Customer Lifetime Value werden die kundenindividuellen Maßnahmen geplant und gesteuert. Im Rahmen des Beschwerdemanagements werden zudem Empfehlungen von Werbekunden systematisch verfolgt und ausgebaut.

6.3 Erfolgspotenzial des CRM

Es herrscht sowohl bei den TV-Sendern als auch bei den Vermarktern Einigkeit darüber, dass nicht die Technologie, sondern die gelebte Kundenorientierung für den Erfolg von CRM-Maßnahmen entscheidend ist. Die Aufwendungen für CRM-Aktivitäten werden im Vergleich zum Wettbewerb als durchschnittlich eingestuft. Die Kosten für die Zuschauer- bzw. die Werbekundenbindung werden von den TV-Unternehmen nur in den wenigsten Fällen ermittelt.

Die mit den CRM-Programmen angestrebten Ziele wurden nur teilweise erreicht. Dennoch schätzen die untersuchten TV-Unternehmen den Erfolg hinsichtlich der Zufriedenheit und der Bindung sowie des Senderimages sowohl bei den Zuschauern als auch bei den Werbekunden als überdurchschnittlich ein.

7. Diskussion

In unserem Buchbeitrag haben wir anfänglich gezeigt, dass sich private wie öffentlich-rechtliche Fernsehsender substanziell über Werbeeinnahmen finanzieren und daher auf eine hohe Anzahl von Zuschauern angewiesen sind, die wiederum das Nutzen von Werbezeiten und Sonderwerbeformen in gern gesehenen Programmen steigern. Diese in Kapitel 3 des Beitrags beschriebene Interdependenz der beiden Absatzmärkte von TV-Sendern, eine potenziell sinkende Programmloyalität der Rezipienten sowie die derzeitige Zurückhaltung von Werbekunden, Leistungen der Sender zu buchen, lassen Maßnahmen des sogenannten Customer Relationship Managements (CRM) für beide Absatzmärkte als attraktive strategische Option erscheinen. Im Kapitel 4 wurde konzeptionell beschrieben, welche Elemente CRM-Systeme umschließen und welches spezifische Instrumentarium gerade Fernsehsendern bereitsteht, um attraktive Zuschauer und Werbekunden zu gewinnen und in eine wechselseitig lohnende Beziehung zu führen. In dem Kapitel 5 bzw. 6 wurde aus einer Ad-hoc-Studie des Instituts für Marketing der Universität Münster berichtet, welche Ziele ausgewählte TV-Sender mit ihren CRM-Systemen auf den beschriebenen Absatzmärkten verfolgen, inwieweit CRM-Maßnahmen bereits umgesetzt sind und worin die Befragten Erfolgspotenziale des CRM sehen.

7.1 Implikationen

Unsere explorative Studie zeigt, dass der in Kapitel 4 umrissene ganzheitliche CRM-Ansatz bisher nur partiell implementiert ist. Professionelle CRM-Aktivitäten zur Akquisition und Intensivierung neuer Kundenbeziehungen konzentrieren sich auf den Markt der Werbekunden, während Zuschauer durch CRM-Maßnahmen in erster Linie nur beim jeweiligen Sender gehalten werden sollen. Ein systematisches Akquirieren von Zuschauern bzw. das Nutzen von Referenz- sowie Cross- oder Up-Selling-Potenzialen von Rezipienten stellt dagegen eher die Ausnahme dar. Es zeigt sich zudem, dass Möglichkeiten zur strukturierten, ökonomischen Bewertung der CRM-Systeme bei weitem noch nicht ausgeschöpft sind. Insoweit bieten sich aus unserer Sicht noch nachhaltige Verbesserungspotenziale bei der Anwendung und Evaluierung innovativer CRM-Strategien.

7.2 Grenzen und weiterer Untersuchungsbedarf

Der vorliegende Beitrag hat verdeutlicht, dass die Thematik ‚CRM von TV-Sendern' sowohl in der Forschung als auch in der Medienpraxis noch in den Kinderschuhen steckt. Die von uns durchgeführte explorative Studie umfasst die 11 größten Sender und Vermarkter, von denen jedoch nur vier an der schriftlichen Befragung teilnahmen. Ein weiteres Tiefeninterview mit dem CRM-Manager einer großen Vermarktungsgesellschaft bot uns ergänzende Informationen, die sich bei der Interpretation unserer Befunde als hilfreich erwiesen. Um aber ein vollständiges Bild des Status Quo von CRM-Systemen im TV-Bereich gewinnen zu können, wäre eine Betrachtung möglichst sämtlicher Fernsehsender und der zentralen Vermarktungsgesellschaften erforderlich. Dies bleibt zukünftigen Untersuchungen vorbehalten. Dabei sollte darauf geachtet werden, dass getrennte Erhebungen für die Absatzmärkte der Zuschauer und werbetreibenden Unternehmen durchgeführt werden, da sich die CRM-Systeme für diese Zielgruppen nachhaltig unterscheiden. Auf aggregierter Ebene wäre zudem zu untersuchen, inwieweit eine Koordination oder Integration der CRM-Ansätze für die beiden Absatzmärkte erfolgt.

Da die hier analysierten Implementierungen von systematischem CRM im TV-Bereich erst vor kurzem erfolgte, bietet der vorliegende Buchbeitrag nur ein vorläufiges, exploratives Bild zum Stand der Umsetzung von Kundenmanagement-Systemen. Ob die bereits ergriffenen Maßnahmen bzw. geplanten CRM-Aktivitäten zur Zielerreichung der Sender und Vermarkter beitragen, ist derzeit daher kaum absehbar. Daher regen wir an, in der näheren Zukunft eine erneute Erhebung größeren Umfangs und höheren Detaillierungsgrades durchzuführen, um verlässliche Aussagen zur Erfolgswirkung von CRM-Konzepten im TV-Bereich ableiten zu können. Mit unserem Beitrag liegt eine erste Analyse dieser Thematik vor, die Hinweise zur Optimierung von CRM für TV-Sender und Vermarktungsgesellschaften bietet und zur vertieften Forschung auf diesem Gebiet ermuntern soll.

Literaturverzeichnis

AGF/GfK Fernsehforschung (2003), pc#tv, Fernsehpanel D, http://www.agf.de/daten/tvmarkt, 2003, Abruf: 12.05.2003.

Bauer, E. (2001), Die Erforschung der Absatzmärkte von TV-Sendern, in: Tscheulin, D.K./Helmig, B. (Hrsg.), Branchenspezifisches Marketing. Grundlagen – Besonderheiten – Gemeinsamkeiten, Wiesbaden 2001, S. 749-773.

Beck, H. (2002), Medienökonomie: Print, Fernsehen und Multimedia, Berlin et al. 2002.

Bruhn, M. (2001), Relationship Marketing. Das Management von Kundenbeziehungen, Vahlen 2001.

Dwyer, R.F./Schurr, P.H./Oh, S. (1987), Developing Buyer-Seller Relationships, in: Journal of Marketing, Vol. 51, No. 2, 1987, S. 11-27.

Horizont (2003), Umsatzentwicklung im TV-Markt, Nr. 17, 2003, S. 37.

Keuper, F./Hans, R. (2003), Multimedia-Management: Strategien und Konzepte für Zeitungs- und Zeitschriftenverlage im digitalen Informationszeitalter, Wiesbaden 2003.

Kiefer, M.L. (2001), Medienökonomik: Einführung in eine ökonomische Theorie der Medien, München, Wien 2001.

Krafft, M. (1997), R.SH: Der beständige Pionier des Hörfunks, in: Deutsche Marketing-Vereinigung (Hrsg.): Marketing-Kompetenz steigern. Case-Collection II der DMV, Stuttgart 1997, S. 21-48.

Krafft, M./Hoyer, W./Reinartz, W./Müller, H. (2002), Einsatz von Customer Relationship Management (CRM)-Systemen – Eine internationale Studie, Arbeitsbericht des ZMU an der WHU, Vallendar 2002.

Mummert & Partner (2003), Via Internet, Mobilfunk und TV zum Kunden, http://www.itk-trends.de/0212_01.htm, Abruf: 12.05.2003.

Nielsen Media Research (2003a), zitiert nach: http://www.ip-deutschland.de/data/logged/Marktanteile_TVSender_Jan_Dez.pdf, Abruf: 12.05.2003.

Nielsen Media Research (2003b), Pressemeldung vom 10.04.2003, http://www.nielsen-media.de/pages/download.aspx?mode=0&doc=322/PM_Klassische_Werbung_10042003.pdf, Abruf: 12.05.2003.

Nielsen Media Research (2003c), Medienentwicklung, http://www.nielsen-media.de/pages/template.aspx?level=1&treeViewID=3.0.0.0.0#, Abruf: 12.05.2003.

o.V. (2002a), Auch n-tv schreibt rote Zahlen, in: taz Nr. 6708 vom 23.3.2002, S. 26.

o.V. (2002b), TV-Branche auf der Suche nach neuen Geschäftsmodellen, Pressemitteilung vom 17.10.2002, www.medientage-muenchen.de, 2002.

Plath, H.-E. (1995), Zum „Experteninterview" – ein Diskussionsbeitrag, in: Brinkmann, Ch./Deeke, A./Völkel, B. (Hrsg.): Experteninterviews in der Arbeitsmarktforschung. Diskussionsbeiträge zu methodischen Fragen und praktischen Erfahrungen, Nürnberg 1995, S. 85-89.

Reinartz, W./Krafft, M./Hoyer, W. (2003), Measuring the Customer Relationship Management Construct and Linking it to Performance Outcomes, INSEAD Working Paper, Fontainebleau 2003.

Schneider, G. (2002), Crossmedia kann die Krise kontern, in: HORIZONT Nr. 33, 2002, S. 52.

Schumann, M./Hess, T. (2002), Grundfragen der Medienwirtschaft, 2. Auflage, Berlin et al. 2002.

Wirtz, B.W. (2001), Medien- und Internetmanagement, 2. Auflage, Wiesbaden 2001.

Thorsten Hennig-Thurau

There's No Business Like Movie Business: Überlegungen zu den Erfolgsfaktoren von Spielfilmen

1. Vorspann

Die Kinoindustrie stellt heute sowohl diesseits als auch jenseits des Atlantiks einen bedeutsamen Wirtschaftszweig dar. Im Jahr 2002 wurde in Deutschland mit 163,9 Millionen verkauften Eintrittskarten (bzw. einem Umsatz von 960 Millionen €) der zweithöchste Kinobesuch seit der Wende erreicht.[1] In den USA wurden mit Spielfilmen im gleichen Jahr mit 9,5 Milliarden US$ die höchsten Kinoeinnahmen in der Filmgeschichte erzielt.[2]

Aus betriebswirtschaftlicher Sicht handelt es sich bei der Konzeption und Vermarktung von Spielfilmen um eine komplexe Managementaufgabe. Auf der einen Seite ist die Herstellung von Spielfilmen eine äußerst kapitalintensive Tätigkeit: Die durchschnittlichen Produktionskosten eines US-Studiofilms beliefen sich im Jahr 2002 auf 58,8 Millionen US$; bezieht man die Marketingausgaben mit ein, erhöht sich der Betrag sogar auf 89,4 Millionen US$.[3] James Camerons Film TITANIC als bisher teuerster Film der Geschichte hatte ein Produktionsbudget von über 200 Millionen US$. Die Kosten weisen dabei eine stark ansteigende Entwicklung auf: „BEVERLY HILLS COP...haben wir [der Regisseur Martin Brest und sein Team, Anm. d. Verf.] 1987 für ungefähr 13 Millionen US$ gemacht. Wenn ich genau denselben Film heute drehen würde, ohne etwas anders zu machen, dann hätten wir es mit 65 bis 70 Millionen zu tun."[4]

Auf der anderen Seite ist Spielfilmen ein hohes Erfolgspotenzial bei hohem Risiko inhärent. So weist TITANIC als zugleich erfolgreichster Film ein weltweites Einspielergebnis von rund 1,8 Milliarden US$ auf, wobei die Einnahmen aus nachgelagerten Verwertungsebenen (Videoverleih und -verkauf, TV-Rechte, Merchandising) noch nicht berücksichtigt sind. Allein in Deutschland erreichte TITANIC 18 Millionen Kinobesucher. Andere kostenintensive Spielfilme (z. B. HEAVEN'S GATE, ONE FROM THE HEART, ISHTAR, PIRATES) erzielten indes weitaus geringere Einnahmen und konnten jeweils nur einen Bruchteil der getätigten Investitionen wieder einspielen.[5] In den Fällen der Filme HEAVEN'S GATE und ONE FROM THE HEART hatte der Misserfolg sogar den Konkurs der jeweiligen Produktionsgesellschaften zur Folge: bei HEAVEN'S GATE musste die Produktionsfirma United Artists im Jahre 1980 Konkurs anmelden; im Fall seines Films ONE FROM THE HEART ereilte dasselbe Schicksal die Zoetrope-Studios des Starregisseurs

1 Vgl. FFA (2003).

2 MPAA (2003).

3 Vgl. MPAA (2003), S. 19 f.

4 Egger (1999), S. 12.

5 HEAVEN'S GATE: Kosten: ca. 44 Millionen US$, Einnahmen: ca. 1,5 Millionen US$; ONE FROM THE HEART: Kosten: ca. 26 Millionen US$, Einnahmen: ca. 1 Millionen US$; ISHTAR: Kosten: ca. 55 Millionen US$, Einnahmen: ca. 7,7 Millionen US$; PIRATES: Kosten: ca. 31 Millionen US$, Einnahmen: ca. 1 Millionen US$.

Francis Ford Coppola. Nur wenige Spielfilme erreichen heute im Rahmen ihrer nationalen Kinoauswertung die Gewinnschwelle: „In fact, of any ten major theatrical films produced, on the average, six or seven may be broadly characterized as unprofitable.“[1] Eine wesentliche Bedeutung kommt in diesem Zusammenhang der Auswertung von Spielfilmen auf nachgelagerten Märkten zu; so übertreffen heute die Einnahmen aus dem Video- und DVD-Geschäft das US-amerikanische Kinoeinspiel ebenso deutlich wie die Einnahmen, die in ausländischen Filmtheatern erzielt werden.

Trotz dieser Komplexität weist die Kinoindustrie eine vergleichsweise geringe marketingtheoretische Fundierung auf. Zwar wird – im Gegensatz zu den „goldenen Zeiten“ Hollywoods Anfang der 20er Jahre – die Intuition der Studiobosse heute zumeist durch den Einsatz von Zuschauerbefragungen ergänzt. Jedoch ist ein solches Vorgehen überwiegend das Ergebnis externer Anforderungen: bei der Entscheidung über Produktionsbudgets in Höhe von 50-200 Millionen US$ wollen sich potenzielle Kreditgeber nicht mehr allein auf die Eingebungen eines Verantwortlichen verlassen.[2]

Verschiedene Marketingwissenschaftler haben in den vergangenen Jahren versucht, Licht in das Dunkel des Filmerfolges zu bringen und sich mit der Frage befasst, welche Faktoren den Erfolg von Spielfilmen beeinflussen. In diesem Beitrag wird zunächst die Wertschöpfungskette der Filmproduktion und -vermarktung überblicksartig dargestellt. Im Anschluss werden dann die wichtigsten Einflussgrößen auf den Erfolg von Spielfilmen im Rahmen der Kinoerstauswertung dargestellt und die entsprechenden Forschungsergebnisse referiert, bevor anschließend ein Blick auf die Unterschiede und Gemeinsamkeiten des Filmerfolges auf nachgelagerten Märkten geworfen wird.

2. Zur Wertschöpfungskette von Spielfilmen

Spielfilme durchlaufen verschiedene, zeitlich sequentiell angeordnete Auswertungsprozesse („Windowing“; vgl. Abbildung 1), wobei zwischen einem „domestic market“ und „foreign markets“ unterschieden werden muss. Im Anschluss an die Konzeption, Finanzierung und Produktion eines Spielfilms wird dieser i. d. R. zunächst im Herstellungsland in Erstaufführungstheatern („first-run-theaters“) aufgeführt. Im Herstellungsland schließen sich die Auswertung in Zweitaufführungs- oder Programmkinos („second-run-theaters“), die Auswertung des Films auf Video und DVD, die Ausstrahlung im Pay-TV und schließlich die Ausstrahlung im frei zugänglichen Fernsehen („Free-TV“) an.

---

1 Vogel (2001), S. 35.

2 Vgl. Jowett (1985), S. 21.

Hinsichtlich der Video/DVD-Veröffentlichung des Films kann zudem zwischen einer Verleih- und einer Verkaufsveröffentlichung des Filmes unterschieden werden, wobei sich hier bisher kein einzelnes Konzept durchgesetzt hat. Während einige Firmen mit Verleihfenstern arbeiten und spezifische Varianten einer DVD produzieren, die sich von der später veröffentlichten Verkaufversion unterscheiden, finden auch sog. „Day-and-Date"-Modelle Anwendung, die eine Gleichzeitigkeit von Verleih- und Verkaufsveröffentlichung eines Spielfilms auf Video/DVD vorsehen. Verfügt ein Land über Pay-per-view-Systeme, bei denen der Konsument sich einzelne Filme gegen Bezahlung auf seinem TV-Gerät freischalten kann, erfolgt auch die Pay-TV-Auswertung des Films auf eine zweistufige Weise. In Bezug auf das TV schließlich ist zu beachten, dass die Konzentrationsprozesse in der Medienindustrie eine Differenzierung von Erstaufführungssendern (z. B. PRO7) und Zweitaufführungssendern (z. B. Kabel 1) analog zur Unterscheidung von Erst- und Zweitaufführungskinos zur Folge haben.

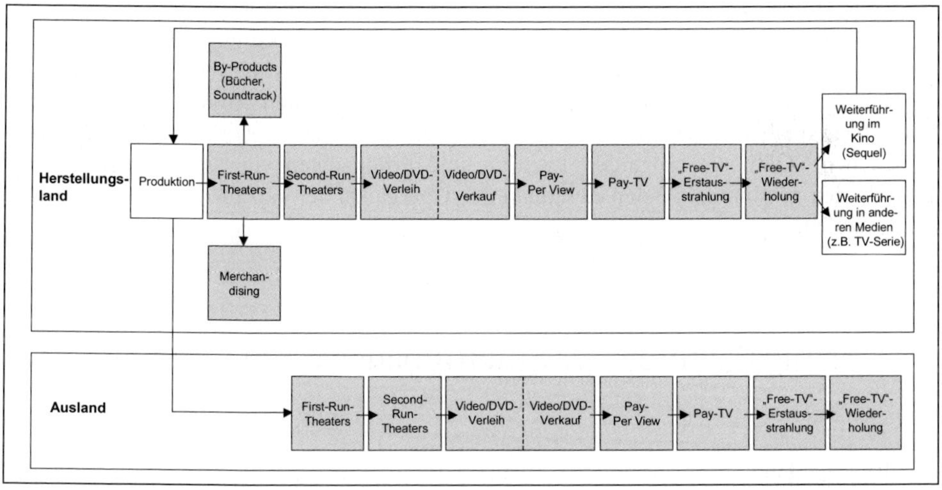

Abbildung 1: Wertschöpfungskette von Spielfilmen

Ergänzend zu den im Herstellungsland ablaufenden Auswertungsprozessen sind Filmproduzenten daran interessiert, einen Spielfilm auch in anderen regionalen Märkten zu veröffentlichen. Im Fall von US-amerikanischen Spielfilmproduktionen durchläuft ein Film dabei im Ausland grundsätzlich dieselbe Auswertungskette wie im Heimatland.

Der Spielfilm stellt zudem die Grundlage für weitere unternehmerische Aktivitäten dar. So wird die Erstaufführung eines Films im Kino häufig von der Markteinführung von Merchandisingprodukten (z. B. T-Shirts, Stofftiere, Action-Figuren) begleitet.[1] Parallel

[1] Vgl. Blum (1992).

werden Elemente des Films in anderen Medien ausgewertet (z. B. die Geschichte des Films als „Buch zum Film“, die Musik als Soundtrack-CD und zentrale dramaturgische Themen als Video/PC-Spiel), wobei die Einnahmen aus dieser Auswertung die der eigentlichen Kinoauswertung deutlich übersteigen können (z. B. STAR WARS). Der Grad zwischen Merchandising und Auswertung in anderen Medien ist fließend, wie etwa bei der Vergabe von Lizenzrechten an das Unternehmen Lego für reale als auch virtuelle Spielfiguren im Fall von HARRY POTTER zu sehen ist. Der mit dem Erfolg eines Filmes erwobene Markenwert ist schließlich die Grundlage für eine Produktion weiterer Medienprodukte, welche die erzählte Geschichte weitererzählen und die darin vorkommenden Charaktere fortentwickeln. Bei solchen „brand extensions“ kann es sich sowohl um Spielfilme handeln („sequels“; z. B. THE MATRIX RELOADED und REVOLUTIONS, TERMINATOR 3) als auch um TV-Serien (z. B. THE YOUNG INDIANA JONES CHRONICLES).

Hintergrund der sequentiellen Auswertung von Spielfilmen über verschiedene Medien ist das Bestreben der Filmindustrie, die unterschiedliche Zahlungsbereitschaft von Konsumenten in Bezug auf Spielfilme abzuschöpfen. So lautet ein Grundprinzip der sequentiellen Auswertung, dass der vom Kunden zu entrichtende Preis mit jedem weiteren Auswertungsschritt sinkt. Aus der Tatsache, dass es sich bei allen Auswertungsstufen um denselben Spielfilm handelt, resultiert eine grundsätzliche Substituierbarkeit der verschiedenen Stufen untereinander. Insofern sind Produzenten vor die Herausforderung gestellt, den gewinnmaximalen Zeitpunkt des Übergangs der einzelnen Auswertungsstufen festzulegen.[1]

3. Erfolgsfaktoren der Spielfilmauswertung im Kino

Die Entscheidung von Konsumenten, sich einen Spielfilm im Kino anzusehen, wird wesentlich von den Erwartungen des Konsumenten an den jeweiligen Film bestimmt. Darüber hinaus existieren aber auch noch weitere Faktoren, die das Entscheidungsverhalten der Konsumenten beeinflussen. Von Bedeutung für das Entscheidungsverhalten der potenziellen Filmbesucher sind insbesondere die Qualität und räumliche Lage des Kinos, in welchem der betreffende Film gezeigt wird (Ton- und Bild-Qualität, Image, Zuschauerstruktur) und das soziale Umfeld des Konsumenten, das die Entscheidung über den Kinobesuch und den zu betrachtenden Film in erheblichem Maße determinieren kann (Filmwahlentscheidung als Mehrpersonenentscheidung). Im weiteren Verlauf konzentrieren wir uns jedoch auf solche Faktoren, die die Beurteilung des Films selbst betreffen und vernachlässigen die anderen Einflussgrößen. Dies erscheint zulässig, da die anderen

[1] Vgl. auch Kapitel 4.

Größen keine filmbezogenen Spezifika darstellen, sondern so oder ähnlich auch den Erfolg anderer Leistungen beeinflussen.

Betrachtet man die Leistungsmerkmale von Kinofilmen im engeren Sinne, lassen sich drei Gruppen von Einflussgrößen auf den ökonomischen Erfolg unterscheiden. Dabei handelt es sich zum ersten um Elemente des Filmes selbst (Filmeigenschaften), also solche Faktoren, welche die Form und das Erscheinungsbild des Kinofilms prägen.[1] Die zweite Gruppe von Faktoren sind Marketingmaßnahmen des produzierenden Studios, also die Aktivitäten des Studios (bzw. des Verleihs), welche die Vermarktung des fertigen Filmes betreffen. Bei der dritten Gruppe handelt es sich um solche Größen, die durch das Studio nicht oder nur sehr begrenzt gesteuert werden können (externe Faktoren).

Der in Abbildung 2 dargestellte Bezugsrahmen beinhaltet die wichtigsten Größen, welche die Aufnahme eines Filmes beim Publikum beeinflussen, und zeigt die Zusammenhänge zwischen diesen Größen. Im Bezugsrahmen wird davon ausgegangen, dass Konsumenten einen Film sehen, mit dem sie einen hohen Nutzen bzw. ein entsprechend hohes Qualitätsurteil verbinden. Da die Qualität eines Spielfilms dem Konsumenten vor dem Kinobesuch nicht bekannt ist und anders als bei Konsumgütern auch keine Sucheigenschaften zur Verfügung stehen, die ihm zu diesem Zeitpunkt ein Qualitätsurteil ermöglichen, muss der Konsument auf die zur Verfügung stehenden Informationen ausweichen und von diesen auf die Qualität des Films zurückschließen.[2] Dabei handelt es sich zum einen um Informationen zu einzelnen Filmeigenschaften, die insbesondere durch die Marketingaktivitäten des Studios zur Verfügung gestellt werden. Zum anderen ermöglichen externe Faktoren wie Filmkritiken, Auszeichnungen und Word-of-Mouth anderer Konsumenten dem Konsumenten eine Einschätzung des Zusammenwirkens verschiedener Filmeigenschaften und eine Abschätzung der „ganzheitlichen Qualität" des Films. Übersteigt das ex-ante-Qualitätsurteil einen Mindestwert, der zudem über dem Nutzen (a) alternativer Zeitverbringungsangebote und (b) anderer Spielfilme liegt, wird davon ausgegangen, dass der Konsument sich zum Kinobesuch entscheidet. Mögliche Restriktionen sind die Nichtverfügbarkeit eines Films (Kopienzahl) sowie die Altersfreigabe des Films, die einen Besuch des Spielfilms durch den Konsumenten u. U. verhindert.

1 Vgl. Jedidi/Krider/Weinberg (1998), S. 397.

2 Vgl. Hennig-Thurau/Walsh/Wruck (2001).

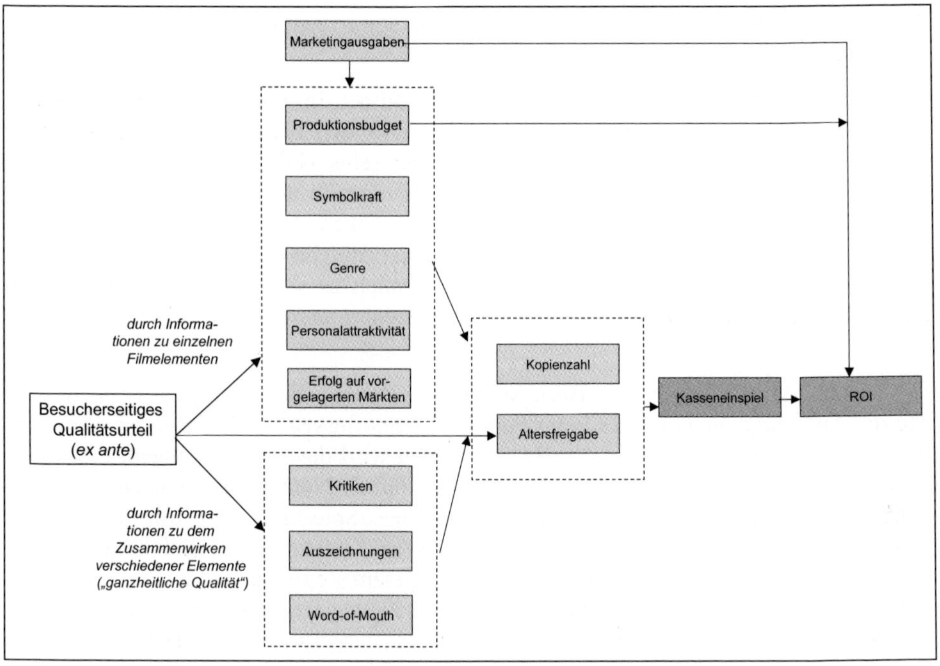

Abbildung 2: Ein Bezugsrahmen der Spielfilmauswertung im Kino

3.1 Filmeigenschaften

Die Bewertung von Filmeigenschaften basiert in starkem Maße auf den Erfahrungen des Konsumenten und dessen Präferenzsystem. Eine Verhaltensrelevanz kann insbesondere für die Faktoren Filmgenre, Symbolhaftigkeit, Erfolg der vorgelagerten Kinoauswertung, Personalattraktivität und Produktionsbudget theoretisch bzw. anhand empirischer Studien postuliert werden.[1]

---

1 Vgl. Jedidi/Krider/Weinberg (1998), S. 397.

3.1.1 Filmgenres

Filmgenres geben Konsumenten innerhalb der Vielfalt möglicher Inhalte und Formen eine erste wesentliche Orientierungshilfe.[1] Sie klassifizieren Filme grob anhand grundlegender dramaturgischer und ästhetischer Muster; gängige Filmgenres sind z. B. Actionfilm, Drama und Komödie. Die Gesetzmäßigkeiten eines Genres erlauben dem Zuschauer, der mit diesen Regeln vertraut ist, Rückschlüsse auf inhaltliche Motive und Strukturen zu ziehen, ohne den Film vorher konsumieren zu müssen.[2] Auch werden bestimmte Atmosphären und Empfindungen eng mit Genres assoziiert, so z. B. das Gefühl der Freiheit und Männlichkeit mit dem in den Sonnenuntergang reitenden „lonesome cowboy“ im Westernfilm. Hinsichtlich des Filmerfolges kann davon ausgegangen werden, dass bestimmte Motive eine höhere Attraktionswirkung auf das Publikum ausüben als andere und somit die Genrewahl eine grundlegende Entscheidung darstellt. Dies wird auch durch verschiedene empirische Studien gestützt.[3]

Zu beachten ist, dass die Erfolgswirksamkeit eines Filmplots auch durch dessen jeweilige Zeitgeistkompatibilität determiniert wird. „Was macht den Erfolg [von TITANIC, d. V.] aus?...Es treibt gewiss die beiden heftigsten Zeitströmungen aufeinander zu: einerseits die Katastrophenfantasie, die Millenium-Ängste und die Todessehnsucht im Spätkapitalismus, für die es keinen Ausweg und keine Alternative mehr zu geben scheint, andererseits die Sehnsucht nach dem großen Gefühl, der unbedingten Liebe nach all den verlorenen Freiheitskämpfen, nach der emotionalen Regression.“[4]

3.1.2 Symbolhaftigkeit

Die Symbolhaftigkeit („symbolicity“[5]) eines Films ist ein Maß für den benötigten Aufwand zur konsumentenseitigen Einordnung eines Films in bestehende kognitive Kategorien. Die Schwierigkeit einer kognitiven Verarbeitung und Speicherung eines Kinofilms variiert mit der Komplexität der filmbezogenen Informationen und der wahrgenommenen Nähe des Films zu dem Konsumenten vertrauten kulturellen Themen. Bei zunehmender inhaltlicher Komplexität eines Films kann ein negativer Effekt auf den Erfolg erwartet werden, während ein einfach verständliches, leicht kommunizierbares Filmkonzept mögliche Wahrnehmungs- und Verhaltensbarrieren reduziert. Eine hohe Verständ-

---

1 Vgl. Austin (1989), S. 74.

2 Vgl. Austin/Gordon (1987).

3 Vgl. Prag and Casavant (1994); De Silva (1998).

4 Vgl. Seeßlen (1998), S. 8.

5 Hennig-Thurau/Walsh/Wruck (2001)

lichkeit des Films hilft, das wahrgenommene Risiko auf Seiten der Konsumenten zu verringern, da dieser abschätzen kann, was ihn erwartet.

Allerdings ist zu beachten, dass die Attraktivität einer Risikominderung durch Symbolkraft dadurch gemindert wird, dass das Überraschungspotential des Films und damit seine Fähigkeit, das Bedürfnis des Kunden nach Überraschung („sensation seeking") zu erfüllen, abnimmt. Hennig-Thurau/Walsh/Wruck (2001) gehen deshalb davon aus, dass der Zusammenhang von Symbolkraft und Ex-ante-Qualitätsbeurteilung nicht monoton steigend ist, sondern nach Überschreiten eines kritischen Wertes wieder abnimmt (vgl. Abbildung 3).

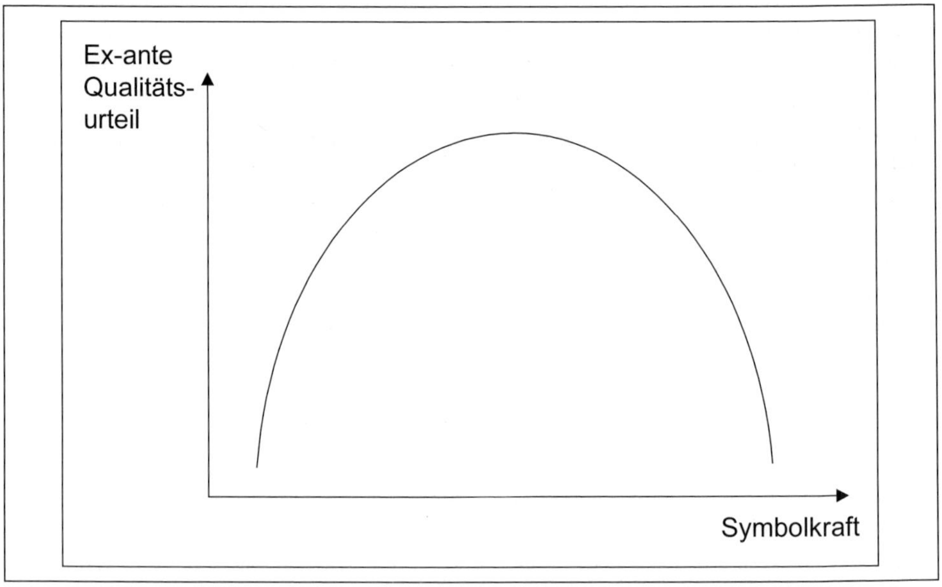

Abbildung 3: Zusammenhang von Symbolkraft und Ex-ante-Qualitätsurteil

Konkrete Ansatzpunkte zur Steigerung der Symbolhaftigkeit eines Films sind der Bezug auf eine Vorlage, die Zugehörigkeit zu einer Filmserie und eine einfache Kommunizierbarkeit der Handlung. Bei Vorlagen handelt es sich um Werke aus anderen Kultur- (Mythen, Sagen, Märchen, Literatur, Bühnenstücke, TV-Serien und -Sendungen) oder Gesellschaftsbereichen (aktuelles Tagesgeschehen, historische Ereignisse und Personen), die zum Gegenstand eines Kinofilms werden; sie können eine konkrete Vorstellung vom Inhalt des Films und, je nach Nähe der Vorlage zum Medium Film, auch von der zu erwartenden formalen Umsetzung vermitteln. Auch die Zugehörigkeit eines Films zu einer Filmserie (z. B. JAMES BOND, ROCKY) bietet dem Kinobesucher Anhaltspunkte für die Filmwahrnehmung und -beurteilung. Im Vergleich zur Vorlage bedarf die Übertragung des Produktwissens auf Seiten des Konsumenten hier eine geringere kognitive Anstrengung, da keine Übertragung von einem Medium auf ein anderes nötig ist. Entsprechend ist es nicht überraschend, dass verschiedene Studien einen starken Einfluss der Zugehörigkeit eines neuen Films zu einer erfolgreichen Filmserie auf den Filmerfolg zeigen.[1]

Ähnlich konkrete Orientierungspunkte liegen im Fall der Neuverfilmung eines (erfolgreichen) Stoffes (z. B. PSYCHO, THE THOMAS CROWN AFFAIR), der Parodie eines Filmes bzw. einer Serie (z. B. SPACEBALLS) oder im Fall einer (evtl. modifizierten) Wiederaufführung (z. B. STAR WARS SPECIAL EDITION) vor. Allerdings besteht im Fall von Neuverfilmungen und Wiederaufführungen das Problem, dass für Zuschauer, die das filmische Original gesehen haben, die Symbolkraft des Film äußerst hoch ist und entsprechend höchstens ein geringer Einfluss auf den Filmerfolg erwartet werden kann. Dies bestätigen auch die empirischen Ergebnisse von Hennig-Thurau/Houston/Walsh (2003).

Die Symbolkraft eines Spielfilmes wird auch durch einen prägnanten Plot gesteigert. Ein solches Merkmal liegt insbesondere dann vor, wenn die Handlung des Films auf einen Kern bzw. eine Schlüsselszene reduzierbar ist, welche/r dann auch im Rahmen der Filmwerbung eingesetzt werden kann. So übermittelt die Aussage „Im Weltall hört dich niemand schreien" den Charakter des Films ALIEN als innovative Kombination aus Horror- und Science Fiction-Film. Aber auch die Existenz von „Bildern", welche die Aufmerksamkeit eines breiten Publikums zu wecken vermögen, steigert die Prägnanz eines Filmplots (z. B. die computeranimierten Dinosaurier in JURASSIC PARK).

3.1.3 Erfolg im Rahmen vorangehender Auswertungen

Ein weiterer Einflussfaktor auf das Besucherverhalten sind Informationen über den bisherigen Erfolg bzw. Misserfolg eines Kinofilms in anderen Märkten. Auf Grund der weltweiten Marktdominanz US-amerikanischer Spielfilme sind vor allem die Einspielergebnisse der Filme in den USA von Bedeutung. Theoretische Grundlage für die Bedeutung von Erfolgsinformationen ist das „success-breeds-success" Konzept.[2] Demnach führt der Erfolg eines Films im Rahmen einer vorangehenden Auswertung dazu, dass

- die Medienberichterstattung über einen erfolgreichen Film weitaus umfangreicher ausfällt als im Fall des Misserfolges und entsprechend eine größere Aufmerksamkeit bei Kinogängern erzielt wird;
- die deutschen Verleihfirmen sich bei der Verteilung ihrer Marketingbudgets an dem Erfolg von Filmen in der vorangehenden Auswertung orientieren; entsprechend er-

1 Z. B. Hennig-Thurau/Houston/Walsh (2003); Sawhney/Eliashberg (1996).

2 Elberse/Eliashberg (2002).

halten zuvor erfolgreiche Filme auch von Verleihseite eine überproportionale Zuwendung, die wiederum aufmerksamkeitssteigernd wirkt;

- Informationen über den Filmerfolg von Konsumenten als Indikator für die Qualität eines Films herangezogen werden. Durch das kommunikative Zusammenwachsen internationaler Märkte rücken Filme bereits zum Zeitpunkt ihres US-Starts, der i. d. R. ein halbes Jahr vor dem deutschen Kinostart liegt, in den Mittelpunkt des Interesses deutscher Medien und in der Folge auch deutscher Kinobesucher;
- der Erfolg eines Films im Heimatland einen „bandwaggon effect" auslöst. Konsumenten sind dabei bestrebt, Teil eines gesellschaftlichen Phänomens zu werden und entsprechend in ihrem sozialen Umfeld „mitreden" zu können. Dies war etwa im Fall der Warteschlangen bei der Premiere von STAR WARS EPISODE I zu beobachten, wo für so manchen Zuschauer der Wunsch des „Dabeiseins" größeren Nutzen versprach als der Films selbst.

Vor dem Hintergrund der Bedeutung von Erfolgskennziffern wird in den USA zunehmend versucht, Einspielergebnisse frühzeitig zu veröffentlichen (so werden die Umsätze des Premierenabends z. T. bereits am Startwochenende gehandelt)[1], um so Multiplikatoreffekte realisieren zu können. Zugleich ist im Fall des Misserfolges die Gefahr groß, dass der Film stigmatisiert wird, was durch den Einsatz kommunikationspolitischer Instrumente nur begrenzt zu korrigieren ist (zu sehen etwas am Beispiel der Filme WATERWORLD und PLUTO NASH).

3.1.4 Personalattraktivität

Kinofilme stellen jeweils das Ergebnis des Zusammenwirkens zahlreicher Personen dar, wobei diese z. T. für den Kunden sichtbar sind („onstage"-Personal oder „boundary personnel", Schauspieler), z. T. unsichtbar sind („backstage"-Personal, z. B. Regisseur, Produzent, Kameramann)[2]; Hitchcocks legendäre Cameo-Auftritte sind hier die Ausnahme von der Regel. Für Konsumenten liegt es nahe, ihre filmbezogenen Erwartungen an die beteiligten Personen als „Urheber" und Verantwortliche des Kinofilms zu knüpfen. Die Personalattraktivität eines Films basiert dabei auf der Bekanntheit und Beliebtheit von insbesondere drei Personengruppen, für die ein Einfluss auf den Filmerfolg postuliert werden kann: Stars, Regisseure sowie Produzenten.

Ihre ökonomische Attraktionswirkung unterscheidet Stars von der größeren Gruppe der prominenten Schauspieler. „[Sharon Stone] ist eine Prominente, sie hat einen großen Namen und das hilft manchmal....Aber sie ist nicht unbedingt ein Kassen-Star. Wenn Tom Cruise in einem Film auftritt,...dann werden diese Filme ein großes Geschäft. Das

---

1 Vgl. Vahabzadeh (1999) bzw. www.boxofficeguru.com.

2 Vgl. Austin (1989), S. 76.

ist ein richtiger Star“ (Bill Mechanic, ehemaliger Präsident des Filmstudios 20th Century Fox)[1]. Stars beeinflussen den Erfolg von Kinofilmen auf zwei Wegen. Zum ersten kann die Mitwirkung eines Stars eine eigene Qualitätsdimension im Rahmen des konsumentenseitigen Beurteilungsprozesses darstellen. So ist, bei entsprechender Präferenz des Zuschauers, die Tatsache, dass Tom Hanks in einem Film mitspielt, eine Qualität „an sich“. Von größerer Bedeutung aber als diese Qualitätsfunktion, die i. d. R. auf wenige „Fans“ des Stars begrenzt ist, ist die Markierungsfunktion, die Stars übernehmen und damit dem Zuschauer helfen, seine Unsicherheit bezüglich des Films zu verringern. Ähnlich wie ein Markenname stellvertretend für eine konstante Zusammensetzung von einzelnen Qualitätseigenschaften steht, so wird das Merkmal, dass ein Star an einem Film beteiligt ist, als Indikator angesehen, dass der gesamte Film einem bestimmten Standard gerecht wird.[2] In der Filmwirtschaft werden in Anzeigen die vergangenen Erfolge der beteiligten Stars besonders betont.

Betrachtet man jedoch die Ertragsziele eines Kinofilms, dann ist zugleich festzustellen, dass Stars heute in vielen Fällen auch den größten Kostenfaktor eines Kinofilms verkörpern: So belief sich etwa das Honorar für die Schauspieler des Films LETHAL WEAPON 4 auf 50 Millionen US$; die Hälfte des Betrages erhielt der Hauptdarsteller Mel Gibson.[3] Dies deutet auf die gegenläufige Wirkung von Stars auf die Erfolgsgrößen eines Kinofilms hin: Zum einen kann von einem positiven Einfluss auf die Besucherzahlen des Films ausgegangen werden, zum anderen wirken die mit einer hohen Personenattraktivität einhergehenden höheren Kosten negativ auf den Gewinn und die Rentabilität. Entsprechend ist es nicht überraschend, dass die empirischen Ergebnisse zum Einfluss von Stars auf den Ertrag nicht eindeutig sind und z. T. keinen oder sogar einen negativen Einfluss auf die Rentabilität zeigen.[4]

Der Regisseur eines Films wird im Allgemeinen als die wichtigste Person bei den Dreharbeiten eines Films angesehen; als künstlerischer Leiter versucht er, durch Koordination von Schauspielern und Technik seine Vision des Films zu realisieren.[5] Die Leistung von Regisseuren ist für Zuschauer ungleich schwerer zu beurteilen als die von Schauspielern, da Regisseure „unsichtbar“ arbeiten. Die Verantwortung des Regisseurs für das Gesamtwerk eines Films erlaubt jedoch den Rückschluss von der Qualität des Films auf die Leistung des Regisseurs; entsprechend wird in der Filmwerbung bewusst mit vorangehenden Arbeiten des Regisseurs argumentiert (so wurde der Film TITANIC in Deutschland zunächst mit dem Hinweis „Vom Regisseur von ‚TRUE LIES‘“ beworben). Empirische Studien zeigen widersprüchliche Resultate; während einige Studien einen signifi-

1 Müller v. Blumencron/Hüetlin (1999), S. 102.

2 Vgl. Arnold (1992), S. 17.

3 Vgl. Vahabzadeh (1999).

4 Vgl. De Vany/Walls (1999); Ravid (1999); Hennig-Thurau/Wruck (1999).

5 Vgl. Schröder (1995), S. 47.

kanten Einfluss unterstützen[1], bleibt der Einfluss eines Starregisseurs auf den Filmerfolg in anderen Untersuchungen nicht-signifikant.[2]

Produzenten finanzieren die Filmproduktion und haben auf Grund der damit verbundenen Verantwortung für den Filmerfolg eine weit reichende Kontrolle über alle Aspekte der Produktion, i. d. R. sogar über die endgültige Schnittfassung („final cut") des Films. Mehr noch als bei den Regisseuren ist dieser weit reichende Einfluss des Produzenten auf den Film für das Publikum kaum erfassbar. In solchen Fällen, in denen Produzenten den Stil ihrer Filme stark prägen (z. B. Bernd Eichinger, Jerry Bruckheimer), ist ein Einfluss auf das Entscheidungsverhalten jedoch möglich und wird von der Filmindustrie durch entsprechende Kommunikationsaktivitäten angestrebt; allerdings existieren diesbezüglich noch keine aussagekräftigen empirischen Ergebnisse.

3.1.5 Produktionsbudget

Im Fall der Höhe des Produktionsbudgets als Erfolgsfaktor lassen sich zwei Effekte unterscheiden. In seiner Funktion als Qualitätsindikator wird das Filmbudget von Konsumenten als Hinweis auf die Verwendung hochwertiger „Ingredienzen" interpretiert, die dem Produzenten die Möglichkeit bieten, die Filmidee künstlerisch, darstellerisch und technisch überzeugend umzusetzen; eine solche Funktion des Budgets kann insbesondere bei kapitalintensiven Genres (vor allem Actionfilme, Science Fiction) erwartet werden.

Des Weiteren signalisieren die Produktionskosten das herstellerseitig wahrgenommene kommerzielle Potenzial eines Kinofilms. So drückt die Investition von 123 Millionen US$ in einen Film wie GODZILLA die Erwartung der Geldgeber aus, dass der Film attraktiv genug ist, um die notwendigen Einnahmen sowie eine angemessene Verzinsung zu erzielen. Im Hinblick auf Gewinn und Rentabilität ist zu berücksichtigen, dass das Budget als negative Erfolgsgröße in die Erfolgsermittlung eingeht. Hennig-Thurau/Houston/Walsh (2003) zeigen, dass das Budget sowohl einen indirekten, u. a. durch Werbeausgaben mediierten Einfluss auf die Höhe der Einnahmen eines Films hat als auch einen signifikanten direkten Effekt, der allerdings nur kurzfristig wirkt (auf das Starteinspiel eines Films), während langfristig kein Einfluss vorhanden ist.

---

1 Vgl. Elberse/Eliashberg (2002); Shugan (1998)

2 Z. B. Sochay (1994).

3.2 Externe Faktoren

Die Qualität eines Films als Ergebnisgröße basiert auf einer Transformation von Potenzialqualitäten in ein ganzheitliches Produkt. Der Erfolg des Transformationsprozesses wird insbesondere durch zwei Aspekte determiniert. Zum einen entscheiden die Sorgfalt und Adäquanz, mit der die verschiedenen Akteure arbeiten und ihre jeweiligen Potenziale einbringen, über die vom Konsumenten empfundene Qualität des Kinofilms. So brachte der Schauspieler Harrison Ford seine mangelnde Motivation bei der Nachbearbeitung von BLADE RUNNER deutlich zum Ausdruck: „I had never read this material before. I had no chance to participate in it, so I simply read it. I was very, very unhappy with their choices and with the quality of the material."[1] Zum anderen belegt die Gestaltpsychologie, dass das Ganze sowohl mehr als auch weniger sein kann als die Summe seiner Teile und das ganzheitliche Wirken der zahlreichen Einzelfaktoren eines Films die Qualitätswahrnehmung des Konsumenten maßgeblich beeinflusst.[2] Folglich kann ein Film trotz des Mitwirkens hoch begabter Schauspieler und eines stringenten Drehbuchs misslingen (vgl. z. B. den Film SPHERE, der trotz der Beteiligung der Stars Dustin Hoffman und Sharon Stone, des Regisseurs Barry Levinson und des Drehbuchautors Michael Crichton allgemein als misslungen angesehen wird).

Für eine ex-ante Beurteilung der Qualität des Transformationsprozesses stehen Konsumenten mit Filmkritiken, Auszeichnungen, Word-of-Mouth und Altersfreigaben verschiedene Indikatoren zur Verfügung, die im Folgenden diskutiert werden.

3.2.1 Filmkritiken

Kritikerurteile sind Bewertungen eines Films durch unabhängige Filmjournalisten und -wissenschaftler, die von Tageszeitschriften, Zeitschriften und/oder elektronischen Medien (z. B. James Berardinellis „ReelViews") einem breiten Publikum zugänglich gemacht werden. Kritikerurteile werden i. d. R. kurz vor oder unmittelbar zum Start des Films publiziert und stellen zu diesem Zeitpunkt für den Zuschauer eine wichtige Hilfe bei der Beurteilung der Ergebnisqualität eines Filmes dar („gate keeper"-Rolle). Die Relevanz der Filmkritik für das Konsumverhalten wird indes dadurch gemindert, dass zahlreiche Kinogänger Filmkritikern ein geringes Maß an „Kundennähe" vorwerfen und insofern die Urteile der „Experten" als für nur bedingt auf das eigene Präferenzsystem übertragbar halten.[3]

---

1 O. V. (1999).

2 Vgl. Meyer-Hentschel (1992), S. 371.

3 Vgl. Visarius (1998), S. 17.

Ein Zusammenhang von Kritikerurteilen und dem Einspielergebnis eines Kinofilms wurde von verschiedenen US-amerikanischen Autoren empirisch festgestellt.[1] Jedoch bestehen hinsichtlich der Kausalität des Zusammenhangs erhebliche Meinungsverschiedenheiten in der Forschung. So gelangen Eliashberg/Shugan (1997) zu dem Ergebnis, dass ein solcher Zusammenhang weniger einen Einfluss der Filmkritik auf das Besucherverhalten widerspiegelt (Kritiker als „influencer"), sondern vielmehr als Vorhersagegenauigkeit der Filmkritik interpretiert werden kann (Kritiker als „predictor"). Hennig-Thurau/Wruck (1999) kommen zu einem ähnlichen Ergebnis, während Hennig-Thurau/Houston/Walsh (2002) zwar ebenfalls einen stärkeren Zusammenhang von Kritiken mit dem langfristigen Filmerfolg als mit dem kurzfristigen Filmerfolg ermitteln, dieser jedoch in beiden Fällen nicht statistisch signifikant ist. Eine jüngere Studie von Reinstein/Snyder (2000) schließlich betrachtet nicht aggregierte Korrelationen, sondern Individualdaten und bestätigt zumindest für einzelne Kritiker das Vorhandenseins eines kausalen Zusammenhangs.

3.2.2 Auszeichnungen

Ein weiterer unabhängiger Indikator für die Gesamtqualität eines Spielfilms sind Auszeichnungen. Auszeichnungen sind das Ergebnis eines Vergleichs der Filme eines Jahrgangs und belohnen von der preisverleihenden Institution als herausragend angesehene Leistungen. Sie implizieren ein relatives Qualitätsverständnis, dessen Verhaltensnähe in anderen Bereichen von verschiedenen Autoren betont worden ist.[2] Von der Vielzahl existierender Filmpreise besitzen die von der Academy of Motion Picture Arts and Sciences verliehenen Academy Awards („Oscars") die größte Publikumsattraktivität und damit auch den größten potenziellen Einfluss auf das Zuschauerverhalten.[3]

In der Filmbranche erhofft man sich von einem Oscar vor allem einen Nachfrageschub für den prämierten Film. Eine von Dodds/Holbrook (1988) durchgeführte Analyse unterstützt diese Überlegung: Die Autoren gelangen zu dem Ergebnis, dass die Auszeichnung für den besten Film eine zusätzliche Nachfrage im Wert von 22 Millionen US$ generiert.[4] Nelson et al. (2001) bestätigen diesen Einfluss und zeigen zudem, dass dessen Stärke mit dem Starttermin eines Films variiert, wobei später im Jahr gestartete Filme deutlich stärker von einer Auszeichnung profitieren als früher gestartete Filme.

---

1 Vgl. Eliashberg/Shugan, 1997; West/Broniarczyk, 1998; Wyatt/Badger, 1990.

2 Vgl. Dick/Basu (1994).

3 Vgl. Dodds/Holbrook (1988), S. 72.

4 Vgl. Dodds/Holbrook (1988), S. 84.

3.2.3 Word-of-Mouth

Es kann erwartet werden, dass der Erfolg von Kinofilmen in einem starken Maße durch das Ausmaß und die Richtung von Word-of-Mouth beeinflusst wird.[1] Word-of-Mouth kann Verhalten sowohl negativ als auch positiv lenken und beinhaltet solche informellen kommunikativen Maßnahmen von Konsumenten, die sich an andere Konsumenten richten und eine Bewertung einer Konsumerfahrung (hier: eines Spielfilms) zum Gegenstand haben. [2] Diese Bewertung kann als Schilderung angenehmer bzw. unangenehmer Konsumerlebnisse, aber auch in Gestalt von direkten Kaufempfehlungen bzw. Nichtkaufempfehlungen erfolgen. Die hohe Glaubwürdigkeit, die einer solchen persönlichen Kommunikation von Konsumenten i. d. R. beigemessen wird[3], basiert vor allem auf dem neutralen Status des Kommunizierenden sowie der empfundenen sozialen Nähe, wobei Letzteres einen wesentlichen Unterschied zu den Urteilen professioneller Filmkritiker markiert. Ausschlaggebend für die Intensität des getätigten Word-of-Mouth ist vor allem das Ausmaß der (Un-)Zufriedenheit des Kunden; dies belegen auch empirische Untersuchungen.[4] Das Spielfilmen von zahlreichen Konsumenten entgegengebrachte hohe Involvement legt ein hohes Maß an Word-of-Mouth nahe. Allerdings liegen bisher noch keine empirischen Ergebnisse zum Zusammenhang von Word-of-Mouth und Filmerfolg vor. Die einzige Studie, die diesen Zusammenhang untersucht, kommt zu einem negativen Einfluss von Word-of-Mouth, der allerdings von den Autoren auf eine ungeeignete Operationalisierung zurückgeführt wird.[5]

3.2.4 Altersfreigaben

Spielfilme werden in fast allen Ländern von spezifischen gesellschaftlichen Institutionen mit einer Altersfreigabe versehen, um Jugendliche vor psychologischen Schädigungen durch nicht-altersgerechte Themen, Bilder oder Dialoge zu schützen. In Deutschland übernimmt diese Aufgabe die Freiwillige Selbstkontrolle der Filmwirtschaft (FSK), deren Entscheidungen für Filmtheater bindend sind; in den USA werden Altersfreigaben durch die Motion Picture Association of America (MPA bzw. MPAA) vergeben, deren Einhaltung durch die Theaterbetreiber zwar auf freiwilliger Basis, aber in der Praxis flächendeckend erfolgt.

---

1 Vgl. Austin (1989), S. 72.

2 Vgl. Singh (1988).

3 Vgl. Assael (1998), S. 605.

4 Vgl. Anderson (1998).

5 Vgl. Neelamegham/Chintagunta (1999).

Altersfreigaben beeinflussen den Filmerfolg auf zwei unterschiedlichen Wegen. Zum einen stellen Altersfreigaben Informationen für den Kinogänger dar, die Aufschluss über die in einem Film behandelten Themen (z. B. Gewalt, sexuelle Inhalte) und die Art und Weise ihrer Darstellung geben können. Konsumenten verbinden mit diesen Themen und speziell der Art ihrer filmischen Inszenierung unterschiedliche Präferenzen, sodass die Altersfreigabe eines Films die Ex-ante-Qualitätsbeurteilung eines Films sowohl steigern als auch senken kann.[1] So kann davon ausgegangen werden, dass Horrorfilm-Fans einem neuen Genrebeitrag grundsätzlich skeptisch gegenüber stehen werden, wenn dieser eine Freigabe „ab 12 Jahren" aufweist. Im Fall des Films HANNIBAL hat die Altersfreigabe „ab 18 Jahren" intensive Spekulationen über die Drastik der gezeigten Bilder ausgelöst und auf diese Weise zum Erfolg des Films beigetragen.

Zum anderen stellen Altersfreigaben aber auch Restriktionen dar, die das ökonomische Potenzial eines Spielfilms einschränken können, in dem bestimmte Zielgruppen ausgeschlossen werden.[2] Die Bedeutung dieses Restriktionseffektes wird besonders deutlich, wenn man berücksichtigt, dass das Segment der unter 20-Jährigen in Deutschland mehr als ein Viertel der gesamten Kinobesucher stellt.

3.3 Weitere Marketingmaßnahmen: Filmwerbung und Kopienzahl

Neben leistungspolitischen Maßnahmen des produzierenden Studios sind auch die kommunikations- und distributionspolitischen Maßnahmen in Gestalt der Filmwerbung und der Anzahl der Leinwände, auf denen ein Film zu sehen ist, wichtige Stellgrößen für den Markterfolg von Spielfilmen.

Die Filmwerbung fokussiert i. d. R. auf die Vermittlung der Potenzialqualität eines Films, so der Mitwirkung bekannter Stars. Filmwerbung folgt grundsätzlich den bekannten Mechanismen der Produktwerbung, wobei neben Printanzeigen und TV-Spots sowie sog. „Making-of"-Featurettes dem Einsatz von Filmtrailern eine wichtige Rolle für den Filmerfolg zukommt. Trailer werden vom Konsumenten weniger als Werbung, sondern vielmehr als Gelegenheit wahrgenommen, erste Produkterfahrungen zu sammeln. Verschiedene empirische Untersuchungen belegen die Relevanz von Filmtrailern für die Erwartungsbildung der Konsumenten.[3] Mit zunehmender Verbreitung des Internet kommt schließlich auch der elektronischen Filmwerbung eine wachsende Bedeutung zu. Hier besteht zum einen die Möglichkeit der Bereitstellung von Informationen und Material (Filmtrailern, Bildschirmschonern). Innerhalb der ersten 5 Tage nach Veröffentlichung des Filmtrailers zu STAR WARS: EPISODE I im Internet wurden 3,5 Millionen

---

1 Vgl. Hennig-Thurau/Houston/Walsh (2002).

2 Vgl. Leenders/Eliashberg (2000).

3 Vgl. Austin (1989), S. 68 f.; Müller/Ceviz (1993), S. 87 ff.

Kopien heruntergeladen, mittlerweile sind es über 10 Mio Downloads.[1] Zum anderen ermöglicht das Internet auch gänzlich innovative Vermarktungsstrategien. So wurde im Fall des mit einem minimalen Etat von 35.000 US$ produzierten Horrorfilms BLAIR WITCH PROJECT auf einer Website eine fiktive Vorgeschichte kreiert, die dem Film einen dokumentarischen Charakter gab. Das einsetzende Word-of-Mouth hat dazu geführt, dass der Film (unter Verzicht auf jegliche traditionelle Werbung) allein in den USA ein Einspielergebnis von 130 Millionen US$ erzielte. „BLAIR WITCH PROJECT ist das deutlichste Beispiel für ein neues Phänomen: Der Erfolg des Films wird nicht von einer konventionellen Werbekampagne, sondern einer Website...angetrieben.“[2]

Der Anzahl der Filmkopien und der Leinwände, auf denen ein Film gesehen werden kann, kommt analog zur Regalfläche im Handel eine Gate-Keeper-Funktion zu.[3] So entscheidet die Verfügbarkeit eines Films darüber, ob Konsumenten ihre Besuchsabsichten in die Tat umsetzen können. Studien zeigen indes auch einen engen Zusammenhang der Zahl der Leinwände und des Werbebudgets[4], der sich mit der Erfolgserwartung des Studios bezüglich eines Filmes und den damit verbundenen Investitionen in Kopien und Marketing begründen lässt.

4. Besonderheiten der Auswertung von Spielfilmen auf nachgelagerten Märkten

4.1 Video und DVD

Die mit dem Verleih von Spielfilmen auf Video und DVD verbundenen Einnahmen übertreffen seit einigen Jahren die Kinoeinnahmen deutlich. In den USA wurden etwa im Jahr 2000 an den Kinokassen 7,66 Milliarden US$ eingenommen, während sich die Einkünfte aus dem Video/DVD-Verleih (ohne Verkauf) auf 12,4 Milliarden US$ beliefen. In Bezug auf die Auswertung eines Spielfilms auf dem Videomarkt sind insbesondere zwei Aspekte von großer Bedeutung: (a) das Timing der Veröffentlichung eines Films und (b) die Frage, ob der Erfolg eines Films im Rahmen seiner Videoveröffentlichung von anderen Faktoren beeinflusst wird als der Kinoerfolg des Films.

In Bezug auf das Timing-Problem haben Lehmann/Weinberg (2000) in einer grundlegenden Studie gezeigt, dass die Wahl des gewinnmaximalen Veröffentlichungszeitpunk-

1 Vgl. Lucasfilm (1999).

2 Graaf (1999).

3 Vgl. Elberse/Eliashberg (2002).

4 Vgl. Prosser (2002).

tes zum einen durch die Kannibalisierung der Kinoeinnahmen durch das Videoverleihgeschäft im Fall der zeitgleichen Verfügbarkeit eines Filmes im Kino und auf Video beeinflusst wird, zum anderen durch den Neuigkeitsgrad eines Filmes. Filmstudios sind dabei mit einem Timing-Dilemma konfrontiert: während Kannibalisierungseffekte einen möglichst späten Veröffentlichungszeitpunkt eines Films auf Video nahe legen, lässt die Abnahme des Neuigkeitsgrades des Films im Zeitverlauf und die damit einhergehende Attraktivitätsminderung eine möglichst geringe Zeitdifferenz zwischen Kino- und Videoveröffentlichung geraten erscheinen. Lehmann/Weinberg (2000) zeigen in ihrer Studie, dass die gängige Praxis der Studios, die einen festen Veröffentlichungszeitraum von rund 6 Monaten vorsieht, suboptimal ist und fordern eine stärker am Kinoerfolg des Films orientierte Festlegung des Veröffentlichungszeitpunktes eines Films auf Video.

In Bezug auf den Stellenwert von Einflussfaktoren für den Videoerfolg haben Hennig-Thurau/Houston/Walsh (2002) in einer empirischen Studie gezeigt, dass für den Videoerfolg eines Films teilweise andere Faktoren von Bedeutung sind als für den Kinoerfolg. In Tabelle 1 sind Ergebnisse einer Pfadanalyse mit LISREL 8 wiedergegeben.

Wichtige Unterschiede bestehen demnach u. a. in Bezug auf die Personalattraktivität, die den Videoerfolg stärker beeinflusst als den Kinoerfolg, die Altersfreigabe des Films, die ausschließlich den Videoerfolg beeinflusst (und zwar in erheblichem Ausmaß) und die Symbolkraft, die nur im Fall des Startwochenendes Wirkung zeitigt.

	auf		
Einfluss von	Startwochenende (Kino)	Kinoeinspiel nach dem Startwochenende	Videoverleiheinspiel
Personalattraktivität	n.s.	.046	.106
Altersfreigabe (Ausmaß an Restriktivität)	n.s.	n.s.	.272
Symbolkraft	.180	n.s.	n.s.
Werbung	.535	n.s.	.468
Sommer/Weihnachtsveröffentlichung auf Video	-	-	.076
Sommer/Weihnachtsveröffentlichung im Kino	.132	.082	-
Filmkritiken	n.s.	n.s.	-.098
Auszeichnungen (Oscargewinne und -nominierungen)	-	.221	n.s.
Erfolg am Startwochenende	-	.741	.205
Kinoeinspiel nach dem Startwochenende	-	-	.282

Tabelle 1: Unterschiede zwischen den Ursachen des Filmerfolgs auf Video/DVD und im Kino

4.2 Internationale Märkte

Spielfilme werden i. d. R. auf ausländischen Märkten später veröffentlicht als im Heimatland. Ausschlaggebend dafür sind heute nur teilweise technische Gründe wie der mit der Herstellung von Synchronfassungen verbundene Zeitaufwand. Vielmehr spiegelt die zeitlich versetzte Veröffentlichung die Hoffnung des Studios auf success-breeds-success-Effekte wieder. Abbildung 4 zeigt die Korrelation zwischen dem US-amerikanischen Kinoeinspiel und dem deutschen Kinoeinspiel für 231 in den Jahren 1999 bis 2001 in beiden Ländern aufgeführte US-amerikanische Spielfilme in Abhängigkeit von der zeitlichen Distanz zwischen den Startzeitpunkten. Die Abbildung verdeutlicht dabei, dass insbesondere für den Fall, dass die Filmveröffentlichung in beiden Ländern zeitlich nahe beieinander liegt, ein starker Zusammenhang zwischen dem Filmerfolg in beiden Ländern vorhanden ist.

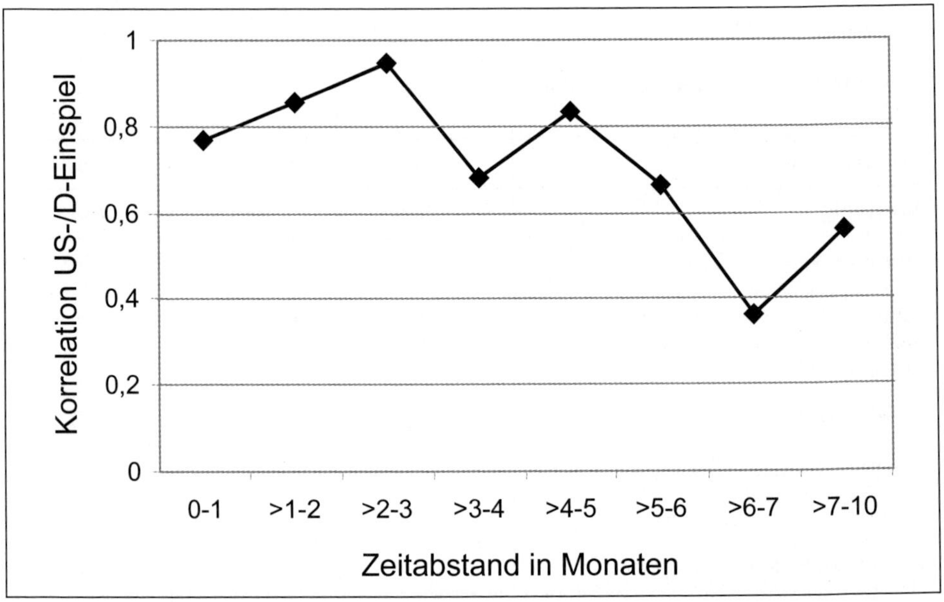

Abbildung 4: Zeitabstand von US- und deutschem Kinostart und Erfolgskorrelation

Allerdings kommt es auch vor, dass Filme unterschiedlich erfolgreich sind: so hat der erste Teil der AUSTIN POWERS-Filmreihe in den USA 54 Millionen US$, in Deutschland aber nur 230.000 € eingespielt. Ist nun ein Spielfilm auf dem Heimatmarkt erfolgreich, im Ausland jedoch nicht erfolgreich (oder umgekehrt), so lassen sich für diesen Unterschied verschiedene Gründe anführen. Neben demographischen Diskrepanzen (in den USA gehen etwa deutlich mehr ältere Konsumenten ins Kino als in Deutschland) können insbesondere Kulturunterschiede zur Erklärung der unterschiedlichen Akzeptanz einzelner Spielfilme in verschiedenen Ländern herangezogen werden.[1]

Betrachtet man die USA und Deutschland, so weist der Kinofilm in den USA u. a. aus historischen, aber auch aus strukturellen Gründen eine andere gesellschaftliche Verortung auf. Kino ist dort weit stärker als hier Teil der Alltagskultur, was sich z. B. in einer

---

1 Vgl. Danan (1995); Hennig-Thurau/Walsh/Bode (2003).

weitaus höheren Besuchsfrequenz widerspiegelt (USA: durchschnittlich 5,64 Besuche pro Einwohner in 1999; D: 1,84 Besuche).[1] Das unterschiedliche gesellschaftliche Verständnis von Kinofilmen hat konkrete Folgen in Bezug auf einzelne Erfolgsfaktoren. Im Hinblick auf den Faktor Stars kann etwa festgestellt werden, dass die gesellschaftliche Akzeptanz von Stars in den USA erheblich größer ist als in Deutschland. Die Relevanz amerikanischer Stars für den Filmerfolg wird hier zu Lande dadurch reduziert, dass neben sog. „global players" (z. B. Tom Hanks, Tom Cruise) auch „domestic players" existieren. Insbesondere im Komödiengenre gibt es Schauspieler, die in den USA große Popularität besitzen, jedoch in Deutschland weitgehend unbekannt sind (z. B. Mike Myers, Howard Stern, Adam Sandler).

Auszeichnungen im Allgemeinen und die Academy Awards im Speziellen erfahren in den USA eine weit höhere Beachtung als in Deutschland. In den USA stellt die Oscar-Verleihung eines der wichtigsten gesellschaftlichen Ereignisse des Jahres dar, das von einer umfangreichen Berichterstattung in Print- und elektronischen Medien begleitet wird; in Deutschland hingegen erfährt die Veranstaltung eine weitaus geringere Medienpräsenz und erzielt niedrige Einschaltquoten. Die damit verbundene Annahme einer stärkeren Bedeutung von Oscars für den Filmerfolg in den USA ist allerdings zu relativieren, da die Oscars jeweils rückwirkend im März des Folgejahres verliehen werden und sich folglich in den USA die prämierten Filme entweder nicht mehr oder bereits seit einem langen Zeitraum in der Auswertung befinden, während der deutsche Kinostart von potenziellen Oscar-Gewinnern häufig erst nach dem Zeitpunkt der Verleihung erfolgt.

Weitere Unterschiede basieren auf grundsätzlichen kulturellen Differenzen zwischen den USA und Deutschland. So existieren hier zu Lande wie in den USA spezifische Themen, die in dem jeweils anderen Land vom Kinopublikum nicht im gleichen Maße nachgefragt werden (D: Deutsche Einheit; USA: Sportarten, insbes. Baseball, Football).[2] Ein weiterer Unterschied betrifft den Stellenwert von Kennziffern in beiden Ländern: Quantitativen Größen kommt in der amerikanischen Gesellschaft eine grundlegende Orientierungsfunktion zu, was auch für die Bewertung von Kinofilmen relevant ist. In der Folge ist anzunehmen, dass der Höhe des Filmbudgets in den USA eine höhere Bedeutung zukommt. Schließlich kann in der unterschiedlichen Offenheit der Konsumenten gegenüber anderen Stilen und Formen ein Grund für den unterschiedlichen Erfolg der Filme im jeweils anderen Land gesehen werden.[3] Angesichts der mangelnden Akzeptanz von fremdsprachigen Filmen beim amerikanischen Publikums ist oft die Herstellung eines an amerikanische Sehgewohnheiten angepassten Remakes lohnenswerter als die Synchronisation oder Untertitelung des Originals (z. B. SPOORLOS/THE VANISHING, TROIS HOMMES ET UN COUFFIN/THREE MEN AND A BABY).

---

1 Vgl. Lieberman (2000).

2 Vgl. die empirischen Ergebnisse bei Hennig-Thurau/Walsh/Bode (2003).

3 Vgl. Gehrs/v. Hammerstein/Sobolla/Weingarten (1999); Roth (1999).

5. Abspann

In diesem Beitrag wurde der Frage nachgegangen, welche Faktoren dafür ausschlaggebend sind, dass Spielfilme ökonomisch erfolgreich sind oder zum Flop werden. Zunächst wurde verdeutlicht, dass die nationale Kinoauswertung nur einen Teil der komplexen Auswertungskette von Spielfilmen darstellt. Die große Bedeutung dieser inländischen Kinoauswertung liegt dabei weniger in den hier eingenommenen absoluten Geldbeträgen als vielmehr in der Signalfunktion, die ein solcher Erfolg sowohl für inländische nachgelagerte Auswertungsstufen (z. B. Video/DVD) als auch für den Erfolg des Films im Ausland besitzt.

Im Hinblick auf den Kinoerfolg lassen sich verschiedene Faktoren anführen, für die ein Einfluss theoretisch oder empirisch belegt werden kann. Diese Faktoren werden in diesem Beitrag drei Gruppen zugeordnet: (a) Filmeigenschaften, (b) Marketingmaßnahmen und (c) externe Faktoren. Diese Faktoren sind in unterschiedlichem Ausmaß durch die Produktionsgesellschaft steuerbar, müssen aber bei der Konzeption und Vermarktung eines neuen Spielfilms beachtet werden. Schließlich wird gezeigt, dass die Erkenntnisse, die für die Vorhersage des Erfolgs eines Films an der Kinokasse vorhanden sind, nur begrenzt auf andere Märkte übertragen werden können, da hier z. T. andere Wirkungsmechanismen fungieren.

Insgesamt bietet der vorliegende Beitrag Antworten auf die vielgestellte Frage, warum ein Spielfilm ein Erfolg an der Kinokasse geworden ist und ein anderer nicht. Auf Grund der Komplexität des Mediums Spielfilm und der bei der Filmwahrnehmung und -bewertung auf Seiten der Kinogänger wirkenden Effekte sind damit aber Filmerfolge noch längst nicht „planbar“. Vielmehr bedarf es einer Intensivierung sowohl der Beziehungen zwischen den einzelnen Erfolgsfaktoren und dem Filmerfolg als auch der Beziehungen, die zwischen den Erfolgsfaktoren wirken, um folgenschwere filmökonomische Desaster wie HEAVEN'S GATE und PLUTO NASH in der Zukunft vermeiden zu können.

Literaturverzeichnis

ANDERSON, E.W. (1998), Customer Satisfaction and Word of Mouth, in: Journal of Service Research, Vol. 1, No. 1, 1998, S. 5-17.

ARNOLD, D. (1992), Modernes Markenmanagement, Wien 1992.

ASSAEL, H. (1998), Consumer Behavior and Marketing Action, 6. Aufl., Cincinatti 1998.

AUSTIN, B.A. (1989), Immediate Seating - A Look at Movie Audiences, Belmont 1989.

AUSTIN, B.A./GORDON, T.F. (1987), Movie Genres: Toward a Conceptualized Model and Standardized Definitions, Current Research in Film: Audiences, Economics, and Law, 3, 1987, S. 12-33.

BLUM, S. (1992), Merchandising, in: Squire, J.E. (Hrsg.), The Movie Business Book, 2. Aufl., New York 1992, S. 407-413.

DANAN, M. (1995), Marketing the Hollywood Blockbuster in France, Journal of Popular Film and Television, Vol. 23, No. 3, 1995, S. 131-46.

DE SILVA, I. (1998), Consumer Selection of Motion Pictures, in: The Motion Picture Mega-Industry, ed. Barry R. Litman, Boston 1998, S. 144-170.

DE VANY, A./WALLS, W.D. (1999), Uncertainty in the Movie Industry: Does Star Power Reduce the Terror of the Box Office?, in: Journal of Cultural Economics, 23, 1999, S. 285-318.

DICK, A.S./BASU, K. (1994), Customer Loyalty: Toward an Integrated Conceptual Framework, in: Journal of the Academy of Marketing Science, Vol. 22, No. 2, 1994, S. 99-113.

DODDS, J.C./HOLBROOK, M.B. (1988), What´s an Oscar worth? An Empirical Estimation of the Effects of Nominations and Awards on Movie Distribution and Revenues, in: Current Research in Film: Audiences, Economics and Law, Vol. 4, 1988, S. 72-87.

EGGER, J. (1999), Rendezvous mit dem Flop: Jürgen Egger im Gespräch mit Martin Brest, dem Regisseur von "Meet Joe Black", in: steady cam, o. Jg., Heft 37, 1999, S. 109-113.

ELBERSE, A./ELIASHBERG, J. (2002), Dynamic Behavior of Consumers and Retailers Regarding Sequentially Released Products in International Markets: The Case of Motion Pictures, working paper, The Wharton School, University of Pennsylvania 2002.

ELIASHBERG, J./SHUGAN, S.M. (1997), Film Critics: Influencers or Predictors?, in: Journal of Marketing, Vol. 61, No. 2, 1997, S. 68-78.

FFA (2003), Die Kinobesucher 2002, Studie der Filmförderungsanstalt, Frankfurt 2003.

GEHRS, O./V. HAMMERSTEIN, K./SOBOLLA, B./WEINGARTEN, S. (1999), Goldrausch in der Kinowelt, in: Der Spiegel, 52. Jg., Heft 40, 1999, S. 284-287.

GRAAF, V. (1999), Netz und Nützlichkeit: Internet als Klatschmaschine wie ein Horrorfilm zum Hit wurde, in: Süddeutsche Zeitung vom 30.7.1999, http://www.sueddeutsche.de/aktuell/feuill_m.htm, Abruf am: 30.7.1999.

HENNIG-THURAU, T./HOUSTON, M./WALSH, G. (2002), Differing Performance Drivers in Sequential Distribution Channels: Evidence from Motion Picture Box Office and Video Rental Revenues, Arbeitspapier, Bauhaus-Universität Weimar 2002.

HENNIG-THURAU, T./HOUSTON, M./WALSH, G. (2003), Unveiling the Mysteries of Motion Picture Success: An Interrelationship Approach of the Determinants of Motion Picture Box Office, AMA 2003 Summer Educators' Conference Proceedings (forthcoming).

HENNIG-THURAU, T./WALSH, G./BODE, M. (2003), Exporting Media Products: Understanding the Success and Failure of Hollywood Movies in Germany, Arbeitspapier, Bauhaus-Universität Weimar 2003.

HENNIG-THURAU, T./WALSH, G./WRUCK, O. (2001), An Investigation into the Success Factors of Motion Pictures, Academy of Marketing Science Review, http://www.amsreview.org/amsrev/theory/hennig06-01.html.

HENNIG-THURAU, T./WRUCK, O. (1999), Warum wir ins Kino gehen: Erfolgsfaktoren von Kinofilmen, in: Marketing ZFP, 22. Jg., Heft 3, 2000, S. 241-258.

JEDIDI, K./KRIDER, R.E./WEINBERG, C. (1998), Clustering at the Movies, in: Marketing Letters, Vol. 4, No. 9, 1998, S. 393-405.

JOWETT, G. (1985), Giving Them What They Want: Movie Audience Research Before 1950, in: Current Research in Film: Audiences, Economics and Law, Vol. 1, 1985, S. 19-36.

LEENDERS, M.A.A.M./ELIASHBERG, J. (2000), Explaining and Managing the International Performance of Movies, Paper präsentiert auf der 2000 European Marketing Association Conference, Berlin 2000.

LEHMANN, D.R./WEINBERG, C.B. (2000), Sales Through Sequential Distribution Channels: An Application to Movies and Videos, Journal of Marketing, Vol. 64, July, 2000, S. 18-33.

LIEBERMAN, D. (2000), At the Movies: Full Bar, Prime Rib, Recliners, in: USA Today, 23.03.00, S. 1B-2B.

LUCASFILM (1999), Homepage zum Film „STAR WARS – EPISODE I", http://www.starwars.com/episode-i, Abruf am: 28.7.1999.

Meyer-Hentschel, G. (1992), Stichwort Gestaltpsychologie, in: Diller, H. (Hrsg.), Vahlens großes Marketing-Lexikon, München 1992, S. 371.

MPAA (2003), 2002 MPA Market Statistics, im Internet unter http://www.mpaa.org/useconomicreview/, Abruf am: 17.04.03.

MÜLLER V. BLUMENCRON, M./HÜETLIN, T. (1999), „'Titanic'hat uns die Augen geöffnet" – Bill Mechanic, Chef der 20th Century-Fox-Studios, über Millionengagen der Schauspieler und die Krisenstimmung in Hollywood, in: Der Spiegel, 52. Jg., Heft 23, 1999, S. 100-104.

MÜLLER, H./CEVIZ, S. (1993), Wirkung von Trailern: Ein Feldexperiment zur Werbung für Kinofilme, in: Marketing ZFP, 15 Jg., Heft 2, 1993, S. 87-94.

NEELAMEGHAM, R./CHINTAGUNTA, P. (1999), A Bayesian Model to Forecast New Product Performance in Domestic and International Markets, Marketing Science, Vol. 18, No. 2, 1999, S. 115-136.

NELSON, R.A./DONIHUE, M.R./WALDMAN, D.M./WHEATON, C. (2001), What's an Oscar Worth?, in: Economic Inquiry, 39, January, 2001, S. 1-16.

O. V. (1999), Ford disses Blade Runner, in: Mr. Showbiz News vom 5. Oktober 1999, http://mrshowbiz.go.com/news/Todays_Stories/991005/ford100599.html, Abruf am: 7.10.1999.

PRAG, J./CASAVANT, J. (1994), An Empirical Study of the Determinants of Revenues and Marketing Expenditures in the Motion Picture Industry," in: Journal of Cultural Economics, 18, 1994, S. 217-235.

PROSSER, E.K. (2002), How Early Can Video Revenues Be Accurately Predicted?, Journal of Advertising Research, 42, March/April, 2002, S. 47-55.

RAVID, S.A. (1999), Information, Blockbusters, and Stars: A Study of the Film Industry, in: Journal of Business, Vol. 72, October, 1999, S. 463-492.

REINSTEIN, D.A./SNYDER, C.M. (2000), The Influence of Expert Reviews on Consumer Demand for Experience Goods: A Case Study of Movie Critics, working paper, George Washington University 2000.

ROTH, W. (1999), Lola rennt, aber nicht überall: Erfolge und Misserfolge des deutschen Films im Ausland, in: epd-film, 16. Jg., Heft 10, 1999, S. 13-15.

SAWHNEY, M.S./ELIASHBERG, J. (1996), A Parsimonious Model for Forecasting Gross Box-Office Revenues of Motion Pictures, in: Marketing Science, Vol. 15, No. 2, 1996, S. 113-131.

SCHRÖDER, N. (1995), Filmindustrie, Hamburg 1995.

SEEßLEN, G. (1998), Der Höhenflug des sinkenden Schiffs: Das Medienereignis "Titanic", in: epd-film, 15. Jg., Heft 5, 1998, S. 8-9.

SHUGAN, S. (1998), Forecasting Failure and Success of New Films, working paper, University of Florida 1998.

SINGH, J. (1988), Consumer Complaint Intentions and Behavior: A Review and Prospect, in: Journal of Marketing, Vol. 52, January, 1988, S. 93-107.

SOCHAY, S. (1994), Predicting the Performances of Motion Pictures, in: Journal of Media Economics, Vol. 7, No. 4, 1994, S. 1-20.

VAHABZADEH, S. (1999), Charts beiseite – Wie Hollywood versucht, den Erfolg kalkulierbar zu machen, in: Süddeutsche Zeitung vom 8. September 1999, 54. Jg., S. 28.

VISARIUS, K. (1998), Die Allgegenwart des Filmischen, in: Schenk, I. (Hrsg.), Filmkritik: Bestandsaufnahme und Perspektiven, Marburg 1998, S. 15-21.

VOGEL, H.L. (2001), Entertainment Industry Economics: A Guide for Financial Analysis, Cambridge 2001.

West, P.M./Broniarczyk, S.M. (1998), Integrating Multiple Opinions: Aspiration Level on Consumer Response to Critic Consensus, in: Journal of Consumer Research, Vol. 25, No. 1, 1998, S. 38-51.

Wyatt, R.O./Badger, D.P. (1988), What Newspaper Film Critics Value in Film and Film Criticism: A National Survey, in: Current Research in Film: Audiences, Economics and Law, Vol. 4, 1988, S. 54-71.

Jobst Plog

Aufbau und Entwicklung von Senderfamilien im Hörfunk vor dem Hintergrund des öffentlich-rechtlichen Programmauftrages: Das Beispiel NDR

1. Rahmenbedingungen

1.1 Veränderte/Aktuelle Marktsituation

Die Einführung des dualen Rundfunksystems und der Übergang zu einer stark wettbewerbsorientierten Radiolandschaft markierte den Beginn einer neuen Ära der Hörfunkgeschichte. Aus den etwa 50 Radioprogrammen Ende der achtziger Jahre sind im Laufe der Zeit bundesweit mehr als 250 unterschiedliche Hörfunkwellen geworden, von denen mehr als 65 % privatwirtschaftlich betrieben werden.[1] Auch nach der Kommerzialisierung konstituiert sich die deutsche Radiolandschaft primär aus regionalen Märkten: Jede der 10 ARD-Anstalten steht – mit Ausnahme der Metropolregionen Hamburg und Berlin sowie der Sondersituation in Nordrhein-Westfalen – im eigenen Sendegebiet mit ein bis drei kommerziellen Rundfunkveranstalter in Konkurrenz.

Der NDR, die bundesweit einzige Vier-Länder-Anstalt, konkurrierte im Herbst 2002 in seinem Sendegebiet mit insgesamt 13 kommerziellen Anbietern, womit der norddeutsche Radiomarkt zu einem der am härtesten umkämpften in Deutschland zählt.

Wie für die übrigen regionalen Hörfunkmärkte gilt auch für die Konkurrenzsender der NDR-Programme, dass sie sich aufgrund höherer Gewinnerwartungen vor allem auf dem Marktsegment der massenattraktiven Musik- und Begleitwellen (Mainstream-/AC-Formate) positionieren.

Mit seinen 8 Hörfunkprogrammen – vier überregionalen und vier Landeswellen – behauptet sich der NDR auf diesem stark umkämpften Markt seit Jahren mit großem Erfolg. In allen vier Staatsvertragsländern ist die Zahl der kommerziellen Radioveranstalter zwar über die Jahre aufgrund der Frequenzsituation eher konstant geblieben. Jedoch richten vor allem die kleineren und mittleren Mitbewerber ihre Programme häufig neu aus: Nahezu im Halbjahresrhythmus hat beispielsweise die Ostseewelle in Mecklenburg-Vorpommern ihr Programm neu positioniert. Abgesehen von der im Staatsvertrag verankerten Verpflichtung des Norddeutschen Rundfunks, mit seinen Hörfunkprogrammen alle Bevölkerungsgruppen anzusprechen und sowohl deren Informations- als auch Unterhaltungsbedürfnis zu befriedigen, stellt auch diese vergleichsweise „dynamische“ Radioszene die Programmmacher des NDR vor wachsende Herausforderungen.

1 Vgl. Breunig (2001), S. 451.

	Format	Zielgruppe
Hamburg		
Alster Radio	Oldiebased Mainstream AC[1]	30 bis 59 Jahre
Oldie 95,0	Hits der 60er und 70er	30 bis 54 Jahre
Radio Hamburg	Hot AC	20 bis 40 Jahre
Radio Energy 97,1	Black Music Pop, Rock Dance	14 bis 29 Jahre
Klassik Radio	Klassik	25 bis 49 Jahre
Niedersachsen		
Radio ffn	Hot AC, poporientiert	20 bis 39 Jahre
Hitradio Antenne Nds.	Mainstream, AC	20 bis 49 Jahre
Radio 21	Classic Rock	30 bis 60 Jahre
Klassik Radio	Klassik	25 bis 49 Jahre
Schleswig-Holstein		
RSH	AC	14 bis 49 Jahre
Radio Nora	Oldies und Evergreens	ab 35 Jahre
Delta radio	Rock-Pop-CHR[2]	14 bis 35 Jahre
Klassik Radio	Klassik	25bis 49 Jahre
Mecklenburg-Vorpommern		
Antenne MV	Mainstream, AC	20 bis 49 Jahre
Ostseewelle	Current AC	19 bis 49 Jahre
Klassik Radio	Klassik	25 bis 49 Jahre

Tabelle 1: Sender des NDR

1 AC steht für „Adult Contemporary“.

2 CHR steht für „Contemporary Hit Radio“.

Der öffentlich-rechtliche Programmauftrag verpflichtet den NDR heute dazu, auch seine eigenen Programmangebote im Wettbewerb am Markt auszurichten und als unverwechselbare, erfolgreiche Qualitätsangebote zu positionieren und profilieren. Trotzdem führte der Übergang in die duale Rundfunkordnung gerade aus Sicht des öffentlich-rechtlichen Rundfunks nicht zu einem derart gravierenden Bruch wie häufig kritisiert. Die grundlegenden Elemente des öffentlich-rechtlichen Hörfunks – insbesondere die informierenden und bildenden Programmbestandteile – wurden und werden in den aktuellen Formaten weitergeführt und zum Teil sogar verstärkt.[1]

1.2 Wandel der Hörfunkfunktionen und -nutzung

Als mindestens ebenso einschneidend für die Entwicklung des NDR wie der veränderte Hörfunkmarkt erweist sich der stetige Wandel des Nutzungsverhaltens der Hörer. Soweit es sich nicht schon vorher abgezeichnet hat, resultiert aus der ‚neuen' Wettbewerbssituation vor allem *ein* entscheidender Entwicklungstrend: der Wandel des Hörfunks vom Einschalt- bzw. Vollprogramm zum Begleitmedium.

1.2.1 Vollprogramm vs. Formatradio

Schon in den 70er Jahren hatten der NDR und andere öffentlich-rechtliche Programme als Reaktion auf die flächendeckende Verbreitung des Fernsehens und die veränderte Radionutzung damit begonnen, „Autofahrer-„ oder „Servicewellen" zu entwickeln. Diese sollten die wachsende Nachfrage nach Hörfunkprogrammen befriedigen, die sich leicht „nebenbei" hören ließen. Dieser Trend zum Begleitmedium wurde durch das Aufkommen der kommerziellen Radios enorm verstärkt und ist spätestens Ende der 80er/ Anfang der 90er Jahre „qualitativ in ein neues Stadium getreten".[2]

Bei dem 1987 gegründeten ersten norddeutschen Privatsender RSH handelte es sich von Anfang an um ein ausschließlich musikorientiertes Radio, das durchgängig als populäres, auf maximale Einschaltquoten und damit maximale Werbeeinnahmen zugeschnittenes Tagesbegleitprogramm angelegt war (und ist). Diese kommerziellen Hörfunkangebote beschleunigten den Wandel weg vom aktiven hin zum passiven Radiohören, das sich bemerkenswert schnell als Nutzungsmuster für den Großteil des Radiopublikums etablierte. Der Typus des kommerziellen „Nebenbei-Radios" entstand in den folgenden Jahren in allen vier NDR-Staatsvertragsländern, zum Teil mehrfach.

1 Vgl. Holznagel/Vesting (1999), S. 12.
2 Vgl. Holznagel/Vesting (1999), S. 14.

Heute sind diese Sender etabliert und gemeinhin unter dem Begriff „Formatradio" bekannt. Mitte der 50er Jahre in den USA entstanden, gibt es mittlerweile eine Fülle unterschiedlicher Formatradio-Typen, für die – trotz etlicher Unterschiede – im Wesentlichen folgende Merkmale gelten:

- Sehr hoher Musikanteil (zwischen 70 % und 80 %)
- Geringer Wortanteil
- Spezifisches Programmdesign, d. h. bestimmte Präsentation und Komposition der einzelnen Programmelemente
- Lockerer, eher spielerischer Moderationston
- Interaktivität (Telefonbefragungen, Gewinnspiele), Hörernähe
- Programmuhr

Für Ihren Markterfolg verfolgen diese kommerziellen Sender Marketingstrategien, an denen alle Programmbestandteile ausgerichtet sind und den Hörern ein vollkommen an ihren Wünschen ausgerichtetes Produkt liefern.[1] „Diese restlose Anpassung an Erwartungen, die mit Mitteln der empirischen Kommunikationswissenschaft relativ zielgruppengenau ermittelt, prognostiziert und laufend korrigiert werden können, führt schließlich zu einer selbstbezüglichen Bewegung, in einen Zirkel, in dem Angebot und rückwirkendes Bedürfnis miteinander verschmelzen."[2]

Die wachsende Zielgruppenorientierung der kommerziellen Hörfunkanbieter, die vor allem die für die Werbewirtschaft besonders interessante Hörerklientel der 14 bis 49-Jährigen umfasst, ist die Hauptursache für die seit Jahren wachsende Segmentierung der Zuhörerschaft. Während zu Zeiten der öffentlich-rechtlichen Hörfunk-Vollprogramme die Sender vor allem auch als Integrationsprogramme konzipiert waren, die unterschiedliche Altersgruppen, Schichten und soziale Milieus ansprachen und als Publikum vereinten, sprechen die Formatradios von heute bewusst nur bestimmte Hörersegmente an. „Damit nimmt das Formatradio einen allgemeinen, in der Gesellschaft bestehenden Trend auf und treibt ihn selbst weiter."[3]

1.2.2 Entwicklung der Radionutzung

Die Zunahme (vor allem kommerzieller Programme) und die Veränderung der Radiofunktion führten in den letzten 15 Jahren zu einem deutlichen Anstieg der Hörfunkreichweiten. Das häufig unterschätzte Medium Radio entwickelte sich zum Tagesbe-

---

1 Vgl. Goldhammer (1995), S. 223.

2 Holznagel/Vesting (1999), S. 19.

3 Holznagel/Vesting (1999), S. 21.

gleiter der Menschen. „Radio wurde nicht nur zu Hause beim Frühstück, beim Mittagessen oder am Abend gehört, sondern aufgrund sich ändernder Strukturen und Rahmenbedingungen am Arbeitsplatz zunehmend auch dort genutzt“,[1] d. h. der Hörfunk ist allgegenwärtig. Nutzten 1970 die Erwachsenen in Deutschland das Radio nur 73 Minuten, ergab sich bei der im August 2002 veröffentlichten aktuellen Media Analyse eine tägliche Nutzung von 202 Minuten.

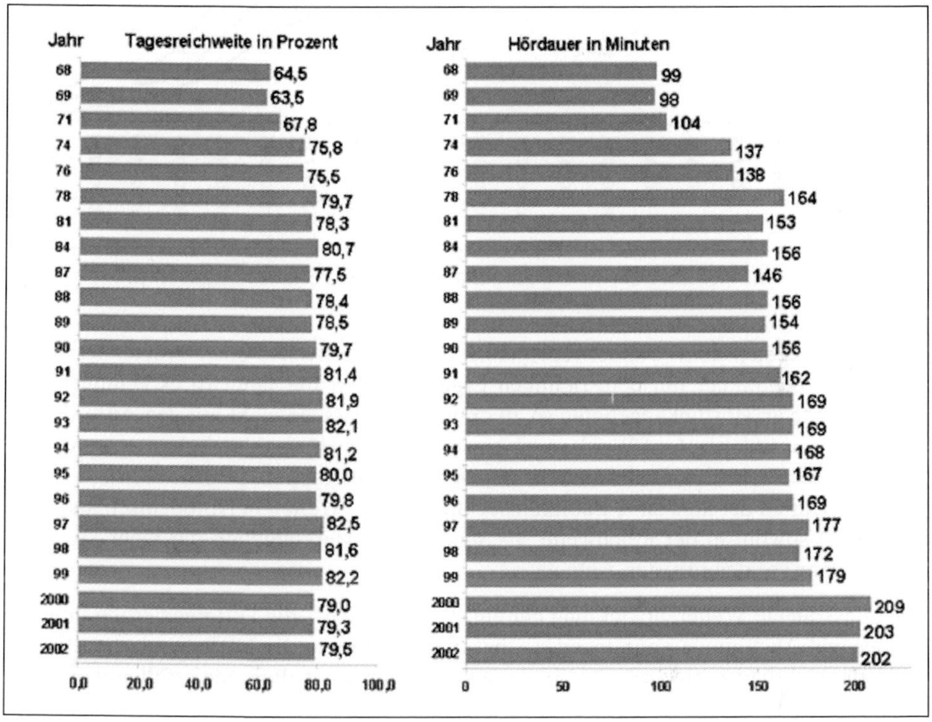

Abbildung 1: Entwicklung der Tagesreichweite und der Nutzungsdauer im Hörfunk 1968 bis 2002[2]

Reichweite und Hördauer stiegen in den letzten 30 Jahren kontinuierlich an, und auch die Hörfunknutzung im Tagesverlauf veränderte sich stetig, d. h. die ehemals typischen Nutzungsspitzen am Morgen flachen immer mehr zu Gunsten eines relativ ausgeglichenen Nutzungsplateaus auf hohem (Reichweiten-) Niveau ab.[3]

1 Van Eimeren/Ridder (2001), S. 541.

2 Quelle: ZAW, FMA Strukturerhebungen, MA 68 – MA 99 (face to face), MA 2002 – MA 2002/II (Cati).

3 Van Eimeren/Ridder (2001), S. 541.

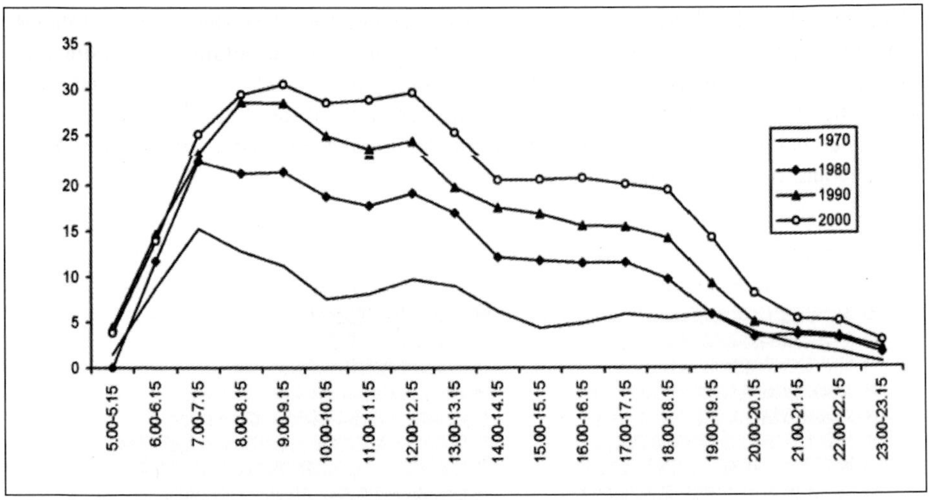

Abbildung 2: Entwicklung der Hörfunknutzung im Tagesverlauf (Angaben in %)[1]

Der NDR hat sich dem Wandel regelmäßig gestellt – teilweise unter größter Kraftaufwendung, aber immer mit dem richtigen Ergebnis: Über die Jahre ist es gelungen, die breite Palette an Hörfunkangeboten so zu optimieren, dass sie nicht nur den Anforderungen einer gewandelten (auf Wettbewerb ausgerichteten) Hörfunklandschaft entsprechen, sondern vor allem den Bedürfnissen *aller* Hörer-/Zielgruppen gerecht werden. Guter Beleg hierfür ist der konstante Publikumserfolg der acht Wellen in Norddeutschland. Der NDR liegt sowohl in der Reichweite, als auch in den Marktanteilen mit mehr als 50 % Jahr für Jahr vor den privaten Anbietern.

Die konsequente Weiterentwicklung der einzelnen Wellen – die Differenzierung untereinander und Abstimmung aufeinander – hat die Programme der NDR-Senderfamilie sowohl für Mehrheiten als auch für Minderheiten attraktiv gehalten. Sie erfüllen damit optimal den öffentlich-rechtlichen Programmauftrag.

1.3 Der öffentlich-rechtliche Programmauftrag (im Spiegel der Zeit)

Die Jahre nach der Einführung des dualen Rundfunksystems Mitte der 80er standen nicht nur unter dem starken Einfluss der explosionsartigen Marktvergrößerung und Wettbewerbsentstehung, sondern wurden vor allem geprägt durch Aufbau und Konsolidierung

---

1 Quelle: Media Perspektiven (11/2001).

dieser dualen Rundfunkordnung. Schnell stand nach der Wiedervereinigung der Bundesrepublik Deutschland der erste tiefgreifende Wandel bevor: die Entwicklung eines gesamtdeutschen Rundfunksystems. „Beide Phasen sind mittlerweile weitgehend abgeschlossen, die erforderlichen Rechtsgrundlagen geschaffen, der private Rundfunk endgültig konsolidiert und die Versorgung der Bevölkerung mit Rundfunkprogrammen in allen Teilen der Bevölkerung auf vergleichbarem Niveau angelangt."[1]

Frei von Reibung ist das Duale System dennoch nicht: Der Wandel der öffentlich-rechtlichen Programme zu Formatradios wird regelmäßig von den kommerziellen Radioanbietern kritisiert. Spätestens seit 1999 sind diese Vorwürfe bezüglich der Programmangebote öffentlich-rechtlicher Senderfamilien durch eine Studie der Medienrechtler Holznagel und Vesting endgültig entkräftet worden:

Die Studie belegt, dass der öffentlich-rechtliche Rundfunk im Rahmen seines verfassungsrechtlichen Funktions- und Programmauftrags berechtigt ist, auf die Entwicklungen der letzten zehn Jahre zu reagieren. Er verstößt keineswegs gegen die Rechtsprechung des Bundesverfassungsgerichts, wenn er dem Übergang vom Vollprogramm zum Formatradio dadurch Rechnung zu tragen sucht, dass er die landesweiten und regionalen Hörfunkketten aufgliedert und dabei unter anderem Sparten- und Zielgruppenprogramme veranstaltet.

Im Gegenteil: Die aktuelle öffentlich-rechtliche Praxis entspreche sehr genau dem in jüngster Zeit vielfach diskutierten Funktionsauftrag. Dieser dürfe allerdings nicht bloß als neue Verpackung für tradierte Inhalte missverstanden werden, sondern müsse in erster Linie die veränderten Herausforderungen des öffentlich-rechtlichen Rundfunks unter der Bedingung gesteigerter gesellschaftlicher Komplexität berücksichtigen. In einer zukunftsoffenen globalen Gesellschaft, die nur noch als a-zentrisches Gefüge sich überlappender Netzwerke beschrieben werden kann (und nicht mehr als substantielle Einheit), muss vor allem die vielfach angemahnte Integrationsfunktion des öffentlich-rechtlichen Rundfunks neu konzipiert werden.[2]

Die Kritik der kommerziellen Programmanbieter ist damit widerlegt, und der Grund für die seit Jahren anhaltenden öffentlichen Angriffe ist offenkundig geworden: Zur Optimierung der eigenen Marktstellung wäre es für die kommerziellen Wellen mehr als vorteilhaft, die Programmangebote des öffentlich-rechtlichen Rundfunks ausschließlich auf Formate zu beschränken, welche von privaten Anbietern aus marktwirtschaftlichen Überlegungen nicht zu erwarten sind, wie etwa Kultur- und Informationswellen. Mit dem Programmauftrag wäre das jedoch nicht vereinbar.

1 Schuler-Harms (2000), S. 139.

2 Vgl. Holznagel/Vesting (1999), S. 21.

2. Zwischen Programmauftrag und Markt-/Wettbewerbsorientierung – die fünf Hörfunkprogramme der NDR-Senderfamilie

Die aktuelle Marktpräsenz des NDR, mit vier länderübergreifenden Zentralprogrammen für unterschiedliche Hörergruppen und vier Landesprogrammen, erfüllt den Anspruch, Programmangebote für die Interessen und Hörgewohnheiten aller Bevölkerungsgruppen anzubieten. Bei einer weniger differenzierten Positionierung liefe der NDR sehr schnell Gefahr, den Grundversorgungs- und Programmauftrag zu verfehlen. Auf Dauer dürfen einem öffentlich-rechtlichen Hörfunkanbieter wie dem NDR weder die kleineren noch die größeren Zielgruppen verloren gehen: Der Sender ist dazu verpflichtet, sowohl massenattraktive, qualitativ hochwertige Unterhaltungsprogramme, als auch zielgruppenorientierte Spartenangebote zu veranstalten.

Gemäß der Staatsvertragsverpflichtungen hat der NDR seine Hörfunkangebote innerhalb der folgenden fünf Funktionsbereiche positioniert:

1. Unterhaltung, Information und Service für ein *breites Publikum*
   - NDR 2
2. Unterhaltung, Information und Service für die *junge Zielgruppe*
   - N-Joy
3. Aktuelle und hintergründige Informationen sowie Bildungsangebote für die *Sparte der Informationsinteressierten*
   - NDR Info
4. Kulturelle Informationen und klassische Musik für die *Sparte der Kultur- und Klassikinteressierten*
   - NDR Kultur
5. Unterhaltung, regionale Informationen und Service für ein *breites Publikum in den Staatsvertragsländern*
   - NDR 1 Niedersachsen
   - NDR 1 Welle Nord
   - NDR 1 Radio MV
   - NDR 90,3

2.1 NDR2: konkurrenzfähiges/massenattraktives Begleitprogramm

Im Kanon der NDR-Programme erfüllt NDR 2 eine zentrale Rolle: Das Programm verfolgt den ehrgeizigen Anspruch, möglichst breite Bevölkerungsschichten im gesamten Sendegebiet der Vierländeranstalt zu erreichen. Mit Blick auf moderne Programmierung oder Methoden der Hörerbindung nutzt NDR 2 Mittel, die mit den kommerziellen Formatradios vergleichbar sind. Entscheidend sind jedoch die Unterschiede zur privaten Konkurrenz: NDR 2 ist im Bereich der Information – unabhängig vom Themenbereich – aufgrund der journalistischen Kompetenz und Infrastruktur sowohl quantitativ als auch qualitativ eindeutig überlegen. Die Welle wird schon seit Jahren von Unterhaltungsmusik und aktueller Information geprägt und ist heute eines der erfolgreichsten Begleitprogramme für die jüngere und mittlere Generation im ganzen Norden.

NDR 2 ist – abgesehen vom eigenen Nachtprogramm – in vier großflächige Sendungen aufgeteilt, die neben drei Ausgaben des traditionsreichen »NDR 2 Kuriers« (»um 12«, »um 5« und »um 7«) stündliche, in der Prime Time halbstündliche Nachrichten, Verkehrs- und andere Servicemeldungen sowie das Neueste vom Sport enthalten. Die jüngste Überarbeitung des Programmschemas (2002) hat vor allem eine wesentliche Neuerung hervorgebracht: Die Entwicklung eines NDR 2-eigenen Moderationsformates. In Abgrenzung zur kommerziellen Konkurrenz begleiten die NDR 2-Präsentatoren die Hörer kompetent, unterhaltsam und freundlich durch den Tag. Die Informationskompetenz von NDR 2 wurde 2002 weiter ausgebaut. Die Kuriere um 12, 17 und 19 Uhr wurden durch eine weitere aktuelle Sendung ergänzt. Ähnlich wie beim „Brennpunkt" im Ersten gibt es bei NDR 2 nun bei Bedarf die Sendung „NDR 2 Spezial" von 19 bis 20 Uhr, in der besondere Ereignisse intensiv beleuchtet werden.

Mit dieser Mischung aus Musik, Information, Unterhaltung und Service begleitet NDR 2 seit Jahren einen Großteil der Radiohörer in Norddeutschland durch den Tag und ist und bleibt eines der erfolgreichsten Hörfunkprogramme in den vier Staatsvertragsländern.

2.2 N-JOY: Das NDR-Format für junge Hörer

N-JOY ist – ähnlich wie NDR 2 – ein musikdominiertes Begleitprogramm, das sich mit seiner Form und seinen Inhalten an die spezifischen Interessen und Hörgewohnheiten der jungen Zielgruppe zwischen 14 und 19 Jahren richtet. Gestartet wurde die bis September 2001 unter dem Namen N-Joy Radio bekannte Jugendwelle am 04.04.1994.

N-JOY bietet in großflächigen Sendungen Kurzinformationen zu jugendkulturellen und sozialpolitischen Themen, dazu Comedy, Höreraktionen und Gewinnspiele. Zwischen 5.30 und 8.30 Uhr gibt es halbstündlich, zwischen 9.30 und 1.30 Uhr stündlich »N-Joy News«, speziell für die Zielgruppe aufbereitete Nachrichten. Musikalisch orientiert sich die Welle am Geschmack einer möglichst breiten Mehrheit der angesprochenen Zielgruppe. Seit Jahren behauptet sich N-JOY – trotz starken Konkurrenzdrucks und fehlender technischer Vollversorgung – als erfolgreichstes Jugendprogramm im Norden. Insgesamt schalten von Montag bis Freitag jetzt 1,1 Millionen Hörer N-JOY ein.

Im Mittelpunkt der Programmplanung von N-JOY steht die kontinuierliche Fortführung des „Personality"-Konzeptes für Morningshow und Nachmittagssendung. Junge Programme stehen besonders unter dem Druck, sich neu erfinden zu müssen, um mit den ständigen Veränderungen innerhalb dieser Zielgruppe Schritt zu halten. Im Gegensatz zu vergleichbaren kommerziellen Formaten verfolgt N-JOY den Anspruch, auch die jüngeren Hörer kompetent zu informieren und zwar über jugendspezifische *und* generelle Themen.

Im Herbst 2002 hat N-JOY sein Programm daher aufgefrischt, den Hörern ihre vertraute Umgebung generell aber erhalten. Mit dem Claim „ENJOY THE MUSIC" ist eine Botschaft gefunden worden, die das Musikimage von N-JOY präzise formuliert und gleichzeitig das Lebensgefühl der von N-JOY angepeilten Zielgruppe verkörpert. Auf dieser Grundlage wird N-JOY seine Musik-Kompetenz noch weiter ausbauen.

2.3 NDR Kultur: Die Klassik- und Kulturwelle des NDR

NDR Kultur ist ein typisches Spartenprogramm und bedient innerhalb des NDR-Hörfunk-Repertoires die Hörergruppe der Klassik- und Kulturinteressierten. Die vielseitige Musikauswahl und die kompetente Kulturberichterstattung von NDR Kultur sind in der Form einzigartig und finden keine Entsprechung im kommerziellen Bereich, so dass der NDR-Welle eine herausragende Bedeutung in der norddeutschen Radiolandschaft zukommt.

Seinen Ursprung hat das Programm in dem am 1.12.1956 gestarteten »Dritten Programm«, das von 1962 bis 1973 gemeinsam mit dem SFB veranstaltet wurde. Als Ergebnis einer Kooperation von NDR, SFB und ORB verschmolzen am 3.10.1997 NDR 3 und Teile von SFB 3 und Radio Brandenburg zu Radio 3 (NDR/SFB/ORB). Seit Anfang 2001 waren NDR und ORB alleinige Kooperationspartner dieser Kulturwelle. Ende 2002 lief diese Zusammenarbeit aus und seit 1.1.2003 sendet Radio 3 unter dem neuen Namen NDR Kultur.

Der Wandel der Hörerinteressen hat auch für das Kulturprogramm des NDR Folgen: Das Programm wird konsequent überarbeitet und soll künftig auch die Kulturinteressierten der jüngeren Generation ansprechen. Als zeitgemäßes, intelligentes und interessantes Programm möchte NDR Kultur seine Hörer in allen Situationen des Alltags begleiten und niveauvoll unterhalten. Darüber hinaus präsentiert sich die NDR-Welle als anspruchsvolle Kulturbühne, die durch ihre hochwertigen Produktionen in Musik und Wort einzigartig und unersetzlich für die norddeutsche Radiolandschaft ist.

2.4 NDR Info: Das Nachrichten-/Informationsprogramm des NDR

NDR Info ist das Hörfunkprogramm des NDR, das tagsüber das Informationsprogramm und abends und am Sonntag die wortbetonten Formate für das gesamte Sendegebiet bietet. Es leistet durch seine aktuelle Berichterstattung aus Politik und Wirtschaft, Gesellschaft, Kultur und Sport im Programm-Portfolio des NDR einen wichtigen Beitrag zur öffentlich-rechtlichen Programmvielfalt.

Gestartet wurde NDR Info am 01.04.1989 als NDR 4, im Juni 1998 wurde es unter dem Namen NDR 4 INFO grundlegend zum Informationsprogramm umgestaltet und schließlich am 03.06.2002 in NDR Info umbenannt.

Das Programm bringt von Montag bis Sonnabend zwischen 6.00 und 19.00 Uhr alle 15 Minuten Nachrichten, dazwischen Informationen aus den Bereichen Aktuelles, Wirtschaft und Service, Sport, Regionales, Kultur und Wissenschaft, eingebettet in eine verläßliche Stundenuhr. Im fünften Jahr auf Sendung ist NDR Info mit seinem Angebot im Sendegebiet in dieser Form bis heute einzigartig und ist damit genau wie Radio 3 von großer Wichtigkeit für die Hörfunklandschaft im Norden.

Das Kernangebot wurde im Januar 2003 ausgeweitet: Das Informationsprogramm wurde bis 19.50 Uhr verlängert, zudem führte NDR Info eine zehnminütige Kommentarleiste um 20.05 Uhr ein. Das Programm will damit vor Beginn des Hauptfernsehabends die Informationsnachfrage seiner Hörer befriedigen und Präsenz zeigen. Insbesondere soll das Programm in den Abendstunden die Ereignisse des Tages zusammenfassen und dem Hörer einen Überblick über die wichtigsten Nachrichten geben.

Am Abend und am Sonntag bleibt NDR Info das Einschaltprogramm mit bekannten Sendungen wie »ZeitZeichen«, den »Ohrenbär«-Geschichten, »Forum 4« und »Zwischen Hamburg und Haiti«. Außerdem gibt es Gespräche, Features, Hörspiele, Frauen- und Kinderfunk. Zum Musikangebot gehören Jazz, Rock jenseits der Charts, Blues und Weltmusik.

2.5 Die NDR-Landesprogramme als Ausdruck regionaler Kompetenz und Beitrag zur regionalen Verankerung des NDR

Die Hörfunk-Landesprogramme stehen nicht nur für die regionale Kompetenz des NDR, sie leisten auch einen wichtigen Beitrag zur regionalen Verankerung des NDR. Durch die Positionierung der vier Landeswellen erfüllt der NDR den Auftrag, die norddeutsche Region, ihre Kultur und Sprache im Programm angemessen zu berücksichtigen und zum Erhalt der kulturellen Identität beizutragen. NDR 1 Niedersachsen, NDR 1 Radio MV, NDR 1 Welle Nord und NDR 90,3 informieren mit Nachrichten, Hintergrundberichten, Reportagen und Interviews aus dem Land für die Menschen im Land, wobei jedes Programm seine eigenen typischen Akzente setzt: Sei es durch eine eigene Musikfarbe oder eine landestypische Themenauswahl, durch Serviceleistungen, regionale Veranstaltungshinweise oder Verbrauchertipps. Die Landesprogramme des NDR haben sich bei der MA 2002/II wie auch in den Jahren zuvor im Markt durchgesetzt und bestätigt, dass der Erfolg der Landesprogramme großen Anteil an der Gesamtakzeptanz der NDR-Hörfunkprogramme hat.

Die Landesprogramme sind auf der einen Seite selbständige Radioprogramme, aber sie bereiten auch die Themen aus der Region für die Zentralprogramme sowie für den ARD-Programmaustausch auf.

2.5.1 NDR 1 Niedersachsen

Das Hörfunk-Landesprogramm des NDR für Niedersachsen ging wie die beiden Landeswellen für Schleswig-Holstein und Hamburg 1981 als Fensterprogramm auf Sendung. Bis 1989 wurden die drei Programme in mehreren Schritten, wie im NDR-Staatsvertrag von 1989 vorgesehen, zu Vollprogrammen ausgebaut. Heute bietet NDR 1 Niedersachsen eigene Sendungen von 5.30 Uhr, am Wochenende ab 6.00 Uhr, bis 22.00 Uhr und anschließend die »NDR1-Nacht«, die im Wechsel mit den anderen drei NDR-Landesprogrammen produziert wird. Stündliche, morgens halbstündliche Nachrichten unter dem Titel »Aktuell« sowie eine Tageszusammenfassung um 16.00 Uhr, großflächige Magazine mit regionaler Information, Tipps, Hörerspielen, Landfunk, regionalem Wetterbericht, Stellenbörse und Wunschsendungen prägen das Tagesprogramm, das sich musikalisch an den Vorlieben der mittleren und älteren Generation orientiert. Achtmal am Tag wird NDR 1 Niedersachsen montags bis freitags in fünf parallele Fensterprogramme aufgeteilt: für die Regionen Oldenburg/Ostfriesland/Bremen/Cuxhaven, Osnabrück/Emsland, den Großraum Hannover/Braunschweig und Südniedersachsen sowie Nordostniedersachsen. Zusätzlich gibt es um 17.00 Uhr eine zwölfminütige »Regional«-Tageszusammenfassung aus den einzelnen Regionen.

Den Nachmittag und frühen Abend gestalten die »Plattenkiste« und die traditionsreichen »Funkbilder aus Niedersachsen«. Daran schließen sich ab 20.00 Uhr wechselnde Angebote an, beispielsweise montags ein plattdeutsches Magazin, mittwochs der »Kulturspiegel«. Am Wochenende setzen Oldies und der Sport Akzente.

Das Programm hat seit Anfang 2001 in mehreren Schritten sein Themenspektrum, das Musikrepertoire und die Verpackungselemente behutsam, aber hörbar modernisiert. Die gelassen-harmonische Anmutung hat es jedoch bewahrt. Neue Sendungen und Inhalte richten sich vor allem an die mittlere Generation, an Berufstätige und Familien.

Mit Blick auf die besondere Hörsituation nimmt NDR 1 Niedersachsen insbesondere das Wochenende in den Blick: Die gestiegenen MA-Werte belegen den Erfolg dieses Prozesses und zeigen, wie optimal das NDR-Landesprogramm den Interessen und Hörgewohnheiten der niedersächsischen Bevölkerung entspricht.

2.5.2 NDR 1 Welle Nord

Das Hörfunk-Landesprogramm des NDR für Schleswig-Holstein ist in puncto Programmstruktur und -inhalt nahezu vergleichbar mit NDR 1 Niedersachsen: Dem Hörer werden stündlich Nachrichten und tagsüber Magazine mit viel regionaler Information und Unterhaltung geboten. Das Musikangebot besteht aus den beliebtesten Schlagern und Oldies und orientiert sich an den Vorlieben der mittleren und älteren Generation. Dreimal am Tag wird zur regionalen Berichterstattung in die Studios Flensburg, Heide, Norderstedt, Lübeck und Kiel auseinandergeschaltet.

In den Feierabend führen ab 18.00 Uhr zwei Stunden Wunschmusik, Grüße und Glückwünsche. Ausführliche Informationen aus Heimat, Kultur und Wissenschaft in Schleswig-Holstein bietet die traditionsreiche Sendung »Von Binnenland und Waterkant«. Jeden Freitag berichtet das »Ostseemagazin« in Zusammenarbeit mit Radio Schweden und YLE Radio Finnland, 14-täglich steht das »Niederdeutsche Hörspiel« im Angebot. Am Wochenende spielen Freizeit-Tipps sowie der »Nordsport« eine besondere Rolle.

Genau wie die übrigen Landesprogramme wird die NDR 1 Welle Nord ihren eingeleiteten Modernisierungskurs fortsetzen. Ziel ist, aus Wechselhörern Stammhörer zu machen und damit neue Hörerinnen und Hörer hinzuzugewinnen. Der Imagewandel der NDR 1 Welle Nord soll auf diese Weise stabilisiert werden, um die ältere Stammhörerschaft mit den nachrückenden Jahrgängen zusammenzuführen.

Von großer Bedeutung ist in diesem Zusammenhang die Platzierung eines kompatiblen Musikformates, das in der schwierigen Konkurrenzlage Schleswig-Holsteins möglichst breite Hörerschichten unterschiedlicher musikalischer Sozialisation vereint. Die aktuelle regionale Berichterstattung und der gezielte Einsatz von Service-Elementen zählen weiter zu den Kernelementen des Programms, um auf diese Weise die Zuverlässigkeit und die Wiedererkennbarkeit im Konkurrenzumfeld zu wahren.

2.5.3 NDR 1 Radio MV

Das Landesprogramm des NDR für Mecklenburg-Vorpommern ging mit der Einbindung des neuen Bundeslandes in den NDR am 1.1.1992 auf Sendung. Gemäß der typischen Programmstruktur der Landesprogramme präsentiert die Welle neben stündlichen Nachrichten ein aus großflächigen Magazinen bestehendes Tagesprogramm, das mit Buch-, Rechts- und Veranstaltungstipps, »Urlauberservice« und Sportnotizen sowie Landfunk ein sehr breites Themenspektrum abdeckt.

Siebenmal pro Tag wird montags bis freitags zur regionalen Berichterstattung aus Schwerin, Rostock, Neubrandenburg und Greifswald die Senderkette auseinandergeschaltet. Am frühen Abend ist die Welle zwei Stunden »Im Land unterwegs«. Nach dem »Kulturjournal« steht NDR 1 Radio MV mit einer Musiksendung ganz im Zeichen der Hörerwünsche. Am Wochenende haben der Sport und Reisethemen ihre Sendeplätze. Auch NDR 1 Radio MV orientiert sich musikalisch an den Vorlieben der mittleren und älteren Generation.

NDR 1 Radio MV hat den vor zwei Jahre skizzierten Weg der Neupositionierung des Programms erfolgreich beschritten. Nach dem Verlust der Marktführerschaft im Jahr 2000 verbucht NDR 1 Radio MV wieder beachtliche Erfolge und verzeichnet ausweislich der letzten Media-Analysen steigende Einschaltquoten. Das selbst gesetzte Ziel, die 30 %-Hürde (Hörer gestern) zu nehmen, wurde schneller als erwartet erreicht. Das aktuelle Programm entspricht damit dem regionalen Informations- und Unterhaltungsbedürfnis einer großen Hörergruppe.

2.5.4 NDR 90,3

Das Hörfunk-Landesprogramm des NDR für die Freie und Hansestadt Hamburg firmierte bis 2.12.2001 unter dem Namen NDR Hamburg-Welle und bietet heute unter dem Namen NDR 90,3 wie die anderen Landesprogramme von früh morgens bis spät in den Abend ein eigenes Programm an, dem am Abend die gemeinsame »NDR 1-Nacht« folgt. Die Welle sendet stündlich unter dem Titel »90,3 Aktuell« Nachrichten mit dem Schwerpunkt Hamburg, am Morgen auch zur halben Stunde. Großflächige Magazine mit Unterhaltung, Information und Reportagen bestimmen das Tagesprogramm, das musikalisch wie alle Landesprogramme mit Schlagern und Oldies vor allem die mittlere und ältere Generation fokussiert. Ab 18.05 Uhr stehen mit dem »Abendjournal« für eine Stunde Kulturberichte im Vordergrund. Talkradio, Ratgeber, Musik und Informationen in »Hamburg nach Sieben« und montags bis freitags »Berichte von heute« vervollständigen das Programm.

Auch im vierten Jahr nach der umfassenden Programmreform will NDR 90,3 auf Erfolgskurs bleiben. Konsequent verfolgt die Redaktion die Doppelstrategie aus „Qualität und Quote": NDR 90,3 ist das Stadtradio für Hamburg mit den umfassendsten und aktuellsten Informationen aus der und für die Hansestadt. Melodiöse Musik, die besten Schlager und schönsten Oldies gehören zum Konzept. In der MA 2002/II hat NDR 90,3 mit einer Reichweite von 17 % erneut eine deutliche Verbesserung und das bislang beste Ergebnis erzielt.

NDR 90,3 wird auch künftig nicht einem starren Format huldigen, sondern sein Programm je nach lokalen, regionalen, nationalen oder internationalen Ereignissen flexibel gestalten, um mit einem derart ausdifferenzierten Sendeschema die Interessen und Bedürfnisse einer möglichst großen Hörerklientel zu befriedigen.

3. Ausblick/Zukunftsperspektiven

Die inhaltliche Beschreibung der einzelnen NDR-Hörfunkwellen lässt klar erkennen, wie sehr die aktuelle NDR-Senderfamilie den öffentlich-rechtlichen Programmauftrag erfüllt. Um diese optimale Abstimmung von Angebot und Nachfrage kontinuierlich zu sichern, wird der NDR vor dem Hintergrund der sich stetig ändernden Mediennutzungsgewohnheiten mehr denn je die einzelnen Programmangebote weiterentwickeln. Der Rundfunkstaatsvertrag besagt in diesem Zusammenhang eindeutig, dass der öffentlich-rechtliche Rundfunk nicht auf die herkömmlichen Formen und Inhalte beschränkt bleiben muss. Vielmehr soll der gesetzliche Programmauftrag dynamisch verstanden werden. Wir verstehen dies als Auftrag, für neue Publikumsinteressen, neue Inhalte, Formen und Techniken offen zu sein.

Zentral für die Weiterentwicklung der NDR-Senderfamilie ist damit nicht nur die programminhaltliche Optimierung, sondern auch die Umsetzung neuer Übertragungs- und Produktionstechniken. Im nächsten Jahr wird der NDR die Umstellung seiner Hörfunkprogramme auf digitale Produktionstechnik weitgehend abschließen, die Arbeitsabläufe werden dadurch erheblich beschleunigt und verbessert. Aber nicht nur die Produktion, auch die Ausstrahlung der Hörfunkprogramme wird über kurz oder lang digital erfolgen: Eine der denkbaren Möglichkeiten ist DAB (Digital Audio Broadcasting), das Hörfunk in CD-Hörqualität bietet. Der NDR engagiert sich innerhalb der Digital Radio Nord GmbH für eine bedarfsgerechte Einführung von DAB und hält sich diesbezüglich alle Optionen offen.

Auch am Internet geht der Blick in die programmliche und technische Zukunft nicht vorbei: Das Online-Medium ist heute in allen Medien- und Wirtschaftsbereichen ein Bestandteil des Media-Mixes. Sein Stellenwert ist jedoch deutlich geringer, als zunächst erwartet. Der NDR hat sich daher zurecht schon früh für eine zurückhaltende Online-Strategie entschieden. Den NDR-Wellen bietet das Internet die Möglichkeit, im Sinne des Rundfunkstaatsvertrages Sendungen inhaltlich zu begleiten. Der NDR versteht sich in diesem Zusammenhang – genau wie in den klassischen Programmen – als kompeten ter Lieferant hochwertiger Informationen, die vorwiegend Programmbezug aufweisen. Tag für Tag wird in den einzelnen Programmbereichen des NDR „Content“ produziert, der einer stetig wachsenden Zahl qualitätsbewusster Internetnutzer zugänglich gemacht wird.

Auch die Umstellung auf die digitale Programmverbreitung – wie auch immer sie genau aussehen mag – wird im Ergebnis zu mehr konkurrierenden Programmangeboten führen. Für den NDR und die übrigen Hörfunkprogramme der ARD bedeutet dies: Die Herausforderung wird nicht kleiner. Erfolgreiche Qualitätsprogramme anzubieten, sie stringent zu profilieren und an den wechselnden Interessen der Hörer – Mehrheiten wie Minderheiten – auszurichten – dies ist der Weg zum Ziel, unserem Programmauftrag auch künftig gerecht zu werden.

Literaturverzeichnis

BREUNIG, CH. (2001), Radiomarkt in Deutschland: Entwicklung und Perspektiven, in: Media Perspektiven, Nr. 9, 2001, S. 450-470.

EIMEREN, B., RIDDER, C.-M. (2001), Trends in der Nutzung und Bewertung der Medien 1970 bis 2000. Ergebnisse der ARD/ZDF-Langzeitstudie Massenkommunikation, in: Media Perspektiven, Nr. 11, 2001, S. 538-553.

GOLDHAMMER, K. (1995), Formatradio in Deutschland. Konzepte, Techniken und Hintergründe der Programmgestaltung von Hörfunkstationen, Berlin 1995.

HESSE, A. (1999), Rundfunkrecht, München 1999.

HOLZNAGEL, B./VESTING, T. (1999), Sparten- und Zielgruppenprogramme im öffentlich-rechtlichen Rundfunk, insbesondere im Hörfunk, Baden-Baden 1999.

SCHULER-HARMS, M. (2000), Die Rundfunkordnung der Bundesrepublik Deutschland, in: Hans-Bredow-Institut (Hrsg.), Internationales Handbuch für Hörfunk und Fernsehen 2000/2001, Baden-Baden 2000, S. 139-159.

Elke Schneiderbanger / Markus Börner

Wettbewerbsstrategien regionaler Radiounternehmen: Das Beispiel radio NRW

1. Die Situation vor 1990

Bis zur Einführung des lokalen Rundfunks war das Hörfunkangebot in Nordrhein-Westfalen vom Monopol des Westdeutschen Rundfunks (WDR) Köln geprägt. Lediglich an den Landesgrenzen von NRW konnten (und können heute noch) andere – auch private – Stationen empfangen werden. Im Süden und Norden NRWs sind dies neben den öffentlich-rechtlichen Stationen des damaligen SWF und des NDR die privaten Anbieter RPR aus Rheinland-Pfalz bzw. Radio FFN aus Niedersachsen. In den südöstlichen Teil des Landes strahlt zudem noch das Programm des Hessischen Rundfunks ein – heute ergänzt durch den Privatsender FFH. Durch die westlichen Grenzen ins benachbarte Ausland sind von dort in den grenznahen Regionen niederländische und belgische Programme zu empfangen, die aber aufgrund sprachlicher Barrieren im deutschsprachigen Raum nicht sonderlich großen Anklang finden.[1]

Nordrhein-Westfalen gehört zu den Bundesländern, in denen erst spät über die Schaffung eines Rahmens für die Möglichkeiten des privaten Rundfunks nachgedacht wurde. Im Jahr 1986 wurde ein erster Diskussionsentwurf eines Landesrundfunkgesetzes vorgelegt.[2] Damals wurde angedacht, in allen 23 kreisfreien Städten und 31 Landkreisen lokale Radioprogramme zu ermöglichen. Zahlreiche gesellschaftliche Gruppen beteiligten sich von nun an an der Diskussion über den Aufbau eines konsensfähigen Modells. Man einigte sich schließlich auf die Aufteilung der Hörfunkanbieter in eine betriebliche und eine programmverantwortliche Seite – das sogenannte „Zwei-Säulen-Modell".[3]

In diesem Modell werden die Zuständigkeiten auf die Betriebsgesellschaften zum einen und auf die Veranstaltergemeinschaften zum anderen aufgeteilt: „Lokaler Hörfunk darf nur von einer Veranstaltergemeinschaft veranstaltet und verbreitet werden, die sich zur Durchführung ihrer gesetzlichen Aufgaben einer Betriebsgesellschaft bedient. Die Veranstaltergemeinschaft ist Veranstalterin des Programms und trägt hierfür die alleinige Verantwortung. Die Betriebsgesellschaft darf auf Inhalt und Programm keinen Einfluss nehmen."[4]

1 Vgl. Liepelt et al., S. 135 f.

2 Vgl. im Folgenden Jarren, S. 85 ff.

3 Vgl. dazu auch Lendzian et al., S. 49 ff.

4 § 52 des neu überarbeiteten Landesmediengesetzes (LMG) in seiner aktuellsten Fassung vom 1. August 2002.

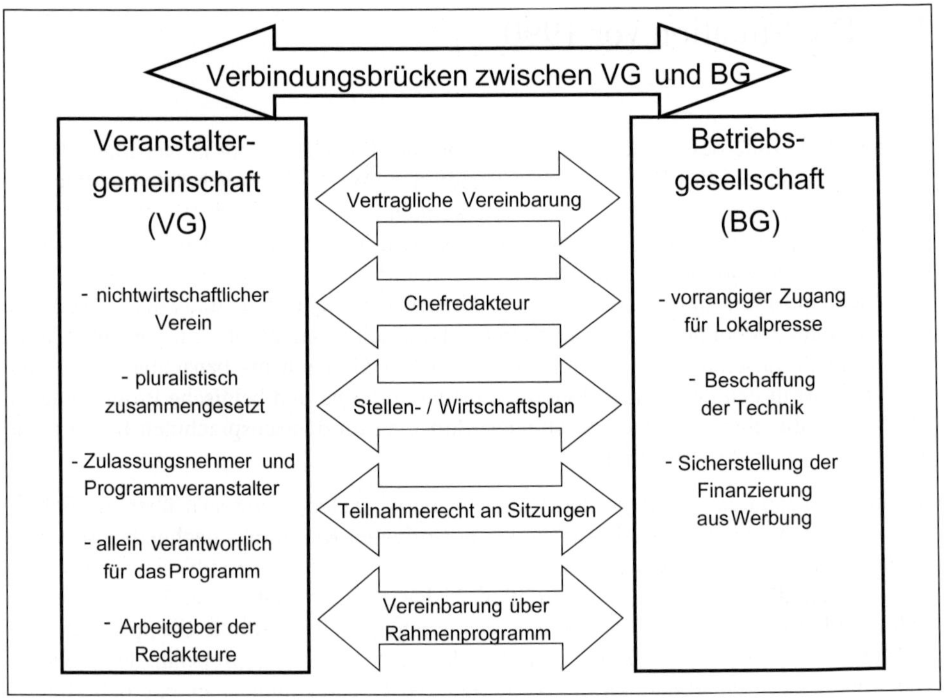

Abbildung 1: Das Zwei-Säulen-Modell des Lokalfunksystems in NRW

Die Veranstaltergemeinschaft (VG) ist ein nicht-kommerzieller Verein, in dem maßgebliche gesellschaftliche Gruppen (z. B. Kirchen, Gewerkschaften, Arbeitgeberverbände, Sport- und Jugendverbände) vertreten sind. Die Veranstalter des lokalen Hörfunks haben dafür Sorge zu tragen, dass das lokale Geschehen im Verbreitungsgebiet dargestellt wird und wesentliche Anteile an Information, Bildung, Beratung und Unterhaltung Bestandteil des Programms sind.[1] Die betriebswirtschaftliche Abwicklung des Sendebetriebs erfolgt über die Betriebsgesellschaft (BG). An dieser BG können sich örtliche Zeitungsverlage bis zu 75 % und kommunale Vertreter zu 25 % beteiligen.

Die lokalen Radiostationen sind jeweils für vorher festgelegte Verbreitungsgebiete lizenziert. Die Verbreitungsgebiete sind i. d. R. durch Kreisgrenzen oder Grenzen kreisfreier Städte definiert. Stellt sich heraus, dass sich ein so definiertes Verbreitungsgebiet als wirtschaftlich nicht leistungsfähig ergibt, können von der Landesmedienanstalt (vorher Landesanstalt für Rundfunk) Nordrhein-Westfalen abweichende Verbreitungsgebiete festgelegt werden.[2]

1 § 53, Abs. 1 LMG NRW.

2 § 54 LMG.

Bedingt durch leistungsschwache Sendeeinrichtungen ist es bis in die Gegenwart jedoch so, dass nicht jeder Sender in seinem vorgesehenen Verbreitungsgebiet überall gleich gut zu empfangen ist. Außerdem ist der örtliche Lokalsender oft auch über sein Verbreitungsgebiet hinaus zu empfangen. Diese beiden Umstände ergeben manchmal das Phänomen, dass in einem Verbreitungsgebiet der „beheimatete“ Sender schlechter oder gar nicht zu empfangen ist, der einstrahlende Nachbarsender aber durchaus sehr gut zu hören ist (z. B. im Ruhrgebiet) oder dass ein Lokalsender mit der einstrahlenden Konkurrenz benachbarter Lokalstationen in seinem Verbreitungsgebiet zu kämpfen hat.

Zunächst wurde das Bundesland in 45 Verbreitungsgebiete aufgeteilt. Nach der Aufteilung des Verbreitungsgebietes Aachen in Aachen Stadt und Kreis existieren insgesamt 46 Verbreitungsgebiete. Einzig im Raum Olpe konnte wegen der ungünstigen Empfangslage kein eigener Sender eingerichtet werden.

2. Start und Reichweitenentwicklung des Lokalfunks

Am 1. April 1990 nahm mit dem damaligen Radio DU (heute Radio Duisburg) der erste Lokalsender in NRW seinen Sendebetrieb auf. Zeitgleich startete in Oberhausen der Mantelprogrammlieferant radio NRW seinen Sendebetrieb. Bis Ende 1990 waren insgesamt 16 Lokalstationen auf Sendung. Am 31. August 1997 startete mit Radio Euskirchen die bisher jüngste Lokalstation. Aktuell übernehmen 44 der 46 Lokalstationen das Rahmenprogramm von radio NRW aus Oberhausen.

Jede Lokalstation ist per Gesetz zur täglichen Ausstrahlung einer Mindestdauer von lokalem Programm sowie von Bürgerfunk verpflichtet.[1] In den restlichen Stunden wird auf das Rahmenprogramm von radio NRW zurückgegriffen. Das Rahmenprogramm wird von Oberhausen aus zu den lokalen Stationen übertragen. Die Funktion des Rahmenprogramms besteht darin, die Lokalprogramme zu einem 24-Stunden-Programm zu ergänzen. Rund um die Uhr werden Beiträge aus Unterhaltung, Kultur, Wirtschaft und Politik gesendet. Der Hörer vor Ort soll den Eindruck vermittelt bekommen, 24 Stunden von seinem Lokalsender versorgt zu werden. Weltnachrichten und landesweite Werbung vor der vollen Stunde werden von den Lokalstationen verpflichtend aus Oberhausen übernommen.

Das optimal anzustrebende Verhältnis zwischen Wort- und Musikanteil wurde auf 30 % zu 70 % festgelegt. Als Musikfarbe einigte man sich mit den Veranstaltergemeinschaften auf das sogenannte Adult Contemporary-Format (AC). Damit soll insbesondere die

1 Vgl. hierzu Donges et al., S. 33.

Kernzielgruppe 20-49 Jahre angesprochen werden. Zur Übernahme der Musiksendepläne sind die Lokalstationen ebenfalls verpflichtet.

Reichweitenverluste Mitte der 90er:

Dass der Lokalfunk in NRW ab Sendestart eine große Akzeptanz bei den Hörern fand, zeigt die Reichweitenentwicklung zu Beginn der 90er Jahre. Doch mit der Zeit nutzte sich der Neuheiteneffekt des Lokalfunks immer weiter ab. Zugleich hatte sich mit der Neuformatierung des WDR 1 in das jugendorientierte Eins Live zum 1. April 1995 die Wettbewerbssituation in NRW entscheidend verändert. Für den Lokalfunk stellte diese Veränderung eine Herausforderung und Bewährungsprobe in einem dar, die er zunächst nicht bestehen konnte.

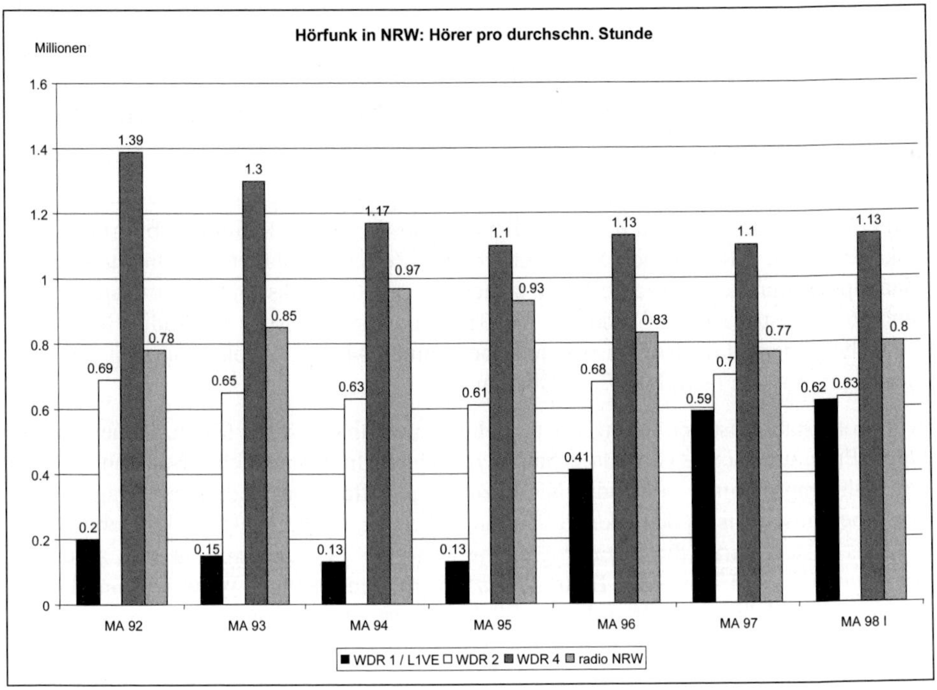

Abbildung 2: Reichweitenentwicklung in NRW 1992-1998[1]

Während das neue Eins Live die Reichweite von WDR 1 von der MA 95 auf die MA 96 mehr als verdreifachen konnte, verlor der Lokalfunk allein in diesem Jahr 100.000 Hörer. Wie die weitere Entwicklung zeigt, steigerte Eins Live kontinuierlich seine Reich-

1 Quelle: MA 92- MA 98 I

weite, einhergehend mit Verlusten im Lokalfunk. Diese Verluste entstanden zu einem Großteil in der jungen Altersgruppe der 20-29-Jährigen und damit im unteren Segment der Kernzielgruppe des Lokalfunks, der 20-49-Jährigen. Dies zwang die Verantwortlichen des nordrhein-westfälischen Lokalfunks zu Reformen, nachdem das System nach rund fünf erfolgreichen Jahren ins Wanken geraten war.

3. Erfolgsstrategie: Lokale Kompetenz und emotionale Nähe

Als Reaktion auf die gezeigte Reichweitenentwicklung ab Mitte der 90er Jahre wurde mit allen Beteiligten an einer Reform des nordrhein-westfälischen Lokalfunks von programmlicher, aber auch marketingtechnischer Seite gearbeitet. Zahlreiche Studien wurden durchgeführt, um die Positionierung des Lokalfunks zwischen den Wettbewerbern des WDR herauszufinden. Die Studien zeigten, dass die Lokalsender Hörerbindung und emotionale Nähe vermissen ließen, die lokale Kompetenz aber nach wie vor die entscheidende Stärke darstellte. Es galt, diese Kompetenz stärker nach vorne zu bringen und den Hörern damit klare Alternativen zu den landesweiten WDR-Programmen zu bieten.

Der Lokalfunk sollte einerseits das lokale Geschehen abbilden, andererseits aber auch überregionale Informationen bieten und Emotionen vermitteln. Dies ließ sich nur mit einer stärkeren Zusammenarbeit innerhalb des gesamten Lokalfunksystems, also der Lokalstationen und des Mantelprogrammanbieters, umsetzen. Bis in die Gegenwart geschieht dies z. B. durch Bildung von Arbeitsgruppen zu verschiedenen aktuellen Themenfeldern in der Zusammenarbeit zwischen radio NRW und den Lokalstationen.

Zeitgleich wandelte sich radio NRW vom reinen Rahmenprogrammanbieter zusätzlich zu einer Hörfunkagentur. Neben Programmstunden die übernommen werden können, werden unter anderem auch überregionale Beiträge, Unterhaltungsserien, Verpackungselemente und aktuelle Sondersendungen zu großen Ereignissen angeboten.

3.1 Programmliche Veränderungen

Ein Bestandteil des mehrstufigen Maßnahmenkataloges, auf den man sich angesichts der bedrohlichen Situation durch die gesunkenen Reichweiten verständigen konnte, war die Realisation des dayparting on air. Die Hörer sollen zu den verschiedenen Tageszeiten jeweils entsprechend ihren Bedürfnissen von ihrem Programm angesprochen werden. Um zu wissen, was die Hörer von ihrem Lokalprogramm als Tagesbegleitmedium erwarten, wurden qualitative Studien in Auftrag gegeben und ausgewertet und so die Bedürfnisse der Hörer zu den unterschiedlichen Tageszeiten ermittelt.

Ergebnisse dieser Untersuchungen waren die Verständigung auf eine einheitliche Sendestrecke am Vormittag zwischen 9-12 Uhr, die von allen Lokalstationen übernommen werden sollte. Gleiches galt für das daran anknüpfende Informationsmagazin am Mittag von 12-13 Uhr. Neben der morgendlichen Primetime von 6-9 Uhr sollten die Lokalstationen nun noch – abhängig von ihrer lizenzierten Stundenanzahl – das Nachmittagsprogramm (besonders während der Drivetime ab 16 Uhr) lokal gestalten. Die verbleibenden Nachmittags- und Abendstrecken werden wieder von radio NRW gestaltet.

Durch die beschlossenen Reformen veränderte sich das Schema der von den Lokalstationen übernommenen Rahmenprogrammstunden nachhaltig.

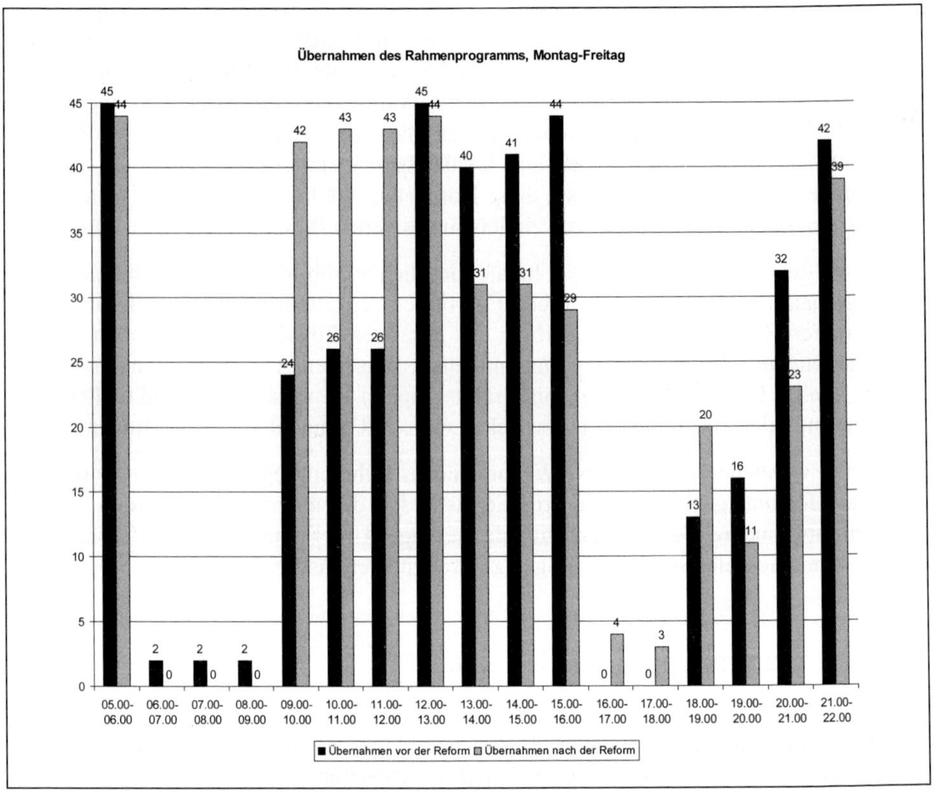

Abbildung 3: Stundenübernahme vor und nach der Programmreform

Gleichzeitig wurden einheitliche Sendungsnamen beschlossen, die zuvor in ausgiebigen Testverfahren ermittelt wurden. Durch die von allen Lokalstationen gleich verwendeten Sendungsnamen konnten vom Rahmenprogrammanbieter nun einheitliche Verpackungen produziert werden, die sowohl landesweit als auch lokal zum Einsatz kommen. Hinzu kommt eine Definition einheitlicher Stundenuhren der Lokalstationen für die jeweiligen Sendestrecken. Ziel dieser gemeinsamen Stundenuhren ist die Schaffung eines annähernd gleichen Wort-Musik-Verhältnisses.

Zur Weiterentwicklung des Moderationsstandards vor Ort wurden gemeinsame Konzepte mit den Chefredakteuren der Lokalsender entwickelt. Zur Umsetzung dieser Konzepte wurden Seminare in Zusammenarbeit mit der Deutschen Hörfunk Akademie in Dortmund ins Leben gerufen. Dort wurde seitdem der angebotene Ausbildungskatalog ständig weiterentwickelt; somit ist die Ausbildung von qualifizierten Nachwuchskräften im Lokalfunk kontinuierlich möglich.

Die Musikpositionierung des nordrhein-westfälischen Lokalfunks wird ebenfalls seit Mitte der 90er Jahre in regelmäßigen Musiktests überprüft. Durch Positionierungsstudien, Archivtests und ganzjährig durchgeführte Call-outs lassen sich Veränderungen der Wünsche der Hörer sowie Veränderungen im Wettbewerb erkennen. Die ständige Beobachtung der Konkurrenzsender garantiert zudem die Möglichkeit, rechtzeitig auf evtl. Neupositionierungen zu reagieren.

Zur Ergänzung des Programmangebots wurde eine Service-Telefon-Hotline eingerichtet, bei der Hörer aus dem gesamten Bundesland „ihren“ Lokalsender anrufen können und z. B. zu Servicethemen, die gerade in der landesweiten Vormittags- oder Nachmittagsshow on air behandelt werden, weitere Informationen zu bekommen. Auch können sich Hörer auf diesem Wege aktiv an den Sendungen beteiligen: In den Sommerferien werden z. B. auf diesem Wege interessante Tagesausflugsziele vorgestellt oder die Ferienfee erfüllt daheimgebliebenen jungen Hörern lang gehegte Wünsche. Vor der Bundestagswahl hatten die Hörer die Möglichkeit, den Spitzenkandidaten der Bundestags-Parteien Fragen zu stellen, die diese dann in jeweils einstündigen Sondersendungen beantworteten. Gemeinsam mit den Lokalstationen wird seit nunmehr vier Jahren die Spendenaktion „Lichtblicke“ durchgeführt. Dabei spenden die Hörer der NRW-Lokalradios für Kinder und Familien in NRW, die durch Schicksalsschläge in Not geraten sind.

Mit diesen unterschiedlichen Arten der Einbeziehung der Hörer wird die Bindung an das Programm deutlich verbessert.

3.2 Marketing-Aktivitäten

Wesentlich zur Bindung der Hörer an ihr Lokalradio und damit zu einer Steigerung des Bekanntheitsgrades (und letztendlich auch der Reichweite) haben die 1997 ins Leben gerufenen zahlreichen Events des neu gegründeten Promotions-Teams von radio NRW beigetragen. radio NRW bietet den Lokalstationen an, verschiedene Module zu buchen, um dann vor Ort im jeweiligen Verbreitungsgebiet mit Events, wie Konzerten aktueller Künstler aus den Charts, vertreten zu sein. Auf diesem Wege können die Lokalstationen auf die Kompetenz des Mantellieferanten zurückgreifen und gleichzeitig diese Kompetenz auf ihr lokales Verbreitungsgebiet übertragen. So werden Elemente, die dem Hörer bereits on air vertraut sind, auch hautnah erlebbar gemacht. Zur Sendung „Soundcheck Classics" beispielsweise können die Lokalstationen bei radio NRW die entsprechende Party buchen, die dann in den örtlichen Veranstaltungshallen organisiert und durchgeführt wird. Comedy-Auftritte der radio NRW-Comedians gehören ebenso wie Kinderveranstaltungen und Single-Parties zum Leistungsspektrum. In der Vorweihnachtszeit zieht der Weihnachtstruck durch die nordrhein-westfälischen Verbreitungsgebiete und ist so – immer mit dem Logo des ortsansässigen Lokalsenders versehen – auf den Weihnachtsmärkten im gesamten Land präsent. Insgesamt hat sich die Zahl der von den Lokalstationen gebuchten und von radio NRW veranstalteten Events von 91 im Jahre 1997 auf 237 im Jahre 2001 erhöht.

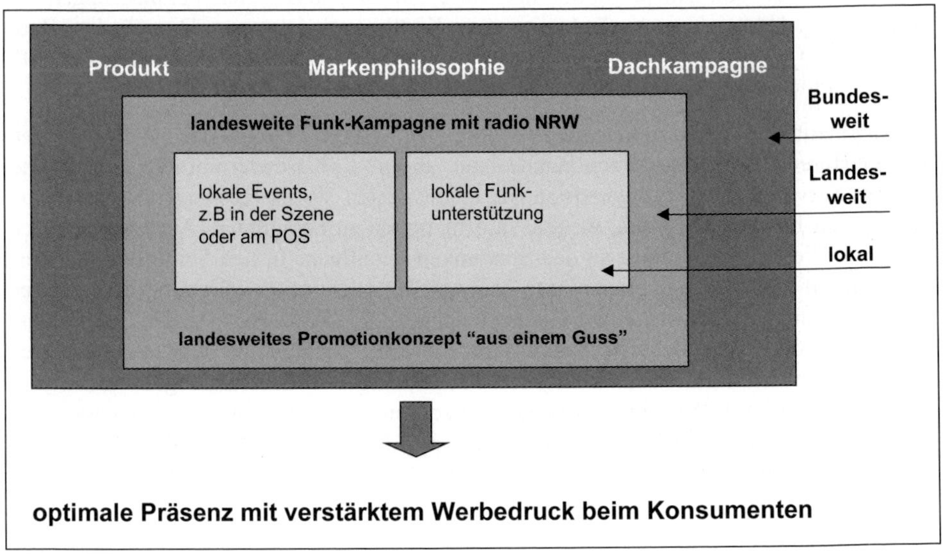

Abbildung 4: Vermarktungsebenen im nordrhein-westfälischen Lokalfunksystem

radio NRW tritt bundesweit als einheitliches Produkt auf – die Vermarktung geschieht über die landesweite Kette. Gleichzeitig werden die Kampagnen über die lokalen Events direkt bis auf die lokale Ebene hinein unterstützt. Selbiges geschieht beispielsweise für die von radio NRW und den Lokalstationen gemeinsam durchgeführten Gewinnspiele. radio NRW stellt die Kontakte zu den großen Firmen (Autohäuser, Reiseveranstalter) her, die dann während des Gewinnspielzeitraumes idealerweise direkt mit ihren Händlern vor Ort gemeinsam mit den Lokalstationen in Erscheinung treten.

Durch Bündelung der Kräfte des nordrhein-westfälischen Lokalfunksystems sowohl auf der on air-Ebene als auch off air konnte der Lokalfunk wieder erfolgreich gemacht werden. Nicht nur die Bekanntheit der Lokalstationen und ihre Bindung an den Hörer konnten verstärkt werden, auch die Reichweite in der MA berichtet von der Erfolgsgeschichte: Mit zuletzt 1.336 Millionen Hörern in der durchschnittlichen Stunde liegt radio NRW als einziger Sender bundesweit über der Eine-Millionen-Hörer-Marke und weit vor seinen öffentlich-rechtlichen Mitbewerbern in NRW.

Literaturverzeichnis

LIEPELT, K./NEUBER, W./SCHENK, M. (1993), Lokalradio in Nordrhein-Westfalen. Analysen zur Mediennutzung (Schriftenreihe Medienforschung der Landesanstalt für Rundfunk Nordrhein-Westfalen, Band 4), Opladen 1993.

JARREN, O./BENDLIN, R./GROTHE, T./STORLL, D. (1993), Die Einführung des lokalen Hörfunks in Nordrhein-Westfalen. Elektronische Medien und lokalpolitische Kultur (Schriftenreihe Medienforschung der Landesanstalt für Rundfunk Nordrhein-Westfalen, Band 8), Opladen 1993.

LENDZIAN, B./MÜNCH, E. (1994), Die Praxis des Zwei-Säulen-Modells. Untersuchungen aus der Startphase des lokalen Hörfunks in Nordrhein-Westfalen (Schriftenreihe Medienforschung der Landesanstalt für Rundfunk Nordrhein-Westfalen, Band 16), Opladen 1994.

DONGES, P./Steinwärder, P. (1998), Entwicklung des Zwei-Säulen-Modells. Eine interdisziplinäre Untersuchung des lokalen Hörfunks in Nordrhein-Westfalen (Schriftenreihe Medienforschung der Landesanstalt für Rundfunk Nordrhein-Westfalen, Band 26), Opladen 1998.

Vierter Teil

Musikmanagement

Thomas Hess

Die Bedeutung von Peer-to-Peer-Systemen für Musiklabels – Ergebnisse erster Analysen

1. Problemstellung

Bis Anfang der 90er Jahre spielten Informations- und Kommunkationstechnologien (IuK-Technologien) in Medienunternehmen eine eher untergeordnete Rolle. Vorrangig wurden IuK-Technologien eingesetzt, um administrative Prozesse zu unterstützen. Multimediale Produkte (auf der Basis von CDs) wurden erprobt, hatten sich am Markt aber noch nicht durchgesetzt. Mit der zunehmenden Verbreitung des schmalbandigen Internets hatte sich dieses Bild Mitte der 90er Jahre grundlegend geändert. Erstmals stand ein Massenmedium zur Verfügung, das eine Reihe interessanter Eigenschaften miteinander verband: Interaktivität, Individualisierbarkeit und Multimedialität. Nach anfänglichem Zögern hat sich die Medienindustrie recht intensiv mit den Chancen und Risiken der neuen Technologie auseinander gesetzt.[1] Vorhandene Geschäftsansätze wurden durch Internet-Angebote ergänzt, so verfügen z. B. viele TV-Stationen oder Zeitungsverlage über begleitende Internet-Angebote. Starke Markennamen und die Mehrfachnutzung einmal erstellter Inhalte treiben diese Entwicklung. Genauso zeichnet sich ab, dass sich auf Basis der Internet-Technologie eine Reihe neuer Geschäftsansätze mittlerweile etablieren konnten, denkt man z. B. an den elektronischen Buchvertrieb (Amazon), Suchmaschinen (Google) oder Auktionsplattformen (eBay). Auffällig ist hierbei, dass diese innovativen Geschäftsansätze nicht von klassischen Medienunternehmen am Markt durchgesetzt wurden. Aus Sicht der Innovationsforschung kann dies allerdings auch nicht überraschen.

Ausgehend vom Basismedium Internet hat sich die Diskussion um die Chancen und Risiken neuer IuK-Technologien in der Medienbranche mittlerweile stark verbreitet. Breitbandige und/oder mobile Übertragungstechnologien werden erprobt (z. B. Wireless-LANs oder UMTS), ausdifferenzierte Endgeräte (wie z. B. ePaper oder PDAs) sind am Markt verfügbar. Die medienneutrale und modularisierte Speicherung von Inhalten (z. B. auf der Basis der XML-Technologie) erlaubt grundlegende Veränderungen in den Produktionsprozessen. Alle diese Technologien führen aber, so weit sich dies heute abschätzen lässt, eher zu inkrementellen Veränderungen der Geschäftsansätze. So werden z. B. TV-Sender über den Anteil aktueller Ausstrahlungen nachdenken, aber weiterhin ein lineares Programm anbieten. Dagegen deutet sich an, dass Peer-to-Peer-Systeme (P2P-Systeme) etablierte Geschäftsmodelle ganz grundlegend in Frage stellen können bzw. evtl. ganz neue Geschäftsansätze erlauben. Besonders deutlich zeigt sich dies schon heute in der Musikindustrie, d. h. konkret beim Zugriff auf Musiktauschbörsen im Internet als reale Alternative zum klassischen CD-Kauf im Handel, allerdings in einem rechtlichen Graubereich. Ziel des vorliegenden Beitrags ist es, die bisherige Entwicklung in diesem Bereich praxisorientiert aufzuarbeiten, wobei der Schwerpunkt bei den Musikverlagen („Musiklabels“) liegt. Als Einstieg findet sich in Kapitel zwei eine kurze Beschreibung der diesbezüglichen Entwicklungen bis heute. Die technologischen Grundla-

---

1 Vgl. im Überblick Schumann/Hess (1999).

gen werden in Kapitel drei dargestellt, eine betriebswirtschaftliche Analyse findet sich in Abschnitt vier. Mit einem kurzen Fazit und einem „Seitenblick“ auf andere Teilbranchen der Medienindustrie in Abschnitt fünf schließt der Beitrag ab. Der vorliegende Beitrag wurde im Januar 2003 fertig gestellt.

2. Napster und die Folgen: zur bisherigen Rolle von Peer-to-Peer-Systemen in der Musikindustrie

Die Bedeutung internet-basierter Musiktauschbörsen ist eng mit Napster verbunden. Als einer der ersten Anbieter zog Napster sehr schnell das Interesse auf sich, und dies nicht nur innerhalb der Musikindustrie. Dieses Interesse steigerte sich noch, als mit Bertelsmann einer der großen weltweit agierenden Medienunternehmen später den Versuch unternahm, Napster zu stützen und weiterzuentwickeln. Die nachfolgende Darstellung orientiert sich daher an den Entwicklungsphasen von Napster.[1]

Im Zeitraum Juli 1999 bis Juli 2001 organisierte Napster erstmals den Tausch von Musikdateien über das Internet auf Basis einer Börse. Mit Hilfe des einfach zu installierenden Napster-Clients konnte sich jeder Internet-Nutzer sehr schnell einen Überblick darüber verschaffen, auf welchem Rechner weltweit eine von ihm gesuchte Musikdatei gerade zum Download freigegeben war. War dieser Rechner gefunden, unterstützte der Napster-Client den eigentlichen Download der Musikdatei, der Suchende konnte dann schnell und kostengünstig mit Hilfe weiterführender Software eigene Musik-CDs brennen und sofort verwenden. Auf dem Napster-Server wurde diese Datei niemals gespeichert, vielmehr wurden dort immer nur die Lokalisierungsinformationen gespeichert. Gleichwohl wurden Urheberrechte nicht überprüft. Die Napster-Software wurde von Shawn Fanning im Frühjahr 1999 für den Austausch von Musikdateien zwischen Freunden entwickelt. Er stellte die Software kostenlos im Internet zur Verfügung und verlangte auch keinerlei Entgelt für die Bereitstellung der Lokalisierungsinformationen. Bereits im ersten Quartal 2000 nutzten weltweit 8 Millionen Internet-Nutzer das Angebot. Bis zum zweiten Quartal 2001 hatte sich diese Zahl auf 86 Millionen Nutzer erhöht, was u. a. auch zu einem Nachfrageschub bei den Internet-Service-Providern führte. Parallel erhöhte sich auch der Druck der Musikindustrie, die gegen Napster wegen Verletzung der Urheberrechte klagte. Im Juli 2000 erließ ein Gericht der ersten Instanz in den USA ein entsprechendes Urteil, gegen das Napster aber erfolgreich Berufung einlegen konnte. Gleichzeitig stieg mit Hummer Winblad ein Investmenthaus bei Napster ein, wodurch Napster langsam den Charakter eines Non-Profit-Anbieters verlor. Gleichzeitig übernahm Hank Berry die Geschäftsführung. Im Oktober 2000 ging Bertelsmann eine strategische Partnerschaft mit Napster ein und stellte zunächst kleinere Kredite zur Verfügung. Ungeachtet dessen beteiligte sich Bertelsmann auf Seiten der großen Musik-Anbieter

1 Vgl. auch Hilbers (2002).

auch weiterhin an der juristischen Auseinandersetzung mit Napster. Diese Gruppe von Anbietern war es auch, die im März 2001 einen von Napster angebotenen Vergleich ablehnte, mit dem der Rechtsstreit gegen Zahlung von 1 Milliarde US$ durch Napster an die Rechteinhaber beigelegt werden sollte.

Die zweite Entwicklungsphase von Napster begann im Juli 2001 und dauerte bis zum September 2002. Im Juli 2001 wurde der Napster-Server abgeschaltet, vornehmlich in Folge der laufenden rechtlichen Auseinandersetzung. Auch übernahm zu diesem Zeitpunkt mit Konrad Hilbers ein bisheriger Bertelsmann-Manager die Führung von Napster. Mit der Gewährung weiterer Kredite verstärkte Bertelsmann im September 2001 noch sein Engagement. Danach arbeitete Napster an einem modifizierten Angebot. Vorrangiges Ziel war es nun, sich als komfortable und legale Plattform für den Tausch von Musikdateien (und später auch anderen Medieninhalten) zu positionieren. Vor diesem Hintergrund standen die Klärung der bisherigen und zukünftigen urheberrechtlichen Situation sowie einer darauf aufbauenden Software-Lösung nun im Mittelpunkt der Aktivitäten von Napster. Im September 2001 konnten erste Teilvereinbarungen mit wichtigen Rechteinhabern geschlossen werden. Im Januar 2002 wurde eine Beta-Version der neuen Software vorgestellt, die in Kooperation mit der Bertelsmann-Tochter Digital World Services entwickelt wurde und im ersten Quartal 2002 bereits 5 Millionen Mal herunter geladen wurde. Diese Software sollte u. a. den Schutz von Verwertungsrechten beim Dateiaustausch sicherstellen, eine entsprechende Abrechnung gegenüber den Rechteinhabern ermöglichen, die korrekte Bezeichnung einzelner Dateien sicherstellen sowie den Napster-Client durch Zusatzinformationen rund um den Song und erweiterte Community-Funktionen für Fans wesentlich benutzerfreundlicher gestalten. In Ausschüssen des amerikanischen Parlaments wurde die noch unklare rechtliche Situation der Tauschbörsen im Frühjahr 2002 intensiv diskutiert, wobei auch die unterschiedlichen Interessen der Medien- und der Telekommunikationsindustrie offensichtlich wurden. Aber auch bis einschließlich September 2002 war Napster nicht verfügbar, die rechtlichen Fragen konnten nicht abschließend geklärt werden. Anstatt dessen etablierten sich mit Morpheus, KaZaA etc. schnell neue und ebenfalls kostenlose und komfortable Anbieter zum Tausch von Musikdateien, die sehr bald an die Nutzungszahlen von Napster anknüpfen konnten. Gleichzeitig starteten mit MusicNet und PressPlay zwei erste größere kommerziell motivierte Versuche von drei bzw. zwei großen Musikanbietern, das Internet ebenfalls als Distributionskanal zu nutzen. Anders als bei Peer-to-Peer-Systemen wie Napster wurde hierbei aber nicht der Austausch von Dateien zwischen Kunden mittels Tauschbörsen unterstützt. Vielmehr wurden auf einem zentralen Server Musikdateien im Sinne eines klassischen Portals zum kostenpflichtigen Download bereitgehalten. Allerdings konnten die so herunter geladenen Dateien kaum auf eine CD gebrannt werden, auch war die Nutzungszeit oft limitiert. Beide Angebote wurden von den Konsumenten kaum angenommen, im Sommer 2002 waren auch nur noch wenige der Top-100-Songs über derartige Dienste verfügbar.

Phase	Phase I: 7/99-7/01	Phase II: 7/01-9/02	Phase III: seit 9/02
Angebot Napster	Online	Offline	Offline
Status Napster	Zunächst Non-Profit-Angebot, durch den Einstieg eines Investmenthauses und von Bertelsmann schrittweise Migration zu einem kommerziellen Ansatz	Transformation zu einem Dienstleistungs-Angebot mit Gewinnerzielungs-Absicht, Bertelsmann als wichtiger Kreditgeber	In Liquidation, Markenrechte bereits verkauft
Angebote klassischer Musikunternehmen im Internet	-	MusicNet und PressPlay als kooperative Portal-Angebote mit sehr eingeschränkten Nutzungsmöglichkeiten für den Konsumenten, ohne viel Erfolg	Zunehmend einzelne Portale wie z. B. Popfile, wobei die Nutzungsmöglichkeiten für den Konsumenten nicht mehr ganz so stark eingeschränkt werden
Angebote vormals branchenfremder Anbieter	-	Viele Tauschbörsen wie Morpheus, KaZaA etc.	

Tabelle 1: Die drei Entwicklungsstufen von Napster

Im September 2002 ging Napster in die Liquidation. Ein Gericht untersagte Bertelsmann, Vermögenswerte von Napster zu kaufen. Bertelsmann verzichtete auf nachfolgende juristische Schritte und stellte sein Engagement bei Napster ein. Die Markenrechte von Napster wurden danach verkauft. Die Zahl der Tauschbörsen erhöht sich seitdem eher noch. Viele Musikanbieter gehen dazu über, ihre Produkte über eigene Portale in mehr oder weniger restriktiver Form anzubieten. So bietet die Universal Music Group nun Musikdateien über Popfile an, wobei die Nutzungsmöglichkeiten nicht mehr so stark eingeschränkt sind und auch Ausschnitte aus einem Song vorab angehört werden können. In Tabelle 1 sind die drei Entwicklungsstufen von Napster noch einmal zusammenfassend dargestellt.

3. Technologische Einordnung

Wollen zwei Rechner miteinander kommunizieren, kann dies auf Basis einer gleich bleibenden oder einer wechselnden Arbeitsverteilung erfolgen. Ist die Arbeitsverteilung gleich bleibend, fungiert ein Rechner als Server und ein Rechner als Client, es entsteht ein Client-Server-System. In diesem Sinne sind heute kaufmännische Anwendungssysteme organisiert, wo auf einem Server z. B. alle Kostenrechnungsdaten gehalten werden und der Controller über seinen Client diese Daten abrufen kann. Wechselt die Arbeitsteilung, agiert der eine Rechner einmal als Client und einmal als Server. In diesem Fall erfolgt die Kommunikation zwischen Gleichberechtigten, so genannten Peers, wodurch ein P2P-System entsteht.[1] Exemplarisch für die Anwendung von P2P-Systemen sei auf zwei Entwicklungsingenieure verwiesen, die an unterschiedlichen Standorten an einem gemeinsamen Produkt arbeiten, das auf dem Rechner beider gespeichert wird. Genau genommen handelt es sich bei diesem Beispiel um ein serverloses P2P-System, bei dem keine zentrale Instanz die Kommunikation organisiert. Daneben sind noch serverbasierte P2P-Systeme verfügbar, bei denen eine zentrale Instanz die verteilte Problembearbeitung koordiniert und damit die Kommunikation vorbereitet. Im erwähnten Beispiel der Ingenieure könnte diese zentrale Instanz sinnvoll sein, wenn an mehr als zwei Standorten weltweit gearbeitet wird. Typische Anwendungsfelder von P2P-Systemen liegen in der gemeinsamen Problembearbeitung und in der Bündelung verteilter Ressourcen. Ein Beispiel für die gemeinsame Problembearbeitung auf Basis von P2P-Systemen wurde oben bereits gegeben, das Spektrum reicht dabei vom Austausch kurzfristiger Nachrichten über den Austausch ganzer Dateien bis zum gemeinsamen Arbeiten in virtuellen Räumen. Die Bündelung verteilter Ressourcen ist z. B. bei sehr komplexen Rechenproblemen sinnvoll.

Zur Unterstützung von Musiktauschbörsen werden heute in der Regel serverbasierte P2P-Systeme eingesetzt, die den Dateiaustausch als spezielle Form einer gemeinsamen Problembearbeitung unterstützen. Abbildung 1 zeigt die Beschaffung einer Musikdatei aus Sicht eines Nachfragers in fünf Schritten. Vor jedem Austausch muss dem zentralen Server bekannt sein, auf welchem Rechner welche Musikdateien abrufbar sind (Schritt 0). Der Nachfrager richtet seine Suchanfrage nun an den Server und erhält als Antwort die Adresse des Anbieters (Schritte 1+2). Mit Hilfe dieser Adresse greift er unmittelbar auf den Rechner des Anbieters zu (Schritte 3+4) und erhält so die gewünschte Musikdatei. Neueste Systeme sehen vor, dass der Nachfrager über ein im Hintergrund laufendes Programm kontinuierlich nach ausgewählten Musikdateien sucht und diese ggf. auch gesplittet von unterschiedlichen Rechnern beschafft. Diese Aufgabenteilung ist dynamisch, d. h. bei einem nächsten Tausch kann der bisherigen Anbieter zum Nachfrager werden und umgekehrt.

1 Vgl. im Überblick Schoder/Fischbach (2002).

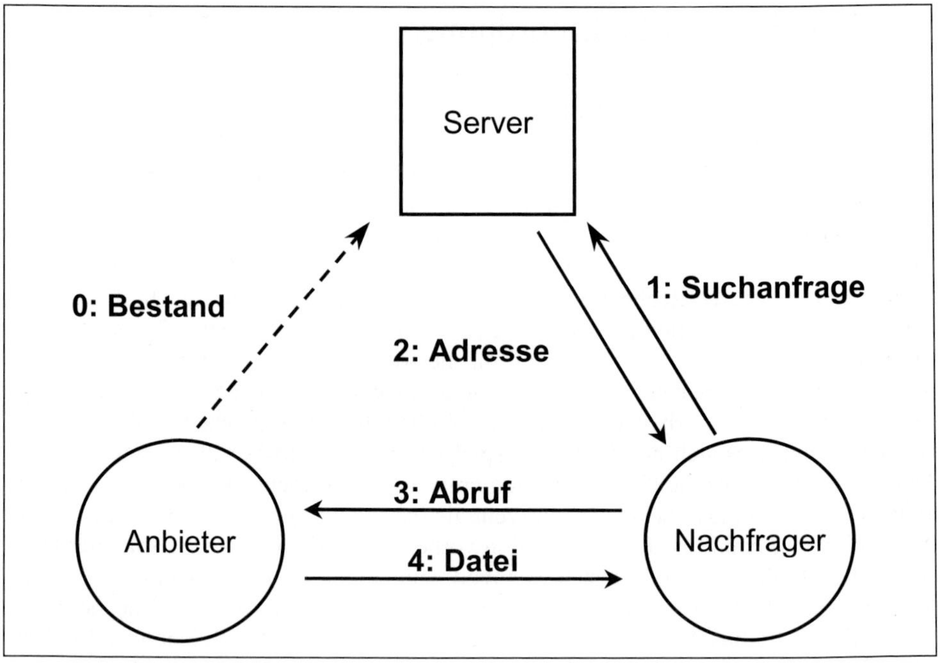

Abbildung 1: Serverbasierter Dateiaustausch in P2P-Systemen als Basis von Musiktauschbörsen

Zweifelsohne sind P2P-Systeme Auslöser für die in Abschnitt zwei skizzierte Entwicklung. Daneben waren aber auch eine Reihe wichtiger Voraussetzungen gegeben: die mittlerweile hinlängliche und noch weiter steigende Reichweite des schmalbandigen Internets, die Verfügbarkeit kostengünstiger CD-Brenner für PCs, die bereits in großer Zahl vorhandenen digitalen Endgeräte für den Musikkonsum sowie standardisierte Speicherformate für Musikdateien. Hat ein Nutzer über ein Peer-to-Peer-System Musikdateien „ertauscht", kann er diese ohne große Kosten auf eine CD brennen und dann sofort in seiner Stereoanlage, seinem Walkman oder in seinem Autoradio nutzen. Mit MP3 steht zudem ein effizientes Speicherformat zur Verfügung, das sich in den Tauschbörsen mittlerweile durchgesetzt hat, in Verbindung mit dem Internet einen schnellen Transfer von Musikdateien erlaubt und sich für einige Endgeräte ggf. auch noch problemlos in das WAVE-Format für das Brennen einer Musik-CD konvertieren lässt.

Gerade die Bemühungen von Napster in der zweiten Phase haben aber gezeigt, dass neben den Peer-to-Peer-Systemen auch Systeme zur technischen Durchsetzung von Urheberrechten, insbesondere von Verwertungsrechten, von großer Bedeutung für Musiktauschbörsen sind. Derartige Systeme werden heute als Digital-Rights-Management-Systeme (DRM-Systeme) bezeichnet. Sie sind, anders als P2P-Systeme, Endgeräte und Speicherformate, noch stark in der Entwicklung und Erprobung begriffen und basieren auf einer Reihe unterschiedlicher Technologien insbesondere aus der Kryptographie. DRM-Systeme werden vorrangig zum Schutz der Verwertungsrechte an Inhalten und Software eingesetzt, die nachfolgenden Überlegungen konzentrieren sich auf den Schutz von Inhalten. Zur Verhinderung von Urheberrechtsverletzungen bieten sich zurzeit neben einfachen Speicherungssperren (z. B. mittels proprietärer Browser alleine zum Anzeigen von Inhalten) insbesondere Zugangskontrollverfahren an. Bei Zugangskontrollverfahren reicht das Spektrum vom einfachen Passwort-Schutz über eingebaute Nutzungsbegrenzungen und das Blocking bis zu Access-Systemen. Eingebaute Nutzungsbegrenzungen sperren den Inhalt nach einem bestimmten Termin oder nach einer vorher festgelegten Zahl von Zugriffen. Inhalte, die von MusicNet bzw. PressPlay bezogen worden waren, waren mit einer zeitlichen Nutzungssperre versehen. Blocking (d. h. das Blockieren einer ungewünschten Verwendung) lässt sich durch einfache Kopiersperren oder auch durch die irreversible Bindung eines Mediums an ein bestimmtes Endgerät erreichen. Gerade die Musikindustrie setzt immer wieder Kopiersperren ein, die z. B. die Nutzung legal herunter geladener Musiktitel auf CDs oder MP3-Playern verhindern, sich aber zurzeit offensichtlich relativ leicht umgehen lassen. Access-Systeme überprüfen die Zugangsberechtigung für einen bestimmten Nutzer im Moment des gewünschten Zugangs. Stellvertretend sei auf die Ansätze vieler Pay-TV-Betreiber verwiesen, die eine Freischaltung vorab definierter Kanäle mit Hilfe einer codierten Karte vorsehen. Erweiterte DRM-Lösungen sehen vor, die Berechtigung im Moment des Zugangs online abzufragen und eröffnen damit sogar Optionen für eine flexible Abrechnung. Mit dem System „Superdistribution" verfolgt das oben bereits erwähnte Softwarehaus Digital World Services genau diesen Ansatz in voller Breite. Praktische Erfahrungen stehen auch hier noch aus, insbesondere hinsichtlich technischer Komplexität, der Unannehmlichkeiten für den Konsumenten und der erforderlichen Infrastruktur wie etwa den Austausch von Endgeräten und deren Anbindung an das Internet. Einen etwas einfacheren Ansatz hatte Napster in seiner zweiten Entwicklungsstufe vorangetrieben. Ziel war es gewesen, nicht die Nutzung, aber doch den Tausch von Musikdateien bezüglich der Verwertungsrechte zu kontrollieren. Ob dieser Weg praktikabel ist, konnte bei Napster nicht abschließend geklärt werden. Aber auch die Verfolgung von Urheberschutzverletzungen kann durch DRM-Systeme unterstützt werden. Von besonderer Bedeutung sind hierbei digitale Wasserzeichen, mit deren Hilfe sich Informationen zum Rechteinhaber und seinen spezifischen Rechten unveränderbar und oft versteckt an den Inhalt binden lassen.

4. Betriebswirtschaftliche Einordnung

Musikverlage verstehen sich traditionell[1] als Mittler zwischen Konsument und Künstler: Sie identifizieren interessante Künstler, unterstützen die Produktion der Songs in einem Studio, bündeln die Titel auf CDs und ggf. anderen Datenträgern, geben die Vervielfälti-

[1] Vgl. im Überblick Wirtz (2001); Schmidt (1997).

gung in Auftrag, machen potentielle Kunden auf dieses Produkt über die Rundfunkstationen (von Hitparaden bis zu Musiksendern) und über klassische Werbeformen aufmerksam und verkaufen dieses schließlich über den Groß- und Einzelhandel. Im Kern beschäftigen sich Musikverlage daher mit der Rechteauswertung, wobei sie den größten Teil des Marktrisikos tragen. Vom Verkaufserlös einer typischen CD entfallen bis 30 % auf den Groß- und Einzelhandel, bis 20 % auf die physische Produktion, bis 20 % (oft aber weniger) auf die Künstler und der Rest auf den Musikverlag. Musikverlage erzielen den größten Teil ihrer Erlöse heute aus dieser Form der Rechteverwertung, wobei sie gerade im Massenmarkt sehr stark attraktive und weniger attraktive Titel gezielt bündeln. Daneben fließen ihnen noch Erlöse über Verwertungsgesellschaften (wie die GEMA in Deutschland), über den Verkauf von Musikvideos, über das Merchandising (von der Zeitschrift bis zum T-Shirt) und über den Weiterverkauf von Rechten zu.

Das Geschäft der Musikverlage ist stark risikobehaftet, insbesondere im attraktiven, aber schwer prognostizierbaren Massenmarkt für den Mainstream. Weniger als 10 % aller Künstler erreichen einen so großen Erfolg, dass sich die Vorleistungen für das Musiklabel amortisieren. Die Musikverlage versuchen, sich gerade die erfolgreichen Künstler über mehrjährige Verträge zu sichern, was aber nicht immer gelingt. Auch der Einsatz von Trend- und Talentscouts in der Szene hat dieses Problem nicht signifikant reduziert. Die gemeinsame Entwicklung von Künstlern mit dem Publikum, wie dies im Fall der „No Angels" erfolgreich praktiziert wurde, bildet auch weiterhin noch die Ausnahme. Gleichzeitig steigen die Kosten für das Product Placement neuer Künstler immer noch an, nicht zuletzt auch durch die heute unverzichtbaren Promotionvideos. In Folge dessen müssen Anbieter auf dem Massenmarkt über eine Mindestgröße mit entsprechenden Diversifikationen verfügen, um langfristig überleben zu können. Genau so müssen diese großen Anbieter aber auch auf internationales (zurzeit insbesondere US-amerikanisches) Repertoire zurückgreifen. Dies alles hat mit dazu geführt, dass der Massenmarkt von fünf weltweit agierenden Musikverlagen (AOL Time Warner, Bertelsmann Music Group, EMI Group, Sony Music, Universal Music Group) stark dominiert wird. Allerdings ist der Musikmarkt weltweit leicht rückläufig. In Deutschland hatte der Tonträgerumsatz mit 2,6 Milliarden € 1997 seinen Höhepunkt erreicht und nähert sich seitdem wieder der Grenze von 2,0 Milliarden €. Von Branchenvertretern werden illegale private Kopien und dort insbesondere auch der Tausch von Musikdateien über internet-basierte Börsen immer wieder als zentrale Ursache dieses Trends angeführt. Empirisch ließ sich diese Vermutung aber bisher nicht abschließend nachweisen; gelegentlich finden sich sogar Hinweise darauf, dass Nutzer von Online-Tauschbörsen langfristig mehr für Musik ausgeben.[1] Es stellt sich auf jeden Fall die Frage, wie die Musikverlage auf die Herausforderungen durch P2P-Systeme reagieren können. Zwei grundsätzlich unterschiedliche Wege sind nachfolgend skizziert.

Ein eher defensiver Ansatz besteht darin, das klassische Geschäftsmodell eines Musikverlages mittels der DRM-Technologie möglichst umfassend abzusichern. Ein derartiger

---

1 Vgl. auch Riehm et al. (2002).

Ansatz müsste auf zwei Säulen aufbauen: auf dem Schutz von Inhalten durch DRM-Systemen sowie dem ergänzenden Einsatz der P2P-Technologie zur Unterstützung des Marketing. Erweiterte DRM-Systeme, die über den einfachen Kopierschutz hinausgehen und mittelfristig zu erwarten sind, werden die etwas flexiblere Nutzung von Inhalten erlauben, aber immer noch spürbar einschränken. Komplexere technische Lösungen, z. B. die Online-Abfrage von Verwertungsrechten vor Nutzung an der Hifi-Anlage, werden langfristig verfügbar sein, setzen aber insbesondere auf Seiten des Konsumenten umfangreiche Investitionen voraus, die für ihn kaum Vorteile bringen. Auch die Hersteller der Endgeräte haben nur bedingt Interesse daran, diese Aufrüstung zu fördern. Unabhängig davon wird aber auch auf diesem Weg nicht zu verhindern sein, dass zumindest wenige Kopien eines Songs in ein P2P-System gelangen und dort getauscht werden. Mit der weiter zunehmenden Verbreitung des breitbandigen Internets und kostengünstiger CD-Brenner wird sich dieses Problem eher noch vergrößern. Auch verfügen Musikverlage heute kaum über Erfahrungen im Endkundengeschäft. Darüber hinaus wird sich die Entbündelung kaum verhindern lassen, auch wenn Musiklabels über Portale wie Popfile ihre Songs anbieten. Insgesamt ist also festzuhalten, dass der Schutz von Songs mittels DRM-Systemen technisch zwar möglich ist, aber zumindest bislang mit deutlichen Nachteilen für den Konsumenten verbunden ist. Trotzdem gehen viele Musiklabels heute eher diesen Weg.

Ergänzend wäre auch vorstellbar, durch das Einspeisen ausgewählter Songs einer CD in beliebige P2P-Tauschbörsen die Nachfrage nach der CD mit allen Songs zu stimulieren. So erreichte die Rockgruppe Creed im Oktober 1999 Platz 1 der Billboard Charts, wobei der populärste Song der CD vorher kostenlos zur Verfügung gestellt wurde. Ob dieser Ansatz langfristig und in großem Umfang tragfähig ist, lässt sich nur im praktischen Test feststellen. Die zunehmende Reichweite des Internets und kostengünstiger CD-Brenner machen diesen Weg aber langfristig eher unattraktiv, zumindest bei einer engen Fokussierung auf Musik. In Einzelfällen wäre auch der Versuch interessant, über kostenlos bereitgestellte Songs z. B. das Interesse für Konzerte zu wecken und so weitere Erlösquellen zu erschließen.

Ein radikal anderer und sehr offensiver Weg würde dagegen im Aufbau einer legalen Tauschplattform für Musik liegen. Die zentrale Leistung eines Plattformbetreibers würde darin bestehen, den bequemen und legalisierten Austausch von Musikdateien möglichst umfassend zu unterstützen. Dazu müsste er sowohl die P2P- als auch die DRM-Technologie einsetzen. Durch die P2P-Technologie könnten alle Songs auf dem Rechner der Konsumenten mit einbezogen werden, wodurch sich auch das Angebot aus der Backlist deutlich vergrößern würde. Genauso würde die dezentrale Speicherung der Inhalte zu einer signifikanten Reduktion der Netzbelastung in Spitzenzeiten und damit zur Reduktion der Übertragungskosten führen. Im Gegensatz zu den nicht vollständig legalisierten Angeboten wie KaZaA oder Morpheus könnte ein legaler Tauschplattformanbieter prüfen, ob jeder einzelne Tausch durch entsprechende Verwertungsrechte legalisiert ist. Auch könnte dieser Anbieter die Abrechnung mit den Rechteinhabern übernehmen, wobei auch finanzielle oder weiterführende Anreize für bereitstellende Peers gesetzt werden könnten.[1] Genauso könnte der Betreiber einer Tauschplattform signifikant in Qualitätssicherung (z. B. zur Vermeidung fehlerhafter Namen) oder individualisierte Bereitstellung (z. B. durch Playlists) investieren. Empirische Analysen liefern immer wieder Hinweise darauf, dass Konsumenten durchaus gewillt sind, für eine legalisierte und benutzerfreundliche Bereitstellung von Songs zu zahlen, zumal im Internet die Zahlungsbereitschaft für Dienstleistungen höher scheint als für Inhalte. In die Kalkulation eines derartigen Ansatzes wäre auch einzubeziehen, dass die Kosten für Handel und Vervielfältigung weitgehend auf den Konsumenten verlagert werden könnten. Relativierend ist zu berücksichtigen, dass auch in diesem Ansatz eine Entbündelung zwangsläufig ist, was gerade im Massenmarkt zu einer Margenreduktion führt. Organisatorische Voraussetzung für den Aufbau einer Tauschplattform ist, dass die wichtigsten Musikverlage sich daran beteiligen, da der Konsument nur so bequem auf die gewünschten Inhalte zugreifen kann. Nahe liegend wäre dazu die Gründung eines Dienstleistungsunternehmens durch die großen Musikverlage. Zu prüfen wäre auch, ob sich nicht ein Telekommunikationsunternehmen ebenfalls daran beteiligen könnte, da dieses Unternehmen einmal Interesse an der Auslastung seiner Netze haben muss und zudem über die erforderliche Erfahrung im Endkundengeschäft verfügt. Napster hat in seiner zweiten Entwicklungsstufe im Kern den skizzierten Weg verfolgt, ist aber letztendlich daran gescheitert, dass zu diesem Zeitpunkt nicht alle großen Musikanbieter an der Plattform mitwirken wollten und dass ebenfalls zu diesem Zeitpunkt die Technologie noch nicht komplett verfügbar war. In Tabelle 2 sind die zwei skizzierten Ansätze noch einmal im Überblick dargestellt.

1 Vgl. Gehrke/Anding (2002).

Ansatz	Verteidigung klassisches Modell durch DRM-Systeme	Aufbau einer legalen Musikplattform auf P2P-Basis	
Selbstverständnis Anbieter	Klassischer Musikverlag mit P2P-basiertem Marketing	Betreiber einer umfassenden Musikplattform	Modifizierter Musikverlag
Erlösquellen	Verkauf von Songs, sowohl gebündelt als auch ungebündelt über Internet-Provider	Gebühren für Dienstleistungen	Anteiliger Erlös für ausgetauschte Songs sowie Anteil am Gewinn des Plattformbetreibers
Absatzmarketing	Klassische Werbung und klassisches Product Placement in Radio und Fernsehen – ergänzend könnte das Interesse an einer CD evtl. auch durch die Einspeisung eines Songs in P2P-Systeme erhöht werden	Klassisches Marketing für Telekommunikationdienstleister	Klassische Werbung und klassisches Product Placement in Radio und Fernsehen
Beschaffungsmarketing	Klassisch: Trend- und Talentscouts etc.	(über die kooperative Beteiligung aller Musiklabels gelöst)	Klassisch: Trend- und Talentscouts etc.
Voraussetzungen	Verfügbarkeit der erweiterten DRM-Technologien	Verfügbarkeit der erweiterten DRM-Technologien, Unterstützung der wichtigsten Rechteinhaber und evtl. Einbezug eines Netzproviders	
Risiko	Musikdateien gelangen auch weiterhin in P2P-Systeme, Konsumenten haben auch mit erweiterten DRM-Technologien Nutzungseinschränkungen, Entbündelung lässt sich nicht vermeiden	Geringere Margen, hohe Kosten für Aufbau eines Markennamens für die Plattform	

Tabelle 2: Zwei strategische Optionen für Musikverlage als Reaktion auf P2P-Systeme

5. Fazit

P2P-Systeme ermöglichen u. a. den unkontrollierten Tausch von Musikdateien zwischen Internet-Nutzern. Einmal so beschaffte Musikdateien lassen sich schnell und kostengünstig auf CDs brennen und nutzen. Vom Sommer 1999 bis zum Sommer 2001 unterstützte Napster mit einer entsprechenden Software und einem Verzeichnis aller gerade verfügbaren Musikdateien diesen Austausch. Aufgrund rechtlicher Auseinandersetzungen mit den großen Musikanbietern wurde der Napster-Server im Sommer 2001 abgeschaltet. Morpheus, KaZaA und andere konnten mit einem ähnlichen Angebot schnell die Marktposition von Napster übernehmen. Mit finanzieller Unterstützung von Bertelsmann versuchte Napster über ein Jahr, sich zu einer legalisierten und gemeinschaftlich betriebenen kommerziellen Tauschplattform für Musikinhalte weiterzuentwickeln, was aber letztendlich im Herbst 2002 scheiterte. Seitdem wird von der Musikindustrie diese Option zu einer grundlegenden Weiterentwicklung des eigenen Geschäftsmodells, der gerade in einer Kooperation mit Telekommunikationsunternehmen attraktiv erscheint, nicht weiter verfolgt. Vielmehr versuchen die größeren Anbieter, die auf CDs angebotenen Songs mit DRM-Systemen besser zu schützen sowie über das Internet ihre Songs, ebenfalls geschützt durch DRM-Systeme, gegen Entgelt anzubieten. Ergänzend würde sich auch noch der Versuch anbieten, den Abverkauf einer CD durch die kostenlose Bereitstellung eines einzelnen Songs aus dieser CD über P2P-Systeme zu unterstützen. Ob dies ein Weg ist, der nicht nur in Einzelfällen sinnvoll ist, ist noch unklar. Gleiches gilt für die Idee, über kostenlos bereitgestellte Songs das Interesse auf Konzerte etc. zu lenken.

Abschließend sei ein kurzer „Seitenblick" auf andere Medientypen ergänzt. Strukturell stellt sich das Problem im Videosektor in ähnlicher Form, durch noch geringe Verbreitung von Verbindungen mit hoher Bandbreite wird diese Frage allerdings erst in einigen Jahren wirklich relevant.[1] Neben der Videobranche ist dadurch auch die Fernsehbranche betroffen, sofern diese am klassischen Spielfilmangebot festhält. Deutlich geringer ist die Bedrohung für die klassischen Pressehäuser, sofern diese sich auf Ihre Kernkompetenzen in der kundengerechten Bündelung von Inhalten konzentrieren und hier einen echten Mehrwert liefern. Hierfür entstehen durch neuere Technologien, wie z. B. die medienneutrale Datenhaltung oder die individualisierte Bereitstellung von Inhalten, neue und interessante Optionen.[2] Auch im Buchbereich ist die Bedrohung eher gering, so lange sich die Nutzungsgewohnheiten nicht sprunghaft verändern.

1 Vgl. Hess/Anding/Schreiber 2002).

2 Vgl. Hess (2002).

Literaturverzeichnis

GEHRKE, N./ANDING, M. (2002), A Peer-To-Peer Business Model for the Music Industry in: Monteiro, J.L./Swatman, P.M./Tavares, L.V. (Hrsg.), Towards the Knowledge Society, Proceedings of the 2nd IFIP Conference on eCommerce, eBusiness and eGovernment, Lissabon 2002, S. 243-257.

HESS, T. (2002), Medienunternehmen im Spannungsfeld von Mehrfachverwertung und Individualisierung – eine Analyse für statische Inhalte, in: Zerdick, A./Picot, A./Silverstone, R./Schrape, K., (Hrsg.), E-Merging Media: Digitalisierung der Medienwirtschaft, European Communication Council, 2002, in Druck.

HESS, T./ANDING, M./SCHREIBER, M. (2002), Napster in der Videobranche? Erste Überlegungen zu Peer-to-Peer-Anwendungen für Videoinhalte in: Schoder, D./Fischbach, K./Teichmann, R. (Hrsg.), Peer-To-Peer, Berlin, Heidelberg 2002, S. 25-40.

HILBERS, K. (2002), Digital Music Distribution: David and Goliath, unveröffentlichter Vortrag am 06. Juni 2002 an der Ludwig-Maximilians-Universität München, 2002.

RIEHM, U. ET AL. (2002), E-Commerce, Arbeitsbericht Nr. 78, Büro für Technikfolgen-Abschätzung beim Deutschen Bundestag, 2002.

SCHMIDT, C. (1997), Organisation der Majors, in: Moser, R./Scheuermann, A. (Hrsg.), Handbuch der Musikwirtschaft, 4. Auflage, München 1997, S. 185-200.

SCHODER, D./FISCHBACH, K. (2002), Peer-To-Peer Anwendungsbereiche und Herausforderungen in: Schoder, D./Fischbach, K./Teichmann, R. (Hrsg.), Peer-to-Peer, Berlin, Heidelberg 2002.

SCHUMANN, M./HESS, T. (Hrsg.) (1999), Medienunternehmen im digitalen Zeitalter, Wiesbaden 1999.

WIRTZ, B.W. (2001), Medien- und Internetmanagement, 2. Auflage, Wiesbaden 2001.

Johannes Hummel

Perspektiven für die Musikindustrie im Zeitalter des Internets

1. Einleitung

Aus ökonomischer Sicht müsste es den großen Unternehmen der globalen Musikindustrie eigentlich sehr gut gehen. Die fünf großen Unternehmen dieser Branche EMI, Universal, BMG, Warner und SonyMusic beherrschen zusammen mehr als achtzig Prozent des Weltmarktes. Solche Oligopole haben sich in der Vergangenheit in vielen Branchen oft als nahezu ideal für die Beteiligten erwiesen. Sie erlauben häufig eine Minimierung des brancheninternen Wettbewerbs, schaffen eine für alle Beteiligten transparente Situation und sichern auf diese Weise überdurchschnittliche Margen. Auf der anderen Seite schaffen sie jedoch eine gewisse Trägheit. Wo kein Wettbewerb notwendig ist, besteht auch kein Bedarf, sich zu verändern oder zu verbessern. Innovationen haben es in dieser Situation i. d. R. schwer, sich Gehör zu verschaffen.

Diese Situation trifft heute auch für die Musikindustrie zu. Die Digitalisierung der Inhalte und das Internet scheinen ihre bislang größtenteils recht angenehme Situation jedoch zu verschlechtern, da ihr bisheriges Geschäftsmodell hierdurch zunehmend in Frage gestellt wird. Kein Teilbereich der Medienindustrie hat daher auch derartig abwehrend und einseitig auf die Digitalisierung und das Internet reagiert. Diese Einseitigkeit der Wahrnehmung über die letzten Jahre hinweg erstaunt doch. Bekanntlich hat keine Medaille nur eine Seite und gerade die Musikindustrie sollte aus ihrer Vergangenheit und der von anderen Mediensegmenten gelernt haben, dass technische Innovationen, die zunächst bekämpft wurden, sich später als wichtiges Mittel im Kampf um Kunden und Umsätze erweisen können.[1]

Die folgenden Ausführungen sind in drei Unterpunkte gegliedert. Zunächst wird kurz die gegenwärtige Situation der Musikindustrie dargestellt. Anschließend wird untersucht, inwiefern die Digitalisierung und das Internet Einfluss auf die Wertschöpfung in der Musikindustrie hat. Im Zentrum der Betrachtungen stehen dabei Peer-to-Peer-Netzwerke. Die Ausführungen enden mit einer kritischen Betrachtung, inwiefern diese Peer-to-Peer-Netzwerke neben der wahrgenommenen Bedrohung eventuell nicht doch eine Chance darstellen können.

1 Vgl. Harring (2002), S. 14.

2. Die gegenwärtige Situation der Musikindustrie

Die Musikindustrie ist auf den ersten Blick ein globales Geschäft. Auf einen zweiten Blick muss diese Globalität jedoch relativiert werden. Aus Sicht des Repertoires stammen 68 % der Umsätze von regionalen und nur 28 % der Umsätze von internationalen Interpreten.[1] Der Trend in den Märkten hat sich seit Mitte der neunziger Jahre umgedreht. Waren bis dahin die Märkte klar wachsend, so flachte der Wachstumstrend zunehmend ab. Die zweite Hälfte der neunziger Jahre waren geprägt durch zunächst stagnierende und dann deutlich zurückgehende Märkte. Im Durchschnitt über die letzten zehn Jahre betrug das reale Marktwachstum damit gut zwei Prozent pro Jahr. Dieses geringe Wachstum ist erstaunlich, wenn man bedenkt wie allgegenwärtig Musik heute ist.

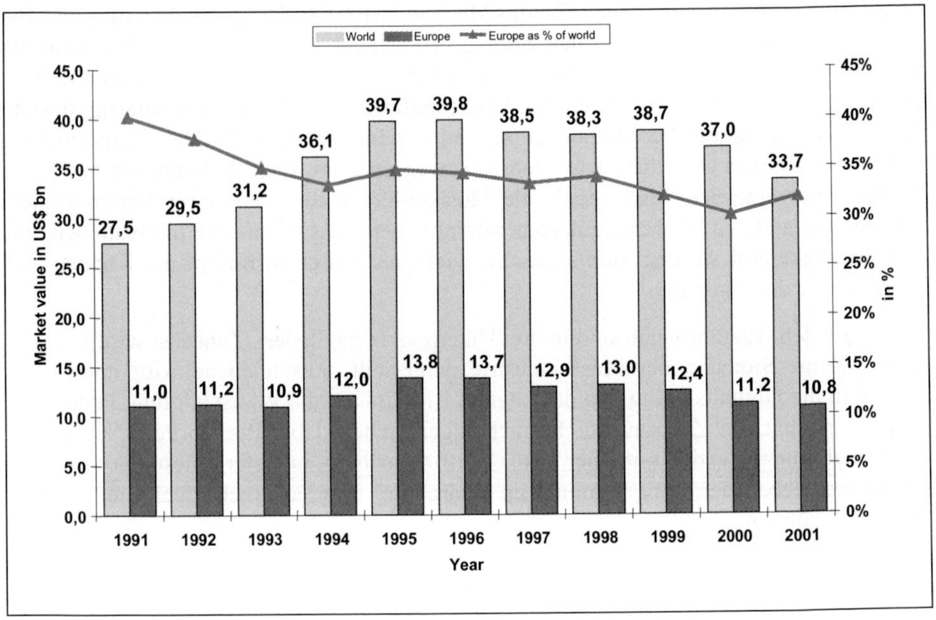

Abbildung 1: Die weltweiten Musikmärkte 1991-2001[2]

Das Marktwachstum in der ersten Hälfte der neunziger Jahre war insbesondere getragen durch zwei Faktoren. Der eine beruhte auf einer technischen Innovation. Die Einführung

1 Vgl. IFPI (2002a). Die restlichen vier Prozent sind klassische Musik.

2 IFPI (2002b).

der Audio-CD und der hierdurch mögliche Gewinn an Komfort und Qualität bewegte viele Konsumenten dazu, ihre vorhandene Schallplattensammlung nochmals zu erneuern. Der zweite Markttreiber war die Strategie der Forcierung von sogenannten „Schnelldrehern". Unbekannte Bands wurden mittels enormem Marketingaufwand sehr rasch zu neuen Stars aufgebaut, die dann ebenfalls genauso rasch wieder verschwanden. Mit dieser Strategie wurde erfolgreich versucht, die bis dahin wenig lukrative Zielgruppe der Gelegenheitshörer zu erschließen. Diese interessiert die Musik nur am Rande und sie kaufen nicht wie die Vielhörer durchschnittlich neun CDs im Jahr. Sie stellen jedoch die Mehrheit der Bevölkerung dar.[1]

Trotz aller Anstrengungen scheint die Strategie der Musikindustrie in der letzen Dekade nicht so recht aufzugehen. Dies zeigt ein Vergleich der Entwicklung des Umsatzes und des Zeitbudgets für Tonträger insgesamt für den deutschen Markt über die letzte Dekade. Wie die untenstehende Abbildung zeigt, legte der Umsatz von 1991 bis 2001 um gut acht Prozent zu, während sich die Nutzung des Mediums im gleichen Zeitraum verdoppelte. Der Musikindustrie gelang es folglich nicht, die deutlich gestiegene Nutzung ihres Mediums in entsprechende Umsätze zu transferieren.

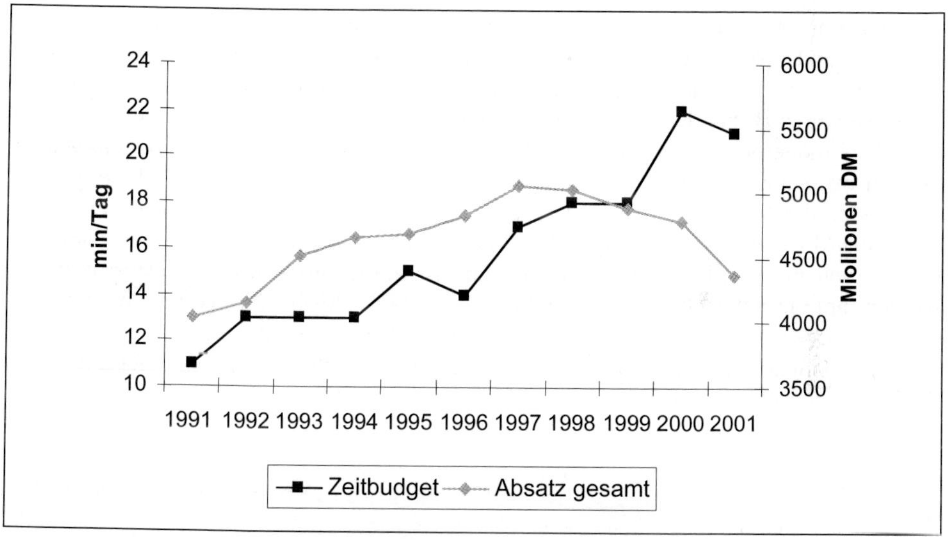

Abbildung 2: Umsatzentwicklung und Mediennutzung 1991-2001[2]

1 Vgl. Lau (2002a).

2 Eigene Darstellung auf Basis von Mediadaten, vgl. Media-Perspektiven (2001), S. 66 und S. 72.

Die Musikindustrie befindet sich gegenwärtig in einem doppelten Dilemma. Zum einen sinkt das Marktvolumen, zum zweiten sinkt die Marge. Für das insbesondere seit 1999 stark gesunkene Marktvolumen (auch in der ersten Hälfte von 2002 sank der Umsatz gegenüber dem Vergleichsraum in 2001 um 9,2 %[1]) werden mehrere Gründe angeführt. Ein bedeutender Grund ist die langsam auslaufende Substitution von Schallplatten bzw. Musikkassetten durch CDs. Während der Verkauf von Musikkassetten immer weiter abnimmt, fällt das Wachstum bei den CDs zunehmend.[2] Ein zweiter Grund mag die mangelnde Innovationsfähigkeit der Musikindustrie sein. Offensichtlich ist diese zurzeit nur noch ungenügend in der Lage, neue internationale Stars zu kreieren. Unter den meist verkauften Alben waren im letzten Jahr „The Beatles Nr. 1“ und in diesem Jahr die diversen Sammlungen von „Elvis-Songs“.[3] Ein dritter Grund mögen, insbesondere angesichts der gegenwärtigen Konjunktur die anhaltend hohen Preise sein. Der ehemalige Präsident der amerikanischen Wettbewerbsbehörde FTC ließ sich vor kurzem mit der Aussage zitieren, dass die Musikindustrie den Konsumenten seit 1997 etwa eine halbe Milliarde US$ zuviel in Rechnung gestellt habe und die CD-Preise bald um etwa 5 US$ fallen würden.[4] Für die Musikindustrie selbst steht jedoch ein viertes Argument im Mittelpunkt: Als Hauptverantwortliche für den Umsatzrückgang werden das Internet und insbesondere das File-Sharing gesehen.

Die sinkende Marge ist einerseits eine Folge von Economies of scale und Überkapazitäten sowie andererseits von zunehmend fragmentierten Märkten. Musik ist als Kulturgut immer auch Ausdruck der Gesellschaft. Gab es früher im Pop nur wenige Musikstile, die teilweise wie z. B. bei den Beatles das Leben von ganzen Generationen bestimmten, so bringt die moderne „Multioptionsgesellschaft“[5] für die Musikindustrie eine zunehmenden Ausdifferenzierung an Genres und Stilen bei einer gleichzeitigen Abnahme der Lebenszyklen der Musiker und ihrer Titel mit sich.[6] Die damit in Gang gesetzte Dynamik ist für die Musikindustrie schwierig. Der Markt teilt sich immer weiter auf, die Zielgruppen werden immer kleiner. Gleichzeitig müssen immer mehr Musikstücke produziert werden, um die unterschiedlichen Bedürfnisse zu befriedigen. Mit anderen Worten: Einem sinkenden Marktvolumen stehen zunehmend höhere Produktions-, Distributions- und Marketingkosten gegenüber, die einen nicht unbeachtlichen Teil der Gesamtkosten der Musikindustrie ausmachen.

---

1 Vgl. IFPI (2002c).

2 Vgl. IFPI (2002a).

3 Vgl. IFPI (2002a); Theurer (2002).

4 Vgl. Betschon (2002).

5 Vgl. Gross (1994).

6 Dieter Gorny, der CEO des Musiksenders VIVA stellte diesbezüglich an der Popkomm 2001 die Frage „Kann Pop überhaupt noch die Gesellschaft abbilden?“ Zitiert in Fellmann (2001).

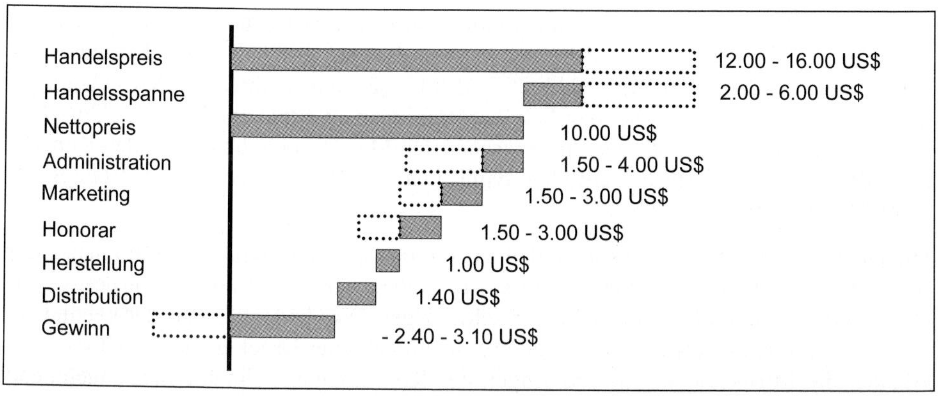

Abbildung 3: Geschätzte Kosten einer neuen CD bei einem der fünf großen Musikunternehmen[1]

Das Geschäftsmodell der Musikindustrie ist im Grunde recht einfach: Sie wählt die Musiker aus, produziert ihre Musik, presst diese auf Tonträger und vermarktet diese. Verkauft werden die Tonträger i. d. R. nicht direkt an den Konsumenten, sondern an den Handel. Die Musikindustrie hat folglich keinen direkten Kontakt mit den Endkunden. Zwei Aspekte sind bei diesem Geschäftsmodell besonders bemerkenswert. Erstens, nur etwa zehn Prozent aller CDs sind im Durchschnitt profitabel und müssen folglich den Rest des Programms mit finanzieren.[2] Im letzten Jahr 2001 erreichten von 6.455 Neuerscheinungen bei den Majors in den USA sogar nur 112 den Break-Even.[3] Das Musikgeschäfts ist folglich ein riskantes und eher volatiles Geschäft. Zweitens, das Geschäftsmodell beruht zentral auf der Bündelung von Inhalten, die insbesondere dann interessant ist, wenn eine unterschiedliche Zahlungsbereitschaft für die Einzelinhalte gegeben ist.[4] Auf der CD eines berühmten Stars sind i. d. R. nur etwa zwanzig Prozent des Inhalts die populären und gefragten Hits. Der Rest sind mehr oder weniger bekannte und beliebte Inhalte, die dazu dienen, eine vernünftige Gesamtlaufzeit zu erhalten, die den Preis der CD rechtfertigen.[5]

Aus ökonomischer Sicht sind bei diesem Geschäftsmodell insbesondere zwei Aspekte von Bedeutung. Erstens, das Geschäftsmodell beruht zentral auf der Möglichkeit der Durchsetzung von Verfügungsrechten an den Inhalten. Diese ist möglich, weil die Inhalte bislang fest an den Tonträger gebunden sind. Der Konsument muss daher das Geschäftsmodell akzeptieren, um in den Besitz der von ihm gewünschten einzelnen Inhalte

1 Quelle: May/Singer (2001), S. 130.
2 Vgl. o.V. (2002a).
3 Vgl. Lau (2002b), S. 46.
4 Vgl. Simon (1992).
5 Vgl. Clement et al. (2002), S. 73 f.

zu kommen. Es dürfte jedoch in vielen Fällen nicht seinen Bedürfnissen entsprechen.[1] Zweitens, zeigt die obige Aufteilung der Kosten, dass ein großer Teil der Kosten in das Marketing bzw. die Distribution geht. 25 % des Umsatzes von einer Musik-CD betragen die entsprechenden Kosten bei den Musikunternehmen. Weitere gut 30 % des Umsatzes erhalten die Händler als Intermediäre zwischen den Musikunternehmen und den Kunden. Aus Sicht der Musikindustrie entfallen damit knapp sechzig Prozent des Umsatzes mit einer CD auf Transaktionskosten.

Die Digitalisierung der Musikstücke und das Internet als Transaktionsmedium haben auf beide Aspekte einen deutlichen Einfluss. Zum einen wird das Durchsetzen der Verfügungsrechte an den Inhalten zunehmend schwieriger. Dies bedeutet, dass der gebündelte Verkauf von Inhalten als Geschäftsmodell zunehmend unter Druck gerät. Darüber hinaus erhalten die Musikstücke – in den Augen der Konsumenten – im Internet zunehmend den Charakter eines öffentlichen Guts, für das sie nicht oder nur sehr bedingt bereit sind zu zahlen. Zum anderen nehmen die Transaktionskosten bei der Distribution von digitalisierten Inhalten via Internet im Vergleich zur Distribution physischer Güter drastisch ab. Die hieraus resultierenden geringeren Grenzkosten ermöglichen eine raschere und weitere Verteilung von Dateien bei gleichem oder geringerem Aufwand. Des Weiteren wird teilweise auch das Umgehen von bisherigen Intermediären wie z. B. dem Handel möglich.[2] Beides zusammen führte in den letzten Jahren zu einer raschen Abfolge von verschiedenen (Geschäfts-)modellen im Internet.[3]

3. Die Entstehung von Peer-to-Peer-Netzwerken (P2P) und ihre Folgen für die Musikindustrie

Prinzipiell sind im Internet drei grundlegende Arten von Geschäftsmodellen möglich.[4] Das erste Modell entspricht der traditionellen Denkweise des Massenmarkts. Hier wird das Internet unidirektional genutzt, um mit den vorhandenen Massenmarkt-Produkten, die i. d. R. bereits über andere Distributionskanäle vertrieben werden, neue oder bekannte Kunden anzusprechen. Das zweite Modell nimmt mehr Rücksicht auf die individuellen Bedürfnisse des Kunden. Hier werden aus einer Vielfalt an Inhalten für jeden Kunden diejenigen zusammengestellt, die dieser wünscht. Für eine derartige „Mass Customization“ bedarf es einer individuellen Interaktion mit jedem Kunden. Die Ge-

1 Vgl. Clement et al. (2002), S. 73 f.

2 Vgl. Sarkar et al. (1995).

3 Vgl. Albach/Hummel (2002).

4 Vgl. Hummel/Lechner (2001).

schäftsbeziehung ist bilateral. Im dritten Modell findet die Interaktionsbeziehung nicht nur zwischen dem Konsument und den Unternehmen, sondern auch zwischen den Konsumenten untereinander statt. In derartigen „Community"-Modellen ist das Unternehmen nur noch einer von vielen möglichen Kommunikationspartnern des Konsumenten bzw. kann auch vollkommen in den Hintergrund treten. In diesem Fall interagieren nur noch die Konsumenten untereinander, indem sie alle auf eine einheitliche Software zurückgreifen.

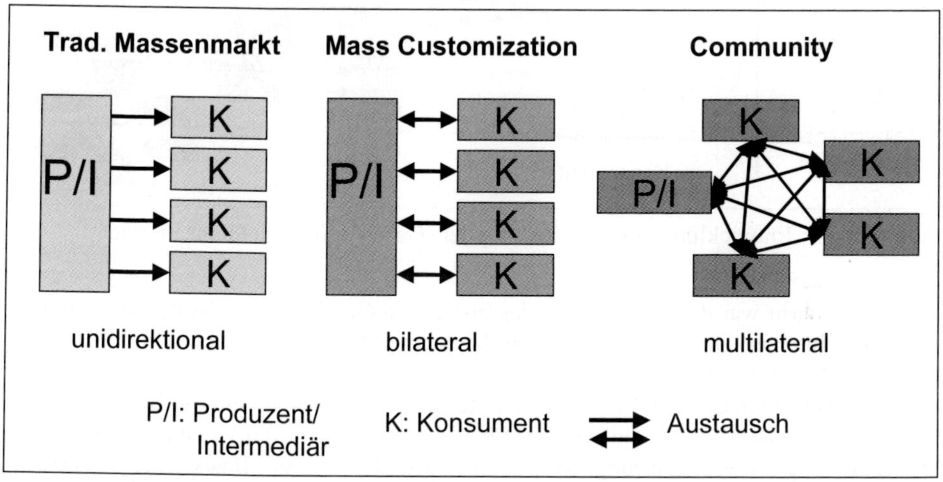

Abbildung 4: Typologie von (Geschäfts-)modellen im Internet[1]

In vielen Branchen ist hinsichtlich des Einsatzes dieser drei Modelltypen eine gewisse zeitliche Abfolge zu beobachten, wobei der Einsatz der Modelle gemäss der obigen Grafik üblicherweise von links nach rechts erfolgt. Hierfür können zumindest zwei Gründe ausgemacht werden. Der eine ist sicher die vorhandene Technologie. Die Technologie zur Individualisierung und für Community-Modelle entstand erst zu einem späteren Zeitpunkt. Der zweite Grund ist jedoch wohl der wichtigere: Die sich ändernde Kundenbeziehung bedarf ein Umdenken von gewohnten und komfortablen Paradigmen des Massenmarktes.[2] Der einzelne Kunde gewinnt in den drei Modellen zunehmend an Macht und fordert entsprechend mehr Aufmerksamkeit. Dies ist nicht stets im Sinne der beteiligten Unternehmen. Die entsprechende Entwicklung in der Musikindustrie wird nachfolgend dargestellt.

1 Quelle: Hummel/Lechner (2001), S. 5.
2 Vgl. Rahalad/Ramaswamy (2000).

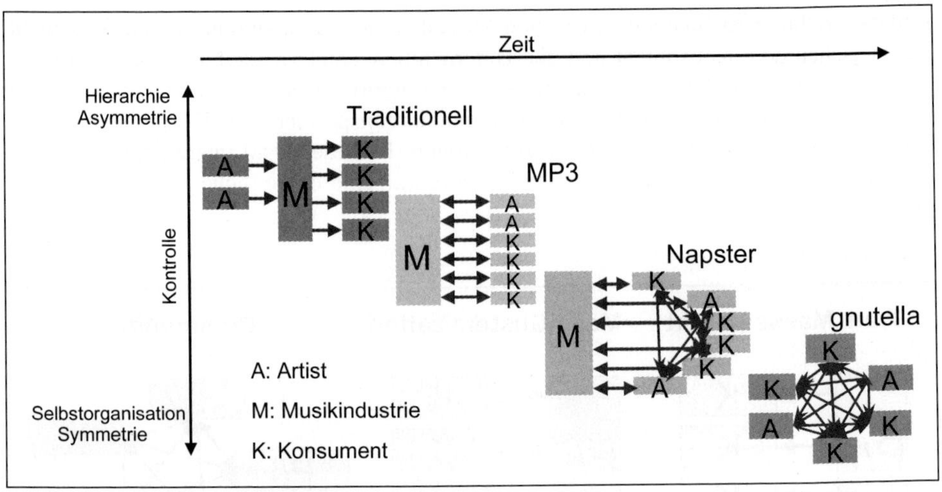

Abbildung 5: Entwicklung der Entwicklung der (Geschäfts)-modelle im Internet[1]

Der erste Schritt war die Übertragung des bisherigen Geschäftsmodells der Musikindustrie in das Internet. Dies geschah mit dem Verkauf von Tonträgern über Online-Händler wie z. B. Amazon oder CDnow.com. Die zweite Stufe wurde möglich durch die Entwicklung des Standards MP3 für digitalisierte Musik. Er ermöglichte die Lösung der Inhalte von den Tonträgern und das Anbieten einzelner bzw. individuell zusammengestellter Inhalte. MP3.com ermöglicht es seinen Kunden, auf der Basis einer Client-Server-Architektur, Musik von seinen Servern herunterzuladen und in individuellen Speichern abzulegen.[2] Die Titel werden von Künstlern oder Labels zur Verfügung gestellt.

Der dritte und vierte Schritt wurde möglich durch sogenannte Peer-to-Peer-Technologien (P2P). Die Idee von P2P ist, dass sich Gleichberechtigte („peers") in einem Verbund wechselseitig Ressourcen wie Daten, Speicher und Bandbreite zugänglich machen.[3] Alle Beteiligten fungieren dabei als Client und Server zugleich. Sie können sowohl Daten senden, speichern als auch empfangen. Der Austausch erfolgt direkt zwischen den Beteiligten und diese besitzen vollkommene Autonomie über ihre Aktivitäten.[4] P2P-Netzwerke zum direkten File-Sharing zwischen den Teilnehmern wurden in größerem Ausmaß erstmals populär durch die Musiktauschbörse Napster. Die hier eingesetzte erste Generation von P2P-Technologie hatte noch ein zentrales Verzeichnis zur Organisation des Netzwerks. Die neueste Entwicklung beim File-Sharing sind „reine" P2P-Technolo-

1 Quelle: Hummel/Lechner (2001).

2 MP3 wurde inzwischen und ist gegenwärtig der einzige Anbieter, der Vereinbarungen mit allen fünf grossen Labels hat. Vgl. Barnes (2000).

3 Vgl. Wirtz (2001a).

4 Vgl. Schoder et al. (2002); Schoder/Fischbach (2002), S. 3 f.

gien auf der Basis von „Gnutella".[1] Diese benötigen kein zentrales Verzeichnis mehr und organisieren das Netzwerk von sich aus. Sie sind damit vollkommen dezentral.[2]

Die oben skizzierte Entwicklung geschah zunächst weitgehend ohne die Beteiligung der Musikunternehmen und wurde primär getrieben durch branchenfremde Akteure. Der Online-Handel mit CDs wurde von start ups wie Amazon.com erfunden. MP3.com war ebenfalls ein unabhängiges High-Tech Unternehmen. Napster wurde von dem Studenten Shawn Fanning programmiert, die Gnutella-Technologie wurde ebenfalls von mehreren Programmierern privat entwickelt. Als einziges der großen Musikunternehmen ragte Bertelsmann mit dem Kauf des Online-Händlers CDnow bzw. der Lancierung eines entsprechenden eigenen Services BOL sowie der Beteiligung an Napster mehrfach proaktiv hervor. Ansonsten bekämpfte bzw. bekämpft die Branche jeden Folgeschritt nach dem Online-Handel erbittert. Gleichzeitig wurden jedoch auch eigene Musikportale lanciert, die oft sowohl Downloads als auch File-Sharing zulassen, wobei das Angebot jedoch i. d. R. beschränkt ist auf die eigenen Labels.[3]

MP3 wurde mit einer massiven Prozessflut überschüttet, das dieses kleine Unternehmen überforderte und schließlich unter die Fittiche des weltweit größten Musikanbieters, Vivendi Universal, zwang.[4] Napster wurde als Zentralsystem ebenfalls mit einer noch größeren Flut an Prozessen überhäuft, die letztlich zu dessen Aufgabe führten. Mit einer zunehmenden Schwierigkeit des Auffindens von juristisch Verantwortlichen bei den modernen dezentralen Systemen wurden weitere Methoden eingesetzt. Heute werden nicht nur Internet-Provider auf Herausgabe von User-Konten verklagt, sondern es wurden bereits gezielt kaputte Dateien in die File-Sharing-Systeme eingespeist, um den Konsumenten die Nutzung des Systems zu verleiden.[5]

Warum wehrt sich die Branche derart erbittert gegen diese Entwicklung? Zwei Gründe sind hierfür wohl entscheidend: Erstens nimmt mit jedem weiteren Schritt in diesem Prozess der Grad der Selbstorganisation der Teilnehmer zu bzw. die Musikindustrie verliert über wichtige Teile des Wertschöpfungsprozesses die Kontrolle. Zweitens ist das bisherige Geschäftsmodell im Internet immer schwerer bzw. heute nahezu überhaupt nicht mehr durchzusetzen.

---

1 Vgl. Kann (2000), S. 189 f.

2 Dies führte in der Folge heute zu einer Situation in der „the recording business may wish it had quit fighting while it was behind", so Pareles (2001). Seit Ende 2001 versucht die RIAA, auch die Organisatoren dieser neuen Tauschbörsen anzuklagen. Bislang jedoch erfolglos. Vgl. Brenner (2002).

3 Dies ist, zum einen, „Pressplay.com" von Vivendi Universal, EMI und Sony und, zum anderen, „MusicNet.com" von Bertelsmann, RealNetworks, EMI und AOL Time Warner.

4 Vgl. Harring (2002).

5 Vgl. Betschon (2002).

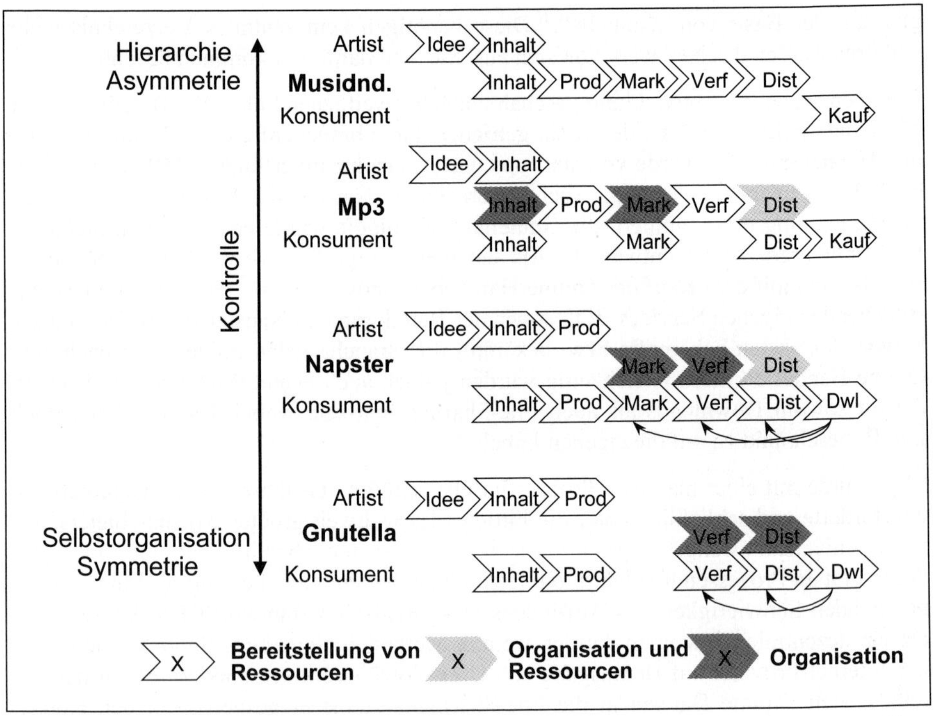

Abbildung 6: Wertschöpfungsketten in der Musikindustrie[1]

Im Hinblick auf die Wertschöpfung können in der Musikindustrie sieben Stufen unterschieden werden. Die Wertschöpfung in der Musikindustrie beginnt stets mit dem Künstler, der verantwortlich ist für den kreativen Teil, die Idee. In der traditionellen Wertschöpfungskette der Musikindustrie wird dann zusammen mit einem Musikunternehmen der Titel aufgenommen, der Inhalt entsteht. Anschließend werden die Inhalte gebündelt und auf einen Tonträger fixiert, der das vermarktungsfähige Produkt darstellt. Dieses wird vermarktet und vervielfältigt und schließlich an den Handel ausgeliefert. Alle diese Prozesse laufen unter der Oberhoheit der Musikindustrie ab, die damit nahezu die gesamte Wertschöpfungskette alleine abdeckt. Dem Konsument kommt lediglich die Rolle des Käufers zu.[2]

In den Services MP3.com, Napster.com und Gnutella verlaufen die oben skizzierten Wertschöpfungsprozesse hingegen teilweise anders. Die Einbeziehung der Konsumenten und Künstler als aktive Akteure nimmt zu. Die Services haben nicht mehr die Oberho-

1 Quelle: In Anlehnung an Hummel/Lechner (2001), S. 10.

2 Vgl. Krasilovsky/Shemel (2000); Wirtz (2001b).

heit über die gesamte Wertschöpfungskette. In einigen Fällen beschränkt sich nun ihre Aufgabe auf das Organisieren der von Dritten bereit gestellten Inhalte.

MP3.com bezeichnet sich selbst als (kostenpflichtiges) Online-Lager (Repository) für die Musiktitel der Benutzer, um diesen den ortsunabhängigen Zugang zu dieser Musik von überall her über das Internet zu ermöglichen. Die Benutzer können auf ihrem Konto Musikstücke abspeichern. Sie können sich zudem als Eigentümer von Musikstücken eintragen lassen. MP3 gibt darüber Künstlern die Möglichkeit, ihre Musiktitel online zu veröffentlichen und bietet ihnen an, diese auf Nachfrage in Form von CDs zu produzieren und zu versenden. Der Künstler bestimmt den Preis und erhält bis zu fünfzig Prozent der Umsätze. Damit wurde es den Künstlern erstmals möglich, die großen Musikkonzerne zu umgehen. Dafür mussten sie jedoch auch auf deren Marketingmaschinerie verzichten.[1] MP3.com bietet des Weiteren einen Matching- bzw. Empfehlungsservice an, der den einzelnen Benutzern gemäss ihrem gespeicherten Benutzerprofil Vorschläge macht. Die Benutzer können sich zudem in Online-Gemeinschaften untereinander austauschen. Eine Erstellung von Benutzerprofilen wird möglich, da MP3.com als zentraler Knoten alle Daten der Interaktion der verschiedenen Akteure erhält. Durch einen individualisierten E-Mail-Service werden die Teilnehmer auf neue Titel in ihrem Interessengebiet aufmerksam macht.[2]

Im Hinblick auf die Wertschöpfungskette lässt sich festhalten, dass bei MP3.com die Künstler und die Benutzer Inhalte einstellen, während der Service primär die Inhalte organisiert, indem er Suchmaschinen zur Verfügung stellt und Verzeichnisse anlegt. Die Phase der Produktion beinhaltet die Konvertierung der Inhalte auf das MP3-Format und deren Speicherung. Hierfür stellt wiederum der Service die Ressourcen bzw. die Software bereit. Die Vermarktung der Inhalte überlässt der Service den Benutzern. Diese geben Empfehlungen ab bzw. hinterlassen durch ihr Verhalten digitale Spuren, die MP3.com auswertet und für Empfehlungen an die Benutzer nutzt. Für die Vervielfältigung der Musikstücke im Rahmen von CDs stellt der Service die Ressourcen bereit und führt diese durch. Die Verteilung der Inhalte geschieht wiederum unter Mithilfe der Konsumenten. Die Empfehlungen und Profile der Konsumenten unterstützen MP3.com in ihren Bemühungen, die Inhalte zu verteilen. Die Abrechnung der Gebühren liegt in den Händen von MP3.com.

Zusammenfassend zeigt sich, dass MP3 drei Schritte in der Wertschöpfungskette neu gestaltet. Die Erstellung der Inhalte, das Marketing und die Verteilung. In allen diesen drei Stufen trägt der Benutzer durch seine Beiträge entscheidend zur Realisierung bei und MP3.com beschränkt sich primär auf das Organisieren und Strukturieren der Inhalte. Im Hinblick auf das Marketing ist des Weiteren auch eine direkte Kommunikation der Be

1 Vgl. Harring (2002), S. 17.

2 „Wir wissen genau, was gegessen wird und was verrottet", so die Präsidentin von MP3.com, Carolyn Kantor, in einem Interview. Zitiert in Schubert (2001). MP3.com versteht sich daher nach Parker auch als „gigantischer Horchposten, auf der Suche nach neuen Künstlern", Parker (2000).

nutzer untereinander möglich. In den anderen Stufen behält MP3.com die Hoheit über die Wertschöpfung.

Napster.com war die erste globale File-Sharing-Gemeinschaft, die es rasch zu einer sehr großen Popularität brachte. Der Service existiert heute nicht mehr. Der Server von Napster.com bot ein zentrales Verzeichnis aller von den Teilnehmern zum Tausch angebotenen Musikdateien an sowie die Software, die notwendig war, um an dem File-Sharing teilzunehmen. Jeder Teilnehmer bei Napster stellte die von ihm angebotenen Dateien in einem speziellen Verzeichnis auf seinem Rechner zur Verfügung. Auf dieses Verzeichnis erhielt Napster.com sowie die anderen Teilnehmer über das Internet Zugriff. Um eine Datei zu suchen, bediente sich der einzelne Benutzer dem Zentralverzeichnis. Napster stellte den Kontakt zwischen Anbieter und Nachfrager her. Der Tausch der Dateien fand direkt zwischen den Benutzern statt. Des Weiteren war es den Teilnehmern möglich, in Online-Foren miteinander zu kommunizieren und „Buddy-Lists" zu bilden. Napster kann daher mit einer gewissen Berechtigung als Online-Gemeinschaft verstanden werden. Alle Teilnehmer konnten direkt miteinander interagieren sowie gegenseitig Inhalte bereitstellen und herunterladen. Die Teilnehmer sind damit Client und Server zugleich.

Die Einstellung der Inhalte und deren Konvertierung auf ein einheitliches Format, dass den Austausch ermöglicht, fand bei Napster nur durch die Teilnehmer, also die Künstler bzw. die Konsumenten statt. Napster ist erst ab dem Marketing in die Wertschöpfungskette involviert. Der Service organisiert das Marketing, die Vervielfältigung und die Verbreitung der Musikdateien. Für die Verbreitung wurden mit dem Zentralverzeichnis auch selbst Ressourcen bereitgestellt. Beachtenswert ist hierbei jedoch, dass für alle diese Wertschöpfungsstufen erstmals die notwendigen Ressourcen im Wesentlichen von den Teilnehmern selbst eingebracht wurden. Diese stellten die zur Vervielfältigung und Verteilung der Dateien notwendige Bandbreite und Speicher zur Verfügung. Auch das Marketing beruhte alleinig auf den Beitragen, die die Teilnehmer in den Foren hinterließen. Die Wirksamkeit des Systems wurde folglich zentral durch das Engagement der Teilnehmer bestimmt. Die Interaktion entlang der Wertschöpfungskette verlief nicht mehr linear und wurde nur noch in der Anbahnungsphase durch das zentrale Verzeichnis gesteuert. Sie beruhte vielmehr auf der Interaktion und dem Feedback der Teilnehmer untereinander. Dies wird durch die rückwärts gerichteten Pfeile angedeutet.

Gnutella ist eine File-Sharing-Technologie ohne jegliche zentrale Struktur. Alle gegenwärtig gängigen File-Sharing-Angebote wie z. B. Kazaa.com beruhen auf diesem Ansatz. Die Gnutella-Teilnehmer formen ein selbstorganisierendes Netzwerk von Gleichgestellten. Um an dem Service teilzunehmen, muss die Software des Teilnehmers zu Beginn zumindest einen anderen Teilnehmer aufspüren, der sich gerade im Netzwerk aufhält. Die Suche nach und der Austausch von Dateien basiert auf einer reinen P2P-Technologie. Jeder Teilnehmer ist Client und Server zugleich. Er legt alle Dateien, die er zum Download zur Verfügung stellt in einen speziellen Ordner auf seiner Festplatte, der über das System zugänglich ist. Die Software auf seinem Rechner sucht nach Dateien, fordert diese von anderen Teilnehmern an und lässt selbst wiederum das Herunterladen aus dem eigenen Verzeichnis zu. Es gibt keinen zentral gesteuerten Prozess mehr. Die Services auf der Basis von Gnutella bieten zudem keine Möglichkeit zur zentralen Kommunikation der Benutzer in einem Forum. Folglich gibt es keine Möglichkeit mehr für ein entsprechendes Marketing auf der Basis von Empfehlungen. Die Wertschöpfungskette von Gnutella zeigt, dass, abgesehen vom nicht mehr vorhandenen Marketing, alle Aktivitäten durch die Teilnehmer selbst durchgeführt werden. Sie sind verantwortlich für die Inhalte, das Vervielfältigen und Verteilen. Das System organisiert lediglich die Vervielfältigung und Verteilung. Es stellt keine eigenen Ressourcen mehr bereit.

Inwieweit sich mit diesen Systemarchitekturen noch Geschäftsmodelle realisieren lassen ist unterschiedlich. Ein Verkauf der Inhalte ist nur bei MP3.com möglich. Dies ist von den drei Systemarchitekturen die einzige, die es erlaubt, das Verfügungsrecht an den Inhalten zu gewährleisten. MP3.com bietet zudem noch aufgrund der Zentralstruktur, ähnlich wie Napster.com, die Möglichkeit, Informationen über das Verhalten der Nutzer zu erhalten und diese eventuell für eigene kommerzielle Zwecke einzusetzen oder an dritte zu verkaufen. Gnutella bietet aufgrund der dezentralen Struktur keinen Ansatz für ein nachhaltiges Geschäftsmodell.

4. Konsequenzen für die Musikindustrie

Die Digitalisierung der Inhalte und die auf dieser Basis möglich gewordenen oben dargestellten Systemarchitekturen greifen das bisherige Geschäftsmodell der Musikindustrie in zweifacher Weise an. Zum einen wird generell durch die Digitalisierung die Entbündelung der Inhalte möglich, da diese nicht mehr an den Tonträger gebunden sind.[1] Der Konsument wird hierdurch in die Lage versetzt, nicht mehr zwingend den ganzen Tonträger kaufen zu müssen, wenn er nur einen bestimmten Musiktitel will. Zweifellos wird er folglich für diesen einen Titel nicht bereit sein, den bisherigen Preis für die gesamte CD zu zahlen.[2] Zum zweiten tragen die oben dargestellten Systemarchitekturen dazu bei, dass der Konsument die legalen Verfügungsrechte der Medienunternehmen an ihren Inhalten untergraben kann.[3] Er kann durch die oben dargestellten Services Inhalte erhalten, ohne für diese zahlen zu müssen. Genau an diesem Punkt der Verfügungsrechte setzen die verschiedenen Aktionen der Musikindustrie heute an.

---

1 Vgl. Zerdick et al. (2001).

2 Vgl. Clement et al. (2002), S. 73 f.

3 Vgl. Hess et al. (2002).

Eine Stossrichtung sind die Betreiber der Systeme. Während mit MP3 nach umfangreichen juristischen Auseinandersetzungen noch eine Vereinbarung über Lizenzgebühren vereinbart wurde, beschritt man im Falle von Napster nur noch den juristischen Weg mit dem letztlich erfolgreichen Ziel, Napster zu schließen.[1] Insbesondere der Branchenverband Recording Industry Association of America (RIAA) zwang Napster durch Klagen wegen Urheberrechtsverletzung dazu, Filter einzubauen, die den Tausch von geschützten Inhalten unterbinden.[2] Da diese einen Grossteil der Attraktivität dieses Dienstes ausmachten und gleichzeitig mit Gnutella neue Alternativen zur Verfügung standen, bedeutete dies das Ende von Napster.[3] Im Nachhinein betrachtet, war dies jedoch ein Phyrussieg. Das File-Sharing ist heute deutlich populärer wie zu Zeiten von Napster. Die folgenden dezentralen Systeme sind jedoch wesentlich schwieriger juristisch zu belangen und zu unterbinden.

Eine zweite Stossrichtung sind die Internet-Provider. Des öfteren wurde in der letzten Zeit von einzelnen Musikunternehmen oder den Branchenverbänden versucht, diese gerichtlich zur Herausgabe von Internet-Adressen derjenigen Nutzer zu zwingen, die über die Provider File-Sharing-Services in Anspruch nehmen. Ziel ist, diese Nutzer anzuklagen und ihnen die Nutzung zu untersagen. Ob diese Strategie gerade aus einer längerfristigen Perspektive der Erfolg versprechende Weg ist, mag zumindest bezweifelt werden. Im Extremfall werden hier eigene Kunden angeklagt und zudem tauschen nicht alle Teilnehmer von File-Sharing-Diensten Musikstücke.[4]

Eine dritte Stossrichtung ist die Entwicklung neuer Standards für digitale Musik, die ein unerlaubtes kopieren bzw. die Verbreitung der Inhalte nicht mehr erlauben. In der Secure Digital Music Initiative (SDMI) wurde in einem Zusammenschluss aller großen Musikunternehmen mit den bedeutenden Herstellern von Consumer-Electronic und anderen Unternehmen der IT-Branche der Versuch unternommen, einen derartigen Standard zu entwickeln und durchzusetzen. Dies gelang bisher jedoch nicht. Grundsätzlich werden die Erfolgsaussichten für kostenpflichtige Musiktitel jedoch nicht durchweg als schlecht

---

1 Vgl. Haring (2002), S. 16.

2 In diesem Verband sind auch die fünf großen Musikkonzerne Sony, EMI, AOL Time Warner, Universal und Bertelsmann vertreten, die zusammen gut 80 % des globalen Musikmarktes kontrollieren. Vgl. Zekri (2002). Der Rechtsstreit wurde mit großer Aufmerksamkeit bedacht. Die Argumentation von Napster betont die Parallele mit anderen technischen Innovationen, wobei hier die US-Rechtssprechung im Hinblick auf die Einführung der Betamax-Video-Technologie durch Sony die zentrale Rolle spielt. Damals entschied der oberste Gerichtshof, dass eine Technologie die für Piraterie und andere Verletzungen des Copyrights benutzt werden kann, nicht verboten werden darf, solange sie auch „substantial noninfringing uses" zulässt, die legal sind. Demgegenüber argumentierte die Musikindustrie „Napster is not a technology. It is a business created to facilitate the anonymous theft of music". Beide Statements zitiert in Gomes (2000).

3 Vgl. Laube (2001).

4 Vgl. Mathews/Orwall (2002).

beurteilt. In fünf Jahren, so schätzt z. B. Forrester Research wird hiermit ca. ein Umsatz von 2 Milliarden US$ erzielt.[1]

Eine zweite Strategie der Musikindustrie ist es, durch verschiedene Aktionen die Transaktionskosten der Konsumenten in diesen Services derart zu steigern, dass diese für den Einzelnen nicht mehr attraktiv sind. Dies gelang bei Napster aufgrund des zentralen Systems durch die Erzwingung des Einbau der oben beschriebenen Filter. Bei den dezentralen Systemen wurde, wie oben erwähnt, in letzter Zeit der Versuch unternommen, gezielt kaputte oder inhaltsleere Dateien in die Systeme einzuschleusen, die für den Konsumenten wertlos sind und ihn zu einer erneuten Suche und weiteren Downloads nötigen.[2]

Der große Erfolg all dieser Maßnahmen blieb jedoch aus. Gnutella-basierte Services wie z. B. Kazaa.com sind heute besser besucht wie je zuvor und ziehen jeden Tag Millionen von Menschen an. Rings um das File-Sharing hat sich heute bereits eine massive neue Industrie formiert, die MP3-Player und ähnliches verkauft. Als erster Computerhersteller reagierte Apple bereits in 2001 auf diese Entwicklung, indem mit dem Zusatzgerät „I-POD" ein äußerst leistungsfähiger MP3-Player als externes Laufwerk und damit als festes Zubehör zum Computer angeboten wurde. Die Vision dieser Industrie entspricht daher offensichtlich nicht derjenigen der Musikindustrie.

Woran liegt der enorme Erfolg des File-Sharing, das doch erst in den letzten drei Jahren entstand und nahezu ganz ohne Werbung einen bislang sowohl bezüglich der Reichweite als auch der Verbreitungsgeschwindigkeit nie dagewesenen Erfolg darstellt?[3] Letztlich wohl ganz einfach darin, dass dieses den Bedürfnissen der Konsumenten besser entspricht als das von der Musikindustrie bislang vorhandene Angebot. Die Musikindustrie konnte ihr Geschäftsmodell jedoch in den letzten Jahrzehnten ohne Probleme durchsetzen, da die Bindung der Inhalte an die Tonträger und die nur sehr begrenzten Austauschmöglichkeiten zwischen den Konsumenten ihr die Durchsetzung ihres Verfügungsrechtes ermöglichten.

Warum strömen die Nutzer zu den Tauschbörsen im Internet? Eine empirische Untersuchung von Napster-Teilnehmern zeigt, dass nicht nur die geringen Kosten zum Erhalt von Musikstücken der Grund waren.[4]

---

1 Vgl. o.V. (2002b).

2 Vgl. Betschon (2002).

3 Zur Hochzeit von Napster kamen jeden Tag etwa 300.000 neue Registrierungen hinzu. Vgl. o.V. (2001a) und Schmidt (2000).

4 Vgl. Deutsche Bank (2001), S. 18.

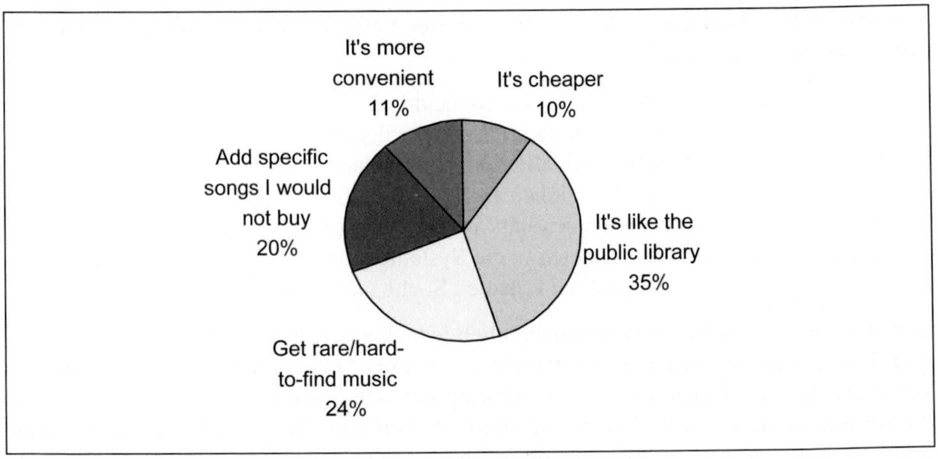

Abbildung 7: Gründe für die Teilnahme an Napster[1]

Ein Drittel der Teilnehmer verglich Napster in seiner Funktion mit einer öffentlichen Bibliothek. Dieser Vergleich ist u. a. deswegen interessant, da öffentliche Bibliotheken, als i. d. R. gemeinschaftlich finanzierte Institution, im Auftrag des Gemeinwesens der Bildung dienen. Prinzipiell hat jeder Teilnehmer der Gemeinschaft den Anspruch, hier unentgeltlich ausleihen zu dürfen. Dies bestätigt die Wahrnehmung von Musik im Internet als öffentliches Gut durch Konsumenten.[2] Ein zweites zentrales Motiv war die Chance auf Napster Musikstücke zu finden, die ansonsten nicht verfügbar sind. Dies dürfte insbesondere für echte Musikliebhaber von zentraler Bedeutung gewesen sein.[3] Auch ökonomische Gründe spielen eine Rolle. Zehn Prozent der Teilnehmer gaben die geringeren Beschaffungskosten als Grund an. Zwanzig Prozent der Teilnehmer sahen in Napster eine Möglichkeit, den Zwängen der Musikindustrie zu entkommen. Für gut zehn Prozent stand die Bequemlichkeit im Vordergrund.

Wo bieten sich in der gegenwärtigen Situation für die Musikindustrie Ansätze für mögliche Strategien, um auf die Digitalisierung und das Internet in einem positiven Sinne zu reagieren? Aus ökonomischer Sicht scheinen insbesondere zwei Ansatzpunkte von Interesse zu sein, die sich jeweils aus den spezifischen Produkt-Charakteristika der Musik ergeben.

1 Quelle IDC 2001, zitiert in: Deutsche Bank (2001), S. 18.

2 In der Tat besitzen viele Bibliotheken heute auch umfangreiche CD-Sammlungen zum Ausleihen.

3 Zudem besteht auch bei bekannten Liedern nie die Gefahr, längere Zeit auf einen Titel oder einen Tonträger warten zu müssen, weil der Titel gerade vergriffen ist. Vgl. Pareles (2001).

Der erste Ansatzpunkt wird von den Ökonomen umschrieben mit dem Begriff des „Erfahrungsguts“.[1] Ein derartiges Gut zeichnet sich dadurch aus, dass es erst erfahren werden muss, bevor der Konsument beurteilen kann, ob es für ihn wertvoll ist oder nicht und ob er es folglich besitzen will oder nicht. Die Musikindustrie war schon immer darauf angewiesen, dass sie den Konsumenten die Möglichkeit zum testen einräumt. Eine zentrale Rolle spielen dabei bislang die Radiostationen oder aber auch die Empfehlung bzw. der Austausch von Musikstücken zwischen den Konsumenten. Heute zahlt die Musikindustrie teilweise bereits Radiostationen, wenn sie ihre Musiktitel spielen und fordert seit neuestem bei öffentlich-rechtlichen Radiostationen eine Quote für Neuheiten und inländische Titel.[2] Dem Konsument gestand man im Rahmen des „fair use“ zu, seine Musikstücke einem Freund zu überspielen. Damit wurde jedoch gleichzeitig die Grundhaltung geprägt, die sich heute in den Tauschbörsen wiederfindet. Der Konsument empfindet nichts illegales dabei, Musikstücke untereinander zu tauschen.

Der zweite Ansatzpunkt wird von den Ökonomen umschrieben mit dem Begriff des „Netzwerkgutes“.[3] Diese Güter zeichnen sich dadurch aus, dass ihr Wert für den einzelnen Konsumenten steigt, je mehr andere Konsumenten ebenfalls über dieses Gut verfügen.[4] Musik ist Erleben und die Freude am Erleben steigt, wenn man sich darüber mit anderen austauschen kann. Vielfach werden Musikstücke für die Konsumenten daher erst dann wertvoll, wenn andere dieses Musikstück ebenfalls kennen und man sich gemeinsam darüber unterhalten bzw. darauf tanzen kann.

Wie können auf der Basis der oben beschriebenen Zusammenhänge der Digitalisierung und dem Internet positive Aspekte für die Musikindustrie abgewonnen werden? Eine detaillierte Analyse zeigt mehrere Ansatzpunkte auf.

Zum einen sind durch die Digitalisierung und die Verbreitung über das Internet Kosteneinsparungen möglich. In dieser Hinsicht ist, zum einen, festzuhalten, dass für den Verkauf der digitalisierten Inhalte über das Internet keine physischen Tonträger mehr notwendig sind. Je höher der Anteil an Verkäufen über das Internet folglich ist, desto geringere Mengen an Tonträgern müssen produziert werden. Hieraus resultieren nicht nur geringere Produktions-, sondern auch geringere Lagerkosten und ein geringeres Risiko bezüglich der Vorräte. Angesichts der sinkenden Lebenszyklusdauern und dem hohen Risiko ist dieser vielfach kaum beachtete Aspekt nicht zu vernachlässigen. Des Weiteren können, wie eingangs dargestellt, die Transaktionskosten reduziert werden. Dies erlaubt eine vergleichsweise wesentlich raschere Verbreitung neuer Inhalte an eine steigende Anzahl von Personen. Dies bedeutet, dass die Anzahl der Konsumenten ausgedehnt werden kann, denen das Musikstück vorgestellt werden kann. Die Steigerung der Marktdurchdringung und der Diffusionsgeschwindigkeit kann wiederum das Zustandekommen

1 Vgl. Akerlof (1970), S. 488 ff.

2 Vgl. Balzer (2002).

3 Vgl. Graumann (1993).

4 Vgl. Katz/Shapiro (1985), S. 424; Katz/Shapiro (1994), S. 93 ff.

positiver Netzwerkeffekte fördern. Des Weiteren kann bei geringeren Transaktionskosten den Konsumenten ein größeres Angebot an Inhalten angeboten werden. Aus beiden Effekten kann es eine Ausweitung des Marktes und ein verbesserter Absatz der Backlist resultieren. Diese Effekte können zudem verstärkt werden, wenn die Transaktionskosten zumindest teilweise den Konsumenten zugute kommen. Resultiert hieraus ein geringerer Gesamtaufwand für den Konsumenten, so ist davon auszugehen, dass seine Nachfrage steigt.

Des Weiteren kann der im Internet mögliche direkte Kontakt zum Endkunden zu einer deutlichen Verbesserung der Kundenbeziehung führen. Durch ein präzises Erfassen der gruppenspezifischen und individuellen Vorlieben wird es möglich, den Kunden kennenzulernen und Teilnehmerprofile zu erstellen.[1] Dieses Wissen wird um so bedeutsamer, je fragmentierter die Märkte und je unterschiedlicher die Musikrichtungen werden. Angesichts der Tatsache, dass neun von zehn neuen CDs ihre Kosten nicht einspielen, erscheint hier ein sicher nicht unbeachtliches Potential zur Verbesserung der Rendite zu liegen.

Zusammenfassend ist folglich zu konstatieren, dass einer als negativ anzusehenden Reduzierung der Möglichkeiten zur Durchsetzung von Verfügungsrechten eine als durchaus zu sehende Abnahme der Transaktionskosten gegenüber steht, die zahlreiche Potentiale bietet. Die Herausforderung für die Musikindustrie liegt darin, das gesamte Bild der ökonomischen Auswirkungen der Digitalisierung und des Internets zu erfassen und die neuen Entwicklungen für ihre Zwecke zu nutzen. Das alte Geschäftsmodell des Verkaufs fertig gebündelter Inhalte zu einem vorgegeben Preis ist ein Extrem. Der nahezu kostenlose Bezug von Musik über File-Sharing-Gemeinschaften ist das andere Extrem. Dazwischen resultieren jedoch viele Spielräume, die es gilt zu erkunden und zu nutzen. So relativieren sich z. B. auch die niedrigsten Transaktionskosten und der Reiz freier Verfügbarkeit der Musikdateien beim Konsument, wenn die Qualität nicht stimmt. Zumindest ein Teil der Konsumenten dürfte hier für einen trade-off bereit sein. Diese Strategie wird gegenwärtig bereits zaghaft von den verschiedenen Musikportalen verfolgt, die teilweise von der Industrie selbst angeboten werden. Die Nutzung dieser Potentiale erfordert jedoch ein Veränderung in der Einstellung und ein proaktives Verhalten. Da absehbar ist, dass das alte Geschäftsmodell dauerhaft geschwächt werden wird, gilt es, Alternativen zu entwickeln: Nicht gegen, sondern mit dem Kunden. Und immer auf der Basis fundierter ökonomischer Überlegungen.

---

1 Michael Wolf, ein Medienexperte von Booz Allen & Hamilton, fasst die Vorteile wie folgt zusammen: „There is a better shelf space, better promotion, so they have a better chance at building a relationship with the customer." zitiert in Fabrikant (2000).

Literaturverzeichnis

AKERLOF, G.A. (1970), The Market for „Lemons“: Quality, Uncertainty and the Market Mechanism, Quarterly Journal of Economics, Bd. 84, Nr. 3, 1970, S. 488-500.

ALBACH, H./HUMMEL, J. (HRSG.) (2002), Geschäftsmodelle im Internet, Sonderheft 6/2002 der Zeitschrift für Betriebswirtschaft, Wiesbaden 2002.

BALZER, J. (2002), Noch ein deutscher Weg, in: Berliner Zeitung, 20. August 2002.

BARNES, C. (2000), Mp3.com tunes tower records customer into its service, in: The New York Times vom 6. Dezember 2000, Internet-Ausgabe.

BETSCHON, S. (2002), 20 Jahre 12 cm. Die Audio-CD feiert einen runden Geburtstag, in: Neue Zürcher Zeitung, 4. Oktober 2002, S. 69.

BRENNER, S. (2002), Musiktauschbörse Kazaa stoppt Zugriffe übers Netz, in: Financial Times Deutschland, January 21st, 2002.

CLEMENT, M./NERJES, G./RUNTE, M. (2002), Bedeutung von Peer-to-Peer Technologien für die Distribution von Medienprodukten im Internet, in: Schoder, D. et al. (2002): Peer-to-Peer, Berlin et al. 2002, S. 71-80.

DEUTSCHE BANK (2001), media@db. Passion Play, Report vom 12 April 2001, Equity Research Pan-European Media.

FABRIKANT, G. (2000), Tapping the Internet's Power as an „Obsession Incubator“, in: The New York Times vom 13. November 2000, Internet-Ausgabe.

FELLMANN, M. (2001), Neustart, in: Die Woche vom 17. August 2001.

FUCHS, O. (2001), Zwischen Raffgier und Nostalgie, in: Süddeutsche Zeitung vom 16. August 2001.

GOMES, L. (2000), Sony case is key to napster strategy, in: The Wall Street Journal Europe vom 14. September 2000.

GRAUMANN, M. (1993), Die Ökonomie von Netzprodukten, in: Zeitschrift für Betriebswirtschaft, 63, Nr. 4, 1993, S. 1331-1153.

GROSS, P. (1994), Die Multioptionsgesellschaft, Frankfurt am Main 1994.

HARRING, B. (2002), Strategien gegen die Zukunft, in: gdi-Impulse, Nr. 3, 2002, S. 12-22.

HESS, T./ANDING, M./SCHREIBER, M. (2002), Napster in der Videobranche?, in: Schoder, D. et al. (Hrsg.): Peer-to-Peer. Ökonomische, technologische und juristische Perspektiven, Berlin/Heidelberg 2002, S. 25-40.

HUMMEL, J./LECHNER, U. (2001), The community model of media management. A case study of the music industry, in: The Journal of Media Management, 3, Nr. 1, 2001, S. 4-15.

IFPI (International Federation of Phongram and Videogram Producers) (2002a), World Overview. Online unter http://www.ifpi.org/, Abruf: 28. Juli 2002.

IFPI (International Federation of Phongram and Videogram Producers) (2002b), Global Music Sales Down 5 % in 2001, Press Release, April 16, 2002, online unter: http://www.ifpi.org/, Abruf: 28 Juli 2002.

IFPI (International Federation of Phongram and Videogram Producers) (2002c), Global Sales of recorded music down 9,2 % in the first half of 2002, Press Release, October 10, 2002, online unter http://www.ifpi.org/, Abruf: 15 Oktober 2002.

Kan, G. (2002), Gnutella, in: Schoder, D. et al. (Hrsg.), Peer-to-Peer. Ökonomische, technologische und juristische Perspektiven, Berlin/Heidelberg 2002, S. 189-199.

Katz, M.L./Shapiro, C. (1985), Network Externalities, Competition, and Compatibility, in: American Economic Review, 1985, S. 424-440.

Katz, M.L./Shapiro, C. (1994), Systems Competition and Network Effects, in: Journal of Economic Perspectives, 8, 1994, S. 93-115.

Krasilovsky, W./Shemel, S. (2000), This Business of Music: The Definitive Guide to the Music Industry, 8th Edition, New York 2000.

Lau, P. (2002a), Alles, was Sie schon immer über die Musikindustrie wissen wollten. Teil 1, In: brand eins, 2, Oktober 2002, S. 42-49.

Lau, P. (2002b), Alles, was Sie schon immer über die Musikindustrie wissen wollten. Teil 1, In: brand eins, 2, Oktober 2002, S. 44-50.

Laube, H. (2001), Napster verliert immer mehr Nutzer, in: Financial Times Deutschland vom 11.7.2001.

Mariano, G. (2000), Napster fans seen as music browsers, not buyers, in: The New York Times, Internet Ausgabe vom 31. Oktober 2000.

Mathews, A./Orwall, B. (2002), Record Industry will sue Individuals who abet online song swapping, in: The Wall Street Journal Europe, July 4th, 2002.

May, B./Singer, M. (2001), Unchained melody, in: The McKinsey Quarterly, No. 1, 2001, S. 128-139.

Media-Perspektiven (2001), Basisdaten 2001, Frankfurt am Main 2001.

O.V. (2001), Die Erben von Napster heissen Morpheus, Audiogalaxy, Bearshare und Limewire, in: Frankfurter Allgemeine Zeitung vom 6. August 2001.

O.V. (2002a), Schlechte Kopien, in: Wirtschaftswoche, 14. August 2002.

O.V. (2002b), Analysis: Lamenting the sounds of silence, in: CNN.com, January 26th, 2002, http://www.cnn.com/2002/TECH/industry/01/26/music.midem.wrap.reut/index.html.

Pareles, J. (2001), Envisaging the Industry as the Loser on Napster, in: The New York Times vom 14. Februar 2001, Internet-Ausgabe.

Parker, S. (2000), Sie hören doch auch, was Ihre Freunde hören, in: Frankfurter Allgemeine Zeitung vom 4. November 2000.

Peers, M. (2000), Survey finds pervasive napster use, in: The Wall Street Journal Europe vom 16. Mai 2000.

Prahalad, C.K./Ramaswamy, V. (2000), Co-opting Customer Competence, in: Harvard Business Review, Bd. 78, Nr. 1, 2000, S. 79-87.

Sarkar, M. B./Butler, B./Steinfield, C. (1995), Intermediaries and Cybermediaries: A Continuing Role for Mediating Players in the Electronic Marketplace, in: Journal for Computer Mediated Communication , 1, Nr. 3, 1995.

Schmidt, C. (2000), Der Robin Hood des Internets hat mit „Napster" nicht nur die Musikbranche auf den Kopf gestellt, in: Frankfurter Allgemeine Zeitung vom 3. November 2000.

Schoder, D./Fischbach, K./Teichmann, R. (Hrsg.) (2002), Peer-to-Peer. Ökonomische, technologische und juristische Perspektiven, Berlin/Heidelberg 2002.

Schoder, D./Fischbach, K./Teichmann, R. (2002), Peer-to-Peer Anwendungsbereiche und Herausforderungen, in: Schoder, D. et al. (Hrsg.): Peer-to-Peer. Ökonomische, technologische und juristische Perspektiven, Berlin/Heidelberg, S. 3-24.

Schubert, C. (2001), Unser Produkt ist der Künstler, in: Frankfurter Allgemeine Zeitung vom 14. April 2001.

Simon, H. (1992), Preisbündelung, in: Zeitschrift für Betriebswirtschaft, 62, 1992, S. 1213-1235.

Theurer, M. (2002), Der King bittet zur Kasse, in: Frankfurter Allgemeine Zeitung, 17. August 2002.

Wirtz, B. (2001a), Anpassen oder untergehen, in: Wirtschaftswoche, Nr. 3, 11, Januar 2001.

Wirtz (2001b), Medien- und Internetmanagement, Wiesbaden 2001.

Zekri, K. (2002), In Morpheus' Armen, in: Süddeutsche Zeitung, 9. Januar 2002.

Zerdick, A. et al. (2001), Die Internet-Ökonomie – Strategien für die digitale Wirtschaft, 3. Auflage, Berlin 2001.

Thomas M. Stein / Hubert Jakob

Schrumpfende Märkte und neue Vertriebswege als Herausforderung für die strategische Unternehmensführung in der Musikindustrie

1. Die Musikindustrie befindet sich in der schwierigsten Marktsituation seit über 30 Jahren

Die Musikindustrie befindet sich in einer ihrer schwierigsten Phasen: Die Umsätze brechen in nahezu allen wichtigen Regionen der Welt ein. Deutschland ist dabei besonders stark betroffen. Die bisherigen Reaktionen der Industrie waren vorwiegend die Reduzierung der Kosten sowie der Versuch der Bekämpfung der Datenpiraterie.

Diese Maßnahmen haben, wenn überhaupt, nur kurzfristige Wirkung erzielt. Es zeigt sich immer stärker, dass die großen Musikunternehmen ihr Geschäftsmodell ändern müssen, um auch in Zukunft nicht nur überleben, sondern auch wieder wachsen zu können.

1.1 Weltweit schrumpfen die Märkte

Die Musikindustrie war bis in das Jahr 2000 hinein von starkem Wachstum geprägt. In den Jahren von 1969 bis 2000 betrug die durchschnittliche jährliche Wachstumsrate rund 10 %. Dieser jahrzehntelange Boom wurde vor allem durch drei Faktoren bestimmt: Durch den großen Erfolg der Musikkassette und dann der Musik-CD sowie einem relativ stabilen und stetig prosperierenden wirtschaftlichen Umfeld.

Seit dem Jahr 2000 jedoch schrumpfen die Märkte weltweit: 2001 um rund 5,5 % und 2002 um rund 7 %. Für 2003 wird ein weiterer Rückgang um mindestens 7 % erwartet. Der Rückgang trifft alle großen Musikmärkte außer Frankreich, wo der große Erfolg lokaler Künstler einen Marktrückgang verhinderte. Die Hauptgründe sind weltweit die gleichen: Starke Substitution legaler Verkäufe durch nicht autorisiertes CD-Brennen, starker Wettbewerb um die knapper werdenden Freizeitbudgets sowie generell unsichere wirtschaftliche Rahmenbedingungen.

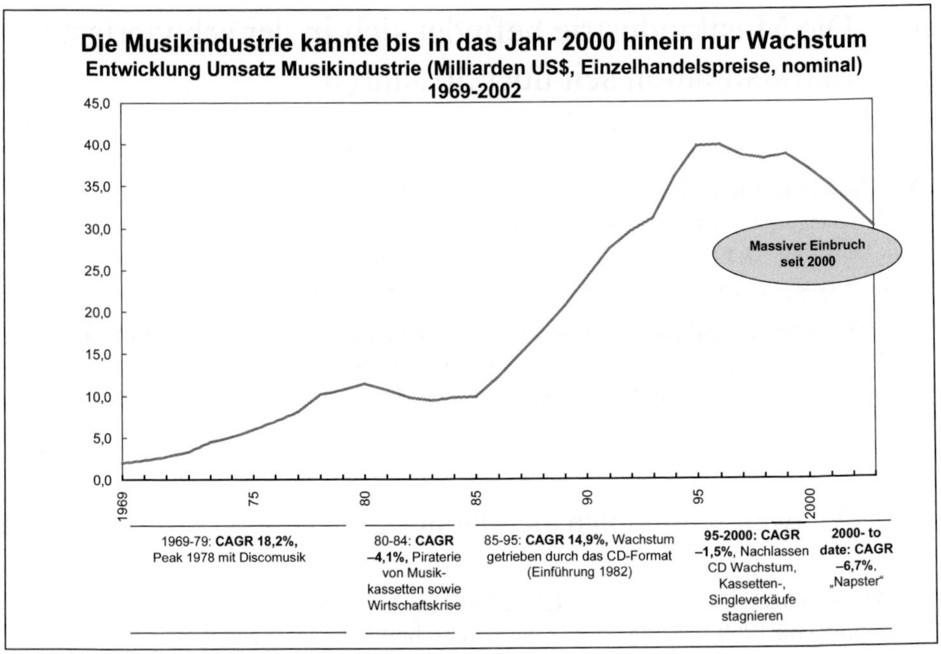

Abbildung 1: Entwicklung Umsatz Musikindustrie (Milliarden US$, Einzelhandelspreise, nominal) 1969-2002[1]

1.2 Der deutsche Markt ist besonders betroffen

Diese negativen Faktoren treten in Deutschland besonders stark auf. Der Tonträgerumsatz zu Einzelhandelspreisen in Deutschland sank 2002 im Vergleich zum Vorjahr um 10,3 % auf 2,11 Milliarden € (2001: 2,35 Milliarden €). Zu Großhandelspreisen, also dem Abgabepreis der Musikunternehmen an den Einzelhandel, spiegelte sich diese Entwicklung ebenso mit einem Rückgang um rund 10 % auf 1,39 Milliarden € wider. Der Absatz verzeichnete im gleichen Zeitraum ein Minus von 4,1 %, von 223,2 auf 214 Millionen Einheiten. Der Absatz von DVDs hingegen stieg gegen den Trend von 1,5 auf 3,3 Millionen Stück und ist damit das am stärksten steigende Absatzsegment. Integriert man die Musikvideos auf DVD und VHS in die Statistik des Gesamtmarktes, reduziert sich der Umsatzrückgang von 10,3 % auf 9,2 %. Der Absatz von CD-Alben im Handel sank um 9,2 %. Besonders betroffen waren, wie schon im vergangenen Jahr, Funk- und TV-beworbene Compilations, die um 18,5 % zurückgingen. Auch das Single-Segment war

1 Quelle: Merrill Lynch (2001).

um mehr als 20 % rückläufig. Nach dem Minuswachstum des Musikmarktes in 2002 scheint sich der Marktverfall 2003 noch weiter zu beschleunigen. Durchschnittlich schrumpfte der Markt in den ersten drei Monaten des Jahres 2003 um knapp 24 %. Selbst wenn man diese Zahl um die negativen Sondereffekte wie hohe Retouren bereinigt, scheint sich der Marktverfall in Deutschland gegenüber dem Vorjahr sogar zu beschleunigen.

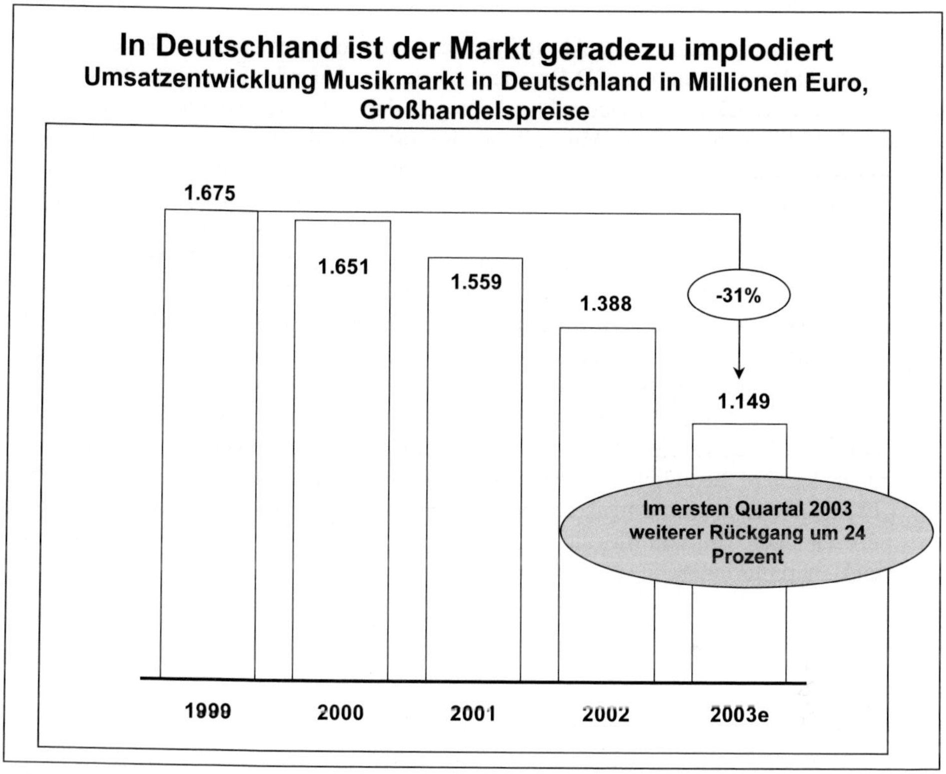

Abbildung 2: Umsatzentwicklung Musikmarkt in Deutschland in Millionen Euro, Großhandelspreise[1]

1 Quellen: Ifpi (2002); Marktforschung.

1.3 Die wichtigsten Ursachen sind Datenpiraterie sowie starker Wettbewerb um knapper werdende Freizeitbudgets

Die Gründe für diese negative Marktentwicklung sind bekannt. Es ist die massive Datenpiraterie, die durch das Internet zusätzliche Dynamik erhalten hat, der generell starke Wettbewerb um knappe Freizeitbudgets sowie die noch geringe Dynamik aus neuen Distributionsformaten:

1. *Massive Datenpiraterie:* Die Absatzkrise lässt sich in erster Linie mit der enorm gestiegenen Verbreitung von CD-Brennern sowie zunehmender Internetpiraterie erklären. Die Entwicklung in Deutschland spiegelt dabei die weltweiten Tendenzen wider. Die IFPI geht in ihrem Music Piracy Report 2002 davon aus, dass im Jahr 2001 weltweit rund 1,9 Milliarden illegale Tonträger verkauft wurden. Das sind nach Schätzungen des Weltverbandes rund 40 % aller rund um den Globus verkauften Tonträger. CDs machen mit 51 % mittlerweile den größten Teil davon aus. Der Wert der globalen Musik-Piraterie beläuft sich damit auf rund 4,3 Milliarden US$ im Jahr 2001 (IFPI Music Piracy Report 2002, Juni 2002). Die Zahl der an Private verkauften CD-Rohlinge ist in Deutschland weiterhin angestiegen und lag 2002 bei insgesamt 515 Millionen Stück. Nach der aktuellen Brennerstudie der Gesellschaft für Konsumforschung (GfK) wurden 259 Millionen dieser Rohlinge mit Musik bespielt. Die Zahl liegt damit rund 45 % höher als die Summe verkaufter CD-Alben. Nahezu 20 % derjenigen Personen, die kopieren, gaben an, dass sie deshalb weniger Alben kaufen. Lediglich 5 % erwerben nun mehr CDs. Mehr als ein Drittel der „Brenner" gab an, ihre Musik aus dem Internet zu beziehen – und zwar zum weit überwiegenden Teil von illegalen Seiten, von denen sie rund 622 Millionen Musikstücke herunterluden.[1]

1 GfK Brenner-Studie (März 2003); für die Studie wurden im Jahr 2003 insgesamt 10.000 Personen befragt.

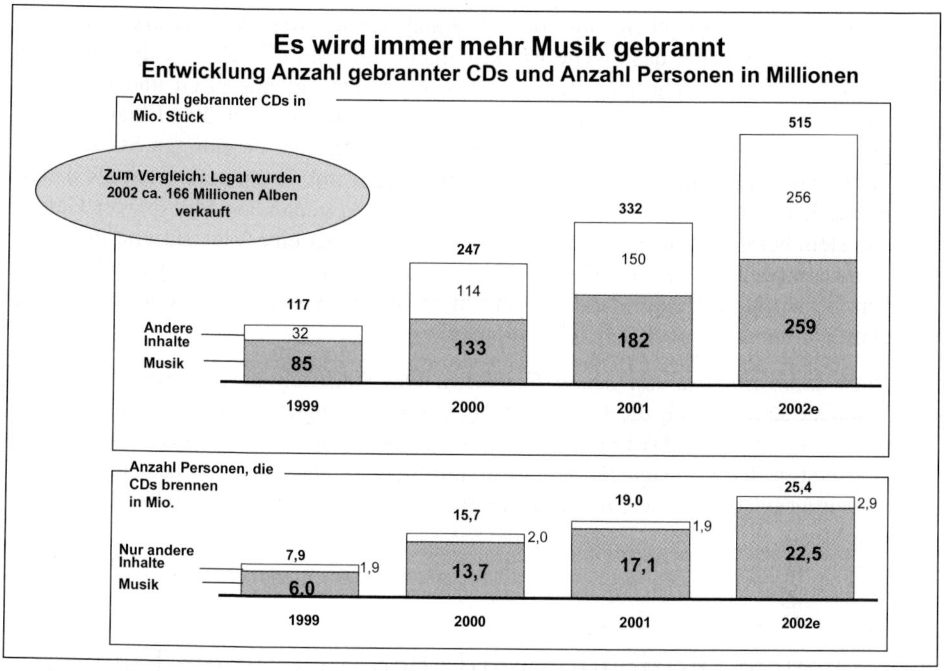

Abbildung 3: Entwicklung Anzahl gebrannter CDs und Anzahl Personen in Millionen[1]

2. *Wettbewerb um Freizeitbudgets:* Neben den eher traditionellen Wettbewerbern um Freizeitbudgets wie beispielsweise dem Kino oder Büchern sind in den letzten Jahren vor allem zwei Produktwelten entstanden, die sehr viel Zeit und Kaufkraft der musikaffinen Zielgruppe binden. Diese beiden Welten sind die mobile Telefonie und die Computerspiele. Der Siegeszug der mobilen Telefonie ist hinlänglich bekannt. Mit knapp 60 Millionen Mobilfunkteilnehmern in Deutschland wurde Ende 2002 eine Marktpenetration von rund 72 % und ein Umsatz von ca. 18.4 Milliarden € erreicht. Manche Telefongesellschaften erwirtschaften bereits rund 10 % ihrer Erlöse und über ein Viertel ihres Ergebnisses durch SMS (Short Message Service), ein Dienst, der wiederum sehr stark von Jugendlichen genutzt wird. Die momentan auf den Markt drängenden GPRS- und UMTS-basierten Geräte werden – gegen entsprechende Vergütung – zusätzliche Entertainment- und Informations-Services bieten, wie zum Beispiel die Multimedia Messaging Services (MMS). Damit wird die mobile Telefonie als Kommunikations- und Entertainmentplattform eher an Bedeutung gewinnen und einen weiter steigenden Anteil des Freizeitbudgets binden. Bereits 2002 wurden ja europaweit über 1 Milliarde € für Klingeltöne, Logos und an-

1 Quelle: Brennerstudie (2003).

dere Inhalte ausgegeben, die der Personalisierung des Mobiltelefons dienen. Computerspiele sind das zweite Marktsegment mit hoher Wachstumsdynamik, das vor allem in der Zielgruppe der typischen Musikkonsumenten Zeit und Kaufkraft bindet. Weltweit ist der Markt für Spielesoftware bereits über 20 Milliarden US$ groß und wächst mit zweistelligen Zuwachsraten. In den Vereinigten Staaten verbringen die Jugendlichen bereits dreimal mehr Zeit mit Computerspielen als damit, in das Kino zu gehen. Die rasante Zunahme von so genannten Multiplayer Games (Spielen, bei denen über Festnetz oder mobiles Internet eine Vielzahl von Personen gegeneinander spielt) wird diesem Marktsegment zusätzlich neue Dynamik verleihen. So wuchs in Deutschland die Anzahl der Nutzer von Online-Games gegenüber dem Vormonat um 50 % auf 1,5 Millionen.

3. *Noch kaum Impulse von neuen Formaten*: Die Substitution von Vinylplatten und Musikkassetten durch die CD ist im Wesentlichen abgeschlossen. Die neuen Formate wie die Musik-DVD weisen zwar eine hohe Wachstumsdynamik auf, werden aber erst in den nächsten Jahren einen signifikanten absoluten Umsatz- und Ergebnisbeitrag leisten. Diese Einschätzung gilt noch stärker für die digitale Distribution von Musik.

2. Digitale Distribution wird allerdings nur ein Element sein, um dieser Krise zu begegnen

Noch vor wenigen Jahren haben auch namhafte Beratungen die „Rettung“ der Musikindustrie durch die digitale Distribution vorhergesagt. In einem Artikel der Strategieberatung McKinsey wurde etwa von einer potentiellen Verdopplung des Marktvolumens gesprochen, vor allem dadurch, dass sich „normale“ CD-Käufer in Abonnenten von Online-Musikplattfomen wandeln und somit höhere Umsätze tätigen. Diese Hoffnungen haben sich bisher leider nicht erfüllt. Trotzdem gibt es eine Reihe sehr starker Indikatoren für den Erfolg der digitalen Distribution.

2.1 Legale Distribution von Musikinhalten spielt derzeit keine Rolle

Für 2002 wird der weltweit mit legalen digitalen Vertriebsplattformen erzielte Umsatz auf eine niedrige einstellige Millionenzahl geschätzt. Aus diesem Grund hat die Ifpi diese Verkäufe bisher noch gar nicht erfasst und beginnt damit erst in 2003.

Selbst etablierte legale Dienste mit Unterstützung der Musikindustrie tun sich außerordentlich schwer, sich gegen die Plattformen, die größtenteils illegale Inhalte vertreiben, durchzusetzen. Das lag und liegt zum Teil heute noch daran, dass die legal betriebenen Plattformen nur einen Bruchteil des Repertoires anbieten, das bei nicht legalen Quellen zu finden ist. Zudem sind die Nutzungsrechte der legal erworbenen Musik stark eingeschränkt. So ist es oft nicht erlaubt, die Musikdateien auf CD zu brennen oder auf andere Speichermedien zu portieren.

2.2 Allerdings gibt es eine Reihe sehr starker Indikatoren und Treiber für die Nachfrage nach digitalen Inhalten

Die Argumente für die erfolgreiche Etablierung des Geschäftsmodells auf Basis der digitalen Distribution fallen im Wesentlichen in vier Kategorien:

1. *Der massive Datenverkehr mit nicht legal erworbenen Medieninhalten:* So sehr dieser Umstand der Datenpiraterie aus Sicht der Rechteinhaber zu beklagen ist, so zeigt er doch zur gleichen Zeit die Nachfrage der Konsumenten nach solchen Inhalten. Die Software der Plattform Kazaa wurde beispielsweise über 180 Millionen mal aus dem Internet heruntergeladen, die Software von Morpheus knapp 110 Millionen mal. Bei Kazaa sind zu fast jedem gegebenen Zeitpunkt über vier Millionen Nutzer online und tauschen Daten im Volumen von rund sieben Millionen Gigabyte untereinander aus. Diese Datenmenge entspricht rund 2 Milliarden Musikdateien. Eines der besten Beispiele für die Popularität der digitalen Tauschplattformen bietet immer noch der Erfolg von Napster, dem Urahn aller so genannten Peer-to-Peer Plattformen. In den Monaten von Mai 2000 bis zum Februar 2001 wuchs die Zahl der registrierten Nutzer von 10 Millionen bis auf 63 Millionen. Das entspricht einer monatlichen Wachstumsrate von über 22 % und rund 180.000 neuen Nutzern pro Tag. Zudem waren rund 80 % dieser registrierten Nutzer aktiv, ein für Onlinedienste sehr hoher Wert. Sehr interessant waren auch die Nutzerstruktur und die Nutzereinstellungen. So stellten die Überdreißigjährigen die größte Altergruppe unter den Napsternutzern. Das ist deshalb so bedeutsam, da in dieser Altergruppe die klassischen CD-Käufe traditionell deutlich zurückgehen. Diese Nutzergruppe war zudem sehr an Titeln interessiert, die nicht bzw. nicht mehr auf CD verfügbar waren. In einem legalen Geschäftsmodell könnte dieses Segment mit maßgeschneiderten Angeboten aus dem so genannten Katalog bedient werden und dadurch nicht unerhebliche Zusatzerlöse schaffen. Weiterhin ergab eine Marktforschung unter den Napster-Nutzern einen sehr hohen Grad von Zahlungsbereitschaft. Weit über die Hälfte der Nutzer war bereit, für einen der Napster-Plattform vergleichbaren Service monatlich bis zu 15 US$ zu bezahlen.

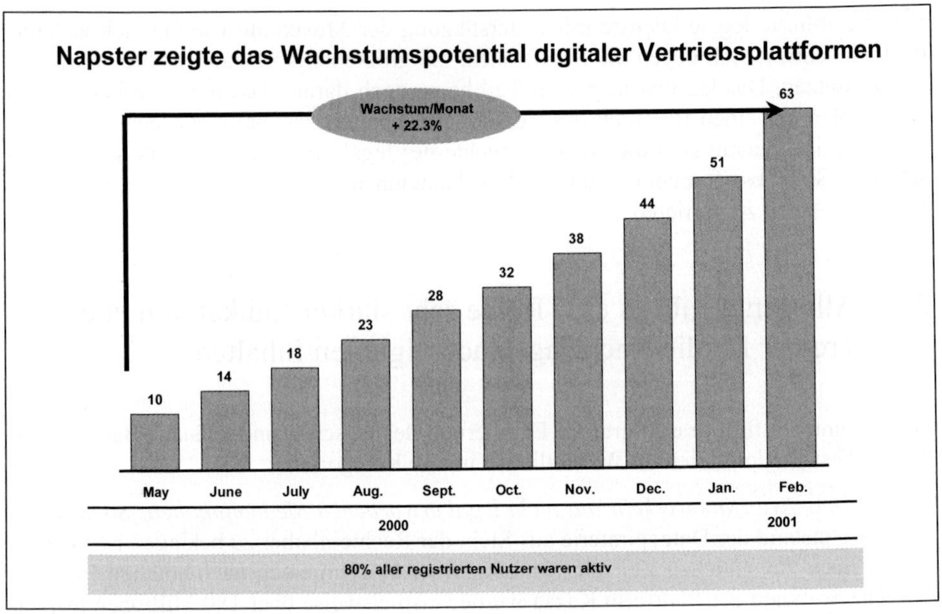

Abbildung 4: Registrierte Nutzer digitaler Vertriebsplattformen (in Millionen)[1]

2. *Die zunehmende Verfügbarkeit interessanter Hardware zum Konsum von Musikfiles sowie deren steigende Vernetztheit*: Die Hardwarehersteller bringen in sehr kurzen Abständen immer neue Gerätetypen auf den Markt, die das Abspielen digitaler Inhalte auf sehr benutzerfreundliche Art und Weise erlauben. Einige der Geräte wie beispielsweise der iPod der Firma Apple haben bereits Kultstatus erreicht. Parallel zu der Vielfalt der Gerätearten setzt sich der Trend zur deren meist drahtlosen Vernetzung durch. Weltweit anerkannte Übertragungsstandards erlauben einen relativ reibungslosen Datenaustausch zwischen den einzelnen Geräten. Mit dieser Vereinfachung der Portierbarkeit digitaler Inhalte zwischen Büro, Heim und Auto ist eine der wichtigsten Voraussetzungen für die vermehrte Nutzung digitaler Medieninhalte gegeben.

1 Quelle: Napster Pressekonferenz.

Beispiel iPod: Es gibt tolle Hardware für die digitalen Inhalte

- **Marktführer in den Vereinigten Staaten**
- **Speicherplatz für rund 7.500 Songs (~700 CDs)**
- **8 Stunden Betriebsdauer**
- **Automatische „Dateiaufspürfunktion" für die auf der Festplatte befindlichen Musikdateien**
- **Sehr einfache Synchronisation mit dem Computer: 10 Sekunden für den Download einer CD**

Abbildung 5: Beispiel iPod

3. *Die Verfügbarkeit neuer Plattformen für den Musikvertrieb insbesondere in der Telekommunikation:* Der bereits vor Jahren angekündigte Siegeszug der Breitbandnetze wird nun Wirklichkeit. Weltweit haben rund 300 Millionen Haushalte potentiellen Zugang zu breitbandigen Anschlüssen und mehr als 40 Millionen Haushalte nutzen ihn bereits. In Deutschland verzeichnet die Deutsche Telekom AG hohe Zuwachsraten bei den breitbandigen T-DSL Anschlüssen, über 2,7 Millionen Anschlüsse sind bereits installiert. In den USA, wo die Breitbandanschlüsse meist über das Fernsehkabel realisiert werden, sind es bereits über 15 Millionen Anschlüsse. Mit Übertragungsraten im Mbit/Sekunde Bereich ist der Versand von Musikdateien problemlos zu realisieren. T-Online arbeitet ja bereits an Konzepten für den Online-Vertrieb von Kinofilmen, die ein um ein Vielfaches höheres Datenvolumen aufweisen. Auch im Mobilfunk wird es durch den Aufbau der UMTS-Netze zu einer deutlichen Steigerung der verfügbaren Übertragungskapazitäten kommen.

4. *Hohes Interesse der Industrie:* Letztlich haben viele Unternehmen aus unterschiedlichen Branchen ein hohes Interesse an einem nachhaltigen und damit legalen Geschäftsmodell in der digitalen Mediendistribution. Das sind auf der einen Seite die Medienproduzenten und Rechteinhaber selbst, auf der anderen Seite die Telekommunikationsunternehmen, die hohe dreistellige Milliardenbeträge in den Ausbau ih-

rer Breitbandnetze investiert haben sowie die Hersteller von Unterhaltungselektronik, die nach VHS und DVD wieder nach dem nächsten Format suchen, mit dem sie einen neuen Produktzyklus einleiten können.

2.3 Digitale Distribution wird erst mittelfristig und in der Verbindung mit anderen Vertriebsformaten eine signifikante Rolle spielen

Trotz der eben ausgeführten positiven Indikatoren gibt es einige Argumente dafür, dass die digitale Distribution erst mittelfristig einen signifikanten Umsatz- und Ergebnisbeitrag in der Musikindustrie leisten wird. Zum einen erfordern die oben genannten Entwicklungen Zeit; das gilt für die Entwicklung und Vermarktung von passender Hardware, für die Standardisierung von Übertragungsprotokollen bis hin zum weiteren Ausbau der Breitbandnetze. Gleichzeitig muss die Musikindustrie durch konsequentes Rechteclearing die Anzahl der legal verfügbaren Titel weiter erhöhen. Weiterhin muss das so genannte digitale Rechtemanagement, mit der die Rechte verwaltet werden, die der Konsument beim Kauf erhält, deutlich verbessert werden.

Letztlich müssen die Musikunternehmen erst die Strukturen und Fähigkeiten schaffen, dieses neue Marktsegment zu bearbeiten.

Aus diesen Gründen wird der Musikmarkt zumindest in den nächsten 5 Jahren noch von der CD bzw. der DVD dominiert werden. Dies kann man auch aus der Penetrationsgeschwindigkeit der Musikkassette wie auch der CD ableiten, wo es ebenfalls über 10 Jahre gedauert hat, bis sich die Formate komplett durchgesetzt hatten.

3. Die Musik Majors werden sich wandeln müssen, um den Marktherausforderungen erfolgreich begegnen zu können

Das Geschäftsmodell der Musik Majors – nämlich die Entdeckung neuer Talente sowie deren zunehmend weltweite Vermarktung – ist intakt. Dennoch werden die Majors ihr Geschäftssystem verändern müssen, um neben dem reinen CD-Verkauf an weiteren Einkommensströmen partizipieren zu können.

3.1 Das Geschäftsmodell ist grundsätzlich intakt

Das Geschäftsmodell der Musik Majors ist konzeptionell denkbar einfach: Das Entdecken, Entwickeln und die Vermarktung musikalischer Talente. Neben der Entdeckungsfunktion ist die Hauptaufgabe der Majors vor allem die Vermarktung von Künstlern.

In dem Maße, wie Künstler nicht nur in verschiedenen Ländern, sondern auch über mehrere Medienplattformen hinweg vermarktet werden und vermarktet werden müssen, in dem Maße sind international tätige und kapitalkräftige Unternehmen notwendig. Die von manchen Experten erwartete steigende Bedeutung des Direktvertriebs von Musik (also direkt vom Künstler zum Konsumenten) hat sich auch mit der Verfügbarkeit des Internets nicht bewahrheitet. Das liegt einfach daran, dass weniger bekannte Künstler sehr viel Geld in den Aufbau ihrer Bekanntheit investieren müssten, über das sie in der Regel aber nicht verfügen. Selbst sehr renommierte Künstler mit großer Fangemeinde und hohem Wiedererkennungswert mussten erkennen, dass der Vertrieb von digitalen Inhalten hohen Aufwand in Marketing, Technologie und Kundenservice bedeutet, vor dem sie in der Regel zurückschrecken.

3.2 Die Majors müssen allerdings lernen, an mehr Elementen der Wertschöpfungskette zu partizipieren

Es ist aus Sicht der Musikunternehmen nicht einzusehen, dass sie hohe Summen in den Aufbau und die Etablierung eines Künstlers investieren, dann aber nur an einem relativ kleinen Teil der erwirtschafteten Erlöse partizipieren. Große Teile der Tourerlöse oder des Merchandising fließen so heute an den Musikunternehmen vorbei.

Dies gilt insbesondere für etablierte Künstler, wo nur ein kleiner Teil der Erlöse über die Musikunternehmen fließt, die alle wesentlichen Investitionen getätigt haben.

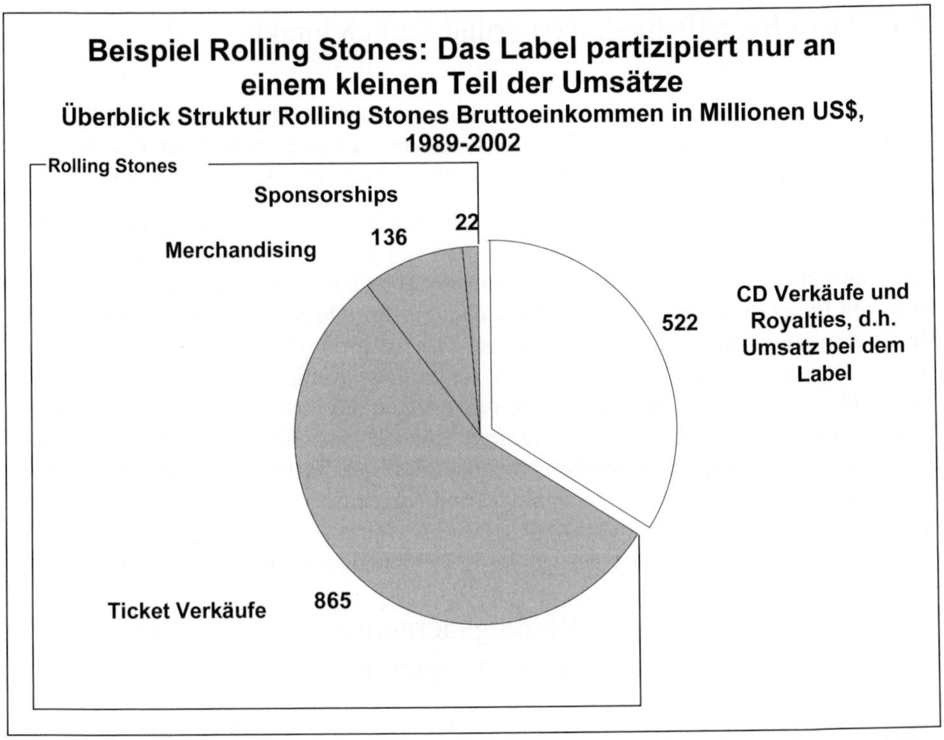

Abbildung 6: Überblick Struktur Rolling Stones Bruttoeinkommen in Millionen US$, 1989-2002[1]

Die gleiche Argumentation gilt für die Musikverwertung in digitalen Medien wie beispielsweise bei den sehr populären Klingeltönen von Mobilfunkgeräten.

Um also an weiteren Elementen der Wertschöpfungskette partizipieren zu können, müssen die Majors ihr Geschäftssystem verändern und sich stärker als Rechteverwerter- und Händler positionieren.

1 Quelle: Fortune Magazin (September 2002).

3.3 Die Majors werden sich zu offenen Multiprodukt- und Multikanalunternehmen weiterentwickeln

Grundsätzlich geht es dabei darum, sich von einem Einprodukt- (CD) und Einkanalunternehmen (Absatz über Einzelhandel) hin zu einem Mehrproduktunternehmen mit einem integrierten Multikanalvertrieb zu entwickeln.

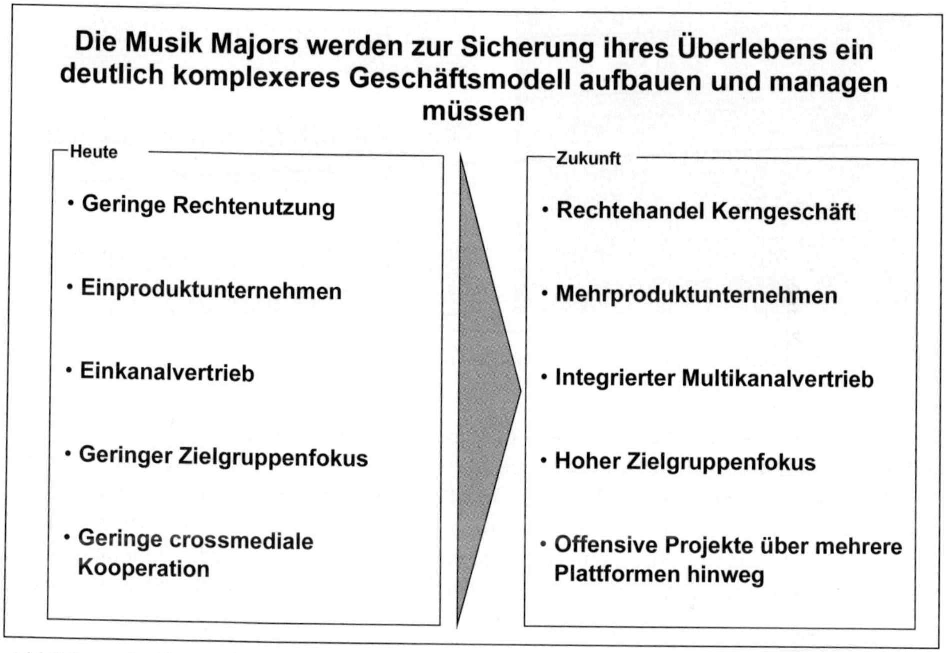

Abbildung 7: Geschäftsmodell Musik Majors: Heute - Zukunft

In diesem Wandlungsprozess werden die Musikunternehmen zudem noch offener für cross-mediale Kooperationen werden als das bisher bereits der Fall ist. Ein gerade sehr aktuelles Beispiel für das Erfolgspotential solcher Projekte ist „Deutschland sucht den Superstar", eine von RTL produzierte und ausgestrahlte Talentshow, deren Gewinner von der Bertelsmann Tochter BMG (Bertelsmann Music Group) musikalisch betreut wurden. Dieser Erfolg belegt das Potential von Konzepten, die verschiedene Entertainmentplattformen synchronisiert nutzen. Die TV-Show von DSDS war klarer Marktführer mit Marktanteilen von bis zu über 60 %. Die von der BMG produzierten Singles und LPs der Gewinner sind jeweils auf den ersten Platz der Verkaufscharts eingestiegen.

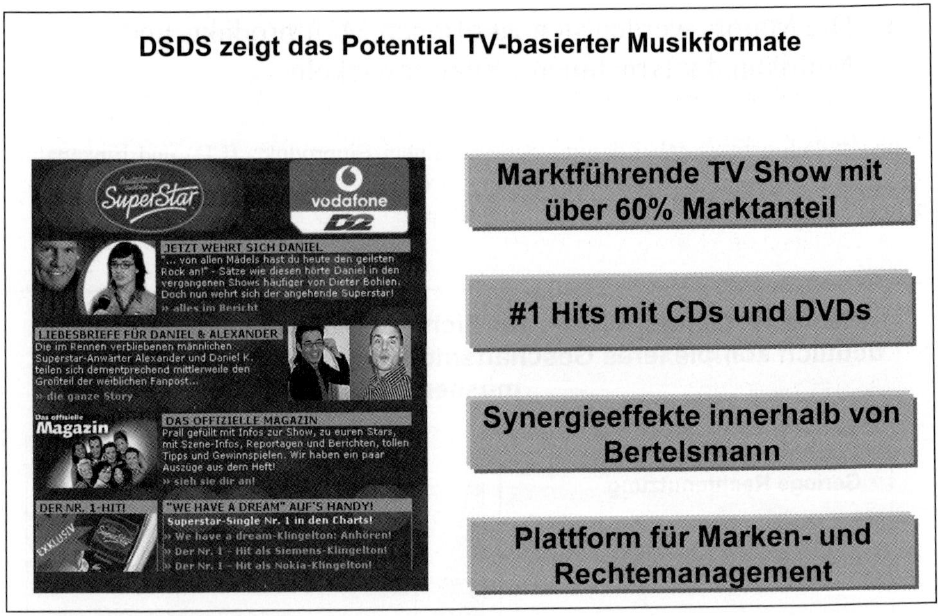

Abbildung 8: Potential TV-basierter Musikformate

Zur Umsetzung solcher Projekte sowie des oben genannten strategischen Ansatzes sind erhebliche organisatorische Anpassungen notwendig. Die Majors müssen sich parallel von Randaktivitäten trennen und neue Geschäftsfelder aufbauen. Diese neuen Geschäftsfelder werden zum Teil über Partnerschaften, Joint Ventures etc. erschlossen werden müssen. Damit steigt die Managementkomplexität erheblich, was wiederum nicht nur ein hohes Maß von Änderungsbereitschaft, sondern auch Lernbereitschaft und Professionalität voraussetzt.

Die Majors der Zukunft werden deutlich schlanker sein und mit in Partnernetzwerken agierenden Teams deutlich vielfältigere Produkte erzeugen und diese über eine Vielzahl von Absatzkanälen vertreiben. Der Kunde soll seine Musik an dem Ort und in der Form genießen, wie er oder sie es wünschen.

Literaturverzeichnis

Beardsley, S./Doman, A./Pär, E. (2003), Making Sense of Broadband, in: The McKinsey Quarterly, No. 2, 2003.

GESELLSCHAFT FÜR KONSUMENTENFORSCHUNG (GFK) (2003), Brennerstudie 2003.

INTERNATIONAL FEDERATION OF PHONOGRAPHIC INDUSTRY (IFPI) (2002), The recording industry trade values 2002.

MAY, B./SINGER, M. (2001), Unchained melody, in: The McKinsey Quarterly, No. 1, 2001.

MERRILL LYNCH (2001), Music Industry – Can the Majors control online growth?, in: Analystenreport, 9. November 2001.

REGULIERUNGSBEHÖRDE TELEKOMMUNIKATION UND POST, http://www.regtp.de, Sektion Marktbeobachtung/Telekommunikationsmarkt/Mobilfunkdienste.

SERWER, A. (2002),ROLLING STONES, Inside the Rolling Stones Inc., in: FORTUNE, 15. September 2002.

STOLLBERGER, T. (2003), Online-Gaming: Deutschland ist größter Markt in Europa, in: Verivox.de, 26.02.2003.

Balthasar Schramm

Das Marktsegment Domestic: Herausforderung und Chance für die Musikbranche

1. Einleitung

Die Musikindustrie in Deutschland hat in den zurückliegenden Jahren den nationalen Markt und die Förderung kreativer Talente sträflich vernachlässigt, was dazu geführt hat, dass sich viel zu wenig nationale Künstler erfolgreich etablieren konnten. Gerade als Major sind wir gut beraten, daran etwas zu ändern, allerdings benötigen wir dazu auch geeignete Plattformen für die lokalen Produkte, mit anderen Worten: ein mediales Umfeld, in welchem Musik mehr ist als nur tagesbegleitendes Hintergrundrauschen. Der Mangel an musikalischer Vielfalt, der namentlich in den reichweitenstärksten Radiosegmenten des privaten wie öffentlich-rechtlichen Rundfunks zu verzeichnen ist, hat inzwischen dramatische Ausmaße angenommen. Dies ist nur vor dem Hintergrund zu verstehen, dass in den vergangenen zehn Jahren im Rahmen des dualen Hörfunksystems in Deutschland eine Entwicklung stattgefunden hat, mit der sich ein grundlegender Wandel in den Radioprogrammen vollzog. Durch technische Neuerungen, Formatkonzepte, das Wegrationalisieren von Musikredakteuren und die alles dominierende Orientierung an der Einschaltquote kommen neue musikalische Trends und Titel derzeit kaum noch zum Zuge. Verbunden mit dem Hauptziel, die Hörer vom Wegschalten abzuhalten, rotieren wöchentlich 200 bis maximal 400 Tracks. Die rechnergestützte Steuerung verhindert dabei, dass dies allzu sehr auffällt. Im Adult Contemporary Segment (AC), zu dem etwa der Sender NDR 2 gehört, ist eine Heavy Rotation von rund 40 Titeln der Standard. In der von media control erfassten Rotation aktueller Titel (das heißt nicht älter als ein Jahr) hat sich beispielsweise auf NDR 2 in der Woche vom 3. bis 10. Mai 2003 das Repertoire auf 42 Titel verengt, die auf neun bis 37 Einsätze kamen und von denen wiederum die meisten bereits in den Verkaufscharts gewesen sind. Die übrigen 39 erfassten Titel wurden nur zwischen fünf- und einmal gespielt.[1] Der Anteil von Neuheiten[2] liegt in den Programmen mancher Sender unter einem Prozent. Ein Blick auf die Zahlen zeigt auch, wie gering der Anteil deutscher Produktionen und deutschsprachiger Titel in den Radioprogrammen mit Rock- und Popmusikformaten ist. Das hat weitreichende negative Folgen, nicht nur für die Musikbranche sondern insgesamt für die kulturelle Vielfalt in Deutschland und Europa.

---

1 Zahlen nach media control, Top 100 Sender-Chart NDR 2, 3.-10. Mai 2003.

2 Als Neuheit gilt ein Titel, der jünger als drei Monate ist bzw. ein Interpret, der nicht mehr als zwei Alben veröffentlicht hat, von denen keines Gold (d.h. über 150.000 verkaufte Exemplare) erreicht hat.

2. Mangelnde Musikvielfalt in den Radioprogrammen

Im Jahr 2001 fand sich in den deutschen Airplaycharts der erste deutsche Titel („Aff un zo“ von BAP) auf Platz 163. Eine von media control im Auftrag des Bundesverbandes der Phonographischen Wirtschaft (Phonoverband) und des Beauftragten der Bundesregierung für Kultur und Medien vorgenommene Auswertung von Sendelisten von 36 öffentlich-rechtlichen und 58 privaten Rundfunkprogrammen im Zeitraum Mai 2001 bis April 2002 kam zu ernüchternden Ergebnissen:

- Deutschsprachige Titel machen in den öffentlich-rechtlichen Programmen nur 18,9 % der Titeleinsätze aus, in den privaten sogar nur 5,1 %. Rechnet man die schlagerorientierten Programme heraus und konzentriert sich auf Rock- und Popmusik mit deutschen Texten, fällt deren Anteil auf 6,6 % bei den Öffentlich-Rechtlichen bzw. auf 3,6 % bei den Privaten.
- Der Anteil deutscher Produktionen an den gesendeten Titeln liegt in den öffentlich-rechtlichen Programmen (ohne schlagerorientierte) bei 22,2 %, bei den privaten mit 19,1 % in einer ähnlichen Größenordnung.
- Der Anteil von Neuheiten beläuft sich bei den öffentlich-rechtlichen Sendern auf 14,3 %. Private Radiostationen senden im Vergleich dazu mit 17,1 % sogar mehr Neuheiten.
- Deutschsprachige Newcomer in öffentlich-rechtlichen Programmen haben nur einen Anteil von 1,2 %. Im privaten Radio liegt der Anteil deutschsprachiger Neuheiten mit 0,6 % kaum über der Wahrnehmungsgrenze.[1]

Umso interessanter sind die Ergebnisse, die eine aktuelle repräsentative Umfrage des Meinungsforschungsinstituts Emnid im Auftrag des Phonoverbandes ergeben hat:

- 58,1 % befürworten es, wenn mehr Neuheiten noch unbekannter Künstler im Radio gespielt würden.
- 62,3 % möchten mehr Musik mit deutschen Texten hören.
- 77,5 % sind unzufrieden mit der zu kleinen Titelauswahl (Rotation) der Programme.[2]

Es soll nicht verschwiegen werden, dass die Musikindustrie zu dieser Misere mit beigetragen hat, indem sie durch ihr Produktions- und Promotionverhalten viel zu unkritisch die Radiolandschaft und den scheinbar endlosen Bedarf an schnelldrehender Konsumwa-

---

1 Vgl. die Ergebnisse der media control-Analyse in: Phono News vom 07.04.2003 (Presseinformation des Bundesverbandes der Phonographischen Wirtschaft und der Deutschen Landesgruppe der International Federation of the Phonographic Industrie [IFPI]).

2 Vgl. ebda.

re bedient hat. Ein weiteres, in diesem Falle fremdbestimmtes Problem kommt jedoch hinzu: das sogenannte Sendeprivileg, bei dem es sich in Wahrheit um nichts anderes als eine Zwangslizenz handelt. Denn nach dem Urheberrechtsgesetz von 1965 haben die Tonträgerunternehmen ab dem Zeitpunkt der Veröffentlichung über ihre Produkte keine Verfügungsmacht mehr. Sie dürfen niemandem verbieten, ihre Titel zu spielen und sind vielmehr dazu verpflichtet, alle Sender gleichermaßen mit ihrer Musik auszustatten.[1] Das Ziel, das vom Gesetzgeber damit ursprünglich verfolgt wurde, nämlich die Sicherstellung der Vielfalt, hat sich vollständig in sein Gegenteil verkehrt, wobei wir es an dieser Stelle mit einem Problem auf europäischer Ebene zu tun haben. Bezogen auf die Situation in Deutschland mit seiner dualen Hörfunklandschaft kann jedenfalls festgestellt werden, dass die öffentlich-rechtlichen Sender gegen ihren dem Vielfaltsprinzip verpflichteten Programmauftrag[2] eklatant verstoßen. Der Staat aber steht in der Pflicht, bei offenkundigen Fehlentwicklungen regulierend einzugreifen.

3. Die 50-50-50-Quote und das Potential des nationalen Marktes

Brauchen wir also heute in Deutschland eine Quotenregelung für die öffentlich-rechtlichen Radioprogramme? Was auf den ersten Blick wie ein Griff in die Mottenkiste staatlicher Gängelung der Sender aussieht, erweist sich bei gründlicherer Betrachtung als ein Instrument, für das gute medienpolitische Gründe sprechen und das – die Erfahrungen in Frankreich belegen es – positive Auswirkungen auf die Rundfunklandschaft und den Musikmarkt insgesamt haben kann. Und um mit einem Vorurteil gleich aufzuräumen: Eine Quotenregelung hat nichts mit Deutschtümelei zu tun. Ein prominentes Beispiel wie Xavier Naidoo zeigt, dass Domestic-Künstler oftmals nicht-deutscher Herkunft sind. Deutschsprachige bzw. in der Bundesrepublik Deutschland produzierte Musik spiegelt heute den Charakter unserer multikulturellen Gesellschaft wider und kann einen besonderen Beitrag zur Schaffung einer positiven gesellschaftlichen Identität leisten. Es lohnt sich also allemal, die mit der Quote verbundene Sicherstellung musikalischer Vielfalt und ihre Wechselwirkung mit Marktgesichtspunkten ohne ideologische Scheuklappen zu betrachten.[3] Die deutsche Musikwirtschaft fordert gegenwärtig, für öffentlich-

1 Dass kein abgeleitetes Verbotsrecht der Tonträgerhersteller besteht, ergibt sich aus § 76 Abs. 2 des Urheberrechtsgesetzes vom 9.9.1965 (BGBl. I S.1273).

2 Die Sicherung der Vielfalt leitet sich aus der umfassenden Grundversorgung ab, die der öffentlich-rechtliche Rundfunk im Rahmen der dualen Rundfunkordnung zu gewährleisten hat.

3 Eine ähnliche Diskussion wird gegenwärtig in der Schweiz geführt. Vgl. dazu musikwoche.de, http://www.mediabiz.de/newsvoll.afp?Nnr=132420&Biz=musicbiz&Premium=N&Navi=01252000, Abruf: 17.04.2003.

rechtliche Hörfunkvollprogramme im Hinblick auf deren Kulturauftrag eine 50-50-50-Quote einzuführen, die in besonderem Maße die Darstellung der Vielfalt des Musikrepertoires gewährleisten würde. Demnach sollen 50 % der Musiksendezeit für Neuheiten zur Verfügung stehen, die zum überwiegenden Teil zwischen 6:00 und 20:00 Uhr auf sämtlichen Programmen einer öffentlich-rechtlichen Rundfunkanstalt gesendet werden. Von diesem Anteil sollen weitere 50 % für deutschsprachige oder in Deutschland produzierte Titel reserviert sein.

Der Phonoverband hat seinen Quotenvorstoß in einem juristischen Gutachten von Prof. Thomas Hoeren, der an der Universität Münster Informations-, Telekommunikations- und Medienrecht lehrt, überprüfen lassen. Darin kommt der Autor zu dem Ergebnis, dass die „Einführung einer Programmquote für öffentlich-rechtliche Hörfunksender in Deutschland (...) grundsätzlich rechtlich zulässig und vor dem Hintergrund der gegenwärtigen Hörfunklandschaft auch sinnvoll“ sei.[1] Hoeren diskutiert die Quote unter verfassungsrechtlichen wie auch unter europarechtlichen Gesichtspunkten. Er legt dar, dass Rundfunkfreiheit insbesondere der Meinungsfreiheit diene, „indem der Rundfunk durch eine vielfaltorientierte Programmgestaltung zu der freien individuellen und öffentlichen Meinungsbildung“ beitrage. „Vielfalt im Sinne dieser Funktion des Rundfunks“ könne „nicht nur auf politische und zeitgeschichtliche Inhalte beschränkt werden.“ Die gegenwärtige Programmlandschaft, so Hoeren weiter, werde diesem Auftrag nicht gerecht: „Die Wahrnehmung der Hörer wird besonders im Bereich der Pop- und Rocksender im Wesentlichen auf bereits Bekanntes und angloamerikanische Musik verengt. Neuheiten von bisher unbekannten Künstlern haben dabei wenig Chancen, von der Öffentlichkeit überhaupt wahrgenommen zu werden.“ Dies gelte insbesondere für deutschsprachige Neuheiten. Dabei seien es gerade die Neuheiten, die neue kulturelle Strömungen hervorzubringen vermögen und somit die kulturelle Entwicklung als gesellschaftsdynamischen Prozess erst ermöglichen. Es obliege dem Gesetzgeber, die funktionsgerechte Aufgabenerfüllung des öffentlich-rechtlichen Rundfunks zu gewährleisten. Er habe innerhalb der Kommunikationsgrundrechte nach Art. 5 Abs. 1 Grundgesetz[2] zwischen der Programmfreiheit und dem Recht auf freie Meinungsbildung abzuwägen. Nach Überzeugung Hoerens müsse dabei die Programmfreiheit gegenüber der Gewährleistung freier Meinungsbildung „in begrenztem Maße“ zurücktreten.[3] Schließlich befindet sich nach Auffassung des Gutachters diese Wertung der Rundfunkfreiheit auch mit Art. 10 der Europäischen Menschenrechtskommission (EMRK) im Einklang. Ferner sei die Gewährleis-

1 Hoeren, T. (2003), S. 82.

2 Dieser lautet: „Jeder hat das Recht, seine Meinung in Wort, Schrift und Bild frei zu äußern und zu verbreiten und sich aus allgemein zugänglichen Quellen ungehindert zu unterrichten. Die Pressefreiheit und die Freiheit der Berichterstattung durch Rundfunk und Film werden gewährleistet. Eine Zensur findet nicht statt.“

3 Vgl. Hoeren, T. (2003), S. 82 ff.

tung der Vielfalt im Rundfunk mit kulturpolitischer Zwecksetzung durch den Europäischen Gerichtshof als „zwingendes Erfordernis des Allgemeinwohls“ anerkannt.[1]

Die Einbeziehung nationaler Produktionen in die Quotenregelung über das Sprachenkriterium hinaus ist aus Sicht der deutschen Musikwirtschaft ebenfalls kulturpolitisch begründbar. Im übrigen würden mit der in Rede stehenden Hörfunkquote neue Rahmenbedingungen geschaffen, die für alle Sender im öffentlich-rechtlichen Sektor gleichermaßen gelten und somit auch wettbewerbsrechtlich unbedenklich sind.

Die Signale, die augenblicklich aus der Politik auf die Initiative des Phonoverbandes kommen, gehen noch eher in Richtung einer Selbstverpflichtung der Sender. Doch ein Blick auf die Vorgeschichte der französischen Quote zeigt, dass dies nicht funktioniert, denn die Verabschiedung der nationalen Radioquote („Loi Carignon“) durch die französische Nationalversammlung am 1. Februar 1994 war eine unmittelbare Reaktion auf die wiederholte Feststellung der staatlichen Aufsichtsbehörde Conseil Supérieur de l’Audiovisuel (CSA), dass die freiwillige Selbstverpflichtung der Sender („minima“) nicht eingehalten worden sei. Für uns bedeutet dies, dass die gesetzgeberische Initiative der Bundesländer gefragt ist, denn in ihre Verantwortung fällt gemäß des föderalen Systems der Bundesrepublik die Medienaufsicht. Es ist naheliegend, die flächendeckende Umsetzung der Quote zugunsten der bislang deutlich unterrepräsentierten Repertoirebereiche über den Rundfunkstaatsvertrag vorzunehmen.[2] Die ohnehin bevorstehende Reform des §§ 11 des Rundfunkstaatsvertrags (funktionsgerechte Finanzausstattung, Grundsatz des Finanzausgleichs) kann zum Anlass genommen werden, einen entsprechenden Änderungsstaatsvertrag zu beschließen. Unter dem Strich steht nicht weniger auf dem Spiel als die Daseinsberechtigung des öffentlich-rechtlichen Rundfunks: Denn gelingt es an dieser Stelle nicht, die Erfüllung des Programmauftrages sicherzustellen, ist das gebührenfinanzierte System dauerhaft nicht zu rechtfertigen. Eine erfolgreich umgesetzte Hörfunkquote bei den Öffentlich-Rechtlichen wird im übrigen eine Dynamik erzeugen, der sich auch die Privaten werden weder entziehen können noch entziehen wollen.[3]

Bei unseren französischen Nachbarn hat das Instrument Quote nachweislich zu mehr Pluralismus geführt und den Musikmarkt belebt: So stiegen die Investitionen in Marketing und Promotion für französischsprachige Künstler von 42,4 Millionen € im Jahr 1995 (erst ab 1996 wurde die Quote vollständig umgesetzt) auf 72,1 Millionen € im Jahr 2002

---

1 Hoeren, T. (2003), S. 84 f.

2 Vgl. den Staatsvertrag über den Rundfunk im vereinten Deutschland vom 31.8.1991, zuletzt geändert durch § 25 des Jugendmedienschutz-Staatsvertrages vom 10. bis 27.9.2002 (GBl. BW 2003, S.93), gültig ab 1.4.2003.

3 Vorläufig haben sich die Privaten gegen jegliche Art von Quote im Radio ausgesprochen: Vgl. die Stellungnahme des Fachbereichsvorsitzenden Hörfunk und Vizepräsidenten des Verbandes privater Rundfunk und Telekommunikation (VPRT), Jürgen Kratz, in: Musikmarkt Online-News vom 08.04.2003, http://www.musikmarkt.de/content/news/news_2.php3?bid=5867&begriff=quote&auts=1047560865&buts=1052399265&methode=1&afb=1&katparam=7|36-8|37-38|39|41|40|42|49|43|61|63|64|65|66|67-20|21&kate2=News&art=quick&next2=0,30,1.

und die für Nachwuchskünstler von 11,2 Millionen € (1995) auf 30,9 Millionen € (2002). Dies entspricht einer Zunahme von 70 % bzw. 176 %.[1] Die Quotenregelung führte damit zu einer signifikanten Änderung des Produktions- und Investitionsverhaltens der Tonträgerfirmen, aber auch des Nachfrageverhaltens der Konsumenten. Die Existenz neuer Sendeplätze stärkte die Repertoirebandbreite und war mit verantwortlich für den Boom des französischen Hip Hop. Die Erfahrungen in Frankreich zeigen übrigens auch, dass gerade die Independents von der neuen Entwicklung profitieren. Ebenfalls hat sich erwiesen, dass die Formatradios gut mit der Quote umgehen können, was hierzulande bisweilen in Abrede gestellt wird.

Doch den zunehmenden Nivellierungstendenzen in den Radioprogrammen entgegenzutreten, ist nicht nur Sache des Staates und der Sender. Vielmehr liegen hier für die Musikindustrie – gerade in Zeiten sich rasant wandelnder Marktbedingungen – gleichermaßen eine Herausforderung und eine Chance. Sony Music hat sich im vergangenen Jahr mit einer umfassenden Strukturreform auf das Marktsegment Domestic strategisch neu ausgerichtet. Die Schaffung der beiden eigenständigen Bereiche International und Domestic, denen jeweils die Sony Music-Labels Columbia und Epic zugeordnet sind, bedeutet eine Aufwertung des nationalen Geschäfts, und zwar nicht nur weil hier relevante Wachstumspotentiale liegen. Vielmehr ist es unerlässlich, heimische Künstler mit individuell erkennbarem Profil vor allem in den Genres Pop und Rock gezielt aufzubauen, um sie langfristig erfolgreich am deutschsprachigen und möglicherweise auch internationalen Markt etablieren zu können. Sprache und räumliche Nähe sind für den emotionalen Zugang und die Identifikation mit den Künstlern nicht zu vernachlässigende Aspekte: Sie schaffen für den Konsumenten ein anderes Verhältnis sowohl zum Interpreten als auch zum Produkt. Sie steigern das Bewusstsein für den Wert von Musik und lassen deutlicher hervortreten, dass Musik viel mit der eigenen Befindlichkeit und Emotionalität zu tun hat. Einige Zahlen sind durchaus ermutigend: War im Singlebereich der Anteil des nationalen Produkts am deutschen Musikmarkt im Jahr 2001 (35,5 %) gegenüber 1999 (46,2 %) noch stark rückläufig, so ist er 2002 mit 42,7 % zumindest gegenüber dem Vorjahr wieder gestiegen.[2] Als Sony Music konnten wir hierbei die Zahl unserer lokalen Newcomer ("Breaking Acts") nahezu verdoppeln, und zwar von zehn im Jahr 2001 auf 19 im Jahr 2002.[3] Für 2003 rechnen wir mit weiterem Zuwachs. Mit anderen Worten: Das Domestic-Produkt ist im Kommen, wobei die Anbindung an erfolgreiche Medienplattformen eine wichtige Rolle spielt.

---

1 Zahlen laut Syndicat National de L' Edition Phonographique (SNEP) anlässlich der Pressekonferenz zur Musikmesse MIDEM, Cannes 2003.

2 Zahlen nach media control laut Jahrespressekonferenz 2003 des Bundesverbandes der Phonographischen Wirtschaft und der Deutschen Landesgruppe der International Federation of the Phonographic Industrie (IFPI).

3 Eigene Berechnung von Sony Music aufgrund der wöchentlichen media control-Zahlen.

4. Neue Wege für die Musikindustrie

Heute sehen wir, dass der Musikindustrie im Verlauf der letzten 20 Jahre wertvolle Kompetenz verloren gegangen ist. Und das in ihren eigentlichen Kernbereichen, nämlich Erschaffung und Vermarktung. Zu sehr hat sie sich darauf konzentriert, fertige Produktionen einzukaufen und dadurch viel von der ursprünglich großen Wertschöpfungstiefe eingebüßt. In Zeiten digitaler Vertriebswege wird nun das Vertriebsmonopol zunehmend irrelevant. Die Flexibilität der Finanzmärkte ist unterdessen so groß, dass – wenn ein Konzept interessant zu sein scheint – ausreichend Geldmittel fließen und somit auch das alte Finanzierungsmonopol der Musikfirmen erodiert. Bei Sony Music haben wir aus diesem Befund die Konsequenz gezogen, uns als Serviceunternehmen mit dem Selbstverständnis breit gefächerter Kundenorientierung sozusagen neu zu erfinden. Im Zuge der Konzentration auf den regionalen Markt haben wir für unsere Label-Partner (zum Beispiel x-cell Records, pirate records, 105 music, Ma´ Music, CHET Records) eine koordinierende Schnittstelle mit festem Ansprechpartner geschaffen. Diese orientiert sich an den individuellen Bedürfnissen der angeschlossenen Labels und repräsentiert sie gegenüber Promotion und Vertrieb. Sicher muss auch über Geschäftsmodelle nachgedacht werden, mit denen die Künstler in den wirtschaftlichen Prozess der Entwicklung neuer Produkte einbezogen werden und die den Labels die Partizipation an der gesamten Wertschöpfungskette erlauben.

Bei der Fokussierung auf das Segment Domestic geht es Sony Music unter anderem darum, ein Stück der alten Kernkompetenz der Musikindustrie zurückzugewinnen und relevante, kreative Beiträge in den Bereichen Talente und Repertoire zu leisten. Die von uns eingeführte Schnittstelle zur Labelkoordination stellt einen ersten Schritt in diese Richtung dar. Die Kernstrategie ist jedoch, als Major wieder selbst im Mittelpunkt des kreativen Prozesses zu stehen, indem wir das beste, am Markt vorhandene künstlerische Potential an uns zu binden suchen. Diese Entwicklung wird sich nicht ohne einen Wandel in den Berufsbildern der Musikbranche vollziehen. Die Tendenz geht eindeutig weg von der reinen Vermarktung und hin zur Verbindung von Artist & Repertoire-Kenntnissen mit den klassischen Qualitäten eines Product Managers. Die neue Anforderung ist, alle notwendigen Instrumente zu beherrschen, um Märkte zu analysieren, Produkte zu entwickeln und Künstler ‚von A bis Z' zu betreuen. Unternehmensintern gilt es, klare Verantwortlichkeiten zu schaffen, welche die Konzentration auf jeweils eindeutig definierte Aufgabenbereiche erlauben und die Effizienz stärken. Zugleich steht dann mehr Zeit für Networking und kreatives Arbeiten zur Verfügung, was dauerhaft ebenso die Qualität erhöht wie das Selbstbewusstsein und den Spaß. In der Management-Ebene müssen wir die strukturellen Bedingungen dafür schaffen, dass die gesetzten Ziele auch erreicht werden und sich in unseren Teams serviceorientierte Spezialisten herausbilden können. Gelingt dies, wird zugleich die Messlatte für Erfolg oder Misserfolg deutlich transparenter.

Die von Sony Music Germany betriebene Stärkung der Domestic-Sparte und die Forderung des Phonoverbandes nach einer 50-50-50-Quote zielen in dieselbe Richtung. Sie werden mittelfristig unter anderem helfen, dem Konsumenten das Produkt Musik als einen Wert zu vermitteln, für den er bereit ist, einen angemessenen Preis zu bezahlen. Die dramatischen Umsatzeinbrüche der Musikindustrie sind in aller Munde. Sie sind auch – aber bei weitem nicht nur – selbstverschuldet. Die Besinnung auf das Potential, das sich mit dem nationalen Markt und mit der Förderung von Newcomern verbindet, ist sicher nicht der alleinige Weg aus der Krise, aber ein wichtiger Baustein.

Literaturverzeichnis

HOEREN, T. (2003), Gutachten zur Zulässigkeit einer Programmquote für den öffentlich-rechtlichen Hörfunk zugunsten von Neuerscheinungen und deutschsprachiger Musiktitel, Münster 2003.

Bernd W. Wirtz / Patrick Vogt / Rüdiger Flothmann

Integriertes Management in der Musikindustrie

1. Einführung

Das Musikmanagement unterliegt zur Zeit einem starken Veränderungsdruck. Zunehmend werden CD-Alben kopiert oder Musikstücke aus dem Internet heruntergeladen. Für das Musikmanagement entsteht ein steigender Handlungsbedarf, um sich gegenüber den illegalen Angeboten zu behaupten und weiterhin ein profitables Geschäft zu betreiben. Dabei nimmt der legale Musikvertrieb über das Internet für die Unternehmen eine immer wichtigere Rolle ein.

Die Musikwirtschaft lässt sich grundsätzlich in verschiedene Bereiche einteilen (siehe Abbildung 1). Dabei soll im Folgenden nur auf den eigentlichen Kernbereich der Musikwirtschaft eingegangen werden. Einen Schwerpunkt bildet hier die Tonträgerherstellung, da dieser Zweig der Musikwirtschaft den – bezogen auf den Umsatz – bedeutendsten Bereich der Musikindustrie darstellt.

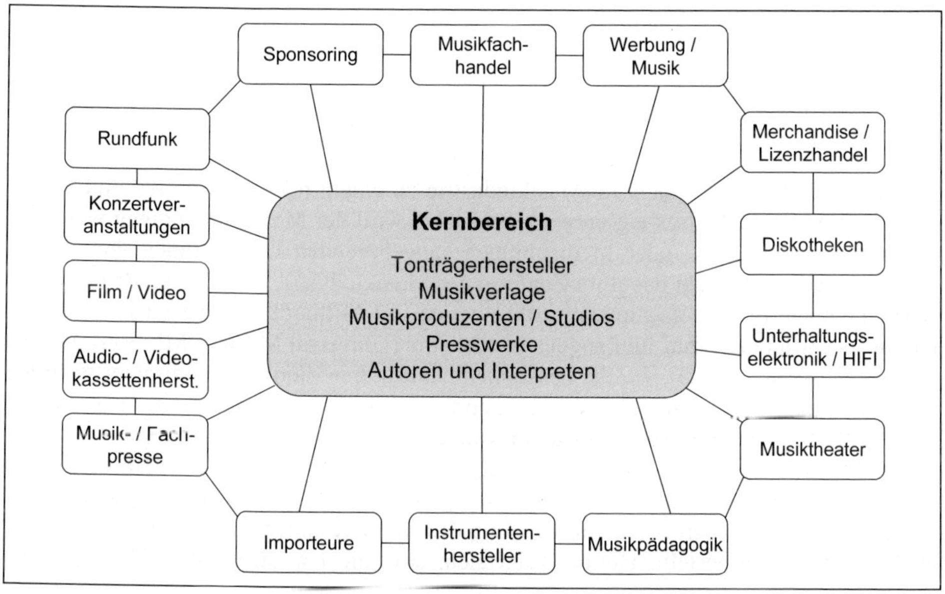

Abbildung 1: Bereiche der Musikwirtschaft[1]

1 In Anlehnung an Schulze (1995), S. 43.

Vor diesem Hintergrund soll das Musikmanagement im Folgenden in seinen Grundzügen dargestellt werden. Dabei werden zunächst das Umfeld, in dem sich das Musikmanagement bewegt, dargestellt. Aufbauend hierauf werden die Wertschöpfungsstrukturen sowie Geschäfts- und Erlösmodelle erläutert. Abschließend werden die wesentlichen Aufgabenstellungen des Musikmanagement dargestellt, wobei insbesondere das strategische Management, das Beschaffungsmanagement, das Produktionsmanagement sowie das Absatzmanagement im Mittelpunkt der Betrachtungen stehen.

2. Umfeld des Musikmanagement

Die folgenden Ausführungen dienen einer Darstellung des Umfeldes, innerhalb dessen sich das Musikmanagement bewegt. Hierzu wird zunächst auf die Struktur der Musikmärkte eingegangen. Hieran schließen sich Erläuterungen zum technologischen und regulativen Umfeld an.

2.1 Struktur der Musikmärkte

Seit den 50er Jahren hat sich die Musikindustrie zu einem hoch integrierten und global organisierten Wirtschaftszweig entwickelt.[1] Dabei wird der Markt von einigen wenigen, zumeist der Elektronik- oder Medienbranche angehörenden Unternehmen dominiert.[2] Der Tonträgermarkt steht dabei im Zentrum der Musikindustrie. Das Volumen des deutschen Tonträgermarktes lag im Jahr 2002 bei ca. 2,1 Milliarden €. Der Großteil dieses Umsatzes entfiel dabei auf fünf sogenannte Majors (Universal Music, EMI, Sony Music, Warner Music und BMG), welche zusammen nahezu drei Viertel des Umsatzes generieren. Geht man von ungefähr 1.000 organisierten Tonträgerunternehmen in Deutschland insgesamt aus, ist beim Tonträgermarkt von einer hohen Konzentration auszugehen.[3] Der Markt kann somit als Oligopol bezeichnet werden.[4] In anderen Ländern zeigt sich ein ähnliches Bild. Auch dort wird der Tonträgermarkt von den genannten, global agierenden Majors dominiert.[5] Die Entwicklung des Marktvolumens im Tonträgermarkt ist in Abbildung 2 dargestellt. Hierbei zeigt sich, dass die Umsätze seit 1997 rückläufig

---

1 Vgl. Burnett (1996), S. 10 ff.; Wicke (1997), S. 2.

2 Vgl. Brodbeck/Hummel (1991), S. 44; Negus (1992), S. 1 f.

3 Vgl. Hummel (1997), S. 42.

4 Vgl. Hull (2000), S. 76 f.

5 Vgl. Burnett (1990), S. 123.

sind. Diese Entwicklung ist in allen wesentlichen Musikmärkten mit Ausnahme Frankreichs zu beobachten. Gründe dafür sind sinkende Absätze bedingt durch die allgemeine Wirtschaftslage, vor allem aber massenhafte Musikkopien, die Verkäufe von bespielten Tonträgern in großem Umfang ersetzt haben, sowie illegale Musikdownloads im Internet über Musiktauschbörsen und außerdem im Durchschnitt gesunkene CD-Preise.

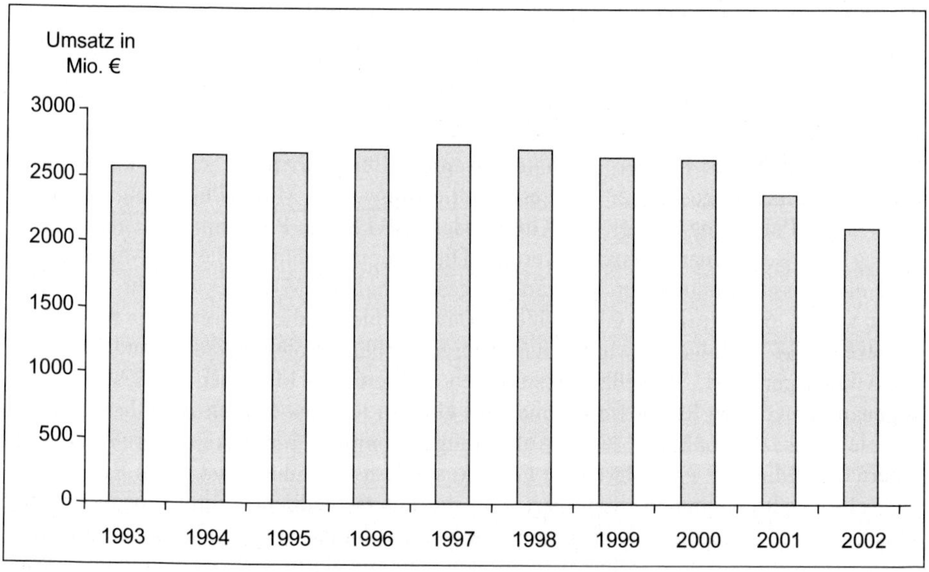

Abbildung 2: Umsatzentwicklung mit Tonträgern in Deutschland von 1993 bis 2002[1]

Allerdings befindet sich die Tonträgerindustrie und auch die Musikwirtschaft insgesamt in einem permanenten Wandel. Beispielhaft kann dies anhand von einigen zum Teil viel beachteten Akquisitionen und Fusionen belegt werden.[2] Gleichwohl hat sich im Zeitverlauf eine gewisse Grundstruktur des Tonträgermarktes herausgebildet, bei der auf der einen Seite die Majors stehen, denen auf der anderen Seite die Independents gegenüberstehen. Die Seite der Majors ist durch zunehmende Konzentrations- und Zentralisationsprozesse gekennzeichnet, während die Seite der Independents eher durch Kleinunternehmen geprägt ist. Entgegen der Bezeichnung als Independents kann allerdings auch bei diesen Kleinunternehmen nicht mehr unbedingt von unabhängigen Unternehmen gesprochen werden. Vielmehr bestehen zwischen den Independents und den großen, marktbeherrschenden Konglomeraten zahlreiche Vertriebs- und Beteiligungsabkommen, welche die Unabhängigkeit der Unternehmen stark einschränken. Vielfach ist es gerade

1 Datenquelle: Bundesverband der Phonographischen Wirtschaft e.V. (2003), S. 15 ff.

2 Vgl. Negus (1992), S. 4 f.

den kleinen Unternehmen vorbehalten, neue Musikformen sowie junge Talente zu entdecken und zu entwickeln.[1]

Neben den Tonträgerherstellern spielen im Musikmarkt auch die Musikverlage eine bedeutende Rolle. Ihre Aufgabe besteht heute primär darin, von ihnen erworbene Urheber- und Vervielfältigungsrechte an Musikwerken durch Nutzungsverträge mit der Tonträgerindustrie sowie im Lizenzhandel zu verwerten. Die ursprünglich primären Aufgaben der Musikverlage wie der Notendruck und der Musikalienvertrieb treten demgegenüber mehr und mehr in den Hintergrund. Das Urheber- und Vervielfältigungsrecht ist von fundamentaler Bedeutung für die kommerzielle Verwertung von Musik. Aus diesem Grund gehören den branchenführenden Unternehmen in der Musikwirtschaft ausnahmslos auch Musikverlage an. So können die Rechte der auf Tonträgern veröffentlichten Songs innerhalb des Konzerns gehalten werden. Beispielhaft für solche konzernintegrierten Musikverlage können an dieser Stelle Sony/ATV Music Publishing bei Sony, EMI Music Publishing bei der EMI Group oder BMG Music Publishing (ehemalig UFA-Verlag) bei Bertelsmann genannt werden. Die Haupteinnahmequelle der Musikverlage sind die Ausschüttungen der Verwertungsgesellschaft GEMA, die im Jahr 2002 eine Höhe von ca. 690 Millionen € erreichten.[2] Davon erhielten die Musikverlage rund 40 %, weitere ca. 87 Millionen € wurden aus Abdruckrechten, Notenverkäufen und ähnlichen Aktivitäten generiert. Schließlich resultierten mehrere 100 Millionen € Erlöse aus dem sogenannten Großen Recht. Im Rahmen des Großen Rechtes werden Aufführungsrechte beispielsweise für bühnenmäßige Aufführungen dramatisch-musikalischer Werke wie Opern oder Musicals nicht durch die GEMA, sondern individuell durch den Rechteinhaber selbst wahrgenommen. Summiert man die unterschiedlichen Einnahmequellen der Musikverlage, so ergibt sich insgesamt ein Marktvolumen von mindestens 460 Millionen €. Rund 70 % dieses Volumens verteilen sich auf die fünf Major Companies Warner/Chappel Music, EMI Music Publishing, BMG Music Publishing, Universal/MCA Music Publishing und Sony/ATV Music Publishing. Bei einer Gesamtzahl von 400 bis 500 Musikverlagen in Deutschland insgesamt kann somit auch im Bereich der Musikverleger von einem oligopolistischen Markt ausgegangen werden.

Ebenso wie bei den Tonträgerherstellern ist auch der Markt der Musikverlage ständigen Veränderungen unterworfen. Zurückzuführen ist dies zumeist auf den Kauf und Verkauf kompletter Firmenkataloge. Die größten dieser Kataloge enthalten bis zu 300.000 Einzelwerke mit den dazugehörigen Rechten. Der Wert dieser Kataloge stieg in der jüngeren Vergangenheit zudem stark an, was insbesondere auf den im gleichen Zeitraum rasch angestiegenen Stellenwert von Lizenzhandel und Merchandising zurückzuführen ist.

Die Struktur der Musikmärkte kann nicht losgelöst von den vor-, neben- und nachgelagerten Bereichen gesehen werden. Eine besondere Bedeutung kommt dabei den Sendemedien Hörfunk und Fernsehen zu, da diese die bedeutendsten Propagierungsinstru-

1 Vgl. Vormehr (1997), S. 211.

2 Vgl. GEMA (2003), S. 3 ff.

mente der Tonträgerindustrie darstellen. Umgekehrt sind Fernsehen und insbesondere der Hörfunk von den Produkten der Tonträgerindustrie abhängig. Eine besondere Bedeutung kommt in diesem Zusammenhang den Musikfernsehsendern zu – in Deutschland MTV und VIVA. Diese sind auf die Hauptzielgruppe der Tonträgerindustrie ausgerichtet.

2.2 Technologisches und regulatives Umfeld

Für die Betrachtung des Umfeldes im Musikmanagement hat sowohl das technologische als auch das regulative Umfeld eine hohe Bedeutung. So ist einerseits in den letzten Jahren eine sich beschleunigende technische Fortentwicklung gerade im Bereich der Tonträger und der Wiedergabemedien zu konstatieren. Andererseits wird der Musikmarkt durch zahlreiche regulatorische Faktoren beeinflusst, welche ihre Wurzeln insbesondere im Urheberrecht haben.

- Technologisches Umfeld

Lange Zeit war die Technologie zur Aufzeichnung und Wiedergabe von Tönen durch analoge Techniken gekennzeichnet. Erst zu Beginn der achtziger Jahre und damit gut 100 Jahre nach den ersten Erfindungen zur Tonreproduktion konnten sich digitale Verfahren durchsetzen. Die ersten Ansätze zu einer mechanischen Reproduktion von Tönen gehen auf eine Erfindung Thomas Edisons, den Phonographen, im Jahr 1877 zurück.[1] Eine weitere Verbreitung fanden Techniken zur Reproduktion von Tönen jedoch erst ab 1890 mit der Entwicklung des Grammophons, welches auf eine Entwicklung Emile Berliners zurückgeht und durch die Victor Talking Machine Company hergestellt wurde. Erst nach dem zweiten Weltkrieg im Jahr 1948 wurden die bisher verwendeten Schellackplatten nach und nach durch Vinyl-Tonträger ersetzt. Die fünfziger Jahre waren durch große Fortschritte in den Aufnahmetechniken gekennzeichnet. Dies führte zu deutlich geringeren Kosten für die Ausstattung mit technischem Gerät, was kleinen, unabhängigen Unternehmen einen Markteintritt ermöglichte.[2] In den sechziger Jahren wurden die ersten HiFi-Stereo-Aufnahmen entwickelt.

Der Schritt zu digitalen Aufnahmetechniken erfolgte im Jahr 1983 mit der Einführung der Compact Disc (CD). Bei dieser Technik werden die Töne digital codiert und zum Anhören mittels eines Laserstrahls optisch decodiert. Die Wiedergabe von CDs ist nahezu störungsfrei. Dies ist auch einer der Hauptgründe, warum die CD die Vinylplatten weitestgehend verdrängt hat. Die CD liegt mit einem Umsatzanteil von 96 % an den Tonträgerarten mit Abstand an der Spitze. Neben CDs werden in geringem Umfang Mu-

1 Vgl. Wicke (1997), S. 5.
2 Vgl. Vogel (1998), S. 133.

sikkassetten (MC) und Mini-Discs (MD), sowie Vinyl-Platten verkauft. Für die nähere Zukunft ist zu erwarten, dass die CD weiterhin eine dominierende Stellung unter den Tonträgern einnehmen wird. Allerdings könnte die dominierende Stellung der CD mit einer weiteren Verbreitung anderer Formate, wie der DVD-Audio (Digital Versatile Disc Audio) oder der SACD (Super Audio Compact Disc) zurückgehen.[1] Eine normale DVD hat ein Fassungsvermögen von 4,7 Gigabyte (GB), was in etwa dem Fassungsvermögen von sieben CDs mit einer Kapazität von 650 Megabyte entspricht. Durch eine zweifache Beschichtung kann diese Kapazität auf 8,5 GB nahezu verdoppelt werden. Die neuen Formate verbessern als mehrkanalfähige Tonträger mit einer hohen Tonauflösung das Klangspektrum gegenüber der CD deutlich. Insgesamt sind in den vergangenen Jahren eine Vielzahl neuer Formate entstanden, über die Musik vertrieben wird.

Neben den physischen Tonträgern erlaubt die Digitalisierung ebenso einen Vertrieb der Musik als Datenpakete zum Beispiel über das Internet. Hierbei ist insbesondere das Audio-Format MP3 zu nennen, das eine hohe Kompression von Audio-Daten bei geringem Qualitätsverlust ermöglicht. Das Kompressionsverfahren basiert darauf, dass "unhörbare" Audio-Informationen entfernt werden. Eventuelle Verluste sind selbst auf "guten" HiFi-Anlagen kaum hörbar – vorausgesetzt die Dateien wurden entsprechend erstellt. Stereo-Aufnahmen lassen sich um den Faktor 1:10 bis 1:20 verkleinern. Diese hohe Kompression ermöglicht große Mengen von Musikdaten zu archivieren und eine stark beschleunigte Datenübertragung von Audiodateien über das Internet oder andere Netzwerke. Neben dem Download der Datei ist es ebenso möglich, Musik per Streaming anzuhören. Dabei werden die Daten nicht vollständig heruntergeladen, sondern nur für einen kurzen Zeitraum zwischengespeichert. Für die Zukunft wird erwartet, dass Musik in Form von Dateien, die über das Internet heruntergeladen werden können, zunehmende Bedeutung für den Vertrieb erlangen wird.

Diese Form des virtuellen Musikformats birgt aber nicht nur Chancen, sondern auch Gefahren in sich. Musik wird bereits im großen Ausmaß über das Internet verteilt, allerdings vorwiegend über kostenlose und illegale Musiktauschbörsen wie eDonkey oder Kazaa. Mit eigenen Angeboten versucht die Musikindustrie die Nutzer zurückzugewinnen. Dabei sind die von Kommerziellen angebotenen Dateien im Vergleich zu einer gewöhnlichen MP3-Datei oft nur eingeschränkt nutzbar. In der Regel sind die Dateien mit Systemen für Digital Rights Management (DRM) versehen. Viele Anbieter erlauben nicht, die Dateien auf CD zu brennen oder auf andere Geräte, zum Beispiel einen MP3-Player zu verschieben. Zudem sind oftmals die Lizenzen nicht unbegrenzt gültig. Unkontrolliertes Kopieren soll dadurch verhindert werden.[2]

1 Vgl. Gassner (1997), S. 17.

2 Vgl. Prüfer (2002).

■ Regulatives Umfeld

Bei einer Betrachtung des regulativen Umfelds des Musikmanagement sind insbesondere urheberrechtliche Fragestellungen von Interesse. So hat der Urheber nach dem Urheberrechtsgesetz (UrhG) das alleinige Recht darüber zu entscheiden, ob und wie sein Werk veröffentlicht werden darf. Für den Musikbereich bedeutet dies konkret, dass ihm das Recht der öffentlichen Wiedergabe, der Verbreitung, Vervielfältigung und Sendung seines Werkes durch Bild- oder Tonträger sowie im Rahmen von Rundfunksendungen vorbehalten ist. Zudem dürfen Bearbeitungen oder Umgestaltungen des Werkes nur mit der Einwilligung des Urhebers vorgenommen werden. Dabei ist das Urheberrecht vererblich. Die Schutzfrist hierbei beträgt 70 Jahre ab dem Tod des Urhebers.[1] Liegt keine letztwillige Verfügung des Urhebers vor, so geht das Urheberrecht auf die gesetzlichen Erben über.

Vielfach werden die Urheberrechte im Musikbereich durch Verwertungsgesellschaften wahrgenommen. Die Grundlage hierfür bildet das Urheberrechtswahrnehmungsgesetz vom 9.9.1965.[2] Verwertungsgesellschaften nehmen die Urheberrechte wahr, die ihre Mitglieder ihnen übertragen haben. Nach dem Urheberrechtswahrnehmungsgesetz sind die Verwertungsgesellschaften der Aufsicht des Präsidenten des Deutschen Patentamtes unterstellt, der im Einvernehmen mit dem Bundeskartellamt über Anträge auf Erteilung der Erlaubnis zum Geschäftsbetrieb einer Verwertungsgesellschaft und über den Widerruf der Erlaubnis entscheidet.

Die wirtschaftlich bedeutendste, älteste und bekannteste deutsche Verwertungsgesellschaft ist die GEMA (Gesellschaft für musikalische Aufführungs- und mechanische Vervielfältigungsrechte).[3] Die Vorgängerin der GEMA, die Genossenschaft Deutscher Tonsetzer wurde bereits im Jahr 1903 von Richard Strauss und Friedrich Rösch gegründet. Die GEMA stellt dem Musiknutzer stellvertretend für den Urheber gegen eine entsprechende Vergütung ein großes Repertoire von Musikwerken zur Verfügung. Die hierbei erzielten Einnahmen werden – nach Abzug des Sach- und Personalaufwands – an die entsprechenden Mitglieder ausgeschüttet. Somit erhalten die Verwertungsgesellschaften eine treuhänderische Verwaltung übertragen und dürfen keine Gewinne erzielen. Dabei vertreten sie grundsätzlich drei unterschiedliche Gruppen: Urheber (Komponisten und Textdichter), Verleger und Rechtsnachfolger, welche nach einem Verteilungsplan mit unterschiedlichen Anteilen an den einzelnen Werken beteiligt sind.[4] Abgerechnet werden insbesondere Aufführungs- und Vorführungsrechte (z. B. für die öffentliche Aufführung von Werken durch Musiker oder Lautsprecheranlagen sowie die öffentliche Vorführung von Tonträgern), Sende- und Wiedergaberechte in Hörfunk- und Fernsehsendungen, Vervielfältigungsrechte sowie die private Vervielfältigung, Vermie-

1 Vgl. Hertin (1997), S. 753.
2 Vgl. Kreile/Becker (1997a), S. 626 f.
3 Vgl. Kreile/Becker (1997b), S. 663.
4 Vgl. GEMA (2001).

tung und Verleih. So enthält beispielsweise der Kaufpreis von Leerkassetten einen bestimmten Anteil, der an die GEMA abgeführt wird. Ebenso erfolgt ein Inkasso bei Geräteherstellern und -importeuren von Tonbandgeräten und Videorecordern.

Eine im Zuge der Verbreitung des Internet zunehmende Bedeutung erhält die Musikpiraterie. Unter diesem Begriff wird die nichtautorisierte Aufnahme von Klangdarbietungen oder die nichtautorisierte Vervielfältigung bzw. Verbreitung von auf Tonträgern festgelegten Aufnahmen verstanden.[1] Dabei wird mit der Auswertung fremder Leistungen Geld verdient, ohne dafür Gebühren an sämtliche Berechtigte zu zahlen, Unautorisierte Musikangebote im Internet sind auch dann eine Form der Piraterie, wenn damit kein Geld verdient wird.[2] Der erste große Anbieter kostenloser Musik im Internet war die Musiktauschbörse Napster. Aufgrund des geltenden Urheberrechts spielt sich diese Form des Peer-to-Peer Computing im Bereich der Musikwirtschaft in einer rechtlichen Grauzone ab. So kann argumentiert werden, dass innerhalb dieser Tauschbörsen kein Tausch im eigentlichen Sinne stattfindet. Vielmehr würden lediglich Kopien weitergegeben und empfangen. Da aber auch dieses Verfahren geltendem Urheberrecht widerspricht, war dies auch der Grund für die Klagen aller großen Musikkonzerne gegen Napster. Diese führten in den USA zu aufsehenerregenden Urteilen, nach denen Napster dafür Sorge zu tragen hatte, dass keine urheberrechtlich geschützten Dateien ausgetauscht werden.[3] In der Folge musste die Musiktauschbörse Napster den Betrieb einstellen, wurde aber ebenso schnell durch neue Tauschbörsen ersetzt, deren Erfolg ungebrochen ist.[4] Daher fordern Musikunternehmen wie Verbände eine Novelle des Urheberrechtsgesetzes. Danach könnten die Umgehung des Kopierschutzes und Hinweise, wie die Schutzmaßnahmen umgangen werden können, in Zukunft unter Strafe gestellt werden.

Größer noch als das Problem der Musiktauschbörsen sind Raubkopien. Zum privaten Gebrauch ist das Musikkopieren zwar zulässig, es besteht allerdings kein Anspruch darauf. Vorwiegend werden aber Raubkopien erstellt, die nicht dem Eigenbedarf dienen, sondern weiterverteilt werden, obwohl dies strafbar ist. Viele Musikfirmen statten ihre CDs daher mit einem Kopierschutz aus, der aber häufig umgangen wird. Eins-zu-eins-Kopien stellen ein massives Problem für die Musikindustrie dar, im Jahr 2002 war die Anzahl der mit Musik bespielten CD-Rohlinge mit 259 Millionen weit höher als die Anzahl der verkauften CD-Alben mit 165 Millionen Stück.[5] Seit Juli 2001 werden daher auch auf CD-Brenner Urheberabgaben erhoben. Von jedem verkauften Gerät gehen pauschal sechs Euro an die Verwertungsgesellschaften.[6]

---

1 Vgl. Schaefer (1997), S. 797.

2 Vgl. Braun (2003).

3 Vgl. o. V. (2001).

4 Vgl. Virtel (2002).

5 Vgl. Bundesverband der Phonographischen Wirtschaft e.V. (2003), S. 15 ff.

6 Vgl. Lübberstedt (2002).

3. Wertschöpfungsstrukturen, Geschäfts- und Erlösmodelle

Die folgenden Ausführungen befassen sich mit Wertschöpfungsstrukturen sowie Geschäfts- und Erlösmodellen in der Musikwirtschaft. Hierzu wird zunächst der Wertschöpfungsprozess in der Musikindustrie dargestellt, bevor Geschäfts- und Erlösmodelle der beiden bedeutendsten Gruppen von Unternehmen in der Musikindustrie, nämlich von Tonträgerherstellern und von Musikverlagen erläutert werden.

3.1 Wertschöpfungsstrukturen

Der Wertschöpfungsprozess in der Musikwirtschaft lässt sich in fünf Stufen unterteilen. In einer ersten Stufe werden die benötigten Inputfaktoren beschafft. Diese bestehen zum einen aus Musikstücken sowie zum anderen aus der benötigten Technik sowie dem benötigten Personal, zu dem unter anderem auch die Interpreten zu zählen sind. Die zweite Wertschöpfungsstufe umfasst die Produktion der einzelnen Musikstücke. Hieraus resultiert eine Masteraufnahme. Der Handel mit Rechten an Musikstücken, welcher ein originäres Geschäftsfeld der Musikverlage darstellt, bildet die dritte Stufe des Wertschöpfungsprozesses in der Musikindustrie. In einer vierten Stufe werden die produzierten Musikstücke zu Alben oder Compilations zusammengestellt und die Tonträger produziert. Die fünfte Stufe der Wertschöpfungskette der Musikwirtschaft schließlich umfasst die Distribution der produzierten Tonträger.

Aufgrund der technischen Fortschritte im Musikbereich wird die dargestellte Wertschöpfungskette nicht immer vollständig abgedeckt. Beispielhaft kann an dieser Stelle die Distribution von Musiktiteln über das Internet genannt werden. Hierbei entfällt die vierte Stufe der Wertschöpfungskette, welche die Produktion der (physischen) Tonträger beinhaltet. Die Wertschöpfungskette der Musikwirtschaft ist in Abbildung 3 dargestellt.

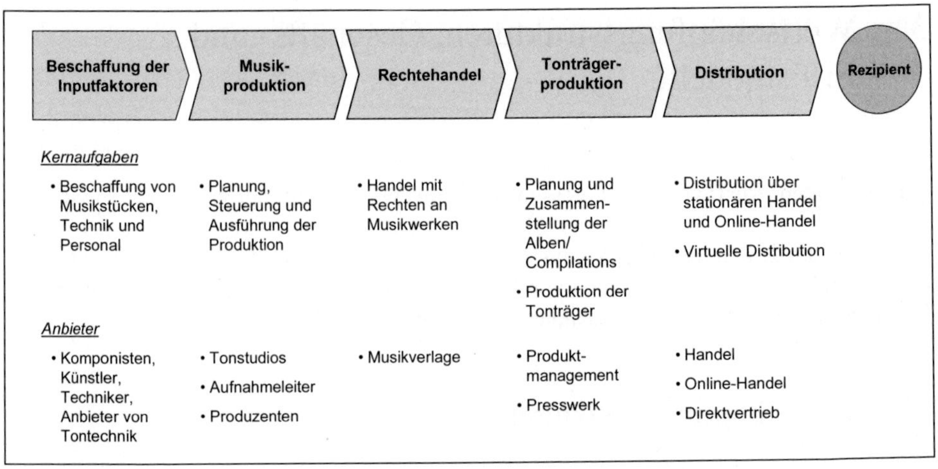

Abbildung 3: Wertschöpfungskette der Musikwirtschaft

3.2 Geschäfts- und Erlösmodelle

Die Darstellung der Geschäfts- und Erlösmodelle in der Musikwirtschaft beschränkt sich auf die Tonträgerhersteller sowie auf die Musikverlage. Diese Beschränkung erfolgt insbesondere vor dem Hintergrund ihrer herausragender Bedeutung innerhalb der Musikwirtschaft, welche sich an den im Vergleich zu anderen Bereichen sehr hohen Umsatzvolumina belegen lässt. Die Geschäftsmodelle von Tonträgerherstellern und Musikverlagen unterscheiden sich deutlich voneinander, wobei die Unterschiede beider Geschäftsmodelle insbesondere im Leistungsangebot begründet liegen.

3.2.1 Geschäftsmodell Tonträgerhersteller

Das Geschäftsmodell der Tonträgerhersteller beruht vorrangig auf der Schaffung von lokalem Repertoire sowie der Vermarktung des internationalen Repertoires.[1] Dies erstreckt sich von der Produktentwicklung über das Produktmanagement und die Promotion bis hin zum Vertrieb. Die physische Herstellung der Tonträger allerdings wird in der Regel nicht von den Tonträgergesellschaften selbst betrieben, sondern an weltweit mehr als 200 CD-Fertigungswerke vergeben. Allerdings gehören diese Werke vielfach zu den großen Unterhaltungskonzernen, so dass fast jede Major Company auch ein konzernei-

---

1 Vgl. Schmidt (1997), S. 189.

genes CD-Fertigungswerk besitzt. Ein typisches Zusatzgeschäft von Tonträgerherstellern ist die Produktion und der Vertrieb von Musikvideos und Musik-DVDs.[1] Insbesondere durch Konzertmitschnitte und Compilations von Musik-Video-Clips können erhebliche Umsätze erzielt werden. Schließlich umfasst das Geschäftsmodell der Tonträgerhersteller auch den Bereich des Merchandising. Hierunter wird die Verwertung von Nebenrechten für Künstler oder Produkte verstanden. Beispielhaft können die Herstellung und der Vertrieb von Artikeln wie T-Shirts oder Kaffeetassen mit dem Namen oder dem Konterfei eines Künstlers bzw. Produktes genannt werden. Neben dem traditionellen Merchandising werden außerdem zunehmend Erlöse aus dem Bereich des „digitalen Merchandising" generiert. Bei digitalem Merchandising handelt es sich um Klingeltöne, SMS-Grußkarten oder MMS (Multimedia Messaging Service). Häufig werden die Merchandising-Rechte jedoch vom Künstler selbst oder von einer spezialisierten Organisation wahrgenommen, so dass sie für den Tonträgerhersteller nicht verfügbar sind.

Entsprechend der dargestellten Inhalte des Geschäftsmodells von Tonträgerherstellern gestaltet sich auch das Erlösmodell der Unternehmen. Der Großteil der Erlöse wird auf den Hörermärkten generiert. Dies geschieht zumeist in Form von transaktionsabhängigen Zahlungen, welche beim Kauf eines Tonträgers anfallen. Das gleiche Gebührenmodell gilt auch für den Fall, in dem die Kunden sich Musikstücke aus dem Internet herunterladen. Hier fällt zumeist eine einmalige Gebühr je Download an. Zukünftig sind auch bei virtuell distribuierten Musikstücken transaktionsabhängige Gebühren vorstellbar. Hierbei kann der Kunde die Musikstücke direkt anhören, ohne diese jedoch auf seinem Rechner zu speichern. Dabei zahlt er eine Gebühr je Nutzung, d. h. bei jedem Anhören eines Stückes.

In Abbildung 4 ist das Geschäftsmodell von BMG als Beispiel für einen Tonträgerhersteller dargestellt. BMG erzielt den Großteil seiner Erlöse traditionell über den Verkauf von Tonträgern. Eine Distribution über das Internet findet ebenfalls statt. BMG stellt im Rahmen von Partnerschaften auf den Musikportalen von T-Music und PhonoNet eine große Anzahl seiner Titel zur Verfügung. Daneben werden auch Musikvideos produziert und vertrieben, sowie Merchandisingartikel verkauft.

1 Vgl. Schmidt (1997), S. 198.

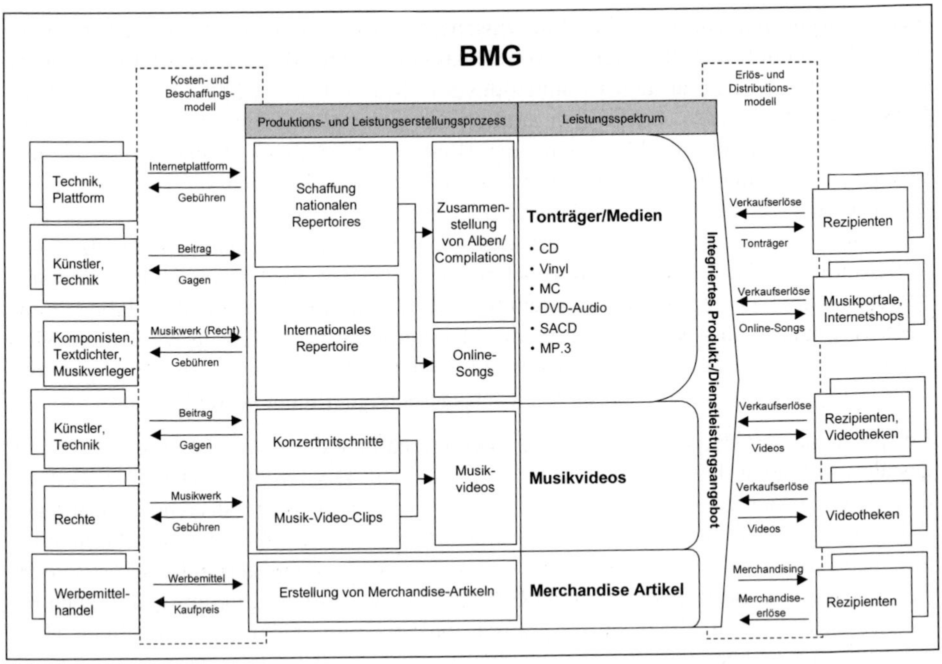

Abbildung 4: Geschäftsmodell eines Tonträgerherstellers

3.2.2 Geschäftsmodell Musikverlag

Der überwiegende Teil der Aktivitäten von Musikverlagen erstreckt sich auf die Verwertung von Rechten. Ein deutlich geringerer Teil erstreckt sich auf die Produktion und den Verkauf von Noten und anderen Musikalien, das sogenannte Papiergeschäft.[1] Dabei können unter die sonstigen Musikalien Musikzeitschriften sowie Literatur über Musik, wie beispielsweise Werkanalysen, Biographien oder Musiklexika, subsumiert werden. Der Bereich der Musikzeitschriften und -bücher bildet jedoch kein originäres Geschäft der Musikverlage. Vielmehr stehen Musikverlage hier in direkter Konkurrenz zu Zeitschriften- und Buchverlagen. Entsprechend der hohen Bedeutung der Rechteverwertung für das Geschäftsmodell werden auch die Erlöse primär auf den Rechtemärkten erzielt. Diese entstehen insbesondere aus Ausschüttungen von Verwertungsgesellschaften wie der GEMA im Rahmen des Kleinen Rechtes sowie aus der direkten Wahrnehmung von Urheberrechten im Rahmen des Großen Rechtes.

1 Vgl. Brodbeck/Hummel (1991), S. 61.

Aus dem Papiergeschäft werden Erlöse insbesondere auf den Rezipientenmärkten generiert. Dabei kommen schwerpunktmäßig transaktionsbasierte Gebührenmodelle zum Einsatz, bei denen der Rezipient beispielsweise den Kaufpreis für ein Notenheft, eine Ausgabe einer Musikzeitschrift oder für ein Buch über Musik entrichtet. Daneben sind auf den Rezipientenmärkten auch transaktionsunabhängige Gebührenformen denkbar. Beispielhaft können hier Abonnementgebühren für eine Musikzeitschrift genannt werden. Im Bereich der Musikzeitschriften eröffnet sich den Musikverlagen eine weitere Erlösquelle auf den Werbemärkten. Diese Erlöse können durch die Platzierung bzw. Einbindung von Werbeinhalten in Zeitschriften erzielt werden. In Abbildung 5 ist ein Beispiel für das Geschäftsmodell eines Musikverlages anhand von EMI Music Publishing vereinfacht dargestellt.

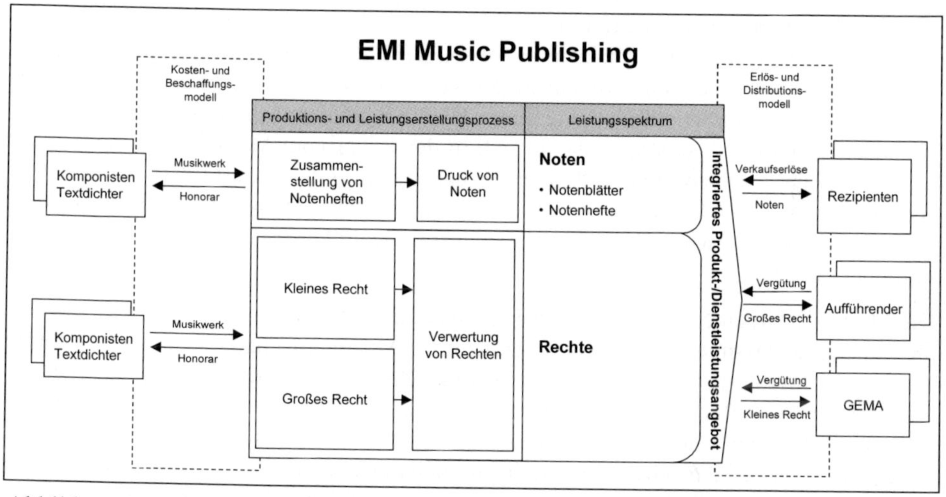

Abbildung 5: Geschäftsmodell eines Musikverlages

4. Aufgaben des Musikmanagement

Die Besonderheiten der Musikwirtschaft stellen eine erhebliche Herausforderung für das Musikmanagement dar. Angesichts der zunehmenden Verbreitung des Internet und der damit verbundenen Chancen und Risiken für die Musikwirtschaft muss das Musikmanagement seine Produkte in einem sich wandelnden Umfeld strategisch positionieren. Im folgenden Abschnitt werden neben den Grundzügen des strategischen Musikmanagement auch die wesentlichen Fragestellungen der Beschaffung, der Produktion sowie des Absatzes thematisiert.

4.1 Strategisches Management

Die strategischen Optionen können nach der Position untergliedert werden, die von Unternehmen der Musikwirtschaft in der Wertschöpfungskette angestrebt wird. Dabei spielen Fokussierungsstrategien, bei denen sich Unternehmen auf nur eine Stufe der Wertschöpfungskette konzentrieren, in der Musikwirtschaft eine zwar untergeordnete, gleichwohl nicht zu unterschätzende Rolle. So gehören die Majors der Musikbranche – sowohl bei den Tonträgerherstellern als auch bei den Musikverlagen – sämtlich internationalen Konzernen der Entertainmentbranche an. Neben diesen konzernintegrierten Majors existiert jedoch eine Vielzahl unabhängiger Labels, die Independents. Diese fokussierten Unternehmen sind sowohl in der Tonträgerindustrie als auch unter den Musikverlagen zu finden. Die Bedeutung dieser Unternehmen ist insbesondere in kultureller Hinsicht nicht zu unterschätzen, da sie sich in der Regel vom Main Stream der Majors absetzen und musikalisch-kulturell eigene Wege gehen.[1] Gleichwohl ist die wirtschaftliche Bedeutung der Independents eher gering einzuschätzen. Dieses Versagen der Fokussierungsstrategien in wirtschaftlicher Hinsicht ist sowohl beschaffungs- als auch absatzseitig begründet.

Die Märkte für Rechte und Lizenzen haben einen nicht zu unterschätzenden Einfluss auf die Unternehmensstrategie von Unternehmen der Musikwirtschaft. So können Tonträgerhersteller nur bestehen, wenn es ihnen gelingt, Zugang zu diesen Märkten zu erlangen und dort attraktive Rechte zu erwerben. Damit besteht seitens der Tonträgerhersteller ein Interesse daran, sich selbst den Zugang zu sichern und gleichzeitig potentiellen Konkurrenten den Zugang zu erschweren. Hierin ist auch der Grund für die Entstehung und für die Vorherrschaft vertikal integrierter Unternehmen auf dem Musikmarkt zu sehen.[2] So gelingt es den großen Konzernen der Entertainment- bzw. der Musikbranche durch die Integration von Musikverlagen, die Rechte an den auf Tonträgern veröffentlichten Musikstücken innerhalb des Konzerns zu halten. Hierdurch kann zugleich wirksam der Ausschluss potentieller Konkurrenten von diesen Rechten erreicht werden. Neben diesem Trend zur Rückwärtsintegration ist auch ein Trend zur Vorwärtsintegration erkennbar. Ein Beispiel hierfür bieten die von den Tonträgerherstellern betriebenen Musikclubs, die dem Konzept der Buchclubs ähneln und über die Tonträger direkt an die Endverbraucher vertrieben werden.

Neben den beschriebenen vertikalen Integrationstendenzen sind im Musikmarkt auch horizontale Integrationstendenzen erkennbar. Diese äußern sich insbesondere in Über-

1 Vgl. Vormehr (1997), S. 201.

2 Vgl. Burnett (1990), S. 79 f.

nahmen größerer Labels bzw. Firmen durch die Majors, welche sich letztlich in Konzentrationsprozessen niederschlagen. Die Gründe hierfür liegen vielfach darin, dass nur sehr große Unternehmen in der Lage sind, ein weltweites Netz aufzubauen und ihre Produkte global zu vermarkten.[1] Damit zielen die zu beobachtenden horizontalen Integrationstendenzen einerseits auf die Erschließung neuer, globaler Märkte sowie andererseits auf die Erzielung von Synergie- und Skaleneffekten.

Auch laterale Integrationstendenzen sind im Musikmarkt beobachtbar. Dabei wird als laterale Integration die Integration von Wertschöpfungsaktivitäten bezeichnet, die in fremden oder neu entstehenden Wertschöpfungsketten angesiedelt sind. Ein Beispiel bilden hier Tonträgerhersteller, welche neue mediale Angebote im Internet schaffen. So bietet beispielsweise BMG auf seinen Internetseiten Informationen zu den Interpreten, Audio-Streamings sowie Community-Angebote an. Schließlich spielen auch Netzwerkstrategien in der Musikwirtschaft eine wesentliche Rolle. Netzwerkstrategien beinhalten die Bildung von Unternehmensgruppen, die gemeinsam und kooperativ an einem Wertschöpfungsprozess arbeiten. Der Verfolgung von Netzwerkstrategien in der Musikwirtschaft lässt sich insbesondere an der Einführung von Internetmusikplattformen durch die Major Companies aufzeigen. In diesem Fall stellen Netzwerkstrategien eine Reaktion auf neue Technologien dar, die zwar das Geschäftsmodell der Musikindustrie berühren, aber außerhalb der Kernkompetenzen der Marktteilnehmer liegen.

Alle fünf großen Musikkonzerne in Deutschland haben sich im März 2003 darauf verständigt, ihr Repertoire auf der gemeinsamen, branchenweiten, digitalen Plattform Phononet zur Verfügung zu stellen und gegen Entgelt anzubieten. Frühere Kooperationen wie MusicNet (Warner Music, BMG und EMI) oder Pressplay (Sony und Universal) waren wenig erfolgreich, da nur das Angebot der beteiligten Konzerne erhältlich war. Mit einem Zusammenschluss aller großen Anbieter könnten die Nutzer auf das gesamte Sortiment der Musikindustrie zurückgreifen. Insgesamt sollen alle Lieder auf den Computerservern von Phononet digitalisiert und gespeichert werden. Von dort aus können sie über Internetseiten von Vertriebspartnern, die nicht in der Musikbranche tätig sind, z.B. Internet Service Provider wie AOL oder T-Online, abgerufen werden. Die Abrechnung übernimmt die Deutsche Telekom. An diesen Ausführungen zeigt sich, dass die sich im Zusammenhang mit der Onlinevermarktung von Musikstücken bildenden Netzwerke nicht nur Unternehmen der Musikwirtschaft umfassen, sondern vielmehr Unternehmen aus den Bereichen Telekommunikation und Informationstechnologie den Netzwerken beitreten.

---

1 Vgl. Schmidt (1997), S. 185 f.

4.2 Beschaffungsmanagement

Die Beschaffung bzw. Akquisition von Künstlern und Interpreten stellt für die Tonträgerhersteller eine zentrale Managementaufgabe dar. Die Bedeutung dieses Teilbereiches des Beschaffungsmanagement geht weit über die Bedeutung der Beschaffung anderer Inputfaktoren wie beispielsweise des technischen Equipment oder sonstigen Personals hinaus. Auch bei der Beschaffung von Rechten an Musikstücken ergeben sich Unterschiede im Vergleich zu den anderen Branchen. Diese bestehen insbesondere in der Einschaltung von Verwertungsgesellschaften wie beispielsweise der GEMA.

4.2.1 Einflussfaktoren

Für das Beschaffungsverhalten auf den Musikmärkten lässt sich feststellen, dass einer der wesentlichen Einflussfaktoren in den Kosten der Künstler liegt. Dabei ist in der Musikbranche in den vergangenen Jahren ein erheblicher Anstieg an Gagen für bekannte und erfolgreiche Künstler zu erkennen.

Als wesentlicher und für die Musikbranche spezifischer Einflussfaktor werden deshalb an dieser Stelle die vertraglichen Regelungen der Musikbeschaffung eingehender erläutert. Die Verträge zwischen Tonträgerherstellern und Künstlern sind seit den achtziger Jahren zunehmend komplexer geworden, was insbesondere auf das vermehrte Auftreten von Intermediären wie Künstlermanagern und unabhängigen Produzenten zurückzuführen ist.[1] Gleichwohl haben sich gewisse Grundtypen von Verträgen herausgebildet, welche im Folgenden kurz skizziert werden sollen.[2]

Die größte Bedeutung haben Verträge, bei denen Künstler und Produzent bei einem Tonträgerhersteller unter Vertrag stehen. Mit bereits erfolgreichen Künstlern werden zumeist Verträge mit einer festen Laufzeit (Laufzeitverträge) von drei Jahren abgeschlossen.[3] Bei Newcomern hingegen liegen die Vertragslaufzeiten selten höher als ein Jahr. Fast alle Laufzeitverträge sehen dabei Optionsrechte auf eine Vertragsverlängerung vor, die dem Tonträgerhersteller ein einseitiges Recht einräumen, den Vertrag mehrfach zu verlängern.[4] Neben den Laufzeitverträgen erlangen produktionsbezogene Verträge eine zunehmende Bedeutung, sie entsprechen den Output-Deals in der Filmindustrie. Diese Verträge haben keine festgelegte Vertragslaufzeit, vielmehr wird ein bestimmtes Produktionsvolumen vertraglich fixiert. Da sowohl die laufzeit- als auch die produktionsbezogenen Vertragsformen spezifische Vor- und Nachteile aufweisen, werden viel-

1 Vgl. Negus (1992), S. 42; Gilbert/Scheuermann (1997), S. 1019.

2 Vgl. Baskerville (1982), S. 300; Vogel (1998), S. 144.

3 Vgl. Gilbert/Scheuermann (1997), S. 1022.

4 Vgl. Negus (1992), S. 42.

fach Bestandteile beider Grundformen kombiniert. So enthalten Laufzeitverträge beispielsweise häufig Klauseln, nach denen innerhalb der Laufzeit eine bestimmte Anzahl an Aufnahmen abgeliefert werden muss. Ein anderes Beispiel bilden produktionsbezogene Vertragsformen, welche dahingehend ergänzt werden, dass das vertraglich festgelegte Produktionsvolumen bis zu einem bestimmten Termin erfüllt werden muss.

In den Vertragsbeziehungen zwischen Künstler, Produzent und Tonträgerhersteller sind verschiedene Konstellationen möglich. Vielfach sind sowohl der Künstler als auch der Produzent vertraglich an das Label gebunden. Sie erhalten in der Regel eine fixe Vergütung. Zusätzlich werden sie oftmals in Form von Tantiemen an den Tonträgerumsätzen beteiligt, sobald diese den fixen Teil der Vergütung sowie die anfallenden Kosten übersteigen. Bei einer zweiten Form der Vertragsgestaltung ist der Künstler bzw. ein Talent bereits beim Tonträgerhersteller unter Vertrag. Dieser beauftragt einen unabhängigen Produzenten mit der Produktion eines Master-Tapes, d. h. der First-copy eines Tonträgers. Hierfür erhält der unabhängige Produzent ein fixes Honorar sowie in der Regel Tantiemen in Höhe von ein bis fünf Prozent des Umsatzes. Eine weitere Vertragsform sieht die Bildung eines Joint ventures zwischen dem Tonträgerhersteller und einem unabhängigen Produzenten bzw. Künstler vor. Die Einnahmen werden hierbei entsprechend des finanziellen Commitment der Vertragsparteien aufgeteilt.

Darüber hinaus ist auch eine Vertragsgestaltung denkbar, bei der sowohl der Künstler als auch der Produzent ihre Unabhängigkeit beibehalten. Dabei produziert der Künstler in Zusammenarbeit mit dem Produzenten ein Master-Tape und versucht, dieses an einen Tonträgerhersteller zu verkaufen. Die Kompensation von Künstler und Produzent erfolgt bei dieser Form der Vertragsgestaltung zumeist über Tantiemen, welche mit einem eventuell gezahlten Vorschuss verrechnet werden. Künstler gründen teilweise auch eigene Produktionsunternehmen und bieten die selbstproduzierten Master-Tapes Tonträgerherstellern an. Schließlich ist auch eine Vertragskonstellation vorstellbar, bei welcher der Künstler bei einer Gesellschaft unter Vertrag steht, die seine Leistungen an Tonträgerhersteller gegen eine Umsatzbeteiligung verkauft.

Ebenfalls von Bedeutung für Tonträgerhersteller sind Rechte an Musikstücken. Die Rechte an Musikstücken liegen in der Regel bei Musikverlagen. Von diesen müssen Lizenzen zur Aufnahme der entsprechenden Stücke erworben werden. Da jedoch die Rechte zumeist über Verwertungsgesellschaften wie beispielsweise die GEMA wahrgenommen werden, spielen die Rechte im Rahmen des Beschaffungsmanagement eine eher untergeordnete Rolle. Der direkte Rechte- bzw. Lizenzhandel bildet eher die Ausnahme.

4.2.2 Beschaffungsstrategien

Die Musikbranche ist durch eine unüberschaubare Zahl an Künstlern bei einem gleichzeitigen Mangel an dauerhaft attraktiven und erfolgreichen Interpreten gekennzeichnet. Die Beschaffungsstrategie von Musikunternehmen muss deshalb simultan auf die Gewinnung neuer vielversprechender Talente und auf die langfristige Bindung erfolgreicher Stars ausgerichtet sein. Die Aufgaben im Rahmen der Akquisition von Künstlern werden in der Regel von einer eigens hierfür verantwortlichen Abteilung wahrgenommen, der Artist & Repertoire (A&R)-Abteilung. Die Aufgabe der A&R-Abteilung lässt sich in nationale und internationale A&R-Arbeit unterteilen. Dabei beschränkt sich die internationale A&R-Arbeit zumeist auf eine Anpassung des Produktes an den Inlandsmarkt und eine Betreuung der Künstler, wenn diese sich im Inland aufhalten.[1] Die Aufgaben der nationalen A&R-Arbeit hingegen bestehen in der Beschaffung und Entwicklung von lokalem Repertoire. Hierbei bildet die Künstlerakquisition einen wesentlichen Bestandteil.

Für die A&R-Arbeit ist eine gute Kenntnis sowohl musikalischer Trends als auch von Trends in anderen Bereichen von entscheidender Bedeutung. Hierfür beobachten die Mitarbeiter der A&R-Abteilungen permanent relevante aktuelle Entwicklungen. Daneben sind Informationen über Veränderungen bei etablierten Künstlern sowie über Talente, welche von konkurrierenden Unternehmen unter Vertrag genommen werden, von Interesse. Erst diese Informationen ermöglichen in der Summe eine Einschätzung bezüglich der Marktchancen von möglicherweise interessanten Künstlern. Aufgrund der großen Bedeutung von Trends und aufgrund deren schnellen Wechseln verfügen Mitarbeiter der A&R üblicherweise über ein umfassendes Netzwerk an Kontakten, die von Produktionsunternehmen über Verleger bis hin zu Managern reichen.

Innerhalb der A&R-Abteilungen nehmen Talentscouts eine Sonderaufgabe wahr. Diese besteht einerseits darin, in Diskotheken und Clubs oder bei Konzerten und Auftritten von Amateurbands Talente zu entdecken. Daneben sollen sie auch die Produkte der Tonträgerunternehmen bei den Zielgruppen bekannt machen. Hierzu führen sie gezielt Werbemaßnahmen in Clubs oder anderen zielgruppenadäquaten Lokalitäten durch.

Die Akquisition von Künstlern ist hierbei mit einem nicht zu unterschätzenden finanziellen Risiko verbunden. So erreichen durchschnittlich nur acht Prozent der Künstler einen so großen Erfolg, dass sich die notwendigen Anfangsinvestitionen amortisieren.[2] Zudem ist, bevor ein erfolgversprechender Künstler unter Vertrag genommen wird, immer auch eine Entscheidung darüber zu fällen, ob das Unternehmen ausreichende Ressourcen besitzt, um diesen im notwendigen Umfang aufzubauen. Aus diesem Grund existieren in den meisten Unternehmen klare Richtlinien darüber, wie viele Künstler gleichzeitig unter Vertrag genommen werden können. Daher führt die Akquisition neuer Künstler zwangsläufig zu Anpassungsprozessen im Unternehmen, die sich auch auf die Verträge bereits verpflichteter Künstler auswirken können. Dabei ist es für die Tonträgerhersteller einfacher, die für den Aufbau von Künstlern notwendigen finanziellen und personellen Ressourcen einzuschätzen, wenn diese ihr Potential bereits in geeigneter Weise demonstriert haben. Hierin ist auch der Grund für die zunehmende Zurückhaltung

1 Vgl. Schmidt (1997), S. 190.

2 Vgl. Negus (1992), S. 40.

gerade der Major Companies bei der Talentsuche in sehr frühen Entwicklungsstadien sowie bezüglich unverlangt eingesandter Demobänder zu sehen. Statt dessen werden Künstler bevorzugt, die bereits einen relevanten Entwicklungsprozess hinter sich gebracht haben und ein deutliches kommerzielles Potential erkennen lassen.

4.3 Produktionsmanagement

Das Produktionsmanagement in der Musikwirtschaft umfasst insbesondere die Produktion in den Tonstudios sowie die physische Herstellung der Tonträger in Presswerken. Dabei ist die Produktion in den Presswerken jedoch eher der technischen Produktion zuzuordnen und bildet daher nicht den Gegenstand der folgenden Betrachtungen.

4.3.1 Einflussfaktoren

Der Produktionsprozess in der Musikwirtschaft kann im wesentlichen in vier Schritten dargestellt werden. Den Ausgangspunkt bildet dabei ein Konzept für einen bestimmten Tonträger, welches immer auch auf den jeweiligen Interpreten abzustimmen ist. Dieses ist in einem zweiten Schritt hinsichtlich seiner qualitativen Kongruenz sowie der ökonomischen Erfolgspotentiale zu bewerten. Die Produktion im engeren Sinne als dritte Stufe umfasst insbesondere die Einspielung und Abmischung der Stücke im Tonstudio. Die Vervielfältigung des Master-Tapes in den CD-Presswerken oder Digitalisierung für den Internet-Vertrieb bildet schließlich den vierten und letzten Schritt des Produktionsprozesses in der Musikwirtschaft. Der Produktionsprozess der Musikwirtschaft ist in Abbildung 6 dargestellt.

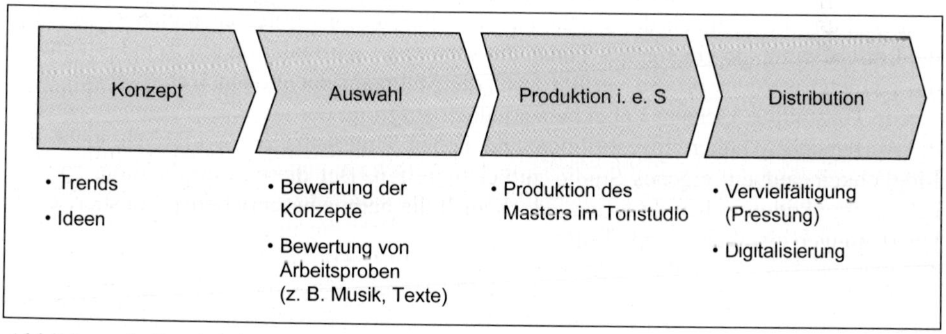

Abbildung 6: Produktionsprozess in der Musikwirtschaft

Die wesentliche Ressource im Rahmen der Produktion ist das Tonstudio. Die Wahl eines Aufnahmeortes bzw. eines Musikstudios wird nur in seltenen Fällen aufgrund rein wirtschaftlicher Überlegungen getroffen. Vielmehr spielen hier Faktoren wie die Atmosphäre und technologische Gegebenheiten eine ausschlaggebende Rolle.[1] Dabei entwickeln Produzenten vielfach eine Präferenz für Lokalitäten, an denen sie bereits erfolgreich gearbeitet haben. Gleichzeitig ist jedoch auch die Zufriedenheit des Interpreten mit einer bestimmten Lokalität von Bedeutung. Die Atmosphäre, welche ein Studio verbreitet, hat einen zwar unterschwelligen, jedoch deutlich bemerkbaren Einfluss auf die Produktionsergebnisse bzw. auf die Stimmung, welche durch die Musik vermittelt werden kann. Daneben ist auch entscheidend, in welcher Umgebung sich das Studio befindet. Beispielhaft können in Innenstädten gelegene Studios oder luxuriöse Landsitze genannt werden. Die zweite wesentliche Entscheidungsgröße bei der Auswahl eines Studios bilden die technischen Möglichkeiten der Studios. So ist abhängig von der aufzunehmenden Musik ein unterschiedliches technisches Equipment erforderlich, welches nicht in jedem Studio vorhanden ist.

Neben der Wahl des Aufnahmeortes bilden die Produzenten eine weitere wesentliche Ressource des Produktionsmanagement in der Musikwirtschaft.[2] Die Qualität der Produzenten hat einen wesentlichen Einfluss auf das Produktionsergebnis. Dabei haben sich die Anforderungen an die Produzenten in den letzten Jahren aufgrund technologischer Entwicklungen grundlegend gewandelt. So benötigen Produzenten heute neben musikalischen Fertigkeiten zunehmend auch technische Kompetenzen, insbesondere Programmierkenntnisse.[3]

4.3.2 Produktionsstrategien

Für die Produktion der Inhalte und damit auch für die Qualität sind in der Musikwirtschaft weitgehend die Künstler und ihre Produzenten verantwortlich. Die wesentliche Fragestellung im Rahmen der Festlegung von Produktionsstrategien reduziert sich auf die Entscheidung, ob ein eigenes Tonstudio verwendet wird oder ob ein fremdes Tonstudio gemietet werden soll. So verfügt zwar die Mehrzahl der großen Unternehmen über eigene Tonstudios, kleinere Label haben jedoch aufgrund der mit einem eigenen Tonstudio verbundenen hohen Investitionen und hohen Unterhaltskosten vielfach nicht die Möglichkeit, auf ein eigenes Studio zurückzugreifen. Bei dieser Entscheidung spielen neben rein ökonomischen Kriterien jedoch auch die bereits beschriebenen künstlerischen Überlegungen eine bedeutende Rolle.

---

1 Vgl. Negus (1992), S. 84.

2 Vgl. Vogel (1998), S. 145.

3 Vgl. Negus (1992), S. 85.

Die Produktion von Musik weist durchaus eine gewisse Ähnlichkeit mit der Planung der industriellen Produktion auf, da auch hier Reihenfolgeprobleme sowie Entscheidungen über die Belegung knapper Ressourcen zu treffen sind. Bei der Planung des Produktionsablaufs sind Entscheidungen insbesondere darüber zu treffen, in welcher Reihenfolge die einzelnen Tonspuren aufgenommen werden, da eine Aufnahme nicht synchron erfolgt, sondern vielmehr die einzelnen Instrumente und Stimmen separat aufgezeichnet werden. Die Reihenfolge hierbei ist teilweise aufgrund produktionstechnischer Restriktionen vorgegeben (z. B. muss der Gesang zuletzt aufgezeichnet werden, um eine Synchronisation mit der Instrumentalbegleitung zu gewährleisten), gleichwohl bestehen hier gewisse Freiheitsgrade. Entscheidungen über die Ausnutzung dieser Freiheitsgrade sind von entscheidender Bedeutung für eine effektive Ausnutzung teurer Studiozeiten.

Nach der Aufnahme der einzelnen Tonspuren werden diese zusammengeführt und abgemischt. Hierbei handelt es sich um einen durch technische und künstlerische Überlegungen geprägten Vorgang. Gleichwohl spielen auch hier betriebswirtschaftliche Überlegungen eine Rolle, da die Abstimmung der Aufnahmen den Präferenzen der anvisierten Zielgruppen entsprechen sollte, um einen möglichst großen kommerziellen Erfolg zu erzielen.

Neben der Produktion im Tonstudio umfasst das Produktionsmanagement in der Musikwirtschaft auch die physische Herstellung der Tonträger. Diese schließt sich unmittelbar an die Produktion eines Master-Tapes im Tonstudio an, wird jedoch zumeist nicht von den Tonträgerherstellern selbst betrieben, sondern an spezielle CD-Fertigungswerke fremdvergeben.[1] Zum Teil handelt es sich hierbei um selbständige Betriebe. In vielen Fällen gehören sie jedoch den großen Konzernen der Unterhaltungsindustrie an, so dass beinahe jede Major Company auch über ein konzerninternes CD-Fertigungswerk verfügt. Die physische Tonträgerherstellung erfolgt weitestgehend als Massenproduktion.

Für die Produktion von Tonträgern wird zumeist ein bestimmtes Budget vorgegeben, dessen Höhe u. a. von dem Bekanntheitsgrad und vom bisherigen Erfolg des Künstlers abhängig ist. Diese Abhängigkeit lässt sich insbesondere mit der geringeren Investitionsunsicherheit bei etablierten Künstlern sowie den zu erwartenden höheren Absatz- und Umsatzzahlen begründen. Entscheidungen über die Höhe der jeweiligen Budgets sind regelmäßig Investitionsentscheidungen, die eine Anwendung hierfür bekannter Verfahren erfordern. Interessant ist hierbei, dass nur wenige Tonträger tatsächlich Erlöse generieren, welche zur Deckung der Produktionskosten ausreichen.[2] Somit findet vielfach auch eine Quersubventionierung der Tonträger statt. Statistisch finanzierte im Jahr 2002 ein erfolgreiches Produkt bereits neun andere mit, die zwar kulturell oder künstlerisch bedeutend sein können, aber zu wenig nachgefragt werden und daher wirtschaftliche Verluste bringen.[3] Aufgrund der Kostenstruktur bei der Herstellung von Tonträgern,

1 Vgl. Schmidt (1997), S. 193.

2 Vgl. Burnett (1990), S. 77.

3 Vgl. Bundesverband der Phonographischen Wirtschaft e.V. (2003), S. 49.

welche durch einen hohen Anteil an Fixkosten gekennzeichnet ist, lassen sich bei steigender Produktionsmenge an Tonträgern Economies of scale realisieren.[1] Hiervon profitieren primär die großen Major Companies, da diese insbesondere im Mainstream-Bereich operieren, welcher große Produktions- und Absatzmengen ermöglicht.

4.4 Absatzmanagement

In der folgenden Darstellung des Absatzmanagement in der Musikwirtschaft erfolgt eine Darstellung der einzelnen Instrumente des Marketing-Mix. Das Absatzmanagement spielt für die Musikbranche eine entscheidende Rolle. Aufgrund der hohen Dynamik im Musikgeschäft und den Herausforderungen der digitalen Technologien werden hier besondere Ansprüche an Produkt-, Preis-, Distributions- und Kommunikationspolitik gestellt. Diese werden im folgenden Abschnitt dargestellt.

4.4.1 Produktpolitik

Bei einer Darstellung der Produkt- und Programmpolitik in der Musikwirtschaft sind zunächst die Begriffe „Produkt" und „Programm" im Kontext von Unternehmen der Musikwirtschaft zu definieren. Dabei sollen sich die folgenden Betrachtungen insbesondere auf den Bereich der Tonträgerhersteller konzentrieren. Bei diesen kann sich eine Betrachtung der Produkt- und Programmpolitik auf die Hörermärkte beschränken, da Aktivitäten von Tonträgerherstellern auf Werbemärkten nur in einem äußerst geringen Umfang anfallen. Auf den Hörermärkten bildet der einzelne Tonträger oder das Musikstück in digitaler Form das Produkt, während das Programm durch die verschiedenen angebotenen Produkte definiert wird. Für die Gestaltung der Produkt- und Programmpolitik stehen den Tonträgerherstellern unterschiedliche Aktionsparameter zur Verfügung, welche in die Bereiche Leistungskern, Verpackung, Markenpolitik und Dienstleistungen unterteilt werden können.

Der Leistungskern bildet den eigentlichen Vermarktungsgegenstand der Unternehmung. In der Tonträgerindustrie besteht dieser im wesentlichen aus den Inhalten bzw. den Musikstücken. Im Rahmen der inhaltlichen Gestaltung des Programms hat der Tonträgerhersteller verschiedene Entscheidungen zu treffen, wobei zunächst die programmpolitische Grundorientierung festgelegt wird. Diese ergibt sich in der Regel aus der von der Unternehmensführung vorgegebenen Definition von Geschäftsfeldern. Struktur und Umfang des Angebotes werden durch die Programmbreite sowie die Programmtiefe definiert. Dabei wird im Bereich der Tonträgerhersteller mit der Programmbreite die inhalt-

---

1 Vgl. Burnett (1996), S. 74.

liche Vielfalt des Programmangebotes bzw. konkret die Anzahl der vertretenen Repertoiresegmente bezeichnet. Die Programmtiefe bezeichnet die Anzahl der Produkte innerhalb einer Programmlinie bzw. eines Repertoiresegments. Somit ist ein breites Angebot in der Tonträgerindustrie durch die Abdeckung vieler unterschiedlicher Repertoiresegmente wie beispielsweise Rock, Pop, Schlager, Klassik, Reggae oder Weltmusik gekennzeichnet. Ein tiefes Angebot könnte beispielsweise im Bereich Rock oder Pop neben bekannten, eher auf den Mainstream ausgerichteten Produkten, auch Special-Interest-Angebote aus diesem Bereich umfassen.

Aufbauend auf diesen Entscheidungen erfolgt die eigentliche Gestaltung des Leistungskerns. Für Tonträgerhersteller bedeutet dies insbesondere die Zusammenstellung von Inhalten. In diesem Zusammenhang sind insbesondere Entscheidungen über die Art der Musikformate zu treffen. Dabei besteht grundsätzlich eine Unterscheidungsmöglichkeit zwischen physischen Tonträgern (CD, Vinyl, Kassette, DVD-Audio, SACD) und digitalen, virtuellen Musikdateien (MP3). Aufgrund der derzeitigen Dominanz der CD ist diese Entscheidung für den Großteil der Unternehmen eher von geringer Relevanz. Vinyl und Kassetten bilden eher Nischenprodukte, DVD-Audio und SACD stehen noch am Anfang und im Bereich des Internet dominiert das Format MP3 den Markt.

Innerhalb der einzelnen Tonträgerarten bestehen einige Gestaltungsoptionen für die Produktpolitik. So können verschiedene Musikstücke eines Interpreten zu einem Album, auch Longplay (LP) genannt, zusammengestellt werden. Daneben bietet sich auch die Möglichkeit, eine Single mit nur einem oder wenigen Stücken zu produzieren. Darüber hinaus können auch Stücke verschiedener Künstler zu Compilations zusammengestellt werden. Gängige Praxis ist, dass zusätzlich zu einem Album meist einige Stücke als Single veröffentlicht, aus dem Album „ausgekoppelt" werden. Über die Anzahl der Auskopplungen und den Zeitpunkt entscheidet meist der Markterfolg der ersten Single und des Albums. Auf den Maxi-Single-CDs sind neben dem Lied des Künstlers oft sogenannte Remixe anderer Künstler oder Produzenten enthalten, die einen Mehrwert gegenüber dem Album bieten sollen. Daneben hat die Single gegenüber dem Album auch eine strategische Bedeutung. Zum einen existieren Single- und Longplay-Charts, wobei die Single-Charts für den Konsumenten von größerer Bedeutung sind. Die „Nummer 1" bezieht sich meist auf die Top-100-Single-Charts. Platzierungen in den Charts kurbeln den Verkauf an und eine erfolgreiche Single kann somit zum Verkauf des Albums einen enormen Beitrag leisten. Zum anderen kann das Risiko reduziert werden, indem erst eine Single produziert und geprüft wird, ob sie auf dem Markt Erfolg hat, bevor ein ganzes Album produziert wird. Diese Vorgehensweise wenden die Musikunternehmen vor allem bei neuen, unbekannten Künstlern an. Somit bieten sich für die Tonträgerhersteller zahlreiche Möglichkeiten des Media Packaging, über die im Rahmen der Produktpolitik eine Entscheidung zu treffen ist.

Im Gegensatz zu anderen Teilbereichen der Medienwirtschaft spielt in der Musikwirtschaft und hier insbesondere bei den Tonträgerherstellern die Verpackungsgestaltung eine wichtige Rolle. Dabei erfüllt die Verpackung grundsätzlich mehrere Funktionen.[1] Die primäre Verpackungsfunktion besteht im Schutz der Produkte, also dem Schutz des Tonträgers vor Beschädigungen und Verunreinigungen. Daneben dient die Verpackung der Transport- und Lagerfähigkeit der Produkte. Sekundäre Verpackungsfunktionen bestehen in der Information der Verbraucher sowie in der Verkaufsförderung. Diesen sekundären Funktionen wird gerade im Bereich der Tonträger eine große Bedeutung als Marketinginstrument zuteil. Diese spiegelt sich in der z. T. sehr aufwendigen graphischen Gestaltung der CD-Cover wider. Die Bedeutung nimmt angesichts der zunehmenden Zahl von Raubkopien weiter zu. Eine qualitativ hochwertige Verpackung, zum Beispiel eine Papp- anstelle einer Plastikhülle bei CDs oder ein aufwendiges Booklet, kann für den Käufer einen Zusatznutzen darstellen, der nicht digital kopierbar ist.

Damit kommt im Tonträgermarkt der Markenpolitik eine ebenfalls nicht unerhebliche Bedeutung zu. Auf den Hörermärkten konzentriert sich die Markenpolitik der Tonträgerhersteller zumeist auf die Etablierung von Künstler- oder Gruppennamen. Daneben werden Projektnamen wie beispielsweise „Kuschelrock“ oder „Bravo Hits“ als Marken positioniert. Mit solchen Projektnamen, welche zumeist für Compilations eingesetzt werden, können ein hoher Wiedererkennungswert sowie Käufertreue erzielt werden.[2] Daneben ermöglichen diese Markenzeichen auch die Erzielung von Erlösen im Merchandisingbereich und besitzen somit ein nicht zu unterschätzendes Cross-Selling Potential. Beispiele bilden hier die Kuschelrock-Produkte wie das Kuschelrock-Kochbuch, die Kuschelrock Buchserie, die Kuschelrock Songbook-Collection, der Kuschelrock Wandkalender oder der Kuschelrock (Teddy-)Bär.

Neben dieser primär auf die Hörermärkte ausgerichteten Markenbildung treten auch die Labels selbst als Marken in Erscheinung. In einigen Fällen erwerben die Kunden gezielt die CDs eines Labels, zum Beispiel des Labels „Blue Note Records“ im Bereich Jazz. Daneben werden Marken im Labelbereich auch für den Künstlermarkt aufgebaut. Vielfach profilieren sich die Labels zunächst in einer bestimmten Sparte und ziehen damit weitere Künstler an. Verve, Impuls!, GRP und Blue Note Records sind führende Jazz-Label, während Geffen Records erfolgreich im Bereich Rock und Alternative Rock agiert.

Vielfach werden von den Majors gezielt Sub- oder Schwesterlabels gegründet oder gekauft, um die skizzierten Effekte nutzen zu können, da eine Marke wie Sony, Warner, EMI, Universal oder BMG inhaltlich zu stark überladen und somit bei einer gezielten Positionierung nicht hilfreich ist. So gehören zu BMG mehr als 200 Labels, darunter Marken wie Arista Records, RCA, RCA Red Seal & RCA Victor, BMG Classics, J Records, RLG, Jive Records, Tablao, Milan Records und Windham Hill. Zusammenfassend wird somit von den Tonträgerherstellern in der Regel eine Kombination aus einer Einzelmarken- und einer Dachmarkenstrategie verfolgt. Dabei kommt eine Einzel-

---

1 Vgl. Scheuch (1993), S. 339 f.

2 Vgl. Cannibol (1997), S. 216.

markenstrategie insbesondere bei der Etablierung von Künstler-/Projektnamen als Markennamen zur Anwendung, während eine Dachmarkenstrategie als die Profilierung eines gesamten Labels bezeichnet werden kann.

Sekundärdienstleistungen, welche häufig zusätzlich zu einem Produkt angeboten werden (z. B. Beratungs- und Transportleistungen) spielen im Tonträgerbereich eine eher unbedeutende Rolle. So benötigt der Kunde für den Konsum eines Tonträgers in der Regel keine Unterstützung in Form von Beratungsleistungen. Gleichwohl bieten auch die Tonträgerhersteller vereinzelt sekundäre Dienstleistungen in Form von Informationsangeboten über Künstler und Tonträger an. Inzwischen sind nahezu alle Gruppen, Künstler und Labels mit einer eigenen Website im Internet präsent. Informationen zu den Veröffentlichungen (auch Discographie genannt) und Tourdaten gehören zum Standardangebot. Solche Angebote unterstützen den Kunden zwar nicht direkt bei der Verwendung des Produktes, liefern diesem jedoch einen spezifischen Mehrwert.

4.4.2 Preispolitik

Die Preispolitik nimmt in der Musikwirtschaft insbesondere auf dem Tonträgermarkt und dem Online-Musikmarkt eine bedeutende Stellung ein. Im Bereich der Tonträger zeigt sich diese nicht zuletzt vor der immer wieder aufkommenden Diskussion über eine notwendige Erhöhung oder Reduktion der Preise für Tonträger. Aber auch die zunehmende Anzahl kostenlos zugänglicher Musikangebote im Internet erhöht die Bedeutung der Preispolitik auf dem Musikmarkt.

Im Bereich der Tonträger beherrscht die CD den Markt. Im Vergleich zu anderen Kultur- und Medienprodukten hat die CD die mit Abstand niedrigste Steigerungsrate seit 1992. In den letzten zehn Jahren sind die Preise für CDs nur um 7,1 % gestiegen, die allgemeinen Lebenshaltungskosten dagegen um 20,1 %. Unter Berücksichtigung der allgemeinen Preisentwicklung sind die CD-Preise in den letzten zehn Jahren sogar um 20 % gesunken. Insgesamt sind die CD-Preise nach einer Studie im Auftrag des englischen und des schwedischen Wirtschaftsministeriums in Deutschland niedriger als in Großbritannien, Frankreich, Schweden und den USA.[1]

Die Preisfindung in der Praxis der Tonträgerhersteller erfolgt zumeist nach den Kriterien Kosten, Nachfrage und Konkurrenz.[2] Dabei erscheint die kostenorientierte Preisbildung im Tonträgermarkt jedoch weniger sinnvoll. Aufgrund der hohen Fixkostenbestandteile führt eine Orientierung an Teil- bzw. Grenzkostensätzen zwar zu einer kurzfristigen Preisuntergrenze, mittel- bis langfristig jedoch zu hohen Verlusten, da fixe Kosten nicht gedeckt werden. Eine Orientierung an Vollkostensätzen hingegen scheitert an der hohen

1 Vgl. Bundesverband der Phonographischen Wirtschaft e.V. (2003), S. 18 f.

2 Vgl. Diller (1991), S. 150.

Misserfolgsrate im Tonträgermarkt. Ein geringer Absatz führt aufgrund der Verrechnung aller Kosten auf die einzelnen Tonträgereinheiten zu höheren Kosten und somit zu einer Preiserhöhung, welche jedoch einen weiteren Absatzrückgang hervorruft.

Dabei steht den in den letzten Jahren stark gestiegenen Produktionskosten von Tonträgern und den wachsenden Gagen für erfolgreiche Künstler eine stark gesunkene Zahlungsbereitschaft der Tonträgerkäufer gegenüber. Diese ist einerseits auf das Überangebot an Titeln, andererseits aber vor allem auf die wachsenden Möglichkeiten des preiswerten und qualitativ hochwertigen Kopierens von Tonträgern zurückzuführen. Diese Form der – teilweise illegalen – Reproduktion von Inhalten ist zwar bei nahezu allen Medien möglich, weist jedoch – abgesehen vom Softwarebereich – nirgendwo so geringe Qualitätsverluste bei gleichzeitig verschwindend geringen Kopierkosten auf.

Die Preispolitik der Tonträgerhersteller hat somit die verschiedenen Interessen und Argumente zu berücksichtigen und in ihr Entscheidungskalkül einzubeziehen. Da die Auswirkungen einer kostenorientierten und einer nachfrageorientierten Preispolitik sehr stark voneinander abweichen, hat sich in der Musikbranche eine wettbewerbsorientierte Preispolitik etabliert, so dass sich die Preise für Tonträger branchenweit auf einem weitgehend einheitlichen Preisniveau gefestigt haben.

Innerhalb dieses Preisgefüges stehen den Unternehmen nur in begrenztem Umfang preispolitische Instrumente zur Verfügung, deren effektiver Einsatz zu einer optimalen Abschöpfung der Preisbereitschaft der Kunden führen kann. Häufig kommt dabei eine zeitliche Preisdifferenzierung zum Einsatz. Tonträgerhersteller vermarkten aktuelle Künstleralben sowie TV- und funkbeworbene Compilations zunächst zu einem recht hohen Preis, dem sogenannten Full-Price. Nach einiger Zeit werden die Tonträger herabgesetzt und als Mid- sowie Low-Price CDs vermarktet.[1] Dieses Vorgehen ermöglicht den Tonträgerunternehmen eine Abschöpfung der Preisbereitschaft verschiedener Käufergruppen. So werden Full-Price CDs oftmals von jüngeren, trendbewussten Käufern erworben, während Mid- und Low-Price CDs schwerpunktmäßig von preisbewussten, oftmals älteren Käufern erworben werden.

Grundsätzlich stellen in der Musikindustrie alle Musikprodukte, die aus mehreren Titeln bestehen, eine Form der Preisbündelung dar. Dem Verbraucher wird eine Kombination verschiedener Musikstücke angeboten, auf deren Zusammensetzung er keinen Einfluss hat. Während dies bei LPs einer Band oder eines Künstler Resultat des musikalischen Konzepts sein kann, werden Compilations meist unter rein kommerziellen Gesichtspunkten zusammengestellt. Dabei werden Musikstücke unterschiedlicher Attraktivität kombiniert, um durch die Zahlungsbereitschaft der Konsumenten für attraktive Titel höhere Durchschnittserlöse für die gesamte Titelkombination zu generieren. Dieses Erlösmodell wird jedoch in Frage gestellt, wenn sich der Download von Einzeltiteln oder nach persönlichen Vorlieben gestaltete Tonträger durchsetzen.

---

1 Vgl. Diederichs (1997), S. 227.

Die Preisbündelung über mehrere Tonträger ist ebenfalls möglich. Ein Beispiel kann das Angebot von mehreren Alben eines Künstlers zu einem Komplettpreis sein.[1] Dies ist häufig bei Sondereditionen der Fall, z.B. zu Bandjubiläen. Häufig werden auch mehrere Tonträger einer musikalischen Epoche oder das gesamte Werk eines Künstlers in einem Set angeboten.

Ein weiteres preispolitisches Instrument liegt in einer Preisdifferenzierung, bei der Tonträger mit Aufnahmen weniger bekannter Interpreten zu einem geringeren Preis verkauft werden als Tonträger bekannter, erfolgreicher Interpreten. Dies kann die Verkaufszahlen bei den Tonträgern unbekannter Interpreten erhöhen und somit insgesamt zu einem höheren Gesamtdeckungsbeitrag führen. Allerdings ist hierbei zu beachten, dass die Preise nicht zu niedrig angesetzt werden, da sich anderenfalls ein negativer Stückdeckungsbeitrag ergeben könnte, welcher zu einem sinkenden Gesamtdeckungsbeitrag führt.

4.4.3 Distributionspolitik

Die Aufgabe der Distributionspolitik besteht in der Regelung aller betrieblichen Aktivitäten, die dazu dienen, eine Unternehmensleistung unter Überbrückung von räumlicher und zeitlicher Distanz vom Ort ihrer Entstehung an jenen Ort zu bringen, an dem sie in den Verfügungsbereich des Nachfragers übergehen soll.[2] Entscheidungen, die im Rahmen der Distributionspolitik zu treffen sind, betreffen insbesondere die Wahl der Absatzwege, die Absatzorganisation sowie die Absatzlogistik.

Bei der Wahl der Absatzwege kann grundsätzlich zwischen direktem und indirektem Absatz unterschieden werden. Der indirekte Absatz ist durch die Einbeziehung rechtlich und wirtschaftlich selbständiger Absatzorgane gekennzeichnet, während das Unternehmen beim direkten Absatz selbst mit dem Kunden in Kontakt tritt. Die folgende Darstellung der Distributionspolitik beschränkt sich wiederum auf den Bereich der Tonträgerhersteller. Bei diesem ist zudem zwischen der Distribution (physischer) Tonträger und der Onlinedistribution von Musik (in digitaler Form) zu unterscheiden, da sich hierbei grundlegende Unterschiede ergeben.

Der indirekte Absatz von Tonträgern erfolgt in der Tonträgerwirtschaft zumeist über Handelsbetriebe, während sonstige Absatzmittler wie Handelsvertreter, Makler oder Kommissionäre nahezu bedeutungslos sind. Hierbei haben sich die heutigen Formen der Handelsbetriebe im Tonträgerbereich erst im Zeitablauf entwickelt. Die Historie des Tonträger- bzw. Schallplattenhandels begann zu Beginn der 20er Jahre mit der Schellackplatte, welche in Fahrrad- und Nähmaschinenläden zu finden war. Mit der Einführung elektrischer Plattenspieler übernahmen dann Elektro- und Radiohändler die Schall-

1 Vgl. Simon (1995), S. 132 ff.

2 Vgl. Nieschlag/Dichtl/Hörschgen (1997), S. 426.

platten in ihr Sortiment. Zudem begannen auch Musikalienhändler den Handel mit Tonträgern.[1] In den letzten Jahrzehnten hat sich im Tonträgerhandel ein Nebeneinander unterschiedlichster Betriebsformen bzw. Konstellationen entwickelt. Die Umsatzanteile der einzelnen Tonträgereinkaufsstätten am Gesamtmarkt sind in Tabelle 1 aufgeführt.

Tonträgereinkaufsstätte	**Umsatzanteil in Prozent**
Filialunternehmen, Facheinzelhandel, Verbrauchermärkte	32,9 %
Großbetriebsformen (Megastores, Warenhauskonzerne, Elektromärkte)	39,7 %
Direct Mail (Club- und Mailorder, Versandhäuser, Club-Center und Kataloganbieter)	22,3 %
Sonstige Einkaufsstätten	5,1 %

Tabelle 1: Umsatzanteile der Tonträgereinkaufsstätten am Gesamtmarkt 2002[2]

Reine Tonträger-Facheinzelhändler arbeiten entweder als Vollsortimenter oder Teilsortimenter mit einem sehr tiefen Angebot. Sie erheben damit einen hohen Vollständigkeitsanspruch innerhalb des angebotenen Repertoires. Im Bereich des Facheinzelhandels ist außerdem der Musikalienhandel zu nennen, dort beschränkt sich das Tonträgerangebot allerdings zumeist auf Klassikangebote. Daneben gibt es sogenannte Highlight-Regale in Verbrauchermärkten und ähnlichen Outlets (beispielsweise auch in Tankstellenshops), die zumeist von Rack-Jobbern betrieben werden. Hierunter sind Tonträger-Großhändler zu verstehen, welche mit eigenen Verkaufsrepräsentanten die direkte Betreuung am Regal durchführen.[3]

Den umsatzstärksten Typus bilden Großbetriebsformen des Einzelhandels. Hierbei sind Unternehmen mit einer ausschließlichen Angebotsausrichtung auf Tonträger zu unterscheiden von Kaufhäusern und Elektromärkten. Die erstgenannte Gruppe bietet ein tiefes Tonträger-Sortiment und oftmals auch Merchandising-Artikel an. Diese Produkte werden üblicherweise auf einer Verkaufsfläche von 500 und mehr Quadratmetern offeriert. Für diese Betriebsform, zu der beispielsweise WOM (World Of Music) zählt, hat sich die Bezeichnung Megastore etabliert. Daneben gibt es Tonträgerabteilungen in Kaufhäusern (zum Beispiel Kaufhof) und Elektromärkten (zum Beispiel ProMarkt), die insgesamt über eine große Marktmacht verfügen. Warenhauskonzerne und Elektromärkte konkurrieren als Großbetriebsformen insbesondere durch besonders günstige Endverbraucherpreise, die über Mischkalkulationen erzielt werden, zum Teil auch unter Einkaufspreis.[4]

1 Vgl. Lencher/Bochnig (1997), S. 243.

2 Datenquelle: Bundesverband der Phonographischen Wirtschaft e.V. (2003), S. 38.

3 Vgl. Nieschlag/Dichtl/Hörschgen (1997), S. 438.

4 Vgl. Bundesverband der Phonographischen Wirtschaft e.V. (2003), S. 39.

Einen letzten Typus schließlich bilden Mail Order-Unternehmen welche sowohl im Offline- als auch im Onlinebereich agieren. Bei den Mail Order-Unternehmen können verschiedene Konzepte unterschieden werden, die neben Unternehmen mit einem Vollsortiment im Bereich Tonträger auch auf bestimmte Zielgruppen oder Repertoiresegmente spezialisierte Unternehmen umfassen. Der Anteil der Direct-Mail-Orders hat in den letzten Jahren zugenommen, Internet-Mailorder-Unternehmen haben hieran mit 6,7 % einen wichtigen und kontinuierlich steigenden Anteil. Eine besondere Form des Mail-Order Geschäftes bilden Club-Konzepte. Diese basieren zumeist auf einer vertraglich vereinbarten zeitlichen Mitgliedschaft, in deren Rahmen das Mitglied die Verpflichtung eingeht, innerhalb eines bestimmten Zeitraumes eine bestimmte Anzahl von Artikeln zu erwerben. Dabei steht die Kaufverpflichtung häufig im Zusammenhang der Erscheinungsweise der Club-Kataloge. Die Club-Konzepte im Tonträgerbereich sind vergleichbar mit dem im Rahmen des Buchmanagement beschriebenen Club-Modell.

Neben der indirekten Distribution spielt die direkte Distribution der Tonträger an Radio- und Fernsehsender eine wichtige Rolle, vor allem für Musikverlage. Diese generieren den größten Teil ihrer Erlöse mit den Verwertungsrechten, die sie erhalten, wenn zum Beispiel ein Song im Radio gespielt wird. Daneben ist es für die Tonträgerhersteller von großer Bedeutung, dass die angebotenen Songs im Radio und Fernsehen laufen, um neue Tonträger bekannt zu machen Je nach Genre hat die Präsenz in Radio und Fernsehen großen Einfluss auf den Erfolg einer Musikproduktion. Um einen Titel im Rundfunkprogramm zu platzieren, machen die Musikunternehmen daher große Zugeständnisse an die Radio- und Fernsehsender. Beispielsweise ist es üblich vor dem Verkaufsstart eines neuen Albums, das Album sowie die Single dem Radiosender oder das Video dem Fernsehsender zur Verfügung zu stellen. Radio- und Fernsehsender dienen damit auch als Kommunikationsinstrument.

Neben der beschriebenen Distribution von physischen Tonträgern bietet das Internet den Unternehmen zunehmend auch die Möglichkeit, Musikstücke in digitaler Form über das Internet zu vertreiben. Es gibt eine Reihe legaler Musikangebote im Internet, hierbei existieren sowohl direkte als auch indirekte. Ein Beispiel für eine direkte virtuelle Distribution bietet Universal mit dem Angebot popfile.de in Deutschland, Beispiel für eine indirekte Distribution ist MusicNet. Dort stellen unter anderem EMI und BMG Inhalte zur Verfügung, die Distribution wird aber in Form von Lizenzen vergeben und läuft über Partner, wie beispielsweise AOL, die den Zugriff auf das Repertoire bieten. Insgesamt steht die Entwicklung des Online-Musikmarktes durch Unternehmen der Musikwirtschaft noch immer am Anfang. Es wird aber erwartet, dass das Internet als Vertriebsweg in Zukunft stark an Bedeutung zunehmen wird.

4.4.4 Kommunikationspolitik

Die Aufgaben der Kommunikationspolitik bestehen insbesondere darin, die jeweiligen Adressaten zieladäquat zu beeinflussen und somit ein Verhalten auszulösen, welches mittelbar und unmittelbar den Marketing- und den Unternehmenszielen entspricht.[1] In der Tonträgerindustrie hat die Bedeutung der Kommunikationspolitik in den letzten Jahren stark zugenommen, was sich nicht zuletzt in stark gestiegenen Marketingkosten äußert. Zurückzuführen ist dies unter anderem auf die hohe Zahl an Neuproduktionen und die neu eingeführten Online-Music-Stores. Um einzelne Produktionen und Angebote aus der Masse der Angebote hervorzuheben, sind intensive kommunikationspolitische Maßnahmen erforderlich.

Die wichtigste kommunikationspolitische Maßnahme für Musikunternehmen ist die Sendung ihrer Produktionen im Rundfunk (off- wie online). Durch eine Ausstrahlung in Hörfunk, Online Radio und TV werden Musikstücke nicht nur bekannt, was in der Folge zu Tonträgerabsätzen und Downloads führt, die Ausstrahlung und deren Häufigkeit haben auch einen immensen Anteil am Erfolg oder Misserfolg einer Produktion. In diesem Zusammenhang wird auch eine sogenannte Zwangsquote für Newcomer diskutiert. Nach Angaben des Branchenverbands der Tonträgerhersteller (IFPI) widmen die öffentlich-rechtlichen Radiostationen im Schnitt nur 14,3 % ihres Sendeplatzes neuen Musikern, dabei macht der Anteil deutschsprachiger Sänger nur 1,2 % aus. Eine Zwangsquote könnte die Sender dazu verpflichten, einen bestimmten Anteil neuer Musiktitel mit einem bestimmten Anteil deutscher Künstler zu senden. Vorbild für die Quotenregelung ist Frankreich, wo 40 % aller Lieder im Radio französischsprachig sein müssen, was angeblich zu einem höheren Konsum und zum Aufbau eines heimischen Künstlermarktes geführt hat.[2] Nicht nur die Musikunternehmen sind auf den Rundfunk angewiesen, umgekehrt bilden die Produkte der Musikunternehmen natürlich auch die Grundlage der Musikprogramme von Radio- und TV-Sendern. Aufgrund der hohen Bedeutung von Ausstrahlungen für die Kommunikationspolitik von Musikunternehmen wird ein großer Teil des Marketingetats im Promotionbereich eingesetzt.[3] Promotionmitarbeiter im Innen- und Außendienst versuchen dabei fortlaufend, die Produktionen im Radio und Fernsehen zu platzieren. Daneben wird auch versucht, eine Platzierung der entsprechenden Musikstücke in Diskotheken zu erreichen.

Die Presse nimmt im Rahmen der Kommunikationspolitik von Musikunternehmen ebenfalls eine wichtige Rolle ein. Insbesondere in der Musikfachpresse, auf Musikportalen im Internet oder in Feuilletons der allgemeinen Presse finden sich häufig Musikkritiken, Reportagen und Kommentare zu Künstlern und Tonträgern. Hier gilt es für Musikunternehmen, ihre Produkte erfolgreich zu platzieren. Der Bekanntheitsgrad einer Produktion

1 Vgl. Becker (1998), S. 565.

2 Vgl. Clark (2003), S. 6.

3 Vgl. Czapski (1997), S. 223.

bzw. eines Interpreten sowie die Einstellung potentieller Käufer zu diesen kann durch diese Presseabdeckung maßgeblich beeinflusst werden. Somit ist für die Musikunternehmen eine gezielte Pressearbeit unumgänglich. Aus diesem Grund verfügen auch alle bedeutenden Unternehmen über eine eigene Presseabteilung, die neben anderen Aufgaben auch für die Kontakte zur Fachpresse und zur allgemeinen Presse verantwortlich ist. Diese gibt Pressemitteilungen heraus, verfügt aber zumeist auch über eher informelle Kontakte zur Presse. Über diese informellen Kontakte versuchen die Unternehmen gezielt, Berichte über Interpreten und Produktionen zu steuern.

Neben der Erzielung von Werbeeffekten durch die Ausstrahlung von Musikstücken in Radio und TV werden Musikprodukte zunehmend auch direkt beworben. Ariola veröffentlichte im Jahr 1974 als erste Schallplattenfirma hörfunk- und fernsehbeworbene Tonträger. Die direkte Bewerbung von Musikprodukten wird zumeist nicht aus dem normalen Marketingetat finanziert.[1] Vielmehr werden sie als separates Geschäft betrachtet und einzeln kalkuliert. Dabei sollen der Werbeaufwand sowie die erhofften Deckungsbeiträge allein über die einzelne beworbene Produktion erwirtschaftet werden. Somit eignet sich die Hörfunk- und Fernsehwerbung auch nur für Produktionen, die eine breite Zielgruppe ansprechen, da nur auf diesem Wege die benötigten Absatzzahlen erreicht werden können.

Auch wenn eine Platzierung in den Charts das Ergebnis einer guten und erfolgreichen Kommunikationspolitik ist, dienen die Charts selbst vor allem der Bekanntmachung einer Produktion. Durch eine Platzierung in den Charts, vor allem den Top-100-Single-Charts, wird ein Musikstück aus der Masse der Musikangebote herausgehoben.[2] Somit kann sich der bereits für den Eintritt in die Charts erforderliche Diffusionsprozess nochmals beschleunigen. Zurückzuführen ist dies insbesondere darauf, dass eine Chartplatzierung zu einer vermehrten Beachtung des Titels in den Medien führt. Diese wurden bereits als wichtiges Instrument der Kommunikationspolitik eines Tonträgerunternehmens identifiziert. Somit verstärkt sich der durch eine Ausstrahlung sowie durch Erwähnungen in der Presse erzielbare Effekt durch eine Positionierung in den Charts nochmals deutlich. Daher muss bei neu erschienenen Tonträgern ein wesentliches Ziel des Marketingmanagement und insbesondere der Kommunikationspolitik darin bestehen, eine Positionierung in den Charts zu erreichen.

Ein weiteres Instrument der Kommunikationspolitik liegt für Musikunternehmen in der Kooperation mit Fernsehsendern. Ein Beispiel hierfür bilden Musiksendungen wie beispielsweise in den achtziger Jahren die Superhitparade des ZDF, zu der eigene Compilations herausgegeben werden. Vielfach werden hierbei bereits bestehende Aufnahmen neu unter dem Namen der entsprechenden Sendung zusammengestellt. Die resultierenden Compilations werden in der entsprechenden Sendung vorgestellt und so beworben. Bei einer ähnlichen Form der Produktpolitik werden Produktionen unter dem Namen be-

1 Vgl. Czapski (1997), S. 224.
2 Vgl. Zombik (1997), S. 145.

kannter Fernsehsendungen herausgegeben. Ein bekanntestes Beispiel hierfür sind die Musikproduktionen der Daily-Soap „Gute Zeiten, Schlechte Zeiten" des Fernsehsenders RTL. Hierbei werden aktuelle Hits zu einer CD zusammengestellt. Diese wird von den Stars der Serie präsentiert. Hiermit ist ein Werbeeffekt in zweifacher Hinsicht verbunden. Neben der Bewerbung der CDs vor bzw. nach Ausstrahlung der Sendung sowie während Sendeunterbrechungen sind auch dem Label „Gute Zeiten, Schlechte Zeiten" nicht zu vernachlässigende Werbeeffekte inhärent in der Form, dass das Markenimage auf den Tonträger transferiert werden kann.

Schließlich sind auch die Live- sowie die Event-Promotion verbreitete Instrumente der Kommunikationspolitik in der Musikwirtschaft. Durch Auftritte in Clubs, Diskotheken oder auch bei größeren Konzerten kann der Bekanntheitsgrad eines Künstlers deutlich erhöht werden. Zudem kann gezielt Werbung für Aufnahmen dieses Künstlers betrieben werden. Nicht zuletzt ist hierin auch der Grund für das häufige zeitliche Zusammentreffen einer Tournee mit der Veröffentlichung einer neuen Produktion des entsprechenden Interpreten zu sehen. Hierbei werden bei den Konzerten neben Merchandising-Artikeln vielfach auch Tonträger angeboten. Bedeutender dürfte jedoch die durch Auftritte induzierte öffentliche Aufmerksamkeit und Medienpräsenz sein, die einem Interpreten bei Live-Auftritten zukommt und in der Folge zu erhöhten Tonträgerumsätzen führt. Bei der Event-Promotion wird ein bestimmtes Event genutzt, um einen Tonträger bekannt zu machen. Teilweise werden die Tonträger sogar anlässlich eines Events produziert. Beispiele bilden die Mayday- oder Loveparade-Compilations, welche anlässlich dieser Events erscheinen und Aufnahmen der beteiligten Künstler enthalten. Hier wird die Popularität dieser Events für die Vermarktung der Tonträger genutzt, indem der Markenname auf das Produkt übertragen wird. Zugleich bieten sich im Umfeld dieser Events auch Möglichkeiten, die entsprechenden Tonträger zu bewerben.

Die beschriebenen Instrumente der Kommunikationspolitik von Tonträgerherstellern kommen vielfach in Kombinationen zur Anwendung. Die Kombination des spezifischen Kommunikationsmix ist dabei immer an den Eigenschaften der Interpreten sowie der Produktionen auszurichten. So erfordern beispielsweise Klassikproduktionen andere Kommunikationsformen als Dance-Produktionen. Dabei ist insbesondere auch die Wahl der geeigneten Kommunikationsmedien von entscheidender Bedeutung, da mit den einzelnen Medien wie Radio, Fernsehen, Presse oder auch Promotionauftritten jeweils spezifische Ziel- und Interessengruppen angesprochen werden können. Zudem beeinflusst die Wahl der Kommunikationsmedien auch wesentlich das Image des Interpreten sowie dessen musikalische Identität.

5. Entwicklungsperspektiven im Musikmanagement

Den wohl bedeutendsten Einfluss auf die zukünftige Entwicklung in der Musikwirtschaft und somit auch auf das Musikmanagement dürfte die zunehmende Digitalisierung haben. Dabei soll hier unter dem Begriff der Digitalisierung die elektronisch basierte Transformation analoger Daten wie Text-, Bild- oder Audioinformationen in eine computerlesbare, digitale Form verstanden werden.[1] Im Musikbereich erlaubt die Digitalisierung zum Beispiel die Übertragung in Computernetzwerken wie dem Internet, sowie die Erstellung von Kopien ohne jeden Qualitätsverlust. Mit Hilfe eines CD-Brenners ist es möglich identische Kopien einer CD herzustellen, die alle Eigenschaften des Originals aufweisen. Somit sind die hier entstehenden Möglichkeiten für die Anfertigung von Kopien nicht mit den bisherigen Möglichkeiten der Anfertigung analoger Kopien auf Leerkassetten vergleichbar. Zudem sind digitale Kopien ihrerseits wiederum kopierbar und über das Internet distribuierbar.

Hierin verbergen sich für die Musikwirtschaft Chancen und Risiken zugleich. Risiken entstehen insbesondere durch die zunehmende Verbreitung von Privat- und Raubkopien. Das illegale Kopieren wird als die Hauptursache für den Einbruch im Ladenverkauf angesehen. Wie bereits erwähnt überstieg im Jahr 2002 die Zahl der mit Musik kopierten Rohlinge die Zahl der verkauften Originale. Viele Musikunternehmen versehen ihre CDs mit einem Kopierschutz, doch gibt es immer wieder neue Software, um diese Hürde zu überwinden.[2] In Deutschland besitzt mehr als die Hälfte der Bevölkerung ab zehn Jahren einen CD-Brenner. Im Jahr 2000 wurden insgesamt rund 210 Millionen CD-Rohlinge an private Haushalte verkauft, im Jahr 2002 waren es bereits 486 Millionen. Bei 50 % der kopierten Inhalte handelt es sich dabei um Musik.

Neben dem Kopieren von CD-Alben machen die Musikunternehmen die kostenlosen Musiktauschbörsen im Internet für den Umsatzrückgang der letzten Jahre verantwortlich. Musiktauschbörsen ermöglichen den (kostenlosen) Austausch von Musikdateien zwischen verschiedenen Nutzern, indem der angemeldete Nutzer seine Musiktitel den anderen Nutzern zur Verfügung stellt.[3] Die Systeme nutzen weltweit mehr als 60 Millionen Menschen. Im Jahr 2002 luden allein in Deutschland 6,4 Millionen Menschen 622 Millionen Songs aus zumeist illegalen Angeboten aus dem Internet. Damit stieg die Zahl der Personen, die Musik aus dem Internet herunterladen im Vergleich zu den Vorjahren weiter enorm an.[4]

---

1 Vgl. Wirtz (2001a), S. 35.

2 Vgl. Clark (2003), S. 6.

3 Vgl. Wirtz (2001b), S. 94.

4 Vgl. Bundesverband der Phonographischen Wirtschaft e.V. (2003), S. 27 ff.

Als Reaktion auf die kostenlosen Musiktauschbörsen vertreiben und verkaufen alle großen Musikunternehmen mittlerweile ihre Musik auch über das Internet. Die meisten legalen Musikangebote sind dabei kostenpflichtig. Universal Music bietet dabei seine Titel direkt über die eigene Website popfile.de an. EMI und BMG haben sich dagegen mit Time Warner zusammengetan und distribuieren ihre Titel über den Online-Music-Store MusicNet, bzw. geben ihre Lizenzen an Distributoren weiter. In Deutschland planen alle fünf großen Musikunternehmen für Ende 2003 eine gemeinsame Plattform. Die bestehenden Online-Music-Stores sind im Vergleich zu den illegalen Musiktauschbörsen noch wenig erfolgreich. 82 % der Personen, die Musik illegal aus dem Internet herunterladen, gaben an, dass die Kostenfreiheit ein wichtiger Grund für das Herunterladen war.[1] Anbieter kommerzieller Online-Music-Stores wie MusicNet, Pressplay oder Rhapsody zählen nach Brancheneinschätzungen zusammen 300.000 Kunden. Kostenlose Börsen zählen hingegen mehrere Millionen Nutzer.[2] Insgesamt geben die Personen, die Musik auf CD-Rohlinge brennen und aus dem Internet laden, weniger Geld für Musik aus. Die aufgestellte Behauptung, kopierte Musik mache erst Lust auf einen CD-Kauf, trifft nur selten zu, in der Summe sind die Verluste weit größer als die Zugewinne. Die Umsatzausfälle für die Musikwirtschaft sind aber kaum genau zu beziffern, da nicht jeder, der sich ein Lied kopiert oder herunterlädt, das Musikstück auch als Tonträger gekauft hätte.

Neben den unbestritten vorhandenen Risiken bietet die zunehmende Digitalisierung sowie die zunehmende Verbreitung des Internet gleichwohl Chancen für die Musikwirtschaft. So sieht auch die Musikindustrie die Zukunft der Musikdistribution mittlerweile in digitaler und netzwerkbasierter Form.[3] Musik kann aufgrund ihrer Eigenschaften als Informationsprodukt nicht nur online präsentiert und von Kunden online bestellt werden, sondern auch die Auslieferung der Ware Musik kann virtuell erfolgen. Dies eröffnet den Musikunternehmen eine weitere interessante Möglichkeit: die CD-on-demand bzw. kundenindividuelle Compilations. Hierbei stellt der Kunde sich eine seinen individuellen Präferenzen entsprechende CD aus verschiedenen angebotenen Einzeltiteln zusammen.

Die Zahlungsbereitschaft von Musikrezipienten für über das Internet angebotene Musiktitel hängt allerdings in hohem Maße davon ab, inwieweit es gelingt, kostenlose, illegale Angebote zu unterbinden. Die Nachfrager entwickeln nur dann eine Zahlungsbereitschaft, wenn es nicht ein leichtes ist, eine identische Leistung kostenlos zu bekommen. Sollte es gelingen, illegale Angebote zu unterbinden, bieten die Digitalisierung sowie das Internet der Musikwirtschaft jedoch herausragende Chancen, die sich auf alle Bereiche des Musikmanagement auswirken können.

Neben einer zunehmenden Digitalisierung und einer zunehmenden Bedeutung des Internet wird die zukünftige Entwicklung im Musikbereich auch durch die genannten neuen

1 Vgl. Bundesverband der Phonographischen Wirtschaft e.V. (2003), S. 29.

2 Vgl. Ohler et al. (2003), S. 11.

3 Vgl. Durlacher Reserach (2001).

Trägermedien (DVD-Audio, SACD) gekennzeichnet sein. Noch haben diese neuen Medien einen eher geringen Anteil an den verkauften Musikmedien. Die Zahl der verkauften Musik-DVDs lag 2002 bei drei Millionen Stück, mit stark zunehmender Tendenz.[1] Zukünftig ist von einer zunehmenden Bedeutung dieser Medien auszugehen, die DVD ist ein potentieller Nachfolger der erfolgreichen CD.

Literaturverzeichnis

Baskerville, D. (1982), Music Business Handbook, 3. Aufl., Denver 1982.

Becker, J. (1998), Marketing-Konzeption, 6. Aufl., München 1998.

Braun, T. (2003), Tönträgerpiraterie – Das illegale Geschäft mit der Musik, http://www.ifpi.de/recht/tontraegerpiraterie.pdf, Abruf: 2.7.2003.

Brodbeck, K./Hummel, M. (1991), Musikwirtschaft, Ifo Studien zu Kultur und Wirtschaft, Bd. 5, München 1991.

Bundesverband der Phonographischen Wirtschaft e.V. (Hrsg.) (2003), Phonographische Wirtschaft: Jahrbuch 2003, Starnberg 2003.

Burnett, R. (1990), Concentration and Diversity in the International Phonogram Industry, Gothenburg Studies in Journalism and Mass Communication, University of Gothenburg 1990.

Burnett, R. (1996), The Global Jukebox: The international music industry, London 1996.

Cannibol, H. (1997), Das Label als Marke, in: Moser, R./Scheuermann, A. (Hrsg.), Handbuch der Musikwirtschaft, 4. Aufl., München 1997, S. 213-217.

Clark, T. (2003), Deutscher Musikmarkt schrumpft dramatisch, in: Financial Times Deutschland, 27.2.2003, S. 6.

Czapski, A. (1997), Special Marketing und Kooperationen, in: Moser, R./Scheuermann, A. (Hrsg.), Handbuch der Musikwirtschaft, 4. Aufl., München 1997, S. 218-226.

Diederichs, F. (1997), Budgetline und Special Products, in: Moser, R./Scheuermann, A. (Hrsg.), Handbuch der Musikwirtschaft, 4. Aufl., München 1997, S. 227-240.

Diller, H. (1991), Preispolitik, 2. Aufl., Stuttgart 1991.

Durlacher Research (2001), The Threat of MP3 to the Music Industry, http://www.durlacher.com/research/resrepdetail8.asp, Abruf: 05.07.2001.

1 Vgl. Bundesverband der Phonographischen Wirtschaft e.V. (2003), S. 37.

GASSNER, R. (1997), Weltmusikmarkt, in: Moser, R./Scheuermann, A. (Hrsg.), Handbuch der Musikwirtschaft, 4. Aufl., München 1997, S. 17-36.

GEMA (HRSG.) (2001), Informationen für Mitglieder: Häufig gestellte Fragen und Antworten zur GEMA-Mitgliedschaft, http://www.gema.de/publik/faq/faq.html, Abruf: 26.06.2001.

GEMA (HRSG.) (2003), Geschäftsbericht 2002, http://www.gema.de/media/de/gema_geschaeftsbericht2002.pdf, Abruf: 8.7.2003.

GILBERT, R./SCHEUERMANN, A. (1997), Künstler-, Produzenten-, Bandübernahmeverträge, in: Moser, R. Scheuermann, A. (Hrsg.), Handbuch der Musikwirtschaft, 4. Aufl., München 1997, S. 1018-1039.

GRECO, A. (HRSG.) (2000), The Media and Entertainment Industries, Boston 2000.

HERTIN, P. (1997), Grundlagen des Musikurheberrechts, in: Moser, R./Scheuermann, A. (Hrsg.), Handbuch der Musikwirtschaft, 4. Aufl., München 1997, S. 753-782.

HULL, G. (2000), The Structure of the Recorded Music Industry, in: Greco, A. (Hrsg.), The Media and Entertainment Industries, Boston 2000, S. 122-156.

HUMMEL, M. (1997), Musikwirtschaft in Deutschland, in: Moser, R./Scheuermann, A. (Hrsg.), Handbuch der Musikwirtschaft, 4. Aufl., München 1997, S. 37-46.

KREILE, R./BECKER, J. (1997a), Verwertungsgesellschaften, in: Moser, R./Scheuermann, A. (Hrsg.), Handbuch der Musikwirtschaft, 4. Aufl., München 1997, S. 621-647.

KREILE, R./BECKER, J. (1997b), GEMA, in: Moser, R./Scheuermann, A. (Hrsg.), Handbuch der Musikwirtschaft, 4. Aufl., München 1997, S. 663-685.

LENCHER, U./BOCHNIG, B. (1997), Vertriebsstrukturen und Situation des Handels, in: Moser, R./Scheuermann, A. (Hrsg.), Handbuch der Musikwirtschaft, 4. Aufl., München 1997, S. 241-244.

LÜBBERSTEDT, H. (2002), Industrie muss Abgabe auf CD-Brenner zahlen, in: Financial Times Deutschland, 1.8.2002.

MOSER, R./SCHEUERMANN, A. (HRSG.) (1997), Handbuch der Musikwirtschaft, 4. Aufl., München 1997.

NEGUS, K. (1992), Producing Pop: Culture and Conflict in the Popular Music Industry, London 1992.

NIESCHLAG, R./DICHTL, E./HÖRSCHGEN, H. (1997), Marketing, 18. Aufl., Berlin 1997.

O. V. (2001), Napster: US-Gericht droht mit Schließung, http://www.ftd.de/tm/it/FTDDFDFNELC.html?nv=sl, Abruf: 29.6.2001

OHLER, A. ET AL. (2003), Sony Music streicht 1000 Stellen, in: Financial Times Deutschland, 31.3.2003, S. 11.

PRÜFER, B. (2002), Eingeschränkter Hörgenuss, in: Financial Times Deutschland, 28.2.2002.

SCHAEFER, M. (1997), Tonträgerpiraterie, in: Moser, R./Scheuermann, A. (Hrsg.), Handbuch der Musikwirtschaft, 4. Aufl., München 1997, S. 796-814.

SCHEUCH, F. (1993), Marketing, 4. Aufl., München 1993.

SCHMIDT, C. (1997), Organisation der Majors, in: Moser, R./Scheuermann, A. (Hrsg.), Handbuch der Musikwirtschaft, 4. Aufl., München 1997, S. 185-200.

SCHULZE, R. (1995), Die Musikwirtschaft: Marktstrukturen und Wettbewerbsstrategien der deutschen Musikindustrie, Hamburg 1995.

SIMON, H. (1995), Preismanagement kompakt: Probleme und Methoden des modernen Pricing, Wiesbaden 1995.

VIRTEL, M. (2002), Kazaa haftet nicht für Raubkopien im Internet, in: Financial Times Deutschland, 2.4.2002.

VOGEL, H. (1998), Entertainment industry economics: a guide for financial analysis, 4. Aufl., Cambridge 1998.

VORMEHR, U. (1997), Independents, in: Moser, R./Scheuermann, A. (Hrsg.), Handbuch der Musikwirtschaft, 4. Aufl., München 1997, S. 201-212.

WICKE, P. (1997), Musikindustrie im Überblick – Ein historisch-systematischer Abriß, http://www2.rz.hu-berlin.de/fpm/texte/musikind.htm, Abruf: 25.06.2001.

WIRTZ, B.W. (2001a), Electronic Business, 2. Aufl., Wiesbaden 2001.

WIRTZ, B.W. (2001b), Anpassen oder untergehen: Peer-to-peer-Computing und ein sich selbst kannibalisierendes Internet, in: Wirtschaftswoche, Nr. 3, 2001, S. 94.

ZOMBIK, P. (1997), Die Bedeutung der Charts für die Musikwirtschaft, in: Moser, R./ Scheuermann, A. (Hrsg.), Handbuch der Musikwirtschaft, 4. Aufl., München 1997, S. 138-146.

Fünfter Teil

Internet- und Multimediamanagement

Thomas Holtrop

Das kombinierte Geschäftsmodell von Internet Service Providern

1. Einleitung

Die Hiobsbotschaften aus der New Economy schienen lange Zeit nicht abzureißen und Skeptiker, die schon immer davor gewarnt hatten, dass das Internet und der Boom des neuen Mediums nur als Fußnote in die Geschichte eingehen würden, könnten sich aufgrund der Ereignisse vom Herbst 2002 bestätigt gefühlt haben. Die Marktkapitalisierung aller am Neuen Markt gelisteten New-Economy-Firmen erreichte im September des vergangenen Jahres mit 29 Milliarden Euro seinen absoluten Tiefststand – sein Höchststand dagegen ist datiert auf den 10. März 2000: 234 Milliarden Euro – ein Verlust von fast 95 % innerhalb von nur zweieinhalb Jahren.[1] Damit nicht genug. Die Deutsche Börse AG entschloss sich im September 2002 dazu, das einst so rasant gestartete Segment für Wachstums- und Technologiefirmen komplett aufzulösen.

Der Zusammenbruch dutzender Aktiengesellschaften aus dem Bereich der neuen Wirtschaft nach dem Boom kam nicht überraschend: Viele Geschäftsideen waren von vornherein zum Scheitern verurteilt. Gute Ideen waren nicht zu Ende gedacht oder fußten auf falschen, zumindest aber missinterpretierten Markteinschätzungen und Erwartungen.

Dennoch wachsen die Nutzerzahlen im Internet noch immer: Derzeit sind rund 30 Millionen Deutsche regelmäßig „online“.[2] Und die Anzahl der Neuankömmlinge im World Wide Web nimmt täglich zu. Zweistellig wächst auch der Bereich der Breitbandzugänge, also etwa Internet via DSL. Für fast die Hälfte aller Deutschen gehören E-Mails und digitale Zeitungslektüre mittlerweile genauso zum Alltag wie Telefonieren und der Gang zum Supermarkt. Das Internet ist bereits heute das vierte Massenmedium.

Nun gilt es, tragfähige Geschäftsmodelle für die Zukunft zu entwickeln. Geschäftsmodelle, die sich an die breite Masse richten, von ihr verstanden und angenommen werden und ihr darüber hinaus auch einen Mehrwert bieten. Etwa die Organisation von Terminen oder auch die Bereitstellung von Inhalten, die sich an den Wünschen und Gewohnheiten der Konsumenten orientiert. Die Anbieter müssen sich so aufstellen, dass sie für die Herausforderungen des digitalen Marktes gerüstet sind – und auch, um rechtzeitig strukturellen Veränderungen begegnen zu können. Mit der Eroberung des Massenmarktes hat das Zeitalter des Internets gerade erst begonnen.

---

1 Angaben der Deutschen Börse AG.

2 Vgl. Jupiter MMXI (2002).

2. Charakteristika und Erfolgsfaktoren des integrierten Geschäftsmodells von T-Online

Im Verlaufe des Internetbooms ist eine Vielzahl an Geschäftsmodellen entstanden, die teilweise an den Bedürfnissen der Kunden vorbeientwickelt wurden. Auch hat sich oftmals gezeigt, dass das Geschäftsmodell von ausschließlich werbefinanzierten Inhalten für die meisten Anbieter im Internet nicht profitabel war. Hinzu kommt die derzeitige Krise auf dem Werbemarkt. Auch die vielzähligen Insolvenzen und Firmenschließungen von Internetunternehmen wirken sich negativ auf den Online Werbemarkt aus. Um ein aus Kundensicht attraktives Onlineangebot bereitzustellen, das sich auch für Provider rechnet, hat sich bei T-Online das integrierte Geschäftsmodell bewährt: Durch das Internet-Zugangsgeschäft und der damit verbundenen Kundenbeziehung hat der Anbieter die Möglichkeit, darauf aufbauend digitale Inhalte und Services anzubieten und somit Verbundeffekte zu nutzen.

Wettbewerbsvorteile durch Verbundeffekte bei T-Online

Die Grundlage des integrierten Geschäftsmodells bei T-Online basiert auf zwei Säulen: aus dem Internet-Zugangs-Geschäft (Access) und dem Non-Access-Geschäft.

Das Access-Geschäft von T-Online besteht aus hochwertigen Internet-Zugängen im Schmalband- und Breitbandbereich für Privat- und Geschäftskunden. Damit sind Dienste wie zum Beispiel E-Mail oder Online-Banking verknüpft, die einen sehr großen Anteil der Kundenverweildauer umfassen.

Auch im Non-Access-Bereich bietet T-Online eine Vielzahl von Dienstleistungen: Neben der Bereitstellung von Inhalten und Services sind Werbeflächen, E-Commerce-Angebote sowie Business-to-Business-Dienste erhältlich. Von der Startseite ausgehend existieren eine Reihe von Themenportalen wie zum Beispiel Nachrichten, Sport und Unterhaltung. Oder auch Portale, die mit Partnern wie z. B. der Motor Presse (Auto-Portal) oder der TUI AG und der Thomas Cook AG (Reise-Portal) realisiert werden können.

Business-Kunden finden bei T-Online Dienste und Services wie z. B. das Web-Hosting für Shops, sowie verschiedene Büroanwendungen und Kommunikationsmöglichkeiten.

Kontinuierlicher Portalverkehr durch Access-Kunden

Die große Anzahl von Zugangskunden, kombiniert mit einer niedrigen Abwanderungsrate sowie einer hohen Anzahl von Neukunden sorgen Monat für Monat für einen kontinuierlichen Portalverkehr bei den Internet Service Providern. Jeder neue Access-Kunde wird automatisch auf die Startseite geführt. Dadurch können die Kundenakquisitionskosten im Portalgeschäft im Vergleich zur Konkurrenz, die nicht vom Zugangsgeschäft profitiert, erheblich gesenkt werden. Die Access-Kunden-Beziehung führt außerdem zu einer niedrigen Abwanderungsrate („churnrate"), was einer hohen Kundenbindungsrate auch im Portalgeschäft gleichkommt. Umgekehrt führt ein attraktives Portal zu einer höheren Nutzung der Access-Angebote und kann so als Kundenbindungsfaktor beim Internetzugangsgeschäft beitragen.

Kontinuierliche Kunden- und Abrechnungsbeziehungen

Ein weiterer Vorteil des integrierten Geschäftsmodells ergibt sich aus der kontinuierlichen Kunden- und Abrechnungsbeziehung. T-Online Access-Kunden erhalten mit der gewohnten Telefonrechnung der Deutschen Telekom AG auch die monatliche Abrechnung ihrer Zugangsgebühren. Im Gegensatz zu reinen Portalanbietern ermöglicht dies eine wesentlich intensivere Kundenbeziehung, da die Abbuchung der Onlinegebühren durch ein vertrautes Abrechnungssystem erfolgt. Diese Vertrauensbasis ist für Internet Service Provider eine wichtige Grundlage für die Entwicklung und die Vermarktung weiterer Services und Dienstleistungen und stellt im Vergleich zu anderen Portalanbietern einen echten Wettbewerbsvorteil dar.

„Enabling Services" durch Identifizierung und Authentifizierung

Durch die Bereitstellung des Internet-Zugangs kennen die Provider ihre Kunden und können sie identifizieren. Die aus dem Access-Geschäft gewonnene Kundenbeziehung ist die Voraussetzung für eine Reihe von so genannten „Enabling Services". Beispiele für derartige Services finden sich in den Bereichen Payment und Security. Diese Features erleichtern Kunden, die sich durch das Einloggen beim Internet Service Provider bereits identifiziert haben, die Navigation in sicherheitsrelevanten Bereichen wie beispielsweise beim Übermitteln von Bankverbindungsdaten.

Cross-Marketing

Das integrierte Geschäftsmodell bietet Cross-Marketing- und -Selling-Potenziale, indem Portal- und E-Commerce-Leistungen an Access-Kunden vermarktet werden können. Das Portal stellt dabei einen wichtigen Vertriebskanal für das Access- und E-Commerce-Geschäft dar. Eine der Fehlannahmen aus der Zeit der Internet-Euphorie gründete sich aus dem Glauben heraus, dass das Internet die Akquisitionskosten von Neukunden durch seine rasante Verbreitung und der umfassenden Vernetzung nahezu gen Null tendieren lassen würde. Tatsächlich zeigte sich aber schnell, dass dies nur selektiv gilt: für bereits eingeführte, etablierte Marken wie Amazon oder Yahoo beispielsweise, sowie für Internet Service Provider, die meistens erste Anlaufstelle im World Wide Web sind.

3. Herausforderungen des Internet 2.0 – Transfer in neue Nutzungswelten

3.1 Breitband führt das Internet in eine neue Dimension

Die Zeiten, in denen einige Provider ellenlange Zahlenkolonnen statt „Realnames“ als E-Mail-Adressen vergeben haben, sind längst vorbei, doch an der Geschwindigkeit und den Datenübertragungsraten hat sich seit Mitte der 90er Jahre grundsätzlich nicht viel geändert. Selbst die Ablösung von analogen Modems, der derzeit am häufigsten genutzten Zugangsart zum Internet, durch das schnellere ISDN ist noch nicht in Sicht: Gingen 2001 noch rund 56 % aller Deutschen per Modem online und nur ein Drittel per ISDN, sind es in diesem Jahr immer noch 52 %, die an der langsameren Technik festhalten. Deutschland belegt inzwischen weltweit einen Spitzenplatz bei der ISDN-Verbreitung.[1] Für Gelegenheitssurfer, die E-Mails abrufen, chatten oder Flug- oder Reisetickets ordern, mag eine Übertragungsrate von bis zu 64 Kilobits/Sekunde (Kbit/s) ausreichend sein. Dennoch sind beliebte Websites wie RTL.de, Bild.T-Online oder Spiegel Online heutzutage bereits so aufwändig gestaltet, dass der Seitenaufbau per Modem oder ISDN oftmals viel Zeit in Anspruch nimmt.

Breitband auf dem Vormarsch

Es wundert also nicht, dass seit dem vergangenen Jahr die Anzahl der Highspeed-Internet-Zugänge regelrecht explodiert ist: so haben in Deutschland derzeit allein über die Deutsche Telekom AG mehr als 2,7 Millionen Menschen einen DSL-Anschluss.[2] „DSL“ steht für die verbreiteteste Form breitbandiger Zugänge, die Digital Subscriber-Line, und erlaubt deutlich höhere Übertragungsraten als ein ISDN-Zugang: Downstreams mit einer Geschwindigkeit zwischen 1 bis 2 Mbit/s sind mittlerweile Standard. So können große Dateien innerhalb weniger Minuten heruntergeladen werden, was mit einem Modem oder einer ISDN-Verbindung mehr als eine Stunde benötigen würde.

Breitbandsurfer nutzen Internet intensiver

Auch haben Untersuchungen gezeigt, dass Surfer mit Breitbandanschluss ca. dreimal länger auf Webseiten verweilen als User mit Modems und ISDN-Anschluss. Sie besuchen im Schnitt fast viermal so viele Seiten und nutzen auch häufiger Online-Shopping-Dienste.[3] Das Angebot von T-Online wird von DSL-Kunden im Schnitt 160 Min/Monat genutzt – Modem/ISDN-Kunden verweilen im gleichen Zeitraum 45 Minuten auf den

1 Vgl. Bitkom (2002).

2 Angaben der Deutschen Telekom AG vom 15. Oktober 2002.

3 Vgl. Nielsen NetRatings (2002).

Seiten. Im dritten Quartal 2002 wurden bei T-Online in Deutschland mehr als 85 % der Access-Minuten über einen T-DSL Anschluss generiert. Beliebteste Anwendungen von Nutzern mit breitbandigen Zugängen sind Audio und Videostreaming.

Traditionelle Medien und Online-Medien wachsen zusammen

Die rasante Verbreitung von Highspeed-Zugängen führt das Internet in eine neue Dimension. So ist es mit den derzeitig durchschnittlichen DSL-Übertragungsraten von 750 bis 1500 MBit/s möglich, Filme in Echtzeit zu streamen, ohne sie vorher umständlich herunterzuladen. Die Qualität solcher Video-on-demand-Angbote (VoD) entspricht momentan der des analogen Fernsehens. Mit weiter steigenden Übertragungsraten und neuen, verbesserten Video-Kompressionsverfahren wird aber schon bald DVD-Qualität erreicht sein. Im Vergleich zu dem bereits jetzt schon funktionierenden VoD als Maßstab für Ansprüche an Komprimierungs- und Übertragungsqualität, werden andere Angebote – wie zum Beispiel Radio- und TV-Streaming oder auch Online-Gaming – noch weitaus einfacher und komfortabler zu realisieren sein. Auch Dienste wie Music-on-Demand und Print-on-Demand, wie z. B. personalisierte Zeitungsinhalte, können einfach bereitgestellt werden. Durch verbesserte Datenkompressionsverfahren einerseits und die Digitalisierung der klassischen Medien andererseits wachsen die traditionellen Medienangebote zukünftig immer mehr mit Onlineangeboten zusammen. Die Bedeutung digitaler Plattformen, die in der Lage sind, all diese Angebote bereitzustellen, nimmt rasant zu.

Always On

Ein weiterer Vorteil breitbandiger Internetzugänge ist, dass die Nutzer nicht nur die Internetangebote intensiver nutzen, sondern meistens auch „always on" sind, also etwa einmal am Tag online gehen und es dann auch bleiben – im Gegensatz zu Nutzern von analogen oder ISDN-Zugängen, die gezielt und nur für kurze Zeit Dienste wie E-Mails oder Informationen in Anspruch nehmen und sich anschließend wieder ausloggen. Surfer mit Highspeed-Anschlüssen sind also fast ständig und direkt erreichbar: sei es über E-Mail, Messaging-Dienste oder auch Werbeanzeigen. „Always on" beschränkt sich aber nicht auf das stationäre Surfen allein. Auch die steigenden Übertragungsraten bei Mobiltelefonen, wie durch den zurzeit gängigen GPRS-Standard, erlauben unterwegs den Empfang von umfangreichen E-Mail-Nachrichten, persönlichen Newslettern oder das Surfen im Internet.

Werbung durch Rich Media

Auch für die werbetreibende Industrie bieten Breitbandtechnologien neue, personalisierte und effektivere Zugangswege zum Kunden. „Rich Media"-Inhalte, also solche Inhalte, die Multimedia mit Streaming und Interaktivität verbinden, benötigen große Bandbreiten, um die aufwändigen Audio- und Videobotschaften zu übertragen. Der Einsatz von Rich Media Spots bietet Werbetreibenden die Möglichkeit, sich mittels emotionalisierter Botschaften – und somit wirksamer hinsichtlich des Markenaufbaus – an die Kunden zu wenden. Die Werbewirksamkeit wird zudem dadurch gesteigert, dass sich die User sehr zielgruppenspezifisch ansprechen lassen. Durch die Möglichkeiten der medienbruchfreien Kommunikation, Interaktion und Transaktion zwischen Kunden und Unternehmen können die breitbandigen Werbeformen unmittelbar den Produktabsatz stimulieren. Daher werden Rich Media Werbeformen in den kommenden Jahren für erhebliche Anzeigeaufwendungen sorgen.

Internet als Massenmedium – Tendenzen der Kannibalisierung

Das Internet sorgt für eine Verschiebung des Mediennutzungsverhaltens: Während 1999 lediglich 2,7 % der täglichen Mediennutzung auf das Internet entfielen, wurden 2000 schon 4,6 %, 2001 sogar 7,7 % der täglichen Mediennutzungszeit im Internet verbracht.[1] Dabei geht der rasant wachsende Anteil des Online-Medienkonsums vor allem zu Lasten des TV-Konsums.[2] Und in der Zielgruppe der 14- bis 29-Jährigen hat das Internet bei der Mediennutzung Zeitungen und Zeitschriften sogar bereits überholt. Die Internet-Nutzung der Kinder hat sich allein in den letzten zwei Jahren fast verdoppelt.[3] Dies ist gerade deshalb bemerkenswert, weil gerade junge Menschen ein Indikator für die zukünftigen Trends sind.

Die zu erwartenden Kannibalisierungseffekte zwischen den neuen und den klassischen Medien werden sich zukünftig weiter verstärken. Das Internet ist auf dem Weg zum vierten Massenmedium, gleichberechtigt neben TV, Radio und Print. Die Entwicklung erfordert neue Refinanzierungs- und Erlösmodelle. Es zeigt sich bereits heute, dass sich die klassischen Anzeigenmärkte von Tageszeitungen zunehmend auf entsprechende Websites im Internet verlagern.[4] Auch wird sich die Substitutionskonkurrenz in den Bereichen Musik und Film verschärfen. Das heißt bei Medien, die bereits in digitaler Form vorliegen und die künftig stärker über das World Wide Web vertrieben werden, wird der Online-Vertrieb stark zunehmen – zu Lasten des stationären Handels (z. B. von CDs und DVDs). Die Anbieter dieser Mediengattungen sind schon seit längerem gezwungen, sich mit dem Phänomen der Online-Musiktauschbörsen bzw. dem digitalen File-Sharing auseinander zu setzen und sind gezwungen, ihre Geschäftsmodelle kritisch zu überprüfen.

Breitband als Konvergenzbeschleuniger

Durch die Breitbandtechnologie wird neben der technologischen Konvergenz auch gleichzeitig die inhaltliche Konvergenz der Medien vorangetrieben. Je mehr sich breitbandige Technologien am Massenmarkt durchsetzen, desto mehr werden Content- und

---

1 Vgl. MMXI (Media Metrix, Ipsos und GfK Gruppe), Juni 2002.

2 Vgl. NFO Infratest InterActive Research (2002).

3 Vgl. Medienpädagogischer Forschungsverbund Südwest (MpFS) (2002).

4 Die Anzeigenumsätze sind schon in 2001 um 13 % auf 6 Mrd. Euro zurückgegangen, und der Trend setzt sich unvermindert fort: Im ersten Halb. 2002 verzeichneten allein die Stellenanzeigen ein Minus von 43 %, die Immobilienanzeigen nahmen um 15 % ab, übergeordnete Inserate um 11 %, Autoanzeigen um 9 % und Lokalanzeigen um 4 %. Vgl. Münster (2002).

Internetanbieter gefordert sein, der Technik entsprechende Anwendungen zu entwickeln. Die bereits erwähnten Video-, Musik- und Print-on-Demand-Dienste sind nur ein Beispiel. Auch neue, interaktive Werbeformen und zielgruppenspezifische Services – wie Unified Messaging und Location-based-services – zählen dazu, genauso wie Lösungen im Bereich personalisierter e-Commerce- und Business-to-Business-Anwendungen.

Innovationstreiber von neuen Inhalten und Formaten

Die Breitbandtechnologien sind Innovationstreiber für neue Dienste und Services, also auch für innovative Produktideen, Werbe- und Verkaufsformen. Die Digitalisierung der Massenmedien und die technologische Konvergenz der Inhalte eröffnen den Weg in neue Nutzungswelten: Neben „Lean-forward"- eröffnen sich auch die „Lean-Backward"- und die „On the move"-„Erlebniswelt".

3.2 Neue Nutzungswelten

Vom klassischen „Lean-forward" in neuen Nutzungssituationen

Schon heute verfügen die meisten Internetnutzer über mehrere Endgeräte, mit denen sie kommunizieren, Informationen austauschen und Transaktionen durchführen. Außer dem stationären Computer zu Hause und am Arbeitsplatz, an dem während der Nutzung die „Lean-forward"-Haltung eingenommen wird, kann es der Laptop oder ein elektronischer Organizer wie ein Palmtop sein, dazu das Festnetz und das Mobiltelefon. Da sich in Zukunft der Trend zu mehreren digitalen Endgeräten verstärken wird, kommt es darauf an, das Internet überall dort verfügbar zu machen, wo sich der User befindet, bzw. dem situationsbedingt benutztem Endgerät anzupassen. Das Stichwort lautet hier „Multi-Access". Die Verbindung führt über viele Technologien und Bandbreiten auf verschiedenste Endgeräte zu Nutzern in unterschiedlichen Situationen. Wer auf Geschäftreise in einer fremden Stadt das Lokal für den Businesslunch sucht, der nutzt bevorzugt sein Mobiltelefon, um sofort die Auskunft zu bekommen, wie er am schnellsten zum Restaurant xyz kommen kann.

Lean-backward

Die bestehende, interaktive Kundenbeziehung, inklusive der hiermit verbundenen individuellen Kundeninformationen, kann auch auf andere Produkte und Services übertragen werden. Beispielsweise können Nutzern, die das Internet bisher über Modem oder ISDN genutzt haben, zukünftig neue Angebote über breitbandige „always on" Verbindungen wie DSL offeriert werden. Neue Technologien bieten neue Funktionalitäten, von denen sich einige als wahre „Killerapplikationen" herausstellen können. Die Anwendungen müssen aber zunächst der persönlichen Lebensweise der Konsumenten Rechnung tragen. Die Nutzer können selbst entscheiden, ob, wie und wo sie welche Informationen und Inhalte erhalten möchten.

Ein Beispiel hierfür ist das digitale Fernsehen: technisch betrachtet spricht bereits heute nichts mehr dagegen, alle Fernseh- oder Radiosender der Welt über das Internet empfangen zu können. Damit kann der persönliche Medienkonsum individuell gestaltet werden. Aber auch bei einer Auswahl von 300 Kanälen führt die Vielzahl natürlich auch zu einer gewissen Unübersichtlichkeit der Angebote. Hier kann z. B. ein Internet Service Provider die Funktion des individuellen Lotsen übernehmen. Da der Provider durch die Kundenbeziehung, die durch den Internetzugang besteht, Auskunft über die Vorlieben seiner Kunden erhalten kann, ist er so in der Lage, die gewünschten Programme kundengerecht aufzubereiten bzw. sie über seine Portale zur Verfügung zu stellen.

Der nächste Schritt des digitalen Fernsehens ist der Schritt hin zum interaktiven Fernsehen (iTV): Durch digitale, breitbandige und rückkanalfähige Distributionswege ist es nicht nur möglich, bestehende Fernseh- oder auch Radioprogramme zu empfangen, sondern auch Online-Inhalte via TV-Bildschirm als Unterhaltungs-, Informations- und Kommunikationsmedium zur Verfügung zu stellen. Durch iTV erweitert sich die Erwartungshaltung der Kunden: der klassische Fernsehkonsum wird weiterhin einen großen Stellenwert im Nutzungsverhalten haben. Darüber hinaus haben die Kunden aber auch die Möglichkeit, aktiv an der Gestaltung ihres TV-Programms teilzunehmen. Über iTV können Fernsehstationen etwa vertiefende Informationen zu laufenden Sendungen anbieten: seien es verschiedene Sprachversionen zu einem Film, Literaturhinweise, Hintergrundinformationen zu Dokumentationen oder die Übertragung von Internet-Links zum TV-Programm. Die Rückkanalfähigkeit des interaktiven Fernsehens macht zudem den Ausbau von TV-Formaten mit Zuschauerbeteiligung möglich: Die Zuschauer können sich so direkt in die Shows einwählen und aktiv mitgestalten, etwa Gewinnspielfragen beantworten. Hierdurch wird die hohe Suggestivkraft und der „always on"-Status des Mediums TV mit den Vorteilen des Internets verknüpft. Durch die Interaktion kann auch Werbung zu einer stärkeren Emotionalisierung und somit einem höheren Involvement des Kunden führen.

Ähnlich funktioniert eine weitere Applikation: Video-on-demand. Damit richtet der Kunde seinen Medienkonsum nicht mehr nach dem aktuellen Angebot oder einer vorgegebenen Zeit, sondern entscheidet selbst, wann er sich einen bestimmten Film anschaut. Auch der eher lästige, weil mit doppelten Wegen verbundene Besuch der Videothek entfällt damit. Auch hier trägt iTV der steigenden Nachfrage nach persönlicher Lebensgestaltung und „convenience" Rechnung.

Weitere Applikation, die in der „Lean-backward"-Welt für den Kunden einen hohen Nutzen stiften können, sind Kommunikationsfunktionen wie E-Mail, Voting, Chats und Instant-Messaging. So kann zum Beispiel bei Live-Sport-Ereignissen jeder mit seinen Freunden über ein Spiel diskutieren, auch wenn diese in vielen verschiedenen Städten leben.

Mobiles Internet

Zum Ende des Jahres 2002 haben die Hersteller von Mobilfunktelefonen die ersten UMTS-Geräte für normale Endanwender vorgestellt. Dadurch werden die Ideen und Anwendungsmöglichkeiten, die mit der neuen 3-G-Generationen verknüpft sind, nun auch für die Verbraucher nachvollziehbarer. Der UMTS-Standard wird eine Vielzahl von sowohl bekannten als auch noch zu entdeckenden Applikationen ermöglichen. Mit dem Mobilfunknetz der dritten Generation wird die „always on“-Welt weiter vorangetrieben: Durch die mobilen Endgeräte ist jede Information ständig verfügbar und stellt sich zudem noch kontext-abhängig auf die jeweiligen Anforderungen der Nutzer ein. So ist, wie auch beim stationären PC, ein ständiger Zugriff auf das Internet möglich. Die Wege der Unterhaltungs- und Informationsbeschaffung werden erweitert und sind nicht mehr an stationäre Orte gebunden. Dies beinhaltet auch Kommunikationsdienste wie E-Mailing oder Messaging. So wird das Telefon zukünftig nicht mehr nur Anrufe und Mails entgegennehmen können, sondern automatisch den Anrufbeantworter zu Hause abfragen, Termine und sonstige Erinnerungsfunktionen verwalten usw. Dem Internet Service Provider kommt hier eine zentrale Rolle zu: Er stellt nicht nur die Technik zur Verfügung, sondern bietet über spezielle Tools die Administration einer Vielzahl von Diensten für den Kunden an.

Location-based-services

Das Internet erlaubt heute bereits individuelle Anfragen: Wie finde ich die weltweit verstreute Community, die sich für seltene Weine aus dem Ruwer-Tal um 1960 interessiert? Wie spreche ich all diejenigen an, die sich ebenfalls für bestimmte Theaterstücke, Kinofilme oder Konzerte in Darmstadt, Denver oder Darwin interessieren? Die Location-based-services sind in der Lage, nicht nur automatisch den genauen Aufenthaltsort des Nutzers zu bestimmen, sondern ihn dort auch mit exakt den Informationen zu versorgen, die er gerade benötigt. So kann der Kunde unterwegs z. B. auf lokale Ereignisse hingewiesen oder zum Theater dirigiert werden. Durch diese Zielgruppengenauigkeit und Unmittelbarkeit profitiert – unter der Voraussetzung, dass der Kunde seine Einwilligung gibt – auch das Advertising.

4. Das Internet Media Network – die Zukunft der Internet Service Provider

Alle Potenziale des Internet 2.0 dürfen nicht vergessen lassen, dass die gesamte Produkt- und Dienstleistungspalette nicht von einem Unternehmen allein bewältigt werden kann. Ein Unternehmen allein wäre kaum in der Lage, den für alle Kunden gewünschten Individualisierungs- und Personalisierungsgrad flexibel genug zu bedienen. Daher ist es sinnvoll, ein Netzwerk von Partnerschaften mit anderen Unternehmen so zu orchestrieren, dass die Bedürfnisse des Kunden optimal befriedigt werden können und gleichzeitig ein wirtschaftlich tragfähiges Modell für die beteiligten Partner existiert.

Ein Beispiel hierfür sind die Kundenakquisitionskosten: Content-Anbieter wie Verlage, TV- und Radiostationen, Musiklabels und Filmproduzenten, haben bislang wenig bis keinen direkten Kontakt zu ihren Kunden. Der Aufbau einer eigenen digitalen Distributionsinfrastruktur wäre für sie sehr kostenintensiv. Die Bemühungen einiger Plattenlabels, ihr Produkt Musik über ihre Websites zu verkaufen, scheitern oftmals daran, dass der Kunde sich selten dafür interessiert, bei welchem Label er nach einen bestimmten Song suchen muss, sondern er möchte vielmehr gleichzeitig auf ein breites Angebot zugreifen können. Hier ergänzen sich ein Internet-Service-Provider und ein Plattenlabel: Durch das Access-Geschäft des Internet Service Providers ist die eigene digitale Plattform erste Anlaufstelle im Netz, das Label verfügt über den attraktiven Content. Durch den direkten Kundenkontakt kann der Provider in Kooperation mit den Content-Partnern die Distribution der digitalen Güter übernehmen. Der Provider übernimmt hier gegen eine entsprechende Provision nicht nur die Vermittlerrolle, sondern sorgt auch für die Aggregation, Formatierung und Veredlung der Inhalte.

Content-Provider, Werbetreibende sowie Dienstleistungs- und E-Commerce-Anbieter finden in Internet Service Providern mit integriertem Geschäftsmodell einen Partner, der ihnen den direkten Zugang zu ihrer Zielgruppe ermöglicht. Hierbei sind verschiedene Formen der Zusammenarbeit denkbar: Die Kooperation kann von der Platzierung von Werbeflächen über Shopping-Links und redaktionell begleitete Produktpräsentationen bis hin zu einem exklusiven Joint Venture gehen.

Durch das oben beschriebene Internet Media Network können sich die Unternehmen auf ihre Kernkompetenzen konzentrieren (wie z. B. Plattenlabel auf die Entdeckung bzw. den Aufbau von Künstlern). Aus der Kombination der jeweiligen Kernkompetenzen, d. h. der technologischen Kompetenz des Internet Service Providers einerseits sowie der Produktion von Inhalten des Content-Partners andererseits, ergeben sich Wettbewerbsvorteile. Alleine könnten beide Unternehmen die jeweilige Kernkompetenz des Partners nicht aufbauen. Für die beteiligten Unternehmen entsteht so eine Win-Win-Situation.

Mittel- bis langfristig werden sich diejenigen Internet Service Provider durchsetzen, die nicht nur über eine breite Kundenbasis, technologische Kompetenz und eine funktionierende Abrechnungsplattform verfügen, sondern die sich zudem mit starken Partnern im Content-, Werbe- und E-Commerce-Bereich aufstellen, um den digitalen Medienmarkt zu bedienen. Hierbei wird es vor allem darauf ankommen, auf Basis der digitalen Technologien Inhalte und Dienste bereitzustellen, die zuvorderst die Zufriedenstellung der Kundenbedürfnisse zum Ziel haben. Die Entwicklung neuer Services und der digitale Vertrieb von Inhalten werden in den nächsten Jahren ein wesentlicher Wachstumsmotor der Medien- und Unterhaltungsindustrie sein.

Literaturverzeichnis

BITKOM (HRSG.) (2002), Wege in die Informationsgesellschaft, Berlin, April 2002

DEUTSCHEN TELEKOM AG (2002), Pressemitteilung vom 15.10.2002.

JUPITER MMXI (HRSG.) (2002), European Internet Population Forecasts, 2001-2007, Februar 2002.

MEDIENPÄDAGOGISCHER FORSCHUNGSVERBUND SÜDWEST (MPFS) (HRSG.) (2002), KIM 2002.

MÜNSTER, P. (2002), Deutsche Zeitungsverlage in der Krise, in: Neue Zürcher Zeitung, 20.08.2002.

NETVALUE (Hrsg.) (2002), Breitband erobert die privaten Haushalte, 2002.

NFO INFRATEST INTERACTIVE RESEARCH (HRSG.) (2002), Euro.net 9, München 2002.

NIELSEN NETRATINGS (HRSG.) (2002), Internet Population Europe, Februar 2002.

Wolfgang Fritz

Besonderheiten des Online-Marketing

1. Einleitung

Viele Hoffnungen auf steigende Unternehmensgewinne, die mit der New Economy bzw. der Internet-Ökonomie verbunden worden sind, haben sich bis heute nicht erfüllt. Die dramatisch gesunkenen Aktienkurse und die zahlreichen spektakulären Insolvenzen von Internet-Unternehmen scheinen sogar dafür zu sprechen, dass das Electronic Business in einer tiefen Krise steckt.

Dennoch ist nicht zu übersehen, dass immer mehr Menschen weltweit das Internet nutzen. Im Privatleben und stärker noch in der Geschäftswelt ist der Einsatz des Internet inzwischen zu einer Selbstverständlichkeit geworden. Praktisch alle Großunternehmen in den modernen Industriegesellschaften sind heute im Internet präsent, und auch im Bereich der kleinen und mittleren Unternehmen schreitet die Verbreitung des Internet stetig voran. In zunehmendem Maße etablieren sich auch erfolgreiche und langfristig tragfähige Geschäftsmodelle im Internet.[1] National und international wächst der Umfang des Electronic Commerce kontinuierlich.[2]

Empirische Studien zeigen, dass der Marketing- bzw. Vertriebsbereich zu den vom Internet am stärksten beeinflussten Funktionsbereichen in Unternehmen zählt.[3] Im vorliegenden Beitrag sollen der Einsatz des Internet im *Marketing* von Unternehmen inhaltlich skizziert und dabei die Besonderheiten herausgearbeitet werden, die das internetbasierte gegenüber dem traditionellen Marketing aufweist. Diese Besonderheiten ergeben sich aus neuen Faktoren des *Marketing-Umfelds* und konkretisieren sich auf den einzelnen Ebenen der *Marketing-Konzeption*, was in den Kapiteln zwei und drei differenziert dargestellt wird. Berücksichtigt werden dabei Marketing-Aktivitäten sowohl von reinen Internet-Unternehmen („pure-click companies") als auch von traditionellen Unternehmen, die ihr herkömmliches Geschäftsfeld um ein Internet-Engagement ergänzen („brick-and-click companies"[4]).

Der *Begriff „Internet-Marketing"* bezeichnet die systematische Nutzung der Internet-Dienste (z. B. E-Mail, WWW) für die Zwecke des Marketing.[5] In zunehmendem Maße werden auch Marketing-Aktivitäten mittels verwandter digitaler Technologien, etwa anderer Online-Telekommunikationsmedien, Breitband- und Satellitentechnologien, dem Internet-Marketing zugerechnet.[6] Das Internet wird heute vielfach als Basis des gesam-

---

1 Vgl. Albers et al. (2002).

2 Vgl. Dholakia et al. (2002).

3 Vgl. Focus (2001), S. 20.

4 Kotler (2003), S. 45.

5 Vgl. Fritz (2001a), S. 22.

6 Vgl. Chaffey et al. (2001), S. 27; Mohammed et al. (2002), S. 4.

ten elektronischen Marketing aufgefasst.[1] Darüber hinaus ist ein vom Internet isoliertes Marketing etwa mittels privater Online-Dienste (z. B. AOL; T-Online) in immer weniger Fällen praktikabel. Faktisch wird das Internet weitgehend zum Kern des gesamten Online-Marketing.[2] Aus diesen Gründen werden *die Begriffe „Online-Marketing" und „Internet-Marketing"* in diesem Beitrag *synonym* verwendet.

2. Besonderheiten des Online-Marketing-Umfelds

Das Umfeld des Online-Marketing unterscheidet sich von jenem in der traditionellen Offline-Welt unter zahlreichen Aspekten. In diesem Beitrag können lediglich einige Besonderheiten der Konkurrenzsituation und des Konsumentenverhaltens herausgegriffen werden.[3]

2.1 Neue Wettbewerbsbedingungen

Vieles deutet darauf hin, dass die *Intensität des Wettbewerbs* durch das Internet gesteigert wird. Einen wesentlichen Grund dafür bilden die durch das Internet *erhöhte Markttransparenz* und die *sinkende Loyalität* der Kunden. Die z. B. durch verschiedene Suchhilfen im WWW gesteigerte Markttransparenz der Nachfrager führt dazu, dass der traditionelle Informationsvorsprung der Anbieter abnimmt und u. U. sogar das Phänomen *reverser Märkte* auftreten kann, auf denen sich das Informationsungleichgewicht zugunsten der Nachfrager verschiebt.[4] Weil zudem die Kosten des Anbieterwechsels in der Internet-Ökonomie sinken – das Konkurrenzangebot liegt nur einen Mausklick entfernt –, nimmt auch die Kundenloyalität ab.[5]

Zugleich ändern sich auch die *Spielregeln des Wettbewerbs*.[6] So treten in den Märkten der Internet-Ökonomie vielfach *Netzeffekte* in Gestalt positiver Netzwerk-Externalitäten auf, deren Existenz die klassischen Marktregeln der traditionellen Mikroökonomie in Frage zu stellen scheinen. Solche Netzeffekte beschreiben jenen Sachverhalt, wonach

---

1 Vgl. Kotler (2003), S. 40.

2 Vgl. Fritz (2001a), S. 22.

3 Für einen umfassenderen Überblick vgl. Fritz (2001a), S. 57 ff.

4 Vgl. Zerdick et al. (2001), S. 231.

5 Vgl. Dholakia/Dholakia (2001), S. 34 f.

6 Vgl. Meffert (2000), S. 126 ff.; Zerdick et al. (2001), S. 157 ff.

der Nutzen eines Netzwerks um so größer wird, je stärker das Netzwerk wächst.[1] So steigt beispielsweise der Wert des Telefonnetzes oder der des E-Mail-Dienstes für den einzelnen Nutzer um so stärker an, je mehr Personen ebenfalls an das Telefonnetz angeschlossen sind bzw. den E-Mail-Dienst nutzen. Ähnliches gilt z. B. für Diskussionsforen, Newsgroups, Chatrooms, elektronische Marktplätze, Online-Auktionen und virtuelle Communities im Internet.[2] Extrembeispiele dafür bilden die – 2002 jedoch wegen Urheberrechtsverletzungen eingestellte – Musiktauschbörse Napster und das Online-Auktionshaus eBay. Beide elektronischen Marktplätze verzeichneten in weniger als zwei Jahren jeweils mehr als 50 Millionen Nutzer. *Metcalfes Gesetz* zufolge soll der Wert eines Netzwerks im Quadrat zur Anzahl der Teilnehmer steigen.[3]

Solche Netzeffekte scheinen klassische ökonomische Gesetzmäßigkeiten auf den Kopf zu stellen, denn offenbar steigt hier der Wert eines Guts nicht mit dessen Knappheit, sondern mit dessen Überfluss: „Masse verdrängt Knappheit als Wertquelle ... ‚Increasing Returns'... dominieren die neuen Marktregeln".[4]

Das sog. *Law of Increasing Returns*[5] beruht aber noch auf einem weiteren Aspekt, nämlich der *Fixkostendominanz* bei der Herstellung und Verbreitung digitaler Produkte sowie den daraus folgenden substantiellen *Economies of Scale*.[6] Die Herstellungskosten von Software, Spielfilmen, Informationen und dgl. werden wesentlich durch die fixen *Erstkopiekosten* bestimmt (First Copy Costs). So hat z. B. die Erstkopie des Netscape Navigator rd. 30 Millionen US$ Entwicklungskosten verursacht, während die Kosten für die zweite und jede weitere Kopie nur rd. 1 US$ betragen haben.[7] Aus dieser Fixkostendominanz und den erheblichen Anfangsinvestitionen in die Erzeugung der First Copy ergibt sich zunächst eine im Vergleich zu traditionellen Märkten meist längere Zeitspanne bis zum Erreichen der Gewinnschwelle. Aufgrund der ausgeprägten Skalen- und Netzeffekte steigt der Ertrag danach aber überproportional an.

Für Produkte im Internet, die solchen Zusammenhängen unterliegen, ist es folglich notwendig, die Verbreitung so schnell wie möglich voranzutreiben, was durch eine Strategie des *Viral Marketing,* eine *Niedrigpreisstrategie* oder gar das *Verschenken der Produkte* gefördert werden kann, worauf noch näher eingegangen wird (vgl. Kapitel 3). Dagegen wird die notwendige Größe zur Realisierung substantieller Skaleneffekte durch Hochpreisstrategien meist nicht erreicht.[8]

1 Vgl. Dholakia et al. (2001a), S. 52 f.

2 Vgl. Choi/Stahl/Whinston (1997), S. 49; Choi/Whinston (2000), S. 33.

3 Vgl. Shapiro/Varian (1999), S. 242.

4 Zerdick et al. (2001), S. 159; vgl. Choi/ Stahl/Whinston (1997), S. 68.

5 Vgl. Albers (2001), S. 11.

6 Vgl. Choi/Whinston (2000), S. 34; Skiera (2000), S. 97.

7 Vgl. Zerdick et al. (2001), S. 165 ff.; Shapiro/Varian (1999), S. 37 ff.; Wirtz (2001), S. 168.

8 Vgl. Meffert (2000), S. 136.

2.2 Verändertes Konsumentenverhalten

Das Internet übt einen Einfluss auf das Verhalten der Konsumenten aus und trägt zumindest teilweise auch zu dessen Veränderung bei. Diese Auswirkungen werden in dem Maße für das Online-Marketing relevant, in dem die Verbreitung des Internet als Informations- und Einkaufsmedium im Konsumentenbereich fortschreitet.

Seit September 2002 existieren weltweit über 605 Millionen *Internet-Nutzer*, darunter zum ersten Mal in Europa und Asien jeweils mehr als in Nordamerika (191 bzw. 187 vs. 183 Millionen).[1] In Deutschland finden sich seit August 2002 mehr als 32 Millionen Internet-Nutzer, und in 2003 werden es voraussichtlich über 34 Millionen sein.[2]

Das Internet dient an erster Stelle dem Versenden von E-Mails, gefolgt von der Informationsbeschaffung im WWW und dem Abrufen aktueller Nachrichten. Über 50 % der Internet-Nutzer in Nordamerika und in Deutschland setzen das Internet inzwischen bereits zum *Online-Shopping* ein.[3] Zahlreiche Studien zeigen übereinstimmend, dass Bücher, Reisen, CDs, Eintrittskarten, Computerprodukte und Unterhaltungselektronik am häufigsten über das Internet eingekauft werden. Als Folge davon wächst in Deutschland der Internet-Handel speziell mit Büchern und Musik zum Teil beträchtlich, während der Gesamtmarkt stagniert oder sogar schrumpft.[4]

Darüber hinaus lässt sich feststellen, dass sich die *soziodemographischen Profile* der Gesamtbevölkerung und der Internet-Nutzer seit längerem immer stärker annähern, ohne dass es jedoch zu einer völligen Übereinstimmung gekommen wäre. Noch immer ist der Internet-Nutzer im Durchschnitt jünger und mit einem höheren Bildungsabschluss und höherem Einkommen ausgestattet.[5]

Zur *Erklärung des Konsumentenverhaltens im Internet*, insbesondere des Online-Shopping, liegen wissenschaftlich fundierte und stabile Erkenntnisse bisher in erst geringem Umfang vor. Einige Studien scheinen dafür zu sprechen, dass sich der Konsument in einer Online-Umgebung zumindest teilweise anders verhält als in einer traditionellen Einkaufsumgebung;[6] andere Untersuchungen können einen solchen Unterschied dagegen nicht nachweisen.[7]

Zumindest die *Produktbeurteilung des Konsumenten* kommt im Internet zum Teil anders zustande als in einer traditionellen Offline-Umgebung. So orientiert sich der Konsument

---

1 Vgl. Nua (2003).

2 Vgl. o. V. (2002a).

3 Vgl. Fritz (2001a), S. 85; o. V. (2002a).

4 Vgl. o. V. (2002b).

5 Vgl. Fritz (2001a), S. 79 ff.

6 Vgl. Dholakia/Bagozzi (2001).

7 Vgl. Diehl/Weinberg (2002), S. 308.

beim Online-Shopping oft stärker an Markennamen und am Preis der Produkte, wenn nur wenige ergänzende Produktinformationen vorhanden sind. Sensorische und optische Produktmerkmale (z. B. Design) haben im Internet meist einen geringeren, nicht-sensorische (z. B. Fettgehalt einer Margarine) dagegen oft einen größeren Kaufeinfluss als in herkömmlichen Einkaufsstätten.[1] Die Konsequenzen dieser Erkenntnisse liegen z. B. für die *Markenpolitik* auf der Hand, der im Internet offenbar eine besondere Bedeutung zukommt (vgl. Kapitel 3.2.1).

3. Besonderheiten der Online-Marketing-Konzeption

Das Internet schafft zum Teil neue Akzente in den Marketing-Rahmenbedingungen und besondere Herausforderungen für das Marketing, denen die Unternehmen mit der Planung und Realisation einer geeigneten Konzeption des Online-Marketing begegnen müssen. Elemente einer solchen Konzeption werden im Folgenden auf der Ebene sowohl der Marketing-Ziele und -Strategien als auch der Marketing-Maßnahmen herausgearbeitet.[2]

3.1 Ziele und Strategien des Online-Marketing

3.1.1 Marketing-Ziele

Seit einiger Zeit zeichnet sich in vielen Unternehmen, die im Internet aktiv sind, ein bemerkenswerter *Zielwandel* ab.[3] *Ökonomische Ziele*, wie z. B. Cash Flow, Gewinn und Return on Investment, standen bis vor kurzem noch nicht im Vordergrund. Angesichts der meist beträchtlichen Investitionen in den E-Commerce und der hohen Marketing-Ausgaben, die zur schnellen Steigerung des Bekanntheitsgrads erforderlich waren, wurden auch längere verlustreiche Anlaufphasen des neuen Internet-Geschäfts von den Kapitalgebern toleriert, standen doch auch „Increasing Returns“ in Aussicht. Die Maxime „Erfahrung vor Gewinn“ gilt inzwischen jedoch kaum noch. In immer stärkerem Maße werden Internet-Engagements einschließlich der Aktivitäten des Online-Marketing an ihren wirtschaftlichen Erfolgen gemessen, die sich in monetären Kennzahlen erfassen lassen.[4] *Außerökonomische Ziele*, wie z. B. Kundenakquisition, Kundenzufriedenheit,

1 Vgl. Degeratu/Rangaswamy/Wu (2000).
2 Vgl. Fritz (2001a), S. 107 ff.; Fritz (2001b), S. 9 ff.
3 Vgl. Fritz (2001a), S. 108.
4 Vgl. Albers et al. (2002).

Kundenbindung, Image und Bekanntheitsgrad, spielen im Online-Marketing zwar nach wie vor eine wichtige Rolle. Sie werden jedoch zunehmend nach dem Ausmaß ihres Beitrags zum wirtschaftlichen Erfolg beurteilt.

3.1.2 Marketing-Strategien

Das Internet erweitert das Arsenal des strategischen Marketing in vielfacher Hinsicht, insbesondere unter dem Aspekt der Markteintritts- und Marktbearbeitungsstrategien.[1]

■ *Markteintrittsstrategien*

Der Eintritt in neue Märkte mit Hilfe des Internet stellt eine neue *Markteintrittsstrategie* dar, die nicht nur das Spektrum konventioneller Markteintrittsformen ergänzt, sondern gegenüber diesen auch eine Reihe von Vorteilen aufweist.[2] Wenn z. B. kleine oder bisher nur regional tätige Unternehmen ihr Angebot im World Wide Web präsentieren, sind sie durch die globale Reichweite des Internet sofort international vertreten.[3] Da sie mit ihrer *Web-Präsenz* neue Zielmärkte erreichen, ermöglicht ihnen das Internet somit auch einen Markteintritt. Ein solcher Markteintritt via Internet ist in vollem Umfang jedoch erst dann vollzogen, wenn zusätzlich zur Web-Präsenz des Unternehmens auch *Leistungstransaktionen* mit Wirtschaftssubjekten in den Zielmärkten stattfinden können. Dafür müssen, neben der Einrichtung z. B. eines *Online-Shops*, häufig auch Kapazitäten der traditionellen *Warenlogistik* aufgebaut werden, insbesondere beim Vertrieb nichtdigitaler Produkte.

Neben dem *Markteintritt in Eigenregie* mittels Web-Sites oder eigener Online-Shops existieren auch *kooperative Formen des internetbasierten Markteintritts*. Dazu zählt z. B. die Zusammenarbeit eines Herstellers mit anderen Unternehmen und mit elektronischen Marktbetreibern, die im Internet *elektronische Marktplätze, Portale, virtuelle Einkaufszentren (Cybermalls) oder Metamärkte* u. U. von internationaler Geltung errichten (z. B. aol.com/shopping; knots.com).[4]

Eine weitere Möglichkeit des internetbasierten kooperativen Markteintritts bietet die Mitwirkung an einem *virtuellen Unternehmen*. Darunter wird ein temporäres Netzwerk unabhängiger Unternehmen verstanden, das darauf abzielt, Fähigkeiten zu ergänzen, um z. B. ein Kundenproblem zu lösen oder Märkte gemeinsam zu erschließen.[5] Die Aktivitäten werden informationstechnisch – insbesondere auf Internet-Basis – auch über große

---

1 Vgl. Fritz (2001a), S. 109 ff.

2 Vgl. Fritz (2002).

3 Vgl. Quelch/Klein (1996), S. 60.

4 Vgl. Wißmeier (1999), S. 164; Kollmann (2001); Kotler (2002).

5 Vgl. Meffert (1997), S. 118 f.

geographische Distanzen koordiniert, weshalb virtuelle Unternehmen nicht mehr den strengen räumlichen Restriktionen herkömmlicher Organisationen unterliegen. Da somit die Abhängigkeit von geographischen Standorten abnimmt, ergeben sich große Potentiale auch für Aktivitäten einer internationalen Marktbearbeitung. Deshalb eignen sich virtuelle Unternehmen prinzipiell auch für den Eintritt in Auslandsmärkte.[1] Aufgrund der informationstechnischen Vernetzung müssen die Partnerunternehmen in den Auslandsmärkten nicht physisch präsent sein, um dort z. B. an der Abwicklung eines Auftrags mitzuwirken. Ein *Beispiel* dafür bildet Euregio, ein Netzwerk von 33 Unternehmen, aus dem zur Abwicklung eines Kundenauftrags eine zeitlich begrenzte vernetzte Fabrik konfiguriert wird, die sich wieder auflöst, wenn der Auftrag erfüllt ist.[2]

■ *Marktbearbeitungsstrategien*

Neben der Wahl der Markteintrittsstrategie bildet die Ausgestaltung der *Marktbearbeitungsstrategie* einen weiteren Schwerpunkt im strategischen Online-Marketing. Deren Besonderheiten sollen an drei Beispielen kurz verdeutlicht werden: dem Viral-Marketing, dem Electronic Customer Relationship Management und dem Permission Marketing.[3]

Auf vielen Märkten der Internet-Ökonomie kommt es, wie erwähnt, für die Anbieter entscheidend darauf an, für ihre Leistungen möglichst rasch einen hohen Bekanntheitsgrad und großen Kundenkreis zu erreichen. Für zahlreiche digitale Güter bildet dies eine wichtige Vorbedingung für die Erzeugung positiver Netzeffekte und die Erzielung zunehmender Grenzerträge (vgl. Kapitel 2.1). Diesem Ziel dient insbesondere die Strategie des Viral-Marketing.

Das *Viral-Marketing* stellt ein strategisches Kommunikations-, Preis- und Distributionskonzept dar, das sich an solche *Kunden* richtet, denen eine *Multiplikator-Funktion* für die übermittelten Botschaften zukommt. Mit Hilfe dieser Multiplikatoren soll es gelingen, dass sich die Botschaften geradezu epidemisch verbreiten – analog einer aggressiven Virusinfektion. Dies kann z. B. dadurch geschehen, dass den Zielkunden digitale Produkte per E-Mail gratis mit der Auflage oder Bitte zur Verfügung gestellt werden, diese Produkte in ihrem Bekanntenkreis weiterzuempfehlen. Durch diese virtuelle Mund-zu-Mund-Propaganda sollen sich die Produkte mit wachsender Geschwindigkeit im Internet verbreiten. Folgende *Aspekte* sind für das Konzept des Viral-Marketing charakteristisch:[4]

---

1 Vgl. Kreikebaum (1998), S. 136.

2 Vgl. Picot/Neuburger (2001), S. 31.

3 Vgl. ausführlicher Fritz (2001a), S. 115 ff.

4 Vgl. Helm (2000), S. 159; Kollmann (2001), S. 110 f.

- das *kostenlose Abgeben von Leistungen* im Internet, z. B. durch angebotene Downloads von Software-Produkten, was unter dem Aspekt der Preispolitik dem „Follow the Free"-Pricing entspricht (vgl. Kapitel 3.2.2);
- E-Mails oder Newsletter mit frei weiterempfehlbarem Inhalt oder anklickbaren *Weiterempfehlungsbuttons*, mit denen der Inhalt an andere Internet-Nutzer versandt werden kann;
- ein *Anreiz* für den Multiplikator, den Inhalt weiterzuempfehlen oder weiterzugeben, d. h. ein Zusatznutzen (z. B. in Form einer attraktiven elektronischen Grußkarte, die er mit einer Nachricht versenden kann).

Ein prominentes *Beispiel* für die Strategie des Viral-Marketing ist Hotmail.com – ein Anbieter kostenloser E-Mail-Dienste, dessen Nutzer mit jeder E-Mail auch die vorprogrammierte Botschaft „Get your free E-Mail at Hotmail" versenden und damit ohne ihr weiteres Zutun zur Verbreitung der Hotmail-Dienste beitragen. Ein anderes Beispiel bildet das Instant Messaging-Programm ICQ („I seek you").

Neben der schnellen Gewinnung von Neukunden ist die Herbeiführung stabiler *Kundenbeziehungen* gerade im Internet-Marketing von besonderer Bedeutung. Wie bereits erwähnt, erhöht das Internet häufig die Markttransparenz des Nachfragers und ermöglicht ihm per Mausklick einen schnellen und unkomplizierten Anbieterwechsel. Es kann somit auch die Kundenbindung herabsetzen (vgl. Kap. 2.1). Darüber hinaus ist die Sicherstellung längerfristiger Kundenbeziehungen deshalb von besonderer Wichtigkeit, weil die Gewinnung neuer Kunden im Electronic Commerce hohe Akquisitionskosten verursacht, die durch Erlöse erst dann kompensiert werden, wenn der neue Kunde zwei bis drei Jahre wiederholt bei demselben Anbieter einkauft. Erst danach wird die Geschäftsbeziehung für den Anbieter profitabel. Reichheld und Schefter haben dies für den E-Commerce mit Produkten der Unterhaltungselektronik, Büchern, Lebensmitteln und Bekleidung nachgewiesen.[1]

Der Auf- und Ausbau langfristiger Geschäftsbeziehungen mit Kunden im E-Commerce ist die Aufgabe des *Electronic Customer Relationship Management (E-CRM)*. Die Grundidee des elektronischen Beziehungsmanagements besteht darin, selbst auf zunächst anonymen Internet-Märkten individuelle Präferenzen der Kunden zu erkennen und darauf aufbauend *kundenindividuelle Leistungen* zu erzeugen und anzubieten. Dadurch sollen die Kundenzufriedenheit gesteigert, Kundenloyalität ermöglicht und eine dauerhafte Bindung des Kunden erreicht werden.[2] Zu diesem Zweck baut das E-CRM ganz wesentlich auf den im Internet gegebenen Möglichkeiten des *One-to-One-Marketing* und der *Leistungsindividualisierung* auf Massenmärkten (Mass Customization) auf und integriert diese zu einem umfassenden beziehungsorientierten Marketing-Programm,

---

1 Reichheld/Schefter (2001), S. 71.

2 Vgl. Wirtz (2001), S. 494 ff.; Stolpmann (2001), S. 76 f.

das manchmal auch als „integriertes Customer Care Mix“ bezeichnet wird.[1] Ein die *Customization* der Leistung umfassendes und darüber hinaus im Hinblick auf die Kommunikation, den Service und die Beziehung personalisiertes Marketing nennt Kotler *„Customerization“*.[2]

In technischer Hinsicht wird E-CRM durch *elektronische Interaktionssysteme* ermöglicht, die weitgehend automatisiert und selbststeuernd mit dem Kunden interagieren. Ausgelöst durch den Besuch eines Kunden auf der Web-Site eines Unternehmens findet eine automatische Aufzeichnung des Nutzerverhaltens (User Tracking) statt und liefert Daten für die Ermittlung eines Nutzerprofils sowie für die darauf aufbauende Auswahl von individuellen Kaufempfehlungen. Dies soll u. a. dazu beitragen, die Abbruchraten der Web-Site-Besucher zu verringern, die Kundenzufriedenheit zu erhöhen und den Umsatz zu steigern. Darüber hinaus werden die gespeicherten Kundendaten dazu verwendet, das Leistungsangebot zu verbessern, wovon der Kunde bei einem Wiederholungsbesuch profitieren kann, beispielsweise durch Dienste wie den „One-Click-Buy“. Der Kunde muss in diesem Fall bei einem Wiederholungskauf seine gesamten Daten nicht erneut eingeben, was beim Anbieterwechsel aber erforderlich wäre. Dies schafft insbesondere für Kunden, die auf die Bequemlichkeit beim Einkauf großen Wert legen, einen Zusatznutzen, der zugleich die Kundenbindung erhöht.[3]

Häufig beschränken sich Überlegungen zum E-CRM auf den informationstechnischen Aspekt. Dies greift aber zu kurz, da Kundenbindung auch im Internet noch eine Reihe weiterer Faktoren zu berücksichtigen hat, angefangen von Rabattsystemen über Loyalitätsprogramme bis zu virtuellen Kundenclubs, die ebenfalls zur Kundenloyalität der Internet-Nutzer beitragen können. Das informationstechnische E-CRM bedarf somit der Integration in ein umfassendes CRM-Programm, das über die Software-Perspektive weit hinausgehen muss.

Das Ziel einer längerfristigen Kooperation mit Kunden verfolgt ebenfalls das *Permission Marketing*. Darunter versteht man ein *Maßnahmenprogramm des Direct Marketing*, dessen Einsatz *auf dem Einverständnis des Adressaten* beruht.[4] Obwohl in einem solchen Programm vorwiegend operative Maßnahmen zum Einsatz gelangen, bedarf es doch insgesamt einer strategischen Planung z. B. hinsichtlich der Zielgruppen und der Maßnahmenkombination.

Das Permission Marketing beruht auf der Erkenntnis, dass Marketing-Aktivitäten, insbesondere solche im Internet, vom Empfänger oft als unerwünscht empfunden werden u. U. gegen die Regeln des guten Benehmens im Internet, die sog. Netiquette, oder sogar gegen rechtliche Vorschriften verstoßen können. Dies gilt beispielsweise für unver-

---

1 Wirtz (2001), S. 522.

2 Kotler (2003), S. 37.

3 Vgl. Lingenfelder (2001), S. 389.

4 Vgl. Schwarz (2000).

langt zugesandte Werbung per E-Mail und u. U. auch für die unaufgeforderte Übermittlung von Fragebögen mittels elektronischer Post. Grundsätzlich fallen alle vom Anbieter ausgehenden Push-Maßnahmen im Internet darunter, sofern ihnen der Adressat nicht zugestimmt hat, weil diese Maßnahmen die Ressourcen des Adressaten (Speicherkapazität, Zeit, Online-Kosten) unerlaubt beanspruchen.

Die Aufgabe des Permission Marketing besteht nun darin, die Einwilligung des Adressaten für Maßnahmen des Push-Marketing im Internet einzuholen und entsprechende Marketing-Programme in den von ihm ausdrücklich freigegebenen Bereichen zu entwickeln und umzusetzen. Inzwischen existieren bereits zahlreiche auf Permission Marketing spezialisierte Agenturen, die den Internet-Nutzern als Gegenleistung für die Einwilligung, z. B. E-Mail-Werbung zu empfangen, etwa kostenlose E-Mail-Dienste anbieten oder Gutschriften erteilen.

Permission Marketing ermöglicht den Unternehmen, personalisierte Angebote zu erstellen, die dem Kunden zumindest nicht unerwünscht sind. Dies kann letztlich zu einer höheren Kundenbindung beitragen. Somit kann Permission Marketing auch als ein Instrument des Customer Relationship Management verstanden werden.

3.2 Maßnahmen des Online-Marketing

Der Maßnahmenbereich des Online-Marketing ist derart vielfältig, dass er hier nur anhand weniger Beispiele produkt-, preis-, kommunikations- und distributionspolitischer Art ansatzweise beleuchtet werden kann.[1]

3.2.1 Produktpolitik und Branding

Das Internet hat die *Entwicklung zahlreicher Neuprodukte* vorangetrieben, von denen viele als echte Marktneuheiten anzusehen sind, vor allem Hard- und Softwareprodukte, wie Web-Server, Router, Gateways, Netzcomputer, Browser, intelligente Software-Agenten und neue Zahlungssysteme im Internet, um nur ein paar Beispiele zu nennen.[2]

Auch auf den *Ablauf von Produktinnovationsprozessen* nimmt das Internet Einfluss. So können auf Internet-Basis verschiedene Produktentwicklungsgruppen eines Unternehmens, die geographisch weit voneinander entfernt sind, virtuell koordiniert werden. Große räumliche und zeitliche Distanzen werden auf diese Weise überwunden, wodurch eine simultane und permanente Produktentwicklung auch international möglich ist. F&E-

1 Für einen umfassenden Überblick vgl. u. a. Chaffey et al. (2001); Fritz (2001a); Mohammed et al. (2002).

2 Vgl. Fritz (2001a), S. 128 f.

Standorte verlieren dadurch an Bedeutung. Ein Beispiel dafür bilden Systeme der „Augmented Reality“ oder „Mixed Reality“, die etwa bei der Entwicklung von Prototypen neuer Bauteile mittels virtueller Realität in der Autoindustrie eingesetzt werden und auf Internet-Basis Bauteilekonferenzen mit Teilnehmern gestatten, deren Arbeitsplätze über Kontinente hinweg verteilt sind.[1]

Darüber hinaus lassen sich verschiedene *Typen internetbasierter Innovationsprozesse* identifizieren, nämlich

- das *Rapid Prototype Launching,* bei dem noch unfertige Prototypen als Neuprodukt eingeführt und anhand der Kundenreaktionen weiterentwickelt werden (z. B. das erwähnte Instant-Messaging-Programm ICQ);
- die *partizipative Produktentwicklung,* die durch die interaktive Mitwirkung des Kunden zustande kommt und zu individualisierten Leistungen führt sowie
- die *Netzwerkinnovation* durch eine Community von Entwicklern, die z. B. eine im Internet kostenlos zur Verfügung gestellte Basis-Software weiterentwickelt.[2]

Neben der Produktinnovation wirkt sich das Internet auch erheblich auf die *Markenpolitik* bzw. das *Branding* von Angeboten aus. Insbesondere für *reine Internet-Marken* (z. B. Amazon; Scout24) stellen der Markenaufbau und die Schaffung von Markenbekanntheit anfangs vorrangige Aufgaben dar, die ohne intensive Cross-Media-Kommunikation unter Einbeziehung klassischer Kommunikationsmedien oft kaum zu erfüllen sind.[3] Dagegen genießen die aus der Offline-Welt bereits bekannten Markennamen (z. B. Otto; Quelle) im Internet oft einen Vertrauensvorschuss und damit einen Wettbewerbsvorteil gegenüber reinen E-Brands.[4] Aufgrund der Besonderheiten des Internet ist für diese Angebote eine Abstimmung der Markenführung in der Online- und der Offline-Umgebung wichtig, die sich in Konzepten des integrierten oder *hybriden Internet-Branding* konkretisiert.[5]

3.2.2 Preispolitik und Auktionen

Die bereits erwähnten neuen Wettbewerbsbedingungen in der Internet-Ökonomie haben eine unmittelbare Bedeutung für die *Preispolitik* der Unternehmen (vgl. Kapitel 2.1). Dies gilt insbesondere für solche Angebote, bei deren Vermarktung Netzeffekte und steigende Skalenerträge in Aussicht stehen, welche die Unternehmen durch eine geschickte Preispolitik im Internet fördern und nutzen können.

---

1 Vgl. o. V. (2002c).

2 Z. B. das Betriebssystem Linux; vgl. Gassmann (2001), S. 79 ff.

3 Vgl. Fantapié Altobelli/Sander (2001), S. 173 ff.

4 Vgl. Fantapié Altobelli/Sander (2001), S. 164 ff.

5 Vgl. Meffert/Giloth (2002), S. 120; Bongartz (2002), S. 313.

Sind positive Netzeffekte und steigende Skalenerträge zu erwarten, so kommt es darauf an, für eine möglichst schnelle Verbreitung der Angebote zu sorgen. Dies wird ein Produkt im Internet am ehesten dann erreichen, wenn es der Anbieter kostenlos abgibt. Die Politik des Verschenkens von Produkten im Internet wird als *„Follow the Free"-Pricing* bezeichnet und umfasst zwei Schritte:[1] Im *ersten Schritt* werden durch die kostenlose Abgabe z. B. eines Software-Produkts und dadurch entstehende Netzeffekte rasch eine wachsende Kundenbasis aufgebaut und ein Kundenbindungseffekt (Lock-in-Effekt) erzielt. Im *zweiten Schritt* sollen durch den Verkauf von Komplementärleistungen oder von neueren bzw. leistungsfähigeren Produktversionen (Upgrades bzw. Premiums) an den Kundenstamm dann Erlöse generiert werden.

Spektakuläre Fälle scheinen den *Erfolg* des „Follow the Free"-Pricing zu bestätigen. So hat z. B. Network Associates (ehemals McAffee) seine Anti-Viren-Software kostenlos im Internet angeboten und nur dann eine Lizenzgebühr verlangt, wenn das Programm von einem gewerblichen Nutzer installiert und erfolgreich getestet worden ist. Neue Programmversionen kommen alle sechs bis acht Wochen auf den Markt und sind in der zweijährigen Lizenzgebühr bereits enthalten.[2] Dadurch soll es Network Associates gelungen sein, ein Drittel des Markts für Virenschutz-Software zu gewinnen[3] – anderen Angaben zufolge sogar einen Marktanteil von 75 %.[4] Auch die kostenlose Abgabe des Netscape Navigator hat seine einstmals bedeutende Marktstellung begründet. Weitere Erfolgsbeispiele sind die Programme Acrobat Reader von Adobe, ICQ und Linux.

Die „Follow the Free"-Preispolitik erscheint jedoch nicht unproblematisch. Zunächst hängt ihre Anwendbarkeit von der im Internet angebotenen *Produktkategorie* ab. Sinnvoll erscheint sie bei digitalen Produkten, bei denen erhebliche Netz- und Skaleneffekte entstehen können. Weniger sinnvoll ist sie dagegen bei nicht-digitalen Gütern, die zwar ebenfalls über das Internet vertrieben werden, jedoch von vergleichbaren Netz- bzw. Skaleneffekten kaum begünstigt sind (z. B. Lebensmittel, PKWs, Blumen).[5] Problematisch erscheint die „Follow the Free"-Strategie grundsätzlich deshalb, weil sie *eine „Free Lunch"*- oder *„Free Rider"-Mentalität* bei den Kunden schafft, die zur prinzipiellen Ablehnung entgeltpflichtiger Angebote im Internet führt. Deutlich wird dies u. a. am Beispiel des Musik-Downloads aus dem Internet, für den mehr als zwei Drittel der Downloader nichts zu zahlen bereit sind.[6] Eine solche Haltung erschwert grundsätzlich auch die Durchsetzung von Preisen für Komplementärleistungen und neue Versionen eines im Internet ursprünglich kostenlos abgegebenen Software-Produkts. In diesen Fällen kommt

1 Vgl. Zerdick et al. (2001), S. 193.

2 Vgl. Dholakia et al. (2001b), S. 82.

3 Vgl. Zerdick et al. (2001), S. 193.

4 Vgl. Meffert (2000), S. 136 f.

5 Vgl. auch Skiera (2000), S. 98 & 101.

6 Vgl. Walsh/Frenzel/Wiedmann (2002), S. 216.

es somit maßgeblich darauf an, beim Kunden durch ein klares Nutzenangebot eine Zahlungsbereitschaft überhaupt erst zu erzeugen.

Netzeffekte können auch *Online-Auktionen* erzielen, in denen Kunden eine unterhaltsame und zugleich effiziente Form des Einkaufs der verschiedensten Güter im Internet sehen. Das größte Online-Auktionshaus, eBay, repräsentiert eines der erfolgreichsten Geschäftsmodelle der Internet-Ökonomie.[1]

Auktionen im Internet zeichnen sich unter dem Aspekt der Preispolitik u. a. durch folgende *Merkmale* aus:[2]

- Sie stellen einen *Preisfindungsmechanismus* bereit, bei dem die Preisbestimmung für ein Produkt durch die Gebote der Nachfrager zustande kommt. Spiegelbildlich dazu verhält es sich bei den sog. *Reverse Auctions*, d. h. den Ausschreibungen: Dort konkurrieren mehrere Anbieter einer Leistung durch Preisunterbietung um den Zuschlag eines Nachfragers, der einen Auftrag vergeben will.
- Die große Verbreitung des Internet ermöglicht es, dass nahezu unbegrenzt viele, *weltweit verteilte Bieter* prinzipiell an einer Online-Auktion teilnehmen können. Da ihre physische Präsenz nicht nötig ist und eine einfache Software die Auktion durchführen kann, entstehen erhebliche *Kostenvorteile*, die Online-Auktionen auch für geringwertige Güter attraktiv machen. Solche Auktionen laufen meist über mehrere Tage und sind beendet, wenn eine bestimmte Frist abgelaufen ist oder eine zeitlang keine neuen Gebote eingegangen sind.
- Online-Auktionen unterliegen nachweislich *positiven Netzeffekten*: Je mehr Bieter teilnehmen, desto größer ist der Nutzen für den Verkäufer, da mit der Zahl der Bieter meist auch der Preis steigt.[3] Je größer die Anzahl der Verkäufer bzw. der angebotenen Güter ist, desto größer ist der Nutzen für die Bieter, weil damit die Auswahl steigt, was neue Interessenten anlockt und zu einem weiter wachsenden Angebot führt.[4] Darüber hinaus ist es denkbar, dass Auktionen für sehr spezielle Güter, für die eine nur geringe Bedarfsdichte existiert, erst durch das Internet möglich werden, weil nur durch dessen weltweite Verbreitung eine ausreichende Anzahl von Teilnehmern erreicht werden kann.

Online-Auktionen eignen sich auch zur *Ermittlung von Zahlungsbereitschaften* der Kunden, die den Ausgangspunkt der Bestimmung eines geeigneten Marktpreises für einen anschließenden Festpreisverkauf bildet.

Für das Internet-Marketing sind Auktionen somit ein wichtiges Instrument der marktorientierten Preisfindung und des Verkaufs, da eine Vielzahl u. U. weltweit verstreuter

---

1 Vgl. Albers et al. (2002); Lührig/Dholakia (2002), S. 113 ff.; Möllenberg (2002).

2 Vgl. Reichwald et al. (2000); Skiera/Schäfers (2001); Wagner/Fritz (2001), S. 468 f.

3 Vgl. Albers/Schäfers (2002), S. 138.

4 Vgl. Lührig/Dholakia (2002), S. 117.

Bieter zu vergleichsweise geringen Kommunikationskosten erreicht werden kann. Ihre Bedeutung geht über die Preispolitik weit hinaus.[1]

3.2.3 Kommunikationspolitik

Eines der umfangreichsten Einsatzfelder des Internet ist die Kommunikationspolitik. Aus dem Anwendungsspektrum, das grundsätzlich Werbung, Verkaufsförderung, Public Relations, Sponsoring, Placements, Event-Marketing, Messen und Ausstellungen sowie virtuelle Communities umfaßt,[2] können im folgenden nur einige *Besonderheiten der Internet-Werbung* dargestellt werden.

Werbung tritt in zwei grundlegenden Formen auf: der *Media-Werbung* als der Werbung in Massenmedien einerseits, der sich unmittelbar an die Zielpersonen richtenden *Direktwerbung* andererseits. Das Internet erweitert nun diese herkömmliche Vorstellung von Werbung. Mit seiner zunehmenden Verbreitung wird das Internet immer stärker zu einem Massenmedium, mit dem fast alle Bevölkerungsschichten erreicht werden können. Durch seine Interaktivität bietet das Internet die Möglichkeiten eines Dialogs mit einzelnen Kunden sowie einer Individualisierung und Personalisierung des Kommunikationsinhalts. Man kann daher die Werbung im Internet auch als eine Form der *individualisierbaren Massenkommunikation* bezeichnen.

Auch in der herkömmlichen *Direktwerbung* geht es um die individuelle Ansprache von Personen, z. B. mittels Werbebriefen, per Telefon oder durch Werbung in Massenmedien mit Rückantwortmöglichkeit (z. B. sog. Direct-Response-Werbung im Fernsehen). Das Internet steigert diese Möglichkeiten jedoch erheblich. Gründe dafür sind u. a. die wachsende, inzwischen weltweite Verbreitung des Internet, welche die Direktwerbung im internationalen Kontext erleichtert, ferner die erhöhte Werbequalität aufgrund der Interaktivität des Mediums, wodurch sich die individuelle Ansprache ganz erheblich verbessert. Das Internet erlaubt es, Werbung in einem Maße interaktiv zu gestalten, wie es in der herkömmlichen Direktwerbung bisher kaum möglich war. Als weiterer Vorteil ist das größere Spektrum an Gestaltungsformen zu erwähnen. So finden sich im Internet sowohl textbasierte als auch multimediabasierte Formen der Werbung. Die textbasierte Werbung nutzt Dienste wie etwa E-Mail, während multimediabasierte Werbung sich vor allem jener *neuen Werbemitteln* bedient, die sich im World Wide Web finden. Dazu zählen vor allem *Werbebuttons* und *Werbebanner*, von denen inzwischen mehrere Dutzend verschiedener Varianten existieren. Ein *Werbebutton* stellt eine kleine, meist interaktive Werbefläche in der Mitte oder am unteren Rand fremder Web-Seiten dar, die nur den Namen eines Unternehmens oder eines Produkts enthält. Klickt der Benutzer auf diesen Button, so erscheint in der Regel die Homepage des werbetreibenden Unternehmens. Ein

---

1 Vgl. Möllenberg (2002).

2 Vgl. Fritz (2001a), S. 142 ff.

Werbebanner ist dagegen eine größere, meist schmale und rechteckige interaktive Werbefläche auf einer fremden Web-Seite, oft am oberen Rand. Auch solche Banner sind in der Regel anklickbar, d. h. der Nutzer kann mit einem Klick auf das Banner die Startseite des Internet-Angebots des Werbetreibenden erreichen.

Untersuchungen der *Wirksamkeit von Bannerwerbung* zeigen, dass sie u. a. dazu beiträgt, die Werbeerinnerung und die Erinnerung an die beworbene Marke zu steigern.[1] Dennoch existiert im Kreis der Internet-Nutzer ein nicht unerheblicher Widerstand gegen Werbebanner und andere Formen der Werbung im WWW. Experten sagen daher einen langfristigen Bedeutungsrückgang der Bannerwerbung im Internet voraus. Um dem entgegenzuwirken, sind Verfahren entwickelt worden, welche die Zielgruppengenauigkeit der Bannerwerbung verbessern und darüber hinaus eine kundenindividuellere Ansprache ermöglichen sollen. Diese Techniken werden als *Targeting* bezeichnet und erlauben eine regionale, zeitliche, inhaltliche und personenbezogene Differenzierung der Bannerwerbung.[2] Ferner sind zahlreiche neue Varianten der Internet-Werbung erfunden worden, die beim Nutzer eine höhere Aufmerksamkeit erzeugen sollen, z. B. Werbeframes, Pop-Up Ads, Rich-Media-Banner sowie Nano- oder Micro-Sites, um nur wenige Beispiele zu nennen.[3]

Der Einsatz dieser speziellen Werbemittel im Internet hat zur Entwicklung *neuer Formen der Werbeerfolgskontrolle* geführt, die z. B. in Gestalt von *Online-Kennzahlen* in der Praxis verbreitet sind.[4] Maße für den Werbemittelkontakt stellen die AdImpressions (AdViews) sowie die AdClicks dar. Eine *AdImpression (AdView)* bezeichnet die Auslieferung eines Werbemittels durch einen AdServer (z. B. Banner, Button).[5] Ein *AdClick* dagegen erfaßt den Klick auf ein Werbebanner oder -button, mit dem der Nutzer z. B. über einen Link auf die Seiten des Anbieters gelangt. Im Gegensatz zur AdImpression, die sich lediglich auf einen Dateiabruf bezieht, misst ein AdClick somit auch eine Reaktion des Nutzers auf ein Werbemittel. Aus beiden Größen wird die *AdClick* bzw. *Click Through Rate (CTR)* gebildet. Sie bezeichnet die Relation zwischen der Zahl der AdClicks und der Zahl der AdImpressions, multipliziert mit 100.[6] Je höher die Click Through Rate ist, um so stärker animiert ein Werbebanner den Internet-Nutzer zu einer Reaktion, d. h. zu einem Klick. Die Click Through Rate für Werbebanner variiert in der Praxis sehr stark, jedoch gelten Banner, die eine CTR von mehr als einem Prozent erzielen, bereits als erfolgreich.[7] Insgesamt gesehen wird somit nur ein sehr geringer Pro-

---

1 Vgl. Kleindl/Theobald (2000), S. 264; Strauss/Frost (2001), S. 228 f.

2 Vgl. Hermanns (2001), S. 112; Kleindl/Theobald (2000), S. 264.

3 Vgl. Fritz (2001a), S. 144 ff.

4 Vgl. Fritz (2001a), S. 178 ff.

5 Vgl. Mevenkamp/Kerner (2001), S. 275.

6 Vgl. Sänger/Freter (1999), S. 22.

7 Vgl. Strauss/Frost (2001), S. 229.

zentsatz der auf den WWW-Seiten enthaltenen Werbebanner auch tatsächlich vom Nutzer angeklickt.

Für die ökonomische Kontrolle von Bannerwerbung sind vor allem solche Kennzahlen interessant, die einen Bezug zwischen den AdClicks und den Online-Käufen herstellen sowie die Kosten der Werbemaßnahmen berücksichtigen. Dazu zählen *die Conversion Rate* als das Verhältnis der Anzahl der Online-Bestellungen zur Anzahl der AdClicks sowie die Kennzahl *Cost Per Order*, welche die Relation der Kosten der Werbemaßnahme zur Anzahl der Bestellungen angibt. Beide Kennzahlen setzen voraus, dass eine ausreichende Kausalität zwischen den Werbemaßnahmen im Internet und der Anzahl der Bestellungen existiert, was aber nicht immer sicher ist.[1]

3.2.4 Distributionspolitik

Das Internet vermag auch die Distributionspolitik von Unternehmen zu verändern, was am Beispiel der Wahl der Absatzkanäle sowie unter dem Aspekt des persönlichen Verkaufs erläutert werden soll.[2]

Unternehmen können das *Internet* zum einen als *einzigen Absatzkanal* nutzen, zum anderen als *zusätzlichen Absatzkanal*, der die bereits vorhandenen ergänzt. Im ersten Fall spricht man von eingleisigem oder *Einkanalvertrieb*, im zweiten Fall von mehrgleisigem, Mehr- oder *Multikanalvertrieb*. Ein Marketing, das konsequent auf die Nutzung mehrerer Vertriebs- und Kommunikationskanäle einschließlich des Internet setzt, wird als *Multi-Channel-Marketing* bzw. *Multi-Channel-Management* bezeichnet.[3]

Als alleiniger Absatzkanal kommt das Internet beispielsweise für den *Direktvertrieb* von Software grundsätzlich in Betracht. Aber auch im Hardwarebereich kann man einen internetgestützten Direktvertrieb erfolgreich installieren, wie es z. B. Dell gelungen ist. Da der Hersteller durch den direkten Internet-Zugang zum Endkunden in diesen Fällen auch etablierte Absatzmittler (z. B. den Computerhandel) „überspringt“, spricht man bei der Einrichtung eines solchen internetbasierten Direktvertriebs auch von einem Vorgang der *Disintermediation*.[4] Daneben kann das Internet in verschiedener Weise im Rahmen eines *indirekten Vertriebs* genutzt werden und damit auch dieser Vertriebsalternative eine neue Gestalt verleihen. Ein Beispiel dafür bildet der indirekte Absatz von Herstellern über Online-Händler an Endkunden. Darüber hinaus können z. B. traditionelle Absatzmittler das Internet nutzen, um ihren Kunden zusätzliche Bestellmöglichkeiten zu bieten oder neue Versandhandelsfunktionen zu übernehmen (z. B. die Drogeriemarktkette Schlecker). Die besten Voraussetzungen, das traditionelle Geschäft um ein Online-Business zu

---

1 Vgl. Fritz (2001a), S. 184.

2 Vgl. Fritz (2001a), S. 158 ff.

3 Vgl. Wirtz/Krol (2002).

4 Vgl. z. B. Fritz (2001a), S. 161.

ergänzen, scheinen die traditionellen *Versandhandelsunternehmen* zu haben, da sie bereits aus ihrer herkömmlichen Tätigkeit Kompetenzen mitbringen, die ihnen einen erfolgreichen Einstieg in das Online-Geschäft erheblich erleichtern (z. B. Produktpräsentationen im Distanzhandel, Kundendatenmanagement, Logistik einschließlich Bestellabwicklung und Zustellung).[1]

Das Internet kann im Rahmen des *persönlichen Verkaufs* in verschiedener Hinsicht zur *Verkaufsunterstützung* eingesetzt werden. So können z. B. Verkäufer mit Hilfe internetfähiger Laptops in Beratungs- und Verkaufsgesprächen Produkte multimedial präsentieren und nach den Wünschen und Vorstellungen der Kunden diese auch individuell konfigurieren, so dass der Kunde beispielsweise sein Wunschauto oder seine neue Wohnzimmereinrichtung bereits auf dem Bildschirm sehen kann. Darüber hinaus lassen sich mittels entsprechender Programme auch Angebote individuell kalkulieren.[2] In fortschrittlichen Unternehmen wird der persönliche Verkauf schon seit Jahren mit Hilfe von Laptops unterstützt. Mit dem Zugang zum Internet erhält der Verkäufer nunmehr nicht nur einen verbesserten Zugang zum Rechner seines Unternehmens, sondern darüber hinaus auch die Möglichkeit, mit jenen Kunden intensiver zu kommunizieren, die selbst einen Internet-Anschluss haben. Dadurch ist der Verkäufer in der Lage, den Kundenkontakt besser zu pflegen und wesentlich schneller auf Kundenanfragen beispielsweise per E-Mail zu antworten. Er kann darüber hinaus auch aktuelle Informationen über Konkurrenzprodukte im Internet abrufen oder dort Diskussionsgruppen beobachten, an denen seine Kunden teilnehmen. Dies erlaubt es ihm, sich wesentlich besser als bisher auf den nächsten Kundenbesuch einzustellen.[3]

Das Internet verändert durch seinen Einsatz im Außendienst aber auch des *Aufgabenspektrum* der Außendienstmitarbeiter sowie die an sie zu stellenden *Anforderungen.* Empirisch zeigt sich, dass der Vertrieb durch den Einsatz interaktiver Medien von administrativen und Routinetätigkeiten entlastet wird. Zugleich aber steigen die Anforderungen an die einzelnen Vertriebsmitarbeiter erheblich. Die Verkäufer werden in zunehmendem Maße nämlich gezwungen, die durch die Entlastung gewonnene Kapazität dafür zu nutzen, ihren Kunden durch individuelle Beratung und maßgeschneiderte Lösungen einen Mehrwert zu schaffen.[4] Sollte es den Verkäufern bzw. Außendienstmitarbeitern nicht gelingen, zumindest für ihre wichtigsten Kunden individuelle Beziehungs- und Dialogleistungen zu erbringen, die diese Kunden auch honorieren, so werden sie längerfristig kaum gegen E-Commerce-Lösungen im Vertrieb bestehen können, die hohe Effizienz- und Servicepotentiale aufweisen und den herkömmlichen Außendienst in manchen Fällen zu substituieren drohen.[5]

---

1 Vgl. Wirtz/Krol (2002), S. 110; Bennemann (2002).

2 Vgl. Silberer/Kretschmar (1999).

3 Vgl. Alpar (1998), S. 233.

4 Vgl. Krafft/Litfin (2000), S. 54 f.; Krafft (2000).

5 Vgl. ebenda.

Mögliche Substitutionskonkurrenten für den traditionellen Verkäufer könnten zumindest längerfristig leistungsfähige virtuelle Verkaufspersonen darstellen. Es ergeben sich im Internet nämlich neue Möglichkeiten für einen *quasi-persönlichen Verkauf* mittels virtueller Kundenberater oder Verkäufer. Dabei kommen sog. Embodied Conversational Agents (ECAs, z. B. Avatare, Smart-Bots oder persönliche Agenten) zum Einsatz, die in Gestalt einer *virtuellen Person* den Internet-Nutzer begrüßen, ihm bei der Navigation und der Produktsuche helfen und dabei einen „Human-Touch" erzeugen.[1] Um zu lernen, sammelt der virtuelle Agent Informationen über den Nutzer, die er interaktiv abfragt. Auf der Grundlage der so gewonnenen Profildaten kann er dem Nutzer dann innerhalb nur weniger Sekunden beispielsweise solche Produkte zum Kauf anbieten, die den Kunden mit hoher Wahrscheinlichkeit interessieren werden.

4. Resümee

Das Internet beeinflusst die Situation des unternehmerischen Marketing in vielfältiger Weise. Zwar schafft es keine vollkommen neuen, bisher gänzlich unbekannten ökonomischen Regeln;[2] doch es bewirkt neue Akzentsetzungen und relevante Veränderungen insbesondere in der Wettbewerbssituation und im Konsumentenverhalten, denen die Unternehmen mit einem tragfähigen Online-Marketing Rechnung tragen müssen.

Einige Elemente eines solchen Online-Marketing sind in diesem Beitrag skizziert worden. Sie finden sich keineswegs nur auf der taktisch-operativen Maßnahmenebene, z. B. in Werbung und Preispolitik, sondern sie konkretisieren sich auch auf der Ebene des strategischen Marketing, etwa in Gestalt neuer Markteintritts- und Marktbearbeitungsstrategien. Dies macht deutlich, dass das Internet das gesamte marktorientierte Führungskonzept zu verändern vermag und nicht nur bloß ein weiterer Kommunikationskanal zum Kunden ist, was fälschlicherweise oft angenommen wird.

Zahlreiche Faktoren verändern die Rolle des Kunden in der Internet-Ökonomie. Die erhöhte Markttransparenz, der erleichterte Zugriff auf Informationen und die Möglichkeit, mühelos am Bildschirm den Anbieter zu wechseln, führen zu einer neuen Macht des Kunden. In der Internet-Ökonomie dominieren offenbar Käufermärkte. Somit wird eine umfassende Markt- bzw. Kundenorientierung der Unternehmen auch hier zum Schlüsselfaktor des nachhaltigen Unternehmenserfolgs.[3]

---

1 Vgl. Hanser/Schnettler (2001).

2 Vgl. Picot/Neuburger (2002), S. 93.

3 Vgl. Pagé/Ehring (2001), S. 268; Picot/Neuburger (2002), S. 103.

Literaturverzeichnis

ALBERS, S. (2001), Besonderheiten des Marketing für Interaktive Medien, in: Albers, S./Clement, M./Peters, K./Skiera, B. (Hrsg.), Marketing mit Interaktiven Medien, 3. Aufl., Frankfurt am Main 2001, S. 11-23.

ALBERS, S./PANTEN, G./SCHÄFERS, B. (2002) (Hrsg.), Die eCommerce-Gewinner, Frankfurt am Main 2002.

ALBERS, S./SCHÄFERS, B. (2002), Preisdeterminanten bei Business-to-Consumer-Auktionen im Internet, in: Zeitschrift für Betriebswirtschaft, Ergänzungsheft 1/2002, S. 125-142.

ALPAR, P. (1998), Kommerzielle Nutzung des Internet, 2. Aufl., Berlin u. a. 1998.

BENNEMANN, S. (2002), Die Zustellung als Marketing-Problem im E-Commerce mit Konsumenten, Dissertation, Technische Universität Braunschweig, Abt. Marketing, 2002.

BONGARTZ, M. (2002), Marke und Markenführung im Kontext des Electronic Commerce, in: Meffert, H./Burmann, C./Koers, M. (Hrsg.), Markenmanagement, Wiesbaden 2002, S. 301-325.

CHAFFEY, D./MAYER, R./JOHNSTON, K./ELLIS-CHADWICK, F. (2001), Internet-Marketing, München 2001.

CHOI, S.-Y./STAHL, D./WHINSTON, A.B. (1997), The Economics of Electronic Commerce, Indianapolis, IA 1997.

CHOI, S.-Y./WHINSTON, A.B. (2000), The Future of the Digital Economy, in: Shaw, M./Blanning, R./Strader, T./Whinston, A. (Eds.), Handbook on Electronic Commerce, Berlin u. a. 2000, S. 25-52.

DEGERATU, A.M. /RANGASWAMY, A./WU, J. (2000), Consumer Choice Behavior in Online and Traditional Supermarkets: The Effects of Brand Name, Price, and other Search Attributes, in: International Journal of Research in Marketing, Vol. 17, 2000, S. 55-78.

DHOLAKIA, N./ DHOLAKIA, R.R. (2001), Märkte und Marketing im Informationszeitalter, in: Fritz, W. (Hrsg.), Internet-Marketing. Marktorientiertes E-Business in Deutschland und den USA, 2. Aufl., Stuttgart 2001, S. 23-41.

DHOLAKIA, N./DOHLAKIA, R.R./MUNDORF, N./KSHETRI, N./PARK, M.-H. (2001a), Internet und elektronische Märkte: Ein ökonomischer Bezugsrahmen zum Verständnis marktgestaltender Infrastrukturen, in: Fritz, W. (Hrsg.), Internet-Marketing. Marktorientiertes E-Business in Deutschland und den USA, 2. Aufl., Stuttgart 2001, S. 43-60.

DHOLAKIA, N./DHOLAKIA, R.R./ZWICK, D./LAUB, M. (2001b), Electronic Commerce und die Transformation des Marketing, in: Fritz, W. (Hrsg.), Internet-Marketing. Marktorientiertes E-Business in Deutschland und den USA, 2. Aufl., Stuttgart 2001, S. 61-93.

DHOLAKIA, N./FRITZ, W./DHOLAKIA, R.R./MUNDORF, N. (2002) (Eds.), Global E-Commerce and Online Marketing: Watching the Evolution, Westport, CT, 2002.

DHOLAKIA, U./BAGOZZI, R.P. (2001), Consumer Behavior in Digital Environments, in: Wind, J./Mahajan, V. (Eds.), Digital Marketing, New York 2001, S. 163-200.

DIEHL, S./WEINBERG, P. (2002), Vergleich der Wirkungen von realer und virtueller Ladengestaltung aus verhaltenswissenschaftlicher Perspektive, in: Ahlert, D./Olbrich, R./Schröder, H. (Hrsg.), Jahrbuch Handelsmanagement 2002: Electronic Retailing, Frankfurt am Main 2002, S. 289-314.

FANTAPIÉ ALTOBELLI, C./SANDER, M. (2001), Internet-Branding, Stuttgart 2001.

FOCUS (2001), Der Markt der Online-Kommunikation, April 2001 (http:www.media-line.de).

FRITZ, W. (2001a), Internet-Marketing und Electronic Commerce, 2. Aufl., Wiesbaden 2001.

FRITZ, W. (2001b), Internet-Marketing: Eine Einführung, in: Fritz, W. (Hrsg.), Internet-Marketing. Marktorientiertes E-Business in Deutschland und den USA, 2. Aufl., Stuttgart 2001, S. 1-19.

FRITZ, W. (2002), Markteintrittsstrategien im Electronic Business, in: Schögel, M./ Tomczak, T./Belz, C. (Hrsg.), Roadm@p to E-Business, St. Gallen 2002, S. 136-151.

GASSMANN, O. (2001), E-Technologien in dezentralen Innovationsprozessen, in: Zeitschrift für Betriebswirtschaft, Ergänzungsheft 3/2001, S. 73-90.

HANSER, P./SCHNETTLER, D. (2001), Mein Freund, der Avatar, in: Absatzwirtschaft, Nr. 7/2001, S. 86-89.

HELM, S. (2000), Viral Marketing – Establishing Customer Relationships by ´Word-of-Mouse´, in: Electronic Markets, Vol. 10, 2000, No. 3, S. 158-161.

HERMANNS, A. (2001), Online-Marketing im E-Commerce – Herausforderung für das Management, in: Hermanns, A./Sauter, M, (Hrsg.), Management-Handbuch Electronic Commerce, 2. Aufl., München 2001, S. 101-118.

KLEINDL, M./THEOBALD, A. (2000), Werbung im Internet, in: Bliemel, F./Fassott, G./ Theobald, A. (Hrsg.), Electronic Commerce. Herausforderungen – Anwendungen – Perspektiven, 3. Aufl., Wiesbaden 2000, S. 259-273.

KOLLMANN, T. (2001), Virtuelle Marktplätze, München 2001.

KOTLER, P. (2002), Markt schlägt Marketing, in: Handelsblatt, 20./21.09.2002, S. K3.

KOTLER, P. (2003), Marketing Management, 11th. Ed., Upper Saddle River 2003.

KRAFFT, M. (2000), eCommerce und Vertrieb. Empirische Studie zur Analyse von Auswirkungen von eCommerce auf den Vertrieb, Bericht des Zentrums für Marktorientierte Unternehmensführung, WHU Koblenz, 2000.

KRAFFT, M./LITFIN, T. (2000), E-Commerce: Monster oder Maus für den Persönlichen Verkauf?, in: Absatzwirtschaft, Nr. 10/2000, S. 52-55.

KREIKEBAUM, H. (1998), Organisationsmanagement internationaler Unternehmen. Grundlagen und neue Strukturen, Wiesbaden 1998.

LINGENFELDER, M. (2001), Die Identifikation und Bearbeitung von Online-Käufersegmenten – Ergebnisse einer empirischen Untersuchung, in: Fritz, W. (Hrsg.), Internet-Marketing. Marktorientiertes E-Business in Deutschland und den USA, 2. Aufl., Stuttgart 2001, S. 373-398.

LÜHRING, T./DHOLAKIA, N. (2002), Online Auctions: The Emerging New Electronic Agora, in: Dholakia, N./Fritz, W./Dholakia, R.R./Mundorf, N. (Eds.), Global E-Commerce and Online Marketing: Watching the Evolution, Westport, CT, 2002, S. 111-121.

MEFFERT, H. (1997), Die virtuelle Unternehmung: Perspektiven aus der Sicht des Marketing, in: Backhaus, K./Günter, B./Kleinaltenkamp, M./Plinke, W./Raffée, H. (Hrsg.), Marktleistung und Wettbewerb. Strategische und operative Perspektiven der marktorientierten Leistungsgestaltung, Wiesbaden 1997, S. 115-141.

MEFFERT, H. (2000), Neue Herausforderungen für das Marketing durch interaktiv elektronische Medien – auf dem Weg zur Internet-Ökonomie, in: Ahlert, D./Becker, J./ Kenning, P./Schütte, R. (Hrsg.), Internet & Co. im Handel. Strategien, Geschäftsmodelle, Erfahrungen, Berlin u. a. 2000, S. 125-142.

MEFFERT, H./GILOTH, M. (2002), Aktuelle markt- und unternehmensbezogene Herausforderungen an die Markenführung, in: Meffert, H./Burmann, C./Koers, M. (Hrsg.), Markenmanagement, Wiesbaden 2002, S. 99-132.

MEVENKAMP, A./KERNER, M. (2001), Akzeptanzorientierte Gestaltung von WWW-Informationsangeboten, in: Fritz, W. (Hrsg.), Internet-Marketing. Marktorientiertes E-Business in Deutschland und den USA, 2. Aufl., Stuttgart 2001, S. 261-301.

MOHAMMED, R./FISHER, R. J./JAWORSKI, B./CAHILL, A. M. (2002), Internet Marketing: Building Advantage in a Networked Economy, New York 2002.

MÖLLENBERG, A. (2002), Internet-Auktionen im Marketing aus der Konsumentenperspektive, Dissertation, Technische Universität Braunschweig, Abt. Marketing, 2002.

NUA (2003), How Many Online?, www.nua.com/surveys/how_many_online/index.html, Abruf am 5.05.2003.

O. V. (2002a), Jeder zweite Deutsche surft inzwischen im Internet, in: Frankfurter Allgemeine Zeitung Nr. 191, 19.08.2002, S. 11.

O. V. (2002b), Deutlicher Einbruch, in: Handelsblatt Nr. 157, 16./17.08.2002, S. 15.

O. V. (2002c), Ein magisches Meeting, in: DaimlerChrysler Hightech Report Nr. 1/2002, S. 64-66.

PAGÉ, P./EHRING, T. (2002), Electronic Business und New Economy, Berlin u. a. 2001.

PICOT, A./NEUBURGER, R. (2001), Grundsätze und Leitlinien der Internet-Ökonomie, in: Eggers, B./Hoppen, G. (Hrsg.), Strategisches E-Commerce-Management, Wiesbaden 2001, S. 23-44.

PICOT, A./NEUBURGER, R. (2002), Prinzipien der Internet-Ökonomie, in: Schögel, M./ Tomczak, T./Belz, C. (Hrsg.), Roadm@p to E-Business, St. Gallen 2002, S. 92-107.

QUELCH, J.A./KLEIN, L. (1996), The Internet and International Marketing, in: Sloan Management Review, Vol. 38, Spring 1996; S. 60-75.

REICHHELD, F.F./SCHEFTER, P. (2001), Warum Kundentreue auch im Internet zählt, in: Harvard Business Manager, 23. Jg., 2001, Nr. 1, S. 70-80.

REICHWALD, R./HERMANN, M./BIEBERBACH, F. (2000), Auktionen im Internet, in: WISU – das Wirtschaftsstudium, 29. Jg., 2000, Nr. 4, S. 542-552.

SÄNGER, H./FRETER, H. (1999), Aussagewert vor Online-Kennzahlen für die Gestaltung der Unternehmenskommunikation im Internet, Siegen, 1999.

SCHWARZ, T. (2000), Permission Marketing macht Kunden süchtig, Würzburg 2000.

SHAPIRO, C./VARIAN, H.R. (1999), Online zum Erfolg. Strategien für das Internet-Business, München 1999.

SILBERER, G./KRETSCHMAR, C. (1999), Multimedia im Verkaufsgespräch. Mit zehn Fallbeispielen für den erfolgreichen Einsatz, Wiesbaden 1999.

SKIERA, B. (2000), Wie teuer sollen die Produkte sein?, in: Albers, S./Clement, M./ Peters, K./Skiera, B. (Hrsg), eCommerce, 2. Aufl., Frankfurt am Main 2000, S. 97-110.

SKIERA, B./SCHÄFERS, B. (2001), Online-Auktionen, in: Albers, S./Clement, M./Peters, K./Skiera, B. (Hrsg.), Marketing mit Interaktiven Medien, 3. Aufl., Frankfurt am Main 2001, S. 282-297.

STOLPMANN, M. (2001), Online-Marketingmix, 2. Aufl., Bonn 2001.

STRAUSS, J./FROST, R. (2001), E-Marketing, 2nd. Ed., Upper Saddle River, NJ., 2001.

WAGNER, U./FRITZ, W. (2001), Tendenzen marktorientierter Preispolitik im „Electronic Commerce“, in: Wagner, U. (Hrsg.), Zum Erkenntnisstand der Betriebswirtschaftslehre am Beginn des 21. Jahrhunderts, Berlin 2001, S. 451-474.

WALSH, G./FRENZEL, T./WIEDMANN, K.-P. (2002), E-Commerce-relevante Verhaltensmuster als Herausforderung für das Marketing, in: MARKETING – Zeitschrift für Forschung und Praxis, 24. Jg., 2002, Nr.3, S. 207-223.

WIRTZ, B.W. (2001), Electronic Business, 2. Aufl., Wiesbaden 2001.

WIRTZ, B.W./KROL, B. (2002), Integrierte Multi-Channel-Geschäftsmodelle, in: Ahlert, D./Olbrich, R./Schröder, H. (Hrsg.), Jahrbuch Handelsmanagement 2002: Electronic Retailing, Frankfurt am Main 2002, S. 91-113.

WISSMEIER, U. K. (1999), Electronic Commerce und Internationalisierung – weltweiter Vertrieb über das Internet, in: Hermanns, A./Sauter, M. (Hrsg.), Management Handbuch Electronic Commerce, München 1999, S. 157-171.

ZERDICK, A./PICOT, A./SCHRAPE, K./ARTOPÉ, A./GOLDHAMMER, K./LANGE, U.T./ VIERKANT, E./LOPÉZ-ESCORBAR, E./SILVERSTONE, R. (2001), Die Internet-Ökonomie. Strategien für die digitale Wirtschaft, 3. Aufl., Berlin u. a. 2001.

Heribert Meffert / Michael Bongartz

Einsatz neuer Medien im Markenmanagement

1. Neue Medien als Herausforderung an das Markenmanagement

Die Führung von Marken durch Unternehmen hat sich in den vergangenen Jahren zu einem Schlüsselthema der Marketingforschung und -praxis entwickelt.[1] Dies ist auf die zentrale Bedeutung einer *Marke* „als ein in der Psyche des Konsumenten und sonstiger Bezugsgruppen der Marke fest verankertes, unverwechselbares Vorstellungsbild von einem Produkt oder einer Dienstleistung"[2] für Kauf- bzw. Auswahlentscheidungen zurückzuführen.

Mit dem wachsenden Einfluss von Marken auf das Wahlverhalten von Endverbrauchern und weiteren Bezugsgruppen sowie der daraus resultierenden zunehmenden Erfordernis ihrer gezielten Führung durch Unternehmen haben sich sowohl das Markenverständnis als auch die Ansätze zur Führung von Marken seit der Entstehung des klassischen Markenartikelkonzeptes zu Beginn des 20. Jahrhunderts tiefgreifend gewandelt.[3] So wurde gegen Mitte der siebziger Jahre die damals vorherrschende operativ-angebotsfokussierte durch eine strategische und primär nachfrageorientierte Betrachtungsweise abgelöst. Im Rahmen der damit dominierenden *Outside-in-Orientierung* der Markenführung wurde die Ausrichtung der Markenstrategie – und der daraus resultierende Erfolg – vor allem auf die Zusammensetzung und Bedürfnisse der Nachfrager sowie die Aktivitäten der Konkurrenz zurückgeführt. Anfang der neunziger Jahre kam es dann zu einer Ergänzung dieser außengerichteten Perspektive um eine unternehmensbezogene *Inside-out-Orientierung*.[4] Die Ausrichtung der Markenstrategie – und der sich hieraus ergebende Erfolg – wurde demzufolge auch durch die spezifischen Fähigkeiten und Ressourcen des markenführenden Unternehmens begründet, deren Identifikation und zielgerichtete Gestaltung somit zum Kern der Markenführung avancierte.

Eine Verbindung zwischen außengerichteter Outside-in- und innengerichteter Inside-out-Orientierung findet sich im modernen *Konzept der identitätsorientierten Markenführung*. Die Markenidentität wird dabei „als in sich widerspruchsfreie, geschlossene Ganzheit von Merkmalen einer Marke, die diese von anderen Marken dauerhaft unterscheidet"[5] definiert. Sie konstituiert sich erst über einen längeren Zeitraum als Folge der Wechsel-

---

1 Vgl. hierzu beispielsweise die empirischen Untersuchungsergebnisse bei Meffert/Bongartz (2000), S. 29 f.

2 Meffert/Burmann/Koers (2002), S. 6.

3 Vgl. zu einer ausführlichen Darstellung der Entwicklungsstufen des Markenverständnisses und der Markenführung Meffert/Burmann (2002a), S. 18 ff.

4 Vgl. u. a. Kapferer (1997), S. 94 ff.; Meffert (1994), S. 478-481; UPSHAW (1995); de Chernatony (1999), S. 158 ff.

5 Meffert/Burmann (1996), S. 31.

wirkungen von außenwirksamen Handlungen eines Unternehmens auf Basis seiner spezifischen Ressourcen und Fähigkeiten und der Wahrnehmung dieser Aktivitäten durch die externen Bezugsgruppen der Marke.[1]

Im Rahmen dieses wechselseitigen, identitätsbildenden Prozesses wird daher zwischen dem *Selbstbild* der Markenidentität aus Sicht der internen Anspruchsgruppen (z. B. Führungskräfte, Mitarbeiter) und dem *Fremdbild* der Markenidentität aus Sicht externer Anspruchsgruppen (z. B. Kunden, Lieferanten) differenziert. Das Fremdbild der Markenidentität kann als das von den externen Bezugsgruppen wahrgenommene *Markenimage* interpretiert werden, welches das Ergebnis der subjektiven Wahrnehmung, Dekodierung und Akzeptanz der von der Marke ausgesendeten Impulse darstellt.[2] Das Markenimage bezeichnet dabei als mehrdimensionales Einstellungskonstrukt die Gesamtheit aller subjektiven Vorstellungen einer Person von der Marke hinsichtlich der wahrgenommenen Eigenschaften und der Eignung dieser Marke zur Befriedigung rationaler und emotionaler Bedürfnisse des Individuums.[3] Den Kern des Selbstbildes der Markenidentität bildet demgegenüber die *Markenphilosophie*. Sie beinhaltet die Idee, den Inhalt und die wesensprägenden Eigenschaften der Marke aus Sicht des Markeneigners und legt diese in einem plastischen Markenleitbild fest. Die Markenphilosophie stellt die gedankliche Konzeption im Sinne eines genetischen Codes der Marke dar.[4]

Die Identität einer Marke entsteht erst und verändert sich im dauerhaften Austausch zwischen ihren internen und externen Bezugsgruppen. Dieser identitätsbildende, gegenseitige Austauschprozess zwischen Selbst- und Fremdbild vollzieht sich dabei in wesentlichen Teilen über *Medien*, d. h. „Räume, Plattformen, Mechanismen, welche die Kommunikation oder allgemeiner den Austausch zwischen Agenten (Menschen, Organisationen, Maschinen, etc.) ermöglichen."[5] Insofern nehmen Medien als „Mittel zur Weitergabe, Transporteur von Mitteilungen, die Nachrichten, Wissen, Unterhaltung, Musik, Bilder u. a. zum Inhalt haben können"[6] einen zentralen Stellenwert im Prozess der Markenbildung ein. So können markenführende Unternehmen ausgehend von ihrem Selbstbild der Marke über Medien gezielte Signale aussenden, die dann von den Empfängern (externe Bezugsgruppen) wahrgenommen und interpretiert werden und sich letztlich zum Fremdbild dieser Marke formen.[7]

In jüngerer Zeit werden vor diesem Hintergrund die Einsatzmöglichkeiten sog. *neuer Medien* im Rahmen der Markenführung von Unternehmen intensiv diskutiert. Unter neue Medien werden dabei in der Regel digitale Informations- und Kommunikationsme-

1 Vgl. Meffert/Burmann (2002b), S. 49.

2 Vgl. Meffert/Burmann (2002b), S. 65.

3 Vgl. Keller (1993), S. 3 ff.

4 Vgl. Meffert/Burmann (2002b), S. 52 ff.; Kapferer (1992), S. 111

5 Schmid et al. (1999).

6 Lexikographisches Institut (1995), S. 6488.

7 Vgl. u. a. Esch (2003), S. 86 ff. und S. 216 ff.

dien subsumiert. In dieser Interpretation umfassen neue Medien „alle Verfahren und Mittel, die mit Hilfe digitaler Technologie, also computerunterstützt, bislang nicht gebräuchliche Formen von Informationsverarbeitung, Informationsspeicherung und Informationsübertragung, aber auch neuartige Formen von Kommunikation ermöglichen."[1] Die verwendete Definition verdeutlicht gleichsam die mit ihr verbundene Abgrenzungsproblematik. So wird deutlich, dass durch die Bezugnahme auf „bislang nicht gebräuchliche" bzw. „neuartige Formen" von Informations- und Kommunikationsprozessen jeweils nur eine zeitpunktbezogene Interpretation des Begriffes vorgenommen werden kann. Während beispielsweise 1985 insbesondere Bildschirmtext, Videotext, Videosysteme sowie Telex oder Telefax-Dienste zu den neuen Medien gezählt wurden,[2] werden heute vor allem das Internet, Electronic Mail oder digitales Fernsehen als Formen neuer Medien genannt.[3]

Unabhängig vom konkret betrachteten Medium lassen sich mit Blick auf die Führung von Marken jedoch einige zentrale *Anforderungen* ableiten, die auch beim Einsatz neuer Medien im Rahmen markenpolitischer Aktivitäten zu beachten sind. So wird beim identitätsorientierten Ansatz der Markenführung davon ausgegangen, dass die Stärke einer Marke – und damit auch ihr ökonomischer Wert – maßgeblich auf den Grad der Übereinstimmung von Selbst- und Fremdbild und der daraus resultierenden Klarheit, Differenzierungskraft und Unverwechselbarkeit der Markenidentität zurückzuführen ist. Die Hauptaufgabe des Markenmanagement ist somit in der Gewährleistung einer entsprechenden Kongruenz von Selbst- und Fremdbild durch eine integrierte Gestaltung aller Identitätskomponenten zu sehen, durch die eine dominierende Alleinstellung der Marke in der Psyche der Bezugsgruppen und eine größtmögliche Differenzierung zur Konkurrenz erreicht werden soll.[4] Somit gilt es auch beim markenpolitischen Einsatz neuer Medien, die wechselseitigen Austauschprozesse und -beziehungen zwischen internen und externen Bezugsgruppen unter Berücksichtigung medienspezifischer Besonderheiten als Grundlage der Markenidentitätsbildung zu analysieren (*Wechselseitigkeit*). Darüber hinaus ist zu gewährleisten, dass die einzigartigen und einmaligen Markenmerkmale bei der Nutzung neuer Medien erhalten bleiben und in diese transferiert werden (*Individualität*). Damit ist gleichsam die medienübergreifende Beibehaltung essenzieller, d. h. wesensprägender Markeneigenschaften im Zeitablauf angesprochen (*Kontinuität*). Gehen diese essenziellen Merkmale bei der Fortschreibung der Marke in einem neuen Medium verloren, besteht die Gefahr der Markenerosion bzw. des Erlöschens der Markenidentität. Ferner erfordert die Nutzung neuer Medien auch die Vermeidung von Widersprüchen hinsichtlich der vermittelten Markeneigenschaften (*Konsistenz*). Die Widerspruchsfreiheit bezieht sich dabei zum einen auf die Gestaltung der Markenpräsenz innerhalb eines

1 Bollmann (1998), S. 12.

2 Vgl. Meffert (1985), S. 6 ff.

3 Vgl. u. a. Wirtz (2002), S. 178.

4 Vgl. u. a. de Chernatony (1999), S. 170 ff. ; LePla/Parker (1999), S. 2 ff. ; Meffert/Burmann (2002c), S. 74 f.

neuen Mediums, zum anderen aber auch auf die Gewährleistung konsistenter medienübergreifender Markenauftritte.[1]

Um diesen grundlegenden Anforderungen an den markenpolitischen Einsatz neuer Medien gerecht zu werden, sollen im Folgenden die zentralen Elemente des *identitätsorientierten Managementprozesses der Markenpositionierung und -profilierung* unter Berücksichtigung der Spezifika neuer Medien dargelegt werden.[2] Im Vordergrund stehen dabei neben inhaltlichen Erweiterungen einzelner Prozessschritte aufgrund medienspezifischer Besonderheiten die Darstellung von Handlungsoptionen und -parametern im Umgang mit neuen Medien aus Unternehmenssicht. Ferner findet die Verknüpfung markenpolitischer Maßnahmen in klassischen und neuen Medien, d. h. die Herstellung medienübergreifender Verbindungslinien, besondere Beachtung.

2. Prozess der Markenpositionierung und -profilierung bei neuen Medien

Der Prozess der Markenpositionierung und -profilierung kann im Kontext neuer Medien vereinfacht in drei wesentliche Schritte unterteilt werden. Den Beginn bildet die Analyse der extern und intern bedingten Ausgangssituation der Marke hinsichtlich der Nutzung neuer Medien. Darauf aufbauend schließt sich die konkrete Identifikation und Auswahl medienspezifischer Handlungsoptionen für das neue Medium an. Den Abschluss des iterativen Managementprozesses bildet die Durchführung etwaiger Anpassungen des Markenauftritts im neuen Medium, um im Zeitablauf veränderten Strukturen und Bedürfnissen Rechnung zu tragen.

2.1 Medienspezifische Situationsanalyse und markenstrategischer Handlungsrahmen als Ausgangspunkt

Den Ausgangspunkt des Planungsprozesses der Markenpositionierung und -profilierung bei neuen Medien bildet eine *medienspezifische Situationsanalyse*:

Diese beinhaltet zunächst die *Erfassung der spezifischen Besonderheiten neuer Medien*, durch deren Ausnutzung sich Profilierungsvorteile bei den anvisierten Zielgruppen ge-

1 Vgl. Meffert/Burmann (2002b), S. 45 ff.

2 Vgl. zum Markenmanagementprozess ausführlich Meffert/Burmann (2002c), S. 74 ff.

genüber konkurrierenden Marken realisieren lassen.[1] Profilierungsrelevante Charakteristika neuer Medien – vor allem des Internet – werden derzeit insbesondere in ihrer Interaktivität, Individualisierbarkeit sowie ihrer zeitlichen und räumlichen Unabhängigkeit gesehen.[2]

Ferner sind im Rahmen der medienspezifischen Situationsanalyse die *Nutzererwartungen und -strukturen* sowie die *Konkurrenzaktivitäten* zu berücksichtigen. So ergibt sich der Stellenwert bzw. das Erfordernis einer Markenpräsenz in einem neuen Medium zum einen aus der vom Management ermittelten Zahl und Zusammensetzung der Mediennutzer sowie deren Überschneidungsgrad mit aktuellen und potenziellen Zielgruppen der betrachteten Marke. Zum anderen lassen sich aus der Intensität und der Art markenbezogener Erwartungen der Mediennutzer Rückschlüsse auf die Notwendigkeit bzw. die Anforderungen an eine Markenpräsenz im betrachteten neuen Medium ziehen. Die Analyse der markenpolitischen Aktivitäten der Hauptwettbewerber in einem neuen Medium offenbart darüber hinaus einerseits die Notwendigkeit eines eigenständigen Engagements, um Profilierungsnachteile gegenüber konkurrierenden Marken zu vermeiden. Andererseits werden gleichzeitig die Differenzierungspotenziale für die eigene Marke offengelegt.[3]

An die Bestimmung der extern vorgegebenen Rahmenbedingungen schließt sich die *Analyse des (internen) strategischen Handlungsrahmens* für den Einsatz neuer Medien im Rahmen markenpolitischer Aktivitäten an. Der strategische Handlungsrahmen wird durch die Festlegung der übergeordneten markenpolitischen Ziele sowie die Formulierung der Markenpositionierung und des Markenleitbildes aufgespannt, innerhalb dessen die anschließende Konkretisierung markenpolitischer Maßnahmen vollzogen wird.[4] Mit Blick auf den markenpolitischen Einsatz neuer Medien lassen sich hier im Wesentlichen zwei grundlegend verschiedene Ausgangslagen kennzeichnen:

Im ersten Fall plant ein Unternehmen durch den Einsatz neuer Medien eine *neue Marke* zu schaffen, die spezifisch auf das neue Medium ausgerichtet ist. Diese Marke weist keine Verbindungen zu bereits vorhandenen Marken aus klassischen Markt- bzw. Medienumgebungen auf. Dieser Fall bezeichnet den „kreativen Erstgestaltungsprozess"[5] einer Marke, die eigens für ein neues Medium konzipiert ist. Das neue Medium avanciert somit zum „originären Entstehungsraum"[6] der Marke. Dieses Phänomen ist im Zusammenhang mit den neuen Medien häufig im Internet zu beobachten, aus dem zahlreiche

1 Vgl. Moon/Millison (2000), S. 95 f.; Wirtz (2000), S. 17.

2 Vgl. u. a. Riedl/Busch (1997), S. 163; Zerdick et al. (2001), S. 153 ff.; Bauer/Grether (2002), S. 3 f.; Angehrn (1997), S. 362 ff.

3 Vgl. Meffert/Bongartz (2002a), S. 421 ff.

4 Vgl. Bongartz (2002a), S. 15; Aaker/Joachimsthaler (2000), S. 42.

5 Hermanns/Matzdorf/Riedmüller (2001), S. 194.

6 Bongartz (2002a), S. 1.

neue Internet-Marken hervorgegangen sind.[1] Kennzeichnend für diese neuen Marken ist, dass für sie die Bestimmung des markenstrategischen Handlungsrahmens noch zu erfolgen hat. Demnach sind zunächst die übergeordneten markenpolitischen Zielsetzungen festzulegen, an denen sich die weiteren Entscheidungen im Managementprozess der Markenführung ausrichten. Aufbauend auf den Markenzielen sind zudem die Markenpositionierung und das Markenleitbild im Rahmen eines dialogischen Prozesses zwischen marktorientierten Anforderungen und internen Ressourcen und Fähigkeiten zu entwickeln.[2]

Im Gegensatz hierzu wird im zweiten Fall der Einsatz neuer Medien *für bereits existierende Marken* im Rahmen eines vorhandenen Markenführungskonzeptes vorgenommen. Das neue Medium wird dabei als „komplementärer Profilierungsraum"[3] für die Marke genutzt. Kennzeichnend für diese Situation ist, dass die den strategischen Handlungsrahmen aufspannenden übergeordneten Ziele bereits definiert sind, die Markenpositionierung gegeben und das Markenleitbild formuliert ist.[4]

Unabhängig davon, ob das neue Medium als originärer Entstehungsraum oder komplementärer Profilierungsraum für die Marke genutzt werden soll, lassen sich die den strategischen Handlungsrahmen der Markenführung aufspannenden übergeordneten Markenziele, die Markenpositionierung sowie das Markenleitbild als *prädisponierende Einflussgrößen bzw. Vorgaben* für alle außen- und innengerichteten Aktivitäten der Mediennutzung interpretieren.[5] Unter Bezugnahme auf den Prozess der Markenpositionierung und -profilierung gilt es daher, nach der Analyse der internen und externen Rahmenbedingungen, die konkreten Handlungsfelder der Markenführung in einem neuen Medium zu identifizieren und unter Berücksichtigung des vorgegebenen strategischen Handlungsrahmens die medienspezifischen Handlungsoptionen und -parameter zu konkretisieren.

---

1 Diese Marken werden auch als virtuelle Marken bezeichnet. Bekannte Beispiele sind Amazon, Ebay oder EBookers. Vgl. hierzu Bongartz (2002b), S. 311 f.

2 Das Ziel der Markenpositionierung besteht darin, die Marke mit spezifischen Eigenschaften zu versehen, die ihr sowohl in der Wahrnehmung durch aktuelle und potenzielle Kunden eine dominierende Stellung verschaffen als auch gegenüber den Wettbewerbern ein ausreichendes Profilierungspotenzial besitzen. Zur Umsetzung der Markenpositionierung dient das Instrument des Markenleitbildes, welches die zentralen Elemente der Markenphilosophie vermittelt und die spezifische Kompetenz der Marke sowie das Verhältnis zu den wesentlichen internen und externen Bezugsgruppen zum Ausdruck bringt. Vgl. Meffert/Burmann (2002c), S. 78 f. Zur beispielhaften Definition eines zentralen Nutzenversprechens einer Marke im Electronic Commerce als Kern der Markenpositionierung und des Markenleitbildes auf Basis der medienspezifischen Besonderheiten vgl. Bongartz (2002b), S. 315 f. sowie Court et al. (1999), S. 13.

3 Bongartz (2002a), S. 2.

4 Vgl. Bongartz (2002a), S. 16.

5 Vgl. Bongartz (2002a), S. 16; Esch/Hardiman/Langner (2000), S. 16; Wagner/Teege/Baumann (2001), S. 185 f.

2.2 Identifikation und Ausgestaltung medienspezifischer Handlungsfelder der Markenführung

Die Handlungsfelder der Markenführung in einem neuen Medium lassen sich unter Rückgriff auf den Managementprozess der identitätsorientierten Markenführung auf

- die *außengerichtete Markengestaltung*,
- die *außengerichtete Markenintegration* und
- die *innengerichtete Koordination* der markenbezogenen Aktivitäten

eingrenzen.[1]

2.2.1 Markengestaltung bei neuen Medien

Im Rahmen der *außengerichteten Markengestaltung* sind die im markenstrategischen Handlungsrahmen festgehaltenen dominierenden und differenzierenden Eigenschaften und Nutzenvorteile der betrachteten Marke, die diese dauerhaft von anderen Marken unterscheiden und sie damit einzigartig machen, in ein äußeres Erscheinungsbild und Leistungsprofil der Marke im neuen Medium zu transferieren.[2] Die Markengestaltung in dem betrachteten neuen Medium kann dabei als Ergebnis der Kombination unterschiedlicher, von außen wahrnehmbarer Nutzungspotenziale des neuen Mediums aufgefasst werden. Eine zielsetzungsgerechte Steuerung der medienspezifischen Markenpolitik setzt demnach die Analyse potenzieller Nutzungs- und damit der Verhaltensdimensionen aus Sicht des markenführenden Unternehmens voraus.

Da die Aufdeckung der Markengestaltungsoptionen von den spezifischen Eigenschaften des betrachteten neuen Mediums beeinflusst wird, soll an dieser Stelle beispielhaft auf die *Verhaltensdimensionen* im derzeit wohl prominentesten neuen Medium, dem *Internet*, eingegangen werden.

Der Kern der internetbezogenen Markengestaltung ist in der Einrichtung einer *Website* zu sehen, mit der angestrebt wird, Konsumenten eine Marke positionierungswirksam zu präsentieren.[3] Auf Basis einer umfassenden literaturgestützten und empirischen Analyse konnten in diesem Zusammenhang vier Verhaltensdimensionen der websitebezoge-

---

1 Vgl. Bongartz (2002a), S. 17 ff.

2 Vgl. Bongartz (2002a), S. 18; Bongartz (2002b), S. 316 f.; Lindström/Peppers/Rogers (2001), S. 196 f.; Meffert/Bongartz (2002b), S. 297 f.

3 Vgl. Aaker/Joachimsthaler (2000), S. 241; Bauer/Mäder/Fischer (2001), S. 1 f.

nen Markengestaltung identifiziert werden, die Unternehmen bei der Gestaltung ihrer Website zur Verfügung stehen.[1]

Die erste Verhaltensdimension beschreibt „den vom markenführenden Unternehmen gesteuerten Umfang und Detaillierungsgrad, die Auffindbarkeit sowie die Aktualität markenbezogener Informationen im Rahmen der Internetpräsenz“[2] und kann *als Informationsorientierung* der Website gekennzeichnet werden. Auf Seiten der Internetnutzer schlägt sich die Informationsorientierung im wahrgenommenen Informationsgehalt, -wert bzw. -nutzen nieder, die wiederum zentrale Kriterien zur Beurteilung einer Markenwebsite darstellen.[3]

„Der vom Unternehmen gesteuerte Umfang unterschiedlicher markenbezogener Unterhaltungselemente durch den Einsatz von Aktivitäten zur anregenden Vermittlung markenbezogener Inhalte oder zur Unterhaltung der Internetnutzer“[4] kennzeichnet als *Unterhaltungsorientierung* der Website die zweite Verhaltensdimension im Rahmen der websitebezogenen Markengestaltung. Die Unterhaltungsorientierung spiegelt sich auf Seiten der Internetnutzer im wahrgenommenen Unterhaltungswert bzw. -nutzen der Website wider. Ebenso wie der Informationsgehalt konnte auch der Unterhaltungswert bzw. -nutzen im Rahmen empirischer Studien als zentrale Beurteilungsgröße für Websites identifiziert werden und ist somit als zweite wichtige Verhaltensdimension im Rahmen der websitebezogenen Markengestaltung zu berücksichtigen.[5]

Als dritte Dimension zur Kennzeichnung der websitebezogenen Markengestaltung wird die *Dialogorientierung* der Website herangezogen. Hierunter ist die Ausnutzung von Möglichkeiten zur Schaffung wechselseitiger Kommunikationsprozesse zwischen einzelnen Nutzern und dem markenführenden Unternehmen zu verstehen, deren Inhalte ausschließlich für diese beiden beteiligten Parteien bestimmt sind. Damit ist die Dialogorientierung den personalen Interaktionsvorgängen zuzurechnen, bei denen auf Basis von Online-Medien ein direkter, reziproker Austausch zwischen Sender und Empfänger ermöglicht wird.[6] Die Dialogorientierung wird dementsprechend „als das Ausmaß des Einsatzes verschiedener Optionen zur individuellen Artikulation von Bedürfnissen durch einzelne Nutzer gegenüber dem markenführenden Unternehmen sowie der dadurch ausgelösten Reaktion zur Befriedigung dieser Bedürfnisse durch das Unternehmen“[7] defi-

---

1 Vgl. zu einer ausführlichen Darstellung sowie empirischen Überprüfung der im Folgenden dargestellten Verhaltensdimensionen Bongartz (2002a), S. 53-71.

2 Bongartz (2002a), S. 58.

3 Vgl. Ducoffe (1996), S. 22 f. ; Chen/Wells (1999), S. 33 f.; Kurz (1998), S. 221 ff.; Mühlenkamp (1992), S. 162 ff.

4 Bongartz (2002a), S. 61.

5 Vgl. Mühlenkamp (1992), S. 164 f.; Bauer/Grether/Sattler (2001), S. 24 ff.; Ducoffe (1996), S. 29; Chen/Wells (1999), S. 33 f.; Kurz (1998), S. 219 ff.

6 Vgl. Hoffman/Novak (1996), S. 6; Hünerberg/Heise/Mann (1997), S. 16.

7 Bongartz (2002a), S. 64.

niert. Auf Seiten der Internetnutzer spiegelt sich die Dialogorientierung in dem persönlichen Empfinden wider, vom markenführenden Unternehmen als wichtiger Partner respektiert und individuell betreut zu werden und bietet somit aus Sicht des Anbieters Chancen zur Profilierung seiner Marke bei den Internetnutzern.[1]

Auf der Grundlage der kommerziellen Einsatzmöglichkeiten des Mediums stellt die *Transaktionsorientierung* der Website schließlich die vierte Verhaltensdimension der websitebezogenen Markengestaltung dar. Unter der Transaktionsorientierung der Website werden in diesem Kontext „der vom Unternehmen gesteuerte Umfang internetbasierter Einkaufsmöglichkeiten sowie die damit unmittelbar in Zusammenhang stehenden Maßnahmen zur Förderung von Verkäufen über das Internet“[2] verstanden.

Neben den websitebezogenen Handlungsparametern lassen sich darüber hinaus weitere internetbezogene Maßnahmen außerhalb der Markenwebsite anführen, die unter der Verhaltensdimension der *Site-Promotion* berücksichtigt werden. Die Site-Promotion bezieht sich dabei auf „die Intensität außerhalb der Markenwebsite stattfindender internetbasierter Aktivitäten, die primär auf die Steigerung der Zugriffszahlen auf die zentrale Markenwebsite ausgerichtet sind, darüber hinaus aber auch eigenständige Beiträge zur Profilierung der Marke leisten können.“[3] Als zentrale Instrumente der Site-Promotion werden die Schaltung von Werbebannern (Banner-Ads) oder Interstitials, die Registrierung in Suchmaschinen sowie die Präsenz in Newsgroups oder Diskussionsforen genannt.[4]

Die hier am Beispiel des Internet aufgezeigten Verhaltensdimensionen können als *Ausgangspunkt für die zielgerichtete Markengestaltung* in neuen Medien herangezogen werden, wobei sie mit Blick auf die spezifischen Charakteristika unterschiedlicher Formen neuer Medien jeweils zu adaptieren sind. Die Aufdeckung der existierenden Verhaltensdimensionen erlaubt es zunächst, den Gestaltungsspielraum für den Transfer der Marke in das neue Medium umfassend zu beschreiben. Unter Berücksichtigung der im strategischen Handlungsrahmen definierten wesensprägenden Eigenschaften können dann die jeweiligen Ausprägungen der Verhaltensdimensionen – die in ihrer Gesamtheit das Erscheinungsbild und Leistungsprofil der Marke in dem neuen Medium prägen – festgelegt und konkrete Gestaltungsvorgaben formuliert werden.[5]

---

1 Vgl. Kastenmüller (2001), S. 223; Kernstock (2001), S. 57; Kirchmair (2001), S. 40; Moon/Millison (2000), S. 150 ff.; Wiencke (1998), S. 68.

2 Bongartz (2002a), S. 68 f.

3 Bongartz (2002a), S. 71.

4 Vgl. Conrady (2000), S. 48-52; Zimmer (1998), S. 498-507; Fantapié Altobelli/Sander (2001), S. 143 ff.; Klein-Bölting/Busch (2001), S. 148 ff.

5 Zur konkreten Ableitung von Gestaltungsvorgaben können die zur Operationalisierung der Verhaltensdimensionen verwendeten Indikatoren herangezogen werden. Vgl. hierzu Bongartz (2002a), S. 53-71 oder in einem Überblick Meffert/Bongartz (2002b), S. 304.

2.2.2 Markenintegration bei neuen Medien

Im Rahmen der *außengerichteten Markenintegration* gilt es durch den abgestimmten Einsatz und die Verknüpfung aller markenpolitischen Aktivitäten unter Ausnutzung von Synergiepotenzialen konsistente und vorteilhafte Wissensstrukturen über die Marke bei den anvisierten Zielgruppen aufzubauen und zu verstärken.[1] In diesem Zusammenhang können zum einen intra-mediale und zum anderen inter-mediale Integrationsbemühungen unterschieden werden.[2]

Die Gewährleistung des Vorhandenseins sowie der inhaltlichen und formalen Widerspruchsfreiheit der identitätsbestimmenden Gestaltungsmerkmale innerhalb des betrachteten neuen Mediums ist Gegenstand der *intra-medialen Markenintegration*. Die Sicherstellung der intra-medialen Markenintegration ist insbesondere im Internet von besonderer Bedeutung, da die Nutzer mit Hilfe von Suchfunktionen, gespeicherten Bookmarks oder sonstigen Links unmittelbar in tief verzweigte Ebenen eines Markenauftritts eintauchen können, ohne der vom markenführenden Unternehmen intendierten Strukturierung der Website zu folgen.[3]

Die *inter-mediale Markenintegration* bezieht sich hingegen auf die medienübergreifende Abstimmung bzw. Vernetzung aller markenbezogenen Aktivitäten.[4] Der medienübergreifende Integrationsbedarf kann dabei von einer rein kommunikativen Abstimmungsnotwendigkeit zwischen klassischen und neuen Medien bis hin zu einem umfassenden, das gesamte Marketing-Mix betreffenden Koordinationserfordernis zwischen den Marketingmaßnahmen in klassischen und digitalen Marktumgebungen reichen.[5] Zu einer näheren Kennzeichnung dieses Handlungsfeldes in neuen Medien kann auf die in diesem Zusammenhang in bisherigen Arbeiten diskutierten Handlungsparameter der formalen, inhaltlichen, instrumentellen, zeitlichen und mixübergreifenden Integration zurückgegriffen werden.[6]

Maßnahmen der *formalen Integration* der Markenaktivitäten in neuen Medien stellen einen ersten zentralen Aktionsparameter im Rahmen der Markenintegration dar. Hierzu zählen sämtliche Maßnahmen, die darauf abzielen, ein konsistentes äußeres Erscheinungsbild der Marke durch die Einhaltung medienübergreifender Gestaltungsprinzipien

---

1 Vgl. Fantapié Altobelli (1996), S. 338 ff.; Meffert/Bongartz (2002°), S. 433 ff.; Bruhn (1995), S. 14 ff.; Esch (1998a), S. 74 f.

2 Vgl. hierzu und im Folgenden Bongartz (2002b), S. 317 f.

3 Vgl. Esch/Hardiman/Langner (2000), S. 12; Bongartz (2002b), S. 317 f.

4 Vgl. hierzu und im Folgenden Meffert/Bongartz (2001), S. 12; Bongartz (2002a), S. 72 ff.; Bongartz (2002b), S. 318; Meffert/Bongartz (2002a), S. 421 ff.; Meffert/Bongartz (2002b), S. 300 ff.; Fantapié Altobelli (2002), S. 317 ff.

5 Vgl. Bongartz (2002b), S. 318; Bongartz (2002a), S. 19 ff.

6 Vgl. Fantapié Altobelli (2002), S. 318 ff.; Meffert/Bongartz (2001); Bongartz (2002a), S. 72 ff.

zu gewährleisten.[1] Zu den formalen Mitteln der Integration zählen insbesondere die einheitliche und medienübergreifende Verwendung des Markenlogos, visueller Präsenzsignale, markentypischer Farb- und Formgebungen sowie charakteristischer Schrifttypen bzw. -züge.[2] Der Einsatz formaler Integrationsmaßnahmen dient in erster Linie zur Förderung der unmittelbaren Wiedererkennung einer Marke bzw. deren prägnanter Verankerung im Gedächtnis der Konsumenten.[3]

Maßnahmen der *inhaltlichen Integration* dienen demgegenüber vor allem der konsistenten Vermittlung markenspezifischer Positionierungsinhalte bei allen Kontakten aktueller oder potenzieller Nachfrager mit der Marke. Hierunter fallen daher sämtliche Maßnahmen, die darauf ausgerichtet sind, medienübergreifende thematische Verbindungslinien herzustellen, um eine widerspruchsfreie und eigenständige Positionierung der Marke sicherzustellen.[4] Als Mittel der inhaltlichen Integration kommen insbesondere die einheitliche und medienübergreifende Verwendung bildlicher und/oder sprachlicher Schlüsselreize in Frage, durch die zentrale Markeninhalte und -botschaften in komprimierter Form zum Ausdruck gebracht werden können.[5]

Neben den formalen und inhaltlichen Integrationsmaßnahmen sind im Rahmen der medienübergreifenden Integration auch Maßnahmen der *instrumentellen Integration* zu berücksichtigen. Unter der instrumentellen Integration der markenpolitischen Internetaktivitäten werden Maßnahmen verstanden, durch die im Rahmen anderer markenpolitischer Aktivitäten eine Bezugnahme auf den Markenauftritt im betrachteten neuen Medium erfolgt. Beispielsweise sind derartige Verweise auf die Präsenz und die Angebote der Marke in neuen Medien bei der klassischen Werbung in Massenmedien, bei Sponsoringaktivitäten oder Events, in Mitarbeiter- und Kundenzeitschriften sowie auf Prospekten und Briefbögen, darüber hinaus aber auch in persönlichen Beratungs- oder Verkaufsgesprächen sowie auf Produkt- oder Versandverpackungen denkbar.[6]

Um eine vollständige Erfassung medienübergreifender Integrationsbemühungen zu gewährleisten, müssen schließlich *zeitliche* sowie weitere *mixübergreifende Integrationsbemühungen* Berücksichtigung finden. Die zeitliche Integration bezieht sich auf sämtliche Maßnahmen, die das medienübergreifende „Timing" markenpolitischer Maßnahmen betreffen. Im Mittelpunkt steht dabei die Frage, ob markenrelevante Ereignisse – wie beispielsweise die Ankündigung von Produktneuheiten, die Veränderung von Werbekampagnen oder die Durchführung von Sonderpreisaktionen – in etwa zeitgleich (ausgeprägte zeitliche Integration) oder mit erheblichen zeitlichen Vor- bzw. Nachverlagerungen (geringe zeitliche Integration) in klassischen und neuen Medien stattfinden. In

1 Vgl. u. a. Bruhn (1995), S. 45 f.

2 Vgl. u. a. Esch (1998c), S. 219; Sheehan/Doherty (2001), S. 53; Kroeber-Riel/Esch (2000), S. 110 ff.

3 Vgl. Keller (1987), S. 316 ff.

4 Vgl. Esch (1998b), S. 149 ff.; Bruhn (1995), S. 40.

5 Vgl. Keller (1996), S. 117.

6 Vgl. Bongartz (2002a); Meffert/Bongartz (2002b), S. 300 f.

einem engen Zusammenhang mit der zeitlichen Integration sind Entscheidungen über die mixübergreifende Integration der Aktivitäten in neuen Medien zu sehen, die insbesondere dann Bedeutung erlangen, wenn das neue Medium als zusätzlicher Verkaufskanal für die Marke genutzt wird. Die mixübergreifende Integration bezieht sich auf die medienübergreifende Abstimmung von Ausprägungen des Marketing-Mix, d. h. im Falle der transaktionsorientierten Nutzung des neuen Mediums insbesondere auf die kanalübergreifende Standardisierung bzw. kanalspezifische Differenzierung von Preisen, Lieferkonditionen sowie Produkt- und Leistungsangeboten.

Zusammenfassend zielen Maßnahmen der *medienübergreifenden Integration* auf die Vereinheitlichung und gegenseitige Verstärkung der angestrebten markenpolitischen Wirkungen bei aktuellen und potenziellen Nachfragern der Marke durch die formale, inhaltliche, instrumentelle, zeitliche sowie mixübergreifende Abstimmung bzw. Vernetzung der Aktivitäten in klassischen und neuen Medien.[1] Empirische Untersuchungen belegen in diesem Zusammenhang für die Nutzung des Internet, dass ein ausgeprägter medienübergreifender Integrationsgrad den entscheidenden Stellhebel bzw. die Voraussetzung eines erfolgreichen markenpolitischen Engagements in diesem Medium darstellt.[2] Vor diesem Hintergrund ist der medienübergreifenden Integration bei der Nutzung neuer Medien besondere Aufmerksamkeit zu widmen.

2.2.3 Markenkoordination bei neuen Medien

Während die im Rahmen der internetbezogenen Markengestaltung und -integration identifizierten Verhaltensdimensionen einen außenwirksamen Charakter aufweisen, d. h. als Ergebnis der vom markenführenden Unternehmen ausgesendeten Signale durch aktuelle und potenzielle Nachfrager unmittelbar wahrgenommen werden können, bezieht sich das Handlungsfeld der *Markenkoordination* auf interne Mechanismen zur Steuerung der markenbezogenen Aktivitäten in neuen Medien.[3]

Die Notwendigkeit zur Berücksichtigung interner Verhaltensweisen im Rahmen der Markenführung in neuen Medien beruht auf der Feststellung, dass eine zielsetzungs-, positionierungs- und leitbildgerechte Umsetzung außenwirksamer markenpolitischer Aktivitäten in neuen Medien eine *systematische Koordination und Steuerung aller an der Markenführung beteiligten Personen bzw. Unternehmensabteilungen* nach innen voraussetzt.[4] Die Markenkoordination beinhaltet demzufolge alle internen Maßnahmen und Verhaltensweisen, die der Abstimmung von markenpolitischen Aktivitäten in neuen Me-

1 Vgl. Bongartz (2002a), S. 76.

2 Vgl. Bongartz (2002a), S. 161 ff.; Meffert/Bongartz (2002b), S. 304 ff.

3 Vgl. Bongartz (2002a), S. 77-83.

4 Vgl. de Chernatony (1999), S. 159 ff. ; Duncan/Moriarty (1997), S. 169 f.. ; LePla/Parker (1999), S. 177 ff.; Weßner (2001), S. 26.

dien auf die übergeordneten Ziel- und Positionierungsentscheidungen der Marke dienen können.[1]

Mit Blick auf die Ableitung von Verhaltensdimensionen der internen Koordination markenbezogener Aktivitäten in neuen Medien lassen sich zunächst Maßnahmen identifizieren, die expliziter Bestandteil der formalen Organisationsstruktur des markenführenden Unternehmens sind.

In diesem Kontext können zunächst *technokratisch-bürokratische Koordinationsansätze* angeführt werden. Kennzeichen technokratisch-bürokratischer Koordinationsmaßnahmen ist die fehlende bzw. hochgradig eingeschränkte Einflussmöglichkeit der mit den markenpolitischen Aktivitäten in neuen Medien betrauten Personen bzw. Organisationseinheiten auf die sie betreffenden Entscheidungen. Um eine ziel- und positionierungsgerechte Einordnung des Markenauftritts im neuen Medium in den markenstrategischen Handlungsrahmen zu gewährleisten und eine Vernetzung mit anderen markenpolitischen Maßnahmen sicherzustellen, wird ihr Handlungsspielraum bei der Durchführung markenpolitischer Aktivitäten durch die Festlegung verbindlicher Vorgaben bzw. Regelungen eingeschränkt. Somit fallen unter die Verhaltensdimension der technokratisch-bürokratischen Koordination sämtliche Maßnahmen, die der internen Steuerung der markenpolitischen Aktivitäten in neuen Medien „durch die Erteilung hierarchischer Weisungen sowie die Festlegung verbindlicher Verhaltens- und Verfahrensrichtlinien"[2] dienen.

Als eine weitere, auf der formalen Organisationsstruktur beruhende Verhaltensdimension zur internen Steuerung der markenpolitischen Aktivitäten in neuen Medien kommen ferner *personenorientiert-dezentrale Koordinationsansätze* in Betracht. In Abgrenzung zur technokratisch-bürokratischen Koordination ist die personenorientiert-dezentrale Koordination durch die aktive Einbindung der mit markenbezogenen Aufgaben betrauten Personen bzw. Organisationseinheiten in Planungs- und Entscheidungsprozesse gekennzeichnet. Die interne Steuerung markenbezogener Internetaktivitäten erfolgt im Rahmen der personenorientiert-dezentralen Koordination daher nicht auf Basis von Anweisungen oder Vorschriften, sondern durch eine direkte Interaktion zwischen unterschiedlichen Aufgabenträgern im Bereich der Markenführung. Eine Institutionalisierung erfahren diese Interaktionsprozesse beispielsweise durch die Bildung entsprechender Mitarbeitergruppen, die sich entweder in bestimmten zeitlichen Abständen oder aber bei fallweisem Abstimmungsbedarf konstituieren, um gemeinsam Entscheidungen über markenpolitische Aktivitäten zu treffen. Personenorientiert-dezentrale Koordinationsansätze umfassen damit Maßnahmen zur internen Steuerung der markenpolitischen Aktivitäten in neuen Medien „auf Basis institutionalisierter Gruppenentscheidungen der für die Markenführung verantwortlichen Personen."[3]

---

1 Vgl. Bongartz (2002a), S. 77.

2 Bongartz (2002a), S. 77.

3 Bongartz (2002a), S. 81.

Maßnahmen bzw. Verhaltensweisen, die nicht Bestandteil der formalen Organisationsstruktur des markenführenden Unternehmens sind, aber ebenfalls der internen Steuerung markenbezogener Aktivitäten in neuen Medien dienen, können *als nicht-strukturelle Koordinationsansätze* bezeichnet werden. Im Vordergrund der nicht-strukturellen Koordination steht somit die informelle, nicht auf expliziten organisatorischen Regelungen beruhende Abstimmung markenbezogener Aktivitäten in neuen Medien auf den übergeordneten markenstrategischen Handlungsrahmen. Die ziel- und positionierungsgerechte Steuerung der Aktivitäten in neuen Medien über informelle Koordinationsmechanismen beruht in besonderem Maße auf einem gemeinsamen Verständnis sowie der Identifikation der betroffenen Mitarbeiter mit der Marke. Durch eine hierauf basierende automatisierte Reflexion homogener Vorstellungen und Überzeugungen von der Marke bei der Planung und Durchführung markenbezogener Aktivitäten in neuen Medien können formale Koordinationsmechanismen ergänzt bzw. ersetzt werden.[1] Entscheidend für eine derartige, auf informellen Abläufen beruhende Koordinationswirkung ist, dass möglichst viele der mit Aufgaben der Markenführung betrauten Organisationsmitglieder über dieselben Überzeugungen und Vorstellungen verfügen und diese bei ihnen möglichst stark ausgeprägt sind.[2] Unter die nicht-strukturelle Koordination fallen somit abschließend Maßnahmen zur internen Steuerung der markenpolitischen Aktivitäten in neuen Medien „ohne explizite organisatorische Regelungen durch informelle Abstimmungsmechanismen auf der Basis eines gemeinsamen Markenverständnisses“[3].

Nach der außenwirksamen Markengestaltung und -integration sowie der innengerichteten Markenkoordination sind nunmehr die wesentlichen Handlungsfelder der Markenführung in neuen Medien dargestellt und die unterschiedlichen Handlungs- und Gestaltungsoptionen innerhalb dieser Handlungsfelder aufgezeigt worden. Den Abschluss des dynamischen Prozesses der Markenpositionierung und -profilierung in neuen Medien bildet die Kontrolle und Adaption des medienspezifischen Markenauftritts.

2.3 Adaption des medienspezifischen Markenauftritts

Gegenstand der *Markenadaption* ist die Anpassung der Marke an modifizierte Strukturen, Bedürfnisse und Verhaltensweisen der Mediennutzer sowie Veränderungen des Wettbewerbsumfeldes und -verhaltens.[4]

In den neuen Medien bieten sich hier auf der Basis innovativer Kontroll- und Überwachungsmethoden auf der einen Seite neue Ansatzpunkte zu einer *unternehmensgesteu-*

---

1 Vgl. de Chernatony (1999), S. 164; Wilson (1997), S. 163 ff.

2 Vgl. Basini (2001), S. 7; Kieser/Kubicek (1992), S. 120; LePla/Parker (1999), S. 37 ff.

3 Bongartz (2002a), S. 83.

4 Vgl. Meffert (2000), S. 856.

erten Adaption des Markenauftritts.[1] So lassen sich in computergestützten, digitalen Medien Nutzungsvorgänge z. B. sekundengenau aufzeichnen. Auf Basis dieser Informationen lassen sich aus der Perspektive des markenführenden Unternehmens konkrete Hinweise auf die Relevanz und Wirkung der im Rahmen des Markenauftritts angebotenen Inhalte, Produkte und Leistungen ableiten und entsprechende Maßnahmen zur optimierten Darstellung, Strukturierung und Anordnung der Gestaltungselemente der Marke ergreifen.

Auf der anderen Seite kann eine Anpassung der Marke an persönliche Interessen und Bedürfnisse in interaktiven Medien auch vom Nutzer selbst initiiert werden. So ermöglichen beispielsweise die medienspezifischen Charakteristika des Internet eine *vom Nutzer ausgehende Personalisierung des Markenauftritts* (z. B. MY-YAHOO), indem er einzelne Gestaltungselemente, die für ihn von besonderer Relevanz sind, zu einem für ihn optimalen Set konfiguriert.[2] Im Rahmen eines interaktiven Adaptionsprozesses passt der Nutzer die Marke somit selbst entsprechend seiner Bedürfnisse an und wird damit in das Markensystem des Anbieters integriert.[3]

Insbesondere bei der vom Unternehmen eingeräumten Möglichkeit einer nutzerseitig gesteuerten Personalisierung, aber auch bei der unternehmensgesteuerten Adaption von Elementen des Markenauftritts ist zu beachten, dass essenzielle identitätsbestimmende Merkmale der Marke nicht berührt werden. In diesem Fall besteht die Gefahr, dass es im Rahmen weiterer Markenkontakte – z. B. in Massenmedien oder in Gesprächen über die Marke – zu widersprüchlichen Außenwahrnehmungen der Marke und damit zum Verlust einer klaren Markenidentität kommt. Zudem erschwert ein individualisierter und zersplitterter Außenauftritt der Marke die Kommunikation eines klaren Markenbildes nach innen. Demgegenüber bieten sich für akzidentielle Merkmale der Marke durchaus Spielräume zur Individualisierung.[4]

3. Zusammenfassung

Medien nehmen im Prozess der Markenbildung eine zentrale Rolle ein. Über sie können Unternehmen gezielt Signale aussenden, um ein gewünschtes Vorstellungsbild hinsichtlich der Marke bei den Mediennutzern zu erzeugen. Neben klassischen Medien werden

---

1 Vgl. Bongartz (2002b), S. 320.

2 Vgl. Bongartz (2002b), S. 320 f.

3 Vgl. Boston Consulting Group/Gruner+Jahr (2000), S. 9 ff.; Hermanns/Matzdorf/Riedmüller (2001), S. 202.

4 Vgl. Kastenmüller (2001), S. 223 f.; Bongartz (2002b), S. 321.

dabei in jüngerer Zeit insbesondere die Einsatzmöglichkeiten neuer Medien im Rahmen des Markenmanagement intensiv diskutiert.

Die Anforderungen und Handlungsoptionen bei der markenpolitischen Nutzung neuer Medien lassen sich anhand des *Prozesses der identitätsorientierten Markenpositionierung und -profilierung* aufzeigen. Den Ausgangspunkt stellt dabei die Analyse der internen und externen Rahmenbedingungen für die Marke in Bezug auf das betrachtete neue Medium dar. Die so gewonnenen Informationen über den markenstrategischen Handlungsrahmen, die Besonderheiten des Mediums sowie die Nutzer- und Konkurrenzsituation gehen als prädisponierende Vorgaben in die Ausgestaltung der medienspezifischen Handlungsfelder der Markenführung ein. Für die außenwirksame Markengestaltung und -integration sowie die innengerichtete Markenkoordination lassen sich dabei unterschiedliche Gestaltungsoptionen aufzeigen, deren Ausprägungen jeweils durch das markenführende Unternehmen festzulegen sind. Abschließend ist der Markenauftritt in den neuen Medien im Rahmen der Markenadaption veränderten Bedingungslagen anzupassen. Der Prozess der identitätsorientierten Markenpositionierung und -profilierung bei neuen Medien ist in Abbildung 1 zusammenfassend dargestellt.

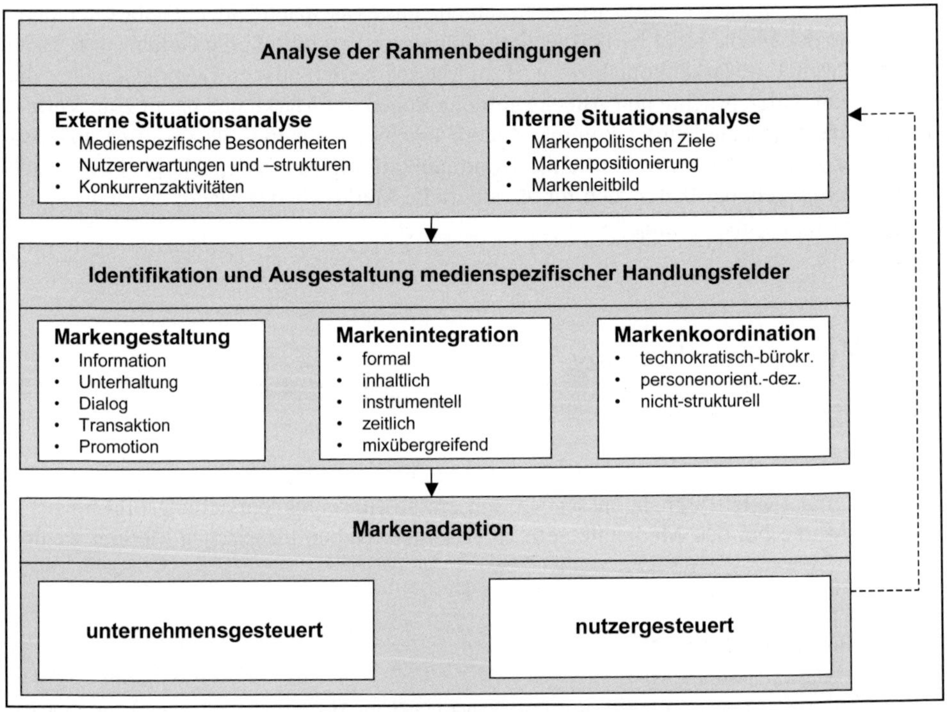

Abbildung 1: Prozess der Markenpositionierung und -profilierung bei neuen Medien

Es ist davon auszugehen, dass der Einsatz neuer Medien in Zukunft einen wachsenden Stellenwert im Rahmen des Markenmanagement einnehmen wird. Einer gezielten Planung und Steuerung markenpolitischer Aktivitäten in neuen Medien ist somit eine besondere Bedeutung beizumessen. Der dargestellte Managementprozess kann vor diesem Hintergrund einen Beitrag zu einer strukturierten Vorgehensweise im markenpolitischen Umgang mit neuen Medien leisten.

Literaturverzeichnis

Aaker, D.A./Joachimsthaler, E. (2000), Brand Leadership, New York 2000.

Angehrn, A. (1997), Designing Mature Internet Business Strategies: The ICDT Model, in: European Management Journal, Vol. 15, Nr. 4, 1997, S. 361-369.

Basini, J.S.M. (2001), Developing Integrated Multiple Channel Brand Experiences, London 2001.

Bauer, H.H./Grether, M. (2002), Ein umfassender Kriterienkatalog zur Bewertung von Internet-Auftritten nach markenpolitischen Zielen, Reihe: Wissenschaftliche Arbeitspapiere, Nr.: W 56, Mannheim 2002.

Bauer, H.H./Grether, M./Sattler, C. (2001), Werbenutzen einer unterhaltenden Website: Eine Untersuchung am Beispiel der Moorhuhnjagd, Reihe: Wissenschaftliche Arbeitspapiere, Nr.: W 52, Mannheim 2001.

Bauer, H.H./Mäder, R./Fischer, C. (2001), Determinanten der Werbewirkung von Markenhomepages, Institut für Marktorientierte Unternehmensführung, Reihe: Wissenschaftliche Arbeitspapiere, Nr.: W 50, Mannheim 2001.

Bollmann, S. (1998), Kursbuch Neue Medien, Hamburg 1998.

Bongartz, M. (2002a), Markenführung im Internet: Verhaltenstypen – Einflussfaktoren – Erfolgswirkungen, Wiesbaden 2002.

Bongartz, M. (2002b), Marke und Markenführung im Kontext des Electronic Commerce, in: Meffert, H./Burmann, C./Koers, M. (Hrsg.), Markenmanagement – Grundfragen der identitätsorientierten Markenführung, Wiesbaden 2002, S. 301-325.

Boston Consulting Group/Gruner + Jahr AG & Co. (2000) (Hrsg.), e-branding: Kernfusion in der Markenführung, Köln 2000.

Bruhn, M. (1995), Integrierte Unternehmenskommunikation: Ansatzpunkte für eine strategische und operative Umsetzung integrierter Kommunikationsarbeit, 2. Aufl., Stuttgart 1995.

Chen, Q./Wells, W.D. (1999), Attitude toward the Site, in: Journal of Advertising Research, Vol. 39, Nr. 5, 1999, S. 27-38.

CONRADY, R. (2000), Aktuelle Entwicklungen in der Vermarktung von Websites, in: Thexis, 17. Jg., Nr. 3, 2000, S. 48-52.

COURT, D./FRENCH, T.D./MCGUIRE, T.I./PARTINGTON, M. (1999), Marketing in 3-D, in: The McKinsey Quarterly, Nr. 4, 1999, S. 6-17.

DE CHERNATONY, L. (1999), Brand Management Through Narrowing the Gap Between Brand Identity and Brand Reputation, in: Journal of Marketing Management, Vol. 15, Nr. 1-3, 1999, S. 157-179.

DUCOFFE, R.H. (1996), Advertising Value and Advertising on the Web, in: Journal of Advertising Research, Vol. 36, Nr. 5, 1996, S. 21-32.

DUNCAN, T./MORIARTY, S. (1997), Driving Brand Value: Using Integrated Marketing to Manage Profitable Stakeholder Relationships, New York et al. 1997.

ESCH, F.-R. (1998a), Wirkungen integrierter Kommunikation – Teil 1: Theoretische Grundlagen, in: Marketing ZFP, 20. Jg., Nr. 2, 1998, S. 73-89.

ESCH, F.-R. (1998b), Wirkungen integrierter Kommunikation – Teil 2: Empirische Ergebnisse und Konsequenzen für das Marketing, in: Marketing ZFP, 20. Jg., Nr. 3, 1998, S. 149-165.

ESCH, F.-R. (1998c), Wirkung integrierter Kommunikation: ein verhaltenswissenschaftlicher Ansatz für die Werbung, Wiesbaden 1998.

ESCH, F.-R. (2003), Strategie und Technik der Markenführung, München 2003.

ESCH, F.-R./HARDIMAN, M./LANGNER, T. (2000), Wirksame Gestaltung von Markenauftritten im Internet, in: Thexis, 17. Jg., Nr. 3, 2000, S. 10-16.

FANTAPIÉ ALTOBELLI, C. (1996), Internet und integrierte Markt-Kommunikation, in: Zeitschrift Führung + Organisation, 65. Jg., Nr. 6, 1996, S. 338-342.

FANTAPIÉ ALTOBELLI, C. (2002), Internet-Branding – Integration des Online-Marketing in den Kommunikationsmix von Unternehmen der "Old Economy", in: Die Unternehmung, 56. Jg., Nr. 5, 2002, S. 317-331

FANTAPIÉ ALTOBELLI, C./SANDER, M. (2001), Internet-Branding: Marketing und Markenführung im Internet, Stuttgart 2001.

HERMANNS, A./MATZDORF, S./RIEDMÜLLER, F. (2001), Marken im Internet – die virtuelle Herausforderung, in: Hermanns, A./Sauter, M. (Hrsg.), Management-Handbuch Electronic Commerce: Grundlagen, Strategien, Praxisbeispiele, 2. Aufl., München 2001, S. 193-209.

HOFFMAN, D.L./NOVAK, T.P. (1996), Marketing in Hypermedia Computer-Mediated Environments: Conceptual Foundations, in: Journal of Marketing, Vol. 60, Nr. 3, 1996, S. 50-68.

HÜNERBERG, R./HEISE, G./MANN, A. (1997), Was Online-Kommunikation für das Marketing bedeutet, in: Thexis, 14. Jg., Nr. 1, 1997, S. 16-21.

KAPFERER, J.-N. (1992), Die Marke – Kapital des Unternehmens, Landsberg/Lech 1992.

KAPFERER, J.-N. (1997), Strategic Brand Management, London 1997.

KASTENMÜLLER, S. (2001), Markenbildung im Internet, in: Hermanns, A./Sauter, M. (Hrsg.), Management-Handbuch electronic commerce: Grundlagen, Strategien, Praxisbeispiele, 2. Aufl., München 2001, S. 211-226.

KELLER, K.L. (1987), Memory Factors in Advertising: The Effect of Advertising Retrieval Cues on Brand Evaluations, in: Journal of Consumer Research, Vol. 14, December 1987, S. 316-333.

KELLER, K.L. (1993), Conceptualizing, Measuring, and Managing Customer-Based Brand Equity, in: Journal of Marketing, Vol. 57, Nr. 1, 1993, S. 1-22.

KELLER, K.L. (1996), Brand Equity and Integrated Communication, in: Thorson, E./ Moore, J. (Hrsg.), Integrated Communication: Synergy of Persuasive Voices, Hillsdale 1996, S. 103-132.

KERNSTOCK, J. (2001), Crossover-Branding: Marken zwischen Tradition und Internet, in: Thexis, 18. Jg., Nr. 2, 2001, S. 56-59.

KIESER, A./KUBICEK, H. (1992), Organisation, 3. Aufl., Berlin et al. 1992.

KIRCHMAIR, R. (2001), Markenimages im Netz, in: planung & analyse, Nr. 1, 2001, S. 38-42.

KLEIN-BÖLTING, U./BUSCH, O. (2001), Markenführung im Digital Age, in: Merten, K./ Zimmermann, R. (Hrsg.), Das Handbuch der Unternehmenskommunikation 2000/2001, Köln et al. 2001, S. 148-161.

KROEBER-RIEL, W./ESCH, F.-R. (2000), Strategie und Technik der Werbung: Verhaltenswissenschaftliche Ansätze, 5. Aufl., Stuttgart et al. 2000.

KURZ, H. (1998), Determinanten der Akzeptanz von Firmenauftritten im Internet, in: der markt, 37. Jg., Nr. 146/147, 1998, S. 25-226.

LEXIKOGRAPHISCHES INSTITUT (1995) (HRSG.), Das Bertelsmann Lexikon, Gütersloh 1995.

LEPLA, F.J./PARKER, L.M. (1999), Integrated Branding: Becoming Brand-Driven Through Companywide Action, Westport 1999.

LINDSTRÖM, M./PEPPERS, D./ROGERS, M. (2001), Clicks, Bricks & Brands: The Marriage of Online and Offline Business, London 2001.

MEFFERT, H. (1985), Marketing und Neue Medien, Stuttgart 1985.

MEFFERT, H. (1994), Markenführung in der Bewährungsprobe, in: markenartikel, Nr. 12, 1994, S. 478-481.

MEFFERT, H. (2000), Marketing: Grundlagen marktorientierter Unternehmensführung, Wiesbaden 2000.

Meffert, H./Bongartz, M. (2000), Perspektiven des Marketing an der Jahrtausendwende – Bestandsaufnahme aus der Sicht der Wissenschaft und Unternehmenspraxis, Arbeitspapier Nr. 135 der Wissenschaftlichen Gesellschaft für Marketing und Unternehmensführung e. V., Münster 2000.

Meffert, H./Bongartz, M. (2001), „e-branding“: Integration des Internet in die Markenführung – ausgewählte Ergebnisse einer empirischen Untersuchung, in: Meffert, H./Backhaus, K./Becker, J. (Hrsg.), Arbeitspapier Nr. 147 der Wissenschaftlichen Gesellschaft für Marketing und Unternehmensführung e. V., Münster 2001.

Meffert, H./Bongartz, M. (2002a), Integrierte Markenführung im Zeitalter des Internet – Ansätze und empirische Befunde, in: Böhler, H. (Hrsg.), Marketing-Management und Unternehmensführung: Festschrift für R. Köhler zum 65. Geburtstag, Stuttgart 2002, S. 421-445.

Meffert, H./Bongartz, M. (2002b), Führung von Marken im Internet – ein modellbasierter empirischer Ansatz, in: Die Unternehmung, 56. Jg., Nr. 5, 2002, S. 295-315.

Meffert, H./Burmann, C. (1996), Identitätsorientierte Markenführung – Grundlagen für das Management von Markenportfolios, in: Meffert, H./Backhaus, K./Becker, J. (Hrsg.), Arbeitspapier Nr. 100 der Wissenschaftlichen Gesellschaft für Marketing und Unternehmensführung e. V., Münster 1996.

Meffert, H./Burmann, C. (2002a), Wandel in der Markenführung – vom instrumentellen zum identitätsorientierten Markenverständnis, in: Meffert, H./Burmann, C./ Koers, M. (Hrsg.), Markenmanagement: Grundfragen der identitätsorientierten Markenführung, Wiesbaden 2002, S. 17-33.

Meffert, H./Burmann, C. (2002b), Theoretisches Grundkonzept der identitätsorientierten Markenführung, in: Meffert, H./Burmann, C./Koers, M. (Hrsg.), Markenmanagement: Grundfragen der identitätsorientierten Markenführung, Wiesbaden 2002, S. 35-72.

Meffert, H./Burmann, C. (2002c), Managementkonzept der identitätsorientierten Markenführung, in: Meffert, H./Burmann, C./Koers, M. (Hrsg.), Markenmanagement: Grundfragen der identitätsorientierten Markenführung, Wiesbaden 2002, S. 73-97.

Meffert, H./Burmann, C./Koers, M. (2002), Stellenwert und Gegenstand des Markenmanagement, in: Meffert, H./Burmann, C./Koers, M. (Hrsg.), Markenmanagement: Grundfragen der identitätsorientierten Markenführung, Wiesbaden 2002, S. 3-15.

Moon, M./Millison, D. (2000), Firebrands: Building Brand Loyalty in the Internet Age, Berkeley 2000.

Mühlenkamp, C. (1992), Informations- und Animationsnutzen der Werbung, in: Werbeforschung & Praxis, Nr. 5, 1992, S. 162-167.

RIEDL, J./BUSCH, M. (1997), Marketing-Kommunikation in Online-Medien: Anwendungsbedingungen, Vorteile und Restriktionen, in: Marketing ZFP, Nr. 3, 1997, S. 163-176.

SCHMID, B. ET AL. (1999), A Glossary for the NETAcademy, Arbeitspapier (Entwurf), Version 2.0 des Instituts für Medien- und Kommunikationsmanagement an der Universität St. Gallen, St. Gallen 1999.

SHEEHAN, K.B./DOHERTY, C. (2001), Re-Weaving the Web: Integrating Print and Online Communications, in: Journal of Interactive Marketing, Vol. 15, Nr. 2, 2001, S. 47-59.

UPSHAW, L.B. (1995), Building Brand Identity: A Strategy for Success in a Hostile Marketplace, New York et al. 1995.

WAGNER, H./TEEGE, G./BAUMANN, D. (2001), Digital Brand Management: Erfolgreiches Markenmanagement im Internet-Zeitalter, in: Riekhof, H.-C. (Hrsg.), E-Branding-Strategien, Wiesbaden 2001, S. 179-198.

WEẞNER, K. (2001), Marken im Netz: Gratwanderung zwischen Euphorie und Ernüchterung, in: planung & analyse, Nr. 1, 2001, S. 24-26.

WIENCKE, W. (1998), Dialog als strategisches Instrument der Markenführung, in: markenartikel, 60. Jg., Nr. 3, 1998, S. 68-72.

WILSON, A. (1997), The Culture of the Brand Team and its Impact on Service Delivery and Corporate Identity, in: International Journal of Bank Marketing, Vol. 15, Nr. 5, 1997, S. 163-168.

WIRTZ, B. (2000), Die Website als Erfolgsfaktor in der Markenführung, in: planung & analyse, Nr. 1, 2000, S. 16-20.

WIRTZ, B. (2002), Gabler Kompakt-Lexikon eBusiness, Wiesbaden 2002.

ZERDICK, A. ET AL. (1999) (Hrsg.), Die Internet-Ökonomie: Strategien für die digitale Wirtschaft, 3. Aufl., Berlin et al. 1999.

ZIMMER, J. (1998), Werbemedium World Wide Web, in: Media Perspektiven, Nr. 10, 1998, S. 498-507.

Detlef Schoder / Stefan L. Grasmugg

Massenhafte Individualisierung der Leistungserstellungs- und Kommunikationsprozesse mittels Electronic Business

1. Massenhafte Individualisierung als Antwort auf veränderte Rahmenbedingungen

Vielfältige Studien erwarten für die nähere Zukunft einen ungebrochenen Trend zur Individualisierung in allen Lebensbereichen.[1] Gründe hierfür sind ein steigendes Qualitäts- und Funktionalitätsbewusstsein, welches Produkte fordert, die genau den spezifischen Vorstellungen eines Abnehmers entsprechen. In Konsequenz sind viele Anbieter gezwungen, Konsumenten im Marketing individueller anzusprechen bzw. in der Leistungserstellung variantenreichere Produktsortimente bis hin zur Einzelfertigung zu realisieren. Entsprechend nimmt die *Segmentierung der Absatzmärkte* stetig zu. In letzter Konsequenz stehen viele Unternehmen vor der Herausforderung einer individuellen Kundenbearbeitung.[2]

Herkömmlich zielt eine Individualisierung der Leistungserstellung auf eine Erlössteigerung ab, die sich aus dem Mehrwert einer an den spezifischen Bedürfnissen des Kunden zugeschnittenen Problemlösung ergibt.[3] Eine Reihe von Wettbewerbsfaktoren verhindert jedoch, dass ein Unternehmen mit der klassischen Strategie einer Differenzierung durch Varietät und dem Angebot individueller Leistungen – häufig verbunden mit einem Premiumpreis – auf die Fragmentierung der Absatzmärkte und den Individualisierungstrend reagieren kann. Herausforderungen wie intensiver Preiswettbewerb, ein sich immer mehr angleichendes Technologie- und Qualitätsniveau in der Produktion, respektive bei den produzierten Gütern, sowie der nicht zuletzt durch die Möglichkeiten der neuen IuK-Technologien stetig zunehmende internationale Wettbewerb führen zu einem wachsenden Marktdruck, der viele Branchen von Verkäufer- zu Käufermärkten mit stark abnehmerseitiger Verhandlungsmacht wandelt oder bereits gewandelt hat. Die Preis-Leistungs-Relation verschiebt sich dabei insofern, als dass die Abnehmer auch bei einem günstigen Absatzpreis relativ hohe Ansprüche bezüglich Qualität, Service, Varietät oder Funktionalität stellen oder umgekehrt bei einer ausgeprägten Differenzierung des Produkts zusätzlich gewisse Mindestanforderungen an dessen Preisgestaltung haben.[4] Als „Lösung" dieses Spannungsfeldes tritt an die Stelle der Einzelindividualisierung mit ihrem verglichen mit Massengütern relativ höheren Preisniveau die *massenhafte Individualisierung* zu Kosten und Preisen, die ungefähr den bislang angebotenen Standardprodukten entsprechen.[5]

---

1 Vgl. z. B. Fraunhofer ISI (1998).

2 Vgl. Piller (2001); Schnäbele (1997).

3 Vgl. Kleinaltenkamp (1995).

4 Vgl. Kaluza (1996).

5 Vgl. McKenna (1997); Pine/Peppers/Rogers (1995); Mayer (1992).

Seit Anfang der 90er Jahre wird vor diesem Hintergrund in Abkehr von der klassischen Massenproduktion und einem segmentorientierten Marketing mit zunehmender Intensität ein individualisierter Ansatz vorgeschlagen. In letzter Konsequenz bedeutet dieser Ansatz, jeden Kunden als eigenständiges Marktsegment zu begreifen und seinen Bedürfnissen entsprechend sowohl in der Kommunikation als auch in der Leistungserstellung zu bedienen. Die Individualisierung bezieht sich damit sowohl auf den Bereich des Marketing (*One-to-One-Marketing*[1]), als auch auf den Bereich der Leistungserstellung (*Mass Customization*[2]). Ausgangspunkt der Individualisierung ist in beiden Fällen die Erhebung der Kundenwünsche und deren Überführung in konkrete Marketingmaßnahmen bzw. Leistungsspezifikationen, was eine stärkere Informationsintensität zwischen Anbietern und Kunden bedingt. Ebenso steigen die Anforderungen an die Informationsverarbeitung innerhalb eines Unternehmens, da die Menge, Varietät und Koordination von Information mit einer Flexibilisierung der Prozesse zunehmen.

Grundlage der Individualisierung ist eine *Kundendatenbank* zur Speicherung, Analyse und Bereitstellung sämtlicher verfügbarer Kundendaten. Aufbauend auf einer derartigen Kundendatenbank führt die permanente Sammlung von Kundeninformationen zu einem kontinuierlichen Lern- und Anpassungsprozeß sowohl in Marketing als auch der eigentlichen Leistungserstellung (sog. *Learning Relationship*[3]). Das *Customer Relationship Management* (CRM) als Ansatz zum systematischen Beziehungsmanagement mit dem Kunden bereitet damit auf der einen Seite die Grundlage für die nachfolgende Individualisierung, auf der anderen Seite ist die Individualisierung eine spezifische und konsequente Umsetzung des CRM.

Obwohl One-to-One-Marketing ebenso wie Mass Customization auch in traditionellen Unternehmenskontexten realisierbar sind, bewirkt das Internet-basierte Electronic Business eine erhebliche Vereinfachung und Effektivitätssteigerung der inner- wie auch überbetrieblichen Informationsverarbeitung sowie der Kommunikationsbeziehungen zwischen Kunden und Lieferanten, etwa durch

- die vereinfachte Identifizierung einzelner Individuen und deren Präferenzen anhand von Registrierungsformularen oder passivem Profiling bei Besuch von Web-Sites;[4]
- die unmittelbare Präsentation individualisierter Inhalte durch den Abgleich der Nutzerprofile und Inhaltsindizes zu einem für den Anwender interessanten und überzeugenden Inhaltsangebot;[5]
- die unmittelbare Visualisierung des individualisierten Produkts durch den Einsatz von Online-Produkt-Konfiguratoren, mit denen Kunden „ihr“ Produkt konfigurieren und sofort betrachten können;

1 Vgl. Peppers/Rogers (1993).

2 Vgl. Pine (1993); Piller (2001); Schnäbele (1997); Mayer (1992).

3 Vgl. Peppers/Rogers (1997).

4 Vgl. Peppers/Rogers/Dorf (2000).

5 Vgl. McKenna (2000); Kalakota/Whinston (1996).

- die Automatisierung des Bestellprozesses individualisierter Produkte durch die Integration des Online-Shops mit der Auftragsbearbeitungssoftware des Unternehmens;[1]
- die Möglichkeit, Kundendaten ohne Medienbruch über standardisierte Schnittstellen (z. B. BAPI) in die Produktionsplanungs- und Steuerungssysteme des Herstellers zu überführen bzw. über Unternehmensgrenzen und betriebswirtschaftliche Softwaresysteme hinweg Interaktionen durchzuführen;[2]
- der Integration verschiedenster Datenquellen im Unternehmen durch standardisierte Datenformate (z. B. XML);
- den einheitlichen Zugriff auf Unternehmensdaten über dem Anwender bekannte Benutzeroberflächen (z. B. Web-Browser).

Vorteile der Individualisierung auf Kundenseite ergeben sich durch Zeitersparnis bei der Suche nach präferenznahen Informationen sowie der Option, Produkte zu erhalten, die in allen Merkmalen weitestgehend den individuellen Anforderungen entsprechen.

Aus Unternehmenssicht verspricht die Individualisierung[3]

- die nachhaltige Stärkung der Wettbewerbsposition durch höhere Differenzierung des Leistungsangebots, aufgrund artikulierter Präferenzen der Kunden, gegenüber Wettbewerbern;
- größeres Markt-Know-how durch die systematische Sammlung aller verfügbaren Kundendaten und deren Nutzung für Produktentwicklung und Marketing mit der Option zum weitergehenden One-to-One-Marketing und *Cross-Selling* mit weiteren, dem Nutzerprofil entsprechenden Produkten;
- höhere Kundenzufriedenheit und damit die Grundlage für höhere Kundenloyalität, die sich durch das gezielte Angebot von Produkten und Dienstleistungen, abgestimmt auf individuelle Präferenzen, ergibt. Beispielsweise können sowohl alle bisherigen Bestellungen, ähnliche neue Produkte, als auch Produkte dargestellt werden, mit welchen der Nutzer noch keinen Kontakt hatte, für welche sich jedoch bereits Käufer mit einem stark ähnlichen Interessensprofil gefunden haben (*Collaborative Filtering*);
- die gezieltere Platzierung von Werbebotschaften und damit Vermeidung von Streuverlusten;
- u. U. Ausbruch aus dem Preiswettbewerb durch kundenspezifische Lösungen, die nicht direkt mit Konkurrenzprodukten vergleichbar sind;
- Vermeidung des Moderisikos durch Fertigung der individualisierten Produkte erst nach Auftragseingang (*Built-to-order*).

---

1 Vgl. Wirtz (2001).

2 Vgl. Piller/Schoder (1999).

3 Vgl. Piller/Schoder (1999).

Da die Vorzüge der massenhaften Individualisierung vor allem unter Einsatz des Internet-basierten Electronic Business zum Tragen kommen, fokussieren die folgenden Ausführungen auf die Unterstützung von Unternehmensprozessen durch das Internet.

Zunächst werden die Grundlagen der massenhaften Individualisierung von Kommunikations- und Leistungserstellungsprozessen erläutert. Daraufhin wird die Theorie den Erfahrungen aus der Unternehmensrealität gegenübergestellt: Anhand einer von den Autoren durchgeführten großzahligen Studie werden Ziele, Umsetzungsgrad, Probleme und erreichte Ziele der massenhaften Individualisierung dargelegt. Der Beitrag schließt mit einem Resümee.

2. Massenhafte Individualisierung der Kommunikationsprozesse

2.1 Kundenindividuelle Ansprache mittels One-to-One-Marketing

Die Kommunikation zwischen Kunden und Lieferanten fällt wesentlich in den Funktionsbereich des Marketing. Einer der bekanntesten Ansätze, der dort für das Management individueller Kundenbeziehungen entwickelt wurde, ist der des *One-to-One-Marketing*. Ziel ist die kundenindividuelle Ansprache durch eine kundenorientierte Ausrichtung aller Marktaktivitäten.[1] Beispiele für One-to-One-Marketing sind individualisierte Werbeschaltungen in *Mein-Yahoo!*[2] oder individuelle elektronische Newsletter, die im Internet-basierten CD-Handel[3] kundenangepasst ausgewählte Inhalte kommunizieren (Abbildung 1):

1 Vgl. Peppers/Rogers (1993); Strauß/Schoder (1999).

2 Vgl. de.my.yahoo.com.

3 Vgl. z. B. *CdNow*, www.cdnow.com.

> *Dear Ralf,*
>
> *Because you're a fan of Aretha Franklin we thought you'd want to know that for a limited time only, her entire catalogue is available here at CDnow for up to 30 % off our regular prices.*
>
> *To see Aretha Franklin's entire discography go to:*
> *http://cdnow.com/aretha/from=rex:x:cdn:af.*
>
> *Your friends at CDnow*

Abbildung 1: Beispiel eines E-Mail-basierten One-to-One-Marketing[1]

Dabei liegt der Schwerpunkt im Angebot von „passenden" Mehrwerten: Nutzern werden z. B. per E-Mail Angebote unterbreitet, die Musikinterpreten und Gruppen mit einer ähnlichen Musik-Stilrichtung betreffen, oder es werden aus Kenntnis der gesamten Plattensammlung des Musikliebhabers gerade die CDs angeboten, die der Musikfan noch nicht hat, aber sich bestens in die bestehende Sammlung einfügen würden.

Weitergehende Ansatzpunkte zur Realisierung einer massenhaften, kundenindividuellen Kommunikation finden sich in der

- namentlichen Begrüßung und Ansprache;
- Verwaltung kundenbezogener Informationen, z. B. Kreditkartennummer und Lieferadresse, zur Bequemlichkeit für den Kunden, der diese Information nicht bei jeder Bestellung erneut eingeben muss;
- auf Kundenpräferenzen und -fähigkeiten abgestimmte Produktpräsentation durch entsprechend gestaltete Dialogführung auf Web-Seiten (Experten erhalten z. B. detailliertere Informationen);
- Benachrichtigungsdienste (z. B. individuelle elektronische *Newsletter*), die gezielt und kundenangepasst darüber informieren, was den Kunden potentiell interessiert, etwa weil dieser im Vorfeld entsprechende Präferenzen explizit angegeben hat oder weil diese aus dem bisherigen Kundendialog vermutet werden können;
- Empfehlungsdienste, gegebenenfalls auch unter Einbeziehung von Profilen und Bewertungen Dritter mit ähnlichen Vorlieben.

1 Vgl. Strauß/Schoder (1999).

2.2 Ablauf des One-to-One-Marketing

Aufbauend auf hinreichend differenzierte Kundendatenbestände erfordert One-to-One-Marketing in einem ersten Schritt die Erstellung, Systematisierung und Charakterisierung von Inhalten („Content"), etwa durch Verschlagwortung. Gleichzeitig sind alle Kundeninformationen sowohl aus der unmittelbaren Kundeninteraktion, etwa durch Online-Registrierung oder passive Datenerhebung (sog. *Profiling*), als auch aus den bestehenden Kundendatenbeständen zu aggregieren. Neben den Stammdaten sind hier auch Informationen etwa aus den Bereichen Vertrieb, Buchhaltung (beispielsweise Zahlungsmoral, Zahlungsziele) und Kundendienst von Interesse. Externe Verzeichnisse (z. B. von Dialogmarketinganbietern) enthalten Informationen bis auf die Ebene von Mikrosegmenten, die eine weitergehende Qualifizierung der vorhandenen Nutzerprofile erlauben. Durch Fokusgruppen kann der bestehende Datenbestand weitergehend qualifiziert werden. Durch Abgleich der Datenbestände entsteht ein umfassendes Nutzerprofil. Auf der Grundlage dieses Profils suchen *Vergleichstools* entsprechende Inhalte bzw. weisen bereits vorab indizierte Inhalte dem Profil zu und präsentieren das Ergebnis etwa in Form einer individualisierten Web-Site und kundenindividuellen Werbebotschaften.

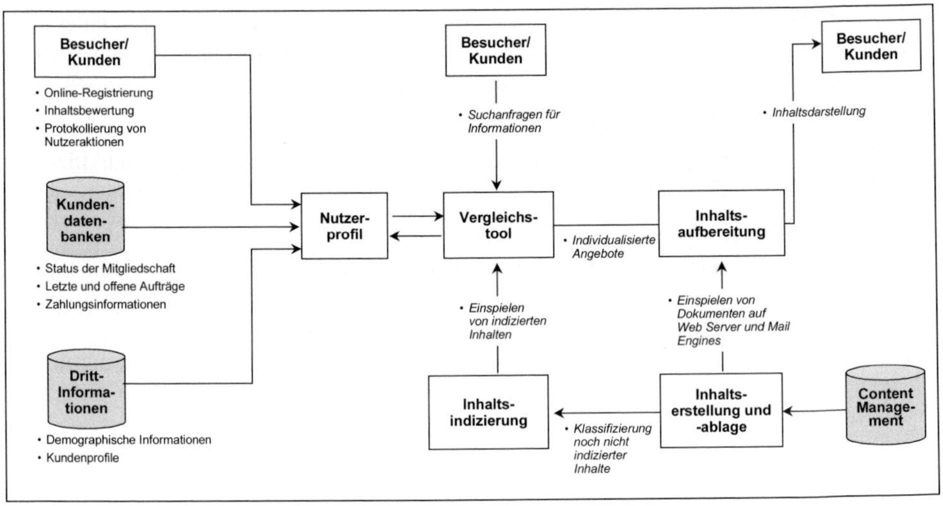

Abbildung 2: Ablauf des Internet-basierten One-to-One-Marketing

2.3 Verfahren zur Individualisierung

Zur Individualisierung ist bereits eine Vielzahl von Verfahren verfügbar:[1]

- *Matching Agents* fragen Präferenzen explizit beim Nutzer ab und vergleichen diese mit vorhandenen Informationen, z. B. bei paperball.fireball.de für Nachrichten;
- *Collaborative Filtering*: Nutzer mit ähnlichen Präferenzen dienen als Grundlage für Empfehlungen, z. B. bei *launch.com*[2];
- *Feedback and Learning*: Bei jedem Besuch des Nutzers der Web-Site lernt das System etwas über dessen Präferenzen;
- *Regelbasierte Systeme*: Anwendung von zuvor definierten Zuordnungsregeln für den Abgleich indizierter Inhalte mit Nutzerpräferenzen oder -gruppen, z. B. bei *Amazon*[3].

Der zukünftige Einsatz der Individualisierung auf der Grundlage dieser Technologien wird durch zwei wesentliche Entwicklungen unterstützt:

- Für Anwender leichtere Verfügbarkeit sicherer, portabler Nutzerprofile: Der zu Beginn des Jahres 1998 vorgeschlagene Open Profiling Standard erlaubt es, Nutzerprofile einmalig zu erstellen und für andere, ausgewählte Anbieter verfügbar zu machen. Der Aufwand zur Erfassung individueller Informationen wie Adresse und Präferenzen reduziert sich mithin auf eine einmalige Eingabe. Der Anwender entscheidet über die Weitergabe personengebundener Informationen, die zudem durch ein digitales Zertifikat gesichert werden. Mit *Platform for Privacy Preferences* (P3P) wurden bereits Richtlinien verabschiedet, die darauf abzielen, Mechanismen zur Überprüfung der P3P-Konformität von Web-Sites bereitzustellen. Obwohl dieser Standard bereits seit mehreren Jahren existiert, hat er sich allerdings bislang kaum in nennenswertem Umfang durchsetzen können.
- Einsatz nutzerfreundlicher Applikationen: Der breite Einsatz von Individualisierung erfordert die Verfügbarkeit von nutzerfreundlichen Anwendungspaketen, ohne jedwede Programmieranforderungen an die Web-Site-Pflege zu stellen. Anwendungspakete unterschiedlicher Hersteller passen sich entsprechend gängigen ergonomischen Standards an, etwa durch strukturierte Pull-Down-Menüs (beispielsweise *Broadvision*).

Probleme der systematischen Erhebung von Kundendaten entstehen durch die Abneigung von Konsumenten, sich ohne weitergehende Anreize registrieren zu lassen. Erfahrungen zeigen, dass bei einem steigenden Wert von Anreizen die Bereitschaft zur Teilnahme sprunghaft ansteigen kann. Neben der grundsätzlichen Erhebung der Daten kann eine wahrheitsgemäße Beantwortung nur unter Einschränkungen sichergestellt werden,

---

1 Vgl. Maes (1994); Bayers (1998); Bocionek (1995); Lüdi (1997); Runte (2000); Strauß/Schoder (1999).

2 Vgl. www.launch.com.

3 Vgl. www.amazon.de.

sofern nicht wie bei Informationsdiensten (etwa *Mein-Yahoo!*[1]) der Nutzen personalisierter bzw. individuell zugeschnittener Informationen unmittelbar ersichtlich ist. Steigerungen der Bereitschaft zur Angabe persönlicher Daten können durch das explizite Vorstellen der späteren Nutzungsregeln der gewonnenen Daten (konform etwa mit dem Teledienstedatenschutzgesetz) und die explizite Einwilligung durch den Nutzer erreicht werden. Vor einer Registrierung sind Nutzer über die Verwendung der Daten aufzuklären und die explizite Einwilligung zur Verwendung resp. Weitergabe der Nutzerinformationen einzuholen (sog. *Permission Marketing*). Ein Ansatz zur Absicherung des Datenschutzes auf der Ebene allgemeingültiger und akzeptierter Konventionen ist *eTrust*, eine Vereinigung zur Festlegung von Grundsätzen zur Nutzung personenbezogener Daten.[2]

3. Massenhafte Individualisierung der Leistungserstellungsprozesse

3.1 Kundenindividuelle Leistungserstellung mittels Mass Customization

Kundenindividuelle Massenproduktion oder *Mass Customization* versucht die Vorteile von massenhafter Fertigung (Kostenvorteile durch Skaleneffekte) und kundenindividueller Produktion (Wettbewerbsvorteile durch Produktvielfalt) zu verbinden, und dies zu einem Kostenniveau, das in etwa der Massenfertigung standardisierter Güter entspricht.[3]

1 Vgl. de.my.yahoo.com.

2 Vgl. Dyson (1997); Gora/Mann (2001).

3 Vgl. Downes/Mui (1998); Piller (2001); Piller/Schoder (1999); Pine (1993); Wehrli/Wirtz (1997).

Praxisbeispiele für die Realisierung von Mass Customization finden sich z. B.

bei *Levis Jeans* im Original Spin-Programm für die Fertigung von Jeans nach individuellen Kundenmaßen;

bei *3billionbooks* für die Realisierung eines Print-on-Demand inkl. der Bindung von Büchern;[1]

bei *reflect.com* für die individuelle Gestaltung von „Beauty Products";

im Druck- und Verlagsbereich bei der Erstellung individualisierter Druckerzeugnisse;[2]

bei *Streif* für das Bauen von individuellen Häusern nach dem Baukastenprinzip.

Im Mittelpunkt steht nicht zwangsweise die Fertigung einer *Losgröße von 1* für alle Kunden. Vielmehr beschreibt das Konzept der Mass Customization beispielsweise im Industriegüterbereich ebenso die Fertigung einer großen Anzahl identischer Produkte, die allerdings zuvor kundenindividuell angepasst wurden, für nur einen Abnehmer.

Teilweise findet sich ein Begriffsverständnis, bei dem eindeutige Kennzeichen einer konventionellen Einzelfertigung (Vorkalkulation, kundenindividuelle Generierung von Arbeitsplänen und Stücklisten, niedriger Vorfertigungsgrad) als Merkmal der Mass Customization herangezogen werden. Hier ist jedoch eine deutliche Abgrenzung zu ziehen: Mass Customization entspricht weder einer Variantenfertigung noch unterscheiden sich kundenindividuell massengefertigte Produkte in ihrem grundsätzlichen Aufbau. Die Individualisierung setzt hier an einigen wenigen, aus Kundensicht aber entscheidenden Bestandteilen an. Der Absatzpreis ist in der Regel für alle Produkte gleich bzw. folgt einem klar festgelegten Preisbaukasten. Stücklisten sind dynamisch und sollten automatisch erstellt werden, ebenso die Arbeits- und Montageanweisungen. Im Gegensatz zur Einzelfertigung zielt Mass Customization zudem auf einen großen Absatzmarkt, dessen Kunden sich bezüglich der Wünsche an bestimmte Eigenschaften des jeweiligen Produkts unterscheiden.[3]

1 Vgl. McCloskey (2001).

2 Vgl. Conniff (1993); Consoli (1993).

3 Vgl. Piller/Schoder (1999).

3.2 Formen der Mass Customization

Das Spektrum alternativer Formen der Mass Customization erstreckt sich von der Individualisierung ohne Eingriff in die Fertigung (sog. *Soft Customization*) bis hin zur fertigungsbasierten Individualisierung (sog. *Hard Customization*). Ausprägungen der Soft Customization sind[1]

- die *Serviceindividualisierung*: Ergänzung von Standardprodukten um individuelle Serviceleistungen beispielsweise bei *Hertz Gold Service* durch die Erweiterung der Standardleistung „Autovermietung" um individuelle Zusatzleistungen wie Bustransfers oder vorab ausgedruckte Reisekarten;
- die *Selbstindividualisierung*: Produktanpassung erfolgt durch den Kunden etwa in Form selbst bespielbarer Glückwunschkarten bei *Hallmark*;
- die *individuelle Endfertigung im Handel*: Anpassung der Produkte im Handel nach Kundenwunsch („Point-of-Delivery Customization"), beispielsweise durch die Individualisierung von Ski-Schuhen bei *Dynafit* durch Ausschäumen des Fußbettes beim Händler.

Fertigungsbasiert erfolgt

- die *Modularisierung* etwa nach dem Baukastenprinzip, beispielsweise bei *Ohaus* durch ein modulares System für die Fertigung von Präzisionswaagen oder individualisierte, gedruckte Tageszeitungen wie bei *First!* oder dem *Wall Street Journal*;
- der *massenhaften Fertigung von Unikaten* über standardisierte Prozesse beispielsweise bei *Sandvik Coromant* als individuelle Fertigung von Werkzeugen;
- oder als *individuelle End-/Vorproduktion mit standardisierter Restfertigung*, wo entweder die ersten (wie z. B. Metallverarbeitung) oder die letzten Prozessschritte (etwa Montage) kundenindividuell durchgeführt werden. Ein Beispiel hierfür ist der Textilhändler *Dolzer*, bei welchem die Maßkonfektion durch individuellen Zuschnitt der Stoffe am Anfang der Produktion und der anschließenden Weiterverarbeitung im Rahmen standardisierter Massenfertigung erfolgt.

Grundlage der fertigungsbasierten Mass Customization ist der Einsatz *flexibler Fertigungssysteme*, etwa in Form von CNC-Universalmaschinen, flexibler Transferstraßen, flexibler Fertigungszellen und flexibler Fertigungssysteme, mit unterschiedlichen Flexibilitätsgraden.[2] Dabei erfordert Mass Customization nicht unbedingt den Einsatz modernster Fertigungstechnologien. Beispielsweise kann ein Teil des gesamten Herstellungsprozesses die Vorteile der Massenfertigung realisieren und nur auf einzelnen Wertschöpfungsstufen wird eine individuelle Fertigung umgesetzt.

---

1 Vgl. Piller (2001); Pine (1993).

2 Vgl. Doringer (1991); Wildemann (1994); Mayer (1992).

Intelligente Kundenschnittstellen in Form von Designwerkzeugen helfen, Produkte und Leistungen für einzelne Kunden Maß zu schneidern, indem diese schnell und intuitiv genau die Kombination finden, die für sie den höchsten Wert schafft. Vor dem Hintergrund des Internet führen *Online-Produkt-Konfiguratoren* den Käufer zu „seinem" optimalen Produkt und bringen seine Bedürfnisse mit den Fähigkeiten des Unternehmens in Einklang. Ohne ein solches Werkzeug werden die Kunden (bzw. ihre Vertreter in Form des Handels und Vertriebs) oft mit so vielen Grundformen und Verbindungsmöglichkeiten konfrontiert, dass sie aufgrund einer viel zu hohen Komplexität die passende Lösung womöglich nicht finden.[1]

4. Massenhafte Individualisierung in der Unternehmensrealität

4.1 Empirische Grundlage

Die folgenden Erkenntnisse basieren auf der „eReality"-Studie, einer unserer größeren Studien zum ökonomischen Nutzen von Electronic Business. In persönlichen Interviews wurden 1.308 Führungskräfte im Zeitraum von Mai bis Juni 2000 durch Mitarbeiter des Marktforschungsinstituts Infratest Burke befragt. Resultat ist eine Erhebung, die für alle Unternehmen in Österreich, Deutschland und der deutschsprachigen Schweiz repräsentativ bezüglich der Unternehmensgröße und Branchenzugehörigkeit ist. Von den 1.308 befragten Unternehmen gaben 901 Unternehmen an, sich im Internet zu engagieren.

Bei Berücksichtigung der Kriterien „Anzahl der erhobenen Datenpunkte", „Befragung der oberen und obersten Managementebenen auch in größeren Unternehmen" sowie „statistische Repräsentativität" handelt es sich um eine der größten schriftlichen Erhebungen zum genannten Themenkomplex in Deutschland.[2]

4.2 Ziele der Individualisierung aus Unternehmenssicht

An vorderster Stelle bei den mit der Individualisierung verfolgten Ziele steht in den Unternehmen die Erhöhung der Kundenbindung, dicht gefolgt von der Differenzierung von der Konkurrenz und der Möglichkeit, gezielte Werbemaßnahmen durchführen zu können

1 Vgl. Piller/Schoder (1999); Anderson (1997); Peppers/Rogers (1997); Schierholt (1997); Reichwald/Piller (2001).

2 Vgl. Strauß/Schoder (2000).

(Abbildung 3). Deutlich weniger häufig wird die Gelegenheit zur Realisierung einer individuellen Preisgestaltung[1] oder eines *Cross-Selling* benannt.

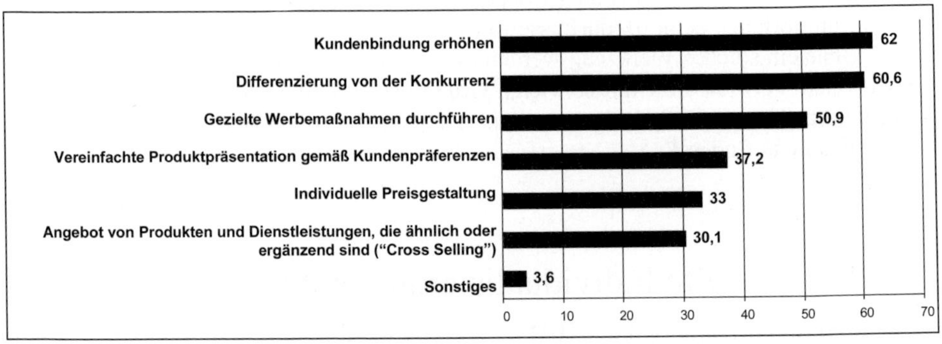

Abbildung 3: Wichtigste Ziele der Individualisierung (in Prozent, 901 Unternehmen)

Vergleicht man die empirischen Aussagen der Unternehmen, die angaben, mit der Individualisierung bestimmte Ziele zu verfolgen, mit den verbleibenden Unternehmen, so ist hinsichtlich der erreichten Ziele beispielsweise festzustellen, dass Unternehmen, die mit der Individualisierung

- eine Erhöhung der Kundenbindung anstreben, signifikant erfolgreicher sind bezüglich Kundenbindung und Kundenloyalität;
- eine Differenzierung von der Konkurrenz erreichen wollen, signifikant erfolgreicher sind bezüglich Firmenimage, Marktanteil und Kundenloyalität;
- gezieltere Werbemaßnahmen durchführen wollen, signifikant erfolgreicher sind in der Erschließung neuer Märkte;
- eine vereinfachte Produktpräsentation gemäß der Kundenpräferenzen umsetzen wollen, signifikant erfolgreicher sind bezüglich Firmenimage, Kundenzufriedenheit und dem Angebot neuer Dienstleistungen;
- eine individuelle Preisgestaltung realisieren wollen, signifikant erfolgreicher sind hinsichtlich der Reduktion von Vertriebs- und Beschaffungskosten und der Steigerung des Umsatzes;
- ähnliche oder ergänzende Produkte anbieten wollen, signifikant erfolgreicher sind bezüglich neuer Markterschließungen, dem Angebot neuer Dienstleistungen und der Steigerung des Unternehmensgewinns.

---

1 Vgl. Skiera/Spann (2000).

4.3 Erfahrungen mit und Auswirkungen von One-To-One-Marketing

Trotz der seit Mitte der 90er Jahre laufenden intensiven Diskussionen über One-to-One-Marketing ist die Möglichkeit eines elektronischen One-to-One-Marketing selbst Unternehmen mit Internet-Präsenz meist bislang verschlossen geblieben (Abbildung 4).[1] Die Mehrheit der Unternehmen kennt die Möglichkeit des One-to-One-Marketing nicht (→ fehlendes Know-how). Nur knapp ein Drittel aller im Internet vertretenen Unternehmen sind mit den Möglichkeiten eines individualisierten Marketingansatzes vertraut. Hiervon sagen wiederum 20,9 % der Unternehmen aus, sie würden One-to-One-Marketing auch tatsächlich selbst einsetzen (→ fehlende Nutzung). Jedoch bestehen auf Seiten der Unternehmen mit One-to-One-Kenntnissen oftmals Pläne für einen Einsatz in absehbarer Zukunft.

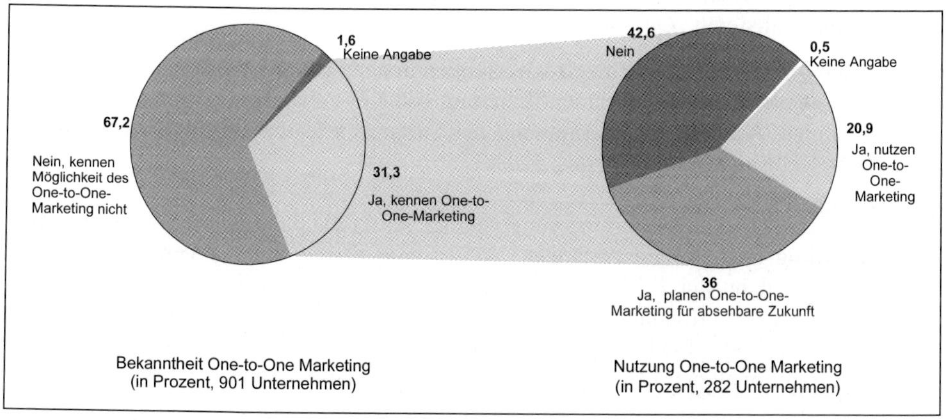

Abbildung 4: Nutzung des One-to-One-Marketing (in Prozent)

Die Nutzung bzw. Nicht-Nutzung von One-to-One-Marketing kann gravierende Auswirkungen auf die Zukunft der klassischen Kaufberatung haben, wie einige nachfolgend benannten empirische Zusammenhänge der zugrunde liegenden eReality-Studie aufzeigen: Unternehmen, die bereits heute eine kundenindividuelle Ansprache realisiert haben, erwarten die Substitution der klassischen Kaufberatung durch neutrale Qualitätsinformationen dritter Parteien wie der *Stiftung Warentest*. Aus der Sicht der Unternehmen erlaubt erst die Kombination von One-to-One-Marketing und neutralen Qualitätsinformationen die zumindest teilweise Ablösung der (persönlichen) Kaufberatung. Obwohl Praxisbei-

1 Vgl. Strauß/Schoder (2000).

spiele, etwa für die Herstellung und den Vertrieb von Bürogeräten wie bei *Xerox*[1], zeigen, dass über einen personalisierten Marketingansatz die Kundenloyalität deutlich gesteigert werden kann, ist der positive Zusammenhang zwischen individualisiertem Marketing und *Loyalität* den Unternehmen kaum präsent.[2]

Die Grundlage für die Auseinandersetzung und die Umsetzung von One-to-one-Marketing bildet in allen Branchen durchweg das Vorhandensein einer eigenständigen Internet-Strategie: 68,8 % der Manager mit einer Internet-Strategie setzen entweder bereits One-to-one-Marketing ein oder planen zumindest, es mittelfristig einzuführen. Im Gegensatz hierzu können sich Unternehmen ohne eine eigenständige Internet-Strategie den Einsatz einer individualisierten Kundenansprache systematisch weniger bzw. gar nicht vorstellen (58,8 %).

Bei Unternehmen, die das Problem der über mehrere Systeme verteilten *Kundendatenbestände* bislang noch nicht lösen konnten, steht die Umsetzung eines kundenindividuellen Marketing entsprechend erst in absehbarer Zeit – nach der Lösung der grundlegenden Probleme im Informationsmanagement – zur Realisierung an. Ist die Datenkonsolidierung erfolgt, realisieren „*One-to-One-Marketer*"

- deutlich öfters als andere Einzelauswertungen in den Datenbeständen;
- Kundensegmentierungen zur Identifizierung von Key Accounts;
- bereits erste Ansätze zur Bestimmung des Gesamtwertes eines Kunden über seinen Lebenszyklus (*Customer Lifetime Value*).

Sogar bei den wenigen One-to-One-Unternehmen steckt die passive Datenerhebung etwa durch Profiling noch in den Anfängen. Sofern eine Eigenerhebung von Daten vorgenommen wird, dann durch (direkte) Kundenbefragungen. Diese wird selbst bei Unternehmen, die einem individualisierten Marketingansatz folgen, nicht in Form personalisierter Web-Sites oder E-Mails implementiert. Die Umsetzung greift eher auf die Instrumente des traditionellen (Offline-) *Dialogmarketing* zurück.

Deutlich wird zudem, dass One-to-One-Marketing nicht nur Veränderungen im Bereich der EDV erfordert, sondern ebenso umfangreiche organisatorische Anforderungen stellt, wie eine Anpassung der bestehenden Organisationsstrukturen hin zu einer „*One-to-One-Organisation*".

4.4 Erfahrungen mit Mass Customization

Bei der Betrachtung der Unternehmen, die angeben Mass Customization anzuwenden, ist es wichtig, die Unternehmen herauszufiltern, die zwar individualisierte Produkte anbie-

1 Vgl. www.xerox.com.

2 Vgl. Seybold (2001); Peppers/Rogers (1999).

ten, diese aber nicht zu Kosten eines vergleichbaren Standardguts fertigen. In solchen Fällen liegt der Verdacht nahe, dass es sich vielmehr um traditionelle Einzelfertiger handelt. Um den Aspekt niedriger Produktionskosten ausreichend zu berücksichtigen, sollten die in Frage kommenden Unternehmen aus wettbewerbsstrategischer Sicht mit der Mass Customization nicht nur eine Differenzierungsstrategie sondern zugleich auch eine Kostenführerschaftsstrategie verfolgen. Das bedeutet, dass nur sogenannte *Hybridstrategen* (Abbildung 5) die unternehmensstrategischen Voraussetzung zur Umsetzung der Mass Customization erfüllen.[1]

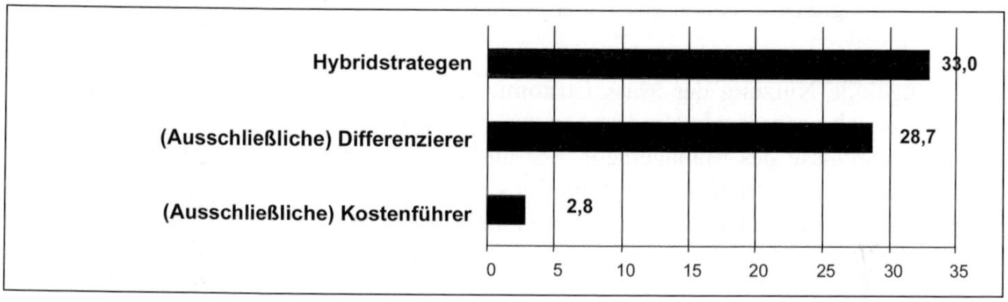

Abbildung 5: Wettbewerbsstrategische Ausrichtung der Unternehmen (in Prozent, 901 Unternehmen)

Immerhin 33 % der im Internet aktiven Unternehmen können als Hybridstrategen klassifiziert werden. Diese Unternehmen sehen im Electronic Business eine strategische Option, sich vom Wettbewerb zu differenzieren und einen komparativen Kostenvorteil zu erreichen. Davon geben wiederum 55 % an, individualisierte Produkte im Sinne des Mass Customization zu fertigen. Somit können *18 %* aller im Internet aktiven Unternehmen als *Mass Customizer* bezeichnet werden (Abbildung 6).

Eine Einflussnahme von Kunden auf die Produktentwicklung steht hingegen deutlich seltener (11 %) im Fokus. Die Erfüllung der im Markt aufgeworfenen Leistungsversprechen reicht hier lediglich bis zur kundenindividuellen Fertigung, nur selten jedoch bis in die *Produktentwicklung* hinein.[2]

Für die Zukunft messen ca. ein Drittel aller Unternehmen der Mass Customization eine größere Bedeutung bei. Mass Customization wird demnach bereits als relevante strategische Option erkannt, wobei aber ähnlich wie beim One-to-One-Marketing noch erheblicher Aufklärungsbedarf über die Voraussetzungen, die jeweilige Umsetzung sowie schließlich dem zu erzielenden Nutzen der Mass Customization besteht.

1 Vgl. Grasmugg/Schoder (2002).

2 Vgl. Ernst (2001); Rüdiger (2001).

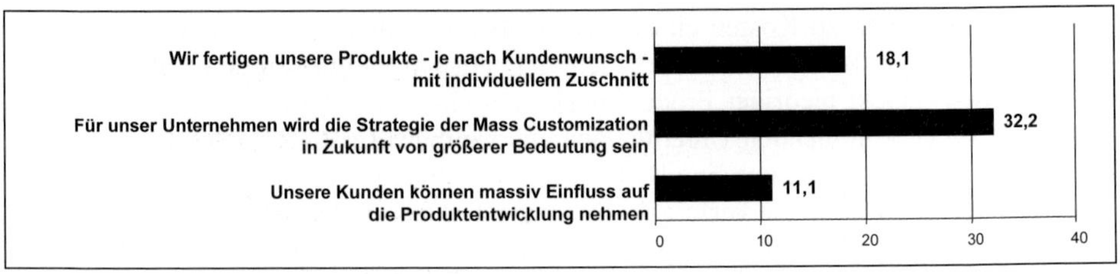

Abbildung 6: Angebot massenhaft individualisierter Produkte zu günstigen Preisen, sog. „Mass Customization“, bei gleichzeitiger Verfolgung einer Hybridstrategie (in Prozent, 901 Unternehmen)

Die mangelnde Nutzung der Mass Customization ist weniger auf technologische oder organisatorisch-prozessuale Hindernisse zurückzuführen, als vielmehr auf noch unzureichende Kenntnisse des Management. Für die Zukunft geht eine steigende Kundenbindung im E-Business Hand-in-Hand mit der Umsetzung der Strategie der Mass Customization: Eine sinkende Kundenloyalität und steigende Ansprüche der Kunden haben den größten Einfluss auf die Bereitschaft und den Zwang, Mass Customization umsetzen zu müssen.

Die Mehrheit der Unternehmen, die sich gegen individualisierte Produkte aussprechen, zweifeln an der Machbarkeit einer One-to-One-Kommunikation des Unternehmens mit jedem einzelnen Kunden sowie an der Existenz eines entsprechenden Marktpotentials. Konflikte mit bestehenden Absatzkanälen behindern die unternehmerische Ausrichtung auf individualisierte Produkte hingegen nur marginal, ebenso wenig die Notwendigkeit zur Durchführung umfangreicher Reorganisationen. Insgesamt stehen damit in den meisten Unternehmen der Realisierung individualisierter Produkte kaum Probleme entgegen, einmal abgesehen von einem noch unzureichenden Verständnis für die Umsetzungserfordernisse und Potentiale der Mass Customization (Abbildung 7).

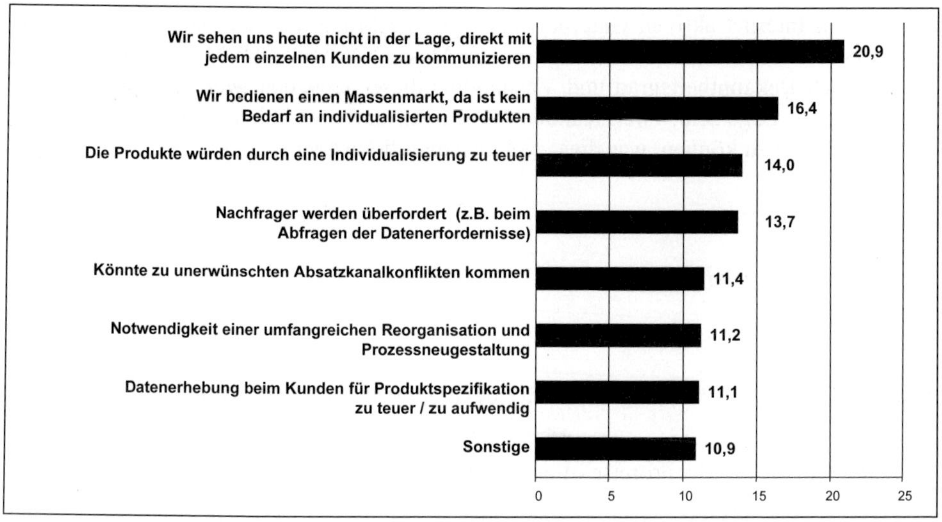

Abbildung 7: Wichtigste Argumente gegen ein Angebot individualisierter Produkte (in Prozent, 901 Unternehmen)

Die Bewertung der Chancen und Probleme der Individualisierung hängt in hohem Maße von der Verfügbarkeit einer dezidierten *Internet-Strategie* ab: Die „Überforderung der Nachfrager aufgrund einer zu aufwendigen Datenerhebung“ oder „die Infragestellung des Absatzpotentials“ wird meist von Unternehmen ohne Internet-Strategie angeführt. Die Verfügbarkeit einer eigenständigen Internet-Strategie ist damit auch von grundlegender Bedeutung für die Bewertung und den Einsatz der Mass Customization. Konnte bereits für den Einsatz und die Potentiale des One-to-One-Marketing ein hoher Aufklärungsbedarf identifiziert werden, schlägt sich dieser auch hier nieder. Die größten Bedenken einer direkten Kundenkommunikation werden von Vertretern aus den Unternehmensbereichen „Marketing & Vertrieb“ geäußert. Stimmen aus dem Unternehmensbereich „Produktion“ wenden gegen die Mass Customization steigende Kosten und damit verbundene Preiserhöhungen ein.

5. Resümee

Zweifelsohne bietet die massenhafte Individualisierung Unternehmen große Potentiale zur Verbesserung ihrer Wettbewerbsposition und zur Generierung zukünftiger Erträge. Dies belegen die Erfahrungen der Unternehmen, die bereits ihre Kommunikations- und/ oder Leistungserstellungsprozesse dahingehend ausgerichtet haben. Dennoch nutzt selbst von den im Internet aktiven Unternehmen erst eine Minderheit die damit verbundenen Konzepte des One-to-One-Marketing und der Mass Customization. Mit dem weiter fortschreitenden Bekanntheitsgrad und Verständnis dieser Konzepte werden jedoch Unternehmen in der Lage sein, ihren Kunden massenhaft und preislich attraktiv genau das individuell bieten zu können, was diese sich bislang oft nur erhoffen konnten.

Literaturverzeichnis

ANDERSON, D.M. (1997), Agile product development for mass customization, Chicago 1997.

BAYERS, C. (1998), The promise of one-to-one, in: Wired, May 1998, S. 130-135.

BOCIONEK, S.R. (1995), Agent Systems that Negotiate and Learn. International Journal of Human-Computer Studies, Vol. 42, 1995, S. 265-288.

CONNIFF, M. (1993), In Search of the Personal Newspaper. Editor & Publisher, March 6, 1993, S. 60-64.

CONSOLI, J. (1993), Targeted before Tailored. Editor&Publisher, June 19, 1993, S. 24.

DORINGER, C. (1991), Kundenindividuelle Fertigung, Wien 1991.

DOWNES, L./MUI, C. (1998), Unleashing the Killer App. Digital Strategies for Market Dominance, Boston 1998.

DYSON, E. (1997), Release 2.0. Die Internet-Gesellschaft, München 1997.

ERNST, H. (2001), Erfolgsfaktoren neuer Produkte – Grundlagen für eine valide empirische Forschung, Wiesbaden 2001.

FRAUNHOFER INSTITUT ISI (1998), Delphi ′98: Studie zur globalen Entwicklung von Wissenschaft und Technik. ISI-Press, Karlsruhe 1998.

GORA, W./MANN, E. (Hrsg.) (2001), Handbuch Electronic Commerce, Berlin 2001.

GRASMUGG, S.L./SCHODER, D. (2002), Mass Customization im Kontext des Electronic Business – Empirische Untersuchung der Erfolgswirksamkeit, in: Weinhardt, C./ Holtmann, C. (Hrsg.), E-Commerce: Netzte – Märkte – Technologien, Heidelberg 2002, S. 129-142.

KALAKOTA, R./WHINSTON, A.B. (1996), Frontiers of Electronic Commerce, Reading 1996.

KALUZA, B. (1996), Dynamische Produktdifferenzierungsstrategie und moderne Produktionssysteme, in: Wildemann, H. (Hrsg.), Produktions- und Zuliefernetzwerke, München 1996, S. 191-234.

KLEINALTENKAMP, M. (1995), Standardisierung und Individualisierung, in: Tietz, B. (Hrsg.): Handwörterbuch des Marketing, 2. Aufl., Stuttgart 1995, S. 2354-2364.

LUEDI, A.F. (1997), Personalize or Perish, in: EM - Electronic Markets, Vol. 7, No. 3, 1997.

MAES, P. (1994), Agents That Reduce Work And Information Overload. Communications of the ACM, Vol. 37, July 1994, No. 7, S. 31-40.

MAYER, R. (1992), Strategien erfolgreicher Produktgestaltung. Individualisierung und Standardisierung, Wiesbaden 1992.

MCCLOSKEY, J. (2001), The PerfectBook Machine, in: Business 2.0, July 10, 2001, S. 24-26.

MCKENNA, R. (2000), Marketing in an Age of Diversity, in: Gilmore, J. H./Pine B. J. II (Hrsg.): Markets of One, Boston 2000, S. 17-34.

MCKENNA, R. (2000), Marketing in Echtzeit, in: Tapscott, D. (Hrsg.), Erfolg im e-Business, München 2000, S. 167-181.

MCKENNA, R. (1997), Real Time: Preparing for the Age of the Never Satisfied Customer, Boston 1997.

PEPPERS, D./ROGERS, M. (1997), Enterprise One-to-One. Tools for Competing in the Interactive Age, New York 1997.

PEPPERS, D./ROGERS, M. (1993), The one to one future, New York 1993.

PEPPERS, D./ROGERS, M. (1999), The One-To-One-Manager. Real-World Lessons in Customer Relationship Management, New York 1999.

PEPPERS, D./ROGERS, M./DORF, B. (2000), Is Your Company Ready for One-To-One-Marketing?, in: Gilmore, J. H./Pine, B. J. (Hrsg.), Markets of One. Creating Customer-Unique Value through Mass Customization, Boston 2000, S. 75-98.

PILLER, F.T. (2001), Mass Customization, 2. Auflage, Wiesbaden 2001.

PILLER, F.T./SCHODER, D. (1999), Mass Customization und Electronic Commerce, in: Zeitschrift für Betriebswirtschaft, 69. Jg., H. 10, 1999, S. 1111-1136.

PINE, J. (1993), Mass Customization – The New Frontier in Business Competition, Boston 1993.

PINE, J./PEPPERS, R./ROGERS, M. (1995), Do you want to keep your customers forever?, in: Harvard Business Review, Nr. 3-4, 1995, S. 103-104.

REICHWALD, R./PILLER, F.T. (2001), Mass Customization-Konzepte im Electronic Business, in: Weiber, R. (Hrsg.), Handbuch Electronic Business, Wiesbaden 2001, S. 359-382.

RÜDIGER, M. (2001), E-Customer-Innogration- Potenziale der internetbasierten Kundeneinbindung in Innovationsprozesse, in: Krafft, M. (Hrsg.), Wissenschaftliche Schriftenreihe des Zentrums für Marktorientierte Unternehmensführung an der WHU, Nr. 20, Juli 2001.

RUNTE, M. (2000), Personalisierung im Internet. Individualisierte Angebote mit Collaborative Filtering, Wiesbaden 2000.

SEYBOLD, P.B. (2001), The Customer Revolution, New York 2001.

SCHIERHOLT, K. (1997), Konfiguration von variantenreichen Prozessen: Eine andere Form der Produktkonfiguration?, in: Betriebswirtschaftliches Institut der ETH Zürich (Hrsg.), Blickwechsel – Betriebswirtschaft und Innovation, Zürich 1997, S. 261-271.

SCHNÄBELE P. (1997), Mass Customized Marketing: effiziente Individualisierung von Vermarktungsobjekten und –prozessen, Wiesbaden 1997.

SKIERA, B./SPANN, M. (2000), Flexible Preisgestaltung im Electronic Business, in: Weiber, R. (Hrsg.), Handbuch Electronic Business, Wiesbaden 2000, S. 539-557.

STRAUß, R.E./SCHODER, D. (2000), e-Reality 2000 - Electronic Commerce von der Vision zur Realität, Empirische Studie zum betriebswirtschaftlichen Nutzen von Electronic Commerce für Unternehmen im deutschsprachigen Raum, Frankfurt 2000.

STRAUß, R.E./SCHODER, D. (1999), Wie werden Produkte den Kundenwünschen angepasst?, in: Albers, S./Clement, M./Peters, K./Skiera, B. (Hrsg.), eCommerce, Frankfurt 1999, S. 109-121.

WEHRLI, H.P./WIRTZ, B.W. (1997), Mass Customization und Kundenbeziehungsmanagement – Aspekte und Gestaltungsvariantentransaktionsspezifischer Marketingbeziehungen, in: Jahrbuch der Absatz- und Verbraucherforschung, 43. Jg., Nr. 2, 1997, S. 116-138.

WIRTZ, B.W. (2001), Electronic Business, 2. Aufl., Wiesbaden 2001.

WILDEMANN, H. (1994), Fertigungsstrategien, 2. Aufl., München 1994.

Sönke Albers / Gregor Panten / Björn Schäfers

Erfolgsanalyse im E-Commerce – Erkenntnisse zu Geschäftsmodellen profitabler Internet-Unternehmen

1. Aktuelle Marktsituation im E-Commerce

Die ökonomische Attraktivität des Internet hat sich aus Sicht vieler Unternehmen in den vergangenen Jahren deutlich verschlechtert. Der einstigen Euphorie während des Hypes ist seit dem Dotcom-Crash große Ernüchterung gewichen. Eine Erholung scheint nicht in Sicht zu sein, die Nachrichtenlage ist erdrückend: Größte Pleitewelle nach dem Krieg, nicht zuletzt ausgelöst durch viele E-Commerce-Insolvenzen; fast 50 % der von Venture-Capital-Gesellschaften aufgelösten Beteiligungen haben in 2002 ihren Wert vollständig verloren; weiterhin deutliche Wertkorrekturen bei Internet-Aktien; mit dem Neuen Markt verschwindet das einstige Wachstumssegment für E-Commerce-Unternehmen an der Deutschen Börse. Die Auflistung ließe sich beliebig weiterführen. Vor diesem Hintergrund erscheint es nachvollziehbar, wenn viele Unternehmen spätestens jetzt endgültige Konsequenzen ziehen. So kündigte mit Bertelsmann eines der größten Medienunternehmen zumindest europaweit seinen Rückzug aus dem rein elektronischen Einzelhandel an (und somit auch den Verkauf von BOL). Und auch die Deutsche Post trennte sich Ende 2002 vom Shopping-Portal Evita, ihrem einstigen Vorzeigeobjekt.

Auch anderen Unternehmen wurde zunehmend bewusst, dass sie ihre Wachstumsphantasien durch überhöhte Investitionen zu erkaufen versuchten und ein Erreichen des Breakeven in weite Ferne rückte. Die Diskrepanz zwischen hohen Ausgaben und geringen Einnahmen verschärfte sich durch wegbrechende Online-Werbeumsätze – die Folge erster Dotcom-Insolvenzen bzw. notwendiger Sparmaßnahmen in den Werbebudgets. Da jedoch viele Anbieter insbesondere von der Erlösquelle Werbung abhängig waren, folgten weitere Insolvenzen und Übernahmen im Zuge der in 2000 einsetzenden Marktkonsolidierung.

Die nicht erfüllten Erwartungen auf hohe Gewinne haben nicht nur zu zahlreichen Insolvenzen geführt, sondern gleichzeitig das Vertrauen von Investoren in das ökonomische Potenzial von E-Commerce-Geschäftskonzepten nachhaltig erschüttert, was wiederum für viele Dotcoms spürbare Folgen hat: Sie sind – bei nahezu aufgebrauchten Finanzreserven – vom Kapitalfluss abgeschnitten. Mit der ersten großen Konsolidierungswelle hat sich ein Paradigmenwechsel im elektronischen Geschäftsverkehr vollzogen: Ein Geschäftskonzept wird nicht mehr als erfolgreich angesehen, wenn es allein Wachstum realisieren kann. Nicht nur Kapitalgeber achten darauf, dass monetäre Kennzahlen der Dotcoms wie Gewinn und Cash-flow positiv ausfallen. Auch in etablierten Unternehmen müssen sich E-Commerce-Verantwortliche dieser Herausforderung stellen. Ihre Projekte müssen rentabel werden, anderenfalls werden sie ihre Rechtfertigung verlieren.

Da erlösseitige Veränderungen im Allgemeinen erst mittelfristig Wirkung zeigen, führen die Unternehmen als kurzfristige Reaktion zum Teil massive Kostensenkungen durch. Während der Wachstumseuphorien aufgebaute und die Kernkompetenz nicht unterstützende Kapazitäten werden abgebaut, Internationalisierungsbestrebungen zurückgefahren oder eingestellt. Die erste größere Entlassungswelle in der New Economy ist nur eine Folge hiervon gewesen. Parallel sucht die Szene nun verstärkt nach neuen Einnahmequellen. Hoffnungen werden aktuell in das Angebot von Premium-Content, also qualitativ höherwertigen Inhalten oder Produktvarianten zu höheren Preisen, gesetzt, ohne jedoch genau zu wissen, ob die Nutzer hierfür auch zahlen werden. So hat Yahoo in den USA beispielsweise in zwölf Monaten mit 18 verschiedenen kostenpflichtigen Diensten experimentiert, um das Interesse und nicht zuletzt die Zahlungsbereitschaft der Nutzer auszuloten.[1] Die Anstrengungen – sowohl auf der Kosten- als auch auf der Erlösseite – brachten bislang eher mäßigen Erfolg. Eine Strategie auf dem Weg zur Profitabilität ist oftmals nicht erkennbar. Nicht zuletzt deshalb ist Skepsis aufgekommen, ob im E-Commerce und hier insbesondere mit dem Endverbraucher wirklich Geld verdient werden kann.

Trotz der Zweifel wächst die Internet-Ökonomie weiter. Dabei erhöhen sich jedoch nicht nur die Nutzerzahlen kontinuierlich,[2] sondern auch die Online-Handelsumsätze steigerten sich in 2002 beispielsweise in Deutschland um 60 %.[3] Ist es also ungeachtet des düsteren Gesamteindrucks doch möglich, Gewinne im Internet zu erzielen?

Profitable E-Commerce Unternehmen werden aus zweierlei Gründen dringend benötigt: Einerseits würde ihre pure Existenz die düstere Stimmung verbessern helfen, andererseits könnte eine tiefer gehende Analyse dieser Unternehmen mögliche Erfolgsmuster im Hinblick auf das Erreichen von Profitabilität identifizieren. Bislang weniger erfolgreiche Unternehmen, zukünftige Gründer sowie Investoren erhielten wichtige Anhaltspunkte, wie trotz widriger Marktumstände und schlechter Stimmung im Electronic Commerce erfolgreich agiert werden kann. Eine Bestandsaufnahme von Erfolgsfaktorenstudien zum endverbraucherorientierten Electronic Commerce durch Böing (2001) ergibt jedoch, dass sich die Erfolgsfaktorenforschung in diesem Feld noch in den Anfängen befindet. So ist nicht verwunderlich, dass die überwiegende Zahl der Studien noch immer konzeptionell ausgerichtet ist. Eine Ausnahme bildet die jüngst vorgelegte empirische Untersuchung der Erfolgsfaktoren von 75 Start-ups im Vergleich zu 72 integrierten E-Commerce-Einheiten etablierter Unternehmen.[4] Hinzu kommt, dass die meisten der vermeintlichen Erfolgsfaktoren während des Hypes formuliert worden sind, in Zeiten also, in denen Gewinne nachrangig betrachtet wurden. Als wichtige Erfolgsgrößen wurden oftmals ausschließlich wachstumsorientierte Kennzahlen (registrierte Kunden, Page Impressions etc.) berücksichtigt anstelle von monetären Größen wie Gewinn oder Cash-flow.

Ziel des Beitrags ist es daher, Erfolgsrezepte für E-Commerce-Aktivitäten zu identifizieren, die sich in der Praxis nachweislich als determinierend für Profitabilität herausgestellt haben. Dazu werden in einem ersten Schritt profitable E-Commerce-Unternehmen

1 Vgl. Schubert (2002).

2 Vgl. SevenOne Interactive/forsa (2002).

3 Vgl. Hauptverband des Deutschen Einzelhandels (2002).

4 Vgl. Albers (2003).

ausfindig gemacht sowie deren Geschäftsmodelle charakterisiert. Im Anschluss daran werden auf Basis einer fallstudienbasierten Analyse von Unternehmen aus zehn unterschiedlichen Geschäftsfeldern Strategien auf dem Weg zur Profitabilität diskutiert.

2. Profitable Unternehmen im elektronischen Endkundengeschäft

2.1 Gegenstand der Untersuchung

Vor dem Hintergrund des beschriebenen Paradigmenwechsels soll ein E-Commerce-Unternehmen im Folgenden als erfolgreich bezeichnet werden, sofern es trotz eines zunehmend schwieriger werdenden Marktumfelds ein nachhaltiges Wachstum bei gleichzeitigen Gewinnen und positiven Cash-flows verzeichnen kann. Multi-Channel-Anbieter sind im Hinblick auf das Erreichen dieses Ziels naturgemäß im Vorteil, da sie bereits auf funktionierende Absatz- und Geschäftsstrukturen zurückgreifen können. Etablierte Unternehmen, die wie der Otto-Versand oder der Reiseveranstalter TUI das Internet lediglich als einen weiteren Absatzkanal nutzen, bleiben in dieser Untersuchung deshalb unberücksichtigt. Stattdessen wird der Fokus auf Unternehmen gelegt, die ausschließlich im Internet agieren und dazu alle notwendigen Strukturen mittels eines hohen Einsatzes an Ressourcen innerhalb kurzer Zeit erst aufbauen mussten. Zudem erfolgt eine Konzentration auf elektronische Geschäfte mit dem Endverbraucher, da dieses aufgrund der niedrigen Umsätze pro Kunde allgemein als besonders problematisch gilt. Aufgrund der massenhaften Zahl von Käufern verspricht es jedoch gleichzeitig die größten Wachstumseffekte im Internet.

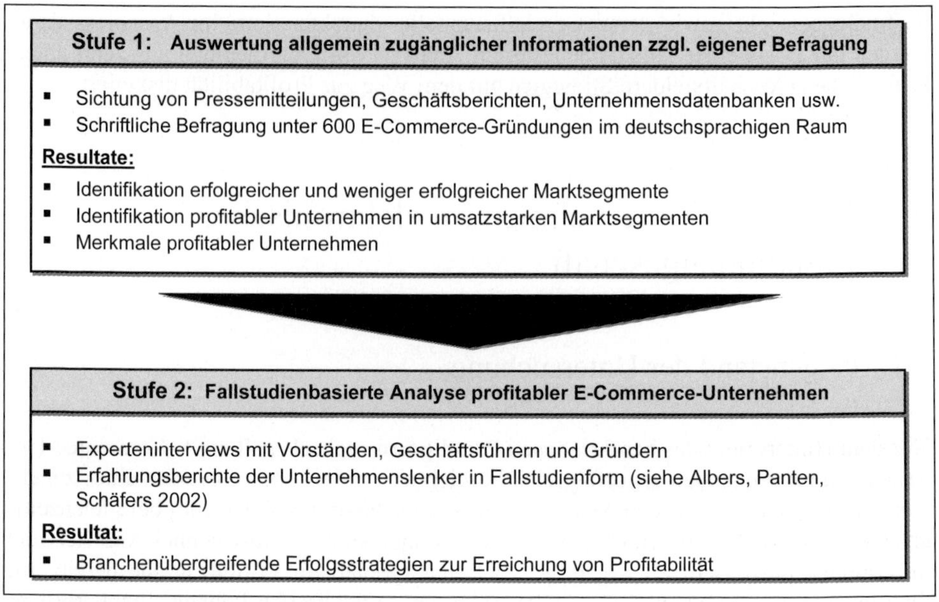

Abbildung 1: Methodisches Vorgehen

Die Suche nach Dotcoms, die die aufgestellten Kriterien erfüllen, wurde dadurch erschwert, dass viele bekannte Internet-Händler ungern Angaben über ihre Erlössituation machen. Dennoch konnte mit dem in Abbildung 1 verdeutlichten Vorgehen eine ganze Reihe von Firmen ausgemacht werden, die bereits seit geraumer Zeit profitabel wirtschaften und gleichzeitig dynamisch wachsen. Erfreulicherweise – und von der Öffentlichkeit beinahe unbemerkt – entstammen die Unternehmen fast allen umsatzstarken Online-Marktsegmenten. Neben Pionieren in der Entwicklung des elektronischen Geschäftsverkehrs wie die Segmente Bücher, Reise, Finanzen, Auktionen oder Erotik gilt dies auch für die sich erst später entwickelnden und zum Teil kritisch beäugten Branchen wie Automobilhandel, spezielle Informationsangebote (thematisches Angebot und Recherchedienste), Unterhaltung (Online-Gaming) und nicht zuletzt Mobile Applications. Ausnahmen bilden hingegen Segmente wie der Online-Lebensmittelhandel, Sportinformationsseiten oder breit ausgelegte Community-Portale (z. B. Meinungsseiten), in denen noch nicht einmal die marktführenden Anbieter die Gewinnschwelle erreicht haben oder gar ein Großteil der Anbieter aufgeben musste.

2.2 Charakteristika profitabler Unternehmen

Entsprechend den genannten Kriterien wurden zehn Unternehmen aus unterschiedlichen Branchen ausgewählt, deren Geschäftsmodelle nachfolgend näher analysiert werden. Grundlage bilden im Wesentlichen Interviews sowie die von den Vorständen bzw. Gründern der Dotcoms in Fallstudien geschilderten Geschäftsstrategien, die in Albers, Panten und Schäfers (2002a) im Detail beschrieben werden. Als erstes Ergebnis kristallisieren sich im Wesentlichen vier Arten von Geschäftskonzepten heraus. Eine Gruppe bietet virtuelle *Marktplätze* an, auf denen die Nutzer Geschäfte eigenverantwortlich abwickeln können. Im Fall von eBay, abebooks, mobile.de und Visit-X treten die Betreiber nur insoweit als übergeordnete, anbieter-unabhängige Instanz in Erscheinung, als sie Angebot und Nachfrage ohne weitere Streuverluste zusammenführen. Hierfür realisieren sie Einnahmen größtenteils über Provisionen und Einstell- bzw. Nutzungsgebühren. Eine zweite Gruppe von Anbietern, zu denen das Online-Reisebüro Expedia sowie der Finanz- und Versicherungsanbieter forium zu zählen sind, agiert als *Makler*. Angebot und Nachfrage werden zwar auch hier zusammengeführt, allerdings wird das Geschäft gegen eine Umsatzprovision direkt über den Vermittler abgeschlossen. Die dritte Gruppe besteht aus Anbietern von speziellen *Suchdiensten*: GuensTiger.de (als Preisvergleich) und metaspinner (als Metasuchmaschine) bieten die Aufbereitung und Recherche von allgemeinen Informationen für den privaten Endkunden provisions- und gebührenfrei im Netz an und müssen sich daher nach wie vor noch zu erheblichen Teilen über Werbeeinnahmen finanzieren. Zu der vierten und letzten Gruppe gehören spezielle *Themen-Portale* wie Tiscali Games für Multi-Player-Spiele und sms.at für mobile Kommunikation, die für ihre registrierten Nutzer nicht nur wertvolle Informationsquellen darstellen, sondern auch die Möglichkeit bieten, sich gegen die Zahlung von Gebühren untereinander auszutauschen. Mit dem Angebot entgeltlicher digitaler Dienste – wie etwa dem Abruf von Filmen über die Telefonleitung (Video-on-Demand) bei Visit-X sowie durch Funktionalitäten für sms-Dienste (Handylogos, Klingeltöne) bei sms.at – ergänzen viele der Unternehmen ihren Leistungskern.

Unternehmen	Marktsegment	Geschäftstätigkeit	Erlösquellen (Anteil an Erlösstruktur[2])	Alleinstellungsmerkmal[1] Wettbewerbsumfeld in Deutschland	Erfolgskennzahlen[2]	Gründung in Deutschland/ Marktphase (Mitarbeiter)
abebooks	Bücher	Vermittler für antiquarische, vergriffene und gebrauchte Bücher	- Monatliche Einstellgebühren abhängig von der Anzahl eingestellter Bücher - kostenpflichtige Zusatzservices	Weltweit größtes Angebot für gebrauchte Bücher (über 40. Mio. Titel im Angebot) ZVAB/mediantis AG	Weltweit über 13.000 Transaktionen/Tag; mehr als 10.000 Händler, die monatlich bis zu 300 € Einstellgebühr zahlen; keine Angaben zu Gewinn u. Cash-flow	1999/Hype-Phase (15)
eBay	Diverses	Online-Marktplatz für gebrauchte und neue Produkte aller Art; Auktionen und Festpreise	- Umsatzprovisionen in Höhe von 1,5-4 % und Einstellungsgebühren (rund 90 %) - Werbung (ca. 10 %)	Weltweit größter Marktplatz (54,9 Mio. Nutzer; 3,8 Mrd. US$ Handelsvolumen in Q3 2002) amazon, QXL, ricardo, Primus Online	Weltweit: 749 Mio. US$ Nettoumsatz; Nettogewinn 90,4 Mio. US$; 252,1 Mio. US$ Operativer Cash-flow	1999/Hype-Phase (230)
Expedia	Reise	Online-Reisebüro: Vertrieb von Reisen und reisenahen Produkten (Flüge, Hotels, Mietwagen, Versicherungen)	Weltweites Geschäft (regional z. T. Unterschiede): - Provisionen (55 %) - Verkauf eigens verhandelter Hotel- und Flugtarife (29 %) - Werbung (16 %)	- Weltweit unter den Top 3 Online-Reisebüros - IT-Infrastruktur, Buchungssystem und Payment ebookers, T-Online Travel, Travelocity, Travel24.com, Travelchannel	Weltweit: 166 Mio. US$ Umsatz; 30,8 Mio. US$ Gewinn, 70 Mio. US$ operativer Cash-flow (Q3 2002)	1999/Hype-Phase (11)
forium	Finanzen	Führender Online-Preisvergleich für Finanzprodukte (z. B. Privatkonten, Kreditkarten, Ratenkredite, Geldanlagen); Vermittlung und Abschluss von Finanz- und Versicherungsprodukten	- Provisionen (60 %) - Content-Produktion (20 %) - Werbung (10 %) - Software-Entwicklung (10 %)	Permanente Präsenz auf großen Portalen wie Yahoo, T-Online, MSN, web.de Censio (mittlerweile insolvent), Quinner.de (jüngst abgeschaltet)	Tägliche Vermittlung von über 100 Finanzprodukten; Siebenstelliger Umsatz; zweistellige Umsatzrendite	2000/Marktkonsolidierung (10)
GuensTiger.de	Informationsaufbereitung u. -recherche	Händlerunabhängiger Online-Preisvergleich (Schwerpunkt Elektronik)	- Marktforschung (60 %) - Werbung (40 %)	Deutschands meistgenutzter Preisvergleich (Produkte im Wert von ca. 150 Mio. €/Jahr werden anschließend bei den 1.300 aktiven Händlern gekauft); Testsieger Stiftung Warentest PriceContrast, preisauskunft.de	Über 25 Mio. Seitenabrufe/Monat; Umsatz über 500.000 € pro Jahr; hoch zweistellige Umsatzrendite	1999/Hype-Phase (10)
metaspinner	Informationsaufbereitung u. -recherche	Kommerziell erfolgreichste deutsche Meta-Suchmaschine	- Werbung (ca. 50 %) - Partnerprogramme, Vermittlung von Dienstleistungen u. a. (ca. 50 %)	Überlegene Suchtechnologie („beste Spürnase" im Internet laut Stiftung Warentest) MetaGer, Yahoo. Google, altavista	Über 12 Mio. Seitenabrufe/Monat; Umsatz über 600.000 €; niedrig zweistellige Umsatzrendite	1999/Hype-Phase (8)
mobile.de	Automobile	Vermittlung gebrauchter Automobile an Händler und Privatpersonen	- Monatliche Einstellgebühr von rund 100 € pro Händler (über 80 %) - Provisionen für vermittelte Dienstleistungen - Werbung	Gehört zu den 5 größten deutschen E-Commerce-Anbietern; 12.000 registrierte Autohändler und 700.000 eingestellte Fahrzeuge; höchste Nutzungsdauer unter den Auto-Webseiten Autoscout24/faircar	364 Mio. Seitenabrufe/ Monat (August 2002), Umsatz 1. Halbjahr 2002: knapp 6,6 Mio. €	1996/Pionierphase (100)

Tabelle 1: Fortsetzung auf nächster Seite

Unter-neh-men	Markt-seg-ment	Geschäftstätigkeit	Erlösquellen (Anteil an Erlösstruktur[2])	Alleinstellungsmerkmal[1] / Wettbewerbsumfeld in Deutschland	Erfolgskennzahlen[2]	Gründung in Deutschland/ Marktphase (Mitarbeiter)
sms.at	Mobile Applications	Mobile-Portal zu Information, Entertainment, Commerce, Communication	Werbung, Erlösbeteiligung bei SMS-Nutzung, Premiumdienste (insgesamt 80 % Online-Revenues, 20 % Wireless Revenues)	Erstes profitables Mobile-Portal in Europa; ca. 23 Mio. Besuche pro Monat; Angebotsführerschaft im Bereich mobiler Werbemöglichkeiten / Jamba, handy.de, xonio	Weit über 100 Mio. Seitenabrufe/Monat; 9-Monats-Umsatz 2001: knapp 4 Mio. €, Vorsteuer-Gewinn: 0,3 Mio. €	1998/Pionierphase (12)
Tiscali Games	Entertainment	Betrieb des Spieleportals Tiscali Games (gamesurf.de, gamesmania.de); Vermietung von Spieleservern für Multi-Player-Spiele	- Nutzungsgebühren - Provisionen - Werbung	Serverkapazitäten (Erreichbarkeit der Server und Geschwindigkeit der Datenübertragung) / 4Players GmbH (Freenet.de AG, Gamechannel, Gamigo)	Über 20 Mio. Seitenabrufe/Monat; keine Angaben zu Umsatz, Gewinn und Cash-flow	1999/Hype-Phase (10)
Visit-X (Cam-Point AG)	Erotik/ Entertainment	Video-Chat-Community; Privatpersonen bieten ihre Darbietungen über eine Webcam an und bestimmen den Preis hierfür selbst.	- Umsatzprovision in Höhe von 50 % der Einnahmen aus dem Video-Chat - Nutzungsgebühren (Dialer) - Verkauferlöse für digitale Produkte (z. B. Video-on-Demand)	Europas größte Video-Chat-Community; 30.000 registrierte Amateure (Sender), Kooperationen mit reichweitenstarken Internetportale / Cam24, Topcam.tv	290.000 Einzel-Besucher/Monat; Umsatz der Campoint AG rund 15 Mio. €, Vorsteuer-Gewinn: rund 5 Mio. €	2000/Marktkonsolidierung (30)

[1] Soweit von den Unternehmen angegeben
[2] Stand Oktober 2002. Monetäre Kennzahlen beziehen sich auf das vollständge Geschäftsjahr 2001, sofern nicht anders gekennzeichnet

Tabelle 1: Merkmale profitabler Unternehmen[1]

Tabelle 1 verdeutlicht, dass es sich bei den analysierten profitablen Anbietern um Spezialisten handelt, die mit einem fokussierten Geschäftskonzept lediglich einen Ausschnitt des privaten Massenmarktes abdecken. So konzentriert sich mobile.de auf Gebrauchtfahrzeuge und verzichtet im Gegensatz zu car4you auf das Angebot von Neuwagen, abebooks ist spezialisiert auf gebrauchte bzw. vergriffene Bücher. Statt mit Schwergewichten im Neubuchhandel wie Amazon oder Buch.de zu konkurrieren, stellt der Spezialist diesen Unternehmen die weltweit größte Datenbank für antiquarische Literatur gegen eine Umsatzbeteiligung zur Verfügung. Tiscali Games überlässt die Entwicklung von Online-Spielen anderen und stellt ausschließlich Spieleserver zum Aufbau von Spielernetzwerken bereit. Visit-X ist nicht eines von unzähligen Erotikportalen im Web, sondern konzentriert sich dank einer selbst entwickelten Technologie auf das Angebot von Live-Videochats zwischen Amateuren. Obwohl diese Unternehmen oft nur eine Nische bearbeiten, erlaubt ihnen ihr Marktumfeld, stark zu wachsen. Nahezu alle verzeichnen Wachstumsraten im zweistelligen Bereich und gehören zu den Marktführern in ihrem jeweiligen Segment. Die Zahl ihrer Wettbewerber ist meist überschaubar und hat sich nicht zuletzt im Zuge der Konsolidierung des Marktes deutlich gelichtet. Die von den Unternehmen erzielten Umsatzrenditen liegen zum Teil deutlich im zweistelligen Prozentbereich. Der Cash-flow aus der operativen Geschäftstätigkeit der Unternehmen ist positiv. Das heißt, sie verfügen über flüssige Mittel, die aus eigener Kraft erwirtschaftet wurden, und sind somit nicht auf eine zusätzliche Finanzierung (beispielsweise

1 In Anlehnung an Albers/Panten/Schäfers (2002b).

über Risikokapital) angewiesen. Das Gros dieser Internet-Firmen arbeitet in der Rechtsform einer GmbH mit kleinen schlagkräftigen Teams zwischen zehn und dreißig Mitarbeitern. Ein Vergleich des Managements verrät, dass das Durchschnittsalter der Geschäftsleitungen bei nur knapp über 30 Jahren liegt.[1] Dies ist vor allem deshalb erstaunlich, weil die Geschicke vieler junger Unternehmen mittlerweile durch ein erfahrenes Management bestimmt werden.

An der Spitze der Entwicklung im elektronischen Geschäftsverkehr stehen heute die Global Player unter den E-Commerce-Anbietern wie eBay, Expedia, abebooks, die gleich in mehreren Ländern profitabel arbeiten. Daneben stießen wir während unserer Recherchen zum Teil eher zufällig auf Unternehmen, von deren Erfolg bislang kaum jemand Notiz genommen hat – sie wirtschaften erfolgreich im Verborgenen. Allerdings gehören solche Anbieter wie der Preisvergleichsdienst GuensTiger.de oder der Finanzmakler forium zu den meistgenutzten nationalen Angeboten in ihrem Marktsegment und sind hochprofitabel, ohne jemals hohe Marketingbudgets eingesetzt zu haben. Was steht also hinter ihrem Erfolg?

Obwohl in der Literatur zum Teil die Bedeutung von hohen Bestellwerten betont wird,[2] belegt Tabelle 1, dass es nicht einzelne Marktsegmente sind, die – quasi naturgemäß – einen Vorteil gegenüber anderen besitzen. eBay ist heute der wirtschaftlich erfolgreichste Online-Marktplatz weltweit, obwohl von den Nutzern aufgrund der relativ niedrigen Warenwerte eher geringe Beträge in Form von Provisionen und Gebühren für die Vermittlung von Produkten verlangt werden. Auch der Zeitpunkt des Eintritts in den E-Commerce-Markt scheint kein signifikanter Erfolgsfaktor für Profitabilität zu sein. Alle hier betrachteten profitablen Unternehmen sind zu unterschiedlichen Zeiten an den Start gegangen. Mobile.de beispielsweise begann bereits 1995, Visit-X dagegen erst Anfang 2000. Fest steht nur eines: Vorteile haben zur Zeit diejenigen Anbieter, die die Flaute auf dem Werbemarkt nicht existenziell getroffen hat. Es muss darüber hinaus aber bestimmte Erfolgsrezepte geben, die diese Unternehmen weitaus unabhängiger und nicht zuletzt unanfälliger gegenüber allgemeinen Marktentwicklungen werden ließen.

3. Strategien profitabler Unternehmen im E-Commerce

Das Scheitern vieler junger Unternehmen im Zuge der ersten großen Marktkonsolidierungswelle im elektronischen Geschäftsverkehr wurde nicht zuletzt wesentlich beschleunigt durch den wachstumsgetriebenen und zum Teil unkontrollierten Anstieg der Kosten

---

1 Vgl. Albers/Panten/Schäfers (2002a).

2 Vgl. Barsh/Crawford/Grosso (2000).

insbesondere für Web Traffic, Personal und Vermarktung. Die Konzentration auf Markt- und Kundenkennzahlen wie Anzahl registrierter Nutzer, Neukundenbestand oder Seitenzugriffe ging einher mit fehlenden Erlösmodellen, mit deren Hilfe das Wachstum entsprechend hätte abgeschöpft werden können. Genau in diesen Punkten unterscheiden sich die in der Studie untersuchten profitablen Unternehmen: Ihre Geschäftstätigkeit war von Beginn an strikt kostenbewusst und erlösorientiert. Dies wurde bereits in der strategischen Ausrichtung des Geschäftsmodells wie auch in der späteren betrieblichen Umsetzung berücksichtigt. Wenn die nachfolgend dargestellten Strategien auch als grundlegende, branchenübergreifende Erfolgsmuster zu verstehen sind, so stellen sie doch keine Patentrezepte dar, die Unternehmen pauschal adaptieren können. Jedes Unternehmen muss prüfen, inwieweit die dargestellten Erfolgsmuster mit den jeweiligen Rahmenbedingungen vereinbar sind. Einige dieser Strategien wurden bereits früh in der Wissenschaft als mögliche Erfolgsgaranten diskutiert, allerdings berichteten Unternehmen bisher kaum über ihre gelungene Umsetzung.

3.1 Klare Ausrichtung des Geschäftsmodells – Digitalisierung und entgeltlicher Zusatznutzen

Basis für die Erreichung des Break-even war bei allen in der Studie untersuchten Unternehmen ein fokussiertes Geschäftsmodell, das zwei entscheidende Vorteile gegenüber vielen gescheiterten Unternehmen aus der New Economy aufweist: die vollständige Digitalisierung der angebotenen Leistung sowie einen Zusatznutzen, für den der Kunde tatsächlich bezahlt.

Online-Händler, die wie Amazon in physischen Kontakt mit der Ware kommen, indem sie einen aufwändigen Logistikapparat betreiben, riskieren durch dessen laufende Kosten ein Abschmelzen ihrer Marge pro ausgeliefertem Stück. Die anfallenden Kosten können nur zu einem Teil durch die seit kurzem im Online-Buchhandel erhobenen Versandgebühren oder durch die Übernahme des kompletten Versandgeschäfts für Dritte – beispielsweise bei dem Spielwarenhändler Toys`R Us durch Amazon in den Vereinigten Staaten – gedeckt werden. Im Gegensatz dazu können die untersuchten Unternehmen ihre erwirtschafteten Umsätze fast vollständig in Deckungsbeiträge umsetzen. Voraussetzung hierfür ist eine nahezu vollständige *Digitalisierung* ihrer gesamten Wertschöpfung, d. h. Umsätze mit Leistungen erzielen, die zu 100 % aus Informationen (Bild, Text oder Ton) bestehen und deshalb mit äußerst geringen variablen Kosten vertrieben werden können.[1] Ist eine hundertprozentige Digitalisierung der gehandelten Produkte durch das Geschäftsmodell nicht vorgesehen – beispielsweise bei dem Verkauf physischer Produkte wie Automobile oder Bücher – beschränken sich die Unternehmen bewusst auf die Rolle des Informationsmittlers (Infomediär) und erwirtschaften einen Großteil ihrer

1 Zur Digitalisierung vgl. auch Schwartz (1997) oder Albers et al. (2001).

Einnahmen aus dieser reinen Vermittlungsleistung.[1] Online-Marktplätze wie eBay, die Gebrauchtwagenbörse mobile.de oder abebooks für antiquarische bzw. vergriffene Bücher verdienen an jedem, zwischen den Nutzern abgeschlossenen Kauf von Produkten auf ihrer Web-Seite. Die Konzentration der Unternehmen auf die Vermittlungsleistung und damit auf einen eher kleinen Teil der Wertschöpfungskette verringert zwar tendenziell die Umsätze pro Kunde. Am Ende verfügen sie dennoch aufgrund der eingesparten Kosten für Lieferung und After Sales-Betreuung über den im Vergleich zu klassischen Online-Händlern höheren Deckungsbeitrag. Dank variabler Kosten, die für die Bereitstellung informationsbasierter Leistungen gegen Null tendieren, gelingt es den Unternehmen, trotz zum Teil niedriger Warenwerte ihr Kerngeschäft mit dem Endkunden profitabel zu betreiben.

Viele Start-Up-Unternehmen scheiterten nicht zuletzt an der mangelnden Akzeptanz der Nutzer, für die angebotenen Leistungen einen Preis zu zahlen. Schlimmer noch: Viele Anbieter überboten sich geradezu in einem ruinösen Wettbewerb mit Gratisprodukten und -services.[2] Entgeltliche Angebote wurden schon deshalb vermieden, weil viele Webseitenbetreiber fürchteten, sofort nach deren Einführung einen beträchtlichen Teil ihrer Nutzer an den Wettbewerb zu verlieren. Die untersuchten profitablen Unternehmen sind deshalb nicht in eine derartige Zwangslage geraten, weil ihr Geschäftsmodell auf einem unverwechselbaren *entgeltlichen Zusatznutzen* aufbaut, der in der realen Welt in dieser Form nicht existiert. Dies gelingt, indem Informations-, Empfehlungs- und Vermittlerdienste so aufeinander abgestimmt werden, dass Kaufprozesse für Anbieter und Nachfrager effizienter ablaufen. Virtuelle Marktplätze senken beispielsweise durch die Bündelung von regional zersplitterten Märkten sowie die Vernetzung von Angebot und Nachfrage die Transaktionskosten ihrer Kunden. Shapiro und Varian (1999) beschrieben dieses Phänomen unter dem Stichwort Informationsaggregation. abebooks zum Beispiel bindet die Angebote von mehr als zehntausend Buchhändlern in seinen Marktplatz ein. Hieraus entstehen für alle Marktplatzteilnehmer Vorteile: Bei der Suche nach einem vergriffenen Buch spart einerseits der Nutzer Zeit und Kosten und findet gleichzeitig eine einzigartige Angebotsvielfalt vor, die es ihm erlaubt, schnell und bequem Vergleiche und Bestellungen durchführen zu können. Andererseits erhält der Händler durch einen sich drastisch vergrößernden – und nicht zuletzt überregionalen – Absatzmarkt einen Anreiz, seine Produkte auch online zu vertreiben und damit schneller abzusetzen.[3] Dass dieser Distributionskanal für jegliche Produkte lukrativ sein kann, zeigt nicht zuletzt das Beispiel eBay: Viele Einzelhändler haben ihr traditionelles Geschäft mittlerweile geschlossen und vertreiben ihre Waren ausschließlich über die Online-Plattform.[4]

1 Vgl. Albers/Panten/Schäfers (2002a).

2 Vgl. Schäfers/Barrot (2000).

3 Vgl. Anderson/Anderson (2002).

4 Zum Geschäftsmodell Online-Auktion vgl. Albers/Schäfers (2002), S. 126 ff.

3.2 Wachstum in Erlöse überführen

Ein Großteil der Anbieter im E-Commerce ist bislang daran gescheitert, das in ihren Netzwerken aus Anbietern und Nachfragern vorhandene Wachstumspotenzial in entsprechendes Umsatzwachstum umzusetzen. Das zeigen nicht zuletzt die bisher vergeblichen Anstrengungen der Musiktauschbörsen (Napster) oder Meinungsportale (ciao.com). Beide Angebote gehörten bzw. gehören zwar zu den am stärksten frequentierten im Web, haben es jedoch aufgrund mangelnder Zahlungsbereitschaft ihrer Nutzerschaft bisher noch nicht überzeugend geschafft, ein effektives Erlösmodell an die Dynamik zu binden. Gerade weil die Nutzer nicht gewohnt sind, für entsprechende Dienste zu zahlen und weiterhin genügend Webangebote existieren, die kostenlos genutzt werden können (etwa im Musikbereich die Tauschbörsen Morpheus und Kazaa) bleibt höchst fragwürdig, ob die jüngsten Anstrengungen der Musikindustrie, – beispielsweise des Medienkonzerns Vivendi Universal mit der kommerziellen Musikplattform emusic.com – Bezahlangebote im Musik- und Videobereich zu platzieren, kurz- bzw. mittelfristig von Erfolg gekrönt sein werden. Die Untersuchung von profitablen E-Commerce-Anbietern hat gezeigt, dass für den kommerziellen Erfolg von webgestützten Angeboten zwei wesentliche Voraussetzungen erfüllt sein müssen: Die vielfache Nutzung des Angebotes sowie die Einführung von auf das Wachstum abgestimmten Erlösmodellen. Wachstum ist im Geschäft mit dem Endverbraucher extrem wichtig, denn wegen der meist kleinen Bestellwerte können relevante Umsätze nur über die Masse an Kunden (Kritische Masse) realisiert werden. Die exponentiellen Zuwächse – sowohl bei der Anzahl der eingestellten Angebote als auch bei den registrierten Nutzern und beim Umsatz – der in der Studie betrachteten Unternehmen (siehe Abbildung 2 am Beispiel von eBay) bestätigen, dass es ihnen offenbar gelungen ist, diese Wachstumskräfte anzukurbeln.

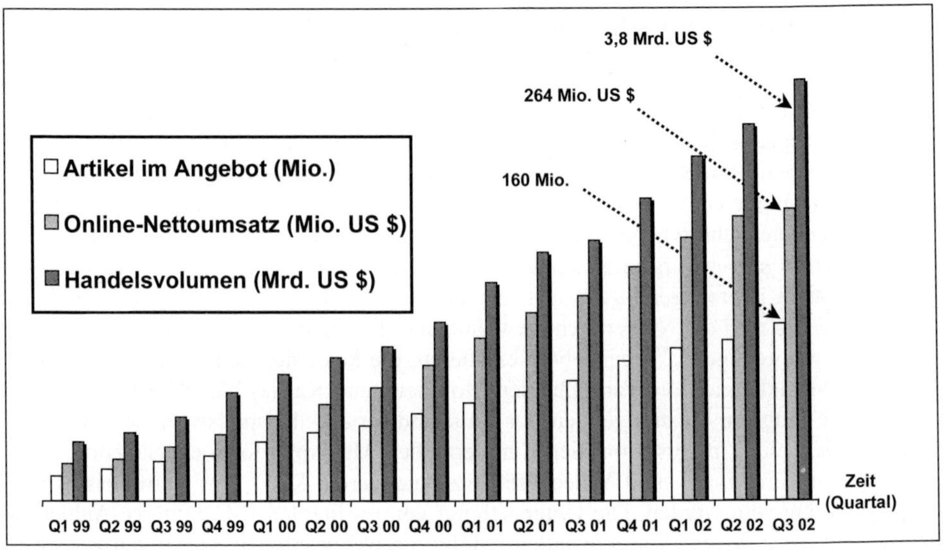

Abbildung 2: Markt- und Finanzkennzahlen von eBay 1999-2002

Dieses in der Literatur häufig als Netzeffekte beschriebene Phänomen hat bei ihnen nachweislich Vorteile für die Kostenseite mit sich gebracht.[1] Aufgrund der zunehmenden Mundpropaganda, die sich in der permanenten Weiterempfehlung unter den Nutzern äußert, konnten Marketingaufwendungen in erheblichem Umfang mit zunehmender Netzwerkgröße eingespart werden. Das Netzwerk wächst unablässig aus sich selbst heraus. Unterschätzt werden darf jedoch nicht das Management des Wachstumsprozesses. In Gesprächen mit Gründern und Vorständen der profitablen Unternehmen wurde immer wieder die Notwendigkeit der Ausbalancierung von Angebot und Nachfrage betont. Dies wird vielfach unterschätzt, denn Instabilitäten in Form von Angebots- oder Nachfrageüberhängen beeinträchtigen sofort den durch einen Betreiber gebotenen Mehrwert und können infolgedessen zu einem Verlust an Teilnehmern führen. So konnte beispielsweise das einst von Bertelsmann gegründete und betriebene Auktionshaus Andsold wegen der Berechnung von Gebühren an die Verkäufer für erfolgreiche Versteigerungen eine relevante Anzahl an eingestellten Produkten erst gar nicht aufbauen und somit den von Beginn an vorhandenen Nachfrageüberhang nicht ausgleichen. Die Folge: Das Auktionshaus konnte sich nie im Markt durchsetzen. Einen anderen Weg wählte das weltgrößte Auktionshaus eBay: Noch bevor die ersten Nachfrager die Plattform nutzten, wurde ein umfangreiches Angebot über zahlreiche regional verstreute Sammlermärkte akquiriert und anfänglich auf die Erhebung von Gebühren verzichtet. Die Realisierung

1 Zur Erläuterung von Netzeffekten in interaktiven Medien siehe Panten/Paul/Runte (2001) oder Hagel/Armstrong (1997).

von Netzeffekten ist zwar notwendig, reicht aber allein nicht aus, um profitabel zu werden. Das zeigen die identifizierten Anbieter: Die Kopplung zentraler Erlösquellen (zu Erlösarten siehe Abschnitt 3.3) an die Transaktionen erzeugt bei ihnen eine Art Hebeleffekt, in dessen Folge exponentielle Umsatzzuwächse einhergehen mit einer exponentiellen Zunahme an Nutzer-Traffic (siehe Abbildung 2). Da die variablen Kosten gleichzeitig fast gegen Null streben, konnten die Unternehmen die Gewinnschwelle erheblich schneller erreichen als ihre Wettbewerber. Es verwundert daher nicht, dass einige von ihnen schon wenige Monate nach dem Going Online profitabel wurden (z. B. Visit-X, siehe Tabelle 1).

3.3 Erlösstruktur ausrichten auf transaktionsabhängige Einnahmen

Wesentliche Voraussetzungen, um vom Angebots- und Nachfragewachstum profitieren zu können, liegen in der Wahl der richtigen Erlösmodelle sowie in der Festlegung des richtigen Zeitpunktes für deren jeweilige Einführung. In der Praxis liegen hierzu noch wenige Erkenntnisse vor, was die derzeitige Suche vieler reichweitenstarker Internet-Marken nach geeigneten Erlösquellen zeigt. Zum Teil setzen sie dabei auf das Angebot der eingangs diskutierten Premium-Inhalte, ohne jedoch zu wissen, ob die Nutzer auch hierfür zahlen werden. Kurzum: eine Strategie auf dem Weg zur Profitabilität ist oft nicht erkennbar. Die heute schon profitablen Unternehmen konnten dagegen meist von Beginn an die bei ihrer Nutzerschaft vorhandene *Zahlungsbereitschaft direkt in Erlöse umsetzen*. Dies gelang, weil bei Online-Größen wie eBay und mobile.de transaktionsabhängige Einnahmen wie Umsatzprovisionen und Einstellgebühren aus Vermittlungsleistungen nahezu 90 % der gesamten Erlösstruktur ausmachen. Unternehmen wie Tiscali Games, sms.at oder Visit-X generieren außerdem Umsätze unmittelbar mit informationsbasierten Produkten – zum Beispiel Multiplayer-Spiele, Klingeltöne oder Video-On-Demand-Angebote, die gegen eine Gebühr von der Seite abgerufen werden können. Entscheidend für die überdurchschnittlich gute Entwicklung der in der Studie untersuchten Unternehmen ist vor allem eine Tatsache: ihre Unabhängigkeit vom einbrechenden Werbemarkt. Während insbesondere Community- bzw. Portalbetreiber zum Teil Werbeanteile von nahezu 80 % an ihrer Erlösstruktur aufwiesen und damit von der laufenden Marktkonsolidierung im E-Commerce besonders betroffen sind, spielen Werbeeinnahmen dagegen bei den meisten der analysierten profitablen Dotcoms kaum eine Rolle. Bei eBay beispielsweise macht Werbung etwa 13 % an der Erlösstruktur aus, bei forium sogar nur 10 % (siehe Tabelle 1).

Transaktionsabhängige Einnahmen sichern zwar bei nahezu allen untersuchten Unternehmen die Profitabilität im Kerngeschäft. Dies allein sichert sie aber nicht gegen substantielle Umsatzschwankungen ab. Eigene Untersuchungen unter etwa 600 E-Commerce-Unternehmen im deutschsprachigen Raum belegen eine bedrohliche Abhängigkeit in diesem Segment: Mehr als zwei Drittel aller befragten Anbieter im deutschsprachigen Raum finanzierten sich trotz aller damit verbundenen Risiken aus einer einzigen

Erlösquelle. Zu einem ähnlichen Ergebnis kamen auch andere Untersuchungen.[1] Der wirtschaftliche Erfolg der analysierten Unternehmen stützt sich auf eine *breit ausgerichtete Erlösstruktur*, denn alle Anbieter erzielen ausnahmslos Umsätze aus mindestens zwei substantiellen Einnahmequellen.[2] Die permanente und frühzeitige Ausschau nach potenziell neuen Einnahmequellen prägt nach Aussage sämtlicher Vorstände der an der Studie beteiligten Unternehmen deren Geschäftstätigkeit. Diese Beharrlichkeit zahlt sich aus: Während der Markt noch mit Premium-Inhalten experimentiert, erzielen die betrachteten Unternehmen mit diesen bereits relevante Umsätze. Neben den Premium-Diensten von sms.at (z. B. spezielle, von der Zeichenzahl abhängige sms-Tarife oder zielgruppenaffine Werbebotschaften auf das Mobiltelefon) konnte GuensTiger.de mit einem mobilen Preisvergleich erstmals Gebühren vom Nutzer erheben (zur Zeit 0,49 € pro Preisrecherche), was über das Internet bisher nicht durchsetzbar war. Vor dem Hintergrund, dass viele Anbieter noch davor zurückschrecken, Gebühren von ihren Nutzern zu erheben, stellt sich die Frage, wer die Leistungen der hier untersuchten Unternehmen bezahlt. Es zeigt sich, dass es meist die Verkäufer sind. Die Gefahr eines sich abschwächenden Wachstums an Nutzern wird auf diese Weise umgangen. Auch die Gefahr des Mangels an Angeboten stellt sich nicht ein, da das Leistungsangebot der einzelnen Anbieter entweder einzigartig im Web ist (z. B. die Größe des Marktplatzes eBay) oder von keinem anderen Anbieter am Markt kostenlos angeboten wird (z. B. gebrauchte Automobile). Zudem sind die untersuchten Unternehmen auf Märkten tätig, in denen auf Seiten der Käufer seit jeher Zahlungsbereitschaften für das entsprechende Produkt bestehen (Reisen, Erotik usw.). Dieser Vorteil wird im Web oft unterschätzt. Manche Unternehmen wie die zeitweise sehr populären Verbraucher- und Musikportale tun sich derzeit schwer, für ihre Leistungen überhaupt Zahlungsbereitschaften zu wecken.

3.4 Aufbau schlanker Kostenstrukturen

Der Glaube, ein Dotcom-Unternehmen bestünde neben den Personalkosten quasi nur aus fixen Kosten für IT-Infrastruktur und Software, wurde vielerorts bestraft, da Kosten für die Bewältigung des Web-Traffics (inklusive Server-Nachrüstungen) und des Customer-Supports ebenfalls mit zunehmendem Geschäftsvolumen anstiegen. Wenn aber beispielsweise auf *Automatisierung und Einbindung der Kunden in die Wertschöpfung* gesetzt wird, sind die Unternehmen tatsächlich in der Lage, Kostendegressionseffekte durch eine steigende Zahl von Nutzern zu realisieren. Während der Erfolgsfaktor Automatisierung (z. B. durch ausgefeilte Frage- und Antwortkataloge, standardisierte E-Mail-Antworten) vielfach schon umgesetzt ist, wird das Prinzip, den Kunden für sich arbeiten zu lassen, vergleichsweise selten konsequent verfolgt. Dabei hat sich dieses in der realen Welt längst bewährt. Dem Beispiel IKEA folgend überlassen diejenigen Unternehmen,

---

1 Vgl. Ahlert/Backhaus/Meffert (2001).

2 Zu Erlösmodellen vgl. Panten/Paul (2002) sowie Albers et al. (2000).

die mit physischen Produkten handeln, die komplette Abwicklung des Kaufs (Lagerhaltung, Versand, Inkasso, After Sales) den Nutzern. Doch damit nicht genug: Bei Unternehmen wie eBay oder mobile.de stellen die Verkäufer ihre Produkte selbst ein, übernehmen Produktbeschreibung sowie -pflege, bewerben ihre Produkte sogar selbst und zahlen auch noch dafür. Darüber hinaus sorgen die Nutzer selbst für eine qualitativ hochwertige und sichere Plattform, indem sie ihre Transaktionspartner nach dem Kauf bewerten und „schwarze Schafe" auf diese Weise eliminieren.[1]

3.5 Vermarktung effizient gestalten

Bei der Betrachtung der Marketing-Aktivitäten ist auffällig, dass die analysierten Dotcoms insbesondere auf kostspielige Wege der eigenen Vermarktung verzichteten. Während ihre Konkurrenz mit Hilfe üppiger Finanzierung über Venture Capital den Versuch unternahm, mittels kostspieliger Werbekampagnen in klassischen Medien wie TV, Hörfunk oder Print Markenbekanntheit aufzubauen, zielten die profitablen Unternehmen auf die reine Nutzer- bzw. Käufergewinnung ab.

Mit gezielter *Öffentlichkeitsarbeit* setzen die Unternehmen nicht nur in der Startphase auf eine weitere Vermarktungsmöglichkeit, die in der allgemeinen Diskussion um Erfolgsfaktoren vielfach untergeht. Resultat der PR-Maßnahmen sind in der Regel kostenlose Berichterstattungen in reichweitenstarken Medien, die nachgewiesenermaßen zu einem starken Anstieg an neuen Nutzern führten. So konnten einige der Unternehmen feststellen, dass mehr als 90 % ihrer Kunden auf diese Weise auf sie aufmerksam wurden. Nicht zuletzt dank dieses Instruments schaffte es der Preisvergleichsdienst GuensTiger.de mit gerade einmal 500 € Mitteleinsatz zu einer der bekanntesten E-Commerce-Seiten aufzusteigen. Ein weiteres wichtiges Vermarktungsinstrument stellen *Online-Maßnahmen* dar. Deren Erfolg lässt sich einerseits überprüfen und andererseits ermöglichen Gegengeschäfte (z. B. in Form von Bannertausch) den Unternehmen Wachstum, ohne auch nur einen Euro Marketingbudget zu verbrennen. Andere Unternehmen wiederum nutzen für den Vertrieb ihres Angebots kostenlos die Reichweite großer Portale. Der Finanzdienstleister forium oder die Erotik-Chat-Community Visit-X lassen sich über Kooperationen in die Seiten von MSN oder RTL integrieren und übertragen auf diese Weise ihre Vertriebsaufgaben. Teure Platzierungskosten, die viele Start-Ups zur Steigerung ihres Bekanntheitsgrades eingingen, fallen überhaupt nicht an, denn die Lieferanten der Inhalte bereichern die jeweilige Web-Seite des Vertriebspartners. Da die Portale für die Vermarktungsleistung und die Bereitstellung von Reichweite eine Provision erhalten, entsteht ein für alle Seiten attraktives *Wertschöpfungsnetzwerk*.

---

1 Zu diesen und weiteren Erfolgsfaktoren bei Internet-Marktplätzen vgl. Schäfers/Hundacker (2000).

3.6 Permanentes Management der Kosten

Die schlanke Kostenstruktur konnte nicht zuletzt dadurch beibehalten werden, dass bei den untersuchten Unternehmen stets *Profitabilität im Kerngeschäft im Fokus der Geschäftstätigkeit* stand. Die befragten Unternehmer berichten durchweg von einer hohen Produktivität, die mit zum Teil über 100.000 € Umsatz je Mitarbeiter der von traditionellen Dienstleistungsunternehmen entspricht. Erst nach profitabler horizontaler und vertikaler Ausbreitung des Geschäfts entschieden sich beispielsweise abebooks, eBay, Expedia und metaspinner für die Internationalisierung. Selbst Start-Ups, die mit hohen zweistelligen Venture-Capital-Millionenbeträgen finanziert wurden und trotz hoher Verluste in der operativen Geschäftstätigkeit lange Zeit agieren konnten, scheiterten im Zuge ihrer Expansion daran, dass sie die Kostenwirkung von Investitionen unterschätzten.

Vorstände und Geschäftsführer der profitablen Unternehmen betonten immer wieder die besondere Bedeutung eines *strikten Monitorings der Kosten* in allen Geschäftsbereichen. Verdeutlichen lässt sich dieser Punkt insbesondere bei der Vermarktung: Kundenakquisitionskosten werden von den untersuchten Firmen nämlich nur dann in Kauf genommen, wenn sie den eigentlichen Kundenwert, für den intern Referenzwerte festgelegt wurden, nicht überschreiten. Andere Unternehmen haben sich stattdessen darauf konzentriert, wie ein Kunde an der Börse bewertet wird und weniger darauf, was dieser wirklich kosten darf. Kundengewinnungsmaßnahmen, die nicht das einbringen, wofür gezahlt wurde, werden erfolgreich nachverhandelt bzw. kurzerhand gestoppt. Dass der Faktor Monitoring bei vielen E-Commerce-Unternehmen lange Zeit vernachlässigt wurde, belegten die zum Teil panikartigen Entlassungswellen kurz vor der Insolvenzanmeldung. Die von uns identifizierten Unternehmen dagegen haben ihre einmal geschaffenen schlanken Kostenstrukturen einer ständigen Überprüfung unterzogen. Indem die Mitarbeiterzahlen konsequent an den Erfordernissen des Kerngeschäfts ausgerichtet wurden, konnten Entlassungswellen im Zuge des Abbaus von Unternehmensbereichen vermieden werden.

3.7 Technologie marktgerecht einsetzen

Fast alle Unternehmenslenker stellten die marktgerichtete Technologie ihres Unternehmens als einen zentralen Erfolgsfaktor heraus. Meist ist ihre marktführende Stellung das Resultat aus der Eigenentwicklung von wesentlichen Elementen der Technologie und einem darauf abgestimmten Geschäftsmodell. Mit dieser Kombination sind die Unternehmen meist als Pionier in ihren jeweiligen Markt eingetreten. camPoint mit einer neuartigen Videochat-Technologie und der dazugehörigen Erotik-Community Visit-X, eBay mit Online-Auktionen oder auch abebooks als Marktplatz für antiquarische Bücher sind nur einige Beispiele, die zeigen, dass sich die Unternehmen ihre Märkte quasi selbst schufen. Die Beispiele belegen aber auch: Technologie ist nie Antriebskraft, sondern steht immer im Dienst des eigentlichen Kerngeschäfts. Hier heben sich die analysierten Unternehmen deutlich von im Zuge der Dotcom-Pleitewelle prominent gewordenen Beispielen wie dem Online-Modehaus Boo.com ab, bei denen die Technologie den Zusatznutzen des Geschäftsmodells dominierte (z. B. erschwerten aufwändige Avatare die Seitennutzung).[1] Die Beispielunternehmen verfügen somit über einen Technologievorsprung, der nicht sofort kopiert werden kann und damit letztlich einen nachhaltigen Wettbewerbsvorteil darstellt.

4. Schlussfolgerungen

Die Existenz der E-Commerce-Gewinner ist bereits der Nachweis dafür, dass das elektronische Geschäft mit dem Endverbraucher profitabel betrieben werden kann. Die zugrunde liegende Erhebung belegt sogar, dass Dotcoms in allen wichtigen Marktsegmenten unabhängig von Unternehmensgröße oder Markteintrittszeitpunkt Gewinne und positive Cash-flows mit Wachstum kombinieren können.

Die tiefergehende Analyse profitabler Unternehmen hat bestätigt, was außerhalb der virtuellen Welt genauso gilt: Um profitabel wachsen zu können, muss eine ganze Reihe von Bausteinen aufeinander abgestimmt werden. Die Ergebnisse der Untersuchung – auch wenn diese wegen der heute erst geringen Zahl profitabler Unternehmen keine Repräsentativität beansprucht – belegen, dass erfolgreiche Firmen ihr Geschäftsmodell konsequent an den damit verbundenen Erlös- und Kostenwirkungen ausrichten. Sie setzten nicht nur auf digitale Prozesse, sondern schon früh auf digitale bzw. digitalisierbare Produkte und übertrugen wo immer möglich Aufgaben an den Kunden. Indem sie so die Chancen des Internet nutzten, konnten sie rentabler sein als ihre Konkurrenten. Neben der betrieblichen Effektivität zeichneten sich die Unternehmen dadurch aus, dass sie mit ihren Leistungen, oftmals unter Ausnutzung von Netzeffekten, einen klaren Kundennutzen schufen, für den – und darin unterschieden sie sich von zahlreichen anderen Geschäftskonzepten – Zahlungsbereitschaften bestanden oder geweckt werden. Da sie ihre Märkte oftmals selbst schufen, bauten sie für längere Zeit einen erheblichen Wettbewerbsvorteil auf. Gleichwohl die bereits heute profitablen Dotcoms nicht immun gegenüber technologischem Wandel und wechselnden Marktbedingungen sind, so verfügen sie doch über die große Chance, aus der aktuellen Konsolidierungswelle besonders gestärkt hervorzugehen. Ihre marktführende Stellung wird – bei sichtlich nachlassendem Wettbewerbsdruck im Zuge der Konzentrationsprozesse – dazu führen, dass der Abstand zwischen ihnen und ihren weniger erfolgreichen Wettbewerben größer wird.

1 Vgl. Rangan/Adner (2001).

Jüngste Beispiele aus den USA zeigen, dass die beschriebenen Erfolgsmuster auch auf andere Geschäftsfelder übertragbar sind. Classmates.com – eine Plattform, die sich auf das Wiederfinden von Freunden spezialisiert hat – schaffte mit ihrem Angebot einen neuen Nutzen, den es in der realen Welt in der Form nicht gab und für den nachgewiesener Maßen Zahlungsbereitschaften bestehen (für spezielle Premium-Leistungen z. B. derzeit 36 US$ jährlich). Offenbar geht von Unternehmen wie diesen auch eine gewisse Signalwirkung aus, denn unlängst finanzierten Investoren auch hierzulande eine Imitation dieser Geschäftsidee (stayfriends.de). Da jedoch im Prinzip alle der analysierten Dotcoms den Break-even gar ohne Risikokapitalfinanzierung erreichten, besteht die realistische Chance, dass trotz angespannter Kapitalmärkte in naher Zukunft weitere Unternehmen zu den E-Commerce-Gewinnern zu zählen sind.

Literaturverzeichnis

Ahlert, D./Backhaus, K./Meffert, H. (2001), Wie bewerten Unternehmen ihre neuen Geschäftsmodelle?, in: Absatzwirtschaft, Sondernummer Oktober 2001, S. 156-158.

Albers, S. (2003), Relative Advantages of E-Commerce Start-ups Versus Integrated Units of Bricks-and-Mortar Companies, to appear in: Fandel, G. (Hrsg.), Managing Enterprises of the new Economy by Modern Concepts of the Theory of the Firm, Berlin et al. 2003.

Albers, S./Panten, G./Schäfers, B. (2002a), Die eCommerce-Gewinner. Wie Unternehmen im Web profitabel wurden – 10 Erfolgsgeschichten aus erster Hand, F.A.Z.-Institut, Frankfurtam Main 2002, www.ecommerce-gewinner.de.

Albers, S./Panten, G./Schäfers, B. (2002b), Es gibt auch Firmen, die im Web Geld verdienen, in: Absatzwirtschaft, 7, 2002, S. 44-49.

Albers, S./Clement, M./Peters, K./Skiera, B. (2000), Warum ins Internet? – Erlösmodelle für einen neuen Kommunikations- und Distributionskanal, in: Albers, S./Clement, M./Peters, K./Skiera, B. (Hrsg.), eCommerce – Einführung, Strategie und Umsetzung im Unternehmen, 2. überarbeitete Auflage, Frankfurt am Main 2000, S. 9-19.

Albers, S./Clement, M./Peters, K./Skiera, B. (2001), Marketing mit Interaktiven Medien – Strategien zum Markterfolg, 3. vollständig überarbeitete Auflage, Frankfurt am Main 2001.

Albers, S./Schäfers, B. (2002), Preisdeterminanten bei Business-to-Consumer-Auktionen im Internet, in: Zeitschrift für Betriebswirtschaft, 72. Jg., EH. 1, 2002, S. 125-142.

ANDERSON, PH./ANDERSON, E. (2002), The New E-Commerce Intermediaries, in: Sloan Management Review, 43. Jg., Sommer 2002, S. 53-62.

BARSH, J./CRAWFORD, B./GROSSO, C. (2000), How e-tailing can rise from the ashes, in: The McKinsey Quarterly, Nr. 3, 2000, S. 98-107.

BÖING, CH. (2001), Erfolgsfaktoren im Business-to-Consumer-E-Commerce, Wiesbaden 2001.

HAGEL III, J./ARMSTRONG, A.G. (1997), Net Gain – Expanding Markets through Virtual Communities, Boston, Massachusetts 1997.

HAUPTVERBAND DES DEUTSCHEN EINZELHANDELS (2002), IT im Einzelhandel: Wertschöpfung Kommunikation, e-Commerce, November 2002, www.einzelhandel.de/servlet/PB/menu/1013379/index.html, Abruf: 14.11.2002.

PANTEN, G./PAUL, C. (2002), Community Building effizient gestalten, in: Albers, S./Haßmann, V./Tomczak, T. (Hrsg.), Verkauf: Kundenmanagement, Vertriebssteuerung, E-Commerce, Loseblattwerk und Online-Dienst www.verkauf-aktuell.de, 11. Folgelieferung, Symposion Verlag, Düsseldorf 2002.

PANTEN, G./PAUL, C./RUNTE, M. (2001), Virtual Communities, in: Albers, S./Clement, M./Peters, K./Skiera, B. (Hrsg.), Marketing mit Interaktiven Medien - Strategien zum Markterfolg, 3. vollständig überarbeitete Auflage, Frankfurt am Main 2001, S. 145-159.

RANGAN, S./ADNER, R. (2001), Profits and the Internet: Seven Misconceptions, in: Sloan Management Review, Vol. 42, Sommer 2001, S. 44-53.

SCHÄFERS, B./BARROT, CH. (2000), E-Commerce in der Schnäppchenfalle, in: Die Welt, 20.12.2000, S. WW2.

SCHÄFERS, B./HUNDACKER, S. (2000), Erfolgsfaktoren von Internet-Auktionshäusern, in: Jahrbuch der Absatz- und Verbrauchsforschung, 46. Jg., 1, 2000, S. 90-104.

SCHUBERT, S. (2002), Yahoo fehlt die klare Strategie, in: Wirtschaftswoche (Online), 04.07.2002, www.wiwo.de/wiwowwwangebot/fn/ww/sfn/buildww/cn/cn_artikel/id/62629!168203/fl/0/layout/58237/index.html., Abruf: 05.07.2002.

SCHWARTZ, E.I. (1997), Webonomics. Nine Essential Principles for Growing Your Business on the World Wide Web, New York 1997.

SEVENONE INTERACTIVE/FORSA (2002), @facts monthly, Januar-Oktober 2002, www.mgmuc.de, Stand: 14.11.2002.

SHAPIRO, C./VARIAN, H.R. (1999), Information Rules. A Strategic Guide to the Network Economy, Boston 1999.

Rolf Weiber / Peter Billen

Internet-Nutzungsverhalten: Vom Online-Surfer zum Online-Käufer

1. Verbreitung der Internetnutzung und Bedeutung des Internets für den Wettbewerbserfolg

Noch nie in der Geschichte der Menschheit hat ein elektronisches Medium so schnell den Status eines Massenmediums erlangen können wie das Internet. Eine Nutzerschaft von 50 Millionen Personen erreichte das Internet bereits nach 5 Jahren, während hierfür das Radio 38 Jahre, das Fernsehen 13 Jahre und der Personal Computer (PC) immerhin noch 16 Jahre benötigten.[1] Nach einer Untersuchung von *Nielsen//Netratings*, die auf empirischen Daten von 21 Industrienationen weltweit basiert, nutzten im vierten Quartal 2002 bereits mehr als 580 Millionen Menschen das Internet, was einer Steigerung im Vergleich zum Vorjahreszeitraum von fast 3 % entsprach.[2]

Im internationalen Kontext zeigt eine Analyse der *aktiven* Internetnutzer in den verschiedenen europäischen Ländern, dass die Verbreitung des Internets am weitesten in den skandinavischen Ländern vorangeschritten ist. Bezogen auf das Jahr 2001 war hier der Anteil der Haushalte mit Internetzugang höher als in jeder anderen Region der Welt.[3] Den niedrigsten Wert wies dabei Finnland auf, wo 51 % der Haushalte über Online-Möglichkeiten verfügten. In Schweden besitzen gar 75 % der Haushalte einen Internetzugang. Für Skandinavien hat das Internet damit bereits den Status eines Massenmediums erreicht und sich in vielfacher Weise in der Alltagswelt etabliert.

Nach einer repräsentativen Studie des Europäischen Medieninstituts e.V. (EIM) waren in Deutschland Anfang des Jahres 2002 insgesamt 46 % der Bevölkerung zwischen 14 und 75 Jahren online und nutzen dabei im Durchschnitt das Internet etwa eine Stunde pro Tag. Bei den 14- bis 19-Jährigen waren bundesweit sogar 60 % online.[4] Abbildung 1 verdeutlicht die Entwicklung der Online-Nutzer in Deutschland seit 1997. Gleichzeitig mit der ansteigenden Zahl der Internetnutzer ist auch eine zunehmende Demokratisierung des Internets feststellbar, da immer mehr Personen das Internet nutzen, die in der Vergangenheit diesem Medium noch eher ablehnend gegenüber standen. Auch zeigen sowohl die W3B-Umfragen[5] als auch die jährlich erstellten ARD/ZDF-Online-Studien starke Wachstumsraten beim Anteil der weiblichen Internetnutzer, die in der Vergangenheit eher zurückhaltend in der Internetnutzung waren. Zudem sind die Verfügbarkeit des Internets (mittlerweile haben 84 % der Internetnutzer von zu Hause aus Zugriff) und dessen Nutzungsdauer stark angestiegen, so dass das Internet mittlerweile auch in

---

1 Vgl. Zimmer (2001), S. 46.

2 Vgl. Nielsen/Netratings, unter www.nielsen-netratings.com.

3 Vgl. Hultén/Gröndahl (2001), S. 358.

4 Vgl. Groebel/Gehrke (2003) sowie Eimeren/Gerhard/Frees (2002), S. 347.

5 Vgl. W3B-Umfragen, unter www.w3b.org/ergebnisse.

Deutschland als *Alltagsmedium* bezeichnet werden kann.[1] Diese Tendenz belegt auch eine repräsentative Studie des Allensbach-Instituts, bei der Jugendliche im Alter zwischen 18 und 24 Jahren auf die Frage „Was finden Sie ‚cool'?" zu 62 % mit der Aussage antworteten: „Im Internet surfen". Damit landete das Internet auf Platz zwei der Beliebtheitsskala der Jugendlichen.[2]

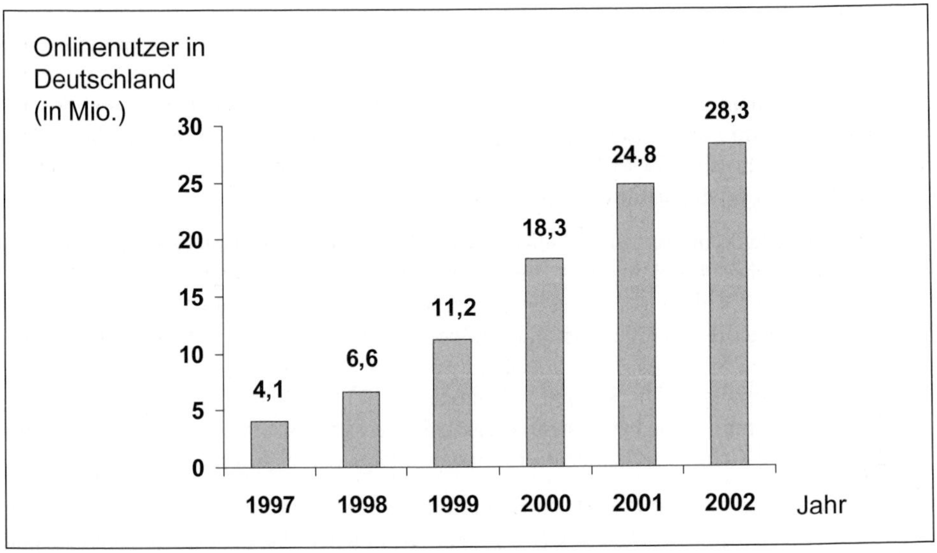

Abbildung 1: Entwicklung der Internetnutzerschaft in Deutschland[3]

Allerdings wird das Internet keineswegs nur zum unterhaltsamen Surfen verwendet. Neben seiner Funktion als Informations- und Kommunikationsmedium übernimmt es in immer stärker werdendem Maße auch die Funktion einer *Transaktionsplattform.* So ist nach Angaben der GfK 2001 die Zahl der Personen zwischen 14 und 69 Jahren, die im Zeitraum von sechs Monaten mindestens ein Produkt im Internet gekauft bzw. eine Online-Dienstleistung erworben haben, auf 13,5 Millionen Personen und das dabei erzeugte Umsatzvolumen auf 1 Milliarde Euro gestiegen. In den USA wurden im Juni 2001 sogar 5,3 Milliarden US$ über das Internet umgesetzt und das Marktforschungsunternehmen Jupiter geht davon aus, dass im Jahr 2005 bereits über 630 Milliarden US$ für Leistungen ausgegeben werden, über die sich die Amerikaner vorher im Internet informiert ha-

1 Vgl. Eimeren/Gerhard/Frees (2002), S. 351.

2 Vgl. Ramthum (1999), S. 34.

3 Quelle: Eimeren/Gerhard/Frees (2002), S. 347.

ben.[1] Allerdings wird überraschenderweise erwartet, dass diese Personengruppe davon „nur" knapp 200 Milliarden US$ für Leistungsangebote ausgeben wird, die auch *direkt* über das Internet gekauft werden.

Die hier nur skizzenhaft aufgezeigten Entwicklungen machen bereits deutlich, dass das Internet für die Unternehmen einen hohen Stellenwert als Informations- und Transaktionsmedium erlangen wird, da das Internet in Zukunft vor allem das *Informationsverhalten* der Käufer beeinflussen wird. Entsprechend werden Anbieter, die sich *nicht* über dieses Medium präsentieren, auch nicht in das Bewusstsein der Nachfrager gelangen können und damit nicht nur Umsatzpotenziale verschenken, sondern auch mit massiven Nachteilen im Wettbewerb der Zukunft rechnen müssen.[2] Damit gewinnt für die Unternehmen aber die Frage an Bedeutung, auf welche Weise Konsumenten das Internet als *Informationsmedium* nutzen und wie Online-Surfer zu dauerhaften Online-Käufern gemacht werden können.

Vor diesem Hintergrund verfolgt der vorliegende Beitrag das Ziel, zunächst das Informationsverhalten von Internetnutzern einer eingehenden Analyse zu unterziehen, um aufbauend auf diesen Erkenntnissen Aussagen zum Online-Kaufverhalten treffen zu können und entsprechende Maßnahmen zur Stützung des Online-Kaufs abzuleiten. Im einzelnen geht der vorliegende Beitrag folgenden Fragestellungen nach:

- Wer nutzt das Internet und aus welchen Gründen erfolgt die Nutzung?
- Welche Gründe sprechen für bzw. gegen Online-Einkäufe?
- Existieren generische Online-Kauftypen und wie kann ein Unternehmen die Online-Kaufbereitschaft stärken?

Zu Beantwortung dieser Fragen werden zunächst alternative empirische Studien zum Internet-Nutzungsverhalten diskutiert und darauf aufbauend eine allgemeine, die verschiedenen Ansätze zusammenfassende *Internet-Nutzertypologie* abgeleitet. Anschließend werden die Überlegungen auf das Transaktionsmotiv ausgeweitet und die Motivationen von Online-Käufen auf der Basis des sog. *Nettonutzenkonzepts* analysiert. Diese Überlegungen münden im Ergebnis in eine *generische Online-Käufertypologie*. Im letzten Schritt wird dann wieder die Brücke zur allgemeinen Internet-Nutzertypologie geschlagen und wiederum auf der Basis des Nettonutzenkonzeptes Maßnahmen zur Förderung der Online-Kaufbereitschaft abgeleitet. Der Beitrag schließt mit einer kurzen Reflexion der hier vorgetragenen Überlegungen und einem Ausblick auf Entwicklungstendenzen im Bereich des Online-Shopping.

---

1 Vgl. The Industry Standard (2001); zit. nach: Pohl/Litfin/Weber (2002), S. 647.

2 Vgl. Weiber (2002a), S. 11ff.

2. Analyse des Internet-Nutzungsverhaltens

Der erfolgreiche Einsatz des Internets als universelles Medium (Informations-, Kommunikations- und Transaktionsmedium) im Austauschprozess mit Kunden erfordert eine möglichst genaue Kenntnis des Nutzungsverhaltens der Anwender, da nur so die unterschiedlichen Nutzerinteressen adäquat angesprochen und durch einen zielgruppenspezifischen Internetauftritt Streuverluste reduziert werden können. Zu diesem Zweck werden im Folgenden zunächst ausgewählte empirische Studien zum Internet-Nutzungsverhalten vorgestellt und deren Erkenntnisse zu vier allgemeinen Nutzertypen verdichtet. Aufbauend auf diesen Überlegungen wird sodann ein allgemeiner Entwicklungsprozess der Internet-Nutzung aufgezeigt. Die Betrachtungen in diesem Abschnitt fokussieren zunächst bewusst das Internet als Informations- und Kommunikationsmedium und werden erst im zweiten Schritt auf den Gütererwerb über das Internet ausgedehnt.

2.1 Nutzertypologien der empirischen Internetforschung

Allgemein liegt der Nutzen von sog. Verhaltenstypologien darin, das Verhalten einer größeren Personengruppe differenzierter beschreiben und entsprechend den unterschiedlichen Verhaltensmerkmalen eine gezieltere Ansprache der Verhaltenstypen erreichen zu können. Dabei werden i. d. R. bestimmte Beschreibungskriterien empirisch erhoben und mit Hilfe clusteranalytischer Verfahren eine Gruppierung erzeugt.[1] Der Clusteralgorithmus gewährleistet, dass die in einer Gruppe zusammengefassten Personen ein möglichst homogenes Verhalten aufweisen, während zwischen den Gruppen möglichst große Verhaltensunterschiede bestehen. Werden die in der Literatur diskutierten Typisierungsansätze zum Internet-Nutzungsverhalten genauer analysiert, so kann zwischen allgemeinen Ansätzen zum Kommunikationsverhalten in der Bevölkerung (Tabelle 1) und solchen Ansätzen unterschieden werden, die direkt auf das Internet-Nutzungsverhalten (Tabelle 2) abzielen.

Eine Klassifizierung der Bevölkerung anhand ihres *allgemeinen Kommunikationsverhaltens* wird bspw. in der FOCUS-Studie Communication Networks 6.0 vorgenommen.[2] Es werden vier Typen, sog. Com-Acting-Typen, unterschieden, die sich in Bezug auf die Kommunikationswege, die Verarbeitung von Informationen, die Rezeption von Werbung und die Mediennutzung unterscheiden. Als weiterer Ansatz, welcher das Medien-

1 Vgl. zur Clusteranalyse: Backhaus/Erichson/Plinke/Weiber (2003), S. 480 ff.

2 Vgl. FOCUS Magazin Verlag (2002).

nutzungsverhalten der Bevölkerung fokussiert, ist die MedienNutzerTypologie von ARD/ZDF zu nennen.[1]

Institut (Hrsg.)	Name der Studie	Anwendungsfokus	Klassifizierungskriterien	Nutzertypen
ARD/ ZDF (2002)	MedienNutzer-Typologie	- mediale Interessen - Medien nutzung	- Demographie - Psychographische Daten	- Junge Wilde - Erlebnisorientierte - Leistungsorientierte - Neue Kulturorientierte - Unauffällige - Aufgeschlossene - Häusliche - Klassisch Kulturorientierte - Zurückgezogene
FOCUS Magazin (2002)	Communication Networks 6.0	Kommunikationsverhalten	- Komm.wege - Informationsverarbeitung - Rezeption von Werbung - Mediennutzung	- Info-Elite - Infotainment Consumer - Info-Consumer - Infoverweigerer

Tabelle 1: Charakterisierung ausgewählter Typologisierungsansätze zum allgemeinen Kommunikationsverhalten

Die Studie unterscheidet neun Mediennutzertypen, die anhand demographischer Daten und darüber hinaus mittels psychographischer Merkmale (z. B. Wertvorstellungen, Risikobereitschaft) differenziert werden.[2] Insgesamt kann diese Klassifizierung insbesondere die Frage beantworten, wer wann in das Internet einsteigt. Der Vorteil dieser allgemeinen Ansätze liegt in der Identifizierung von zunächst *medienunabhängigen* Segmentierungskriterien, so dass daraus allgemeine Informationen für Kommunikationsmaßnahmen gewonnen werden können.

1 Vgl. ARD/ZDF-Online-Studie (2002), S. 350.

2 Vgl. Hartmann/Neuwöhner (1999), S. 531.

Institut (Hrsg)	Name der Studie	Anwen-dungs-fokus	Klassifizierungs-kriterien	Nutzertypen
Allensbach (1998)	ACTA	Interesse an neuen Medien und Nutzungs-intensität	- Einstellung zu IK-Technologien - PC-Erfahrung	- versierte Nutzer - engagierte Nutzer - zweckorient. Nutzer - Einsteiger - Indifferente - Desinteressierte
ARD/ ZDF (2002)	ARD/ZDF-Online	Habitualisierung der Internetnutzung	- Stellenwert des Internets im Alltag - Internet-Umgang	- Selektiv-zurückhaltende - Aktiv-dynamische
GfK (1999)	GfK-Nutzer-typologie	Differenzierung	- Rolle des Internets im Alltag - Interneteinsatz	- Praktiker - Newsfreak - Profi - Gameboy - Klicker
McKinsey/ MMXI Europe (2000)	Internet-nutzer-Typologie	Charakterisierung der Internetnutzung	- Themenpräferenzen - Nutzungsverhalten	- Convenience-Fans - Surfer - Kontakter - Schnupperer - Schnäppchenjäger - Routiniers - Entertainment-Fans
Nielsen/ Netratings (2001)	Internetsurfing	Intensität des Surfens	- Einstellungen - Online-Nutzungsanlass	- Quickies - Just the facts - Single mission - Do it again - Loitering - Information please - Surfing

Tabelle 2: Charakterisierung ausgewählter Typologisierungsansätze zum Internet-Nutzungsverhalten

Konkrete Aussagen über das Ausmaß bzw. die Form der Internetnutzung können aber erst dann getroffen werden, wenn das *Internet-Nutzungsverhalten* selbst im Fokus der Segmentierung steht. Allerdings beschreiben Untersuchungen zur Internet-Nutzung, wie z. B. *CommerceNet/Nielsen*, oftmals nur einen „durchschnittlichen" Internet-Nutzer. Danach ist der durchschnittliche Internet-Nutzer kommunikationsfreudig, medien- und presseinteressiert, lesefreudig und informationsbedürftig[1], was wiederum eine starke Überschneidung zu allgemeinen Lebensstilkriterien aufweist. Allerdings ist diese Beschreibung für eine gezielte Abstimmung des Marketing-Instrumentariums zu allgemein, denn sie differenziert nicht nach unterschiedlichen Verhaltensweisen. Für eine differenziertere Betrachtung wurde in der Vergangenheit eine Reihe von Studien erstellt, wobei häufig in der fachwissenschaftlichen Literatur diskutierte Untersuchungen in Tabelle 2 zusammengefasst sind.

Als Basistypen der Internetnutzung lassen sich nach den Ergebnissen der sog. *ARD/ ZDF-Online-Studie* der „selektiv-zurückhaltende Nutzer" und der „aktiv-dynamische Nutzer" unterscheiden.[2] Die Differenzierung erfolgt nach dem Stellenwert des Internets im Alltag der Nutzer (Häufigkeit und Intensität der Nutzung) sowie dem Umgang mit dem Internet, der sich nach Art und Gewohnheiten unterscheidet. Insofern lassen sich die Basis-Nutzertypen als Endpole des Prozesses der Habitualisierung interpretieren und stellen die Grundlinien einer Habitualisierung der Internetnutzung dar. So geht der selektiv-zurückhaltende Nutzer im Internet in Orientierung am Muster traditioneller Medien vor, indem er innerhalb eines überschaubaren Rahmens nach anregenden, interessanten oder nützlichen Informationen sucht. Demgegenüber kann der aktiv-dynamische Nutzer das Internet wesentlich zielgerichteter nutzen, da er eingeübte Suchstrategien besitzt. Nutzergruppen nach der Häufigkeit der Internetnutzung sowie unterschiedlichen Nutzungsmotiven unterscheidet die Untersuchung von *Nielsen//Netratings*.[3] Die Studie gelangt zu sieben Nutzertypen, wobei z. B. die Gruppe „Surfing" ca. 45 Seiten je Session beachtet, die aber nicht vertiefend erkundet werden.

Das *Allensbacher Institut für Meinungsforschung* bietet auf Basis der Allensbacher Computer- und Telekommunikationsanalyse (ACTA 98) ebenfalls eine detailliertere Differenzierung des Internet-Nutzungsverhaltens.[4] Auf Basis der Kriterien Einstellung zu Informations- und Kommunikationstechnologien, Intention der Nutzung sowie PC-Nutzungserfahrungen werden sechs verschiedene Nutzertypen unterschieden. Allerdings beachtet Allensbach keine dynamischen Aspekte. Dieser Kritikpunkt gilt nicht für die Nutzertypologie der GfK[5], die fünf Typen anhand des Nutzungsverhaltens (Art der genutzten Angebote) und der Nutzungsmotivation unterscheidet. Die GfK benennt explizit ei-

1 Vgl. CommerceNet/Nielsen Media Research (1996).

2 Vgl. Oehmichen/Schröter (2002), S. 377 ff.

3 Vgl. Pastore (2001), unter www.cyberatlas.com.

4 Gruner+Jahr/TV Today (1999).

5 Vgl. die Informationen unter www.gfk.de.

nen Einsteiger-Typ, den sog. „Klicker“, der ein unspezifisches Nutzerverhalten aufweist und insbesondere kommerzielle Angebote nutzt. Als letzte Internetnutzer-Typologie sei hier die Studie von *McKinsey/MMXI Europe* genannt, welche die unterschiedlichen Gruppen ebenfalls nach dem Nutzungsverhalten sowie der Nutzungsmotivation differenziert und deren zentrale Ergebnisse in Abbildung 2 wiedergegeben sind.[1]

Sieben Nutzer-Kategorien	Nutzungsdauer (Std./Monat)	Nutzungsvielfalt (Angebote/Monat)[1)]	Nutzungstreue(Top-10/ Prozent)[2)]	Nutzung einer Web-site (Sek.)[3)]	Transaktionshäufigkeit [4)]
Schnupperer	4,4	60	71	25	27
Kontakter	2,1	18	94	31	23
Bequeme	3,4	35	85	27	87
Info-Leser	3,1	23	92	44	41
Surfer	13,4	168	57	20	47
Schnäppchenjäger	8,5	57	85	27	48
Unterhaltung Suchende	9,5	36	89	76	30
Gesamt	4,5	49	82	31	41

1) Ansicht verschiedener Internet-Angebote (im Monat).
2) Verbrachte Zeit auf persönlichen Top-10 Internet-Angeboten (in Prozent).
3) Durchschnittlich verbrachte Zeit auf einer Web-Seite (in Sekunden).
4) Mehr als 3 Transaktionen in den vergangenen 6 Monaten (in %).

Abbildung 2: Internet-Nutzertypologie von McKinsey/MMXI Europe[2]

Kritisch ist zu dieser Studie anzumerken, dass sie das Nutzungsverhalten auf den Kaufaspekt ausdehnt und mit Informations- und Kommunikationsmotiven „vermischt“. So spiegeln z. B. die Schnäppchenjäger eindeutig ein bestimmtes Kaufverhalten wider. Andererseits ist aber hervorzuheben, dass die Untersuchung – im Gegensatz zu allen andern bisher diskutierten Studien – eine Brücke zwischen allgemeinen Nutzungsmotiven und dem Transaktionsmotiv schlägt, da in der letzten Spalte von Abbildung 2 für jeden Nutzertyp die Kaufhäufigkeit in den vergangenen sechs Monaten ausgewiesen wird. Erklärungen für diesen Zusammenhang werden allerdings nicht gegeben.

1 Vgl. McKinsey/MMXI Europe (2000).

2 Quelle: McKinsey/MMXI Europe (2000).

Im Folgenden wird das allgemeine Internet-Nutzungsverhalten auf grundlegende Nutzertypen zurückgeführt und anschließend eine Ausweitung der Überlegungen auf das Online-Kaufverhalten vorgenommen.

2.2 Allgemeine Internet-Nutzertypologie und typischer Entwicklungspfad der Internetnutzung

Eine vergleichende Betrachtung der im vorangegangenen Abschnitt vorgestellten Studien zeigt, dass die verschiedenen Nutzertypen stark durch die jeweiligen Zielsetzungen der Studien geprägt sind. Wird aber vom spezifischen Untersuchungsfokus abstrahiert, so können die verschiedenen Studien auf folgende zwei Kernaspekte zurückgeführt werden: Ausmaß kognitiver Nutzungsintention und Nutzungsintensität. Die *kognitive Nutzungsintention* beinhaltet dabei die vielfältigen Einsatzmöglichkeiten des Internets und wird in den Endpolen durch die Nutzungsmotive „Unterhaltung" (geringe kognitive Nutzungsmotivation) und „Information" (hohe kognitive Nutzungsmotivation) beschrieben. Demgegenüber weist die *Nutzungsintensität* auf die Häufigkeit der Internetnutzung hin. Die häufig verwendeten Kriterien wie demographische Daten, Risikoeinstellung und PC-Nutzungserfahrungen sind diesen Kerndimensionen vorgelagert. So wirkt die Erfahrung im Umgang mit dem PC und dem Internet auf die Intensität der Internetnutzung, da Anwendungsprobleme aufgrund mangelnder EDV-Kenntnisse seltener auftreten. Demographische Daten (Geschlecht etc.) und die Risikoeinstellung wirken auf die Größe PC- und Interneterfahrung, die wiederum die Nutzungsintensität und die Nutzungsmotivation beeinflussen. Mit Hilfe der beiden elementaren Nutzungsmotive „Information" und „Unterhaltung" lassen sich *vier allgemeine Nutzertypen* identifizieren (vgl. Abbildung 3):

1. *Surfer*:
   Surfer nutzen das Internet primär zur Unterhaltung und zur Kommunikation. Ihr Suchverhalten für entsprechende Angebote ist aber eher zufällig und nur wenig zielgerichtet.
2. *Kommunikationsfans*:
   Bei dieser Nutzergruppe gewinnt das Unterhaltungsmotiv deutlich an Bedeutung, und es findet für entsprechende Angebote auch eine gezielte Suche statt. Im Gegensatz zu den reinen Surfern haben die Kommunikationsfans i. d. R. auch bereits positive Nutzungserfahrungen gemacht, wodurch auch die Nutzungsintensität entsprechend gefestigt ist.
3. *Informationssucher*:
   Bei dieser Gruppe dominiert die Nutzung des Internets als Informationsmedium. Der Wunsch, das Internet als Informationsquelle zu verwenden, führt dazu, dass Kommunikations- und Unterhaltungsaspekte für diesen Nutzertyp eine nur untergeordnete Bedeutung besitzen.

4. *Infotainer*:
Infotainer messen sowohl dem Informations- als auch dem Unterhaltungsaspekt bei der Internetnutzung eine hohe Bedeutung bei. Mit beiden Nutzungsmotiven haben sie i. d. R. bereits entsprechende Erfahrungen gesammelt, so dass sie auch über entsprechend große Nutzerkenntnisse verfügen.

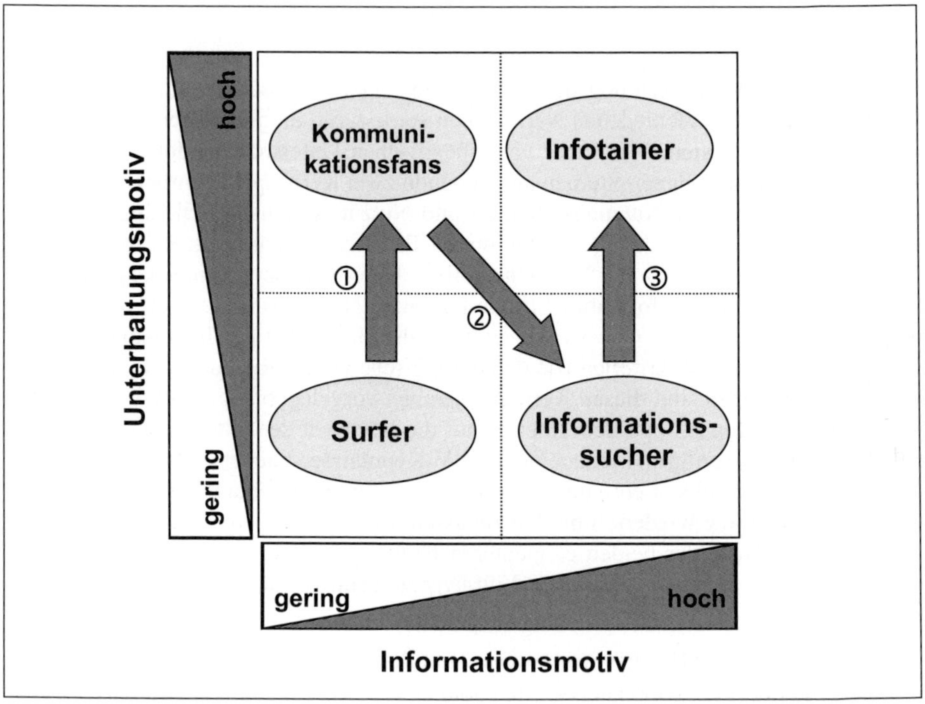

Abbildung 3: Internet-Nutzertypen und typischer Entwicklungspfad der Internetnutzung

Die vorgestellten Untersuchungen liefern empirische Belege dafür, dass sich die Erfahrungen, die Nutzer mit dem Internet gewinnen, auch auf ihr Nutzungsverhalten auswirken. Meist kommt es mit zunehmender Erfahrung auch zu Veränderungen in der Nutzungsmotivation. Die empirischen Studien haben gezeigt, dass in der Anfangsphase häufig der *Unterhaltungsaspekt* im Vordergrund der Nutzung steht und sich darüber oft auch eine Interneteuphorie aufbaut. Diese weicht im Zeitablauf aber einer Ernüchterung und wird am Ende sogar von der zielgerichteten Informationssuche dominiert. Obwohl insgesamt unterschiedliche Entwicklungspfade entlang der obigen Nutzertypen möglich sind, so lassen die empirischen Ergebnisse doch folgenden *Entwicklungspfad der Internetnutzung als typisch* erscheinen:

In der Anfangsphase dominiert das *Surfverhalten* die Internetnutzung. Die subjektive Neuheit, die Schwierigkeiten im Umgang mit diesem Medium und die damit einhergehenden Frustrationen führen dazu, dass die Nutzungsintensität am Anfang oft noch relativ gering ist. Das Internet dient dabei eher der Unterhaltung und Kommunikation, da hierzu kein umfangreiches Anwenderwissen erforderlich ist. Mit der Zeit wird das Medium „Internet" zunehmend spielerisch erschlossen und die Interaktion mit anderen Anwendern gewinnt an Bedeutung, was auch die Häufigkeit der Nutzung erhöht. Hier ist zu vermuten, dass im Rahmen der dabei entstehenden Kontakte auch über weitere Anwendungsfelder und Nutzungspotentiale kommuniziert wird. Der Anwender entwickelt sich zunehmend zu einem *Kommunikationsfan* mit relativ hoher Nutzungsintensität. Die empirischen Studien legen die Vermutung nahe, dass sich die Möglichkeit, sich über das Internet zu verschiedenartigsten Wissensbereichen zu informieren, erst im Anschluss an die Unterhaltungsmotivation beständig herausbildet. Da die Aktivierung des „Informationsgenerierungsmechanismus des Internets" wiederum Kenntnis der Nutzungsregeln des Internets erfordert, erhöht sich hier die Gefahr schlechter Erfahrungen. Es ist deshalb wahrscheinlich, dass Anwenderprobleme die Nutzungsintensität in dieser Phase eher negativ beeinflussen werden. Da in dieser Nutzungssituation das Informationsmotiv das Unterhaltungsmotiv dominiert, kann der Nutzer in diesem Stadium als *Informationssucher* bezeichnet werden. Mit zunehmender Beherrschung der technischen Möglichkeiten werden dann weitere Informationsquellen wie z. B. Suchmaschinen zurate gezogen, die vergleichbar mit einem Schneeballsystem zu einer Vertiefung der Einsatzmöglichkeiten und der Informationsbeschaffung für eigene Interessen und Fragestellungen führen. Gleichzeitig gewinnen aber auch wieder weniger kognitiv begründete Nutzungsmotive an Bedeutung, womit sich der Anwender immer mehr zu einem *Infotainer* entwickelt.[1]

3. Analyse von Internet-Kauftypen und Maßnahmen zur Anregung von Online-Käufen

Die bisherigen Ausführungen thematisierten die Frage, wer das Internet nutzt und wie sich das Nutzungsverhalten im Zeitablauf verändert. Dabei konnte festgestellt werden, dass die Nutzungsmotivation „*Unterhaltung*" meist den *Einstieg* in die Internetnutzung darstellt und sich im Zeitablauf zum Entertainmentmotiv immer mehr das Informationsmotiv gesellt. Das Informationsmotiv bildet i. d. R. eine wesentliche Voraussetzung, wenn das Internet gezielt zur Stützung von Einkaufsentscheidungen oder sogar direkt zum Kaufabschluss verwendet werden soll. Aus Marketingsicht stellt sich damit die Fra-

1 Der beschriebene Entwicklungsprozess ist in Abbildung 3 auch durch entsprechende Pfeile verdeutlicht.

ge, wie die verschiedenen allgemeinen Nutzertypen zu Internet-Käufern gemacht werden können.

Zur Beantwortung dieser Frage nehmen wir im Folgenden die Perspektive eines potenziellen Online-Käufers ein und analysieren zunächst den *nachfragerseitigen* Nutzen des Internets. Auf diese Weise können zunächst mögliche Gründe für die allgemeine Bereitschaft zur Internetnutzung identifiziert und anschließend im Hinblick auf kaufunterstützende Aspekte genauer analysiert werden. Vorher werden allerdings die möglichen Hemmnisse des Online-Kaufs diskutiert, da diese die primäre Ursache für die Ablehnung von Online-Käufen darstellen. Aufbauend auf diesen Überlegungen werden dann *generische Online-Kauftypen* abgeleitet und mit den soeben vorgestellten allgemeinen Internet-Nutzertypen in Verbindung gebracht. Vor dem Hintergrund der dabei gewonnenen Erkenntnisse werden abschließend Maßnahmen zur „Transformation" eines allgemeinen Internet-Nutzers in einen Online-Käufer abgeleitet.

3.1 Motivationen von Online-Käufern

In Anlehnung an den sog. *Uses-and-Gratifications-Ansatz*[1] bildet das entscheidende Motiv für menschliches Verhalten die wahrgenommene bzw. vermutete Belohnung (oder Bestrafung), die eine Person aus einer Handlung erwartet. Bezogen auf Kaufentscheidungen kann eine Gratifikation als wahrgenommener (Netto-)Nutzen interpretiert werden, der sich aus einer Transaktion ergibt. Somit kann auch für den Online-Kauf als zentrales Entscheidungskriterium die Erzielung eines möglichst hohen *Nettonutzens* herangezogen werden. Dabei resultiert der Nettonutzen aus der Gegenüberstellung des Nutzens, der sich aus der Bedürfnisbefriedigung ergibt, und des dafür aufzubringenden Opfers.[2] Bezogen auf die Kaufsituation, in welcher ein Nachfrager über die Wahl der Einkaufsform (hier: Online- vs. Offline-Kauf) zu entscheiden hat, bedeutet dies, dass die Vorstellungen von den einzelnen Einkaufsformen vor dem Hintergrund der Bedeutung von Kaufbedürfnissen auf die Nutzung von bestimmten Einkaufsformen einwirken. Eine Einkaufsstätte wird danach dann „einen Nutzen stiften, wenn sie dabei hilfreich ist bzw. die Wahrscheinlichkeit erhöht, die bestmögliche unter den verfügbaren Alternativen zu wählen."[3]

Entsprechend dem Nettonutzenkonzept werden im Folgenden zunächst die Hemmnisse des Online-Kaufs betrachtet, die primär zu einer *Erhöhung der Opferkomponente* des Online-Kaufs führen. Anschließend werden diejenigen Aspekte des Internets analysiert, die insgesamt den Nettonutzen des Online-Kaufs vergrößern können, indem einerseits

---

1 Vgl. zur Gratifikationsforschung Altheide (1985), S.74 ff.; Elliot (1974), S. 253 ff.; Palmgreen (1984), S. 69 ff.; Schenk (1987), S. 370 ff.

2 Vgl. zum Nettonutzenkonzept Plinke (2000), S. 78 ff.; Weiber (1996), S. 10 f.

3 Swoboda (1999), S. 87.

Nutzenelemente erhöht und andererseits Opfergrößen für den Nachfrager reduziert werden. In der Zusammenschau beider Aspekte wird abschließend eine *generische Online-Käufertypologie* abgeleitet.

3.1.1 Grundlegende Hemmnisse des Online-Kaufs

Als überragender Grund gegen das Online-Shopping werden immer wieder *Sicherheitsbedenken* angeführt, worunter Unsicherheiten beim Zahlungsverkehr sowie beim Datenschutz zu subsumieren sind. Damit steigt die Gefahr, dass sich die Opferkomponente einer Transaktion bspw. durch ungerechtfertigte Abbuchungen vom angegebenen Konto erhöht. Zudem bietet das Internet klassischerweise nicht die Möglichkeit, über den Kaufpreis zu verhandeln. „Damit verliert das Preisargument, das für Online-Käufer eines der wichtigsten Entscheidungskriterien ist, an Bedeutung“[1], so dass die Wahrnehmung von *Preis-Leistungs-Defiziten* eine weitere Barriere für Online-Käufe darstellt.[2] Als weitere wesentliche Ursache der Ablehnung von Online-Käufen gilt die *Intangibilität der Leistungsangebote*. Dies kann auf *Probleme in der Leistungspräsentation* zurückgeführt werden, was die Einschätzung des Produktnutzens und damit der Nutzenkomponente einer Transaktion erschwert und wie folgt erklärt werden kann:

Die Beurteilung eines Leistungsangebots setzt voraus, dass die entsprechenden Informationen über dessen Leistungsvermögen vorliegen. Hier stellt sich nun die Frage, welchen Einfluss das Internet als Informationsmedium auf die *Kaufunsicherheit* nimmt, die durch die Wahrnehmung von Informationslücken determiniert wird. Ein Nachfrager, der sich im Internet über das Leistungsvermögen der Angebote informiert, wird grundsätzlich mit dem Problem konfrontiert, dass er keinen physischen Kontakt zu dem Leistungsangebot haben kann. Insofern ist es ihm auch nicht möglich, alle Sinne zur Leistungsbeurteilung einzusetzen.[3] Die mediale Präsentation eines Leistungsangebots ist mit einer direkten Inspektion nicht vergleichbar, da die Möglichkeiten der Leistungsbeurteilung limitiert sind. Es ist nur eine visuelle, bestenfalls auch eine akustische Prüfung möglich.

Des Weiteren ist zu betonen, dass im Internet meist nur ein Beispielgut präsentiert wird und nicht das reale Leistungsangebot. Das Internet hat damit den Nachteil, dass materielle Güter durch die Nachfragerseite nicht kognitiv begutachtet werden können. Auch ist die räumliche Distanz zwischen Ort des Anbieters und Ort des Nachfragers durch das Internet mangels geeigneter Präsentationsformen nicht zu überwinden. Vielmehr muss sich der Nachfrager auf die Authentizität der virtuellen Darstellung verlassen. Diese Schwierigkeiten in der Produktdarstellung lassen sich am Beispiel des Bekleidungskaufs verdeutlichen: Der Nachfrager kann die Passform eines Kleidungsstücks ebenso wenig

1 Vgl. Heyman (2002), S. 5.

2 Vgl. Deutsche Post AG (2000), S. 17.

3 Vgl. Burke (1997), S. 84.

prüfen wie dessen Verarbeitungsqualität oder Stoffhaptik. Wilke spricht hier von „medienbedingten Erfahrungseigenschaften", da das Qualitätsniveau von Leistungsangeboten erst nach dem Kauf im Rahmen der Angebotsnutzung geprüft werden kann.[1]

Zusammenfassend kann festgestellt werden, dass – im Fall von nicht oder nur schwer digital darstellbaren Leistungseigenschaften – die Beurteilung der Leistungsangebote bei einer Präsentation im Internet nicht oder nur sehr schwer möglich ist.[2] Die Möglichkeiten, ein Leistungsangebot in der Vorkaufphase beurteilen zu können, sind damit bei Gütern mit geringem Digitalisierungsgrad bzw. E-Share stark eingeschränkt.[3] Insofern ist bei *Produkten mit geringem E-Share* die asymmetrische Informationsverteilung zwischen Anbieter- und Nachfragerseite bei einer Informationsbeschaffung im Internet im Vergleich zur Offline-Welt tendenziell höher. Aufgrund der Schwierigkeiten der Produktpräsentation ist es dem Anbieter möglich, kritische Aspekte zur Leistungsqualität zu verschweigen, so dass das Internet eine Quelle für neue *Kaufunsicherheiten* ist. Gleichzeitig verringern sich bei solchen Gütern auch die Möglichkeiten der Informationssuche, die bei Online-Käufen durch Erfahrungen bzw. Vertrauen substituiert werden müssen.

Vor obigem Hintergrund ist es nicht verwunderlich, dass über das Internet am häufigsten solche Produkte erworben werden, die nicht oder nur wenig erklärungsbedürftig sind und einen hohen Standardisierungsgrad aufweisen, da in diesen Fällen mit nur geringen Qualitätsschwankungen zu rechnen ist. Hierzu gehören bspw. Bücher, CDs, Software oder Eintrittskarten. Hingegen macht sich bei komplexen Produktkategorien die fehlende räumliche Nähe zwischen Nachfrager und Anbieter negativ bemerkbar. So ist bspw. der Beratungsbedarf bei Pkws aufgrund ihrer Heterogenität ausgesprochen hoch, so dass die Nachfrager – auch aufgrund der hohen Kaufpreise – nicht bereit sind, ohne vorherige Begutachtung zu kaufen. Die Produktdarstellungsmöglichkeiten im Internet bei einem so komplexen Produkt wie dem Pkw sind (noch) nicht in der Lage, eine Probefahrt zu ersetzen. Jedoch ist diese nach den Ergebnissen der Studie „CarsOnline" für 78 % der Befragten das wichtigste Element der Pkw-Kaufentscheidung, gefolgt von persönlicher Beratung.[4] Somit ist nachvollziehbar, dass die Nachfrager dem „Pkw-Blindkauf" ablehnend gegenüberstehen, was auch der geringe Anteil von 0,9 % der gesamten Pkw-Neuzulassungen widerspiegelt.[5]

1 Vgl. Wilke (2000), S. 246.

2 Vgl. Korb (2000), S. 81.

3 Vgl. zum Konzept des E-Share Bliemel/Fassott (2002), S. 676 ff.

4 Vgl. Studie „Cars Online 2002" von Cap Gemini Ernst & Young, zit. nach o. V. (2002b), S. 12.

5 Vgl. Heyman (2002), S. 1.

3.1.2 Steigerung des Nettonutzens von Online-Käufen durch das Internet

Die Möglichkeiten zur Steigerung des Nettonutzens von Online-Käufen durch den Einsatz des Internets stehen in engem Zusammenhang mit seinen *charakteristischen Merkmalen*. Diese sind insbesondere in folgenden Aspekten zu sehen:[1]

1. *Informations-Verfügbarkeit anytime und anyplace*:
   Durch die Bereitstellung von Informationen in elektronischer Form können sie zu jedem gewünschten Zeitpunkt aktiviert und übermittelt werden. Dadurch lassen sich Zeitunterschiede problemlos überbrücken, weshalb der Kommunikationsaustausch nicht zeitlich synchron stattfinden muss.[2]
2. *Interaktivität*:
   Welche Informationen der Internetnutzer erhält, ist von seinen vorherigen Eingaben abhängig. Da die im Internet vorhandenen Informationen untereinander verknüpft sind, entscheidet die durch den Nutzer ausgewählte Verknüpfung, welche Daten aktiviert werden.
3. *Individualität*:
   Der Internetnutzer kann die Inhalte selbstbestimmt an seine Wünsche und Bedürfnisse anpassen.
4. *Aktualität und Multimedialität*:
   Informationen lassen sich einerseits ohne großen Aufwand aktualisieren und ergänzen, andererseits können Leistungsangebote aufgrund der Multimediafähigkeit des Internets nicht nur visuell, sondern auch akustisch dargestellt werden. Damit erlaubt das Internet eine effektive Informationsübermittlung.
5. *Integrativität*:
   Das Internet kann Kommunikation und Transaktion integrieren, da die Möglichkeit besteht, Leistungsangebote direkt zu ordern.

Der *Nutzen des Internets* zur Unterstützung von Kaufentscheidungen liegt damit vor allem in

- den jederzeit aktualisierten und ergänzten Informationen,
- dem vereinfachten Zugang zu Informationen,
- der Erleichterung von Preis- und Leistungsangebotsvergleichen,
- der Möglichkeit des Abrufs großer Mengen an spezifischen Informationen,
- den Online-Tests von (digitalisierbaren) Leistungsangeboten.

Insofern bietet das Internet grundsätzlich einen *Informationsmehrwert*. Es erlaubt einen flexiblen, individuellen Interessen dienenden Zugriff auf allgemeine, aktuelle oder sehr spezielle Informationen.[3] Das Internet kann damit als „universeller Informations- und

---

1 Vgl. zu den folgenden Aspekten stellvertretend Ainscough/Luckett (1996), S. 37.

2 Vgl. Hoffman/Novak (1996), S. 52.

3 Vgl. Oehmichen/Schröter (2000), S. 362.

Wissensspeicher“ betrachtet werden, so dass es keineswegs verwundert, dass die funktional-pragmatischen Nutzungsmöglichkeiten im Vordergrund stehen.[1] Das belegen auch empirische Untersuchungen wie z. B. die ARD/ZDF-Online-Studie, wonach für 88 % der Internetnutzer der größte Nutzwert dieses Mediums darin liegt, „Informationen zu gewünschten Themenbereichen schnell und einfach zu beschaffen“. Selbst die mit der Internetnutzung verbundenen Zugangskosten (Verfügbarkeit von PC und entsprechender Datenleitung) werden aus der Sicht eines Teils der privaten Haushalte durch Einsparungen an anderer Stelle (zum Beispiel Transaktions- und Wegekosten beim Homebanking oder Börsengeschäften, bei Bücher-, CD- und Software-Bestellungen, beim Briefporto, bei Reisebuchungen und sonstigen Informationsbeschaffungen) neutralisiert.[2]

Der Informationsmehrwert des Internets schlägt sich vor allem auf der Nutzenseite des Online-Kaufs nieder, da durch verbesserte Informationen sowie relativ einfache Preis-Leistungsvergleiche die *Markttransparenz* für die Käufer erhöht werden kann. Ebenso führen die nicht-limitierten Öffnungszeiten sowie die Vereinfachung der Suche nach geeigneten Leistungsangeboten zu einer verbesserten Markttransparenz, wodurch sich die Wahrscheinlichkeit erhöht, über den Online-Weg ein Leistungsangebot mit besseren Leistungsqualitäten zu erwerben.

Die höhere Markttransparenz kann gleichzeitig aber auch die *Opferkomponente* des Online-Kaufs reduzieren, da der tendenziell verringerte Zeitaufwand für Informationssuche und Angebotsvergleiche zu einer insgesamt effizienteren Informationsbeschaffung führt. Eine weitere Reduzierung der Opferseite wird dadurch erreicht, dass Fahrten zu Einkaufsstätten entfallen, was die Transaktionskosten gegenüber traditionellen Einkaufsformen reduziert. Darüber hinaus stellt der Einkauf von zu Hause aus für viele Internetnutzer auch eine Erhöhung der *Bequemlichkeit* dar.

3.2 Ableitung einer generischen Online-Käufertypologie

Im Rahmen der vorangegangenen Überlegungen wurden die möglichen Vorteile von Online-Käufen über das Internet auf der Basis des Nettonutzen-Konzeptes allgemein abgeleitet. Abbildung 4 fasst diese Überlegungen nochmals zusammen und visualisiert, wie die einzelnen Vor- und Nachteile auf den Nettonutzen wirken. Diese allgemein abgeleiteten Aspekte der Online-Kaufentscheidung werden auch auf empirischer Ebene gestützt. Beispielhaft sei hier die Untersuchung von *eVita* angeführt, die bei einer Befra-

1 Vgl. Eimeren/Gerhard (2000), S. 342.

2 Vgl. Schrape (2001), S. 18.

gung von 808 Online-Käufern die in Abbildung 5 dargestellten Gründe für den Online-Kauf ermittelte.[1]

Aus den in Abbildung 4 aufgeführten allgemeinen Einflussgrößen des Nettonutzens bei Online-Käufen lassen sich drei *generische Motive* für Online-Käufe ableiten: Aus der Nutzenkomponente folgt das originäre Motiv, die Leistungsqualität zu steigern und aus der Opferkomponente die Motivation, einerseits den Einkaufsvorgang bequemer zu gestalten und andererseits den Kaufpreis zu reduzieren.

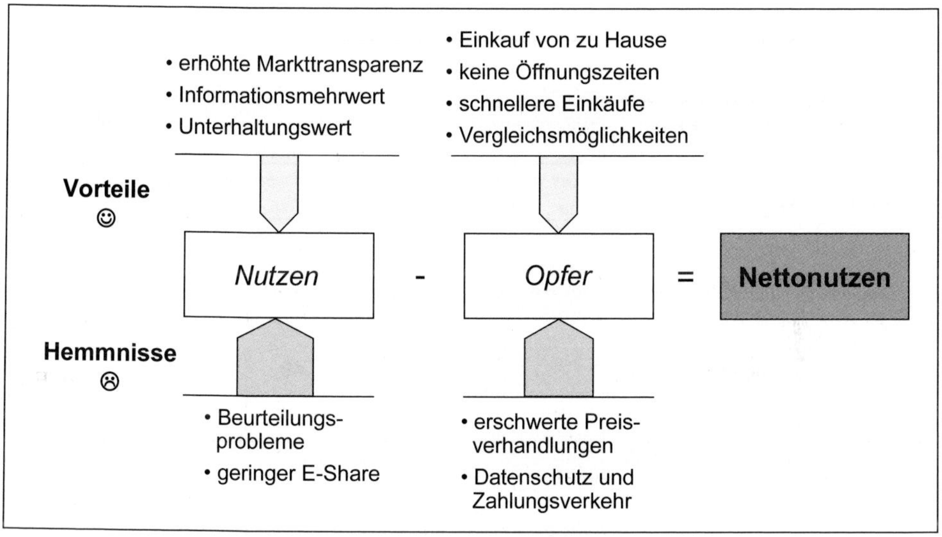

Abbildung 4: Einflussfaktoren des Nettonutzens bei Online-Käufen

Es ergeben sich damit drei *generische Online-Kauftypen*:

a) resultierend aus dem *Nutzenmotiv*:

- *Nutzenmaximierer,*
  die dem Internet einen Informationsmehrwert zurechnen und durch bspw. eine verbesserte Markttransparenz eine höhere Leistungsqualität zu erzielen wünschen. Diese kann sowohl auf den konkreten Produktnutzen als auch auf Zusatznutzen, wie z. B. eine höhere Kaufsicherheit oder einen besonderen Unterhaltungswert bezogen sein.

[1] Vgl. als weitere empirische Belege zu den aufgeführten Gründen für den Online-Kauf: ACTA 2002, zit. nach o. V. (2002a), S. 21; Rasch/Lintner (2001); Deutsche Post AG (2000), S. 16 f.; Rudolph/Löffler (2001).

b) resultierend aus dem *Opfermotiv*:

- *Conveniencekäufer,*
  die den Einkauf über das Internet aufgrund der Unabhängigkeit von Öffnungszeiten, der Möglichkeit des Einkaufs von zu Hause und der insgesamt bequemeren Einkaufmöglichkeiten (z. B. keine Parkplatzprobleme) bevorzugen.
- *Schnäppchenjäger,*
  die sich aufgrund der Möglichkeiten zu umfassenden Preis- und Leistungsvergleichen durch den Online-Einkauf deutliche Preisvorteile erhoffen.

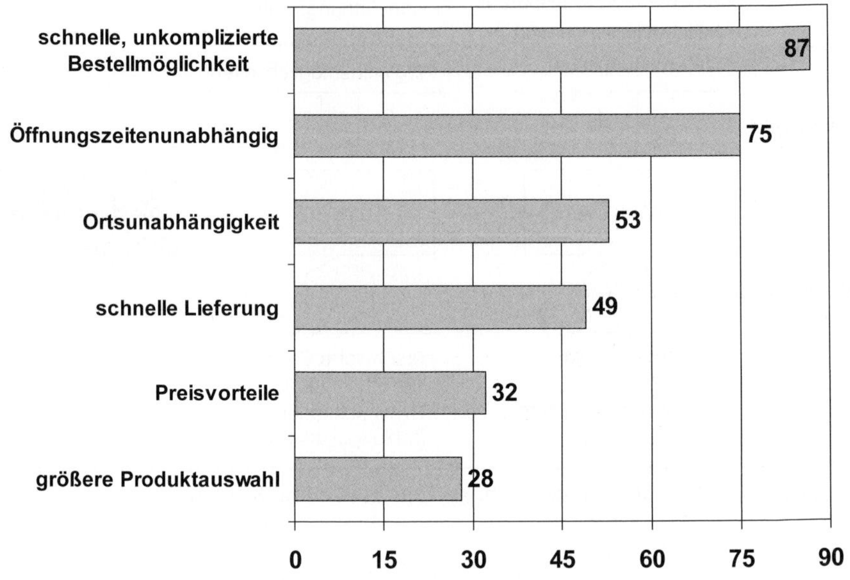

Abbildung 5: Gründe für den Online-Kauf (Nennungen in Prozent)[1]

Die drei generischen Online-Kauftypen können jeweils durch sehr unterschiedliche Einzelaspekte charakterisiert sein. Diese lassen sich letztlich aber nur in Abhängigkeit der jeweiligen Kaufsituation und auf empirischem Wege bestimmen. Treten dabei bestimmte Kaufmotive besonders in den Vordergrund, so ist es natürlich sinnvoll, eine weitere Differenzierung vorzunehmen. So ist z. B. bei den Conveniencekäufern empirisch häufig die Einkaufsschnelligkeit als dominantes Kaufmotiv zu beobachten, weshalb diese dann sinnigerweise auch als *Zeitsparer* bezeichnet werden. Ebenso kann bei den Nutzenmaxi-

1 Quelle: http://www.eVita.de (1999); Basis: 808 Online-Shopper.

mierern z. B. der Erlebnisaspekt in den Vordergrund treten, und es sollte dann auch von *Erlebniskäufern* gesprochen werden.

Allerdings berücksichtigen die obigen Online-Kauftypen das Motiv der Informationssuche nur indirekt. Durch den *Informationsmehrwert* des Internets wird nämlich auf der Seite des Nutzenmotivs ein *vierter Kauftyp* beschrieben, der allerdings nicht zwingend auch eine Online-Transaktion durchführt, sondern ggf. seine Kaufentscheidung „lediglich" über das Internet vorbereitet und der eigentliche Kauf dann offline erfolgt. Die Käufergruppe stellt damit gleichsam eine Verbindung zwischen Online- und Offline-Welt her. Wir bezeichnen diesen Kauftyp hier als „*Online-Ausbeuter*", da er die Vorteile des Internets nutzt, den eigentlichen Kauf dann aber im klassischen Handel tätigt.

3.3 Maßnahmen zur Förderung der Online-Kaufbereitschaft

Im Folgenden wird die Frage thematisiert, wie die Anbieterseite die Bereitschaft zum Online-Kauf erhöhen kann. Entsprechend den bisherigen Überlegungen ist eine zunehmende Akzeptanz dieser Einkaufsform durch die Internetnutzer nur zu erreichen, wenn der *Nettonutzen* des Internet-Shopping gegenüber einer „Transaktion in der physischen Marktwelt" (Offline-Welt oder sog. Marketplace) erhöht wird und andererseits die Hemmnisse abgebaut werden, um insgesamt einen Mehrwert aus Nachfragersicht zu schaffen. In Anlehnung an die Überlegungen zur Ableitung der Online-Kauftypen, die unterschiedliche Nutzungsmotive widerspiegeln, können fünf *Handlungsebenen* identifiziert werden, die sich plakativ durch fünf *Cs* charakterisieren lassen und die in ihrem Zusammenspiel in Abbildung 6 auch grafisch verdeutlicht sind:

- *Commerce* → *Management des Transaktionssystems*
- *Content* → *Management des Informations- und Präsentationssystems*
- *Communication* → *Management des Kommunikationssystems*
- *Convenience* → *Management des Servicesystems*
- *Community* → *Management des Beziehungssystems*

Die verschiedenen Handlungsebenen werden im Folgenden diskutiert, wobei zunächst eine allgemeine inhaltliche Charakterisierung erfolgt. Daran anschließend wird eine Beziehung zwischen den Handlungsebenen und den abgeleiteten Internet-Nutzertypen und den Online-Kauftypen hergestellt, um auf diese Weise aufzuzeigen, bei welchen Kauftypen die jeweilige Handlungsebene das Potenzial bietet, einen Mehrwert für den Nachfrager zu generieren.

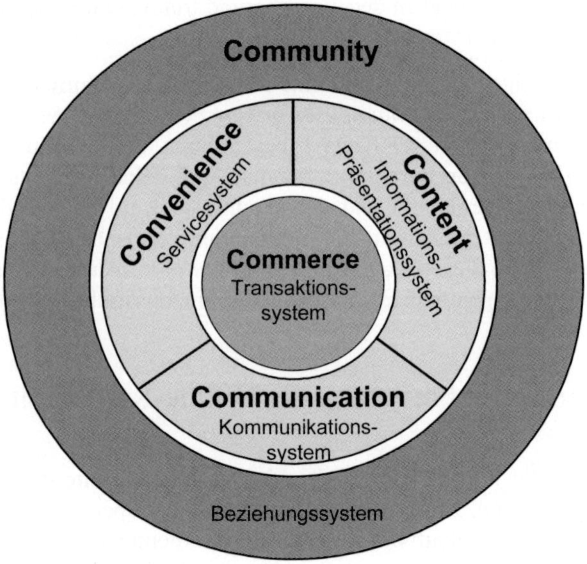

Abbildung 6: Die 5 Cs zur Förderung der Online-Kaufbereitschaft

1. Commerce: Management des Transaktionssystems

Damit überhaupt Verkaufsaktivitäten über das Internet möglich sind, bedarf es bestimmter technischer Voraussetzungen, die hier unter dem Begriff des Transaktionssystems zusammengefasst werden. Das Transaktionssystem untergliedert sich i. d. R. in folgende drei Teilsysteme:

- *Shoppingsystem*, das die Produktpräsentation sowie die Möglichkeit einer Bestellung über das Internet sicherstellt.
- *Bezahlsystem*, das die Zahlungsabwicklung über das Internet regelt.
- *Logistiksystem*, das vor allem bei Produkten mit geringem E-Share die ordnungsgemäße Zustellung der gekauften Waren gewährleistet.

Das Transaktionssystem bildet somit den Nukleus eines Online-Verkaufssystems und kann als notwendige Voraussetzung für den Online-Kauf angesehen werden. Darüber hinaus kann durch die Ausgestaltung des Transaktionssystems aber auch bereits den verschiedenen Online-Kaufmotiven Rechnung getragen werden, da in Abhängigkeit der Funktionalität des Systems Produkte schneller auffindbar sind (*Conveniencekäufer*) oder preisgünstige Angebote hervorgehoben werden können (*Schnäppchenjäger*). Darüber hinaus kann das Transaktionssystem den Hemmnissen des Online-Kaufs entgegen wirken, indem z. B. verschiedene Zahlungsmöglichkeiten bereitgestellt werden und so das nachfragerseitige Misstrauen in Bezug auf den Zahlungsverkehr reduziert werden kann.

2. Content: Management des Informations- und Präsentationssystems

Das Informationssystem dient nicht nur der Bereitstellung reiner Produktinformationen, sondern erlaubt es auch – bei entsprechender Ausgestaltung – der Kaufunsicherheit als zentrales Hemmnis von Online-Käufen entgegen zu wirken. Dabei ist zu beachten, dass die Nachfrager i. d. R. ausführliche Produktinformationen in Text und Bild erwarten, um sich auf diese Weise eine Vorstellung vom Leistungsvermögen der Angebote machen zu können. Mangels physischen Kontakts können Leistungsangebote mit geringem E-Share im Internet aber nur visuell, bestenfalls noch akustisch geprüft werden, so dass sich der Nachfrager auf die Richtigkeit der virtuellen Angebotspräsentation verlassen muss. Die Realitätstreue der kommunikativen Inhalte sowie die *Glaubwürdigkeit* des Anbieters gewinnen damit an Bedeutung. Insofern sind vertrauensbildende Maßnahmen erforderlich, die über Leistungsindizien hergestellt werden können.[1] Als Leistungsindizien gelten z. B. Garantieversprechen des Anbieters, wie bspw. Rückgabegarantien, oder die Bereitstellung von Warenproben, z. B. in Form von Demo-Versionen bei Softwareprodukten. Dabei gelten die Garantien als wirksamstes Leistungsindiz zur Reduzierung von Kaufunsicherheit, da mit zunehmendem Umfang der Garantieleistungen der Nachfrager ein umso höheres Qualitätsniveau vermutet.[2]

Aufgrund des Unsicherheitsreduktionspotenzials von Informationen kommt dem Informationssystem eine herausragende Bedeutung bei der Gestaltung des Internetauftritts zu. Damit übernimmt es für alle Online-Kauftypen eine Basisfunktion sowohl im Hinblick auf eine Nutzensteigerung (z. B. durch Zusatzinformationen) als auch eine Opferreduzierung (z. B. Unsicherheitsreduzierung). Darüber hinaus wird durch das Informationssystem vor allem aber auch der *Informationsmehrwert des Internets* realisiert, womit es vor allem für die *Online-Ausbeuter* eine herausragende Bedeutung besitzt, da hier die relevanten Informationen zur Vorbereitung von Kaufentscheidungen auch in der Offline-Welt bereitgestellt werden.

3. Communication: Management des Kommunikationssystems

Durch das Kommunikationssystem wird eine Interaktivität zwischen potenziellen Käufern und Anbieter ermöglicht. Auf der Basis sog. Nutzerspuren und den insbesondere von den Nachfragern erzeugten Informationsströmen können Kundenprofile erzeugt und in Datenbanken abgelegt werden. Diese erlauben es, den Käufern individuelle und bedarfsorientierte Informationen zur Verfügung zu stellen. Darüber hinaus können Informationen aber auch aus z. B. dem bisherigen Bestellverhalten von Online-Kunden gewonnen werden. So erstellt bspw. der Online-Buchhändler Amazon Nutzerprofile seiner Kunden, indem er Themenpräferenzen erfasst und darauf aufbauend Kunden auf Neuerscheinungen des Buchmarktes zu den präferierten Themenbereichen hinweist.

1 Vgl. Billen (2003), S. 61ff. u. S. 264 ff.

2 Vgl. Tolle (1994), S. 934.

Das Kommunikationssystem stellt damit ebenfalls eine Basisfunktion des Internetauftritts dar, da sich mit Hilfe der hier gewonnenen Kundeninformationen konkrete Ausgestaltungsmaßnahmen zu den bevorzugten Kaufmotiven der Online-Käufer ableiten lassen. Ein besonderer Stellenwert erlangt das Kommunikationssystem allerdings für die *Nutzenmaximierer* in der Form der Erlebniskäufer, da durch die Kommunikation der Unterhaltungsaspekt wesentlich unterstützt und das sog. *Infotainment* gefördert werden kann.

4. Convenience: Management des Servicesystems

Das Servicesystem beinhaltet die wesentlichen Gestaltungselemente zur Erhöhung der *Bequemlichkeit* des Interneteinkaufs. Die herausragende Bedeutung des Bequemlichkeitsmotivs bei Online-Käufen zeigt z. B. eine empirische Untersuchung von Jupiter MMXI, wonach im Dezember 2001 rund 33 Millionen Europäer Geschenke deshalb online gekauft haben, weil sie ihre Weihnachtskäufe „stressfreier" gestalten wollten.[1]

Zur Förderung der Bequemlichkeit des Online-Einkaufs gehört vor allem eine übersichtliche und klare Struktur sowie ein intuitiv verständlicher Aufbau der Internetseiten,[2] die damit eine schnelle Navigation ermöglichen. Ebenso können Suchfunktion und Schnelligkeit des Seitenaufbaus die wahrgenommene Bequemlichkeit erhöhen. Des Weiteren ist darauf zu achten, dass ausführliche Produktinformationen verfügbar sind. Übersichtliche Produkt- und Preisübersichten können dazu beitragen, dass der Nachfrager die gewünschten Informationen auch erhält. Die Bequemlichkeit des Einkaufs fördert auch ein unkompliziertes Bestellverfahren sowie eine Auftragsbestätigung per E-Mail. Hierzu gehören ebenfalls Informationen über die Verfügbarkeit von Leistungsangeboten, um keine falschen Erwartungen bezüglich der Lieferbarkeit auf der Nachfragerseite zu wecken.

Auf Maßnahmen dieser Handlungsebene werden vor allem die *Conveniencekäufer* positiv reagieren. Diese Käufergruppe nimmt begeistert alle Maßnahmen auf, die dazu beitragen, den Aufwand des Kaufens zu reduzieren und möglichst wenig Anpassung des Lebensrhythmus verlangen. Für diese Gruppe stellt der Kaufprozess lediglich das Mittel dar, um in den Besitz der gewünschten Produkte zu kommen. Der Verzicht auf soziale Kontakte, der mit dem Online-Einkauf verbunden ist, wird nicht als solcher realisiert, da er eher als Zeitverschwendung empfunden wird. Hier zeigt sich der grundlegende Unterschied zu den *Nutzenmaximierern*. Mehrwertsteigerungen resultieren bei ihnen aus einer Erhöhung der Nutzenkomponenten, wie z. B. in Form des Infotainments.

5. Community: Management des Beziehungssystems

Der Aufbau eines Beziehungssystems ist für den Erfolg des Internetauftritts vor allem deshalb von zentraler Bedeutung, da erst dadurch dauerhafte Geschäftsbeziehungen etabliert werden können. Ein Beziehungsmanagement fußt dabei natürlich auch auf den üb-

1 Vgl. Jupiter MMXI (2002), unter www.gfk.de.

2 Vgl. Oehmichen/Schröter (2001), S. 415.

rigen Handlungsaspekten (commerce, content, communication und convenience), erlangt aber durch den Community-Gedanken nochmals eine neue Gestaltungsdimension für die Beziehungsqualität. Durch den Aufbau einer Community soll vor allem die Kommunikation unter den Nachfragern gefördert werden. Sog. „virtual communities" (VCs) bieten den Nachfragern die Möglichkeit, anonyme Erfahrungen von anderen Nachfragern zur Unsicherheitsreduzierung zu verwenden.[1] Für den Anbieter bieten sie zudem eine weitere Möglichkeit, detaillierte Verhaltensprofile von einzelnen Nachfragern zu erstellen.

Virtual Communities können einen entscheidenden Beitrag zur Stärkung der *Vertrauenswürdigkeit* des Anbieters liefern. Die Aufforderung an die Nachfrager, eigene Erfahrungsberichte zu kommunizieren, macht das Interesse eines Anbieters an den Anmerkungen der Kunden deutlich. Außerdem zeigt es, dass der Anbieter nicht beabsichtigt, etwas verbergen zu wollen. Da für den betreffenden Anbieter durchaus die Gefahr besteht, dass auch negative Erfahrungen publiziert werden, wächst das Vertrauen in den betreffenden Anbieter, da die Nachfrager davon ausgehen, dass es der Anbieter ehrlich meint. Bei einem Anbieter mit einer hohen Reputation geht der Nachfrager davon aus, dass die Angaben zum Leistungsvermögen der Angebote richtig sind. Maßnahmen zum Aufbau von Reputation können jedoch nur langfristig erfolgen, denn „Vertrauen verlangt Bewährung, und Bewährung verlangt wiederholte Gelegenheit zur Leistungskritik. Beides ist kurzfristig nicht denkbar."[2] Als Ersatz könnte ein Gütesiegel dienen, das von einer unabhängigen Institution vergeben wird.

Eine Community kann nur funktionieren, wenn soziale Kontakte zustande kommen,[3] so dass von dieser Handlungsebene vor allem die Gruppe der *Nutzenmaximierer* und hier speziell die Form der Erlebniskäufer angesprochen werden kann. Diese Gruppe legt großen Wert auf Informationsaustausch und Unterhaltung. Man trifft sich im Internet, tauscht Erfahrungen aus, weist auf Probleme hin und nimmt Anteil an den Problemen der anderen Community-Mitglieder, indem Lösungsvorschläge unterbreitet werden. So entsteht ein Gefühl der Gemeinschaft und des persönlichen Austauschs. Aber auch für die *Online-Ausbeuter* kann die Community ein nutzenstiftendes Angebot darstellen. Sie bietet ihnen solche Informationen, welche diese Gruppe für eine gute Kaufentscheidung benötigt. Für die Anbieterseite entsteht daraus eine nicht zu vernachlässigende Wirkung – die Identifizierung mit dem betreffenden Anbieter steigt aufgrund der wahrgenommenen Möglichkeit, schnell und unbürokratisch praktische Hilfestellung zu erlangen.[4]

1 Vgl. Weiber/Meyer (2002), S. 343 ff.
2 Domizlaff (1982), S. 365.
3 Vgl. Meyer (2000), S. 25 ff.
4 Vgl. auch zu weiteren Vorteilen von VCs: Meyer (2003); Weiber/Meyer (2003), S. 1237 ff.

4. Kritische Reflexion und Entwicklungstendenzen des Online-Shopping

Auf Basis des Nettonutzenkonzeptes wurden im vorliegenden Beitrag drei generische Online-Kauftypen abgeleitet und Maßnahmen zur Förderung der Online-Kaufbereitschaft aufgezeigt. Dabei ist allerdings kritisch anzumerken, dass die ermittelten Kauftypen in der Realität durchaus *Variationen* erfahren können. Für die Ableitung konkreter Handlungsempfehlungen ist deshalb eine weitere Differenzierung z. B. nach Kaufsituation, Produktkategorie oder Persönlichkeitsprofil der Nachfrager erforderlich, da auf diese Weise die Wirksamkeit der Marketing-Aktivitäten erhöht werden kann. Auch ist anzumerken, dass in der Realität durchaus ein *hybrides Kaufverhalten* zu erwarten ist und dieselbe Person einmal z. B. als Conveniencekäufer und dann wieder als Nutzenmaximierer auftritt. Empirische Belege hierfür liefert bspw. die Studie von *Klietmann*, wonach die von ihm als Erlebniskäufer bezeichneten Internetnutzer zu 25 % auch als Schnäppchenjäger identifiziert wurden.[1] Im Hinblick auf die in Abschnitt 3.3 vorgetragenen Handlungsempfehlungen ist anzumerken, dass auch diese nicht als isolierte Maßnahmen betrachtet werden dürfen, sondern Interdependenzen aufweisen und der gegenseitigen Abstimmung bedürfen. Auch sei darauf hingewiesen, dass der vorliegende Beitrag nur Grundüberlegungen zu den Handlungsebenen aufzeigen konnte und auch hier deutlich differenziertere Betrachtungen erforderlich sind.[2]

Die hier entwickelten Online-Kauftypen lassen erkennen, dass sich die Nutzungsmotive für das Internet als Einkaufsstätte von denen für den stationären Handel nicht grundlegend unterscheiden. Ebenso geht eine Analyse des Instituts für Handelsforschung (IfH) davon aus, dass auch die Leistungsmerkmale des Online-Shopping grundsätzlich mit denen des stationären Handels identisch sind und ein wesentliches Argument für oder gegen das Online-Shopping in der *Güterkategorie* begründet liegt. Im Hinblick auf die grundsätzliche Leistungsfähigkeit beider Betriebsformen gelangt das IfH allerdings zu der Erkenntnis, „daß der stationäre Handel in drei von acht unterschiedenen Leistungsmerkmalen im Vorteil, bei den restlichen fünf Merkmalen aber dem IHS [Interaktiven Homeshopping] unterlegen ist."[3] Wird von der Güterkategorie bzw. Logistikklasse abstrahiert, so machen die in Abbildung 7 dargestellten Ergebnisse des IfH deutlich, dass der stationäre Handel langfristig nur über das *Erlebnismotiv und die soziale Interaktion* die Kaufentscheidung für sich entscheiden kann. Dieses Ergebnis ist vor allem deshalb von besonderer Bedeutung, da empirische Untersuchungen dem Online-Shopping via Internet in der Vergangenheit eine nur untergeordnete Bedeutung beimaßen und es gemes-

1 Klietmann (2001), S. 25 ff.

2 Zu den vielfältigen Ansätze in diesem Bereich vgl. stellvertretend: Pohl/Litfin/Weber (2002), S. 648 ff.; Weiber/Weber (2002), S. 630 ff.; Wirtz (2001), S. 374 ff.

3 Dach (1999), S. 56.

sen am gesamten Umsatzvolumen eines Unternehmens i. d. R. sogar als „unbedeutend“ bezeichnet wurde.[1]

	Stationäre Betriebsform	IHS-Betriebsform
1. Sortiment		++
2. Beratung/Information		++
3. Lieferzeit	++ (bei LK 2 und 3, sofern keine Auftragsgüter)	++ (bei LK 1)
4. Preis		++ (bei LK 1 und 4) + (bei LK 2)
5. Convenience		++
6. Erlebniswert	+	
7. soziale Interaktion	+	
8. persönliche Sicherheit		++

Erläuterungen: ++: erheblicher Vorteil; +:mittlerer Vorteil; LK = Logistikklasse
LK 1: digitalisierbare Güter; LK 2: unverderblich, kompakte, leichte Güter
LK 3: verderblich, sperrige oder schwere Güter; LK 4: sehr sperrige oder schwere Güter

Abbildung 7: Leistungsmerkmale der stationären und der IHS-Betriebsform[2]

Demgegenüber belegen aber die in Abschnitt 1 dieses Beitrags aufgezeigten Online-Nutzerzahlen, dass mittlerweile bereits 46 % der Deutschen das Internet nutzen und es sich zunehmend zu einem Alltagsmedium entwickelt.[3] Das Marktforschungsunternehmen *Fittkau&Maaß* kam in seiner W3B-Umfrage von Anfang 2002 sogar zu dem Ergebnis, dass 68,4 % der befragten Online-User auch die Einkaufsmöglichkeit im Netz nutzen.[4] Wird weiterhin berücksichtigt, dass die Suche und Vermittlung von Informationen nach wie vor das dominante Nutzungsmotiv des Internets darstellt, so wird deutlich, dass in Zukunft in vielen Branchen eine *Zweiteilung des Marktsystems* zu erwarten ist. Das bedeutet, dass zum einen die *physische Welt* der Rohstoffe, Ressourcen und Produkte (sog. *Marketplace*) zwar weiterhin bestehen bleibt, durch die Zunahme elektronisch vernetzter

1 Vgl. stellvertretend: Gerhards/Mende (2002), S. 366.; Rasch/Lintner (2001).
2 Quelle: Dach (1999), S. 55.
3 Vgl. Groebel/Gehrke (2003) sowie Eimeren/Gerhard/Frees (2002), S. 351.
4 Vgl. o. V. (2003), unter www.ecin.de

Informationssysteme neben diese physische Welt aber eine *virtuelle Marktwelt* (sog. *Marketspace*) tritt, welche durch digitalisierte Informationen und Kommunikationswege gekennzeichnet ist.[1] Dabei entwickelt sich das Internet zunehmend zu einem *Selektionsmedium* für den Marketplace: Auch die Käufe, die letztlich zwar am Marketplace getätigt werden, werden immer häufiger über den Marketspace vorbereitet. Diese Aussage belegt auch die W3B-Umfrage von *Fittkau&Maaß*, wonach über 70 % der Online-User in Deutschland angaben, sich vor einer Kaufentscheidung zunächst jeweils über das Internet zu informieren.[2] Auf europäischer Ebene kam eine Untersuchung der Boston Consulting Group (BCG) zu dem Ergebnis, dass 88 % der europäischen Internetnutzer das Internet zur Information über Leistungsangebote nutzen, die sie später offline kaufen möchten.[3] Das Internet dient dabei insbesondere zur Eingrenzung von Kaufoptionen und 85 % der in diesem Beitrag als *Online-Ausbeuter* bezeichneten Personen kaufen nach der BCG-Studie auch dasjenige Leistungsangebot, welches sie im Internet gefunden haben; 35 % kaufen sogar bei demselben Händler.

Vor dem Hintergrund dieser Entwicklungen wird deutlich, dass die Unternehmen zukünftig immer mehr gezwungen sein werden, eine *Multichannel-Strategie* zu verfolgen, bei der sowohl die traditionellen Absatzkanäle als auch das Internet als Absatzkanal genutzt wird. Eine solche Strategie lässt hohe Synergiepotenziale erwarten und stationäre Händler können dadurch sogar neue Kundensegmente erschließen. Allerdings ist ein „echtes" Multichannel-Management bisher erst in Ansätzen vorhanden.[4] Durch die zunehmende Vorbereitung von Offline-Kaufentscheidungen im Internet wird es zukünftig für die Anbieter von elementarer Bedeutung, dass sie über einen *Online-Bekanntheitsgrad* verfügen, da sie nur so in das „internetspezifische awareness set" der Nachfrager gelangen können. Sie müssen deshalb z. B. darauf achten, dass sie in den Orientierungshilfen des Internets (z. B. Inhaltsverzeichnisse, Suchmaschinen) präsent sind. Der unternehmerische Wettbewerbserfolg auf den Märkten der Zukunft wird deshalb um so eher gewährleistet sein, je besser es einem Anbieter gelingt, aktivierende Inhalte auf seiner Webseite zu platzieren und ein an seine Zielgruppen angepasstes Mix der in diesem Beitrag vorgestellten 5 Cs zu entwickeln.

---

1 Vgl. Weiber (2002b), S. 163 ff.

2 Vgl. o. V. (2003), unter www.ecin.de.

3 Vgl. Rasch/Lintner (2001).

4 Vgl. Swoboda/Morschett (2002), S. 781ff.; Wirtz (2001), S. 288 ff.; Wirtz/Becker (2002), S. 931 f.

Literaturverzeichnis

ABBOTT, L. (1958), Qualität und Wettbewerb: Ein Beitrag zur Wirtschaftstheorie, München/Berlin 1958.

ACTA (1998), zit. nach: Gruner+Jahr/TV Today (1999).

ACTA (2002), zit. nach: o. V. (2002a), S. 21.

AINSCOUGH, T.L./LUCKETT, M.G. (1996), The Internet for the rest of us: Marketing on the World Wide Web, in: Journal of Consumer Marketing, Vol. 13, No. 2, 1996, S. 36-47.

ALTHEIDE, D.L. (1985), Symbolic Interaction and Uses and Gratification. Towards a Theoretical Integration, in: Communication, Vol. 11, No. 3, 1985, S. 73-82.

ARD/ZDF-ONLINE STUDIE (2002), zit. nach: Eimeren, B. van/Gerhard, H./Frees, B. (2002).

BACKHAUS, K./ERICHSON, B./PLINKE, W./WEIBER, R. (2003), Multivariate Analysemethoden, 10. Aufl., Berlin et al. 2003.

BILLEN, P. (2003), Unsicherheit und Folgekäufe – Ein informationsökonomischer und verhaltenswissenschaftlicher Ansatz, Wiesbaden 2003, im Druck.

BLIEMEL, F./FASSOTT, G. (2002), Produktpolitik im Electronic Business, in: Weiber, R. (Hrsg.), Handbuch Electronic Business, 2. Aufl., Wiesbaden 2002, S. 673-688.

BURKE, R.R. (1997), Real Shopping in a Virtual Store, in: Peterson, R.A. (ed.), Electronic Marketing and the Consumer, Thousand Oaks/London/New Delhi 1997.

CAP GEMINI ERNST & YOUNG (2002), Cars Online 2002, zit. nach: o. V. (2002b), S. 12.

COMMERCENET/NIELSEN MEDIA RESEARCH (1996), Internet Demographic Analysis: Executive Summary, unter www.commerce.net.

DACH, C. (1999), Der Wettbewerb der Zukunft: Elektronischer vs. stationärer Handel, in: Mitteilungen des Instituts für Handelsforschung an der Universität zu Köln, hrsg. von Müller-Hagedorn, L., 51 Jg., Nr. 3, 1999, S. 45-64.

DEUTSCHE POST AG (2000), eCommerce Facts 2.0., Bonn 2000.

DOMIZLAFF, H. (1982), Die Gewinnung des öffentlichen Vertrauens, Hamburg 1982.

EIMEREN, B. VAN/GERHARD, H. (2000), ARD/ZDF-Online-Studie 2000: Gebrauchswert entscheidet über Internetnutzung, in: Media-Perspektiven, o. Jg., Nr. 8, 2000, S. 338-349.

EIMEREN, B. VAN/GERHARD, H./FREES, B. (2001), ARD/ZDF-Online-Studie 2001: Internetnutzung stark zweckgebunden, in: Media Perspektiven, o. Jg., Nr. 8, 2001, S.382-397.

Eimeren, B. van/Gerhard, H./Frees, B. (2002), Entwicklung der Online-Nutzung in Deutschland: Mehr Routine, weniger Entdeckerfreude, in: Media Perspektiven, o. Jg., Nr. 8, 2002, S. 346-362.

Elliot, P. (1974), Uses and Gratifications Research: A Critique and a Social Alternative, in: Blumler, J.G./Katz E. (eds.), The Uses of Mass Communications, Beverly Hills/London 1974, S. 249-268.

FOCUS Magazin Verlag (2002), FOCUS-Studie Communication Networks 6.0 – Fakten für Kommunikationsstrategien in der modernen Wissensgesellschaft, München.

Frey, D./Ochsmann, R. (1978), Schematisierung von Entscheidungsprozessen, in: Irle, M. (Hrsg.), Attraktivität von Entscheidungsalternativen und Urteilssicherheit, Bern et al. 1978, S. 20-28.

Gerhard, M./Mende, A. (2002), Nichtnutzer von Online: Kern von Internetverweigerern?, in: Media Perspektiven, o. Jg., Nr. 8, 2002, S. 363-375.

GFK (1999), GfK-Nutzertypologie, unter www.gfk.de.

Groebel, J./Gehrke, G. (Hrsg.) (2003), Internet 2002: Deutschland und die digitale Welt, Opladen 2003.

GRUNER+JAHR/TV Today (1999), Digitale Welten: Ergebnisse der ACTA 98, Hamburg 1999.

Hartmann, P.H./Neuwöhner, U. (1999), Lebensstilforschung und Publikumssegmentierung, in: Media Perspektiven, o. Jg., Nr. 10, 1999, S. 531-539.

Heyman, E. (2002), Economics: Internet-Revolution und „New Economy", in: Deutsche Bank Research, Nr. 25, 2002, S. 1-11.

Hoffman, D.L./Novak, T.P. (1996), Marketing in Hypermedia Computer-Mediated Environments: Conceptual Foundations, in: Journal of Marketing, Vol. 60, No. 3, 1996, S. 50-68.

Hofstede, G. (1997), Lokales Denken, globales Handeln: Interkulturelle Zusammenarbeit und globales Management, 2. Aufl., München 1997.

Hultén, O./Gröndahl, A. (2001), Öffentlicher Rundfunk und Internet in den nordischen Ländern, in: Media Perspektive, o. Jg., Nr. 7, 2001, S. 358-368.

Jupiter MMXI (2002), unter www.gfk.de.

Klietmann, M. (2001), Erlebniswelten, Schnäppchenjagd und der Blick zur Uhr – eine Typologie der Online-Verbraucher, in: Klietmann, M. (Hrsg.), Kunden im E-Commerce – Verbraucherprofile, Vertriebstechniken, Vertrauensmanagement, Düsseldorf 2001, S. 25-41.

Korb, J.C. (2000), Kaufprozesse im Electronic Commerce: Einflüsse veränderter Kundenbedürfnisse auf die Gestaltung, Wiesbaden 2000.

Kuhlmann, E. (1978), Effizienz und Risiko der Konsumentenentscheidung, Stuttgart 1978.

McKinsey/MMXI Europe (2000), unter www.gfk.de/produkte/eigene_pdf/McKinsey.

Meyer, J. (2000), Der Einsatz virtueller Gemeinschaften im Marketing – Eine netzwerkanalytische Betrachtung von Virtual Communities, Arbeitspapier zur Marketingtheorie Nr. 10 des Lehrstuhls für Marketing und Innovation an der Universität Trier, hrsg. v. Weiber, R., Trier 2000.

Meyer, J. (2003), Mund-zu-Mund Werbung im Internet – Theoretische und empirische Fundierung des Einsatzes von Virtual Communities im Marketing, Diss., Trier 2003.

Nielsen/Netratings (2001), unter www.nielsen-netratings.com.

Oehmichen, E./Schröter, C. (2000), Fernsehen, Hörfunk, Internet: Konkurrenz, Konvergenz oder Komplement?, in: Media-Perspektiven, o. Jg., Nr. 8, 2000, S. 359-368.

Oehmichen, E./Schröter, C. (2001), Information: Stellenwert des Internets im Kontext klassischer Medien, in: Media Perspektiven, o. Jg., Nr. 8, 2001, S. 410-421.

Oehmichen, E./Schröter, C. (2002), Zur Habitualisierung der Online-Nutzung, in: Media Perspektiven, o. Jg., Nr. 8, 2002, S. 376-388.

O. V. (2002a), Trends Shoppen im Netz immer beliebter, in: Trierischer Volksfreund, 127. Jg., Nr. 245, 2002, S. 21.

O. V. (2002b), Potenzial ist noch ungenutzt, in: Horizont, o. Jg., Nr. 42, 2002, S. 12.

O. V. (2003), Wer surft, kauft auch online ein, in: Electronic Commerce Info Net-(ECIN-) News vom 27.5.2003, unter www.ecin.de.

Palmgreen, P. (1984), Der "Uses-and-Gratifications Approach": Theoretische Perspektiven und praktische Relevanz, in: Renckstorf, K./Teichert, W. (Hrsg.), Empirische Publikumsforschung: Fragen der Medienpraxis – Antworten der Medienwissenschaft, Hamburg 1984, S. 69-81.

Pastore, M. (2001), Seven Degrees of Internet Surfing, in: Cyberatlas (ed.), unter www.cyberatlas.com.

Plinke, W. (2000), Grundlagen des Marktprozesses, in: Kleinaltenkamp, M./Plinke, W. (Hrsg.),Technischer Vertrieb – Grundlagen des Business-to-Business-Marketing, 2. Aufl., Berlin et al. 2000, S. 1-99.

Pohl, A./Litfin, T./Weber, A. (2002), Marktauftritt Internet, in: Weiber, R. (Hrsg.), Handbuch Electronic Business, 2. Aufl., Wiesbaden 2002, S. 645-671.

Ramthum, C. (1999), Hervorragende Aussichten, in: Wirtschaftswoche, Nr. 18, 29.4. 1999, S. 32-40.

Rasch, S./Lintner, A. (2001), The Boston Consulting Group: The Multichannel Consumer, July 2001, unter www.ecin.de sowie www.mediaportal.bcg.de.

Rudolph, T./Löffler, C. (2001), Internetnutzung Schweiz 2001 – Eine Studie des Gottlieb Duttweiler Lehrstuhls für Internationales Handelsmanagement, St. Gallen 2001.

Schenk, M.(1987), Medienwirkungsforschung, Tübingen 1987.

Schrape, K. (2001), Interaktive Medien und der Wandel der Mediennutzung, in: Roters, G./Turecek, O./Klingler, W. (Hrsg.), Inter@ctive Medien: Trends und Zukunftsperspektiven, Baden-Baden 2001, S. 15-23.

Swoboda, B. (1999), Ausprägungen und Determinanten der zunehmenden Convenienceorientierung von Konsumenten, in: Marketing ZFP, 21. Jg., H. 2, 1999, S. 95-104.

Swoboda, B./Morschett, D. (2002), Electronic Business im Handel, in: Weiber, R. (Hrsg.), Handbuch Electronic Business, 2. Aufl., Wiesbaden 2002, S. 775-807.

Tolle, E. (1994), Informationsökonomische Erkenntnisse für das Marketing bei Qualitätsunsicherheit der Konsumenten, in: zfbf, 46. Jg., H. 11, 1994, S. 926-938.

W3B-Umfragen, unter www.w3b.org/ergebnisse

Weiber, R. (2003), Electronic Business, München 2003, im Druck.

Weiber, R. (2002a), Herausforderung Electronic Business – Mit dem Informations-Dreisprung zu Wettbewerbsvorteilen auf den Märkten der Zukunft, in: Weiber, Rolf (Hrsg.), Handbuch Electronic Business, 2. Aufl., Wiesbaden 2002, S. 1-37.

Weiber, R. (2002b), Markterfolg im Electronic Business durch wettbewerbsorientiertes Informationsmanagement, in: Weiber, R. (Hrsg.), Handbuch Electronic Business, 2. Aufl., Wiesbaden 2002, S. 143-180.

Weiber, R. (1996), Was ist Marketing? Ein informationsökonomischer Erklärungsansatz, 2. Aufl., Trier 1996.

Weiber, R./Meyer, J. (2003), Private Online-Nachfragerkooperationen, in: Zentes, J./Swoboda, B./Morschett, D. (Hrsg.), Kooperationen, Allianzen und Netzwerke – Grundlagen, Ansätze, Perspektiven, Wiesbaden 2003, S. 1229-1258.

Weiber, R./Meyer, J. (2002), Virtual Communities, in: Weiber, R. (Hrsg.), Handbuch Electronic Business, 2. Aufl., Wiesbaden 2002, S. 343-361.

Weiber, R. /Weber, M. (2002), Customer Relationship Marketing und Customer Lifetime Value im Electronic Business, in: Weiber, R. (Hrsg.), Handbuch Electronic Business, 2. Aufl., Wiesbaden 2002, S. 343-361.

Wilke, K. (2000), Die Eignung des Internet für die Reduktion von Qualitätsrisiken im Kaufentscheidungsprozess des Konsumenten, in: Müller-Hagedorn, L. (Hrsg.), Zukunftsperspektiven des E-Commerce im Handel, Köln 2000, S. 227-271.

Wirtz, B.W. (2001), Electronic Business, 2. Aufl., Wiesbaden 2001.

Wirtz, B.W./Becker, D.R. (2002), Geschäftsmodelle im Electronic Business, in: Weiber, R. (Hrsg.), Handbuch Electronic Business, 2. Aufl., Wiesbaden 2002, S. 909-935.

ZIMMER, J. (2001), Die Entwicklung von Internet und Onlinediensten in globaler Perspektive, in: Hans-Bredow-Institut (Hrsg.), Internationales Handbuch für Hörfunk und Fernsehen 2000/2001, Baden-Baden 2001, S. 46-59.

Ralf Reichwald / Ingo Deking

Strategisches Wissensmanagement in der Medien- und Multimediabranche

1. Erfolgsfaktor Strategisches Wissensmanagement in der Medien- und Multimediabranche

Das wirtschaftliche Umfeld wandelt sich in den letzten Jahren immer mehr zu einer Informations- bzw. Wissensgesellschaft.[1] Dieser Trend lässt sich anhand der Faktoren Ressourceneinsatz (Input), Infrastruktur und angebotenen Leistungen (Output) festmachen. Bezüglich des Input zeichnet sich die heutige Gesellschaft dadurch aus, dass wissensbasierte Operationen in Strukturen und Prozessen der materiellen und symbolischen Reproduktion gegenüber anderen Faktoren der Reproduktion vorrangig sind.[2] Qualitativ neue Formen der Wissensbasierung und Symbolisierung durchdringen dabei alle wesentlichen Bereiche einer Gesellschaft. Beobachtbar für jeden ist die Entwicklung bei der Betrachtung des täglichen Arbeitsplatzes und der verwendeten Zeit vor dem PC oder der Nutzung des Internet für zahlreiche Bereiche des Privat- und Berufslebens. Der Erfolg für ein Unternehmen, eine Branche oder ein Land begründet sich in der heutigen postkapitalistischen Zeit in der Wissensproduktivität, also der effizienten „Ausbeutung" der Wissensressourcen.[3] Wissensorientierte Unternehmen sehen ihre Mitarbeiter auch nicht mehr als reine Faktorkräfte und Kostenposten, sondern als zentrale Erfolgstreiber des Unternehmens. Information und Wissen sind die knappen Ressourcen innerhalb dieses Wirtschaftszyklusses. Selbst Papst Johannes Paul II. berücksichtigte dies in seiner Enzyklika Centesimus Annus: „Whereas at one time the decisive factor of production was the land, and later capital (...) today the decisive factor is increasingly man himself, that is, his knowledge."[4]

Neben den richtigen Mitarbeitern und den erforderlichen Wissensressourcen benötigt die Wissensgesellschaft auch die entsprechende Infrastruktur.[5] Besonders der Technologiefortschritt in Bezug auf die Informations- und Kommunikationstechnologie ist ein wichtiger Baustein für infrastrukturelle Unterstützung der Informationsprozesse.[6]

---

1 Innerhalb dieses Beitrages wird die Wissensdefinition von Probst et al. zugrunde gelegt: „Wissen bezeichnet die Gesamtheit der Kenntnisse und Fähigkeiten, die Individuen zur Lösung von Problemen einsetzen. Dies umfasst sowohl theoretische Erkenntnisse als auch praktische Alltagsregeln und Handlungsanweisungen. Wissen stützt sich auf Daten und Informationen, ist im Gegensatz zu diesen jedoch immer an Personen gebunden. Es wird von Individuen konstruiert und repräsentiert deren Erwartungen über Ursachen-Wirkungsbeziehungen in einem bestimmten Kontext." Probst/Raub/Romhardt (1999), S. 46.

2 Vgl. Willke (1997), S. 6 und (1998), S. 356.

3 Vgl. Drucker (1994).

4 Johannes Paul II. (1993), S. A10.

5 Vgl. Willke (1998), S. 368ff.

6 Vgl. z. B. Picot/Reichwald/Wigand (2003).

Eine dritte Kennzeichnung der Gesellschaft ergibt sich durch die Betrachtung der angebotenen Leistungen in unseren Zeiten.[1] Neben der Verwendung als Inputfaktor werden zunehmend Informationen bzw. Wissen auch als Output auf den Markt gebracht. Hierbei ist einerseits an „embedded knowledge products", also sogenannte Informationsprodukte wie CD`s, Software, elektronische Unterhaltungsspiele oder internetbasierte Services zu denken. Andererseits zählen klassische Beratungs- und Informationsleistungen dazu. Selbst klassische Produktleistungen werden zunehmend im Verbund mit Dienstleistungen angeboten (Systemleistungen).[2]

Unternehmen der Medien- und Multimediabranche[3] sind die klassischen Repräsentanten der Wissensgesellschaft. Wie kaum in anderen Branchen benötigen Unternehmen wie Zeitschriftenverlage, Fernseh- und Radioanstalten oder Internet-Dienstleister als Input- und Infrastrukturfaktoren Informationen. Und selbst die angebotenen Leistungen stellen in erster Linie wiederum auf die jeweiligen Kundenbedürfnisse zugeschnittene Informationsleistungen dar. Aufgrund der Spezifika von Informationen bzw. Wissen müssen dabei die Branchenvertreter andere Gesetzmäßigkeiten bei Herstellung und Vertrieb ihrer Wissensprodukte berücksichtigen. Beispielhaft sollen hier die geringen Vervielfältigungskosten von Datenprodukten, die schwierige Schützbarkeit von digitalen Produkten oder die Bedeutung von Netzeffekten erwähnt werden.[4]

Bei dieser hohen strategischen Bedeutung des Faktors Wissen für die Medien- und Multimediabranche sollte jedem Manager sehr schnell bewusst werden, wie wichtig das Wissensmanagement für das jeweilige Unternehmen sein sollte. Aktuell sind sicherlich eine Vielzahl von Wissensmanagementprojekten innerhalb der Branche zu registrieren, sei es die Etablierung von Intranet-Solutions, der Einsatz von Content-Management-Systemen oder der Aufbau von sogenannten Communities of Practice. Eine echte strategische Verankerung des Wissensmanagement, also die Verbindung des Wissensmanagement mit der Unternehmensstrategie wird bei den meisten Unternehmen aber nicht vollzogen.

Dieser Beitrag soll helfen, die Lücke weiter zu schließen: Ziel der nachfolgenden Ausführungen ist erstens für die Medienbranche aufzuzeigen, wie die Wissensebene einer Organisation mit Hilfe einer eigenen Wissensstrategie in einen strategischen Kontext gesetzt werden kann. Zweitens soll anschließend mit dem Knowledge-Scorecard-Ansatz ein Instrument vorgestellt werden, das die Umsetzung und Kontrolle der Wissensstrategie unterstützt.

---

1 Vgl. zum folgenden Harris (2000), S. 13 ff. und Tissen/Andriessen/Deprez (2000), S. 55.

2 Vgl. Belz (1997), S. 12 ff.

3 In Anlehnung an Wirtz werden zur Medien- und Multimediabranche Unternehmen aus der Zeitungs-, Zeitschriften-, Buch-, TV-, Radio-, Musik- und Internetbranche gezählt. Vgl. Wirtz (2001), S. 9.

4 Vgl. z. B. Picot/Reichwald/Wigand (2003).

2. Die Gestaltung einer Wissensstrategie

Die Strategische Planung für das Gesamtunternehmen oder die Erarbeitung von Bereichsstrategien ist in den meisten Unternehmen Usus. Strategien für Teilbereiche des Intellectual Capital werden schon spärlicher entworfen. Eine eigene Wissensstrategie für seine Organisation zu entwickeln, dürfte aber für fast alle Unternehmen Neuland bedeuten.[1] Die Verbindung des Wissensmanagement mit der Geschäftsstrategie wird in der Praxis noch weitgehend vernachlässigt.[2] Doch warum sollte für die wichtigste Ressource und für wichtige Outputleistungen in der Medien- und Multimediabranche keine Strategie entworfen werden? Die Notwendigkeit und Potentiale von Strategien für ein Unternehmen sind mittlerweile unbestritten. Eine eigenständige Wissensstrategie birgt eine Reihe von Chancen: „Without a strategic context, a company will not know on which data to focus, how to allocate analytic resources, or what it is trying to accomplish in a data-to-knowledge initiative."[3] Die Strategie stellt eine sinnvolle Ergänzung zu den traditionellen Planungsmethoden dar und fokussiert auf die Themen der Kompetenzentwicklung sowie der Unterstützungsprozesse des Kodifizierens und Verbreitens. Bewusst wird hier von einer Wissensstrategie gesprochen und nicht von Wissensmanagementstrategie[4]. Die Wissensstrategie setzt auf den Knowledge Assets einer Unternehmung auf und beginnt nicht erst bei den Wissensmanagementaktionen. Die Aktivitäten des Wissensmanagement leiten sich erst aus den Zielen bezüglich der Knowledge Assets ab. „Zielgruppe" für die Wissensstrategie sind demnach nicht nur die Wissensmanager, sondern in erster Linie das Top-Management einer Organisation oder die Führungskräfte eines Unternehmensbereiches.

Die Wissensstrategie ist kein alleinstehendes Planungsvorgehen im Unternehmen, sondern leitet sich direkt aus der Geschäftsstrategie ab. Jede angestrebte Wettbewerbsposition erfordert ein spezifisches Bündel an immateriellen Ressourcen und Kompetenzen:

---

1 In der Theorie sind zumindest Ansätze für die Bildung von Wissensstrategien zu erkennen: Wissensaspekte sind in der Forschung des Strategischen Management in einem ersten Schritt durch die Betrachtung der Kernkompetenzen eines Unternehmens in die Strategische Planung aufgenommen worden. Vgl. Prahalad/Hamel (1990) und Hamel/Prahalad (1994).

2 Die fehlende Verbindung zur Geschäftsstrategie konnte in empirischen Beobachtungen festgestellt werden: vgl. Best-Practice-Studie von Davenport/Long/Beers (1998), S. 43ff., die 24 Unternehmungen in einer Felduntersuchung analysierten; Ruggles (1998), S. 80 ff., der die Ergebnisse einer Befragung von 431 europäischen und amerikanischen Unternehmen vorstellt oder vgl. Befragungsergebnisse von Leidner (1998) mit 100 amerikanischen und europäischen Unternehmen.

3 Davenport et al. (2001), S. 123.

4 Die Wissensmanagementstrategie zielt mehr auf die Ausgestaltung der Wissensmanagementaktionen ab. So kann z. B. zwischen einer Kodifizierungsstrategie und der Personalisierungsstrategie unterschieden werden. Bei der ersten setzen die Unternehmen verstärkt auf Speichermedien, während bei der zweiten eher persönliche Netzwerke als geeignetes Instrument angesehen werden. Vgl. Hansen/Nohria/Tierney (1999), S. 106 ff., Grover/Davenport (2001), S. 8 oder Wildemann (2001), S. 18 f.

„The strategic choices that companies make – regarding technologies, products, services, markets, processes, have a profound influence on the knowledge, skills, and core competencies to compete and excel in an industry.“[1] Auf der einen Seite ergibt sich der Bedarf an Knowledge Assets aus der Unternehmensstrategie, andererseits basiert sie auf den im Unternehmen vorhandenen Kompetenzen. Die Verbindung zwischen der Wettbewerbsposition und dem Bestand an Knowledge Assets ist also ein wechselseitiger Abgleichungsprozess. Hierbei lässt sich erkennen, dass es sich um dynamische Abläufe handelt, die regelmäßig wiederholt und überprüft werden müssen.[2]

In einem ersten Schritt versuchen wir, die organisationale Wissensbasis auf aggregiertem Niveau zu erfassen.[3] Ergebnis des Erfassungsprozesses können sogenannte Wissenslandkarten sein. Die Kategorisierung des Unternehmenswissens fällt in der Praxis nicht leicht aus und kann nach einer Reihe von Charakterisierungsparametern erfolgen. Mindestens genauso schwierig ist die Beschreibung der Knowledge Assets. Hier wird fast jedes Unternehmen seinen eigenen Weg gehen. Wichtig ist allerdings, dass ein einheitlicher Sprachgebrauch in Bezug auf die Knowledge Assets im Unternehmen vorliegt.[4] Dem Bestand der aktuellen Knowledge Assets werden die Anforderungen an die organisationale Wissensbasis gegenübergestellt, die sich aus der angestrebten Wettbewerbsposition ergeben. Resultat ist ein Ist- und Sollprofil der organisationalen Wissensbasis. Ergänzt werden kann dieser Vergleich mit der Betrachtung der Wissenspositionen der Wettbewerber bzw. der Gesamtbranche, um zusätzliche Erkenntnisse aus den Marktgegebenheiten zu bekommen. Bei der Darstellung kann die Portfoliotechnik hilfreich sein. Spezielle Wissensportfolios oder Matrizendarstellungen erleichtern die Visualisierung.[5]

Das vergleichende Vorgehen ist im Grunde nichts anderes als die Anwendung der SWOT-Analyse auf den Wissensbereich.[6] Die Stärken und Schwächen der vorhandenen Knowledge Assets werden mit den Marktchancen und -risiken verglichen. Der anschließende Vergleich zwischen dem Istzustand der Knowledge Assets und dem aus der Strategie abgeleiteten Sollzustand sowie zu den Wissenspositionen der Wettbewerber stellt eine sogenannte Gap-Analyse dar. Die Methodik ist aus dem Strategischen Management bekannt. Dort bezieht sich die Strategische Lücke auf das, was die Unternehmung aktuell macht, und gleichzeitig darauf, was sie machen müsste, um konkurrenzfähig zu sein. Wie dargelegt, resultieren Wissenslücken im Unternehmenskontext direkt aus der Strategischen Lücke. Eventuelle Wissenslücken zeigen auf, inwieweit die vorhandenen

---

1 Zack (1999), S. 131.

2 „Thus, designing a successful strategy is never-ending. A company needs to continuously revisit and challenge its answers to the who-what-how questions in order to remain flexible and ready to adjust its strategy if feedback from the market is unfavourable.“ Markides (1999), S. 63.

3 Vgl. zur Methodik des Wissenserfassens z. B. Schüppel (1996), S. 199.

4 Vgl. Zack (1999), S. 132 f.

5 Vgl. zur Portfolio-Technik allgemein Macharzina (1999), S. 259 ff.

6 SWOT = Strengths, Weaknesses, Opportunities, Threats. Vgl. dazu z. B. Ansoff/McDonnel (1990) oder Elbling/Kreuzer (1994), S. 194.

Knowledge Assets ausreichen, um die gewünschte Marktposition zu erreichen. Daraus lassen sich Handlungsempfehlungen[1] für die Entwicklung von Knowledge Assets ableiten:[2]

- Relevante Knowledge Assets liegen nicht in der Unternehmung vor und müssen neu aufgebaut oder akquiriert werden.
- Relevante Knowledge Assets bestehen im Unternehmen, weisen aber noch nicht die ausreichende Qualität auf und müssen weiterentwickelt werden.
- Wichtige Knowledge Assets, die im Unternehmen vorhanden sind und einen Wettbewerbsvorteil bringen, sind so weit wie möglich „auszubeuten". Sie können auf weitere Geschäftsbereiche übertragen werden.
- Knowledge Assets liegen im Unternehmen vor, sind aber nicht strategierelevant und demnach abzubauen (Desinvestition).

Die Handlungsempfehlungen können erweitert werden, indem Aussagen getroffen werden, aus welchen Quellen die (neuen) Knowledge Assets stammen sollen (intern oder extern) und in welcher Art sie aufgebaut und akquiriert werden sollen.[3] Man kann zwischen aggressivem und konservativem Vorgehen unterscheiden. Aggressive Unternehmen wie Microsoft betreiben z. B. eine intensive Akquisitionspolitik, um über die aufgekauften Unternehmen schnell Wissen zu erlangen. „Konservative" Unternehmen wie Automobilhersteller setzen auf langjährige Eigenentwicklung. Diese Empfehlungen müssen berücksichtigen, welche Lernkurven innerhalb der Branche üblich sind. Verläuft der Wissenszuwachs wie z. B. in der Internet-Branche extrem schnell, müssen die Unternehmen sich mindestens an dem Lerntempo der Branche orientieren. Eine Zusammenfassung der bisherigen Ausführungen zur Wissensstrategie bietet das in Abbildung 1 dargestellte Vorgehensmodell der Strategieentwicklung nach Zack.

---

1 Solche Vorgaben werden in der Literatur auch mit dem Begriff der Normstrategien in Verbindung gebracht. Vgl. z. B. Probst/Raub/Romhardt (1999), S. 85.

2 Eine andere Klassifizierung für Wissensstrategien schlagen v. Krogh/Nonaka/Aben vor. Für sie sind die Kernprozesse des Wissensmanagement der Wissenstransfer und die Wissensgenerierung. Daneben unterscheiden sie zwischen bestehendem und neuem Wissensdomänen. Aus deren Kombination leiten sie vier grundsätzliche Wissensnormstrategien ab: leveraging, expanding, appropiating and probing. Vgl. v. Krogh/Nonaka/Aben (2001), S. 427. Auch bei Weissenberger-Eibl werden Normstrategien in Form von Prozeßstrategien eines Wissensmanagement in Unternehmensnetzwerken auf Basis eines Portfolio-Ansatzes vorgestellt. Vgl. Weissenberger-Eibl (2000), S. 202.

3 Vgl. Zack (1999), S. 136 ff.; Kim (1998); Bierly/Chakrabarti (1998).

Step	Key Question	Action
1	How do you want to play the game?	Articulate desired or intended strategy
2	What do you need to know?	Articulate strategy: knowledge link
3	What do you know?	Create internal knowledge map
4	What`s your internal knowledge gap?	Compare what you need to know to what you do know
5	What do your competitors know?	Create external (competitor/industry) knowledge map
6	What`s your external knowledge gap?	Compare what you know to what your competitors know
7	What is your learning cycle?	Assess your dynamic learning capabilities and intentions
8	What are your competitors` and industry learning cycles and capabilities?	Assess your industry`s and competitors` dynamic learning capabilities and intentions
9	What is your learning gap?	Compare your dynamic learning capabilities to those of your competitors and your industry
10	What`s your internal strategic gap?	Assess how your external knowledge gap affects your current strategy
11	What`s your external strategic gap?	Assess how your internal knowledge gap affects your current strategy
12	What`s your industry cycle strategic gap?	Assess how your dynamic learning gap affects your future strategy
13	What`s your current and future strategy?	Determine if and how your knowledge and learning gaps require a revision in strategy
14	What`s your knowledge strategy?	Determine how aggressive you will be to close your knowledge gaps (regarding exploration vs. exploitation and internal vs. external sources)

Abbildung 1: Die Ableitung des Wissensstrategieprozesses nach Zack[1]

1 In Anlehnung an Zack (1999), S. 143.

Zusammenfassend kann festgestellt werden, dass die Wissensstrategie darüber Auskunft gibt, welche Knowledge Assets neu aufgebaut, weiterentwickelt, „ausgebeutet" oder abgebaut werden. Diese Aussagen sollten beinhalten, in welchem Zeitraum, in welcher Qualität und aus welchen Quellen das geschieht. Eine weitere Detaillierung (Operationalisierung) der Strategie und Verbindung zu den Aktivitäten des Wissensmanagement kann über die Knowledge Scorecard erfolgen.

3. Umsetzung und Visualisierung der Wissensstrategie: Die Knowledge Scorecard

„Many executives are struggling to articulate the relationship between their organization`s competitive strategy and its intellectual resources and capacity. They do not have well-developed strategic models that help them to link knowledge-orientated processes, technologies, and organizational forms to business strategy, and they are unsure of how to translate the goal of making their organization more intelligent into a strategic course of action."[1] Zack beschreibt damit sehr gut die Lücke, die mit dem Ansatz der Knowledge Scorecard geschlossen werden soll.[2] Als funktionale Scorecard[3] für den Wissensbereich dient sie der Definition, Operationalisierung und Kommunikation von Wissenszielen sowie zur Messung des Zustandes und Erfolges von wissensbezogenen Aktivitäten.

3.1 Die Idee der Knowledge Scorecard als funktionale Scorecard

Analog zu dem kaskadischen Herunterbrechen der Balanced Scorecard[4] auf die verschiedenen Unternehmensebenen, bietet sich die Form der Ableitung von Scorecards für Funktionsbereiche, die entweder einen eigenständigen Bereich wie eine Vertriebseinheit oder eine Querschnittsfunktion über alle Unternehmensbereiche bilden, wie z. B. Human Resource Management, Riskmanagement oder Wissensmanagement. In der Literatur und

---

1 Zack (1999), S. 126.

2 Für den Wissensbereich gibt es bisher weder in der Theorie noch in der Praxis vergleichbare Methoden, welche die Funktion eines Management- und Performance-Measurement-Systems übernehmen könnten. Dementsprechend werden in letzter Zeit immer mehr Stimmen laut, die solche Instrumente und Konzepte fordern. Vgl. z. B. Kaps (2001), S. 7 oder Picot/Reichwald/Wigand (2003) und Dimmeler/Sauer (2000), S. 39, die besonders die Bedeutung des Managementprozesses betonen.

3 Vgl. grundlegend zur Idee der funktionalen Scorecards Deking (2003), S. 166 ff.

4 Vgl. Grundlegend zum Konzept der Balanced Scorecard Kaplan/Norton (1997) und (2001).

vor allem in der Praxis gibt es mittlerweile für eine Vielzahl von Unternehmensfunktionen erste Scorecard-Konzeptionen. Beispiele bilden hier Logistik-, Vertriebs-[1], Werbe-[2], Brand-[3], Risk-[4], IT-, Führungs-[5] oder HR-Scorecards[6]. Mit diesen funktionalen Scorecards wird versucht, das Konzept der ausgewogenen Balanced Scorecard zu übertragen bzw. für einen speziellen Bereich des Unternehmens diese in Form von zusätzlichen Scorecards zu vervollständigen.

Das Potential der funktionalen Scorecards als Managementsystem der Wissensebene steckt ähnlich der klassischen Balanced Scorecard in der besseren Steuer- und Messbarkeit der Unternehmensfunktionen, der Strategieorientierung und vor allem in der Kommunikations- und Awareness-Funktion. Der beim Entstehungsprozess und im anschließenden „Betriebsprozess" der funktionalen Scorecard stattfindende Wissensaustausch fördert das gegenseitige Verständnis und zeigt den Beteiligten Wirkungszusammenhänge zu anderen Unternehmensbereichen auf.

Um die Spezifika eines zu managenden Funktionsbereiches erfassen zu können, sind beim Entwicklungsprozess der funktionalen Scorecard leichte Anpassungen gegenüber der klassischen Balanced Scorecard vorzunehmen. Diese können neben der speziellen Wahl der Inhalte der Scorecard (Ziele, Indikatoren, Maßnahmen)[7] auch die Grundarchitektur der Scorecard in Form einer veränderten Dimensionenwahl betreffen. Grundsätzlich besteht die Möglichkeit, die üblichen Perspektiven der Balanced Scorecard (Finanzen, Kunden, Prozesse, Lernen & Entwicklung) zu übernehmen, in vielen Fällen bietet es sich jedoch an, eine eigene Architektur für den Funktionsbereich zu wählen. Einen möglichen, vereinfacht dargestellten Entwicklungsprozess zeigt Abbildung 2.

Ausgangspunkt für das Managementsystem sollte die Strategie sein. Einerseits ist es an der Gesamtunternehmensstrategie zu orientieren, andererseits ist es an der sich aus der Unternehmensstrategie wiederum hergeleiteten Funktionsbereichsstrategie auszurichten. Das Managementsystem setzt sich dann aus den gewählten Dimensionen für den Funktionsbereich sowie den Zielen, zentralen Erfolgstreibern, Indikatoren und damit verbundenen Aktionsplänen zusammen.

---

1 Vgl. z. B. Mende/Stier (2002), S. 96 ff.

2 Vgl. Bauer/Meeder/Jordan (2001).

3 Vgl. z. B. Keller (2000) oder Linxweiler (2001), S. 81 ff.

4 Vgl. Reichmann/Form (2000), S. 190 ff.

5 Vgl. Ausführungen von Friedag/Schmidt zur Führungs-Scorecard unter www.mybsc2.de oder Bühner/Akitürk (2000), S. 44 ff.

6 Vgl. z. B. Ackermann (2000a), Tonnesen (2000), Phillips/Stone/Pulliam-Phillips (2001) oder Becker/Huselid/ Ulrich (2001).

7 Vgl. zur spezifischen Metrikwahl Hauser/Katz (1998), S. 517 ff.

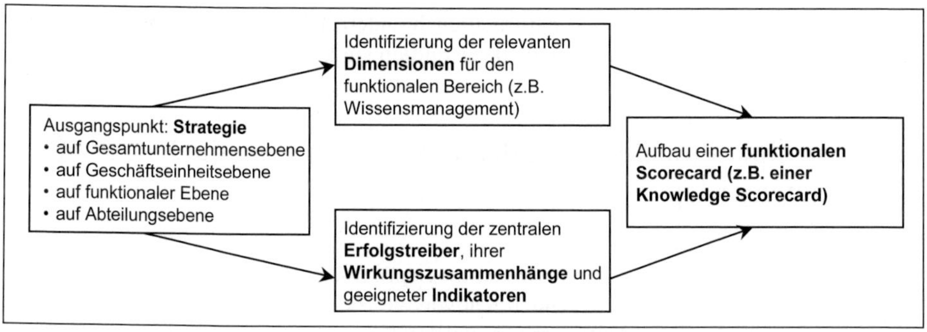

Abbildung 2: Vereinfachter Entwicklungsprozess für funktionale Scorecards[1]

Bei den nachfolgenden Ausführungen zur Knowledge Scorecard werden als Dimensionen die Kernprozesse des Wissensmanagement „Kompetenz“, „Diffusion“, „Kodifikation“ und „Wissensraum“ verwendet.[2]

Die Dimension der *Kompetenzen* umfasst die Ziele und Maßnahmen, die sich auf die Entwicklung, Qualität und Nutzung der Knowledge Assets (externalisiertes Wissen und persönliche Fähigkeiten der Mitarbeiter) beziehen. Die *Verbreitung (Diffusion)* beinhaltet Aussagen über die Verteilung der Knowledge Assets in der Organisation. Eine Konzentration des Wissens auf einige wenige Mitarbeiter schränkt die Nutzung ein und erhöht das Risiko eines Wissensverlustes (z. B. bei Abgang der Mitarbeiter). Die Größen in der *Kodifikations*dimension drücken aus, in welcher Form das Wissen systematisch erfasst und gespeichert ist bzw. werden soll. Die Maßnahmen zielen auf eine Dokumentation und eine Entkopplung des Wissens bzw. der Informationen von Individuen ab (z. B. Umfang der Speicherung in Data-Warehouses). In der letzten Dimension des Wissensraumes sind die Ziele und Aktivitäten abgebildet, welche die Rahmenbedingungen der obigen Wissensprozesse unterstützen. Dazu zählt die organisationale Umgebung, in der sich die Wissensarbeiter befinden. Die Unternehmenskultur oder das Führungsverhalten haben z. B. einen erheblichen Einfluss auf die durch die Mitarbeiter subjektiv wahrgenommene Umgebung. Weiter können die Gestaltung und Etablierung von organisationalen Rollen des Wissensmanagement genannt werden. Ebenso sind vor- und nachgelagerte Prozesse der Zielplanung und Kontrolle (Bewertung) in dieser Kategorie zu subsumieren. Die Strategie- bzw. die Kontrollinhalte an sich sind nicht nur Bestandteil dieser Dimension, sondern umfassen natürlich alle Dimensionen.

Die genannten Dimensionen stellen eine Synthese aus den bekanntesten Wissensmanagementkonzeptionen dar. Gemäß dem Verständnis von funktionalen Scorecards wie

1 In Anlehnung an das vereinfachte Prozeßmodell von Bontis et al. (1999), S. 399.

2 Vgl. ausführlich zur Herleitung Deking (2003), S. 212 ff.

auch der Balanced Scorecard sind natürlich auch andere Dimensionen denkbar, die spezifisch auf das jeweilige Unternehmen zugeschnitten sind.

3.2 Die Operationalisierung der Wissensstrategie: die Knowledge Strategy Map

Ergebnis des vorher erläuterten Wissensstrategieprozesses waren die Zielvorstellungen über die benötigten oder aufzubauenden Knowledge Assets. Die Knowledge Assets können einerseits für den Leistungsprozess benötigte Ressourcen sein (spezifische Technologiekompetenzen, Verfahrenstechniken, Kundeninformationen) oder Wissensprodukte, die an einen internen oder externen Markt in Form eines Leitungsproduktes abgegeben werden können (z. B. Beratungsleistungen oder „Embedded Knowledge" in Software). Damit stehen die Endprodukte des Wissensbereichs fest, aber noch nicht der Weg, um dort hinzugelangen. Es muss geklärt werden, welchen Beitrag das Wissensmanagement einer Organisation zu Aufbau, Weiterentwicklung oder Erhalt der angestrebten Knowledge Assets liefern kann. Notwendig ist folglich eine Zielbildung über die Aktivitäten des Wissensmanagement. Bei der Formulierung von Wissenszielen unterscheidet man, analog zu den Unternehmenszielen, zwischen normativen, strategischen und operativen Zielen.[1]

Die normativen Wissensziele finden vor allem in der Unternehmenskultur Niederschlag. Es geht darum, die Grundlagen für eine generelle Bereitschaft zur Auseinandersetzung mit Wissensaspekten zu schaffen, d. h. ein Verständnis für die Ressource Wissen in der Unternehmung zu wecken.[2] Eine Möglichkeit, diese gewünschte Kultur in die Praxis umzusetzen, bieten die Unternehmensleitbilder.[3] Im Kontext des Wissensmanagement enthalten sie grundlegende Aussagen zur Bedeutung von Umgang mit Wissen. Hier kann die Rolle des Mitarbeiters als wertvolle und geschätzte Persönlichkeit betont werden, dem Freiheiten zur Befriedigung eigener Wissensziele geschaffen werden, die dann in das Gesamtwesen des Unternehmens zurückfließen.[4]

Die Ergebnisse der Wissensstrategie bilden in diesem Zusammenhang die wichtigsten strategischen Ziele. Entscheidungen über Investitionen in bestimmte Knowledge Assets oder die Fokussierung auf einzelne Wissensfelder stehen hier im Vordergrund. Die sich daraus ableitenden Anforderungen an das Wissensmanagement können zu einem Teil

1 Vgl. Probst/Raub/Romhardt (1999), S. 69.

2 Vgl. Probst/Raub/Romhardt (1999), S. 72.

3 Unternehmensleitbilder beinhalten im allgemeinen Aussagen über Visionen, Werte und Ideale eines Unternehmens. Vgl. Hinterhuber (1996), S. 97 ff.

4 Vgl. Probst/Deussen (1997), S. 6 ff.

sicherlich den strategischen Zielen zugeordnet werden.[1] Ziele wie der Ausbau einer internationalen Zusammenarbeit oder langfristiger, qualifizierter Personalaufbau sind sicherlich dazu zu zählen. Die Ausweitung der Mitarbeiterinformationen mittels Profildarstellungen oder die Effizienzsteigerung durch Best-Practices-Wiederverwendungen ist schon eher der operativen Ebene zuzurechnen. Hier zeigt sich aber auch wieder die Stärke einer Knowledge Scorecard, die eine integrative Verbindung aller drei Managementebenen im Zielbildungsprozess fördert. Operative Ziele sind in der Regel Vorgaben für konkrete Durchführungspläne. Aus diesem Grund fällt es in der Praxis den Mitarbeitern schwer, zwischen (operativen) Zielen und geplanten Aktionen zu unterscheiden. Von solchen Erfahrungen berichten z. B. auch Horváth & Partner, als sie Balanced Scorecards einführten. So kam man zum Schluss, dass innerhalb eines Workshops die vielzähligen Zielvorschläge in die Kategorien „Grundsätzliche Ziele“ (bei sehr pauschalen Angaben), „Strategische Ziele“, „mögliche strategische Aktionen“ und „operative Ziele“ zu unterteilen sind, um den Workshop-Teilnehmern eine gedankliche Stütze zu bieten.[2]

Grundsätzlich lässt sich sagen, dass funktionale Scorecards in der Regel operativer ausgelegt sind als die traditionelle (Top-) Balanced Scorecard. Sie stellen im Idealfall eine Ergänzung zur Balanced Scorecard dar. Damit haben sie die Möglichkeit, Themen detaillierter aufzugreifen und näher am operativen Geschehen zu sein.

Der Ansatz der Knowledge Scorecard erleichtert die Ableitung von Wissens- und Wissensmanagementzielen. Besonders hilfreich ist dabei die Verwendung einer Knowledge Strategy Map. Die Mission und die beschlossene Unternehmensstrategie bilden den Ausgangspunkt der Zielableitung. In der Praxis wird die strategische Grundausrichtung auch als Business Case bezeichnet, der sich anhand der zentralen Erfolgsfaktoren (Key Performance Indicators) kennzeichnen lässt. Daraus sind wiederum die strategischen Wissensziele zu entwickeln, die Aussagen über die Vorstellung der zukünftigen Knowledge Assets des Unternehmens geben. Der Weg zum Erreichen der Wissensziele kann durch Aktivitäten des Wissensmanagement unterstützt werden. Die Wissensziele sind somit in konkretere Wissensmanagementziele herunterzubrechen, die den Weg aufzeichnen.

Innerhalb des Knowledge-Scorecard Ansatzes wird für diese Phase auf ein beteiligungsorientiertes, kreatives Verfahren gesetzt. Das Management und Vertreter des Wissensmanagement treffen sich als Experten in Workshops und erarbeiten mit Brainstorming-Methoden und anschließender Selektion und Synthese die Wissensmanagementziele. Als Hilfestellung dienen die Dimensionen der Knowledge Scorecard. Sie stellen logische Gedankenstützen dar, die eine ganzheitliche Herangehensweise und die Systematisierung der Ziele unterstützen. In einem Workshop kann die Unterstützung wie folgt ausse-

---

1 Nach Kirsch können strategische Ziele als „die Fähigkeiten signifikant Betreffende“ bezeichnet werden. Vgl. Kirsch (2001), S. 411.

2 Vgl. Horváth & Partner (2000), S. 152 ff.

hen: Für jede der vier Dimensionen werden eigene Metaplanwände aufgestellt, auf denen die Zielvorschläge (evtl. schon ergänzt um Maßnahmenideen) gesammelt werden.

Es dient der gedanklichen Logik, wenn die Dimensionen in eine Wirkungsreihenfolge gebracht werden. Bei der klassischen Balanced Scorecard wird die Strategy Map häufig in folgender Reihenfolge der Dimensionen angeordnet: Lernen & Entwicklung, Prozesse, Kunden, Finanzen. Analog kann dies auch mit den Dimensionen der Knowledge Scorecard geschehen. Die Perspektive des Wissensraumes betrachten wir als Basis für alle drei weiteren Perspektiven. „Endpunkt" bildet die Perspektive der Kompetenzen, die z. B. Ziele des Qualifikationsaufbaus oder der Wissensnutzung beinhaltet. Dazwischen können die Perspektiven der Verbreitung und Kodifikation gesetzt werden, die fördernd auf die Kompetenzentwicklung im Unternehmen wirken. Kodifizierende Ziele können gedanklich vor die Diffusion gestellt werden: Je besser das Wissen kodifiziert ist, desto leichter erweisen sich Verbreitungsmaßnahmen. Diese gesamte Wirkungskette ist nur ein Hilfskonstrukt bei der Entwicklung und späteren Visualisierung der Ziele. Für eine weitere Dokumentation der Ursachen-Wirkungsbeziehungen sind die einzelnen Ziele untereinander in Verbindung zu bringen, um weitere Verständniseffekte über die Aktivitäten des Wissensmanagement zu generieren. Das kann z. B. visuell in einer Grafik über Wirkungspfeile erfolgen oder bei der Darstellung in Tabellenform durch Aufnahme von Spalten mit nachfolgenden, abhängigen Zielen. Die bisherigen erarbeiteten zentralen Ergebnisse können zusammenfassend in der Knowledge Strategy Map visualisiert werden. (Vgl. Abbildung 3, die beispielhafte Zielsetzungen enthält.)

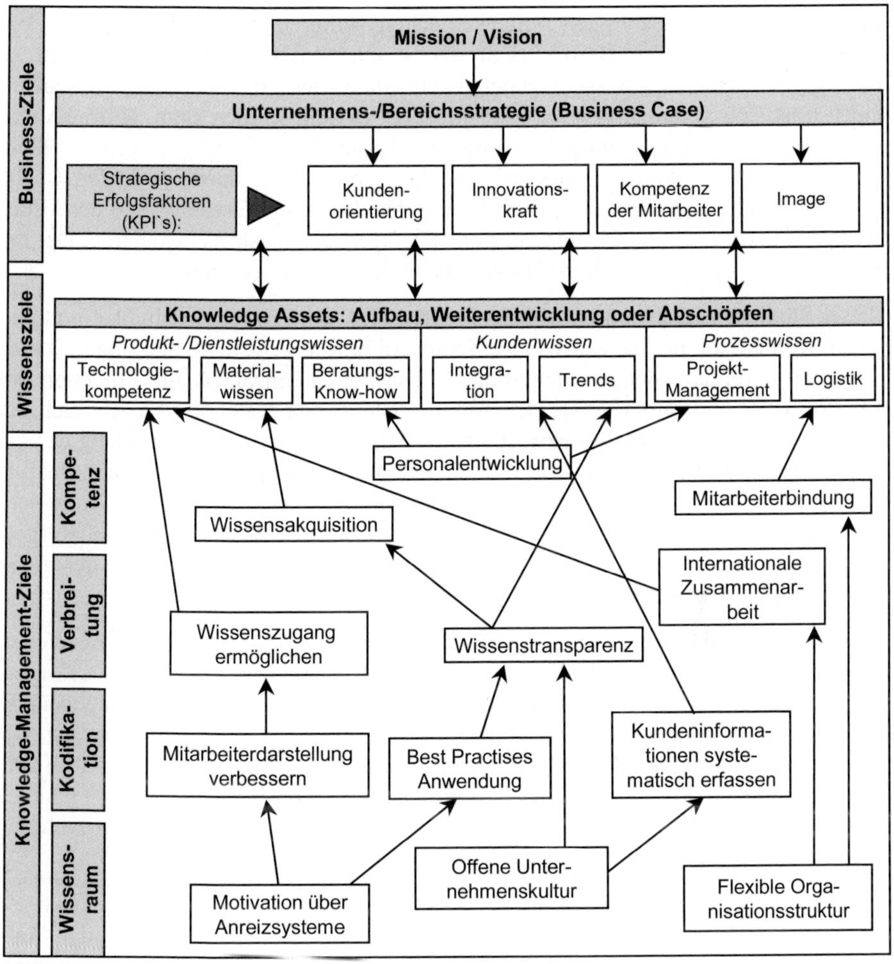

Abbildung 3: Vorlage einer Knowledge Strategy Map

3.3 Die Knowledge Scorecard als Messsystem

Zur Vervollständigung der Ziele bedarf es noch der Ergänzung von Messgrössen und Zielwerten für die aufgestellten Ziele. Ein klares Ziel, das mit der Knowledge Scorecard wie auch der Balanced Scorecard verfolgt wird, ist die Unterstützung der Steuerung und Bewertung der abgeleiteten Aktionen. Neben dem Managementsystem wird die Knowledge Scorecard so auch zu einem Messsystem. Die Messgrössen erhöhen die Präzision der Zielbildung. Um Eindeutigkeit zu gewährleisten, sollten nicht mehr als drei Metriken pro Ziel ausgewählt werden. Besonders für die „weichen" Bereiche im Unternehmen, zu denen einige Aspekte des Wissens gehören, fällt eine Messgrössenbildung oft schwer. Dennoch lässt sich sagen, dass jedes Ziel messbar gemacht werden kann. Hilfreich sein kann hierbei die Umformulierung der pauschalen Frage über eine mögliche Zielgröße in „Woran würden wir erkennen, dass wir das Ziel erreichen?"[1] In vielen Fällen ist die Wahl der Methodik auch eine Frage des Aufwandes: Den Qualifikationsstand der Mitarbeiter könnte man wie in der Schule über regelmäßige Leistungstests evaluieren. Der benötigte Aufwand würde aber wahrscheinlich nicht den Nutzen rechtfertigen.

An dieser Stelle soll noch auf verschiedene Arten bzw. Kategorien von Indikatoren eingegangen werden, die in eine Knowledge Scorecard bzw. eine Knowledge Strategy Map aufgenommen werden können.[2] Traditionelle Business-Kennzahlen zur Erhebung der Key Performance Indicators bilden den Anfang. Die zweite Kategorie bezieht sich auf die organisationale Wissensbasis bzw. die Knowledge Assets. Zur Beschreibung des Erfüllungsgrades der obersten Wissensziele eignen sich Indikatoren, welche die Qualität oder den Zustand der Knowledge Assets erfassen. Die Dimensionen der Knowledge Scorecard können auch als Statusindikatoren für die Knowledge Assets verwendet werden. Die Messung der Statusindikatoren kann über einfache Skalen erfolgen, auf denen die verantwortlichen Mitarbeiter den Status selbst einstufen.

Denkbar ist hier auch die Bildung einer sehr fokussierten Scorecard, wie es Weber/ Schäffer vorgeschlagen haben.[3] Mit der Aufnahme der Top-Statusindikatoren „Kompetenzstand", „Diffusion", „Kodifikation" und „Wissensraum" könnte ein sogenanntes Knowledge Cockpit geschaffen werden, das für das Top-Management bestimmt ist. Die geringe Komplexität würde die knappe Aufmerksamkeit des Management nicht zu sehr in Anspruch nehmen. Für einen vertieften Einblick in die Top-Statusindikatoren könnten bei Bedarf jederzeit die abgeleiteten Werte durch die restlichen, detaillierteren Ziele der Knowledge Scorecard näher aufgedröselt werden.

Die nächsten Kategorien umfassen die Zielgrößen der Wissensmanagementaktionen. Zu unterscheiden ist hier zwischen Indikatoren, die den Input oder den Output der Maßnahmen beinhalten. Messgrössen wie Beiträge zu einer Informationsdatenbank können als Frühindikatoren gewertet werden, wobei Outputindikatoren wie Prozesszeiten oder Innovationsideen Früh- und Spätindikatoren sein können. Der Rückschluss zur Geschäftsperspektive wird komplettiert durch die Aufnahme von Größen, die den monetären Erfolg z. B. Kosteneinsparungen abbilden. Die Ableitung der „Business-Impact-

---

1 Diesen semantischen Kniff schlagen Horváth & Partner vor. Vgl. Horváth & Partner (2000), S. 184.

2 Einen ähnlichen Weg schlagen North/Probst/Romhardt vor: Für die wissensorientierte Unternehmensführung sehen sie Indikatoren zur organisationalen Wissensbasis, zu den Interventionen (Prozesse und Input der Knowledge-Management-Aktionen), Zwischenerfolge und Übertragungseffekte (Wissensmanagement Output) und die Ergebnisse der Geschäftstätigkeit. Vgl. North/Probst/Romhardt (1998), S. 165.

3 Vgl. z. B. Weber/Schäffer (2000), S. 11.

Größen“ aus den Knowledge-Management-Ouptut-Größen kann häufig nicht direkt erfolgen. Wenn z. B. eine Reduktion der Antwortzeiten auf Kundenanfragen um x % erreicht wurde, kann man noch nicht sofort aussagen, wie viel mehr Umsatz dadurch erwirtschaftet werden kann. Hilfreich können hier Korrelationsanalysen oder Self-Assessments aufgrund von Erfahrungswissen sein. Eine Zusammenfassung von möglichen Indikatorklassen, die in einer Knowledge Scorecard verwendet werden können, bietet Abbildung 4.

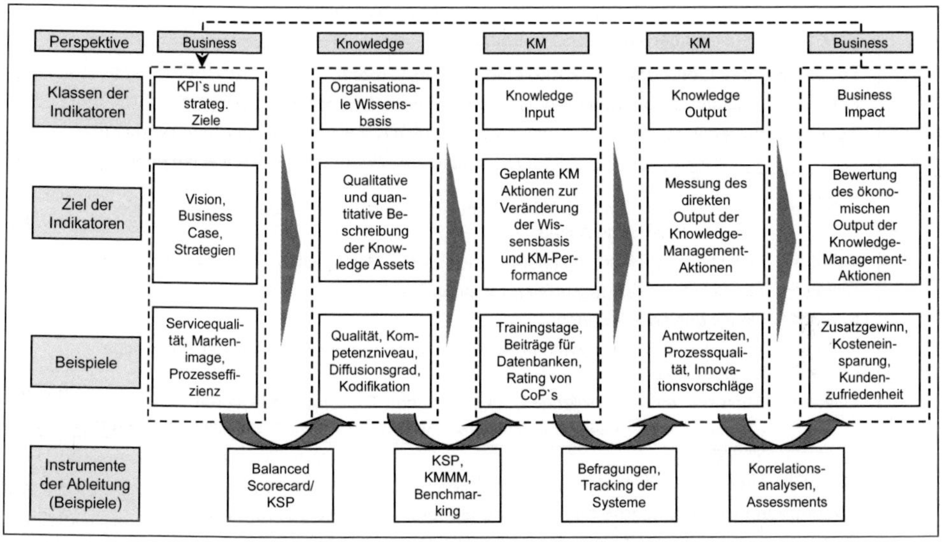

Abbildung 4: Klassen von Indikatoren zur Wissenssteuerung[1]

3.4 Vorgehensmodell der Knowledge Scorecard

Das Konzept der Knowledge Scorecard versteht sich als praxisorientiertes Instrument. Für eine mögliche Umsetzung in Organisationen wurde ein Vorgehensmodell aufgestellt, das die bisherigen theoretischen Ausführungen zusammenfasst und für den Praktiker handhabbarer macht:

1 Vgl. Deking (2003), S. 226. Verwendete Abkürzungen: KM = Wissensmanagement, KSP = Knowledge Strategy Process, KMMM = Wissensmanagement Maturity Model, CoP = Community of Practice.

Identifikation des Business Case

Schritt 1: Die Geschäftsstrategie inklusive der zentralen Erfolgsfaktoren bildet den Ausgangspunkt. Idealerweise ist dies einer vorgelagerten Balanced Scorecard zu entnehmen.

Definition der Wissensstrategie

Schritt 2: Ableitung der benötigten Knowledge Assets aus den Anforderungen der Geschäftsstrategie

Schritt 3: Vergleich mit bestehenden Assets, Wettbewerbern und Marktanforderungen (Nutzung der SWOT-Analyse) und Durchführen einer Gap-Analyse

Schritt 4: Einbeziehung der dynamischen Entwicklung (Aufstellen von Wissensportfolios)

Schritt 5: Definition der Wissensnormstrategien

Festlegung des Zielbeitrags des Knowledge Management

Schritt 6: Einigung auf die Dimensionen der Knowledge Scorecard

Schritt 7: Erarbeitung von Wissensmanagementzielen (wichtig: Unterscheidung zwischen Ziel und Aktion), Priorisierung der Ziele und Zuordnung der wichtigsten zu den Dimensionen

Schritt 8: Festlegung der Ursache-Wirkungsbeziehungen zwischen den einzelnen Zielen und den Knowledge Assets

Schritt 9: Definition von Handlungsmaßnahmen zu den Wissensmanagementzielen

Schritt 10: Identifikation von Messgrößen für jedes Ziel

Schritt 11: Definition von Sollwerten

Schritt 12: Visualisierung im Knowledge Scorecard Framework und mittels der Knowledge Strategy Map

Optional: Aufstellen eines Knowledge Cockpits mit den Top-Statusindikatoren „Kompetenz", „Diffusion", „Kodifikation" und „Wissensraum" inklusive geeigneter Skalierung

Optional: Überführung in eine Software-Lösung*

Abstimmung mit Balanced Scorecard und weiteren Steuerungssystemen

Schritt 13: Zuordnung der Ziele in das Balanced Scorecard Framework und evtl. Übernahme der wichtigsten Ziele / Wissensgebiete für die Balanced Scorecard

Schritt 14: Abgabe von (strategischem) Feedback für die Top-Balanced-Scorecard

Optional: Kopplung an Führungssystem Management by Objectives (MbO) und an Anreizsysteme

Kontrolle

Schritt 15: Regelmäßiges Überprüfen der Zielerreichung (z.B. monatlich)

Schritt 16: Regelmäßiges Überprüfen der Hypothesen innerhalb der Knowledge Scorecard (z.B. parallel zu Balanced Scorecard Überprüfungen, z.B. halb-/jährlich)

* Auch für die Knowledge Scorecard lässt sich ohne Probleme Standardsoftware für Balanced-Scorecard- Lösungen verwenden. Einfache Lösungen sind aber auch über Office-Anwendungen wie Microsoft Excel zu realisieren.

Abbildung 5: Vorgehensmodell der Knowledge Scorecard [1]

1 Vgl. Reichwald/Deking (2003).

4. Zusammenfassung: Potentiale einer Wissensstrategie bzw. einer Knowledge Scorecard

Die vorherigen Ausführungen sollten zeigen, dass die Gesamtqualität des Planungsprozesses von Unternehmen der Medien- und Multimediabranche durch den Einsatz von Wissensstrategien und einer Knowledge Scorecard erhöht werden kann:

- Der Abgleich der unternehmenseigenen Knowledge Assets mit den strategischen Zielvorstellungen und den Wettbewerbspositionen der Konkurrenten bildet eine Plattform, um Konkurrenzfähigkeit und Wachstumsmöglichkeiten des Unternehmens zu planen.
- Die systematische Erfassung, Bewertung und der Abgleich der Knowledge Assets erlaubt neben der höheren Transparenz eine Priorisierung und Fokussierung der Erfahrungen und kann zu größeren Hebeleffekten des organisationalen Lernens führen.
- Die Wissensstrategie bildet einen Rahmen für die Planung der Wissensmanagementaktionen. Auswahl und Planung der Wissensmanagementaktivitäten erfolgen mit direktem Bezug zur Unternehmensstrategie und dem höchsten Wertbeitrag zum Geschäftserfolg.
- Das Gesamtbudget des Wissensmanagement richtet sich auf die strategisch relevanten Aktionen aus.
- Zwischen den strategischen Marktanforderungen und den internen, immateriellen Ressourcen bzw. Kompetenzen wird ein strategischer Fit hergestellt.
- Die Gefahr eines Verlustes von wettbewerbsrelevantem Wissen verringert sich durch Kodifizierungs- und Sicherungsmaßnahmen.
- Förderung von Synergien zwischen den einzelnen Unternehmensabteilungen (Personal, Innovationsmanagement, Fachabteilungen) bei wissensbezogenen Themen durch gemeinsame Maßnahmenbeschlüsse und Vermeidung von Mehrfachdurchführungen.
- Das Zusammenspiel der Basisaktivitäten Kompetenzentwicklung, Verbreitung und Kodifizieren wird gefördert: Eine verbesserte Verbreitung des Wissens reduziert den Aufwand an kompetenzbildenden Maßnahmen. Diffusions- und Kodifizierungsprozesse können z. B. zum Teil teure, neue Trainingsmaßnahmen ersetzen. Operative Kosten lassen sich durch Abstimmung und Standardisierung der einzelnen Wissensmanagementmaßnahmen senken.

Insgesamt kann somit die Effizienz und Effektivität von Wissensmanagementaktionen gesteigert werden. Wissensstrategien sind über die Knowledge Scorecard besser zu steuern und leichter messbar. Erfolge und Misserfolge werden schneller erkannt und verstanden.

Mit der direkten Beteiligung des Management an der Generierung und Auswahl von Zielen, Maßnahmen und Metriken schafft man eine größere Akzeptanz für die Ergebnisse, da das Führungsteam selbst das strategische Programm aufgestellt hat. Es wird auch vermieden, dass die Ziele für die Wissensperspektive eines Unternehmens eine Sprache aufweisen, die vom Managementteam nicht verstanden wird. Würde man nur ausgebildete Wissensmanager eine Knowledge Scorecard aufstellen lassen, hätte diese sicherlich andere Inhalte und Begrifflichkeiten und fände im Gesamtunternehmen bzw. im Management nicht die gewünschte Akzeptanz. Man kann mit Spannung erwarten, ob sich in der dynamischen Medien- und Multimediawelt das innovative Instrument einer Wissensstrategie bzw. einer Knowledge Scorecard durchsetzen wird.

Literaturverzeichnis

ACKERMANN, K.-F. (2000), Anwendungsmöglichkeiten der Balanced Scorecard im Personalbereich, in: Ackermann, K.-F. (Hrsg.), Balanced Scorecard für Personalmanagement und Personalführung, Wiesbaden 2000, S. 47-76.

ANSOFF, H./MCDONELL, E. (1990), Implanting Strategic Management, 2. Aufl., New York 1990.

BAUER, H./MEEDER, U./JORDAN, J. (2001), Werbecontrolling mit der Balanced Scorecard, in: absatzwirtschaft 1/2001, S. 62-65.

BECKER, B./HUSELID, M./ULRICH, D. (2001), The HR Scorecard: Linking People, Strategy and Performance, Boston 2001.

BELZ, C. (1997), Leistungssysteme, in: Kompetenz für Marketing-Innovationen (Schrift 2): Leistungs- und Kundensysteme, Belz, C. (Hrsg.), St. Gallen 1997, S. 12-38.

BIERLY, P./CHAKRABARTI, A. (1996), Generic Knowledge Strategies in the U.S. Pharmaceutical Industry, in: Strategic Management Journal, Winter/1996, S. 123-135.

BONTIS, N./DRAGONETTI, N./JACOBSEN, K./ROOS, G. (1999), The Knowledge Tool Box : A review of the tools available to measure and manage intangible resources, in: European Management Journal, 4/1999, S. 391-401.

BÜHNER, R./AKITÜRK, D. (2000), Die Mitarbeiter mit einer Scorecard führen, in: Harvard Business Manager, 4/2000, S. 44-53.

DAVENPORT, T./DE LONG, D./BEERS, M. (1998), Successful Knowledge Management Projects, in: Sloan Management Review, Spring/1998, S. 43-58.

DAVENPORT, T./HARRIS, G./DE LONG, W./JACOBSEN, A. (2001), Data to Knowledge Results: Building an Analytic Capability, in: California Management Review, 2/2001, S. 117-138.

DEKING, I. (2003), Management des Intellectual Capital – Bildung einer strategiefokussierten Wissensorganisation, Wiesbaden 2003.

DIMMELER, D./SAUER, D. (2000), Performanceorientiertes Lernen mit der Balanced Scorecard, in: io-management, 7/2000, S. 39-43.

DRUCKER, P. (1994), Post-Capitalist Society, 2. Aufl., New York 1994.

ELBLING, O./KREUZER, C. (1994), Handbuch der strategischen Instrumente, Wien 1994.

GROVER, V./DAVENPORT, T. (2001), General Perspectives on Knowledge Management: Fostering a Research Agenda, in: Journal of Information Science, Summer/ 2001, S. 5-21.

HAMEL, G./PRAHALAD, C. (1994), Competiting for the future, Boston 1994.

HANSEN, M./NOHRIA, N./TIERNEY, T. (1999), What`s your Strategy for Managing Knowledge?, in: Harvard Business Review, 2/1999, S. 106-116.

HARRIS, R. (2000), The Knowledge Based Economy – Facts and theories, Framework Paper Nr. 2 der Queen`s University von Kingston, 2000.

HAUSER, J./KATZ, G. (1998), Metrics: you are what you measure!, in: European Management Journal, 5/1998, S. 190-203.

HINTERHUBER, H. (1996), Strategische Unternehmensführung: Strategisches Denken (Band 1), 6. Aufl., Berlin 1996.

HORVÁTH & PARTNER (2000), Balanced Scorecard umsetzen, Stuttgart 2000.

KAPLAN, R./NORTON, D. (1997), Balanced Scorecard, Übersetzung aus dem Amerikanischen von P. Horváth, Stuttgart.

KAPLAN, R./NORTON, D. (2001), Die Strategiefokussierte Organisation: Führen mit der Balanced Scorecard, Übersetzung aus dem Amerikanischen von P. Horváth und D. Kralj, Stuttgart 2001.

KAPS, G. (2001), Erfolgsmessung im Wissensmanagement unter Anwendung der Balanced Scorecard, Arbeitspapier 2/2001 der Fachhochschule Stuttgart, Studiengang Informationswirtschaft.

KELLER, K. (2000), The Brand Report Card, in: Harvard Business Review, 1/2000, S. 147-157.

KIM, L. (1998), Crisis Construction and Organizational Learning: Capability Building in Catching-up at Hyundai Motor, in: Organization Science, 4/1998, S. 506-521.

KIRSCH, W. (2001), Die Führung von Unternehmen, Herrsching 2001.

LEIDNER, D. (1998), Organization and Information Cultures in Knowledge Management Initiatives, Vortrag auf der 6. Europäischen Konferenz für Informationssysteme, Aix-en-Provence, Juni 1998.

LINXWEILER, R. (2001), BrandScoreCard: Ein neues Instrument erfolgreicher Markenführung, Groß-Umstadt 2001.

MACHARZINA, K. (1999), Unternehmensführung: das internationale Managementwissen: Konzepte – Methoden – Praxis, 3. Aufl., Wiesbaden 1999.

MARKIDES, C. (1999), A Dynamic View of Strategy, in: Sloan Management Review Spring/1999, S. 55-63.

MENDE, M./STIER, S. (2002), Den Vertrieb steuern mit der Balanced Scorecard, in: Harvard Business Manager, 2/2002, S. 96-107.

NORTH, K./PROBST, G./ROMHARDT, K. (1998), Wissen messen – Ansätze, Erfahrungen und kritische Erfahrungen, in: Zeitschrift für Führung und Organisation 3/1998, S. 158-166.

PAPST JOHANNES PAUL II. (1991), Centesimus Annus, zitiert in: New York Times v. 3.5.1991, S. A10.

PHILLIPS, J./STONE, R./PHILLIPS-PULLIAM, P. (2001), The Human Resources Scorecard: Measuring the Return on Investment, Boston 2001.

PICOT, A./REICHWALD, R./WIGAND, R. (2003), Die grenzenlose Unternehmung – Information, Organisation und Management, 5. Aufl., Wiesbaden 2003.

PRAHALAD, C./HAMEL, G. (1990), The Core Competencies of the Corporation, in: Harvard Business Review, 3/1990, S. 79-91.

PROBST, G./DEUSSEN, A. (1997), Wissensziele als neue Managementinstrumente, in: Gablers Magazin, 8/1997, S. 8-16.

PROBST, G./RAUB, S./ROMHARDT, K. (1999), Wissen managen: wie Unternehmen ihre wertvollste Ressource optimal nutzen, 3. Aufl., Wiesbaden 1999.

REICHMANN, T./FORM, S. (2000), Balanced Chance- and Risk-Management, in: Controlling, 4/2000, S. 189-198.

REICHWALD, R./DEKING, I. (2003), Controlling der Knowledge Assets und Prozesse von Unternehmen, in: Controlling von jungen Unternehmen, Achleitner, A.-K./ Bassen, A. (Hrsg.), Stuttgart 2003.

RUGGLES, R. (1998), The State of the Notion: Knowledge Management in Practice, in: California Management Review, 3/1998, S. 80-89.

SCHÜPPEL, J. (1996), Wissensmanagement: Organisatorisches Lernen im Spannungsfeld von Wissens- und Lernbarrieren, Wiesbaden 1996.

TISSEN, R./ANDRIESSEN, D./DEPREZ, F. (2000), Die Wissensdividende: Unternehmenserfolg durch wertorientiertes Management, München 2000.

TONNESEN, C. (2000), Die HR-Balanced Scorecard als Ansatz eines modernen Personalcontrolling, in: Balanced Scorecard für Personalmanagement und Personalführung, Ackermann, K.-F. (Hrsg.), Wiesbaden 2000, S. 77-100.

VON KROGH, G./NONAKA, I./ABEN, M. (2001), Making the Most of Your Company`s Knowledge: A Strategic Framework, in: Long Range Planning, 4/2001, S. 421-439.

WEBER, J./SCHÄFFER, U. (2000), Entwicklung von Kennzahlensystemen, in: BfuP, 1/2000, S. 1-16.

WEISSENBERGER-EIBL, M. (2000), Wissensmanagement als Instrument der strategischen Unternehmensführung in Unternehmensnetzwerken, München 2000.

WILDEMANN, H. (2001), Fähigkeitsmanagement: Die Profitabilität des verborgenen Kapitals im Unternehmen, TCW-report Nr. 28, München 2001.

WILLKE, H. (1997), Wissensarbeit, in: Organisationsentwicklung 3/1997, S. 5-18.

WILLKE, H. (1998), Systemisches Wissensmanagement, Stuttgart 1998.

WIRTZ, B.W. (2001), Medien- und Internetmanagement, 2. Auflage, Wiesbaden 2001.

ZACK, M. (1999), Developing a Knowledge Strategy, in: California Management Review, 3/1999, S. 125-145.

Sechster Teil

Integration und Konvergenz im Medien- und Multimediabereich

Bernd W. Wirtz

Value Chain Strategies and Media Convergence

1. Introduction

The increasing penetration recently of economy and society by innovate information and communication technology has attracted considerable attention both in scholarly discussion and in corporate board rooms.[1] In particular, the advancement of the internet, with its vast range of potential services and applications, has led to a transformation of corporate strategy since the middle of the 1990s, as reflected in the increasingly widespread use of terms such as industry convergence, virtual corporations and e-commerce.[2] In media and communications markets – which are based on information and communication technologies, and which include the procurement and outlet markets of firms involved in the media, telecommunications and internet economy[3] – such transformations are particularly pronounced. The internet economy, as used here, is a digital economy that uses a computer-based network to allow global communications, interaction and transaction. This also includes – apart from pure internet firms that have established their business activities on the electronic network – those companies that provide the electronic infrastructure – the so-called enablers.

Since the middle of the 1990s, competition in the media and communications markets is characterised by two fundamental processes. First, there has been a large number of firms established which correspond to Schumpeter's model of pioneer enterprises. Companies such as AOL (online service provider, electronic media), Yahoo! (internet search engine, electronic media) or ebay (electronic auctioning) are noteworthy for their introduction of innovate products and services which offer substantial advantages to consumers. Second, established companies that specialize in one or more of the media and communications markets are moving into new sectors. A good example for this development provides USA Interactive (interactive commerce, media). USA Interactive transformed itself with the acquisions of Ticketmaster, Match.com, Expedia, and Hotel Reservation Network from a pure media player into an interactive powerhouse on all electronic retailing channels.

Both processes are leading to the transformations of the media and communications markets. In this paper, these transformations, as well corporate reactions to them will be described. Special attention will be paid to the changes in the value chain and integration of new value-added stages as a form of corporate strategy and their ramifications for corporate management.

Literature generally treats the transformation of value-added structures from a technical perspective with little space dedicated to the media and communications markets. There

---

1 See Wirtz (1995); Fetterman (1997).

2 See Picot/Reichwald/Wigand (1997); Wirtz (2001a); Rayport/Wirtz (2001).

3 See Wirtz (2001b).

is broad agreement that developments in technology will lead to a convergence of industries and a break-up of old value chains. Evans and Wurster argue this point using private banking as an example.[1] However, they restrict themselves to their case study and offer no more comprehensive analysis. Hagel III examines the convergence of value chains for business webs, seeing in this the consequence of this firms' close networking[2], but transformations in value chains are only marginally discussed. Finally, Hagel III and Singer note that unbundling value chains will be followed by a new structuring. Takeovers and alliances are assigned a significant role.[3] This point is, however, not developed in great detail. Moreover, the focus of the article focuses is rather on business fields than value chains.

Another angle is taken by Rayport and Sviokla, who describe the transformation from a physical to a virtual value chain.[4] Such transformations are rather more business migrations than alterations of value-added activities. Also deserving mention are articles by Benjamin & Wigand and Ghosh who note that technological developments lead to firms being able to approach end-users directly by eliminating further stages in the value chain.[5] However, consequences for the value chain per se are not discussed.

This overview shows that transformations in value chains are a recognised phenomenon. However, such an analysis has not been explicitly applied to the media and communications markets. Also absent is an exact description of the mechanisms of and relations between drivers – the causes of transformation – and the transformation of the value chain itself. Lacking especially is a clear idea of what a transformed value chain looks like. Moreover, the integration of new value-added stages through takeovers and alliances has only been dealt with rudimentarily.

In this paper, these four points will be examined in greater detail: it will exclusively analyse the media and communications markets; derive the relevant drivers; evaluate the implications of M&A on the integration of value-added stages; and develop a transformed and reconfigured value chain. First, it will define the relevant drivers of such transformations in the media and communications markets. After a description of mergers and acquisitions as a manifestation of these transformations in practical settings, the transformations will be described and explained in detail. Potentials and risks will also be dealt with. In the final section, the implications for both business and economics will be discussed and conclusions will be drawn. All analysis is based on an exploratory approach with case studies. The necessary data has been collected by working with nine European and US companies since the mid 1990s.

---

1 See Evans/Wurster (1997).

2 See Hagel III (1996).

3 See Hagel III/Singer (1999).

4 See Rayport/Sviokla (1996).

5 See Benjamin/Wigand (1995); Ghosh (1998).

2. Effects of industry convergence on corporate strategy

The most significant drivers of this convergence can be classified in three groups: technological drivers; deregulation; and demand-related drivers. They are presented more detail in the following sections.

2.1 Technological drivers

Here, in turn, three technological drivers can be identified: digitalization; the development of intelligent network structures; and the technical convergence of media platforms. Digitalization, the primary innovation, allows various media forms to be united in a common format. It is therefore possible, for example, to use similar encoding and identical transmission technology for film, music and software. Furthermore, digitalization leads to an increase in transmission speeds and capacity. The development of intelligent network structures provides new forms of interaction. The technical convergence of media platforms refers to the merging of various platforms such as TVs and PCs into a multi-functional media platform. The functions of formerly quite different applications are brought together, leading to a greater range of choice of content. Generally, it would be true to say that technological drivers are leading to a cross-sector standardisation of the market's technological foundations.

2.2 Deregulation

Since the middle of the 1990s, the media and communications markets in the USA have undergone a significant liberalisation and deregulation process. The introduction of cross-sector competition and the liberalisation of vertical integration regulations have transformed the business environment. In the EU there have been moves towards deregulating these markets as well – for example the liberalisation of the telecommunications sector – which has led to the rise of new competitive structures. In other words, deregulation provides the regulatory framework for cross-sector competition.

2.3 Demand-related drivers

On the demand side, two major causes of change in user preferences can be identified: personalisation of customer relations and systematic solutions. There has been an increased use of personal information and communication instruments, which is tied to a growing personalisation of the media used. Examples of this include the increased use of mobile phones, individual internet services and choices provided by 'pay per view' television. Personalised customer relations are one consequence of this development. This is complemented by a growing interest in networked information and communication platforms,[1] something that implies a trend towards systematic solutions to the extent that it indicates an increasing demand for integrated information and communications services and products. In other words, demand side drivers – which are, changes in user preference – have led to cross-sector demand.

Such a cross-sector tendency towards standardisation of course leads to an overlap in the media and communications markets, the so-called, to industry convergence. Previously distinct value chains increasingly have points in common so that intra-market competition is being added inter-market competition.[2] On the other hand, technological drivers are initiated by companies, and the demand-related drivers are initiated by new and innovative products. The roots of deregulation can even be found in the demand for more opportunities from the different media and communication industries. Therefore, the drivers do not only push the multimedia convergence, they also initiate it in a feedback loop, which means an interactive relationship between drivers and the companies from the different media and communication industries. This interactive process is represented in Figure 1.

Industry convergence has an effect especially on corporate strategy. In this context, a sort of self-reinforcing diffusion process can be observed, in wich industry convergence, together with "first mover" behaviour from pioneer actors, is leading to a considerable intensification of competition. The pioneering actions of these "first movers" place formerly passive market actors under considerable competitive pressure. Their corporate reaction to this will be described in detail in the following section. First, the formation of new value chains in the merging media and communications markets will be described. Second, the integration of new value-added stages – as the main form of reconfiguration – will be explained and analysed using case studies.

1 Examples for the integration of information and communication are, among others, the introduction of internet capabilities for mobile telephones, the extension of internet services to include internet TV, the linking of mobile and stationary telecommunications products are the introduction of intelligent TVs and set-top boxes with desktop computing capabilities. In Japan, for example, such an integration of functions has proved very popular among consumers: NTT DoCoMo's combination of mobile telephone and internet connection is a success story. See Schenker (1999), p. 58.

2 See Baubin/Wirtz (1996); Zerdick et. al. (1999).

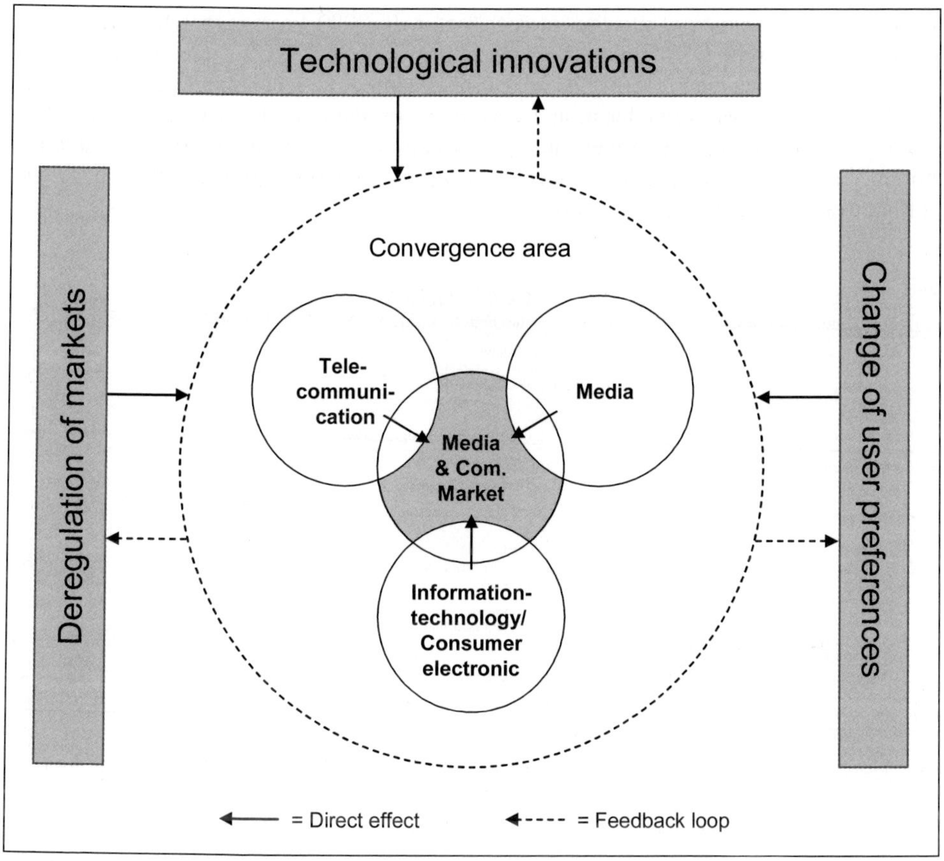

Figure 1: Drivers of industry convergence

3. Impact of ownership structure on industry convergence and value chain reconfiguration

Since 1998, there have been a number of takeovers and alliances with vertical and lateral acquisition emphasis. In this context, three trends should be highlighted. First, large telecommunications providers have been active in buying up other firms. For example, the telecommunications corporation AT&T acquired the telecommunications company TCI in 1998, a deal which included the internet service provider @Home. Second, media companies are expanding into the internet sector. In 2000 Pearson, a UK-based media company, bought the US software and system provider NCS. NCS's internet-based technologies enable Pearson to bring its educational content to schools through the internet and to create a customized educational system. Third, there has been an increasing number of mergers between relatively new companies in the internet sector. The internet portal Yahoo!, for example, took over the internet TV firm broadcast.com. These and further examples can be found in Table 1.

Buyer (Business Focus)	Takeover Candidate (Business Focus)	Takeover Price	Year/ Country
• AT & T (Telecommunications)	• TCI Inc. (@Home) (CATV, Media, CATV-Infrastructure, Internet Service Provider)	$ 48 bill.	1998 USA
• AOL (Online Service Provider, electronic Media)	• Netscape (Internet Software Server, Internet Portal)	$ 4,2 bill.	1998 USA
• Bertelsmann (Print Media, TV, Online-Services, E-Commerce)	• Barnesandnoble.com (Electronic Retailer/E-Commerce)	$ 0,2 bill. (50% Share)	1998 Germany /USA
• Microsoft (Software, E-Commerce)	• Web TV (Internet/TV Provider) • Expedia (Electronic Travel) • UPC, NTL, Comcast (CATV, CATV-Infrastructure)	N.A.	1998 USA
• AT&T/TCI/@Home (Telecommunications, CATV, Internet Service Provider, Content)	• Excite (Internet Search Portal)	$ 7 bill.	1999 USA
• AT&T/TCI/@Home (Telecommunications, CATV, Internet Service Provider, Content)	• Excite (Internet Search Portal)	$ 7 bill.	1999 USA
• Yahoo (Internet Search Portal, Electronic Media)	• Geocities (Internet Community) • Broadcast.com (Internet TV)	$ 4,5 bill. $ 5,7 bill.	1999 USA
• Compaq/Alta Vista (Computer, Internet Search Portal)	• Shopping.com (Electronic Retailer/E-Commerce)	N.A.	1999 USA
• AOL (Internet Portal, Internet Service Provider)	• Time Warner (Print Media, TV, Music, Movie)	$ 182 bill.	2000 USA
• Terra Networks (Telefónica) (Internet Service and Content Provider)	• Lycos (Internet Search Portal, Community Group)	$ 12,5 bill.	2000 E/USA
• Telefónica (Telecommunications)	• Endemol (TV)	$ 4,6 bill.	2000 E/NL
• Vivendi (Telecommunications, Media, Internet Portal, TV)	• Seagram (Movie, Music)	$ 34 bill.	2000 F/CAN
• Pearson (Print Media, Online-Services)	• NCS (Internet Software and Services)	$ 2,5 bill.	2000 UK/USA

Table 1: Takeovers in the media and communication markets

As the table shows, this trend of mergers and alliances, which began in the USA in 1998, has spread to Europe. The takeover prices show how important integration and reconfiguration in the converging media and communications markets seems to be for future competitiveness. Furthermore, the vertical and lateral acquisition focus is clearly evident. The new conglomerations arising from these mergers have been interpreted above all as a reaction to increasing industry convergence,[1] industry convergence in the media and communication market is understood to be the merging of individual value-added sectors from the various sub-markets.[2]

On a theoretical level, this means that formally industry-specific value chains will be unbundled so that the core stages of each individual chain can be extracted and rebundled into a new value chain within the market that results from the media and communications industry convergence. Only those stages that potentially generate a real value-add in the arising media and communications industry will be rebundled. This reconfiguration will be thoroughly discussed in the following section.

3.1 Reconfiguring value chains

Before discussing the reconfiguration of value chains in the converging media and communications markets, it is appropriate to define what the term "value chain" stands for in the context of this paper. According to Porter, the value chain of a company consists of the sum of all corporate activities that can be divided into core activities and supporting activities[3]. Core activities are composed by the basic corporate functions on which all the supporting activities can be applied. In this context, reconfiguration refers only to core activities of the value chain.

The general form of value chains can be individually adapted to every firm. Value chains are, therefore, fundamentally specific to a firm. From the existence of a company specific value chain specific to a firm, one specific to a market can be extrapolated. In other words, every company active in a certain market has stages in its value chain specific to that market. Adding these stages together produces a market specific value chain.

In the media and communications markets, industry convergence is leading to the formation of a new, homogenised market with a new type of value chain. The value chain of this new market is structured through a reconfiguration of value chains from the previous markets. Reconfiguration refers to firms which loy merging sub-sectors breaking up their value chains and reuniting the individual value-added stages. The resulting new corporate value chains have elements which are specific to the market that form the value chain of converging markets. This reconfiguration process is presented in Figure 2.

1 See Wirtz (1999).

2 See Baubin/Wirtz(1996); Collis/Bane/Bradley (1997); Middelhoff (1997).

3 See Porter (1985).

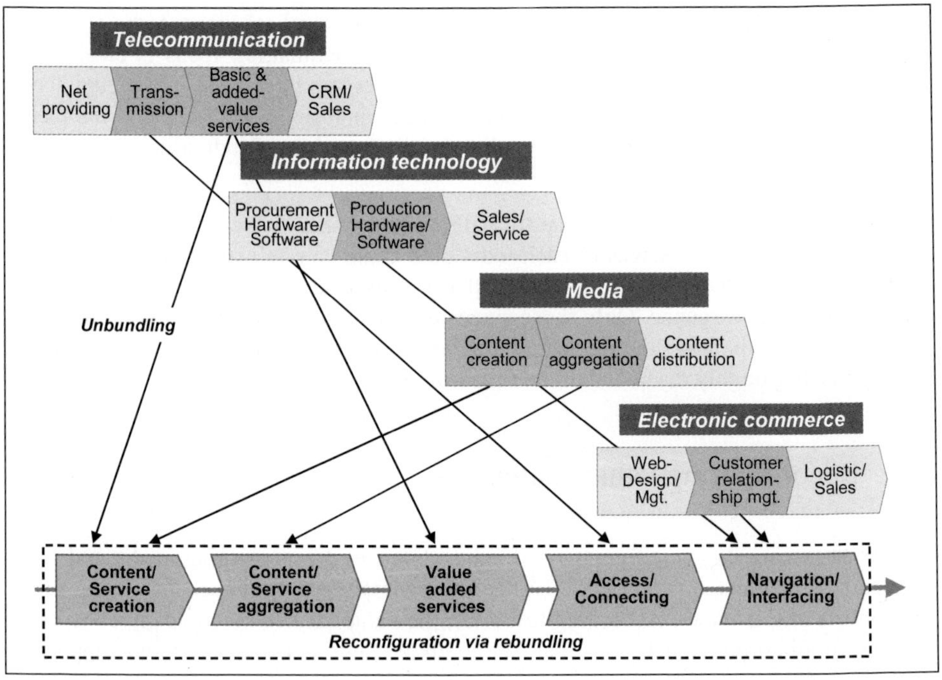

Figure 2: Value chain reconfiguration

The telecommunications and media markets can serve as an example. The traditional value chain of the telecommunications markets consisted of net providing, transmission, basic & value-added services, customer relationsship management (CRM) and sales. In the process of industry convergence and value chain reconfiguration, this chain was broken down into its individual elements (unbundling). The same is done with value chains in the media markets so that the stages of content creation, content aggregation, and content distribution are unbundled. After unbundling the value chains of the two relevant markets, some of the elements will be combined to create a new reconfigured value chain, specific to the requirements of the emerging media and communications markets. This means rebundling the two steps of transmission and value-added services of the telecommunications market value chain and the two steps of content creation and content aggregation of the media market value chain into a new value chain for the converging media and communication markets.

3.2 Integration of new value-added stages as the central form of reconfiguration

Reconfiguration of value chains can be understood as a response to competitive dynamics and complexities of industry convergence, the consequences of which cannot yet be clearly forecast. The aim – apart from strengthening the firm's position in its original market – is above all to assume a strategic position in new markets. In this, two aspects are seminal.

First, existing core competence and service systems are (partially) transferred to new sub-sectors of the media and communications market. Pure business migration solutions are made easier through increasing mergers in the wake of industry convergence, as services specific to a market can be shifted to other multimedia sub-sectors where potential demand exists. The most important aim of reconfiguration is, however, not only to transfer services and products for which potential demand exists, but to combine them with generally complementary value-added elements of other information and communication providers.[1] "The secret to success in fractured industries is not just to unbundle, but to unbundle and rebundle, creating a new organisation with the capabilities and size required to win."[2] Bundling previously segmented services into co-operative, extended service systems aims at creating integrated solutions in the form of electronic networks.[3] Step by step, various elements of the multimedia service and product chain are being merged, at first through alliances, and more recently through takeovers. The new core strategy of companies in the information and communications sector seeks to unite central value-added stages of the multimedia service and product chain into an integrated media and communications corporation. Sony's chairman and CEO Nobuyuki Idei sees Sony's most important future core strategy in the creation of such integrated communication worlds. "I would like to create a world in which consumers can access all Sony services by switching on a Sony computer and clicking the service icon."[4]

As mentioned above, there are two methods of integrating new value-added stages: integration through alliances and integration through takeovers and stakeholdings. A growing tendency towards takeovers instead of alliances in the media and communications markets underlined in Table 1 relates directly to structural problems specific to alliances. Alliances are loose ties between legally independent companies, which can be dissolved

1 Accordingly, a distinction can be made between two forms of reconfiguration: on the one hand, those where service systems and competence are transferred with little or no alteration (migration from one business field to another along the lines of a 'business model transfer'. On the other hand, the partial transfer of competence and service systems in relation with an integration of other competence and service systems (generally through fusions) and their reconfiguration into a new, innovative business system.

2 See Hagel III/Singer (1999).

3 See Kelly (1998).

4 Bork (1999).

by the companies participating with few after-effects, and for this reason are held to be highly flexible.

From this, it is apparent that alliances are poorly suited to securing a firm's access to strategically critical resources. As companies in the multimedia markets will no longer be able to achieve success when concentrating exclusively on sub-sectors in the future, they are eager to incorporate all value-added stages, thus avoiding the danger of a loss in competitiveness due to the disintegration of an alliance. For this reason, takeovers and strategic stakeholdings are the preferred form of integration in the multimedia market. In Figure 3, exemplary integration activities of three companies representing three different markets have been summarized, which will be described in detail below.

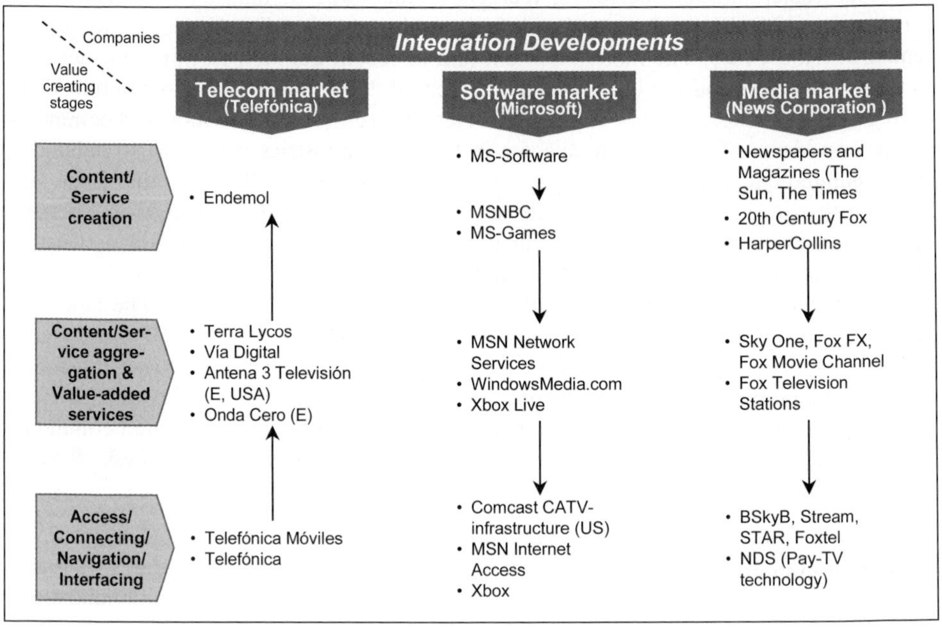

Figure 3: Examples for integration activities in the media and communications marktes

Following the deregulation of the Spanish telecommunications market in the middle of the 1990s, Telefónica expanded out of its core business (local and long-distance telecommunications) into other media and communications markets. After an initial phase of consolidating its position in the Spanish home market, Telefónica started to acquire telecommunications companies abroad, especially in Latin America (e.g. 1998 Telesp in Brazil).

At the same time, the company began operating in the audiovisual business – a completely new business field. In 1997, Telefónica set up Distribuidora de Televisión Digital (digital TV platform, brand: Vía Digital) and acquired a capital stake in Antena 3 TV. It also joint forces with Recoletos-Pearson to create a multimedia group. The aim of Telefónica was to distribute content in the Spanish-speaking market. With the existing media assets, Telefónica created the media subsidiary Telefónica Media in 1998. In 1999, Telefónica Media created a radio broadcasting company with a national foothold in Spain by acquiring Uniprex (Onda Cero Radio). Further acquisitions in the same year are Telefé (Argentine TV channel) and Radio Continental AM and FM radio station. With the acquisition of Endemol (TV production) in 2000, the company was able to produce a wide range of high-quality content in-house. In 2000, the publicly traded internet subsidiary Terra Networks acquired the American internet portal Lycos to form the new TerraLycos. It was the latest step in the integration activities of Telefónica. Today, Telefónica is able to offer integrated telecommunications, information and entertainment services from one source to its customers.

A similar strategy is being pursued by Microsoft, the software company. Microsoft is increasingly integrating internet services (for example, the firm Web TV in 1998), media services (e.g. cable television) and telecommunications services with its traditional software products into a bundled systematic solution (see Table 1). Of central importance for Microsoft's strategy are Windows CE, on the one hand, and the MSN internet portal on the other: "Microsoft hopes its MSN portal will become the first choice for mobile phones, handheld devices, PCs and interactive television sets."[1]

One of the most pronounced examples of integration in media and communications markets is the News Corporation (News Corp.). The News Corp. is a vertically integrated media company on a global scale, involved in the production and distribution of films, television, satellite and cable broadcasting and programming, and publishing. The historical nucleus of the company was the Adelaide News in South Australia. After a rapid expansion in the Australian newspaper and magazine market the international expansion in the print media sector started during the 1960s and 70s. In 1985, News Corp. started its expansion in the film and TV industry with the successful takeover of Twentieth Century Fox and seven US-based TV stations. It was the first step out of its core business (publishing) into other media and communications markets and secured access to important communications and media content. The TV stations were the foundation of the Fox Television Network, the fourth nationwide broadcasting network in the USA. Around that network, News Corp. established several cable and pay TV stations such as Fox News, Fox Movie Channel and FX. In order to gain direct access to the customers News Corp. established Sky Television in 1989, a direct broadcast satellite (DBS) service operating in the United Kingdom and Ireland. This service was later merged with the rival provider British Satellite Broadcasting to create the British Sky Broadcasting

1 See Schenker (1999).

Group (BSkyB). In the following years, News Corp. acquired or established direct broadcast satellite providers around the world. For instance News Corp. took-over the dominating Asian DBS-provider Star TV in 1993. In addition to that, News Corp. controls News Digital Systems (NDS), one of the leading suppliers of open conditional access software and interactive systems for the secure delivery of entertainment and information to television set-top boxes and personal computers.

4. Integration potentials and risks

Given the often very heavy investment of resources in integration activities in the media and communications markets, a closer look at the potential advantages and risks would be worthwhile in order to better evaluate the structure and effects. In the following two sub-sections the potentials and risks will be presented and then summarised.

4.1 Potential advantages of integration activities

Above all the potential advantages lie in multiple customer bonding through service bundling, price bundling, expansion into new (sub) markets and risk diversification. These will be thoroughly discussed in the following sections.

4.1.1 Multiple customer bonding through service bundling

One major potential of integrating activities lies in the phenomenon of multiple customer bonding. Multiple customer bonding refers to the bonding a customer through a number of relations with a company. From the customer's viewpoint, these relations need not be connected to one another. The starting point for multiple customer bonding is the bonding of a customer to a company in an industry. These ties depend above all on services demanded. Through integration activities in the wake of industry convergence, it is possible for these new conglomerates to offer an integrated service package. This leads to a bundling of various customer relations with the previously disparate companies. Nonetheless, numerous customer relations continue to exist, depending on the services the customer demands. Thus, arising from previous customer relations segmented by service demanded of different companies is a customer relationship only segmented by the service demanded. The development of multiple customer relations is illustrated in Figure 4.

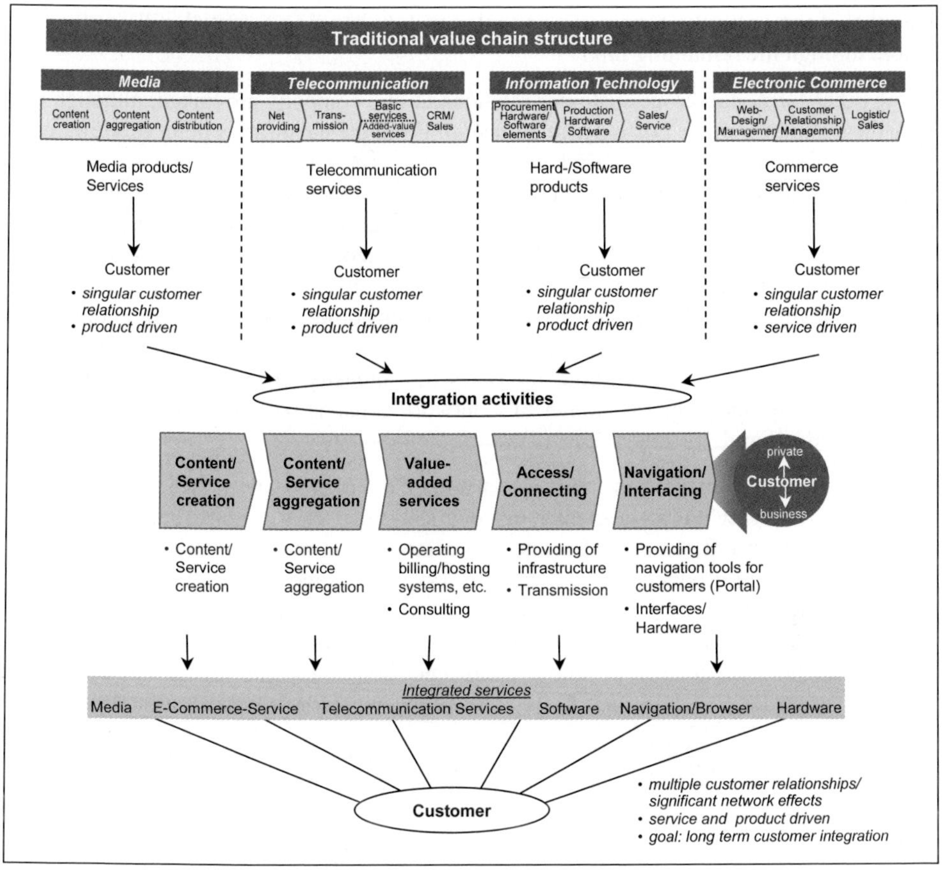

Figure 4: Creation of multiple customer retention

The illustration underlines that the new reconfigured value chain for the converging media and communications market incorporates steps from formerly unique and market-specific value chains that generated customer attraction and customer bonding individually. After rebundling those steps by integration activities to a new value chain, those customer bonding potentials still exist and lead to multiple customer bonding based on the reconfigured value chain.

It should be underlined that through the establishment, development and fusion of previously segmented customer relations with various firms, a greater bonding potential can be achieved. In this, two forms of multiple customer bonding must be distinguished. In the one form, numerous customer relations to one firm exist parallel and unrelated to one another. The customer is bonded to the company through a number of links and connections. From the company's point of view, this form of customer bonding has the advantage that if the customer terminates one relationship, bonding potential still exists elsewhere through the remaining links.

In the other form, numerous customer relations to one company are linked, although not transformed into a single customer relationship. From the customer's point of view, such bundling of services has the advantage of convenience as it allows single access to the company's various products and services. From the company's point of view, it provides increased bonding potential. Moreover, lock-in, that is the exit barrier for the customer, is higher than in the case of individual relations.[1] Verizon, an US-based telecommunication company, estimates that it is twelve times more difficult as normally to alienate a customer from an other service provider, if the customer obtains all communication services (local and long-distance calls, mobile phone services, internet access) from one provider.[2] Furthermore, networking increases the intensity of customer relations. The usefulness for an individual customer of a network expands with an increase in services and products offered.[3]

Through electronic integration, multiple customer bonding is strengthened by two further factors. First, it allows a greater personalization of relationships and interactivity between customer and company. Second, the company can more effectively bundle individual services and products into a complete service package for the customer. This aspect of an electronic network thus leads to considerably more intensive multiple customer bonding than has previously been the case. It is this increased intensity in which the true potential advantages of multiple customer bonding in the media and communications markets lie.

Integration activities, in establishing electronic networks, serve the creation of multiple customer bonding. The final goal of such efforts can be seen in the establishment of a high degree of customer integration in which the customer carries out his or her transactions almost totally within a certain (proprietary-structured) communications world.

4.1.2 Price bundling

The possibility of bundling services also allows the introduction a standardised price in order to increase profit potential. In the relevant literature, this strategy is known as price bundling.[4] Price bundling permits a reduction in the heterogeneity of demand by transferring consumer surplus, thus more effectively exploiting a consumer's willingness to

---

1 To this extent, one can speak of a "multiple lock-in". For greater detail on "lock-ins" in electronic networks see Shapiro/Varian (1999).

2 See o.V. (2003).

3 See Arthur (1996); Shapiro/Varian (1999); Kelly (1998).

4 See Adams/Yellen (1976).

pay.[1] In order to achieve a transfer of consumer surplus, products for which consumers show greater or lesser willingness to pay are generally bundled together.

Price bundling is not a new strategy; indeed, it is applied in all of today's markets. One example is the media market, where cable TV providers package their products in a way that all consumers show an equal willingness to pay, regardless of their individual preferences. The US digital TV provider, Direct TV, has – since 1994 – been packaging its programmes in a form that allows as many customers as possible to benefit to a similar extent from the program bundle, and thus have a similar willingness to pay for it.

In integrating new value-added stages, companies are able to elevate their price bundling strategies to a cross-sector level, creating price packages to include an entire range of multimedia services. Thus, price bundling is able to overcome previous market barriers.

By integrating new value-added stages, companies are able to elevate their price bundling strategies to a cross-sector level, creating price packages including an entire range of multimedia services. Thus, price bundling is able to overcome previous market barriers. News Corp., for example, through its acquisitions described above, is able to offer different media and communication services (TV programmes, TV guides, pay TV services, and distribution plattforms) from one source. The positive effects of price bundling described above are therefore much more extensive than was previously the case. It allows News Corp. to increase its profit potential and substantially improves its competitiveness.

4.1.3 Expansion into new (sub) markets and risk diversification

The expansion of traditional information and communication market companies into the sector of internet-based electronic networks can go hand in hand with a considerable increase in growth. Integration activities can therefore also be viewed in the context of opening new potential for revenue streams and profit growth. Generally, the entire multimedia market and especially the expanding internet, in connection with e-commerce, is credited with a considerably greater potential for growth vis-à-vis traditional markets (e.g. print, TV etc.).[2] By integrating new value-added stages, companies are attempting to access future potential for expansion in the form of increased revenue streams and profit growth for integrated service.

---

1 Transfer of consumer surplus refers to those cases where a consumer is prepared to pay for two products at a price above the asking price for one and below the asking price for the other. Price bundling balances these valuations out so that the consumer buys both products in a package. See Adams/Yellen; McAfee/McMillan/Whinston (1989).

2 See PriceWaterhouseCoopers (1999).

However, such hoped-for growth potential must be viewed in respect of the considerable complexities and dynamics of industry convergence. This results in developments that are difficult to grasp and to forecast (both qualitatively and quantitatively). Consequentially, a considerable potential for uncertainty exists in respect of chances and risks. The integration of new value-added stages may therefore, in this context, also be seen as a form of risk diversification, as companies attempt to position themselves in order to participate in any possible potential growth.[1]

4.2 Integration risks

Apart from the potential advantages sketched above, there are also potential risks resulting from the integration of value-added stages. Looking at Telefónicas fusion activities in this context, the considerable efforts required to successfully merge companies such as telecommunications providers around the world with media companies like Endemol become apparent.

Integrating various corporate cultures or business systems is often a critical factor for success. A good example for the problems of adapting to the corporate culture of the acquiring company is AOL Time Warner. In this case, an internet company (AOL) with an aggressive corporate culture acquired a traditional, more conservative media conglomerate (Time Warner). The arising cultural differences can easily be imagined. Controlling the clash of corporate cultures and initiating a mutual process of adaptation is therefore a very important factor in integration activities. Regarding the business systems, especially integrating different value-added stages in the media and communications markets, there is a considerable potential for failure, given the complexity and dynamics of such mergers. Above all, the newly-formed companies are often structurally so complex that managing them becomes an almost insoluble problem.

New studies on post-merger integration indicate that considerable risks exist. A study by A.T. Kearney consulting claims that there is a failure rate of around 60 % for such company mergers.[2] Given these findings, integration activities that have taken place to date must be viewed with caution, as they still have to prove themselves successful in the medium and long term. The potential and risks are summarized in Figure 5.

1 Risk is reduced compared to non-participation in such growth.

2 See MacDonald/Traem (1999).

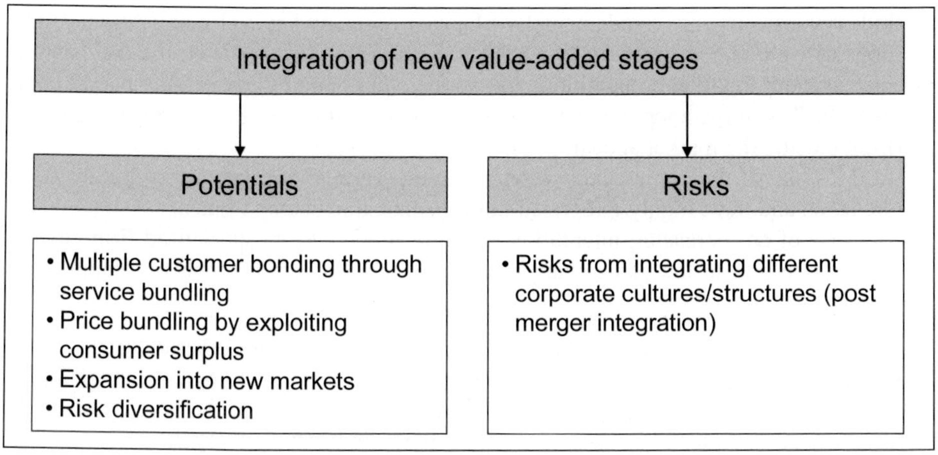

Figure 5: Potentials and risks of integration activities

5. Discussion and conclusion

The main focus of this paper lies on the conceptual foundations of the observed tendencies towards mergers and acquisitions in the media and communications markets. It describes the two processes of convergence of ownership structures of enterprises and the convergence in the structure of the media and communications markets and contrasts them. Although these two processes are not the same, they are closely interrelated, because they describe the same development from two different points of view. On one side there is a tendency towards mergers and acquisitions resulting from a largely declining marketability of individual offerings and the arising need for conjoint offerings. On the other side the process of industry convergence is triggered by technology, deregulation and product service offerings. The tight interrelation of these two developments is due to the fact that they both partially condition as well as reinforce each other. This convergence will lead to a new industry structure with new product offerings and a new basic value chain structure specific for the resulting media and communications market. The underlying reconfiguration of value chains is therefore a necessity for the creation of new offerings that satisfy the changing user preferences and demands as well as a result of the change in ownership structure as a general precondition for new offerings.

The developments described in this paper affect above all strategic corporate management as summarised in the following three points:

- Industry convergence fundamentally changes both market and competition conditions as well as consumer preferences and vice versa. This leads on the one hand to increased intramarket competition, and on the other hand to greater intermarket competition. Taken together, a higher intensity of competition arises and new competitors from outside the market appear.
- In the wake of the value chain reconfiguration, vertical and lateral integration steps are taken and new, highly integrated multimedia value chains formed.
- Because of an increasing integration of value-added stages, specialised firms focusing on one link in the value chain will find it increasingly difficult to remain competitive.

The conclusions reached here have only restricted applicability for other industries. As it was indicated in the discussion of the relevant literature, it is technological change that is leading to the break-up of old value-added structures. In addition, the process of transformation is not as radical in other industries as the industry convergence witnessed in the media and telecommunications markets. A major driver of industry convergence in the media and communications markets is the integration of various media on a standard technological basis through digitalisation. Comparable drivers for other industries are not in sight. Moreover, physical goods do not have the extreme potential for combination that intangible media products and services have. Therefore, a comparable transformation of consumer preference other industries will not experience the same process of convergence and a reconfiguration of value chains through integration of new value-added stages will not occur in the same form.

The industry convergence described here and the related competitive behaviour is characterised by a novelty conditioned on their being of very recent origin. Therefore, a comprehensive assessment and differentiated judgment is still quite difficult. For research, this implies further theoretical and empirical analysis to allow an explicative and practical contribution to dealing with this phenomenon. Above all, more detailed research needs to be made into the consequences of integration and reconfiguration activities.

References

Adams, W.J./Yellen, J.L. (1976), Commodity Bundling and the Burden of Monopoly, in: Quarterly Journal of Economics, Vol.90, August, 1976, pp. 475-498.

Arthur, W.B. (1996), Increasing Returns and the New World of Business, in: Harvard Business Review, Vol. 74, July-August, 1996, pp. 100-109.

Baubin, T./Wirtz, B.W. (1996), Strategic Management and Transformation in Converging Industries – Towards the Information Society, in: W. Brenner and

L. Kolbe (eds.), The Information Super-highway and Private Households, Heidelberg 1996, pp. 363-377.

Benjamin, R./Wigand, R. (1995), Electronic Markets and Virtue Value Chains on the Information Superhighway, in: Sloan Management Review, Vol. 36, No. 2, 1995, pp. 67-72.

Bork, H. (1999), Die dritte Revolution, in: Die Zeit, No. 31, 1999, http://www.zeit.de/archiv/1999/31/199931.sony_.xml.

Collis, D.J./Bane, W.P./Bradley, S.P. (1997), The Converging World of Telecommunications, Computing and Entertainment, in: D.B. Yoffie (ed.), Computing in the Age of Digital Convergence, Boston 1997, pp. 159-200.

Evans, P.B./Wurster, T.S. (1997), Strategy and the new Economics of Information, in: Harvard Business Review, Vol. 78, September-October, 1997, pp. 71-103.

Fetterman, R. (1997), The Interactive Corporation, New York 1997.

Ghosh, S. (1998), Making Business Sense on the Internet, in: Harvard Business Review, Vol. 76, March-April, 1998, pp. 126-133.

Hagel III, J. (1996), Spider versus Spider, in: McKinsey's Quarterly, No. 1, 1996, pp. 4-19.

Hagel III, J./Singer, M. (1999), Unbundling the Corporation, in: Harvard Business Review, Vol. 77, March-April, 1999, pp. 133-141.

Kelly, K. (1998), New Rules for the New Economy – 10 Radical Strategies for a Connected World, New York 1998.

McAfee, R.P./McMillan, J./Whinston, M.D. (1989), Multi-Product Monopoly and Commodity Bundling, and Correlation of Values, in: Quarterly Journal of Economics, Vol. 114, May, 1989, pp. 371-384.

MacDonald, T./Traem, M. (1999), Megamergers: A New Era for Merger Integration, in: AT Kearney Executive Agenda III, First Quarter, 1999, pp. 18-33.

Middelhoff, T. (1997), Entwicklung einer Multimediastrategie für Medienunternehmen, in: Die Betriebswirtschaft, Vol. 57, No. 3, 1997, pp. 411-422.

O.V. (2003), AT&T plant Rückkehr zum Mobilfunk – Marktsituation zwingt zur Kehrtwende, in: Financial Times Deutschland, 20.05.2003, p. 4.

Rayport, J.F./Sviokla, J.J. (1996), Exploiting the Virtual Value Chain, in: McKinsey's Quarterly, No. 1, 1996, pp. 20-37.

Rayport, J.F./Wirtz, B.W. (2001), Vergessen wir das "E" und kehren zum Business zurück, um erfolgreich zu sein, in: Frakfurter Allgemeine Zeitung, Vol. 69, 22.03.2001.

Picot, A./Reichwald, R./Wigand, R.T. (1997), Information, Organization and Management: Expand-ing Markets and Corporate Boundaries, New York 1997.

Porter, M.E. (1985), Competitive Advantage, New York 1985.

PriceWaterhouseCoopers (1999), E-Business Technology Forecast, Menlo Park 1999.

Schenker, J.L. (1999), Bill's Got a New Vision, in: TIME, Vol. 154, No. 17, October 25, 1999, p. 58.

Shapiro, C./Varian, H. (1999), Information Rules: A Strategic Guide to the Network Economy, Boston 1999.

Wirtz, B.W. (1995), Transaktionales Marketingmanagement und Virtualisierung, in: Der Betriebswirt, Vol. 36, No. 4, 1995, pp. 15-20.

Wirtz, B.W. (1999), Es geht ums Ganze: Die Entstehung integrierter Kommunikationswelten für Konsumenten, in: Frankfurter Allgemeine Zeitung, No. 195, B6, 24.08.1999.

Wirtz, B.W. (2001a), Electronic Business, 2. Aufl., Wiesbaden 2000.

Wirtz, B.W. (2001b), Medien- und Internetmanagement, 2. Aufl., Wiesbaden 2000.

Zerdick, A./Picot, A./Schrape, K. (1999), E-conomics: The Economy of E-Commerce and the Internet, Berlin 1999.

Max Ringlstetter / Stephan Kaiser / Anke Brack

Strategische Allianzen in der Medienbranche

1. Einführung

Ein Blick in die Praxis verdeutlicht die Relevanz, aber auch die Vielfältigkeit von Strategischen Allianzen im Wirtschaftsleben. Entsprechend wird in der betriebswirtschaftlichen Literatur das Phänomen "Strategische Allianz" mittlerweile seit fast 20 Jahren intensiv untersucht und diskutiert.[1] Die Aussagen zu strategischen Allianzen sind dadurch allerdings nicht nur umfangreich, sondern auch sehr facettenreich geworden. So zeigt ein Blick in die Literatur, dass bis heute noch keine einheitliche Vorstellung über den Begriff "Strategische Allianz" besteht. Darüber hinaus findet man einige Bezeichnungen, die sowohl in der Praxis als auch von Wissenschaftlern häufig synonym zu strategischen Allianzen verwendet werden, z. B. Koalitionen, Partnerschaften, Kooperationen, Netzwerke etc.

Vor einer medienspezifischen Betrachtung erscheint deshalb angebracht, zunächst grundlegende Aspekte Strategischer Allianzen zu erläutern (2). Hierzu gehören einige begriffliche Anmerkungen sowie die Darstellung zentraler Gestaltungsparameter. Führt man sich anschließend die Anzahl und möglichen Ausprägungen der Gestaltungsparameter vor Augen, so wird deutlich, dass sich theoretisch und praktisch ein breites Spektrum an denkbaren Allianzoptionen ergibt. Im Folgenden wird deshalb der Versuch unternommen, relevante Charakteristika der Medienbranche zu berücksichtigen (3), um im Anschluss daran Motive und Optionen von Strategischen Allianzen in der Medienbranche zu beleuchten (4). Besonderes Augenmerk wird dabei auf die unternehmensübergreifende Nutzung von Medieninhalten durch Allianzen gelegt. Allerdings sind Strategische Allianzen immer auch mit Herausforderungen verbunden, die, wenn sie nicht gemeistert werden, zu einem Scheitern der Allianzen führen können (5).

2. Grundlegende Aspekte von Strategischen Allianzen

Bevor im Folgenden strategische Allianzen von Medienunternehmen im Mittelpunkt stehen, erscheint es notwendig, zunächst ein begriffliches Verständnis für das Phänomen "Strategische Allianz" zu entwickeln (2.1). Im Anschluss daran werden zentrale Gestaltungsparameter vorgestellt, anhand derer deutlich wird, dass strategische Allianzen sehr differenziert ausgestaltet werden können (2.2).

---

1 Vgl. James (1985).

2.1 Begriffliches Verständnis

Grundlegend für die Abgrenzung der Strategischen Allianz ist zunächst die Bezeichnung als "strategisch". Hierin spiegelt sich das übergeordnete Ziel wider, das Unternehmen mit Strategischen Allianzen verfolgen: "Strategic alliances take place in the context of a company's long-term strategic plan and seek to improve or dramatically change a company's competitive position".[1] Strategische Allianzen sind also tendenziell langfristige Kooperationen von zwei oder mehr Unternehmen, die mit dem Ziel eingegangen werden, die eigene Wettbewerbssituation zu verbessern oder zu verändern. Mit anderen Worten will man mit dem Eingehen von strategischen Allianzen die Erfolgspotenziale des Unternehmens signifikant beeinflussen.[2] Erfolgspotenziale beziehen sich dabei auf mögliche zukünftige Erfolge, die erst noch zu nutzen sind. Mit Gälweiler kann man somit sagen, dass Strategische Allianzen lediglich "Vorsteuergrößen"[3] für spätere Erfolge sind. Dies heißt umgekehrt, dass Strategische Allianzen durchaus auch scheitern können.[4]

Jenseits der strategischen Orientierung besteht weitgehende Einigkeit darüber, dass im Rahmen Strategischer Allianzen die Zusammenarbeit auf bestimmte Aufgabenfelder beschränkt bleibt. Die Allianzpartner bleiben weitgehend selbständig. Die Eigenständigkeit wird lediglich im Bereich der von der Allianz betroffenen Aufgabenfelder, also in der Arena der Zusammenarbeit[5] eingeschränkt. Ein Teil der Entscheidungsautonomie wird abgegeben, die Allianzpartner sind weniger autark als bisher. Aufgrund dieser Einschränkungen kann man die Auffassung vertreten, dass sich Strategische Allianzen in einem Bereich zwischen Markt und Hierarchie bewegen. Darüber hinaus sind Strategische Allianzen auch nur auf bestimmte Dauer angelegt. Strategische Allianzen enden spätestens immer dann, wenn das mit der Allianz verfolgte Ziel erreicht ist. Es ist einleuchtend, dass die konkreten Zeithorizonte von Strategischen Allianzen damit sehr unterschiedlich sein können. Diese Aussage lässt sich auch ganz allgemein auf das Verständnis Strategischer Allianzen übertragen. Der Begriff "Strategische Allianz" setzt nur einen Rahmen, innerhalb dessen die konkrete Ausgestaltung – je nach Gestaltungsparameter – unterschiedlich aussehen kann.

---

1 Vgl. Devlin/Bleackley (1988), S. 18.

2 Vgl. allgemein Wolfrum (1993), S. 53 ff.

3 Vgl. Gälweiler (1974).

4 Vgl. etwa Bronner/Mellewigt (2001).

5 Vgl. Ringlstetter (1997), S. 70 f.

2.2 Zentrale Gestaltungsparameter

Die konkrete Ausgestaltung einer Strategischen Allianz hängt insbesondere von zwei Parametern ab:[1] Erstens ist die Verflechtungsrichtung zu nennen, also die Frage, wer in welchen Aufgabenbereichen zusammenarbeitet. Zweitens unterscheiden sich Strategische Allianzen hinsichtlich ihrer Verflechtungsintensität, also danach wie stark sich die Partner aneinander binden.

Will man die *Verflechtungsrichtung* von Strategischen Allianzen bestimmen, sind zunächst Referenzebenen festzulegen. Meist werden hierbei die Branche und die Wertschöpfungskette herangezogen. Grundsätzlich lassen sich – vor dem Hintergrund geltender Referenzebenen – horizontale, vertikale und auch laterale Allianzen unterscheiden.

- Horizontale Allianzen zeichnen sich dadurch aus, dass sie aus Wettbewerbern der gleichen Branche bestehen. Diese arbeiten jeweils in spezifischen Wertschöpfungsstufen zusammen.
- Hingegen spricht man von vertikalen Allianzen, wenn die Zusammenarbeit mit vor- und nachgelagerten Unternehmen, d. h. Lieferanten und Kunden der gleichen Branche stattfindet.
- Eine weitere Verflechtungsrichtung ist die der lateralen strategischen Allianzen. In diesem Fall bestehen Partnerschaften zwischen Unternehmen aus unterschiedlichen Branchen.

Backhaus und Piltz (1990) sowie Hammes (1994), um einige Vertreter zu nennen, plädieren für ein sehr enges Begriffsverständnis hinsichtlich der Richtung von Allianzen. Sie schließen vertikale und damit auch laterale Verflechtungsrichtungen aus. Nach einer Literaturanalyse von Hammes (1994) haben jedoch über 70 % der Autoren ein breiteres Begriffsverständnis. Auch im Folgenden soll ein breites Begriffsverständnis angelegt werden, d. h. sowohl horizontale, als auch vertikale und laterale Allianzen werden betrachtet. Die Wahl des breiten Begriffsverständnisses lässt sich mit dem Aufbrechen von Wertschöpfungsketten in der Medienbranche sowie dem Verlust klarer Branchengrenzen begründen.

Der zweite zentrale Gestaltungsparameter von strategischen Allianzen ist die *Verflechtungsintensität*, also der Grad in dem sich Partner aneinander binden. Nach Bronder und Pritzl wird sie durch drei Faktoren bestimmt, den Zeithorizont, die Ressourcenzuordnung sowie den Formalisierungsgrad.[2]

- Zeithorizont: Strategische Allianzen können mit einer kurzfristigen oder langfristigen Perspektive eingegangen werden. Auch wenn aufgrund der strategischen Ausrichtung meist von eher langfristigen Partnerschaften gesprochen wird, so sind durchaus auch

1 Vgl. Bronder/Pritzl (1991).

2 Vgl. Bronder/Pritzl (1991), S. 48.

kurzfristige Allianzen, etwa zum Transfer von explizitem Know-how denkbar. Darüber hinaus werden die langfristigen Ziele von Strategischen Allianzen in der Realität aufgrund von Instabilitäten oft nicht verwirklicht.

- Ressourcenzuordnung: Hinsichtlich der Zuordnung von finanziellen, materiellen und immateriellen Ressourcen bestehen vielfältige Optionen. Maßgebend ist, ob die Verteilung grundsätzlich symmetrisch erfolgt oder nicht. Von Bedeutung ist zudem die absolute Höhe und Bedeutung der Ressourcen, die gemeinsam genutzt werden sollen. Darüber hinaus macht es einen Unterschied, ob der Zugriff auf die gemeinsamen Ressourcen simultan oder sequentiell erfolgt, bzw. ob der Zugriff rivalisierend ist oder nicht.
- Formalisierungsgrad: Hinter der Frage nach dem Formalisierungsgrad stehen insbesondere die Arten der rechtlichen und strukturellen Institutionalisierung sowie Arten der Kontrolle und Sanktionierung.[1] Von einer niedrigen Formalisierung würde man etwa bei einer Zusammenarbeit sprechen, die auf Absprachen beruht und bisherige Organisationsstrukturen der Allianzpartner nicht berührt. Eine Kontrolle der Zielerreichung und eine entsprechende Sanktionierung finden nicht statt. Gegenbeispiel wäre die Gründung eines Joint Venture durch die Allianzpartner, das aufgrund des hohen Formalisierungsgrades von einigen Autoren bereits nicht mehr zu Strategischen Allianzen gezählt wird.[2]

3. Relevante Charakteristika der Medienbranche

Die Abgrenzung einer Branche ist nicht statisch, sondern immer auch durch den stetigen Strukturwandel der Wirtschaftstätigkeit geprägt. Durch die Entwicklung zur so genannten Informationsgesellschaft sind immer mehr Arbeitskräfte mit der Produktion, der Verarbeitung und Distribution von Informationen beschäftigt. Diesem so genannten vierten Sektor der Wirtschaftstätigkeit wird auch die Medienbranche zugerechnet.

Zur Medienbranche lassen sich in einem ersten Zugriff alle Unternehmen zählen, die ihren wirtschaftlichen Schwerpunkt in der Produktion und Distribution von Mediengütern haben.[3] Damit umfasst die Branche sehr unterschiedliche Unternehmen. Neben den Printmedien und audiovisuellen Medien werden ebenso Marketing- und Kommunikationsunternehmen sowie reine Informationsdienstleister hinzugezählt. Da die technischen Empfangsmöglichkeiten eine wichtige Grundlage für den Konsum von Medieninhalten

1 Vgl. auch Ringlstetter/Morner (1995), S. 93.

2 Vgl. etwa Kutschker/Schmid (2002), S. 861.

3 Vgl. Seufert (1994), S. 16.

darstellen, werden im Medienbericht der Bundesregierung auch die Hersteller von Endgeräten mit zur Medienbranche gezählt.

Um zu verstehen, warum Unternehmen der Medienbranche Allianzen eingehen, ist es notwendig, einige Charakteristika der Medienbranche zu erläutern. Ausgangspunkt derartiger Überlegungen sind theoretische Ansätze zur Erklärung von strategischen Allianzen. Auch wenn es sich um eine unvollständige Liste handelt, werden drei zentrale Ansätze angeführt.[1]

- Strategische Allianzen lassen sich allgemein über den *Transaktionskostenansatz*[2] erklären. Aus Sicht dieses Ansatzes werden Strategische Allianzen eingegangen, wenn diese Transaktionskosten minimal sind. Dies ist immer dann der Fall, wenn die Transaktion durch partnerspezifische Charakteristika geprägt ist und dazu Fähigkeiten erforderlich sind, die momentan im Unternehmen nicht vorhanden sind. Sowohl eine rein marktliche als auch eine rein hierarchische Koordinationsform scheidet damit aus.[3]
- Aus Sicht des *ressourcenorientierten Ansatz* werden Strategische Allianzen damit erklärt, dass sie Zugang zu wettbewerbsrelevanten Ressourcen ermöglichen können. Auf Basis eines verbesserten Ressourcenzugangs lassen sich dann überdurchschnittliche Renten generieren. Eine ähnliche Sichtweise wird auch im sogenannten "Relational View" von Dyer und Singh eingenommen.[4] Diese sehen bereits in interorganisationalen Beziehungen an sich eine Quelle für nachhaltige Wettbewerbsvorteile.
- Eine andere Perspektive nimmt der *industrieökonomische Ansatz* ein. Dieser erklärt Strategische Allianzen mit dem Einfluss von Industriestrukturen. In industrieökonomischer Diktion verfolgen Unternehmen mit Hilfe Strategischer Allianzen das Ziel, Markteintrittsbarrieren zu überwinden oder Skaleneffekte zu generieren etc., also ihre Position im Wettbewerb zu verbessern.

Im Folgenden stehen die beiden letzteren Erklärungsansätze im Vordergrund. Es werden entsprechend zwei Themenfelder näher betrachtet. Zum einen werden im Sinne einer ressourcenorientierten Sichtweise Medieninhalte als zentrale Ressource der Medienbranche betrachtet. Zum anderen werden aus industrieökonomischer Perspektive die Spezifika der Wertschöpfung in der Medienbranche kurz skizziert.

---

1 Vgl. ähnlich Hungenberg (1999), S. 11 ff. und Bronner/Mellewigt (2001), S. 730 f.; auf spieltheoretische Erklärungsansätze wird hier verzichtet, vgl. hierzu Hammes (1994), S. 103 ff.

2 Vgl. Williamson (1975).

3 Vgl. Weder (1990), S. 278.

4 Vgl. Dyer/Singh (1998).

3.1 Medieninhalte als zentrale Ressource in der Medienbranche

Medienunternehmen produzieren, bündeln und vermarkten definitionsgemäß Inhalte als immaterielle Bestandteile von Mediengütern.[1] Jedes Medienunternehmen, das Inhalte generieren möchte, muss über die notwendigen Kompetenzen dazu verfügen. Die strategische Relevanz dieser Inhaltskompetenzen ergibt sich folglich aus der Definition der Medienindustrie.

Am Beginn eines jeden Mediengutes steht zunächst die abstrakte Inhaltsidee. Diese Inhaltsidee lässt sich in unterschiedlicher Form ausdrücken. Im Bereich der Formatgebung sind Medieninhalte daher der zentrale Inputfaktor und haben somit Ressourcencharakter. Sie werden mit Hilfe spezieller Kompetenzen aufbereitet und finden Eingang in ein Medienobjekt. Entsprechend kann man feststellen, dass Inhalte in unterschiedlichen Formaten auftreten.[2] Hierzu gehören unterschiedliche

- Wahrnehmungsformate (z. B. lesen, hören) sowie
- technische Formate (z. B. Papier, Video, CD).

Sowohl Medieninhalte als auch die sie erschaffenden Inhaltskompetenzen lassen sich mehrfach nutzen. Ein abstrakter Medieninhalt ist durch die unterschiedlichen Möglichkeiten seiner Formatierung vielfältig und gleichzeitig parallel in unterschiedlichen Medienobjekten einsetzbar. Im ressourcenorientierten Zusammenhang ermöglicht diese Eigenschaft eine multiple Nutzbarkeit in unterschiedlichen Zusammenhängen. Diese mehrfache Nutzung eines Inhalts ist insbesondere vor dem Hintergrund hoher Kosten der Inhalteerstellung und einer möglichen Amortisierung dieser Kosten wünschenswert. Den Inhaltskompetenzen fehlt die Eigenschaft der nicht-rivalisierenden Nutzbarkeit. Im Rahmen Strategischer Allianzen können sie daher nur eine Rolle spielen, wenn eine Kombination mit den Ressourcen der Partner der Allianz erfolgt, d. h. eine temporäre Auslagerung in die Allianz stattfindet.

Die Mehrfachnutzung von Inhalten und Inhaltskompetenzen stellt zunächst nur ein Potenzial dar. Wichtig ist die Flexibilität dieser Ressourcen, die über die mögliche Einsatzfähigkeit im Rahmen Strategischer Allianzen entscheidet. Die Flexibilität ist von den Determinanten *Transferierbarkeit, Anwendbarkeit* und *Kombinierbarkeit* abhängig.[3]

- Inhalte sind einfach transferierbar, da bei ihnen nie das Original sondern immer Kopien desselben übertragen werden. Im digitalen Zustand sind Inhalte schneller und einfacher transferierbar als in einem festen Format, bei dem unter Umständen zunächst eine Rück-Abstraktion stattfinden muss. Eine wichtige, die Transferierbarkeit

---

1 Vgl. Schumann/Hess (2000), S. 1.

2 Vgl. Vizjak/Ringlstetter (2003), S. 5 f.

3 Vgl. Habann (1999); Brack (2003).

beeinflussende Determinante ist die Art und der Umfang der Verfügungsrechte an einem Inhalt. Durch die fortschreitende Digitalisierung begünstigt, zeichnen sich Inhalte durch eine hohe Anwendbarkeit auch in anderen Einsatzgebieten abseits ihrer ursprünglichen Bestimmung aus. Sie sind zudem sowohl mit anderen Medieninhalten als auch mit sektorfremden Produkten einfach kombinierbar.

- Inhaltskompetenzen sind in der Regel nur durch die direkte Übertragung einzelner oder mehrerer Humanressourcen transferierbar. Bezüglich der Anwendbarkeit und Kombinierbarkeit von Fähigkeiten lässt sich keine generelle Aussage treffen. Die Möglichkeiten ihres Zusammenwirkens sind immer vom sozialen Kontext oder von individuellen Charakteren abhängig, und daher im spezifischen Fall zu beurteilen.

Zusammenfassend lässt sich feststellen, dass sich Inhalte aufgrund ihrer spezifischen Eigenschaften in ungewöhnlich vielen Kontexten gleichzeitig einsetzen lassen. Aufgrund der hohen Fixkosten ihrer Ersterstellung erscheint die Generierung in Strategischen Allianzen sinnvoll und durch die temporäre Übertragung von Humanressourcen auch möglich. Da die Flexibilität von Inhalten sich mit fortschreitendem Wertschöpfungsprozess verändert, erscheint es notwendig, ihre Verwertung im Rahmen Strategischer Allianzen von Beginn an explizit zu planen. Auf diese strategische Mehrfachverwertung von Inhalten soll im Rahmen des "Content Leverage" noch genauer eingegangen werden.

3.2 Wertschöpfung in der Medienbranche

Die Medienbranche wird heutzutage weltweit von einigen großen Konzernen dominiert, die einen Großteil der Marktanteile auf sich vereinen. Durch ihre Größenvorteile scheinen sie die einzigen Spieler zu sein, die langfristig am Markt bestehen können. Die Vielzahl der kleineren, aber meist schnell wachsenden Unternehmen, ist nach der Interneteuphorie entweder von den großen Unternehmen übernommen und integriert oder vom Markt verdrängt worden.

Obwohl die Ausgaben für Mediengüter ständig steigen und auch steigende Mediennutzungszeiten zu verzeichnen sind, hat auch der Medienmarkt natürliche Grenzen. Durch die Neuen Medien stehen den Nutzern immer mehr Übertragungswege zur Verfügung, die aber untereinander in Konkurrenz stehen. Dieser intermediäre Wettbewerb von verschiedenen Medien um die Aufmerksamkeit der Kunden wird durch die zunehmende Vielfalt des Angebots in den unterschiedlichen Teilmärkten verstärkt. Der intramediäre Wettbewerb innerhalb eines Mediums (z. B. verschiedene Zeitungen) ist tendenziell noch höher und damit auch die Substitutionsgefahr, da gleiche Bedürfnisstrukturen und Rezeptionscharakteristika angesprochen werden.

Um die Bedeutung von Größe und damit auch die zunehmende Bedeutung von Allianzen in der Medienbranche zu erläutern, erscheint es sinnvoll, sich die wichtigsten Faktoren vor Augen zu führen:[1]

- *"First-copy-cost-Phänomen":* In der Medienindustrie existieren spezifische Kostenstrukturen, die sich von denen anderer Branchen unterscheiden. Die Fixkosten der Erstellung von Medieninhalten sind oft sehr hoch und risikoreich, da die Höhe der Kosten nicht als Indikator für den Erfolg gesehen werden kann. Außerdem handelt es sich um so genannte "sunk costs", d. h. die Kosten können nicht wieder aktiviert werden. Die variablen Kosten der Vervielfältigung sind, abhängig vom jeweiligen technischen Format, im Verhältnis dazu sehr gering. Das so genannte "First-copy-cost-Phänomen" beschreibt diese hohen Kosten der Erstellung von Medieninhalten und die relativ dazu niedrigen Kosten der Reproduktion von Inhalten. So sind die Kosten der Reproduktion von digitalen Inhalten nahezu null. Diese Besonderheiten führen dazu, dass bei Medienprodukten keine optimale Fertigungsmenge besteht. Prinzipiell gilt: Je höher die Vervielfältigung, desto besser.
- *Netzwerkeffekte*: Auch aus einem anderen Grund sind Größe und damit verbundene Synergiepotenziale in Medienunternehmen von Bedeutung. Medieninhalte verbrauchen sich bei ihrem Konsum nicht wie andere Güter. Theoretisch können eine unbegrenzte Anzahl von Personen eine Nachricht konsumieren. Die Anzahl von Personen, die Zugang zu einem Medieninhalt haben, können jedoch dessen Wert beeinflussen – positiv und negativ. Dies geschieht über so genannte Netzeffekte.[2] Man unterscheidet direkte und indirekte Netzwerkeffekte. Erstere wirken sich direkt auf den wahrgenommenen Wert durch den Konsumenten aus, beispielsweise steigt der Wert eines Faxgerätes durch die allgemeine Verbreitung von Faxgeräten. Indirekte Netzwerkeffekte wirken sich mittelbar über die Produktionsbedingungen aus. Ab einer bestimmten Nachfragemenge lohnt sich die Massenfertigung von Produkten, die Vielfalt nimmt zu und die Produkte werden automatisch billiger. In der Literatur werden hauptsächlich Netzeffekte auf Basis von Technologien betrachtet. Aber auch auf einzelne Inhalte bezogen, sind Netzeffekte zu beobachten. Diese sollen als soziale Netzeffekte bezeichnet werden. Insbesondere bei Inhalten mit einer sozial-kommunikativen Nutzenkomponente, wie beispielsweise Sportereignisse, sind diese Effekte zu beobachten. Konsumenten machen diese Inhalte zum Gegenstand sozialer Kommunikation, man spricht daher auch von einem so genannten "Kommunikationswert".[3] Durch die Existenz von Netzeffekten erhöht sich der Wert für den Einzelnen durch die Gesamtzahl der Konsumenten. Weitere Beispiele für diese Effekte sind politische Inhalte und Fankulturen.
- *Verbundene Märkte*: Zahlreiche Medienprodukte werden ganz oder zum Teil über Werbeeinnahmen finanziert. Die indirekte Finanzierung durch Werbeeinnahmen ist

1 Vgl. auch Wirtz (2001a).

2 Vgl. Economides (1996), S. 679.

3 Vgl. Blind (1997), S. 156.

eine Reaktion der Märkte auf die Besonderheiten von Mediengütern. Die Endkunden haben daher nicht immer einen Preis für den Konsum von Medieninhalten zu entrichten, aber immer ihre Zeit zur Verfügung zu stellen. Die Besonderheiten dieses so genannten Zwei-Güter-Marktes bei den werbefinanzierten Medien führen zu Verbundeffekten bei zunehmender Größe. Auf dem Beschaffungsmarkt für Inhalte können Größenvorteile durch ein gemeinsames Vorgehen realisiert werden. Ein höherer Marktanteil im Endkundenmarkt durch attraktive Inhalte führt wiederum zu einer höheren Attraktivität für die werbetreibende Wirtschaft. Medienunternehmen sind daher nicht nur von der Zahlungsbereitschaft der Rezipienten abhängig, sondern auch von der Entwicklung der Werbebranche sowie der Aufteilung von Werbebudgets auf die verschiedenen Medien. Medienprodukte mit stabilem und hohem Absatz sind hier in einem deutlichen Vorteil.

Die aufgezeigten Besonderheiten führen dazu, dass Größe und Wachstum in Medienmärkten eine besondere Bedeutung zukommt. Aber auch durch veränderte Umweltbedingungen und durch eine damit verbundene Veränderung von Wertschöpfungsketten gewinnt die Bildung von Strategischen Allianzen zur Erlangung von Größenvorteilen an Bedeutung.

Die klassische mediale Wertschöpfungskette lässt sich in drei Stufen untergliedern (Abbildung 1).

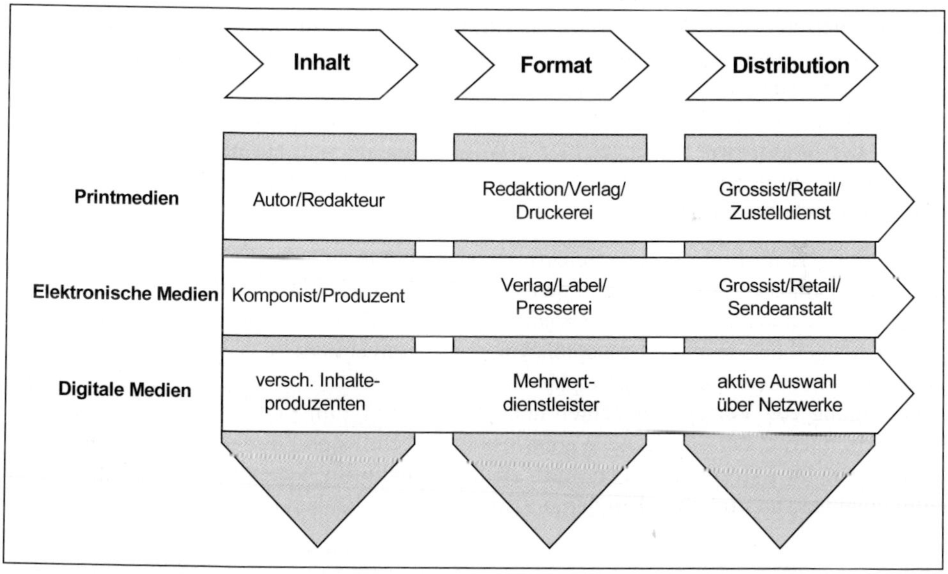

Abbildung 1: Mediale Wertschöpfungskette

Der Bereich "Inhalte" stellt die interne Kreation von Inhalten und den Erwerb von Nutzungsrechten an Inhaltsobjekten dar. Die generierten Inhalte werden dann in der zweiten Wertschöpfungsstufe zu so genannten "Medienobjekten" aggregiert. In dieser zweiten Stufe wird also aus den abstrakten Inhalten ein verkaufsfähiges Produkt als Ausgangspunkt für die Vervielfältigung erstellt. Die dritte Stufe beinhaltet schließlich die Multiplikation und Distribution von Medienprodukten, die sich als multiplizierte Verkörperungen der Medienobjekte verstehen lassen. In den klassischen Medien bestehen direkte Abhängigkeiten zwischen den einzelnen Stufen der Wertschöpfung, d. h. die nachgelagerten Stufen lassen sich den generierten Inhalten eindeutig zuordnen.

Durch neue Möglichkeiten der Wertschöpfung in der Medienbranche hat eine Transformation dieser klassischen Wertschöpfungskette stattgefunden.[1] Eine horizontale Konvergenz der Wertschöpfung ist zu beobachten. Im allgemeinen Sprachgebrauch wird unter dem Konvergenzbegriff das "Zusammengehen" verschiedener Bereiche aufgrund sich als gemeinsam herausstellender Prinzipien verstanden. Im Medienkontext beschreibt die Konvergenz das Zusammenwachsen der Branchen Medien, Informationstechnologie und Telekommunikation, ausgelöst durch technische Entwicklungen wie der Digitalisierung. Anstelle vertikal integrierter Unternehmen dominieren nun zunehmend horizontal spezialisierte Unternehmen die Wertschöpfung. Dies führt zu veränderten Markt- und Unternehmensstrukturen. Der Anbieter einer Einzelkomponente im Gesamtsystem muss zunehmend auch dafür Sorge tragen, dass seine Komponenten mit dem Rest des Systems kompatibel sind. Die Auflösung klassischer Marktgrenzen und die gleichzeitige Entstehung neuer Märkte erfordert neue Kompetenzen und macht die Ergänzung der eigenen Fähigkeiten durch Partnerschaften, und somit Strategische Allianzen, notwendig und evident. Während die Digitalisierung einerseits die horizontale Konvergenz der Medien verursacht, fördert sie andererseits die vertikale Divergenz der Dienstleistungen und die Vielfalt bei den Endgeräten.[2] Für potenzielle neue Wettbewerber ist der Marktzutritt somit leichter geworden, da sie sich anstelle eines integrierten Dienstleistungsangebots auf einen Dienst konzentrieren und die Nutzenkompatibilität mit den Angeboten anderer ausnutzen können.

Gleichzeitig führt die Entstehung elektronischer Märkte zu einer Zweiteilung des Marktsystems in einen physischen und einen virtuellen Bereich. Handelsplattformen im Internet haben zu einer teilweisen Ausschaltung traditioneller Zwischenstufen der medialen Wertkette geführt. Während beispielsweise der konventionelle Vertriebsweg von Büchern durch einen mehrstufigen physischen Warenfluss und durch eine mehrstufige Übertragung von Verfügungsrechten über die Autoren zum Endkunden gekennzeichnet ist, ist im Internet der physische Warenfluss vom rechtlichen Fluss der Verfügungsrechte entkoppelt. Im Extremfall bieten Autoren ihre Inhalte im Netz direkt dem Endkunden zum download an und umgehen damit sämtliche Zwischenhändler, vom Verlag über den

1 Vgl. Schuster/Weiß (2001), S. 110; Wirtz (2001b).

2 Vgl. Noam (1996), S. 20 f.

Grossisten bis zum Buchhändler. Allerdings ist dieses Modell nur bei großer Bekanntheit von Autoren erfolgsversprechend. Durch die zunehmende Fragmentierung des Angebots orientieren sich Kunden nämlich verstärkt an bekannten "Institutionen", wie Marken, da sich gerade im virtuellen Raum erst langsam neue Orientierungspunkte herausbilden. Klassische Mittlermärkte werden somit lediglich teilweise substituiert, wobei sich gleichzeitig neue technische und organisationale Formen herausbilden. Auch in diesem Zusammenhang gewinnen Strategische Allianzen, die sich zwischen Unternehmen der konvergierenden Branchen bilden, an Bedeutung.

4. Motive und Optionen für Strategische Allianzen in der Medienbranche

Strategische Allianzen werden mit dem Ziel eingegangen, die Wettbewerbsposition des eigenen Unternehmens zu verbessern oder zu verändern.[1] Diese Grundaussage trifft natürlich auch für Medienunternehmen zu. Allerdings lässt sich dieses allgemeine, übergeordnete Ziel in unterschiedliche Motive und damit Optionen für Strategische Allianzen aufteilen. Diese können wiederum grundlegend und spezifisch für die Medienbranche erläutert werden (4.1). Als ein sehr spezifischer und zentraler Aspekt Strategischer Allianzen in der Medienbranche kann die Möglichkeit zum sogenannten "Content Leverage" gelten (4.2).

4.1 Grundlegende Motive und Optionen

Die Motive von Medienunternehmen, Strategische Allianzen einzugehen, sind zunächst nicht neuartig, da sie prinzipiell denen anderer Unternehmen ähneln. Allerdings lassen sie sich vor dem Hintergrund der oben skizzierten Charakteristika der Medienbranche differenziert darstellen. Im Folgenden lassen sich fünf verschiedene generische Optionen von Strategischen Allianzen in der Medienbranche identifizieren, denen jeweils unterschiedliche Motive zugrunde liegen.[2]

Sogenannte *Volumenallianzen* erlauben es den Teilnehmern an der Allianz, Größeneffekte (Economies of scale) zu realisieren, die sie alleine nicht realisieren könnten. Meist sind dies Verbindungen von Unternehmen des gleichen relevanten Marktes und der gleichen Verarbeitungsstufe. Als Vorteil für die betreffenden Unternehmen sind unter ande-

1 Vgl. Ringlstetter/Morner (1995).

2 Vgl. auch Kutschker/Schmid (2002), S. 863 f.

rem die Fixkostendegression, z. B. bei der Mehrfachverwertung von Programmen, sowie in bei den werbefinanzierten Medien Vorteile bei der Generierung von Werbeeinnahmen zu sehen.

Eine ähnliche Motivation liegt den sogenannten *Markterschließungs-Allianzen* zugrunde. Ziel ist die Erschließung neuer Märkte und somit den Markteintritt zu beschleunigen. Es handelt sich hauptsächlich um vertikal angelegte Kooperationen zwischen Unternehmen der Inhalte- und Distributionsstufe. Diese Art von Allianzen gewann auch vor dem Hintergrund einer stärkeren Abhängigkeit zu Zugangswegen und zu den geeigneten Endgeräten an Bedeutung. Ebenso lassen sich erfolgreiche Formate, beispielsweise Fernseh- und Zeitschriftenformate, auf andere Länder übertragen, indem Kooperationen mit dort ansässigen Unternehmen im Distributionsbereich eingegangen werden.

Die Produktion von Mediengütern ist häufig mit hohen Risiken verbunden. Für Medienunternehmen kann es deshalb sinnvoll sein, sogenannte *"Burden-Sharing"-Allianzen* einzugehen. Im Rahmen dieser Allianzen kann das Risiko bei der Entwicklung neuer Medieninhalte geteilt werden. Ein Beispiel ist die Zusammenarbeit von Unternehmen der gleichen Wertschöpfungsstufe, nämlich der Generierung von Medieninhalten, aber unterschiedlicher Formatkompetenzen. So wird ein Unternehmen sich um die Veröffentlichung des Inhalts in Buchform, ein anderes um die Verfilmung des Inhalts und wieder ein anderes Unternehmen um die digitale Umsetzung im Internet kümmern. Investitionen und Risiko werden so für alle beteiligten Partner der Allianz begrenzt, die Erfolgswahrscheinlichkeit des spezifischen Inhalts aber durch eine breitere mediale Präsenz gleichzeitig erhöht. Ein Beispiel aus der Praxis stellt die Gründung des Internet-Buchhandels "Booxtra" im Jahr 1999 dar, ein gemeinsames Projekt der Medienkonzerne Axel Springer, Holtzbrinck, T-Online und Weltbild. In Anbetracht der Konkurrenzen Amazon und BOL stellte die gemeinsame Strategie darauf ab, die Investitionen für den einzelnen zu begrenzen und sich gleichzeitig durch ihre unterschiedlichen Kompetenzen zu ergänzen.

Unternehmen, die *Komplementaritätsallianzen* eingehen, können darüber hinaus Zugang zu komplementären Ressourcen, etwa spezifische Fähigkeiten oder Wissen erlangen, der ihnen ansonsten verwehrt wäre. Der Einbau dieser Ressourcen in die eigene Wertschöpfung ermöglicht die Realisierung von Economies of scope. Ein Beispiel ist hier sicherlich der stark wachsende Bereich von digitaler Bildungssoftware. Die hohen Entwicklungskosten sowie der hohe Know-how-Bedarf im Softwareentwicklungsbereich können auf dem Gebiet der verlagsbezogenen Servicedienstleistungen eine strategische Allianz empfehlenswert erscheinen lassen. Für Softwareunternehmen kann es sich als strategisch wichtig herausstellen, sich in dem komplexen Markt der Verlagssoftware zu positionieren, andererseits wäre ein eigenständiges Engagement für beide Unternehmen möglicherweise zu risikoreich. Gleichzeitig profitieren aber der Verlag und das Softwareunternehmen von ihrem jeweiligen branchenspezifischen Wissen, das in der Synergie zu neuen Produkten im Bereich der Verlagssoftware führen kann.

Technologie-Allianzen. Ein Beispiel für diese Art von Allianzen ist das Joint Venture des Bertelsmann Konzerns mit AOL. Dabei wurde das Ziel verfolgt, ein Online-Angebot für Europa zu erstellen. Gleichzeitig wurde das Unternehmen Anteilseigner von Mediaways, einem Datentransporteur, und Pixelpark, einer Multimediaagentur. Die Bertelsmann AG erlangte durch diese Art von Strategischen Allianzen nicht nur Zutritt zu einer Vielzahl an neuen Geschäftsfeldern, sondern vor allem auch zu neuen Technologien. Das Risiko durch die strategische Wahl von Partnern mit Know-how in den jeweiligen Bereichen ließ sich reduzieren. Im Zeitraum 1995-1998 ist die Zahl der Partnerschaften zwischen Medien-, IT- und Telekommunikationsunternehmen von 400 auf über 1.000 gestiegen, entsprechendend einem Faktor 2,5 im Vergleich zur Periode 1992-1994.[1] Die Zahlen bestätigen das Verschwinden von Branchengrenzen durch die Konvergenz, welcher durch strategische Allianzen begegnet wird. Es gibt Hinweise darauf, dass in derartig dynamischen Branchen Strategische Allianzen besonders häufig auftreten.[2]

Es ist naheliegend, dass Medienunternehmen nicht nur eine Form der Allianz verfolgen: Vielmehr kommen die fünf beschriebenen Formen gleichzeitig und in Kombination vor, so dass sich die Vorteile ergänzen. Zudem ergeben sich aus der Auflistung der grundlegenden Motive für Strategische Allianzen in der Medienbranche hinsichtlich der grundlegenden Gestaltungsparameter von Strategischen Allianzen unterschiedliche Optionen. Es zeigt sich, dass je nach Motivlage, unterschiedliche Verflechtungsrichtungen und entsprechend auch Verflechtungsintensitäten vorkommen können. Im Folgenden soll auf Optionen im Bereich der Generierung und Verwertung von Medieninhalten eingegangen werden. Aufgrund der Besonderheiten von Medieninhalten, als zentrale Ressource von Medienunternehmen, erscheinen Strategische Allianzen in diesem Bereich als besonders erfolgsversprechend.

4.2 Ansatzpunkt "Content Leverage"

Medieninhalte wurden bereits als die zentralen Ressourcen der Medienbranche identifiziert. Des Weiteren wurden sie mit ihren Eigenschaften der nicht-rivalen und mehrfach möglichen Nutzung als ideale Basis für die Realisierung von Erfolgspotenzialen in Strategischen Allianzen beschrieben. Im Folgenden sollen entsprechend der Wertschöpfungskette die Möglichkeiten der Generierung und Verwertung von Medieninhalten im Rahmen strategischer Allianzen aufgezeigt werden. Strategische Allianzen in diesem Bereich bilden sich aufgrund der

- Komplementarität von Ressourcen der beteiligten Partner, oder der
- Identität von Ressourcen der beteiligten Partner.

1 Vgl. Saladini/Schmidt (2000).

2 Vgl. Koza/Levin 1998; Hungenberg (1999), S. 19 ff.

In beiden Fällen ist das Ziel des gemeinsamen Vorgehens die Realisierung von Synergiepotenzialen. Der Modus der Wertschaffung dieser Synergien lässt sich in die Schaffung zusätzlicher Werte und die Manipulation von Wettbewerbskräften unterteilen.[1] Ansatzpunkte sind die Inhalte und die sie generierenden Inhaltskompetenzen (Abbildung 2). Hier sollen die Inhalte im Mittelpunkt stehen.

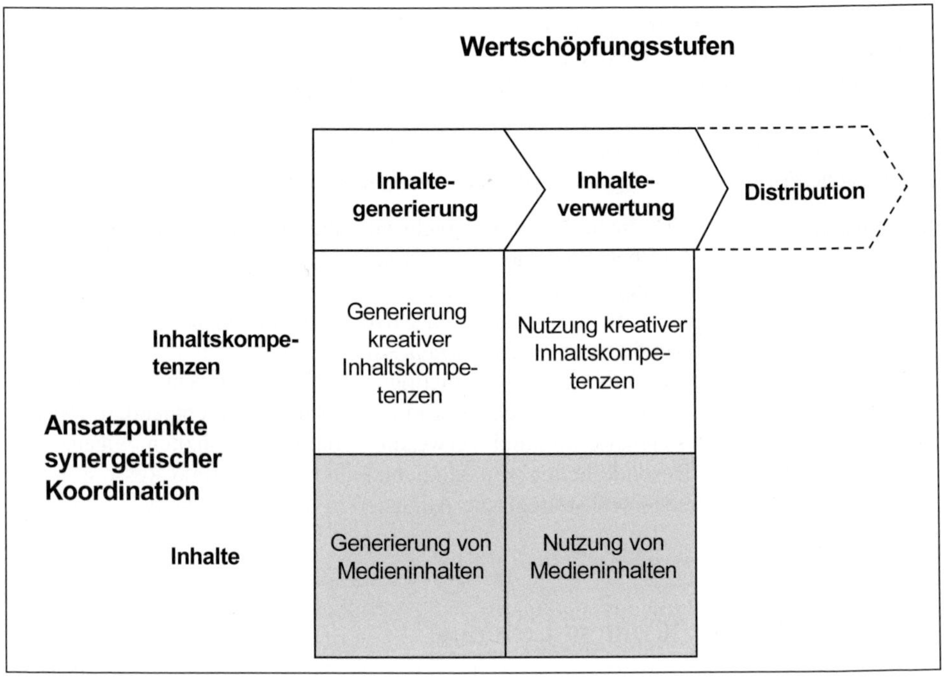

Abbildung 2: Inhalte und Inhaltskompetenzen als Ansatzpunkte

Medieninhalte lassen sich entweder an externen Märkten in Form von Nutzungsrechten erwerben oder eigenständig generieren. In beiden Fällen bedarf es der Existenz von Inhaltskompetenzen. Im Fall des externen Erwerbs zur Beurteilung und Weiterverarbeitung der erworbenen Rechte, bei der internen Generierung zur kreativen Generierung einer abstrakten Inhaltsidee und weiteren Umsetzung in unterschiedlichen Formaten. Im Zusammenhang mit der Generierung von Medieninhalten handelt es sich vorwiegend um horizontale Strategische Allianzen zwischen Unternehmen der gleichen Wertschöpfungsstufe. Die Ressourcen und Fähigkeiten, die die Partner in die Allianz einbringen, ergänzen sich entweder oder sind identisch. Beruhen die Potenziale der Allianz auf der

1 Vgl. Ringlstetter (1995), S. 87 f.

Identität, so sind Volumenallianzen zum gemeinsamen Erwerb und der Nutzung von Inhaltskompetenzen denkbar. Bei sich ergänzenden Ressourcen und Fähigkeiten können durch ein gemeinsames Agieren Beschaffungsmarktpotenziale beim Erwerb von Nutzungs- und Verwertungsrechten an Inhalten auf externen Märkten realisiert werden. Insbesondere vor dem Hintergrund der heutzutage üblichen medienübergreifenden Realisierung einzelner Inhaltsprojekte erscheinen strategische Partnerschaften zur Abdeckung der gesamten Wertschöpfungskette der unterschiedlichen Teilbranchen der Medienindustrie sinnvoll. Partner mit unterschiedlichen Formatkompetenzen, wie beispielsweise Buchverlage, Musikverlage und TV-Produktionsfirmen, können durch ihre Zusammenarbeit für die medienübergreifende Präsenz eines spezifischen Inhalts sorgen. Durch eine frühzeitige Abstimmung können die späteren Vermarktungsmaßnahmen optimal aufeinander abgestimmt werden und mögliche Kosten der Rückabstraktion von bereits formatierten Inhalten (notwendig zur Darstellung in anderen Formaten) vermieden werden. Das Ziel dieser Allianzen ist neben der eigenen Risikobegrenzung auch der Zugang zu neuen Märkten und Kundengruppen. Bei der eigenen Generierung von Inhalten innerhalb einer Allianz können Vorteile durch das Leveraging von Humanressourcen entstehen. So können bisher nicht effektiv genutzte Ressourcen sowohl besser genutzt als auch durch die Neukombination mit den Ressourcen der Partner optimiert werden.

Strategische Allianzen im Rahmen der Verwertung von Medieninhalten konzentrieren sich somit auf die optimale Ausnutzung des Potenzials eines jeden Inhalts. Zunächst kann zwischen der strategisch geplanten Mehrfachverwertung eines Inhalts und der Ad-Hoc-Mehrfachverwertung eines bereits erfolgreichen Inhalts unterscheiden werden. Erstere steht bei Strategischen Allianzen im Mittelpunkt.

Der Begriff der Mehrfachverwertung ist sowohl in der Praxis als auch in der Literatur mit unterschiedlichen Inhalten belegt. In der Literatur dominiert die Unterscheidung zwischen "Windowing" und "Versioning".[1] Während "Windowing" die kaskadenartige Vertriebsweise von Medieninhalten im Zeitablauf zu unterschiedlichen Konditionen umschreibt, beschreibt "Versioning" eine Form von Produkt- und Preisdifferenzierung zu einem bestimmten Zeitpunkt. Hier soll unter Mehrfachverwertung die Verwendung eines Medieninhalts in mehr als einem Medienprodukt verstanden werden. Der Vertrieb eines Medienproduktes über mehrere Vertriebskanäle stellt also keine Form der Mehrfachverwertung sondern eine Multi-Kanal-Strategie dar.

Es existieren unterschiedliche Formen der Mehrfachverwertung eines Inhalts. Diese ergeben sich entlang der Dimensionen "Technisches Format" und "Wahrnehungsformat" (siehe Abbildung 3).

1 Vgl. etwa Shapiro/Varian (1998), S. 106 ff.; Ringlstetter/Vizjak (2001), S. 10 f. und Wirtz (2001a), S. 476 f. sowie 502 f.

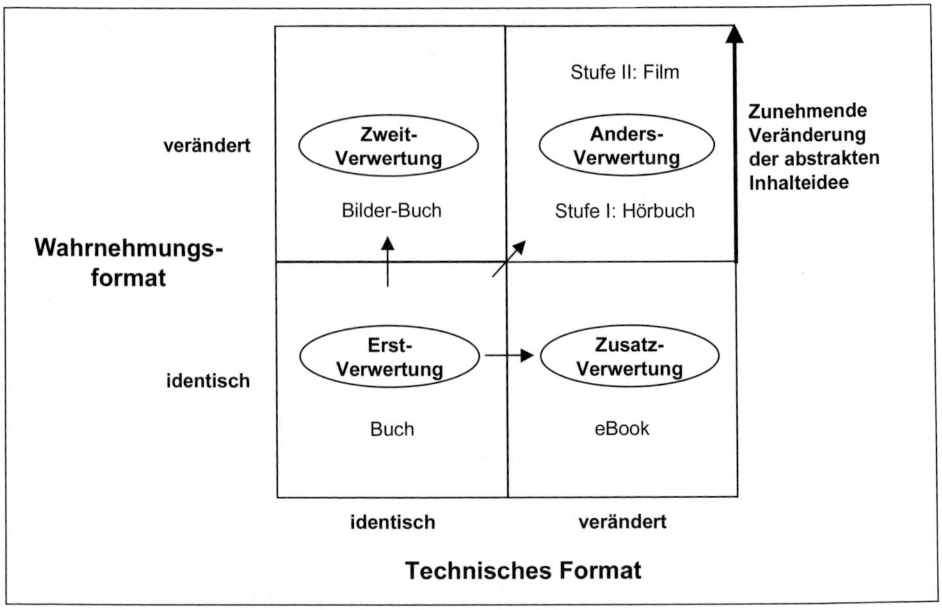

Abbildung 3: Formen der Mehrfachverwertung[1]

Ausgangspunkt der folgenden exemplarischen Überlegungen ist die Existenz eines Buches. Als *Zusatzverwertung* wird die Verwertung des Inhalts in einem eBook bezeichnet. Die Inhalte werden weiterhin gelesen. Diese Form der Mehrfachverwertung erfordert somit lediglich eine Änderung des technischen Formats und ist daher mit geringem Aufwand und hohen Synergiepotenzialen verbunden. Das Buch lässt sich ferner im Sinne einer *Zweitverwertung* als Bilderbuch auflegen. Die Inhalte werden nicht mehr gelesen, sondern betrachtet. Die Verarbeitung des Inhalts zu einem Hörbuch- hier als *Andersverwertung Stufe I* bezeichnet, verändert sowohl technisches als auch Wahrnehmungsformat. Von *Andersverwertung Stufe II* kann man sprechen, wenn die Inhalte des Buches verfilmt werden. Das dazu notwendige Verfassen eines Drehbuchs verändert meist im hohen Maße die abstrakte Inhaltsidee des Buches. Zudem ist eine derartige Form der Andersverwertung mit erheblichem Zeitaufwand und Kosten verbunden.

Die Zusammenarbeit in Strategischen Allianzen erscheint prinzipiell bei allen Formen der Mehrfachverwertung geeignet. Insbesondere bei der geplanten Andersverwertung von Inhalten sind die Synergiepotentiale besonders hoch. Sinnvoll ist die Zusammenarbeit in Allianzen immer auch dann, wenn neben Inhalten auch Marken mehrfach verwertbar sind. Durch die Übertragung auf andere Produkte können positive Markentransfereffekte erzielt werden.

1 In Anlehnung an Brack (2003), S. 223 ff.

Die Mehrfachverwertung im Rahmen strategischer Allianzen kann unterschiedliche Verflechtungsintensitäten und -richtungen beinhalten:

- Verflechtungsintensität: Handelt es sich um ein spezifisches Inhaltsprojekt, so wird die Dauer der strategischen Zusammenarbeit von vornherein begrenzt sein, anders stellt sich die Situation bei geplant dauerhaften Kooperationen dar, beispielsweise bei einer auf lange Zeit angelegten Fernsehserie. Formate, wie die Fernsehsendung "Deutschland sucht den Superstar", sind zunächst ein Beispiel der Mehrfachverwertung eines erfolgreichen Fernsehformats in unterschiedlichen Ländern. Des Weiteren sind diese Inhaltsformate von Anfang an dazu angelegt, über unterschiedliche Medien vertrieben zu werden. Neben der Fernsehsendung wird der Inhalt im Internet und einer Zeitschrift präsentiert. Zudem werden Merchandising Artikel produziert.
- Verflechtungsrichtung: Horizontale Verflechtungen können zwischen Unternehmen einer spezifischen Teilbranche entstehen, beispielweise unterschiedliche Buchverlage. Diese horizontal angelegten Kooperationen können aber auch Format übergreifend sein und somit unterschiedliche Wertschöpfungsketten abdecken. Vertikal angelegte Allianzen bilden sich im Rahmen der Verwertung meist zwischen Unternehmen der Inhalte-Wertschöpfungsstufe und der Distributionsstufe. Dass auch lateralen Allianzen eine zunehmende Bedeutung zukommt, liegt vor allem im Konvergenzprozess begründet. Unternehmen anderer Branchen versuchen, sich in der Medienbranche zu etablieren und über Strategische Allianzen Zugang zu Inhalten zu bekommen. Sie selbst bringen eigene Kompetenzen, wie beispielsweise Know-how im Bereich von Technologien mit in die Partnerschaft ein.

5. Herausforderungen für Strategische Allianzen in der Medienbranche

Strategische Allianzen werden eingegangen, um Wettbewerbsvorteile zu realisieren. Ein Blick in die Praxis zeigt, dass dies nicht immer gelingt. Vielmehr gibt es etliche Gründe für das Scheitern und entsprechend große Herausforderungen für das Management.[1] Dies ist zunächst vielleicht überraschend. Denn aus Sicht der Transaktionskostentheorie bewegt sich die Zusammenarbeit der Allianzpartner zwischen reiner Markttransaktion und Hierarchie. Somit kann die Koordination der Strategischen Allianz erfolgen, indem auf Elemente sowohl hierarchischer also auch marktlicher Koordination zurückgegriffen wird.

1 Vgl. etwa Backhaus/Piltz (1990), S. 10; Ringlstetter/Morner (1995), S. 90 ff.; Bronner/Mellewigt (2001), S. 733 ff.

Allerdings lassen sich Strategische Allianzen auch treffend als "heikle Balance zwischen Kooperation und Konkurrenz"[1] charakterisieren. Dieser Balanceakt wird durch die weitgehende Eigenständigkeit der Allianzpartner, die gleichzeitig mit einem gewissen Eigensinn einhergeht, erschwert. Mit anderen Worten: die Allianzpartner agieren zunächst aus Eigeninteresse und mit einer spezifischen Eigenlogik.[2] Dies stellt das Management der Allianz vor entsprechende Herausforderungen. Im Folgenden werden speziell im Hinblick auf Strategische Allianzen in der Medienbranche einige zentrale Herausforderungen skizziert.

Die spezifischen *Eigenlogiken* der Allianzpartner spiegeln sich in unterschiedlichen organisatorischen Lebenswelten wider.[3] Diese führen dazu, dass die Partner eine eigene Sprache sprechen, Probleme vor dem Hintergrund des eigenen Kontextes definieren etc. Kurz, eine Kommunikation zwischen den Partnern ist nicht ohne weiteres möglich, sondern verlangt oft erhebliche Übersetzungsanstrengungen. Dadurch steigen die Transaktionskosten der strategischen Allianz unter Umständen. In der Medienbranche lassen sich einige plausible Beispiele für eigenlogikinduzierte Kommunikationsprobleme finden:

- Unterschiedlichste Eigenlogiken sind etwa bei lateralen Allianzen zwischen Telekommunikations-, IT- und Medienunternehmen zu erwarten. Trotz der Konvergenz der Branchen bestehen noch erhebliche Differenzen in den vorzufindenden Managementlogiken.
- Bisher noch weitgehend getrennt und damit auch mit spezifischer Eigenlogik ausgestattet, sind Medienunternehmen, die unterschiedliche Formate erzeugen. Buchverlage funktionieren und kommunizieren in anderer Weise wie etwa Musikverlage.
- Strategische Allianzen in der Medienbranche werden häufig eingegangen, um Zugang zu internationalen Märkten zu erlangen. Hierbei kommt es zu typischen interkulturellen Problemen.

Eine ähnliche, für die Medienbranche spezifische Problematik ergibt sich aus dem großen Einfluss von Technologien. Zunächst vom Management kaum wahrgenommene Schwierigkeiten in der technologischen Zusammenarbeit, können sich als Grund für das Scheitern von Allianzen herausstellen. Dies ist zumindest der Fall, wenn die kostenintensive Angleichung von verwendeten Technologien die Vorteile der Allianz überkompensiert. Umgekehrt lassen sich jedoch durch Allianzen entsprechende technologische Standards durchsetzen.

Darüber hinaus verfolgen die Allianzpartner natürlich auch ihr *Eigeninteresse*. Auch wenn man davon ausgeht, dass sich die Interessen der Partner zunächst zumindest nicht widersprechen, so kommt es gerade in dynamischen Branchen, wie der Medienbranche, häufig zu strategischen Umorientierungen. Man denke etwa an die sinkende Bedeutung

---

1 Servatius (1990), S. 57.

2 Vgl. allgemein Ringlstetter (1995), S. 61 ff.

3 Vgl. Kirsch (1992), S. 9 ff.

von Online-Redaktionen. Durch strategische Umorientierungen verschiebt sich das Interesse der beteiligten Unternehmen an der Allianz, die dann häufig vorzeitig beendet wird.[1] Dabei kann das Eigeninteresse der beteiligten Unternehmen offen geäußert, aber auch verdeckt, im Sinne von opportunistisch, verfolgt werden.

Im Zusammenhang mit der Verfolgung von Eigeninteressen ist besonderes Augenmerk auf die Bedeutung der Medieninhalte als zentrale Ressourcen von Medienunternehmen zu lenken. Hier sehen sich die Allianzpartner der Gefahr gegenüber, dass abstrakte Inhaltsideen aufgrund ihrer leichten Übertragbarkeit vom jeweils anderen Unternehmen eigennützig und ohne Gegenleistung übernommen werden. Wenn aufgrund der Eigenständigkeit der Allianzpartner noch kein ausgeprägtes Vertrauen entstanden ist, lässt sich diese Gefahr des kreativen "Diebstahls" nur durch Festlegung von Urheberrechten verhindern. Dadurch wird jedoch umgekehrt nicht nur das kreative Potential von Allianzen gefährdet, sondern es entstehen auch zusätzliche Transaktionskosten.

6. Ausblick

Es zeigt sich, dass in der Medienbranche eine Vielfalt von Optionen für Strategische Allianzen besteht. Die Motive für strategische Allianzen ergeben sich aus den Wertschöpfungscharakteristika der Medienbranche. Aber auch die zu verzeichnende Branchenkonvergenz spricht für Strategische Allianzen, mit deren Hilfe sich einzelne Medienunternehmen strategisch neu ausrichten können ohne gleichzeitig allzu viel Flexibilität einzubüßen. Umgekehrt konnten einige Herausforderungen für strategische Allianzen in der Medienbranche skizziert werden. Vor deren Hintergrund erscheint es notwendig, die Gestaltungsparameter für Strategische Allianzen so zu wählen, dass dadurch die Ziele der Allianz bestmöglich verfolgt werden können.

Häufig wird man feststellen, dass das einzelne Medienunternehmen an ganz unterschiedlichen Allianzen beteiligt ist. Es besitzt somit ein ganzes Portfolio an Allianzen bzw. Allianzpartnern. In diesem Zusammenhang gilt es sich Gedanken dahingehend zu machen, wie ein Management des Allianzportfolios aussehen kann und auf welche Weise eine Allianzmanagementkompetenz aufgebaut werden kann.[2] Voraussetzung hierfür wird immer die Bestimmung des Erfolgs einzelner Allianzen sein. Dies dürfte gerade in der dynamischen Medienbranche nicht ganz einfach sein.

Darüber hinaus ist zu überlegen, inwieweit auch Medienkonzerne von gewissermaßen "internen" strategischen Allianzen profitieren können bzw. umgekehrt, inwieweit beste-

1 Vgl. Bronner/Mellewigt (2001), S. 736.

2 Vgl. allgemein Hoffmann (2001).

hende Strategische Allianzen durch einen Blick auf Erfahrungen von Konzernen lernen können. Dies gilt insbesondere dann, wenn die einzelnen Konzernunternehmen eine hohe dezentrale Eigenständigkeit besitzen. Der Bertelsmann Konzern beispielsweise versucht, mit seinem Bertelsmann Content Network[1] konzernweit Synergien und neue Geschäftsideen aufzufinden. Hierzu werden Projekte initiiert, mit dem Ziel, sich über gemeinsame Medieninhalte zu unterhalten bzw. gemeinsame Medieninhalte zu erstellen.

Literaturverzeichnis

BACKHAUS, K./PILTZ, K. (1990), Strategische Allianzen – eine neue Form kooperativen Wettbewerbs?, in: Backhaus, K./Piltz, K. (Hrsg.), Strategische Allianzen, zfbf-Sonderheft 27, 1990, S. 1-10.

BACKHAUS, K./PILTZ, K. (Hrsg.) (1990), Strategische Allianzen, zfbf-Sonderheft 27, 1990.

BLIND, S. (1997), Fernsehen und Neue Medien- eine ökonomische Einschätzung, in: Schanze, H./Ludes, P. (Hrsg.), Qualitative Perspektiven des Medienwandels: Positionen der Medienwissenschaft im Kontext "Neuer Medien", Opladen 1997, S. 151-157.

BRACK, A. (2003) (in Druck), Das strategische Management von Inhalten in der Medienbranche, Wiesbaden 2003.

BRONDER, C./PRITZL, R. (1991), Leitfaden für strategische Allianzen, in: Harvard Business Manager, 13 Jg., Nr. 1, 1991, S. 44-53.

BRONNER, R./MELLEWIGT, T. (2001), Entstehen und Scheitern Strategischer Allianzen in der Telekommunikationsbranche, in: Zeitschrift für betriebswirtschaftliche Forschung, 53 Jg., Nr. 11, 2001, S. 728-751.

CORSTEN, H./WILL, T. (HRSG.) (1995), Unternehmungsführung im Wandel, Stuttgart, Berlin, Köln 1995.

DEVLIN, G./BLEACKLEY, M. (1988), Strategic Alliances – Guidelines for Success, in: Long Range Planning, Vol. 21, No. 5, 1988, S. 18-23.

DYER, J.H./SINGH, H. (1998): The Relational View: Cooperative Strategy and Sources of Interorganizational Competitive Advantage, in: Academy of Management Review, Vol. 23, No. 4, 1998, S. 660-679.

ECONOMIDES, N. (1996), The Economics of Networks, in: International Journal of Industrial Organisation, Vol. 14, No. 6, 1996, S. 673-699.

[1] Vgl. Thielmann/Sieprath/Kaiser (2001).

ENGLHARD, J./SINZ, E. (Hrsg.) (1999), Kooperation im Wettbewerb. Neue Formen und Gestaltungskonzepte im Zeichen von Globalisierung und Informationstechnologie, Wiesbaden 1999.

GÄLWEILER, A. (1987), Strategische Unternehmensführung, Frankfurt 1974.

HABANN, F. (1999), Kernressourcenmanagement in Medienunternehmen, Köln 1999.

HAMMES, W. (1994), Strategische Allianzen als Instrument der strategischen Unternehmensführung, Wiesbaden 1994.

HUNGENBERG, H. (1999), Bildung und Entwicklung von strategischen Allianzen – theoretische Erklärungen, illustriert am Beispiel der Telekommunikationsbranche, in: Englhard, J./Sinz, E. (Hrsg.), Kooperation im Wettbewerb. Neue Formen und Gestaltungskonzepte im Zeichen von Globalisierung und Informationstechnologie, Wiesbaden 1999, S. 3-29.

HOFFMANN, W.H. (2001), Management von Allianzportfolios: Strategien für ein erfolgreiches Unternehmensnetzwerk, Stuttgart 2001.

JAMES, B.G. (1985), Alliance: The New Strategic Focus, in: Long Range Planning, Vol. 18, No. 3., 1985, S. 76-81.

KIRSCH, W. (1992), Kommunikation, Autopoiese, Rationalität – Sondierungen zu einer evolutionären Führungslehre, München 1992.

KOZA, M./LEVIN, A. (1998), The Co-evolution of Strategic Alliances, in: Organizations Science, Vol. 9, No. 3, 1998, S. 255-264.

KUTSCHKER, M./SCHMID, S. (2002), Internationales Management, Oldenburg 2002.

NOAM, E.M. (1996), Cyber TV. Thesen zur dritten Fernsehrevolution, herausgegeben von der Bertelsmann Stiftung, Gütersloh 1996.

RINGLSTETTER, M. (1995), Konzernentwicklung: Rahmenkonzepte zu Strategien, Strukturen und Systemen, München 1995.

RINGLSTETTER, M. (1997), Organisation von Unternehmen und Unternehmensverbindungen, München 1997.

RINGLSTETTER, M./MORNER, M. (1995), Strategische Allianzen – ein Ansatz zur Stärkung der internationalen Wettbewerbsfähigkeit, in: Corsten, H./Will, T. (Hrsg.), Unternehmungsführung im Wandel, Stuttgart, Berlin, Köln 1995, S. 83-102.

SALADINI, M./SCHMIDT, S. (2000), Neue Opportunitäten für Medienunternehmen, in: Orbit Spezial, o. Jg., September 2000, S. 56-60.

SERVATIUS, H.-G. (1990), Koordination internationaler Strategischer Allianzen, in: Backhaus, K./Piltz, K. (Hrsg.), Strategische Allianzen, zfbf-Sonderheft 27, 1990, S. 49-66.

SEUFERT, W. (1994), Gesamtwirtschaftliche Position der Medien, Deutsches Institut für Wirtschaftsforschung, Berlin 1994.

SCHANZE, H./LUDES, P. (Hrsg.) (1997), Qualitative Perspektiven des Medienwandels: Positionen der Medienwissenschaft im Kontext "Neuer Medien", Opladen 1997.

SCHUMANN, M./HESS, T. (2000), Medienunternehmen im digitalen Zeitalter: neue Technologien, neue Märkte, neue Geschäftansätze, Wiesbaden 2000.

SCHUSTER, M./WEIß, M. (2001), Ecosystems – Ein neues Paradigma in der Medienindustrie, in: Vizjak, A./Ringlstetter, M. (Hrsg.), Medienmanagement: Content gewinnbringend nutzen, Wiesbaden 2001, S. 109-121.

SHAPIRO, C./VARIAN, H.R. (1998), Versioning: The Smart Way to Sell Information, in: Harvard Business Review, 76. Jg., Nr. 6, 1998, S. 106-114.

THIELMANN, B./SIEPRATH, S./ KAISER, S. (2001), Bertelsmann Content Network – Synergien und Neugeschäfte für ein "Content Powerhouse", in: Vizjak, A./ Ringlstetter, M. (Hrsg.), Medienmanagement: Content gewinnbringend nutzen, Wiesbaden 2001, S. 145-150.

VIZJAK, A./RINGLSTETTER, M. (2003), The Only Way for the Media Industry to Grow and Profit Is with Content, in: Vizjak, A./ Ringlstetter, M. (Hrsg.), Media Management: Leveraging Content for Profitable Growth, Berlin 2003, S. 3-13.

VIZJAK, A./RINGLSTETTER, M. (Hrsg.) (2001), Medienmanagement: Content gewinnbringend nutzen, Wiesbaden 2001.

VIZJAK, A./RINGLSTETTER, M. (Hrsg.) (2003), Media Management: Leveraging Content for Profitable Growth, Berlin 2003.

VOIGT, S. (1993), Strategische Allianzen: Modisches Schlagwort oder Antwort auf globale Herausforderungen?, in: Wirtschaftswissenschaftliches Studium, 22 Jg., Nr. 5, 1993, S. 246-249.

WEDER, R. (1990), Internationale Unternehmenskooperation: Stabilitätsbedingungen von Joint Ventures, in: Außenwirtschaft, 45. Jg., Nr. 2, 1990, S. 267-291.

WILLIAMSON, O. (1975), Markets and Hierarchies, Analysis and Antitrust Implications - A Study in the Economics of Internal Organization, New York u. a. 1975.

WIRTZ, B. (2001a), Medien- und Internetmanagement, 2. Auflage, Wiesbaden 2001.

WIRTZ, B. (2001b), Reconfiguration of Value Chains in Converging Media and Communication Markets, in: Long Range Planning, Vol. 34, No. 4, 2001, S. 489-506.

WOLFRUM, U. (1993), Erfolgspotentiale. Kritische Würdigung eines zentralen Konzepts der strategischen Unternehmensführung, München 1993.

Christoph Mohn

Die Positionierung von Internet Portalen in konvergierenden Medienmärkten

1. Die Nutzung des Mediums Internet im Vergleich zu den traditionellen Medien

Die Internetnutzerschaft in Deutschland unterliegt nach wie vor einem starken Wachstum. Zwar sind die enormen Wachstumsraten der vergangenen Jahre nicht mehr zu verzeichnen, jedoch gibt es ein beständiges Wachstum. Während im November 2001 die sogenannte @home Nutzerschaft 17,98 Millionen Internetnutzer umfasste, konnten im selben Monat des Folgejahres bereits 20,49 Millionen User gezählt werden[1]. Dies entspricht einem Wachstum von über 12 %. In den kommenden Jahren kann von einem ähnlichen Anstieg der deutschen Internetbevölkerung ausgegangen werden. Das geringste Wachstum der Internetbevölkerung ist in Skandinavien zu verzeichnen. Dies hängt damit zusammen, dass sich das Internet als Medium dort wesentlich früher etablieren konnte als in anderen europäischen Ländern und bereits Ende der Neunziger Jahre über 50 % der Bevölkerung einen Internetanschluss hatten. Dagegen zeigen Spanien und Frankreich den stärksten Anstieg der Internetnutzerschaft im vergangen Jahr. So wuchs in Frankreich die Internetbevölkerung zwischen November 2001 und November 2002 von 6,3 Millionen auf 10 Millionen. Spanien konnte im selben Beobachtungszeitraum einen Anstieg von 3,67 Millionen auf 5,71 Millionen Nutzern verzeichnen.

Das Wachstum der Internetbevölkerung wirkt sich auf die durchschnittliche Nutzungsdauer der unterschiedlichen Medien in der Bevölkerung aus. Es soll hier die tägliche Nutzung von TV, Printmedien, Radio und Internet in Deutschland anhand einer von NFO TPI in Zusammenarbeit mit Lycos Europe durchgeführten Studie verglichen werden[2]. Betrachtet man die Gesamtbevölkerung, so kann das Fernsehen eine durchschnittliche Nutzung von 183 Minuten am Tag, das Radio 147 Minuten, Print 41 Minuten und das Internet 30 Minuten aufweisen. Analysiert man lediglich den Teil der Bevölkerung, der das Internet regelmäßig nutzt, so ergibt sich eine andere Verteilung. Während der Medienkonsument durchschnittlich 75 Minuten online ist, nutzt er die Printmedien nur noch 30 Minuten, TV 162 Minuten und das Radio 141 Minuten. Unter den regelmäßigen Internetnutzern verlieren TV und Radio also lediglich 10 % bzw. 4 % Nutzungsdauer, wobei sich die Nutzung von Printmedien um 27 % verringert. Betrachtet man die Tatsache, dass der Medienkonsum insgesamt bei etwa 400 Minuten pro Tag relativ konstant bleibt, so muss man feststellen, dass die steigende Anzahl von Internetnutzern und die dadurch verursachte Internetnutzung vornehmlich zu Lasten der Printmedien geht. Die Feststellung, dass der Medienkonsum insgesamt durch die Nutzung des Internets nicht

---

1 Vgl. zu den folgenden Ausführungen Nielsen/NetRatings Dezember 2002.

2 Es erfolgte eine schriftliche Befragung im NFO TPI Access Panel zwischen dem 2.6. - 24.7.2002. Dabei wurde ein Fragebogen ausgeführt sowie ein Tagebuch geführt. Für die Betrachtung innerhalb der Gesamtbevölkerung war n = 616 (bevölkerungsrepräsentativ), für die Analyse unter dem Anteil der Bevölkerung, die das Internet aktiv nutzt (mindestens 1 mal pro Monat), war n = 937 (internetrepräsentativ).

steigt, zeigt auch, dass ein neues Medium traditionelle Medien substituiert und nicht ergänzt.

Ein Grund dafür, dass die steigende Nutzung des Internets zu Lasten der Printmedien erfolgt, stellt die Intensität der Mediennutzung im Tagesverlauf dar. Wie die bevölkerungsrepräsentative Umfrage in Abbildung 1 zeigt, liegt die Reichweite des Radios zwischen 7.00 und 9.00 Uhr morgens bei 20-25 %; damit ist das Radio in dieser Zeit bei weitem das reichweitenstärkste Medium.

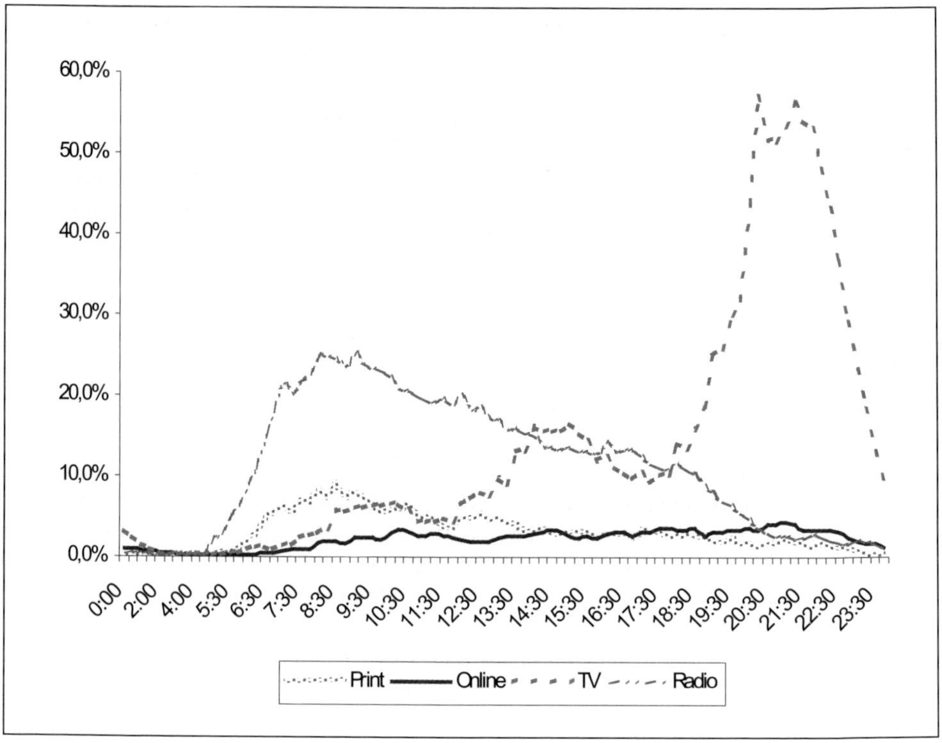

Abbildung 1: Bevölkerungsrepräsentativ

Im Tagesverlauf nimmt die Nutzung des Radios kontinuierlich ab. Eine gegenläufige Kurve lässt sich beim Fernsehen feststellen. Hier steigt die Nutzung über den Tag hinweg, wobei der Peak von knapp 50 % Reichweite zwischen 20.00 und 22.00 Uhr erreicht wird. Dagegen lässt sich bei Print und Internet eine relativ konstante Nutzung beobachten. Während die Nutzungskurve für Printmedien im Tagesverlauf etwas abnimmt, liegt für das Internet eine geringe Steigung vor. Die recht konstante Nutzung des Internet zwischen 10.00 und 22.00 Uhr ergibt sich aus einer dominierenden Nutzung am Arbeitsplatz zwischen 10.00 und 18.00 Uhr sowie der hohen Nutzung zuhause nach 18.00 Uhr. Steigt nun die Nutzung des Internet durch eine steigende Anzahl von Internetnutzern in der Bevölkerung bei konstantem Gesamtmedienkonsum, so verschiebt sich aufgrund des ähnlichen Kurvenverlaufs die Printkurve nach unten und die Internetkurve nach oben. Dies verdeutlicht die internetrepräsentative Umfrage.[1] Lediglich vor 10.00 Uhr morgens erfahren die Printmedien eine stärkere Nutzung als das Internet, während im weiteren Tagesverlauf das Internet eine stärkere Nutzung aufweist. Ein Ausschlag nach oben ist bei der Printkurve noch während der Mittagspause zu sehen.

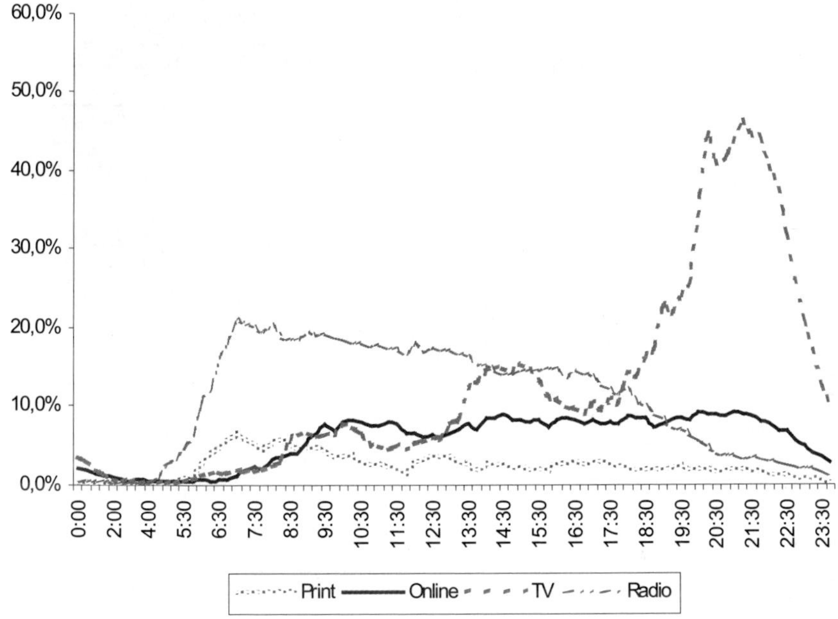

Abbildung 2: Internetrepräsentativ

Die Betrachtung der soziodemographischen Daten der Internet- und Printkonsumenten innerhalb der internetrepräsentativen Bevölkerung zeigt, dass die stärkere Nutzung des Internets besonders ausgeprägt nur in bestimmten Bevölkerungsschichten zu beobachten

1 Vgl. Abbildung 2.

ist. Legt man die Sinus Milieus[1] zugrunde, so ist beim Medium Internet bei den Modernen Performern, den Experimentalisten und den Hedonisten eine überdurchschnittliche Nutzungsintensität zu beobachten, während diese Bevölkerungsgruppen unterdurchschnittlich stark die Printmedien nutzen. Bei den Postmateriellen, der Bürgerlichen Mitte und den DDR-Nostalgischen hingegen überwiegt nach wie vor der Konsum von Printmedien. Es kann festgestellt werden, dass nicht vornehmlich der soziale Status bestimmend ist für die verstärkte Nutzung des einen oder des anderen Mediums, sondern vielmehr die Grundorientierung.

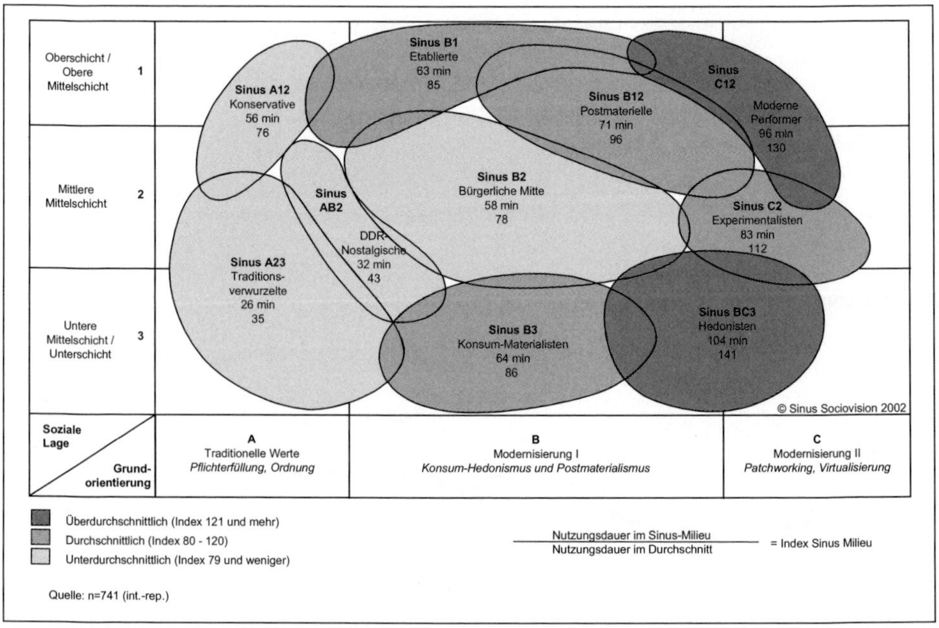

Abbildung 3: Nutzungsintensität des Internets in den Sinus Milieus

1 Durch die Sinus Milieus wird die Bevölkerung nach der sozialen Lage und der Grundorientierung in bestimmte Gruppen unterteilt. Zu den Sinus Milieus siehe Abbildung 3 und Abbildung 4.

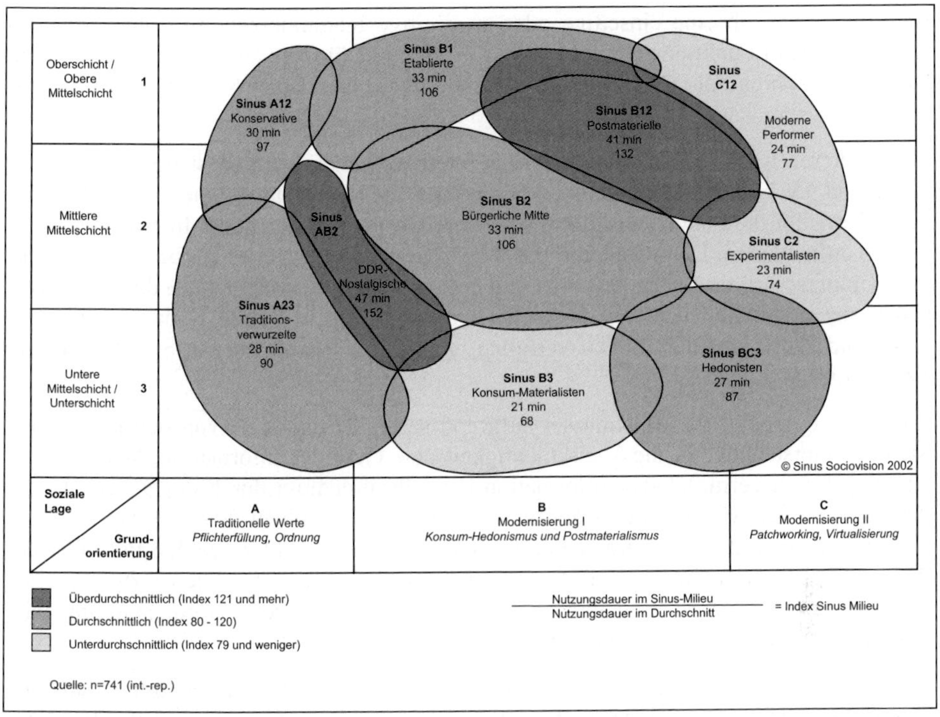

Abbildung 4: Nutzungsintensität des Mediums Print in den Sinus Milieus

2. Verlagerung von Medieninhalten und -angeboten in das Internet

Aufgrund der technologischen Beschaffenheit weist das Internet hinsichtlich der Art der Nutzung Besonderheiten auf im Vergleich zu den traditionellen Medien. Print, TV und Radio folgen dem "one-to-many"-Prinzip, wobei ein einseitiger Kommunikationsstrom vorliegt. Es gibt eine Informationsquelle, die sich an eine Vielzahl von Empfängern richtet. Dabei wird der Inhalt der zu vermittelnden Information durch den Sender bestimmt und in dieser Form empfangen. Die Information fließt ausschließlich vom Sender zum Empfänger, ein direkter, aktiver Informationsaustausch ist dabei nicht möglich. Das Internet ist insofern wesentlich vielseitiger. Es stellt eine Plattform dar, mit der sowohl der Sender- und Empfängerkreis durch den Betreiber beliebig bestimmt werden kann als auch die Frage, ob eine einseitige oder zweiseitige Kommunikation erfolgen soll. So stellt die E-Mail Funktionalität ein klassisches Beispiel für eine „one-to-one"-Kommunikation dar, während der Chat oder das Message Board dem Bereich „many-to-many" zugeordnet werden kann.

Des Weiteren ist der „State-of-Mind" des Internet Nutzers zumindest im Vergleich zu Radio und TV Nutzern ein anderer. Während der TV Nutzer durch eine passive Haltung der Informationsaufnahme, des „Berieseln lassens", geprägt ist, ist der Internetnutzer aktiv und aufmerksam. Denn während das TV Programm vorgegeben ist, befindet sich der Internetnutzer auf der Suche, er klickt und er kommuniziert. Knapp 40 % der TV Nutzer geben an, regelmäßig vor dem Fernseher einzuschlafen, wobei 22 % davon zwischen 21.45 und 22.30 Uhr dem Schlaf verfallen, über die Hälfte davon bei Spielfilmen und Talk-Shows.[1]

Ein anderer Aspekt, der das Internet aufgrund seiner Technologie von den klassischen Medien unterscheidet ist die Vielschichtigkeit und Tiefe der Information. Während der Umfang der zu vermittelnden Information beim Printmedium durch die Seitenzahl der Zeitung oder des Magazins rein physisch beschränkt ist, obliegt dem Internet eine Beschränkung allein durch die Kapazität der Server, deren Anzahl durch den Betreiber der Website frei bestimmbar ist. Auf einer Website ist es üblich, ein Thema zu „teasern", während sich die Information verzweigt und um so ausführlicher wird, je weiter man sich durch die dahinterliegenden Seiten klickt.

Die dargestellten Besonderheiten führen dazu, dass sich Angebote und Inhalte aus den klassischen Medien zunehmend in das Internet verlagern. Dies kann man gut anhand des Kleinanzeigenmarktes verdeutlichen. Während sich im Internet z. B. Jobbörsen breit machen, wird der Stellenmarkt in den einschlägigen überregionalen Tageszeitungen immer dünner. Jobseiten wie Monster, Stepstone oder Jobscout 24, die sich als Nischenanbieter zum Teil selbständig, zum Teil in Kooperation mit den großen Portalen wie Lycos oder MSN positionieren, werden immer beliebter und erfreuen sich eines stetigen Trafficzuwachses. Das Internet bietet dem Nutzer bei der Jobsuche einen höheren Wert als die Printanzeige. Während sich die Tageszeitung auf die Kurzbeschreibung des suchenden Unternehmens, der freien Stelle und einer Kontaktadresse beschränken muss, kann das Internet dem Suchenden viele weitere Funktionalitäten zur Verfügung stellen. Neben der reinen Betrachtung von Stellenangeboten kann der Nutzer durch Suchfunktionalitäten seine Anforderungen an den Job eingeben und bekommt im Suchergebnis spezifische Angebote übermittelt, er kann Firmenprofile interessanter Unternehmen aufrufen, seinen Lebenslauf hinterlegen, einen Jobalarm per SMS oder E-Mail einrichten und per Mausklick mit dem Anbieter Kontakt aufnehmen. Das Internet kann den spezifischen Anforderungen des Suchenden somit besser Folge leisten und bringt den Suchenden ein Stück näher an den Traumjob heran als die Printanzeige, die lediglich die Information vermittelt, dass eine bestimmte offene Stelle vorhanden ist.

1 Vgl. GfK, November 2002.

Ähnlich verhält es sich mit Gebrauchtwagenbörsen, Partnerschaftsvermittlung oder Auktionen.

3. Die Meinungsbildung im Internet – das „Bottom up" Prinzip

Der Nutzer erhält über die Medien Informationen und Nachrichten, die seine Einstellung zu sozialen, politischen oder gesellschaftlichen Themen beeinflussen und formen. Die Medien haben einen erheblichen Anteil an der Meinungsbildung der Bevölkerung. Die Informationen, die durch traditionelle Medien vermittelt werden, sind durch die Redaktionen der einzelnen Medien vorgegeben. Es erfolgt eine Gewichtung und Auswahl der vorhandenen Informationen bevor diese an den Medienkonsumenten weitergegeben werden. Dadurch haben die Medienunternehmen selbst eine gewisse Steuerungsmöglichkeit und können die Meinungsbildung beeinflussen. Auch im Internet gibt es Nachrichten-Websites, die journalistische Informationen enthalten. Zu den größten deutschen Nachrichtenseiten gehören die Netzeitung und Spiegel.de. Allerdings bietet das Internet zusätzlich die Möglichkeit einer völlig anderen Informations- und Nachrichtenverbreitung. Mit Hilfe der sogenannten Weblogs kann jeder User Nachrichten ohne Spezialwissen in Echtzeit publizieren. Auf Messageboards bestimmter Internetseiten wie z. B. Slashdot.com kann der Internetnutzer Links oder selbst erstellte Texte hinterlassen mit Informationen, die er für interessant und veröffentlichungswürdig hält. Vor allen Dingen in den USA zeigt diese Netztagebuchgemeinschaft ein starkes Wachstum. Spezialsuchmaschinen wie z. B. Blogdex scannen permanent die privaten und semiprofessionellen Netztagebücher und listen die am häufigsten diskutierten Themen nach bestimmten Algorythmen auf. Das Instrument der Weblogs ist in den USA zu einem wichtigen Instrument der Meinungsbildung geworden, wobei hier die Meinungsbildung aus der Bevölkerung heraus erfolgt. Zwar hat die Nutzergemeinschaft der Weblogs noch keine ausreichende Größe erreicht, um direkt mit Nachrichtensendungen oder Tageszeitungen zu konkurrieren. Allerdings durchforsten Redaktionen großer Medienhäuser die Weblogs und greifen Themen auf, wodurch sie einem großen Teil der Bevölkerung zugänglich gemacht werden.

So kam in den USA im Dezember 2002 ein Vorfall an die Öffentlichkeit, der für Furore sorgte. Trent Lott, enger Parteifreund von Präsident George W. Bush und republikanischer Mehrheitsführer im Senat hatte anlässlich des 100. Geburtstags des als Anhänger der Rassentrennung bekannten Senators Strom Thurmond eine Rede gehalten, in der er sagte, die USA wären heute deutlich besser aufgestellt, wäre der Rassist 1948 zum Präsidenten gewählt worden. Dieser Vorfall schaffte es zu Anfang nur als Randnotiz in die amerikanischen Medien. In den Weblogs und Foren hingegen fanden sich Berichte über die Rede Lott`s auf Topplatzierungen wieder. Auch Matt Drudge, durch die Lewinsky-Affäre bekannt gewordener Internet-Reporter nahm sich des Falles an und platzierte ihn ganz oben auf seiner viel besuchten Website.[1] Daraufhin griffen die traditionellen Medien die Affäre wieder auf. So grub die Washington Post Worte Lotts aus den Achtzigerjahren aus, die ebenfalls positives zu Rassentrennungsbefürwortern enthielten. Newsweek nahm Lott sogar auf die Titelseite. Dies führte dazu, dass Lott kurz vor dem Rücktritt stand und Präsident Bush eine Stellungnahme abgab, in der er ausführte, dass Lotts Äußerungen nicht dem Geist Amerikas entsprechen würden[2].

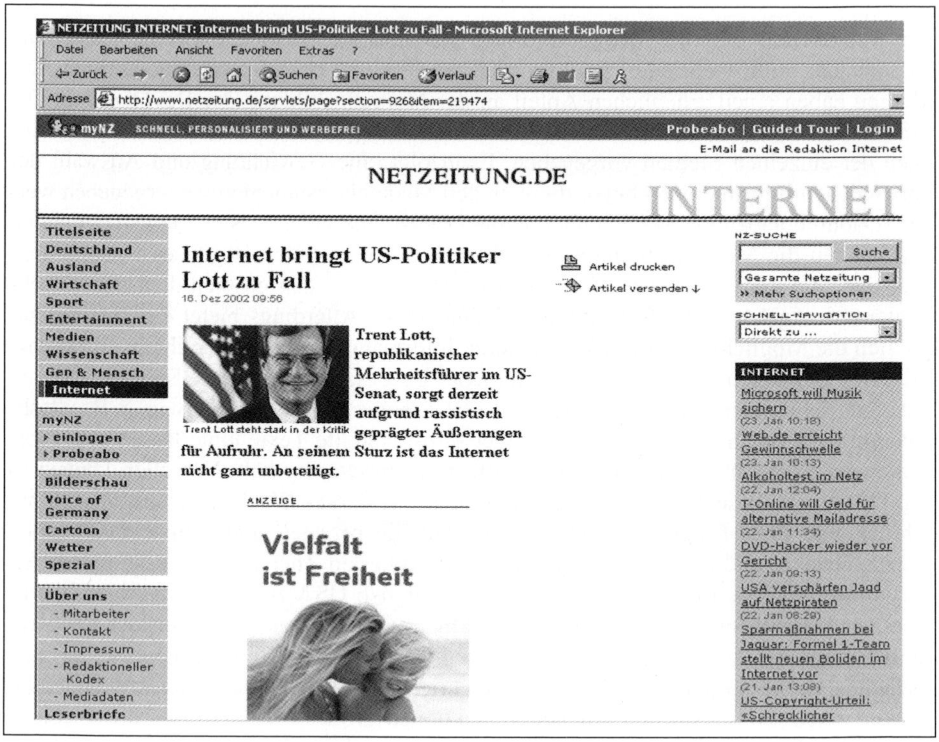

Abbildung 5: Screen-shot Netzeitung.de[3]

1 Vgl. http://www.drudgereport.com/.

2 Vgl. Netzeitung vom 16.12.2002, http://www.netzeitung.de/servlets/page?section=926&item=219474, Abruf am 16.12.2002.

3 Vgl. http://www.netzeitung.de/servlets/page?section=926&item=219474, Abruf am 16.12.2002.

4. Das Internet als Werbeträger im Verhältnis zu traditionellen Medien

In der Werbeindustrie herrscht nach wie vor die Meinung vor, das Internet sei hauptsächlich ein digitaler Point of Sale (POS). Die Effektivität von Online Werbung wird daher hauptsächlich an der unmittelbaren Reaktion des Nutzers auf das Werbeformat gemessen. Dies spiegelt sich z. T. in der Vergütung von Internetanbietern wieder. So werden Werbeverträge in der Form ausgestaltet, dass lediglich für den Click eines Nutzers auf das Werbeformat bzw. für unmittelbare Transaktionen, also den Erwerb des angebotenen Produktes, gezahlt wird. Onlineanbieter sind also direkt verantwortlich für ihr Inventar. Dies ist bei den traditionellen Medien nicht der Fall. So wird ein Fernsehsender nicht nach der Anzahl der Kunden bezahlt, die sich aufgrund eines Werbespots, z. B. für einen Automobilhersteller, unmittelbar in die nächstgelegene Filiale begeben, um sich für eine Probefahrt anzumelden.

Die Tatsache, dass das Medium Internet mitverantwortlich für den Erfolg von Werbekampagnen gemacht wird und diese Verantwortung nicht allein der Kreativagentur obliegt fördert nicht gerade die Kreativität der Agentur bei der Konzipierung des Werbeformats, der Werbebotschaft und des Werbeinhalts. Die Top-Kreativen der Agenturen befassen sich selten mit dem Onlineformat, sondern konzentrieren sich auf den Fernsehspot und die Printanzeige. Auch gibt es für einen besonders innovativen Werbebanner keinen goldenen Löwen in Cannes zu gewinnen, anerkannte Konzept- und Kreativwettbewerbe für die Onlinewerbung fehlen. Das Internet lebt außerdem mit dem Vorurteil, dass durch Onlinewerbung keine Emotionen beim Nutzer geweckt werden können, die Botschaft und Positionierung einer Marke nicht vermittelt werden können. Als Konsequenz daraus entfallen lediglich zwischen 1-2 % der Gesamtwerbebudgets auf das Internet, während dieses Medium bereits etwa 10 % des Gesamtmedienkonsums ausmacht.

Unabhängige Studien zeigen, dass das Internet Werbewirksamkeit besitzt. Innerhalb einer durch die Prognos AG im Zusammenarbeit mit EIAA und der Lycos Europe GmbH durchgeführten Studie wurde die Werbewirksamkeit von Kampagnen für Markenartikel aus den Bereichen Kommunikation, Finanz und Versicherung sowie Touristik analysiert. Dafür wurde ein Panel von 2.000 Medienkonsumenten rekrutiert, die in drei Wellen im Anschluss an Multimediakampagnen der Markenhersteller befragt wurden. Innerhalb des Beobachtungszeitraums wurden online 8.750.000 Advertising Impressions geschaltet sowie 79 Werbespots mit einer Länge von jeweils 30 Sekunden. Die verursachten Kosten verhielten sich im Verhältnis 80/20 zu lasten des Fernsehens. Die reine Internetkampagne hatte eine Reichweite von 16 %, während die Nettoreichweite der TV-Kampagne bei 24 % lag. Die spontane Werbeerinnerung erreichte 4,7 % bei der Internetkampagne und 21,3 % bei der TV Kampagne. Das Internet konnte die Kaufabsicht um 1,5 % erhöhen, die TV Werbung um 3,7 %. Dieser Effekt konnte bei integrierten Kampagnen sogar noch erhöht werden. So konnte die Nettoreichweite von Kampagnen bei Integration des Internets in den Medienmix durchschnittlich um 24 % gesteigert werden. Auch bei den anderen Parametern schafft die Vernetzung von TV und Internet Synergien, die von den jeweiligen Medien alleine nicht erreicht werden. Die spontane Werbeerinnerung bei integrierten TV und Internetkampagnen lag bei 31,2 % und war damit 5,2 % höher als bei isolierten Maßnahmen. Die Studie zeigte außerdem, dass der Multiplikatoreffekt umso stärker ist, je größer die Onlinekampagne. Auch erzielten Kampagnen mit einer einheitlichen Botschaft die höchste Werbewirkung. Dabei haben sich die Onlinekampagnen an den Offlinekampagnen orientiert und die durch TV vermittelte Botschaft in verkürzter Form und Ausschnitten wiederholt und dadurch verstärkt. Etablierte Marken werden dabei durch den Onlinefaktor als innovativ und modern eingeschätzt. Zusammenfassend kann dargelegt werden, dass das Internet seine höchste Wirksamkeit durch integrierte Kampagnen und in Verbindung mit den traditionellen Medien entfaltet. Die zu vermittelnde Werbebotschaft durch das Internet ist durch die z. Zt. gängigen Werbeformate in der Tat beschränkt. Aufgrund der Aktivität des Nutzers eignet es sich jedoch sehr gut dazu, vorher durch das TV vermittelte Werbebotschaften zu wiederholen und zu vertiefen und dem Nutzer erneut vor Augen zu führen. Der wachsende Anteil an Breitbandinternetzugängen in der Bevölkerung wird das Internet allerdings in die Lage versetzen komplexere emotionale Werbebotschaften zu vermitteln. Innovative Werbeformate wie das Streaming Ad schaffen mit dem TV Spot vergleichbare Werbeformate ohne die Internetnutzung zu verlangsamen.

Bernhard Swoboda / Sandra Schwarz

Distribution und Logistik von integrierten Medienunternehmen

1. Einführung

Distribution und Logistik sind fest umrissene Wertschöpfungsfunktionen, die aber in integrierten Medienunternehmen m. E. nicht dezidiert analysiert wurden, sich hier aber zum Teil anders als üblich darstellen, was für eine grundlegendere Betrachtung spricht.

So ist die Distribution gesamtwirtschaftlich nach Specht als Tätigkeit zu begreifen, die – neben der Produktion und Konsumtion – alle Aktivitäten umfasst, „die die körperliche und/oder wirtschaftliche Verfügungsmacht über materielle oder immaterielle Güter von einem Wirtschaftssubjekt auf ein anderes übergehen lässt. Im einzel- bzw. betriebswirtschaftlichen Sinne soll der Begriff spezielle Marketingaktivitäten erfassen, und zwar solche, die die Güterübertragungswege betreffen."[1] Dem gegenüber wird Logistik als prozessuale Verknüpfung „klassischer Unternehmensfunktionen wie Entwicklung, Beschaffung, Produktion und Distribution" gesehen.[2] Aus einzelwirtschaftlicher Perspektive handelt es sich um Systeme zur Raum- und Zeitüberbrückung von physischen Gütern, Personen und Informationen mit dem Ziel, das richtige Produkt im richtigen Zustand zur richtigen Zeit an den richtigen Ort zu minimalen Kosten zu liefern, und in Erweiterung dieser so genannten »4r«-Funktion aktiv Absatzmarktgestaltung zu betreiben.[3] Letzteres fokussiert auf den hier primär relevanten Bereich der Distributionslogistik.[4] In Abhängigkeit von der Perspektive ist die Distribution somit weiter oder enger zu sehen als Logistik, et vice versa. Ausreichend klar wird der gemeinte Zusammenhang, wenn der Blick auf die Marketing-Instrumente gelenkt wird, denn nur eines wird mit dem Begriff Distributionsmanagement angesprochen.[5] Die Distributionspolitik umfasst alle Entscheidungen und Maßnahmen, die im Zusammenhang mit dem Weg von Gütern zum Endabnehmer stehen. Die Entscheidungstatbestände sind:[6]

- Gestaltung der Absatzwege (Absatzwegepolitik), einschließlich der vertraglichen Beziehungen (Einsatz von Distributionsorganen zur Herstellung und Pflege des Kundenkontaktes, zur Vertragsvorbereitung und zum Vertragsabschluss).
- Gestaltung der logistischen Systeme (Logistik) (Einsatz von Organen zur physischen Übermittlung, d. h. zum Transport, zur Lagerung von Gütern) einschließlich der Liefer- und Zahlungsbedingungen.

---

1 Specht (1998), S. 3 f.

2 Baumgarten (2002), S. 2.

3 Vgl. Pfohl (2000a), S. 5; Zentes/Swoboda (2001), S. 354.

4 Zur Abgrenzung von Beschaffungs-, Produktions-, Entsorgungslogistik siehe Baumgarten (2002), S. 5 ff.; Ihde (2001); Wildemann (1997).

5 Vgl. Specht 1998, S. 4.

6 Vgl. Ahlert (1996), S. 15 ff.

Wirtz (2001) hebt hervor, dass sich die Überlegungen zur Distributionspolitik nicht ohne weiteres auf den Mediensektor übertragen lassen, denn vor allem „der Einsatz der Technik und das Produkt „Content“ sind für die Besonderheiten der Distribution auf Rezipientenmärkten verantwortlich“[1]. Faktisch ermöglichen Informations- und Kommunikationstechnologien neue Distributionskanäle und die Distribution selbst hat Auswirkungen auf die Eigenschaften der Produkte, indem etwa die Schnelligkeit der Zustellung über den Wert eines Produktes entscheidet.[2] Die distributionspolitischen Ziele können deshalb in der Regel nicht unabhängig von den übergeordneten (marketing-)strategischen Zielen betrachtet werden. Zudem ist das Umfeld von Medienunternehmen, welches durch Repositionierungen etablierter Unternehmen und durch eine Veränderung der bisherigen Wertschöpfungsstrukturen und Wettbewerbsstrategien gekennzeichnet ist, dynamisch. Es entstehen zunehmend – trotz jüngerer Konsolidierungstendenzen – integrierte Medienunternehmen, etwa über den Erwerb von Unternehmensbeteiligungen, über den horizontalen und vertikalen Vorstoß in neue Produktangebotsräume und über das Zusammenführen ökonomischer Tätigkeiten auf unterschiedlichen Medienmärkten.[3] Dynamisch ist auch die Entwicklung der Distribution und der Logistik, denn letztere umfasst in der modernen Prägung eine schnittstellenübergreifende Prozessfunktion.[4]

Vor diesem Hintergrund liegt das Ziel des Beitrages in der Betrachtung der Besonderheiten und Optionen in der Distribution und Logistik von integrierten Medienunternehmen. Im Kontext des Handbuchs widmet sich der Beitrag drei Aspekten: den Charakteristika von Distribution und Logistik, der Bestandsaufnahme entsprechender Ausprägungen in einzelnen Medienbranchen sowie den Distributionsoptionen in integrierten Medienunternehmen, die eng mit der Integration als solches verbundenen werden.

---

1 Wirtz (2001), S. 96.

2 Vgl. Geretschläger/Leinschitzer (1993), S. 509.

3 Vgl. Wirtz (2001), S. 498.

4 Vgl. Baumgarten (2002), S. 5.

2. Charakteristika und Determinanten

2.1 Ursachen und Katalysatoren der Entstehung integrierter Medienunternehmen

Determinanten der Entstehung integrierter Medienunternehmen sind: [1]

- Markt- und umfeldorientierte Ursachen und Katalysatoren (so technologische Innovationen im Medien-, Kommunikations- und Informationsbereich, Regulierung der Medien-, Kommunikations- und Informationsmärkte, Veränderung der Nutzerpräferenzen und Individualisierung von Kundenbeziehungen)
- Unternehmensbezogene Ursachen und Katalysatoren (so marketingstrategische und unternehmensstrategische Überlegungen)

Diese Entstehung von Medienverbundunternehmen war bis Mitte der neunziger Jahre auf Mega-Merger mit vertikaler Ausrichtung zurückzuführen, während sie Ende dieser Dekade durch den Vorstoß der Telekommunikationsanbieter in die Medienbranche geprägt war. In jüngster Zeit ist die Entstehung integrierter Medienunternehmen vor dem Hintergrund der kommerziellen Nutzung des Internet zu sehen. Auf der einen Seite versuchen klassische Medienunternehmen ihre Position hier durch Unternehmensbeteiligungen zu verstärken; beispielsweise erwarb die Bertelsmann AG 1998 eine 50 %-Beteiligung am Internetbuchhändler Barnes&Noble.com und baut einen Internetmedienvertrieb unter dem Markennamen bol.de auf. Auf der anderen Seite dringen Internetunternehmen in den Bereich der klassischen Medien vor. Als Beispiel ist hier die Übernahme von Time Warner durch AOL zu nennen.[2]

2.2 Dimensionen der Distributions- und Logistikgestaltung

Von Bedeutung in der Distributionsgestaltung sind die Entscheidungen darüber, ob eine Leistung intensiv, selektiv oder exklusiv distribuiert werden soll und welche Distributionsorgane in den Distributionsprozess eingeschaltet werden sollen (Absatzwegepolitik). Beides bildet eine Gesamtunternehmensentscheidung großer Reichweite, die mit der genannten Integrationsentwicklung verbunden ist. Grundsätzlich kann zwischen direktem und indirektem Vertrieb unterschieden werden:[3]

1 Vgl. Wirtz (2001), S. 499 f.

2 Vgl. AOL Time Warner Inc. (2000).

3 Vgl. Zentes/Swoboda (2001a), S. 560 f.

- Beim Direktvertrieb (Direktabsatz) übernimmt der Hersteller die Funktionen, die beim Absatz der Leistungen bis zum Endkäufer anfallen, selbst oder durch von ihm wirtschaftlich abhängige Absatzorgane. Die Vorteile des Direktvertriebs liegen in der Möglichkeit zur unmittelbaren Einflussnahme auf die Endabnehmer und der beim Hersteller verbleibenden Handelsspanne. Als Nachteile sind höhere Kosten und ein möglicherweise geringerer Distributionsgrad zu sehen.
- Indirekter Vertrieb liegt vor, wenn über die Glieder der Absatzkette, durch Zwischenschaltung rechtlich und wirtschaftlich selbstständiger Absatzorgane, z. B. Handelsbetriebe, die Steuerungs- und Kontrollmöglichkeiten hinsichtlich des Einsatzes der Marketinginstrumente beim Endkunden mehr oder weniger verloren gehen und die marketingpolitischen Aufgaben im Endkundenmarkt überwiegend von Absatzmittlern wahrgenommen werden. Der Vorteil liegt darin, dass ein markterfahrenes Unternehmen genutzt werden kann, das mit den Kaufgewohnheiten des jeweiligen Marktes vertraut ist und über ein Servicenetz verfügt, ohne die Kosten und Risiken für eine adäquate direkte Vertriebsstruktur aufwenden zu müssen.

Bezüglich der Art der in den Distributionsprozess zwischengeschalteten Distributionsorgane kann grundsätzlich unterschieden werden zwischen betriebseigenen Organen und betriebsfremden Organen.[1] Bei den betriebsfremden Distributionsorganen ist eine Unterscheidung sinnvoll zwischen Absatzmittlern in Form von Eigenhändlern (z. B. Handelsbetriebe), die Eigentum an der Ware erwerben und ein ausgeprägtes, an den eigenen Zielen ausgerichtetes Marketing betreiben, und Handelsmittlern (z. B. Handelsvertreter, Kommissionäre, Handelsmakler), die im Fremdgeschäft tätig sind, d. h. kein Eigentum an der Ware erwerben. Hier verbleiben die Risiken des Preisverfalls, der Unverkäuflichkeit usw. bei dem beauftragenden Unternehmen. Neben den Absatzmittlern sind ferner Absatzhelfer relevant, d. h. selbständige Institutionen, die nur eine unterstützende Funktion haben (z. B. Speditionen). In der Praxis liegen sehr häufig mehrstufige Strukturen vor (siehe Abbildung 1).

1 Vgl. Gerth (1999), S. 85 f.; Rushton/Oxley/Croucher (2000), S. 58 ff.

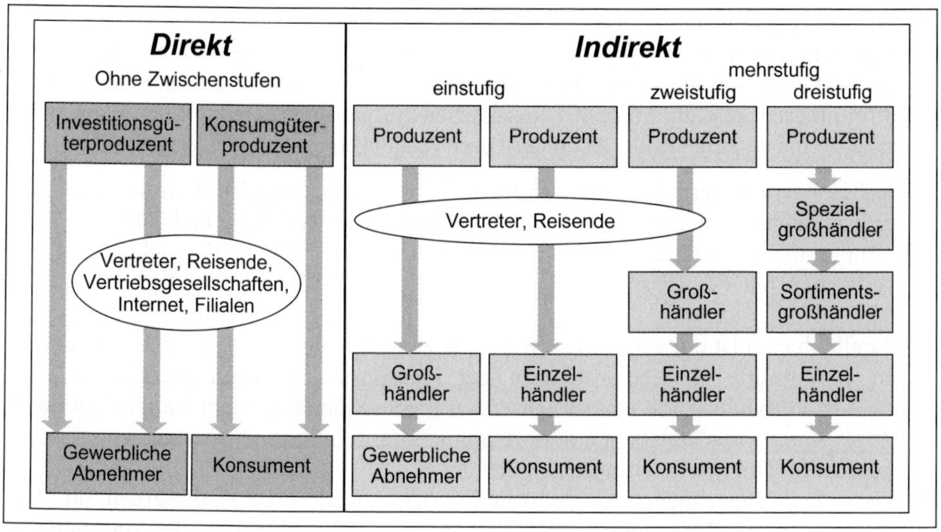

Abbildung 1: Grundsatzalternativen der Distributionssystemgestaltung[1]

Der bereits eingangs definierte Begriff der Logistik lässt sich unter anderem anhand der folgenden Gestaltungsbereiche präzisieren:

- die unternehmensinterne Organisation der Güterflüsse
- die Organisation leistungsfähiger Informations- und Steuerungssysteme
- die Vernetzung dieser Systeme mit den Systemen selbständiger Logistikbetriebe
- den Einsatz geeigneter Transport-, Lager- und Verpackungstechniken usw.

Die dabei zu treffenden Entscheidungen beziehen sich zunächst auf die originären Logistikaufgaben, so u. a. auf Transportwege und Transportmittel sowie Art, Anzahl und Standorte der Waren-Bestandsläger oder Waren-Verteilzentren (physische Distribution). Neben diesen Aufgaben werden Instrumente der Marketinglogistik, d. h. des Lieferservice (Lieferungspolitik), zunehmend zur aktiven Absatzmarktgestaltung eingesetzt.[2] Vor diesem Hintergrund ist auch die Wichtigkeit einer Integration bzw. Koordination der Marketing- und Logistikaktivitäten zu sehen, um Potenziale der Kundengewinnungs- und Kundenbindungsaktivitäten eines Unternehmens optimal umzusetzen.[3] In beiden Fällen gewinnt die Logistik an Bedeutung.[4] Zugleich stellt sich in der Logistik zunehmend die Frage nach Eigenerstellung oder Fremdbezug der logistischen Leistungen. Logistik-Dienstleister übernehmen neben den logistischen Kernaufgaben zunehmend auch

---

1 In Anlehnung an Specht (1998), S. 16.

2 Vgl. Liebmann (1995), Sp. 1586 ff.

3 Vgl. Tompkins/Harmelink (1998), S.65 ff.

4 Vgl. Weber/Kummer (1998).

warenwirtschaftliche Funktionen (z. B. Disposition), Merchandising-Funktionen (z. B. Regalpflege) und finanzwirtschaftliche Funktionen (z. B. Fakturierung). Neben der Frage des Make-or-buy, die sich in indirekten Distributionssystemen gleichermaßen stellt, spielt in jüngster Zeit die Frage der logistischen Aufgabenverteilung in der Wertschöpfungskette eine wichtige Rolle. Zumindest drei Tendenzen sind hier hervorzuheben:

- Insbesondere in der Konsumgüterwirtschaft ist ein zunehmendes Bestreben des Handels zu beobachten, die logistische Führerschaft in der Wertkette und damit die Kontrolle und Steuerung der Warenflüsse zu übernehmen.[1] Diese Entwicklung ist eng verbunden mit der Entstehung von Zentrallagern (Waren-Bestandslager) des Handels.
- Parallel hierzu ist ein verstärktes Bestreben zum Outsourcing logistischer Leistungen an spezialisierte Servicedienstleister oder Transportunternehmen festzustellen. Dies steht in Verbindung mit einer wachsenden Prozessorientierung im Handel,[2] in deren Zuge Warenwirtschaftssysteme die Optimierung des Bestandsmanagements bis hin zur Just-in-Time-Belieferung ermöglichen.
- Ferner kann eine zunehmende vertikale Kooperation hervorgehoben werden, im Marketing (Category Management, CM) und in der Logistik (Supply Chain Management, SCM), mit dem Ziel, brachliegende Wertschöpfungspotenziale an der Schnittstelle der Wertschöpfungsketten zwischen Industrie und Handel auszuschöpfen.[3] So erfolgt im SCM auf der Basis des zunehmenden Austausches von Lagerbestands- oder Abverkaufszahlen eine Steuerung der Warenflüsse in der gesamten Wertkette, so bspw. eine filialgenaue Kommissionierung, zunehmende Cross Docking-Systeme in den Lagern des Handels und letztlich eine verkaufsdatengesteuerte Produktion.[4]

3. Besonderheiten von Distribution und Logistik in ausgewählten Medienbranchen

Als Grundlage für eine Betrachtung der Gestaltungsoptionen von Distribution und Logistik integrierter Medienunternehmen ist ein Blick in die einzelnen Branchen hilfreich, die diesem Handbuch zugrunde liegen. Kursorisch zeigt Tabelle 1 die grundlegenden Unterschiede auf der Basis der im zweiten Kapitel ausgeführten Grunddimensionen auf.

---

1 Vgl. Swoboda/Janz (2002b).

2 Vgl. Swoboda/Morschett (2001), S. 1 ff.

3 Vgl. Bowersox/Closs (1999); Cooper (1997).

4 Vgl. Pfohl (2000b), S. 1 ff.; Swoboda/Morschett (2000), S. 331 ff.

Distribution	Logistik
Zeitungen und Zeitschriften	
– Intensive Distribution als Datum – Dominanz indirekter, mehrstufiger Distribution: Einzelhandel: u. a. Spezialgeschäfte, Lesezirkel Großhandel: Fachgrossisten, Presse-Grosso Verlagsvertreter (Reisende, Handelsvertreter) – Vorliegen direkter Distribution: Abonnement: Zusteller, Postdienste Direktvertrieb: Außendienstmitarbeiter	– Intensive, schnelle Distribution als Datum – Flexibler, regionaler Kleinstmengentransport – Lagerung: Warenbündelung und -umschlag, Cross-Docking beim Großhandel – Leistungsfähige Informations- und Steuerungssysteme als Quelle der Exzellenz des Großhandels (warenwirtschaftliche Funktionen, z. B. Disposition, Re-Distribution)
Buch	
– I. d. R. intensive Distribution – Dominanz indirekter, mehrstufiger Distribution: Einzelhandel: u. a. Buchhandlungen Großhandel: Barsortimenter im Eigengeschäft und Verlagsauslieferer im Fremdgeschäft, Verlagsvertreter (Reisende, Handelsvertreter) – Vorliegen direkter Distribution: direkter Versand (z. B. bei Fachliteratur); Außendienstmitarbeiter bei hochpreisigen Büchern, Buchclubs, Internetunternehmen	– I. d. R. intensive, schnelle Distribution – Transport: Ubiquität als Anforderung bei Massenprodukten – Hilfsbetriebe der Absatzwirtschaft beim Direktvertrieb: Post und Paketdienste – Lagerung: Sortimentsbündelung durch Großhandel – Selektive Sortimente im Einzelhandel – Lieferservice: Informations- und Dispositions-, Produktionsteuerungssysteme
Musik und Film	
– I. d. R. intensive Distribution – Dominanz indirekter, mehrstufiger Distribution: Dominanz des Einzelhandels: unter anderem Musikfachgeschäfte etc. – Geringe Bedeutung direkter Distribution: Versand und Internetvertrieb digitalisierter Art	– I. d. R. intensive Distribution – Transport: Never out of Shelf-Verfahren – Lagerung: Sortimentsbündelung durch Hersteller und Einzelhandel – Lieferservice: Informations- und Dispositionssysteme
TV- und Radiomanagement	
– Intensive Distribution bei TV, z. T. selektive (regionale) Distribution beim Radio – Dominanz direkter Distribution z.B. über Kabel oder Satellit; Zugang über Handel bei Pay-TV – Netzbetreiber als Hilfsbetriebe der Absatzwirtschaft	– Intensive Distribution – Externe Übertragungstechniken und generell Einsatz von Technologien als Charakteristikum – Lieferservice: Informations- und Dispositionssysteme
Internetmanagement	
– Z. T. Intensive, verbreitungsbedingt gegenwärtig selektive Distribution – Distributionsstrukturen: direkter bei Herstellerdistribution; Dominanz indiroktor Dictribution; kooperative Plattformen – Logistikbetriebe und externe Übertragungstechnikanbieter als Hilfsbetriebe	– Z. T. Intensive, verbreitungsbedingt gegenwärtig selektive Distribution – I. d. R. flexibler Kleinmengentransport Ro Dictribution und Qualitätssicherung als Probleme – Informations- und Steuerungssysteme sowie Multi Channel als Quelle der Exzellenz

Tabelle 1: Grundlegende Distributions- und Logistikbedingungen in ausgewählten Branchen

Zeitungen und Zeitschriften

Im Rahmen der Distribution von Zeitungs- und Zeitschriftenverlagen – hier eingeengt auf die Lesermärkte – sind sowohl Formen des Direktvertriebes wie auch des indirekten Vertriebes festzustellen:[1]

- Zum direkten Vertrieb stehen den Verlagen die Instrumente Abonnement – unter Einschaltung z. B. von Absatzhelfern wie Zusteller (insb. bei Zeitschriften), Postdienste oder das Internet – und Außendienstmitarbeiter, die keine Abonnements vertreiben, zur Verfügung.
- Als indirekte Absatzwege stehen vor allem verschiedene Formen des Einzelhandels (traditioneller Einzelhandel und/oder Presse-Einzelhandel) zur Verfügung. Allerdings ist hierbei der Pressegroßhandel (Presse-Grosso, Fachgrossisten) zwischengeschaltet, der die regionale Verteilung der Produkte an die Verkaufsstellen vornimmt. Im Falle der indirekten Absatzwege sind zudem Verlagsvertreter von Bedeutung, die sowohl die Handelskunden wie auch die werbetreibenden Kunden betreuen können.

Trotz der Tendenzen zur steigenden digitalen Übermittlung von Tageszeitungsartikeln via Pocket-PC, WAP-Fon usw., kommt dem Presse-Grosso[2] eine zentrale Bedeutung in der Distribution, und hier insbesondere in der Logistik zu. Er übernimmt nicht nur den Transport und die (Zwischen-)Lagerung, sondern verfügt über ein ausgereiftes Supply Chain Management, unter anderem Lagerhaltungs-, Transport-, Warenwirtschafts-, Datenübertragungs- und vor allem Re-Distributionssysteme, an den Schnittstellen zu den Partnern auf der Einzelhandels- und Verlagsseite.

Buch

Für die Distribution von Büchern stehen den Verlagen unterschiedliche Absatzwege zur Verfügung, wobei – konzentriert man die Betrachtung auf Endkonsumenten – in Deutschland traditionell eine indirekte und zweistufige Distribution vorherrscht.[3] Die Distribution umfasst i. d. R. den Buchgroßhandel und den Bucheinzelhandel – dominant Buch- und Fachbuchhandlungen –, sowie den sonstigen Einzelhandel. Wichtig ist auf der Großhandelsstufe die Unterscheidung zwischen

- so genannten Barsortimentern (z. B. Libri), die im Eigengeschäft, d. h. im eigenen Namen und auf eigene Rechung tätig sind, und damit das Lagerungs- und Absatzrisiko tragen, zugleich aber kurze Lieferzeiten (von oft nur 24 Stunden) haben und zugleich frei in der Gestaltung des eigenen Marketing sind, und den
- so genannten Verlagsauslieferern (z. B. KNO, Neff&Oetiger), die im Fremdgeschäft, d. h. im Namen und auf Rechnung des Verlages, aktiv werden und die Bestellungen des Einzelhandels bündeln.[4]

---

1 Vgl. auch Schroeder (1994), S. 97 ff.; Wirtz (2001), S. 162 f.; Gerpott/Schlegel (2002), S.138 ff.

2 Vgl. Bundesverband Deutscher Buch-, Zeitungs- und Zeitschriften-Grossisten e.V. (2003).

3 Vgl. Heinhold (1993), S. 101 ff.; Effen (1995).

4 Vgl. Schönstedt (1999), S. 178.

Die Wahl zwischen beiden ist auch von der Verlagsform abhängig. So sind Taschenbuchverlage auf die Distribution über Barsortimenter angewiesen, da sie nahezu Flächendeckung benötigen, während Wissenschaftsverlage eher direkt vertreiben können und Kleinverlage oft in der Listungsklemme stecken. Eine direkte Distribution unter Umgehung des Handels ist in Form des direkten Versandes von Büchern durch den Verlag oder in Form von Reisenden des Verlages, die bei hochpreisigen Verlagsprodukten (z. B. Lexika) direkt an die Leser herantreten, möglich. Eine Substitution des Handels stellen auch elektronische Händler (z. B. Amazon.com) dar, wie auch Bestrebungen von Verlagen, den Kunden direkt anzusprechen (z. B. in Form von Buchclubs oder bol.de bei Bertelsmann). Der Versand als Teilbereich der Logistik erfolgt hier über Hilfsbetriebe, wie Post oder Paketdienst, und erfordert ggf. eine Lagerhaltung, die eine effiziente Einzelkommissionierung oder Einzelauftragsbearbeitung ermöglicht.

Musik und Film

Bei der Distribution von Tonträgern liegt eine Dominanz der indirekten Vertriebskanäle vor.[1] Der Absatz erfolgt in der Tonträgerwirtschaft zumeist über Handelsbetriebe, während sonstige Absatzmittler wie Handelsvertreter, Makler oder Kommissionäre nahezu bedeutungslos sind.[2] Eine besondere Form des Mail-Order Geschäftes bilden Club-Konzepte. In der Filmdistribution dominieren mehrstufige Systeme, die durch spezialisierte Vertriebsgesellschaften – Kino-, Fernsehen-, Videoverleih – und in anderen Fällen über den traditionellen Einzelhandel oder den Videoverleih vollzogen werden. Daneben bietet das Internet den Unternehmen zunehmend die Möglichkeit, Musikstücke oder Filme zu vertreiben. Dabei sind sowohl direkte als auch indirekte Vertriebswege denkbar. Ein Beispiel für eine direkte virtuelle Distribution bietet popfile.de, ein Musikportal der Universal Music Germany. Hier werden Musikstücke und Musikvideos der zu Universal Holding gehörenden Labels – z. B. Motor Music, Polydor, Island Mercury, u. a. – zum Download angeboten.[3] Über PersonalCD, welches ebenso zur Universal Music Holding gehört, können die Nutzer ihre CDs ganz nach dem eigenen Geschmack zusammenstellen – Auswahl und Reihenfolge der Tracks, Covergestaltung, Grußtext – und sich diese zuschicken lassen.[4] Aber auch die indirekte Vertriebslinie wird von Universal Music abgedeckt: Bei Universal-DVD erhält man Informationen zu allen von Universal Music veröffentlichten DVDs und kann diese direkt über einen Link zu amazon.de bestellen.[5]

1 Vgl. Wirtz (2001), S. 378 f.

2 Vgl. Lencher/Bochnig (1997), S. 241ff.; Stolberg/Orthmayr (1997), S 246 f.

3 Vgl. Universal Marketing Group GmbH (2003b).

4 Vgl. Universal Marketing Group GmbH (2003a).

5 Vgl. Universal Marketing Group GmbH (2003c).

TV- und Radiomanagement

Die Besonderheiten der Distribution im TV-Bereich – hier eingeengt auf den Rezipientenmarkt[1] – liegt im klassischen Direktvertrieb, in dessen Rahmen als Vertriebskanäle die terrestrische Ausstrahlung, die Einspeisung in das Kabelnetz oder die Verbreitung via Satellit zur Verfügung stehen. Im deutschen Markt fällt hier eine hohe Konzentration auf: es konkurrieren zwei private Sendeanstalten, die RTL-Group der Bertelsmann AG und ProSiebenSat.1 der Kirch-Gruppe mit den öffentlich-rechtlichen Sendern.[2] Trotz ihrer Nachteile in der Übertragungsqualität sind terrestrische Frequenzen begehrt. Ganz ähnlich sieht es mit dem Kabelnetz und dem Satellitennetz aus. Die Zuteilung der Distributionskapazitäten erfolgt im Rahmen der Rundfunkkompetenzordnung durch die Bundesländer. Somit unterliegt die Distribution in der Zuteilungsphase gesetzlichen Restriktionen. Die Distribution im Hörfunk erfolgt üblicherweise direkt; die Hörfunkprogramme werden über den jeweiligen technischen Distributionsweg zum Zuhörer übertragen. Für die Wahl der Distribution sind demnach die technischen Gegebenheiten der einzelnen Absatzkanäle entscheidungsrelevant, wobei – ähnlich wie im TV-Bereich – terrestrische Möglichkeiten, Kabelnetze, Satelliten und das Internet zur Verfügung stehen, allerdings ist die Anzahl der Sendeplätze für die bisher bestehende Senderzahl in Deutschland ausreichend. Die Entscheidung der Hörfunksender ist durch das Finden einer optimalen Kombination zur Abdeckung des ausgelegten Hörfunkmarktes geprägt.

Internet und Multimedia

Im (Quer-)Bereich Internet und Multimedia wird den Distributionsaktivitäten eine besondere Bedeutung beigemessen. Gegenwärtig handelt es sich hierbei – bis auf Ausnahmen – noch eher um eine selektive denn eine intensive Distributionsform. Zudem sind neben den allgemeinen diskutierten Problemen der Sicherheit, des Vertrauens oder rechtlichen Aspekten auch potenzielle Konflikte zwischen den Distributionskanälen zu beachten, die auf Zielinkompatibilität und Rolleninkongruenz innerhalb des Distributionssystems und unterschiedliche Realitätswahrnehmung zurückführbar sind:[3] Die mögliche Ausschaltung von Absatzmittlern zugunsten eines Direktvertriebs kann in Abhängigkeit der Machtlage zu negativen Reaktionen der Betroffenen führen. Aufgrund des Neuartigkeitscharakters sind beim Internet jenseits von bereits oben hervorgehobenen, konkreten Produktstrukturen kaum generalisierbare Aussagen bezüglich der Absatzwegepolitik zu treffen. Es finden sich Direktdistribution der Hersteller, indirekte Distribution durch Händler (traditionelle und elektronische) sowie kooperative Plattformen und Marktplätze.[4] Eine Kernherausforderung besteht in diesem Bereich – bei Produkten, die nicht digitalisierbar sind – in der logistischen Abwicklung der Warenströme zum Kunden.

---

1 Zum Werbemarkt vgl. Wirtz (2001), S. 285.

2 Vgl. Sydow/Windeler/Wirth (2002), S. 463.

3 Vgl. Paschelke/Roselieb (2002), S. 193 f.; Stern/Heskett (1996), S. 293.

4 Zu den unterschiedlichen Formen auch Paschelke/Roselieb (2002), S. 135 ff.

Kleinmengenlogistik, Retourenbearbeitung sind hier die zentralen Herausforderung, genauso wie subjektive Qualitätserwartungen.[1]

4. Optionen für integrierte Medienunternehmen

4.1 Dimensionen der Integration

Die Dimensionen der Integration sind vielfältig.[2] Mit Blick auf Medienunternehmen erscheinen mit Wirtz (2001) drei Strategien relevant:[3]

- Partielle Integration, insbesondere technologisch bedingte, neue Informations- und Distributionsoptionen,
- Integration auf Geschäftsmodellebene, welche die Eingliederung von separaten Geschäftsmodellen umfasst und zwar mit dem Ziel, ein hybrides und multifunktionales Geschäftsmodell aufzubauen,
- Integration auf der Wertschöpfungsebene, welche die Eingliederung von vor-/nachgelagerten Geschäftsfeldern umfasst und zwar mit dem Ziel, alle Stufen zu besetzen.

Wie angedeutet verschwimmen allerdings die Konturen zwischen unterschiedlichen Medienbereichen, Unternehmensgrenzen und Integrationsstufen. So führen die Unternehmen der Medien-, Kommunikations- und Internetbranche vor dem Hintergrund der zunehmenden Konvergenz Integrationsstrategien bezüglich ihrer Wertschöpfungsstrukturen und -aktivitäten durch, indem sie Wertschöpfungsketten aufbrechen, um diese in zumeist neuer Anordnung durch Kooperation bzw. Fusion anderen Unternehmen – nicht notwendigerweise nur der Medienbranche – zusammenzuführen.[4] Andererseits stoßen Unternehmen aus anderen Branchen in neue Medien-, Kommunikations- und Internetbereiche vor, indem sie diese für ihre unternehmerischen Aktivitäten – neben den bestehenden Geschäftsmodellen – nutzen. Zu denken ist an die traditionellen Einzelhändler oder noch stärker Versandhändler, welche ihre traditionellen Distributionsstrukturen um neue, mediale erweitern.[5] Mit Blick auf Distribution und Logistik erscheinen vier Optionen besonders relevant:

- Integrierte Kunden- und Geschäftskommunikation
- Elektronische Distribution

1 Vgl. Zentes/Swoboda (2000), S. 687 ff.

2 Vgl. Kutschker (1998).

3 Vgl. Wirtz (2001), S. 512 ff.

4 Vgl. Wirtz (2000), S. 295.

5 Vgl. Swoboda/Janz (2002a).

- Erweiterung der Geschäftesmodelle bzw. Wertschöpfungsketten
- Neukonfiguration der Wertkette

4.2 Integrierte Kunden- und Geschäftskommunikation

Die Nutzung neuer, digitaler Kanäle in der Kunden- und Geschäftskommunikation ist mittlerweile für viele Unternehmen relevant.

- In der einfachsten Version wird der digitale Kanal für die Distribution von Informationen genutzt, ohne Auswirkungen auf die bisherige Warendistribution und -logistik oder Wertschöpfungsfunktionen und Geschäftsmodelle. Es handelt sich in diesem Fall um eine weitergehende, neue Informationsplattform für Kunden, z. B. in Form einer Homepage im B2C-Bereich. Da Unternehmen heute breit im Internet vertreten sind, finden sich viele Beispiele für die Formen der Verfügbarmachung von Produkt-, Sortiments-, Unternehmensinformationen usw.[1]
- Bedeutender erscheint die Informationsvernetzung im Rahmen der multimedialen Geschäftskommunikation im B2B-Bereich. Auch hier existiert eine Reihe von Beiträgen, die sich diesem Phänomen in vertikalen Distributionssystemen gewidmet haben. Die Überlegungen zur Optimierung von Wertschöpfungsketten, und hier SCM in der Konsumgüterwirtschaft, basieren letztlich auf einem synchronisierten und periodischen Datenaustausch zwischen Marktpartnern.[2] Dies kann auf Industrie- wie auch Handelsunternehmen bezogen werden.[3]

Übertragen auf Medienunternehmen ist die Beobachtung vergleichbar. Beispielsweise ermöglicht – in der Einschätzung von Bertelsmann – die multimediale Geschäftskommunikation den Transfer von großen Datenmengen in standardisiertem Format zu geringen variablen Kosten über große Entfernungen.[4] Schnelle Übertragungswege und standardisierte Prozesse ermöglichen Interaktionen zwischen Sender und Empfänger und erhöhen die Effizienz der Geschäftskommunikation. Unternehmensgrenzen verlieren an Bedeutung, als Kommunikations- und Transaktionsbarrieren. Auch die Zusammenarbeit mit Dienstleistern wird transparenter, wodurch es zur Reduktion von Risiken und Planungsunsicherheiten kommt (siehe Abbildung 2).

---

1 Vgl. Swoboda/Janz (2002a), S. 306 f.

2 Vgl. Swoboda/Janz (2002b).

3 Vgl. Swoboda/Morschett (2001), S. 10f.; Swoboda/Morschett (2002), S. 790 ff.

4 Vgl. Bertelsmann University (1999), S. 40.

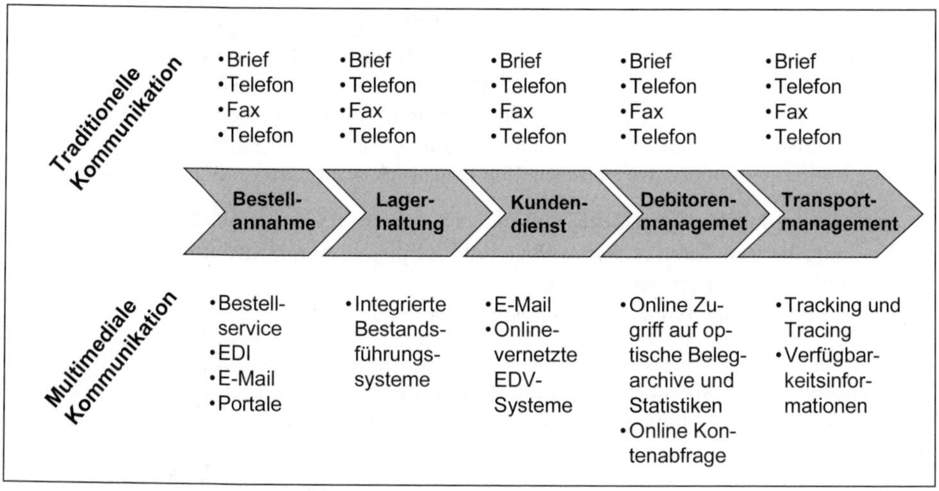

Abbildung 2: Prozesse in der Geschäftskommunikation

Freilich legt die Distributions- und Logistikpraxis eine Unterscheidung nahe, in Systeme, in denen ein Systemkopf die Distribution und Logistik aufgrund von Marktposition oder -macht steuert, so in herstellerdominierten Systemen der indirekten Distribution oder grundsätzlich im Falle der direkten Distribution, und in Systeme, in denen die Partner gleichberechtigt sind oder auch lediglich sporadische Transaktionsbeziehungen bestehen, bei denen der Informationsaustausch eine nachgeordnete Bedeutung hat. Denn gerade im letzten Fall zeigt die Praxis der Konsumgüterdistribution in Deutschland die oft mangelnde Bereitschaft Abverkaufsinformationen weiterzuleiten. Andererseits finden sich gerade hier Netzwerke in Form von Verbundgruppen des Handels, die breit Informationen austauschen.[1] Während die multimediale Geschäftskommunikation die Informationsströme grundsätzlich branchenunabhängig zu revolutionieren in der Lage ist, und daher Warenströme und Wertschöpfungsketten eher indirekt gestaltet, setzten weitere Optionen an der Veränderung von Wertketten bzw. -schöpfungsfunktionen an.

4.3 Elektronische Distribution

Weiterreichende Auswirkungen sind in den Bereichen zu erwarten, in denen neben den Informationen auch Produkte digitalisiert werden können. So vertreiben Unternehmen, wie bereits in der Business-to-Consumer-Mediendistribution hervorgehoben, digitalisierbare Produkte wie Zeitungen, Zeitschriften, Musik oder Filme über das Internet. Im Business-to-Business-Bereich distribuieren Unternehmen Marketingmaterialien und Kun-

1 Vgl. Zentes/Swoboda (2001b).

dendienstunterlagen optional zur physischen Distribution auch multimedial. Dieser multimedialen Distribution liegen modifizierte Wertschöpfungsketten zu Grunde, in denen die Funktionen traditioneller Wertschöpfungsketten in mehreren Wertschöpfungsaktivitäten einer multimedialen Kette abgebildet werden. Auch in diesem Fall kann Bertelsmann als Beispiel genannt werden (siehe Abbildung 3). Grundsätzlich bietet diese digitale Distribution gegenüber der traditionellen Distribution vier wesentliche Vorteile:

- Lieferzeitreduktion auf nahezu Null
- Kostenreduktion durch teilweisen Wegfall der physischen Distribution
- Darstellungsvariation von Inhalten
- Flexibilität bei der Wahl der Ausgabemedien

Für Bertelsmann resultieren daraus beträchtliche Chancen, denn mit der eigenen Tochtergesellschaft Bertelsmann Distribution besteht das oft benötigte hochspezialisierte Datenmanagement-Know-how für die multimediale Distribution. Damit wird evident, dass die Bertelsmann Distribution mittels Know-how-Generierung in diesem Bereich eine Differenzierung von anderen Unternehmen erreichen und damit einen komparativen Wettbewerbsvorteil erzielen kann.[1]

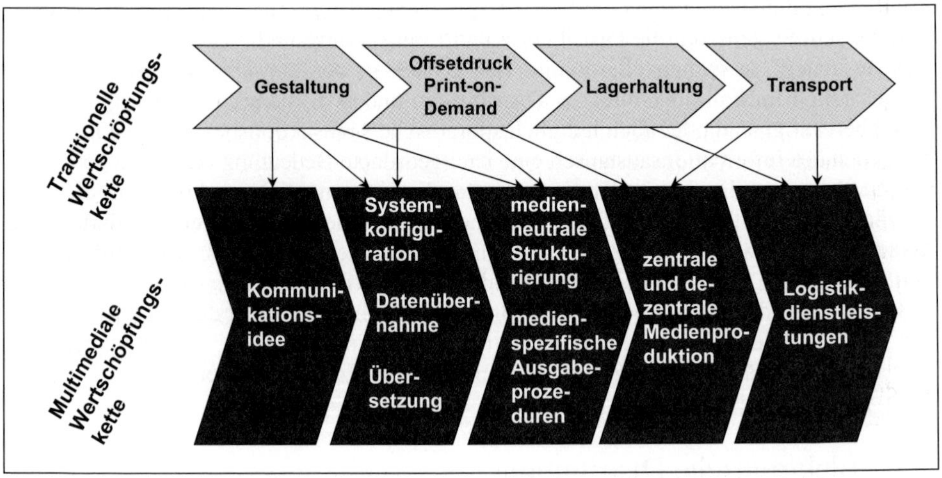

Abbildung 3: Neuorganisation der Wertschöpfungskette bei der Produktion und Distribution von Informationsmaterialien

Da hier aber das Sender- und Distributionsmedium identisch sind, fällt das Distributions- und Logistikproblem relativ unproblematisch aus. Freilich führt dies tendenziell zur Substitution bestehender Distributionsstrukturen. Darüber hinaus können die der Distributi-

1 Vgl. Bertelsmann University (1999), S. 42.

on nachgelagerten Wertschöpfungsfunktionen in Medienunternehmen verändert werden. Zu denken ist hier beispielsweise an das Printing-on-Demand, in dessen integrierter Ausprägung – basierend auf einem Warenwirtschafssystem – physische Lager- und Kommissionierungsprozesse, Computerarchive und der Produktionsprozess zusammengeführt werden und letztlich zur Auslieferung führen. Es soll an dieser Stelle jedoch nicht weiter betrachtet werden.[1]

4.4 Erweiterung der Geschäftsmodelle bzw. Wertschöpfungsketten

4.4.1 Multi-Channel-Distribution als Leitprinzip

Die genannten Veränderungen der Geschäftsmodelle bzw. Wertschöpfungsketten bilden den Ansatzpunkt und zugleich die Ausprägungen für die Optionen integrierter Medienunternehmen.

Die Ausgangsthese zur Verdeutlichung dieser Option könnte wie folgt lauten: Integrierte Medienunternehmen streben zunehmend Multi-Channel-Strategien an, in deren Rahmen die Realisierung von Wettbewerbsvorteilen erwartet wird. Der integrierte Einsatz von Mehrkanalsystemen, also der parallele Einsatz mehrerer Distributionssysteme im Rahmen des Absatzkanalportfolios, stellt eine zukunftsträchtige Strategie der Ausgestaltung des Absatzkanalsystems dar. Insbesondere durch die Entwicklung des Internet, das angesichts der weitgehenden Etablierung als Einkaufskanal der Kunden zunehmend in das Absatzkanalsystem von Unternehmen aufgenommen und im Rahmen von Mehrkanalsystemen mit weiteren Vertriebstypen kombiniert wird, wird diese Entwicklung massiv forciert. Der Einsatz von Multi-Channel-Systemen bildet in diesem Zusammenhang sowohl für Unternehmen wie für Kunden eine Option, um an der Entwicklung bedarfsgerecht zu partizipieren. Die Entwicklung einer Multi-Channel-Distribution ist allerdings als gradueller Prozess zu begreifen, dessen Betrachtung hier in drei Stufen erfolgen soll:

- die Nutzung verschiedener Distributionskanäle in parallelen Geschäftsmodellen
- die Integration von Wertschöpfungsfunktionen in Distributionskanäle
- die Neukonfiguration von Wertschöpfungsketten

Freilich wird jedes Unternehmen andere Profilierungsakzente zu setzen versuchen, über deren Erfolg letztendlich die Kunden entscheiden werden, denn schließlich bilden Kunden, und hier verschiedene Kundensegmente, sowie die Informationen über deren Bedürfnisse die Basis für die Geschäftsprozesse in Multi-Channel-Unternehmen (siehe exemplarisch Abbildung 4). Aus der prozessualen Sicht kann ein Vorteil der Multi-Channel-Distribution auch darin bestehen, dass die Aktivitäten und die Schwerpunkte von einem zum anderen Kanal verlagert werden können, je nach Kundensegment oder je nach

1 Vgl. Bertelsmann University (1999), S. 26; Frühschütz (1997).

Entwicklung der Kundenpräferenzen. Insofern erscheint es lohnenswert, diesen Ansatz hier zu wählen.

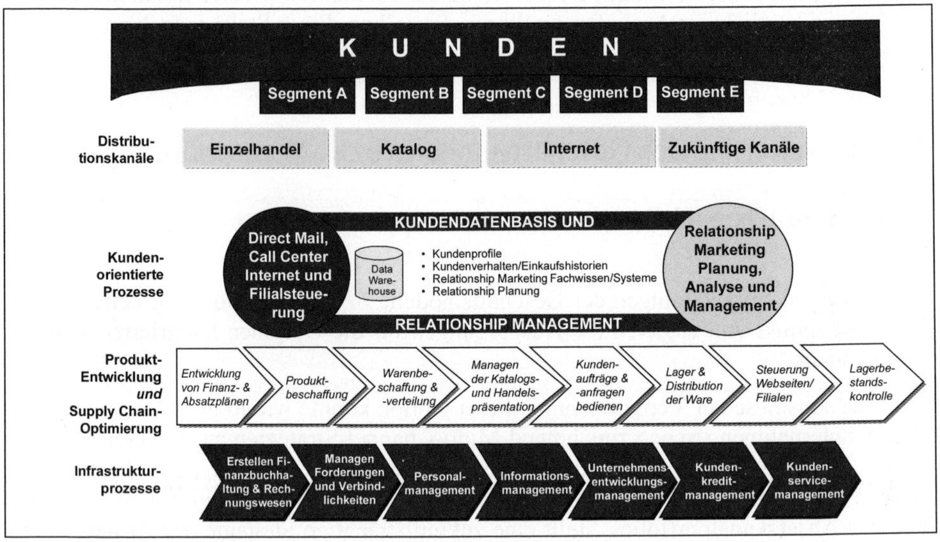

Abbildung 4: Prinzip der Multi-Channel-Distribution

4.4.2 Nutzung neuer Distributionskanäle

Neue Distributionskanäle wurden in jüngster Vergangenheit vor allem in Verbindung mit dem Internet diskutiert. Der bei Zentes/Swoboda (2001a) spezifizierte Begriff der Remote Ordering-Dienste beschreibt die Vertriebskanäle, die auf der Bestellseite neben WWW und E-Mail auch Telefon, Telefax und (zukünftig) Home Scanning, Automatic Replenishment und traditionelle Formen sowie auf der Lieferseite sowohl die Zustelldienste – direkt und indirekt – als auch Abholdienste umfassen.[1] Die Nutzung neuer Distributionskanäle in einer dynamisch-schrittweisen Entwicklung kann auf der Ebene neuer Geschäftsmodelle betrachtet werden. Diese können von Seiten völlig neuer Anbieter (z. B. Amazon.com) oder traditioneller Anbieter, die in neue Kanäle diversifizieren, erfolgen, wobei das Engagement zunächst lediglich verschiedene, ansonsten unverbundene Distributionskanäle zur Ansprache der Kunden beinhaltet. So gibt es Beispiele für ein losgelöstes Engagement, bei dem in den Anfängen die Lieferung aus dem bestehenden Kanal erbracht und das Geschäft ausgebaut wird. Zugleich gibt es auch Beispiele für den

1 Vgl. Zentes/Swoboda (2001a), S. 472 f.

Aufbau neuer (virtueller) Geschäftsfelder, die gegenwärtig nicht ausschließlich auf das WWW als Informationsmedium beschränkt werden (siehe Abbildung 5).

Ein Kontextfaktor für das Engagement ist der Entwicklungsstatus des jeweiligen elektronischen Marktes, der die Verlaufsform des Engagements, aber auch die Strategien der Unternehmen im Internet beeinflusst. Beides kann anhand der Entwicklung in den USA und in Europa nachvollzogen werden. Während in den USA der Online-Verkauf zunehmend (und zunehmend schneller) an Bedeutung gewinnt und zu einer Vertriebsalternative wird, vollzieht sich die Entwicklung in Europa und vor allem in den deutschsprachigen Ländern langsamer. Dies belegt auch ein aktuelles Beispiel einer Kooperation zwischen Kodak und Apple Computers Inc.:[1] So ist es in den USA seit der Veröffentlichung der Photo-Software „iPhoto“ von Apple Computers Inc. im Januar 2002 möglich, Bilder und Photoalben, die man in diesem Programm zusammengestellt hat, zum Ausdrucken über das Internet auf einen Server zu laden und online zu bezahlen. Die entwickelten Bilder bzw. Photoalben erhält man von Kodak per Post zugeschickt. In Deutschland fehlt iPhoto nach wie vor dieses Feature und Kodak nutzt diese Vertriebsalternative nicht.[2]

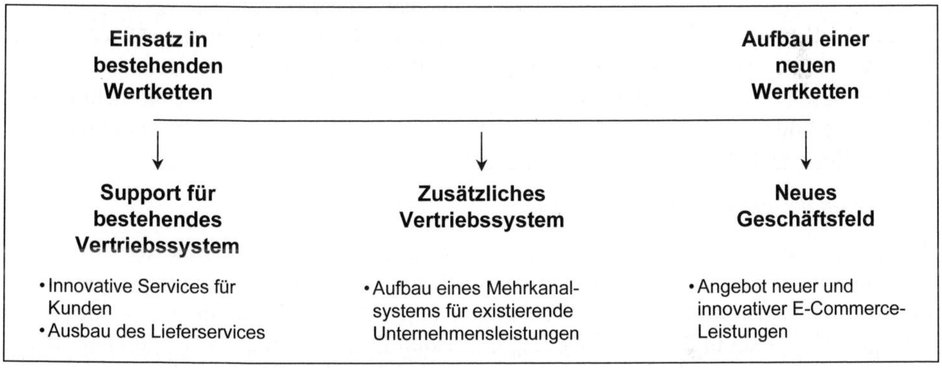

Abbildung 5: Einsatzmöglichkeiten des E-Commerce im Distributionsmanagement[3]

1 Vgl. Apple Computer, Inc. (2003a).

2 Vgl. Apple Computer, Inc. (2003b).

3 In Anlehnung an Schögel/Birkhofer/Tomczak (1999), S. 297.

4.4.3 Integration von Wertschöpfungsfunktionen in verschiedenen Distributionskanälen

Interessant wird die Entwicklung, wenn die Wertschöpfungsaktivitäten zwischen den Geschäftsfeldern bzw. traditionellen und medialen Wertschöpfungsketten im Sinne eines Multi-Channel-Managements integriert werden. Die Überlegung, Wettbewerbsvorteile in einer Cross-Channel-Distribution zu realisieren, ist nahe liegend, da erstens das Kerngeschäft in traditionellen Bereichen liegt, es zweitens zu einer sukzessiven Entwicklung des E-Commerce und damit zu einem Nebeneinander verschiedener medialer und stationärer Distributionsformen kommen wird, es drittens ein latentes Synergiepotenzial zwischen den einzelnen Formen gibt und es viertens im Zeitalter des Internet noch wichtiger, da schwieriger sein wird, die Kunden über verschiedene Kanäle zu binden. Derartige Integrationen der Wertschöpfungsaktivitäten auf der Basis verschiedener Distributionskanäle eröffnen weitergehende Potenziale, wobei das Management die Demand Side, die Market Side oder die Support Side der Wertschöpfungskette betreffen kann.

Demand Prozesse

Einzelne synergetische Effekte eines Cross-Channel-Managements wie bestehende Lieferantenbeziehungen, eine profilierte Stellung auf Beschaffungsmärkten, größenbedingte Konditionenvorteile oder Skalenvorteile in der Produktion liegen auf der Hand. Zwar werden diese (zumindest teilweise) auch bei vollständig virtualisierten Unternehmen realisiert, sie bilden aber im engeren Kontext von Distribution und Logistik eine untergeordnete Rolle und sollen daher hier nicht betrachtet werden.

Integration der physischen Distribution

Wie erwähnt ist die Frage der Logistik differenzierter zu beurteilen. Aus Kostensicht ist eine Direktbelieferung vom Hersteller an den Kunden im E-Commerce günstiger, wenn sie die Kosten der traditionellen Distribution unterschreitet. Dem steht das Argument entgegen, dass auch in der traditionellen, indirekten Distribution zwischengeschaltete Institutionen Streckengeschäfte tätigen können und sich zudem über eine kurzfristige Lieferbereitschaft und Services profilieren können. Zu berücksichtigen ist ferner, dass der stationäre Handel zunehmend über die Logistikführerschaft im Absatzkanal verfügt, was die Frage nach der effizienten Form der Direktbelieferung bzw. generell der Logistik in der Multi-Channel-Distribution aufwirft.

Integration marktorientierter Aktivitäten

Auf Seiten der Integration marktorientierter Prozesse kann das Marketing als solches angesprochen werden. Potenziale liegen hier vor dem Hintergrund der zunehmenden Bedeutung der individuellen Ansprache von Konsumenten in der Gewinnung von Kundeninformationen über viele Kanäle, dem Aufbau von kanalübergreifenden Loyalitätsprogrammen, der Implementierung neuer Services, der kanalübergreifenden Schnelligkeit der Maßnahmen zur Befriedigung der Bedürfnisse, den Synergien bei der Nutzung von Kundendienstleistungen, den Synergien bei der Sortimentsbildung bis hin zu größeren Märkten bei Spezialsortimenten, kanalübergreifendem (integriertem) Marketing, Ventures mit komplementären Partnern oder Imagetransfereffekten zwischen den Kanälen etc. Vor allem kann ein integriertes Medienunternehmen im Rahmen einer breit gefächerten Angebotspalette Absatzsteigerungspotenziale durch Cross-Promotion und Cross-Selling realisieren, wie in Abbildung 6 angedeutet. Beim „Produkt" Star Trek, das von Viacom vermarktet wird, sieht dies wie folgt aus: Die Produktion der Serien „Star Trek –The Next Generation", „Deep Space Nine", „Star Trek Voyager" sowie „Enterprise" erfolgt in den Paramount Studios, ebenso der aktuelle Film „Star Trek Nemesis" sowie die vorhergehenden. In Deutschland wird „Star Trek Nemesis" von United International Artists, ein Tochterunternehmen von Viacom, an die Kinos verliehen, Paramount Home Entertainment wird DVD- und Video-Verleih und Verkauf übernehmen. In den USA kommt er in die zu Viacom gehörenden Kinos National Amusements; Verleih und Verkauf der auf Video bzw. DVD erhältlichen Serien und Filme liegt in den USA bei Blockbuster, zahlreiche Bücher zu den Serien werden von Simon & Schuster verlegt, beides zu Viacom gehörende Unternehmen, die Serien werden in den USA von United Paramount Network (UPN) ausgestrahlt. Ferner startet durch eine Kooperation zwischen den Paramount Parks und Las Vegas Hilton im Oktober 2003 eine interaktive Erlebniswelt. Es ist unschwer vorstellbar, dass die eigentliche Profilierung gegenüber den Konsumenten aus einer Kombination der einzelnen Wertschöpfungsfunktionen resultieren wird, wenngleich die Herausforderung bezüglich der Koordination und der Führung von Multi-Channel-Unternehmen, die z. B. Schögel (1997) behandelt, einschränkend wirkt.

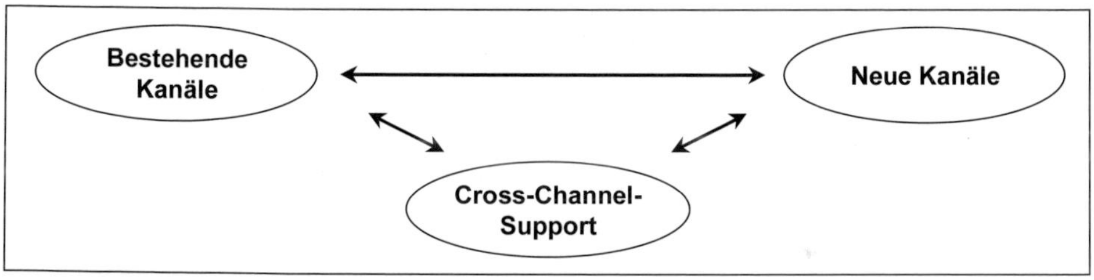

Abbildung 6: Cross-Channel-Support

4.4.4 Beispiele für die Integration von Wertschöpfungsfunktionen in verschiedenen Distributionskanälen

Auf der konkreten praktischen Ebene von integrierten Medienunternehmen lassen sich zumindest zwei Optionen herausstellen:

- Die Nutzung unterschiedlicher Distributionskanäle ermöglicht die Ansprache verschiedener Kundensegmente. Beispielhaft ist die Realisation von verschiedenen Programmen in unterschiedlichen Distributionskanälen zu nennen, das Wirtz (2001) als Windowing bezeichnet bzw. als Verlängerung der Verwertungskette für Medieninhalte.[1] Hier wird eine mehrfache Verwertung dadurch erreicht, dass Konsumenten unterschiedliche Zahlungsbereitschaft und Präferenzen hinsichtlich der Aktualität (z. B. eines Films) aufweisen. Somit wird ein Film zeitversetzt distribuiert: im inländischen Kino, im Pay-per-view-TV, in in- bzw. ausländischen Videotheken, im Pay-TV, im ausländischen TV, im Free-TV und im lokalen TV. Dies ermöglicht die Erzielung mehrfacher Gewinne bei konstanten Produktionskosten durch die abgestufte Wahl unterschiedlicher Distributionswege (siehe Abbildung 7).

- Neben gleichen Angeboten in verschiedenen Kanälen besteht die Möglichkeit einer Produkt- bzw. Leistungsdifferenzierung der Medien- und Informationsprodukte in verschiedenen Kanälen, d. h. das Angebot von verschiedenen Versionen für verschiedene Marktsegmente gemäß den Präferenzen und der Zahlungsbereitschaft der Kundengruppen. Insbesondere durch die Digitalisierung können Medien- und Informationsprodukte anhand verschiedener Dimensionen wie Aktualität, Funktionsumfang, Geschwindigkeit, Zusatznutzen etc. differenziert werden. Somit werden durch eine weitere Verlängerung der Wertschöpfungskette von Medien- und Informationsinhalten weitere Absatzsteigerungspotenziale erschlossen. Aus diesem Grund besteht für Medienunternehmen ein Interesse, auch in den digitalen Vertriebswegen vertreten zu sein und Versioning anzustreben.[2] Etabliert hat sich das Versioning bereits bei der Übertragung von Sportevents: Im Free-TV werden Formel-1 Rennen aus einer vom Regisseur vorgegeben Kameraperspektive und mit Werbeunterbrechungen ausgestrahlt, im Pay-TV wählt der Abonnent aus verschiedenen Kameraperspektiven selbst aus.[3]

---

1 Vgl. Wirtz (2001), S. 502 ff.

2 Vgl. Wirtz (2001), S. 503.

3 Vgl. Premiere Fernsehen GmbH & Co.KG (2003).

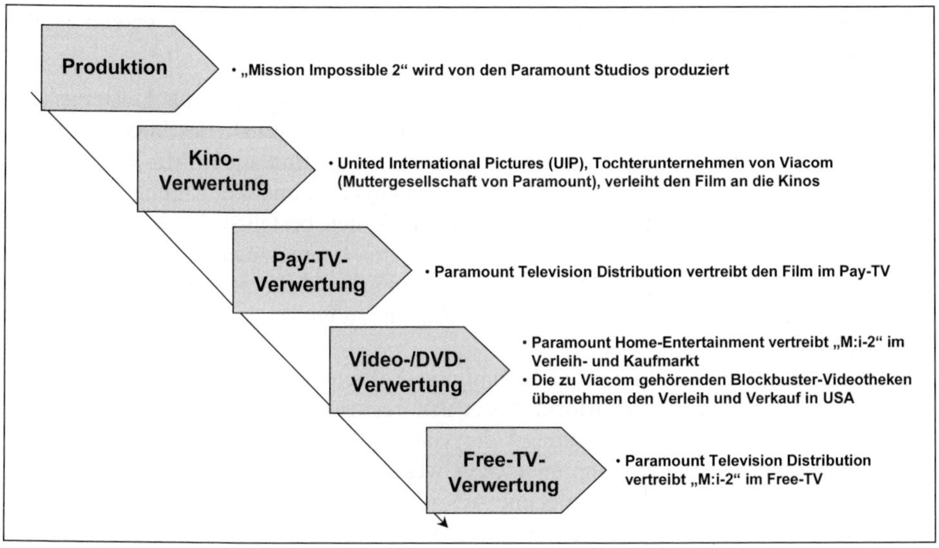

Abbildung 7: Windowing am Beispiel des Spielfilms „Mission Impossible 2 (M:i-2)" von Paramount Pictures[1]

Besondere Vorteile ergeben sich für integrierte Unternehmen dann, wenn ein Produktionsunternehmen die relevanten Betriebswege kontrolliert, d. h. wenn es vertikal integriert ist, denn so entsteht eine „Absatzgarantie" auf den Distributionsstufen. Integrierte Unternehmen können die Händlerspanne eliminieren sowie die Marketinginstrumente, so die Absatzpreise und somit die Gewinne, beim Endverbraucher selbst bestimmen. Die hieraus entstehenden Gewinnpotenziale beschleunigen ggf. die horizontale und vertikale Integration von Medienunternehmen.[2] In der Vergangenheit war die Integration auf der Geschäftsmodellebene, welche vor allem auf die Erlösmodelle und Unternehmensaktivitäten fokussiert und in deren Rahmen das Unternehmen die Distribution und die Bedingungen der Logistik integriert, noch abgeschwächter zu beurteilen.[3] Im Distributionskanal Internet können die dort zahlreich vorhandenen Geschäftsmodelle durch das Merkmal „Leistungsangebot" in die vier Basismodelle Content, Commerce, Context und Connection klassifiziert werden. Viele Unternehmen starteten als Pure-Player und integrieren im Laufe der Zeit.[4] Beispielhaft für eine Integrationsstrategie kann das Unternehmen freenet.de AG betrachtet werden, welches unter der Domain freenet.de ein horizontales Portal anbietet, das alle Internet-Wertschöpfungsbereiche abdeckt, indem es eigene

1 Quelle: Paramount Home Entertainment (Germany) GmbH (2003); Viacom Inc. (2003).

2 Vgl. Wirtz (2001), S. 503.

3 Vgl. Calkins/Farello/Smith Shi (2000), S. 140 ff.

4 Zu den Definitionen Wirtz (2001), S. 412 ff.

Lösungen und Lösungen in Zusammenarbeit mit Partnerunternehmen vereint (siehe Abbildung 8).[1]

- Im Kern wird der Geschäftsmodelltypus Connection verfolgt, d. h. als Leistungskern bietet freenet im Rahmen der „Intra-Connection“, also innerhalb des Internet, eigene Mailing Services, die neben der gängigen E-Mail-Funktion auch SMS-Versand und Mail-to-Voice-Dienste umfassen, sowie Kalenderdienste und Verwaltung weiterer E-Mail-Konten. Weitere Kommunikationsmöglichkeiten bestehen durch das Angebot von Chaträumen und Diskussionsforen.[2] Durch den Internetzugang über das Festnetz und über Mobilfunknetze in Zusammenarbeit mit der Muttergesellschaft MobilCom AG wird auch die „Inter-Connection“ als Zugang zu physikalischen Netzwerken abgedeckt.[3]
- Im Bereich Content, definiert als Sammlung, Aufbereitung und Darstellung von Inhalten auf einer eigenen Plattform, bietet das freenet-eigene Hauptportal sowohl Informationen als auch Unterhaltung,[4] die von der Gambas Entertainment AG, eine hundertprozentige Beteiligung, entwickelt werden. Auch werden Inhalte bspw. von der 100 %-Beteiligung an der meOme AG geliefert, die durch ein Redaktionssystem automatisch eingepflegt werden. Weitere Themenchannels werden teilweise durch Tochtergesellschaften und Beteiligungen betrieben, so auch das Musikportal musicaliens.de durch die 100 %-Beteiligungen an Music-Aliens AG und Music-Aliens Content GmbH.[5] Freenet arbeitet in diesem Bereich mit ca. 150 Partnern zur Contentgenerierung zusammen und verfügt über rund 100 eigene Redakteure, die diese Informationen aufarbeiten.
- Das Geschäftsmodell Context ist durch die Klassifikation und Systematisierung der im Internet vorhandenen Datenmengen mittels Suchmaschinen und Web-Kataloge gekennzeichnet. Im freenet-Portal findet man beides, wobei insbesondere für professionelle Nutzer das Portal dino-online.de angeboten wird. Zusätzlich können aber auch Datenbestände von Inktomi durchsucht werden, die durch eine Kooperation zur Verfügung stehen.[6]
- Der Geschäftsmodellbereich Commerce befasst sich mit Vorgängen rund um Geschäftstransaktionen, also deren Anbahnung, Aushandlung und Abwicklung. Hier ist freenet u. a. durch Bannerschaltung auf den Portalseiten aktiv, was neben dem Connection-Geschäft eine wichtige Einnahmequelle geworden ist.[7] Durch zahlreiche Kooperationen mit Partnershops, die in der freenet.de-Shopping Mall integriert werden, umfasst das Angebot Produkte aus den meisten Bereichen und für freenet Einnahmen

---

1 Vgl. freenet.de AG (2002), S. 14.

2 Vgl. freenet.de AG (2002), S. 15.

3 Vgl. freenet.de AG (2003a).

4 Vgl. freenet.de AG (2003e).

5 Vgl. freenet.de AG (2002), S. 15.

6 Vgl. freenet.de AG (2003c).

7 Vgl. freenet.de AG (2003d).

aus den Provisionen. Als eigenes Angebot in diesem Geschäftsfeldtypus wurde bis 2001 der comtech-Online Shop mit den Segmenten Computer, Hard- und Software betrieben. Allerdings blieben Angebot, Lagerhaltung und Logistik beim Kooperationspartner comtech, z. Zt. Deutschlands zweitgrößtes PC-Handelshaus.[1] Des Weiteren ist uCompare.de als eigenes Produkt am Start, das in Kooperation mit Inktomi entwickelt wurde und Preisvergleiche zwischen Produkten ermöglicht.

Abbildung 8: Integrationsstrategien auf Geschäftsmodellebene am Beispiel der freenet.de AG

Das Beispiel verdeutlicht, wie weit die Kooperationen in den Geschäftsmodellbereichen vorangeschritten sind, sowie die Tatsache, dass eine scharfe Unterscheidung von eigenständigen und kooperativen Angeboten oft nur schwer möglich ist. Zudem unterstützt es die von Wirtz (2001) aufgezeigte Entwicklungstendenz zu Multi-Funktionalen- und Multi-Access-Mega-Portalen, deren Leistungsspektrum die Geschäftsbereichstypen beinhaltet und die über verschiedenste Wege zugänglich sind.[2]

1 Vgl. freenet.de AG (2003b).
2 Vgl. Wirtz (2001) S. 527.

4.5 Neukonfiguration der Wertkette als Grundlage der Distributionsoptionen

4.5.1 Grundsätzliche Optionen

Die Integration auf Wertschöpfungskettenebene ist, wie hervorgehoben, durch das Aufbrechen von Wertschöpfungsketten gekennzeichnet, um diese in zumeist neuer Anordnung durch Kooperation bzw. Fusion mit Wertschöpfungsaktivitäten anderer Unternehmen zusammenzuführen, um letztlich die Absatz- und Distribution der Produkte zu verbessern. Zwei Gestaltungsoptionen sind dabei denkbar:[1]

- Durch Verbesserung der Situation auf den Ursprungsmärkten führen Unternehmen vor allem Integrationsstrategien auf horizontaler Wertschöpfungskettenebene durch. Beispielsweise führte die Fusion von Time und Warner Communications dazu, dass Time Warner die Erstellung von Content nahezu komplett abdeckt.
- Eine Integration durch Eingliederung von vor- und nachgelagerten Geschäftsfeldern folgt dem Ziel, die multimediale Wertschöpfungskette abzudecken, wozu Schritt für Schritt unterschiedliche Stufen der multimedialen Angebotskette zuerst durch Allianzen und in letzter Zeit verstärkt durch Übernahmen zusammengeführt werden.

4.5.2 Beispiele für die Neukonfiguration von Wertketten

Der Konzern AOL Time Warner Inc. ist ein Beispiel für ein horizontal als auch vertikal vollständig integriertes Medienunternehmen, das die fünf Stufen der Multimediawertkette, bestehend aus Erstellung von Inhalten und Dienstleistungen, Aggregation von Inhalten und Dienstleistungen, Mehrwertleistungen, Übertragung/Verbindung und Navigation/Oberfläche, vollständig abdeckt.[2] Die folgenden Milestones der Unternehmenshistorie sind dabei nur eine Auswahl (siehe Abbildung 9).

---

1 Vgl. Wirtz (2000), S. 294.

2 Vgl. dazu auch Wirtz (2000), S. 518 ff.

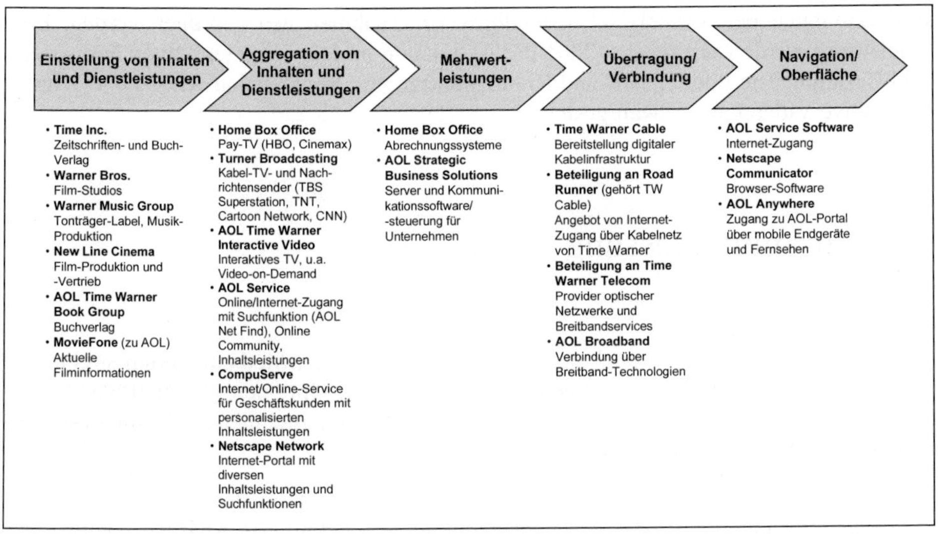

Abbildung 9: Abdeckung der multimedialen Wertkette durch AOL Time Warner[1]

Der Fusion von Time und Warner Communications 1989, eine horizontale Integration auf der ersten Wertschöpfungsstufe, folgt 1995 durch Übernahme von Turner Broadcasting Systems ein Ausbau der zweiten Wertschöpfungsstufe, die bislang nur durch HBO, ein Pay-TV-Sender von Time, abgedeckt wurde. Auf der Wertschöpfungsstufe Übertragung und Verbindung wurden die Aktivitäten von Time und Warner Communications nach deren Zusammenschluss zu Time Warner Cable fusioniert, welches Kabel-TV-Infrastruktur und -Dienste anbietet sowie einen Internetzugangsdienst durch ein Joint Venture mit RoadRunner.[2] Die Entwicklung von AOL weißt ebenfalls die Integration von Wertschöpfungsstufen auf: Zur Geschäftsbasis der Aktivitäten auf der zweiten Wertschöpfungsstufe als reiner Internet Service Provider wurde die Wertschöpfungsstufe der Inhalteerstellung durch Akquisition von WAIS, MovieFone und Spinner Networks vertikal integriert.[3] Der Erwerb 1998 von CompuServe, ebenfalls ein Internetserviceprovider, entspricht einer horizontalen Integration, da so das Stammgeschäft von AOL mit Privatkunden nun durch CompuServe im Geschäftskundenbereich erweitert wurde.[4] Durch die Fusion von AOL und Time Warner 2000 wurden die Wertschöpfungsketten soweit vertikal integriert, da das Medienkonglomerat nun alle Wertschöpfungsstufen abdeckt. Auch auf horizontaler Ebene wurden durch die Fusion die Wertschöpfungsbereiche erweitert. Hier ist eine dynamische Entwicklung zu beobachten, in deren Rahmen

1 In Anlehnung an AOL Time Warner Inc. (2000); AOL Time Warner Inc. (2002a).

2 Vgl. AOL Time Warner Inc. (2002b).

3 Vgl. America Online Inc. (2002).

4 Vgl. CompuServe Interactive Services Inc.(2003).

die Aktivitäten der vormals selbstständigen Unternehmen neu geordnet werden. Beispielsweise werden seit August 2001 die Aktivitäten im Bereich interaktiven Fernsehens und Bezahldienste über Kabel- und Breitbandnetze von der Division AOL Time Warner Interactive Video konzernweit gesteuert.[1]

5. Zusammenfassung

Vor dem Hintergrund der zunehmenden Integration auf den Medienmärkten strebte der Beitrag eine Bestandsaufnahme der Besonderheiten und Optionen primär in der Distribution und ergänzend Logistik von integrierten Medienunternehmen an. Zumindest zwei Aspekte wurden hierbei deutlich:

- Die Medienbranchen weisen eine enorme Heterogenität in den Distributions- und Logistiklösungen auf. Insofern bedürfte es für eine detaillierte Analyse jeweils einer branchenspezifischen Betrachtung, denn die Tendenzen der Integration bilden hier ebenso unterschiedliche Rahmenbedingungen ab, wie die Anforderungen an und die Gestaltungsoptionen von Distribution und Logistik selbst.
- Die grundsätzlichen Optionen der Gestaltung, insbesondere der Distribution in integrierten Medienunternehmen, gehen einher mit der Integration der Unternehmen als solche. Sie können auf unterschiedlichen Ebenen betrachtet werden und reichen von einer Nutzung neuer Kommunikationskanäle, über eine digitale Distribution, eine Erweiterung der Geschäftsmodelle bzw. Wertschöpfungsketten, bis hin zur Neugestaltung von Wertschöpfungsketten.

Insgesamt wurden in dem Beitrag die Optionen in der Distribution eng verbunden mit der Integration der Unternehmen, d. h. es wurde letztlich im Schwerpunkt eine Gesamtunternehmensebenenbetrachtung vorgenommen, zu Ungunsten eines detaillierteren Blicks auf Distributions- und Logistiksysteme und deren Anforderungen.

Literaturverzeichnis

AHLERT, D. (1996), Distributionspolitik, 3. Aufl., Stuttgart /Jena 1996.

1 Vgl. AOL Time Warner Inc. (2001).

AMAZON.COM, INC. (Hrsg.) (2003), About Amazon.com, http://www.amazon.com/exec/obidos/subst/misc/company-info.html/002-9497549-0350408, Abruf: 14.01.2003.

AMERICA ONLINE INC. (Hrsg.) (2002), Who We Are – AOL History, http://www.corp.aol.com/whoweare/history.html, Abruf: 14.01.2003.

AOL TIME WARNER INC. (Hrsg.) (2000), America Online and Time Warner Complete Merger to Create AOL Time Warner http://media.aoltimewarner.com/media/press_view.cfm?release_num=50251353, Abruf: 14.01.2003.

AOL TIME WARNER INC. (Hrsg.) (2001), AOL Time Warner Interactive Video – Key company facts, http://www.aoltimewarner.com/companies/aoltw_interactive_video_index.adp, Abruf: 15.01.2003.

AOL TIME WARNER INC. (Hrsg.) (2002a), Companies – Our family of brands, http://www.aoltimewarner.com/companies/index.adp, Abruf: 14.01.2003.

AOL TIME WARNER INC. (Hrsg.) (2002b), Time Warner Cable – Key company facts, http://www.aoltimewarner.com/companies/time_warner_cable_index.adp, Abruf: 14.01.2003.

APPLE COMPUTER, INC. (Hrsg.) (2003a), 1-Click Photo, http://www.apple.com/iphoto/prints.html, Abruf: 14.01.2003.

APPLE COMPUTER, INC. (Hrsg.) (2003b), iPhoto 2 – Picture your digital lifestyle, http://www.apple.com/chde/iphoto/, Abruf: 14.01.2003.

BAUMGARTEN, H. (2002), Terminologie der Logistik, in: Baumgarten, H./Wiendahl, H.-P./Zentes, J. (Hrsg.), Logistik-Management – Strategien – Konzepte – Praxisbeispiele, Berlin 2002 (Springer Experten System, Lose Blattsammlung mit periodischen Nachlieferungen seit 2000), 2.01.01, S. 1-15.

BERTELSMANN UNIVERSITY (1999), Excellence in Marketing – Die Entwicklung der Bertelsmann-Distribution zum marktorientierten Dienstleistungsunternehmen, Gütersloh 1999.

BOWERSOX, D./CLOSS, D. (1999), Supply-Chain Management: Differentiating through effective Logistics, Washington 1999.

BUNDESVERBAND DEUTSCHER BUCH-, ZEITUNGS- UND ZEITSCHRIFTEN-GROSSISTEN E.V. (Hrsg.) (2003), Presse-Grosso, http://www.bvpg.presse-grosso.de, Abruf: 07.01.2003.

CALKINS, J./FARELLO, M./SMITH SHI, C. (2000), From retailing to e-tailing, in: McKinsey Quarterly, No. 1, 2000, S. 140-147.

COMPUSERVE INTERACTIVE SERVICES INC. (Hrsg.) (2003): CompuServe Interactive Services Overview, http://webcenters.compuserve.com/compuserve/menu/about.jsp, Abruf: 15.01.2003.

COOPER, M.C. ET AL. (1997), Supply Chain Management: More than a New Name for Logistics, in: The International Journal of Logistics Management, 8. Jg., Nr. 1, S. 1-14.

EFFEN, I. (1995), Erfolgsfaktoren strategischer Gruppen – dargestellt am Beispiel des Bucheinzelhandels, Saarbrücken 1995.

FREENET.DE AG (2002), Jahresabschluss zum 31.12.2001 und Lagebericht für das Geschäftsjahr 2001, Hamburg 2002.

FREENET.DE AG (Hrsg.) (2003a), Access. Zugang und Freiheit zum Top-Tarif, http://www.freenet-ag.de/html/unternehm_acces.html, Abruf: 14.01.2003.

FREENET.DE AG (Hrsg.) (2003b), E-Commerce. Innovation und Transparenz mit Vielfalt, http://www.freenet-ag.de/html/unternehm_ecom.html, Abruf: 14.01.2003.

FREENET.DE AG (Hrsg.) (2003c), Navigation. Individualität und Präzision mit Qualität, http://www.freenet-ag.de/html/unternehm_navi.html, Abruf: 14.01.2003.

FREENET.DE AG (Hrsg.) (2003d), Revenues. Werbung, E-Commerce und Connectivity, http://www.freenet-ag.de/html/unternehm_reven.html, Abruf: 14.01.2003.

FREENET.DE AG (Hrsg.) (2003e), Spielezone, http://www.freenet.de/freenet/spiele/index.html, Abruf: 14.01.2003.

FRÜHSCHÜTZ, J. (1997), Dynamik des elektronischen Publizierens, Frankfurt a. M. 1997.

GERETSCHLÄGER, E./LEINSCHITZER, A. (1993), Zeitungsvertrieb, in: Bruck, P. (Hrsg.), Print und Druck – Zeitungsverlage auf Innovationskurs, München, S. 507-583.

GERPOTT, T.J./SCHLEGEL, M. (2002), Online-Distributionsoptionen für Markenanbieter journalistischer Inhalte, in: Die Betriebswirtschaft, 58. Jg., Nr. 2, 2002 S.133-145.

GERTH, N. (1999), Online-Absatz, Ettlingen 1999.

HEINHOLD, E. (1993), Bücher und Büchermarkt, 4. Aufl., München 1993.

IHDE, G. B. (2001), Transport, Verkehr, Logistik, 3. Aufl., München 2001.

KUTSCHKER, M. (Hrsg.) (1998), Integration in der internationalen Unternehmung, Wiesbaden 1998.

LENCHER, U./BOCHNIG, B. (1997), Vertriebsstrukturen und Situation des Handels, in: Moser, R./Scheuermann, A. (Hrsg.), Handbuch der Musikwissenschaft, 4. Aufl., München 1997, S. 241-244.

LIEBMANN, H.-P. (1995), Marketing-Logistik, in: Tietz, B./Köhler, R./Zentes, J. (Hrsg.), Handwörterbuch des Marketing, 2. Aufl., Stuttgart 1995, Sp. 1586-1598.

PASCHELKE, B./ROSELIEB, A. (2002), Online-Distribution: Implikationen elektronischer Märkte für Strukturen, Produkteignung und Strategien im funktionalen Handel, Berlin 2002.

PFOHL, H.C. (2000a), Logistiksysteme, 6. Aufl., Berlin et al. 2000.

PFOHL, H.C. (2000b), Supply Chain Management: Konzepte, Trends, Strategien, in: Pfohl, H.C. (Hrsg.), Supply Chain Management – Logistik plus?, Berlin 2000, S. 1-42.

PREMIERE FERNSEHEN GMBH & CO. KG (Hrsg.) (2003), Die Formel 1 bei Premiere, http://www.premiere.de/cgi-bin/WebObjects/PWPortal.woa/wa/PWPotWODirectAction/extern?DOMAIN=DE, Abruf: 14.01.2003.

RUSHTON, A./OXLEY, J./CROUCHER, P. (2000), The Handbook of Logistics and Distribution Management, 2. Aufl., London 2000.

SCHÖGEL, M. (1997), Management von Mehrkanalsystemen, Wiesbaden 1997.

SCHÖGEL, M./BIRKHOFER, B./TOMCZAK, T. (1999), Einsatzmöglichkeiten des Electronic Commerce in der Distribution, in: Tomczak, T./Belz, C./Schögel, M./Birkhofer, B. (Hrsg.), Alternative Vertriebswege, Stuttgart 1999, S. 288-308.

SCHÖNSTEDT, E. (1999), Der Buchverlag – Geschichte, Aufbau, Wirtschaftsprinzipien, Kalkulation und Marketing, Stuttgart 1999.

SCHROEDER, M. (1994), Internationale Markt- und Managementstrategien für Printunternehmen, München 1994.

SPECHT, G. (1998), Distributionsmanagement, 3. Aufl., Stuttgart et al. 1998.

STERN, L.W./HESKETT, J.L. (1969), Conflict Management in Interorganizational Relations: A Conceptual Framework, in: Stern, L.W. (Hrsg.), Distribution Channels: Behavioral Dimensions, Boston/MA 1969, S. 288-305.

STOLBERG, C./ORTHMAYR, W. (1997), Schalplattenladen zum Multimedia-Kaufhaus, in: Moser, R./Scheuermann, A. (Hrsg.), Handbuch der Musikwissenschaft, 4. Aufl., München 1997, S. 245-255.

SWOBODA, B./JANZ, M. (2002a), Electronic Commerce im Handel – Anwendungen und Entwicklungsperspektiven, in: Schögel, M./Tomczak, T./Belz, Ch. (Hrsg.), Roadm@p to E-Business, Thexis Fachbuch St. Gallen 2002, S. 302-326.

SWOBODA, B./JANZ, M. (2002b), Organisation des Supply Chain Managements, in: Baumgarten, H./Wiendahl, H.-P./Zentes, J. (Hrsg.), Logistik-Management, lose Blattsammlung, Berlin et al. 2002, Kapitel 8.02.03.1, S. 1-36.

SWOBODA, B./MORSCHETT, D. (2000), Cross Docking in der Konsumgüterwirtschaft, in: WiSt, 29. Jg., Nr. 6, 2000, S. 331-334.

SWOBODA, B./MORSCHETT, D. (2001), Prozessorientierung im Handel, in: Baumgarten, H./Wiendahl, H.-P./Zentes, J. (Hrsg.), Logistik-Management, Berlin et al. 2001, Kapitel 4.02.02, S. 1-25.

SWOBODA, B./MORSCHETT, D. (2002), Electronic Business im Handel, in: Weiber, R. (Hrsg.), Electronic Business, 2. Aufl., Wiesbaden 2002, S. 775-807.

SYDOW, J./WINDELER, A./WIRTH, C. (2002), Markteintritt als kollektiver Netzwerkeintritt – Internationalisierung der Fernsehproduktion in unreife Märkte, in: Die Betriebswirtschaft, 62. Jg., Nr. 5, 2002, S. 459-473.

TOMPKINS, JAMES A./HARMELINK D.A. (Hrsg.) (1998), Das große Handbuch Distribution, Landsberg/Lech 1998.

UNIVERSAL MARKETING GROUP GMBH (Hrsg.) (2003a), Personal CD, http://www.p-cd.de/ neteye_npf/site/Content.do?Alias=Impressum, Abruf: 07.01.2003.

UNIVERSAL MARKETING GROUP GMBH (Hrsg.) (2003b), popfile.de, http://www.popfile.de/CDA.jsp?objectId=2168, Abruf: 07.01.2003.

UNIVERSAL MARKETING GROUP GMBH (Hrsg.) (2003c), Universal DVD, http://www.universal-dvd.de/impressum.html, Abruf: 07.01.2003.

VIACOM INC. (Hrsg.) (2003), The Facts, http://www.viacom.com/thefacts.tin, Abruf: 14.01.2003.

WEBER, J./KUMMER, S. (1998), Logistikmanagement, 2. Aufl., Stuttgart 1998.

WILDEMANN, H. (1997), Logistik Prozessmanagement, München 1997.

WIRTZ, B.W. (2000), Rekonfigurationsstrategien und multiple Kundenbindung in multinationalen Informations- und Kommunikationsmärkten, in: Zeitschrift für betriebswirtschaftliche Forschung, 52. Jg., Nr. 5, 2000, S. 290-306.

WIRTZ, B. W. (2001), Medien- und Internetmanagement, 2. Aufl., Wiesbaden 2001.

ZENTES, J./SWOBODA, B. (2000), Auswirkungen des Electronic Commerce auf den Handel, in: Die Betriebswirtschaft, 60. Jg., Nr. 6, 2000, S. 687-706.

ZENTES, J./SWOBODA, B. (2001a), Grundbegriffe des Marketing – Marktorientiertes, globales Management-Wissen, 5. Aufl., Stuttgart 2001.

ZENTES, J./SWOBODA, B. (Hrsg.) (2001b), Perspektiven der Zentralregulierung, Frankfurt/Main 2001.

Frank Keuper / René Hans

Strategisches Konvergenz-Management

Frank Keuper / Rolf-Hans [illegible]

Strategisches Konvergenz-Management

1. Konvergenzproblem

Seit Ende der neunziger Jahre findet in der Telekommunikations-, Informationstechnologie-, Medien- und Entertainment-Branche (TIME-Branche) der Begriff Konvergenz große Beachtung; er steht insbesondere für eine fortschreitende Verschmelzung der bis dato weitestgehend voneinander getrennten Branchen. Konvergenz trat dabei zeitgleich mit dem Gründungs-Boom in der New Economy auf, der bewirkte, dass fundamentale betriebswirtschaftliche Grundgesetze für eine kurze Zeit überwiegend außer Acht gelassen wurden. Die sich daran anschließende und noch aktuell andauernde „Katerstimmung" veranlasst insbesondere viele Praktiker, die Konvergenz als vergangenen und damit zu vernachlässigenden Trend zu betrachten. Das Gegenteil ist jedoch der Fall, denn gerade aufgrund des durch die Krise induzierten Effizienzdrucks wird die Konsolidierung und damit die Konvergenz der TIME[1]-Branche kontinuierlich vorangetrieben. Dies stellt sich technologisch und angebotsseitig in Form eines sehr hohen Entwicklungspotenzials[2] dar, wobei insbesondere im Bereich des Mobilfunks noch technologische Quantensprünge realisiert werden. Aktuelle Beispiele finden sich im Angebot von Mobiltelefonen mit integrierten digitalen Kameras oder aber bei ersten Prototypen von UMTS-Endgeräten, die über innovative Technologiebausteine verfügen. Auf Seite der Produkterstellung ist ein stetig steigendes Kooperationsaufkommen der involvierten Unternehmungen bei gleichzeitiger Konzentration auf eigene Kernkompetenzen sichtbar. Kooperationen werden dabei nicht nur aus Wirtschaftlichkeitsmotiven eingegangen, sondern auch und vor allem, um die aus der Konvergenz entstehenden Effektivitätspotenziale gemeinschaftlich auszuschöpfen. Wesentlicher Impulsgeber ist hier letztlich die Nachfrageseite, die den Innovationsdruck nach digitalen (integrierten) Produkten beschleunigt, was beispielsweise anhand der hohen Penetration von Internet-Anschlüssen und den steigenden Nutzungsintensitäten von multimedialen Angeboten deutlich wird.[3] Insofern steht außer Frage, dass Unternehmungen der TIME-Branche im Rahmen des strategischen und operativen Managements die Beherrschung der Konvergenz als umfassenden Meta-Trend ins Kalkül ziehen müssen. Strategisches Konvergenz-Management beinhaltet somit

- die Planung konvergenzorientierter Strategien,
- deren konvergenzakzeptierende Umsetzung sowie
- deren Kontrolle mit Hilfe konvergenzorientierter Controlling-Systeme.

---

1 TIME steht als Abkürzung für Telekommunikation, Informationstechnologie, Medien und Entertainment. Die in Wissenschaft und Praxis oftmals verwendete Wortschöpfung kann dabei als deutliches Zeichen für das fortschreitende Verschmelzen der vier Branchen angesehen werden.

2 Vgl. hierzu u. a. Keuper/Gerke (2003).

3 Vgl. z. B. RegTP (2003), S. 28.

Ziel des vorliegenden Beitrags ist die Herleitung eines strategischen Handlungsrahmens für Unternehmungen der TIME-Branche sowie dessen instrumentelle Unterstützung. Dazu ist es zunächst notwendig, das Phänomen Konvergenz als Meta-Trend in der TIME-Branche in seinen zahlreichen Facetten detailliert darzustellen. Die daraus abgeleiteten Implikationen für ein Konvergenz-Management führen zur Entwicklung des *Convergence-based View*[1] als integriertem Strategiekonzept. Mit Hilfe der *Convergence Matrix*[2] wird anschließend ein strategisches Controlling-Instrument zur Operationalisierung des Convergence-based View erläutert, wobei dessen praktische Anwendbarkeit exemplarisch anhand eines Fernsehsenders herausgestellt wird. Der Beitrag schließt mit einer Zusammenfassung der wesentlichen Ergebnisse und einem Ausblick auf die zukünftigen strategischen Herausforderungen an Unternehmungen in der konvergierenden TIME-Branche.

2. Konvergenz[3]

Allgemein kann unter Konvergenz – losgelöst von der Digitalisierung, die häufig im Zusammenhang mit dem Begriff Konvergenz genannt wird – ein „... Prozess der Interaktion zwischen der Unternehmensumwelt bzw. der Wettbewerbsstruktur und der Unternehmensstrategie verstanden werden, der zur strukturellen Verbindung bislang getrennter Märkte führt“[4]. Dabei ist das Zusammenwachsen von Branchen und Unternehmungen das Ergebnis miteinander verschmelzender technischer Infrastrukturen und Endgeräte sowie des Entstehens neuer Leistungsportfolien aufgrund neuer Nutzungspräferenzen.[5] Insofern sind konvergierende Märkte durch eine Kombination von Leistungen verschiedener Branchen zu systemischen Lösungen (sog. Systemprodukten) geprägt, die mittels Integration, Kooperation oder durch Marktbeziehungen sich komplementierender Unternehmungen realisiert werden.[6]

---

1 Vgl. Keuper/Hans (2003), S. 101 ff.

2 Vgl. Hüning/Keuper (2002), S. 28

3 Der vorliegende Abschnitt lehnt sich eng an Keuper/Hans (2003), S. 36 ff. an.

4 Thielmann (2000), S. 9. Hieraus wird deutlich, dass die Konvergenz keinen Zustand beschreibt, sondern einen direkten Zeitbezug aufweist.

5 Vgl. Büllingen/Stamm (2000), S. 106.

6 Vgl. Thielmann (2000), S. 9; Wirtz (2000), S. 5.

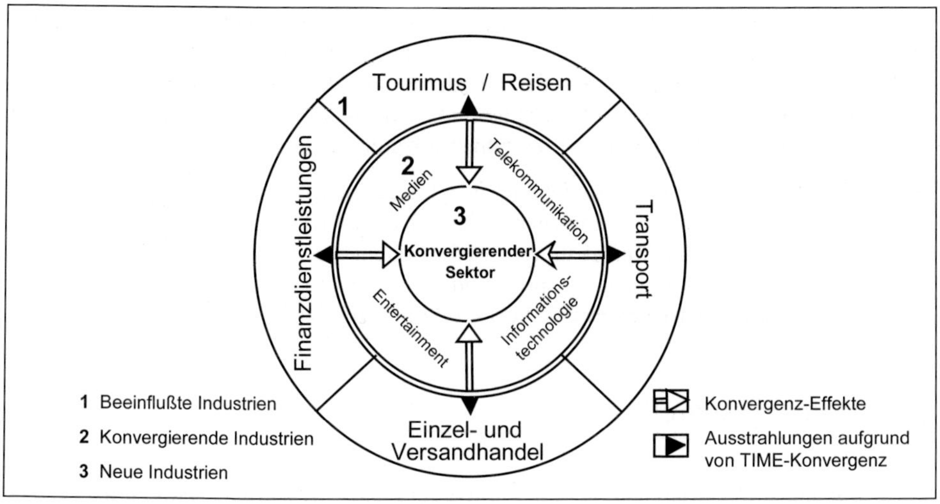

Abbildung 1: Das Konvergenz-Ring-Modell[1]

Während die Konvergenz oftmals lediglich im Rahmen wettbewerbsstrategischer Veränderungen der TIME-Sektoren, die auch nachfolgend den Kern der Analyse bilden, als Meta-Trend angeführt wird, sind durchaus auch andere Branchen hiervon betroffen. Anknüpfend an das Konvergenz-Ring-Modell lassen sich dabei beispielhaft einige durch die TIME-Konvergenz induzierte Marktentwicklungen in den Branchen des in der Abbildung visualisierten äußeren Rings anführen:

- Virtuelle Warenhäuser, in denen die Nutzer in dreidimensionalen Welten die gewünschten Produkte betrachten, ausprobieren und erwerben können, stehen in direkter Konkurrenz zum traditionellen Einkauf in realen Läden.[2] Klassische Versandhändler, wie z. B. der Otto Versand, wandeln sich entsprechend zu bedeutenden E-Commerce-Unternehmungen und erschließen bisher nicht erreichte Zielgruppen.
- Reisebürokettten stehen zunehmend unter Handlungszwang aufgrund von Disintermediation, da standardisierte Leistungen wie der Verkauf von Flug- oder Bahntickets direkt vom jeweiligen Anbieter im Internet an den Endkunden vertrieben werden können. So konkurriert die Internet-Plattform Opodo, die von neun europäischen Fluggesellschaften initiiert wurde, mit Reisebüros und hat dabei durch die digitale Abwicklung einen Kostenvorteil von 25 %.[3]

---

1 In Anlehnung an Wirtz (1999), S. 16. Die Branchen im äußeren Konvergenzring sind nur beispielhaft für viele, so dass hier kein Anspruch auf Vollständigkeit erhoben werden kann.

2 Vgl. Tinbergen (1999), S. 74.

3 Vgl. online Opodo (2001).

- Automobilhersteller wie BMW oder DaimlerChrysler integrieren zunehmend komplexe Telematik-Dienstleistungen, wie z. B. intelligente Verkehrsführung oder Online-Ferndiagnose, in ihre Modelle. Hierdurch soll der bisher von den Herstellern weitestgehend vernachlässigte Direktkontakt zum Kunden in der After-Sales-Phase vor dem Hintergrund einer erhofften höheren Kundenbindung gestärkt werden.[1]

Schon die Beschreibung der Entwicklungen im äußeren Konvergenz-Ring macht deutlich, dass diese stets mit der Digitalisierung und der Entwicklung des Internet zu tun haben und offenkundig zunehmend in Wechselbeziehung zu den konvergierenden Industrien des TIME-Sektors stehen. Entsprechend ist es wichtig, die Triebfedern sowie die Multidimensionalität der Konvergenz dieses Sektors näher zu beleuchten.

2.1 Konvergenztreiber

Vorbedingung und Initialzündung der Konvergenz sind wesentliche ökonomische, gesellschaftliche und technologische Rahmenbedingungen. Diese nehmen im gegenseitigen Zusammenspiel unmittelbar oder mittelbar einen fördernden oder steuernden Einfluss auf die Marktentwicklung ein, wobei mit fortschreitender Konvergenz die Rahmenbedingungen auch von den verschiedenen Konvergenz-Trends selbst beeinflusst werden.[2]

2.1.1 Volkswirtschaftliche Konvergenztreiber

Zahlreiche Deregulierungsmaßnahmen führen dazu, dass einerseits den Kunden die Möglichkeit eröffnet wird, entsprechend ihrer Nutzenpräferenzen Produkte und Dienstleistungen zu erwerben, andererseits die Anbieter die Chance haben, entsprechende Leistungsbündel zu offerieren.[3] In diesem Zusammenhang ist insbesondere – exemplarisch für viele Industrieländer und weitere Branchen – die fortschreitende Deregulierung des deutschen Telekommunikationsmarktes hervorzuheben, der gerade seit Ende der neunziger Jahre von bisher ungekannter Dynamik geprägt ist und zu einem Preisverfall für Telefongespräche von bis zu 95 % führte.[4] Darüber hinaus stimulierte die Deregulierung des Telekommunikationsmarktes auch unternehmerisches Engagement, was die große Anzahl der neuen Marktteilnehmer, wie beispielsweise Mannesmann Arcor oder Talkline, be-

---

1 Vgl. Mehl/Hans (2003), S. 60 ff.

2 Vgl. Krieb (2000), S. 65.

3 Vgl. Rockenhäuser (1999), S. 29.

4 Vgl. RegTP (2003), S. 23 f., bezogen auf die zehn wichtigsten Auslandsstrecken zur Hauptzeit seit Anfang 1998. Ein ähnliches Bild ergibt sich für nationale Ferngespräche, wohingegen im Bereich der Ortsgespräche erst wenig Wettbewerb besteht, vgl. RegTP (2003), S. 18 f. Abzuwarten bleibt, ob sich dies mit Öffnung der Ortsnetze für Call-by-Call-Gespräche seit April 2003 fundamental ändern wird.

legt. Dies wiederum beschleunigte die Innovationstätigkeit der Marktteilnehmer, infolge derer zunehmend digitale Technologien für Produkt- und Prozessinnovationen eine Rolle spielten.

2.1.2 Gesellschaftliche Konvergenztreiber

Globalisierungstendenzen erstrecken sich nicht nur auf die oftmals fokussierte wirtschaftliche Perspektive, sondern beziehen sich auch auf die Nachfragerseite. Hierbei führt eine Internalisierung unterschiedlicher Kulturen zu einem Kulturkonglomerat und die interkulturelle Nivellierung zu einer Vereinheitlichung der Konsumgewohnheiten im Hinblick auf eine *heterogen-hybride Nachfrage*.[1] Dabei visualisiert eine heterogen-hybride Nachfrage die fortschreitende Tendenz zur Individualisierung, sodass der Kunde vermehrt solche Produkte nachfragt, die eine gewisse Einzigartigkeit bzw. eine „individuelle Note" aufweisen – und das zum Preis eines Massenproduktes.[2]

Bezogen auf die Grundbedürfnisse des Individuums, die sich in der Bedürfnispyramide von *MASLOW* zusammenfassend darstellen lassen,[3] tangiert dies den zunehmenden Wunsch des Menschen nach Selbstverwirklichung. Während seine Grundbedürfnisse, wie etwa Sicherheit und Zugehörigkeit, in Industrieländern oftmals bereits erfüllt sind, zielt die Selbstverwirklichung darauf ab, das eigene Leben individuell gestalten zu können, d. h. nicht eingeschränkt zu sein und nicht den Konventionen der breiten „Masse" zu unterliegen, sondern vielmehr das Gefühl zu bekommen, etwas „Besonderes" zu sein.

Insofern induziert die daraus resultierende Notwendigkeit zur Individualisierung von Produkten eine kundenindividuelle Leistungsbündelung mit gänzlichem oder überwiegendem Dienstleistungscharakter, wobei sich die erbrachten Teilleistungen aus verschiedenen Branchen zusammensetzen. Dies kennzeichnet letztlich die zunehmende Produktion wissensintensiver Güter und Dienstleistungen und prägt somit den Wandel von einer postmodernen Industriegesellschaft zur *Informationsgesellschaft*[4]. Damit hängen Wachstum und Beschäftigung immer mehr vom kompetenten und wirtschaftlichen Umgang mit Informationen und ihrer Transformation in Wissen ab, was unter dem Gesichtspunkt der Transaktionskosten[5] nur mit Hilfe leistungsfähiger Informations- und Kommunikationstechnologien möglich wird.

---

1 Vgl. Keuper (2002a), S. 22 ff.

2 Vgl. Meffert (2000), S. 102 sowie S. 917 ff.

3 Vgl. Maslow (1943), S. 370 ff.

4 Zur Bedeutung der Information in der Informationsgesellschaft vgl. Keuper (2002c), S. 121 ff.

5 Zur Transaktionkostentheorie vgl. ausführlich Picot/Reichwald/Wigand (2003), S. 49 ff.

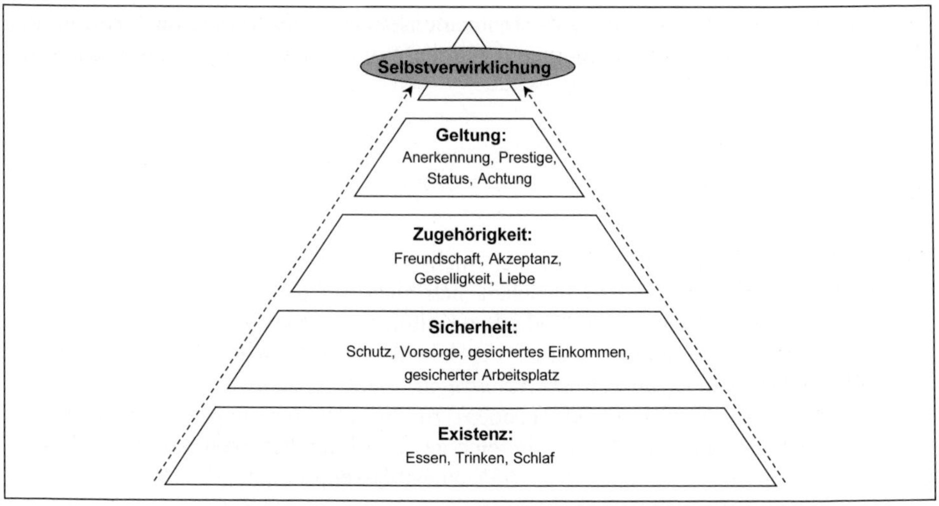

Abbildung 2: Bedürfnis-Pyramide von *MASLOW*[1]

2.1.3 Technologische Konvergenztreiber

Als Ausgangspunkt für die Entwicklung derartiger leistungsfähiger Informations- und Kommunikationstechnologien (IuK-Technologien) gilt die *Digitalisierung*. Dabei bedeutet Digitalisierung die Transformation von Informationen in digitale Einheiten, so genannte Bits, die durch 0 und 1 ausgedrückt werden.[2] Erst mit der Digitalisierung ist es gelungen, Informationen in eine speicherfähige Form zu bringen, die eine Be- und Weiterverarbeitung mit Hilfe der Informationstechnologie ohne Kopierverluste ermöglicht.[3] Darüber hinaus liefert die Digitalisierung auch eine normierte Basis für Informationen, die deren Verknüpfung, z. B. im Hinblick auf unterschiedliche Verarbeitungsprozesse, mit Hilfe informationstechnischer Instrumente ermöglicht.[4]

Während die Digitalisierung die Keimzelle der tief greifenden technologischen Veränderungen ist, gelten Leistungssteigerungen bei der Entwicklung von Mikrochips als eigentliche Determinante für die hohe Diffusionsgeschwindigkeit digitaler Technologie. Ein hier häufig angeführtes Indiz ist das noch immer gültige, aber bereits in den sechziger Jahren formulierte „Gesetz" von *MOORE*, einem Mitbegründer des Chip-Herstellers

1 Vgl. Maslow (1943), S. 370.
2 Vgl. Zerdick et al. (2001), S. 150.
3 Vgl. Schreiber (1998), S. 11.
4 Vgl. Weiber/Kollmann (1999), S. 49.

Intel. Dieses Gesetz besagt, dass sich die Leistungsfähigkeit von Mikroprozessoren alle 18 Monate bei gleich bleibenden Produktionskosten um den Faktor zwei verbessert.[1] Durch den daraus resultierenden Preisverfall sinken die Kosten der Informationsverarbeitung stetig, sodass die Penetration digitaler Technologie in immer mehr und immer komplexeren Bereichen des wirtschaftlichen und täglichen Lebens beschleunigt wird.

Als weiterer Einflussfaktor für die Diffusion digitaler Technologie gelten häufig auftretende positive Feedbacks im Rahmen von Netzwerk-Externalitäten oder kurz Netzeffekten. Dabei beschreiben *Netzwerk-Externalitäten* allgemein die Auswirkungen der Teilnahme einer Person am Netzwerk auf die übrigen Teilnehmer.[2] Bei direkten positiven *Netzeffekten* steigt dementsprechend der Wert einer Netzleistung mit der Zahl ihrer Nutzer.[3] Das „Gesetz" von *METCALFE*, dem Erfinder des Ethernet und dem Mitgründer der Firma 3Com, besagt in diesem Zusammenhang, dass der Wert eines Netzwerkes mit dessen Wachstum für seine Nutzer exponentiell steigt, während die Netzwerkkosten nur linear zunehmen.[4] Dies lässt sich besonders plausibel am Telefonnetz veranschaulichen: Mit steigender Größe des Netzwerkes können die Infrastrukturkosten auf immer mehr Nutzer verteilt werden (Skaleneffekte). Gleichzeitig steigt jedoch mit jedem Telefonanschluss der Nutzen für jeden einzelnen Kunden, da immer mehr andere Nutzer erreicht werden können, wobei der Nutzen erst dann entsteht, wenn eine bestimmte Mindestmenge von Teilnehmern an das Netz angeschlossen ist (*Kritische-Masse-System*). Insofern wird deutlich, dass der derivative Nutzen – die Größe des Netzwerkes – letztlich zum entscheidenden Kaufkriterium für den Telefonanschluss wird.[5] Bei indirekten Netzeffekten hängt der Wert des Produkts von der Verfügbarkeit von Komplementärleistungen ab.[6] Beispielsweise geht der Erfolg des Betriebssystems Windows von Microsoft u. a. darauf zurück, dass hierfür die meisten systemkompatiblen Anwendungsprogramme erhältlich sind.

Aus der Existenz von Netzeffekten in informationsorientierten Industrien lassen sich nunmehr drei wesentliche Schlussfolgerungen ziehen:

- *Erstens* kann durch Netzeffekte die Diffusionsgeschwindigkeit einer digitalen Technologie bzw. eines digitalen Produktes erhöht werden, da sich die Attraktivität des Netzwerkes aus der Anzahl der Nutzer bemisst, wobei jeder weitere Nutzer die Netzeffekte beschleunigt.

---

1 Vgl. online Moore (1965).

2 Vgl. Shapiro/Varian (1999), S. 13.

3 Vgl. Zerdick et al. (2001), S. 157.

4 Vgl. Rockenhäuser (1999), S. 25.

5 Vgl. Zerdick et al. (2001), S. 157 f.

6 Vgl. Zerdick et al. (2001), S. 158.

- *Zweitens* bedeutet dies aus Sicht der involvierten Unternehmungen, dass sich im Extremfall gar „Winner-take-it-all“[1]-Märkte bilden, wie dies beispielsweise auf dem Markt für Betriebssysteme mit Microsoft-Produkten der Fall ist.
- Entsprechend sollte *drittens* das Setzen proprietärer Standards und darauf aufbauender Lock-Ins auf Kundenseite eine zentrale Rolle im wettbewerbsstrategischen Agieren der Marktteilnehmer einnehmen.[2]

2.2 Konvergenzdimensionen

Mit der Entwicklung und Verbreitung des Internet kommt dem Zusammenspiel der zuvor skizzierten Wirkungen nun eine bisher ungekannte Bedeutung zu. Die hierbei tangierten *Konvergenzdimensionen* erstrecken sich vom technologischen Bereich über die Nachfrager- bis hin zur Angebotsseite.

2.2.1 Technologische Konvergenz

Allgemein beschreibt die *technologische Konvergenz* die fortschreitende Diffusion einer Basistechnologie bzw. bestimmter Prozesse in vielfältige Branchen hinein sowie ihre dortige Verankerung,[3] wodurch verschiedene Funktionen in eine Leistung integriert bzw. neue Funktionalitäten initiiert werden. Basistechnologie ist dabei das auf dem universalen Netzwerkprotokoll TCP/IP[4] basierende *Internet*, das erstmals die Möglichkeit der digitalen Übertragung von Informationen zwischen dem Telekommunikations-, Informationstechnologie- und Mediensektor eröffnet.[5]

Durch dieses universale Netz können aus bisher isolierten Wegen bei der Datenübertragung nunmehr vernetzte Wege geschaffen werden, um rechnergestützt Informationen in verschiedenen Situationen und an verschiedenen Orten *multimedial* zu übertragen, also Sprache, statische Daten, Musik und Bewegtbilder in einer digitalen Umgebung anzuordnen.[6] Insofern wird deutlich, dass das Internet eine neue Übertragungstechnologie ist, die erstmals *Multimedialität* erlaubt, d. h. die gleichzeitige Darstellung miteinander verknüpfter und verschiedener Inhalte auf einer standardisierten Arbeitsoberfläche. Multi-

---

1 Vgl. Shapiro/Varian (1999), S. 177.

2 Vgl. Shapiro/Varian (1999), S. 261 ff.

3 Vgl. Thielmann (2000), S. 10.

4 TCP/IP steht für Transmission Control Protocol/Internet Protocol und wurde ursprünglich im Jahr 1978 vom amerikanischen Verteidigungsministerium als Standard für heterogene Netze eingeführt, vgl. Stahlknecht/ Hasenkamp (1997), S. 126.

5 Vgl. Sjurts (2000), S. 31.

6 Vgl. Figge (2000), S. 161.

medialität eröffnet darüber hinaus die Möglichkeit eines gezielten, selektiven und zeitunabhängigen Zugriffs auf Informationen sowie die Interaktion zwischen Kommunikationspartnern auf der Nachfrager- und auf der Anbieterseite.[1] Jedoch erfordert die Inanspruchnahme multimedialer Anwendungen die Neu- oder Weiterentwicklung von bisher spezifischen zu nunmehr multimediafähigen Medienträgern.[2] Die dann entstandenen Endgeräte sind als technologisch integrierte Produkte anzusehen. Beispiele für die Konvergenz der Technologien finden sich in einer Vielzahl von Bereichen, welche nachfolgend näher zu beleuchten sind.

2.2.1.1 Konvergenz stationärer Technologien

Grundlage für die Entwicklung integrierter Endgeräte im stationären Bereich ist die Art des gewählten leitungsgebundenen Netzzugangs. Hierzu stehen verschiedene Netzstrukturen bereit, wobei derzeit für den privaten Endnutzer am häufigsten das Telefonnetz zum Einsatz kommt.[3] Während die bisher am weitesten verbreiteten analogen und ISDN-Modems nur schmalbandige Anwendungen mit sehr eingeschränkten Multimedia-Funktionalitäten erlauben, ist die ebenfalls auf dem Telefonkabelnetz basierende DSL-Technologie hinsichtlich der Übertragungskapazität wesentlich leistungsfähiger. Mit Übertragungsraten von bis zu acht Mbit/s in Richtung des Kunden (Downstream) stellt sich so ein Abruf von Video-Sequenzen mittels *Streaming* problemlos dar. Dabei ist Streaming eine Technologie, die durch einen kontinuierlichen und gleichmäßigen Strom Daten auf Basis des Internet-Protokolls transportiert, sodass Audio- und Videodateien abgespielt werden können, ohne zuvor die gesamte Datei übermitteln zu müssen. Das Verfahren erlaubt somit die Inanspruchnahme von Funktionalitäten des klassischen Fernsehens. Hieran knüpfen insbesondere viele der großen Internet-Service-Provider wie AOL oder T-Online an, die sukzessive ihre Streaming-Angebote – wie Interviews oder Musik-Videos von Stars – ausbauen und damit auch langfristig Bezahlinhalte als neue Erlösquelle etablieren wollen.[4] Während hierbei vom Abruf von Fernsehfunktionalitäten mittels eines an die DSL-Technologie angeschlossenen Multimedia-PCs ausgegangen wird, bestehen jedoch auch Integrationsbestrebungen von interaktiven Diensten in Fernsehgeräte, was allgemein mit dem Schlagwort *interaktives Fernsehen* (iTV) verbunden wird. Mittels einer Set-Top-Box, die digitale Daten in für das Fernsehgerät notwendige analoge Daten umwandelt, wird so z. B. ein individueller Abruf von Spielfilmen, eine Bestellung von TV-Shopping-Angeboten ohne Medienbrüche oder auch der Abruf von E-Mails ermöglicht. Als breitbandige Übertragungstechnologie steht für interaktives Fernsehen das Fernsehkabelnetz im Fokus, da hiermit einerseits in Deutschland etwa 23 Millionen Haushalte erreicht werden können,[5] andererseits der Kabelanschluss überwie-

---

1 Vgl. Keuper (2001b), S. 393.

2 Vgl. Hess (2002a), 575 f.; Keuper (2002a), S. 39.

3 Vgl. Hess (2002a), S. 572.

4 Vgl. Holtrop in Zimmer (2002), S. 56.

5 Vgl. PricewaterhouseCoopers (2000), S. 71 ff.

gend direkt in den für das interaktive Fernsehen relevanten Wohnzimmern der Nutzer verlegt ist. Allerdings lahmt die Entwicklung des interaktiven Fernsehens in Deutschland aufgrund einer originär nicht vorhandenen Bidirektionalität der Kabelnetze. Eine schnelle Umrüstung wird gerade durch eine im internationalen Vergleich einzigartige Kabelnetzstruktur sowie den seit Jahren schleppenden Verkauf an strategische Investoren verhindert. Allerdings zeigt der Erfolg des Fernsehsenders BSkyB in Großbritannien, dass interaktive Dienste über ein entsprechend ausgerüstetes Fernsehgerät auf hohe Marktakzeptanz stoßen. Insofern bleibt festzuhalten, dass die technologische Konvergenz eine Vermischung von klassischen fernsehbasierten und internetbasierten Diensten ermöglicht, wobei derzeit noch nicht feststeht, welche integrierte Ausprägung (Fernsehfunktionen am Multimedia-PC oder Multimedia-Funktionen am Fernseher) in Deutschland dominant sein wird.

2.2.1.2 Konvergenz mobiler Technologien

In Deutschland nahmen zu Anfang des Jahres 2003 59,2 Millionen Bundesbürger an mobiler Kommunikation teil,[1] wobei bis zum Ende der Dekade eine Gesamtpenetration von über 70 Millionen mobilen Anschlüssen prognostiziert wird.[2] Während sich bisher die Aktivitäten der Mobilfunk-Provider schwerpunktmäßig auf die Vermarktung von mobiler Sprachtelefonie konzentrierten, ist zunehmend ein Trend zum Angebot mobiler Datendienste zu beobachten. Dadurch wird langfristig eine teilweise Konvergenz von stationären breitbandigen Diensten und mobilen, schmalbandigen Diensten möglich. So können seit März 2002 die Nutzer des vom Provider E-Plus vermarkteten i-Mode-Portals Inhalte und weitere Dienstleistungen von über 100 Content-Providern beziehen.[3] Insofern werden den Nutzern attraktive Inhalte, die bisher nur über den stationären Multimedia-PC bezogen werden konnten, nunmehr in mobilen Kommunikationsumgebungen zugänglich gemacht. Dieser Trend wird sich durch die so genannte dritte Generation der Mobilfunktechnologie, die auf dem UMTS-Standard basieren wird und Übertragungsraten von bis zu 2 Mbit/s erlaubt, noch verstärken. Wenngleich die hierdurch erhofften Erlöspotenziale weitaus moderater ausfallen dürften, als dies noch während des Booms der New Economy euphorisch prognostiziert wurde, steht außer Frage, dass langfristig auch bisher nur im stationären Bereich existierende breitbandige Streaming-Angebote etc. auf den Mobilbereich ausgeweitet werden.

Nicht vernachlässigt werden dürfen allerdings die zahlreichen Problemfelder bei der Einführung des UMTS-Standards, die den beschriebenen Konvergenztrend maßgeblich lähmen. Dies sind neben hohen Kosten für die UMTS-Lizenzen und den immensen Investitionen beim Aufbau der Funknetze, die teilweise einen zu erzielenden Return on Investment fundamental in Frage stellen, vor allem noch die prognostizierte mangelnde Ver-

---

1 Vgl. RegTP (2003), S. 25.

2 Vgl. Büllingen/Stamm (2001), S. 60.

3 Vgl. o. V. (2002), S. 38.

fügbarkeit geeigneter UMTS-Endgeräte bei Inbetriebnahme der UMTS-Netze ab Ende 2003.[1] Fest steht allerdings, dass die Endgeräteindustrie zunehmend portable Systeme entwickelt, die nicht mehr rein sprachorientiert sind. Hierzu gehören neben Mobiltelefonen mit erweiterten Datenspeicherfunktionen derzeit vor allem so genannte Personal Digital Assistants (PDAs), die den Nutzern schwerpunktmäßig Kalender- und Notizbuchfunktionalitäten, Adressverwaltungen oder Aufgabenlisten sowie verstärkt auch komplexere Anwendungen wie Tabellenkalkulation und Textverarbeitung zur Verfügung stellen.[2] Zudem verfügen PDAs zunehmend über ein eingebautes Festnetzmodem, integrierte Mobilfunkmodems oder eine Schnittstelle zum Handy, um Daten mobil übertragen und austauschen zu können. Aktuell ist jedoch eine Konvergenz von Mobiltelefonen und PDAs hin zu „Smartphones" zu beobachten, die mobile Sprach- und Datenkommunikation in einem Gerät integrieren. Wenngleich Multimedia-Anwendungen auf Mobilgeräten aufgrund der begrenzten Stromressourcen sowie der mangelnden Bedienungsfreundlichkeit, beispielsweise hinsichtlich der wesentlich kleineren Displays, im Gegensatz zur Darstellung auf stationären Endgeräten stets mehr Restriktionen unterliegen werden, lässt sich als Fazit dennoch eine eindeutige Tendenz zur Integration stationärer Datendienste in mobile Kommunikationsumgebungen festhalten, die das bisherige, an der Sprachtelefonie orientierte Angebot entsprechend erweitern.

2.2.1.3 Konvergenz ubiquitärer Technologien

Während viele der derzeitigen Multimedia-Anwendungen darauf abzielen, einen möglichst großen Teil der Realität in der virtuellen Welt abzubilden, beispielsweise durch 3D-Animationen zur verbesserten Darstellung von Menschen oder Figuren, geht die Vision des *Pervasive*[3] oder *Ubiquitous Computing* gerade nicht davon aus, sich von der realen Welt abzukapseln und eine künstliche Welt aufzubauen.[4] Vielmehr soll sich die Informationstechnologie von der Verknüpfung mit Standardrechnern – wie PCs oder Notebooks – lösen und in die reale Welt und deren Abläufe eingebunden werden. Die koordinierte elektronische Technologie nimmt dabei zukünftig eine ähnliche Rolle ein wie die Schrift heute. So ist die Schrift ubiquitär, verwoben mit allen Lebensbereichen und tritt zugunsten der Anwendung, nämlich der Speicherung und Kommunikation von Information, gänzlich in den Hintergrund.[5] Insofern gilt das Pervasive Computing als Fortführung mobiler Endgeräte und Anwendungen, d. h. es impliziert grundsätzlich die

1 Vgl. ausführlich Keuper/Hans (2003), S. 47 f.

2 Vgl. Hess/Rawolle (2001), S. 648; Schumann (2002), S. 19.

3 Pervasive = durchdringend, überall vorhanden

4 Vgl. Mattern (2001), S. 55. Mattern unterscheidet jedoch zwischen dem eher ökonomisch geprägten Pervasive Computing und dem humanzentrierten Ubiquitous Computing, vgl. Mattern (2001), S. 55. Allerdings werden nachfolgend aus Vereinfachungsgründen beide Begriffe als gleichbedeutend aufgefasst, da sie im Kern beide von einer allgegenwärtigen Informationsverarbeitung ausgehen.

5 Vgl. online Gellersen (o. J.).

Unterstützung der Mobilität des Nutzers.[1] Wie bereits gekennzeichnet, entstehen zunehmend anwendungsspezifische Endgeräte – z. B. Personal Digital Assistants – die klassische Funktionen des Personal Computers in dezentralen Kommunikationsumgebungen ermöglichen. Nachteilig ist jedoch, dass solche Geräte die ungeteilte Aufmerksamkeit des Anwenders verlangen und stets für die Nutzung aktiviert werden müssen.[2] Um dem entgegen zu treten, wurde bereits anknüpfend an die Vision des Pervasive Computing vom Elektronikkonzern Philips in Zusammenarbeit mit dem Modelabel Levi's eine Jacke mit integriertem Mobiltelefon und MP3-Spieler entwickelt.[3] Dies ist jedoch lediglich die Initialzündung für weitere Forschungsaktivitäten im Bereich des so genannten *Smart Clothing*. Wesentlicher Impulsgeber für derartige Innovationen ist dabei nicht nur die Elektronikindustrie, sondern vielmehr die Modebranche,[4] was letztlich beweist, dass auch ehemals klar voneinander abgegrenzte Branchen – wenn auch mit nur einer kleinen Schnittmenge – Konvergenztendenzen aufweisen.

Während das o. g. Beispiel eine neue Qualität der Portabilität von Informationstechnologie beschreibt und das Pervasive Computing somit für „IT überall mit hinnehmen können“ steht, geht der ebenfalls dem Pervasive Computing zuzurechnende Ansatz von *ubiquitären Informationsumgebungen* davon aus, dass Informationstechnologie in räumliche Umgebungen eingebettet wird, also „IT überall vorhanden“ ist.[5] Dies ist grundsätzlich nichts Neues, denn gerade in Haushalten werden neben der Telekommunikations- und Unterhaltungselektronik immer mehr solcher Geräte mit Mikroprozessoren zur verbesserten Steuerung und Regelung ausgestattet, deren ursprüngliche Nutzung dies nicht erfordert.[6] Neu indes ist die Vision der Entwicklung so genannter *Home Networks*, die Informations-, Entertainment-, Sicherheitssysteme und alle weiteren Geräte, die Mikroprozessoren enthalten, miteinander verbinden. Die Steuerung des Netzwerks erfolgt dabei über eine zentrale Einheit, beispielsweise eine Set-Top-Box, die einerseits die Geräte miteinander vernetzt, andererseits die Verbindung zum Internet oder anderen externen Netzen steuert. Da die Vernetzung der zahlreichen Geräte innerhalb von Gebäuden mittels der herkömmlichen Verkabelung problematisch ist, erlangen kabellose Netzwerktechnologien wie *Bluetooth* oder *Wireless Local Area Networks* (WLAN) zunehmend Bedeutung. Dabei ist Bluetooth ein Standard, der über kurze Distanzen bis zu 10 m eine Datenübertragungsrate von einem Mbit/s ermöglicht und somit für weniger aufwändige Dienste ausreicht.[7] Demgegenüber erfordern datenintensive Entertainment-

---

1 Vgl. online Satyanarayanan (2001), S. 2.

2 Vgl. online Gellersen (o. J.).

3 Vgl. online Philips (2000b).

4 Vgl. Philips (2000), S. 7.

5 Vgl. online Gellersen (2001).

6 Vgl. Stähler (2001), S. 166. Dies sind beispielsweise Waschmaschinen, Kühlschränke, Toaster.

7 Vgl. Steimer/Maier/Spinner (2001), S. 86.

Dienste, wie Video- oder Musikübertragungen, ein WLAN, mit dem sich derzeit Übertragungsraten bis zu 11 Mbit/s realisieren lassen.[1]

Abgesehen von der Vision des Home Network sind insbesondere im Bereich des Mobilfunkstandards UMTS mit der Integration von Blue-Tooth-Chips in die Mobilgeräte noch zahlreiche innovative Dienste zu erwarten, die dem Grundgedanken des Pervasive Computing ein Stück näher kommen. So ist beispielsweise denkbar, dass ein Handy-Nutzer nach vorheriger Reservierung eines Flugtickets durch das bloße Betreten des Flughafens automatisch eingecheckt wird. Im Handy-Display erscheinen alle für den Fluggast notwendigen Informationen von der Lage des Check-in-Schalters für Gepäck über das Abflug-Gate bis hin zum zugewiesenen Platz im Flugzeug. Nicht zuletzt vor dem Hintergrund der dadurch möglichen Rationalisierungspotenziale im Fluggastabfertigungsbereich arbeiten bereits viele Fluglinien, wie beispielsweise die Lufthansa, an entsprechenden Angeboten.[2] Während sich alle vorangegangenen Ausführungen lediglich auf die wesentlichen Tendenzen im Bereich des technisch Möglichen konzentrieren, stellt sich notwendig die Frage, welche Anwendungen sowohl im stationären als auch im mobilen Bereich ökonomisch sinnvoll sind. Dies richtet den Blick auf die *Nachfragerseite*, denn ökonomisch vertretbar werden losgelöst von allen technischen Finessen nur die Anwendungen und Dienste sein, die letztlich auch tatsächlich die Bedürfnisse der Kunden treffen. Somit lässt sich schließen, dass viele in den Entwicklungsabteilungen entworfene Anwendungsszenarien des Pervasive Computing letztlich Visionen bleiben werden, die jedoch wesentlicher Impulsgeber für Produktinnovationen und eine damit voranschreitende technologische Konvergenz sind.

2.2.2 Nachfrageseitige Konvergenz

Im funktional-äquivalenten Zusammenhang mit der Konvergenz der Technologien steht die Konvergenz der Nachfragerseite, wobei diese durch die Integration der Nachfrage verschiedener Bedürfnisgruppen und damit die Eliminierung bestehender Barrieren zwischen den bisher isolierten Bedarfsgruppen charakterisiert ist.[3] Da Bedarfsstrukturen und Kaufmuster sich generell angleichen bzw. zusammenlaufen oder gemeinsam und sich gegenseitig verstärkend auftreten, führt eine Integration von Funktionen, wovon jede einzelne Funktion für sich schon auf eine bestimmte Bedürfnisbefriedigung abzielt, zu einer Zusammenfassung ökonomischer Nachfrage auf bisher separierten Märkten.[4] So ist der Grundgedanke des interaktiven Fernsehens die Verfügbarkeit zahlreicher, bisher voneinander getrennter Dienste bzw. Dienstleistungen, sodass neben den klassischen

1 Vgl. Forrester Research (2001), S. 2.

2 Vgl. online Lufthansa (2000).

3 Vgl. Thielmann (2000), S. 11; Krieb (2001), S. 62 ff.

4 Vgl. Keuper (2001b), S. 393.

Fernsehfunktionen nunmehr beispielsweise Video-on-Demand und Games-on-Demand verfügbar sind. Dadurch konvergiert letztlich auch die Bedarfsgruppe „Fernsehzuschauer“ mit der Bedarfsgruppe „Videoausleiher“ bzw. „Spielekäufer“. Dies setzt jedoch eine entsprechende Kaufkraft und die Bereitschaft der Konsumenten voraus, Bedürfnisbefriedigung durch Leistungsbündel bzw. neue Funktionen der Bedürfnisbefriedigung nachzufragen.[1] Konvergenzbarrieren sind daher in ex ante unterschiedlichen Nutzungsweisen zu sehen, etwa aktive Informationssuche oder Kommunikation via Multimedia-PC als *Lean-Forward-Medium*[2] gegenüber passiver Unterhaltung im Rahmen der Fernsehnutzung als *Lean-Back-Medium*[3].[4] Zudem ist entgegen der Forderung des Pervasive Computing nach Simplifizierung von Anwendungen davon auszugehen, dass die Konvergenz bislang voneinander separierter Angebotsbereiche die wahrgenommene Komplexität des Angebotes erhöhen wird und somit ein gewisses Kompetenzniveau des Nutzers hinsichtlich des technischen Verständnisses, aber auch hinsichtlich der Selektion der verschiedenen Inhalte, Anbieter, Zugangswege und Nutzungsoptionen erfordert.[5] Entsprechend ist zur Überwindung dieser nachfrageseitigen Konvergenzbarrieren bei der Entwicklung von Multimedia-Angeboten das gesamte Kosten-Nutzen-Kalkül des Rezipienten mit einzubeziehen.[6] So ist das Internet beispielsweise einer Zeitung oder Zeitschrift in vielerlei Hinsicht, wie z. B. bei der rezipientenspezifischen Konfektionierung der Inhalte, funktional überlegen, doch müssen neues Medium und entsprechende Angebote für die verschiedenen individuellen Nutzungssituationen zu Leistungsbündeln kombiniert werden, für die der Rezipient letztlich Zahlungsbereitschaft, gemessen in Geld und/ oder Zeiteinheiten, aufweist.

Die Integration von Funktionen in Leistungsbündel mit einer Vielzahl von Funktionalitäten und die damit ausgelöste Verschmelzung von Bedarfsstrukturen auf bisher separierten Märkten bedingt aufgrund der hierfür notwendigen technologischen Komplexität und des hierfür notwendigen Know-how-Transfers eine Konvergenz der Anbieterseite.[7]

2.2.3 Angebotsseitige Konvergenz

Die Konvergenz der Anbieterseite wird vornehmlich durch die Leistungsbündelung von Funktionalitäten und Komponenten aufgrund antizipativer ökonomischer Rationalität

1 Vgl. Thielmann (2000), S. 11.
2 Vgl. Ryan (1999), S. 50.
3 Vgl. Siron (2000), S. 40.
4 Vgl. Thielmann (2000), S. 11.
5 Vgl. Fries (1997), S. 24 ff.
6 Vgl. Lehr (1999), S. 142 ff.
7 Vgl. Keuper (2002a), S. 40.

bzw. durch die potentielle Substituierbarkeit von Leistungskomponenten initiiert.[1] Insbesondere die zunehmende Bedeutung von Systemleistungen erodiert bestehende Branchengrenzen und stellt starre Kompetenz- und Branchenstrukturen in Frage.[2] Ziel dieser angebotsseitigen Konvergenz, die Wertschöpfungsketten übergreifend vertikal oder horizontal erfolgen kann, ist es, durch Neukombination bisher getrennter Aktivitäten in einer wirtschaftlichen Einheit die potentiellen Synergien für die beteiligten Unternehmungen auszuschöpfen. Entsprechend kommt es zu einer Vielzahl vertikaler und horizontaler Kooperationsformen, die zunächst schwerpunktmäßig innerhalb des TIME-Sektors, jedoch in einem weiteren Schritt zwischen dem TIME-Sektor und weiteren Branchen des äußeren Konvergenzrings stattfinden. Dabei beschäftigt die involvierten Unternehmungen zunehmend der *Coopetition-Gedanke*[3], der gleichzeitig wettbewerbliches und kooperatives Verhalten zwischen mehreren Unternehmungen zulässt.[4] So sind gerade auf der Ebene technologischer Standardsetzung häufig *Kooperationen* zwischen Konkurrenten zu beobachten. Beispielsweise zielt Symbian, eine Allianz, an der u. a. die Handyhersteller Nokia, Motorola, Ericsson und Matsushita beteiligt sind, darauf ab, das dominierende Betriebssystem für Kleincomputer und internetfähige Mobiltelefone auf dem Markt gegen den Branchenriesen Microsoft durchzusetzen. Während die Handyhersteller rein vertriebsseitig miteinander konkurrieren und um Marktanteile kämpfen, dient die Kooperation im Bereich Forschung und Entwicklung somit dazu, die zuvor beschriebenen Netzeffekte durch Etablierung eines Standards auszulösen, der dann allen Beteiligten gleichermaßen zugute kommt. Auch die in Deutschland vorzufindenden Kooperationen von Mobilnetzbetreibern beim Aufbau der UMTS-Netze ist der Coopetition zuzuordnen, da einerseits die kooperierenden Unternehmungen immense Kosten durch den gemeinsamen Betrieb von Funkmasten etc. einsparen, andererseits aber nach wie vor vertriebsseitig hart um jeden Mobilfunkkunden kämpfen.

Letztlich existieren dadurch in vielen Branchen kaum noch eindeutige und dauerhafte Freund-Feind-Bilder, da die Konkurrenten von heute die Verbündeten von morgen sein können und umgekehrt. Dies entspricht einem *ambivalenten Wettbewerbsverhältnis* zwischen Unternehmungen bzw. Branchen, was mitunter, wie dargestellt, zu *paradoxen Wettbewerbsstrukturen* führen kann.

2.3 Konvergenz der Märkte

Ein alleiniges Zusammenwachsen in technologischer, nachfrager- oder anbieterseitiger Dimension bedeutet lediglich das Aufzeigen des Konvergenzpotenzials bzw. ein unvoll-

1 Vgl. Thielmann (2000), S. 11.

2 Vgl. Keuper (2001b), S. 394.

3 Vgl. Nalebuff/Brandenburger (1996), S. 16.

4 Vgl. Schad (2000), S. 197.

ständiges Verschmelzen der Märkte.[1] Nur das gleichzeitige Auftreten und Zusammenlaufen aller drei Konvergenzdimensionen führt zu einer vollkommenen Konvergenz der Märkte.[2] Die technologische, nachfrager- und angebotsseitige Konvergenz im gegenseitigen Zusammenspiel führt dann entsprechend zu Berührungspunkten zwischen den betrachteten Branchen. Beispielsweise steigt bei einer zunehmenden Nachfrage nach digitalen Medieninhalten und Telekommunikationsleistungen auch die Nachfrage nach der dazu eingesetzten Informationstechnologie, da diese die Anwendungs- und Übertragungsplattform für die Anwendungen der anderen zwei Wirtschaftssektoren darstellt.[3] Aus diesen Berührungspunkten zwischen den drei ehemals getrennten Sektoren resultieren letztlich Überschneidungen, wodurch sich die bestehenden Grenzen zwischen den Systemen auflösen.[4] Direktes Ergebnis ist die Konvergenz der Märkte, die einen neuen *Multimedia-Markt* emergieren lässt.

In diesem Multimedia-Markt entstehen neue Wertschöpfungsstrukturen, die aus den traditionell unabhängig voneinander bestehenden Wertschöpfungsketten der TIME-Industrie hervorgehen. Aufgrund der zahlreichen flexiblen Verknüpfungen zwischen den Wertschöpfungsbereichen und einer zunehmend notwendigen Kundenorientierung ist dabei die Linearität einer Wertschöpfungskette mit dem Kunden als passives letztes Glied der Multimedia-Leistungen nicht adäquat. Vielmehr ist es sinnvoll, anstelle einer Wertschöpfungskette ein *Wertschöpfungsnetzwerk*, das den Kunden in den Mittelpunkt aller multimedialen Leistungen stellt, darzustellen.[5]

1 Vgl. Keuper (2001b), S. 394.

2 Vgl. Thielmann (2000), S. 13.

3 Vgl. Figge (2000), S. 166 ff.

4 Vgl. Zerdick et al. (2001), S. 144.

5 Vgl. Zerdick et al. (2001), S. 176.

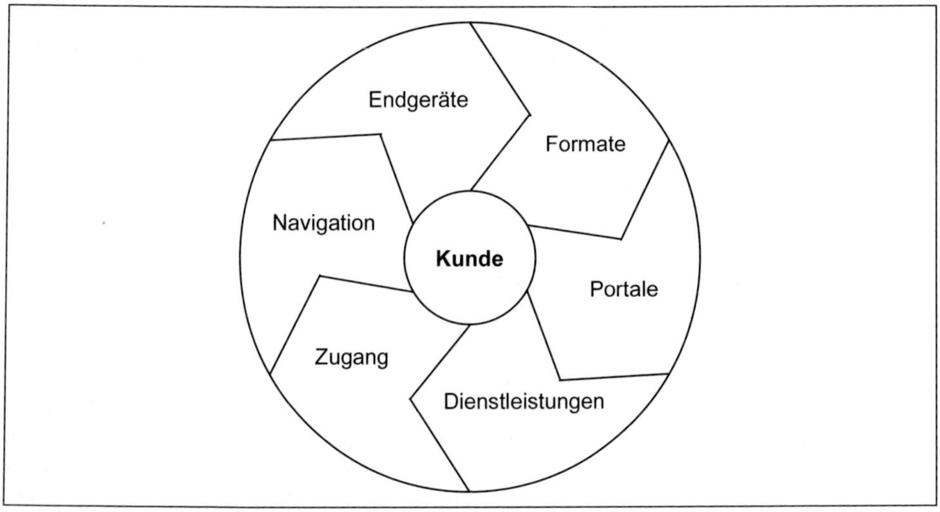

Abbildung 3: Multimedia-Wertschöpfungsnetzwerk[1]

In der Wertschöpfungsstufe *Formate* werden Medieninhalte jeglicher Art – von Texten über Musik bis zu Bewegtbildern – erstellt. Weiterhin zählen zu Formaten auch die Entwicklung von Applikationen, wie Datenbanken mit Suchfunktionen oder Computerspiele, sowie E-Commerce-Anwendungen. Innerhalb der *Portale* werden die Formate aggregiert, selektiert und mit verschiedenen – idealerweise personalisierten – Serviceleistungen kombiniert, um schließlich ein aus diesen Komponenten bestehendes fertiges Produkt zu vermarkten.[2] Der Bereich *Dienstleistungen* deckt die Abwicklung kaufmännischer Aufgaben ab, so etwa die Rechnungsstellung für in Anspruch genommene Multimedia-Dienstleistungen und die Kundenbetreuung. Zudem fallen hierunter auch plattformspezifische Dienstleistungen, wie die Pflege der erforderlichen technischen Infrastruktur (Web hosting) sowie der Community. Die Wertschöpfungsstufe *Zugang* betrifft die Bereitstellung von technischer Infrastruktur, die eine Übertragung der erstellten und aggregierten Formate zum Empfänger sowie die Übertragung von Kommunikationsinhalten zwischen Kommunikationspartnern ermöglicht.[3] Innerhalb der *Navigation* wird dann die Infrastruktur mittels Hardware- und Softwarekomponenten manipuliert, sodass für den Nutzer eine Orientierung und Steuerung innerhalb der Infrastruktur ermöglicht bzw. verbessert wird.[4] Dies geschieht typischerweise mittels Betriebssystemen und

1 Entnommen Keuper/Hans (2003), S. 58.
2 Vgl. Wirtz (1999), S. 18.
3 Vgl. Zerdick et al. (2001), S. 174.
4 Vgl. Zerdick et al. (2001), S. 175.

Browsern, aber auch zunehmend durch Software-Agenten[1] auf Basis künstlicher Intelligenz. Letztlich umfasst die Wertschöpfungsstufe *Endgeräte* die Entwicklung und Herstellung von Endgeräten – vom PC über das Fernsehgerät bis zum Smartphone – zur Darstellung der Multimedia-Formate.

Die Ausführungen machen deutlich, dass sich durch die voranschreitende Branchenkonvergenz zunehmend eine Integration von Sach- und Dienstleistungen und somit eine Leistungsbündelung in Form eines Systemproduktes, bestehend aus einer mehr oder weniger *materiellen Kernleistung und Value-Added-Services*, vollzieht. Dadurch ist letztlich auch die ohnehin nicht eindeutig belegbare Dichotomie von Sach- und Dienstleistungen nun endgültig nicht mehr aufrecht zu erhalten. So ist beispielsweise die reine Sachleistung Multimedia-PC ohne die Inanspruchnahme von Dienstleistungen – vom Internetzugang über die Bereitstellung einer geeigneten Navigationssoftware bis hin zur Inanspruchnahme von personalisierten Formaten im Portal – für den Internet-Nutzer wertlos. Zudem wird ein Rezipient von Inhalten oftmals zum *Prosumenten*, indem er selbst die gewünschten Informationen paketiert bzw. diese infolge der Generierung eines Nutzerprofils automatisch erhält. Im Gegensatz zur industriellen Massenfertigung greift der Rezipient also direkt in den Leistungserstellungsprozess ein, sodass auch die Grenze zwischen Produktion und Konsum immer unschärfer wird.

Aus der durch die Konvergenz induzierten und wie dargestellt notwendigen Integration von Teilleistungen sind dann letztlich im Rahmen der Marktkonvergenz als Konvergenzergebnis zwei konträre Ausprägungen denkbar, nämlich *komplementäre* oder aber *kompetitive Wettbewerbsverhältnisse* zwischen den involvierten Marktakteuren. Da die Konvergenz jedoch keinen Zustand, sondern einen *Prozess* darstellt, der eine schrittweise Fortentwicklung von Strukturen durch Entwicklungen in der Umwelt der Unternehmung (z. B. Technologie, Recht usw.) im Zusammenspiel mit den Akteurshandlungen (z. B. Anbieterkooperationen, Fusionen, Leistungsbündelung usw.) initiiert, sind die beiden Paradigmen lediglich als *Zeitpunktbetrachtung* innerhalb der *Zeitraum beanspruchenden* Konvergenz anzusehen.[2]

---

1 Zu Anwendungsfeldern intelligenter Agenten vgl. Piller (2000), S. 52 ff.

2 Vgl. Keuper (2001b), S. 394.

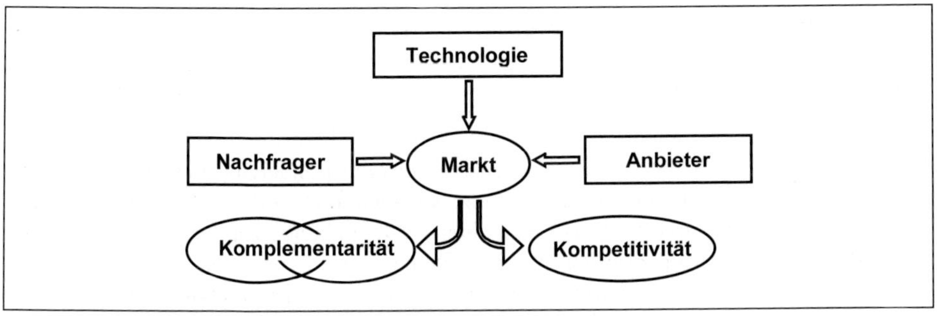

Abbildung 4: Dimensionen und Ausprägungen der Konvergenz[1]

2.3.1 Kompetitive Konvergenz

Die Konvergenz bei Produkten, die mit ähnlichen Anwendungsmerkmalen dieselbe Funktion erfüllen, ist dadurch charakterisiert, dass eine bestimmte Nutzergruppe diese Produkte als austauschbare, funktional-äquivalente Marktleistungen bezüglich einer bestimmten Zweckerfüllung betrachtet.[2] Ein Beispiel hierfür ist die zuvor dargestellte Konvergenz von Internet und Fernsehen, wobei sowohl der PC für den TV-Empfang als im Prinzip auch das Fernsehgerät für den Internetzugang geeignet ist. Offensichtlich werden somit bisher unterschiedlichen Bereichen zugeordnete Leistungen mit gleichen Funktionen zu einem neuen, hybriden Leistungspaket konfiguriert.[3]

Dies hat dann zur Folge, dass aus zwei getrennten Industrien eine konglomerate Industrie entsteht (1+1=1), was zu einer Intensivierung von Fusions- und Akquisitions-Aktivitäten führt, um von den benachbarten Märkten rasch in den neuen Markt eintreten bzw. um die Position innerhalb des konglomeraten Marktes behaupten zu können.[4] Dabei ist zu beachten, dass *kompetitive Konvergenz* nicht funktional-äquivalent mit substitutiven Austauschprozessen ist. Während Substitutionsprozesse einseitige Austauschprozesse darstellen, bei denen beispielsweise eine funktional-äquivalente Leistung durch eine Alternative mit verbessertem Preis-/Leistungsverhältnis ersetzt wird (z. B. Verdrängung der Schallplatte durch die CD), bildet bei kompetitiver Konvergenz die gegenseitige Austauschbarkeit ein reziprokes Verhältnis auf Basis gleichwertiger Technologien.[5]

1 Entnommen Keuper/Hans 2003, S. 60.

2 Vgl. Thielmann (2000), S. 14, Keuper (2001b), S. 394.

3 Vgl. Keuper (2002a), S. 43.

4 Vgl. Thielmann (2000), S. 14 f.

5 Vgl. Thielmann (2000), S. 15.

2.3.2 Komplementäre Konvergenz

Die *komplementäre Konvergenz* basiert – wie auch die kompetitive Konvergenz – auf dem gemeinsamen Gebrauch zweier Leistungen. Jedoch resultiert die komplementäre Konvergenz aus dem Umstand, dass durch die Leistungsbündelung und -integration bestimmten Nutzern besser für einen größeren Anwendungsbereich gedient werden kann bzw. dass der gemeinsame Gebrauch von einer größeren Nutzerzahl als dienlich angesehen wird.[1] Entsprechend werden die komplementären Leistungen unterschiedlicher Branchen zur Bedürfnisbefriedigung verbunden, was für die Märktekonvergenz zur Folge hat, dass die beiden ursprünglichen, die Leistungen liefernden Märkte erhalten bleiben und sich zudem ein neuer Markt zur Erfüllung der neuen Funktionen bildet (1+1=3). Beispielhaft für Produkte als Ausgestaltungsform der komplementären Konvergenz lassen sich Online-Datenbanken anführen. Diese stellen ein Konglomerat aus Offline-Datenbanken (Informationstechnologie) und Datenübertragungstechnologie (Telekommunikation) dar. Das entstehende integrierte Produkt, die Online-Datenbank, ermöglicht dem Nutzer auch aus der Entfernung einen Zugriff auf die Daten und somit einen größeren Anwendungsbereich.

Charakteristisch für komplementäre Märkte sind die oft unscharfen Marktgrenzen, die hohe Unsicherheit des Markterfolgs sowie eine langsame Marktstrukturentwicklung, die insbesondere vor dem Hintergrund der Dynamik der Konvergenz u. U. wieder divergieren kann, noch bevor sie sich gefestigt hat.[2] Haben sich hingegen die Marktstrukturen stabilisiert, so werden vermehrt Kooperationen zur (reziproken) gemeinsamen Markterschließung eingegangen, um Kernkompetenzen komplementär zu ergänzen bzw. um sich gegen weitere wettbewerbsintensive, komplementäre Konvergenz zu verwahren.[3] In Analogie zur Differenzierung zwischen Substitution und kompetitiver Konvergenz ist auch zwischen komplementären Gütern und komplementären Konvergenzprodukten zu differenzieren. So unterscheiden sich Güter, die im Rahmen einer komplementären Konvergenz entstanden sind, von komplementären Gütern vor allem in ihren mehrdimensionalen Integrationstendenzen auf Basis einer gleichen oder zumindest ähnlichen Technologie.[4] Entsprechend ist beispielsweise eine CD ohne CD-Player faktisch wertlos – et vice versa (komplementäre Güter). Demgegenüber stellt die Integration einer Content-Datenbank ins Internet ein komplementäres Konvergenzprodukt dar, da die Datenbank bereits offline einen Wert darstellt, nun aber z. B. einem größeren Nutzerkreis zugänglich gemacht wird oder verbesserte Zugriffsmöglichkeiten eröffnet.

1 Vgl. Krieb (2001), S. 32 ff.

2 Vgl. Keuper (2002a), S. 44.

3 Vgl. Thielmann (2000), S. 17. Zum Management von Kooperationen vgl. ausführlich Hans (2003), S. 365 ff.

4 Vgl. Thielmann (2000), S. 16.

2.4 Konvergenz-Management – Implikationen

Zusammenfassend ist festzuhalten, dass die Konvergenz als ein Innovationsprozess von Branchen verstanden werden kann, der gekennzeichnet ist durch intensive, branchenübergreifende Wettbewerbsverflechtungen. Diese bezogen sich zunächst auf die TIME-Branche als Nukleus der Konvergenz, haben aber zunehmend auch generische Wirkung auf andere Branchen, was beispielhaft im Konvergenz-Ring-Modell visualisiert wird.[1] Die Konvergenz muss somit grundsätzlich mehr als *revolutionäre Transformation* denn als evolutionäre Transformation angesehen werden, da die bestehenden Wertschöpfungsketten der TIME-Branche zumindest teilweise in ein gemeinsames *Multimedia-Wertschöpfungsnetzwerk* konvergieren, womit auch eine Konvergenz digitaler Medienangebote und Dienste innerhalb der TIME-Branche verbunden ist. Dies begründet eine große Unsicherheit der involvierten Akteure, da insbesondere emergente Branchen oder Geschäftsfelder, die durch technologische Innovationen getrieben werden, sich dadurch auszeichnen, dass lediglich eine Schar möglicher Zukunftsformen identifiziert werden kann. Diese werden durch eine Vielzahl von Schlüsselvariablen definiert, sodass die tatsächliche Zukunftsform einer Branche innerhalb des durch die Schlüsselvariablen definierten Bereichs liegt, wobei einzelne diskrete Szenarien nicht definierbar sind. Im Extremfall kann auch eine echte *Ambiguität* vorliegen, bei der mehrere Unsicherheitsdimensionen interagieren, sodass eine Datensituation entsteht, aus der keine Vorhersage dahingehend gemacht werden kann, wohin sich eine Branche bzw. der Markt strategisch entwickeln wird.

Beispielsweise kann trotz der Tendenz zur Integration von Datendiensten in mobile Kommunikationsumgebungen, insbesondere aufgrund technologischer Restriktionen davon ausgegangen werden, dass mobile und stationäre Anwendungen koexistieren werden. Innerhalb der stationären Anwendungen ist im Hinblick auf die unterschiedlichen Nutzungsgewohnheiten – der Multimedia-PC als aktives Lean-Forward-Medium und der Fernseher als passives Lean-Back-Medium – ebenfalls von einer friedlichen Koexistenz der beiden Medien auszugehen. Mit zunehmender Penetration von Breitbandanschlüssen werden zwar immer mehr Fernsehfunktionalitäten am PC möglich, doch erscheint es allein schon vor dem Hintergrund des oftmals nicht im Wohnzimmer stehenden PCs unwahrscheinlich, dass die große Mehrheit der Nutzer einen Spielfilm am PC-Bildschirm anschaut. Umgekehrt wird beispielsweise das Schreiben und Verschicken von (beruflichen) E-Mails noch auf lange Sicht am einfachsten und bequemsten vom PC aus sein. Somit lässt sich schlussfolgern, dass sich für den Konsumenten digitaler Medienangebote drei digitalen *Erlebniswelten* herausbilden, die jedoch aufgrund der integrierten Technologie und der Nutzungsgewohnheiten der Konsumenten interagieren und teilweise miteinander verschmelzen. Dies ist zum einen die in der Emergenzphase befindliche Erlebniswelt *Mobile Business* (*M-Business*) als wesentliche Ausprägung mobiler Anwen-

---

1 Vgl. Abschnitt 2.

dungen. Demgegenüber hat sich im stationären Bereich die Erlebniswelt *Electronic Business* (*E-Business*) fest etabliert, wohingegen ein echtes *interactive Television* (*iTV*) bzw. *Television Business* (*T-Business*), das neben Television auch Internetnutzung ermöglicht, noch in der Innovationsphase steckt. Hierbei sind zwar kompetitive Verhältnisse bei der Nutzung von Diensten wahrscheinlich, jedoch überwiegt der komplementäre bzw. synergetische Charakter, der letztlich auch den Fortbestand der drei Erlebniswelten untermauert. Eine *plattformübergreifende „Killer-Applikation"* ist gleichwohl noch nicht in Aussicht und wird wahrscheinlich auch nie verfügbar sein. Allerdings lässt sich auf einer untergeordneten Ebene schon ein Dienst wie interaktives Fernsehen als mögliche „Killer-Applikation" betrachten, da sich hierdurch das Kaufverhalten der Konsumenten im Business-to-Consumer-Bereich fundamental ändern kann und traditionelle Vertriebskanäle möglicherweise Substititionseffekte erfahren. Aufgrund zahlreicher Innovationen auf Diensteebene in allen digitalen Erlebniswelten überrascht es dementsprechend nicht, dass für den deutschen Markt bereits für das Jahr 2005 ein großes Marktpotenzial vorhergesagt wird, wobei fast die Hälfte der Bevölkerung an mindestens zwei der beschriebenen Erlebniswelten partizipieren wird.

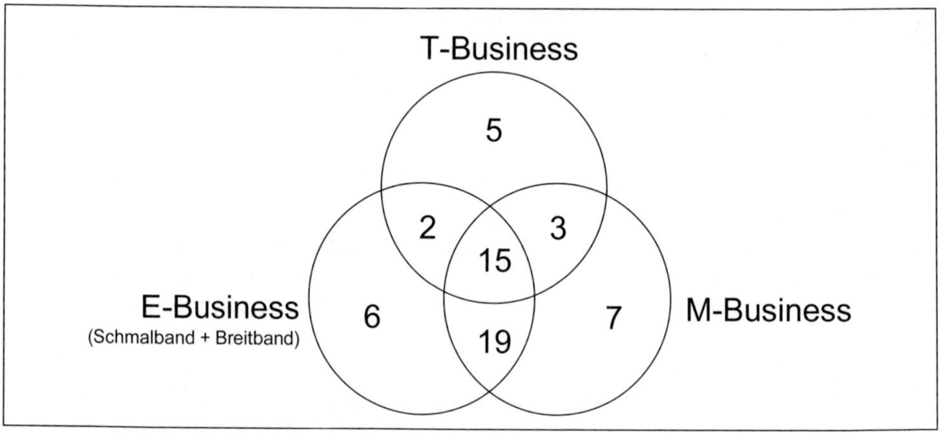

Abbildung 5: Prognostiziertes Teilnehmervolumen auf den drei Erlebniswelten für Deutschland im Jahr 2005 in Millionen[1]

Zur Ausgestaltung der drei Erlebniswelten finden daher zahlreiche Kooperationsbestrebungen sowie Merger- und Akquisitionsaktivitäten zwischen den involvierten Marktteilnehmern statt,[2] die sowohl *ressourcen-* als auch *strategieinduziert* sind. Entsprechend

1 Vgl. Deprez/Rosengren/Soman (2002). Die Schnittmengen sind nicht im mathematischen Sinne zu interpretieren, sondern als zusätzliche autarke Mengen, die lediglich mehrere integrierte Nutzungsverhalten beinhalten.

2 Vgl. Vizjak/Ringlstetter (2001), S. 13.

werden Kooperationen einerseits eingegangen, um komplementäre Ressourcen bei gleichzeitiger Konzentration auf eigene Kernkompetenzen zu beschaffen. Andererseits werden durch Kooperationen aber auch partnerschaftlich wichtige Geschäftsfelder erschlossen bzw. besetzt, sodass gemeinsam die bestimmenden Wettbewerbskräfte im betreffenden Geschäftsfeld beherrscht werden können. Aufgrund der hieraus ersichtlichen Vermischung von ressourcen- und marktorientierter Sichtweise des strategischen Management wird bereits die Notwendigkeit einer *dualen Strategiebetrachtung* im Rahmen der nachfolgenden Entwicklung eines Strategie-Konzepts für die TIME-Branche deutlich.

3. Konvergenz-Management – Strategien und Instrumente

Der erweiterte Aktionsradius einer konvergierenden TIME-Branche bedingt unternehmungsseitig komplexe Strategien und Instrumente, um auch zukünftig in einem dynamischen und komplexen Wertschöpfungsraum der drei digitalen Erlebniswelten E-, M- und T-Business erfolgreich agieren zu können. Die Krux der Unternehmungsführung liegt dabei darin, den sich ständig verändernden Kundenpräferenzen und Marktanforderungen anzupassen, dabei jedoch nicht den Blick für die Wirtschaftlichkeit der auszuführenden Unternehmungsprozesse zu verlieren. Entsprechend befindet sich das Management in einem Dilemma des optimalen ausbalancierens von Effektivität und Effizienz. Ein möglicher Ansatzpunkt für die Ausgestaltung eines probaten strategischen Handlungsrahmens für die TIME-Branche liegt in der Aufteilung der Unternehmung in verschiedene strategische Ebenen. Dabei korrespondiert die den Geschäftsfeldern übergeordnete *Unternehmungsstrategie* mit einer *ressourcenorientierten Sichtweise* bzw. dem *Kernkompetenzansatz*, der die Unternehmung als Kombination materieller und immaterieller Ressourcen charakterisiert. Eine Konzentration auf Kernkompetenzen stellt entsprechend eine Selektionsentscheidung der Unternehmung dar, um die Ressourcen unternehmungsübergreifend so zu bündeln und zu entwickeln, dass einerseits kundengerechte Produkte durch Bereitstellung eines spezifischen Ressourcen-Pools erstellt werden können, andererseits jedoch durch den klaren geschäftlichen Fokus eine hohe Prozesseffizienz gewährleistet ist. Auf der untergeordneten *Geschäftsfeldebene* gilt es dann im Rahmen von *Wettbewerbs- bzw. Geschäftsfeldstrategien* zu klären, auf welche Art und Weise die Unternehmung in einem bestimmten Geschäftsfeld mit Wettbewerbern konkurrieren will. Insofern wird hier spezifiziert, ob die betrachtete Unternehmung sich auf dem ausgewählten Geschäftsfeld als Kostenführer, Differenzierer oder hybrider Anbieter positionieren will. Die angestellten Überlegungen gilt es entsprechend bei der Formulierung eines integrierten Strategiekonzepts und daran anschließenden Strategieinstrumenten zu berücksichtigen.[1]

3.1 Convergence-based View

Wird die aus der Dynamik der Konvergenz resultierende Notwendigkeit zur ganzheitlichen, d. h. dualen Strategiebetrachtung auf ein Planungsmodell zur Strategiekonzeption übertragen, so ergibt sich entsprechend der hierarchischen Überordnung der ressourcenorientierten Strategiebetrachtung gegenüber der marktorientierten Strategiekonzeption die Struktur eines der Konvergenz der Märkte Rechnung tragenden *Convergence-based View.*[2]

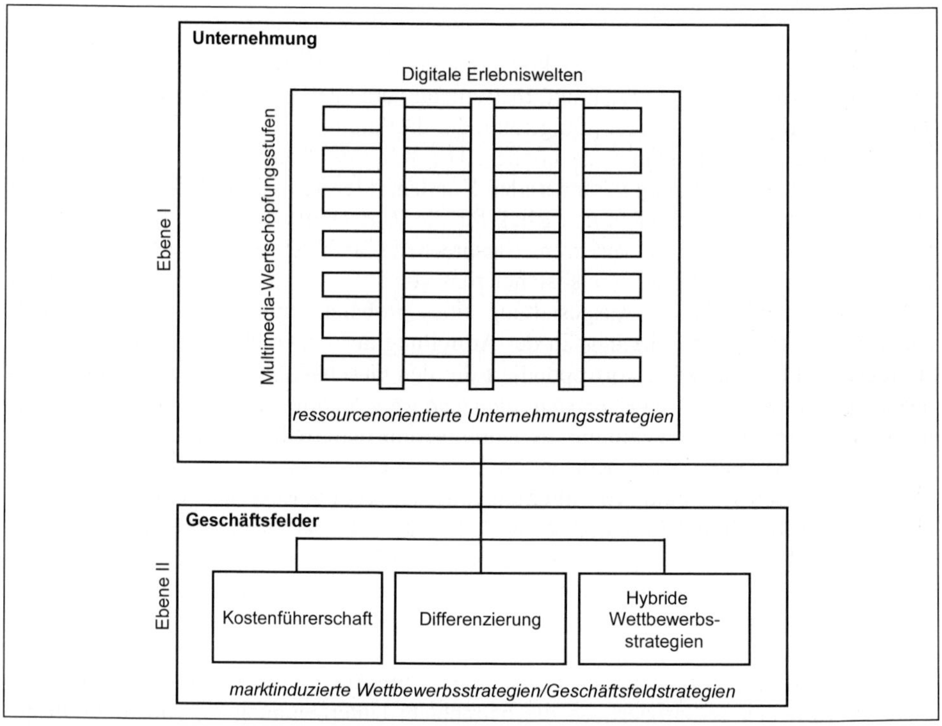

Abbildung 6: Strategische Ebenen des Convergence-based View

---

1 Zur weiteren Untergliederung der Unternehmung in verschiedene Ebenen vgl. Wirtz (2001), S. 62.

2 Vgl. Keuper (2002b), S. 627 ff.

3.1.1 Kernkompetenzorientierte Sicht

Die Quelle strategischer Wettbewerbsvorteile sind gemäß der Unternehmungsstrategie respektive des Resource-based View *distinktive Ressourcen.* Werden die Charakteristika distinktiver Ressourcen eingehender analysiert, so wird deutlich, dass Ressourcen nur dann von strategischer Relevanz sind, wenn sie einen *überlegenen Kundennutzen* stiften sowie durch *Informations-, Transfer- und Replikationsbarrieren* geschützt sind. Während sich Informationsbarrieren dann ergeben, wenn die Quelle für einen strategischen Wettbewerbsvorteil einer Unternehmung für die Unternehmung selbst oder für andere Unternehmungen nicht transparent ist, bestehen Transfer- und Replikationsbarrieren vornehmlich aufgrund von Patenten sowie aufgrund *sozialer oder technischer Komplexität* der Ressource. Eine soziale bzw. technische Komplexität bedingt dabei, dass die Ressourcen nur in Gesamtheiten wirksam werden können, da sie auf eine Vielzahl von Elementen des Systems Unternehmung verteilt sind bzw. nur mit bestimmten anderen, in der betrachteten Unternehmung vorhandenen Ressourcen oder mit den Ressourcen anderer externer Unternehmungen ihre angestrebte Wirkung entfalten können. Die Komplexität und die damit einhergehende Pfaddeterminiertheit distinktiver Ressourcen bedingen zwangsläufig deren *Immobilität* sowie deren *Nicht-Substituierbarkeit.* Letztlich stellen somit insbesondere intangible Ressourcen, wie z. B. verbalisiertes Know-how, Expertenwissen, Patente, Good Will, Reputation, Branding, aber auch Prozesse und Verfahren, die möglichen distinktiven Ressourcen einer Unternehmung dar. Alle diese Ausprägungen distinktiver Ressourcen können im weitesten Sinne unter Kompetenzen subsumiert werden, womit sich der Resource-based View zur *Kernkompetenzperspektive* transformiert. Gleichwohl stellen Kernkompetenzen viel eher eine Konfiguration als eine Ausprägung distinktiver Ressourcen dar. Insofern sind *Kernkompetenzen*

- hochgradig komplexe, organisationale Lernprozesse aufeinander abgestimmter und integrierter Gesamtheiten von Know-how, wie personenabhängiger, intangibler Fähigkeiten, Technologien, wie sich gegenseitig bedingender materieller Aktiva und organisatorischer Prozesse, die dem Kunden nutzen, geeignet sind, um sich im Wettbewerb im weitesten Sinne zu differenzieren, dabei schwierig zu imitieren sind und *Tore zu neuen Märkten öffnen.* Demzufolge können Kernkompetenzen auch als Integration distinktiver Ressourcen verstanden werden, deren Intransparenz, Komplexität und Ambiguität wesentlich über einzelnen, isolierten distinktiven Ressourcen liegt.

Die Kernkompetenzperspektive auf Basis des Resource-based View im Rahmen der Unternehmungsstrategie expliziert somit die auf konvergierenden Märkten unabdingbare Notwendigkeit, die Dynamik nicht nur auf Seiten des Umfeldes der Unternehmung zu erkennen, sondern vielmehr diese Dynamik auf die betrachtete Unternehmung zu rezipieren. Insofern zielt die Kernkompetenzperspektive darauf ab, ausgehend von einer Vision der Unternehmung strategisch relevante Ressourcen zu erwerben, diese weiterzuentwickeln und Kernkompetenzlücken dynamisch mit Hilfe komplementierender Kernkompetenzen anderer Unternehmungen zu schließen. Diese *Metakernkompetenz*, d. h. die *Kompetenz zum Kernkompetenzenmanagement* auf der Ebene der Unternehmungsstrategie, ist somit der zentrale Hebel zum Bestehen auf konvergierenden Märkten. Dies gilt besonders für die dynamische TIME-Branche und die Konvergenz digitaler Medienangebote und Dienste auf den drei digitalen Erlebniswelten E-, M- und T-Business.

Kernkompetenzen können dabei vornehmlich in drei Bereichen wirksam werden:[1]

- *Market-access Core Competencies* umfassen die Marktbearbeitung und den Kundenkontakt und beinhalten somit das gesamte Marketing und die Vertriebssteuerung, insbesondere jedoch zunehmend das Branding.
- *Integrity-related Core Competencies* betreffen die Koordination verschiedener Funktionsbereiche einer Unternehmung, aber auch zwischen verschiedenen Unternehmungen. Insofern gewährleisten Integrity-related Core-Competencies eine schnelle, flexible und zuverlässige Zusammenarbeit und realisieren insbesondere Synergieeffekte. Den Kunden bieten Integrity-related Core-Competencies effektive und gleichzeitig effiziente Leistungen, häufig auch in Form von Systemprodukten, wie sie auf konvergierenden Märkten unabdingbar sind.
- *Functionality-related Core Competencies* beziehen sich auf die Gestaltung und damit auf die Leistungsfähigkeit der angebotenen Leistungen am Markt.

Letztlich betont die Kernkompetenzperspektive innerhalb der Unternehmungsstrategie demnach die Nutzbarmachung von Kernkompetenzen auf Basis von Diversifikations-, Kooperations-, Sourcing-, Investitions- und Desinvestitionsentscheidungen über das horizontale und vertikale Spektrum der Aktivitäten der Unternehmung.

Werden die *Wertschöpfungsaktivitäten* des Multimedia-Wertschöpfungsnetzwerkes –

- Erstellung von Formaten, d. h. Konzeption von Medieninhalten jeglicher Art,
- Konzeption von Portalen zur Aggregation, Selektion und Personalisierung,
- Schaffung von Zugängen zu den Portalen,
- Offerierung von Dienstleistungen jeglicher Art auf den Portalen,
- Konzeption von Navigationshilfen, um effektiv und effizient zu agieren, und
- Entwicklung, Verkauf bzw. im weitesten Sinne Bereitstellung von Endgeräten zur Darstellung der Medienformate

– mit den drei *Erlebniswelten* –

- M-Business,
- E-Business und
- T-Business

---

1 Vgl. Börner (2000), S. 81.

– in Beziehung gesetzt, so ergibt sich eine Resource-based-View- bzw. kernkompetenzbasierte Planungsmatrix zur Entwicklung der Unternehmungsstrategie im Rahmen der TIME-Branche.

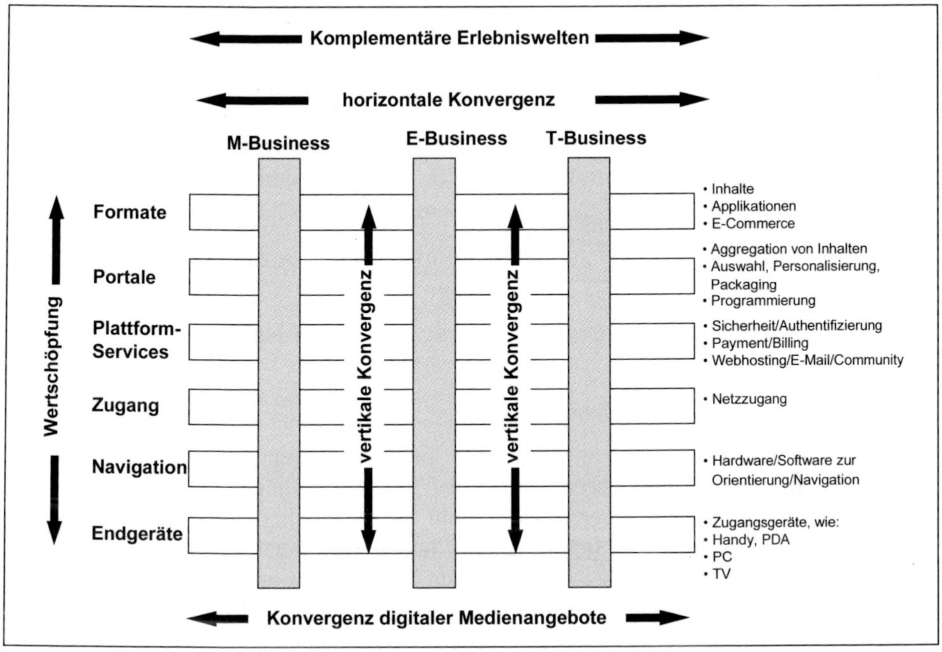

Abbildung 7: Kernkompetenz-basiertes Planungsmodell zur Entwicklung von Unternehmungsstrategien in der TIME-Branche im Rahmen des Convergence-based View[1]

Für die verschiedenen Akteure in der TIME-Branche muss es gemäß dem Kernkompetenzansatz der Unternehmungsstrategie somit das Ziel sein,

- die eigenen Kernkompetenzen, z. B. in der Content-Erstellung oder in der Bereitstellung von Plattformen respektive Plattform-Services, kontinuierlich weiter auszubauen und gleichzeitig
- *amöbenartig* die Kernkompetenzlücken durch Kooperationen, Merger- und Akquisitionsaktivitäten zu schließen, ggf. sich aber auch von Teilen der Unternehmung und Partnerschaften zu trennen.

1 Entnommen Keuper/Hans (2003), S. 102.

Dementsprechend ist es für die Unternehmungen in der TIME-Branche auch nicht das Ziel des Kernkompetenzansatzes, eine *Normstrategie* zu postulieren. Vielmehr gilt es für die Akteure, unter Berücksichtigung der eigenen Kernkompetenzen und Kernkompetenzlücken vor dem Hintergrund der strategischen Meta-Moves innerhalb der Branche spezifische Entscheidungen hinsichtlich einer horizontalen und/oder vertikalen angebotsseitigen Konvergenz zu treffen. Eine Normstrategie als Unternehmungsstrategie wäre auf konvergierenden Märkten eine *absurde Forderung*, da die Dynamik der Konvergenz Normstrategien auf Unternehmungsebene erodieren lässt. Insofern sind strategische Entscheidungen für die Aufrhaltung und Dynamisierung der eigenen Kernkompetenzen zu treffen, und gleichzeitig ist der hohen Dynamik der konvergierenden, später auch u. U. wieder divergierenden Teilsektoren der TIME-Branche durch

- ein dynamisches Kooperations- und damit
- flexibles, unternehmungsübergreifendes Kernkompetenzmanagement gerecht zu werden.

Nur durch die Metakompetenz des Management vertikal und horizontal angebotsseitiger Konvergenz, was durch ein

- Multimedia Supply Chain Management[1]

ermöglicht wird, besteht trotz konvergierender und divergierender Marktstrukturen und den damit initiierten revolutionären Wertschöpfungsveränderungen dauerhaft die Chance, erfolgreich am Markt zu agieren. Da sowohl die Unternehmungsstrategie, der Kernkompetenzansatz als auch das Supply Chain Management einen langfristigen, strategischen Charakter aufweisen, ist es auch nicht die Aufgabe der ersten Ebene des Convergence-based View die emergenten und dynamischen Wettbewerbsfelder zu planen, zu steuern und zu kontrollieren. Ziel der ersten Ebene ist vielmehr das

- kernkompetitive Management der Zukunft der Unternehmung.

Deutlich wird diese Tendenz zum Management von Kernkompetenzen beispielsweise bei der *wertschöpfungsstufenübergreifenden vertikalen Konvergenz* auf der Angebotsseite, die vornehmlich darauf ausgerichtet ist, die Erlöspotenziale abzusichern. Typisch für konvergierende Märkte ist dabei, dass noch keinesfalls feststeht, auf welchen Stufen der Wertschöpfung der höchste Erlös erzielt wird (fehlendes Value Tracking). Zudem nimmt die Free-Launch-Mentalität des Internet weiter ab, sodass in Zukunft im E-Business – ähnlich wie im M-Business – die Nutzung von Content, Services und Portalen immer mehr mit nutzungsabhängigen Entgelten verbunden sein wird. Exemplarisch können in diesem Zusammenhang die seit dem Jahr 2002 zunehmend etablierten Pay-per-Content-Strategien großer Internet-Angebote, wie z. B. bei Bild.t-online.de oder der Financial Times Deutschland, angesehen werden.

1 Vgl. Keuper (2001b), S. 396 ff; Keuper/Hans (2003), S. 126 ff.

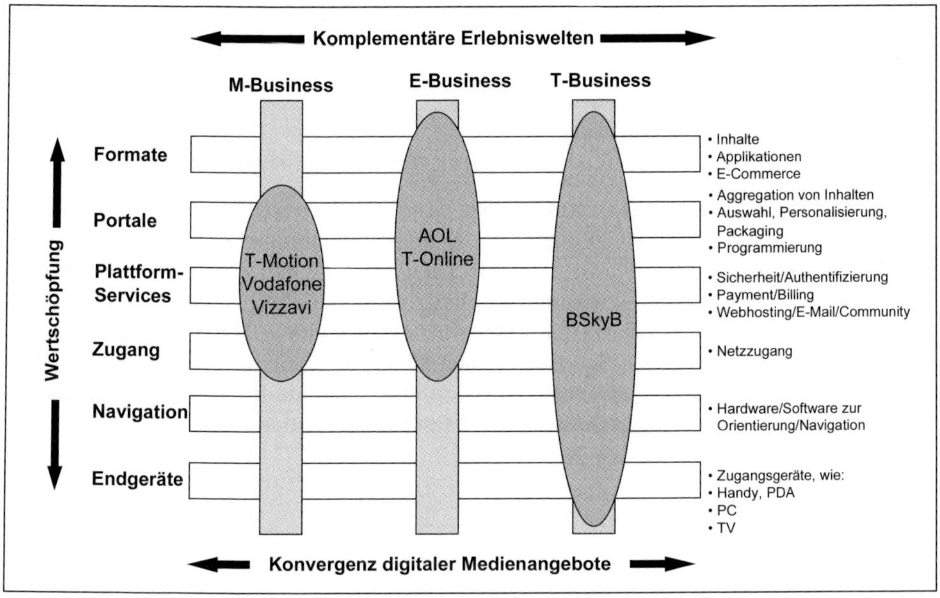

Abbildung 8: Vertikale angebotsseitige Konvergenz[1]

Eine ähnliche Sichtweise ergibt sich bei der *horizontalen, wertkettenübergreifenden Konvergenz* auf der Angebotsseite. Hier ist allerdings weniger die Absicherung der Erlösquellen der Treiber angebotsseitiger Konvergenz, sondern vielmehr der Markentransfer über alle Plattformen, um so auf allen Endgeräten ein markengebundenes Angebot zu offerieren, was zu einer enormen Stärkung des Branding führt. Hierdurch kann die Kundenbindung wesentlich erhöht und gleichzeitig die Personalisierung der Leistungsangebote intensiviert und integrativ über alle Plattformen abgestimmt werden, wodurch die Kundenzufriedenheit weiter gesteigert werden kann. So bieten viele Fernsehsender im Internet Zusatzinformationen und Kommunikationsmöglichkeiten zu ihren spezifischen TV-Formaten (beispielsweise „Deutschland sucht den Superstar", „Wetten Dass...", „Gute Zeiten, schlechte Zeiten"). Aber auch das verstärkte Engagement der Fernsehsender im mobilen Bereich, wie ein mobiles SMS-basiertes Gewinnspiel zum Format „Wer wird Millionär", zeigt eindeutig die Tendenz zur horizonalen Konvergenz. Letztlich werden mit der Evolution des interaktiven Fernsehens die Fernsehsender eine führende Rolle bei der Erschließung dieser Erlebniswelt spielen. Bei einem Format wie „Voxtours" wäre so über ein integriertes Fernsehgerät ein Abruf von Reisetipps und in einem weiteren Schritt sogar eine Online-Reisebuchung im angeschlossenen Reiseportal des Anbieters TUI möglich.

---

1 Entnommen Keuper/Hans (2003), S. 103.

Als Fazit der kernkompetenzorientierten *ersten Perspektive des Convergence-based View*, die darauf abzielt,

- die eigenen Kernkompetenzen zu erkennen,
- diese optimal zu managen, aber auch
- ein unternehmungsübergreifendes Kernkompetenzmanagement umzusetzen,

kann festgehalten werden, dass es prinzipiell das Ziel aller Akteure in der TIME-Branche sein muss, eine mehr oder weniger stark ausgeprägte, horizontale und/oder vertikale konvergente Unternehmung bzw. ein entsprechend angepasstes Unternehmungsnetzwerk zu schaffen. Sind dann die Kernkompetenzen gestärkt bzw. die Kernkompetenzlücken geschlossen und sind gleichzeitig die Flexibilitätspotenziale zur Handhabung der Branchendynamik unter Beachtung der strategischen Moves geschaffen, so gilt es von der bisher vorherrschenden Inside-Out-Perspektive zu einer Outside-In-Perspektive zu wechseln, um sich auf den verschiedenen Geschäftsfeldern zu positionieren.

3.1.2 Marktorientierte Sicht

Im Rahmen der zweiten Perspektive des Convergence-based View ist eine Branchenstrukturanalyse für das jeweilige Geschäftsfeld durchzuführen. Dabei sollte das bekannte Five-Forces-Modell von *PORTER* zur Anwendung kommen,[1] wobei dieses um die für konvergierende Märkte unabdingbare sechste Kraft des *Komplementierers* zu erweitern ist, da die Unternehmungen erst im Zusammenspiel mit den Komplementierern durch Anwendung von Bündelungsstrategien in die Lage versetzt werden, angebotsseitig vertikal und horizontal zu konvergieren und ihre Wertschöpfungsketten konvergenzorientiert auf die jeweilig verfolgte Wettbewerbsstrategie optimal und flexibel auszugestalten.[2]

---

1 Vgl. Porter (1997), S. 25 ff.

2 Vgl. Keuper (2002b), S. 642 f.

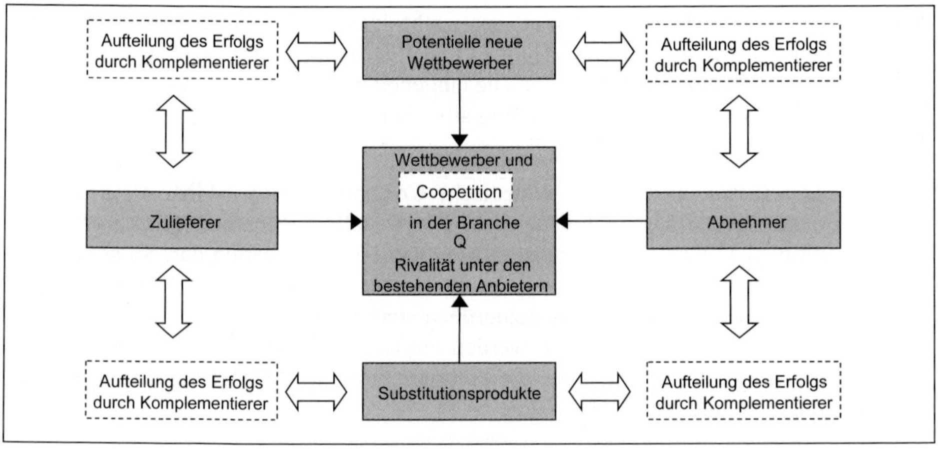

Abbildung 9: Die fünf Wettbewerbskräfte nach PORTER unter besonderer Berücksichtigung komplementierender Kräfte[1]

Werden die fünf Wettbewerbskräfte im Hinblick auf die TIME-Branche eingehender analysiert, so wird anhand der Verhandlungsmacht der Abnehmer sowie der Rivalität unter den bestehenden Anbietern als wesentlichste Wettbewerbskräfte der TIME-Branche deutlich, dass einerseits die Marktmacht der Nutzer in der Summe weiter zunimmt und andererseits die Konzentrationstendenzen aufgrund horizontaler und vertikaler angebotsseitiger Konvergenz dazu führen, dass nur noch wenige Player im Markt erfolgreich in Zukunft agieren werden. Da sich die in der TIME-Branche hergestellten Produkte zudem durch eine hohe Fixkostenintensität auszeichnen (beispielsweise in der Produktion von Inhalten), andererseits auch Erfahrungskurveneffekte keine dauerhaft positiven Kosteneffekte auslösen, da diese schnell auch durch Konkurrenten realisiert werden können, wird deutlich, dass eine am Markt umgesetzte Kostenführerschaftsstrategie nur wenig Erfolg versprechend für die konvergenten Player sein wird. Insofern kommen als mögliche Geschäftsfeldstrategien in der TIME-Branche lediglich *Differenzierungsstrategien* oder *hybride Strategien* in Frage.[2]

3.2 Convergence Matrix

Für eine Unternehmung als Akteur in der konvergierenden TIME-Branche ist es unerlässlich, probate Controlling-Instrumente zu entwickeln, um strategisches und operatives Management durch die Sammlung und Aufbereitung relevanter Daten bei seinen Ent-

1 Entnommen Keuper/Hans (2003), S. 116 basierend auf Keuper (2002b), S. 643.

2 Vgl. hierzu ausführlich Keuper/Hans (2003), S. 88 ff.

scheidungen zu unterstützen. Während das nachfolgend näher betrachtete strategische Controlling auf das systematische Erkennen und Beachten zukünftiger Chancen und Risiken der in die dynamische TIME-Branche eingebetteten Unternehmung abzielt, besteht die Orientierung des operativen Controlling auf einer gegenwartsbezogenen Führungsunterstützung.[1]

Als relevantes Instrument für das strategische Controlling in der TIME-Branche lässt sich eine Convergence Matrix hinzuziehen. Diese stellt hinsichtlich der zuvor dargestellten Multimedia-Wertschöpfungsstufen eine weitere Aggregation dar. So können die Content-orientierten Wertschöpfungsstufen Formate und Portale, die vorwiegend dem Medien- und Entertainment-Bereich zuzuordnen sind, zu einer Wertschöpfungsstufe zusammengefasst werden. Analog dazu werden die telekommunikationsorientierten Plattform-Services und der Zugang sowie die IT-orientierten Wertschöpfungsstufen Navigation und Endgeräte miteinander kombiniert.

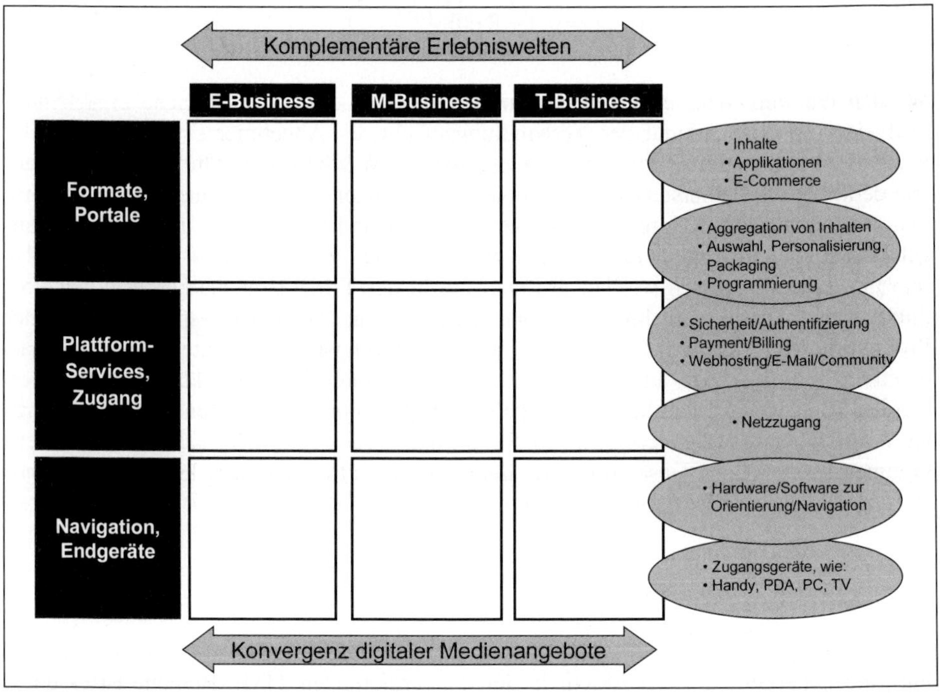

Abbildung 10: Convergence Matrix[2]

1 Vgl. Keuper/Hans (2003), S. 271.

2 Entnommen Keuper/Hans (2003), S. 110 basierend auf Hüning/Keuper (2002), S. 28.

Die Convergence Matrix dient innerhalb des strategischen Konvergenz-Controlling einerseits dazu,

- die strategischen Moves in der TIME-Branche abzubilden, andererseits jedoch
- zu erkennen, wo Kernkompetenzlücken bestehen,
- die dann mit Hilfe von Kooperationen oder Merger- und Akquisitionstätigkeiten zu schließen sind.

Will sich beispielsweise ein Fernsehsender in der Erlebniswelt M-Business engagieren, so gilt es, Kooperationen mit Netzbetreibern und Endgeräteherstellern einzugehen, um den Sender bzw. die spezifischen TV-Formate des Senders über mobile Distributionswege vermarkten und auf mobilen Endgeräten darstellen zu können. Ziel ist es somit, dem Endkunden eine multimediale Welt aus einer Hand anzubieten, sodass dieser in allen denkbaren Nutzungsumgebungen auf ein entsprechendes markengebundenes Informationsangebot zugreifen kann und gleichzeitig neue Erlösquellen erschlossen werden. Als prominentes Beispiel lassen sich dabei die zahlreichen Kooperationsaktivitäten des Musik-TV-Senders MTV anführen. Mit dem Ziel, die Markenpräsenz in die mobile Welt auszudehnen, um so langfristig auch dort die Marktführerschaft des bekannten Musik Brands zu erreichen, wurde im März 2003 eine dreijährige Kooperation mit dem Endgerätehersteller Motorola eingegangen. Die mit einem Gesamtbudget von 75 Millionen Dollar versehene Kooperation beinhaltet im Kern die Herstellung der Schnittstellenfähigkeit von MTV-gebrandeten Inhalten in einer Vielzahl von Motorola-Mobilgeräten sowie gemeinsame Vermarktungsaktivitäten.[1] Neben dem bereits kurzfristig verfügbarem Download von kostenpflichtigen Klingeltönen aus den MTV-Charts sollen langfristig mit der Etablierung des Mobilfunkstandards UMTS ganze Musikstücke und Video-Clips zum Download bereitstehen. Der gemeinsame Produkt-Launch wird begleitet von einem eigens kreierten TV-Format, das die Angebote bei der Zielgruppe bewerben soll. Die Kooperation stellt dabei eine Win-Win-Gemeinschaft für die Partner dar. Während MTV vor allem die Marke auf neue Märkte ausdehnt und neue Erlösquellen erschließt, nutzt Motorola die Chance, um das Image der mobilen Endgeräte bei der Zielgruppe der Jugendlichen und jungen Erwachsenen zu steigern.[2] Gleichzeitig profitieren die klassischen Kooperationspartner von MTV – die Musikverlage – von entsprechenden Aktivitäten, da diese aufgrund ihrer Rechte an medialen Inhalten der Künstler an den Erlösen aus dem Verkauf von Klingeltönen und Musikstücken beteiligt werden. Neben der Kooperation mit Motorola ging MTV auch weitere Partnerschaften mit den Mobilfunk-Providern T-Mobile und O_2 ein, um auf möglichst vielen relevanten mobilen Plattformen präsent zu sein. Die Exklusivität soll dabei durch ein plattformspezifisches Packaging von Inhalten erreicht werden. Beispielsweise ist beim Mobilfunk-Provider O_2 ein Angebot von „MTV-Music-Packs" geplant, die zum Preis von 2,20 € ein Inhalte-Paket aus

1 Vgl. online Motorola (2003).

2 Vgl. Saal (2003), S. 38.

Klingeltönen, Screensavern, Starporträts sowie Songs und Video-Clips an den Nutzer übermitteln.[1]

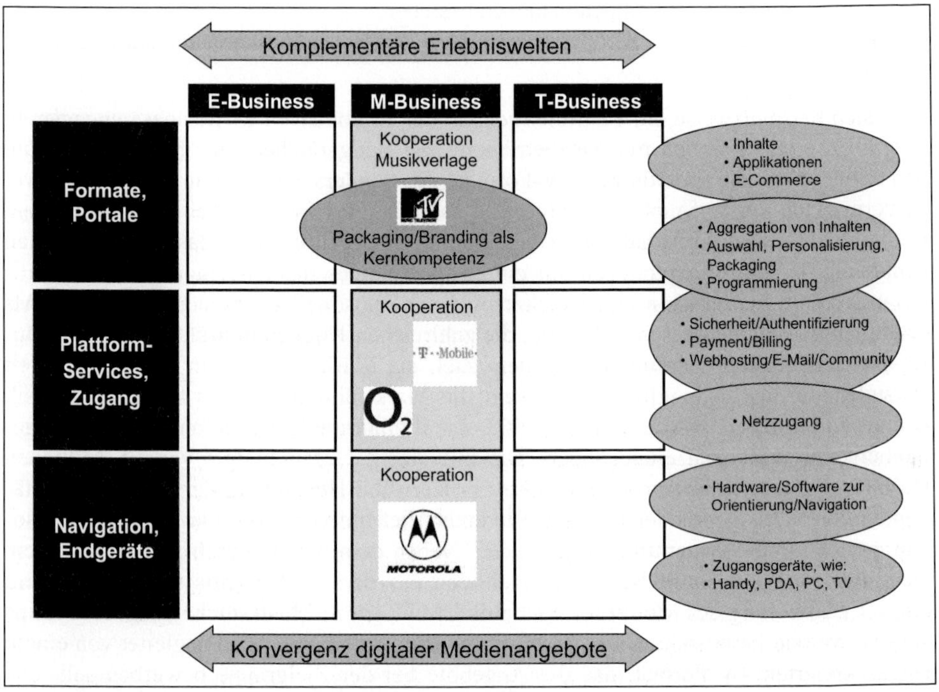

Abbildung 11: Erschließung der Erlebniswelt M-Business durch MTV

Als Fazit lässt sich somit anhand der Aktivitäten des Musik-TV-Senders MTV festhalten, dass die Convergence Matrix gezielt genutzt werden kann, um strukturiert Kernkompetenzlücken, die im genannten Beispiel im Bereich Endgeräte und Zugang in der Erlebniswelt M-Business lagen, zu identifizieren. Darauf basierend lassen sich dann entsprechende

- Kooperationsstrategien

formulieren. Analog kann die Matrix auch bei der Planung der Erlebniswelt T-Business hilfreich für MTV sein. So liegt es diesbezüglich nahe, regelmäßig strategische Moves der Marktakteure innerhalb der Matrix abzubilden. Deutet sich dann für die Erlebniswelt T-Business eine Verdichtung von strategischen Moves respektive Kooperationsaktivitäten an, so wäre beispielsweise eine frühzeitige Kooperation mit einem Endgeräteherstel-

1 Vgl. Saal (2003), S. 38.

ler oder einem Plattformbetreiber empfehlenswert. Dadurch könnte die Marke MTV auch in dieser Erlebniswelt etabliert werden, was möglicherweise den Zugang zu weiteren attraktiven Erlösquellen eröffnet.

4. Ausblick

Der im Beitrag dargestellte *Convergence-based View* stellt aufgrund seiner zweistufigen Vorgehensweise ein ideales Konzept dar, um den Wettbewerbsbedingungen der TIME-Branche gerecht zu werden. Deren hohe Dynamik basiert dabei auf der Konvergenz der Telekommunikations-, Informationstechnologie-, Medien- und Entertainment-Branche und damit auf der Konvergenz digitaler Medienangebote und Dienste auf den drei Erlebniswelten M-Business, E-Business und T-Business. Die revolutionären, diskontinuierlichen Wertschöpfungsveränderungen führen dazu, dass auf der Ebene der Unternehmungsstrategie aus dem Blickwinkel eines *Kernkompetenzenmanagement* horizontale und vertikale Kooperationen eingegangen werden, um eine der Konvergenz angepasste Unternehmung zu entwickeln, die in der Lage ist, den Wettbewerbskräften standzuhalten und das Potenzial zur Erschließung neuer Märkte beinhaltet. Interessant ist jedoch, dass mittlerweile fast alle Unternehmungen in der TIME-Branche die multimediale Leistungserstellung gerade über Kooperationen abdecken, wohingegen große Medienkonglomerate wie AOL Time Warner oder Vivendi Universal, die rein strategisch gesehen durch Verfügbarkeit von Ressourcen über fast alle Wertschöpfungsstufen und digitale Erlebniswelten noch Ende der neunziger Jahre „das Maß aller Dinge“ zu sein schienen, als gescheitert zu betrachten sind. Die Integration der vielfältigen Ressourcen auf operativer Ebene gelingt z. B. bei AOL Time Warner nicht im erwünschten Maße, um die bei der Fusion angekündigten hohen Synergien herbeiführen zu können, was gerade an unterschiedlichen Kulturen der Unternehmungen, Management-Ausrichtungen und Management-Systemen liegt.[1] Allerdings stellt auch die Kooperationslösung bzw. die Ausgestaltung und das Management von Multimedia-Wertschöpfungsnetzwerken die Unternehmungen der TIME-Branche noch vor ungelöste Probleme. So werden viele Partnerschaften im „Schnellschussverfahren“ eingegangen, ohne die Partnerauswahl mit einer heuristischen Vorgehensweise zu vollziehen.[2] Die eigentliche Schwierigkeit des Kooperationsmanagement beginnt jedoch erst nach Abschluss der Kooperationsverträge und dem Aufbau eines Netzwerkes von Partnerschaften, denn es fehlt noch weitestgehend an wirksamen Management-Systemen und Instrumenten zur strategischen und operativen Steuerung bzw. zum Controlling derartiger Netzwerke. Mit voranschreitender Konver-

---

1 Vgl. Wirtz (2001), S. 525.

2 Vgl. Hans (2003), S. 370 ff ; Keuper/Hans (2003), S. 170 ff.

genz und damit einhergehend anhaltend hoher Kooperationstätigkeit der Unternehmungen wird dies in den nächsten Jahren ein zentraler Aspekt sowohl für die betriebswirtschaftliche Forschung als auch für die Praxis sein.[1]

Literaturverzeichnis

Börner, C.J. (2000), Strategisches Bankmanagement – ressourcen- und marktorientierte Strategien von Universalbanken, München/Wien 2000.

Büllingen, F./Stamm, P. (2000), Das Internet als Labor für Konvergenzprozesse – Strategie und Experiment in den TIME-Branchen, in: Kubicek, H. et al. (Hrsg.), Global Home – Informations- und Dienstleistungsstrukturen der Zukunft, Heidelberg 2000, S. 106–112.

Deprez, F./Rosengren, J./Soman, V. (2002), Portals for all Platforms, in: The McKinsey Quarterly, Nr. 1, 2002, S. 92–101.

Figge, D. (2000), Die Konvergenz als Chance für kreative konsumentenorientierte Services, in: Bliemel, F./Fassott, G./Theobald, A. (Hrsg.), Electronic Commerce: Herausforderungen – Anwendungen – Perspektiven, 3. Auflage, Wiesbaden 2000, S. 159–170.

Forrester Research (2001), Bluetooth and W-Lan will Coexist, Cambridge/Massachussetts 2001.

Fries, C. (1997), Nutzerkompetenz als Determinante der Diffusion multimedialer Dienste, Diskussionsbeitrag Nr. 181 des Wissenschaftlichen Instituts für Kommunikationsdienste (WIK), Bad Honnef 1997.

Gellersen, H.-W. (o. J.), Ubiquitäre Informationstechnologien, online: http://www.inf.ethz.ch/vs/publ/papers/UbiqGell.pdf, Stand: unbekannt, Abruf: 30.11.2001.

Hans, R. (2003), Kooperationsmanagement in Zeitungs- und Publikumszeitschriftenverlagen, in: Keuper, F./Brösel, G. (Hrsg.), Medienmanagement – Aufgaben und Lösungen, München/Wien 2003, S. 365–382.

Hess, T./Rawolle, J. (2001), Mobile Commerce in der Medienindustrie – eine erste Bestandsaufnahme, in: Eggers, B./Hoppen, G. (Hrsg.), Strategisches E-Commerce-Management, Wiesbaden 2001, S. 643–670.

Hess, T. (2002a), Implikationen des Internet für die Medienbranche – eine strukturelle Analyse, in: Keuper, F. (Hrsg.), Electronic Commerce und Mobile Commerce – Ansätze, Konzepte, Geschäftsmodelle, Wiesbaden 2002, S. 569–602.

1 Zu ersten wissenschaftlichen Ansätzen zum Thema Netzwerk-Controlling vgl. Hess (2002b).

HESS, T. (2002b), Netzwerkcontrolling – Instrumente und ihre Werkzeugunterstützung, Wiesbaden 2002.

HÜNING, C./KEUPER, F. (2002), Cross-digitale Multi-Channel-Strategien, in: Diebold Management Report, 2002, Nr. 6–7, S. 27–31.

KEUPER, F. (2001a), Strategisches Management, München 2001.

KEUPER, F. (2001b), Multimedia Supply Chain Management am Beispiel von Zeitungs- und Publikumszeitschriftenverlagen, in: Betriebswirtschaftliche Forschung und Praxis, 2001, S. 392–410.

KEUPER, F. (2002a), Wettbewerbsstrategische Positionierung mit Hilfe der integriert-hybriden Produktionsstrategie – Konzeptualisierung und Operationalisierung, Habilitationsschrift für das Fach Betriebswirtschaftslehre am Fachbereich Wirtschaftswissenschaften der Universität Hamburg, Hamburg 2002 (in der Begutachtung).

KEUPER, F. (2002b), Convergence-based View – ein strategie-strukturationstheoretischer Ansatz zum Management der Konvergenz digitaler Erlebniswelten, in: Keuper, F. (Hrsg.), Electronic Commerce und Mobile Commerce – Ansätze, Konzepte, Geschäftsmodelle, Wiesbaden 2002, S. 603–654.

KEUPER, F. (2002c), Ökonomische Bedeutung der Information in der Informationsgesellschaft, in: KEUPER, F. (Hrsg.), Electronic Commerce und Mobile Commerce – Ansätze, Konzepte, Geschäftsmodelle, Wiesbaden 2002, S. 119–141.

KEUPER, F./GERKE, N. (2003), Peer-to-Peer-Technologien – Einflüsse dezentraler Ressourcennutzung auf elektronische Märkte, in: Keuper, F. (Hrsg.), E-Business, M-Business und T-Business – digitale Erlebniswelten für die aus Sicht von Consulting-Unternehmen, Wiesbaden 2003, S. 3–50.

KEUPER, F./HANS, R. (2003), Multimedia-Management – Strategien und Konzepte für Zeitungs- und Zeitschriftenverlage im digitalen Informationszeitalter, Wiesbaden 2003.

KRIEB, M. (2000), Medienkonvergenz und Unternehmensstrategie – Optionen zur branchenübergreifenden Bündelung von Medien- und Kommunikationsdiensten, Frankfurt (Main) et al. 2001.

LEHR, T. (1999), Tageszeitungen und Online-Medien – elektronisches Publizieren als produktpolitisches Instrument der Verlage, Wiesbaden 1999.

LUFTHANSA (Hrsg.) (2000), Revolution des Reisens – Lufthansa und Siemens Business Services beschließen engere Zusammenarbeit, Pressemitteilung vom 06.09.2000, online: http://www.lufthansa.com/dlh/de/htm/presse/p_meldungen/ns press_2000_09_ article24.html, Stand: 06.09.00, Abruf: 10.06.02.

MASLOW, A.H. (1943), A Theory of Human Motivation, in: Psychological Review, 1943, S. 370–396.

MATTERN, F. (2001), Ubiquitous Computing, in: Kubicek, H./Klumpp, D./Fuchs, G./ Rossnagel, A. (Hrsg.), Internet @ Future – Technik, Anwendungen und Dienste der Zukunft – Jahrbuch Telekommunikation und Gesellschaft, Heidelberg 2001, S. 52–61.

MEFFERT, H. (2000), Marketing – Grundlagen marktorientierter Unternehmensführung: Konzepte – Instrumente – Praxisbeispiele, 9. Auflage, Wiesbaden 2000.

MEHL, R./HANS, R. (2003), Auto-Erlebniswelten und Bits im Tank – multimediales Multichannel-CRM in der Automobilbranche, in: Zeitschrift für Automobilwirtschaft, Nr. 1, 2003, S. 60–69.

MOORE, G.E. (1965), Cramming More Components onto Integrated Circuits, online: http://www.intel.com/research/silicon/moorespaper.pdf, Stand: unbekannt, Abruf: 19.12.2001.

MOTOROLA (Hrsg.) (2003), MTV and Motorola Rock the Mobile World with Three-year $75 Million Alliance, online: http://www.motorola.com/mediacenter/news/detail/0,1958,2489_2027_23,00.html, Stand: 12.03.2003, Abruf: 14.05.2003.

NALEBUFF, B.J./BRANDENBURGER, A.M. (1996), Coopetition – kooperativ konkurrieren. Mit der Spieltheorie zum Unternehmenserfolg, Frankfurt (Main)/New York 1996.

OPODO (Hrsg.) (2001), Opodo erwartet in Kürze Freigabe durch Europäische Kommission, Pressemitteilung vom 20.11.2001, online: http://www.opodo.de/pdf/201101_german.pdf, Stand: 20.11.2001, Abruf: 01.05.2003.

O. V. (2002), E-Plus will breitere Zielgruppen für I-Mode begeistern, in: Horizont, Nr. 26, 2002, S. 38.

PHILIPS (Hrsg.) (2000), Towards Ultimate Mobility – Wearable Electronics, in: Philips Research Password, Nr. 3, 2000, S. 4–7.

PICOT, A./REICHWALD, R./WIGAND, R. (2003), Die grenzenlose Unternehmung – Information, Organisation und Management, 5. Auflage, Wiesbaden 2003.

PILLER, F.T. (2000), Mass Customization – ein wettbewerbsstrategisches Konzept im Informationszeitalter, Wiesbaden 2000.

PORTER, M.E. (1997), Wettbewerbsstrategie (Competitive Strategy) – Methoden zur Analyse von Branchen und Konkurrenten, 9. Auflage, Frankfurt (Main)/New York 1997.

PRICEWATERHOUSECOOPERS (Hrsg.) (2000), Der Breitbandkabel-Markt Deutschland – vom Kabel-TV-Netz zum Full-Service-Network, Frankfurt (Main) 2000.

REGTP (Hrsg.) (2003), Jahresbericht 2002 – Marktbeobachtungsdaten der Regulierungsbehörde für Telekommunikation und Post (RegTP), Bonn 2003.

ROCKENHÄUSER, J. (1999), Digitale Konvergenz und Kompetenzenmanagement, Wiesbaden 1999.

RYAN, E. (1999), Leaned on, in: Cable and Satellite Europe, Nr. 12, 1999, S. 50–52.

SAAL, M. (2003), MTV wird zur mobilen Marke, in: Horizont, Nr. 12, 2003, S. 38.

SATYANARAYANAN, M. (2001), Pervasive Computing – Vision and Challenges, online: http://www.stanford.edu/class/cs444n/handouts/pcs01.pdf, Stand: 2001, Abruf: 04.12. 2001.

SCHAD, H. (2000), Interorganisatorisches Business Process Redesign vor dem Hintergrund der Entwicklungen im Bereich Electronic Commerce, Bamberg 2000.

SCHUMANN, M. (2002), Grundlagen von E-Commerce und M-Commerce, in: Keuper, F. (Hrsg.), Electronic Commerce und Mobile Commerce – Ansätze, Konzepte, Geschäftsmodelle, Wiesbaden 2002, S. 4–25.

SCHREIBER, G.A. (1998), Electronic-Commerce-Business in digitalen Medien – Geschäftsmodelle, Strategien, Umsetzung, Neuwied/Kriftel 1998.

SHAPIRO, C./VARIAN, H.R. (1999), Information Rules – a Strategic Guide to the Network Economy, Boston 1999.

SIRON, R. (2000), Wise up to Web TV, in: Cable and Satellite International, Nr. 3, 2000, S. 40.

SJURTS, I. (2000), Die Fusion AOL-Time Warner – eine strategietheoretische Erklärung, in: Zeitschrift für Führung und Organisation, 2000, S. 128–138.

STÄHLER, P. (2001), Geschäftsmodelle in der digitalen Ökonomie – Merkmale, Strategien und Auswirkungen, Lohmar/Köln 2001.

STAHLKNECHT, P./HASENKAMP, U. (1997), Einführung in die Wirtschaftsinformatik, 8. Auflage, Berlin et al. 1997.

STEIMER, F. L./MAIER, I./SPINNER, M. (2001), mCommerce – Einsatz und Anwendung von portablen Geräten für mobilen eCommerce, München 2001.

THIELMANN, B. (2000), Strategisches Innovations-Management in konvergierenden Märkten – Medien und Telekommunikationsunternehmen in Online-Diensten und im digitalen Fernsehen, Wiesbaden 2000.

TINBERGEN, M. (1999), Winning Broadband Strategies, in: Cable and Satellite Europe, Nr. 9, 1999, S. 74–76.

VIZJAK, A./RINGLSTETTER, M. (2001), Content entscheidet über Wachstum und Profitabilität, in: Vizjak, A./Ringlstetter, M. (Hrsg.), Medienmanagement: Content gewinnbringend nutzen – Trends, Business-Modelle, Erfolgsfaktoren, Wiesbaden 2001, S. 10–16.

WEIBER, R./KOLLMANN, T. (1999), Wertschöpfungsprozesse und Wettbewerbsvorteile im Marketspace, in: Bliemel, F./Fassott, G./Theobald, A. (Hrsg.), Electronic Commerce: Herausforderungen – Anwendungen – Perspektiven, 2. Auflage, Wiesbaden 1999, S. 47–62.

Wirtz, B.W. (1999), Convergence Processes, Value Constellations and Integration Strategies in the Multimedia Business, in: The International Journal of Media Management, 1999, S. 14–22.

Wirtz, B.W. (2000), Rekonfigurationsstrategien und multiple Kundenbindung in multimedialen Informations- und Kommunikationsmärkten, in: Zeitschrift für betriebswirtschaftliche Forschung, 2000, S. 290–306.

Wirtz, B.W. (2001), Medien- und Internetmanagement, 2. Auflage, Wiesbaden 2001.

Zerdick, A. et al. (2001), Die Internet-Ökonomie – Strategien für die digitale Wirtschaft, 3. Auflage, Berlin et al. 2001.

Zimmer, J. (2002), Langer Marsch zur Contentmarke, Interview mit Thomas Holtrop, Vorstandsvorsitzender von T-Online International, in: Horizont, Nr. 22, 2002, S. 56–57.

Siebter Teil

Internationales Medienmanagement

Robert G. Picard

Multimedia Strategies in the Age of Globalisation

1. Introduction

The development of global physical distribution systems for audio, video, and software products and digital distribution based on the Internet and cable and satellite systems has created the possibility of significant new global markets for multimedia products and services. Today, however, few companies are effectively exploiting that potential and many are floundering as they cope with the requirements and complexities of global activities.

The difficulties facing most companies typically result from a narrow view of their products and services, lack of experience in international trade, limited business knowledge, and the fact that most multimedia firms are small- to medium-sized enterprises. Even large firms engaged in new media activities have often faced difficulties maintaining their focus, selecting appropriate technologies and activities, targeting global markets, finding sustainable business models, and managing the growth of their multimedia activities.

These experiences have made some firms reticent to globalise operations and induced other firms to reduce or restrain their multimedia activities. But limiting multimedia and global activities can disadvantage firms in the mid- to long-term by reducing their multimedia knowledge development, skills, and business experience as the global conditions for successful multimedia businesses continue to improve.

Companies can achieve success in the global market if they understand the real potential and requirements for globalisation, create coherent and realistic strategies, and possess organisational capabilities to initiate and manage effective operations.

2. General Requirements for Globalisation

In order to successfully benefit from global markets a company must accommodate a variety of factors that influence such expansion. Certain environmental and market factors are necessary for multimedia businesses to operate effectively. The businesses also must accommodate content requirements as they expand their markets and they must ensure that internal resources and structures are present.

2.1 Environmental and Market Requirements

Environmental requirements necessary for globalisation of multimedia products include the relative absence of trade barriers, reasonable protection of intellectual property rights, avoidance of anti-cartel and domestic media policy impediments, and the presence of a sufficient market for the product or services.

Understanding the global business environment – and the domestic and regional environments of which it is comprised – requires business intelligence activities to identify and monitor developments that affect the basic requirements.[1] Without clear understanding of the conditions of global markets, firms place their expansion initiatives at risk. The information gained through environmental scanning becomes an important element in strategy development and strategic planning for media firms considering global activities.[2]

Although many trade barriers have been reduced or removed for large numbers of products and services through the General Agreements on Tariffs and Trade and other multinational agreements, media products have not fully benefited from the agreement, primarily because of national and regional cultural and industrial policies designed to protect and promote domestic and regional culture and media industries.

Many media and multimedia products have been left out of international and multinational trade treaties to accommodate those policies. Companies wanting to globalise their multimedia products and services must ensure that the nations or regions in which they wish to expand do not have trade barriers that will affect the potential for successful introduction and operation.

Protection of intellectual property rights is critical if companies are to recoup their investments and benefit financially from globalisation. Protections available for media, software, and other material are not universal and vary in coverage and strength. Efforts to achieve international protections over the past century have produced a number of international treaties providing protections for print, audio, visual, software, broadcast, and other material, but the number of nations signing the treaties and their levels of enforcement vary.

Thus, when multimedia companies expand their operations, they need to ensure that the countries into which they are entering provide reasonable protections under copyright conventions and the agreement on trade-related aspects of intellectual property rights.

Beyond mere protection, however, effective measures for managing rights and collecting fees are necessary. Although reasonable methods have existed for analogue products for nearly a century, the methods for managing and collecting fees for digital rights are still

---

1 Kolde (1985); Prescott/Gibbons (1994); Salmon/de Linares (1999).

2 Gershon (2000).

emerging. Because of the explosion of content and its uses, it appears that technological means for digital rights management are the best solution but the newness of these systems and their applicability globally may limit their usefulness in some nations and regions.[1]

The third environmental requirement is avoidance of impediments to expansion and operation created by anti-cartel measures and domestic or regional media policies. National and regional policies differ regarding the levels and analysis of market power permitted to firms, and some have specific regulations regarding media ownership and cross-media ownership and activities that could constrain efforts by some companies involved in multimedia activities. In a number of cases firms have had their expansion and globalisation plans stymied and incurred great losses because they did not take these laws and policies into account before attempting market entry.

A fourth requirement is an actual market for the multimedia product or service. The market can only exist if there is the ability to use the products or services and consumers are willing to pay. This is a particularly difficult problem for multimedia because two billion people in the world do not have electricity and two-thirds have never made a telephone call. In much of the world per capita income levels are under 1.000 € per year, making it nearly impossible for households to acquire ICT hardware, multimedia products, and to pay use charges.[2] These factors obviously limit the size of the global market or limit the number of persons with ability and willingness to acquire and use multimedia products and services.

Even when the basic conditions for a market exist, it may not be a market worth entering. The number and market power of existing competitors in a potential market and the level of activity and bargaining power of consumers in potential markets are also critical factors in determining the potential of a market for a new firm's multimedia product or service.

Accurate market and demand estimation are critical factors in the success of multimedia activities and many of the failures of companies have resulted from unrealistic assumptions about market potential, ignoring the real difficulties for assessing potential of new media markets.[3]

2.2 Content Requirements

Firms planning to globalise multimedia products and services must recognise the necessity of adapting the material to local conditions. Motion picture producers and broad

1 Informa (2001); Fetscherin (2002).

2 Picard (2001).

3 Zerdick et al. (2000).

casters have long understood that information and entertainment in domestic language(s) and content reflecting a more local culture and lifestyle – or at least does not conflict badly with it – is more attractive and successful with audiences and consumers.

The first strategy in meeting content requirements is thus accommodation of language in the national markets in which a firm will operate. The motion picture, television, and video industries have accommodated this through translation into major languages (dubbing), subtitling, voiceovers, or narration. These techniques are increasingly appearing in games and other visually oriented multimedia products. Although the five largest language groups in the world include Chinese, Hindi, and Arabic, they are not among the five languages in which most audio-visual material is translated: English, French, German, Japanese, and Spanish. These languages are used because they provide better access to markets that are currently larger or more lucrative.

Text-based industries also accommodate language requirements through translation and books, magazines, and a few newspapers that are regularly translated into local languages. Online content providers, Internet service providers, and software and game manufacturers are increasingly following their example by translating text-based materials to accommodate desirable global languages.

Although there is interest in global events, the driving force for use of media is local and domestic information. These factors are evident even within the European Union, where only 1 % of newspaper circulation crosses a national border.[1] As a result, the second content strategy is localisation, that is, including a good deal of material drawn from as close to the users as possible. This means that including domestic and local community content becomes a critical factor in successful globalisation. Content that reflects the lives, needs, hopes and aspirations of the user is necessary.

European multimedia producers have not effectively engaged in localisation and customisation and are behind U.S. producers, according to recent research.[2] Effective localisation and linguistic customisation on a global scale requires considerable attention to potential networking and strategic partnerships because few firms are able to handle internally the numerous and complex issues created by the hundreds of different markets that exist globally.

2.3 Company Requirements

From the company perspective the most critical requirements in globalising multimedia products and services are guiding visions, clarity of strategy, financial ability, and managerial capacity.

---

1 Competitiveness of the European Union Publishing Industries (2000).

2 Export Potential and Linguistic Customisation of Digital Products and Services (2000).

A good deal of failure in global multimedia strategies results from the lack of a vision within the company regarding what it is trying to achieve. This is sometimes caused by poor company leadership, but can also result from conflicts over the vision among senior managers or failure to convey the vision to employees so that they embrace and support it.

Even if a vision exists, a firm needs a clear strategy of how it plans to move toward its fulfilment. Without a guiding strategy, companies tend to behave very opportunistically, grabbing onto every possibility and being torn in different directions. Strategies should not constrain the company from taking advantage of unique opportunities, but they should provide guidance about priorities, how opportunities will be evaluated, how they fit into overall development and growth plans, how they will affect financial and operational requirements, and how performance will be evaluated.

Merely having a good strategic view is not enough, however, because it must be grounded by a workable business model to guide it through the investment process and show how the operations will be funded and ultimately produce sufficient returns to cover costs and become profitable.[1] In many cases there is a tension between maintaining a focused multimedia business activity and the hybridisation of business models necessary for survival, as Eisenmann (2002) has shown in Internet-based businesses.

Media firms of all types are wrestling with their strategy and business models as they increase multimedia activities and expand their global presences. The most common multimedia strategies involve geographic and product diversification and brand extension. For many media companies, multimedia activities create value by increasing contact with current customers, by attracting new customers, by providing new competitiveness vis-à-vis other electronic and digital media, by creating new uses for existing materials, by creating new product lines and additional revenue streams, and by repositioning the company into an information provider rather than a company focusing on a single medium.

Each company must develop a strategy for its unique situation, as illustrated by the variety of strategies employed by firms in globalisation of television activities,[2] in brand extension,[3] and cross-media activities.

The financial abilities of firms are unique. No two firms have equal ability to invest in and sustain operations. Firms globalising multimedia products and operations need to understand the potential and limitations that accompany their financial situations. Some firms can easily expand activities into large countries or many countries simultaneously, while others may need to focus on smaller markets or only a few locations. A forthright

1 Picard, (2000); Eisenmann (2002).

2 Pathania-Jain (2001); Shrikhande (2001).

3 Todreas (1999); Chan-Olmsted/Jung (2001).

appraisal of financial abilities helps direct strategic choices, company structures, and operations to create sustainable globalised multimedia activities.

Internal financial strategies are also necessary for managing the value achieved and costs for multimedia operations. Although it is generally recognised that synergy results from combining activities to jointly produce greater value than produced by the independent activities or to reorganise activities to produce lower overall costs, current cost accounting methods are insufficient in most content firms to make reasonable decisions. These can only be overcome if financial principles are established that recognise all value created and that the benefits of synergy accrue to all participating units. If these do not occur there will be no incentive for all units to support cross-media activities domestically or globally. This leads to internal conflicts and, often, efforts that sabotage the development of multimedia.

Financial principles necessary for synergy to develop include: pursuing external rather than internal revenue because internal transfers do not increase overall value; maintaining pre-existing fixed cost in the individual units unless they are removed through rationalisation or reorganisation; compensating increases in fixed costs in a unit that are necessitated by the synergetic actions through allocation of the additional costs to the participating units in some proportional manner; charging variable costs for pre-existing activities in one unit that are used to the benefit of other units to the utilising units at average or marginal cost; and allocating fixed and variable costs for new activities created through synergy to the units in some proportional manner.

The fourth major factor determining ability to effectively globalise is the managerial capacity of the firm, that is, the knowledge and skills to handle the increased structural and operational requirements associated with expansion. Many firms do not have resident within themselves the necessary or sufficient personnel to manage globalisation. If they move ahead with global strategies without augmenting the personnel, adjusting their organisational structure, or making external arrangements to compensate for their limitations, they risk significant disruption to and even failure of their multimedia business plans.

3. Conceptualisation Problems in Globalisation

A variety of challenges exist in globalising multimedia products including conceptual problems involving users and markets. Many multimedia producers do not effectively recognise user differences and user mobility and they conceive of globalisation as being based on serving national markets rather than service to customers wherever they might be.

As portal operators have expanded their international operations they have increasingly created national sites to serve users in those countries in their domestic language and have localised the sites with additional materials specifically targeted to users in those countries. On the surface this appears to make the sites more attractive but below the surface problems exist if strategists confuse location in a country with nationality, national interest, and national language. This is a unique problem of the digital age in which ICT breaks down national boundaries, supports mobility in multimedia use, and is based on local network integration and use.

Internet users, for example, find that Microsoft's MSN is designed to default to a national site based on local language. This is accomplished by the system reading the country designator in users' e-mail addresses and directing the user to that national site. This can produce problematic results. In Finland, for example, customers leaving Hotmail or another Microsoft site are redirected to the MSN Finnish Site. The redirection does not work for those without Finnish language skills and there is no mechanism to change the default to an alternative site. This is especially problematic because it assumes that all persons with Finnish service providers speak Finnish. This creates resentment because it ignores the fact that Finland is a bilingual country in which Swedish is an official language and the mother tongue of a large number of citizens.

Similarly, DVD users must be careful where they buy their video entertainment because of the zone protection system. The system allows producers to sell different DVD versions of films at different prices on different continents. There are some strategic reasons for them to do so because it allows them to price DVDs to suit local market demand. One problem with this system, however, is that we live in a global world in which some people spend a good deal of time travelling among the regions and might want to purchase and use some of their entertainment along the way. But unless the DVD players and the discs purchased come from the same region, that is not possible.

These types of problems are indicative of some of the difficulties multimedia content creators are having in adjusting to the global digital world. They can be overcome only if multimedia companies give serious thought to consumers and how those customers use their products rather than thinking of them as markets.

The problem occurs because much of global business strategy is based on considering national markets, which are wrapped up in market entry and distribution strategies, as well as legal and financial concerns. For multimedia producers, one must ask whether national markets are the appropriate market definition.

For some media, national boundaries mark the limits of natural markets. Cross-border trade in magazines, for example, is highly limited. Only about 4 % of magazine circulation in the EU crosses a national border and the copies are limited to a few large public affairs magazines distributed to subscribers and single copies primarily consumed by persons travelling or living outside the nation of the periodical's origin.[1]

Globalisation, however, breaks down some national markets for other types of media. Broadcasting, for example, tends to be primarily national and only a few large players are able to effectively operate globally using satellite and cable distribution systems. However, broadcasting programming is highly globalised because of linguistic customisation and worldwide marketing and distribution systems.

Markets for the digital content in software, games, news and information, entertainment, etc. can thus be global but its distribution may need to be national to accommodate local needs and requirements. However, parallel non-national distribution may be necessary to serve the needs of some customers not well served by the national distribution mechanisms.

4. Strategic Dimensions in Multimedia Expansion and Globalisation

In considering multimedia expansion opportunities, companies need to take into account six strategic dimensions: their purpose for the venture, their product strategy, their consumer strategy, their geographic strategy, their organisation strategy, and their financial strategy. If these are ignored before launching a new digital product or service or before expanding internationally, the organisation cannot have clear direction or expectations for the initiative.

The purpose is central to all strategic choices and answers certain basic questions regarding why the company is considering digital content entry. Is it a defensive strategy? Is it intended to provide additional benefits to existing customers? Is it a means of gaining new opportunities for the company? The main purpose will greatly influence the extent to which one devotes effort and resources to the new product or service.

The product strategy dimension is important because it answers questions about what the company wants its product to be. Is it an extension of a current content product? Will it use re-purposed material or create original material? Will it be an extension of an existing product or a completely new content product? The answers to these questions influence the kinds of financing, structures, operations, and staff necessary.

---

1 Competitiveness of the European Union Publishing Industries (2000).

The target customer is an important strategic dimension and the question of who the company expects to be the customers for the multimedia content must be examined. Is the product a new one for current customers or is it intended for a new group of customers? The answer to this question determines the extent to which current content can be re-purposed and the extent to which new and different types of content must be created.

Similarly, geography is a strategic dimension that needs to be assessed and the company needs to ask realistic questions about where the customers for the digital content will be located. Are they to come from specific geographic areas or from regional to indistinct global geographic markets? The answers help dictate structure, operational, and content requirements.

Companies also need to address questions of how the new operations will fit into their organisation. How will current and expanded digital activities be structured? Will they be part of the existing organisation or operate in a separate organisation? Will each product support the other or will they be independent and unrelated? The responses here are important in identifying financial, structural, and operational needs.

Finally, companies need to answer questions about their financial strategy. How much are they willing to spend on infrastructure and systems and operating costs? What is the length of commitment they are willing to make to the new initiative, and what kind of requirements for break even or profitability will they place on the activity?

These various strategy elements must be co-ordinated or conflicts will easily arise that doom the initiative. For example, a completely new product will require more investment than a product extension. Finding new customers in a new geographic area will require alterations to the organisational structure. Merely defending markets against potential entrants may be a short-term strategy that requires little long-term commitment.

Companies in all media sectors are struggling to respond to the multimedia opportunities and how they can be integrated into their activities. Newspapers, for example, are trying to discover how they can use cross-platform and worldwide operations to gain added value from their content.[1] Magazines are trying to find means of extending their brands and customer content,[2] and audio recording firms are struggling to respond to digital distribution challenges.[3]

The strategies for doing so will differ depending upon the multimedia sector and the company and they will employ different methods as they expand into the global market.

---

1 Quinn (2002).

2 Bunting (1997).

3 Haring (2000).

5. Methods of Globalising Multimedia Activities

A variety of methods for globalizing activities exist, including direct exports, product licensing, format licensing, joint ventures, and direct foreign investment.

Direct export involves sending a product that is produced in one country to another country for sale. In this form of export the producer acts as its own exporter or contracts with an exporter for the task. A British producer of video games, for example, might produce and physically export the game to Australia or take a virtual export approach using electronic commerce and digital downloads to sell to Australian consumers.

Another form of internationalisation that often occurs in the magazine, book, audio, game, and software industries involves firms in one country selling licenses to companies in another country to produce copies of the material or to translate it and then produce a domestic-language edition. The producer of a hotel management software product in the Netherlands, for example, might sell a license to a Hong Kong software company to translate and market it to Chinese-language markets.

Format licensing involves selling the rights to use an established format to another. This reduces the amount of time and effort necessary to develop a format. An online retailer in the U.S., for example, might sell the rights to use the name and format of the site to a retailer in France who wishes to create a domestic version there.

A mechanism increasingly seen in multimedia internationalisation is joint ventures. These have been common for many years in the magazine publishing and television programming industries, but are increasing in online content and software industries. They are advantageous because they reduce risk, investment cost, and the need to expand staff. An example of such a venture may be a newspaper company and a telephone company providing mobile content together, based on the core competencies that both bring to the venture.

Direct foreign investment is a type of globalisation that occurs when a firm internationalises by purchasing an existing company in another nation as its mode of entry or by establishing a subsidiary firm in that country. A German video producer, for example, could choose to spend money establishing production, distribution, and other business activities in Spain or it could acquire an existing Spanish video company with its local knowledge and existing production and distribution operations and then integrate the two.

The choice of method depends upon the capabilities and needs of companies and the extent to which they are globalising. In some cases, companies combine different methods. Direct foreign investment might be used to enter one market but joint ventures or licensing might be used in other markets.

6. Discussion

There is no single strategy for success in multimedia globalisation because the type of content, value chain requirements, and companies involved differ so widely. Expansion into multiplatform content delivery worldwide also presents different challenges for companies in the different multimedia sectors.

For example, publishing companies expanding into cross-platform content and trying to provide material globally face different problems than audio recording companies whose existing production and global distribution systems are challenged by online sales of audio recordings. Video producers wanting to distribute in new markets face different challenges than game creators.

Because of these differences companies cannot expect that mimicking the strategies of other firms or following them into new markets will bring similar success. Instead companies must individually consider the market conditions for their product or service, assess the market potential, determine their own strategies and operational methods, and make an independent judgement about the opportunities and requirements for globalisation.

Expansion of content activities and markets allows firms to effectively leverage resources and assets, to grow, and to gain competitive and financial advantages. Doing so, however, changes the firm and requires changes in operations. Multimedia expansion and globalisation requires different types of financial structures and partners, additional planning and logistics, new marketing efforts, and a variety of changes in company strategy and organisation. This means that top management must be actively committed to the process, must garner support from divisions and departments throughout the firm, and must maintain the commitment of shareholders.

The benefits of globalisation of multimedia products and services are obvious, but experience shows us that they are not so easily obtained. Success can only come with careful development led by focused managers with clear visions and coherent strategies.

References

BUNTING, H. (1997), The Future of European Consumer Magazine Publishing: Facing the Electronic Age, London 1997.

CHAN-OLMSTED, S./JUNG, J. (2001), Strategizing the Net Business: How the U.S. Television Networks Diversify, Brand, and Compete in the Age of the Internet, in:

JMM – International Journal on Media Management, Vol. 3, No. 4, 2001, pp. 213-225.

COMPETITIVENESS OF THE EUROPEAN UNION PUBLISHING INDUSTRIES (2000), Report of the European Commission, Directorate General Enterprise. Luxembourg: Office for Official Publications of the European Communities.

EISENMANN, T. R. (2002), Internet Business Models: Text and Cases, Boston 2002.

EXPORT POTENTIAL AND LINGUISTIC CUSTOMISATION OF DIGITAL PRODUCTS AND SERVICES (2000), Report of the European Commission, Directorate General Information Society. Luxembourg: Office for Official Publications of the European Communities 2000.

FETSCHERIN, M. (2002), Present State and Emerging Scenarios of Digital Rights Management Systems, in: JMM – International Journal on Media Management, Vol. 4, No. 3, 2002, pp. 164-177.

GERSHON, R.A. (2000), The Transnational Media Corporation: Environmental Scanning and Strategy Formation, in: Journal of Media Economics, Vol. 13, No. 2, 2000, pp. 81-101.

HARING, B. (2000), Beyond the Charts: MP3 and the Digital Music Revolution, Los Angeles, Oxford 2000.

INFORMA MEDIA GROUP (2001), Digital Asset Management, London 2001.

KOLDE, E.J. (1985), Environment of International Business, 2nd ed. Boston 1985.

PATHANIA-JAIN, G. (2001), Global Parents, Local Partners: A Value Chain Analysis of Collaborative Strategies of Media Firms in India, in: Journal of Media Economics, Vol. 14, No. 3, 2001, pp. 169-187.

PICARD, R.G. (2000), Changing Business Models of Online Content Services: Their Implications for Multimedia and Other Content Producers, in: JMM – International Journal on Media Management, Vol. 2, No. 2, 2000, pp. 60-66.

PICARD, R.G. (2001), Impediments to a Global Information Society, in: Global Media News, Vol. 3, No.1 (Winter), 2001.

PRESCOTT, J.E./GIBBONS, P. (EDS.) (1994), Global Perspectives on Competitive Intelligence, 1994.

QUINN, S. (2002), Knowledge Management in the Digital Newsroom, Woburn, Mass. 2002.

SALMON, R./DE LINARES, Y. (1999), Competitive Intelligence: Scanning the Global Environment, Economica 1999.

SHRIKHANDE, S. (2001), Competitive Strategies in the Internationalization of Television: CNNI and BBC World in Asia, Journal of Media Economics, Vol. 14, No. 3, 2001, pp. 147-168.

TODREAS, T.M. (1999), Value Creation and Branding in Television's Digital Age, New York 1999.

ZERDICK, A. ET AL. (2000), E-conomics: Strategies for the Digital Marketplace. A European Communication Council Report, Berlin 2000.

Gerd G. Kopper

Internationalisierung der Medienindustrie und Digitalisierung

1. Einführender Hinweis

Wir verwenden für unsere Darstellung im eigenen Argumentationszusammenhang nachfolgend den Begriff der Medienindustrie, obwohl dieser Begriff gerade im Zusammenhang internationaler Märkte eine immer geringere Rolle spielt. Im internationalen Kontext ist die Rede von Content-Industrie, von Informations- und Unterhaltungsmärkten und zugeordneter Anbieterindustrie. Die Liste weiterer terminologischer Alternativen ließe sich verlängern. In unserer Untersuchung soll der Begriff Medienindustrie vor allem auf einen spezifischen unternehmerischen Entwicklungspfad und Traditionen des Markterfolges verweisen, die aus den überlieferten Bereichen der Tagespresse, der Zeitschriftenverlage, der Buchmärkte und des Fernseh- und Radiobetriebes stammen. Alle diese Sektoren sind durch neue technische Anwendungsformen, Distributionsmöglichkeiten und Marktoptionen im Zeichen der Digitalisierung betroffen. Und es lässt sich erkennen, dass im Prozess zunehmender Internationalisierung dieser Industrie charakteristische Muster, welche die weitere Entwicklung bestimmen, sichtbar werden, die ursächlich mit der Tradition als Medienindustrie zu tun haben.

Was ist, um den umlaufenden internationalen und modernen Begriff zu verwenden, Content-Industrie? Die Versuche zu einer abgrenzenden Definition beziehen sich auf sämtliche Elemente inhaltlicher Relevanz, die sowohl in den Massenmedien wie auch über neue Informations- und Unterhaltungsdienstleistungsangebote abgesetzt werden. Diese Bemühungen sollen gezielt breitesten Spielraum für neue Entwicklungen offen halten. Gerade die neuen Entwicklungen, die in erster Linie durch Techniken der digitalen Produktion, Weiterverarbeitung, Distribution, Vermarktung usw. induziert sind, gelten als Wachstumskatalysatoren der wirtschaftlichen Zukunft.

Digitalisierung ist bereits seit mehr als zwanzig Jahren ein Schlüsselbegriff für Visionen zur Entwicklung der Informationsindustrie und damit der Wirtschaft insgesamt. Zunächst nur ein Begriff für Fachingenieure[1] bildet er inzwischen eines der Zentren für Wachstumshoffnungen in zentralen Industriesektoren der modernen Industrieländer. Die Zentrierung industrieller Medienentwicklung auf Verfahren der Digitalisierung und damit gegebener Vernetzungsoptionen war noch bis vor wenigen Jahren durchaus nicht geläufig.[2] Mit Digitalisierung wird die Technik der Signalverarbeitung umschrieben, die auf einen binären Code aufbaut und damit Voraussetzungen für sämtliche Formen der Herstellung und Weiterverarbeitung auf Computerbasis bietet. Auf Grundlage digitaler Techniken erwartete man in dem genannten Ausgangssektor Content ein weltweites Wachstum von fast 29 % zwischen 2001 und 2006.[3] Die ökonomischen und weiterwir-

1 Vgl. Mikroelektronik (1982).

2 Vgl. Kopper (1995).

3 Vgl. Forfás (2002).

kenden technischen Dynamisierungseffekte in dem genannten Anwendungsspektrum waren bisher schon immens.[1] Darauf gründen weitgespannte Zukunftserwartungen.[2]

Die besondere Aura des Begriffes Digitalisierung wirkt auch in der Medienindustrie. Allerdings hat das in weiten Bereichen bittere Ende des E-Businessbooms und der dahinter geformten sektoralen Bubble Economy für eine stärker auf ökonomische und technische Rahmenbedingungen ausgerichtete und auf die Praxisbedingungen der Marktentwicklung zugeschnittene Sicht gesorgt. Die über einige Jahre – besonders in der zweiten Hälfte der neunziger Jahre des 20. Jahrhunderts – auffallend hohen Zuwachsraten der weltweiten Medienindustrie sanken im Jahr 2001 auf nur noch 1,5 Prozentpunkte.[3] Inzwischen kämpfen sogar eine Reihe von traditionell unangefochtenen Sektoren der Medienindustrie wie etwa die Tageszeitungsindustrie weltweit um Konsolidierung und neues Wachstum. In der folgenden kurz gefassten Untersuchung bemühen wir uns aus der letztgenannten Perspektive der Entwicklungsrealitäten um eine kritische Bestandsaufnahme, die den Versuch unternimmt wesentliche Elemente der industriellen Medienpraxis einzubeziehen. Es soll also den vielen Skizzen bisheriger, zumeist blühender Visionen einer digitalen Medienzukunft keine weitere hinzugefügt werden. Ziel ist eine nüchterne und kritische Bestandsaufnahme.

2. Stand und Entwicklungsrichtungen der Internationalisierung der Medienindustrie

Die Internationalisierung der Medienindustrie hat in der Bundesrepublik Deutschland bereits gegen Ende der sechziger Jahre eingesetzt. Auslöser waren damals die ersten durch nationales Wettbewerbsrecht gegebenen Barrieren unternehmerischer Expansion auf Erstanbietermärkten (z. B. im Sektor der Buchleseringe). Ein weiteres Moment war die Erprobung bestimmter Markterfolgsmodelle aus nationalen Bereichen in ausländischen Umgebungen, in denen vergleichbare Modelle oder Angebote nicht existierten (z. B. Zielgruppentitel im Zeitschriftensektor).[4] Innerhalb der deutschen Medienindustrie entspricht diese Vorgehensweise durchaus dem Trend, internationale Märkte im Bereich der mittelständischen Wirtschaft (z. B. Werkzeugmaschinen) zu erobern. Mit anderen Worten, die Internationalisierung der Medienindustrie über die Grenzen der Bundesrepublik Deutschland hinaus, die gegenwärtig nicht selten als vermeintliches Ergebnis ei-

1 Vgl. EU-Commission (1998a); Castells (2000).

2 Vgl. Bonnell (2001); Brown (1997).

3 Vgl. PriceWaterhouse (2002).

4 Vgl. Schröder (1994).

nerseits der Impulswirkung des europäischen Binnenmarktes und gleichzeitig als Konsequenz weltweiter Auslöseeffekte etwa durch die Vernetzungs- und Vertriebseffekte der Massenverbreitung von Internetnutzung sowie eine Reihe vorlaufender technischer Neuerungen (z. B. Satelliteninfrastruktur) sowie in der letzten Zeit einer Globalisierung der Konsumgüter- und Dienstleistungsindustrie angesehen wird, hat bei genauer Betrachtung tatsächlich sehr viel breiter und früher angelegte Wurzeln – in der Regel von ausnehmend unspektakulärem Zuschnitt. Entsprechende Entwicklungen setzten auch in den anderen führenden industriellen Ländern in vergleichbarer Abfolge ein, häufig überlagerten sich derartige Trends wechselseitiger Marktdurchdringung. Nicht selten bildeten dabei die USA eine Vorhut, gefolgt von abwechselnd Japan und europäischen Ländern.[1]

Es sind also mehrere gleichwertige und aufeinander aufbauende Entwicklungsebenen der Internationalisierung als wirksames Hintergrundelement zu betrachten: Erstens, eine seit dem Ende der sechziger Jahre einsetzende stetige und eher unmerkliche Internationalisierung insbesondere im Buchverlags- und Zeitschriftenverlagswesen; zweitens, eine hierauf aufbauende Internationalisierung im Rechtehandel, die eine besondere Wirksamkeit im Zuge des dualen Ausbaus des Fernsehsystems in der Bundesrepublik Deutschland ab der zweiten Hälfte der achtziger Jahre des 20. Jahrhunderts einnehmen sollte; drittens, eine gezielte Ausweitung im Zeitungs- und Zeitschriftenmarkt Mittel- und Osteuropas nach der Aufhebung der Ost-Westbarrieren am Ende des „kalten Krieges"; und viertens eine stetige Internationalisierung im Zuge von Unternehmensverflechtungen bei Anbietergroßgruppen in europäischen Fernsehmärkten,[2] während gleichzeitig und über eine Laufzeit von mehr als dreißig Jahren das Ausgangsmuster einer Modell- und Angebotsadaption von Markterfolgen in Deutschland – mit wechselnden Erfolgen – weitergeführt wird.[3] Eine Betrachtung der weltweiten Marktgrößen und Wachstumschancen zeigt, in wie hohem Maße Medienunternehmen Teilelement internationaler Marktentwicklungen sind oder werden müssen.

---

1 Vgl. Kopper (1974).

2 Vgl. Kopper (1994).

3 Inzwischen existieren zu derartigen Einzelvorhaben eine Reihe von Falluntersuchungen in der Forschung: so etwa zum Versuch der Etablierung einer Boulevardzeitung in Spanien durch die Axel C. Springer-Verlag (Höber 1997), zu Markterfolgen deutscher Verlagshäuser in der Volksrepublik China, zum Sektor der Special Interest Magazines usw. in Europa usw. (Schröder 1994).

Gebiet	2001	2006
Europa, Mittlerer Osten, Afrika	340.332	427.850
USA	437.932	571.862
Canada	23.706	31.205
Asia/Pacific	215.067	279.023
Latin America	45.933	59.314
TOTAL	1.062.970	1.369.254

Tabelle 1: Medien- und Unterhaltungsmärkte weltweit (Millionen US$)[1]

Festzuhalten ist andererseits, dass die Medienindustrie in Deutschland in nur geringstem Maße internationalisiert ist. Die Beteiligung ausländischer Interessen an deutschen Medienunternehmen ist beispielsweise mit der in Großbritannien überhaupt nicht vergleichbar. Dort existiert eine vorherrschende Beteiligung von kanadischen (Black, Pearson) und amerikanischen, ehemals australischen, inzwischen amerikanischen (Murdoch) Interessen insbesondere im Tageszeitungssektor.[2] In Deutschland gibt es explizite Vorbehalte, sowohl auf der Ebene der Unternehmensleitungen wie auf der Ebene der Politik, gegen ausländische Beteiligungen an der deutschen Medienindustrie, wie sich im Falle entsprechender Auseinandersetzungen immer wieder gezeigt hat - zuletzt im Rahmen der Insolvenzauseinandersetzungen um die Medienholding Kirch Medien im Jahre 2002.

Das einzige deutsche Medienunternehmen, das am Ende des 20. Jahrhunderts einen konsequenten strategischen Kurs der Internationalisierung im Sinne einer Zielvorstellung als Global Player angestrebt und in einer bestimmten Entwicklungsphase konsequent umgesetzt hat, Bertelsmann, hat sich Mitte 2002 von diesem Kurs zurückgezogen. Die seither verfolgte Strategie knüpft erneut und konsequent an die traditionelle Vielfalt nahezu mittelständisch geprägter Internationalisierung an, wie sie bisher für die Medienindustrie in Deutschland prägend war. Auf dieser Stufe wird unter Internationalisierung die Marktführerschaft in mindestens dritter Position in definierten Medienmarktsektoren verstanden; in erster Linie werden diese Definitionen in nationalen Märkten, wenn auch in weltweiter Verteilung und Vernetzung gesehen. Internationalisierung ist insofern in erster Linie als ein Summenbegriff zu verstehen.

1 Grundlage für die Darstellung sind Ist-Werte in den nachfolgend aufgeführten Umsatzsektoren, die in den einzelnen Weltregionen über die Jahre ausgewertet worden sind: Kinofilm-Industrie, TV-Anbieter, Kabelanbieter und Rundfunk allgemein, TV-Distributoren: Stationen, Kabelfirmen, Satellitenfirmen, Musikindustrie, Internetumsätze (Werbung, Zugang), Zeitschriftenverlage, Zeitungsverlage, Buchverlage (Konsumentenmarkt), Wissenschaftliche und Fachverlage, Geschäftsinformation, Radio- und Außenwerbung, Themen- und Freizeitparks, Sport. Quelle: PriceWaterhouse (2002), S. 18.

2 Vgl. Curran/Seaton (1997).

Es lässt sich festhalten, dass im Panorama möglicher Internationalisierungsstrategien in der Medienindustrie in Deutschland eine bemerkenswerte Rückbindung an unternehmerische Traditionsmuster erkennbar ist. Diese ist geprägt durch eine deutlich mittelständische Kernphilosophie, die wiederum in erster Linie aus der Tradition von nicht selten Generationen übergreifendem Familienbesitz abzuleiten ist. Der im Rahmen solcher Internationalisierungsstrategien auftretende Kernbestand der Medienindustrie beruht in erster Linie auf derartig geprägten Eigentümerstrukturen. Dies gilt auch dann, wenn die Unternehmensverfassung etwa aktienrechtlich gestaltet ist.

Innerhalb der Europäischen Union gibt es bestimmte Marktsegmente, die in erheblichem Maße internationalem Einfluss ausgesetzt sind. Der Kinomarkt und dort insbesondere die Vertriebskanäle stehen unter übergewichtiger US-Kontrolle.[1] Gleiches gilt für Werbeagenturen.[2] Die TV-Programmindustrie in Europa ist ebenfalls stark internationalisiert, wobei der US-Einfluss geringer ausfällt. Wesentliche Bestrebungen im Rahmen der Europäischen Union zielen darauf, dort beheimatete Programmindustrien für den internationalen Wettbewerb zu stärken und Chancen für den Weltmarkt zu eröffnen. Dabei wird in erster Linie die US Medienindustrie als Hauptkonkurrent erachtet.[3]

Blickt man auf die Internationalisierung der Medienindustrie weltweit, so lassen sich folgende Trends im Entwicklungsverlauf des letzten Vierteljahrhunderts erkennen:

2.1 Kapitalerfordernisse

Der hohe investive Aufwand für die Etablierung erfolgreicher Fernsehangebote in nationalen Großmärkten etwa in Europa, in Nord- oder Südamerika oder in asiatischen Staaten überfordert – allein aus Gründen der Ressourcenbereitstellung sowie der Risikoabsicherung – die Kapitalkräfte von nationalen Einzelinvestoren und führt entweder zur Bildung von Finanzierungspools, die in der Regel über Banken geführt werden (Beispiel: International News Corporation, deren geschäftsführender Minderheitsanteil von Murdoch gehalten und in der Fachberichterstattung unterscheidungslos ihm allein oder seiner Familie zugerechnet wird, während der überwiegende Gesellschaftsanteil in Händen von Banken oder Fonds liegt), oder es werden Unternehmenszusammenschlüsse gebildet. Die Unternehmensbeteiligungen sind in der Regel international zusammengesetzt.[4] Es finden sich häufig Beteiligungen auch aus anderen Unternehmenssektoren (Bau- und Wohnungswirtschaft, Telekommunikationsindustrie usw.). Es hat nachweislich auch erfolgreiche Versuche gegeben, flottierende Finanzmittel aus Geldwäschegeschäften und

1 Vgl. Jarothe (1998).

2 Vgl. Europäisches Parlament (2001).

3 Vgl. Zeller (2002).

4 Vgl. Morgan (1998); Abbamonte (2001).

aus der organisierten Kriminalität in renditeträchtige Beteiligungsgesellschaften und Finanzierungspools der internationalen Fernseh- und Filmindustrie einzuschleusen.[1]

2.2 Regulierungserfordernisse

Kapitaleinsatz und erforderliche Marktstrategien im Rahmen internationalisierter Unternehmenszielsetzungen der Medienindustrien verlangen Planungssicherheit in Einzelmärkten und insbesondere bezogen auf investive Rahmenbedingungen.[2] Diesen Anforderungen entsprechen inzwischen praktisch alle nationalen Mediensysteme der westlich hoch industralisierten Welt.[3] Es hat sich ein typisierbares Grundmuster als Regulierungsleitbild herausgebildet, dem bei im Detail nicht geringen Abweichungen die Mehrheit der westlichen Staaten entsprechen. Als typisch für dieses Grundmuster können gelten:

- Flexible auf Ermessensspielräume angelegte Konzentrationsvorschriften mit Spielraum für „Big Players".[4]
- Minimalisierung von Pflichtvorschriften zur Sicherung heimischer Produktionsfaktoren.
- Abbau von Subventionsmechanismen und Sonderrechten für Wettbewerbsangebote in öffentlicher Trägerschaft (Public Services).
- Abbau von Verflechtungsrestriktionen aufgrund tradierter „Cross Ownership Regulations".
- Deregulierung aller Märkte der Werbewirtschaft bei gleichzeitigen Blockverboten im Interesse des Gemeinwohls (z. B. Tabakwerbung) im Sinne von wechselseitigen Special Interest und Gemeinwohlkompromissen.
- Standardisierungen und Normierungen von technisch erforderlichen Betriebs- und Zugangsprotokollen sowie von Schnittstellen im Innenverhältnis und zum Konsumentenmarkt. Staatliche und überstaatliche Einrichtungen übernehmen hierbei Mediatoren-, Richt- und Aushandlungsfunktionen.[5]

---

1 Vgl. Augros (1996).

2 Vgl. Deutscher Bundestag (1997); EU Commission (1998 b), (2001).

3 In einer Planungsstudie für die Regierung der Republik Irland wird die Rolle des Staates vor diesem Hintergrund präzise als „leadership role in creating a market for digital content technologies and services ..." beschrieben und zwar auf der Grundlage von konkreten Projektvorhaben und Kampagnen. Ferner soll der Staat vorhandene Industrie vor allem solche im öffentlichen Bereich auffordern „to move towards the digital creation, management and distribution of their content." Forfás (2002), S. VI.

4 Vgl. Goodwin (1998).

5 Als Beispiel. Mykkänen (1999).

- Öffnung von urheberrechtlichen Einzelvorschriften zur Anpassung an eine laufende internationale Modernisierung des internationalen Urheberrechtes aufgrund des weltweiten Handels und neuer technischer Bedingungen – nicht zuletzt im Zeichen der Digitalisierung.

Anstrengungen gehen dahin, eine fortlaufende Homogenisierung über das umschriebene Grundmuster hinaus in den nationalen Vorschriften zu erreichen.[1] Ausschlaggebend sind hierbei Homogenisierungsstrategien[2] sowohl in multilateralen Handelszonen wie auch im Rahmen internationaler und weltweit agierender Handelsabkommen (z. B. OECD, WTO).[3] Medien- und Kommunikationspolitik erscheint somit im Tagesbetrieb und jeweiligen nationalen Kontext immer noch als „eigenständig nationale Politik“, tatsächlich jedoch ist sie im Wesentlichen Ergebnis und Teilelement der laufenden internationalen strategischen Prozeduren zur Homogenisierung von Marktbedingungen. Dabei ist nicht zu übersehen, dass diese politischen Ziele keineswegs konfliktfrei zu erreichen sind und eine Vielzahl von komplexen politischen Kompromissen erfordern und erwarten lassen.[4]

2.3 Integrationserfordernisse

Die immer währende Erfahrung von Einzelunternehmen im Zuge weltweiter Markterschließung ist es, die Einführungs- und Eroberungsphase mit nicht unerheblichen Einbußen der betrieblichen Gesamtrendite zu erwirtschaften. Die überwiegende Hauptreaktion hierauf besteht in der Abschottung von Renditeträgern im Gesamtunternehmen gegenüber Pionieraktivitäten sowie in der präzisen Planung von unternehmensinternen Risikokapitalstrategien mit mittelfristig gültigen „points of no return“ für den ausersehenen Realisierungspfad. Das tatsächliche Dilemma dieser einleuchtenden und gängigen Verfahrensweise besteht in der Verfestigung einer in der Folge zumeist unüberwindbaren „Kompartmentalisierung“ des weltweit operierenden Gesamtunternehmens, während im Bereich der Medienindustrie zugleich eine entgegengesetzte strategische Einsicht Erstrangigkeit beanspruchen müsste: die Integration nämlich der kompartmentalisierten Teile des Gesamtunternehmens unter dem Gesichtspunkt der Mehrfachverwertung von Einzelprodukten und -angeboten und des folgerichtigen Aufbaus neuer Wertschöpfungsketten ausgehend von der Grundressource „Content“. Die strategisch theoretischen Überlegungen hierzu sind in mehrjährigen Diskussionen bis ins Detail, zumeist unter dem

1 Vgl. als Beispiel für eine bestimmte Interessenposition: Hamm (2001).

2 Vgl. Harcourt (2002).

3 Vgl. OECD (1998).

4 Vgl. z. B. Überlegungen im Europäischen Parlament ausgelöst durch eine Reihe von Fusionsvorhaben in der europäischen Medienindustrie die Schwelle für den Mindestumsatz im Falle fusionswilliger Unternehmen auf 2 Milliarden € im europäischen Wettbewerbsrecht (Verordnung des Rates 4064/89 v. 21. 12. 1989) zu senken, um die Möglichkeit zur Untersagung von Unternehmenszusammenschlüssen durch die EU-Kommission zu stärken. Vgl. Europäisches Parlament (2001).

Stichwort „Multimedia“ ebenso wie unter dem Begriff der „Content“-Industrie geführt worden.[1] Sie waren insbesondere kennzeichnend für eine Reihe gesellschaftlicher und ökonomischer Euphorien im Zeichen des E-Businessbooms.[2] Ein zentraler Gesichtspunkt, der derartige Visionen von vornherein hätte dämpfen können, ist selten in den Blickpunkt geraten: erfolgreichen Medienunternehmen, die in den internationalen Wettbewerb eingetreten sind, werden in der Regel gerade nicht „Content“ orientiert, sondern wie andere Unternehmen auch, Rendite orientiert geführt. Es ist gerade die in der Content-Produktion angelegte Option strategischer ausgerichteter Wertschöpfungsentwürfe, für die in den bisher gültigen Managementmethoden der Rendite-Orientierung ein unmittelbarer Zugang fehlt. Auch im Rahmen von Managementmethoden, die stärker auf den gesamten unternehmerischen Kontext angelegt sind, wir fassen sie hier unter dem Begriff „Substance Augmentation“ zusammen, fehlt eine Einbindung und Rückkopplung an die strategische Ebene der Content-Entwicklung. Diese strukturelle Problematik wird dadurch nicht im geringsten erleichtert, das es sich auf der Ebene der Content basierten Wertschöpfungsketten um in hohem Maße technisch induzierte Lösungsmöglichkeiten handelt.[3] Einen Überblick über das Spektrum von Anwendungsmöglichkeiten und von Geschäftsfeldern liefern die in den Papieren der Strategieberater immer wieder dargestellten Aufrisse, für die wir nachfolgend ein Beispiel aufführen:

1 Vgl. OECD (1998); EU Commission (1998a); EU Commission (2001); Bruck (2002); Forfás (2002). Die EU hat u. a. ein mehrjähriges Programm „E-Content“ angestoßen, dass speziell auf die Entwicklung der Contentindustrie in Europa und ihre Einbindung in globale Netzwerke zielt.

2 Z. B. Negroponte (1995).

3 Zur Problematik ausführlich: Wirtz (2001).

Entertainment	Education	Business/Professional related content
CG animation and SFX	Digital Libraries	Corporate communication
Games	e-learning	Corporate communications
Emusic	Consumer Information	Business publishing
Digital Film	Online publishing	Telematic/wireless services
Digital TV	Digital publishing	Non-media applications (design etc.)
Interative TV	Telematic/wireless services	Advertising
Digital radio		

Tabelle 2: Übersicht über die Marktsektoren der digitalen Content-Industrie[1]

Das gerade umrissene strategische Grunddilemma in der weltweit agierenden Medienindustrie, besonders in der Spitzengruppe der umsatzstärksten Unternehmen, scheint in seiner Grundstruktur an vielleicht unerwarteter Stelle wie in einem Zerrspiegel auf: es ist der bis zum Unverständnis reichende Unterschied in Perspektiven und Begrifflichkeiten in zwei einander gegenüber stehenden Welten: nämlich einerseits der investiver Strategien und auf der anderen Seite der kreativer Strategien, die an Inhalte anknüpfen. Den Zerrspiegel, der hierzu empirischen Einblick vermittelt, liefert eine empirische Erhebung zum Dilemma der neuen Content-Industrie in Europa. Darin stehen sich Content-Kreativität und Venture Kapital unvermittelbar gegenüber. Hierzu heißt es in der Studie: „Access to capital is restricted because one side either does not know who to ask, or what to ask for, and the other side is not sure of what they are being asked to invest in.“[2]

Inzwischen liegen zu diesem Dilemma vermehrt Einsichten durch eine Reihe von Fallbeschreibungen und -untersuchungen aus der Medienindustrie vor. Besonders eindrucksvoll ist die Erläuterung der strategischen Neupositionierung eines überschaubaren Einzelunternehmens an der Schwelle zu weltweiten Aktivitäten, nämlich der New York Times. Der geschäftsführende Gesellschafter und Vorstandsvorsitzende der New York

1 Quelle: Forfás (2002), S. 4.

2 VDI (2000), S. 8.

Times, Arthur Sulzberger Jr., stellt diese Neupositionierung als entscheidendes Teilelement einer zehnjährigen Umstellungsphase dar, in der man am Ende zumindest den Versuch einer strategischen Wende in der Weise eingeleitet hat, dass die zukunftsorientierte Neuausrichtung des Traditionsunternehmens zugleich mit einer Befreiung der neuen unternehmerischen Aktivitäten rund um Internet-Dienstleistungen im Rahmen eines neu errichteten und eigenständigen Unternehmenszweiges erfolgte.[1] Die Konzernleitung fühlte sich hier wie nicht anders zu erwarten, zunächst vollkommen überfordert. Es war eher ein Ausnahmefall, der am Ende eine integrative Strategie auf der Ebene der Gesamtunternehmensleitung zustande brachte.

Es gibt einen anderen Zugang, mit dem das besondere strategische Dilemma der international agierenden Medienindustrie beschrieben werden kann. Gerade diese Industrie hat ihre Stärke und ihr Wachstum ausnahmslos durch florierende Geschäftsmodelle in starken Märkten erworben und ist diesen Märkten und ihren traditionellen Produkten sowie den etablierten Publika und Werbesektoren unerschütterlich zugewandt. Das Zukunftsrisiko dieser Industrie[2] besteht deswegen gerade in dieser besonderen Intensität der Marktpflege und in Art der Schwerpunktbetonung, weil entscheidende Marktentwicklungsmöglichkeiten, die durch neue Technologien entstehen – und hierbei spielt die Digitalisierung eine entscheidende Rolle –, auf diese Weise nicht wahrgenommen werden. Christensen hat dies unübertroffen anhand von vergleichbaren Fällen aufgezeigt, welche die Grundlage seiner Studie zum Dilemma des Innovators bilden.[3] Gerade die auf große Umsatzvolumina ausgerichtete Medienindustrie kann bevorzugtes Opfer von Entwicklungen werden, in denen die wettbewerblichen Auswirkungen von „disruptive technologies“, wie Christensen sie nennt, nicht erkannt werden. Gerade Anwendungsentwicklungen auf der Grundlage des Internet und das breite Spektrum von Entwicklungen auf der Grundlage digitalisierter Technologieformen insgesamt stellen Hauptelemente von „disruptive techologies“ dar.

Deutlicher gesagt: Es gibt sehr unterschiedliche, wenn nicht selten höchst widersprüchliche Ausrichtungen auf „Erfolg“ auf der Ebene von Unternehmensleitungen und auf der Ebene der Leitung zugehöriger „Content“-Sektoren. Dieses zentrale strategische Dilemma ist nahezu allen international agierenden Unternehmen der Medienindustrie inhärent. Ein wesentliches Prinzip der westlich geprägten Medienindustrie besteht gerade in der relativ hohen Autonomie redaktioneller und thematischer Entscheidungen und in der Trennung der Sphären von Verlags-/Unternehmensleitung und der Chefredaktionen/Redaktions- und Lektoratsleitungen.

Die Produktionswirtschaft der Hollywood-Filmindustrie [4]stellt vor diesem Hintergrund eine bemerkenswerte Ausnahme dar, weil hier der Primat der investiven Entscheidungs-

---

1 Vgl. Sulzberger (2001).

2 Bezogen auf das Internet vgl. Beck et al. (2001), allgemein: Hass (2002).

3 Vgl. Christensen (1997).

4 Puttnam (1997).

gewalt bis in die Details der Inhalte jeder Einzelproduktion reicht. Die Zielsetzung einer strategisch ausgerichteten Unternehmensintegration im Sinne eines strukturierten Zusammenführens von Produktionselementen der Ebene: „Inhalte"/„Themen"/"Bearbeitung" mit denen der Marktrelevanz ist zum gegenwärtigen Zeitpunkt in der weltweit agierenden Medienindustrie zumeist bloßes Projekt. Praktizierte Ausnahmen sind die Kopplung von Marketing-Maßnahmen zwischen Buch- und Zeitungs- und Zeitschriftenabteilungen (Vorabdrucke, Promotion von Autoren usw.) oder der Aufbau eines strategisch auf die Entwicklungsdynamik z. B. des Internet ausgerichteten neuen Unternehmenszweiges. Zu solchen Ausnahmen zählt auch der Aufbau von Wertschöpfungsketten bei Inkaufnahme erheblicher inhaltlicher Brüche zwischen einzelnen Medien- und Darstellungsformen (so etwa im Fall der Chicago Tribune Betriebe). Weltweit operierende Medienunternehmen wie CNN oder die BBC tendieren ebenfalls zu eher operativ arbeits- oder bereichsteiligen Lösungen. Die Inhaltsproduktion in ihrer gesamten Breite wird nur in schmalen ausgewählten Spezialsektoren der Nachfrage strategisch integrativ ausgerichtet.[1]

Mit dem Hinweis auf das erkennbare Fehlen der Unternehmensintegration auf der für die Zukunftsentwicklung entscheidenden strategischen Ebene ist bereits eine wichtige Aussage zu den gegenwärtig gültigen Aspekten der Digitalisierung in diesem Industriesektor gesagt. Die Digitalisierung von Inhalten für den Medieneinsatz bietet die gegenwärtig beste und auf Rationalität angelegte technische Voraussetzung einer Integration von Produktions-Grundkernen in völlig neuem strategischem Zuschnitt.

3. Digitalisierung – Umfang, Folgen, Rahmenbedingungen

Die zugleich nahe liegendste und fernste Konsequenz der Digitalisierung ist die Umstellung sämtlicher in Massen- und Kommunikationsmedien sowie in Informationsdienstleistungen umlaufenden Inhalte in der Weise, dass sie unmittelbar über klassische Computer gestützte Betriebssysteme und geeignete Anwendungssoftware genutzt und (weiter)verarbeitbar werden können. Damit könnten auf den verschiedensten Stufe der Aufbereitung und Verwendung in unterschiedlichen Nutzungszusammenhängen gezielte marktförmige Weiterverwertungsschritte eingeführt werden.

Dieses Zielsetzung einerseits der technischen Gestaltungsvariabilität, andererseits der Distributions-Ubiquität stellten eine nahe liegende, qualitativ neue Auswertungsstufe gerade im Sektor der Massenmedien dar.

1 Vgl. Küng-Shankleman (2002).

Allerdings ist davon auszugehen, dass die in dieser Zielsetzung angesprochene Vielfalt und Vielgestaltigkeit noch längere Zeit eine bloße Zukunftsvision darstellen wird. Ausschlaggebend für Verzögerungen ist zunächst das Fehlen endgültiger, preisgünstiger und fehlerfreier technischer Lösungen für die integrative Umsetzung digitaler Inhalte in alle und zwischen allen Anwendungsformen. Eine derartige Universalplattform existiert bisher nicht. Alle Schritte in eine solche Richtung sind bisher eher behelfsmäßig ausgefallen.[1] Zugleich entsteht eine Verzögerung fortlaufend durch den technischen Fortschritt selbst. Der rasante technisch induzierte Anwendungsfortschritt entwirft fortlaufend neue Gestaltungsoptionen gerade auch für die Medienindustrie (Mobile Dienste, Datenübermittlungs-Bandbreiten, Speicherverfahren, Distributionslogistik usw.). Diese Industrie hat aber inzwischen gelernt, dass nichts gefährlicher für das eingesetzte Kapital ist, als eine zu frühe Investition in eine unerprobte und möglicherweise nicht ausgereifte Anwendungsvariante. Auf der anderen Seite weiß man ebenfalls in dieser Industrie, dass gerade in den neuen technisch induzierten Märkten vor allem der Erstanbieter eine wirklich große Chance hat.[2]

Hinter jeder erkennbaren Ausbau- und Nutzungsvision steckt ein beträchtlicher – und in der Regel die herkömmlichen Produktionsweisen übersteigender – Aufwand, der auf einzelne Unternehmen oder ihre jeweiligen Zweige zukommt.[3] Diesem Aufwand muss auf mittlere Sicht ein entsprechender Ertrag gegenüber stehen. Er ist gerade unter Perspektiven traditionellen Wirtschaftens in der Medienindustrie nicht erkennbar. Die mit vielen Entwicklungsoptionen verbundenen Risiken werden durch die Unternehmen jedoch – insbesondere nach den Erfahrungen fehlgeschlagener Visionen aus Zeiten der E-Businesseuphorie – so schnell nicht aufgenommen werden[4]. Bezogen auf sämtliche Massenmedien und vorstellbare Dienstegruppen wird es daher nur Teilelemente der Inhaltsentwicklung geben, die digitalen Input neuer Art und in neuem Zuschnitt darstellen. Wesentliche und auch für die zu Grunde liegenden Renditeschemata maßgebliche Inhalte jedoch werden weiterhin und über längere Zeit in analogen Verfahren hergestellt oder bereit gestellt.

---

1 Beispielhaft: Bassler (1997); Bohm (2001).

2 Vgl. Christensen (2002).

3 Vgl. Christensen (1995).

4 Zur Herstellung beispielsweise einer für die digitalisierte Distribution verwendbaren Digitalkopie eines Hollywood-Films müssen mehrere voneinander unabhängige technische Digitalisierungsstufen durchlaufen werden: (1) Einscannen des 35 mm Grundmaterials bei 4000 Pixeln/Zeile bei 12 Bit/Pixel. Selbst bei technischen Minimierungen (10 Bit/Pixel) und geringerer Zeilenauflösung entstehen für einen üblichen Streifen Datenmengen von über 1 TeraByte. (2) Kompression des Rohdaten-Satzes auf Mpeg 2 mit dem Ergebnis von ca. 70 GigaByte. Hier ist ein Datenstrom von 100 MB/s angezielt. (3) Verschlüsselungs-Codierung des Datensatzes. (4) Computergestützter Spieleinsatz über direkten Datenstrom oder digitalen Medieneinsatz bei zeitsynchroner datenspezifischer Entschlüsselung; hierdurch sollen alle Möglichkeiten illegaler Ressourcenabschöpfung ausgeschlossen werden. – Die digitalen Aufbereitungskosten liegen bei diesem Beispiel heute noch mindestens bei dem Zehnfachen der traditionellen Stückreproduktion (Filmkopie).

Einleuchtendes Beispiel ist hier die klassische 35mm Filmproduktion, die immer noch Ausgangs- und Distributionsmaterial der gesamten Filmwirtschaft darstellt. Zugleich stellt die Filmwirtschaft die bisher herausragendste Ausschöpfung internationaler Märkte im gesamten Spektrum der Medienwirtschaft dar: dies gilt sowohl für die Umsatzvolumina pro Angebot, für die Ausdifferenzierung der Vertriebsstrukturen, für den Aufbau fortlaufend erweiterter Wertschöpfungsketten, wie im Übrigen für die Anwendung moderner Unternehmensführungs- und Vermarktungsmethoden.

Im Filmsektor existieren in produktionstechnischen Einzelsegmenten digitale Herstellungs- oder Kontrollsegmente. Eine digitale gestützte Integration sämtlicher Stufen von Produktion, Distribution und Vermarktung ist jedoch bisher nicht erkennbar.

Vor der Verwirklichung hochfliegender Pläne eines vernetzten Aufbaus auch von Endabspielstätten, denen digitales Hochwertbildmaterial zur Vorführung in neuartigen Abspielstätten zugeleitet wird, stehen gegenwärtig sowohl technische Probleme, als produktionstechnische Barrieren und enorme Investitionskosten in eine durchgehend neue und unerprobte Infrastruktur – während zugleich weltweit die letzte Investitionswelle in die Groß- und Multiplexangebote neuartiger Kinos bereits in eine Renditekrise geraten ist.

Vergleichbare Beispiele für Digitalisierungsbarrieren aus unterschiedlichsten Gründen gibt es in einer Reihe von Segmenten der Medienindustrie, so dass die Unternehmenspraxis vorwiegend in gehörigem Abstand zu den auf vielen Kongressen und Zukunftsbroschüren verbreiteten Bild ‚neuer digitaler Welten' verläuft.

An dieser Stelle der Betrachtung stellt sich im Übrigen eine grundlegende Frage struktureller Art an die weltweit operierende Medienindustrie, sie schließt an die Darstellung ihres inhärenten Strategieproblems auf der oben wiedergegebenen Grundlage des Dilemmas fehlender Integration zwischen Unternehmensleitung und der kreativen Ebene der „Content"-Entscheidungen an. Es handelt sich um ein weiteres Dilemma genauso schwergewichtiger Art: sämtliche Informations- und Unterhaltungsanwendungen auf digitalisierter Grundlage streben – zumindest in den westlich hoch industrialisierten Gesellschaften – einen Grundtypus an, der von folgenden Margen bestimmt ist:

- Gleiche oder ähnliche Inhalte verteilen sich auf mehrere Darbietungsformen (Mediengattungen), wobei Dienstangeboten auf der Grundlagen des Internet (www, E-Mail, fora, chats usw.) eine wachsende Rolle kontinuierlicher Nutzung (Gewohnheitsmedium) zukommt.

- Fortlaufende Verringerung des realen technischen Produktionsaufwandes digitalisierter Inhalte und damit fortlaufende Unterschreitung etablierter Kostenmargen bei gleichzeitigem Anstieg der Professionalität der Darbietung (aufgrund von Software basierten Applikationen).

- Fortlaufende Ausweitung der Publikumsattraktivität von Inhalten, die für Internetdienste produziert werden (Aktualität, Archivfunktionen, Illustration, demnächst auch Bewegtbild in hinreichender Qualität).

- Ständige Ausweitung der Servicequalitäten, die an gegebene Inhalte gekoppelt werden, sofern die Gestaltungs- und Distributionsebene des Internet genutzt wird (Kopplung von Texten mit Audiodateien, mit Bewegtbildern, mit Rückkopplungsmöglichkeiten usw.)
- Ständige Ausweitung der Nutzungsformen und Abgeltungssysteme, die mit Dienste- und Informationsangeboten auf dem Internet verbunden werden können.

Diese Aufzählung macht eines deutlich: ein tradiertes Medienunternehmen operiert in der Regel auf einer betrieblichen Grundlage (Produktionsroutinen, Gestaltungsmuster, Personalressourcen, Marktstellung), die eine gestaltungsoffene und kreative Nutzung der laufenden technischen Entwicklung auf der Grundlage insbesondere von Internetanwendungen faktisch ausschließt. Noch deutlicher ausgesprochen: bestimmte Renditemargen lassen sich in der weltweit operierenden Medienindustrie nur dann mittelfristig sicherstellen, wenn wesentliche Innovationen auf der Grundlage der digitalen Medienanwendung nach Möglichkeit marginalisiert oder sogar ausgeschlossen werden.

Eine einfache Überlegung kann dies eindrucksvoll verdeutlichen: würde das herrschende Fernsehsystem entsprechend den im Rahmen der Digitalisierung gegebenen Gestaltungsoptionen neu eingerichtet, so müsste als erstes von etablierten Grundmustern der gegenwärtigen Fernsehwirtschaft Abschied genommen werden. Es wäre das Ende eingeläutet für: tageschronologisch strukturierte Anbietergesamtprogramme, ebenso für Berechnungsmargen für Fernsehwerbekontakte wie für alle etablierten Finanzierungsformen des Fernsehens. Denn die Kopplung von digitaler Kanalvielfalt, einer gleichzeitigen Integration von TV-Darbietungen in tief gestaffelte Dienstangebote des Internet und zusätzlich digitale strukturierte intelligente Speichermedien auf Seite des Konsumenten würden den gesamten existierenden Programmkalkül aufbrechen. Dieser Programmkalkül besteht heute aus einer überschaubaren, minütlich berechenbaren Wahloption klar zu bezeichnender Unterhaltungs- und Informationsangebote für die aufgrund der repräsentativen Einschaltquotenmessungen hohe Wahrscheinlichkeitswerte über Ein- und Abschaltvorgänge der Zuschauerschaft abgegeben werden können. Auf dieser Grundlage bildet sich der Preis für Werbekontakte und damit die Planbarkeit der Refinanzierung des eingesetzten investiven Kapitals im Sektor kommerzieller Fernsehangebote.

Eine gestaltungsoffene Digitalisierungspolitik unter Nutzung aller technisch gebotenen Chancen unter dem Gesichtspunkt höchster Wahlfreiheit für die Konsumenten würde nicht nur den genannten Grund- und Gesamtkalkül beseitigen, sondern die künftige Finanzierung von Programmressourcen insgesamt in Frage stellen. Ohne die Diskussion von Einzelheiten derartiger Unwägbarkeiten einzutreten, lässt sich festhalten, dass es für einen gestaltungsoffenen „digitalen Durchbruch" in ein neues Medienzeitalter keine erkennbaren Interessen, gerade auch nicht auf Seiten der Medienindustrie – und ebenso wenig auf Seiten der Medien- und Kommunikationspolitik gibt, weil die wirtschaftlichen Risiken insgesamt mit der Abschaffung oder doch radikalen Infragestellung des herrschenden Grundkalküls als viel zu hoch eingeschätzt werden.

Für die Durchschlagskraft einer „ungebremsten“ Anwendung neuer Gestaltungsmöglichkeiten der Digitalisierung auf die mit dem genannten theoretischen Beispiel verwiesen werden sollte, gibt es inzwischen ein zwar sektorales praktisches Beispiel – dennoch aber eines, das die dynamische Energie des Wandels und seine Wirkung auf die existierende Industrie eindrucksvoll vor Augen geführt hat.

3.1 Variable Vernetzungszusammenhänge auf den Ebenen Produktion, Marketing, Distribution

Besonders die Musikindustrie ist schneller als sie planen und praktisch vorbereiten konnte von einem fundamentalen und für ihre Struktur gewichtigen Umbruch ihrer Vermarktungssituation getroffen worden. Ausgangspunkt war die besondere Verfeinerung der Anwendung von Digitaltechniken, hier durch die Komprimierung von übertragbaren Audiodateien und der Etablierung eines entsprechenden weltweiten Standards zur komprimierten Datenübermittlung (Mpeg 3). Damit wurde das ohnehin schon in digitaler Form vorhandene gesamte Musikangebot, insbesondere auch in den am stärksten nachgefragten Sektoren, über den Vermittlungsweg des Internet in hinreichender Tonqualität verfügbar. Über das auf der Grundlage der Internet-Struktur besonders nahe liegende Tauschverfahren von Individuum zu Individuum musste folgerichtig das bis dahin ohnehin schon geduldete Verfahren des privaten Kopierens für den Eigenverbrauch in eine neue Dimension übergehen. Durch die angesichts des Standes der Computeranwendung nächste Schrittfolge einer Computer gestützten Automatisierung des privaten Tauschvorganges im Rahmen der Kopplung von Vernetzungskonstrukten im Internet mit intelligenten Kleinprogrammen am Datenplatz des heimischen Anwenders[1] setzte eine neue Qualität des bis dahin üblichen Kopieranteils im weltweiten Maßstab ein. Die intelligente Kombination verschiedener Techniken wie Datenbanken, Suchmaschinen, Code-Checking usw. unter einfachen Benutzeroberflächen begann faktisch das bis dahin gültige Geschäftsmodell der weltweit operierenden Musikindustrie von Grund auf zu ruinieren.[2] Das gewichtigste Modell dieser Art, „Napster“, wurde durch die Entscheidung eines US Obergerichtes aus urheberrechtlichen und wettbewerbsrechtlichen Gründen an der Fortsetzung seines bisherigen Modells gehindert. Aus der Medienindustrie gab es den Versuch, die etablierte Tauschbörsenstruktur in die Industrie einzubinden. Ein Erfolg blieb aus. Nachfolgemodelle mit teilweise nur geringfügigen Abwandlungen haben sich in der Nachfolge etabliert und operieren am Rande der Legalität oder in voller Illegalität. Klarer und mit größerer Auswirkung ist das tradierte Geschäftsmodell der weltweit operierenden Medienindustrie durch das Nutzungspotential der Digitalisierung bisher niemals in Frage gestellt worden.

1 Vgl. Covell (1999).

2 Vgl. Deegan/Tanner (2002).

Klar wird an diesem Fallbeispiel im Übrigen, das wir es hier nur mit der Spitze eines Eisberges zu tun haben. In vielen weiteren Sektoren und Märkten wird das Potential der Digitalisierung in Zukunft in vergleichbar gewichtiger Weise seine Veränderungsoptionen vorführen und die Industrie unter Druck setzen.

3.2 Digitalisierung als weltweites Verbundinstrument für Rationalisierungsoptionen der Medienindustrie

Festzustellen ist ein breiter Einsatz von Digitalisierung gerade nicht im Zentrum einer neuen strategischen Ausrichtung der Medienindustrie, etwa verstärkt unter dem wettbewerblichen Druck zunehmender Internationalisierung, sondern in Partialanwendungen deren primäres Ziel in einer Vielzahl von Rationalisierungsvorteilen liegt. Solche Vorteile werden in erster Linie auf allen Stufen der Produktion realisiert und schreiten dort gerade auch aufgrund der Integrationspotentiale dieser Technik dynamisierend fort. So werden fortwährend arbeitsteilig angelegte Produktionsabschnitte im Rahmen des Digitalisierungsfortschrittes zusammengelegt und funktionale Integrationsstrukturen entwickelt, die in erster Linie ständiges Personal einsparen. Andererseits führt die breite Palette technischer Unterstützungseffekte im industriellen Gesamtsystem der Medienwirtschaft zu einer erheblichen Kostensenkung durch eine Vielzahl nun technisch gestützter Qualitätskontrollen, durch Entlastungsfaktoren aufgrund technisierter Herstellungsmuster, durch die Fertigung aufgrund komplex gesteuerter Ablauf- und Fertigungsroutinen usw. Dabei greifen diese Rationalisierungsvorteile immer stärker auch in inhaltliche und redaktionelle Prozesse ein. Ferner ergeben sich gerade durch die inhaltlichen und Distributionsvorteile einer Überfülle an Diensten im Internet zusätzliche Rationalisierungseffekte gerade für die Medienindustrie, die allerdings vielfach unternehmerisch weder praktisch genutzt noch in einer Vielzahl von Fällen erkannt werden. Dieses Ausblenden von Rationalisierungschancen hat erneut mit dem oben bereits angesprochenen diesem Industriezweig besonders eigenen strukturellen Beharrungsmomenten zu tun.[1]

Die erwähnten besonderen Rationalisierungsvorteile mit Schwergewicht auf Produktion, Distribution und zugehörige Logistik erweisen sich gerade für weltweit tätige Industriezweige als besonders hilfreich und zielführend. Dies gilt für die Automobilindustrie ebenso wie für die Medienindustrie. Letztere hat allerdings im internationalen Zusammenwirken in vielen Angebotsbereichen das Problem von Kultur- und Sprachbarrieren, die wichtige Segmente des Rationalisierungsfortschritts durch Digitalisierung auf den dargestellten Ebenen aufheben. Es existieren in der internationalen Marktpraxis nur wenige Angebotskategorien der Medienindustrie, die ohne jegliche kulturelle und/oder sprachliche Adaption, in einem weltweiten Markt eingesetzt werden können. Faktisch

1 Vgl. Kopper (2002).

handelt es sich hierbei ausschließlich um bestimmte Segmente der Musikproduktion sowie nachgeordnet von Videoprodukten, die im Herstellungsprozess (gegenwärtig als DVD) auf die weltweit marktmächtigsten Sprachen hin ausgelegt wurden. Zu beachten ist dabei, dass in der Regel Marketing und Vertrieb selbst solcher Unicode-Produkte in spezifisch nationalen Zusammenhängen angelegt, also mit spezifischem Aufwand dezentral gesteuert werden muss. Alle übrigen Angebote, die wichtige Ertragsquellen der international operierenden Medienindustrie darstellen, werden entweder in kulturell und/oder sprachlich spezifizierten Adaptionen/Anpassungsversionen/Vertriebssortimenten aufgelegt. Sehr deutlich ist dies im Fall von weltweit eingesetzten Hollywood-Filmproduktionen, die für spezifische Vertriebsmärkte in Europa und Asien nachbe- oder umgearbeitet werden.[1] Zentrale Erfolgsgrundlage gerade dieser internationalen Angebote der Filmwirtschaft in den USA ist im Übrigen eine Übernahme der klassischen mittel- und langfristig ausgerichteten Markenartikelstrategie[2], die hier über das Star-Branding, das Plot-Branding und das Myth-Branding[3] erfolgt. Anders als in der internationalen Konsumgüterindustrie zeigt sich jedoch gerade an weltweiten Erfolgen und Misserfolgen von Einzelangeboten der Hollywood-Filmindustrie, dass selbst eingeführte und erfolgsgewohnte Star-Brands ein spezifisches Filmangebot keineswegs kontinuierlich den Erfolg garantieren können. Noch schwieriger ist die Erfolgsvoraussage im Rahmen des Plot- oder Myth-Branding. Es intervenieren immer wieder unvorhersehbare Rezeptionsfaktoren auf Seiten des Publikums, die bisher auf keine ökonomische oder sozialpsychologische Formel gebracht werden konnten. Selbst der Einsatz inzwischen komplexer Formen des auf Marktforschung beruhenden Produktdesigns, das aus anderen Industriebranchen übernommen wurde (hier als Pre-Screening), hat an der Fülle der geschilderten Unsicherheitsmomente etwas ändern können.

Auch für die internationale Filmwirtschaft gilt die schon an anderer Stelle für andere Zweige der Medienindustrie getroffene Feststellung, dass es keinen zielgerichteten Impetus gibt, die umfassenden Entwicklungsoptionen der Digitalisierung strategisch zu nutzen und damit neue Unternehmensgrundlagen zu schaffen.[4] Insofern ist angesichts der Geschwindigkeit der technischen Entwicklung damit zu rechnen, dass gerade auch dieser Industriezweig vergleichbar der Musikindustrie durch Entwicklungen außerindustrieller Kreativität in den nächsten Jahren negativ überrascht werden wird.

1 Vgl. Puttnam (1997).

2 Brandmanagement gibt es zunehmend auch in anderen Mediensektoren, vgl. Siegert (2001).

3 Beim Star-Branding wird eine langfristige Markenwirkung auf die Profilbildung für ausgesuchte Schauspieler angelegt, deren Vertragsgestaltung genau der Markenstrategie entspricht. Beim Plot-Branding werden markentypische Handlungsmuster mit eingespieltem Nachfrageverhalten von unterschiedlichen Anbietern möglichst dicht entlang der Vorlage immer wieder angeboten. Beim Myth-Branding werden bestimmte emotionale Konstellationen von Filmprodukten, mit denen Verkaufserfolge erzielt wurden, markenähnlich genutzt.

4 Vgl. Perretti (2001).

Dennoch sind vereinzelt und ansatzweise erste Dienste- und Vermarktungsmöglichkeiten neuer Art auf digitaler Basis in der Medienindustrie erkennbar. Entwicklungen dieser Art – vor allem als Informationsangebote an bestimmten Nachfrageparametern (z. B. Aktualität, Fachgesichtspunkte usw.) ausgerichtet – sind bisher in erster Linien im Sektor mobiler Nutzungen im Geschäfts- und Konsumentenmarkt zu erkennen.

Die der internationalen Medienindustrie vorgelagerte Fachindustrie für Hard- und Software arbeitet gegenwärtig auf einer ebenfalls internationalen Entwicklungsebene, die sich dabei bisher vornehmlich um Standardisierungen und Normabsprachen kümmert.

Entscheidender Zielgesichtspunkt unter diesem Aspekt ist die mittelfristige Entwicklungsbasis für international marktfähige neuartige Dienstemuster. Erneut stellt sich an dieser Stelle das oben geschilderte Strategie ./. Content-Dilemma. Durchgehende Markterschließungen gerade in diesen zukünftig angezielten Bereichen erfordern aus der Content-Entwicklung entstehende kreative Optionen. Die Betrachtung der bis jetzt gültigen industriellen Praxis zeigt, dass entsprechende tragfähige Grundstrukturen hierfür bisher nicht zur Verfügung stehen.

Die im internationalen Zusammenhang in den letzten Jahren mit großer Aufmerksamkeit erfolgten Großfusionen, die weltumspannende multimedial operierende Unternehmen haben entstehen lassen,[1] liefern demnach, anders als dies bei erster Betrachtung der Fall zu sein scheint, gerade nicht die Grundvoraussetzungen für die erforderliche unternehmerische Integrationsreform, die wiederum Basis jeglicher Content-Entwicklung gerade auch im Zeichen zukünftiger Technologie zu sein hat. Erkennbar wurde stattdessen eher eine Verschärfung der in diesem Überblick konstatierten Dilemmata. Entscheidend beteiligt an einer solchen Verschärfung der Unfähigkeit zu wirksamen strategischen Neuausrichtungen im Zeichen von Großfusionen war der von außen wirkende Zwang, Shareholder-Value zu generieren oder auf zukünftige Börsengänge vorzubereiten. Dies bedeutete regelmäßig Rationalisierungsmöglichkeiten zur allgemeinen Kostenreduktion zu nutzen, die Digitalisierung also prinzipiell in diese Einsatzklassen einzuordnen. Dies bedeutete ferner, etablierte Profit Centres mittelfristig zu konsolidieren und Loss Centres zu eliminieren. Im Ansatz bedeutet dies eine Absage an alle risikobehafteten mittelfristigen oder längeren Entwicklungsvorhaben und den Rückgriff auf traditionell Produkte und Märkte. Tatsächlich hat sich also im Zeichen der Digitalisierung – vielfach auch nur in der vagen Furcht vor ihren vermeintlich verheerenden Marktkonsequenzen – die Bereitschaft auf höchster Entscheidungsebene abgezeichnet, Finanzressourcen und unternehmerischen Know how zu sammeln und zu vereinigen und entsprechende Global Player zu kreieren.[2] Eine innere Neuausrichtung, weiterreichende strategische Erkenntnisse oder auch nur eine konzeptionelle Vorstellung über die Digitalisierung, ihre grundsätzlichen Möglichkeiten und Konsequenzen, waren damit erkennbar nicht verbunden.

---

1 Vgl. Zeller (2002).

2 Aus anderer Sicht, mit dem gleichen Ergebnis: Price (1994).

Heuristisch überhöht: Das „ideale“ weltweit operierende internationalisierte Medienunternehmen würde kontrollieren: Satelliten, nationale Infrastrukturen, gewichtige Segmente des Rechthandels, Produktionsstrukturen, führende nationale Angebotsketten, entscheidende weitere Distributionskanäle (z. B. Video, DVD) und zentrale Kernmedien für das Marketing der Produktinhalte (Zeitungen und Zeitschriften). Ein solches Unternehmen benötigte leichten und flexiblen Zugang zu evtl. benötigtem zusätzlichem Unternehmenskapital. Es müsste ferner in einen ständigen freundlichen Dialog mit staatlichen Entscheidungsträgern eingebunden sein, um regulative Voraussetzungen im Falle notwendiger Strategieveränderungen beeinflussen zu können. Es solches Unternehmen hätte als eine entscheidende Voraussetzung eingespielten und leichten Zugang zu Inhalten und Stoffen. Bisher ist keines der führenden Medienunternehmen diesem unternehmerisch strategischen „Ideal“ der internationalen Medienwirtschaft nahe gekommen. Es lassen sich die existierenden Großanbieter jedoch leicht in eine solche „Ideal-Kartierung“ eintragen, um Stärken und Schwächen einschätzen zu können. Auf diese Weise lassen sich bezeichnende Unterschiede zwischen den Unternehmensgruppen etwa von Berlusconi und von Murdoch erkennen. In einer solchen Betrachtung zeigt sich ein weiteres Mal, in wie geringem Maß bisher die unternehmerisch strategische Dynamik der Digitalisierung einen wirksamen neuen Maßstab der Beurteilung gebildet hat. Digitalisierung stellt ein zentrales, aber faktisch unsichtbares Instrumentarium zur Verfügung.

Auf der anderen Seite sollte man die Public Service Systeme im Rundfunkbereich nicht aus den Augen verlieren.[1] Sie operieren in erster Linie auf der nationalen Ebene. Ihre Hauptfurcht muss es sein, in Abhängigkeit von den internationalen Produktionskartellen zu geraten. Tatsächlich ist dies jedoch nicht – oder immer weniger – der Fall, weil die kulturellen und/oder sprachlichen Inhaltsbarrieren der internationalisierten Produktangebote einer solchen fortwirkenden Abhängigkeit auf Dauer entgegenstehen. Aus diesem Grund ist wie im Falle der öffentlich-rechtlichen Systeme in Deutschland sogar der Fall eingetreten, dass sie als Koproduzenten für Hollywood-Produktionen aufzutreten in der Lage sind. Ferner gilt es nicht zu vergessen, dass gerade die Public Service Systeme über erhebliche Inhalts-Ressourcen verfügen und dass ihnen eine strategische Ausrichtung auf die immanente Dynamik der Digitalisierung faktisch leichter fallen müsste als den kommerziell operierenden Unternehmen.[2]

Wir konnten zeigen, dass sich in der Praxis überwiegend mehr Beispiele für Markt- und Akzeptanzbarrieren der im Übrigen auf den ersten Blick zweifellos einleuchtenden technischen und ökonomischen Optimierungsvorteile durch Digitalisierung innerhalb der Medienindustrie finden, als allgemein zugegeben wird. Einige der wichtigsten Grundlagenelemente für diesen Befund haben wir versucht einsichtig zu machen.

---

1 Vgl. Spallek (2001).

2 Vgl. Kopper (1999).

4. Schlussfolgerungen

Anders als bisher häufig in der fachlichen Diskussion angesprochen sehen wir die Notwendigkeit zwischen zwei Sphären der industriellen Realität der gegenwärtig existierenden Medienindustrie deutlich zu unterscheiden: zwischen der Sphäre der technisch umsetzbaren realen Potentiale der Digitalisierung von diversen Inhalten und ihrer Integration auf unterschiedlichsten Produktionsstufen einerseits und der Sphäre der etablierten Unternehmens- und Marktstrukturen der weltweit operierenden Medienindustrie mit ihren eingespielten und wenig veränderungsgeneigten Renditepfaden. Beide Sphären stehen wie dargestellt wurde in deutlichem Gegensatz. Demzufolge setzt sich die Digitalisierung auch im Zuge der wachsenden Internationalisierung der Medienindustrie keineswegs als fundamentale Basisinnovation mit der Folge rasanter Struktur- und Grundlagenbrüche in einer Vielzahl von Märkten durch, sondern als eher marginale Technikoption insbesondere mit der Zielsetzung einer Rationalisierung von existierenden Produktionsverfahren. Es existiert eine außerindustrielle Produktionswirklichkeit, die im Rahmen von Internetnutzungen, das umfassende Potential der Digitalisierung ausbeutet, erprobt und kreativ vorantreibt. Die staatliche Regulierung steht deutlich und ausgesprochen auf Seiten der etablierten Medienindustrie[1] und stärkt diese im Rahmen ihrer nationalen und übernationalen Kommunikations- und Medienpolitik einerseits gegen die außerindustrielle dynamische Informations- und Dienstleistungssphäre, andererseits auch in der vorherrschenden Strategie der Industrie Grundkalküle der Medienwirtschaft, so etwa die der Fernsehprogrammindustrie, unangefochten zu lassen.[2] Im Überblick über die gesamte Entwicklung moderner Techniken seit dem Ausgang des Mittelalters haben sich immer wieder vergleichbare Entwicklungen gezeigt, bei denen der Versuch gemacht wurde, einerseits durch hinhaltende Verteidigung wirtschaftlicher Traditionen, andererseits durch Einsatz des Staates, Nutzungs- und Anwendungspotentiale von Technikentwicklungen einzugrenzen und zu kanalisieren. Eine derartige Politik ist immer nur über messbare Zeitabschnitte erfolgreich. Es ist aufgrund der historischen Erfahrung nicht damit zu rechnen, dass auf Dauer die in der Digitalisierung gerade für die Medien- und Informationsindustrie angelegte Dynamisierung allein auf der Grundlage der etablierten Traditionalismen und eingespielten Marktüberlieferung dieser Industrie aufzuhalten sein wird.

1 Vgl. Wittenzellner (2000).

2 Vgl. Bide (2001); Westphal (2002).

Literaturverzeichnis

Abbamonte, G.B./Rabassa, V. (2001), Foreclosure and Vertical Mergers: the Commission's Review of Vertical Effects in the Last Wave of Media and Internet Mergers: AOL/Time Warner, Vivendi/Seagram, MCI Worldcom/Sprint, in: European Competition Law Review 2001, Vol. 22, No. 6, June, pp. 214-226.

Augros, J. (1996), L'argent d'Hollywood, Paris 1996.

Bassler, T./Schmitz, M./Schwinn, S. (1997), Marktstudie media warehouse : Anforderungen von Anwendern aus der Medienindustrie und Leistungen heutiger Software-Systeme, Fraunhofer-Institut für Arbeitswirtschaft und Organisation, Stuttgart 1997.

Beck, K./Glotz, P./Vogelsang, G. (2000), Die Zukunft des Internet: internationale Delphi-Befragung zur Entwicklung der Online-Kommunikation, Konstanz 2000.

Bide, M. (2001), Business Models for Distribution, Archiving and Use of Electronic Information: Towards a Value Chain Perspective, Luxemburg, European Commission, 2001.

Bohm, C./Jörbäck, S. (2001), Net Insight Media Network Solutions, o.O., Net InsightAB 2001.

Bonnell, R. (2001), La vingt-cinquième image: Une économie de l'audiovisuel, 3. Auflage, Paris 2001.

Brown, C. (1997), The New Economics of Audio-Visual Production: Film and TV Financing, Production and Distribution in the Digital Age, Financial Times, London, 1997.

Bruck, P. A. (Hrsg.) (2002), Understanding the European Content Industries. A Reader on the Economic and Cultural Contexts of Multimedia, Amsterdam 2002.

Castells, M., (2000), The Rise of the Network Society, Oxford 2000.

Christensen, C./Rosenbloom, R. L. (1995), Explaining the Attacker's Advantage: Technological Paradigms, Organizational Dynamics, and the Value Network, in: Research Policy 23, March 1995, pp. 233-257.

Christensen, C. (1997), The Innovator's Dilemma: When New Technologies Cause Great Firms to Fail, Boston 1997.

Christensen, C./Johnson, M./Rigby, D. (2002), Foundations for Growth: How to Identify and Build Disruptive New Businesses, in: Sloan Management Review, Spring 2002, pp. 22-31.

Covell, A. (1999), Digital Convergence, How the Merging of Computers, Communications and Multimedia is Transforming Our Lives, Newport, RI 1999.

CURRAN, J./SEATON, J. (1997), Power without Responsibility. The Press and Broadcasting in Britain, 5. Auflage, London 1997.

DEEGAN, M./TANNER, S. (2002), Digital Futures, Strategies for the Information Age, New York 2002.

DEUTSCHER BUNDESTAG (Hrsg.) (1997), Zur Ökonomie der Informationsgesellschaft: Perspektiven, Prognosen, Visionen, Enquete-Kommission Zukunft der Medien in Wirtschaft und Gesellschaft – Deutschlands Weg in die Informationsgesellschaft, Bonn 1997.

EU COMMISSION (1998a), Content and Commerce Driven Strategies in Global Networks, Building the Network Economy in Europe, EU Commission, DG XIII/E, Gemini Consulting, Brussels 1998.

EU COMMISSION (1998b), The Digital Age, European Audiovisual Policy, Report from the High Level Group on Audiovisual Policy, Chaired by Commissioner Marcelino Oreja, 26.10.,Brussels, EU Commission 1998.

EU COMMISSION (2001), eContent Preparatory Actions: European Digital Content on the Global Networks, Luxemburg, European Commission 2001.

EUROPÄISCHES PARLAMENT (2001), Globalisierung der Medienindustrie und mögliche Bedrohung für die kulturelle Vielfalt, GD Forschung, ASTOA- Bewertung wissenschaftlicher und technischer Optionen. Optionen und kommentierte Zusammenfassung, EP Nr. 296.704, Brüssel Juli 2001.

FORFÁS (2002), A Strategy for the Digital Content Industry in Ireland, Dublin 2002.

GOODWIN, P. (1998), Concentration: Does the Digital Revolution Change the Basic Rules of Media Economics?, in: Picard, R. (Hrsg.), Evolving Media Markets: Effects of Economic and Policy Changes, The Economic Research Foundation for Mass Communication, 1998, pp.173-189.

HAMM, I./HART, T. (Hrsg.) (2001), Kommunikationsordnung 2010, Märkte und Regulierung im interaktiven Zeitalter, Gütersloh 2001.

HARCOURT, A.J.(2002), Engineering Europeanization: The Role of the European Institutions in Shaping National Media Regulation, in: Journal of European Public Policy 2002, Vol. 9, No. 5, October, pp. 736-755.

HASS, B.H. (2002), Geschäftsmodelle von Medienunternehmen, Ökonomische Grundlagen und Veränderungen durch neue Informations- und Kommunikationstechnik, Wiesbaden 2002.

HÖBER, B. (1997), Claro, eine "Bild-Zeitung" für Spanien, Fallstudie zum Scheitern eines Boulevardzeitungskonzeptes aufgrund von Interviews mit Projektbeteiligten, Dortmund, Unveröffentl. Dipl. Arb. Univ. Dortmund 1997.

INFORMA MEDIA GROUP (Hrsg.) (2002), New media Markets, Digital Broadcasting Revolution, 5. Auflage, London 2002.

Jarothe, S. (1998), Die Filmpolitik der Europäischen Union im Spannungsfeld zwischen nationaler staatlicher Förderung und US-amerikanischer Mediendominanz, Frankfurt/M. 1998.

Kopper, G.G. (1974), Zur Strukturentwicklung der Verlagsmedien in Japan, Archiv für Soziologie und Wirtschaftsfragen des Buchhandels 1974, Nr. 31, S. 1467-1498.

Kopper, G.G. (1994), Ein Europa der sechs erfolgreichen TV-Konglomerate, Die Internationalisierung des Fernsehmarktes in Westeuropa und naheliegende Schlussfolgerungen, in: Wunden, W. (Hrsg.), Öffentlichkeit und Kommunikationskultur, Beiträge zur Medienethik, Bd. 2., Hamburg, Stuttgart 1994, S. 125-136.

Kopper, G.G. (1995), Neues Massenmedium DNM: Erfahrungen aus der Kobe-Katastrophe zur dritten Anwenderebene der Netze und kommunikationspolitische Schlussfolgerungen für die europäische Debatte, in: Hoffmann-Riem, W./Simonis, H. (Hrsg.), Chancen, Risiken und Regelungsbedafs im Übergang zum Multi-Media-Zeitalter, Dokumentation zum Medienworkshop der Landesregierung in Zusammenarbeit mit dem Hans-Bredow-Institut, Universität Hamburg, 21. August, Kiel 1995, S. 96-105.

Kopper, G.G. (1999), Future Options for Public Service Broadcasting in the Context of Digitization, in: Studies of Broadcasting, NHK (Japan Broadcasting Corporation), No. 34, 1999, pp. 41-79.

Kopper, G.G. (2002), Internet Induced Rationalisation Options in the German Newspaper Industry, Case Study of Foreign Correspondents at Washington, D.C. Conference Paper, University of Tromsö, 21.June 2002.

Küng-Shankleman, L. (2002), Inside the BBC and CNN, Managing Media Organisations, London 2002.

Mikroelektronik (1982), Mikroelektronik in der technischen Kommunikation und Digitalisierung der Fernmeldenetze, TN-Fachberichte, 1982/1, o. A., Frankfurt/Main, Telefonbau und Normalzeit 1982.

Morgan, J.P. Ltd. (Hrsg.), (1) The European Pay-TV Industry, The Full Monty (2) British Sky Broadcasting plc : After the Goldrush; (3) Canal Plus: les enfants du paradis, London, J.P. Morgan Securities. Equity Research, Vol. 3, 1998.

Mykkänen, J. (1999), Suomi merkittäväksi sisältöteolliseksi maaksi. Esiselvitys hallitusohjelman hankkeesta 15.9. (Transforming Finland into a Significant Content Producer. A Preliminary Report about a Governmental Project, Orig. Finnisch). Helsinki: Ministry of Trade and Industry 1999.

Negroponte, N. (1995), Being Digital, New York 1995.

OECD (1998), Content as a New Growth Industry, OECD Directorate for Science, Technology and Industry, DSTI/ICCP/IE(96)6/FINAL, Paris, OECD 1998.

PERRETTI, F./NEGRO, G. (2001),La competitività del settore cinematografico europeo, evoluzione, ritardi e interventi, in: Economia e politica industriale, Vol. 28, No. 109, 2001, S. 47-79.

PRICE, M.E. (1994),The Market for Loyalties: Electronic Media and the Global Competition for Allegiances, in: Yale Law Review, Vol. 104, No.3, 1994, pp. 667-705.

PRICEWATERHOUSE (2002), Global Entertainment and Media Outlook: 2002-2006, o. O. 2002.

PUTTNAM, D./WATSON, N. (1997), The Undeclared War: the Struggle for Control of the World's Film Industry, London, 1997.

SCHRÖDER, M. (1994), Internationale Markt- und Managementstrategien für Print-Medien, München 1994.

SIEGERT, G. (2001), Medienmarken-Management, Relevanz, Spezifika und Implikationen einer medienökonomischen Profilierungsstrategie, München 2001.

SPALLEK, C. (2001), Perspektiven des öffentlich-rechtlichen Rundfunks in der Informationsgesellschaft: eine Analyse ausgewählter Strategiepapiere, Arbeitspapiere des Instituts für Rundfunkökonomie an der Universität Köln, H. 142, Köln 2001.

SULZBURGER, A. JR. (2001), Digital Decision Making at the New York Times, in: The Harvard International Journal of Press/Politics, vol.6, No.2, 2001, pp. 96-103.

VDI/VDE-IT (2000), Access to Capital for the Content Industries, Final Report, Submitted to DG XIII of the European Commission, Teltow, August 31, 2000 (Unveröffentlicht).

WESTPHAL, D. (2002), Media Pluralism and European Regulation, in: European Business Law Review 2002, Vol. 13, No. 5, pp. 459-487.

WIRTZ, B.W. (2001), Medien- und Internetmanagement, 2.Auflage, Wiesbaden 2001.

WITTENZELLNER, H. (Hrsg.) (2000), Internationalisierung der Medienindustrie: Entwicklung, Erfolgsfaktoren und Handlungsempfehlungen, Stuttgart 2000.

ZELLER, T. (2002), Size matters: die Fusionen in der amerikanischen Medienindustrie und ihre Auswirkungen auf den deutschen TV-Markt, Frankfurt a. M./London 2002.

Bernd Kundrun / André Möllersmann

Internationalisierungsstrategien im Zeitschriftenmarkt am Beispiel des Druck- und Verlagshauses Gruner + Jahr

1. Einleitung

Die zunehmende Internationalisierung von Großunternehmen zählt sicherlich zu den bedeutendsten wirtschaftlichen Veränderungen der Nachkriegszeit. Während die internationale Vermarktung von Produkten anderer Branchen bereits frühzeitig begonnen hatte, setzte die Internationalisierung von Zeitungs- und Zeitschriftenkonzepten – mit wenigen Ausnahmen – erst vor rund 20 Jahren ein. Printmedien waren lange Zeit durch den eigenen Sprachraum begrenzt, so dass Wachstum häufig nur aus dem Heimatmarkt erzielt wurde. Dies konnte teilweise darauf zurückgeführt werden, dass Printmedien – im Gegensatz zu audiovisuellen Medien – keine bewegten Bilder zur Unterstützung der Informationsübermittlung haben; lediglich über Sprache, die ein landesspezifisches, kulturelles Gut darstellt, und statische Bilder können Informationen transportiert werden. Gleichzeitig steht das Marketing für Zeitschriften vor spezifischen Besonderheiten, die beispielsweise darin bestehen, dass die Elemente des Marketingmix auf unterschiedliche Entscheidungsträger verteilt sind. Vor dem Hintergrund saturierter Heimatmärkte begannen die deutschen Verlage jedoch zum Ende der 70er Jahre trotz dieser spezifischen Problemstellungen mit einer internationalen Marktbearbeitung. Sie sahen sich durch Konfrontation mit den ausländischen Marktbedingungen den Risiken, aber auch den Chancen ausgesetzt, die eine Internationalisierung mit sich bringt. Pionier der Internationalisierung war das Druck- und Verlagshaus Gruner + Jahr, was sich heute vielfach auszahlt: Gerade vor dem Hintergrund der aktuellen schwierigen wirtschaftlichen Rahmenbedingungen in Deutschland bleiben Verlage, die einen größeren Teil ihrer Erlöse aus dem Ausland erzielen, von schwerwiegenden Einschnitten verschont.

Dieser Beitrag beschäftigt sich mit Internationalisierungsstrategien im Zeitschriftenmarkt. Hierzu erfolgt im theoretischen Teil, nach Definition der wichtigsten Begriffe und Darstellung der Besonderheiten des Marketings für Zeitschriften, eine grundlegende Betrachtung der Motive einer internationalen Marktbearbeitung sowie der einzelnen Internationalisierungsstrategien. Anschließend wird im letzten Teil die Umsetzung der Strategien am Beispiel der Aktivitäten des Druck- und Verlagshauses Gruner + Jahr in Frankreich näher erläutert.

2. Theoretische Grundlagen

In diesem Kapitel werden zunächst die verwendeten Begriffe Internationalisierung, internationales Marketing und Strategie definiert, bevor anschließend auf die Besonderheiten des Verlagsmarketings eingegangen wird. Danach werden die Motive, die ein Unternehmen zu einem internationalen Markteintritt bewegen sowie die einzelnen Internationalisierungsstrategien im Zeitschriftenmarkt dargestellt.

2.1 Definitionen

Die Begriffe *Internationalisierung* und *internationales Marketing* werden aufgrund ihrer Marktorientierung in der Literatur ähnlich verwendet. So definiert Kebschull Internationalisierung als „die gesamte Spannweite von Tätigkeiten, die auf mindestens einen ausländischen Markt gerichtet sind und regelmäßig erfolgen".[1] Backhaus et al. arbeiten durch Gegenüberstellung verschiedener, in der Literatur verwendeter Definitionen des internationalen Marketings die „Betonung des Überschreitens von Ländergrenzen"[2] als wesentliches Kennzeichen heraus und bemerken gleichzeitig, dass sich internationales Marketing im Vergleich zu nationalem Marketing insbesondere durch kulturelle Unterschiede zwischen den Ländern, die zu einer jeweils länderspezifischen Verwendung der Güter führen, unterscheidet. Meffert et al.[3] heben ebenso wie Berndt et al. die systematische Vorgehensweise der Bearbeitung eines Auslandsmarktes hervor, so dass Internationalisierung bzw. internationales Marketing als „Planung und Gestaltung von Maßnahmen, durch welche gewünschte Austauschprozesse zwischen einem Unternehmen und seinen Auslandsmärkten realisiert werden sollen"[4] definiert wird. Diese Definition soll durch Hinzunahme des Begriffs *Strategie* erweitert werden, der in Anlehnung an Schreyögg als Output eines Prozesses der strategischen Planung zu verstehen ist und durch die Entwicklung konkreter Handlungsziele, Handlungsaktivitäten sowie Ressourcenallokationen einen möglichst hohen Erreichungsgrad der Unternehmensziele gewährleisten soll.[5]

2.2 Besonderheiten des Marketings für Zeitschriften

Das Marketing für Zeitschriften zeichnet sich im Gegensatz zum Marketing für herkömmliche Produkte durch drei Besonderheiten aus: Eine Zeitschrift ist eine kommunikative Dienstleistung, die *mit jeder Ausgabe neu geschaffen* wird. Gleichbleibend und damit konstituierende Merkmale sind formale Elemente wie Titel, Logo, Konzeption

1 Kebschull (1989), S. 974.

2 Backhaus (2001), S. 40.

3 Vgl. Meffert et al. (1998), S. 25.

4 Berndt et al. (1997), S. 6.

5 Vgl. Steinmann et al. (2000), S. 153 ff.

oder Preis, so dass die Zeitschrift für den Leser trotz regelmäßiger inhaltlicher Änderung weiterhin erkennbar bleibt.[1]

Ferner ist sie ein Kuppelprodukt, bei dem durch Bereitstellung von Leser-Informationen gleichzeitig Werbefläche für Inserenten vermarktet werden kann.[2] Folglich wird sie auch *auf zwei verschiedenen Märkten angeboten*, zwischen denen jedoch Interdependenzen bestehen: dem Leser-, Käufer- bzw. Vertriebsmarkt und dem Inserenten- bzw. Anzeigenmarkt.[3]

Eine dritte Besonderheit ist, dass *produktpolitische Entscheidungen der Chefredaktion*, die für die jeweiligen Inhalte allein verantwortlich ist, obliegen. Kommunikations-, kontrahierungs- und distributionspolitische Entscheidungen werden dagegen im Anzeigen- bzw. Vertriebsmarketing getroffen. Redaktion und Anzeigen- bzw. Vertriebsmarketing verfolgen unterschiedliche Zielsetzungen, so dass es zu Interessenskonflikten zwischen ihnen kommen kann.[4] Die Redaktionen streben infolge ihrer publizistischen Zielsetzung nach Informationsverbreitung eine maximale Auflage an, ohne dass wirtschaftliche Erwägungen einbezogen werden. Demgegenüber hat die Marketing- bzw. Verlagsleitung auf die Wirtschaftlichkeit der Auflage zu achten. Grundsätzlich muss allerdings sichergestellt werden, dass die durch die verkauften Exemplare erzielten Vertriebserlöse die entstehenden Kosten decken. Sobald das Anzeigengeschäft jedoch eine entsprechende Dimension erreicht hat, werden negative Vertriebsdeckungsbeiträge zugunsten einer zielgruppenspezifischeren (und nicht etwa maximalen) Auflage in Kauf genommen. Die optimale Auflage liegt dann dort, wo die Differenz zwischen Anzeigen- und Vertriebserlösen einerseits sowie den entstehenden Kosten andererseits langfristig maximal ist. Damit steht die Zielsetzung einer Gewinnmaximierung eindeutig vor einer Auflagenmaximierung um jeden Preis.[5]

Die folgende Abbildung zeigt die Entscheidungsträger der absatzpolitischen Instrumente im Gesamtsystem des Verlagsmarketings:

1 Vgl. Althans (1989), S. 761; Schroeder (1994), S. 18.

2 Vgl. Schroeder (1994), S. 18.

3 Vgl. Althans (1989), S. 761.

4 Vgl. Althans (1989), S. 761.

5 Vgl. Hensmann (1980), S. 241.

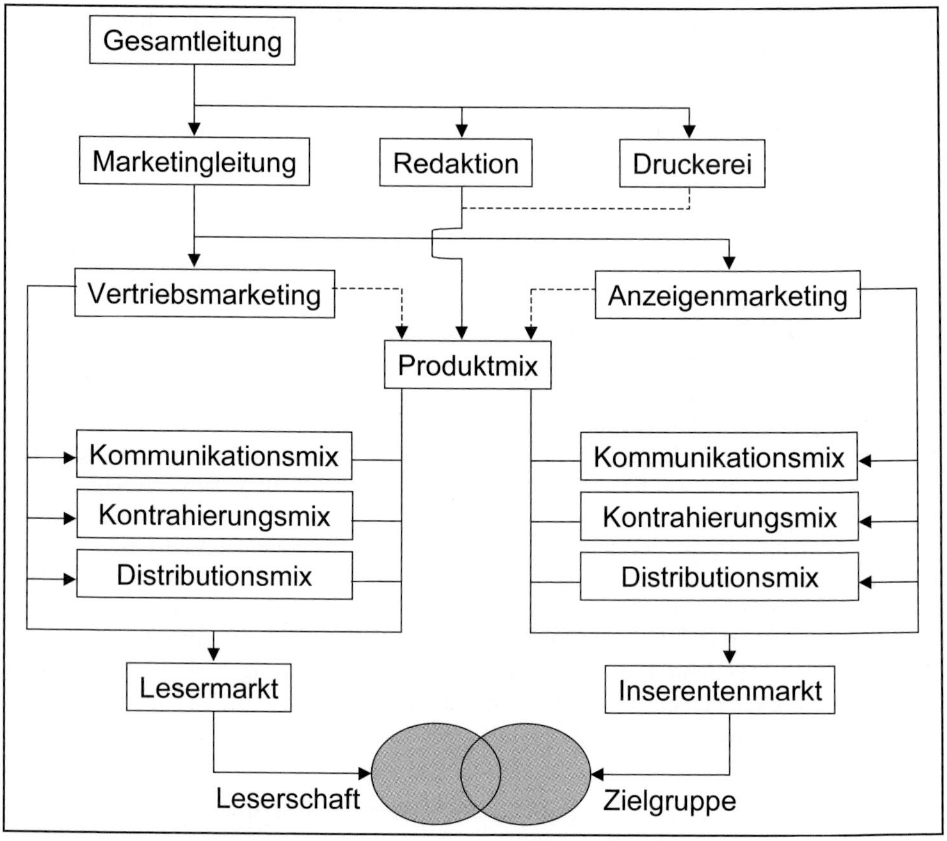

Abbildung 1: Gesamtsystem des Verlagsmarketings für Zeitschriften und Zeitungen[1]

2.3 Motive einer internationalen Marktbearbeitung

Unternehmen beginnen ihre Auslandsaktivitäten aus den verschiedensten Motiven heraus. Grundsätzlich sollen hierdurch die Existenz des Unternehmens gesichert und zusätzliche Gewinne erzielt werden. Anlässe hierfür können die saturierten Inlandsmärkte, vor denen die Verlage in Deutschland schon zum Ende der 70er Jahre standen, verbunden mit dem Übergang vom Verkäufer- zum Käufermarkt sein. Darüber hinaus stellen auch verkürzte Produktlebenszyklen, die bestehenden ökonomisch-rechtlichen Rahmen-

1 In Anlehnung an Hensmann (1980), S. 240.

bedingungen (z. B. Wettbewerbsrecht) oder größere Marktpotenziale außerhalb eines verhältnismäßig kleinen Heimatmarktes solche Anlässe dar. Systematisiert lassen sich gewinnorientierte, unternehmenssicherungsorientierte sowie wachstumsorientierte Motive unterscheiden, von denen die gewinnorientierten Motive sicherlich eine vorrangige Stellung einnehmen:[1]

Gewinnorientierte Motive: z. B.
- Vermutung höherer Gewinnchancen im Ausland infolge eines verringerten Inlandswachstums
- Abschöpfung der Konsumentenrente in den Ländern, in denen das jeweilige Produkt eine Innovation darstellt

Unternehmenssicherungsorientierte Motive: z. B.
- Ausgleich von Marktanteilsverlusten durch zunehmende Wettbewerbsintensivierung im Inland
- Verringerung der wirtschaftlichen Gefahr einer unvorhersehbaren Verkürzung des Produktlebenszyklusses
- Risikostreuung durch Aktivitäten in mehreren Ländern, die von Konjunkturzyklen meist zeitlich versetzt betroffen sind

Wachstumsorientierte Motive: z. B.
- Erschließung neuer oder Sicherung bestehender Absatzmärkte im Ausland
- Teilnahme am dynamischen Wachstum der ausländischen Absatzmärkte
- Erreichung von Wachstumszielen, die aufgrund inländischer Restriktionen nicht möglich sind

2.4 Internationalisierungsstrategien im Zeitschriftenmarkt

Im internationalen Zeitschriftenmarkt sind verschiedene Markteintrittsstrategien denkbar, die einen unterschiedlichen Einsatz von Personal, Kapital und Markt- bzw. Branchenkenntnissen erfordern. Im Folgenden werden die einzelnen Strategien, die sich in Anlehnung an das Produkt-Markt-Schema von Ansoff ergeben, kurz erläutert.

1 Vgl. Schulte-Hillen et al. (2001), S. 480; Meffert et al. (1998), S. 97 f.; Kebschull (1989), S. 978 ff.

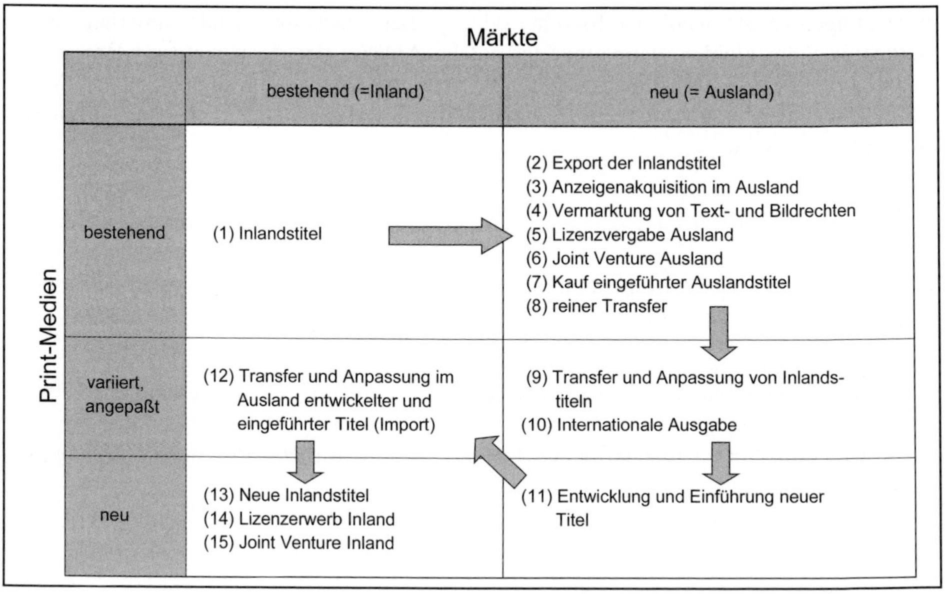

Abbildung 2: Markteintrittsstrategien im Zeitschriftengeschäft[1]

(1) Inlandstitel

Basis der Internationalisierungsbemühungen sind ein oder mehrere bestehende Titel im Inland.

(2) Export der Inlandstitel

Ein neuer Markt (Ausland) kann im einfachsten Fall durch Export und ohne Modifikation der bestehenden Zeitschrift erschlossen werden. Hierbei handelt es sich meist um einen ersten Schritt der Internationalisierung. Der Verlag arbeitet hierzu aus dem Inland heraus und engagiert sich nicht direkt in den Zielländern, so dass die finanziellen Aufwendungen eher gering sind.[2] Häufig verfügen die Verlage nicht selbst über die notwendige lokale Marktkenntnis, so dass häufig ein Presseexporteur eingeschaltet wird, der dann für eine Distribution im Zielland sorgt. Da die Zeitschrift inhaltlich nicht an die Besonderheiten der Zielländer angepasst wird, wählen die Verlage häufig Länder, die sich im gleichen Sprachraum befinden. Allerdings sind – sofern ein Verlag neben der Zielsetzung der Marktversorgung auch Imageziele verfolgt – ebenso fremde Sprachräume denkbar. Hier sollen dann inländische Geschäftsreisende oder Touristen im Urlaub mit der heimischen Zeitschrift erreicht werden. Wirtschaftlich zahlt sich die Exportstrategie

1 In Anlehnung Schulte-Hillen et al. (2001), S. 485.

2 Vgl. Schroeder (1994), S. 34.

in der Regel jedoch nicht aus, da keine höheren Preise bei den Anzeigenkunden für die Verkäufe im Ausland durchsetzbar sind und die Nettovertriebserlöse die entstehenden Vertriebskosten keinesfalls decken können.[1]

(3) Anzeigenakquisition im Ausland

Während sich der Export eines Inlandstitels auf den Vertriebsmarkt konzentriert, ist eine Erlösgenerierung im Anzeigenmarkt durch Akquisition von Anzeigen bei ausländischen Kunden ebenfalls möglich. Viele international tätige Werbungtreibende haben ihre Entscheidung über die Mediaplanung zentralisiert, so dass die Verlage häufig nicht umhinkommen, Verlagsrepräsentanten im Ausland zu beschäftigen.[2] Je nach Titel und Kundenpotenzial fällt der Anteil des Auslandsumsatzes dann sehr unterschiedlich aus.

(4) Vermarktung von Text- und Bildrechten

Bei dieser Form der Auslandsaktivität erzielt ein Verlag im Ausland durch die Vermarktung von selbst produziertem Text- und Bildmaterial (Syndikation) zusätzliche Erlöse. Mögliche Abnehmer sind insbesondere kleinere Verlage, die selbst keine aufwendigen Recherchen durchführen können.[3]

(5) Lizenzvergabe (Ausland)

Die Lizenzvergabe stellt die umfangreichste Stufe der Syndikationsstrategie dar, da hierbei die gesamte inländische Zeitschrift einschließlich Titel, Layout und Grafik im Ausland genutzt werden kann.[4] Zur Vermeidung von negativen Rückwirkungen auf den inländischen Titel bewahrt sich der Lizenzgeber häufig ein Mitspracherecht an der Gestaltung, deren tatsächliche Ausformung jedoch unmittelbar von der Verhandlungsmacht der beiden Vertragsparteien sowie den Erfordernissen des jeweiligen Marktes hinsichtlich einer lokalen Anpassung abhängt.[5] Grundsätzlich eröffnet die Lizenzvergabe die Möglichkeit einer internationalen Marktbearbeitung sowie die Realisierung von Wettbewerbsvorteilen bei gleichzeitiger Erzielung von Lizenzerlösen. Dabei ist der Einfluss des inländischen Verlages insgesamt meist sehr begrenzt.[6]

(6) Joint Venture (Ausland)

Ein bestehendes inländisches Zeitschriftenkonzept kann ebenfalls durch Gründung eines Unternehmens mit einem lokalen Partner auf den ausländischen Markt übertragen werden, wobei der lokale Partner privat oder – wie beispielsweise in Ländern des ehemaligen Ostblocks üblich – staatlich sein kann. Vorteilhaft bei dieser Konstellation ist der im

---

1 Vgl. Hensmann (1979).

2 Vgl. Schulte-Hillen et al. (2001), S. 485.

3 Vgl. Schulte-Hillen et al. (2001), S. 485 f.; o.V. (1983).

4 Vgl. Althans (1989), S. 774.

5 Vgl. Schulte-Hillen et al. (2001), S. 486.

6 Vgl. Scholl (1989), S. 995.

Vergleich zur Lizenzvergabe höhere Einfluss sowie die gleichzeitige Nutzung der lokalen Marktkenntnis des Joint Venture-Partners. Allerdings ist diese Form des Markteintritts gleichzeitig mit höheren Kosten und damit auch mit einem deutlich höheren Risiko verbunden.[1] Häufig gibt es für einen Verlag jedoch aufgrund der ausländischen Gesetzgebung, administrativer Restriktionen oder innerbetrieblicher Ressourcenknappheit keine andere Möglichkeit des Markteintritts.[2] Die Gründung eines Joint Ventures ermöglicht zudem einen schnellen Vorstoß des Verlages in möglichst viele Auslandsmärkte.[3]

(7) Beteiligung oder Kauf eingeführter Auslandstitel

Beteiligt sich ein Verlag an einem ausländischen Verlagshaus oder übernimmt einen ausländischen Titel, so entspricht dies dem Kauf von Marktanteilen, ohne selbst das Risiko einer Titelneugründung zu übernehmen.[4] Diese Markteintrittsstrategie wird häufig bei Vorhandensein hoher Markteintrittsbarrieren, beispielsweise infolge hoher Marktsättigung, komplexer Vertriebssysteme oder starker und flexibler Wettbewerber, gewählt. Voraussetzung für eine erfolgreiche Umsetzung ist jedoch ein im Verlag bereits vorhandenes lokales redaktionelles und verlagsspezifisches Wissen sowie die Fähigkeit, ein neues Unternehmen bzw. einen neuen Titel in die vorhandene Unternehmensstruktur zu integrieren.[5]

(8) Reiner Transfer

Bei der Transferstrategie wird der Verlag erstmals eigenständig im Ausland aktiv und überträgt eine im Inland bestehende Zeitschrift ohne Veränderung auf den Auslandsmarkt. Dies kann beispielsweise durch eine in die jeweilige Landessprache übersetzte Beilage oder sogar eine vollständige Übersetzung der Zeitschrift erfolgen. Letztere ist jedoch aufgrund des fehlenden Eingehens auf die landesspezifischen kulturellen Bedürfnisse äußerst selten, zumal nur wenige, völlig deckungsgleiche transnationale Interessenszentren und Erlebniswelten existieren. Medien sind Teil einer lokalen Kultur und meistens nur bei einer lokalen Ausrichtung erfolgreich. Diese Strategie entspricht zudem einer eigenen Titeleinführung in dem jeweiligen Land, so dass der Verlag im Vergleich zu den erstgenannten Strategien höhere Chancen, aber auch höhere Risiken zu berücksichtigen hat.[6]

(9) Transfer und Anpassung von Inlandstiteln

Die Übertragung eines Inlandstitels bei Anpassung an die nationalen Bedürfnisse stellt im Gegensatz zur Strategie des reinen Transfers die häufiger angewendete Strategie dar.

---

1 Vgl. Schroeder (1994), S. 33.

2 Vgl. Meffert et al. (1998), S. 128.

3 Vgl. Schroeder (1994), S. 34.

4 Vgl. Hensmann (1979).

5 Vgl. Schulte-Hillen et al. (2001), S. 487.

6 Vgl. Schulte-Hillen et al. (2001), S. 487.

Nach Prüfung einer kulturellen Nähe sowie von Marktgröße und -potenzial im Zuge einer Grobanalyse erfolgt die Feinbetrachtung, die die Vermarktungschancen der inländischen Titel im Ausland sicherstellt. Je nach kultureller Nähe wird dann das Ausmaß der Anpassung bestimmt. Diese reicht von der Übertragung von Konzept und grundsätzlicher Idee bis hin zur Übernahme von Namen, Layout und Bildmaterial, wobei die redaktionellen Inhalte häufig durch eine nationale Redaktion angepasst werden. Folglich liegt hier eine Kombination aus globalen und lokalen Elementen vor.[1] Ideal ist es dann, wenn eine Zeitschrift durch Übertragung des Konzeptes auf verschiedene Länder zu einer globalen Marke heranwachsen kann. Dieses ist aber bislang nur wenigen Titeln gelungen.

(10) Internationale Ausgabe

Internationale Ausgaben werden bereits bei ihrer Erstellung unmittelbar für internationale Zielgruppen konzipiert.[2] Damit unterscheidet sich eine internationale Ausgabe deutlich von einem exportierten Titel, der im und für das Inland erstellt wurde und lediglich zusätzlich im Ausland ohne Modifikation vermarktet wird. Es sind hier jedoch Ähnlichkeiten zur Exportstrategie und zur Strategie des reinen Transfers erkennbar. Bei der Strategie einer internationalen Ausgabe sind verschiedene Varianten zu beobachten, wie beispielsweise die Herausgabe in einer (auch sprachlich) unveränderten Fassung bei verschiedenen Anzeigen-Teilbelegungsvarianten, Änderung redaktioneller Basis- bzw. Schwerpunktangebote oder Übersetzung des Titels in mehrere Sprachen, wobei sämtliche Sprachen nebeneinander abgedruckt werden.[3] Diese Strategie ist jedoch aufgrund der häufig nicht ausreichenden kulturellen Anpassung nur in seltenen Fällen erfolgreich.

(11) Entwicklung und Einführung neuer Titel im Ausland

Die Strategie der Entwicklung und Einführung neuer Titel im Ausland bringt die größten wirtschaftlichen Chancen mit sich. Gleichzeitig bestehen entsprechend hohe Risiken, die allerdings bei bereits vorhandenen Kenntnissen des jeweiligen Marktes aus anderen Internationalisierungsstrategien sowie bei einem bereits aufgebauten Redaktions- und Verlagsteam gemindert werden können. Voraussetzung dieser sicherlich anspruchsvollsten Form aller Internationalisierungsstrategien ist die Identifikation und Abgrenzung lukrativer Marktsegmente, so dass die entsprechenden Zeitschriftenkonzepte für den jeweiligen Teilmarkt erfolgversprechend konzipiert werden können.[4]

(12) Transfer und Anpassung im Ausland entwickelter und eingeführter Titel (Import)

Mit dem Transfer und der Anpassung im Ausland entwickelter und eingeführter Titel wird die höchste Stufe der Internationalisierungsstrategien erreicht, da hier ein im Aus-

1 Vgl. Schroeder (1994), S. 117 ff.

2 Vgl. Schroeder (1994), S. 119.

3 Vgl. Schulte-Hillen et al. (2001), S. 488 f.

4 Vgl. Althans (1989), S. 774.

land erfolgreich eingeführter Titel nach einer entsprechenden Anpassung ebenso erfolgreich auf den inländischen Markt übertragen werden kann. Durch diese Strategie wird ein Verlagshaus zu einem multinationalen Unternehmen, da eine Internationalisierung folglich nicht mehr einseitig – wie häufig bei zentralistisch geführten Unternehmen zu beobachten – verlaufen muss, sondern durchaus wechselseitig erfolgen kann.[1]

(13) Neue Inlandstitel

Letztlich müssen – dem Produkt-Markt-Schema folgend – systematisch und konsequent neue Zeitschriftenkonzepte im Inland entwickelt werden, um einerseits das inländische Zeitschriftengeschäft zu stabilisieren und andererseits weiteres Wachstum, auch im Inland, zu ermöglichen.

(14) Lizenzerwerb (Inland) und *(15) Joint venture (Inland)*

Wie im Ausland sind auch im Inland der Erwerb von Lizenzen sowie die Gründung von Joint Ventures zur Herausgabe neuer Produkte auf dem bestehenden inländischen Markt zu dessen Fortentwicklung möglich. Ansatzpunkte hierfür bieten beispielsweise bereits bestehende Geschäftsbeziehungen mit dem Ausland.[2]

3. Internationalisierungsstrategien von Gruner + Jahr

3.1 Die Druck- und Verlagshaus Gruner + Jahr AG & Co KG

Das Druck- und Verlagshaus Gruner + Jahr ist mit mehr als 120 Zeitschriften und Zeitungen in 14 Ländern und einem Umsatz von 2,8 Milliarden € im Geschäftsjahr 2002 Europas größter Zeitschriftenverlag. Dabei nimmt der Anteil internationaler Aktivitäten stetig zu. So werden derzeit über 60 % des Umsatzes durch internationale Verlags- und Druckereiaktivitäten außerhalb des Heimatmarktes Deutschland erzielt. Kernländer – und damit strategischer Fokus – sind Deutschland/Österreich, die USA und Frankreich. Kernsegmente sind Wirtschaft, Wohnen/Lifestyle, General Interest, Eltern & Familie, People, Populärwissenschaften, TV und Frauen.

Die folgende Abbildung zeigt die Positionierung ausgewählter Zeitschriften von Gruner + Jahr in den jeweiligen Kernsegmenten in einer weltweiten Darstellung:

---

1 Vgl. Schroeder (1994), S. 119.

2 Vgl. Schulte-Hillen et al. (2001), S. 489.

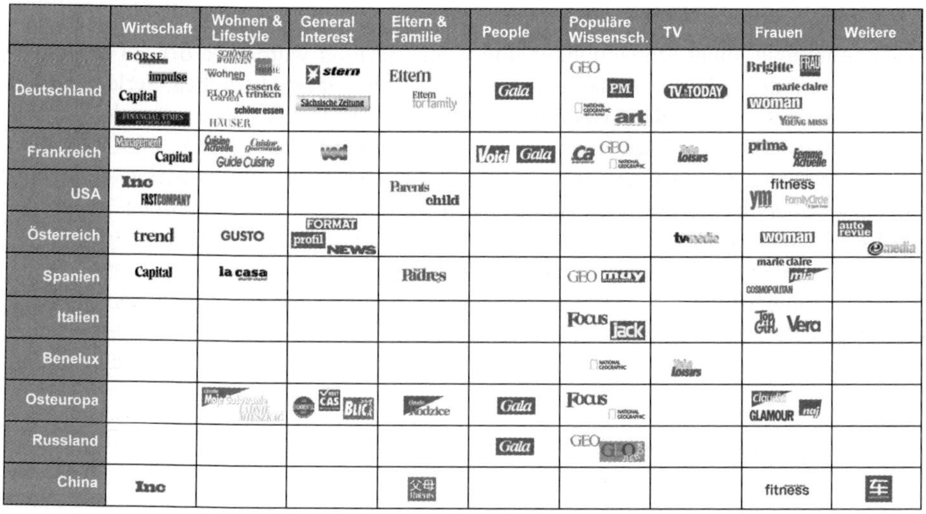

Abbildung 3: Zeitschriften von Gruner + Jahr in den jeweiligen Kernsegmenten (weltweit), Stand April 2003

In Deutschland gibt der Verlag ca. 40 Zeitschriften – darunter Titel wie STERN, BRIGITTE, CAPITAL, ELTERN, GALA, SCHÖNER WOHNEN, ESSEN + TRINKEN und GEO – heraus. Im Ausland sind es über 50 Zeitschriften, die in den USA, in Frankreich, Spanien, Italien, Polen, Österreich, Russland, den Niederlanden und in China erscheinen. Hier werden beispielsweise die internationalen Marken GEO, CAPITAL und GALA verlegt. Gleichzeitig ist Gruner + Jahr im Zeitungsmarkt mit Titeln in Ostdeutschland und Zentraleuropa tätig. Die bedeutendsten Auslandsfirmen sind Prisma Presse in Paris und G+J USA Publishing in New York und Boston. Weiterhin ist Gruner + Jahr an dem Dresdner Druck- und Verlagshaus (60 %), der FINANCIAL TIMES DEUTSCHLAND (50 %) und dem Spiegel-Verlag (25 %) beteiligt. Zur Fertigung eigener, aber auch fremder Druckaufträge, verfügt das Unternehmen ferner über Druckereien, die sich an sechs Standorten in Deutschland und den USA befinden.

3.2 Motive und erste Internationalisierungsstrategien

Zum Ende der 70er Jahre, als Gruner + Jahr seine Auslandsaktivitäten startete, wies der deutsche Zeitschriftenmarkt einen hohen Sättigungsgrad auf. Gleichzeitig waren die Marktanteile stabil verteilt, so dass neues Wachstum angesichts kartellrechtlicher Grenzen nur durch Gründung neuer Titel, Diversifikation oder Internationalisierung möglich war. Die Gründung neuer Titel hatte aufgrund der starken Besetzung des Marktes ein hohes wirtschaftliches Risiko zur Folge, so dass diese Strategie, ebenso wie die Diversifikationsstrategie, nicht schwerpunktmäßig weiter verfolgt wurde. Da der harte Wettbewerb auf dem deutschen Zeitschriftenmarkt einen hohen journalistischen, verlegerischen und technischen Standard bewirkt hatte, lag es angesichts der steigenden Kostenentwicklung nahe, dieses Wissen zu exportieren und international zu nutzen. Zum Zeitpunkt der Entscheidung, in das internationale Geschäft einzusteigen, gab es bereits erste Verbindungen über die bestehenden inländischen Zeitschriften in ausländische Anzeigen- und Vertriebsmärkte: Weniger aus wirtschaftlichen, sondern vielmehr aus Imagegründen wurden die inländischen Titel in das Ausland exportiert, um die Leser beispielsweise auch im Urlaub zu erreichen. Dabei konnten die erzielten Netto-Vertriebserlöse jedoch keineswegs die für den Export erforderlichen Kosten decken. Auch im Anzeigengeschäft wurden Erlöse durch Werbung ausländischer Kunden in den deutschen Zeitschriften erzielt.

Im Jahr 1978 begann Gruner + Jahr durch Übernahme im Ausland bereits eingeführter Titel fast zeitgleich den Eintritt in den spanischen und den amerikanischen Markt: In Spanien kaufte der Verlag die beiden Titel SER PADRES (ELTERN-Lizenz) sowie DUNIA (BRIGITTE-Lizenz), und in den USA wurde der Verlag Parents Magazine Enterprises Inc. mit dem Titel PARENTS, das Vorbild der deutschen Ausgabe von ELTERN, sowie der Jugendzeitschrift YM übernommen. Bereits ein Jahr später sollte das Konzept der deutschen Zeitschrift GEO, die Ende 1976 in Deutschland mit großem Erfolg eingeführt wurde, nach Frankreich und die USA im Sinne einer reinen Transferstrategie übertragen werden.

3.3 Internationalisierungsstrategien am Beispiel der französischen Verlagsaktivitäten

In Frankreich zum Ende der 70er Jahre schien es, dass sich die Verleger trotz eher rückläufiger Auflagen und Umsätzen ausruhten. Im französischen Zeitschriftenmarkt, der mit rund 1.000 Zeitschriften einer der größten Zeitschriftenmärkte Europas ist (nur noch von Deutschland und Großbritannien übertroffen), herrschte kaum Bewegung. In dieser Zeit gründete Gruner + Jahr 1978 dort die Tochtergesellschaft Participations Edition Presse S. A. Paris (später in Prisma Presse umbenannt) unter der Leitung des heutigen Gruner + Jahr-Vorstandsmitgliedes für den Unternehmensbereich Zeitschriften International, Axel Ganz, um 1979 die französische Ausgabe des deutschen Erfolgstitels GEO, der drei Jahre zuvor als eigener Titel aus dem STERN hervorgegangen war, zu starten. Da der Titel nicht an Tagesaktualität gebunden war und hauptsächlich von seiner optischen Wirkung lebte, die nicht an sprachliche Unterschiede gebunden schien, wurde nicht nur das Heftkonzept, sondern auch ein großer Teil des redaktionellen Inhaltes übernommen und lediglich ins Französische übersetzt. Die Strategie des reinen Transfers von Zeitschriften zeigte hier jedoch schnell ihre Grenzen: Die vorwiegend durch Marketing generierte

Auflage von rund 300.000 Exemplaren, die die Planauflage von 70.000 Exemplaren bei weitem überstieg, begann schnell zu schrumpfen. Nach dem dritten Jahr verlängerten nicht einmal 50 % der Erstabonnenten ihr Abonnement. Obwohl sie die Optik des Heftes schätzten, wurde die Zeitschrift kaum gelesen. Damit entsprach sie offensichtlich nicht den französischen Erwartungen und wurde 1982 – abweichend von der deutschen Form – grundlegend konzeptionell überarbeitet. Das Heft wurde leseintensiver sowie praktischer gestaltet und – die wesentlichste Änderung – der überwiegende Teil wurde nun in Frankreich durch eine lokale Redaktion erstellt. Ergebnis war neben einer rasanten Auflagenentwicklung, die 1987 sogar die magische Grenze von 500.000 Exemplaren überstieg, auch die Erkenntnis, dass die Strategie des reinen Transfers von Zeitschriften - zumindest für das GEO-Konzept – nicht umsetzbar ist. Heute zählt GEO zu den meistgelesenen Werbeträgern für leitende Angestellte und liegt sogar noch vor den französischen Klassikern „Figaro“ und „Express“.

Auch der 1981 gestartete monatlich erscheinende Titel ÇA M'INTÉRESSE, der als eine französische Adaption der deutschen populärwissenschaftlichen Zeitschrift P.M. gedacht war, hat sich schnell von seinem Pendant emanzipiert. Obwohl ein bestehendes Konzept, die Übernahme deutscher Beiträge und hohe Werbeinvestitionen eine schnelle Einführung dieser Zeitschrift ermöglichten, stellte sich ein nachhaltiger Erfolg erst nach Anpassung an die kulturellen Besonderheiten ein. Durch ‚Entwissenschaftlichung‘ des Blattes und eine stärkere Betonung des Unterhaltungsaspektes sowie aktueller Themen stieg die verkaufte Auflage von anfangs 260.000 Exemplaren nahezu ohne Werbung auf bis zu 370.000 Exemplare.

Mit Gründung der monatlichen Frauenzeitschrift PRIMA im Jahre 1982 wurde erstmals eine französische Eigenentwicklung realisiert. Der spätere Erfolg des Titels, der sogar zu der Übernahme des Konzeptes in Deutschland und England im Jahre 1986 führte, ist vor dem Hintergrund des damaligen französischen Frauenzeitschriftenmarktes umso erstaunlicher: Die monatlichen populären Frauenzeitschriften hatten zwischen 1970 und 1980 insgesamt 14 % ihrer Auflage verloren, die wöchentlichen sogar 33 %. Bei Betrachtung dieses Auflagenrückgangs war allerdings die Frage zu stellen, ob die Frauen grundsätzlich weniger kauften oder ob die Zeitschriften einfach nicht gut genug waren. Drei Anzeichen sprachen für ein Potenzial für zusätzliche Zeitschriften in diesem Segment:

- Nahezu alle Zeitschriften transportierten ein traditionelles Frauenbild und hatten kaum praktische Anregungen für die moderne Frau,
- die Auflagendifferenz zwischen den einzelnen Titel war ungewöhnlich hoch,
- gerade einmal 60 % der französischen Frauen lasen überhaupt eine Frauenzeitschrift.

Es schien, als schrieben die Redakteure an den Bedürfnissen der französischen Frau vorbei: Viele Französinnen lasen keine Frauenzeitschrift, da sie nicht ihren Wünschen entsprachen. Auf der Grundlage intensiver Marktforschung, die zur damaligen Zeit in Frankreich nicht üblich war, wurde schließlich eine innovative, praktische und unterhaltende Zeitschrift für die moderne Frau entwickelt. Die spätere Markteinführung bestätigte die Vermutung: Nach gerade einmal zwei Jahren erreichte der Titel eine Verkaufsauflage von über einer Million Exemplaren und wurde damit zur größten monatlichen Frauenzeitschrift in Frankreich.

Ermutigt durch diesen Erfolg wurde im Oktober 1984 ein weiterer Frauentitel – ebenfalls als französische Eigenentwicklung und ohne deutsches Vorbild – eingeführt. Marktforschungen hatten ergeben, dass auch im Segment der populären wöchentlichen Frauenzeitschriften noch Potenzial vorhanden war. Auf dieser Basis wurde das Magazin FEMME ACTUELLE gestartet, das später bis zu zwei Millionen Exemplare verkauft und dabei fast neun Millionen Leserinnen bzw. jede vierte Französin erreicht. Und auch dieses Konzept war Vorbild für weitere Titelgründungen im Ausland: Die Einführung von MIA in Spanien (1986) und BEST in England (1987) waren auf dieses Konzept zurückzuführen.

Auch die in den folgenden Jahren neu gegründeten Titel TÉLÉ LOISIRS (1986) und VOICI (1987) stellten Innovationen im französischen Markt dar. Die Einführung von TÉLÉ LOISIRS basierte auf der Erkenntnis, dass trotz einer mit Deutschland vergleichbaren Ausstattung der Haushalte mit Fernsehern nur 55 % eine Programmzeitschrift besaßen (Deutschland: 77 %). Gleichzeitig bot die Einführung des Privatfernsehens und das dadurch breitere Programmangebot zusätzlichen Bedarf an Fernsehzeitschriften mit einem gut strukturierten Programmteil. Als erste Fernsehzeitschrift stellte TÉLÉ LOISIRS die sechs großen französischen Fernsehsender übersichtlich auf zwei Doppelseiten und die Kabel- und Satellitensender auf einer weiteren Doppelseite dar. Gleichzeitig wurde die Zeitschrift – im Gegensatz zu den Mitbewerbern – um verschiedene redaktionelle Rubriken ergänzt, so dass der Titel mit einer Auflage von rund zwei Millionen Exemplaren pro Woche zur viertgrößten französischen Programmzeitschrift avancierte.

Mit VOICI versuchte Prisma Presse erstmals, ein People-Magazin in Frankreich zu etablieren. Dies gestaltete sich zunächst jedoch als schwierig: Das in Frankreich vergleichsweise stark ausgeprägte Recht zum Schutz der Persönlichkeit, das die Intim- und Privatsphäre von Prominenten umfassend schützt, bedingte, dass ‚Personal-Stories' in Frankreich rechtlich ganz anders bewertet wurden als beispielsweise in Deutschland oder England. Gleichzeitig wurde bei Markteinführung deutlich, dass das Heft hauptsächlich von Frauen gekauft wurde, die Reportagen, Ratschläge und Rätsel lesen wollten. Das Problem bestand jedoch darin, dass der Anteil dieser Themen im Heft sehr gering war. Folglich wurde der Titel bereits kurz nach Einführung an die Erfordernisse und Wünsche der Leserinnen angepasst und einem Relaunch unterzogen – mit Erfolg: Auch VOICI zeigte eine seit Einführung steigende Auflage und erreicht heute als wöchentliche unterhaltende People-/Frauenzeitschrift rund 573.000 Käuferinnen.

Nach der erfolgreichen Einführung verschiedener Titel auf der Basis von Konzepten, die von deutschen Titeln unabhängig waren, wurde das Portfolio von Prisma Presse im Jahr 1990 erstmals durch Zukauf erweitert und um ein neues Marktsegment ergänzt: Mit der Übernahme der Titel CUISINE ACTUELLE und GUIDE CUISINE sollte nach der Positionierung im Markt der Frauenzeitschriften nun auch der angrenzende Kochzeitschriftenmarkt erschlossen werden. Kurz nach der Übernahme wurden beide Titel umgestaltet, um ihre bis dahin verhältnismäßig geringen und unwirtschaftlichen Verkaufsauflagen von 90.000 Exemplaren bzw. 50.000 Exemplaren deutlich zu steigern. CUISINE ACTUELLE behielt nur noch seinen Namen – konzeptionell wurde der Titel vollkommen verändert und dem Erfolgsprodukt FEMME ACTUELLE angenähert. Zielgruppe sollten nun vorwiegend junge Leute mit einer jungen, schnellen Küche sein. GUIDE CUISINE zielte dagegen auf Leser, die sich für die traditionelle, bürgerliche französische Küche begeistern ließen, ab. Und auch hier bewies Prisma Presse ein gutes Gespür für den französischen Markt: Die Auflage von CUISINE ACTUELLE erreichte bereits ein Jahr nach Übernahme rund eine halbe Million Käufer; auch GUIDE CUISINE konnte die ursprüngliche Auflage im gleichen Zeitraum mit rund 230.000 Exemplaren verfünffachen.

Ein Jahr später (1991) trat Prisma Presse mit der deutschen Marke CAPITAL in ein ebenfalls neues Segment ein – die Wirtschaftspresse. Dieser Markt, der mit etwa 40 Zeitschriften gut besetzt war, schien für eine weitere Zeitschrift keinen Platz zu haben. Dennoch wurde ein für den französischen Markt innovatives und den dortigen Bedürfnissen angepasstes Magazin entwickelt, das als eine Kombination aus Wirtschafts- und Nachrichtenmagazin auf eine optisch sehr ansprechende und verständliche Art Informationen vermittelt. CAPITAL, heute eine Pflichtlektüre der französischen Führungskräfte (‚les cadres'), hatte inhaltlich kaum Ähnlichkeit mit seinem deutschen Pendant. Trotzdem sollte das deutsche Logo übernommen werden, um von der hohen Reputation des deutschen CAPITAL in Frankreich profitieren zu können. Dahinter steht die Verlagsphilosophie, dass sich die Titel von Gruner + Jahr gegenseitig unterstützen können, ansonsten jedoch unabhängig voneinander bleiben und ausschließlich ihrem eigenen Erfolg verpflichtet sind. Und dieser stellte sich bereits kurz nach Einführung ein: Das französische CAPITAL erreichte bereits sechs Monate nach Einführung die Gewinnschwelle und ist heute mit einer verkauften Auflage von monatlich knapp 400.000 Exemplaren Europas größte Wirtschaftszeitschrift. Die ursprünglich geplante Auflage von 250.000 Exemplaren wurde damit nahezu verdoppelt.

Nach den Erfolgen von PRIMA, FEMME ACTUELLE und VOICI im Segment der Frauenzeitschriften sollte im Jahr 1993 eine weitere Neuentwicklung in Frankreich starten: Das Hochglanzmagazin GALA, das als gehobener Unterhaltungstitel für Frauen ausschließlich über Prominente berichtete, war eine Innovation. Es war ausgestattet mit einem Hauch von Luxus und Bildern, die durch Qualität und Schönheit hervorstachen und wurde ergänzt um Reportagen und Interviews mit Stars, Models, Königsfamilien oder Politikern. Gleichzeitig sollten auch praktische Informationen in Sachen Mode, Kosmetik und Reisen gegeben werden. Auch dieses Konzept führte zum Erfolg: Die Verkaufsauflage wuchs bis auf 275.000 Exemplare an, und die französische GALA wurde Grundlage der Einführung des Titels in Deutschland sowie später auch in Polen und Russland. Nach der Einführung von GALA und den Erfolgen der vergangenen Jahre war Prisma Presse mit seinen nun zehn Titeln zum zweitgrößten Zeitschriftenverlag in

Frankreich aufgestiegen. Rund 44 % aller Franzosen über 14 Jahren lasen inzwischen eine Zeitschrift aus dem Verlag.

Zur Absicherung der Marktpositionen in den beiden Segmenten Kochen und Wirtschaft wurden in den Jahren 1994 und 1995 die Magazine CUISINE GOURMANDE und MANAGEMENT – ebenfalls als Eigenentwicklungen – gestartet. Die monatlich erscheinende Zeitschrift CUISINE GOURMANDE zielt mit einer Auflage von derzeit 113.000 Exemplaren auf eine exklusive Leserschaft, die ausgefallene Gerichte und Weine, aber auch praktische Tipps und Anregungen zur Umsetzung präsentiert bekommen möchte. MANAGEMENT ist ein Wirtschaftsmagazin, das sich an Eigentümer einer Firma sowie Führungskräfte gleichermaßen richtet und mit seinem eigenen, praxisorientierten Ansatz Hilfestellung bei konkreten Problemen leisten möchte. Die monatliche Auflage erreicht rund 86.000 Exemplare. Beide Titel erzielen eine im Vergleich zu den übrigen Titeln von Prisma Presse etwas geringere Auflage, haben aber zur Festigung der Marktposition in den jeweiligen Segmenten eine hohe strategische Bedeutung.

In den Jahren 1996 und 1999 wurde das bestehende Titelportfolio durch Zukauf weiterer Zeitschriften ergänzt. 1996 übernahm Prisma Presse die 1977 gegründete wöchentliche Nachrichtenillustrierte VSD (Vendredi, Samedi, Dimanche). Der Titel wurde inhaltlich und optisch deutlich aufgefrischt und zu einer modernen Zeitschrift, die die Elemente eines Nachrichten- und Picturemagazins – einem bislang in Frankreich unbekannten Konzept – verbindet, weiterentwickelt. Die Überarbeitung zeigte sich deutlich an der Auflagenentwicklung: Die wöchentliche Auflage stieg von unter 200.000 Exemplaren bei Übernahme zeitweise auf mehr als 300.000 Exemplare. Mit dem Erwerb der monatlich erscheinenden Upmarket-Zeitschrift FEMME festigte der Verlag erneut seine Position im Segment der Frauenzeitschriften – einem weltweiten Kernsegment von Gruner + Jahr. Das Segment war mit Wettbewerbern wie „Marie Claire“, „Elle“ und „Vogue“ sowohl wirtschaftlich als auch imagemäßig in Anbetracht der von Frankreich ausgehenden Ausstrahlungswirkung im Luxusgüter-Segment hoch attraktiv für Prisma Presse. Gleichzeitig stellte der Titel eine Verlängerung der hochwertigen Frauenzeitschrift GALA dar, die zwar ebenfalls dem Upmarket-Segment angehört, sich jedoch aufgrund der People-Orientierung von den übrigen Titeln unterscheidet. Zielgruppe des von Prisma Presse im Juli 1999 übernommenen Titels sind anspruchsvolle Frauen, die ein hochwertiges und mit einem Hauch von Luxus ausgestattetes Magazin, das über Themen wie Mode, Kosmetik, Dekoration sowie Haus und Garten berichtet, kaufen möchten. Die Erscheinungsweise wurde auf einen Quartalsrhythmus umgestellt, wobei jeweils ein monothematischer Schwerpunkt dargestellt wird.

Vor dem Hintergrund des aufkommenden Internet-Booms startete Prisma Presse im April 1999 die Internetzeitschrift WEB MAGAZINE, die sich in den folgenden Jahren mit einer Auflage von 120.000 Exemplaren erfolgreich in diesem bislang unerschlossenen und zukunftsorientierten Segment als Marktführer positionierte. Gleichzeitig starteten rund 20 Konkurrenztitel, die ebenfalls an der Euphorie des neuen Marktes partizipieren wollten. Als die Euphorie im Jahr 2001 jedoch verflog, sank die Auflage auf knapp

85.000 Exemplare ohne Aussicht auf Besserung, so dass WEB MAGAZINE Anfang 2002 eingestellt wurde.

Im gleichen Jahr 1999 startete die Zeitschrift NATIONAL GEOGRAPHIC nahezu zeitgleich in den Ländern Deutschland, Frankreich und Polen. Hierzu hatte die National Geographic Society (NGS) das Joint Venture, an dem Gruner + Jahr (Managementhoheit) und der spanische Verlag RBA je zur Hälfte beteiligt waren, im Rahmen eines Lizenzabkommens ermächtigt. Mit der traditionsreichen Marke NATIONAL GEOGRAPHIC, die seit 1888 außergewöhnliche Expeditionen ganz oder teilweise finanziert, sollte gleichzeitig ein Konkurrenzprodukt zu dem eigenen Titel GEO, der inzwischen in Deutschland, Frankreich, Spanien und Russland herausgegeben wird, eingeführt werden. Überzeugt von den hohen Verkaufsauflagen von NATIONAL GEOGRAPHIC in Spanien, Japan, Italien, Griechenland und Israel und in dem Glauben, dass beide Titel nebeneinander in einem Markt eine Chance haben, sollte der internationale Vorsprung von Gruner + Jahr gegenüber anderen deutschen Verlagen weiter ausgebaut werden. Dies kann – rund drei Jahre nach Markteinführung – durchaus bestätigt werden. NATIONAL GEOGRAPHIC ist erfolgreich in den drei Ländern etabliert – hinzu kam eine weitere Ausgabe in den Niederlanden. Allein in Frankreich verkauft der Titel monatlich rund 230.000 Exemplare, ohne dass der Verkauf von GEO wesentlich beeinträchtigt wurde.

Zum Ausbau der Marke GEO in Frankreich und um gleichzeitig eine jüngere Lesergruppe an die Marke heranzuführen, wurde im September 2002 die Line-extension GEO ADO gestartet. Gleichzeitig animierte der Markterfolg von GEOLINO in Deutschland Prisma Presse zu diesem Start. Obwohl der Markt für Jugendzeitschriften für die 10 bis 14-Jährigen in Frankreich dicht besetzt ist, gibt es bislang keine Zeitschrift mit einem generalistischen Ansatz. GEO ADO versucht, in einer visuellen Form den Jugendlichen ihre Welt ein Stück näher zu bringen und sie selbst das Heft durch eine Vielzahl von Interviews zu den Inhalten ein Stück mitgestalten zu lassen. Erste Verkaufsschätzungen scheinen den Erfolg des Titels zu bestätigen. Sobald endgültige Ergebnisse vorliegen, wird sich zeigen, ob auch dieses Zeitschriftenkonzept zu einem Erfolg im französischen Markt werden wird.

Nach 25 Jahren gibt Prisma Presse heute mit 836 Mitarbeitern 16 Titel heraus, die eine jährliche Verkaufsauflage von 270 Millionen Exemplaren und einen Umsatz von 531 Millionen € (brutto) erreichen. Insgesamt beträgt der Anteil von Frankreich am Auslandsumsatz des gesamten Unternehmensbereichs Zeitschriften International rund 40 %. Im Konkurrenzvergleich ist Prisma Presse im Anzeigen- und Vertriebsmarkt der zweitgrößte Verlag in Frankreich. Die folgende Abbildung zeigt eine Übersicht der bestehenden Titel mit den entsprechenden Auflagenzahlen.

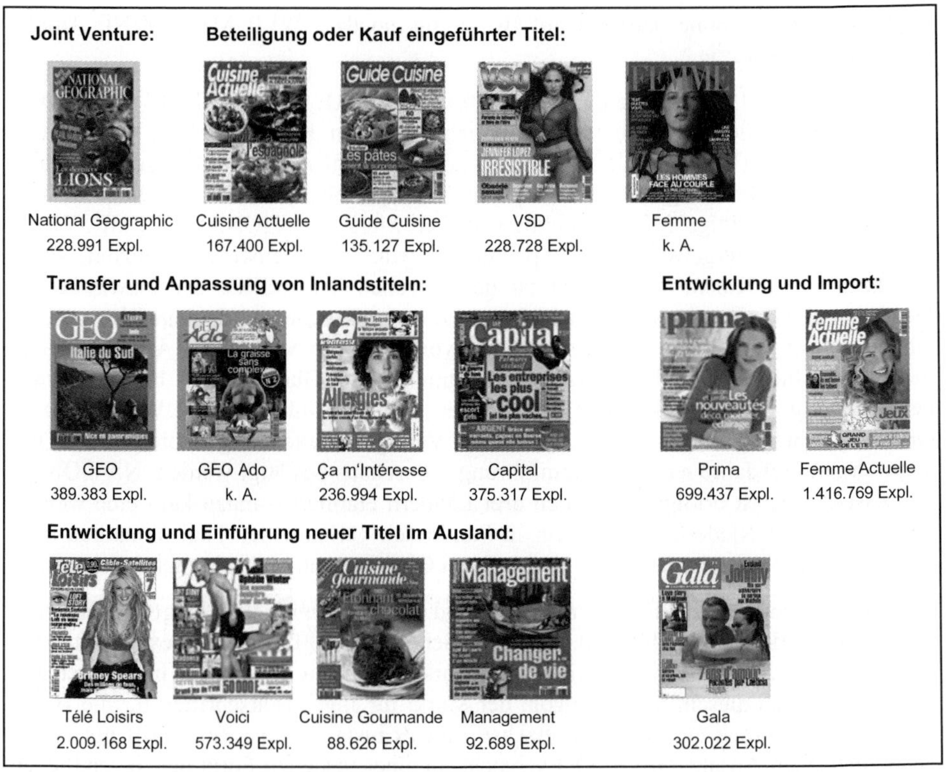

Abbildung 4: Aktuelles Zeitschriftenportfolio der Titel von Prisma Presse mit den jeweils durchschnittlich verkauften Auflagen (2002, OJD), sortiert nach der verwendeten Internationalisierungsstrategie

4. Schlussbetrachtung

Im Zeitschriftenmarkt gibt es eine Vielzahl von Strategien, mit denen internationale Märkte erschlossen werden können. Das Beispiel von Prisma Presse zeigt, dass es nicht eine dominante Marktstrategie gibt, sondern es der Anwendung unterschiedlicher Strategien sowie einer schnellen Anpassung an die lokalen Wünsche und Bedürfnisse des Lesers bedarf, um einen nachhaltigen Markterfolg sicherzustellen.

Insgesamt sind die Medien heute jedoch globaler und die Internationalisierungsstrategien komplexer geworden. Während ein Titel vor 20 Jahren lediglich in einen ausländischen

Markt exportiert wurde, werden heute dort neue und vom Inlandsmarkt unabhängige Titel entwickelt sowie internationale Zeitschriftenmarkenfamilien gegründet. Ist ein Titel in einem Land erfolgreich, wird unmittelbar versucht, das Konzept in kürzester Zeit an lokale Besonderheiten im Ausland anzupassen und auch dort zu vermarkten. Vor dem Hintergrund der anspruchsvolleren Auslandsmarktbearbeitung und der inzwischen hohen internationalen Wettbewerbsintensität werden Kreativität, Originalität und Qualität sowie Einfühlungsvermögen für die lokalen Gegebenheiten zum differenzierenden Merkmal. Nur ein Verlag, der dieses in seinen Titeln gewährleisten kann, wird sich auch in Zukunft auf internationalen Märkten behaupten können.

Trotz der zunehmenden Wettbewerbsintensität und Sättigungserscheinungen auf vielen westlichen Märkten gibt es auch weiterhin ein erhebliches internationales Marktpotenzial für Zeitschriften. So sind es heute Länder wie China oder Russland, in denen international tätige Verlage Zeitschriftenkonzepte entwickeln und vermarkten können. Obwohl dort noch schwierige und im Entwicklungsprozess befindliche Marktstrukturen herrschen, werden zukünftige internationale Verlagserfolge maßgeblich vom Engagement in diesen Zukunftsmärkten beeinflusst.

Literaturverzeichnis

ALTHANS, J. (1989), Verlagsmarketing, in: Bruhn, M. (Hrsg.), Handbuch des Marketing, München 1989.

BACKHAUS, K. et al. (2001), Internationales Marketing, 4. Auflage, Stuttgart 2001.

BERNDT, R. et al. (1997), Internationale Marketing-Politik, Berlin/Heidelberg/New York 1997.

BRUHN, M. (HRSG.) (1989), Handbuch des Marketing, München 1989

HENSMANN, J. (1979), Erfolgreicher Export von deutschem Verlags-Know-how, in: ZV + ZV Zeitschrift für Presse und Werbung, 7. November 1979.

HENSMANN, J. (1980), Verlagsmarketing, in: Marketing-ZFP, Zeitschrift für Forschung und Praxis, 2. Jahrgang, 1980.

KEBSCHULL, D. (1989), Internationalisierungsmotive, in: Handwörterbuch Export und internationale Unternehmung, Stuttgart 1989.

MEFFERT, H. et al. (1998), Internationales Marketing-Management, 3. Auflage, Stuttgart 1998.

O. V. (1983), Verlagsgeschäfte International, in: Kontakter 5. September 1983.

SCHOLL, R.F. (1989), Internationalisierungsstrategien, in: Handwörterbuch Export und internationale Unternehmung, Stuttgart 1989.

SCHROEDER, M. (1994), Internationale Markt- und Managementstrategien für Printmedien, München 1994.

SCHULTE-HILLEN, G. et al. (2001), Strategien im internationalen Verlagsmarketing, in: Die Betriebswirtschaft, Nr. 4/01, Juli/August 2001.

STEINMANN, H. et al. (2000), Management – Grundlagen der Unternehmensführung, Wiesbaden 2000.

Frank Habann / Andreas Herrmann

Auswirkungen der Internationalisierung auf die Produktion von Medieninhalten

1. Einleitung

Internationalisierung ist als ein herausragendes Merkmal des Wirtschaftsgeschehens im vergangenen Jahrhundert anzusehen. Ganz generell beschreibt es das Phänomen des intensivierten globalen Austausches von Technologien, Kapital und kulturellen Inhalten zwischen Nationen, Unternehmen und Individuen, also ein gesellschaftliches, politisches, technologisches und nicht zuletzt ökonomisches Phänomen.[1]

Im Unternehmenskontext bedeutet „Internationalisierung" geschäftlich relevante und auf Dauer angelegte Auslandstätigkeit, die vom Export bis hin zu globalen Direktinvestitionen reichen kann. Bereits zu Beginn des 20. Jh. setzte die Internationalisierung der europäischen und US-Filmindustrie ein. Im Printbereich markiert die Einführung europäischer Landesausgaben der US-Modezeitschrift „Vogue" in den 30er Jahren den Beginn dieser Epoche.[2]

Die Einflussfaktoren der Internationalisierung sind vielfältig. Für Medienunternehmen als Produzenten und Distributoren informierender und unterhaltender Medieninhalte[3] sind drei Treiber von zentraler Bedeutung: a) die Deregulierung nationaler Märkte (Telekommunikation, TV), b) die politische Öffnung von Märkten (Osteuropa, China) und c) die technologische Entwicklung (Digitalisierung, Satellitentechnologie, Internet).[4]

Damit haben sich ca. seit den 80er Jahren umfassende *Optionen* der Internationalisierung für Medienunternehmen ergeben. Zugleich besteht grundsätzlich eine *Notwendigkeit* der internationalen Verwertung von Medieninhalten aufgrund der hohen fixen Kosten ihrer Produktion, welche vor allem im Film- und Musiksektor zur Entstehung global agierender Medienunternehmen geführt haben.

In diesem Zusammenhang relevant ist Levitts klassische These von der *Globalisierung* der Märkte aufgrund der zunehmenden Angleichung der Kulturen, verbunden mit der Herausbildung homogener globaler Marktsegmente mit weitgehend identischem Konsumverhalten.[5] Eine globale Internationalisierungsstrategie von Medienunternehmen mit weitgehend *standardisiertem* Produkt stellt eine dem entsprechende, jedoch auch um-

---

1 Vgl. Müller/Kornmeyer (2002), S.15; Krystek/Zur (2002), S.5; Eisenhardt (2002), S.5.

2 Vgl. Hollifield (1998), S.134; Schulte Hillen et al. (2001), S.478.

3 Eine eindeutige Definition von Medieninhalten („content") besteht nicht und wird auch von der Literatur zum Medienmanagement gerne umgangen. S. Kiefer (2001), S.146 mit sinnvollen Merkmalen wie der Nutzenstiftung durch die Informations- und Unterhaltungsfunktion, der Immaterialität und der Erfahrungs- bzw. Vertrauensguteigenschaft sowie Habann (1999), S.77 ff. zu Merkmalen von Medienprodukten.

4 S. Hollifield (1998), S.136.

5 Vgl. Levitt (1983).

strittene Ausprägung internationaler Unternehmenstätigkeit dar.[1] Dem steht die Tatsache gegenüber, dass Medieninhalte auf Grund der globalen kulturellen Vielfalt und der stark auf regionale Sachverhalte gerichteten Informationsbedürfnisse von Mediennutzern einer *differenzierten* Internationalisierungsstrategie bedürfen.[2]

Im Folgenden soll der Zusammenhang zwischen Internationalisierung und der Produktion von Medieninhalten auf den Ebenen der Internationalisierungsstrategie und der ländermarktbezogenen Markteintritts- und -bearbeitungsstrategie beleuchtet werden.

2. Internationalisierungsstrategien

2.1 Strategietypologie der Internationalisierung

Die Gestaltung der Internationalisierungsstrategie steht im Spannungsfeld zwischen Markterfordernissen („Differenzierungsgrad“) und unternehmensbezogenen Effizienzerfordernissen im globalen Wettbewerb („Integrationsgrad“). Die Berücksichtigung dieser beiden Dimensionen führt zu vier Grundausrichtungen der Internationalisierung:

- „Exportstrategie“ (ethnozentrische Orientierung),
- „Multinationale Strategie“ (polyzentrische Orientierung),
- „Globale Strategie“ (geozentrische Orientierung), sowie
- „Transnationale“ Strategie.[3]

„Differenzierung“ bezieht sich hierbei auf die Gestaltung des Markenauftrittes, der Produktmerkmale und des Marketing-Mix. „Integration“ beinhaltet im Kern die internationale Abstimmung der Wertaktivitäten und Kompetenzbeiträge.[4]

---

1 Vgl. Kiefer (2001), S.401.

2 S. Ghemawat (2001); Shrikhande (2001).

3 Vgl. Perlmutter (1969); Bartlett/Ghoshal (1990); Meffert/Bolz (1998), S.25 ff. und 61 ff.

4 Vgl. Bartlett/Ghoshal (1990), S.92; Müller/Kornmeyer (2002), S.133.

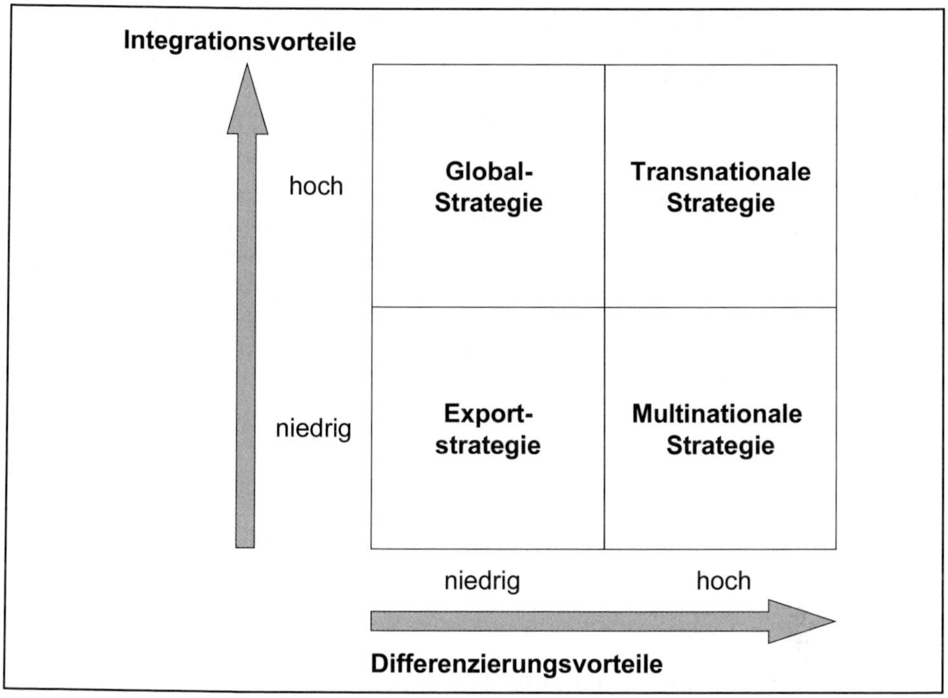

Abbildung 1: Systematisierung von Internationalisierungsstrategien

Die Exportstrategie kann den Ausgangspunkt der Internationalisierung eines Medienunternehmens darstellen, ist oftmals aber ein Nebengeschäft ohne explizit formulierte Strategie. Hierbei sind die Aktivitäten weiterhin auf den Heimatmarkt konzentriert, eine Differenzierung nach Ländermärkten erfolgt nicht und die Frage der Integration ist nachrangig, da es sich vor allem um eine Distribution ohne eigene Auslandsaktivitäten handelt. Die Export"strategie" wird z. B. von überregionalen Tageszeitungen oder TV-Sendern, die ihr Programm länderübergreifend verbreiten, praktiziert.[1]

Die multinationale Strategie konzentriert sich vor allem auf die Berücksichtigung der differenzierten Nachfragerpräferenzen und Rahmenbedingungen in den Zielmärkten, was vom Grundgedanken der Gesamtcharakteristik internationaler Medienmärkte entspricht, jedoch eine Vernachlässigung der Integrationsproblematik beinhaltet. Zeitschriftenverlage und in begrenztem Umfang TV-Unternehmen bedienen sich oftmals dieser Strategie, um Wachstumspotenziale zu erschließen.

1 Der Export kann jedoch auch das Kerngeschäft darstellen, wie im Falle der Deutschen Welle. Vgl. Zöllner (2002), S.232, zu DW-TV, dem 1992 lancierten global verbreiteten Fernsehprogramm der deutschen Welle.

Im Zentrum der globalen Strategie steht die Integration aller Unternehmensaktivitäten und Ausschöpfung von Effizienzpotenzialen durch einen hohen Standardisierungsgrad global vermarktbarer Produkte, was die bewusste Aufgabe der Unabhängigkeit von Landesgesellschaften einschließt.[1] Vor allem Film- und Musikkonzerne sowie Buchverlage mit Fokus auf Bestsellerautoren verfolgen diese Strategie.[2]

Die transnationale Strategie schließlich versucht simultan differenziert und integriert zu agieren, wobei die nationalen Einheiten insgesamt ein komplexes Netzwerk von spezialisierten Aktivitäten, Kompetenzen und Vermögenswerten darstellen, die koordiniert werden müssen.[3] Global agierende TV-Unternehmen wie MTV Networks und CNN versuchen, sich dieser Strategie anzunähern.

2.2 Produktion von Medieninhalten

Die Produktion von Medienprodukten umfasst als logische Elemente[4]

- die Entwicklung des inhaltlichen Produktkonzeptes („Format“ oder „Unikat“),
- dessen Fixierung mittels eines Trägermediums[5]
- die Vervielfältigung[6]
- die periodische Produktion von „Ausgaben“ bzw. „Folgen“. [7]

Die Produktion umfasst also eine inhaltlich-immaterielle und eine physische Komponente. Hierbei stellt der Medieninhalt den Leistungskern des Medienproduktes dar, welcher in der folgenden Betrachtung im Vordergrund steht. Es lassen sich grundsätzlich singuläre „Unikate“ (z. B. Roman, Drehbuch, Komposition) und periodische „Formate“ (Zeitung/Zeitschrift, TV-Sendeformat) unterscheiden. Im Folgenden soll der Fokus auf periodischen Mediengeschäften liegen, da hier ein konzeptionelles und zugleich periodisches Produktionsmanagement gefordert ist.

---

1 Vgl. Meffert/Bolz (1998), S. 25 ff.; S.61 ff.

2 Wobei Musikkonzerne und Buchverlage dies auch mit einer Differenzierung durch die Entwicklung von Autoren bzw. Künstlern als kulturspezifischen Markenprodukten kombinieren.

3 Vgl. Bartlett/Ghoshal (1990), S.84 ff.

4 Vgl. Kiefer (2001), S.179 ff.; Wirtz (2001), S. 75 ff.; Habann (1999), S.77 ff.

5 Nur wenn medientechnologisch bedingt, also z. B. nicht bei Live-TV, Radio.

6 Mittels Trägermedien oder Übertragungsmedien, bei letzterem simultan mit der Distribution.

7 Die Produktion von Folgen kann für digitalisierte und online distribuierte Medieninhalte auch die Ausprägung einer kontinuierlich aktualisierten Inhalteproduktion annehmen.

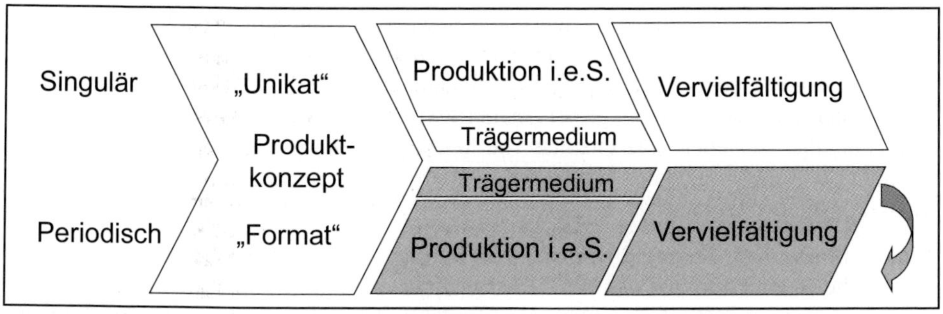

Abbildung 2: Struktur der Medienproduktion

Zentrale Entscheidungen im Rahmen der Produktion von Medieninhalten sind

- die Grundausrichtung des Produktkonzeptes (standardisiert oder differenziert)
- der inhaltlich-redaktionelle Produktionsprozess
- die Produktionsfaktoren, die in den inhaltlich-redaktionellen Produktionsprozess eingehen und
- die Produktionsstrategie, also die Entscheidung für inhaltliche Eigen- oder Fremdproduktion.[1]

Die Konsequenzen der Wahl einer Internationalisierungsstrategie für diese Entscheidungen sind im Folgenden generell abzuleiten.

2.3 Internationalisierungsstrategie und Produktion

Die Internationalisierung von Medienunternehmen beeinflusst die Produktion von Medieninhalten generell dadurch, dass die internationale Verwertbarkeit bereits bei der Produktkonzeption berücksichtigt wird.[2] Damit rücken zum einen Inhalte mit einem natürlichen Internationalisierungspotenzial wie Sportgroßereignisse (Olympische Spiele, Fußball-WM) in den Fokus. Zum anderen müssen Themen und künstlerische Inhalte so gestaltet werden, dass sie eine Vielzahl von Kulturen ansprechen. Dies kann zu einer Angleichung von Medieninhalten führen, wenn diese nur noch ein Mindestmass an global verständlichen kulturellen Verhaltensmustern aufweisen, um international vermarktbar zu sein.[3]

1 Siehe dazu auch Wirtz (2001), S.74 ff.

2 Vgl. Kiefer (2001), S.23

3 Die Exportstrategie wird aufgrund ihrer mangelnden Strategieeigenschaft im Folgenden nicht gesondert behandelt.

Eine Globalisierungsstrategie beinhaltet die Standardisierung des Produktkonzepts, das zentral entwickelt wird. Der inhaltliche Produktionsprozess vollzieht sich dezentral in den Zielmärkten, wobei zentral vorgegebene Qualitätsrichtlinien bestehen.[1] Hinsichtlich der Qualität der inhaltlichen und personalen Produktionsfaktoren können ebenfalls zentrale Vorgaben bestehen. Die Qualität von Medieninhalten ist jedoch nicht objektiv bestimmbar und im Sinne einer Marketingorientierung von der Beurteilung durch die Medienrezipienten abhängig.

Eine multinationale Strategie beinhaltet die Differenzierung des Produktkonzepts. Der inhaltliche Produktionsprozess und die Qualitätsvorgaben vollziehen sich dezentral. Aufgrund der geringen Integration der Wertaktivitäten bestehen international unterschiedliche Prozessstandards. Hinsichtlich der personalen und inhaltlichen Produktionsfaktoren bestehen differenzierte Anforderungsprofile.

Eine transnationale Strategie beinhaltet eine simultane Verfolgung von Standardisierungs- und Integrationszielen. Der inhaltliche Produktionsprozess beinhaltet die Herausforderung, trotz differenzierter Medieninhalte einheitliche Qualitätsvorgaben zu etablieren und ihre Einhaltung sicherzustellen.[2] Hinsichtlich der personalen Produktionsfaktoren bestehen einheitliche Qualitätsstandards, deren Einhaltung aber aufwendig zu überwachen ist. Gleiches gilt für die inhaltlichen Qualitätsstandards, wobei generell aufgrund der Differenzierung von einer hohen Qualität aus Rezipientensicht auszugehen ist.

Hinsichtlich der Produktionsstrategie ist im Rahmen der Internationalisierung entweder von einer Eigen- oder einer Fremdproduktion unter Beibehaltung der Urheberrechte durch den Auftraggeber[3] auszugehen, um überhaupt eine internationale Verwertung vornehmen zu können; dies bezieht sich auf das Produktkonzept.[4] Die entsprechende Entscheidung hinsichtlich der periodischen Inhalteproduktion in den Zielmärkten ist stark von der Organisationsform des Markteintritts abhängig, welche im Folgenden zu analysieren ist.

---

1 Dies bezieht sich auf periodische Medienformate.

2 Vgl. das Bsp. CNN. Siehe dazu Curtius (1998) sowie Shrikhande (2001), S.155 f. mit dem Beispiel von CNN International's Operationen im asiatischen Markt.

3 Sog. unechte Auftragsproduktion, vgl. dazu Kresse (1994), S. 298 ff.

4 Die Produktion von Medieninhalten ist mit der Entstehung und Übertragung einer Vielzahl von Urheber- und Leistungsschutzrechten verbunden, deren gesetzliche Behandlung zudem international differiert.

3. Internationale Markteintrittsform und Produktion

Zur Erschließung und Bearbeitung ausländischer Zielmärkte stehen Medienunternehmen eine Reihe alternativer Organisationsformen zur Verfügung. Deren Wahl kann in direkter Abhängigkeit zur Internationalisierungsstrategie stehen, z. B. der materielle (Zeitschriften) oder immaterielle (TV-Ausstrahlung via Satellit, Online-Informationsdienst) Export als Ausprägung einer Exportstrategie. Es ergeben sich jedoch auch Freiheitsgrade. So kann innerhalb einer multinationalen Strategie ein Joint Venture oder auch die Gründung einer eigenen Tochtergesellschaft sinnvoll sein, was auch von den Rahmenbedingungen im jeweiligen Zielmarkt abhängt. Die gewählte Organisationsform nun hat Konsequenzen für die Produktion der Medieninhalte. Relevante Merkmale der Organisationsformen sind:[1]

- Ressourcentransfer (Kapital, Personal, Know-How)
- Kontrollmöglichkeiten
- Kooperationsabhängigkeit
- Institutionelle Ansiedlung

1 Vgl. Meffert/Bolz (1998), S.124 ff.; Backhaus et al. (2001), S.169 ff.

Markteintrittsform / Merkmal		Export	Syndication	Lizenzvergabe	Joint Venture	Auslandsgesellschaft
Transfer von	- Inhalten	Hoch	Hoch	Hoch	Hoch	Hoch
	- Kapital	Gering	Gering	Gering	Mittel	Hoch
	- Personal	Gering	Gering	Gering	Mittel	Mittel
	- Know how	Gering	Gering	Gering	Mittel	Hoch
Kontrolle		Gering	Mittel	Gering	Mittel	Hoch
Kooperationsabhängigkeit		Hoch	Gering	Hoch	Hoch	Gering
Institutionelle Ansiedlung		Inland	Inland	Inland	Ausland	Ausland

Tabelle 1: Beurteilung von Markteintrittsformen in internationalen Mediengeschäften[1]

3.1 Export

Eine einfache Form der internationalen Marktbearbeitung besteht im unveränderten Export von im Inland veröffentlichten Medieninhalten und dient der marktlichen Abdeckung eines Sprachraumes sowie der Erreichung von Personen der Zielgruppe, die sich im Ausland aufhalten. Zeitungs- und Zeitschriftenverlage versorgen so i. d. R. mittels indirektem Vertrieb zentral gelegene Outlets im Ausland (Hauptbahnhöfe, Flughäfen).[2] Deutsche TV-Sender sind terrestrisch sowie über Kabel und Satellit auch im deutschsprachigen Ausland empfangbar und können dort, z. B. in der Schweiz, durchaus einen signifikanten Marktanteil erreichen und durch Werbefenster zusätzliche Erlöse generieren,[3] wohingegen im Printsektor eher Kundenbindungsziele verfolgt werden.

Der Ressourcentransfer ist hier marginal und der Produktionsprozess bleibt zentral. Ausnahmen sind hinsichtlich des physischen Prozesses der international dezentralisierte

1 In Anlehnung an Schulte-Hillen et al. (2001), S.490.

2 Vgl. Schulte-Hillen et al. (2001), S. 484 f.

3 So erzielten ARD, ZDF, RTL, RTL2, Pro7 und SAT1 zusammen in der deutschsprachigen Schweiz 2001 ca. 1/3 des Zuschauermarktanteils; www.publisuisse.ch.

Print-on-Demand, den Verlage als eine Spielwiese für zukünftige Vertriebsformen ansehen.[1]

Im Rahmen des Exports bleiben die Kontrollmöglichkeiten hinsichtlich der Qualität des Produktionsprozesses und der eingebrachten inhaltlichen und redaktionellen Produktionsfaktoren in vollem Umfang erhalten. Auch eine Kooperationsabhängigkeit ergibt sich kaum, höchstens gegenüber eingeschalteten Absatzmittlern.

Eine institutionelle Ansiedlung im Ausland erfolgt nicht, d. h. die inhaltliche Produktion erfolgt weiterhin standardisiert im Inland. Eine Sonderstellung nehmen hier paneuropäisch ausstrahlende, zentral produzierende TV-Sender wie Euronews ein, der seine Inhalte in fünf Sprachen verbreitet.[2] Dies führt im Ergebnis zu einem sehr aufwendig zu koordinierenden Prozess der multilingualen Nachrichtenproduktion.

„Export" lässt sich schließlich auch als die internationale Online-Verbreitung von Medieninhalten durch das Internet interpretieren.[3] Es ergaben sich bislang jedoch keine Anzeichen für eine signifikante Reichweite der Online-Angebote deutschsprachiger Verlage im Ausland, auch bestehen hier keine durch die Internationalisierung getriebenen Auswirkungen auf die Produktion.[4] Ein signifikantes Auslandsgeschäft könnte sich dagegen für englischsprachige B2B Fachzeitschriften entwickeln, die einen zunehmenden Teil ihrer Auslandsabonnenten über digitale Versionen erreichen.[5] Hier bestehen jedoch ebenfalls noch keine erkennbaren Konsequenzen für die Produktion.

3.2 Lizenzierung

Eine intensivere Form der Internationalisierung besteht in der Lizenzvergabe an ein ausländisches (Medien-)Unternehmen, welchem gegen eine Lizenzgebühr das Nutzungsrecht der urheberrechtlich geschützten Text-, Bild- und Toninhalte eines Medienproduktes einschließlich der Nutzung der Rechte, die mit dem Titel und dem Layout des Medienformates verbunden sind, überlassen werden. Dies ist eine gängige Praxis im Zeitschriften-, Buchverlags-, Tonträger- und TV-/Filmgeschäft.[6] Im Rahmen des Li-

---

1 Dies geschieht in Zusammenarbeit mit spezialisierten Unternehmen wie der US-Firma „Newspaper Direct", die Anfang 2002 bereits in 20 Ländern und 150 Standorten über 80 Zeitungen wie die Süddeutsche Zeitung, FTD oder die Neue Zürcher Zeitung anbot. Vgl. Schmitz (2002), S.48.

2 Euronews ist ein 1993 gegründeter und gemeinschaftlich von 19 öffentlichen europäischen Rundfunkanstalten und einer Tochtergesellschaft des französischen Telekommunikations- und Energieunternehmens Alcatel Alsthom in Lyon betriebener Nachrichtensender; Vgl. Machill (1998), S. 427 ff

3 Vgl. zur Online-Distribution journalistischer Medieninhalte z. B. Gerpott/Schlegel (2002), S.133 ff.

4 Die Entwicklung hin zu einer distributionsformatunabhängigen redaktionellen Produktion z. B. auf XML-Basis ist primär technologiegetrieben.

5 Vgl. o.V. (2002), S.42 ff.

6 Vgl. im Folgenden Schulte-Hillen et al. (2001), S.486; Heinrich (1998), S. 181 ff.

zenzvertrages, der i. d. R. exklusiv für ein Gebiet gewährt wird, ist die Nutzungsdauer, -art (z. B. Free-TV vs. Pay-TV) und die Nutzungshäufigkeit festzulegen.

Diese Marktbearbeitungsform ist z. B. im Zeitschriftengeschäft sehr bedeutsam, da sie eine schnelle internationale Expansion ermöglicht, ohne dass eine institutionelle Ansiedlung des eigenen Unternehmens erfolgen muss. Beim Produktkonzept besteht hier in der Praxis eine große Spannweite zwischen den Extremen der Standardisierung und der Differenzierung.[1]

Der Ressourcentransfer fällt im Rahmen einer Lizenzierung bis auf den immateriellen Rechtetransfer gering aus, es werden also keine eigenen Ressourcen in den internationalen Produktionsprozess eingebracht. Aufgrund dieses begrenzten Engagements besteht nur eine mittlere Kooperationsabhängigkeit, wenngleich bei der Auswahl des Lizenzpartners mit großer Sorgfalt vorzugehen ist, da dieser die Produktionsfaktoren, die in den Produktionsprozess eingehen, in starkem Maße mitbestimmt. Trotz des insgesamt geringen Risikos der Lizenzierung beinhaltet diese als Negativum eine geringe Kontrolle über den Produktionsprozess und damit letztlich über die Qualität der generierten Medieninhalte.

Eine Sonderstellung nimmt bei der Lizenzierung die Produktionsstrategie ein, da sie nicht eine abhängige Variable, sondern selbst Einflussfaktor der Möglichkeit einer Lizenzierung durch Medienunternehmen ist. So ist auch im Hinblick auf das Online-Geschäft von Relevanz, ob ein Medienunternehmen überhaupt über lizenzierbare Nutzungsrechte verfügt, oder diese gemäß den Bestimmungen des UrhG erneut von den originären Urhebern, also Autoren, Redakteuren, Fotografen etc. erworben werden müssen. Ferner sind Medienunternehmen mit tagesaktuellen Informationsangeboten stark von den durch Nachrichtenagenturen zugelieferten Nachrichtenmeldungen abhängig. Damit entsteht die Option der Internationalisierung durch Lizenzierung zunächst nur für diese originären Rechteinhaber,[2] soweit nicht Medienunternehmen die Agenturfunktion durch ein entsprechendes weltweites Netzwerk selbst erfüllen.[3]

Einen Spezialfall der Lizenzierung stellt die sogenannte „Syndication“ dar. Dieser Begriff geht auf die Praxis der US-Film- und TV-Industrie zurück und bezeichnet den Verkauf von Medieninhalten („Content“) durch den Produzenten (und i. d. R. Erstverwerter) dieser Inhalte (Originator) an einen Inhaltehändler/-vermittler (Content Syndicator/ Bro-

1 So ist die Zeitschrift National Geographic Society Beispiel für einen hohen Standardisierungsgrad, bei dem die nationalen Lizenznehmer angewiesen sind, mindestens 80 % des Originalmaterials zu verwenden. Dagegen lässt das Magazin Playboy breiten Differenzierungsspielraum hinsichtlich der redaktionellen Inhalte; vgl. Schulte-Hillen et al. (2001), S.486.

2 Führende Nachrichtenagenturen in Deutschland sind dpa, AP, Reuters und AFP, vgl. Rosenberger/Schmid (1997), S.282 ff. Diese haben sich bereits durch Anpassung der Vertragskonditionen auf eine Zweitverwertung ihrer Inhalte durch ihre Kunden in Online-Diensten eingerichtet.

3 Z. B. CNN oder NBC in Kooperation mit Microsoft. Auch dpa stellt letztlich eine kooperative Rückwärtsintegration in Form einer Genossenschaft von ca. 200 Presseverlagen, öffentl.-rechtl. und privaten TV- und Hörfunkanstalten dar, vgl. Rosenberger/Schmid (1997), S.278 ff.

ker), der diese an institutionelle Weiterverwender (Distributors) verkauft bzw. vermittelt, die diese dann in ihr Leistungsangebot integrieren.[1]

Im Unterschied zur Lizenzierung ist zum einen hier ein Zwischenhändler involviert. Aktualität hat diese Distributionsform durch das Online-Geschäft erlangt, wo als institutionelle Nachfrager große Portale wie AOL, MSN und T-Online, E-Commerce Anbieter oder corporate sites auf eine Vielzahl von Inhalteanbietern treffen und sich zur Koordination der Transaktionen Content Syndicators wie screaming media, iSyndicate, cocomore etc. etablieren konnten. Zum zweiten definiert sich diese Distributionsform über die Modularität von Medieninhalten, d. h. Gegenstand sind Inhalte*einheiten* wie Nachrichtenmeldungen etc., die i. d. R. von Print- oder TV-Medienunternehmen angeboten werden, d. h. die Inhalte und Rechte, die ein Medien*format*, z. B. eine Zeitschrift oder TV-Serie, ausmachen, sind nicht in ihrer Gesamtheit Gegenstand der Transaktion.

Im Rahmen der Internationalisierung ist Syndication vor allem für Medienunternehmen mit englischsprachigem, nicht regional fokussiertem Content (Reuters, Time etc.) relevant. Ein Einfluss auf die Produktion von Medieninhalten besteht insbesondere darin, dass diese fragmentierte Verwertungsform eine Konsistenz der Datenformate der Inhalte bei Anbietern und Nachfragern erfordert. Hier ist mit einer Etablierung des XML-Standards zu rechnen, der die Trennung von Inhalt, Struktur und Layout einzelner Informationsobjekte beinhaltet.[2]

3.3 Joint Ventures

Zwischen der Lizenzierung und der alleinigen Gründung einer Auslandsgesellschaft ist das Joint Venture positioniert, bei dem das internationalisierende Medienunternehmen mit einem meist lokalen Partnerunternehmen ein Gemeinschaftsunternehmen gründet. Dies unterstützt eine rasche Markterschließung, ist in einigen Ländern aber auch eine Restriktion.[3] Das Ausmaß des Ressourcentransfers, insb. in Form von Kapital und Personal, hängt hierbei von der Verteilung der Kapitalbeteiligung ab, welche wiederum das Ausmaß der Kontrollmöglichkeiten beeinflusst.

Ein zentraler Erfolgsfaktor eines Joint Ventures ist die Ressourcenkomplementarität der Partnerunternehmen. Dies wird anschaulich von der im Jahre 2000 im Markt eingeführten Financial Times Deutschland (FTD) verdeutlicht, einem Joint Venture der Financial Times Gruppe (Pearson) und Gruner + Jahr (Bertelsmann AG). Die Financial Times Gruppe brachte hier die internationale Markenreputation der Financial Times in das Un

1 Vgl. Werbach (2000); Christ/Juschkus (2001); Pawlenka/Schuh (2002).

2 Vgl. Christ/Juschkus (2001), S.68.

3 In China sind Markteintritte mit Kapitaltransfer überhaupt nur durch JVs mit staatlichen Partnern zulässig, vgl. Schulte-Hillen et al. (2001), S.486.

ternehmen ein, des weiteren steuerte sie das internationale Netzwerk der Financial Times Gruppe bei, wodurch die FTD von Beginn an den Zugang zu einem der größten Korrespondentennetze weltweit hatte. Der internationale Partner unterstützt also somit die Dezentralisierung und die Qualität des inhaltlichen Produktionsprozesses. Zudem wurde der Chefredakteur von der Financial Times Gruppe gestellt.[1] Gruner + Jahr als zweiter Partner des Joint Ventures sorgte mit seiner Marktkenntnis für eine ausgezeichnete Ausgangsposition der FTD im Anzeigenmarkt durch entsprechende Kontakte zu den größten Anzeigenkunden, was eine bedeutsame Markteintrittsbarriere darstellt, sowie durch intime Kenntnis des Rezipientenmarktes im Segment Wirtschaftsnachrichten.

Die Steuerungs- und Kontrollmöglichkeiten, insbesondere im Hinblick auf den Produktionsprozess und die Qualität der Produktionsfaktoren, sind in einem Joint Venture eingeschränkt und werden von der Kernaktivität der Partner beeinflusst. Joint Ventures im Medienbereich sind zumeist eine Ausprägung horizontaler Kooperationen, d. h. globale Inhalteproduzenten agieren gemeinsam (z. B. MTV) oder in Kooperation mit lokalen Medienunternehmen (z. B. n-tv).[2] Vor allem dann, wenn das Joint Venture Teil einer differenzierten Internationalisierungsstrategie ist, ist die Steuerung des redaktionellen Produktionsprozesses erschwert.[3] Beim deutschen TV-Nachrichten Joint Venture n-tv hat hier der Gesellschafter AOL Time Warner (Turner Broadcasting Systems/CNN) sein Konzept der effizienten Nachrichtenproduktion, die von einem zentralen nationalen „Newsroom" aus koordiniert wird und Outsourcing von Nachrichtenagenturen und weiteren Partnern als Zulieferern anstelle eigener Korrespondentenbüros beinhaltet, auch in Deutschland durchgesetzt.[4]

Auch bei der Expansion europäischer und US-amerikanischer Zeitschriftenverlage auf den osteuropäischen Markt spielen Joint Ventures eine bedeutende Rolle, so im Falle der amerikanischen, vom Medienhaus Hearst verlegten Frauenzeitschrift Cosmopolitan.[5] Die polnische Ausgabe wird hier vom deutschen Lizenznehmer Medienverlagsgesellschaft (MVG) in München in Form eines Joint Ventures seit 1997 herausgegeben.[6] Trotz der unterschiedlichen Altersstruktur der Zielgruppe in Deutschland und Polen wird die redaktionelle Produktion weitgehend von Deutschland aus kontrolliert. Ein Drittel der Beiträge werden direkt von der deutschen Ausgabe übernommen, ein weiteres Drittel werden von der deutschen Version inspiriert und von der polnischen Redaktion ange-

1 Vgl. Rzesnitzek (2003).

2 Shrikhande (2001) gibt einige Beispiele für den TV-Markt Indien.

3 Vgl. Pathania-Jain (2001), S.179 f. zu den deshalb stark standardisierten TV-Aktivitäten von Walt Disney Co. in Asien.

4 Vgl. Curtius (1998) S. 245 ff.; Kritiker sehen hierin jedoch eine Entwicklung hin zu einer strikt arbeitsteiligen, industrieller Fertigung nachempfundenen „Amerikanisierung" des Nachrichtenjournalismus. Zu negativen Konsequenzen des Outsourcing im TV-Geschäft ferner Heinrich (1999), S.157 ff.

5 Der massive Eintritt westlicher Medienunternehmen in die sich öffnenden osteuropäischen Märkte wird von zahlreichen Wissenschaftlern kritisch gesehen, so z. B. Kowalski (2000), S.143 ff.

6 Vgl. im Folgenden Liewehr (2002), S.114 ff.

passt. Das Bildmaterial wird zu großen Teilen vom zentralen Photodepartment der Hearst Gruppe in New York oder der deutschen Redaktion zugeliefert.

3.4 Auslandsgesellschaften

Die Gründung einer Tochtergesellschaft im Zielmarkt stellt die intensivste Form der Internationalisierung eines Medienunternehmens dar.[1] Der Grad des Ressourcentransfers ist bei einer solchen Direktinvestition sehr hoch, d. h. es erfolgt eine umfangreiche Übertragung von Kapital, Inhalten, Know-How und zum Teil auch von Personal in den Zielmarkt. Da hier eine maximale Einflussnahme der Muttergesellschaft auf Entscheidungen im Zielland möglich ist, stellt diese Markteintritts- und -bearbeitungsform eine große Chance dar, die aber mit einem entsprechenden Kapitalverlustrisiko verbunden ist. Eine Kooperationsabhängigkeit ist per Definition nicht gegeben.

Im Spannungsfeld zwischen Standardisierung und Differenzierung lassen sich Tochtergesellschaften tendenziell ersterem zuordnen. Ihre Etablierung unterstützt durch die weitreichenden Kontrollmöglichkeiten der Unternehmenszentrale die mit dieser strategischen Grundorientierung verbundenen Ziele eines einheitlichen Markenauftritts und der Kosteneffizienz. Letzteres konkretisiert sich in der Realisierung von Economies of scale, also durch höhervolumige Verwertbarkeit einzelner Ressourcen, z. B. kostenintensiver Inhalte und Bildmaterialien, sowie Economies of scope durch die Übertragung von Management- und Medien-Know-How.

Aufgrund des sehr hohen notwendigen Investitionsvolumens im TV-Sektor ist die Gründung von Tochtergesellschaften dort nicht üblich und vor allem im Bereich des Printsektors anzutreffen. So trat der Gruner & Jahr Verlag 1998 mit seiner Zeitschrift GEO in dieser Form in den russischen Markt ein.[2]

Entsprechend der Standardisierung werden bis zu 80 % der Beiträge aus bestehenden Ausgaben in die russische Ausgabe übernommen, wobei sich GEO bereits bei Transfers in andere internationale Märkte als Produkt mit geringer kultureller Bindung erwiesen hat.[3] Ein zusätzlicher Grund für den hohen Standardisierungsgrad liegt in den aufgrund der sehr schlechten wirtschaftlichen Bedingungen niedrigen journalistischen Qualitätsstandards begründet. Die Rahmenbedingungen des Einflusses auf die Qualität der redaktionellen Inhalteproduktion sind im Falle eigener Auslandsgesellschaften jedoch sehr

---

1 Vgl. Meffert/Bolz (1998), S.129.

2 Vgl. Liewehr (2002), S.104 ff. Begleitend war jedoch eine Allianz mit der russisch-orthodoxen Kirche, die aufgrund ihres breiten Netzwerkes und der Mafiastrukturen in Russland notwendig war. GEO wurde 1976 gegründet und versteht sich als Reportagemagazin zum Zeitgeschehen, das dem Leser „das neue Bild der Erde“ vermitteln will.

3 Vgl. Liewehr (2002), S.113. Dies lässt sich im Falle von Russland durchaus kritisch sehen, da die wenig westlich orientierte kulturelle Grundhaltung in Russland eine Differenzierung nahe legt.

gut, da qualitätssteigernde Maßnahmen wie Fortbildung gezielt eingesetzt und erfolgsbezogen überprüft werden können.

Generell lässt sich die gute Steuerbarkeit der Produktionsaktivitäten von Tochtergesellschaften als wesentlichster Ausdruck der mit einer internationalen Standardisierungsstrategie verbundenen Effizienzziele interpretieren.[1] Im Sinne einer transnationalen Strategie lassen sich hier zudem nationale redaktionelle Kompetenzen im internationalen Kontext vernetzen.[2] Dies kann ein Beitrag zur Konfliktlösung zwischen Standardisierungszielen und der kulturellen Individualität in globalen Medienmärkten sein.

4. Fazit

Die Internationalisierung der Geschäftstätigkeit ist im Mediensektor bereits seit geraumer Zeit gängige Praxis und nicht, wie man vermuten könnte, ein erst durch die Digitalisierung und die Diffusion des Internet forciertes Phänomen. Durch die Globalisierungsziele bzw. -zwänge international operierender Medienkonzerne und die kulturelle Vielfalt der Medienrezeption besteht hierbei ein auch in Zukunft andauerndes Spannungsfeld. Eine mögliche Entwicklungslinie zur Auflösung dieses Konfliktes besteht im organisationalen Netzwerkgedanken in Gestalt sogenannter transnationaler Unternehmen, im Rahmen derer nationale Gesellschaften autonom und durch eine intensive Interaktion und Spezialisierung auch effizient agieren. Dieses theoriegetriebene Konzept muss sich jedoch noch in der Praxis bewähren, was auch für Medienunternehmen gilt.[3]

Ganz generell ist und bleibt die Produktion von Medieninhalten von der unmittelbaren, kreativen Zusammenarbeit von Menschen bestimmt. Durch die technologische Entwicklung entstehen hier neue Optionen der international arbeitsteiligen Gestaltung des Produktionsprozesses, die jedoch auch Medienschaffenden und -unternehmen mit einem engen geographischen Marktfokus zur Verfügung stehen.

---

1 Siehe auch Pathania-Jain (2001), S.179 f.

2 So kann die Redaktion von GEO Russland auf die Beiträge aller anderen internationalen Ausgaben in digitalisierter Form zugreifen und diese direkt übersetzen oder auf ihre Zielgruppe hin anpassen. Vgl. Liewehr (2002), S.113.

3 Hier ist auf die konstituierenden Merkmale transnationaler Unternehmen zu achten, d.h. diese dürfen nicht mit generell international agierenden Medienunternehmen gleichgesetzt werden wie z. B. von Gershon (1997).

Literaturverzeichnis

BACKHAUS, K./BÜSCHKEN, J./VOETH, M. (2001), Internationales Marketing, 4. Aufl., Stuttgart 2001.

BARTLETT, C.A./GHOSHAL, S. (1990), Internationale Unternehmensführung, Frankfurt/Main 1990.

CHRIST, O./JUSCHKUS, M. (2001), Content-Management eines Multikanal-Kundenportals, in: io management, , 70. Jg., Nr.7/8, 2001, S. 66-71.

CURTIUS, T. (1998), Produktion eines Fernseh-Nachrichtenkanals. Eine Untersuchung von n-tv, in: Wilke, J (Hrsg.), Nachrichtenproduktion im Mediensystem, Köln/Weimar/Wien 1998, S. 203-253.

EISENHARDT, K.M. (2002), Has Strategy Changed?, in: MIT Sloan Management Review, 23. Jg., Winter 2002, S. 88-91.

GERPOTT, T.J./SCHLEGEL, M. (2002), Online-Distributionsoptionen für Markenanbieter journalistischer Inhalte, in: Die Betriebswirtschaft, 62.Jg., Nr.2, 2002, S. 133-145.

GERSHON, R.A. (1997), The Transnational Media Corporation, New Jersey 1997.

GHEMAWAT, P. (2001), Distance Still Matters, in: Harvard Business Review, 79. Jg., Nr. 9, 2001, S. 137-147.

HABANN, F. (1999), Kernressourcenmanagement in Medienunternehmen, Köln/Lohmar 1999.

HEINRICH, J. (1999), Medienökonomie, Bd. 2, Opladen/Wiesbaden 1999.

HOLLIFIELD, C.A. (2001), Crossing Borders: Media Management Research in a Transnational Market Environment, in: Journal of Media Economics, 14. Jg., Nr.3, 2001, S. 133-146.

KIEFER, M.L. (2001), Medienökonomik, München/Wien 2001.

KOWALSKI, T. (2000), Media Internationalisation: The Case of Poland, in: The International Journal on Media Management, 2. Jg., Nr. 3/4 , 2000, S. 143-152.

KRESSE, H. (1994), Outsourcing im Privatfersehen, in: Markenartikel, 56. Jg., 1994, S. 298-308.

KRYSTEK, U./ZUR, E. (2002), Internationalisierung als Herausforderung für die Unternehmensführung: Eine Einführung, in: Krystek, U./Zur, E. (Hrsg.), Handbuch Internationalisierung: Globalisierung – eine Herausforderung für die Unternehmensführung, 2. Aufl., Berlin 2002, S. 3-19.

LEVITT, T. (1983), The globalization of markets, in: Harvard Business Review, 61. Jg., Nr.3, 1992, S. 92-102.

LIEWEHR, M. (2002), Internationalisierungspotenziale im Zeitschriftenmarkt: ein Bewertungsmodell für das Verlagsmarketing, Wiesbaden 2002.

MACHILL, M. (1998), Euronews: the first European news channel as a case study for media industry development in Europe and for spectra of transnational journalism research, in: Media, Culture & Society, 20. Jg., 1998, S. 427-450.

MEFFERT, H./BOLZ, J. (1998), Internationales Marketing-Management, 3. Aufl., Stuttgart 1998.

MÜLLER, S./KORNMEYER, M. (2002), Strategisches Internationales Management, München 2002.

O.V. (2002), Digital Versions Opening Global Opportunities, in: CM/Circulation Management, Juni 2002, S. 42-44.

PATHANIA-JAIN, G. (2001), Global Parents, Local Partners: A Value-Chain Analysis of Collaborative Strategies of Media Firms in India.; in: Journal of Media Economics, 14. Jg., Nr. 3, 2001, S. 169-187.

PAWLENKA, B./SCHUH, C. (2002), Contentvermarktung und Contentsyndication: Von der Experimentier- zur Expansionsphase!?, Präsentation an den Medientagen München, 18.10.2002; www.medientage-muenchen.de/archiv

PERLMUTTER, H.V. (1969), The Tortuous Evolution of the Multinational Corporation, in: Columbia Journal of World Business, Nr.4, 1969, S. 9-18.

ROSENBERGER, B./SCHMID, S. (1997), Nachrichtenagenturen im Wettbewerb, in: Media Perspektiven, Nr. 5, 1997, S. 276-285.

RZESNITZEK, M. (2003), Das medienübergreifende Produktkonzept der Financial Times Deutschland, in: Habann, F. (Hrsg.), Innovationsmanagement in Medienunternehmen Wiesbaden 2003 (in Druck).

SCHMITZ, S. (2002), Print-on-demand: Zeitungen proben mit der Digitaltechnik globale Präsenz, in: Horizont, Nr.2, 2002, S. 48.

SCHULTE-HILLEN, G./GANZ, A./ALTHANS, J. (2001), Strategien im internationalen Verlagsmarketing, in: Die Betriebswirtschaft, 61. Jg., Nr.4, 2001, S.478-492.

SHIRKHANDE, S. (2001), Competitive Strategies in the Internationalization of Television: CNNI and BBC World in Asia, in: Journal of Media Economics, 14. Jg., Nr.3, 2001, S. 147-168.

WERBACH, K. (2000), Syndication: The Emerging Model for Business in the Internet Era, in: Harvard Business Review, 78. Jg., Mai-Juni 2000, S. 85-93.

WIRTZ, B.W. (2001), Medien- und Internetmanagement, 2. Aufl., Wiesbaden 2001.

ZÖLLNER, O. (2002), Deutsches Auslandsfernsehen: Akzeptanz von DW-TV, in: Media Perspektiven, Nr.5, 2002, S.232-238.

Achter Teil

Volkswirtschaftliche Bedeutung des Medienmarktes

Jürgen Heinrich

Volkswirtschaftliche Bedeutung der Medien

Jürgen Heinrich

Volkswirtschaftliche Bedeutung der Medien

1. Einführung

Um die volkswirtschaftliche Bedeutung der Medien erfassen zu können, muss zum einen der Mediensektor abgegrenzt werden (Abschnitt 1) und zum anderen müssen die Dimensionen der Bedeutung spezifiziert werden (Abschnitt 2). Nachfolgend wird die volkswirtschaftliche Bedeutung der Massenmedien vor allem mit dem Indikator Umsatz erfasst (Abschnitt 3), die Bedeutung der Massenmedien als Werbeträger wird herausgestellt (Abschnitt 4) und abschließend wird das Angebot von Massenmedien (Abschnitt 5) und die Nachfrage nach Massenmedien (Abschnitt 6) spezifiziert.

2. Abgrenzung des Mediensektors

Charakteristikum der Massenmedien ist die im weitesten Sinne als journalistisch zu bezeichnende Produktion der Inhalte, Wesensmerkmal ist also die Aktualität der Berichterstattung.[1] Eine Abgrenzung einer solchen Produktion von anderen Produktionen sollte idealiter funktional erfolgen. Zu erfassen wären dann alle aktuellen journalistischen Informationsproduktionen in allen Medien und allen Wirtschaftszweigen, also zum Beispiel auch die aktuellen Informationsproduktionen im Bereich der Öffentlichkeitsarbeit von Unternehmen und nicht erwerbswirtschaftlichen Organisationen. Und auszugrenzen wäre dann die nichtaktuelle Information in den klassischen Massenmedien, also zum Beispiel die Spielfilmausstrahlung im Fernsehen oder der Fortsetzungsroman in Zeitungen. Eine solche funktionale Abgrenzung kann indes nicht geleistet werden.

Es verbleibt daher nur die institutionelle Abgrenzung der Wirtschaftseinheiten und die Übernahme des in der amtlichen Statistik üblichen Schwerpunktprinzips. Damit werden zum einen die nicht primär journalistisch/aktuell produzierenden Medien ausgegrenzt, zum anderen die Medien, die keine Massenmedien sind, also nur eine geringe Reichweite haben. Dies grenzt Medien wie Flugblatt, Kino, Theater und Museum ebenso aus wie Buch, Tonträger und Bildträger. Zum Mediensektor werden also Zeitung, Zeitschrift, Anzeigenblatt, Hörfunk, Fernsehen und Online-Medien gezählt. Diese Abgrenzung entspricht der Vorgehensweise eher theoretisch konzipierter Abhandlungen zur Medienökonomie[2] und kann auch damit begründet werden, dass die Ökonomik dieser aktuellen Massenmedien sich deutlich von der anderer Medien unterscheidet. Es wird überwiegend arbeitsteilig in großbetrieblicher Verbundproduktion produziert, die Ver-

---

1 Vgl. Blöbaum (1994).

2 Vgl. Owen (1975); Heinrich (2001); Kiefer (2001); Picard (1989).

teilung wird überwiegend in einem spezialisierten Vertriebssystem organisiert und der Konsum der aktuellen Massenmedien ist überaus zeitaufwändig. Das Produkt, bestehend aus schwer fassbaren Komponenten wie Information, Bildung, Unterhaltung und Werbung, ist überaus komplex und seine Wirkungen, insbesondere die gedachte Kontrolle der parlamentarischen Demokratie und generell die Herstellung von Öffentlichkeit, gelten als zentral für die Funktionsweise moderner Gesellschaften. Diese Bedeutung ist vermutlich das zentrale Charakteristikum des im Folgenden so genannten Mediensektors, allerdings ist diese Bedeutung extrem schwierig zu erfassen.

3. Bedeutung der Medien und ihre Erfassung

Medien stellen Öffentlichkeit her[1] und erfüllen damit jene nicht abschließend geklärten Funktionen, die der Öffentlichkeit zugeschrieben werden. Medien strukturieren die Tagesordnung der öffentlichen Diskussion, Medien stellen Transparenz über Geschehnisse im Bereich von Politik, Kultur, Sport, Wirtschaft und Wissenschaft her und Medien bieten die Möglichkeit kultureller Identität oder politischer Sozialisation.[2]

Medien bewirken einen Reputationsaufbau bzw. einen Reputationsabbau für Personen, Unternehmen, Marken oder Produkte; zum Beispiel für Helmut Kohl oder Dieter Bohlen, für Birkel oder Shell, für Coca-Cola oder Seefisch – um nur einige bekannte Beispiele zu nennen.[3] Massenmedien mediatisieren andere Teilbereiche der Gesellschaft, indem sie ihre Auswahl- und Bewertungskriterien überstülpen; so wird die Wirtschaft und die Politik personalisiert, skandalisiert und moralisiert, der Sport wird kommerzialisiert und auch die Wissenschaft passt sich in Produktion und Distribution ihrer Inhalte langsam den Auswahl- und Bewertungskriterien der Massenmedien an. All diese Wirkungen, Auswirkungen, Beeinflussungen lassen sich eigentlich nicht erfassen, obwohl sie erheblich sein dürften und gravierende Auswirkungen auch ökonomischer Art haben (zum Beispiel die Berichterstattung über Würmer im Seefisch oder Bilanzfälschungen bei Advanced Media).[4] Solche Effekte sind indes allenfalls qualitativ zu fassen, häufig auch dies nicht, schon aus dem einfachen Grund, dass solche Einflüsse nicht isoliert werden können.

Im Grenzbereich der Erfassbarkeit liegen indirekte Einkommenseffekte, nämlich die Zunahme der Einkommen von „Medienstars“ infolge der Medienberichterstattung zum Bei-

1 Pöttker (2000).

2 Vgl. Pürer (1990).

3 Vgl. Kepplinger (2001).

4 Vgl. SZ vom 9.12.02.

spiel in Form von Werbeverträgen, Autorenhonoraren oder Sponsoringeinnahmen vor allem im Sport. Für den Sport könnten die Einnahmen aus Sponsoring sowie Trikot- und Bandenwerbung überwiegend auf die Medienberichterstattung zurückgeführt werden, im Übrigen müssten Einzelfallanalysen angestellt werden.

Volkswirtschaftlich erfassbar sind allenfalls wichtige Inputs der Medienproduktion. Wählt man die klassische Perspektive des Konsumenten, um den Transformationsprozess von Gütern zu betrachten, so lassen sich drei Ebenen im Transformationsprozess der Güter des Mediensystems unterscheiden:

- Die Ebene der stofflichen Träger der Medieninhalte (Zeitung, Rundfunkfrequenzen, Kabel, usw.),
- die Ebene der eigentlichen Inputs in den Medienkonsumprozess (Information, Unterhaltung, Verbreitung von Werbung),
- die Ebene des Outputs des Medienkonsumprozesses (Medienwirkungen).

Die stofflichen Träger bzw. die Inputs in den Medienkonsumprozess können unschwer quantifiziert werden etwa als Zahl der Titel oder Seiten von Printmedien bzw. als Zahl der Veranstalter oder der Programmstunden im Rundfunkbereich. Darüber hinaus kann auch die Rezeptionszeit quantifiziert werden und die im Umsatz der Massenmedien wenigstens ansatzweise erkennbare Wertschätzung des Medienangebots durch die Rezipienten (und Werbetreibenden). Der Output des Medienkonsumprozesses in Form von Medienwirkungen kann möglicherweise auf individueller Ebene vom Rezipienten erahnt werden, volkswirtschaftlich ist er nicht zu erfassen.

Damit verbleiben neben den einfachen Inputkriterien nur die klassischen Indikatoren der volkswirtschaftlichen Bedeutung einer Branche, nämlich

- Produktionswert bzw. Umsatz,
- (Brutto)-Wertschöpfung und
- Zahl der Erwerbstätigen im Mediensystem.

Und auch diese können wegen der Unzulänglichkeit der praktischen Statistik zum Teil nur geschätzt werden. Eine amtliche Statistik zum Mediensektor in Deutschland existiert nicht mehr: Die Pressestatistik ist mit dem Jahr 1994 angeblich aus Kostengründen eingestellt worden und eine Rundfunkstatistik hat nie existiert, was angesichts der Bedeutung dieses Sektors unbegreiflich ist. Informationen liefert vor allem die Umsatzstatistik.

Die amtliche Statistik muss daher um die Statistiken der Verbände und wissenschaftlichen Institutionen ergänzt werden. Insgesamt bleibt die Statistik äußerst unbefriedigend, auch weil Medienunternehmen zwar Öffentlichkeit produzieren, selbst aber die Öffentlichkeit scheuen.

4. Der Umsatz im Mediensektor

4.1 Umsatz der Massenmedien

Den Mediensektor konstituieren vor allem folgende Wirtschaftszweige (nach der Klassifikation der Wirtschaftszweige WZ 93):

- Zeitungsverlage (Nr. 22.12)
- Zeitschriftenverlage (Nr. 22.13)
- Hörfunk- und Fernsehanstalten, Herstellung von Programmen (Nr. 92.20)
- Korrespondenz- und Nachrichtenbüros und selbstständige Journalisten (Nr. 92.40)

Diese Wirtschaftszweige erzielen nach der Umsatzsteuerstatistik in 2000 einen Umsatz in Höhe von rund 67 Milliarden DM, der in der folgenden Tabelle näher aufgegliedert ist.

	1994	1996	1998	2000
Zeitungsverlage	12.495	14.361	17.019	18.335
Zeitschriftenverlage	21.509	22.452	19.669	27.834
Rundfunk	8.223	10.591	13.538	17.073
Nachrichtenbüros	2.182	2.494	3.018	3.279
Insgesamt	44.409	49.898	53.244	66.521

Tabelle 1: Umsätze der Massenmedien von 1994 bis 2000 in Millionen DM nach der amtlichen Statistik[1]

Diese Angaben müssten um die Umsätze sonstiger Medienschaffender ergänzt werden, um ein Bild des Gesamtumsatzes des Mediensektors zu erhalten. Zu denken sind an Teile der Umsätze aus folgenden Klassen/Unterklassen: Postzeitungsdienste (64.11.2), Private Zeitungsdienste (64.12.2), Großhandel (51.47.8), Einzelhandel mit Büchern, Zeitschriften, Zeitungen (52.47 und 52.47.3), Herstellung von Fernsehfilmen (92.11.2), Selbstständige Bühnen-, Film- und Fernsehkünstler (92.31.7) und Tonstudios (92.32.4). Damit kann das Umsatzvolumen des Mediensektors auf gut 70 Milliarden DM geschätzt werden, ein Wert, der sich etwa auch aus den Veranstalterangaben ergibt, wie Tabelle 2 zeigt.

1 Quelle: Umsatzsteuerstatistik.

Daraus kann die Bruttowertschöpfung geschätzt werden, indem die recht alten Kalkulationen der Wertschöpfungsquote des Mediensektors des DIW von rund 40 %[1] zu Grunde gelegt werden. Danach beträgt die Bruttowertschöpfung des Mediensystems in 2000 rund 27 Milliarden DM,[2] das sind 0,7 % der gesamten Bruttowertschöpfung. Der Mediensektor ist also ein recht kleiner Sektor der Gesamtwirtschaft.

	1992	1994	1996	1998	2000	+/– %
Zeitung[1)]	16.580	17.380	18.200	19.500	21.103	+ 27,3
Zeitschrift[2)]	15.853	16.399	17.400	20.703	21.945	+ 38,4
Radio[3)]	4.365	4.890	5.235	5.905	6.515	+ 49,3
Fernsehen[3)]	10.661	12.640	16.530	17.545	20.965	+ 96,7
Anzeigenblatt[4)]	2.411	2.820	3.011	3.446	3.505	+ 45,4
Online[4)]	-	-	-	50	300	k. A.
Gesamt	49.870	54.129	60.376	67.149	74.333	+ 49,1

1) Einschließlich Sonntags- und Wochenzeitungen und Supplements

2) Nach Einstellung der Pressestatistik geschätzt – jährliche Wachstumsrate 6 %

3) Ab 1996 Produktionswert

4) Nettowerbeumsatz

Tabelle 2: Umsätze der Massenmedien nach Veranstalterangaben in Milliarden DM[3]

Im Zeitablauf haben sich innerhalb des Sektors Massenmedien deutliche Marktanteilsveränderungen der einzelnen Mediengattungen ergeben. Wie Tabelle 3 zeigt, hat sich der Marktanteil insbesondere der Zeitung kontinuierlich und deutlich verringert, Radio und Anzeigenblatt haben ihren Marktanteil gehalten und das Fernsehen hat seinen Marktanteil deutlich gesteigert und gehört jetzt mit Zeitung und Zeitschrift zu den großen Drei im Mediensektor.

1 Seufert (1994).

2 Vgl. Tabelle 1.

3 Quelle: BDZV, ZAW, Jahrbücher von ARD und ZDF, DLM.

	1992	1994	1996	1998	2000
Zeitung	33,2	32,1	30,1	29,0	28,4
Zeitschrift	31,8	30,3	28,8	30,8	29,5
Radio	8,8	9,0	8,7	8,8	8,8
Fernsehen	21,4	23,4	27,4	26,1	28,2
Anzeigen-blatt	4,8	5,2	5,0	5,1	4,7
Online	-	-	-	0,07	0,4

Tabelle 3: Entwicklung der Branchenanteile der Massenmedien[1]

4.2 Beschäftigung im Mediensektor

Bis 1994 ist die Zahl der Beschäftigten in Presseverlagen durch die amtliche Pressestatistik ermittelt worden, nachfolgend existieren nur noch Schätzwerte. Für Rundfunkunternehmen wird die Zahl der Erwerbstätigen seit 1996 in den Studien der Landesmedienanstalten regelmäßig ausgewiesen; für die Jahre davor muss auf sehr unterschiedliche Quellen zurückgegriffen werden, die Angaben sind für den Bereich des Privatrundfunks vermutlich etwas überhöht. Die Teilzeitbeschäftigten des Pressesektors, zum größten Teil Zusteller, werden im Folgenden nicht berücksichtigt, ihre Zahl betrug 1994 rund 140.000.

Tabelle 4 gibt einen Überblick über die Zahl der Beschäftigten im Mediensektor insgesamt. 2000 sind im Mediensektor in Deutschland rund 165.000 Menschen relativ fest angestellt, davon 120.000 bei den Printmedien und 45.000 bei den elektronischen Medien. Das entspricht einem Anteil von 0,41 % an den Erwerbstätigen insgesamt. Im Zeitablauf scheint die Zahl der Beschäftigten im Mediensektor abzunehmen, aber diese Beobachtung könnte auch auf die Unzulänglichkeiten der praktischen Statistik zurückgeführt werden. Große Beschäftigungschancen bietet der Mediensektor jedenfalls nicht; eine deutliche Zunahme ist nur im Fernsehbereich zu sehen.

1 Quelle: Tabelle 2.

	1992	1994	1996	1998	2000
Presseverlage[1)]	131.642	123.289	120.000[3)]	120.000[3)]	120.000[3)]
- davon Zeitungsverlage	77.086	69.754	68.000[3)]	67.000[3)]	67.000[3)]
- davon Zeitschriftenverlage	38.240	39.005	40.000[3)]	40.000[3)]	40.000[3)]
- sonstige Verlage	16.316	14.530	12.000[3)]	13.000[3)]	13.000[3)]
Rundfunk[2)]	38.950	42.900	39.664	40.625	44.507
- davon Radio	k. A.	k. A.	16.582	17.405	16.781
- davon Fernsehen	k. A.	k. A.	23.082	23.220	27.726
Insgesamt	170.592	166.189	159.664	160.625	164.507

1) Bei Presseverlagen werden als Beschäftigte erfasst: Tätige Inhaber, bezahlte mithelfende Familienangehörige sowie Arbeitnehmer, die in einem Lohn-, Gehalts- oder Ausbildungsverhältnis zum Unternehmen stehen. Bezahlt mithelfende Familienangehörige sind als Arbeitnehmer zu sehen. Nicht einbezogen sind ständige nicht angestellte redaktionelle Mitarbeiter, ohne Teilzeitbeschäftigte.

2) Im Rundfunk erfasst das DIW als Erwerbstätige, anders als die amtliche Statistik, Mitarbeiter in einem festen Arbeitsverhältnis, also ohne Praktikanten, feste Freie und sonstige Freie.

3) Schätzungen.

Tabelle 4: Beschäftigte im Mediensektor[1]

5. Massenmedien als Werbeträger

Massenmedien sind Träger redaktionell erstellter und verantworteter Information und in der Regel zugleich Träger von Werbebotschaften. Massenmedien produzieren und verkaufen in der Regel zwei Produkte zugleich, nämlich redaktionell erstellte Information und Unterhaltung auf dem Rezipientenmarkt und eine Verbreitungs-, Aufmerksamkeits- und Wirkungswahrscheinlichkeit auf dem Werbemarkt. Diese Güter werden in Verbundproduktion mit variierbarer Kopplung erstellt. Die Rezipienten erhalten ein umfassendes Informationsangebot einschließlich der Werbebotschaften, die zumindest bei Zeitungen

1 Quelle: Pressestatistik, Beschäftigte und wirtschaftliche Lage des Rundfunks in Deutschland 1998, 2000, 2002, ARD, ZDF, Privatfunk in Deutschland.

zum gesuchten Rezeptionsangebot gehören[1], und die Werbungtreibenden einschließlich derer, die Rubrikenwerbung schalten, erhalten die genannte Verbreitungs-, Aufmerksamkeits- und Wirkungswahrscheinlichkeit.

Der Umfang dieses Verbunds ist beträchtlich und hat zwei zentrale Aspekte:

- Werbeträger sind vor allem die klassischen Massenmedien Zeitung, Zeitschrift und Anzeigenblatt sowie Hörfunk und Fernsehen und
- Massenmedien sind in erheblichem Umfang Werbeträger.

Die herausragende Stellung der Massenmedien als Werbeträger zeigt Tabelle 5. Mehr als drei viertel des Netto-Werbeumsatzes entfällt auf die klassischen Massenmedien. Allerdings nimmt ihr Anteil von 81,3 % (1980) auf 74,8 % (2001) deutlich ab. Insbesondere die Direktwerbung per Post und in zweiter Linie die Adressbuchwerbung hat Marktanteile gewonnen.

Jahr	1980	1990	1992	1994	1996	1997	1998	1999	2000	2001
Anteil[1)]	81,3	78,6	77,3	76,5	75,1	75,3	75,4	75,3	76,2	74,8

[1)] In Prozent der Netto-Werbeeinnahmen der vom ZAW insgesamt erfassten Werbeträger, ab 1992 alte und neue Bundesländer

Tabelle 5: Anteil der klassischen Massenmedien als Werbeträger[2]

Ohne den Einsatz der Massenmedien wäre die Werbung mithin kaum darstellbar; es verblieben lediglich die Direktwerbung per Post, die Werbung in Verzeichnismedien wie Adress- und Telefonbüchern sowie die Plakatwerbung und die Werbung in Kino, Theater und Museum. Damit wäre zum Beispiel die multisensorische massenwirksame Fernsehwerbung oder die präzise Rubrikenwerbung in Zeitung und zum Teil auch Zeitschrift nicht möglich. In der Verbundproduktion von redaktioneller Information und Werbung liegt – quantitativ ökonomisch gesehen – eine große Bedeutung der Massenmedien. Wenigstens die Kosten der Herstellung von Öffentlichkeit im Bereich der Werbung können quantifiziert werden. Tabelle 6 zeigt das Volumen der Werbewirtschaft nach den Indikatoren Gesamtkosten und Beschäftigte.

1 Vgl. Institut für Demoskopie Allensbach: Was in der Tageszeitung interessiert, nach BDZV-Jahrbuch Zeitungen 2001, S. 457, ein Phänomen, das zum Beispiel Offertenblätter als Geschäftsidee umsetzen.

2 Quelle: Ursprungsdaten ZAW-Jahrbücher „Werbung in Deutschland".

	1995	1997	1998	1999	2000	2001
Gesamtkosten der Werbung[1)] in Millionen DM	53.600	56.602	59.007	61.491	64.491	61.628
Beschäftigte in der Werbewirtschaft[2)]	165.000	165.000	180.000	180.000	180.000	186.065

[1)] Werbeproduktionskosten, Werbeverwaltungskosten und Werbeverbreitungskosten

[2)] Im Bereich der Werbegestaltung, der Media-Agenturen und der Werbemittelverbreitung

Tabelle 6: Volumen der Werbewirtschaft[1]

Mit einem Volumen von gut 60 Milliarden DM und knapp 190.000 Beschäftigten entspricht die Werbewirtschaft etwa dem Volumen der Massenmedien.

In welchem Umfang umgekehrt Massenmedien Werbeträger sind, hängt von der Art der Massenmedien und ihrer Organisationsform ab. Wählt man als Indikator den Anteil der Werbeeinnahmen an den Gesamteinnahmen und den Seitenanteil bzw. Zeitanteil der Werbung am Gesamtangebot, so zeigt sich das in Tabelle 7 gezeichnete Bild. Dabei handelt es sich um Durchschnittswerte der Gattungen.

Generell übertrifft der Einnahmeanteil der Werbung ihren Mengenanteil an Seiten bzw. an Zeit deutlich; das bedeutet, dass die Werbung den redaktionellen Teil zu einem großen Teil finanziert.

1 Quelle: ZAW.

	Einnahmeanteil der Werbung in v. H.	Anteil der Seiten/Zeit für Werbung in v. H.
Zeitung	64	35
Zeitschrift[1)]	55	35
Anzeigenblatt	100	66,5
ARD-Hörfunk	2,5	0,9
Privater Hörfunk	90	10[2)]
ARD/ZDF	7,6	1,6
Privat-Fernsehen	96,6	14,8[3)]

[1)] 1994

[2)] geschätzt

[3)] RTL, SAT1 und ProSieben

Tabelle 7: Massenmedien als Werbeträger (2000)[1]

Betrachtet man als Indikator allein den Anteil der Werbeeinnahmen an den gesamten Einnahmen, so kann man folgendermaßen klassifizieren:

- Zeitungen sind zu knapp zwei Dritteln Werbeträger;
- Zeitschriften sind – bei deutlichen Unterschieden zwischen den einzelnen Zeitschriftentypen – zu etwas über 50 % Werbeträger;
- Anzeigenblätter sind zu 100 % Werbeträger;
- Öffentlich-rechtlicher Rundfunk ist zu knapp drei Prozent Werbeträger;
- Privates Fernsehen ist bislang, mit Ausnahme von Premiere, zu praktisch 100 % Werbeträger und
- Öffentlich-rechtliches Fernsehen zu gut sieben Prozent.

Die mediale Struktur der Werbung in den Massenmedien zeigt Tabelle 8.

1 Quelle: Pressestatistik, Jahrbücher von ARD und ZDF, ZAW, Beschäftigte und wirtschaftliche Lage des Rundfunks in Deutschland 1999/2000, BDZV.

	1998	1999	2000	2001	Anteile 2001 in %
Tageszeitung[1)]	5.961	6.140	6.624	5.715	35,9
Zeitschrift[2)]	3.031	3.196	3.514	3.149	19,8
Anzeigenblatt	1.762	1.742	1.792	1.742	10,9
Hörfunk	605	691	733	678	4,3
Fernsehen	4.042	4.318	4.705	4.469	28,0
Online-Angebote	26	77	153	185	1,2

1) Einschließlich Zeitungssupplements

2) Publikums- und Fachzeitschriften

Tabelle 8: Nettowerbeeinnahmen der Massenmedien in Millionen €[1]

Die Tageszeitung ist nach wie vor der dominierende Werbeträger, gefolgt vom Fernsehen, der Zeitschrift und dem Anzeigenblatt. Der Hörfunk spielt als Werbeträger keine große Rolle; Online-Angebote spielen als Werbeträger eine bislang verschwindend geringe Rolle, allerdings sind ihre Zuwächse beachtlich.

Zusammenfassend kann man sagen, dass Massenmedien nach dem Schwerpunkt ihrer wirtschaftlichen Aktivität mit Ausnahme des öffentlich-rechtlichen Rundfunks vor allem eines sind: Werbeträger.

Dieser Verbund von Massenmedien und Werbung, oder der Verbund von redaktioneller und werblicher Information ist im Wesentlichen auf Verbundvorteile im Vertrieb, auf Verbundvorteile im Konsum und auf einen Glaubwürdigkeitsverbund zurückzuführen. Die Folgen dieses Verbundes sind komplex:[2]

- Es wird für zwei Märkte produziert.
- Die Produktion für zwei Märkte zugleich erfordert differenzierte Marketingstrategien und bewirkt in der Regel sich verstärkende Absatz- und Umsatzentwicklungen mit den entsprechenden Auswirkungen auf die Marktabgrenzung und Marktstrukturen.
- Die redaktionelle Produktion muss die Werbeträgereigenschaften des Mediums beachten.

1 Quelle: Ursprungsdaten ZAW.

2 Vgl. auch Kiefer (2001), S. 242 ff.

- Die Einnahmen aus der Verbreitung von Werbebotschaften machen die Massenmedien für die Rezipienten relativ billig.

Der Verbund von Massenmedien und Werbung trägt dazu bei, das zentrale Problem der Generierung von Erlösen für die Massenmedien zu lösen. Das zentrale Problem liegt darin, dass Massenmedien mit ihren redaktionell erstellten Informationen ein Gut anbieten, das zum großen Teil den Charakter eines öffentlichen Gutes hat: Es ist generell durch Nichtrivalität im Konsum und partiell durch die Schwierigkeit gekennzeichnet, das Marktausschlussprinzip anzuwenden.[1] Diese Schwierigkeiten werden im Verbund mit der Werbung gelöst: Die Verbreitung von Werbebotschaften ist ein rein privates Gut, für das die Nutzer zahlen. Im Folgenden wird die Werbeträgerfunktion der Massenmedien wieder ausgeblendet.

6. Das Angebot der Massenmedien

Das Angebot der Massenmedien wird in der Regel mit den Indikatoren Titel und Auflage bei den Printmedien und Programme sowie Sendezeit bei den audiovisuellen Medien erfasst. Damit wird die Produktionsmenge dieses Sektors ausgewiesen und zugleich ein Eindruck von der produzierten Informationsvielfalt vermittelt. Dies gibt einen Überblick über die volkswirtschaftliche Bedeutung der Massenmedien in publizistischer Sicht, also über den Input in den gesamtgesellschaftlichen Kommunikationsprozess.

Tabelle 9 zeigt das quantitative Angebot an Zeitungen. Die Ausgabe ist die kleinste pressestatistische Einheit, es ist eine Einheit, die sich durch Text- und/oder Anzeigenteile unterscheidet, meist sind es unterschiedliche lokale Textteile.[2] Die publizistische Einheit ist durch einen einheitlichen Mantel definiert, also im Regelfall durch die Seiten 1 und 2 mit den aktuellen politischen Informationen.

---

1 Vgl. Heinrich (2001), S. 94 f.

2 Schütz (2001), S. 602.

	1981	1985	1991	1995	1999	2001
Ausgaben	1258	1273	1673	1617	1581	1584
Verlage	392	382	410	381	355	356
Publiz. Einheiten	124	126	158	135	135	136
Verk. Auflage in Millionen	20,556	20,994	24,174	25,467	24,054	23,200

Tabelle 9: Das quantitative Zeitungsangebot (Tageszeitungen: ab 1991 einschließlich neue Bundesländer)[1]

In der Zeitreihe wird deutlich, dass sich der Zeitungssektor seit langem, nur kurzfristig durch den Zeitungsboom nach der Wiedervereinigung unterbrochen, in der Phase der Stagnation oder schleichenden Schrumpfung befindet: Die Zahl der Ausgaben und publizistischen Einheiten stagniert und die Zahl der Verlage sowie die verkaufte Auflage geht zurück. Die Zeitung, das älteste der neuzeitlichen Massenmedien, ist zwar immer noch Systembedingung moderner Gesellschaften,[2] ihre Bedeutung nimmt aber relativ und ansatzweise auch absolut gesehen ab.

Tabelle 10 gibt einen Überblick über das quantitative Angebot von Zeitschriften. Diese Angaben sind indes nicht vollständig, erfasst werden nur die vom VDZ (Verband Deutscher Zeitschriftenverleger) gemeldeten Titel. Demgegenüber hatte die 1994 eingestellte amtliche Pressestatistik ein sehr viel größeres Marktvolumen des Zeitschriftensektors mit rund 9.000 Titeln, mit einer Auflage von 388 Millionen und mit einem Gesamtumsatz von 16.557 Millionen DM ausgewiesen; grob geschätzt umfasst die auf VDZ-Angaben fußende Statistik also ein Drittel des eigentlichen Marktvolumens.[3] Die wichtigsten Zeitschriftenarten sind mit der Publikumszeitschrift, der Fachzeitschrift, der Kundenzeitschrift und der konfessionellen Zeitschrift indes erfasst; es gibt allerdings viele Titel, die weder von der IVW (Informationsgemeinschaft zur Feststellung der Verbreitung von Werbeträgern) noch vom VDZ gemeldet werden. Die vollständigste Zusammenstellung von Printmedien, die in Deutschland verfügbar ist, die Auflistung im „Stamm", verzeichnet rund 13.500 überregionale und rund 6.500 regional verbreitete Titel, also gut 20.000 Zeitschriftentitel.[4]

1 Quelle: Schütz 2001, BDZ Jahrbücher Zeitungen.

2 Wilke (2000), S. 232.

3 Vgl. Heinrich (2002), S. 64.

4 Stamm (2000).

	1990	1992	1994	1996	1998	2000	2001
Titel[1)]							
Publikumszeitschriften	565	619	703	758	809	847	817
Kundenzeitschriften	45	43	45	60	72	93	81
Fachzeitschriften	901	951	963	983	1080	1094	1096
Konfessionelle Zeitschriften	61	63	65	59	58	61	61
Zusammen	1.572	1.676	1.776	1.860	2.019	2.095	2.055
Auflage[2)] in Millionen Stück							
Publikumszeitschriften	109,7	121,0	123,2	127,6	126,5	124,4	125,1
Kundenzeitschriften	20,5	21,3	20,1	20,4	43,4	46,2	45,6
Fachzeitschriften	16,0	16,7	17,3	16,7	17,1	17,9	18,0
Konfessionelle Zeitschriften	1,9	2,2	2,0	2,6	2,4	2,4	2,2
Zusammen	148,1	161,2	162,6	167,3	189,3	190,9	190,9

[1)] IVW-gemeldet

[2)] IVW-geprüfte verkaufte Auflage im 4. Quartal

Tabelle 10: Das quantitative Angebot an Zeitschriften[1]

Die in Tabelle 10 ausgewiesenen gut 2.000 Zeitschriftentitel geben einen Eindruck von der großen Fülle und Vielfalt des Zeitschriftenangebots; die verkaufte Auflage von gut 190 Millionen Stück ist, als Lesestoff interpretiert, allerdings deutlich geringer als die Zeitungsauflage, weil Zeitschriften allenfalls wöchentlich, meist aber 14-täglich oder monatlich erscheinen. Der komparative Vorteil der Zeitschrift ist ihr recht gut differenziertes und strukturiertes Informationsangebot; Zeitschriften sind Massenmedien, die in ganz besonderer Weise die Transaktionskosten des Kaufs und der Rezeption von Informationen reduzieren, viel stärker als die anderen klassischen Massenmedien. Diese klare Strukturierung ist auch für die werbungtreibende Wirtschaft von außerordentlicher Bedeutung, es besteht die Vermutung, dass Zeitschriftentitel primär als Werbemedien entstehen: Die Zeitschrift ist jedenfalls Basismedium für zielgruppenbezogene Werbung.

1 Quelle: VDZ, ZAW, IVW.

Tabelle 11 gibt einen Überblick über Struktur und Entwicklung des Hörfunkprogrammangebots in Deutschland von 1984 bis 2000.

	1984	1986	1988	1990	1992	1994	1996	1998	2000
Öffentlich-rechtlich	35	39	39	41	50	53	53	55	55
Private Programme insgesamt	1	25	136	172	164	175	187	182	197
- bundesweit	1	1	2	4	8	12	15	12	16
- landesweit	-	8	15	18	27	33	34	35	42
- lokal[1)]	-	16	80	109	129	130	130	135	139
Insgesamt	36	64	175	213	214	228	240	237	252

[1)] einschließlich regional

Tabelle 11: Entwicklung des Hörfunkangebots in Deutschland von 1984 bis 2000[1]

Mit der Zulassung privaten Rundfunks im Jahre 1981 wurden, insbesondere in den Jahren 1986 bis 1990, zahlreiche neue private Hörfunkprogramme entwickelt und auch die öffentlich-rechtlichen Veranstalter haben ihr Angebot deutlich ausgeweitet. Mittlerweile bieten die öffentlich-rechtlichen Veranstalter, die alle in der ARD (Arbeitsgemeinschaft der öffentlich-rechtlichen Rundfunkanstalten der Bundesrepublik Deutschland) organisiert sind und – mit Ausnahme von Berlin und Brandenburg, die gemeinsam Rundfunk veranstalten – jeweils landesweite Programme ausstrahlen, ein umfangreiches Programmangebot: 55 Programme werden ausgestrahlt, davon zwei bundesweite Programme (DeutschlandRadio Berlin und Deutschlandfunk Köln). Dies bietet eine ausgedehnte Grundversorgung, in der Regel werden für die Hörer eines Sendegebietes fünf öffentlich-rechtliche Programme ausgestrahlt. 197 private Programme vervielfachen das Programmangebot, davon 42 landesweite und 139 lokale Programme. Daneben gibt es im Jahr 2000 etwa 20 Campus-Radios, 13 Offene Kanäle Hörfunk, 22 Initiativen-Radios und drei spezielle Ausbildungs-Radios, insgesamt also rund 60 nicht-kommerzielle Programme.[2]

Daneben können über das Internet etwa 9.000 Radioprogramme aus aller Welt und etwa 400 aus Deutschland[3] empfangen werden. Die hohen Kosten für Sender und Empfänger

1 Quelle: Jahrbücher der ARD, Jahrbücher der Landesmedienanstalten.

2 Vgl. ALM (2000), S. 417 ff.

3 Vgl. Fuhrmann (2001), S. 22.

und die unbefriedigende technische Übertragungsqualität stehen einer Verbreitung des Internet-Radios bislang aber entgegen.

Hörfunk ist mit einer täglichen Nutzungsdauer von 206 Minuten[1] das meistgenutzte Massenmedium, es ist ein sehr aktuelles und sehr billiges Medium. Hörfunk gilt als Tagesbegleiter für aktuelle Informationen und vor allem für Musikunterhaltung. Die werbliche Eignung des Hörfunks gilt als begrenzt, Hörfunkwerbung ist Ergänzungsmedium und wird in der Regel im Media-Mix eingesetzt.

Tabelle 12 gibt einen Überblick über Struktur und Entwicklung des Fernsehprogrammangebots in Deutschland.

	1990	1992	1994	1996	1998	2000
Öffentlich-rechtliche Programme	5	5	8	10	15	15
Private Programme	5	8	10	18	22	22
Insgesamt	10	13	18	28	37	37

Tabelle 12: Fernsehprogrammangebote in Deutschland (bundesweit/analog)[2]

Im Jahr 2000 sind 37 analoge Fernsehprogramme, deren Lizenzträger ihren Sitz in Deutschland haben, bundesweit zu empfangen. Hinzu kommen ein Dutzend kommerzieller Ballungsraumfernsehprogramme, etwa 150 lokale private Fernsehprogramme und die regionalen Programme der ARD-Veranstalter; zusätzlich empfangbar sind aus dem Ausland einstrahlende Programme, sowohl terrestrisch als insbesondere über Satellit. In den zehn Jahren von 1990 bis 2000 hat sich die Zahl der Programmangebote fast vervierfacht; gemessen in Programmstunden hat sich das Angebot weit stärker erhöht, weil mittlerweile alle Programme tägliche Sendezeiten von 24 Stunden haben. Der Fernsehsektor ist also der Massenmediensektor, der die größte Dynamik in den letzten zehn Jahren aufweist.

Betrachtet man nicht die bundesweit empfangbaren analogen Fernsehprogramme sondern allein die privaten Veranstalter von Fernsehprogrammen, so ergibt sich für 2000 ein wesentlich differenzierteres Bild von der Angebotsstruktur des Fernsehens in Deutschland:

- 30 Veranstalter senden bundesweite Programme, davon neun Pay-TV-Programme und zwei Teleshopping-Programme,
- 10 Veranstalter verbreiten landesweite Fernsehprogramme,

1 Vgl. Tabelle 13

2 Quelle: Jahrbücher der Landesmedienanstalten.

- 13 Veranstalter verbreiten Ballungsraumprogramme und
- 41 Veranstalter verbreiten Lokalprogramme mit allerdings geringem Programmumfang.[1]

Hinzu kommen 14 Veranstalter aus dem Bereich des öffentlich-rechtlichen Fernsehens.

Das Fernsehen bietet ein umfangreiches Informationsangebot insbesondere im Bereich der Unterhaltung, Fernsehen ist Massenmedium und Leitmedium und zentrales Medium der Unterhaltung. Die werbliche Eignung des Fernsehens gilt auf Grund seiner Multisensorik als hoch, Fernsehen ist Basismedium im Bereich der Markenartikelwerbung, es dominiert im Media-Mix.

Online-Angebote der klassischen Massenmedien sind nicht komplett erfasst:

- 2001 sind 390 Zeitungen online im Netz präsent;[2]
- praktisch alle Radio- und Fernsehveranstalter bieten Internetseiten an und zunehmend auch Programme als Livestreams oder auf Abruf.

Erfasst sind aber das Volumen der Werbeumsätze der Online-Angebote[3] sowie die Nutzung der Online-Angebote;[4] daraus lässt sich auf ein entsprechendes Angebot schließen.

7. Die Nachfrage nach Massenmedien

Üblicherweise wird die Nachfrage in den Dimensionen Mengeneinheit und Mengeneinheit x Preiseinheit erfasst und es liegt auf der Hand, was die Mengeneinheit und was die Preiseinheit ist. Für Massenmedien liegt dies weniger auf der Hand. Es ist üblich, die Nachfrage nach Massenmedien in Zeiteinheiten als Nutzungsdauer pro Kopf oder als Nutzungshäufigkeit in Form der so genannten Reichweite zu erfassen. Nur in der amtlichen Statistik werden außerdem die Ausgaben der Bundesbürger für Massenmedien erfasst. Die Nachfrage in Zeiteinheiten zu messen, ist gerade für Massenmedien sinnvoll, weil der Zeitverbrauch jeden anderen Ressourcenverbrauch dominiert. Die Angaben differieren, weil unterschiedliche Erhebungsmethoden angewendet werden:

1 Vgl. Beschäftigte und wirtschaftliche Lage des Rundfunks in Deutschland (1999/2000), S. 25.

2 Vgl. BDZV (2001), S. 237.

3 Vgl. Tabelle 8.

4 Vgl. Tabelle 13.

- Die Media-Analyse (MA) erhebt Nutzungsdaten für alle Medien, für Zeitungen, Zeitschriften, Hörfunk und Fernsehen. Sie ist vor allem für den Hörfunk wichtig, weil hier andere Erhebungen nicht existieren und im Intermediavergleich unverzichtbar.
- Die ARD/ZDF-Studie Massenkommunikation ermittelt Mediennutzungsgewohnheiten langfristig und im Intermediavergleich.
- Die GfK (Gesellschaft für Konsumforschung) ermittelt die Fernsehnutzung.
- Die AWA (Allensbacher Werbeträgeranalyse) ermittelt speziell auch Reichweiten der Tageszeitung.

Tabelle 13 stellt die Entwicklung der Nutzungsdauer der Massenmedien zusammen. Deutlich wird eine erhebliche Zunahme der Mediennutzung von 346 auf mittlerweile 502 Minuten pro Tag, also knapp 8,5 Stunden durchschnittlicher täglicher Medienkonsum. Damit rangiert der Medienkonsum nach Zeitverbrauch vor Arbeit und Schlafen.

	1980	1985	1990	1995	2000
Hörfunk	135	154	170	162	206
Fernsehen	125	121	135	158	185
CD/MC/LP	15	14	14	13	36
Tageszeitung	38	33	28	29	30
Bücher	22	17	18	15	18
Internet	-	-	-	-	13
Zeitschriften	11	10	11	11	10
Video	-	-	4	3	4
Gesamt	346	351	380	391	502

Tabelle 13: Entwicklung der Nutzungsdauer der Medien[1]

Deutlich wird auch der Strukturwandel der Mediennutzung, insbesondere Printmedien und hier speziell die Tageszeitung verlieren Anteile an der Mediennutzung, während das Fernsehen seine Position ausbauen und der Hörfunk seine starke Position halten konnte.

Die Reichweiten, also die Nutzungshäufigkeiten der Massenmedien, werden in Tabelle 14 wiedergegeben.

1 Mo-So, in Minuten pro Tag, seit 1995 BRD gesamt; ein geringer Anteil Parallel-Nutzung ist enthalten (brutto), gilt für Erwachsene ab 14 Jahren. Quelle: Media Perspektiven 11/2001.

	1980	1985	1990	1995	2000
Fernsehen	77	72	81	83	85
Hörfunk	69	76	79	75	85
Zeitung	76	73	71	65	54
Internet	-	-	-	-	10

Tabelle 14: Die Entwicklung der Reichweite[1] der tagesaktuellen Massenmedien in Prozent[2]

Generell wird auch in der Reichweite die große Bedeutung der Massenmedien für die Menschen deutlich: 85 % der Bundesbürger ab 14 Jahren hören täglich Radio und sehen täglich fern, und 54 % greifen täglich zur Zeitung, ein Wert, der in den letzten 20 Jahren allerdings deutlich gesunken ist und immerhin zehn Prozent nutzen mittlerweile täglich das Internet.

	1990	1992	1994	1996	1998
Zeitungen	18,06	18,53	19,54	21,71	21,53
Zeitschriften	12,41	13,73	14,97	15,42	17,61
Hörfunkgeräte	8,43	12,62	8,50	9,13	7,62
Fernsehgeräte	12,14	10,10	8,25	5,98	8,73
Rundfunkgebühren	21,96	26,68	30,57	29,20	34,09
Zubehör	4,77	6,52	5,11	4,41	4,06
Reparatur	2,81	3,29	2,30	2,30	2,17
Insgesamt	80,31	91,47	89,24	88,15	95,81
Anteil am Nettoeinkommen in v. H.	1,86	1,92	1,83	1,69	1,75

Tabelle 15: Monatliche Ausgaben für Massenmedien (Haushaltstyp 2, alte Bundesländer, in DM)[1]

1 Mo-So, seit 1995 BRD gesamt, gilt für Erwachsene ab 14 Jahren.

2 Quelle: Media Perspektiven 11/2001.

Die Ausgaben der Bundesbürger für Massenmedien fallen gegenüber dem immensen Zeitverbrauch für Massenmedien deutlich zurück. Die Anteile am Nettoeinkommen liegen seit Jahren relativ konstant bei knapp zwei Prozent.

8. Zusammenfassung

Die zentrale Funktion der Massenmedien liegt in der Herstellung von Öffentlichkeit und den damit verbundenen Medienwirkungen. Diese können indes schon qualitativ kaum erfasst werden, und eine Quantifizierung ist völlig unmöglich. Daher kann die volkswirtschaftliche Bedeutung der Massenmedien nur anhand einiger ökonomischer Kennziffern dargelegt werden und auch dies bleibt unvollkommen, weil eine amtliche Statistik zum Mediensektor nicht existiert.

Mit einem Umsatzvolumen von rund 70 Milliarden DM im Jahr 2000 ist der Mediensektor ein recht kleiner Sektor der Gesamtwirtschaft; sein Anteil am Umsatz und an der Bruttowertschöpfung insgesamt liegt bei rund 0,7 %; der Anteil an der Beschäftigung liegt bei rund 0,4 %. Die Massenmedien haben eine große Bedeutung als Werbeträger, ohne Massenmedien wäre die Werbewirtschaft kaum denkbar.

Auch für das Leben der Bürger spielen die Massenmedien quantitativ eine überragende Rolle. Der durchschnittliche Zeitverbrauch für den Medienkonsum übertrifft mit gut 500 Minuten pro Tag den durchschnittlichen Zeitverbrauch für Arbeit und Schlafen. Dies ist aber keine teure Freizeitaktivität: Knapp zwei Prozent des Einkommens werden für den Medienkonsum aufgewendet.

Literaturverzeichnis

ALM (2000), Arbeitsgemeinschaft der Landesmedienanstalten in der Bundesrepublik Deutschland (Hrsg.), Privater Rundfunk in Deutschland, Jahrbuch der Landesmedienanstalten 1999/2000, München 2000.

ARD, Arbeitsgemeinschaft der öffentlich-rechtlichen Rundfunkanstalten der Bundesrepublik Deutschland (Hrsg.), Jahrbuch, lfd. Jahrgänge.

BDZV (2001), Bundesverband Deutscher Zeitungsverleger (Hrsg.), Zeitungen 2001.

1 Quelle: Statistisches Bundesamt; eigene Berechnungen.

Beschäftigte und wirtschaftliche Lage des Rundfunks in Deutschland (1999/2000), Schriftenreihe der Landesmedienanstalten, Berlin 2002.

Blöbaum, B. (1994), Journalismus als soziales System, Opladen 1994.

Fuhrmann, M. (2001), Risiko Webradio, in: Tendenz, Heft 1, 2001, S. 22-23.

Heinrich, J. (2001), Medienökonomie Band 1, Wiesbaden, 2. Aufl. 2001.

Heinrich, J. (2002), Ökonomische Analyse des Zeitschriftensektors, in: Zeitschriften und Zeitschriftenforschung, Sonderheft 3/2002 der Publizistik, S.60-82.

Kepplinger, H.-M. (2001), Die Kunst der Skandalierung und die Illusion der Wahrheit, München 2001.

Kiefer, M.-L. (2001), Medienökonomik, München/Wien 2001.

Owen, B.M. (1975), Economics and Freedom of Expression, Media Structure and the First Amandment, Cambridge/Mass 1975.

Picard, R.G. (1989), Media Economics, Concepts and Issues, London et al. 1989.

Pöttker, H. (2000), Kompensation von Komplexität, in: Löffelholz, Martin (Hrsg.), Theorien des Journalismus, Wiesbaden 2000, S. 375-390.

Pürer, H. (1990), Einführung in die Publizistikwissenschaft, München, 4. Aufl. 1990.

Schütz, W. J. (2001), Deutsche Tagespresse 2001, in: Media Perspektiven Heft 12, 2001, S. 602-632.

Seufert, W. (1994), Gesamtwirtschaftliche Position der Medien in Deutschland 1982-1992, Berlin 1994.

Stamm (2000), Presse- und Medienhandbuch, 53. Ausgabe, Essen 2000.

SZ (2002), Süddeutsche Zeitung vom 9.12.2002.

Wilke, J. (2000), Zeitung und Zeitungsforschung – Entwicklung und Perspektiven, in: Jarren, O./Kopper, G.G/Toepser-Ziegert, G. (Hrsg.), Zeitung Medium mit Vergangenheit und Zukunft, München 2000, S. 231-244.

ZAW, Zentralverband der deutschen Werbewirtschaft (Hrsg.), Werbung in Deutschland, lfd. Jahrgänge, Bonn.

ZDF, Zweites Deutsches Fernsehen (Hrsg.), Jahrbuch, lfd. Jahrgänge.

Horst M. Schellhaaß

Die Rundfunkordnung aus institutionenökonomischer Sicht

1. Problemstellung

Die Dynamik der Marktentwicklung, der Kampf um Marktanteile sowie die Kontroversen um die Weiterentwicklung der Medienordnung in den Anfangsjahren des dualen Rundfunksystems sind inzwischen einem Arrangement mit dem Status quo gewichen. Aus wettbewerbsökonomischer Sicht sind wir von der Wachstumsphase in die Ausreifungsphase der dualen Rundfunkmärkte eingetreten. Während zu Beginn einer Marktentwicklung die Strategien aller Wettbewerber darauf gerichtet sind, die Struktur des Marktes zu ihren Gunsten zu beeinflussen, besteht jetzt an der Veränderung der Marktstruktur kein Interesse mehr, weil sie sich nicht mehr lohnt. Diese Beruhigung der Marktprozesse sollte genutzt werden, um die Rundfunkordnung, die als Reaktion auf tatsächliche oder vermeintliche Fehlentwicklungen ad hoc durch die Rechtsprechung gestaltet worden ist, im Hinblick auf eine konsistente Gesamtordnung weiter zu entwickeln.

Zentraler Ankerpunkt der gegenwärtigen Rundfunkordnung ist der vom Bundesverfassungsgericht konstatierte unüberbrückbare Gegensatz zwischen dem publizistischen und dem ökonomischen Wettbewerb. In dieser Konzeption soll der vor den Kräften des Wettbewerbs geschützte öffentlich-rechtliche Rundfunk als unverzichtbarer Pfeiler der Rundfunkordnung die verfassungsrechtlich geforderte Meinungsvielfalt garantieren.[1] Daneben darf sich ein den Kräften des Marktes unterworfener privater Rundfunk entwickeln, der nur geringeren Vielfaltsanforderungen unterworfen ist und aus diesem Grunde stets nur als eine ergänzende, aber niemals als ausschließliche Angebotsform in Frage kommen kann.[2] Aus ökonomischer Sicht kann diese strikte Abschottung der beiden Marktsegmente nicht überzeugen.

Als erster Schritt zur Entwicklung eines ordnungspolitischen Gesamtsystems interpretieren wir das verfassungsrechtliche Problem der Sicherung der Meinungsvielfalt als das ökonomische Standardproblem der Internalisierung externer Erträge. Um die allokationstheoretische Handlungsanweisung der Internalisierung in praktische Medienpolitik umzusetzen, bedarf es ökonomischer und rechtlicher Institutionen, die wegen der besonderen Eigenschaften des Gutes Information im Regelfall Nicht-Standardlösungen darstellen.

Die in der Medienordnung vorgesehenen Institutionen müssen zum einen den Rundfunk vor einem Missbrauch durch den Staat oder durch gesellschaftliche Gruppen schützen, zum anderen die durch die verfassungsrechtliche Meinungsvielfalt bezweckte Sozialisation der Zuschauer nicht nur rechtlich verankern, sondern auch tatsächlich verwirklichen, und schließlich dem Wettbewerb als Entdeckungsverfahren einen breiteren Raum als bisher gewähren. In diesem Beitrag soll der bisher die Literatur beherrschende Gegen-

1 Vgl. die Übersicht in Never (2002), S. 49-76.

2 Vgl. Hoffmann-Riem (2000), S. 33 f.

satz zwischen dem ökonomischen und publizistischen Wettbewerb überwunden und beide Teilbereiche der Medienpolitik in ein ordnungspolitisches Gesamtkonzept integriert werden.

2. Institutionen zur Sicherung der Meinungsvielfalt

Im ersten Rundfunkurteil 1961 hat das Bundesverfassungsgericht die Sondersituation des Rundfunks, insbesondere die Frequenzknappheit und die Höhe des finanziellen Aufwands, als Begründung für regulatorische Maßnahmen zur Sicherung der Meinungsvielfalt herangezogen. Heute kann ein Fernsehzuschauer im Regelfall unter mehr als 30 Programmen auswählen. Die Zuschauer mit einem digitalen Empfangsgerät können sogar 80 bis 90 Programme empfangen, so dass praktisch alle Präferenzrichtungen abgedeckt werden. Im Zuge der im letzten Jahr eingeleiteten und bis 2010 vollendeten Digitalisierung werden die technischen Übertragungswege die Programmvielfalt nicht mehr spürbar einschränken. Nach den traditionellen Programmauswahlmodellen[1] werden dann unter realitätsnahen Annahmen alle Programme angeboten, bei denen eine Deckung ihrer Produktions- und Distributionskosten erwartet wird, während bislang zusätzlich ein interner Verrechnungspreis für die Nutzung der knappen Frequenzen implizit angesetzt wird, der für einige dieser Programme ein Ausstrahlungshindernis darstellt.

Die Vervielfachung der Frequenzen wird nicht nur völlig neuen Programmtypen den Weg zum Rezipienten öffnen, sondern auch zu einer Reihe von Programmduplikationen führen. In der kommunikationswissenschaftlichen Literatur werden sie überwiegend unter dem Aspekt der Ressourcenverschwendung betrachtet („more of the same"), da ein einziges Programm auf Grund seines Kollektivgutcharakters ebenfalls alle potentiellen Interessenten zufrieden stellen könnte. In der Praxis handelt es sich jedoch auch bei den Programmen, die unter die gleiche Kategorie subsumiert werden, stets um heterogene Güter, da auf Grund der handelnden Akteure und der Urheberrechte eine reine Imitation ausgeschlossen ist. Zum Beispiel wird kein Zuschauer eine Quizsendung mit dem Moderator A im Sender 1 als ein vollkommenes Substitut zu einer Quizsendung mit dem Moderator B im Sender 2 betrachten. Insofern handelt es sich bei einer Programmduplikation nicht nur um ein „more of the same", sondern stets auch um einen Beitrag zu größerer Meinungsvielfalt. In der Wettbewerbstheorie wird die Tatsache, dass Imitationen, wenn sie im Markt erfolgreich sein sollen, dem Konsumenten stets eine günstigere Gelegenheit im Vergleich zum Originalprodukt bieten müssen, als eine bedeutsame Triebfeder des technischen Fortschritts angesehen. Vermutlich ist deshalb der innovationsfördernde

1 Vgl. z. B. Owen/Wildman (1992).

Charakter von Programmduplikationen wichtiger als der Aspekt der Ressourcenverschwendung.

Für die verfassungsrechtliche Sicht ist es weniger wichtig, ob die Frequenzvermehrung die ohnehin schon gute Versorgung der medialen Zuschauer noch einmal verbessert, sondern vielmehr ob die Präferenzen der Minderheiten angemessen berücksichtigt werden. Mit der Beseitigung der Frequenzknappheit sinkt der interne Verrechnungspreis für die Nutzung der Sendefrequenzen auf Null, so dass kein einziges Minderheitenprogramm mehr deswegen zurückstehen muss, weil es deckungsbeitragsstärkere Programme gibt, die den Wettbewerb um die Nutzung der Frequenzen gewinnen. Die einzige Bedingung, die jedes Programm – ob für den Massen- oder den Minderheitengeschmack – erfüllen muss, ist, dass es seine eigenen Programm- und Verbreitungskosten decken muss. In dieser Hinsicht unterscheiden sich Märkte für Fernsehprogramme nicht von den Märkten für normale Produkte. Stets kommen die Nachfrager, die nicht ihre variablen Kosten bezahlen wollen, nicht zum Zuge.

Dies heißt aber keineswegs, dass hierdurch systematisch gegen Minderheitenprogramme diskriminiert wird. Für einen wirtschaftlich handelnden Fernsehveranstalter ist nicht die Einschaltquote, sondern der Deckungsbeitrag des jeweiligen Programms entscheidungsrelevant. Wenn Minderheitenprogramme nur geringe Produktionskosten verursachen, haben sie nach der Überwindung der Frequenzknappheit gute Chancen, tatsächlich ausgestrahlt zu werden, zum Beispiel Diskussionsrunden mit Politikern oder Wissenschaftlern. Die wünschenswerte Meinungsvielfalt kann nicht daran gemessen werden, welche Programmtypen überhaupt und in welchen Prozentanteilen im Programm vorkommen. Da alle kostendeckenden Programme ausgestrahlt werden, entscheiden die Präferenzen der Zuschauer über die Anteile der einzelnen Programmkategorien.[1] Der Markt diskriminiert dann – wie auf jedem anderen Markt auch – nur noch gegen solche Programme, die entweder von einer verschwindend kleinen Minderheit nachgefragt werden oder extrem hohe Produktionskosten verursachen. Insofern wird der Markt nach der Überwindung der Frequenzknappheit alle programmlichen Präferenzen der Zuschauer mit der Gleichgewichtsmenge befriedigen.

Das gestiegene Gewicht der Konsumentenpräferenzen in einer dualen Rundfunkordnung kann auch zur Lösung eines anderen Aspektes der Programmvielfalt beitragen. Einigen öffentlich-rechtlichen Rundfunkanstalten wurde früher der Vorwurf der politischen Einseitigkeit sowohl bei der Besetzung von Personalstellen als auch bei der Programmpolitik gemacht. Die duale Rundfunkordnung hat zum einen den Politikern mehr Kanäle zu ihrer Selbstdarstellung zur Verfügung gestellt, und kann zum anderen Sender mit einem einseitigen Programm mit Zuschauerentzug bestrafen. Insofern hat der Wettbewerb eine Regulierung dieses rundfunkrechtlichen Fehlverhaltens entbehrlich gemacht.[2] Löst sich

1 Vgl. Never (2002), S. 117-123.

2 Vgl. Hoffmann-Riem (2000), S. 133-135.

damit das verfassungsrechtliche Gebot einer positiven Ordnung für die Sicherung der Meinungsvielfalt in Wohlgefallen auf?

Eine positive Ordnung für die Sicherung der Meinungsvielfalt könnte nur gerechtfertigt werden, wenn ein Marktversagenstatbestand vorliegt. Allein der Wunsch, von einem bestimmten Programmtyp, zum Beispiel Live-Übertragungen von Bundestagsdebatten oder von klassischen Konzerten mehr als die Gleichgewichtsmenge ausstrahlen zu wollen, ist kein Argument, das eine Subventionierung rechtfertigt. Dieses Argument kann nämlich für jedes beliebige Produkt vorgetragen werden. Selbstverständlich würden sich einige Konsumenten freuen, wenn der Staat Autos von Mercedes wegen ihrer hohen Qualität subventionieren würde. Insgesamt würde jedoch die gesellschaftliche Wohlfahrt sinken, weil der Nutzengewinn der subventionierten Autokäufer geringer ist als der Ressourcenverbrauch für die höhere Qualität. Genau das gleiche Argument trifft auf Fernsehprogramme zu: auch die unbestrittene Qualität eines Programms rechtfertigt keine Überschreitung der Gleichgewichtsmenge. Im marktfähigen Programmsegment setzen sich in einem trial-and-error-Verfahren die Meinungen durch, die von den Individuen als erfolgreiche Lösungen ihrer Probleme angesehen werden. Folglich ist der „market place of ideas“[1] die geeignete Organisationsform für die Steuerung der marktfähigen Programmkomponenten.

Die nicht-marktfähigen Komponenten des Rundfunkprogramms sollen die Rezipienten auf gemeinschaftsfördernde Grundüberzeugungen einstimmen. Es ist ihre Funktion, das Gemeinwohl durch eine Abschwächung egoistischer Verhaltensweisen zu fördern, indem sie den politischen Widerstand gegen individuell nachteilige, aber gemeinwohlfördernde Maßnahmen verringern. An anderer Stelle habe ich dies als die Sozialisationsfunktion des Rundfunks bezeichnet.[2] Da Sozialisation von den Zuschauern nicht aktiv nachgefragt wird, muss für die nicht-marktfähigen Komponenten des Fernsehprogramms die fehlende marktmäßige Zuschauernachfrage durch die subventionsgesteuerte Nachfrage der Politiker ersetzt werden.

Diese Funktion wird in der Literatur mit der Bildungs- und Informationsfunktion des Fernsehens beschrieben. Diese Umschreibung ist wenig hilfreich, weil sie sich auf bestimmte Programmkategorien und nicht auf die Motivation der Nutzung bezieht. Wenn ein Geldanleger in der Hoffnung auf gewinnträchtige Informationen die aktuelle Börsenberichterstattung in n-tv oder einen Bericht in WISO über die Vor- und Nachteile einer Zusatzversicherung für Krankenhausbehandlungen verfolgt, entspricht dies seinen persönlichen Präferenzen. Findige Unternehmer werden dann ein präferenzengerechtes Angebot auf den Markt bringen. Insofern wird der Markt auch in den häufig als kritisch betrachteten Bereichen der Bildung, Kultur und politischen Information ein präferenzengerechtes Angebot bereithalten.

---

1 Coase (1974).

2 Vgl. Schellhaaß (1994).

Das vom Bundesverfassungsgericht konstatierte Defizit der marktmäßigen Meinungsvielfalt kann sich deshalb nicht auf bestimmte Programmkategorien beziehen. Was das Gericht mit seinen juristischen Begriffen umschreiben wollte, ist der Unterschied zwischen einer betriebs- und einer volkswirtschaftlichen Analyse eines Themenfeldes. Das Interesse eines Zuschauers an einem Bericht über Krankenversicherungen ist allein darauf gerichtet, nützliche Tipps für den eventuellen Abschluss einer solchen Versicherung zu erhalten. Das gleiche gilt im Hinblick auf den n-tv-Zuschauer, der geldwerte Tipps für den Kauf oder Verkauf bestimmter Aktien erhalten möchte. Diese betriebswirtschaftliche Nutzenmaximierung ist der entscheidende Faktor für den Umfang der marktgemäßen Meinungsvielfalt.

Aus volkswirtschaftlicher Sicht steht nicht der individuelle Nutzen, sondern die Funktionsweise des gesamten Systems im Vordergrund. Der Zuschauer soll zumindest ansatzweise verstehen, wie das Umlageverfahren der Sozialversicherung funktioniert, wie sich die höhere Lebenserwartung auf die Versicherungsprämien auswirkt und soll erkennen, dass alle Versicherungssysteme Maßnahmen gegen Missbrauch ergreifen müssen. Dies sind Themenfelder, die er für eine optimale Wahl seiner eigenen Versicherung nicht braucht. Auf der anderen Seite ist ein Verständnis für Systemzusammenhänge wichtig, um die Maßnahmen zu verstehen und zu akzeptieren, die zur Sanierung der Sozialversicherung erforderlich sind. Diese Argumentation lässt sich auf sämtliche Politikbereiche übertragen. Stets geht es darum, dass die Bürger für die Stabilität und Weiterentwicklung eines Gemeinwesens die Systemzusammenhänge zumindest in Grundzügen kennen müssen, um politische Entscheidungen, die dem langfristigen Systemerhalt dienen, aber kurzfristig die Wähler belasten, zu akzeptieren.

Sozialisation bedeutet, dass der Rundfunk Inhalte ausstrahlen soll, die die Normen und Werte einer Gesellschaft immer wieder in Erinnerung rufen und sie über den Meinungsbildungsprozess einer ständigen Überprüfung unterwerfen. Obwohl alle Bürger von der Stabilität eines Gemeinwesens profitieren, lohnt es sich für keinen Bürger individuell, in Sozialisation zu investieren, denn der persönliche Nutzen von Sozialisation rührt nicht daher, dass man selbst die Regeln eines geordneten Zusammenlebens beherzigt, sondern davon, dass die Mitmenschen in ihren täglichen Entscheidungen die impliziten Werte und Normen einer Gemeinschaft berücksichtigen. Von nutzenmaximierenden Individuen werden deshalb Sozialisationsinhalte am Markt nicht nachgefragt. Insofern handelt es sich bei dem vom Bundesverfassungsgericht festgestellten Defizit an Meinungsvielfalt nicht um einen Mangel an bestimmten Programmkategorien. Vielmehr fehlen die Sozialisationsinhalte, die zwar einen kollektiven, aber keinen individuellen Nutzen stiften. Auch ein Gesamtangebot, das in einer digitalisierten Welt sämtliche Präferenzen der Zuschauer erfüllt, wird deshalb zu wenige Sozialisationsinhalte enthalten. Auch nach der Überwindung der Frequenzknappheit wird es daher einen medienpolitischen Bedarf geben, in das Spiel der freien Kräfte auf Rundfunkmärkten korrigierend einzugreifen.

Die vorstehende Analyse hat die Sicherung der Meinungsvielfalt von einem verfassungsrechtlichen Gebot in einen wirtschaftspolitischen Sachverhalt transformiert. Die externen

Erträge der Sozialisation können auf drei Wegen internalisiert werden. Zum einen können Sozialisationssendungen direkt subventioniert werden, zum anderen können wir mit Hilfe der Programmstrukturauflage die Rundfunkveranstalter zwingen, ihr marktfähiges Programm zu einem bestimmten Prozentsatz durch Sozialisation zu ergänzen, und schließlich kommt eine institutionelle Bestandsgarantie der öffentlich-rechtlichen Rundfunkanstalten als Gegenleistung für die Übernahme der verfassungsrechtlich geforderten Grundversorgung in Frage.

Sozialisation mit Hilfe des Mediums Fernsehen wirft ein dreifaches anreiztheoretisches Problem auf: Erstens hat der Rundfunkunternehmer wegen fehlender Gewinnerwartungen keinen Anreiz, Sozialisation freiwillig anzubieten. Als erstes muss deshalb eine funktionsfähige Rundfunkordnung einen Gewinnanreiz für die Produktion von Sozialisationsbotschaften schaffen. Selbst wenn diese kostenlos im Äther ausgestrahlt werden, hat zweitens der Rezipient keinen Nutzenanreiz, sich diese anzuschauen, denn andere Programme erfüllen seine Präferenzen besser. Insofern muss eine funktionsfähige Rundfunkordnung Anreize dafür schaffen, dass die Zuschauer bei den Sozialisationsbotschaften nicht umschalten. Drittens muss eine funktionsfähige Rundfunkordnung Wirtschaftlichkeitsanreize setzen, weil ein subventioniertes Angebot an Sozialisationsbotschaften die Kostenkontrolle durch den Markt abschwächt. Es ist zu prüfen, inwieweit die drei theoretisch denkbaren Lösungswege den medienpolitischen Anforderungen genügen.[1]

Bei dem wirtschaftspolitischen Instrument der Subventionierung wird der Verfassungsauftrag in der Weise erfüllt, dass der Subventionsgeber Art und Umfang der Sozialisationssendungen bestimmt. Die ökonomische Aufgabe besteht bei diesem Instrument darin, durch die Zahlung von Zuschüssen die Deckungsbeiträge der ausgewählten Programmkategorien soweit zu erhöhen, dass nicht geschützte Programme in hinreichendem Umfange verdrängt werden. Im Gleichgewicht erzielen alle Sparten aus der Sicht des Programmanbieters den gleichen marginalen Deckungsbeitrag, wobei sich die Deckungsbeiträge der Sozialisationssendungen aus Werbeeinnahmen und Subventionen zusammensetzen.

Effizienzmindernde Wirkungen treten wegen des Problems der unvollkommenen Information auf. Beispielsweise liegt es nach der Rechtsprechung des Bundesverfassungsgerichts nahe, die Zugehörigkeit zu der Kategorie „politische oder kulturelle Programme" als Selektionskriterium für eine Förderung zu nehmen. Soll ein Spielfilm mit einem kulturgeschichtlichen Hintergrund der förderungswürdigen Kategorie „Kulturprogramm" oder der nicht förderungswürdigen Kategorie „Unterhaltung" zugeordnet werden? Selbst wenn das Problem der Zuordnung hinreichend genau gelöst werden könnte, gäbe es immer noch das Problem der Mitnahmeeffekte, denn es sind keineswegs alle politischen oder kulturellen Programme defizitär. Unvollkommene Informationen über das Verhalten der politischen Akteure stellen wegen der verfassungsrechtlich geforderten Verläss-

1 Vgl. Schellhaaß (2000), S. 303 ff.

lichkeit der Instrumente zur Sicherung der Meinungsvielfalt ein spezielles medienpolitisches Problem dar. Eine Subvention kann nicht nur leicht an Knappheitsrelationen, sondern auch an die politische Willfährigkeit des Rundfunks angepasst werden. Es ist kein Mechanismus bekannt, der eine Regierung zwingen könnte, diese Subvention auf Dauer in der jeweils optimalen Höhe zu zahlen. Insofern erfüllt eine aus dem Staatshaushalt finanzierte Subvention nicht das Kriterium der Verlässlichkeit.[1]

Denkbar wäre auch eine Programmstrukturauflage in Analogie zur EG-Richtlinie über die Ausübung der Fernsehtätigkeit vom 3.10.1989. Zielgröße wäre die Herbeiführung eines politisch determinierten Verhältnisses zwischen marktfähigen Unterhaltungssendungen und nicht-marktfähigen Sozialisationsinhalten. In allokativer Hinsicht hat die Programmstrukturauflage gegenüber der Subvention den Vorteil, dass nur interne Anpassungen erfolgen, so dass der Rundfunkunternehmer einen Gewinnanreiz hat, alle verfügbaren Informationen unverfälscht in den Entscheidungsprozess einfließen zu lassen. Aus medienpolitischer Sicht ist die Verlässlichkeit der Programmstrukturauflage von entscheidender Bedeutung. Hier unterscheidet sie sich nicht von der Subventionslösung, denn auch eine Strukturauflage kann der Gesetzgeber mit einem Federstrich eliminieren.

Bei der dritten Lösungsvariante steht nicht eine einzelne Programmkategorie, sondern die Institution „öffentlich-rechtlicher Rundfunk“ im Mittelpunkt der Subventionierung. Die Umsetzung der verfassungsrechtlichen Sozialisationsaufgabe in praktische Medienpolitik steht vor einem Dilemma: Je umfangreicher die Sozialisationsinhalte in einem Programm sind, umso weniger wird diese Sendung eingeschaltet. Die Zuschauer schalten auf ein alternatives Programm ohne Sozialisation um, so dass die intendierte Übermittlung von Grundwerten ins Leere geht. Sozialisation kann deshalb nur als Kuppelprodukt mit attraktiven Sendungen „verkauft” werden. Die Verlagerung der Entscheidungskompetenz vom Staat auf die Rundfunkanstalt macht dies möglich, weil hierdurch die Auswahl der förderungswürdigen Programme von einer exogenen zu einer endogenen Variable wird. Interessant ist in diesem Zusammenhang, dass das Bundesverfassungsgericht ausdrücklich die Vorstellung zurückweist, die öffentlich-rechtliche Grundversorgung auf die Minderheitenprogramme zu beschränken, eine Sichtweise, die beispielsweise vom Wissenschaftlichen Beirat beim Bundeswirtschaftsministerium (1999) vertreten wird. Die geforderte Integration von Minderheits- und Mehrheitsprogrammen lässt erkennen, dass die verfassungsrechtliche Meinungsvielfalt umfassender als eine reine Förderung kultureller oder politischer Sendungen zu interpretieren ist.

Aus ökonomischer Sicht soll der Gesamtumfang an Sozialisation so auf die verschiedenen Programmkategorien aufgeteilt werden, dass der Verlust an potentiellen Werbeeinnahmen minimiert wird. Da die Werbeeinnahmen über die Tausenderkontaktpreise mit den Zuschauerzahlen verbunden sind, erfüllt diese Vorgehensweise gleichzeitig die verfassungsrechtliche Forderung, nämlich die Zahl der Zuschauer zu maximieren, die der Sozialisationsbotschaft ausgesetzt sind. Als Ergebnis der Ramsey-Preisbildung ergibt

1 Vgl. Schellhaaß (1994), S. 236 ff.

sich erstens, dass auch die öffentlich-rechtlichen Rundfunkanstalten ihre Programmauswahl grundsätzlich nach den Präferenzen der Zuschauer vornehmen sollen. Zweitens bestehen die charakteristischen Unterschiede zwischen den privaten und öffentlich-rechtlichen Programmanbietern in der inhaltlichen Ausgestaltung der Programme. Konkret sollen die öffentlich-rechtlichen Anbieter innerhalb der für beide Wettbewerber gleichen Programmstruktur eine stärkere Sozialisationsfunktion als die privaten Anbieter wahrnehmen. Drittens, eine hohe Programmqualität ist kein Selbstzweck. Grundsätzlich sollen die Beiträge in einer präferenzengerechten Qualität angeboten werden. Eine höhere als die marktmäßige Qualität ist nur dann gerechtfertigt, wenn diese höhere Qualitätsstufe für die Generierung der Sozialisationsbotschaften erforderlich ist.[1]

Allerdings ist auch die institutionelle Lösung nicht vor Wirkungsbrüchen sicher, weil die Sozialisationseffekte zu den weichen Erfolgsindikatoren gehören. Kritiker der stärkeren Gewichtung des Relevanz- gegenüber dem Repräsentanzprinzip befürchten, dass der Wettbewerbsdruck zu einer Selbstkommerzialisierung der öffentlich-rechtlichen Rundfunkanstalten führen werde. Ökonomische Nutzenüberlegungen können dieses Argument entkräften: Die Politiker haben, um ihre Ideen durchsetzen zu können, ein Interesse an der Verwurzelung und Verinnerlichung des in den westeuropäischen Demokratien geltenden politischen und sozialen Systems. Im Austausch gegen eine – idealerweise überparteiliche – Sozialisation gewähren die Politiker den Mitarbeitern des öffentlich-rechtlichen Rundfunks Arbeitsbedingungen, die über den alternativen Verdienstmöglichkeiten liegen. Diese haben deshalb ein Einkommensinteresse daran, den für den Bestand des öffentlich-rechtlichen Rundfunks unverzichtbaren spezifischen Programmauftrag trotz der Verstärkung des Wettbewerbsdrucks zu erfüllen.

Mit der Internalisierung externer Effekte befindet sich die Medienökonomie – anders als die kommunikationswissenschaftliche oder juristische Forschung – im Einklang mit der traditionellen Rechtfertigung von Staatseingriffen. Nur die institutionelle Lösung kann die drei wichtigsten medienpolitischen Aufgaben realisieren: Erstens sichert die Rundfunkgebühr, dass defizitäre Sozialisationssendungen überhaupt produziert werden. Zweitens sichert die Programmautonomie der Anstalten, dass die Sozialisation in einer zuschauerspezifischen Form den attraktiven Unterhaltungssendungen beigemischt wird. Drittens gewährleistet die institutionelle Lösung in Form der öffentlich-rechtlichen Rundfunkanstalten, dass durch eine Ramsey-analoge Verteilung der Sozialisationseffekte auf die verschiedenen Programmkategorien die größtmögliche Anzahl an Zuschauern erreicht wird.

1 Vgl. Schellhaaß (2000).

3. Institutionen zur Sicherung des ökonomischen Wettbewerbs

Wettbewerb ist eine Institution, die die Pläne von Millionen von Individuen so koordinieren soll, dass der höchstmögliche gesamtwirtschaftliche Nutzen erreicht wird. Diese Maximierungsaufgabe wird üblicherweise so zerlegt, dass alle Marktteilnehmer ihr individuelles Einkommen bzw. ihren Nutzen maximieren, wobei innerhalb gewisser Rahmenbedingungen alle Teilnehmer versuchen, ihrer jeweiligen Marktgegenseite immer günstigere Gelegenheiten zu bieten. Auf diese Weise werden sowohl die Effizienzreserven bei der Produktion bekannter Produkte als auch die Innovationspotentiale zur Entdeckung neuer Produkte immer weitgehender ausgeschöpft.

Eine der wichtigsten Voraussetzungen für eine funktionsfähige Marktwirtschaft ist, dass die Preise die Knappheitsrelationen widerspiegeln. Diese Bedingung ist auf Rundfunkmärkten nicht gegeben. Die Zuschauer erhalten – abgesehen vom Pay-TV – die Leistungen des Rundfunks kostenlos. Die privaten Rundfunkveranstalter werden nach ihren Erfolgen bei der Generierung einer Zuhörerschaft für Werbebotschaften entlohnt. Der öffentlich-rechtliche Rundfunk wird nicht nach einer Leistungsgröße auf einem Outputmarkt, sondern nach einer Inputgröße, nämlich den beanspruchten Ressourcen finanziert. Dem Ideal einer marktwirtschaftlichen Ressourcenallokation entsprechen beide Vergütungssysteme nicht, weil die Korrespondenz zwischen Erlös beim Produzenten und Nutzenstiftung beim Konsumenten fehlt.

Das Allokationsdefizit der Werbefinanzierung besteht darin, dass die Programme nicht nach der Höhe der Konsumentenrente, sondern nach der Höhe der Werbeerlöse ausgewählt werden. Unter vereinfachenden Annahmen ist im werbefinanzierten Fernsehen die Zahl der „Köpfe" für die Ausstrahlungsentscheidung maßgeblich. Dadurch erhalten Programme, an denen eine große Zahl an Zuschauern mäßig interessiert ist, Vorrang vor Programmen, die einer kleinen Zahl von Rezipienten jeweils einen sehr hohen Nutzen stiften. Dieses Argument verliert mit der Digitalisierung der Übertragungstechnik an Bedeutung: Nach Überwindung der Frequenzknappheit werden alle kostendeckenden Programme ausgestrahlt. Die verbleibenden Minderheitenprogramme, bei denen die Rezipienten eine sehr hohe Zahlungsbereitschaft aufweisen, sind die idealen Kandidaten für das Pay-per-view. Durch Preise, die sich an der Preiselastizität der Nachfrage ausrichten, kann bei ihnen das Kriterium der Kostendeckung erfüllt werden. Die Minderheitenprogramme, die weder durch Werbung noch durch Pay-per-view kostendeckend angeboten werden können, sollen aus allokationstheoretischer Sicht nicht produziert werden, da sie geringeren Nutzen stiften als Kosten verursachen. Insofern ist die Kombination aus Werbefinanzierung und Pay-TV ein gelungenes Arrangement, um das Segment der marktfähigen Programminhalte wohlfahrtsoptimal anzubieten.

Die Einbeziehung des öffentlich-rechtlichen Rundfunks in das ordnungspolitische Konzept des funktionsfähigen Wettbewerbs gestaltet sich schwierig, denn das Bundesverfassungsgericht hat mit dem Modell „öffentlich-rechtliche Rundfunkanstalt" einzig und allein die Gewährleistung des publizistischen Wettbewerbs im Sinne gehabt. Die Marktferne dieser Institution soll die Ausstrahlung von Sozialisationsinhalten ermöglichen, die Staatsferne einen Missbrauch seitens der Regierung und der Binnenpluralismus einen Missbrauch durch mächtige gesellschaftliche Gruppen verhindern. Die verfassungsrechtlichen Vorgaben waren ausreichend, so lange im öffentlich-rechtlichen Duopol allein die Meinungsvielfalt und Rundfunkfreiheit zu sichern waren. Ihre Defizite wurden mit dem Eintritt in das duale Rundfunksystem offensichtlich, weil sie keine in sich konsistente Regelung für die Schnittstelle zwischen dem gebührenfinanzierten öffentlich-rechtlichen System und dem werbefinanzierten privaten System anbieten. Juristisch geht es um das Konkurrenzverhältnis zwischen Artikel 5 (Kommunikationsfreiheit) und Artikel 12 Grundgesetz (Berufsfreiheit).[1]

Für die normalen Marktteilnehmer hat das Gesetz gegen Wettbewerbsbeschränkungen (GWB) die Aufgabe, die ordnungspolitischen Rahmenbedingungen für einen funktionsfähigen Wettbewerb zu definieren und für ihre Einhaltung zu sorgen. Das deutsche Rundfunkrecht akzeptiert das GWB nur für die programmfernen Beschaffungsmärkte und hat es überall dort zurückgedrängt, wo die wirtschaftliche Betätigung auch einen Einfluss auf das Programm hat. Als charakteristisches Beispiel für die wettbewerbspolitische Einstellung der deutschen Rundfunkrechtler soll hier ein Zitat von Hoffmann-Riem (2000) angeführt werden: „Einen Schutz privater Wettbewerber vor Wettbewerb mit öffentlich-rechtlichem Rundfunk erkennt das Verfassungsrecht nicht an."[2] Etwas später grenzt er den wirtschaftlichen Spielraum der Rundfunkanstalten dadurch ein, dass der Befund der Expansion nur dann als Vorwurf einzuordnen wäre, „soweit diese Tätigkeiten rechtlich nicht zulässig wären"[3]. Selbstverständlich gibt es in einer Marktwirtschaft keinen Bestandsschutz für ineffiziente Wettbewerber. Wer den Leistungserwartungen der Konsumenten nicht genügt, wird wohl oder übel ausscheiden müssen. Genau so wie die Meinungsfreiheit und -vielfalt durch eine positive Rundfunkordnung vor Missbrauch geschützt werden muss, so muss der Wettbewerb als Institution vor wettbewerbswidrigen Verhaltensweisen geschützt werden. Die rundfunkrechtliche Genehmigung einer bestimmten Tätigkeit schließt eine Kollision mit den wettbewerbspolitischen Schutzgesetzen nicht per se aus. Dieses Regelungsdefizit hat die EU mit der Beihilfenkontrolle gefüllt. Als Novum zielt das europäische Beihilferecht – im Gegensatz zu den nationalen Wettbewerbsgesetzen – erstmals auf Wettbewerbsbehinderungen, die von staatlicher Seite ausgehen.

1 Vgl. Schulz und Jürgens (2002), S. 94 ff.

2 Hoffmann-Riem (2000), S. 199.

3 Hoffmann-Riem (2000), S. 200.

Ungeachtet der Intentionen des deutschen Gesetzgebers, den Rundfunk eher als ein Kulturgut denn als ein Wirtschaftsgut zu betrachten, stellt Artikel 86 Abs. 2 EG-Vertrag (EGV) klar, dass die europäischen Wettbewerbsregeln auch für Unternehmen gelten, die mit Dienstleistungen im öffentlichen Interesse betraut sind. Aus der Zuständigkeit der EU für den Gemeinsamen Binnenmarkt auf der einen Seite und der fehlenden Kompetenz für die kulturellen Angelegenheiten andererseits folgt, dass die Kommission nicht die kulturpolitische Lenkungsfunktion, sondern ausschließlich schädliche Auswirkungen auf den Gemeinsamen Binnenmarkt beanstanden darf. Insofern haben die Mitgliedsstaaten relativ große Freiheiten bei der Bestimmung des Umfangs und der inhaltlichen Ausfüllung des öffentlich-rechtlichen Programmauftrags. Beihilferechtliche Überlegungen greifen erst ein, wenn die Rundfunkgebühr die Kosten für die Sozialisationsaufgaben übersteigt, d. h., wenn durch eine Überkompensation eine interne Subventionierung der marktfähigen Programme des öffentlich-rechtlichen Rundfunks ermöglicht wird.

Um eine Überkompensation zu vermeiden, hat der deutsche Gesetzgeber die Kommission zur Entwicklung des Finanzbedarfs der Rundfunkanstalten (KEF) eingerichtet. Diese Institution ist dem erfolgreichen Modell „Bundesbank" nachempfunden. In der weisen Erkenntnis, dass Politiker auf Grund ihrer Abhängigkeit von Wahlen nicht die Kraft aufbringen, einschneidende Schritte zur Wahrung der Geldwertstabilität einzuleiten, hat der Staat eine ureigene Aufgabe an eine unabhängige Behörde delegiert. Als zweiter Erfolgsfaktor ist der Bundesbank nur ein einziges Ziel, nämlich die Wahrung der Preisniveaustabilität, vorgegeben worden. Dies waren die beiden entscheidenden Vorbedingungen für den Erfolg des Modells „Bundesbank", das der Bundesrepublik über viele Jahrzehnte eine weltweit bewunderte Stabilität des Geldwerts beschert hat.

Auch im Hinblick auf die KEF hat der Staat eine ureigene Aufgabe an eine unabhängige Behörde delegiert. Nach der neueren verfassungsrechtlichen Rechtsprechung obliegt der KEF nicht nur die Überprüfung der Wirtschaftlichkeit der Rundfunkanstalten, sondern sie legt de facto die Rundfunkgebühr fest. Zwar werden Änderungen der Rundfunkgebühr formell nach wie vor durch die Landtage beschlossen, aber ihr Freiheitsgrad ist eingeschränkt worden. Während früher die Länderparlamente über den Vorschlag der KEF nach freiem Ermessen entscheiden konnten, unterliegen sie nun einem gebundenen Ermessen, d. h. sie müssen den Vorschlag der KEF – abgesehen von dem Fall unzumutbarer sozialer Härten – ohne Änderungen zustimmen. Hintergrund dieser Lösung ist die Befürchtung, dass der Staat über die Bewilligung oder Verweigerung einer Erhöhung der Rundfunkgebühr Einfluss auf das Programm des Rundfunks nehmen könnte. Im Grundsatz ist das eine institutionenökonomisch überzeugende Lösung für das Problem der Staatsferne des Rundfunks.

Im Gegensatz zum erfolgreichen Modell „Bundesbank" leidet aber das Modell „KEF" an unzureichenden Kompetenzen. Während die Bundesbank über alle geldpolitischen Instrumente, die zur Sicherstellung der Preisniveaustabilität erforderlich sind, verfügen konnte, hat die KEF nur sehr eingeschränkte Rechte im Hinblick auf die Überprüfung der Wirtschaftlichkeit der Rundfunkanstalten. Sie ist – ebenso wie das GWB – auf die

Sachverhalte beschränkt, die keinen unmittelbaren Einfluss auf das Programm haben. Die Verhinderung von Unwirtschaftlichkeit ist eine Maßnahme zum Schutze des Gebührenzahlers und insofern eine wichtige und unverzichtbare Aufgabe. Dies ist aber nicht hinreichend. Eine Behörde, der das Bundesverfassungsgericht das Recht zur Festlegung der Rundfunkgebühr verliehen hat, muss aus ordnungspolitischer Sicht auch das Ziel der Funktionsfähigkeit des Wettbewerbs bei der Gebührenbemessung berücksichtigen. Denn eine überhöhte Rundfunkgebühr kann nicht nur zur Finanzierung von Unwirtschaftlichkeiten, sondern auch zur Behinderung von Wettbewerbern eingesetzt werden. Auf Grund der gegenwärtigen Gesetzeslage kann die KEF keinen Beitrag zur Sicherstellung der Funktionsfähigkeit des Wettbewerbs im dualen Rundfunksystem leisten.

Diese fehlende Kompetenz der KEF wird von der Beihilfenkontrolle des EG-Vertrages übernommen. Die EU-Kommission betrachtet die deutsche Rundfunkgebühr grundsätzlich als eine Beihilfe, weil sie einigen Marktteilnehmern Finanzierungsvorteile gewährt, die für andere Wettbewerber nicht verfügbar sind. Beihilfen sind in dem Umfang zulässig, wie sie zur Kompensation der Kosten dienen, die den Unternehmen für Dienstleistungen im öffentlichen Interesse entstehen („public service"). In Beihilfeverfahren wird der Sozialisationsauftrag als eine den öffentlich-rechtlichen Rundfunkanstalten vom Staat auferlegte Verpflichtung interpretiert, die gemäß Artikel 87 EGV eine Ausnahme vom generellen Beihilfeverbot begründet. Wettbewerbspolitisch erfolgt keine Prüfung des Marktergebnisses, sondern des Verhaltens der Marktakteure.

Wettbewerbswidriges Verhalten würde vorliegen, wenn nach Kompensation aller sozialisationsbedingten Mindereinnahmen noch zusätzliche Zuschüsse aus der Rundfunkgebühr notwendig wären, um den Erwerb von Programmelementen zu finanzieren. Hierdurch werden die Rundfunkanstalten im Hinblick auf die Verwendung der Rundfunkgebühr gebunden: je höher die Rundfunkgebühr ist, umso geringer muss der Anteil der marktfähigen und umso höher muss der Anteil der Sozialisationsinhalte sein. Denn je mehr Sozialisationsbotschaften in einem Programm versteckt werden, desto mehr Zuschauer schalten zu einem privaten Wettbewerber ohne Sozialisationsbotschaften um, d. h. desto höher muss die Kompensation der sozialisationsbedingten Mindereinnahmen ausfallen. Eine Rundfunkgebühr in Höhe des Nachteilsausgleichs für die sozialisationsbedingten Mindereinnahmen würde dem öffentlich-rechtlichen Rundfunk weder einen Wettbewerbsvorteil noch -nachteil verschaffen. Institutionenökomisch ist die europäische Beihilfenkontrolle zwar die richtige Antwort auf die verfassungsrechtlich geforderte Marktferne des öffentlich-rechtlichen Rundfunks, wegen der Messprobleme bei den weichen Erfolgsfaktoren der Sozialisation sollte man jedoch keine allzu hohen Erwartungen an ihre Wirksamkeit stellen.

Das Bundesverfassungsgericht hat in seinem ersten Rundfunkurteil von 1961 zwar das Modell einer außenpluralistischen Meinungsvielfalt mit einer Vielzahl von Sendern, die jeder für sich zwar nur einen bestimmten Teil des Meinungsspektrums abdecken, insgesamt aber die Vielfalt der gesellschaftlichen Meinungen adäquat widerspiegeln, für grundsätzlich zulässig gehalten. Aus praktischen Gründen, nämlich der extremen Knappheit an Frequenzen, konnte damals die verfassungsrechtliche Breite des Programms nur von Vollprogrammanbietern erfüllt werden. Nach der Reduzierung der verfassungsrechtlichen Anforderungen an die Meinungsvielfalt privater Rundfunkveranstalter traten zunächst mit RTL und SAT1 weitere Vollprogrammanbieter in den Markt ein. Erst später folgten Spartensender für die wichtigsten Programmbereiche. Bei den meisten Spartensendern ist die Entwicklung der Zuschauerzahlen eher enttäuschend, obwohl sie durch ihre klare programmliche Ausrichtung dem Zuschauer einen Teil der Suchkosten abnehmen.

Die kommunikationswissenschaftliche Forschung unterscheidet zwischen aktiven und passiven Zuschauern. Aktive Zuschauer zeichnen sich dadurch aus, dass sie bewusst ein bestimmtes Programm aussuchen. Dies setzt eine intensive Suche nach geeigneten Sendungen in einer Programmzeitschrift, in der Tageszeitung oder im Videotext voraus. Selbst wenn ein Zuschauer willens ist, die erforderliche Zeit zu investieren, fragt es sich, ob Programmübersichten ihm die für eine rationale Wahl erforderlichen Informationen vermitteln. Meist sind die Programmhinweise auf den Titel des Spielfilms oder der Sendung verkürzt; die ausführlicheren Beschreibungen der Spielfilme in den Programmzeitschriften mag dem Zuschauer in den Fällen eine präferenzengerechte Auswahl erlauben, in denen er die Hauptdarsteller bereits aus anderen Filmen kennt. Für die meisten Programmangebote gilt jedoch, dass der Zuschauer auf Grund der ihm ex ante bekannten Informationen nicht feststellen kann, ob ein Programm seinen Geschmack trifft. Die meisten Zuschauer reduzieren deshalb ihre aktive Suche auf wenige Highlights, die sie nicht vermissen möchten.

Für die normalen Fernsehabende verlagert der Zuschauer seine Auswahlentscheidung von der Ebene der Programme auf die Ebene der Sender. Selbst Haushalte, die auf Grund eines digitalen Empfangsgeräts unter knapp 100 Programmen auswählen könnten, schränken faktisch ihre Auswahl auf wenige Sender ein. Unser Zuschauer wandelt sich zu einem passiven Rezipienten, der seinem präferierten Sender treu bleibt, solange dieser nicht seine Erwartungen gründlich enttäuscht. Die Strategie des Fernsehsenders muss darin bestehen, den Zuschauer durch ein abwechslungsreiches Programm durch den Tag zu geleiten. Ein Vollprogrammanbieter kann, da er thematisch nicht beschränkt ist, sowohl auf die über den Tag wechselnde Zusammensetzung seiner Zuhörer als auch auf aktuelle Trends eingehen. Faktisch überlässt ein träger Zuschauer dem Fernsehsender die inhaltliche und zeitliche Zusammenstellung des täglichen Programms.

Entschieden schwieriger stellt sich die Zuschauerbindung für einen Spartensender dar. Stellen wir uns vor, dass ein aktiver Zuschauer einen Sportsender für das Topspiel der Basketball-Bundesliga eingeschaltet hat. Hier erfährt er auf Grund seiner aktiven Suche eine hohe Nutzenstiftung. Ob er anschließend noch weitere Sportsendungen konsumieren möchte, ist mehr als fraglich. Selbst wenn er an weiteren Sportübertragungen interessiert ist, ist die Wahrscheinlichkeit relativ gering, dass die nachfolgende Sportart immer noch seinen Präferenzen entspricht. Konkret bedeutet dies, dass unser Zuschauer, der wegen des Basketballspiels aktiv den Sportsender gewählt hat, genauso bewusst wieder in ein anderes Programm umschaltet, sobald seine präferierte Sendung beendet ist. Spartensender haben auf Grund ihres eingeschränkten Programmspektrums den Nachteil, dass sie den Wunsch der Zuschauer nach Unterhaltung im Regelfall nicht über einen ganzen Fernsehabend befriedigen können. Insofern besteht der Wettbewerbsnachteil der Spartensender nicht nur darin, dass sie nur die von dem jeweiligen Programm bereits überzeugten Zuschauer gewinnen können, sondern auch darin, dass sie die meisten Zuschauer nach Beendigung der jeweiligen Sendung sofort wieder verlieren. De facto heißt das, dass Spartensender Zuschauer für jede einzelne Sendung gewinnen müssen.[1]

Die geringen Informationskosten sind noch keine hinreichende Bedingung dafür, dass die Spitzenveranstaltungen des jeweiligen Bereichs in einem Spartensender gezeigt werden. Auch für massenattraktive Veranstaltungen gilt, dass ihre hohe Sehbeteiligung zu einem beträchtlichen Teil aus dem Reservoir der passiven Zuschauer gespeist wird. Die erstaunlich hohe Sehbeteiligung bei den normalen Länderspielen der deutschen Fußballnationalmannschaft beruht auch darauf, dass viele Zuschauer solche Übertragungen zwar nicht aktiv nachfragen, sie aber dennoch als eine kurzweilige Unterhaltung akzeptieren. Dies bedeutet, dass sie die Übertragung nur „zufällig" anschauen, weil sie den Sender eigentlich in der Erwartung auf Nachrichten oder auf einen Spielfilm eingeschaltet haben. Wettbewerbsstrategisch hat das zur Folge, dass ein Vollprogrammanbieter für die massenattraktiven Veranstaltungen stets mehr Zuschauer als ein Spartensender generieren kann, d. h. er kann dem Veranstalter ein höheres Honorar bieten. Insofern haben die Spartensender den Wettbewerbsnachteil, dass sie über keine – aus der Sicht der Zuschauer – attraktiven Veranstaltungen verfügen. Die Zusammenstellung der im Deutschen Sportfernsehen gezeigten Sportarten bestätigt diese Erkenntnisse.

Die erfolgreichen Spartensender haben bereits die richtigen Maßnahmen ergriffen, um die Zuschauerbindung zu erhöhen. An erster Stelle sind hier die Dritten Programme zu nennen, die von ihrer Intention her ebenfalls als Spartenprogramme zu bezeichnen sind. Ihren Zuschauerzuspruch beziehen sie daraus, dass sie zwar ihre regionale Verwurzelung pflegen, sich ansonsten aber zu einem Vollprogramm entwickelt haben. Für die themenbezogenen Spartensender, wie z. B. n-tv, bietet es sich an, neben dem profilbildenden Schwerpunkt „Wirtschaft und Politik" weitere affine Themenfelder zu besetzen. Beispielsweise bieten sich hier Reiseberichte über ferne Länder an, da bei Geschäftsleuten und Politikern ein überdurchschnittliches Interesse an Entwicklungen in anderen Regionen vorausgesetzt werden kann. Strategisch müssen sich die Spartenprogramme zu zielgruppenorientierten Vollprogrammen entwickeln, so dass sie de facto ein Vollprogramm für die eng begrenzten Präferenzen ihrer Zielgruppe anbieten. Es ist Aufgabe des Wettbewerbs als Entdeckungsverfahren herauszufinden, welche unterhaltsamen Elemente einem Spartenprogramm beigemischt werden sollen.

Interessant ist die Frage, inwieweit sich Spartensender für die Vermittlung des öffentlich-rechtlichen Programmauftrags eignen. Das Bundesverfassungsgericht schließt Spar-

1 Vgl. Schellhaaß und Hafkemeyer (2002), S. 48 ff.

ten- oder Zielprogramme nicht grundsätzlich aus, denn der öffentlich-rechtliche Rundfunk muss in der Lage bleiben, auf veränderte Angebotsformen, Rezeptionsweisen oder auch Verbreitungswege zu reagieren. Allerdings ist dann zu prüfen, „ob es einen spezifischen Integrationsauftrag für öffentlich-rechtlichen Rundfunk gibt, der als argumentative Grundlage für solche programmlichen Einengungen dienen kann“[1]. Die wettbewerbsstrategische Analyse hat ergeben, dass Spartensender insbesondere für weniger populäre Veranstaltungen, d. h. für Minderheitensendungen in Frage kommen. Da nach dem Repräsentanzprinzip des Bundesverfassungsgerichts der Rundfunk die Meinungen in möglichster Breite und Vollständigkeit darstellen soll, könnte dies ein Argument für öffentlich-rechtliche Spartensender sein. Obwohl sie den klassischen Grundversorgungsauftrag als solche nicht voll abdecken, sind sie verfassungsrechtlich zulässig.[2]

Die entscheidende Frage lautet, ob sie einen sinnvollen Beitrag zur Funktionserfüllung leisten, denn der öffentlich-rechtliche Rundfunk soll nicht beliebige Minderheitenprogramme, sondern Sozialisation verbreiten. Sozialisation wird jedoch von den Zuschauern niemals aktiv nachgefragt, d. h., Spartenprogramme sind für die Übermittlung der Sozialisationsbotschaften denkbar schlecht geeignet. Eine Ausnahme könnte dabei der Dokumentations- und Ereigniskanal Phoenix darstellen, bei dem die Flucht nach vorne angetreten worden ist. Während in den öffentlich-rechtlichen Vollprogrammen die Sozialisation grundsätzlich in attraktiven Programminhalten versteckt wird, strahlt Phoenix Sozialisation quasi „pur" aus. Vorhersehbar ist deshalb die Sehbeteiligung sehr gering. Die vom Bundesverfassungsgericht intendierte Übermittlung der Normen und Werte einer Gesellschaft an die Bevölkerung kann deshalb mit Hilfe von Spartensendern nur sehr unvollkommen realisiert werden.

4. Schluss

Das Bundesverfassungsgericht ist bei seiner Konzeption einer Rundfunkordnung von einem unüberbrückbaren Gegensatz zwischen dem publizistischen und dem ökonomischen Wettbewerb ausgegangen. Aus ökonomischer Sicht lässt sich der Unterschied zwischen dem verfassungsrechtlichen Repräsentanzprinzip und dem marktwirtschaftlichen Relevanzprinzip auf den wirtschaftspolitischen Sachverhalt der externen Erträge von Sozialisationsbotschaften reduzieren. Für eine optimale Meinungsvielfalt müssen die externen Sozialisationserträge internalisiert werden.

1 Vgl. Hoffmann-Riem (2000), S. 217.

2 Vgl. Holznagel und Vesting (1999), S. 42-62.

Die Institution „Öffentlich-rechtlicher Rundfunk“ ermöglicht es, die Sozialisationsbotschaften nach dem Kriterium der Ramsey-Preise in den verschiedenen marktfähigen Programmen zu „verstecken”. Dies ist ein effizienter Weg, damit die Rezipienten die Sozialisationsbotschaften auch tatsächlich zur Kenntnis nehmen. Zugleich stellt das binnenpluralistische Modell ein funktionsfähiges Bollwerk gegen einen Machtmissbrauch des Staates oder der gesellschaftlichen Gruppen dar. Das Bundesverfassungsgericht hat damit zwar ein institutionenökonomisch überzeugendes Modell für die Sicherung von Meinungsfreiheit und -vielfalt vorgelegt, aber die damit verbundenen Rückwirkungen auf den wirtschaftlichen Wettbewerb ausgeblendet.

Eine falsch bemessene Rundfunkgebühr kann die Meinungsvielfalt einschränken, wenn sie zu niedrig festgesetzt ist, oder sie kann Verschwendung sowie die Behinderung von Wettbewerbern ermöglichen, wenn sie zu hoch festgesetzt wird. Diese drei Ziele, nämlich Schutz der Meinungsfreiheit, Schutz des Gebührenzahlers und Schutz der Wettbewerber, müssen bei der Gebührenbemessung simultan berücksichtigt werden. Nach der Rechtsprechung des Bundesverfassungsgerichts soll die Institution „Kommission zur Ermittlung des Finanzbedarfs der Rundfunkanstalten” jedoch ausschließlich für die betriebswirtschaftliche Kostenkontrolle zuständig sein. Nach deutschem Rundfunkrecht ist niemand für die Funktionsfähigkeit des wirtschaftlichen Wettbewerbs zwischen privaten und öffentlich-rechtlichen Rundfunkunternehmen zuständig.

Diese Funktion muss die Institution „Europäische Beihilfenkontrolle” übernehmen. Ordnungspolitisch wäre diese Aufgabe jedoch besser bei der laufenden Finanzkontrolle durch die KEF angesiedelt, weil die europäische Beihilfenkontrolle als eine nachträgliche Missbrauchsaufsicht in Einzelfällen konstruiert ist. Aus ökonomischer Sicht sind deshalb die Institutionen zur Sicherung eines funktionsfähigen Wettbewerbs auf den Rundfunkmärkten noch verbesserungsfähig.

Literaturverzeichnis

Coase, R.H. (1974), The Market for Goods and the Market for Ideas, in: American Economic Review 64, 1974, S. 384-391.

Dörr, D. (1998), Die öffentlich-rechtliche Rundfunkfinanzierung und die Vorgaben des EG-Vertrages, in: Rechtliche und ökonomische Fragen der Finanzierung des öffentlich-rechtlichen Rundfunks im Lichte des Europäischen Rechts (= Schriftenreihe des Instituts für Rundfunkrecht an der Universität zu Köln, Band 73), München 1998, S. 5-40.

Hoffmann-Riem, W. (2000): Regulierung der dualen Rundfunkordnung, Baden-Baden 2000.

Hoppmann, E. (1988), Meinungswettbewerb als Entdeckungsverfahren: Positive Rundfunkordnung im Kommunikationsprozess freier Meinungsbildung, in: Mestmäker, E.J., (Hrsg.), Offene Rundfunkordnung. Prinzipien für den Wettbewerb im grenzüberschreitenden Rundfunk, Gütersloh 1988, S. 163-198.

Holznagel, B./Vesting, T. (1999), Sparten- und Zielgruppenprogramme im Öffentlich-rechtlichen Rundfunk, insbesondere im Hörfunk (= Beiträge zum Rundfunkrecht Bd. 49), Baden-Baden 1999.

Never, H. (2002), Meinungsfreiheit, Wettbewerb und Marktversagen im Rundfunk. (= Schriften zur Medienwirtschaft und zum Medienmanagement, Bd. 1), Baden-Baden 2002.

Owen, B. M./Wildman, S.S. (1992), Video Economics, Cambridge, Mass. 1992.

Schellhaass, H. M. (1994), Instrumente zur Sicherung der Meinungsvielfalt im Fernsehen, in Hamburger Jahrbuch für Wirtschafts- und Gesellschaftspolitik 39, 1994, S. 233-253.

Schellhaass, H.M. (1998), Ist die Rundfunkgebühr eine unzulässige Beihilfe? Eine ökonomische Analyse, in: Rechtliche und ökonomische Fragen der Finanzierung des öffentlich-rechtlichen Rundfunks im Lichte des Europäischen Rechts (= Schriftenreihe des Instituts für Rundfunkrecht an der Universität zu Köln, Band 73), München 1998, S. 41-54.

Schellhaass, H.M. (2000), Die deutsche Rundfunkordnung im Wandel, Ordo 51, 2000, S. 301-316.

Schellhaass, H.M./Hafkemeyer, L. (2002), Wie kommt der Sport ins Fernsehen? Eine wettbewerbspolitische Analyse (= Bundesinstitut für Sportwissenschaft, Bd. 8/2002), Köln 2002.

Schulz, W./Jürgens, U. (2002), Die Regulierung von Inhaltediensten in Zeiten der Konvergenz (= Schriftenreihe der Landesmedienanstalten, Bd. 23), Berlin 2002.

Wissenschaftlicher Beirat beim Bundesministerium für Wirtschaft und Technologie, Offene Medienordnung, o. O. 1999.

Michael Hutter

Vernetzte Netze. Zur Auswirkung des jüngsten technischen Fortschritts auf die Unterhaltungs-medienmärkte

1. Unterhaltungsmedien und technischer Fortschritt

Unterhaltungsgüter haben Eigenschaften, die sie von handfesteren Gütern deutlich unterscheiden. Sie bestehen aus Informationen, die die Nutzer hilfreich, spannend oder sonst wie von Interesse finden. Während materielle Güter (und auch Dienstleistungen) nur in ihrer einmal produzierten Form transportiert und an ihre Nutzer verteilt werden können, ist es bei Informationsgütern, und damit auch bei Unterhaltungsgütern, möglich, sie in eine andere Form, ein "Medium", zu transformieren, in dem sie dann vervielfältigt und verteilt werden. Erst in dieser mediatisierten Form werden die Informationsgüter marktfähig. Die Märkte für Unterhaltungsoriginale – also Opernaufführungen, Marmorskulpturen oder Romanmanuskripte – sind sehr klein verglichen mit den Umsätzen der Märkte, in denen Unterhaltungsmedienprodukte wie Bücher, TV-Programme oder CDs verkauft werden. Die Industrien, in denen solche Produkte hergestellt werden, laufen dann wahlweise unter dem Etikett "Medienindustrien", "Kulturindustrien" oder, um den englischen Wortgebrauch aufzugreifen, "creative industries"[1]. Diese Märkte, auf denen Unterhaltungsgüterinhalte, also Content, angekauft, verkauft oder mit Werbeinformationen gebündelt werden, sind der Gegenstand dieser Untersuchung.[2]

Die Medien, derer sich die Content-Hersteller bedienen, sind durchweg technischer Natur. Bücher sind das Ergebnis der Technik des Buchdrucks, Ton- und Filmaufnahmen verdanken sich ihren technischen Aufnahmeapparaturen, und der Elektrifizierung, die dann auch die Verwendung von elektromagnetischen Wellen als Übertragungsmedium ermöglichte. Die weitere Entwicklung der Content-Märkte war und ist also abhängig von technischen Erfindungen, die in der Form von Kapitalgütern zur Verfügung stehen. Diese Entwicklung hat sich in den vergangenen Jahrzehnten beschleunigt. Die Computerisierung der Arbeits- und Privatwelt hat dazu geführt, dass auch Unterhaltungsgüter heute weitgehend in digitaler Form verkauft oder zumindest hergestellt werden. Die Vernetzung der Computer als "Internet-Hosts" schickt eine weitere Welle an Technikkapital hinterher: Wo bislang simple, materielle Kabel und einfache Empfangsapparate genügten, wird jetzt von den Marktteilnehmern eine Ausstattung mit netzfähigen PC-Geräten, die die Kapazitäten von optischen Transmissionsverfahren nutzen können, erwartet.

In der volkswirtschaftlichen Literatur wird der Anstieg in der Leistungsfähigkeit, der mit der wachsenden Qualität der Kapitalausstattung einhergeht, gewöhnlich unter dem Stichwort des "technischen Fortschritts" behandelt. Die Argumentationsfigur ist dabei die Folgende: Wenn die technische Ausstattung eines Arbeiters[3] verbessert wird, dann erhöht sich das Volumen der Wertschöpfung, das dieser Arbeiter zu produzieren in der

---

1 Vgl. Caves (2000).

2 Andere Typen von Inhalt, etwa Bildung oder technische Information, bleiben ausgespart. Ein Teil der Ergebnisse dieser Studie ist aber durchaus übertragbar.

3 Dabei kann es sich auch um einen "Geistesarbeiter" handeln.

Lage ist. Wird die Leistungsfähigkeit der Einheit selbst gesteigert, dann verschiebt sich die gesamte Produktionsfunktion: Für jede Kapitaleinheit – d. h. mit durchschnittlichen Aufnahmegeräten, einem durchschnittlichen Telefonnetz oder durchschnittlichen Abspielgeräten – erhöht sich die Leistungsfähigkeit des einzelnen Mitarbeiters. Zu den "Mitarbeitern" gehören in diesem sehr allgemeinen Modell die *Content-Erzeuger* ebenso wie die *Content-Versorger* und die *Content-Nutzer*, die ihre Unterhaltungsgüter mit den eigenen Abspielgeräten reproduzieren. Für alle wird die Produktivität ihrer Arbeitsleistung durch den technischen Fortschritt, der in ihrem Kapitalbestand wirksam wird, erhöht.

Dieser Effekt liegt dem Anstieg oder "Wachstum" des gesamten Bruttosozialprodukts in den vergangenen zwei Jahrhunderten zugrunde.[1] Seine Wirkung im Sektor der Unterhaltungsmedienmärkte ist besonders ausgeprägt. Die technischen Medien der Informationsübertragung, -speicherung und -wiedergabe haben diese Märkte ermöglicht, und sie sind immer noch dabei, neue Medienmärkte zu ermöglichen. Die Stärke des technischen Fortschritts ist am Anstieg der Umsätze leicht zu verfolgen. Um nur eine Zahl zu nennen: Zwischen 1980 und 1996 vergrößerte sich das Umsatzvolumen der Märkte für elektronische und Printmedien in Deutschland von 30 auf 80 Milliarden DM.[2] Die Zuwachsraten sind seitdem beständig weiter gestiegen.

Das Wachstum der Märkte ging bislang einher mit einer zunehmenden Konzentration der Marktanteile auf einige wenige, weltweit agierende Medienunternehmen. Der Hauptgrund, und gleichzeitig die Rechtfertigung, für die Durchsetzung der Global Players war die Tatsache, daß der Nutzungsgrad der Skalenerträge, die die neuen Technologien ermöglichen, mit dem Produktionsvolumen steigt. Die jüngste Welle des technischen Fortschritts, die Vernetzung von Computernetzwerken, könnte allerdings dieses Muster brechen. Sie könnte zu Effekten führen, die die Erosion der Marktanteile der globalen Medienunternehmen beschleunigen und die die Wertschöpfungsketten in den Medienindustrien fragmentieren.

Die Argumentation ist dabei Folgende: Bislang konnte man davon ausgehen, dass die Qualität der Kapitalausstattung bei den Firmen, die Content bündeln und verteilen, am raschesten ansteigt. Jetzt kommen aber technische Innovationen zum Tragen, die die Ausstattung der Content-Erzeuger und der Content-Nutzer relativ stärker begünstigen. Die Folge sind Verschiebungen der Gleichgewichte in den Märkten, in denen sich Content-Erzeuger und -Versorger *(Beschaffungsmärkte),* Content-Versorger und -Nutzer *(Produktmärkte)* und Content-Versorger und Werbekunden *(Werbemärkte)* gegenüber stehen.[3] Die Störung der Gleichgewichte macht sich bemerkbar durch Veränderungen der Preisstruktur im jeweiligen Markt, und durch das Auftauchen neuer Unternehmens- und Marktformen. Im Gesamteffekt – und das ist die grundlegende These – wird der

---

1 Der "locus classicus" dieser Argumentation ist Solow (1956).

2 Vgl. Seufert (1999), S. 112.

3 Eine fast identische Einteilung verwendet Wirtz (2001), S. 19 f.

jüngste technische Fortschritt zu einer unübersichtlichen Vielfalt an Preisen, Produkten, Bezahlformen und Nutzertypen auf allen drei Märkten führen. Erst in späteren Jahren wird die Vielfalt wieder auf einige neue Gleichgewichte reduziert sein.

2. Eigenschaften der Digitalisierung und der Netzvernetzung

Um die These zu begründen, werde ich erst die Eigenschaften der jüngsten Wellen des technischen Fortschritts – also Digitalisierung und Computervernetzung – etwas genauer betrachten. Dann werde ich den Einfluß der beiden Technologien auf die Faktorproduktivität von Content-Erzeugern, Content-Versorgern, Content-Nutzern und Werbekunden abschätzen. Daraus resultieren Aussagen über die Verschiebung der Preis- und Produktgleichgewichte in den 3 Markttypen, und diese Aussagen helfen, um gegenwärtige Phänomene in den Unterhaltungsmedienmärkten zu erklären.

Unter *Digitalisierung* versteht man die Verwandlung von Information in digitale Einheiten.[1] Diese Einheiten oder "Bits" können durch Computer elektronisch gespeichert, bearbeitet und übertragen werden. Die Speicherfähigkeit und die Geschwindigkeit der Bearbeitungsprozesse sind in den vergangenen beiden Jahrzehnten exponentiell gestiegen und steigen immer noch. Entsprechend leistungsfähiger werden die Geräte, die mit digitaler Technik arbeiten. Gleichzeitig sinken die Preise, weil die Kosten der Forschung und Entwicklung auf einen ständig steigenden Output an Produkten verteilt werden können.[2] Während die Effekte der ständig billiger werdenden digitalen Geräte noch anhalten, machen sich seit den 90er Jahren zwei zusätzliche Wirkungen bemerkbar: Nachdem die Kernprozesse der neuen Technologie sich im subatomaren Bereich abspielen, ist materielle Ausdehnung überflüssig. Die Folge ist eine zunehmende *Miniaturisierung* der Geräte, und eine Durchsetzung sämtlicher Arbeits- und Konsumverfahren mit digitalen Prozessoren. Des Weiteren arbeiten digitale Prozessoren mit Steuerprogrammen, deren Leistungsfähigkeit mit ihrer Kompatibilität wächst. Die Folge ist eine zunehmende *Standardisierung* der verwendeten Programme, verbunden mit einer steigenden *Nutzerfreundlichkeit* der Programmoberflächen.

Das zentrale Phänomen, das sich aus der neuen Technologie entwickelte, war die Konvergenz von Produktionsprozessen, die sich bislang unterschiedlicher materieller Medien bedienen mußten. Information ist ihrer Natur nach digital, das heißt, sie besteht aus der

---

1 Vgl. Zerdick et al. (2000), S. 140 f.

2 Der Preisindex für ICT Produkte fiel von 1980 bis 1998 auf ein Zehntel des Ausgangswertes. Vgl. OECD (2001).

Aneinanderreihung von Differenzen, die dann Buchstaben-, Ton- oder Bildsequenzen ergeben.[1] Mit der Verwandlung von Informationen in elektronische 0/1-Differenzen war ein Medium gefunden, das der Kerneigenschaft von Information entspricht. Die Digitalisierung begann mit "Rechnern", also Maschinen zur generischen Verarbeitung von Information. Von da aus verbreitete sie sich nach "unten", in den Bereich der Übertragungsnetze von Broadcasting und Telekommunikation, und nach "oben", in den Bereich der Anwendungen für Zwecke der Unterhaltung, Forschung und diverser anderer Informationsdienstleistungen. Die technologische Konvergenz begünstigt die Entstehung eines gemeinsamen Marktes für IT-, Telekommunikations- und Anwendungsprodukte. Dieser Markt ist noch dazu seiner Natur nach global, denn Bits sind ohne Gewicht und bewegen sich mit Lichtgeschwindigkeit.

Der Zug zum globalen, integrierten Informationsgütermarkt begünstigt zweifellos große, weltweit operierende Unternehmenseinheiten, die die Skalenerträge der digitalen Technologie am stärksten nutzen können. Der dementsprechende Konzentrationsprozess konnte in der IT- und in den Medienbranchen beobachtet werden.[2] Die jüngeren, sekundären Effekte der Digitalisierung führen aber in gegenläufige Entwicklungen: Die Miniaturisierung der Rechnerleistung, erst in Form von PCs, heute in Form verschiedenster Konsumgeräte, hat den Erwerb entsprechender Kapitalgüter auch für kleine Produktionseinheiten und für Haushalte ermöglicht. Gleichzeitig führt die Standardisierung der Programme und die Nutzerfreundlichkeit der Oberflächen dazu, dass die Voraussetzungen an Expertenwissen zur Bedienung der Geräte sinken.[3]

Die zweite und jüngste Welle des technischen Fortschritts ist die der *Computervernetzung*. Genauer gesagt geht es um die Vernetzung von lokalen Rechnernetzwerken durch die Erfindung des "Internet". Dabei werden die vorhandenen Netzwerke der Telekommunikation nicht wesentlich verändert, aber sie werden in revolutionär anderer Weise genutzt. Durch den Einsatz standardisierter Protokolle für die Rechneridentifikation (IP) und für den Datenverkehr (TCP) wird die Vernetzung unterschiedlich konfigurierter Netze möglich. Der Zwang zur Standardisierung wird also gelöst und durch die flexiblere, erweiterungsfähigere Technologie der Netzvernetzung ersetzt. Dadurch entfällt der Trend zur Zentralisierung, der die Steuerung der traditionellen Telekommunikationsnetze charakterisiert.[4] Mithilfe der TCP/IP-Protokolle werden selbst kleine Rechnereinheiten in die Lage versetzt, selbstständig mit allen anderen Protokoll-Teilnehmern in Ver-

1 Die präziseste Definition ist wohl die von Bateson: "Information is a difference that makes a difference in some later event." Vgl. Bateson (1972), S. 381.

2 In den Telekommunikationsmärkten ist die Entwicklung durch die Existenz staatlicher Monopolunternehmen, die erst dereguliert werden müssen, verlangsamt.

3 Milton Mueller zieht aus diesen Gegebenheiten folgenden Schluss: "There is divergence, not convergence, in each horizontal segment. The horizontal shift is naturally accompanied by a growth of specialization and diversity in the market as a whole." Vgl. Mueller (1999), S. 20.

4 Verbunden mit der Zentralisierung ist die Tendenz zur asymmetrischen Kapitalakkumulation durch die Netzbetreiber. Aber auch hier hat die Digitalisierung zu einer Veränderung der Wettbewerbssituation geführt.

bindung zu treten. Diese erst einmal theoretische Möglichkeit ist durch eine Reihe von institutionellen und technischen Erfindungen zum Massenprodukt geworden. Vorzuheben sind insbesondere der Aufbau eines *Domain Name System,* das es den Teilnehmern ermöglicht, sich eindeutige Adressen im Namensraum des Internet zu geben,[1] die Erfindung der Benutzeroberfläche des *"World Wide Web",* die Domain-Name-Besitzer in einer gemeinsamen Anwendung verknüpft, so dass die in den verschiedenen Sites gelagerten Inhalte für alle zugänglich werden, und schließlich die Erfindung und globale Verbreitung von *Browserprogrammen,*[2] die das Navigieren im "Web" ohne Expertenwissen ermöglichen.

Die Folge ist eine explosionsartige Steigerung der Interaktivität in den Telekommunikationsnetzen: Der Informationsaustausch zwischen allen Teilnehmern, der bislang auf den schmalen Pfad der mündlichen Kommunikation in zentral gesteuerten Telefonnetzen beschränkt war, gewinnt jetzt eine Übertragungsbandbreite und -geschwindigkeit, die bislang wenigen kommerziellen Anbietern vorbehalten war, und er gewinnt einen Grad der globalen Erreichbarkeit, über den noch vor wenigen Jahrzehnten nicht einmal die größten Medienunternehmen verfügen konnten.

3. Veränderungen der Kapitalintensität auf den drei Medienmärkten

Fassen wir nochmal kurz den Gang der Argumentation zusammen: Im Zentrum der Beobachtung stehen Unternehmen, die als "Content-Versorger" operieren. Sie bündeln Unterhaltungsinformationen (packaging), und sie verbreiten sie durch Übertragungsnetze an Nutzer. Dabei operieren sie in der Regel auf drei Märkten: der erste ist der *Beschaffungsmarkt*: hier treten sie als Nachfrager gegenüber den "Content-Erzeugern" auf. Die Content-Erzeuger können Individuen sein oder Unternehmen, die Inhalte mittels komplexer Teamprozesse herstellen können. Der zweite ist der *Produktmarkt*: hier treten sie als Anbieter gegenüber den "Content-Nutzern" auf. Die Content-Nutzer sind in der Regel Individuen oder Haushalte. Bei fragmentierten Wertschöpfungsketten existieren aber auch Märkte zwischen Unternehmen verschiedener Herstellungsstufen. Der dritte ist der *Werbemarkt*: hier treten die Content-Versorger als Anbieter von Informationsflüssen auf, in die der Content der Werbekunden integriert werden kann. Auf allen drei Märkten entstehen im Verlauf der Selbstkoordination Gleichgewichte: bestimmte Produkthomogeni-

1 Vgl. dazu Mueller (2002); Hutter (2003).

2 Genauer gesagt geht es um ein einziges Browserprogramm, "Microsoft Explorer", das gegenüber der Konkurrenz durchgesetzt wurde und heute zum Standard geworden ist.

sierungen setzen sich durch, für diese Produkte bilden sich Preisniveaus, die wiederum mit einem bestimmten, nur in Grenzen schwankenden Marktvolumen verknüpft sind.

Veränderungen der Kapitalausstattung durch technischen Fortschritt lösen nun Übergänge von den bestehenden zu neuen Gleichgewichtszuständen aus. Sie können auch dazu führen, dass neue Märkte entstehen, weil die Anbieter, dank erhöhter Kapitalproduktivität, die Preise hinreichend senken oder weil die Nachfrager, dank erhöhter Arbeitsproduktivität, hinreichend kaufkräftig geworden sind. Ein solcher Übergang war in den 80er Jahren die Entwicklung hin zur Konzentration der Content-Versorger aufgrund der ersten Welle der Digitalisierungstechnologie: Leistungsfähigere, mit neuen Kapitalgütern aufgerüstete Versorger standen Erzeugern, Nutzern und Werbekunden gegenüber, deren Kapitalausstattung sich nur unwesentlich verändert hatte. Content-Erzeugung konnte über die Unternehmensstrategie gesteuert werden, neue Medienprodukte, wie die CD, konnten bei den Nutzern durchgesetzt werden und das Volumen der Werbeeinnahmen über elektronische Medien vervielfachte sich.[1]

Nach den Beobachtungen des vorhergehenden Abschnitts dürften die Auswirkungen der zweiten Welle der Digitalisierung und der Netzvernetzung in die andere Richtung gehen: die anderen Marktseiten, also Erzeuger, Nutzer und Werbekunden, dürften an Leistungsfähigkeit und damit an Marktmacht gewonnen haben. Dadurch müßten die inzwischen erreichten Marktgleichgewichte destabilisiert werden.

Um diese Überlegung auf eine solidere Grundlage zu stellen, soll im Folgenden ein kurzer Überblick über die veränderten Kapitalausstattungen der vier Teilnehmertypen auf den Unterhaltungsgütermärkten gegeben werden.

3.1 Content-Erzeuger

Die Digitalisierung erreichte die Musik-Erzeuger zuerst über die Aufnahmegeräte. Die Qualität von 32-Spur-Tonstudios in 1980 kann 20 Jahre später von einem 10.000-Euro-Heimgerät geleistet werden. Ähnliches gilt für Mikrophone, und für synthetische, also ohne Arbeitsinput herstellbare Klänge. In der Film-Produktion haben sich kleine digitale Videokameras durchgesetzt.[2] Bis heute liefern diese Videokameras in vieler Hinsicht qualitativ schlechtere Bilder. Der Sog der neuen Geräte ist aber so stark gewesen, dass sich die Ästhetik des Filmemachens den neuen Produktionsbedingungen angepaßt hat. Verwackelte Bilder mit flachen Farbstellungen sind akzeptierter Standard in Werbe- ebenso wie in Programmfilmen geworden. Radio- und Fernsehproduzenten nutzten die Aufnahmegeräte für Musikscores und Filmstories. Weniger gut ersetzbar waren die Set-

---

1 Von 1980 bis 1996 stiegen die deutschen Werbeumsätze von Radio, TV, Film und Video von 1.571 Milliarden DM auf 8.364 Milliarden DM. Vgl. Seufert (1999), S. 112.

2 Die schon in den 70er Jahren beginnende Erosion des "Hollywood-Systems" schildert Caves (2000).

tings, die für TV-Shows gemacht werden. Erst in jüngster Zeit ersetzen auch hier digitale Hintergründe und Spezialeffekte die handwerklichen Inputs. Im Print-Bereich revolutionierte die digitale Technik den Druckprozess, aber die Schreiber waren davon wenig berührt. Allein die Photographen rüsteten sich mit digitalen Kameras aus, die die Bildästhetik im Printbereich ähnlich veränderten wie im Film. In Kombination mit weiteren Geräten zur digitalen Bildmanipulation kann so der gesamte Prozess bis zum druckfertigen Bild in der Hand der Erzeuger bleiben.

Zu diesen Spezialgeräten kommt die Verfügbarkeit generischer Rechnerleistung. Jede weitere Bearbeitung des Content kann über PCs[1] erfolgen, die komplexeste Manipulationen des Eingangsmaterials erlauben. Mit der Verfügbarkeit von PCs selbst für Kinder ist ein neues Medium auf den Unterhaltungsgütermärkten aufgetaucht: das Videospiel. Gegenwärtig weist der Markt für PC- und Konsolenspiele die höchsten Wachstumsraten der Branche auf. Der Markt für Spiele-Software ist der am wenigsten konzentrierte in der Branche. Das bedeutet, dass die Zahl der Erzeuger, die als unabhängige Anbieter überleben können, relativ groß ist.

Die Vernetzung der Computer, vor allem aber der Zugriff auf die endlosen Inhalte des Web, hat der Arbeitsproduktivität der Erzeuger einen weiteren Schub gegeben. Ein einzelner Journalist ist in der Lage, komplizierte Zusammenhänge, die früher ein Netzwerk von Korrespondenten beschäftigt hätten, in wenigen Stunden zu recherchieren. Freilich findet er nur Inhalte, die über das Web zugänglich gemacht wurden. Aber auch hier verändern sich die Standards in eine Richtung, in der der Zugang über das Internet zur erwartbaren Norm wird. Im Musik- und im Filmbereich werden virtuelle Produktionsprozesse möglich, bei denen sich die Teammitglieder nie zu treffen, also zeitlich zu koordinieren brauchen. Für die TV-Anbieter wird der Konsum von Inhalten, die von Liebhabern in das Web gestellt werden, zur ernsthaften Konkurrenz.

Der tiefgreifendste Effekt der Netzvernetzung liegt aber vermutlich im direkten Transfer der Erzeugerprodukte an die Nutzer. Die Erzeuger – und die Nutzer – erhalten Zugriff auf die gewaltige produktive Leistung der Netze selbst. Vorerst fehlen dabei komplementäre Leistungen, die die Content-Versorger erbringen, vor allem die Leistungen der Selektion und der Promotion. Aber der Veränderungsprozess ist eingeleitet. Die Erzeuger können Nutzergemeinschaften (Communities) generieren, die die Wirkungsweise der traditionellen "Szenen" in das Virtuelle erweitern.[2] Videospiele erzeugen temporäre Gemeinden mit mehr als einer Million Teilnehmern.[3] Allerdings sind sie in der Regel nicht in der Lage, auch Bezahlsysteme zu installieren. So wandern Leistungen aus dem Spektrum der Marktgüter heraus in den privaten Bereich. Für diejenigen Erzeuger, die sich

1 Darunter werden hier alle Fabrikatvarianten einer bestimmten Leistungsdimension zusammengefaßt, also Laptops, Powerbooks etc.

2 Vgl. Hess (2003), in diesem Band.

3 Siehe etwa die Zahlen für „Counterstrike", die unter www.theclq.com berichtet werden.

als Unternehmen und nicht als Liebhaber verstehen, folgt daraus eine ernsthafte Bedrohung ihrer Marktanteile.

Eine ähnliche Wirkung resultiert aus der Verlagerung der privaten Sprech- und Schreibkommunikation von Festnetztelefon und Briefverkehr zu mobilen Netzen und E-Mail-Verkehr: Nutzer werden zu Erzeugern. Insbesondere Jugendliche, mit ihrem großzügigen Zeitbudget, werden zu Erzeugern von Botschaften, mit denen sie sich gegenseitig unterhalten. In fester Hand der Content-Versorger sind allerdings die Netze und damit die Preissetzung für Übertragungsleistungen geblieben.[1]

3.2 Content-Versorger

Als "Versorger" wird hier die gesamte Wertschöpfungskette von der Content-Produktion bis zum Vertrieb bezeichnet. Es war, wie schon erwähnt, gerade eine der Auswirkungen der ersten Welle der Digitalisierung, dass immer größere Medienunternehmen den gesamten Prozess vertikal integrierten. Heute teilen sich bekanntlich 5 Unternehmen mehr als 80 % des internationalen Musikmarkts, 8 Unternehmen einen ähnlichen Anteil des Filmmarktes und nur wenige mehr den Markt für Printmedien.[2] Digitalisierung bedeutete erst gewaltige Skalenerträge der Produktexpansion, der "Architektur" von Verwertungsketten der administrativen Koordination und der finanziellen Kalkulation. Gleiches galt auch für die staatlich regulierten Kommunikationsnetzmonopolunternehmen mit ihrem gewaltigen Volumen an akkumuliertem Kapital, das nun mit digitaler Technik in seiner Leistungsfähigkeit gesteigert werden konnte.

Auch die großen Versorgerunternehmen haben sich die Vorteile kleiner und billiger Geräte zunutze gemacht, und auch sie haben ihre Arbeit auf interne PC-Netze umgestellt – erst für die interne Administration, dann für die Produktion. Aber die Produktivitätsvorteile der Nutzung zunehmender Miniaturisierung und Standardisierung lagen nicht auf ihrer Seite. Auf allen Verwertungsstufen etablierten sich spezialisierte Nischenanbieter, die technisch mithalten können, die den Marktführern die mangelnde Flexibilität verschaffen und die dafür Marktanteile erobern.[3]

Die Effekte der Netzvernetzung sind noch deutlicher asymmetrisch. Erzeuger und Nutzer erhalten Zugriff auf Leistungen der Produktion, Bündelung und Verteilung, die bislang nur auf dem vom Versorger gewählten Vertriebskanal zu bekommen waren. Das

---

1 In der gesamten Untersuchung bleiben die Wirkungen in den Märkten für Hardware-Produkte ausgespart. Dabei ist offensichtlich, dass die Kapitalausstattungen, von denen hier die Rede ist, einen rasch wachsenden Markt an Unterhaltungselektronikprodukten, vom Synthesizer bis zum Handy, haben entstehen lassen.

2 Picard (2003), in diesem Band, weist aber darauf hin, dass der Anteil an grenzüberschreitenden Content-Medien stark unterschiedlich ist. Er beträgt bei Print weniger als 1 %, bei Musik dagegen etwa 80 %.

3 Vgl. Caves (2000), Kap.6.

zur Zeit am stärksten diskutierte Beispiel ist der Zugriff von Nutzern auf digitalisierte Musikproduktionen, die in der technischen Form von MP3-Files geladen werden können. Ein anderes Beispiel sind Nachrichtendienste, die direkt vom Erzeuger an die Nutzer verschickt werden, und Produkte, die über Online-Händler und Auktionsplattformen vertrieben werden.[1] Inzwischen haben auch die Versorgerunternehmen das Leistungsspektrum des Internet zu nutzen begonnen – kein Film startet mehr ohne seine eigene Website. Aber der relative Vorteil liegt bei den kleineren Unternehmen der Erzeuger und bei den Haushalten der Nutzer. An der Filmindustrie läßt sich der induzierte Wandel schon gut ablesen: der Größenvorteil wird strategisch genutzt für wenige Projekte, die durch eine Armada von Begleitmaßnahmen gegen das nie zu vermeidende Flop-Risiko abgesichert, und durch umfangreiche Rechteverwertungsabteilungen in ihrem Ertragsstrom optimiert werden. Gleichzeitig wird das Verfahren der sequentiellen Markteinführung der "Blockbuster"-Filme ersetzt durch simultane Premieren, um den Ertragsverlust durch Raubkopien und ihre Verbreitung in Grenzen zu halten.

3.3 Content-Nutzer

Schon die vorangegangenen Abschnitte haben vermuten lassen, dass die relative stärkste Steigerung der Arbeitsproduktivität bei den Nutzern eingetreten ist.[2] Sie profitieren davon, dass die Wiedergabegeräte für Musik, Video und Spiele kleiner, billiger und leistungsfähiger geworden sind. Sie verfügen als Einzelne über Rechnerleistungen, die 1980 noch das Privileg weniger Großunternehmen waren. Dadurch verschiebt sich der Konsum von Unterhaltungsgütern in die Altersgruppe der 10-21-Jährigen. In diesem Segment wird das verfügbare Einkommen zu großen Teilen für Unterhaltung ausgegeben. Dazu kommt regelmäßig aufgerüstete Hardware, die aus dem Budget der Eltern bezahlt wird. Das Ergebnis ist hohe Kaufkraft, die rasch und gut informiert ihren Gegenstand wechselt, wenn Produkte mit höherer technischer Qualität im Markt auftauchen. Die Nachfragereaktion ist so vorhersagbar, dass sich die technologische Entwicklung daran orientieren kann. So forcierten beispielsweise die Videospiel-Applikationen den raschen Generationenwechsel hin zu immer größerer Speicherkapazität und immer schnellerer Prozesstaktung der PCs.

Videospiele sind auch auf der Ebene der Netzvernetzung Treiber der Entwicklung. Internetspiele verzeichnen hunderttausende von Teilnehmern pro Tag, und LAN-Parties werden zum Gesellschaftsspiel. In jedem Fall wird ein Grad an Interaktivität erreicht, der in

---

1 Vgl. dazu Hess (2003) und Hummel (2003), beide in diesem Band.

2 Es ist in der Wirtschaftstheorie seit Lancaster üblich, auch Haushalte als Teil der Wertschöpfungskette zu betrachten, die schließlich zum Konsum oder der Nutzung eines Gutes führt. Im Haushalt wird durch Geräte, Umgebung und Wissen die Situation geschaffen, in der dann die Wiedergabe des Unterhaltungsgut stattfindet.

den traditionellen Branchen mit ihrer asymmetrischen Sender/Versorger/Empfänger-Struktur unbekannt ist.

Ein hoher Grad an Tauschtätigkeit kennzeichnet allerdings auch die Peer-to-Peer-Netzwerke, die den Musik- und Filmversorgern Konkurrenz machen.[1] Mit steigender Bandbreite und Übertragungsgeschwindigkeit gibt es für die Nutzer zumindest keine technischen Einschränkungen beim selbstproduzierten Zugang zu Unterhaltungsinhalten. Die Barriere wird mühsam aufrechterhalten durch Institutionen wie das Urheberrecht, und durch Appelle an eine Moral, in der Übergriffe in einer virtuellen Welt nicht vorkommen.

Vergleichsweise wenig berührt durch Digitalisierung und Vernetzung ist die Qualität der Kapitalausstattung der Radio- und TV-Nutzer geblieben. Zwar hatte hier die Verbreitung des Videorecorders zu schweren Umbrüchen geführt. Kauf- und Leihvideos wurden zum Substitut, und Werbeeinblendungen können mit zunehmender Präzision ausgefiltert werden. Wirklich unberührt sind nur die Print-Nutzer geblieben. Sie schätzen nach wie vor die Vorteile einer von allen elektrischen und elektronischen Medien unabhängigen Technologie. Es wird auch noch einige Zeit dauern, bis die aus elektronisiertem Papier bestehende Zeitung jeden Morgen mit neuen Inhalten geladen bereit liegt – und bis es dann Nutzern gelingt, sich ihre eigene Zeitung zu kombinieren.

Auf die verstärkte Bedeutung privater, gegenseitiger Unterhaltung ist schon hingewiesen worden. Nutzer verzichten auf kommerzielle Inhalte, weil sie sich, im Kontext von Szenen, Freundeskreisen und Communities, gegenseitig mit Inhalten versorgen, von einfachen SMS-Nachrichten bis zu komplexen, selbst gebastelten Videoclips. Dadurch verschiebt sich Kaufkraft von kommerziellen Inhalten hin zu Zahlungen für Übertragungsleistung, und die Erzeuger bekommen Konkurrenz von hochwertig ausgestatteten Amateuren, die bei ihrer marktfernen Tätigkeit so viel Erfahrung sammeln, dass ein Teil davon auf Dauer in das professionelle Lager wechselt und dort den Wettbewerbsdruck verschärft.

3.4 Werbekunden

Die Gruppe der Werbekunden ist naturgemäß die heterogenste. Hier sind alle versammelt, die die Aufmerksamkeit der Nutzer für irgendwelche Produkte – von Unterhaltung über Nahrung bis zu philanthropischen Dienstleistungen – erreichen wollen. Dafür werden sie selbst zu Auftraggebern von Content-Erzeugern. Sie treiben sogar die technische und die ästhetische Entwicklung der Werbeflächen, -spots und -clips, weil sie ungleich höhere Budgets für deren Produktion bereitstellen. Die Spots werden dann zu Preisen, die mit der Nutzerquote schwanken, in laufende Programme oder Nachrichtenflächen hi-

1 Vgl. dazu Hummel (2003), in diesem Band.

neingeschaltet. Der Einfluß, den der Werbe-Content auf den Programm-Content nimmt, ist oft beobachtet und kommentiert worden.[1]

Die Digitalisierung hat die Position der Werbekunden gegenüber den Erzeugern nur mäßig verändert. Sicherlich hat man sich bei der Produktion der Spots schon früh und damit entwicklungsbestimmend der digitalen Techniken bedient, aber dieser Vorteil ist eher den Erzeugern zugute gekommen. Gegenüber den Versorgern, denen sie die Werbeplätze abkaufen, hat sich wenig geändert bei der Berechnung der TKP-Preise. Tatsächlich erhöht hat sich die Zahl der digital ermöglichten Variationen, mit denen die Grenze zwischen Werbe- und Programmblock verwischt und penetriert wird. Aber diese Verwischungen sind gering in Relation zu der Vermischung von Werbung und Unterhaltung, die in TV-Shows gängig geworden ist.

Gegenüber den Nutzern hat die Netzvernetzung neue Beziehungsformen geschaffen. Online-Medien partizipieren mit nur 2 % am aggregierten Werbebudget, haben aber einen Anteil von 10 % am gesamten Medienkonsum. Online-Werbung stärkt außerdem traditionelle Medienkampagnen.[2] Kaum absehbar sind allerdings die Möglichkeiten, die sich aus der technischen Kompetenz zur Identifikation und Beobachtung jedes einzelnen Nutzers im Web erreichen, und aus der Kompetenz, den Nutzer unmittelbar mit digitalen Produkten und mit digitaler Information über alle denkbaren Produkte zu erreichen. Die Umstrukturierung der Werbebudgets zugunsten von Internet-Content hat also noch kaum begonnen.

4. Wie verschieben sich die Gleichgewichte?

Die Einschätzungen des voran gegangenen Abschnitts sind qualitativ. Aber schon jetzt ergibt sich ein Bild der relativen Wirkung des jüngsten technischen Fortschritts auf die vier Gruppen von Akteuren auf den Medienmärkten: Werbekunden haben ihre Produktivität kaum verändert, Versorger haben sie verdoppelt, Erzeuger haben sie vervierfacht und Nutzer haben sie verachtfacht.[3] Wenn wir davon ausgehen, dass das Ergebnis von Markttransaktionen – also ausgehandelte Mengen spezifizierter Produkte und ihre Preise – von der Verhandlungsstärke der Transaktionspartner abhängt, dann muss die unterschiedlich starke Produktivitätssteigerung die Marktgleichgewichte verschoben haben. Das müßte sich beobachten lassen. Wir werden nacheinander den Beschaffungs-, den Produkt- und den Werbemarkt betrachten.

---

1 Vgl. etwa Heinrich (2001).

2 Vgl. dazu Mohn (2003), in diesem Band.

3 Die Verwendung von Zahlen hat an dieser Stelle metaphorischen Charakter: ausgedrückt wird die These der jeweiligen Verdoppelung.

Im *Beschaffungsmarkt* sind insbesondere in den Medien CD, Film und Internet Content-Erzeuger aufgetaucht, die nun den Produktionsprozess bis hin zum endverkaufsfähigen Unterhaltungsgut selbst organisieren können. Das verändert ihre Verhandlungsposition gegenüber den Versorgern, die vordem das Produktionsmonopol hatten. Nach dessen Erosion ist nun auch das Verteilungsmonopol angreifbar geworden. Auch das ändert die Vertragsbedingungen beim Ankauf von Original-Content. Ein weiterer Vorteil für die Erzeuger sind neue Allokationsformen. Beispielsweise stellt die Einführung von Auktionen, etwa für den Verkauf von Manuskripten, dem Monopol des Autors die ganze Breite der interessierten Verlagsunternehmen gegenüber.

Die Versorgerunternehmen halten dagegen, indem sie den Grad der Integration noch erhöhen. Nicht nur die gesamte Länge der Wertschöpfungskette wird integriert, sondern auch die horizontale Differenzierung der Produktpalette wird erhöht. Dadurch wird der Risikofaktor, mit dem alle Unterhaltungsprodukte belastet sind[1], spürbar verringert. Auf der Unternehmensebene war die Fusion von AOL und TimeWarner das spektakulärste Beispiel der jüngeren Zeit. Auf der operativen Ebene bietet die virtuose "synergetische" Verwertung des "Pop Idols"-Konzeptes durch die Unternehmen des Bertelsmann-Konzerns reiches Anschauungsmaterial. Die Strategie, durch Synergie Produktivitätsvorteile zu gewinnen, ist sicherlich in einzelnen Fällen noch richtig. Als Gesamtstrategie überzeugt sie nicht mehr. Die Verluste durch mangelnde Flexibilität übertreffen die Gewinne durch kontrollierte Verwertung.

Die Stellung der Erzeuger ist freilich auch nicht unbestritten. Die neuen, gut ausgestatteten Nutzer drängen in den Markt, insbesondere in der Musik und im Printbereich, aber auch bei den Videospielen und in der multimedialen Unterhaltungswelt des Internet. Film und TV-Shows sind bislang noch zu aufwendig, um in den Aktionskreis von Amateuren zu geraten. Diese Entwicklung schwächt die Marktposition einzelner professioneller Erzeuger und Produzenten in den betroffenen Branchen, und sie stärkt die Selektionsmöglichkeiten der Versorger.

Im *Produktmarkt* haben die Medienunternehmen die technischen Möglichkeiten genutzt, um die Verteilungskanäle mit immer neuen Produkten zu versorgen. Projekte mit technischem Aufwand, der noch vor kurzem undenkbar schien, werden routinemäßig aufgelegt. Die begleitende Information durch die Massenmedien Print, Radio und TV ist verstärkt worden. Dennoch ist gleichzeitig zu beobachten, dass das Kerngeschäft erodiert. Auf allen Stufen der Versorgerwertschöpfung etablieren sich kleine, kosteneffiziente Spezialunternehmen. Der Wettbewerb wird vielfältiger.

Auf der anderen Marktseite finden wir die Nutzer mit ihrer deutlich stärker gestiegenen Produktivität. Sie sind in der Lage, die Kommunikation untereinander zu organisieren, sie beteiligen sich an der Entwicklung neuer Produkte[2], und sie sind in der Lage, Pro-

---

1 Die Literatur spricht vom "Nobody knows-Prinzip". Entscheidend ist dabei aber, dass wenige Produkte zeitweilig den Großteil des Umsatzes generieren. Vgl. De Vany/Walls (1999).

2 Das galt bislang primär bei Softwareentwicklungen, taucht aber bereits im Unterhaltungsbereich auf.

dukte in professioneller Qualität zu kopieren, oder sie im Web zu lokalisieren und dann auf ihre Wiedergabegeräte zu laden. Die Kompetenz ist so durchschlagend, dass die Medienunternehmen mit hohem Aufwand in Digital Rights Management Systeme und in Maßnahmen zur Stärkung ihrer Verwertungsrechte investieren. Dennoch tauchen neue Formen der Bepreisung von Netzzugang auf. Pay-per-view, Abonnementgebühren, reine Werbefinanzierung und Flat-fees sind Experimente mit neuen Bezahlformen. In dem Maße, in dem die Netzvernetzung dazu führt, dass Zugangsrechte statt Sacheigentum der Gegenstand der Transaktion sind, treten diese Formen an die Stelle des traditionellen Barverkaufs.

Beim *Werbemarkt* haben wir uns auf den Markt zwischen Versorgern und Werbekunden beschränkt. Auf der Versorgerseite finden die bereits erwähnten Blockbuster-Projekte statt, die breite Flächen und Kanäle für das Einfügen von Werbe-Content bieten. Die Position der Versorger ist also dadurch verbessert. Andererseits reduzieren die Filtermöglichkeiten der Nutzer den Grad der Werbewirksamkeit. Die Werbekunden setzen das wenig veränderte Formenarsenal ihrer Botschaften ein, experimentieren aber mit den neuen Kanälen, insbesondere mit dem Internet. Da das Gesamtbudget für Werbeausgaben in etwa gleich bleibt, kommt es zu strukturellen Verschiebungen der Werbeschaltungen zwischen den diversen Medien – was wiederum, wegen des relativ hohen Anteils an der Gesamtfinanzierung etwa im Printbereich, tiefgreifende Wirkungen in den betroffenen Teilmärkten auslöst.

5. Schluss

Der technische Fortschritt verändert die relative Produktivität der Marktteilnehmer, erst durch Digitalisierung, dann durch Netzvernetzung. Digitalisierung unterstützte den Trend zu vertikal und horizontal integrierten Versorgerkonzernen, Netzvernetzung unterstützt den Trend zu fragmentierten Spezialisten auf allen Märkten, und den Trend zu Peer-to-Peer-Netzwerken. Entsprechende Gleichgewichtsverschiebungen auf den Märkten sind beobachtbar.

Die Selbstorganisation der Marktprozesse wird sich in allen Teilmärkten durchsetzen, ungeachtet der Versuche, institutionelle oder technische Hürden aufzubauen, und ungeachtet der Versuche der Unternehmen, bei steigendem Agglomerationsgrad die interne Schrumpfung durch externes Wachstum zu überspielen. Zustände der Stabilität von Preisen, Produktformen und Bezahlformen, die den traditionellen Anforderungen an Marktgleichgewichte entsprechen, werden allerdings auf sich warten lassen. Die kreative Kraft des Fortschritts in den Kommunikationstechnologien ist noch keineswegs erschöpft.

Literaturverzeichnis

Bateson, G. (1972), A Re-examination of "Bateson's Rule", in: Steps to a Ecology of Mind, pp. 379-398, New York 1972.

Caves, R.E. (2000), Creative Industries. Contracts between Art and Commerce, Camebridge 2000.

de Vany, A.S./Walls, W.D. (1999), Uncertainty in the movie industry: Does star power reduce the terror of the box office?, in: Journal of Cultural Economics Vol. 23, No. 4, 1999, pp. 285-318.

Heinrich, J. (2001), Medienökonomie, Bd.2: Hörfunk und Fernsehen, Opladen 2001.

Hess, T. (2003), Die Bedeutung von Peer-to-Peer-Systemen für Musiklabels, in diesem Band.

Hummel, J. (2003), Perspektiven für die Musikindustrie im Zeitalter des Internets, in diesem Band.

Hutter, M. (2003), The global Regulation of the Internet Domain Name System: Five Lessons from the ICANN Case, in: Ladeur, K.-H. (Hrsg.), Innovationsoffene Regulierung des Internet, Baden-Baden 2003.

Mohn, C. (2003), Die Positionierung von Internet Portalen in konvergierenden Medienmärkten, in diesem Band.

Mueller, M. (1999), Digital Convergence and its Consequences, in: Javnost/The Public Vol. 6, No. 3, 1999, pp. 11-28.

Mueller, M. (2002), Ruling the Root. Internet Governance and the Taming of Cyberspace, Cambridge 2002.

Picard, R.G. (2003), Multimedia Strategies in the Age of Globalisation, in diesem Band.

OECD (2001), Science, Technology and Industry Scoreboard. Towards a Knowledge-Based Economy, Paris 2001.

Seufert, W. (1999), Auswirkungen der Digitalisierung auf die Medienmärkte, in: Schumann, M./Hess, Th. (Hrsg.), Medienunternehmen im digitalen Zeitalter, Wiesbaden 1999, S. 109-122.

Solow, R. (1956), A Contribution to the Theory of Economic Growth, in: Quarterly Journal of Economics 1956, pp. 65-94.

Wirtz, B.W. (2001), Medien- und Internetmanagement, 2. Auflage, Wiesbaden 2001.

Zerdick, A. et al. (2000), Die Internet-Ökonomie. Strategien für die digitale Wirtschaft, Berlin 2000.

Stichwortverzeichnis

N